CW01669172

FRANCE

Atlas routier & services utiles

MICHELIN

Sugges
du jou
RE
MICHELIN
France
HOTELS & RESTAURANTS
MICHELIN
Paris
RESTAURANTS HOTELS
Pour les bonnes petites adresses,
suivez le guide.
Pour dénicher les meilleures petites adresses du moment, découvrez les nouveaux Bib Gourmands du Guide Michelin pour de bonnes tables à petits prix. Avec 45 000 adresses de restaurants et d'hôtels en Europe dans toutes les catégories de confort et de prix, le bon plan n'est jamais loin.
MICHELIN
Une meilleure façon d'avancer

SOMMAIRE

Grands axes & sécurité

En partenariat avec la Sécurité Routière :

Atlas France au 1/200 000

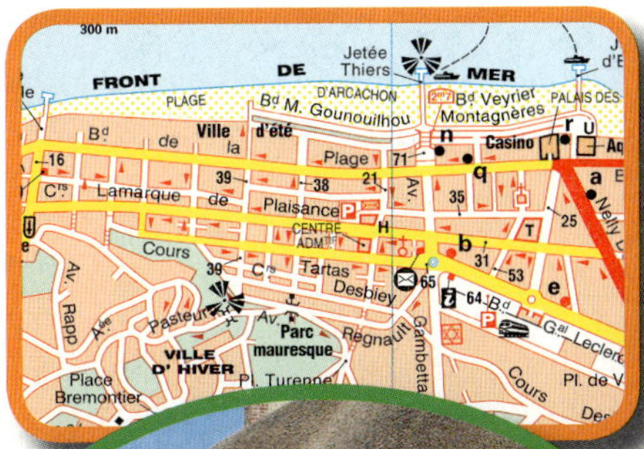

Régions et plans de villes

Les bonnes adresses de Bibendum sur la route

Autoroutes & Grands itinéraires

la signalisation routière et autoroutière

En France, l'importance des itinéraires est indiquée par la couleur de la signalisation routière :

À l'approche d'un carrefour ou d'un échangeur autoroutier, des panneaux portant le nom d'une agglomération aident à choisir la route à suivre. L'utilisation de couleurs différentes permet d'identifier rapidement les informations intéressantes : bleu pour les itinéraires empruntant les autoroutes, vert pour les trajets reliant les grandes villes, et blanc pour les directions locales. Pour effectuer un long voyage, le conducteur se réfère d'abord aux panneaux verts ou bleus pour se diriger vers la grande ville la plus proche de sa destination, puis il suit les panneaux blancs en fin de parcours.

A 10 — Autoroutes (à péages ou gratuits). Les directions sont signalisées en BLEU :

NANTES BORDEAUX

De même, tout itinéraire conduisant à un accès autoroutier (qu'il emprunte une route Nationale ou Départementale) est signalisé en BLEU

D 118 — A 61

N 12 / N 138 / D 955 — Liaisons entre grandes villes : quel que soit le classement (route Nationale ou Départementale)ou la viabilité du réseau utilisé (voie de type autoroutier, route à deux voies), les directionssont signalisées en VERT :

N 12 — ALENÇON

On peut trouver le symbole (autoroute) sur un panneau vert : cela signifie qu'une partie de l'itinéraire peut se faire par autoroute. Cependant, si l'autoroute est à péage, un autre itinéraire vert -gratuit celui-là- est proposé aux conducteurs :

A 83 — LA ROCHE s/ YON *Péage*

N 160 — LA ROCHE s/ YON *par RN*

la signalisation de localisation

Elle permet de se situer tout au long de l'itinéraire suivi, par des éléments de repérage que l'on trouve également sur une carte routière, et notamment de s'assurer que l'on a atteint sa destination.

BERGERAC — Panneau d'entrée d'une zone urbaine; limite à partir de laquelle il faut réduire sa vitesse à 50 km/h (sauf limitation de vitesse particulière)

BERGERAC — Sortie d'une zone urbaine et fin des prescriptions en vigueur dans celle-ci.

les Loges — Panneau de localisation d'un hameau ou lieu-dit, de traversée d'une forêt ou cours d'eau, etc

les itinéraires BIS ou de délestage

Les itinéraires BIS, créés pour alléger les grands axes, font l'objet d'une signalisation permanente de couleur jaune:

D 710 — Bis TOULOUSE

Cette même couleur est utilisée pour les panneaux de signalisation temporaire (déviations ou délestages mis en place lors de travaux).

Dover
Oostende
Dunkerque
Calais
Boulogne-sur-Mer
St-Omer
Lille
Kortrijk
Tournai
Le Touquet
Béthune
Douai
Mons
Namur
LIÈGE
Charleroi
Sambre
Arras
Valenciennes
Maubeuge
BELGIQUE
Abbeville
Cambrai
Givet
Dieppe
Somme
Amiens
St-Quentin
Charleville-Mézières
Fécamp
Yvetot
Montdidier
Sedan
LUXEMBOURG
Arlon
Luxembourg
Trier
Koblenz
Wiesbaden
FRANKFURT a.M.
Mainz
Würzburg
Rouen
Gournay-en-Bray
Beauvais
Compiègne
Laon
Rethel
Longwy
Longuyon
Thionville
Mannheim
Heidelberg
Kaiserslautern
Saarbrücken
Sarreguemines
Karlsruhe
STUTTGART
Aisne
Oise
Soissons
Reims
Vouziers
Verdun
Metz
Wissembourg
Lisieux
Bernay
Evreux
Senlis
Pontoise
Château-Thierry
Epernay
Meuse
Pont-à-Mousson
Haguenau
SEINE
Eure
Mantes
PARIS
Meaux
Marne
Châlons-en-Champagne
Bar-le-Duc
Nancy
Toul
Lunéville
Saverne
Argentan
Versailles
Coulommiers
Dreux
Rambouillet
Mortagne-au-Perche
Sézanne
Vitry-le-François
St-Dizier
Moselle
STRASBOURG
Melun
Provins
Neufchâteau
Nogent-le-Rotrou
Chartres
Fontainebleau
Troyes
Vittel
Épinal
St-Dié
Colmar
RHIN
Freiburg i.B.
Sens
Chaumont
Le Mans
Châteaudun
Pithiviers
Bourbonne-les-B.
Remiremont
Thann
Schaffhausen
Bodensee
Orléans
Montargis
Yonne
Tonnerre
Châtillon-sur-Seine
Langres
Luxeuil-les-B.
Mulhouse
Bregenz
Vendôme
Loir
LOIRE
Gien
Auxerre
Vesoul
Belfort
Basel
Zürich
Tours
Blois
Romorantin-Lanthenay
Cosne-Cours-s-Loire
Avallon
Montbard
Saône
Gray
Montbéliard
Clamecy
Dijon
Besançon
Solothurn
Doubs
Chinon
Loudun
Loches
Vierzon
Cher
Bourges
Château-Chinon
Nevers
Beaune
Dole
Morteau
Luzern
Neuchâtel
Bern
Issoudun
Decize
Autun
Pontarlier
SUISSE
Fribourg
Rhein
Châtellerault
Châteauroux
St-Amand-Montrond
Chalon-s-Saône
Lons-le-Saunier
Interlaken
Bourbon-Lancy
Montceau-les-Mines
Lausanne
Le Blanc
la Châtre
Moulins
Montreux
Poitiers
Argenton-sur-Creuse
Creuse
Digoin
St-Claude
Lac Léman
Brig
Rotten
Bellinzona
Sion
Vienne
Montluçon
Lapalisse
Mâcon
Thonon
Genève
Annemasse
Lugano
Guéret
Vichy
Bourg-en-Bresse
Martigny
Bellac
Confolens
Bourganeuf
Aubusson
Roanne
Nantua
Chamonix-Mont-Blanc
Annecy
Stresa
Varese
Riom
Belley
Aix-les-B.
Megève
Rochechouart
Limoges
Clermont-Ferrand
Thiers
LYON
RHÔNE
Albertville
Aosta/Aoste
Angoulême
Ussel
la Bourboule
Ambert
Bourgoin-Jallieu
Chambéry
MILANO
Nontron
Uzerche
Issoire
St-Etienne
Vienne
Voiron
Val-d'Isère
Brioude
Grenoble
Isère
St-Jean-de-Maurienne
Périgueux
Tulle
Mauriac
Tournon
Susa
TORINO
Po
Brive-la-Gaillarde
St-Flour
Allier
le Puy-en-Velay
Valence
Briançon
Sarlat-la-Canéda
Aurillac
Bergerac
Dordogne
Privas
Drôme
Die
ITALIA
Figeac
Aubenas
Gap
Genova
Lot
Mende
Montélimar
Barcelonnette
Cuneo
Savona
Villeneuve-s-Lot
Cahors
Marmande
Aveyron
Rodez
Florac
Ardèche
Nyons
Villefranche-de-Rouergue
Orange
Sisteron
Digne-les-Bains
Tende
Alassio
Agen
Millau
Alès
Carpentras
Forcalquier
Montauban
le Vigan
Gard
Avignon
Apt
Castellane
San Remo
Castelsarrasin
Tarn
Albi
Nîmes
Manosque
Var
Menton
Monaco
Nice
Lodève
Hérault
Montpellier
Arles
Salon-de-P.
Durance
Draguignan
Grasse
Bastia
Auch
TOULOUSE
Castres
Aix-en-Provence
Cannes
Calvi
Revel
Béziers
Fréjus
Castelnaudary
Sète
Martigues
Brignoles
Aude
Agde
MARSEILLE
St-Tropez
Corte
St-Gaudens
GARONNE
Pamiers
Carcassonne
Toulon
Aléria
Narbonne
Limoux
St-Girons
Foix
Ajaccio
Ariège
Bagnères-de-Luchon
Ax-les-Thermes
Perpignan
Propriano
Prades
Sartène
Porto-Vecchio
ANDORRA
Andorra la Vella
MÉDITERRANÉE
Céret
Bourg-Madame
Cerbère
Bonifacio
A 16
A 25
A 26
A 1
A 2
A 23
A 29
A 28
A 13
A 10
A 11
A 5
A 6
A 4
A 31
A 34
A 35
A 36
A 39
A 38
A 40
A 41
A 42
A 43
A 46
A 47
A 48
A 49
A 7
A 8
A 9
A 20
A 61
A 62
A 64
A 66
A 68
A 71
A 72
A 75
A 77
A 89
A 19
A 30
A 50
A 51
A 52
A 54
A 57
A 85
N 2
N 4
N 7
N 10
N 12
N 13
N 19
N 20
N 21
N 25
N 26
N 31
N 36
N 42
N 43
N 51
N 57
N 59
N 66
N 67
N 74
N 76
N 77
N 79
N 80
N 81
N 82
N 83
N 85
N 88
N 89
N 90
N 94
N 100
N 102
N 106
N 109
N 112
N 113
N 116
N 120
N 122
N 124
N 140
N 141
N 145
N 147
N 151
N 152
N 154
N 157
N 160
N 191
N 193
N 196
N 198
N 200
N 202
N 420
N 504
D 1
D 7
D 15
D 67
D 70
D 81
D 98
D 117
D 126
D 417
D 437
D 471
D 519
D 533
D 660
D 675
D 710
D 901
D 902
D 906
D 908
D 909
D 920
D 921
D 928
D 929
D 930
D 931
D 933
D 939
D 940
D 941
D 943
D 951
D 955
D 960
D 964
D 965
D 966
D 971
D 977
D 978
D 980
D 982
D 994
D 999
D 1029
D 2076
D 2205

Stations-service sur autoroutes

- Echangeur complet avec numéro
- Demi-échangeur (entrée et sortie) avec numéro
- Echangeur partiel: entrée seule ou sortie seule
- Barrière de péage en pleine voie
- Police - Gendarmerie
- Station de gonflage gratuite
- NEMOURS Aire de service
- Elf Station service et marque du pétrolier
- Distributeur de gaz (G.P.L)
- Atelier d'entretien
- Hôtel
- Restaurant
- Cafétéria
- Bureau d'informations touristiques effectuant des réservations d'hôtels
- Bureau d'informations touristiques
- Billetterie automatique
- Vente de produits régionaux
- Point relax
- Jeux pour enfants
- "Village-Etape"

Le logo de la marque **E.LECLERC** est représenté sous la forme

Le logo de la marque bp est représenté sous la forme BP

ATTENTION :
En France, nouvelle numérotation des routes nationales et départementales en cours.

Les marques de pétroliers installés sur les aires de service représentées sur cette carte sont celles connues à fin 2006.

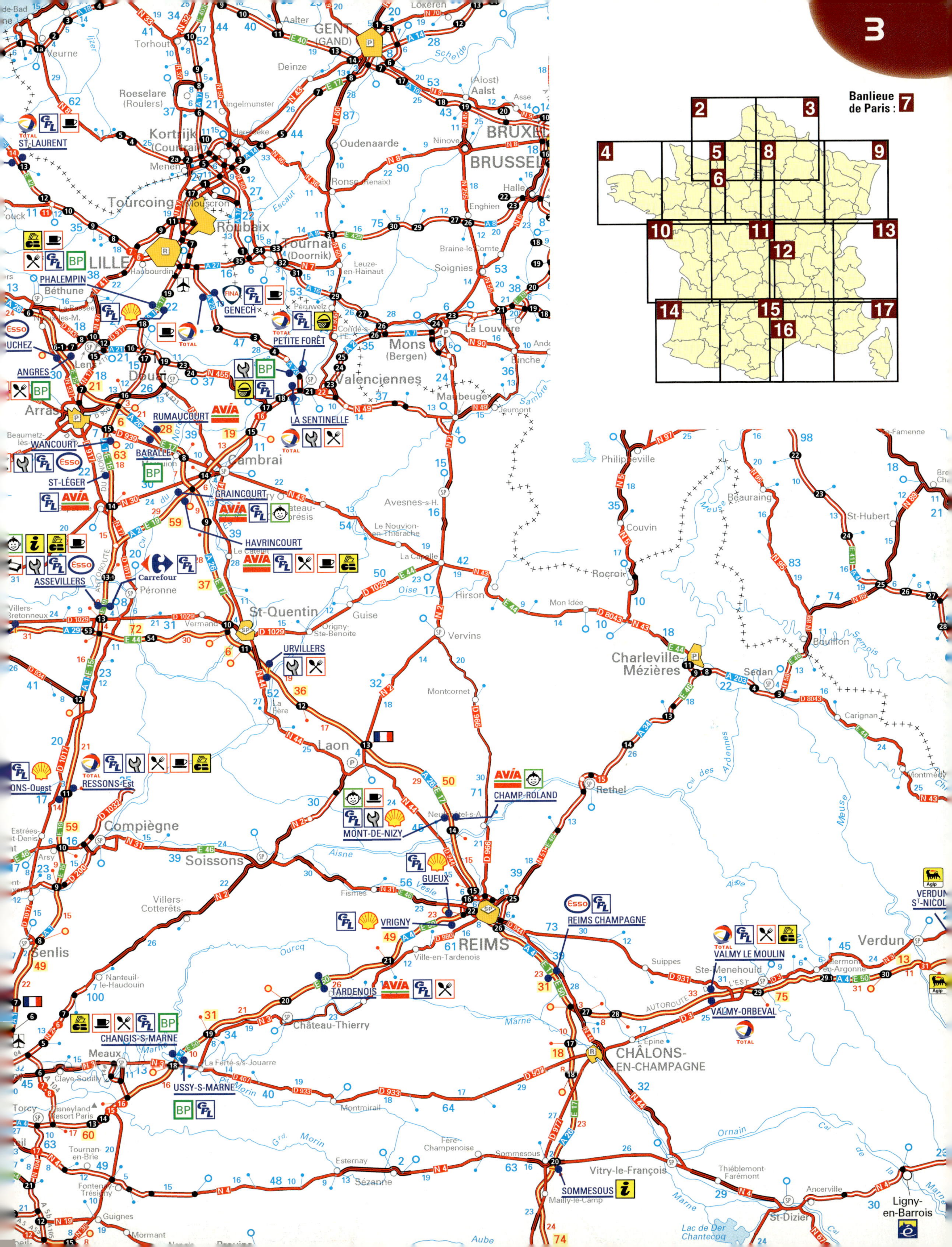
Banlieue de Paris : 7
2
3
4
5
6
8
9
10
11
12
13
14
15
16
17
Veurne
Torhout
Aalter
GENT (GAND)
Lokeren
Deinze
Roeselare (Roulers)
Ingelmunster
(Alost) Aalst
Asse
Kortrijk (Courtrai)
Harelbeke
Oudenaarde
Ninove
BRUXELLES
BRUSSEL
Menen
Ronse (Renaix)
Halle
Enghien
Tourcoing
Mouscron
Roubaix
Tournai (Doornik)
Braine-le-Comte
Soignies
Leuze-en-Hainaut
LILLE
Haubourdin
ST-LAURENT
PHALEMPIN
Béthune
GENECH
PETITE FORÊT
Péruwelz
Condé-s-l'E.
La Louvière
Mons (Bergen)
Binche
Lens
Douai
Valenciennes
Maubeuge
Jeumont
Sambre
ANGRES
Arras
RUMAUCOURT
LA SENTINELLE
WANCOURT
BARALLE
Cambrai
Philippeville
ST-LÉGER
GRAINCOURT
HAVRINCOURT
Avesnes-s-H.
Le Nouvion-en-Thiérache
Couvin
Beauraing
St-Hubert
La Capelle
Rocroi
ASSEVILLERS
Carrefour
Péronne
Hirson
Mon Idée
Oise
Villers-Bretonneux
Vermand
St-Quentin
Guise
Origny-Ste-Benoite
Vervins
Charleville-Mézières
Bouillon
Semois
Sedan
URVILLERS
Montcornet
La Fère
Carignan
Laon
Ardennes
Montmédy
RESSONS-Est
CHAMP-ROLAND
Rethel
Meuse
Compiègne
MONT-DE-NIZY
Neufchâtel-s-A.
Estrées-St-Denis
Soissons
Aisne
Arsy
GUEUX
Fismes
Villers-Cotterêts
REIMS CHAMPAGNE
VRIGNY
REIMS
Ville-en-Tardenois
Suippes
Ste-Menehould
VALMY LE MOULIN
Clermont-en-Argonne
Verdun
VERDUN ST-NICOLAS
Senlis
Ourcq
Nanteuil-le-Haudouin
TARDENOIS
Château-Thierry
VALMY-ORBEVAL
AUTOROUTE DE L'EST
CHANGIS-S-MARNE
Marne
L'Épine
CHÂLONS-EN-CHAMPAGNE
Meaux
La Ferté-s/s-Jouarre
Claye-Souilly
USSY-S-MARNE
Petit Morin
Torcy
Disneyland Resort Paris
Montmirail
Tournan-en-Brie
Grd. Morin
Fère-Champenoise
Ornain
Esternay
Sommesous
Vitry-le-François
Thiéblemont-Farémont
Sézanne
SOMMESOUS
Mailly-le-Camp
Fontenay-Trésigny
Ancerville
Ligny-en-Barrois
Guignes
St-Dizier
Lac de Der Chantecoq
Mormant
Aube

Guern
Perros-Guirec
Île de Bréhat
Pnte de l'Arcouest
Île de Batz
Roscoff
St-Pol-de-Léon
Lannion
D 788
D 767
32
Trieux
Taulé
D58
Île d'Ouessant
Landivisiau
Morlaix
Porz an Park
Penn ar Vali
Guingamp
Plouagat
St-Brieuc
N 12
E 50
BREST
Île Molène
Pnte de St-Mathieu
Elorn
Monts d'Arrée
384
Daoulas
Hanvec
N 165
E 60
45
Pnte de Penhir
Cap de la Chèvre
330
Ménez-Hom
Châteaulin
N 164
Aulne
Rostrenen
Gouarec
108
L. de Guerlédan
Loudéac
D 700
42
Montagnes Noires
Île de Sein
Pnte du Raz
Quimper
Odet
Pontivy
D 768
6-2007
Blavet
Scorff
Quimperlé
66
51
N 24
81
Hennebont
Landes de Lanvaux
Elven
Lorient
Auray
Vannes
N 166
Pnte de Penmarch
Îles de Glénan
Île de Groix
Mégalithes
Houat
Belle-Île
Hœdic

Alderney
Cap de la Hague
Nez de Jobourg
Cherbourg-Octeville
Cap Lévy
Pnte de Barfleur
Sark
Jersey
Valognes
St-Sauveur-le-Vicomte
Ste-Mère-Église
La Haye-du-Puits
Lessay
St-Jean-de-Daye
St-Lô
Bayeux
Coutances
Villers-Bocage
Torigni-s-Vire
CAEN
Oustreham
Deauville
LE HAVRE
Beuzeville
Pont-l'Évêque
Dozulé
Troarn
GIBERVILLE
Lisieux
LA VALLÉE DE LA VIRE-GOUVETS
Villedieu-les-Poêles
Îles Chausey
Granville
Thury-Harcourt
Clécy
Condé-s-Noireau
Falaise
Flers
Argentan
Gacé
Nonant-le-Pin
Mortrée
Sées
Cap Fréhel
Pnte du Grouin
St-Malo
Sartilly
Avranches
Le Mont-St-Michel
Ducey
St-Hilaire-du-Harcouët
LE MONT-ST-MICHEL
Pontorson
Dol-de-Bretagne
Lamballe
Dinan
Antrain
St Brice-en-Coglès
Domfront
Le Teilleul
Juvigny-s/s-Andaine
Couptrain
Pré-en-Pail
Mt des Avaloirs
Alençon
Le Mêle-s-S.
Ambrières-les-Vallées
Javron-les-Chapelles
Fougères
Ernée
Mayenne
DE RANCE
Montauban-de-Bretagne
St-Aubin-d'Aubigné
RENNES
Plélan-le-Grand
Ploërmel
ERBRÉE
MONDEVERT
LA GRAVELLE
Laval
LAVAL-BONCHAMP
LAVAL-LE-COUDRAY
Vaiges
ST-DENIS D'ORQUES
St-Denis-d'Orques
THORIGNÉ-EN-CHARNIE
LE MANS
Beaumont-s-Sarthe
Carrefour SARTHE-SARGE-LE MANS
Château-Gontier
Martigné-Ferchaud
Pouancé
Segré
POMMÉNIAC
PARCÉ-SUR-SARTHE
Écommoy
Derval
Nozay
La Flèche
Durtal
Le Lion-d'Angers
LES PORTES D'ANGERS
Seiches-s-le-Loir
ANGERS
CORZÉ
Baugé
La Roche-Bernard
Blain
Pontchâteau
La Baule
ANCENIS
VARADES-LE GENETAIS
Varades
Ingrandes
St-Georges-s-Loire
Les Ponts-de-Cé
VARADES-LA-BÉDOIRE
Ancenis
BEAULIEU-S-LAYON
Brissac
LONGUÉ-LA-COUAILLE
LONGUÉ-LES-COSSONNIÈRES
Longué-Jumelles
TOURS-LA-LONDE
Vilaine
Rance
Couesnon
Mayenne
Sarthe
Orne
Vire
Erdre
Brest
LOIRE
10-2007
8-2007

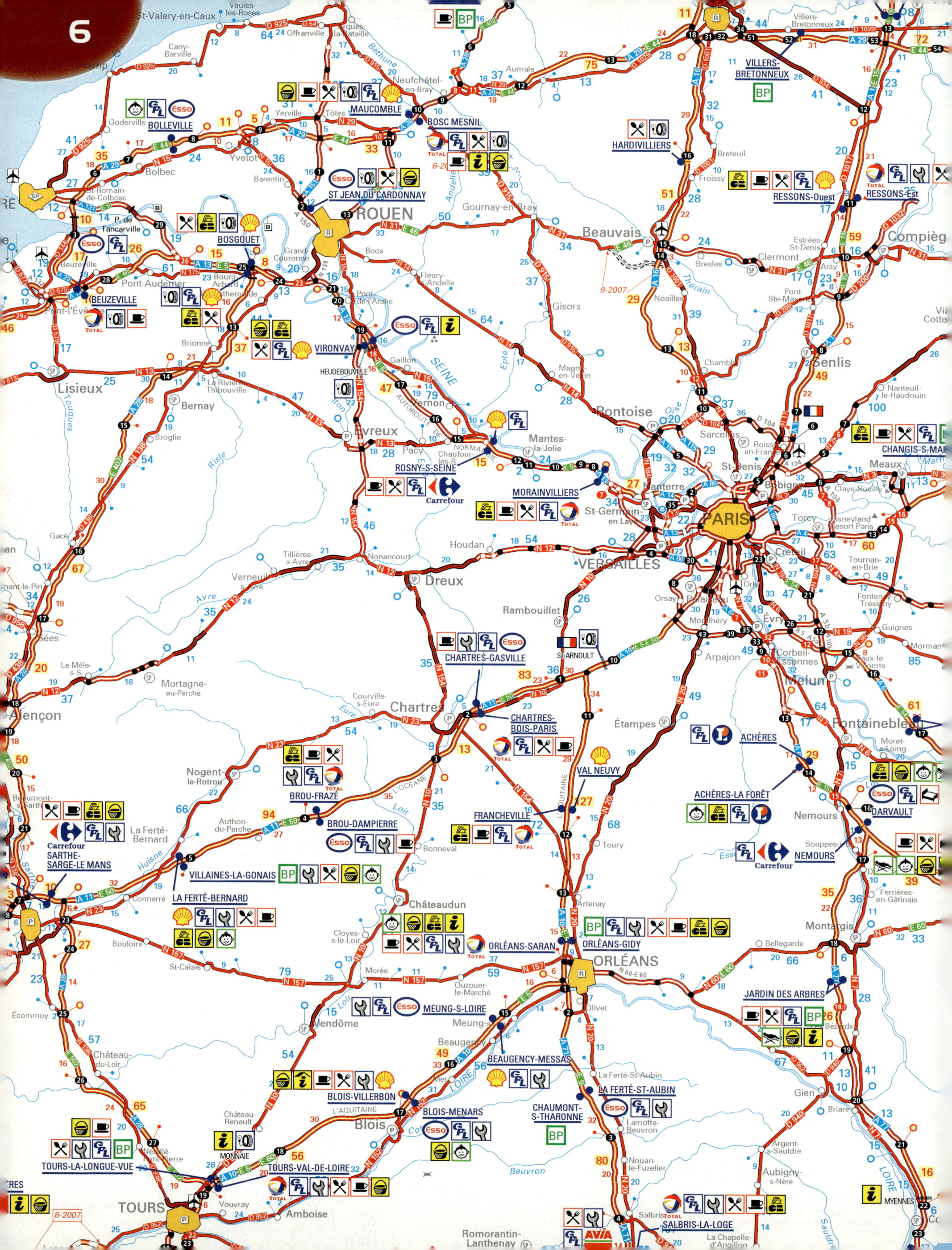
St-Valery-en-Caux
Veules-les-Roses
Offranville
Arques-la-Bataille
Cany-Barville
Neufchâtel-en-Bray
Aumale
Villers-Bretonneux
VILLERS-BRETONNEUX
BP
Goderville
BOLLEVILLE
Yerville
Tôtes
MAUCOMBLE
BOSC MESNIL
HARDIVILLIERS
Breteuil
Bolbec
Yvetot
Barentin
St-Romain-de-Colbosc
ST JEAN DU CARDONNAY
Froissy
RESSONS-Ouest
RESSONS-Est
ROUEN
Gournay-en-Bray
Beauvais
Estrées-St-Denis
Compiègne
P. de Tancarville
BOSGOUET
Grand-Couronne
Boos
Clermont
Bresles
Arsy
Beuzeville
Pont-Audemer
Bourg-Achard
Fleury-s-Andelle
BEUZEVILLE
Pont-l'Évêque
Pont-de-l'Arche
Gisors
Noailles
Pont-Ste-Maxence
VIRONVAY
Brionne
Gaillon
HEUDEBOUVILLE
Magny-en-Vexin
Chambly
Senlis
Lisieux
La Rivière-Thibouville
Bernay
Vernon
Pontoise
Nanteuil-le-Haudouin
Évreux
Pacy
Chaufour-lès-B.
Mantes-la-Jolie
Sarcelles
Roissy-en-France
CHANGIS-S-MARNE
Broglie
ROSNY-S-SEINE
St-Denis
Meaux
Risle
MORAINVILLIERS
Nanterre
Bobigny
Claye-Souilly
Carrefour
St-Germain-en-Laye
PARIS
Torcy
Disneyland Resort Paris
Gacé
Houdan
Créteil
Tournan-en-Brie
Tillières-s-Avre
Nonancourt
VERSAILLES
Verneuil-s-Avre
Dreux
Orly
Fontenay-Trésigny
Avre
Rambouillet
Orsay
Palaiseau
Montlhéry
Évry
Sées
Guignes
Le Mêle-s-S.
Mortagne-au-Perche
CHARTRES-GASVILLE
ST ARNOULT
Corbeil-Essonnes
Arpajon
Vaux-le-Vicomte
Melun
Alençon
Courville-s-Eure
Chartres
CHARTRES-BOIS-PARIS
Étampes
Fontainebleau
ACHÈRES
Moret-s-Loing
Nogent-le-Rotrou
BROU-FRAZÉ
VAL NEUVY
ACHÈRES-LA FORÊT
Beaumont-s-Sarthe
Authon-du-Perche
BROU-DAMPIERRE
FRANCHEVILLE
Nemours
DARVAULT
La Ferté-Bernard
Carrefour SARTHE-SARGE-LE MANS
Bonneval
Toury
Souppes
NEMOURS
VILLAINES-LA-GONAIS
LA FERTÉ-BERNARD
Connerré
Châteaudun
Ferrières-en-Gâtinais
Artenay
Montargis
Bouloire
Cloyes-s-le-Loir
ORLÉANS-SARAN
ORLÉANS-GIDY
Bellegarde
ORLÉANS
St-Calais
Morée
Ouzouer-le-Marché
Olivet
JARDIN DES ARBRES
Écommoy
MEUNG-S-LOIRE
Meung-s
Vendôme
Bézards
Beaugency
Château-du-Loir
BEAUGENCY-MESSAS
La Ferté-St-Aubin
LA FERTÉ-ST-AUBIN
Gien
BLOIS-VILLERBON
BLOIS-MENARS
CHAUMONT-S-THARONNE
Briare
Château-Renault
Blois
Lamotte-Beuvron
MONNAIE
Argent-s-Sauldre
TOURS-LA-LONGUE-VUE
TOURS-VAL-DE-LOIRE
Nouan-le-Fuzelier
Beuvron
Aubigny-s-Nère
Neuillé-Pont-Pierre
TOURS
Vouvray
Amboise
MYENNES
Salbris
SALBRIS-LA-LOGE
Romorantin-Lanthenay
La Chapelle-d'Angillon
Sauldre
LOIRE
Seine
Epte
Oise
Eure
Huisne
Sarthe
Loir
Touques
Iton
Thérain
L'AQUITAINE
L'OCÉANE
AUTOROUTE DE NORMANDIE
9-2007
8-2007

Environs de PARIS

Boulevard Périphérique (80) Vitesse limitée - Priorité à droite - En cas d'accident, ne jamais rester dans son véhicule.

Info-Voirie-Paris

Fermeture du boulevard périphérique & des voies sur berge : tel 01 40 28 72 72

Etat de la circulation à Paris

www.prefecture-police-paris.interieur.gouv.fr

Informations en direct : densité du trafic, travaux, fermetures, manifestations, cérémonies (informations fournies par la Direction de l'Ordre Public et de la Circulation de la Préfecture de Police de Paris)

www.infotrafic.com

Informations en direct fournies par la Direction Régionale de l'Equipement de l'Île-de-France et la ville de Paris.

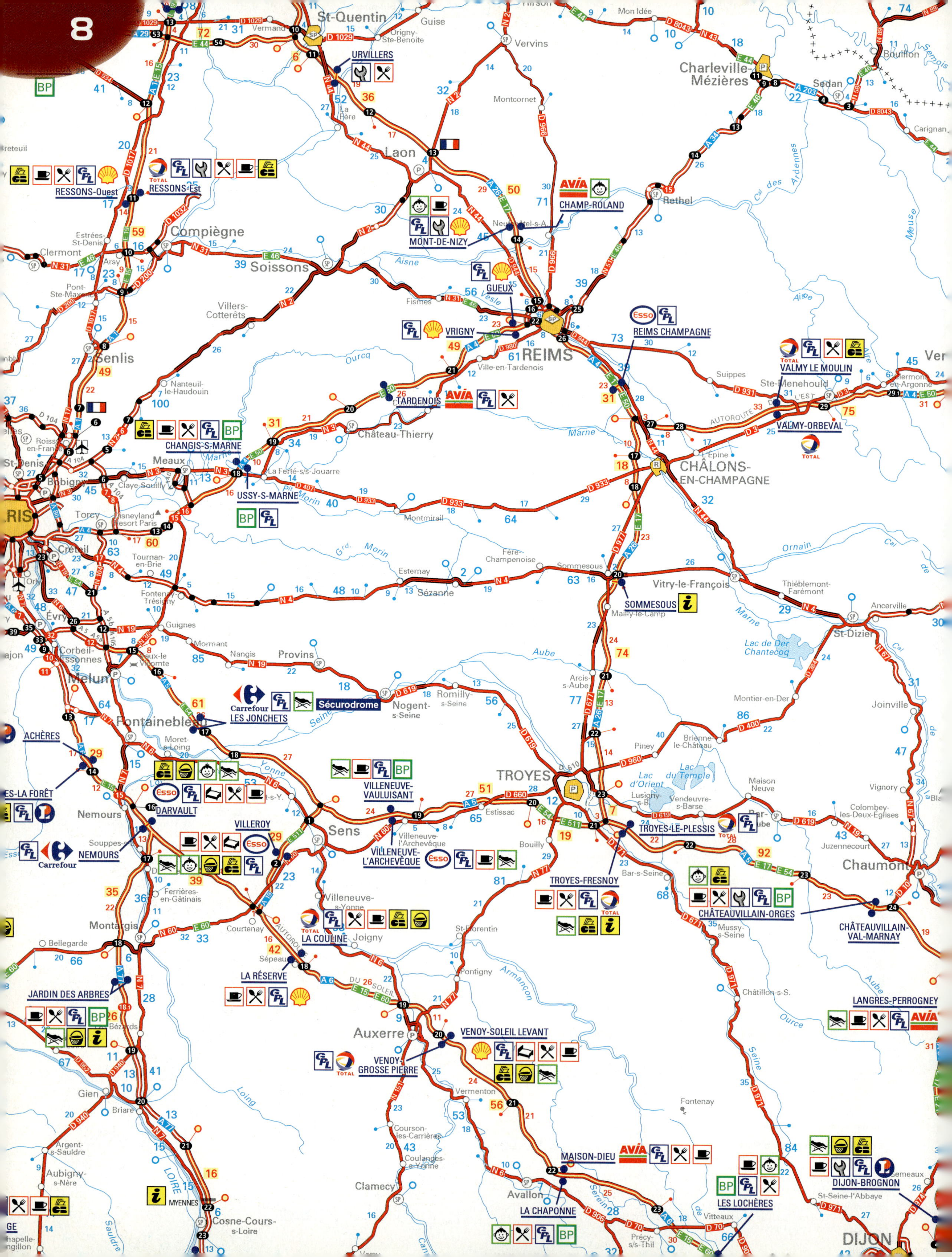
St-Quentin
Guise
Vervins
Hirson
Mon Idée
Charleville-Mézières
Sedan
Bouillon
Carignan
URVILLERS
Laon
Montcornet
Rethel
RESSONS-Ouest
RESSONS-Est
CHAMP-ROLAND
MONT-DE-NIZY
Compiègne
Clermont
Soissons
GUEUX
Villers-Cotterêts
Fismes
VRIGNY
REIMS CHAMPAGNE
REIMS
Senlis
Ville-en-Tardenois
Nanteuil-le-Haudouin
TARDENOIS
VALMY LE MOULIN
Ste-Menehould
VALMY-ORBEVAL
CHANGIS-S-MARNE
Château-Thierry
Meaux
La Ferté-s/s-Jouarre
USSY-S-MARNE
CHÂLONS-EN-CHAMPAGNE
L'Épine
Suippes
St-Denis
Bobigny
Torcy
Disneyland Resort Paris
Montmirail
Créteil
Tournan-en-Brie
Fère-Champenoise
Esternay
Sézanne
Sommesous
Vitry-le-François
SOMMESOUS
Mailly-le-Camp
Thiéblemont-Farémont
St-Dizier
Évry
Corbeil-Essonnes
Guignes
Mormant
Nangis
Provins
Melun
Lac de Der Chantecoq
Carrefour LES JONCHETS
Sécurodrome
Nogent-s-Seine
Romilly-s-Seine
Arcis-s-Aube
Montier-en-Der
Joinville
Fontainebleau
ACHÈRES
Moret-s-Loing
TROYES
Piney
Brienne-le-Château
Lac d'Orient
Lac du Temple
VAULUISANT
DARVAULT
Nemours
VILLEROY
Sens
Estissac
VILLENEUVE-L'ARCHEVÊQUE
TROYES-LE-PLESSIS
Bar-s-Aube
Colombey-les-Deux-Églises
Chaumont
NEMOURS
TROYES-FRESNOY
Bar-s-Seine
CHÂTEAUVILLAIN-ORGES
CHÂTEAUVILLAIN-VAL-MARNAY
Ferrières-en-Gâtinais
Villeneuve-s-Yonne
Montargis
Courtenay
LA COULINE
Joigny
St-Florentin
Bellegarde
LA RÉSERVE
JARDIN DES ARBRES
Pontigny
Châtillon-s-S.
LANGRES-PERROGNEY
Auxerre
VENOY-SOLEIL LEVANT
VENOY-GROSSE PIERRE
Gien
Briare
Vermenton
Fontenay
Argent-s-Sauldre
Courson-les-Carrières
Coulanges-s-Yonne
MAISON-DIEU
Aubigny-s-Nère
Clamecy
Avallon
LA CHAPONNE
LES LOCHÈRES
DIJON-BROGNON
MYENNES
Cosne-Cours-s-Loire
Précy-s/s-Thil
Vitteaux
DIJON

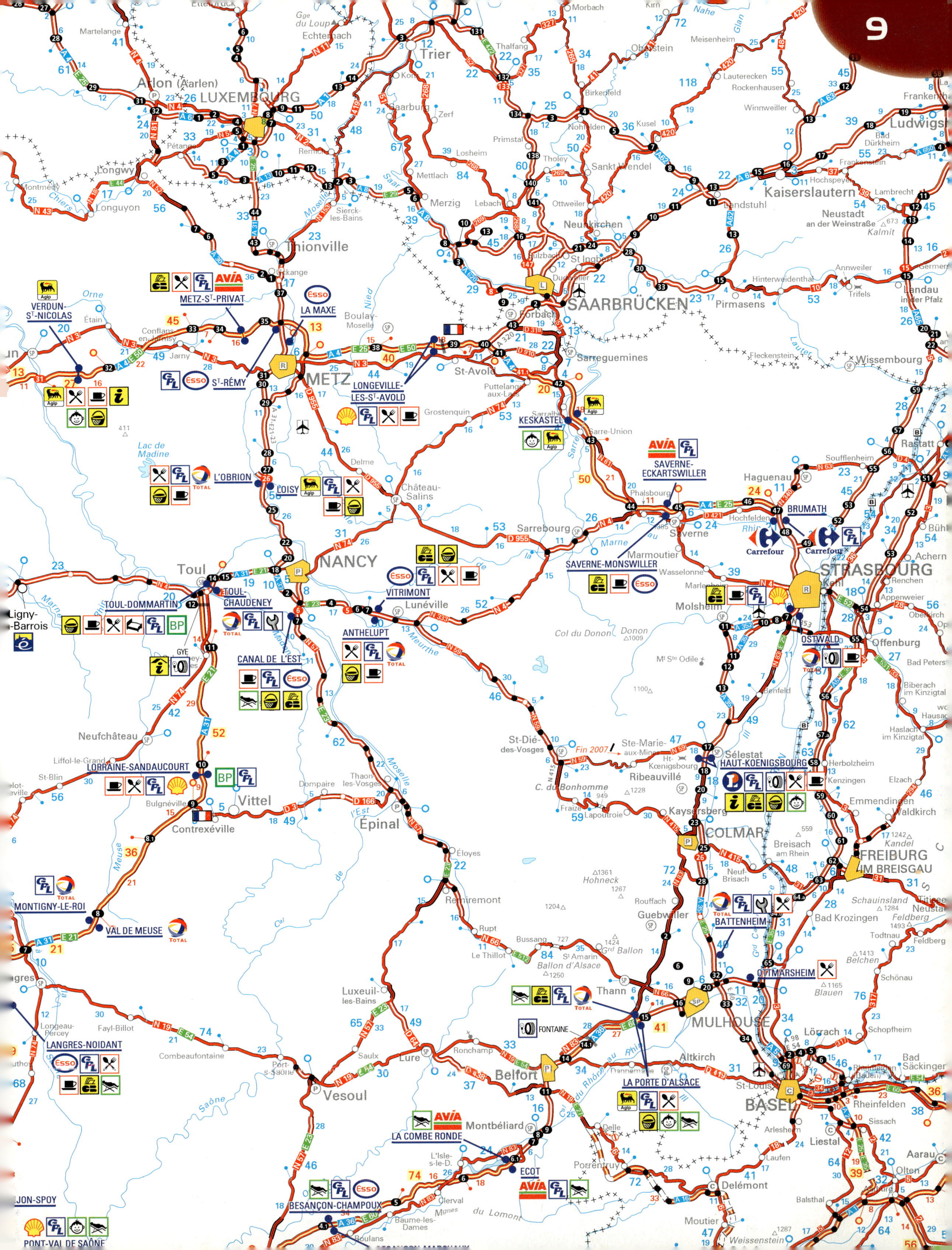
Trier
LUXEMBOURG
Arlon (Aarlen)
Longwy
Thionville
Saarburg
Merzig
Neunkirchen
St Ingbert
SAARBRÜCKEN
Forbach
Sarreguemines
Kaiserslautern
Neustadt an der Weinstraße
Landau in der Pfalz
Pirmasens
Wissembourg
Kusel
St Wendel
Landstuhl
Homburg
METZ-S^T-PRIVAT
LA MAXE
VERDUN-S^T-NICOLAS
S^T-RÉMY
METZ
LONGEVILLE-LES-S^T-AVOLD
St-Avold
KESKASTEL
Sarre-Union
SAVERNE-ECKARTSWILLER
Haguenau
BRUMATH
L'OBRION
LOISY
Château-Salins
Sarrebourg
Saverne
NANCY
Toul
TOUL-DOMMARTIN
TOUL-CHAUDENEY
VITRIMONT
Lunéville
SAVERNE-MONSWILLER
STRASBOURG
Kehl
Molsheim
Offenbach
OSTWALD
Offenburg
ANTHELUPT
CANAL DE L'EST
Ligny-en-Barrois
Neufchâteau
LORRAINE-SANDAUCOURT
Vittel
Contrexéville
Épinal
St-Dié-des-Vosges
Sélestat
HAUT-KOENIGSBOURG
Ribeauvillé
Kaysersberg
COLMAR
Breisach am Rhein
FREIBURG IM BREISGAU
Emmendingen
Waldkirch
Remiremont
Guebwiller
BATTENHEIM
OTTMARSHEIM
MULHOUSE
Thann
FONTAINE
Belfort
Montbéliard
LA COMBE RONDE
ECOT
LA PORTE D'ALSACE
Altkirch
St-Louis
BASEL
Lörrach
Rheinfelden
Liestal
Delémont
Porrentruy
MONTIGNY-LE-ROI
VAL DE MEUSE
LANGRES-NOIDANT
Luxeuil-les-Bains
Lure
Vesoul
BESANÇON-CHAMPOUX
PONT-VAL DE SAÔNE
Carrefour
Fin 2007

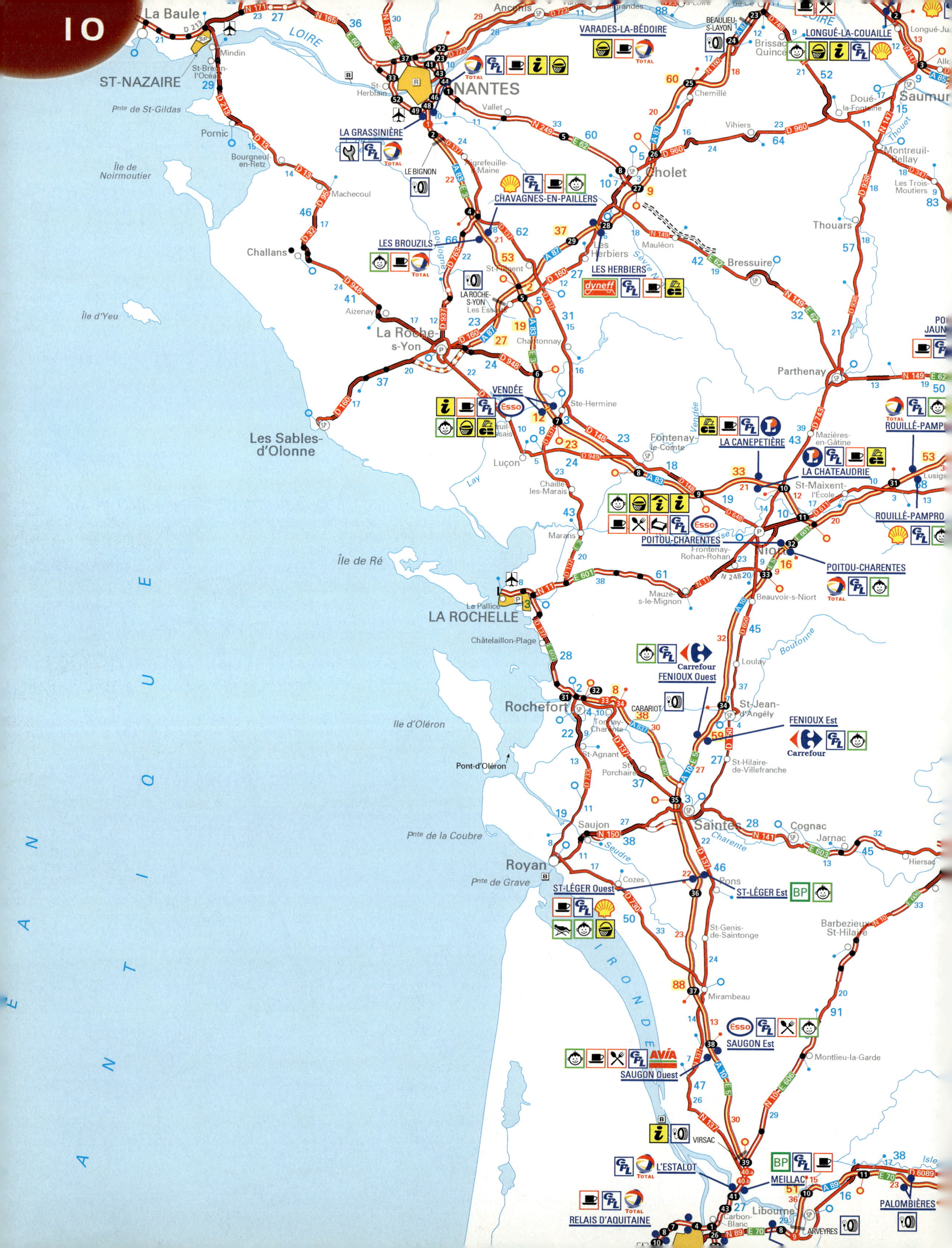
La Baule
ST-NAZAIRE
Mindin
St-Brevin-l'Océan
Pte de St-Gildas
Pornic
Bourgneuf-en-Retz
Île de Noirmoutier
Machecoul
Challans
Île d'Yeu
Aizenay
La Roche-s-Yon
Les Sables-d'Olonne
LOIRE
NANTES
St-Herblain
Ancenis
VARADES-LA-BÉDOIRE
BEAULIEU-S-LAYON
LONGUÉ-LA-COUAILLE
Brissac-Quincé
Saumur
Doué-la-Fontaine
Montreuil-Bellay
Les Trois-Moutiers
Chemillé
Vihiers
Cholet
Vallet
LA GRASSINIÈRE
LE BIGNON
Aigrefeuille-s-Maine
CHAVAGNES-EN-PAILLERS
LES BROUZILS
St-Fulgent
Les Herbiers
LES HERBIERS
Mauléon
Bressuire
Thouars
Parthenay
LA ROCHE-S-YON Les Essarts
Chantonnay
VENDÉE
Ste-Hermine
Luçon
Fontenay-le-Comte
LA CANEPETIÈRE
LA CHATEAUDRIE
Mazières-en-Gâtine
St-Maixent-l'École
ROUILLÉ-PAMPROUX
Lusignan
Chaillé-les-Marais
Marans
POITOU-CHARENTES
Niort
Frontenay-Rohan-Rohan
Mauzé-s-le-Mignon
Beauvoir-s-Niort
Île de Ré
La Pallice
LA ROCHELLE
Châtelaillon-Plage
Carrefour
FENIOUX Ouest
FENIOUX Est
Loulay
Boutonne
St-Jean-d'Angély
Rochefort
CABARIOT
Tonnay-Charente
Île d'Oléron
Pont-d'Oléron
St-Agnant
St-Porchaire
St-Hilaire-de-Villefranche
Saintes
Charente
Cognac
Jarnac
Hiersac
Saujon
Seudre
Pte de la Coubre
Royan
Pte de Grave
ST-LÉGER Ouest
ST-LÉGER Est
Cozes
Pons
St-Genis-de-Saintonge
Barbezieux-St-Hilaire
GIRONDE
Mirambeau
SAUGON Est
SAUGON Ouest
Montlieu-la-Garde
VIRSAC
L'ESTALOT
MEILLAC
PALOMBIÈRES
RELAIS D'AQUITAINE
Carbon-Blanc
Libourne
ARVEYRES
OCÉAN ATLANTIQUE

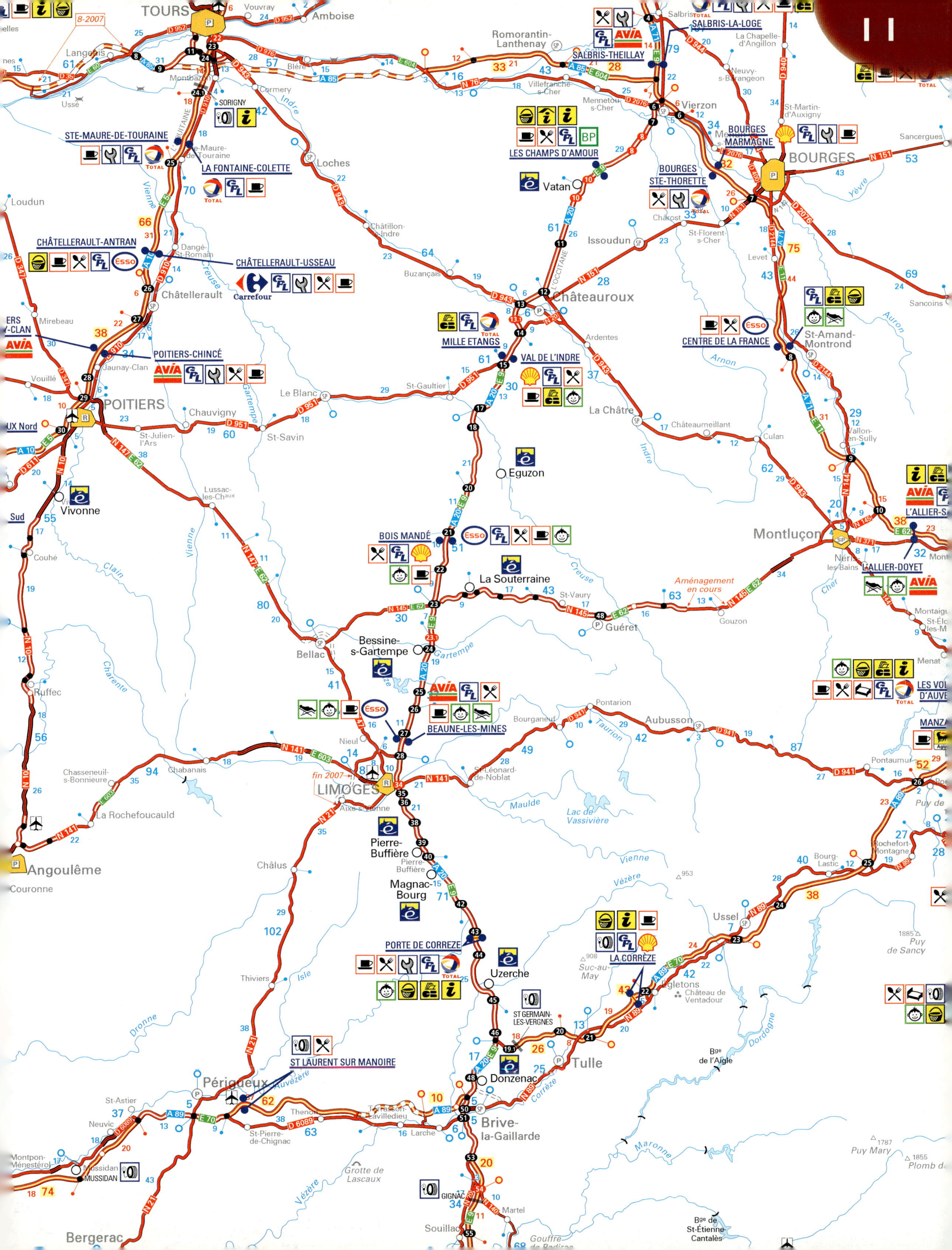

TOURS
Vouvray
Amboise
8-2007
Langeais
Montbazon
Usse
Cormery
SORIGNY
Indre
STE-MAURE-DE-TOURAINE
Ste-Maure-de-Touraine
LA FONTAINE-COLETTE
Loches
Vienne
Loudun
CHÂTELLERAULT-ANTRAN
Dangé-St-Romain
CHÂTELLERAULT-USSEAU
Carrefour
Creuse
Châtellerault
Mirebeau
POITIERS-CHINCÉ
Jaunay-Clan
Vouillé
POITIERS
Chauvigny
St-Julien-l'Ars
St-Savin
Gartempe
Le Blanc
St-Gaultier
Lussac-les-Châteaux
Vivonne
Couhé
Clain
Ruffec
Charente
Chasseneuil-s-Bonnieure
Chabanais
La Rochefoucauld
Angoulême
Couronne
Romorantin-Lanthenay
SALBRIS-LA-LOGE
Salbris
La Chapelle-d'Angillon
SALBRIS-THEILLAY
Villefranche-s-Cher
Mennetou-s-Cher
Neuvy-s-Barangeon
Vierzon
St-Martin-d'Auxigny
BOURGES MARMAGNE
Mehun-s-Yèvre
Sancergues
BOURGES
Yèvre
LES CHAMPS D'AMOUR
Vatan
BOURGES STE-THORETTE
Charost
St-Florent-s-Cher
Issoudun
Levet
Sancoins
Buzançais
Châtillon-s-Indre
Châteauroux
L'OCCITANE
MILLE ETANGS
VAL DE L'INDRE
Ardentes
Arnon
CENTRE DE LA FRANCE
St-Amand-Montrond
Auron
La Châtre
Châteaumeillant
Culan
Vallon-en-Sully
Eguzon
Montluçon
L'ALLIER-S
Néris-les-Bains
L'ALLIER-DOYET
Cher
BOIS MANDÉ
La Souterraine
St-Vaury
Guéret
Aménagement en cours
Gouzon
Montaigut
St-Éloy-les-Mines
Bellac
Bessines-s-Gartempe
Gartempe
Menat
LES VOLCANS D'AUVERGNE
BEAUNE-LES-MINES
Bourganeuf
Pontarion
Taurion
Aubusson
MANZAT
Nieul
fin 2007
LIMOGES
Aixe-s-Vienne
St-Léonard-de-Noblat
Maulde
Lac de Vassivière
Pontaumur
Puy de Dôme
Pierre-Buffière
Châlus
Magnac-Bourg
Vienne
Vézère
Rochefort-Montagne
Bourg-Lastic
Ussel
Puy de Sancy
PORTE DE CORREZE
LA CORRÈZE
Uzerche
Suc-au-May
Egletons
Château de Ventadour
Thiviers
Isle
Dronne
ST GERMAIN-LES-VERGNES
Dordogne
Bge de l'Aigle
ST LAURENT SUR MANOIRE
Tulle
Donzenac
Corrèze
Périgueux
Auvézère
St-Astier
Neuvic
Thenon
Terrasson-Lavilledieu
St-Pierre-de-Chignac
Larche
Brive-la-Gaillarde
Maronne
Puy Mary
Plomb du Cantal
Montpon-Ménestérol
Mussidan
MUSSIDAN
Grotte de Lascaux
Vézère
GIGNAC
Martel
Souillac
Bge de St-Étienne-Cantalès
Gouffre de Padirac
Bergerac

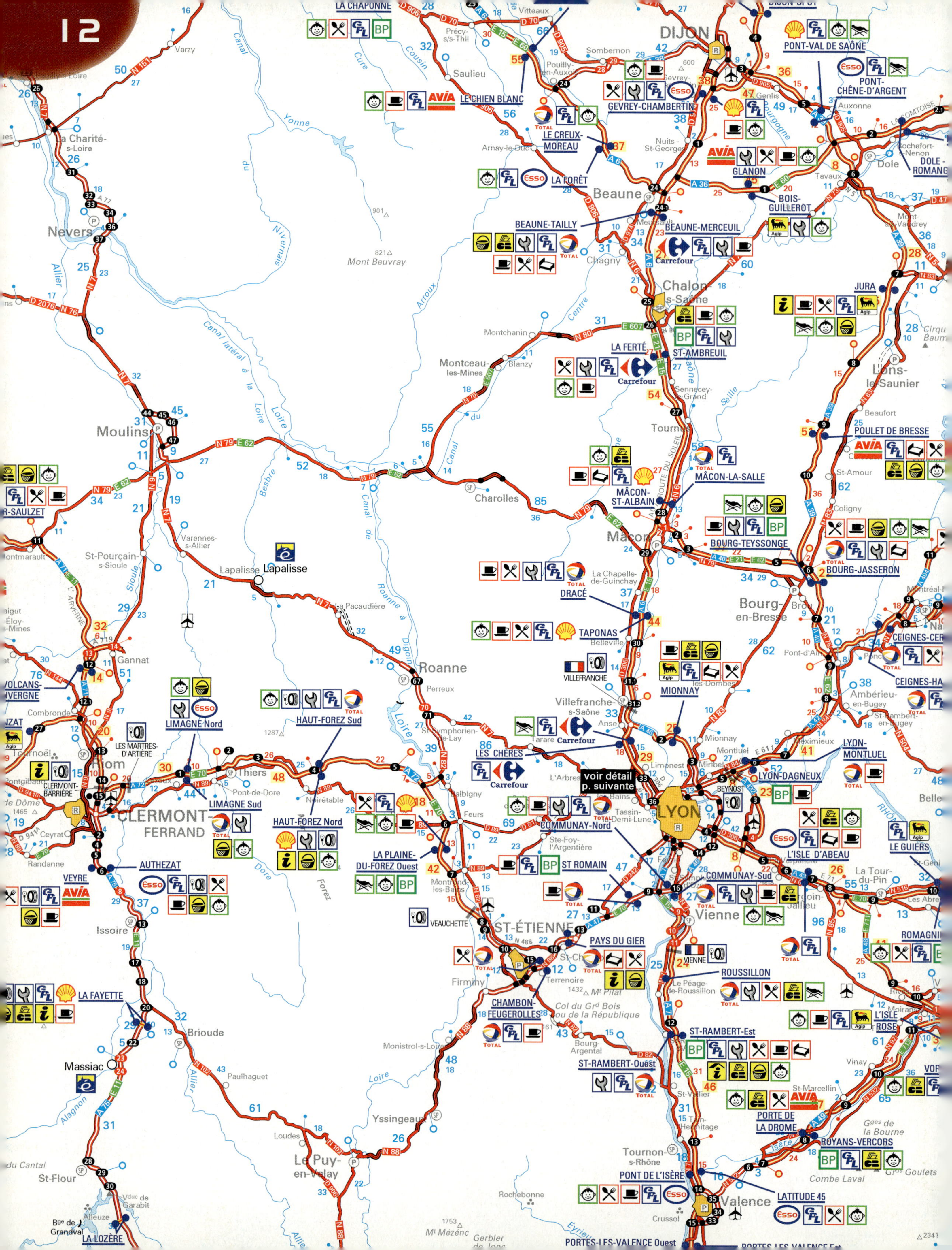
LA CHAPONNE
DIJON
PONT-VAL DE SAÔNE
PONT-CHÊNE-D'ARGENT
Précy-s/s-Thil
Vitteaux
Sombernon
Pouilly-en-Auxois
Saulieu
Varzy
LE CHIEN BLANC
GEVREY-CHAMBERTIN
LE CREUX-MOREAU
Arnay-le-Duc
Nuits-St-Georges
GLANON
Auxonne
Genlis
Dole
DOLE-ROMANGE
Rochefort-s-Nenon
Tavaux
LA FORÊT
Beaune
BOIS-GUILLEROT
BEAUNE-TAILLY
BEAUNE-MERCEUIL
Meursault
Chagny
Chalon-s-Saône
JURA
Mont-s-Vaudrey
La Charité-s-Loire
Nevers
Mont Beuvray
Montchanin
Montceau-les-Mines
Blanzy
LA FERTÉ
ST-AMBREUIL
Sennecey-le-Grand
Lons-le-Saunier
Beaufort
POULET DE BRESSE
Moulins
Tournus
MÂCON-LA-SALLE
MÂCON-ST-ALBAIN
Charolles
St-Amour
Coligny
Mâcon
BOURG-TEYSSONGE
BOURG-JASSERON
-R-SAULZET
St-Pourçain-s-Sioule
Varennes-s-Allier
Lapalisse
La Chapelle-de-Guinchay
DRACÉ
Bourg-en-Bresse
Brou
La Pacaudière
TAPONAS
Belleville
CEIGNES-CERDON
Gannat
Roanne
MIONNAY
VOLCANS-D'AUVERGNE
Perreux
Villefranche-s-Saône
Ambérieu-en-Bugey
St-Rambert-en-Bugey
Combronde
LIMAGNE Nord
HAUT-FOREZ Sud
LES MARTRES-D'ARTIÈRE
St-Symphorien-de-Lay
Anse
Tarare
LES CHÈRES
Mionnay
Montluel
Meximieux
MONTLUEL
LYON-DAGNEUX
Riom
Thiers
Pont-de-Dore
Noirétable
L'Arbresle
Limonest
voir détail p. suivante
Miribel
BEYNOST
CLERMONT-BARRIÈRE
Clermont-Ferrand
LIMAGNE Sud
HAUT-FOREZ Nord
Balbigny
Feurs
COMMUNAY-Nord
Tassin-la-Demi-Lune
LYON
Ste-Foy-l'Argentière
L'ISLE D'ABEAU
LE GUIERS
Ceyrat
Randanne
AUTHEZAT
VEYRE
LA PLAINE-DU-FOREZ Ouest
Montrond-les-Bains
ST ROMAIN
COMMUNAY-Sud
La Tour-du-Pin
Les Abrets
Vienne
Issoire
VEAUCHETTE
ST-ÉTIENNE
PAYS DU GIER
St-Chamond
Firminy
Terrenoire
Mt Pilat
VIENNE
ROUSSILLON
Le Péage-de-Roussillon
ROMAGNIEU
LA FAYETTE
CHAMBON-FEUGEROLLES
Col du Grd Bois ou de la République
Brioude
Bourg-Argental
Monistrol-s-Loire
ST-RAMBERT-Est
ST-RAMBERT-Ouest
L'ISLE ROSE
Massiac
Paulhaguet
St-Vallier
Vinay
St-Marcellin
Yssingeaux
PORTE DE LA DRÔME
ROYANS-VERCORS
Loudes
Tain-l'Hermitage
Gges de la Bourne
Le Puy-en-Velay
Tournon-s-Rhône
Gres Goulets
Combe Laval
St-Flour
Vduc de Garabit
Bge de Grandval
LA LOZÈRE
Rochebonne
PONT DE L'ISÈRE
Valence
LATITUDE 45
Crussol
Mt Mézenc
Gerbier de Jonc
PORTES-LES-VALENCE Ouest
PORTES-LES-VALENCE Est

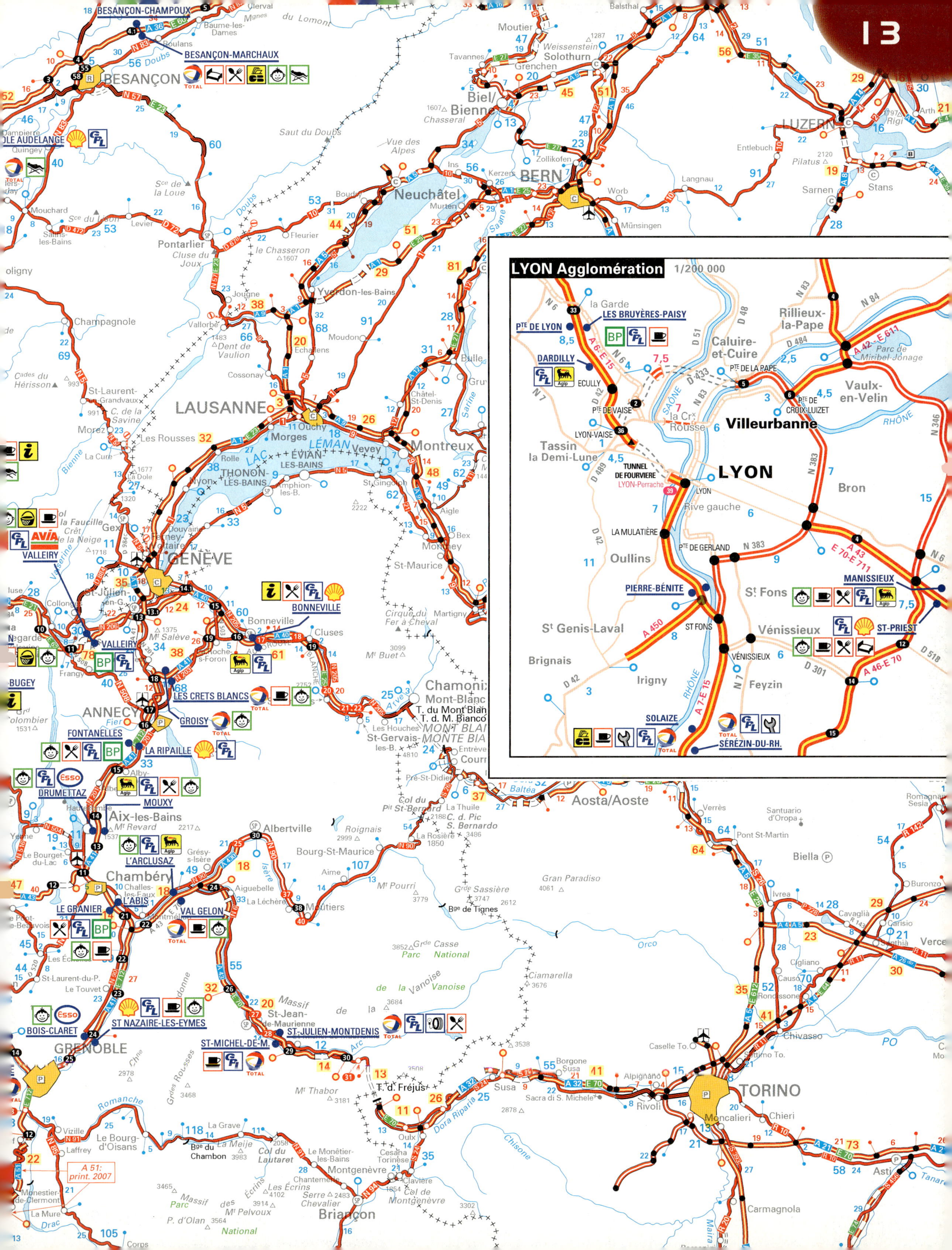
BESANÇON-CHAMPOUX
Baume-les-Dames
du Lomont
Roulans
BESANÇON-MARCHAUX
BESANÇON
Doubs
DOLE AUDELANGE
Quingey
Sce de la Loue
Mouchard
Sce du Lison
Salins-les-Bains
Levier
Pontarlier
Cluse du Joux
Saut du Doubs
Vue des Alpes
Champagnole
Jougne
Vallorbe
Dent de Vaulion
Cossonay
Cdes du Hérisson
St-Laurent-en-Grandvaux
C. de la Savine
Morez
Les Rousses
La Cure
La Dole
Col de la Faucille
Crêt de la Neige
Gex
VALLEIRY
Ferney-Voltaire
GENÈVE
St-Julien-en-G.
Collonges
Bellegarde
Frangy
BUGEY
Grd Colombier
ANNECY
FONTANELLES
LA RIPAILLE
GROISY
LES CRETS BLANCS
BONNEVILLE
Bonneville
Cluses
Mt Salève
La Roche-s-Foron
DRUMETTAZ
MOUXY
Aix-les-Bains
Mt Revard
Le Bourget-du-Lac
Yenne
L'ARCLUSAZ
Chambéry
Challes-les-Eaux
L'ABIS
LE GRANIER
VAL GELON
Montmélian
Les Échelles
St-Laurent-du-P.
Le Touvet
BOIS-CLARET
GRENOBLE
ST NAZAIRE-LES-EYMES
Vizille
Laffrey
Le Bourg-d'Oisans
La Grave
La Meije
Bge du Chambon
Col du Lautaret
Le Monêtier-les-Bains
Montgenèvre
Col de Montgenèvre
Briançon
Serre Chevalier
Les Écrins
Mt Pelvoux
La Mure
Drac
Romanche
Massif des Écrins
Parc National
Mt Thabor
T. d. Fréjus
ST-MICHEL-DE-M.
ST-JULIEN-MONTDENIS
St-Jean-de-Maurienne
Massif de la Vanoise
Parc National de la Vanoise
Grde Casse
Bge de Tignes
Grde Sassière
Mt Pourri
Moûtiers
La Léchère
Aiguebelle
Albertville
Grésy-s-Isère
Bourg-St-Maurice
Aime
Roignais
La Rosière
Col du Pit St-Bernard
La Thuile
C. d. Pic S. Bernardo
Aosta/Aoste
Gran Paradiso
Orco
Ciamarella
Dora Riparia
Susa
Oulx
Cesana Torinese
Claviere
Sacra di S. Michele
Rivoli
TORINO
Moncalieri
Chieri
Carmagnola
Asti
Chivasso
Settimo To.
Caselle To.
Ivrea
Biella
Pont St-Martin
Verrès
Santuario d'Oropa
Cavaglià
Cigliano
Rondissone
Borgone Susa
Alpignano
PO
Tanaro
Chamonix-Mont-Blanc
T. du Mont Blanc
T. d. M. Bianco
MONTE BIANCO
MONT BLANC
St-Gervais-les-B.
Les Houches
Courmayeur
Pré-St-Didier
Cirque du Fer à Cheval
Mt Buet
Martigny
St-Maurice
Monthey
Aigle
Bex
Montreux
Vevey
LÉMAN
LAC LÉMAN
ÉVIAN-LES-BAINS
THONON-LES-BAINS
Amphion-les-B.
Nyon
Rolle
Morges
LAUSANNE
Ouchy
Moudon
Échallens
Yverdon-les-Bains
Le Chasseron
Fleurier
Neuchâtel
Murten
BERN
Kerzers
Zollikofen
Biel/Bienne
Chasseral
Grenchen
Solothurn
Weissenstein
Moutier
Tavannes
Balsthal
Worb
Langnau
Münsingen
Entlebuch
LUZERN
Pilatus
Rigi
Sarnen
Stans
Arth
Châtel-St-Denis
Bulle
Sarine
Saane
A 51: print. 2007
LYON Agglomération 1/200 000
PTE DE LYON
LES BRUYÈRES-PAISY
la Garde
DARDILLY
ECULLY
PTE DE VAISE
LYON-VAISE
Tassin la Demi-Lune
TUNNEL DE FOURVIÈRE
LYON-Perrache
LYON
Rive gauche
LA MULATIÈRE
Oullins
PTE DE GERLAND
PIERRE-BÉNITE
St Genis-Laval
ST FONS
St Fons
Brignais
Irigny
VÉNISSIEUX
Vénissieux
Feyzin
SOLAIZE
SÉRÉZIN-DU-RH.
Caluire-et-Cuire
PTE DE LA PAPE
Rillieux-la-Pape
Parc de Miribel-Jonage
Vaulx-en-Velin
PTE DE CROIX-LUIZET
Villeurbanne
la Crx Rousse
SAÔNE
RHÔNE
Bron
MANISSIEUX
ST-PRIEST

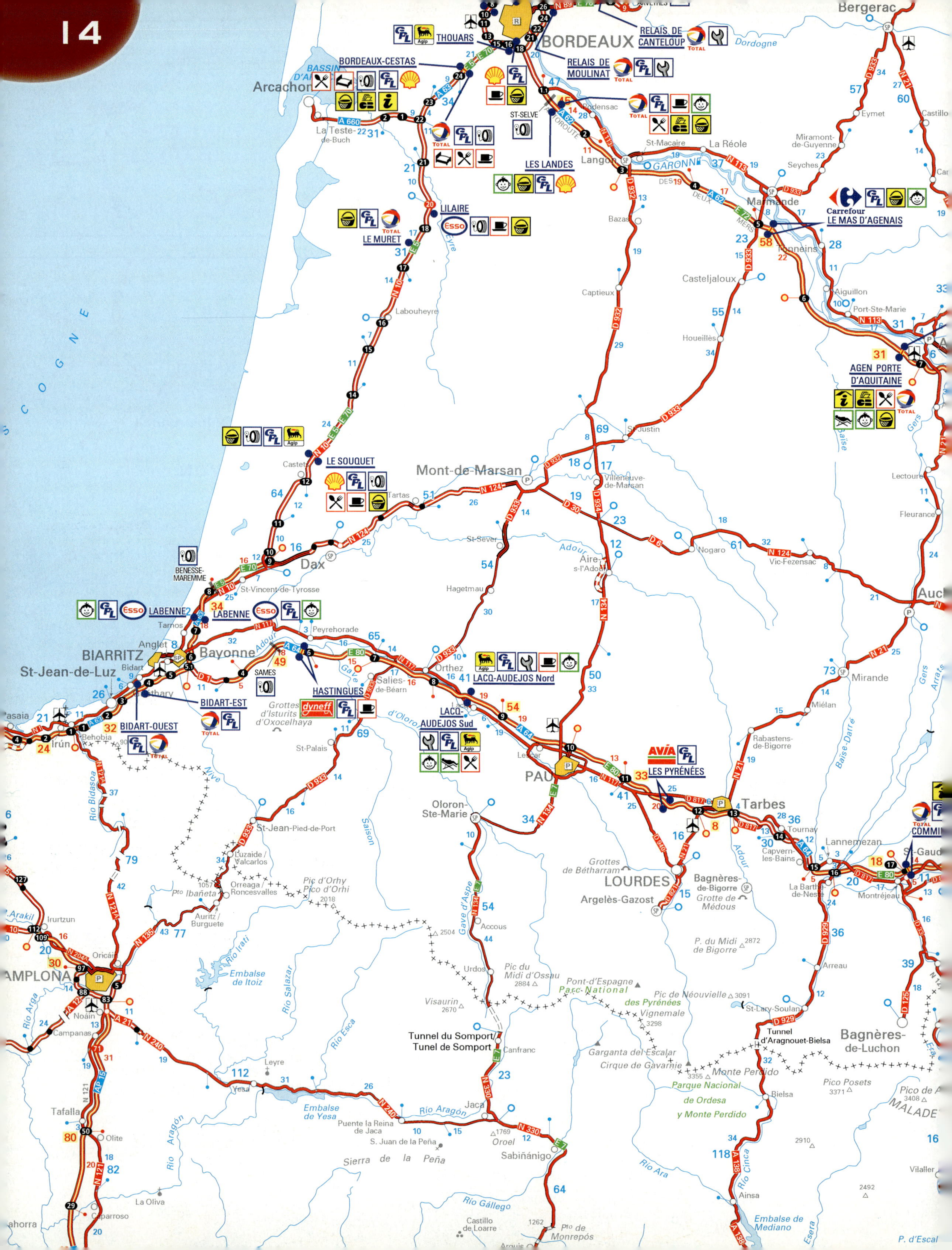

BORDEAUX
THOUARS
BORDEAUX-CESTAS
RELAIS DE CANTELOUP
RELAIS DE MOULINAT
BASSIN D'ARCACHON
Arcachon
La Teste-de-Buch
A 660
A 63
E 70
N 89
ST-SELVE
LES LANDES
Podensac
AUTOROUTE
A 62
Langon
St-Macaire
La Réole
GARONNE
Bergerac
Dordogne
Eymet
Miramont-de-Guyenne
Seyches
Castillo
Marmande
Carrefour
LE MAS D'AGENAIS
Tonneins
Bazas
DES DEUX MERS
D 932
D 933
N 113
N 21
LILAIRE
LE MURET
Eyre
Labouheyre
Captieux
Casteljaloux
Houeillès
Aiguillon
Port-Ste-Marie
AGEN PORTE D'AQUITAINE
Baïse
Gers
Lectoure
Fleurance
G A S C O G N E
LE SOUQUET
Castets
Tartas
Mont-de-Marsan
St-Justin
Villeneuve-de-Marsan
N 124
D 30
D 934
D 6
St-Sever
Adour
Aire-s-l'Adour
Nogaro
Vic-Fezensac
Auch
BENESSE-MAREMME
Dax
St-Vincent-de-Tyrosse
Hagetmau
LABENNE
Tarnos
Peyrehorade
Anglet
BIARRITZ
Bidart
Bayonne
St-Jean-de-Luz
SAMES
HASTINGUES
Orthez
LACQ-AUDEJOS Nord
LACQ-AUDEJOS Sud
Salies-de-Béarn
Gave
E 80
A 64
N 117
D 1
BIDART-EST
BIDART-OUEST
Guéthary
Grottes d'Isturits d'Oxocelhaya
dyneff
Pasaia
Irún
Behobia
Nive
St-Palais
Lescar
PAU
Gave d'Oloron
N 134
E 7
LES PYRÉNÉES
AVIA
Tarbes
Rabastens-de-Bigorre
Miélan
Mirande
Baïse-Darré
Arrats
Oloron-Ste-Marie
Saison
St-Jean-Pied-de-Port
Luzaide / Valcarlos
Orreaga / Roncesvalles
Pic d'Orhy
Pico d'Orhi
Pto Ibañeta
Auritz / Burguete
Grottes de Bétharram
LOURDES
Argelès-Gazost
Bagnères-de-Bigorre
Grotte de Médous
Tournay
Capvern-les-Bains
Lannemezan
La Barthe-de-Neste
Montréjeau
St-Gaud
COMMI
Rio Bidasoa
N 121
N 121A
Arakil
Irurtzun
Oricáin
PAMPLONA
Rio Arga
Noáin
Campanas
N 135
N 240
A 21
A 15
AP 15
Rio Irati
Embalse de Itoiz
Rio Salazar
Gave d'Aspe
Accous
Urdos
Pic du Midi d'Ossau
Visaurin
Pont-d'Espagne
Parc National des Pyrénées
Pic de Néouvielle
Vignemale
P. du Midi de Bigorre
Arreau
St-Lary-Soulan
Tunnel d'Aragnouet-Bielsa
Bagnères-de-Luchon
Tunnel du Somport / Tunel de Somport
Canfranc
Garganta del Escalar
Cirque de Gavarnie
Monte Perdido
Parque Nacional de Ordesa y Monte Perdido
Bielsa
Pico Posets
Pico de A
MALADE
Rio Esca
Leyre
Yesa
Embalse de Yesa
Rio Aragón
Puente la Reina de Jaca
Jaca
S. Juan de la Peña
Sierra de la Peña
Oroel
Sabiñánigo
N 330
Rio Ara
Rio Cinca
Ainsa
Embalse de Mediano
Esera
Vilaller
P. d'Escal
Tafalla
Olite
Rio Aragón
La Oliva
Caparroso
Rio Gállego
Castillo de Loarre
Pto de Monrepós
Calahorra

Gouffre de Padirac
Cantalès
Bge de Sarrans
Payrac
Gramat
JARDIN DES CAUSSES DU LOT
Figeac
Decazeville
Lot
Gorges de la Truyère
Monts d'Aubrac
Aumont
Chau de Bonaguil
Grotte du Pech Merle
Villeneuve-s-Lot
CAHORS
Rodez
Laissac
Sévérac-le-Château
L'AVEYRON
Aveyron
LE BOIS DE DOURRE
Baraqueville
Lac de Pareloup
GARE DE MILLAU
Viaduc de Millau
Millau
Grte de Dargilan
Chaos de Montpellier le Vieux
Caussade
Valence
Moissac
Castelsarrasin
GARONNE
MONTAUBAN Nord
Montauban
NAUZE-VERT
Viaur
Tarn
ALBI
LE CAYLAR
FRONTONNAIS
Agout
Monts de Lacaune
Gimont
Léguevin
TOULOUSE-NORD
TOULOUSE-EST
TOULOUSE
TOULOUSE-SUD
TOULOUSE-SUD-NORD
Carrefour
MURET
Muret
Castanet-Tolosan
Montgiscard
Villefranche-de-Lauragais
PORT-LAURAGAIS
Montagne Noire
BEZIERS - MONTBLANC Nord
Béziers
VOLVESTRE
GARONNE
Castelnaudary
ARZENS Nord
Alzonne
CARCASSONNE
Canal du Midi
NARBONNE-VINASSAN Nord
Narbonne
Aude
Saverdun
ARZENS Sud
Capendu
Lézignan-Corbières
NARBONNE-VINASSAN Sud
St-Martory
LESTELLE
Salies-du-Salat
Pamiers
LES CORBIÈRES
Abbe de Fontfroide
Varilhes
La Bastide-de-Sérou
St-Girons
Foix
Sigean
LAPALME Ouest
LAPALME Est
Lavelanet
Montgaillard
Quillan
Tarascon-s-Ariège
Ussat
Grotte de Niaux
St-Paul-de-Fenouillet
Val d'Aran
Les Cabannes
Ariège
Estagel
PERPIGNAN
Canet-Plage
Ax-les-Thermes
Pic d'Estats
LE VILLAGE CATALAN Ouest
Túnel d'Envalira
Pic Carlit
Vinça
Prades
Têt
Parc Nacional d'Aigüestortes
Soldeu
Encamp
Pas de la Casa
C. de Puymorens
LE PERTHUIS
Olette
Andorra la Vella
Escaldes-Engordany
St Martin
Pic du Canigou
Céret
Collioure
Port-Vendres
Banyuls-s-M.
Cerbère
Portbou
Sant Julià de Lòria
Puigcerdà
Mont-Louis
Saillagouse
Amélie-les-Bains-Palalda
Le Boulou
Arles-s-Tech
Tech
Le Perthus
La Jonquera
Roc de France
Pont de Suert
Pallaresa
Bellver de Cerdanya
Bourg-Madame
Puigmal
Prats-de-Mollo-la-Preste
Col d'Ares
Collada de Toses
P. de Beaudella
La Seu d'Urgell
Alp
Martinet

PORTES-LES-VALENCE Ouest
PORTES-LES-VALENCE Est
Gerbier de Jonc
Pradelles
Bgº de Naussac
Langogne
Livron
Le Pouzin
Loriol-s-Drôme
Crest
Saillans
Die
Privas
SAULCE
Thueyts
Aubenas
Châteauneuf-de-Randon
Aumont-Aubrac
Monts d'Aubrac
Villeneuve-de-Berg
Montélimar
MONTÉLIMAR Ouest
MONTÉLIMAR Est
Viviers
Donzère
Mende
Mt Lozère
Parc National des Cévennes
Aven d'Orgnac
Gorges de l'Ardèche
Florac
Sévérac-le-Château
L'AVEYRON
MORNAS VILLAGE
MORNAS LES-ADRETS
Mondragon
Bagnols-s-Cèze
Orange
Courthézon
Aven Armand
Corniche des Cévennes
La Grand-Combe
Alès
Grte de Dargilan
Chaos de Montpellier le Vx
Mt Aigoual
Millau
Viaduc de Millau
Vézénobres
TAVEL Sud
TAVEL Nord
SORGUES
Remoulins
Pont du Gard
MARGUERITTES Nord
MARGUERITTES Sud
AVIGNON
MORIERES
Cque de Navacelles
Grte des Demoiselles
LE CAYLAR
NÎMES
Bellegarde
Orgon
Sénas
LANÇON-PROVENCE Est
Lodève
Grte de Clamouse
Gignac
AMBRUSSUM Nord
AMBRUSSUM Sud
Lunel-Viel
Arles
St-Martin-de-Crau
ST MARTIN-DU CRAU
Salon-de-Provence
LANCON
MEYRARGUES-FONTBELLE
MONTPELLIER
MONTPELLIER-FABRÈGUES-Nord
MONTPELLIER-FABRÈGUES-Sud
MONTPELLIER 2
CANTARELLES
LANÇON-PROVENCE Ouest
VITROLLES Ouest
VITROLLES
Vaccarès
Petit-Rhône
Pézenas
Montagnac
Mèze
BEZIERS - MONTBLANC Nord
BEZIERS - MONTBLANC Sud
Béziers
Port-de-Bouc
REBUTY
LES CHABAUD
LA NERTHE
LA CHAMPOUSE
MARSEILLE
LA POMME
VINASSAN Nord
Coursan
Narbonne
NARBONNE-VINASSAN Sud
Sigean
LAPALME Est
GOLFE DU LION
MER MÉDITERRANÉE
PERPIGNAN
Canet-Plage
Collioure
Port-Vendres
Banyuls-s-M.
Cerbère
Portbou
Le Boulou
La Jonquera

Corps
L'Argentière-la-Bessée
St-Firmin
l'Obiou
Col de la Croix Haute
Vx Chaillol
Écrins
St-Bonnet-en-Champsaur
Col Bayard
Gap
La Bâtie-Neuve
Embrun
Chorges
Veynes
Savines-le-Lac
Aspres-s-Buëch
Bge de Serre-Ponçon
Talland
LA SAULCE
Serres
Barcelonnette
Le Lauzet-Ubaye
Jausiers
Larche
Ubaye
Durance
Laragne-Montéglin
Sisteron
AUBIGNOSC
Château-Arnoux-St-Auban
Digne-les-Bains
Peyruis
Bléone
Volx
VOLX
MANOSQUE
Manosque
Ste-Tulle
Bge de Cadarache
Peyrolles-en-Provence
ROUSSET
X-EN-PROVENCE
L' ARC
Carrefour
CAMBARETTE Nord
CAMBARETTE Sud
Brignoles
LA PROVENÇALE
BAUME-DE-MARRON
PEYPIN
LE LIOUQUET
LA CHABERTE
Ollioules
ST- AUGUSTIN
Hyères
LA BIGUE
TOULON
Cap Sicié
La Londe-les-Maures
Île du Levant
Îles d'Hyères
Cap Camarat
Ste-Maxime
St-Raphaël
St-Aygulf
Les Issambres
Fréjus
Le Muy
Les Arcs
Argens
Le Luc
VIDAUBAN Nord
VIDAUBAN Sud
LE CANAVER
ESTEREL
Esterel
Mandelieu-la-Napoule
Mougins
Cannes
CANNES
Golfe-Juan
Lérins
Antibes
NICE
Grasse
St-Vallier-de-Thiey
LES BRÉGUIÈRES Nord
LES BRÉGUIÈRES Sud
SCOPERTA
BEAUSOLEIL
Èze
Monte-Carlo
Monaco
Roquebrune-Cap-Martin
Menton
Ventimiglia
Ospedaletti
Bordighera
San Remo
Arma di Taggia
Imperia
Oneglia
Diano Marina
Castellane
Barrême
Senez
Bge de Castillon
Col de Toutes Aures
St-André-les-Alpes
Entrevaux
Puget-Théniers
Lac de Ste Croix
Grd Canyon du Verdon
Verdon
Parc National du Mercantour
Mt Pelat
Col de Larche
Colle della Maddalena
Vinadio
Stura di Demonte
Borgo S. Dalmazzo
Cuneo
Argentera
C. di Tenda/ Col de Tende
Tende
Limone-Piemonte
Saorge
Breil-s-Roya
M. Viso
Po
Racconigi
Bra
Savigliano
Fossano
Mondovì
Ceva
Millesimo
Garessio
Tanaro
Colle di Nava
Pieve di Teco
Bormida
Bastia
L'Ile-Rousse
Calvi
Ponte-Leccia
Corte
Porto
Cargèse
Aléria
Ajaccio
Propriano
Sartène
Porto-Vecchio
Bonifacio
Golo
Tavignano
Gravona
Taravo
Marseille
Nice
A N É E
1/1 210 000

En partenariat avec la Sécurité Routière, Bibendum vous offre ces quelques pages qui constituent un rappel des règles essentielles de sécurité et de « bonne conduite » sur la route. Vous y trouverez aussi quelques bons conseils à suivre pour l'entretien de vos pneumatiques et la circulation sous les intempéries. Les thèmes abordés ont été classés par ordre alphabétique, comme un petit dictionnaire.
Le respect de ces règles – associé à votre vigilance – constitueront le meilleur passeport pour voyager sans souci et arriver à bon port.

A

ACCIDENT

(Que faire en cas d'accident ou de panne ?)

1| Protéger

- Allumez vos feux de détresse.
- Garez-vous avec prudence en évitant de gêner l'accès des secours.
- Mettez les passagers à l'abri à l'extérieur du véhicule ; sortez par le côté opposé au trafic.
- Sur autoroute, placez-vous derrière les barrières de sécurité ou loin de la chaussée et dirigez-vous immédiatement vers la borne d'appel d'urgence la plus proche.
- Sur route, balisez l'accident par un triangle à 200 m en amont, à condition qu'il soit possible de le faire en toute sécurité. Attention : ne fumez pas à proximité du lieu de l'accident, afin d'éviter un incendie.

2| Alerter

Appelez depuis une borne d'appel d'urgence, que vous trouverez tous les deux kilomètres.
En cas d'absence de borne, vous pouvez composer le 112 à partir d'un téléphone fixe, d'une cabine téléphonique ou d'un téléphone mobile.
Ce numéro d'urgence est gratuit et valable dans tous les pays de l'Union Européenne.

15 SAMU | 17 Police, Gendarmerie
18 Pompiers | 112 Toutes urgences

3| Secourir

- Ne déplacez pas les victimes, sauf en cas de danger imminent (incendie, par exemple).
- Ne retirez pas le casque d'un conducteur de deux-roues.
- Ne donnez ni à boire ni à manger aux victimes.
- N'arrachez pas les vêtements d'un brûlé.

ALCOOL au volant

Dans 85 % des cas d'accident mortel dû à l'alcool, les responsables étaient des buveurs occasionnels sortant d'une fête, d'un pot entre amis, d'un repas bien arrosé...
Une solution simple existe pourtant, celle du « conducteur désigné », qui consiste à élire celui qui restera sobre pour reconduire les autres à bon port.

Il est interdit de conduire avec une alcoolémie supérieure à 0,5 g d'alcool par litre de sang. Les éthylotests et les éthylomètres délivrent cette mesure par litre d'air expiré : le seuil légal à ne pas atteindre est fixé à 0,25 mg par litre d'air expiré.
Le conducteur sous l'emprise de l'alcool et responsable d'un accident n'est indemnisé ni pour ses blessures ni pour les dégâts que subit sa voiture. Sa prime d'assurance peut être lourdement majorée, voire son contrat résilié.

Conduire sous l'effet de l'alcool a des conséquences immédiates :

- mauvaise appréciation de la réalité et des risques ;
- baisse de vigilance ;
- mauvaise estimation des distances ;
- réduction du champ de vision ;
- trouble de la coordination et de la synchronisation des gestes ; allongement du temps de réaction.

Les troubles sont accentués et les risques de provoquer un accident mortel sont multipliés :

- par 2 à partir de 0,5 g/l (2 verres en moyenne) ;
- par 10 entre 0,8 g/l et 1,2 g/l (3 verres en moyenne) ;
- par 100 ou plus au-delà de 2 g/l (8 verres en moyenne).

B

BROUILLARD (conduire par temps de)

Avant le départ, vérifiez l'éclairage de votre véhicule ; sur la route, allumez vos codes ou feux de brouillard.

Réduisez votre vitesse en fonction de la visibilité et gardez largement vos distances de sécurité avec le véhicule qui vous précède.

- Utilisez régulièrement vos essuie-glaces
- Allumez vos feux de détresse en cas d'arrêt sur la chaussée (panne, bouchon, accident...)

C CEINTURE DE SÉCURITÉ

Dès 20 km/h, un choc subi sans ceinture peut être mortel. Parce que le taux de mortalité est deux fois plus élevé sans ceinture, son port est obligatoire. Cette obligation s'applique à l'ensemble des passagers, à l'avant et à l'arrière, sur route comme en agglomération, même sur de petits trajets. (art. R 412-1 du code de la route).

On se blesse et on se tue autant à l'avant qu'à l'arrière. En cas d'accident, un passager arrière non attaché sera propulsé contre le siège avant, éventuellement contre son occupant, qu'il écrasera avec une force de plusieurs tonnes.

- Attention, depuis 2003, cette obligation s'étend à tous les occupants des véhicules de transport de marchandise de plus de 3,5 t équipés de ceinture (décret n° 2003-440 du 14 mai) ;
- à tous les occupants des véhicules de transport en commun de personnes, autocars et autobus de plus de 3,5 t (décret n°2003-637 du 9 juillet).
- S'ils ne portent pas la ceinture, le conducteur et les passagers s'exposent chacun à une contravention de 4e classe, dont l'amende s'élève à 135 euros. Cette contravention leur est dressée personnellement, et non à l'encontre du seul conducteur.
- Le conducteur non attaché s'expose au surplus au retrait de 3 points de son permis.
- Pour tous ses passagers âgés de moins de treize ans, le conducteur est responsable du port de la ceinture ou d'un moyen de retenue adapté. Cette mesure sera bientôt étendue aux passagers de moins de 18 ans.

Pour les enfants :

Faute de pouvoir être maintenus par une ceinture, les enfants doivent être transportés au moyen d'un dispositif de retenue ayant fait l'objet d'une homologation européenne

- Pour être efficace et confortable, le dispositif doit être adapté à l'âge, à la morphologie et au poids de l'enfant.
- De la naissance à 13 kg : lit nacelle ou siège placé dos à la route.
- De 9 à 18 kg : siège à harnais ou siège à réceptacle.

de 0 à 9 mois

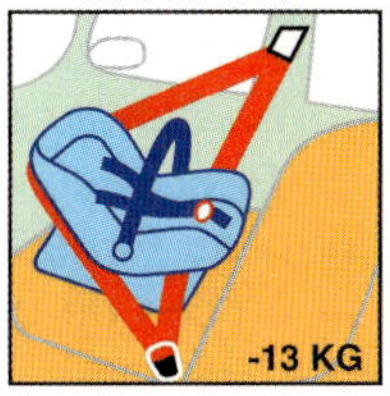

Siège "coque" dos à la route ou lit nacelle

de 9 mois à 4 ans

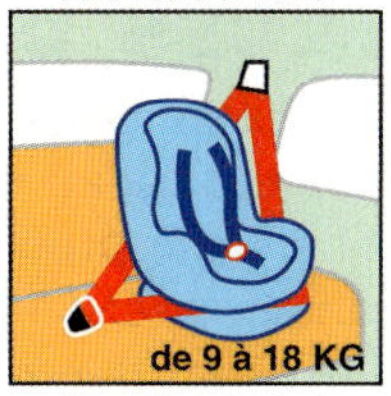

Siège à harnais placé à l'arrière du véhicule

de 4 ans à 10 ans

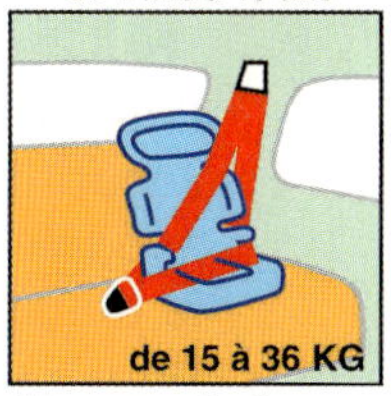

Siège ou coussin réhausseur à l'arrière du véhicule

- De plus de 15 kg (jusqu'à dix ans) : siège ou coussin rehausseur en complément des ceintures de sécurité adulte.

Attention : si le siège est placé à l'avant, il est impératif de désactiver le système de protection par coussin gonflable (airbag). Le non-respect de ces prescriptions est sanctionné, là aussi, par une contravention de 4e classe.

La poussée est telle qu'au cours d'un choc à 50 km/h, un enfant de 20 kg se transforme en un projectile d'une demi-tonne s'il n'est pas maintenu par un système de sécurité adapté.

D DISTANCES D'ARRÊT

À ne pas confondre avec la distance de freinage. On entend par « distance d'arrêt » la distance parcourue pendant le temps de réaction du conducteur PLUS la distance de freinage du véhicule.

Les véhicules, même équipés d'un système de freinage ABS (ou Anti-Blocage Système), ne s'arrêtent pas instantanément devant un obstacle imprévu. En effet, l'ABS permet au véhicule de conserver sa direction même en cas de freinage brusque, mais il ne lui permet pas de s'arrêter plus vite !

Et surtout, les lois de la physique sont implacables : la distance d'arrêt est d'autant plus grande que le véhicule est chargé et que sa vitesse est élevée !

En moyenne, sur chaussée sèche, avec des freins et des pneus en bon état, les distances de freinage sont les suivantes :

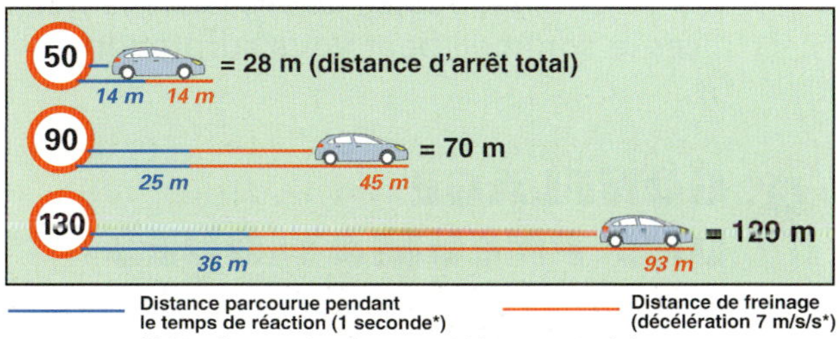

(*) Attention: ces données sont valables sur route sèche.

E DISTANCES DE SECURITÉ

Il est obligatoire de conserver une distance de sécurité équivalant à au moins deux secondes avec le véhicule qui précède afin de vous laisser le temps d'anticiper et de réagir en cas de danger.

Pour calculer cette distance :

- sur route, repérez un point de passage du véhicule qui vous précède (un arbre, un panneau, un poteau…) et comptez un minimum de deux secondes avant d'atteindre ce même point.
- sur autoroute, laissez une distance égale à deux bandes d'arrêt d'urgence avec le véhicule qui précède.

LES DISTANCES DE SÉCURITÉ:
Conservez une distance de sécurité d'au moins de 2 secondes

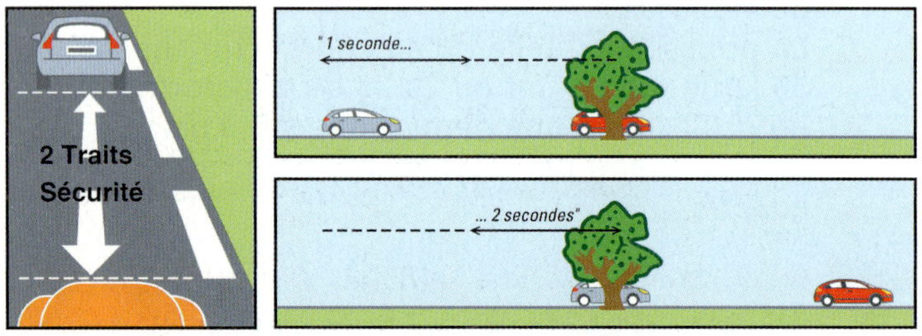

F FATIGUE AU VOLANT

La fatigue au volant est insidieuse et s'installe sans prévenir. Sur autoroute, un accident mortel sur quatre a pour cause la fatigue.
Sachez-en détecter les signes avant-coureurs.

- Conservez les deux mains sur le volant.
- Arrêtez-vous au moins toutes les deux heures. Petite sieste, étirements ou promenade d'au moins quinze minutes.
- Attention à certains médicaments qui entraînent des troubles de la vigilance, signalés sur les emballages et les notices par le pictogramme « attention en voiture ».
- Ne surchauffez pas l'habitacle et aérez-le régulièrement.
- Évitez les repas copieux avant de prendre le volant. Redoublez de vigilance la nuit, car le sommeil peut vous surprendre!

G GONFLAGE DES PNEUMATIQUES

Un mauvais gonflage augmente les distances de freinage et diminue la stabilité du véhicule. Il est un facteur important de la sécurité de l'ensemble des usagers de la route.

Pour lutter contre ce risque, voici 10 conseils préventifs :

1. **Vérifier et ajuster la pression des pneus, une fois par mois.** Un pneu se dégonfle naturellement jusqu'à 70 g par mois. Pour une meilleure sécurité, il est important de respecter les pressions recommandées par le constructeur. Elles sont indiquées sur le véhicule ou dans le manuel d'entretien. Les pressions recommandées sont applicables à des pneus « froids », c'est-à-dire lorsque le véhicule a parcouru moins de 3 km à vitesse réduite (en milieu urbain) ou si le véhicule est arrêté depuis plus de 2 heures.
2. **Faire vérifier l'ensemble « pneu-roue » par un professionnel, si l'un des pneus perd plus de 100g par mois.** Dans ce cas, il y a un risque de fuite anormale, car la perte de pression d'un pneu doit être lente et régulière.
3. **Ne jamais dégonfler un pneu chaud.** La température des pneus et donc la pression de gonflage augmentent naturellement en cours de roulage. Si on examine des pneus chauds, pour être ajustées, les pressions doivent être majorées de 0,3 bar par rapport à celles préconisées à froid.
4. **Ne pas sur-gonfler les pneumatiques.** Face au dégonflage régulier et naturel des pneumatiques on pourrait être tenté de surgonfler les pneus. Attention, cela réduit la surface de contact avec le sol et rigidifie les flancs : la conduite du véhicule, son confort, l'usure des pneumatiques se trouvent modifiés.
5. **Ne pas oublier de vérifier la pression de la roue de secours.** La roue de secours n'est pas toujours accessible. Lorsque c'est possible, et lors de l'entretien du véhicule, vérifier la pression de la roue de secours Sa pression doit être égale à la pression la plus élevée recommandée pour les pneus avant et arrière du véhicule, majorée de 0,3 bar.
6. **S'assurer de la présence de bouchons de valve sur toutes les roues.** Le bouchon de valve est un élément d'étanchéité indispensable. Il protège l'intérieur de la valve des détériorations par les salissures et favorise ainsi la facilité de regonflage des pneumatiques.

7. **Pour un pneu gonflé à l'azote, suivre les mêmes règles qu'avec l'air.** Les mélanges de gomme sont légèrement plus étanches vis-à-vis de l'azote que de l'air. Un pneu gonflé à l'azote se dégonfle plus lentement mais nécessite aussi une surveillance régulière. Les règles et les conseils donnés pour le gonflage des pneus avec de l'air sont tous applicables.
8. **Adapter le gonflage aux circonstances.** En cas de roulage sur autoroute ou à pleine charge, rechercher sur le véhicule les conseils du constructeur pour ces conditions. Appliquer à ce conseil une majoration de + 0,3 bar si les pneus sont chauds.
9. **Pour un camping-car, être particulièrement attentif à la pression des pneus exigée.** Le camping-car fait l'objet d'utilisations ponctuelles dans l'année et, de plus, il est très souvent surchargé. La vérification de la pression de ses pneus est impérative après une longue immobilisation et il faut respecter les recommandations du carrossier ou du revendeur. Si la pression recommandée est supérieure à 4,7 bars, s'assurer que les valves utilisées sont métalliques.
10. **Pour un véhicule tractant une caravane, majorer la pression des pneus arrière.** Au niveau du véhicule, utiliser la recommandation spécifique du constructeur pour cette condition d'usage. En l'absence de recommandation, majorer la pression de base des pneus arrière de 0,4 bar. Appliquer aussi la majoration de 0,3 bar en cas de pneus chauds. Et pour la caravane, sauf préconisation particulière du constructeur, adopter la pression de 3 bars, et majorer aussi de 0,3 bar en cas de pneus chauds.

Les stations de gonflage gratuites sur autoroute sont indiquées sur les cartes des p 2 à 17

N NEIGE (conduire par temps de)

Soyez conscient de vos limites et de celles des autres automobilistes. Restez concentré sur l'environnement.
Ne faites aucun mouvement brusque, évitez les accélérations trop franches (elles doivent être progressives et peu importantes), les coups de frein brutaux et les vitesses trop élevées.
Augmentez la distance entre votre voiture et celle qui la précède.
Pour repousser le risque de patinage en montée, vous pouvez utiliser un rapport de vitesse supérieur à celui que vous utiliseriez par temps sec.

Le freinage

Il est impératif d'anticiper le freinage en évaluant la distance de freinage nécessaire et en utilisant alternativement le frein moteur et la pédale de frein.
Le freinage doit être très progressif pour éviter le blocage des roues qui provoquerait un glissement et la perte de contrôle de la voiture.
En cas de blocage et de glissement, relâchez la pédale de frein pour retrouver de l'adhérence, puis freinez à nouveau, progressivement, tout en continuant d'utiliser le frein moteur. Pour diminuer le risque de blocage des roues en descente, vous pouvez utiliser un rapport de vitesse inférieur à celui que vous utiliseriez par temps sec.
Avant d'aborder une difficulté (virage important, ralentissement…) anticipez votre freinage pour qu'il soit le plus progressif possible, en utilisant le frein moteur.

Le démarrage

Lors du démarrage de votre véhicule sur la neige, pour éviter les risques de patinages, il est impératif d'accélérer très progressivement. Si les roues patinent, enclenchez la vitesse supérieure pour diminuer la force appliquée aux roues et entraîner la voiture de façon satisfaisante.

Le virage

Avant d'aborder les virages, limitez votre vitesse, en veillant à bien effectuer votre ralentissement en ligne droite. Pour prendre le virage, votre action sur le volant doit être souple et constante, pour éviter que le pneu ne décroche et ne réponde plus.
Dans le virage, conservez une vitesse lente et régulière, pour éviter le déséquilibre de la voiture. Si l'avant ne guide plus, il faut retrouver de l'adhérence. Pour cela, réduisez votre vitesse en relevant le pied de l'accélérateur : si besoin, pressez légèrement le frein sans bloquer les roues. Si la voiture chasse de l'arrière (traction avant), accélérez pour rétablir l'équilibre. Ne freinez en aucun cas, cela accentuerait le déséquilibre par l'arrière.

Quand doit-on utiliser ses chaînes ? Si vous n'en possédez pas encore, veillez, lors de l'achat, à ce qu'elles soient adaptées à la carrosserie de votre véhicule et à la dimension des pneumatiques.

Choisissez de préférence des chaînes qui possèdent le maximum d'éléments (maillons) dans l'aire de contact (chaîne à croisillons ou chaîne à échelle disposant d'au moins douze barreaux sur un pneu moyen).
Une fois achetées, entraînez-vous à les monter et à les démonter. C'est toujours plus facile au chaud et en plein jour que sous la neige et pleine nuit...
Et pensez à les placer dans votre coffre à un endroit facilement accessible au côté d'une paire de gants et d'une lampe de poche, au cas où...

@ www.michelin.fr

P PLUIE (conduire par temps de)

Sous la pluie, le risque d'accident est multiplié par trois : la visibilité est réduite, les distances de freinage sont allongées de moitié (à 100 km/h, cette distance passe de 100 m à 150 m). Au dessus de 80 km/h, une pellicule d'eau peut se former entre le pneu et la chaussée : c'est le phénomène connu sous le nom « d'aquaplaning », d'autant plus dangereux que la direction risque alors de ne plus répondre...

En règle générale, par temps pluvieux, il faut d'abord réduire sa vitesse de 20 km/h au moins, allumer ses feux de croisements, garder largement ses distances de sécurité et freiner progressivement par petites impulsions.

R RADARS

Chantier prioritaire de l'action gouvernementale, la lutte contre la violence routière est inscrite dans la loi du 12 juin 2003. En sanctionnant plus sévèrement les infractions et en mettant fin au permis de conduire « à vie », les dispositions de cette nouvelle loi entendent sensibiliser, éduquer l'ensemble des usagers de la route à un respect plus strict des règles afin de garantir une plus grande sécurité à tous. La mise en place, depuis le mois d'octobre 2003, de radars automatiques fait partie de ce dispositif. L'automatisation des contrôles constitue un levier efficace pour amener les usagers à une conduite plus apaisée puisque, d'ores et déjà, on enregistre une baisse notable de la vitesse moyenne relevée dans les secteurs où ont été installés les premiers radars.

Deux types de radar
Parmi les 1 000 radars automatiques implantés jusqu'à la fin 2005, 70 % sont fixes et 30 % mobiles, c'est-à-dire embarqués dans les véhicules de police ou de gendarmerie.

Le dispositif le plus efficace
Contrairement à ceux des pays qui ont automatisé leurs contrôles plus tôt (Royaume-Uni, Pays-Bas, Suisse), le système français fait appel à des solutions techniques de pointe intégrant des appareils photo numériques, qui offrent de nombreux avantages.

- La photo permet de réaliser des prises de vue des seuls véhicules en excès de vitesse, sans prendre en compte – comme c'est le cas de la vidéo, au Royaume-Uni – les usagers qui respectent les limitations. Ce système effectue une sélection objective sur le terrain.
- Le numérique ne nécessite ni changement de pellicule ni développement et contribue ainsi à réduire les risques d'erreur liés à des interventions humaines. Le tout-numérique assure également la continuité des contrôles.
- Le système offre une sécurité et une fiabilité maximales. Les données sont transmises par ligne haut débit sécurisée puis analysées par des lecteurs associés à des logiciels de reconnaissance optique, semblables à ceux qu'utilisent les banques. Mais même si la filière automatisée garantit un niveau de fiabilité jamais atteint, elle fait l'objet d'une surveillance par des officiers ou des agents de police judiciaire.

Michelin vous offre la carte et la liste des radars pages 28 à 43 (situation au début 2007)

La carte de France des radars fixes est régulièrement remise à jour et consultable en permanence sur les sites Internet de la Sécurité routière

@ www.securiteroutiere.equipement.gouv.fr

ainsi que des ministères de l'Équipement

@ www.equipement.gouv.fr

et de l'Intérieur

@ www.interieur.gouv.fr

T TUNNELS (conduire dans les)

Respectez la vitesse prescrite.
Allumez systématiquement vos feux de croisement, même si le tunnel est éclairé.
En roulant ou à l'arrêt, maintenez la distance de sécurité indiquée. Celle-ci permet de localiser la fumée si un incendie se déclare et facilite l'accès des secours.

CONDUIRE DANS LES TUNNELS

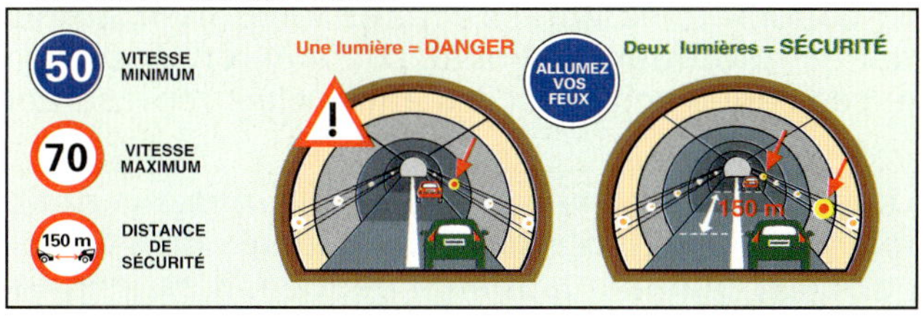

Respectez les signaux d'affectation des voies. Respectez l'arrêt absolu au feu rouge fixe ou clignotant, comme aux barrières d'arrêt.

Que faire en cas d'incendie ?

Si votre véhicule prend feu :
Quittez le tunnel avec votre véhicule.
Si ce n'est pas possible, donnez l'alerte grâce aux téléphones de secours situés dans des niches régulièrement espacées.
Éteignez le début d'incendie avec un extincteur, situé dans la niche du téléphone de secours.

Si une fumée dense se répand devant vous :

Coupez le moteur de votre véhicule et laissez en place la clé de contact.
Quittez votre véhicule et rejoignez, avec vos passagers, une issue de secours.
Une fois engagé dans l'issue de secours, ne revenez pas en arrière dans le tunnel, sauf si vous y êtes invité par les services de secours ou d'exploitation du tunnel.

Que faire en cas de panne ?

Roulez dans la mesure du possible jusqu'à l'emplacement d'arrêt d'urgence le plus proche. Certains tunnels sont équipés d'emplacements implantés à intervalles réguliers.
À défaut, garez votre véhicule au plus près du bord droit de la chaussée.
Demandez de l'aide grâce aux téléphones de secours. Allumez les feux de détresse de votre véhicule.
Quittez le tunnel avec votre véhicule, si vous pouvez le faire sans risques pour les autres usagers.

Que faire en cas d'embouteillage ?

Lors d'un fort ralentissement, allumez les feux de détresse de votre véhicule.
Même à l'arrêt, conservez votre distance de sécurité.
Allumez votre autoradio et écoutez les informations relatives aux conditions de circulation.

LIMITATIONS DE VITESSE	Autoroute	Voies Express	Autres Routes (D 139 – CRAVANT)	Agglomération (CRAVANT)
Par conditions normales de circulation	130	110	90	50
Par temps de pluie ou autre précipitation	110	100	80	50
En cas de visibilité inférieure à 50 m.	50	50	50	50

V VITESSE (Limitations en France)

Vitesse et champ visuel

90 % des informations nécessaires à la conduite sont visuelles. Or, la capacité de perception visuelle diminue au fur et à mesure que la vitesse augmente : plus on va vite, plus le champ de vision se rétrécit. Ainsi, à l'allure d'un piéton, on dispose d'un champ de 180°, voire un peu plus. Devenu automobiliste, on ne dispose plus que d'un champ visuel de 100° à 40 km/h, de 75° à 70 km/h, de 45° à 100 km/h et de 30° à 130 km/h : une vision « en couloir ».
La vitesse augmente le nombre d'images transmises au cerveau. Il devient alors difficile de traiter et d'analyser toutes les informations qu'elles donnent (présence d'autres usagers, piétons, deux-roues, véhicules, multiplicité de la signalisation, etc.).

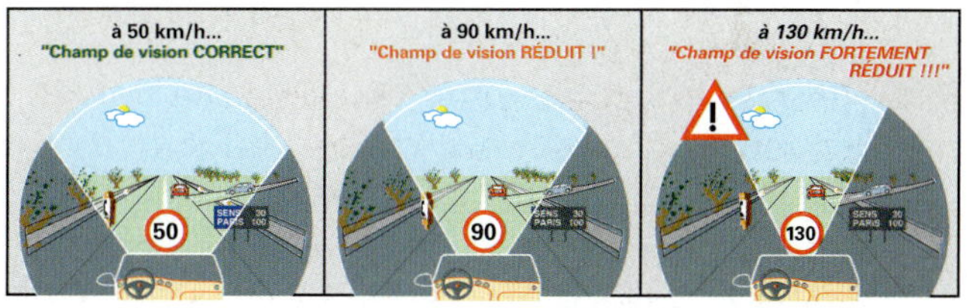

Nos temps de réaction sont incompressibles. Il faut en moyenne une seconde à un conducteur en état de vigilance normale pour que l'information parvienne de son oeil à son cerveau et déclenche une réaction. C'est-à-dire qu'avant même d'avoir commencé à freiner ou à éviter l'obstacle, il va parcourir 14 m à 50 km/h, 25 m à 90 km/h et 36 m à 130 km/h.
Rouler vite fatigue ! Contrairement à une idée reçue, ce ne sont pas les vitesses modérées qui provoquent l'endormissement par ennui, mais plutôt une conduite rapide. Obligeant le conducteur à traiter un grand nombre d'informations dans un minimum de temps et à adapter en permanence sa vision, la vitesse induit un stress important qui entraîne fatigue et perte de vigilance, deux facteurs essentiels d'accident.

Pour en savoir plus :
www.securitroutiere.equipement.gouv.fr

Carte des taux d'accidents graves

Le ministère de l'Équipement produit des cartes permettant de connaître les infrastructures supportant le plus d'accidents ; ces cartes représentent uniquement le réseau routier et autoroutier national, soit environ 37 000 km, supportant 40% du trafic et 25% des accidents graves. Pour que ces cartes soient faciles à lire, elles représentent l'accidentalité routière de manière simplifiée.

La carte des taux d'accidents représente le nombre d'accidents en fonction du trafic et exprime le mieux la notion de risque. Le taux d'accidents sur un tronçon de route correspond au nombre d'accidents observés divisé par le nombre de kilomètres parcourus par tous les véhicules sur ce tronçon pendant la même période, il est exprimé en nombre d'accidents par milliards de kilomètres parcourus. Le taux d'accidents est en relation directe avec le risque pris en effectuant un déplacement, et cette carte permet de repérer les sections de routes où le risque d'accident grave est le plus grand.

Avertissement !

Les limites des tronçons ne sont pas précises car, pour des raisons de lisibilité et de pertinence statistique, la carte ne représente que des tronçons de routes d'une longueur supérieure à 30 km. Les tronçons obtenus n'ont donc pas de réelle signification pour ceux qui connaissent bien une zone. De plus, la précision de la localisation des accidents est adaptée à l'établissement d'une carte nationale, mais ne permet pas une interprétation locale. Enfin, le réseau routier départemental principal à fort trafic est absent de ces cartes.

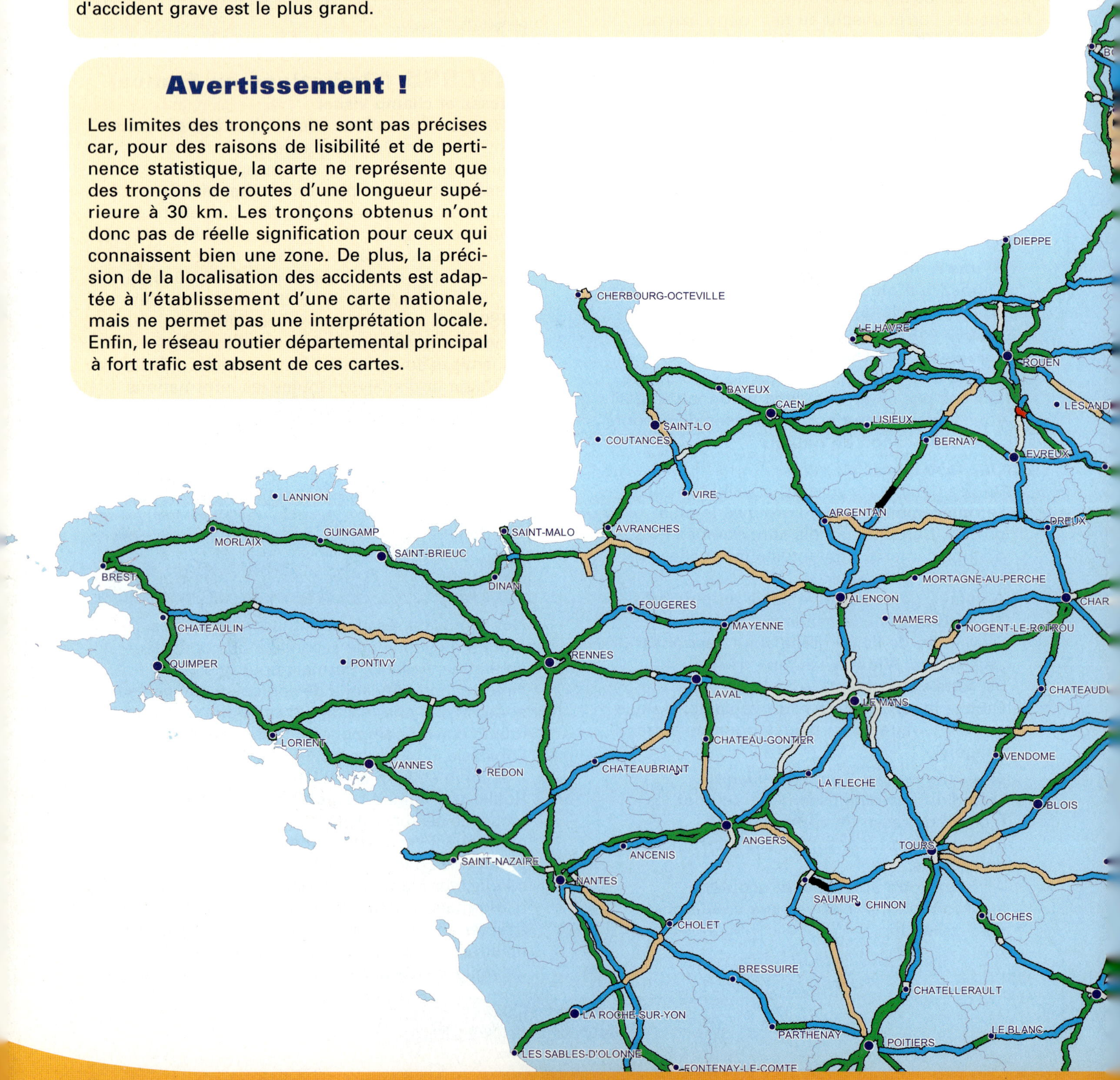

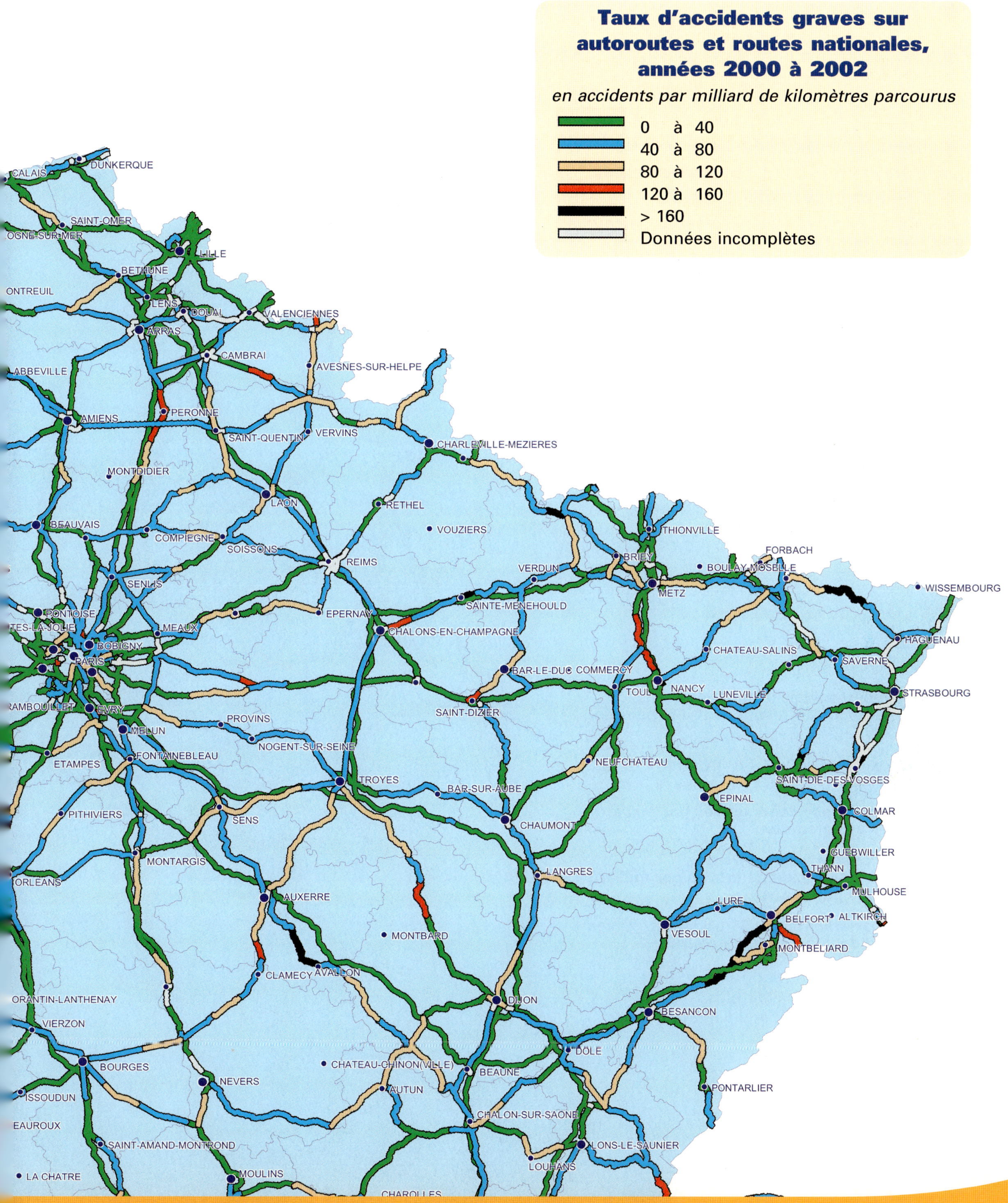
Taux d'accidents graves sur autoroutes et routes nationales, années 2000 à 2002
en accidents par milliard de kilomètres parcourus
0 à 40
40 à 80
80 à 120
120 à 160
> 160
Données incomplètes
CALAIS
DUNKERQUE
SAINT-OMER
OGNE-SUR-MER
LILLE
BETHUNE
ONTREUIL
LENS
DOUAI
VALENCIENNES
ARRAS
CAMBRAI
ABBEVILLE
AVESNES-SUR-HELPE
PERONNE
AMIENS
SAINT-QUENTIN
VERVINS
CHARLEVILLE-MEZIERES
MONTDIDIER
LAON
RETHEL
BEAUVAIS
VOUZIERS
COMPIEGNE
SOISSONS
THIONVILLE
REIMS
BRIEY
FORBACH
VERDUN
BOULAY-MOSELLE
SENLIS
METZ
WISSEMBOURG
SAINTE-MENEHOULD
PONTOISE
EPERNAY
TES-LA-JOLIE
MEAUX
CHALONS-EN-CHAMPAGNE
HAGUENAU
BOBIGNY
CHATEAU-SALINS
PARIS
SAVERNE
BAR-LE-DUC
COMMERCY
NANCY
TOUL
LUNEVILLE
STRASBOURG
RAMBOUILLET
EVRY
SAINT-DIZIER
PROVINS
MELUN
NOGENT-SUR-SEINE
FONTAINEBLEAU
NEUFCHATEAU
ETAMPES
TROYES
SAINT-DIE-DES-VOSGES
BAR-SUR-AUBE
EPINAL
PITHIVIERS
COLMAR
SENS
CHAUMONT
GUEBWILLER
MONTARGIS
LANGRES
THANN
ORLEANS
MULHOUSE
AUXERRE
LURE
BELFORT
ALTKIRCH
VESOUL
MONTBARD
MONTBELIARD
CLAMECY
AVALLON
ORANTIN-LANTHENAY
DIJON
BESANCON
VIERZON
DOLE
BOURGES
CHATEAU-CHINON(VILLE)
BEAUNE
NEVERS
PONTARLIER
ISSOUDUN
AUTUN
CHALON-SUR-SAONE
EAUROUX
SAINT-AMAND-MONTROND
LONS-LE-SAUNIER
LOUHANS
LA CHATRE
MOULINS
CHAROLLES

Carte des taux d'accidents graves

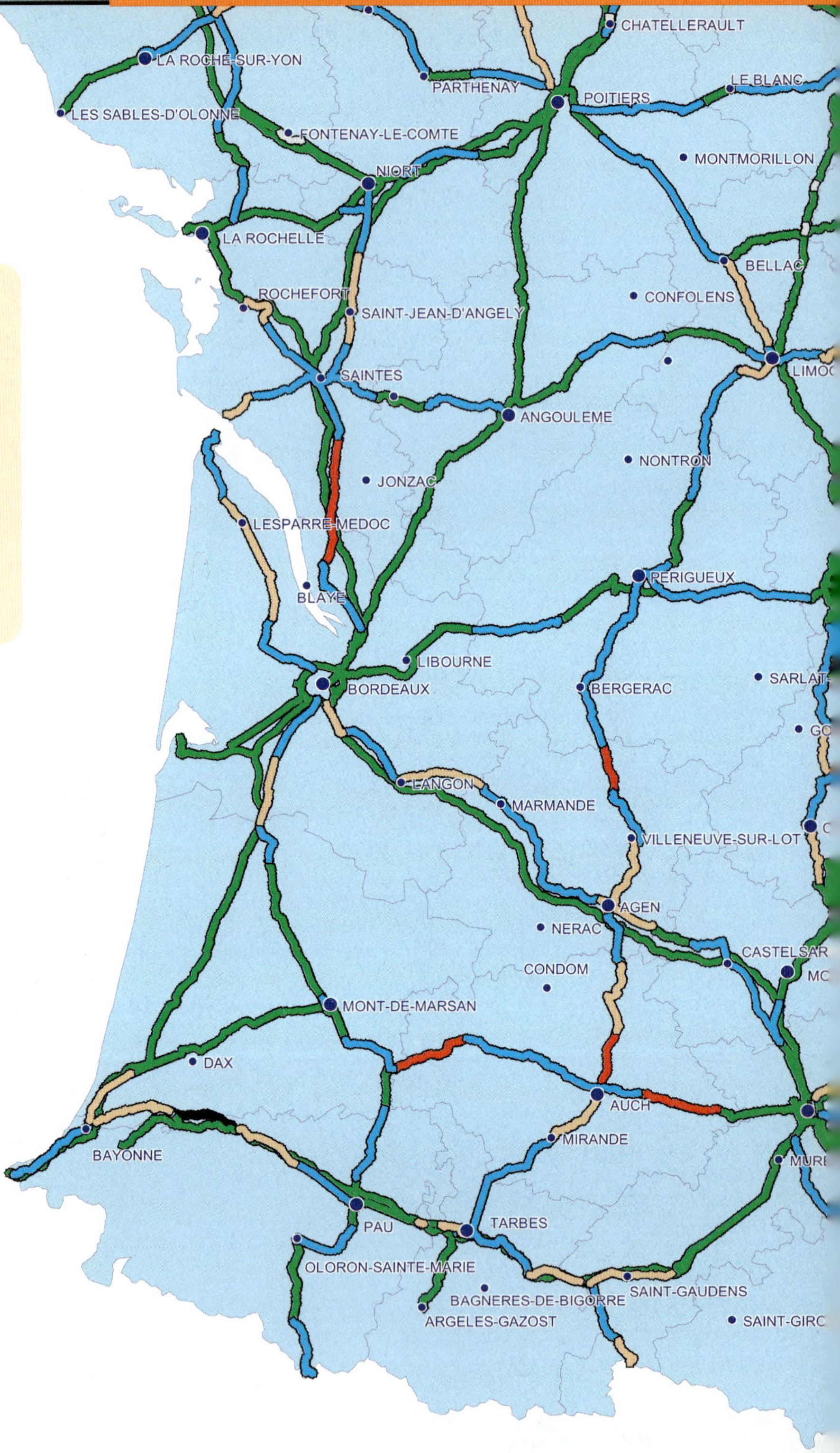

Taux d'accidents graves sur autoroutes et routes nationales, années 2000 à 2002

en accidents par milliard de kilomètres parcourus

- 0 à 40
- 40 à 80
- 80 à 120
- 120 à 160
- > 160
- Données incomplètes

Quelques repères à l'échelle nationale (les données ci-dessous correspondent à la période 2000-2001-2002) :

Les taux moyens observés sur les différents réseaux sont les suivants :

- **autoroutes : 12 accidents graves par milliard de kilomètres parcourus,**
- **routes nationales à caractère non autoroutier : 44 accidents graves par milliard de kilomètres parcourus,**
- **routes départementales : 81 accidents graves par milliard de kilomètres parcourus.**

Pour en savoir plus :
www.securiteroutiere.equipement.gouv.fr

100 km

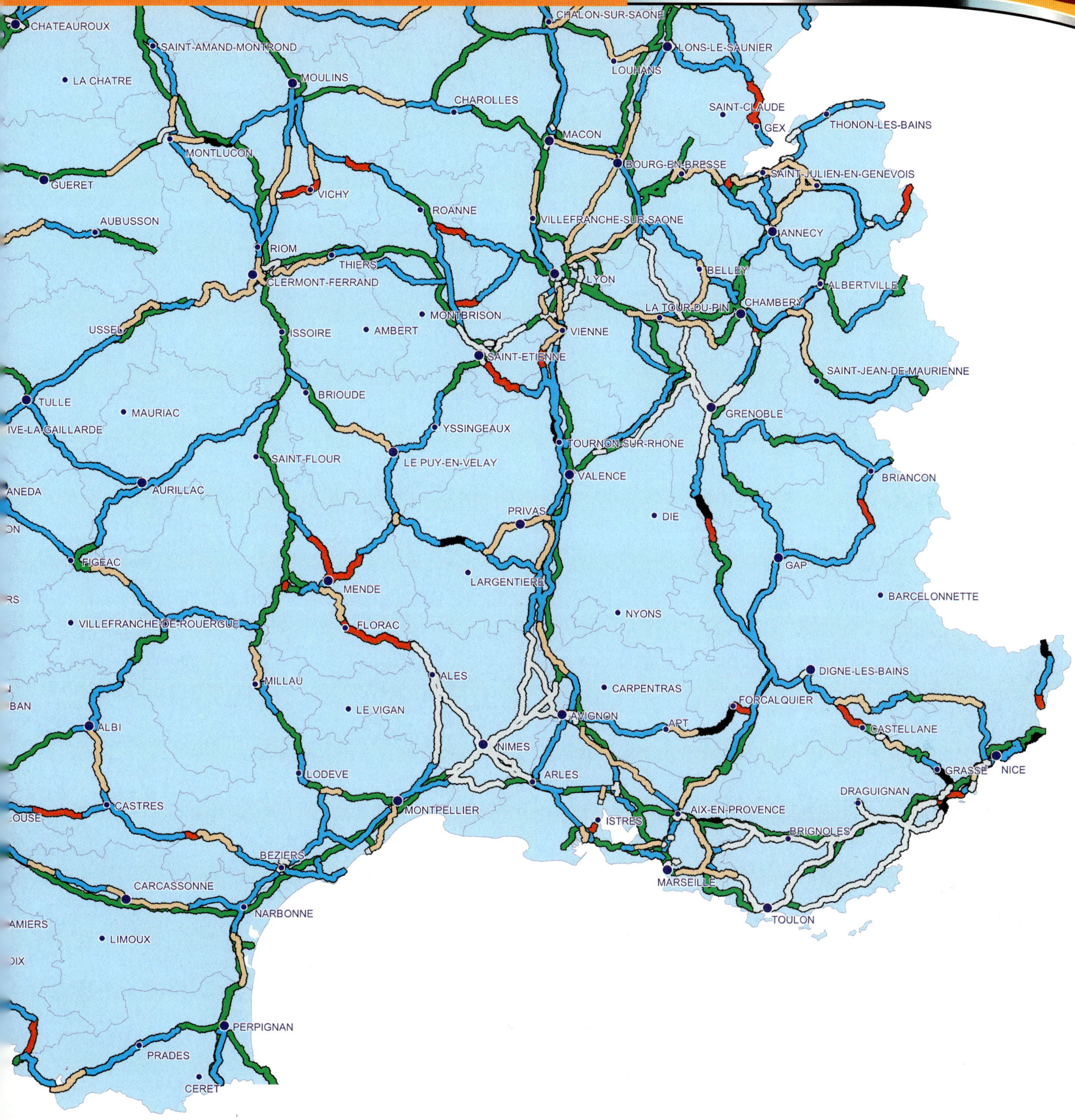

Sources : fichier trafic 2001, BAAC 2000, 2001 et 2002
Fond cartographique GEOFLA®IGN© - Réalisation Sétra - CETE de l'Est

Carte des radars fixes

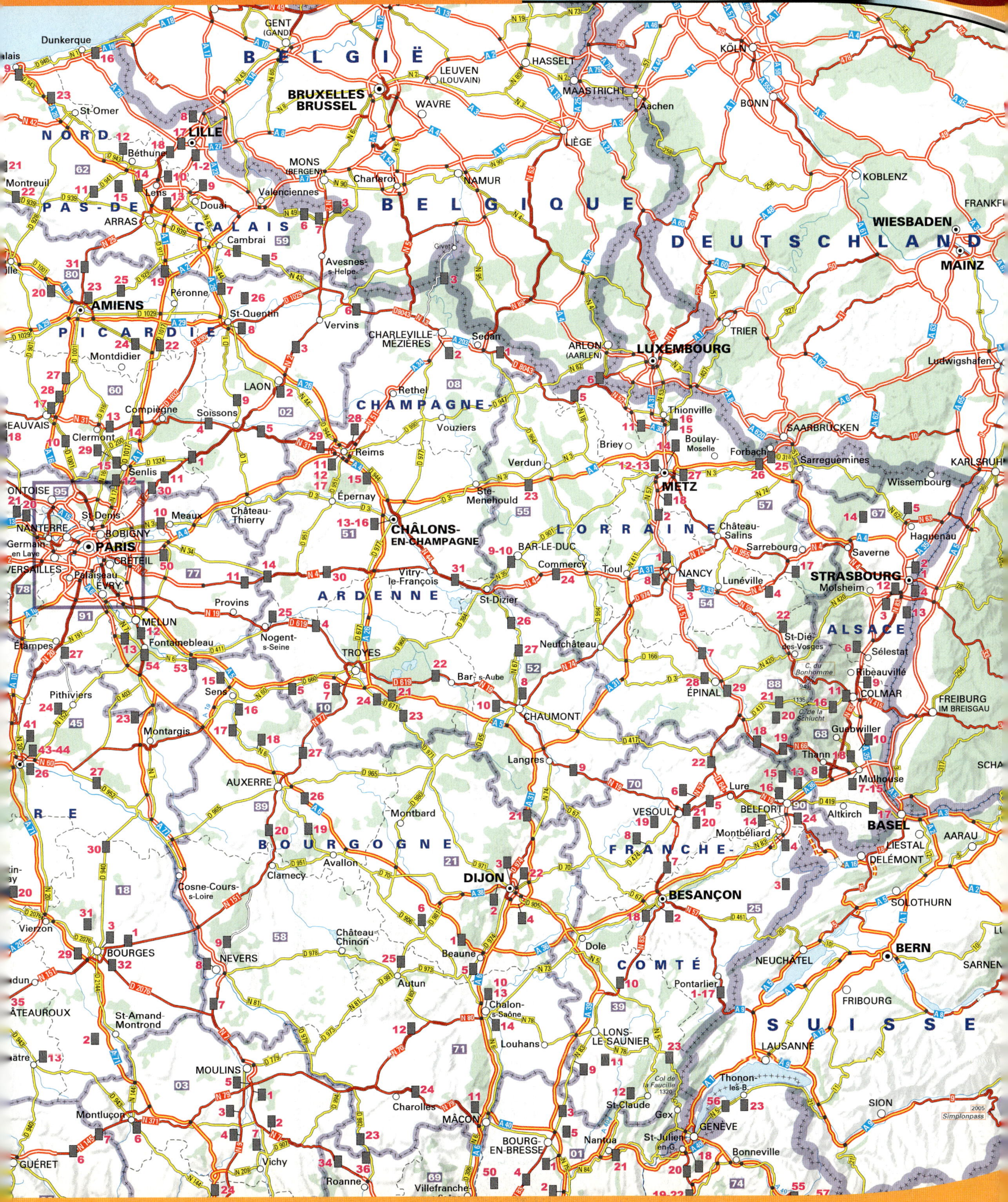

BELGIË
BELGIQUE
DEUTSCHLAND
LUXEMBOURG
SUISSE
NORD
PAS-DE-CALAIS
PICARDIE
CHAMPAGNE
ARDENNE
LORRAINE
ALSACE
BOURGOGNE
FRANCHE-COMTÉ
Dunkerque
St-Omer
LILLE
Béthune
Lens
Douai
ARRAS
Cambrai
Valenciennes
GENT (GAND)
BRUXELLES BRUSSEL
LEUVEN (LOUVAIN)
WAVRE
MONS (BERGEN)
Charleroi
NAMUR
HASSELT
MAASTRICHT
LIÈGE
Aachen
KÖLN
BONN
KOBLENZ
WIESBADEN
MAINZ
TRIER
SAARBRÜCKEN
Ludwigshafen
KARLSRUHE
Avesnes-s-Helpe
Péronne
AMIENS
St-Quentin
Vervins
CHARLEVILLE-MÉZIÈRES
Sedan
ARLON (AARLEN)
Montdidier
LAON
Rethel
Compiègne
Soissons
Vouziers
Clermont
Reims
Senlis
Épernay
Château-Thierry
CHÂLONS-EN-CHAMPAGNE
Ste-Menehould
Verdun
Briey
Thionville
Boulay-Moselle
Forbach
Sarreguemines
Wissembourg
METZ
Meaux
BOBIGNY
NANTERRE
St-Denis
PARIS
CRÉTEIL
VERSAILLES
Palaiseau
ÉVRY
MELUN
Provins
Nogent-s-Seine
Fontainebleau
Étampes
Pithiviers
Montargis
Sens
TROYES
Vitry-le-François
St-Dizier
BAR-LE-DUC
Commercy
Toul
NANCY
Lunéville
Château-Salins
Sarrebourg
Saverne
Haguenau
STRASBOURG
Molsheim
St-Dié-des-Vosges
Sélestat
Ribeauvillé
COLMAR
Guebwiller
Thann
Mulhouse
FREIBURG IM BREISGAU
Neufchâteau
ÉPINAL
Bar-s-Aube
CHAUMONT
Langres
AUXERRE
Avallon
Clamecy
Montbard
Cosne-Cours-s-Loire
DIJON
VESOUL
Lure
BELFORT
Altkirch
BASEL
Montbéliard
LIESTAL
DELÉMONT
AARAU
BESANÇON
SOLOTHURN
BERN
NEUCHÂTEL
FRIBOURG
Pontarlier
Dole
Beaune
Autun
Château-Chinon
NEVERS
BOURGES
Vierzon
CHÂTEAUROUX
St-Amand-Montrond
Chalon-s-Saône
Louhans
LONS-LE-SAUNIER
St-Claude
Gex
GENÈVE
St-Julien-en-G.
Thonon-les-B.
LAUSANNE
SION
Bonneville
MOULINS
Montluçon
Vichy
Charolles
MÂCON
BOURG-EN-BRESSE
Nantua
Roanne
Villefranche
GUÉRET
Simplonpass

Carte des radars fixes

ALSACE
67 Bas-Rhin
68 Haut-Rhin

AQUITAINE
24 Dordogne
33 Gironde
40 Landes
47 Lot-et-Garonne
64 Pyrénées-Atlantiques

AUVERGNE
03 Allier
15 Cantal
43 Haute-Loire
63 Puy-de-Dôme

BOURGOGNE
21 Côte-d'Or
58 Nièvre
71 Saône-et-Loire
89 Yonne

BRETAGNE
22 Côtes-d'Armor
29 Finistère
35 Ille-et-Vilaine
56 Morbihan

CENTRE
18 Cher
28 Eure-et-Loir
36 Indre
37 Indre-et-Loire
41 Loir-et-Cher
45 Loiret

CHAMPAGNE-ARDENNE
08 Ardennes
10 Aube
51 Marne
52 Haute-Marne

CORSE
2A Corse-du-Sud
2B Haute-Corse

FRANCHE-COMTÉ
25 Doubs
39 Jura
70 Haute-Saône
90 Territoire-de-Belfort

ILE-DE-FRANCE
75 Ville de Paris
77 Seine-et-Marne
78 Yvelines
91 Essonne
92 Hauts-de-Seine
93 Seine-Saint-Denis
94 Val-de-Marne
95 Val-d'Oise

LANGUEDOC-ROUSSILLON
11 Aude
30 Gard
34 Hérault
48 Lozère
66 Pyrénées-Orientales

LIMOUSIN
19 Corrèze
23 Creuse
87 Haute-Vienne

LORRAINE
54 Meurthe-et-Moselle
55 Meuse
57 Moselle
88 Vosges

MIDI-PYRÉNÉES
09 Ariège
12 Aveyron
31 Haute-Garonne
32 Gers
46 Lot
65 Hautes-Pyrénées
81 Tarn
82 Tarn-et-Garonne

NORD-PAS-DE-CALAIS
59 Nord
62 Pas-de-Calais

BASSE-NORMANDIE
14 Calvados
50 Manche
61 Orne

HAUTE-NORMANDIE
27 Eure
76 Seine-Maritime

PAYS DE LA LOIRE
44 Loire-Atlantique
49 Maine-et-Loire
53 Mayenne
72 Sarthe
85 Vendée

PICARDIE
02 Aisne
60 Oise
80 Somme

POITOU-CHARENTES
16 Charente
17 Charente-Maritime
79 Deux-Sèvres
86 Vienne

PROVENCE-ALPES-CÔTE D'AZUR
04 Alpes-de-H.-Prov.
05 Hautes-Alpes
06 Alpes-Maritimes
13 B.-du-Rhône
83 Var
84 Vaucluse

RHÔNE-ALPES
01 Ain
07 Ardèche
26 Drôme
38 Isère
42 Loire
69 Rhône
73 Savoie
74 Haute-Savoie

Carte des radars fixes

Liste des radars fixes en France classés par régions.

La présente liste des radars fixes a été arrêtée au 01-09-2006.
Pour prendre connaissance des dernières actualisations :
www.securiteroutiere.equipement.gouv.fr

ALSACE

67 Bas-Rhin

1 A4 à SOUFFELWEYERSHEIM (PR 2,35), sens Paris vers Strasbourg, 110 km/h
2 A35 à HOERDT (PR 245,6), sens Strasbourg vers Lauterbourg, 130 km/h
3 A35 à INNENHEIM (PR 412,7), sens Colmar vers Strasbourg, 130 km/h
4 N4 à STRASBOURG (PR 45,22), sens Allemagne vers France, 90 km/h
5 D1062 à HAGUENAU (PR 8), sens Haguenau vers Mertzwiller, 90 km/h
6 D424 à SELESTAT (PR 36,22), sens Sélestat vers Markolsheim, 90 km/h
12 A35 à GEISPOLSHEIM (PR 312,7), sens Colmar vers Strasbourg, 110 km/h
13 D468 à PLOBSHEIM (PR 41,83), sens Erstein vers Eschau, 90 km/h
14 D6 à INGWILLER (PR 1,5), sens Ingwiller vers Niedersoultzbach, 90 km/h

68 Haut-Rhin

7 A36 à MULHOUSE (PR 104,847), sens Belfort vers Ottmarsheim, 110 km/h
8 N66 à WITTELSHEIM (PR 32,85), sens Thann vers Mulhouse, 110 km/h
9 N83 à OSTHEIM (PR 61,25), sens Colmar vers Strasbourg, 110 km/h
10 D20 à ENSISHEIM (PR 4,41), sens Reguisheim vers Ruelisheim, 90 km/h
11 D417 à COLMAR (PR 33,88), sens Munster vers Colmar, 50 km/h
15 64 Allée Nathan Katz à MULHOUSE, sens Mulhouse vers Illzach, 50 km/h
16 D417 à WINTZENHEIM (PR 25,208), sens Munster vers Colmar, 90 km/h
17 D419 à JETTINGEN (PR 31,489), sens St-Louis vers Altkirch, 70 km/h
18 D430 à WITTELSHEIM (PR 50,941), sens Guebwiller vers Mulhouse, 110 km/h

AQUITAINE

24 Dordogne

1 D6089 à TERRASSON-LAVILLEDIEU (PR 6,196), sens Brive la Gaillarde vers Périgueux, 90 km/h
2 D6089 à SAINT-CREPIN-D'AUBEROCHE (PR 44,207), sens Périgueux vers Brive la Gaillarde, 90 km/h
3 D6021 à COULOUNIEIX-CHAMIERS (PR 63,12), sens Bergerac vers Périgueux, 90 km/h
4 D6098 à MARSAC-SUR-L'ISLE (PR 66,8), sens Périgueux vers Bordeaux, 90 km/h
5 D939 à CHATEAU-L'EVEQUE (PR 8,897), sens Périgueux vers Brantome, 90 km/h
32 D936 à LAMOTHE-MONTRAVEL (PR 52,689), sens Bergerac vers Bordeaux, 50 km/h
33 N221 à BOULAZAC (PR 4,849), sens Périgueux vers St-Laurent sur Manoire, 90 km/h

33 Gironde

6 A62 à VILLENAVE-D'ORNON (PR 0), sens Toulouse vers Bordeaux, 110 km/h
7 A630 à BORDEAUX (PR 4,48), sens Paris vers Bordeaux, 70 km/h
8 A630 à MERIGNAC (PR 16,5), Rocade extérieure, 110 km/h
9 A630 à BEGLES (PR 33,1321), sens Bayonne vers Paris, 110 km/h
10 N113 à VIRELADE (PR 44,578), sens Bordeaux vers Langon, 50 km/h
11 D1215 à CISSAC-MEDOC (PR 51,685), sens Bordeaux vers Lesparre Médoc, 90 km/h
12 D936 à SAINT-PEY-D'ARMENS (PR 39,265), sens Castillon vers Libourne, 50 km/h
13 D670 à SAINT-ANDRE-DE-CUBZAC (PR 3,31), sens St-André de Cubzac vers Libourne, 90 km/h
14 D106 à SAINT-JEAN-D'ILLAC (PR 24,21), sens Ares vers Bordeaux, 90 km/h
34 A63 à PESSAC (PR 0,328), sens Bayonne vers Bordeaux, 90 km/h
35 D137 à SAINT-LAURENT-D'ARCE (PR 5,32), sens Bordeaux vers Saintes, 90 km/h

40 Landes

16 N10 à LABOUHEYRE (PR 24,45 et 24,75), dans les deux sens, 90 km/h
17 N10 à MAGESCQ (PR 78,961), dans les deux sens, 110 km/h
18 N10 à LABENNE (PR 105,33), sens Bordeaux vers Bayonne, 90 km/h
19 N117 à HABAS (PR 2,18), sens Pau vers Bayonne, 90 km/h
20 D934 à SAINT-GEIN (PR 24,5), sens Bordeaux vers Pau, 90 km/h
36 N10 à SAUGNACQ-ET-MURET (PR 3,731 et 3,781), dans les deux sens, 110 km/h

47 Lot-et-Garonne

21 N21 à MONBALEN (PR 50,66), sens Villeneuve sur Lot vers Agen, 90 km/h
22 N113 à MARMANDE (PR 74,82), sens Agen vers Bordeaux, 50 km/h
23 N113 à SAINT-HILAIRE-DE-LUSIGNAN (PR 27,84), sens Agen vers Bordeaux, 90 km/h
24 D933 à SEYCHES (PR 18,172), sens Seyches vers Marmande, 90 km/h
25 D933 à LABASTIDE-CASTEL-AMOUROUX (PR 49,891), sens Marmande vers Casteljaloux, 90 km/h

64 Pyrénées-Atlantiques

26 N10 à BAYONNE (PR 0,338), sens Bayonne vers Lande, 90 km/h
27 N10 à SAINT-JEAN-DE-LUZ (PR 17,6), sens St-Jean de Luz vers Bayonne, 70 km/h
28 N117 à AUSSEVIELLE (PR 38,27), sens Pau vers Bayonne, 90 km/h
29 N117 à CASTETIS (PR 60,1), sens Pau vers Orthez, 90 km/h
30 N134 à HERRERE (PR 63,18), sens Oloron Ste Marie vers Pau, 90 km/h
31 D260 à ANGLET (PR 3,68), sens Anglet vers Biarritz, 70 km/h
38 N134 à BORCE (PR 119)
39 D2 à TARSACQ (PR 15,35), sens Pau vers Mourenx, 90 km/h

AUVERGNE

03 Allier

1 N7 à BESSAY-SUR-ALLIER (PR 27,600 et 28,467), dans les deux sens, 90 km/h
2 N7 à SAINT-GERAND-LE-PUY (PR 54,175), sens Moulins vers Roanne, 90 km/h
3 N9 à CONTIGNY (PR 25,88), sens Chatel de Neuvre vers St Pourçain sur Sioule, 90 km/h
4 N9 à BAYET (PR 38,5), sens Gammat vers St-Pourçain sur Sioule, 90 km/h
5 N79 à TOULON-SUR-ALLIER (PR 34,1391 et 35,4), dans les deux sens, 90 km/h
6 N144 à LAVAULT-SAINTE-ANNE (PR 14,21), sens Neris les Bains vers Montluçon, 70 km/h
7 N209 à CREUZIER-LE-NEUF (PR 25,589), sens Vichy vers Varennes, 70 km/h

15 Cantal
8 A75 à VIEILLESPESSE (PR 85,260 et 85,285), dans les deux sens, 110 km/h
9 N120 à SAINT-PAUL-DES-LANDES (PR 11,72), sens Aurillac vers St-Paul, 90 km/h
10 N122 à ARPAJON-SUR-CERE (PR 45,21), sens Maurs vers Aurillac, 90 km/h
11 N122 à THIEZAC (PR 74,339), sens Massiac vers Aurillac, 90 km/h

43 Haute-Loire
12 N88 à CUSSAC-SUR-LOIRE (PR 69,53), sens Aubenas vers Le Puy, 90 km/h
13 N102 à ESPALY-SAINT-MARCEL (PR 24,75), sens Clermont Ferrand vers Le Puy, 50 km/h
14 N102 à VAZEILLES-LIMANDRE (PR 41,1022), sens Clermont Ferrand vers Le Puy, 90 km/h
15 D12 à BAS-EN-BASSET (PR 41,98), sens Monistrol sur Loire vers Bas en Basset, 90 km/h
21 D586 à SAINT-BEAUZIRE (PR 0,919), sens Brioude vers Espalem, 90 km/h
22 D590 à CEYSSAC (PR 65,2), sens Le Puy vers A75, 90 km/h
23 D906 à BELLEVUE-LA-MONTAGNE (PR 32,58), sens Le Puy vers Bellevue la Montagne, 90 km/h

63 Puy-de-Dôme
16 A75 à SAUVAGNAT-SAINTE-MARTHE (PR 22,29), sens Clermont-Ferrand vers Montpellier, 90 km/h
17 N9 à AUBIERE (PR 42,33), sens Clermont-Ferrand vers Perignat les Sarlieve, 70 km/h
18 N9 à MENETROL (PR 26,957), sens Riom vers Clermont-Ferrand, 110 km/h
19 D941 à SAINT-OURS (PR 22,658), sens Cratère vers Pontgibaud, 90 km/h
24 A71 à JOSERAND (PR 358,1), sens Sud vers Nord, 110 km/h
25 A75 à LA ROCHE-BLANCHE (PR 6,86), sens Issoire vers Clermont Ferrand, 110 km/h
26 A75 à LE BROC (PR 36,802), sens Issoire vers Clermont-Ferrand, 130 km/h
27 D21 à CLERMONT-FERRAND (PR 4,154), sens Issoire vers Riom, 70 km/h
28 N89 à OLBY (PR 87,368), sens Clermont-Ferrand vers Bordeaux, 90 km/h

BASSE-NORMANDIE

14 Calvados
1 N13 à LOUCELLES (PR 81,505), sens Cherbourg-Octeville vers Paris, 70 km/h
2 N13 à LOUCELLES (PR 80,908), sens Caen vers Cherbourg-Octeville, 70 km/h
3 N814 à MONDEVILLE (PR 0,998), sens Paris vers Cherbourg-Octeville, 90 km/h
4 N814 à HEROUVILLE-SAINT-CLAIR (PR 3,294), sens Cherbourg-Octeville vers Paris, 70 km/h
15 D515 à HEROUVILLE-SAINT-CLAIR (PR 7,7), sens Ouistreham vers Caen, 90 km/h
16 D7 à MATHIEU (PR 8,164), sens Douvre la Délivande vers Caen, 110 km/h
17 N158 à BONS-TASSILLY (PR 15,708), sens Falaise vers Caen, 110 km/h

50 Manche
5 N13 à BRIX (PR 46,738), sens Caen vers Cherbourg-Octeville, 110 km/h
6 N175 à AVRANCHES (PR 41,55), sens Caen vers Rennes, 110 km/h
7 N175 à SERVON (PR 56,45), sens Pontorson vers Avranches, 110 km/h
8 D901 à GONNEVILLE (PR 16,3), sens Barfleur vers Tourlaville, 90 km/h
9 D2 à ANCTEVILLE (PR 28,438), sens Coutances vers Lessay, 90 km/h
18 D971 à BREHAL (PR 9,735), sens Coutances vers Granville, 90 km/h
19 D973 à LOLIF (PR 18,749), sens Granville vers Avranches, 90 km/h

61 Orne
10 N12 à LE MENIL-BROUT (PR 52,389), sens Paris vers Province, 50 km/h
11 N12 à LONRAI (PR 67,518), sens Paris vers Province, 90 km/h
12 N26 à ARGENTAN (PR 63,37), 70 km/h
13 N138 à SAINT-EVROULT-DE-MONTFORT (PR 51,2), sens Rouen vers Alençon, 90 km/h
14 D924 à DURCET (PR 33,57), sens Argentan vers Flers, 70 km/h
20 D962 à MONTILLY-SUR-NOIREAU (PR 44,325), sens Flers vers Condé sur Noireau, 90 km/h

BOURGOGNE

21 Côte-d'Or
1 A6 à BESSEY-EN-CHAUME (PR 290,65), sens Paris vers Lyon, 110 km/h
2 A38 à PLOMBIERES-LES-DIJON (PR 34), sens Pouilly en Auxois vers Dijon, 110 km/h
3 Bd des Allobroges à FONTAINE-LES-DIJON, sens Talent vers St Apollinaire, 50 km/h
4 D968 à OUGES (PR 2,4), sens St-Jean de Losne vers Dijon, 90 km/h
5 N74 à MEURSAULT (PR 6,815), sens Chagny vers Beaune, 90 km/h
6 N81 à MIMEURE (PR 15,1324), sens Pouilly en Auxois vers Arnay le Duc, 90 km/h
21 A31 à VERNOIS-LES-VESVRES (PR 81,7), 130 km/h
22 N274 à DIJON (PR 5,8), sens Lyon vers Langres, 110 km/h

58 Nièvre
7 N7 à SAINT-PARIZE-LE-CHATEL (PR 85,246 et 86,1), dans les deux sens, 90 km/h
8 D907 à NEVERS (PR 70,78), sens Varennes Vauzelles vers Challuy Sermoise, 50 km/h
9 D977 à POISEUX (PR 17,734), sens Nevers vers Auxerre, 50 km/h

71 Saône-et-Loire
10 N6 à CHALON-SUR-SAONE (PR 16,69), sens Nord vers Sud, 70 km/h
11 N6 à MACON (PR 74,85), sens Nord vers Sud, 70 km/h
12 N70 à BLANZY (PR 40,12), sens Chalon sur Saône vers Montceau les Mines, 90 km/h
13 N73 à SAINT-MARCEL (PR 3), sens Chalon Sur Saône vers Dole, 90 km/h
14 D978 à EPERVANS (PR 79,525), sens Epervans vers Louhans, 90 km/h
23 D982 à SAINT-MARTIN-DU-LAC (PR 29,32), sens Digoin vers Roanne, 90 km/h
24 N79 à BEAUBERY (PR 37,93), sens Moulins vers Macon, 90 km/h
25 N81 à DRACY-SAINT-LOUP (PR 29,595), sens Arnay le Duc vers Autun, 90 km/h

89 Yonne
15 N6 à PONT-SUR-YONNE (PR 15,74), sens vers Paris, 90 km/h
16 N6 à SENS (PR 32,1), sens Paris vers Auxerre, 90 km/h
17 N6 à VILLEVALLIER (PR 50,149), sens Sens vers Auxerre, 90 km/h
18 N6 à CHAMPLAY (PR 64,335), sens Auxerre vers Paris, 90 km/h
19 N6 à SAINT-MORE (PR 121,1), sens Auxerre vers Avallon, 90 km/h
20 N151 à MERRY-SEC (PR 14,87), sens Clamecy vers Auxerre, 90 km/h
26 A6 à SAINT-CYR-LES-COLONS (PR 175,35), 130 km/h
27 N77 à VERGIGNY (PR 25,129), sens Auxerre vers St-Florentin, 90 km/h

BRETAGNE

22 Côtes-d'Armor

1 *N12 à NOYAL (PR 34,641), sens Rennes vers Brest, 110 km/h*
2 *N12 à SAINT-BRIEUC (PR 56,49 et 56,953), dans les deux sens, 90 km/h*
4 *N12 à SAINT-AGATHON (PR 86,34), sens Rennes vers Brest, 110 km/h*
23 *D6 à LANNEBERT (PR 61,981), sens Paimpol vers St-Brieux, 90 km/h*
24 *D786 à MORIEUX (PR 53,622), sens Erquy vers St-Brieux, 70 km/h*
25 *D790 à SAINT-BRANDAN (PR 53,4), sens Quintin vers St-Brieuc, 90 km/h*
26 *N12 à GRACES (PR 91,77), sens Brest vers Rennes, 110 km/h*
27 *N12 à PLENEE-JUGON (PR 24,13), sens Brest vers Rennes, 110 km/h*
28 *N164 à PLEMET (PR 29,96), sens Châteaulin vers Montauban de Bretagne, 90 km/h*
29 *N164 à ROSTRENEN (PR 90,76 et 91,78), dans les deux sens, 90 km/h*

29 Finistère

5 *N165 à MELLAC (PR 9,978), sens Lorient vers Quimper, 110 km/h*
6 *N165 à SAINT-EVARZEC (PR 42,448), sens Lorient vers Quimper, 110 km/h*
7 *N165 à DIRINON (PR 103,399), sens Brest vers Quimper, 90 km/h*
8 *N165 à LE RELECQ-KERHUON (PR 113,25), sens Quimper vers Brest, 90 km/h*
31 *D785 à PLUGUFFAN (PR 71,9), sens Pont l'Abbé vers Quimper, 110 km/h*
32 *N12 à GUIPAVAS (PR 64,391), sens Brest vers Morlaix, 110 km/h*
33 *N12 à PLOUIGNEAU (PR 11,3 et 11,35), dans les deux sens, 110 km/h*
35 *N164 à PLEYBEN (PR 41,18), sens Pleyben vers Chateaulin, 110 km/h*

35 Ille-et-Vilaine

9 *N12 à BEDEE (PR 83,654), sens Rennes vers St-Brieuc, 110 km/h*
10 *N136 à RENNES (PR 10,84), sens St-Brieuc vers Laval, 90 km/h*
11 *N137 à CHATEAUNEUF-D'ILLE-ET-VILAINE (PR 104,19), sens Rennes vers St-Malo, 110 km/h*
12 *N157 à NOYAL-SUR-VILAINE (PR 36,15), sens Rennes vers Laval, 110 km/h*
13 *D895 à COMBOURG (PR 0,2155), sens Dol de Bretagne vers Hede, 90 km/h*
14 *D34 à NOYAL-CHATILLON-SUR-SEICHE (PR 23), sens Chartres de Bretagne vers Vern sur Seiche, 90 km/h*
15 *D168 à SAINT-MALO (PR 9,45), sens Dinard vers St-Malo, 70 km/h*
36 *D177 à LOHEAC (PR 52,808), sens Rennes vers Redon, 90 km/h*
37 *D772 à BAIN-DE-BRETAGNE (PR 16,977), sens Bain-de-Bretagne ver Messac, 90 km/h*
38 *D857 à SAINT-JEAN-SUR-VILAINE (PR 25,354), sens St-Jean sur Vilaine vers Chateaubourg, 90 km/h*
39 *N137 à NOYAL-CHATILLON-SUR-SEICHE (PR 40,735), sens Nantes vers Rennes, 110 km/h*
40 *N24 à BREAL-SOUS-MONTFORT (PR 18,1), sens Rennes vers Lorient, 110 km/h*
41 *N24 à SAINT-THURIAL (PR 20,507), sens Lorient vers Rennes, 110 km/h*

56 Morbihan

16 *N24 à GUILLAC (PR 30,939), sens Rennes vers Lorient, 110 km/h*
17 *N24 à GUEGON (PR 38,5), sens Lorient vers Rennes, 110 km/h*
18 *N165 à PLOEREN (PR 53,2), sens Brest vers Nantes, 110 km/h*
19 *N165 à KERVIGNAC (PR 88,23), sens Nantes vers Brest, 110 km/h*
20 *D766 à MAURON (PR 22,73), sens St-Meen le Grand vers Ploermel, 90 km/h*
21 *D768 à SAINT-THURIAU (PR 70,34), sens Lorient vers Loudeac, 90 km/h*
22 *D769 à LE FAOUET (PR 34,5), sens Gourin vers Lorient, 90 km/h*
42 *N165 à ARZAL (PR 14,392), sens Nantes vers Vannes, 110 km/h*

CENTRE

18 Cher

1 *N151 à BRECY (PR 42,802), sens La Charité sur Loire vers Bourges, 90 km/h*
2 *D940 à BOURGES (PR 55,871), sens Bourges vers Montargis, 50 km/h*
3 *D925 à MARCAIS (PR 9,8), sens Lignières vers St-Amand, 90 km/h*
29 *A71 à MARMAGNE (PR 203,657), sens Paris vers Clermont-Ferrand, 130 km/h*
30 *D940 à ARGENT-SUR-SAULDRE (PR 101,91), sens Aubigny vers Argent, 90 km/h*
31 *D944 à ALLOGNY (PR 44,97), sens Salbris vers Bourges, 90 km/h*
32 *D2076 à SOYE-EN-SEPTAINE (PR 51,253), sens Nièvre vers Bourges, 90 km/h*

28 Eure-et-Loir

4 *N10 à MARBOUE (PR 61,71), sens Chartres vers Chateaudun, 90 km/h*
5 *N12 à CHERISY (PR 10,2), sens Paris vers Dreux, 110 km/h*
6 *N154 à POISVILLIERS (PR 57,5), sens Dreux vers Chartres, 110 km/h*
7 *D906 à CHARTAINVILLIERS (PR 78,78), sens Maintenon vers Chartres, 90 km/h*
8 *D920 à PONTGOUIN (PR 5,51), sens Courville vers La Loupe, 90 km/h*
9 *D921 à VIEUVICQ (PR 31,278), sens Brou vers Chartres, 90 km/h*
10 *D928 à SAULNIERES (PR 36,35), sens Dreux vers Chateauneuf en Thymerais, 90 km/h*
33 *A11 à SAINT-BOMER (PR 118,86), sens Paris vers Le Mans, 130 km/h*

36 Indre

11 *N20 à CHATEAUROUX (PR 38,1323), sens Limoges vers Paris, 90 km/h*
12 *N143 à PALLUAU-SUR-INDRE (PR 83,7), sens Tours vers Châteauroux, 90 km/h*
13 *D943 à LA CHATRE (PR 12,92), sens Montluçon vers La Chatre, 90 km/h*
14 *D956 à VALENCAY (PR 14,94), sens Levroux vers Valencay, 90 km/h*
34 *A20 à SAINT-MAUR (PR 62,298), sens Paris vers Limoges, 130 km/h*
35 *N151 à MONTIERCHAUME (PR 64,3), sens Bourges vers Chateauroux, 90 km/h*

37 Indre-et-Loire

15 *D943 à ESVRES (PR 39,186), sens Loches vers Tours, 90 km/h*
16 *D37 à JOUE-LES-TOURS (PR 1,78), sens Sud vers Nord, 90 km/h*
28 *A10 à TOURS (PR 206,75), sens Paris vers Province, 90 km/h*
36 *D31 à AUZOUER-EN-TOURAINE (PR 3,94), sens Château Renault vers Amboise, 90 km/h*
37 *D938 à NEUILLE-PONT-PIERRE (PR 20,793), sens des PR décroissants, 70 km/h*

41 Loir-et-Cher

17 *N10 à VENDOME (PR 24,43), sens Tours vers Chartres, 70 km/h*
18 *N76 à LANGON (PR 8,25), sens Tours vers Vierzon, 90 km/h*
19 *N76 à SAINT-JULIEN-DE-CHEDON (PR 58,268), sens Vierzon vers Tours, 90 km/h*
20 *D724 à PRUNIERS-EN-SOLOGNE (PR 45,78), sens Selles sur Cher vers Romorantin, 90 km/h*
21 *D765 à CELLETTES (PR 4,268), sens Blois vers Romorantin Lanthenay, 90 km/h*
22 *D951 à MONTLIVAULT (PR 20,92), sens Blois vers Orléans, 90 km/h*
38 *D174 à BLOIS (PR 4,127), sens Vendôme vers Vierzon, 70 km/h*

39 D924 à VILLENEUVE-FROUVILLE (PR 19,864), sens Oucques vers Blois, 90 km/h
40 N10 à VILLERABLE (PR 30,818), sens Vendôme vers Tours, 90 km/h

45 Loiret
23 N7 à DORDIVES (PR 1,18), sens Pithiviers vers Orléans, 70 km/h
24 N152 à ESCRENNES (PR 26,45), sens Pithiviers vers Orléans, 90 km/h
25 N152 à SAINT-AY (PR 73,1), sens Orléans vers Meung sur Loire, 70 km/h
26 D951 à SAINT-DENIS-EN-VAL (PR 85,715), sens Orléans vers Jargeau, 70 km/h
27 D952 à LES BORDES (PR 29,5), sens Gien vers Chateauneuf, 90 km/h
41 D520 à SARAN (PR 0,735), sens Saran vers St-Jean de la Ruelle, 90 km/h
42 N157 à BUCY-SAINT-LIPHARD (PR 11,11), sens Bucy St-Liphard vers Coulmiers, 70 km/h
43 N20 à ORLEANS (PR 29,25), sens Orléans vers Olivet, 50 km/h
44 N20 à ORLEANS (PR 30,6), sens Province vers Paris, 50 km/h

CHAMPAGNE-ARDENNE

08 Ardennes
1 N43 à POURU-SAINT-REMY (PR 22,557), sens Sedan vers Carignan, 90 km/h
2 N43 à CHARLEVILLE-MEZIERES (PR 43,137), sens Charleville-Mézières vers Sedan, 90 km/h
3 N51 à FEPIN (PR 21,3), sens Vireux Molhain vers Fumay, 50 km/h

10 Aube
4 D619 à CHATRES (PR 34,597), sens Paris vers Troyes, 90 km/h
5 D660 à PAISY-COSDON (PR 29,412), sens Troyes vers Sens, 90 km/h
6 N77 à SAINT-GERMAIN (PR 29,456), sens Troyes vers Auxerre, 90 km/h
7 N77 à SOULIGNY (PR 24,54), sens Auxerre vers Troyes, 90 km/h
21 A5 à CHAUFFOUR-LES-BAILLY (PR 148,2), sens Chaumont vers Troyes, 130 km/h
22 D619 à DOLANCOURT (PR 106,531), sens Troyes vers Bar sur Aube, 90 km/h
23 D671 à BAR-SUR-SEINE (PR 18,94), sens Troyes vers Dijon, 90 km/h
24 D671 à CHAPPES (PR 31,9), sens Dijon vers Troyes, 90 km/h
25 N19 à NOGENT-SUR-SEINE (PR 6,61), sens Troyes vers Paris, 90 km/h

51 Marne
11 A4 à REIMS (PR 135,967), sens Province vers Paris, 110 km/h
12 A4 à REIMS (PR 139,68), sens Paris vers Metz, 110 km/h
13 N3 à CHALONS-EN-CHAMPAGNE (PR 61,335), sens Troyes vers Châlons en Champagne, 70 km/h
14 N4 à ESTERNAY (PR 5,38), sens Paris vers Nancy, 90 km/h
15 N44 à LES PETITES-LOGES (PR 38,33), sens Reims vers Châlons en Champagne, 90 km/h
16 N44 à SAINT-MEMMIE (PR 63,6), sens Châlons en Champagne vers Vitry le François, 110 km/h
17 N51 à REIMS (PR 22,157), sens Reims vers Epernay, 70 km/h
28 Boulevard des Tondeurs à BETHENY, sens Charleville-Mézières vers Laon, 90 km/h
29 N31 à MUIZON (PR 18,46), sens Soissons vers Reims, 70 km/h
30 N4 à CONNANTRE (PR 33,97), sens Nancy vers Paris, 110 km/h
31 N4 à THIEBLEMONT-FAREMONT (PR 98,7), sens Nancy vers Paris, 110 km/h

52 Haute-Marne
9 N19 à CHAUDENAY (PR 80,525), sens Vesoul vers Langres, 90 km/h
18 D619 à CHAUMONT (PR 30,75), sens Luzy vers Chaumont, 50 km/h
20 D65 à VILLIERS-LE-SEC (PR 47,72), sens Chaumont vers Villiers le sec, 90 km/h
26 N67 à CHATONRUPT-SOMMERMONT (PR 23,82), sens St-Dizier vers Chaumont, 90 km/h
27 N67 à MUSSEY-SUR-MARNE (PR 38,43), sens Chaumont vers St Dizier, 70 km/h

CORSE

2A Corse-du-Sud
1 N193 à AJACCIO (PR 2,118), sens Corte vers Ajaccio, 50 km/h
2 D81 à ALATA (PR 4,296), sens Bonifacio vers Sartène, 90 km/h

2B Haute-Corse
3 N193 à BASTIA (PR 150,6), sens Corte vers Centre Ville, 50 km/h
4 N198 à VENTISERI (PR 76,2), sens Sud vers Nord, 90 km/h
5 N198 à SORBO-OCAGNANO (PR 141,23), sens Solenzara vers Bastia, 90 km/h
6 N197 à LUMIO (PR 5,832), sens Bastia vers Calvi, 90 km/h

FRANCHE-COMTÉ

25 Doubs
1 N57 à LES HOPITAUX-VIEUX (PR 81,698), sens Pontarlier vers Jougne, 90 km/h
2 N83 à BEURE (PR 27,3), sens Larnod vers Besançon, 70 km/h
3 D437 à MONTANDON (PR 102,78), sens Maiche vers St Hyppolite, 90 km/h
4 D34 à MONTBELIARD (PR 1,48), sens Audincourt vers Montbéliard, 50 km/h
17 N57 à TOUILLON-ET-LOUTELET (PR 81,686), sens Jougne vers Pontarlier, 90 km/h
18 N73 à BESANCON (PR 14,6), sens Dole vers Montbeliard, 70 km/h

39 Jura
9 N83 à BEAUFORT (PR 23,13), sens Lons-le-Saunier vers St-Amour, 90 km/h
10 N83 à ARBOIS (PR 71,72), sens Besançon vers Lons-le-Saunier, 90 km/h
11 D52 à ALIEZE (PR 10,99), sens Orgelet vers Lons-le-Saunier, 90 km/h
12 D436 à SAINT-CLAUDE (PR 18,45), sens St-Claude vers Oyonnax, 90 km/h
23 N5 à MORBIER (PR 96,521), sens St-Laurent en Grandvaux vers Les Rousses, 90 km/h

Carte des radars fixes

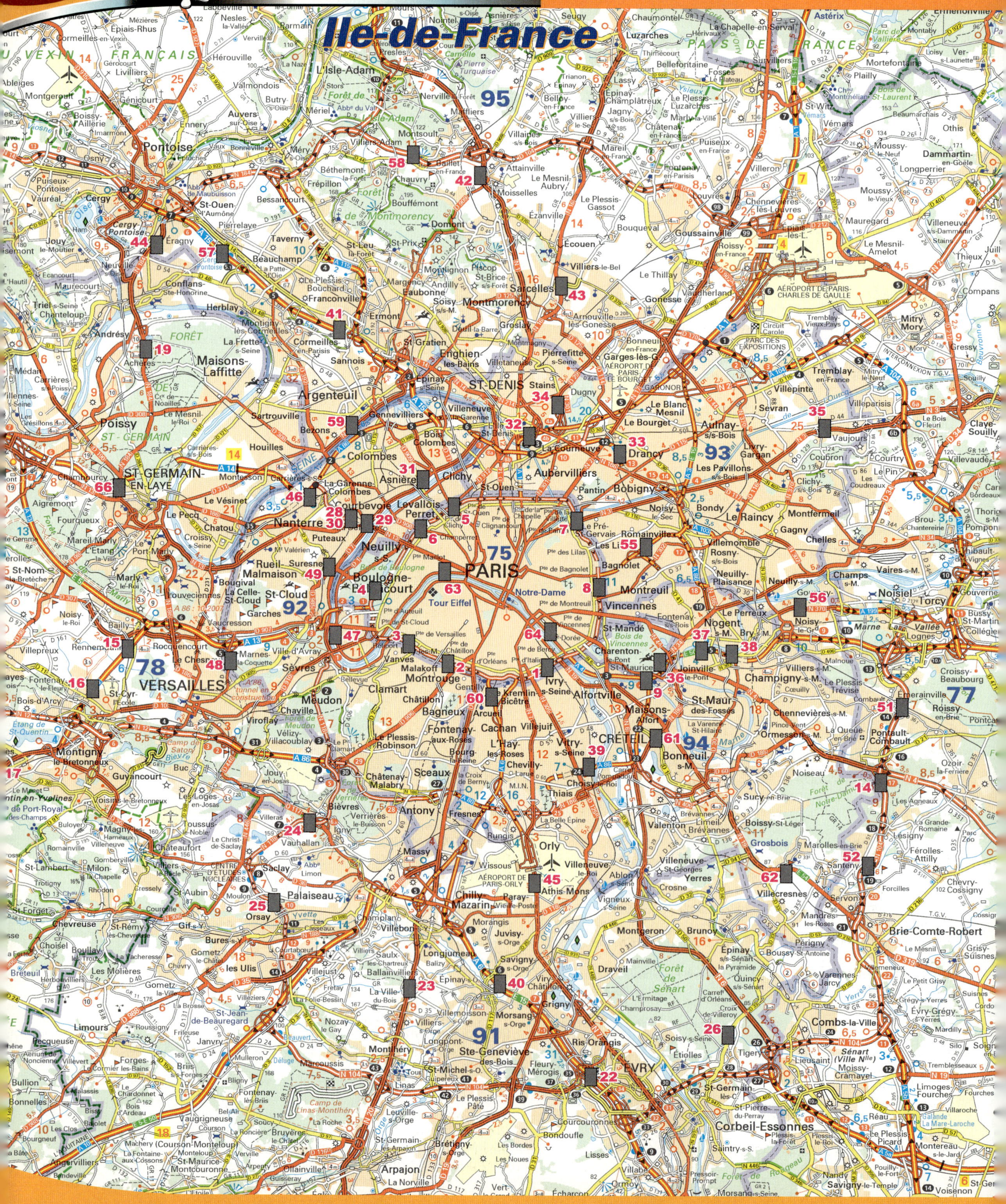

74 Haute-Saône

5 N19 à POMOY (PR 59,59), sens Belfort vers Langres, 90 km/h
6 N57 à SERVIGNEY (PR 29,295), sens Epinal vers Besancon, 90 km/h
7 N57 à CROMARY (PR 76,66), sens Besançon vers Remiremont, 90 km/h
8 D474 à VILLERS-CHEMIN-ET-MONT-LES-ETRELLES (PR 24,148), sens Vesoul vers Gray, 90 km/h
19 D13 à VELLE-LE-CHATEL (PR 44,37), sens Vesoul vers Fresnes St Mames, 90 km/h
20 D9 à NOROY-LE-BOURG (PR 10,914), sens Vesoul vers Villersexel, 90 km/h
21 N19 à FROTEY-LES-VESOUL (PR 43,403), sens Lure vers Vesoul, 90 km/h
22 N57 à LUXEUIL-LES-BAINS (PR 14,51), sens Fougerolles vers St Sauveur, 90 km/h

90 Territoire-de-Belfort

13 N83 à ROPPE (PR 13,242), sens Mulhouse vers Belfort, 50 km/h
14 N1019 à BOTANS (PR 4,49), sens Vesoul vers Belfort, 90 km/h
15 D465 à CHAUX (PR 18,783), sens Giromagny vers Belfort, 70 km/h
16 D483A à BELFORT (PR 0,579), sens Belfort vers Mulhouse, 50 km/h
24 N1019 à BOUROGNE (PR 11,931), sens Delle vers Belfort, 90 km/h

HAUTE-NORMANDIE

27 Eure

1 N12 à ARMENTIERES-SUR-AVRE (PR 34,9), sens Alençon vers Verneuil, 90 km/h
2 N13 à CLAVILLE (PR 34,9), sens Evreux vers Lisieux, 90 km/h
3 N14 à GAILLARDBOIS-CRESSENVILLE (PR 25,85), sens Ecouis vers Grainville, 90 km/h
4 N15 à FONTAINE-BELLENGER (PR 22,3), sens Louviers vers Vernon, 90 km/h
11 A13 à CRIQUEBEUF-SUR-SEINE (PR 105,8), sens Paris vers Rouen, 130 km/h
12 A28 à ACLOU (PR 258,827), sens Alençon vers Rouen, 90 km/h
13 A28 à BOSROBERT (PR 266,435), sens Rouen vers Alençon, 90 km/h
14 D840 à FOUQUEVILLE (PR 56,2), sens Le Neubourg vers Elbeuf, 90 km/h
15 N12 à BALINES (PR 20,11), sens Nonancourt vers Verneuil sur Avre, 90 km/h
16 N13 à FONTAINE-LA-SORET (PR 60,2), sens Lisieux vers Evreux, 90 km/h
17 N138 à PLASNES (PR 32,8), sens Boisney vers Bernay, 90 km/h
18 N154 à LE BOULAY-MORIN (PR 35,1), sens Rouen vers Orléans, 110 km/h
19 N26 à MANDRES (PR 5,6), sens Verneuil vers l'Aigle, 90 km/h

76 Seine-Maritime

5 A150 à MAROMME (PR 4,274), sens Barentin vers Rouen, 130 km/h
6 N15 à LE HAVRE (PR 97,4), sens Harfleur vers Le Havre, 70 km/h
7 N28 à DARNETAL (PR 3,86), sens Abbeville vers Rouen, 90 km/h
8 N338 à LE GRAND-QUEVILLY (PR 5,294), sens Paris vers Rouen, 90 km/h
9 D915 à GOURNAY-EN-BRAY (PR 12,112), sens Gournay en Bray vers Dieppe, 90 km/h
10 D1314 à SAINT-MARTIN-L'HORTIER (PR 19,9), sens Londinières vers Neufchâtel-en-Bray, 90 km/h
20 A29 à AUMALE (PR 148,13), sens Neufchâtel-en-Bray vers St-Quentin, 130 km/h
21 D131 à LOUVETOT (PR 27,17), sens St-Nicolas de Bliquetuit vers Yvetot, 90 km/h
22 D485 à DIEPPE (PR 1,2), sens Le Tréport vers Dieppe, 90 km/h
23 N31 à SAINT-JACQUES-SUR-DARNETAL (PR 7,2), sens Gournay en Bray vers Rouen, 70 km/h
24 N338 à LE PETIT-QUEVILLY (PR 6,6), sens Rouen vers Paris, 90 km/h

ILE-DE-FRANCE

75 Ville de Paris

1 Bd Périphérique - Quai d'Ivry à PARIS-13e ARRONDISSEMENT, sens intérieur, 80 km/h
2 Bd Périphérique - Porte de Chatillon à PARIS-14e ARRONDISSEMENT, sens extérieur, 80 km/h
3 Bd Périphérique (PR 8 , 9) à PARIS-15e ARRONDISSEMENT, sens intérieur, 80 km/h
4 Bd Périphérique - Porte de Passy à PARIS-16e ARRONDISSEMENT, sens extérieur, 80 km/h
5 Bd Périphérique - Porte de Clichy à PARIS-17e ARRONDISSEMENT, sens extérieur, 80 km/h
6 Bd Périphérique - Porte de Champerret (PR 17,3) à PARIS-17e ARRONDISSEMENT, sens intérieur, 80 km/h
7 Bd Périphérique - Porte de Pantin à PARIS-19e ARRONDISSEMENT, sens extérieur, 80 km/h
8 Bd Périphérique - Porte de Bagnolet (PR 30,3) à PARIS-20e ARRONDISSEMENT, sens intérieur, 80 km/h
9 A4 à PARIS-12e ARRONDISSEMENT (PR 5,58), sens Reims vers Paris, 90 km/h
63 Cours Albert 1er à PARIS-8e ARRONDISSEMENT, sens Alma vers Concorde, 50 km/h
64 Quai de Bercy à PARIS-12e ARRONDISSEMENT, sens Province vers Paris Centre, 70 km/h

77 Seine-et-Marne

10 N3 à CHAUCONIN-NEUFMONTIERS (PR 18,45), sens Meaux vers Paris, 90 km/h
11 N4 à SANCY-LES-PROVINS (PR 63,6), sens Esternay vers Paris, 90 km/h
12 N6 à FONTAINEBLEAU (PR 22,394), sens Paris vers Noret sur Long, 90 km/h
13 N37 à CHAILLY-EN-BIERE (PR 7,692), dans les deux sens, 90 km/h
14 N104 à PONTAULT-COMBAULT (PR 7,7), sens Lognes vers Brie Comte Robert, 110 km/h
50 D231 à VILLENEUVE-LE-COMTE (PR 40), sens Obélisque vers Villeneuve le Comte, 90 km/h
51 N104 à EMERAINVILLE (PR 3,5), sens Lognes vers Pontault Combault, 110 km/h
52 N104 à LESIGNY (PR 12,7), sens Brie Comte Robert vers Pontault Combault, 90 km/h
53 N6 à CANNES-ECLUSE (PR 54,748), sens vers Fontainebleau, 90 km/h
54 N7 à FONTAINEBLEAU (PR 23,48), sens Nemours vers Paris, 90 km/h

78 Yvelines

15 A12 à BAILLY (PR 1,5), sens Province vers Paris, 110 km/h
16 A12 à SAINT-CYR-L'ECOLE (PR 4,2), sens Province vers Paris, 130 km/h
17 N10 à TRAPPES (PR 16), sens Paris vers Chartres, 70 km/h
18 N12 à MAULETTE (PR 59,16), sens Dreux vers Versailles, 110 km/h
19 N184 à SAINT-GERMAIN-EN-LAYE (PR 12,2), sens Conflans Ste Honorine vers St-Germain en Laye, 70 km/h
20 D154 à LES MUREAUX (PR 10,25), sens Paris vers province, 50 km/h
21 D190 à JUZIERS (PR 48,115), sens Meulan vers Mantes la Jolie, 50 km/h
65 A13 à GUERVILLE (PR 46), sens Caen vers Paris, 110 km/h
66 N184 à SAINT-GERMAIN-EN-LAYE (PR 20,3), sens Conflans Ste Honorine vers St-Germain en Laye, 90 km/h

91 Essonne

22 A6 à COURCOURONNES (PR 24,435), sens Paris vers Province, 110 km/h
23 N20 à LA VILLE-DU-BOIS (PR 7,59), sens Paris vers Province, 70 km/h
24 N118 à BIEVRES (PR 3,6), sens Saclay vers Paris, 90 km/h

25 N118 à ORSAY (PR 10,855), sens Paris vers Province, 90 km/h
26 D33 à TIGERY (PR 3,18), sens St-Germain les Corbeil vers Quincy sous Senart, 90 km/h
27 D721 à ORMOY-LA-RIVIERE (PR 4,5), sens Etampes vers Pithiviers, 90 km/h
40 A6 à SAVIGNY-SUR-ORGE (PR 17,6), sens Viry Chatillon vers Paris, 110 km/h
45 N7 à PARAY-VIEILLE-POSTE (PR 3,69), sens Paris vers Evry, 70 km/h

92 Hauts-de-Seine
28 A14 à PUTEAUX (PR 0), sens Province vers Paris, 70 km/h
29 N13 à NEUILLY-SUR-SEINE (PR 7,6), sens Porte Maillot vers Pont de Neuilly, 70 km/h
30 N13 à PUTEAUX (PR 9,42), sens Province vers Paris, 70 km/h
31 D7 à ASNIERES-SUR-SEINE (PR 1), sens Courbevoie vers Gennevilliers, 70 km/h
46 A14 à NANTERRE (PR 1,285), sens Paris vers Orgeval, 70 km/h
47 D1 à BOULOGNE-BILLANCOURT (PR 4,165), sens Porte de St-Cloud vers Pont de Sèvres, 50 km/h
48 D182 à MARNES-LA-COQUETTE (PR 0,3), sens Versailles vers Vaucresson, 70 km/h
49 D985 à SURESNES (PR 0,3), sens Suresnes vers Paris, 50 km/h

93 Seine-Saint-Denis 93
32 A1 à SAINT-DENIS (PR 3,41), sens Lille vers Paris, 90 km/h
33 A86 à DRANCY (PR 8), sens Bondy vers St-Denis, 90 km/h
34 N301 à LA COURNEUVE (PR 4,79), sens Paris vers Province, 50 km/h
35 N3 à VAUJOURS (PR 19,84), sens Villeparisis vers Paris, 90 km/h
55 A3 à ROMAINVILLE (PR 2,9), sens Province vers Paris, 90 km/h
56 N370 à NOISY-LE-GRAND (PR 31,1), sens Champs sur Marne vers Neuilly sur Marne, 50 km/h

94 Val-de-Marne
36 A4 à SAINT-MAURICE (PR 4,372), sens Paris vers Province, 90 km/h
37 A4 à CHAMPIGNY-SUR-MARNE (PR 7,25), sens Paris vers Reims, 90 km/h
38 A4 à CHAMPIGNY-SUR-MARNE (PR 9,35), sens Province vers Paris, 110 km/h
39 A86 à VITRY-SUR-SEINE (PR 31), sens Versailles vers Créteil, 90 km/h
60 A6a à ARCUEIL (PR 0,9), sens Paris vers Province, 90 km/h
61 D1 à CRETEIL (PR 2,525), sens Creteil vers Maison Alfort, 70 km/h
62 N19 à MAROLLES-EN-BRIE (PR 21,85), sens Province vers Paris, 90 km/h

95 Val-d'Oise
41 A15 à FRANCONVILLE (PR 10,65), sens Gercy vers Paris, 110 km/h
42 D301 à MOISSELLES (PR 8,86), sens Attainville vers Sarcelles, 110 km/h
43 N16 à VILLIERS-LE-BEL (PR 3,8), sens Sarcelles vers Le Mesnil Aubry, 90 km/h
44 N184 à ERAGNY (PR 0,93), sens Versailles vers Beauvais, 70 km/h
57 A15 à PIERRELAYE (PR 18,5), sens Paris vers Cergy, 110 km/h
58 D104 à BAILLET-EN-FRANCE (PR 3,5), sens Cergy vers Roissy en France, 110 km/h
59 D311 à ARGENTEUIL (PR 3,1), sens Bezons vers A15, 90 km/h

LANGUEDOC-ROUSSILLON

11 Aude
1 A9 à ARMISSAN (PR 185,3), sens Montpellier vers Perpignan, 130 km/h
2 A61 à CARCASSONNE (PR 324,917 et 328,9), dans les deux sens, 130 km/h
3 N9 à PEYRIAC-DE-MER (PR 23,28), sens Narbonne vers Perpignan, 90 km/h
4 D32 à NARBONNE (PR 7,108 et 9,3), dans les deux sens, 90 km/h

30 Gard
5 D6086 à TRESQUES (PR 18,345), sens Remoulins vers Bagnols, 90 km/h
6 N100 à LES ANGLES (PR 18,303), sens Nîmes vers Avignon, 90 km/h
7 N106 à NIMES (PR 9,7), sens Nîmes vers Ales, 90 km/h
8 N106 à LES SALLES-DU-GARDON (PR 53,314), sens Mende vers Ales, 90 km/h
9 D135 à AUBORD (PR 26,182), sens Vauvert vers Nîmes, 90 km/h
10 D999 à REDESSAN (PR 11,91), sens Nîmes vers Beaucaire, 90 km/h
23 A9 à MILHAUD (PR 59,695 et 59,72), dans les deux sens, 130 km/h
25 D6 à SABRAN (PR 41,54), sens Ales vers Bagnols, 90 km/h
26 N100 à SAZE (PR 9,6), sens Bagnols vers Remoulins, 90 km/h

34 Hérault
11 A75 à PEGAIROLLES-DE-L'ESCALETTE (PR 262,592), sens Millau vers Montpellier, 80 km/h
12 Avenue de la Liberté à MONTPELLIER, sens Juvignac vers Lattes, 50 km/h
13 D612 à FRONTIGNAN (PR 21,725), sens Sète vers Montpellier, 90 km/h
14 D612 à AGDE (PR 51,6), sens Agde vers Beziers, 90 km/h
15 D5 à COURNONTERRAL (PR 13,215), sens Pignan vers Cournonterral, 90 km/h
16 D11 à CAPESTANG (PR 9,775), sens Beziers vers Narbonne, 90 km/h
27 A9 à LATTES (PR 102,295), sens Beziers vers Nîmes, 110 km/h
28 A9 à SAINT-AUNES (PR 91,78), sens Orange vers Montpellier, 110 km/h
29 D17 à SAINT-MATHIEU-DE-TREVIERS (PR 21,46), sens Valflaunes vers St-Mathieu de Tréviers, 90 km/h
30 D613 à BOUZIGUES (PR 52,142), sens Montpellier vers Meze, 90 km/h
31 D909 à BEZIERS (PR 3,9), sens Béziers vers Bédarieux, 90 km/h
32 D986 à SAINT-GELY-DU-FESC (PR 37,4), sens Montpellier vers Ganges, 90 km/h

48 Lozère
17 A75 à AUMONT-AUBRAC (PR 138,85), sens Paris vers Montpellier, 110 km/h
18 A75 à BANASSAC (PR 174,767), sens Béziers vers Clermont Ferrand, 110 km/h
19 N88 à BALSIEGES (PR 55,884), sens Balsièges vers Mende, 90 km/h
33 D42 à BARJAC (PR 9,8), sens Barjac vers Mendes, 90 km/h
34 N106 à SAINT-ANDRE-DE-LANCIZE (PR 23,45), sens Alès vers Florac, 90 km/h

66 Pyrénées-Orientales
20 D900 à PERPIGNAN (PR 17,7), sens Narbonne vers Perpignan, 110 km/h
21 D900 à VILLEMOLAQUE (PR 34,37), sens Le Boulou vers Perpignan, 90 km/h
22 D914 à PERPIGNAN (PR 5,24), sens Perpignan vers Argelès sur Mer, 110 km/h
35 D83 à LE BARCARES (PR 4,23), sens Perpignan vers Leucate, 110 km/h
36 D900 à PIA (PR 14,418), sens Narbonne vers Perpignan, 110 km/h
37 D914 à COLLIOURE (PR 24,2), sens Perpignan vers Cerbère, 90 km/h

LIMOUSIN

19 Corrèze
1 A20 à NOAILLES (PR 281), sens Brive la Gaillarde vers Paris, 110 km/h
2 D1089 à CORNIL (PR 99,4), sens Tulle vers Brive la Gaillarde, 90 km/h

15 D38 à COSNAC (PR 30,449), sens Meyssac vers Brive la Gaillarde, 90 km/h
16 D901 à ALLASSAC (PR 41,645), sens Objat vers Brive la Gaillarde, 90 km/h

23 Creuse
3 N141 à MERINCHAL (PR 3,142), sens Clermont Ferrand vers Limoges, 90 km/h
5 N145 à SAINT-MAURICE-LA-SOUTERRAINE (PR 3,22), sens Bellac vers Guéret, 110 km/h
6 N145 à GOUZON (PR 77,208), sens Guéret vers Montluçon, 90 km/h
7 N145 à NOUHANT (PR 87,514), sens Montlucon vers Guéret, 90 km/h
17 N145 à SAINT-VAURY (PR 36,42), sens Gueret vers Bellac, 110 km/h

87 Haute-Vienne
8 A20 à LIMOGES (PR 179,67), sens Paris vers Province, 110 km/h
9 A20 à LIMOGES (PR 183,777), sens Province vers Paris, 90 km/h
10 N21 à ISLE (PR 4,28), sens Limoges vers Périgueux, 50 km/h
11 N141 à PANAZOL (PR 33,744), sens Limoges vers Clermont Ferrand, 50 km/h
12 N145 à BELLAC (PR 0,1143), sens Guéret vers Bellac, 50 km/h
13 N145 à DROUX (PR 9,483), sens Guéret vers Ballac, 50 km/h
14 N520 à LIMOGES (PR 10,865), sens Limoges vers Périgueux, 50 km/h
18 A20 à PIERRE-BUFFIERE (PR 201,61), sens Toulouse vers Paris, 110 km/h
19 D2000 à CHAPTELAT (PR 2,916), sens Gueret vers Angoulème, 90 km/h
20 Voie liaison Sud à LIMOGES, sens Rue de Nexon vers Quai Allende, 50 km/h

LORRAINE
54 Meurthe-et-Moselle
1 A31 à CHAMPIGNEULLES (PR 255,85), sens Nancy vers Metz, 110 km/h
2 A31 à LESMENILS (PR 279,4), sens Metz vers Nancy, 130 km/h
3 A33 à ROSIERES-AUX-SALINES (PR 22,365), sens Nancy vers Luneville, 110 km/h
4 N4 à DOMEVRE-SUR-VEZOUZE (PR 89,885), sens Strasbourg vers Lunéville, 90 km/h
5 D618 à VIVIERS-SUR-CHIERS (PR 6,33), sens Longwy vers Longuyon, 90 km/h
6 N52 à MONT-SAINT-MARTIN (PR 22,23), sens Longwy vers la Belgique, 90 km/h
7 N57 à VAUDEVILLE (PR 65,17), sens Epinal vers Nancy, 110 km/h
8 Avenue des 4 vents à LAXOU, sens Maxeville vers Vandoeuvre les Nancy, 70 km/h

55 Meuse
9 N35 à COMBLES-EN-BARROIS (PR 12,95), sens St-Dizier vers Bar le Duc, 90 km/h
10 N35 à BAR-LE-DUC (PR 16,12), sens St-Dizier vers Bar le Duc, 50 km/h
23 A4 à LES SOUHESMES-RAMPONT (PR 240,201), sens Paris vers Strasbourg, 130 km/h
24 N4 à SAINT-AUBIN-SUR-AIRE (PR 36,249), sens Paris vers Nancy, 90 km/h

57 Moselle
11 A30 à SEREMANGE-ERZANGE (PR 7,7), sens Longwy vers Metz, 110 km/h
12 A31 à MONTIGNY-LES-METZ (PR 301,55), sens Nancy vers Metz, 90 km/h
13 A31 à METZ (PR 304,39), sens Nancy vers Metz, 90 km/h
14 A31 à LA MAXE (PR 307,61), sens Thionville vers Dijon, 110 km/h
15 A31 à RICHEMONT (PR 321,45), sens Metz vers Nancy, 110 km/h
16 A31 à THIONVILLE (PR 330,82), sens Dijon vers Kanfen, 90 km/h
17 N4 à HEMING (PR 10,1), sens Strasbourg vers Nancy, 110 km/h
18 N431 à METZ (PR 9,93), sens Nancy vers Thionville, 110 km/h
25 A320 à MORSBACH (PR 5,802), sens Forbach vers Metz, 110 km/h
26 A4 à BETTING-LES-SAINT-AVOLD (PR 370,34), sens Strasbourg vers Paris, 110 km/h
27 N233 à METZ (PR 2,187), sens Strasbourg vers Metz, 90 km/h

88 Vosges
19 N66 à FERDRUPT (PR 21,14), sens Remiremont vers Bussang, 70 km/h
20 N66 à BUSSANG (PR 33,24), sens Bussang vers Remiremont, 90 km/h
21 D417 à GERARDMER (PR 23,83), sens Gerardmer vers Le Tholy, 90 km/h
22 D424 à MOYENMOUTIER (PR 13,87), sens Moyenmoutier vers Senones, 90 km/h
28 D166A à GOLBEY (PR 1,1), sens Uxegney vers Thaon les Vosges, 90 km/h
29 N57 à EPINAL (PR 35,46), sens Epinal vers Remiremont, 110 km/h

MIDI-PYRÉNÉES
09 Ariège
1 D820 à SAVERDUN (PR 9,78), sens Toulouse vers Foix, 90 km/h
37 N20 à MERENS-LES-VALS (PR 88,1012), sens L'Hospitalet près l'Andorre vers Ax les Thermes, 90 km/h

12 Aveyron
2 N88 à MONTROZIER (PR 36,4), sens Severac le Chateau vers Rodez, 90 km/h
3 N140 à AUZITS (PR 29,87), sens Rodez vers Decazeville, 90 km/h
4 D920 à ESPALION (PR 6,1), sens Espalion vers Rodez, 90 km/h
5 D911 à SAINT-LEONS (PR 20,2), sens Millau vers Rodez, 90 km/h
6 D992 à SAINT-GEORGES-DE-LUZENCON (PR 11,75), sens St-Affrique vers Millau, 90 km/h
38 D1 à MALEVILLE (PR 46,258), sens Villefranche de Rouergue vers Rodez, 90 km/h

32 Gers
14 N21 à AUCH (PR 50,894), sens Tarbes vers Auch, 50 km/h
15 N21 à LASSERAN (PR 57,825), sens Auch vers Tarbes, 90 km/h
16 N21 à SAINT-MARTIN (PR 77,83), sens Auch vers Tarbes, 90 km/h
17 N124 à GIMONT (PR 27,19), sens Auch vers Toulouse, 90 km/h
18 N124 à AUCH (PR 53,105), sens Toulouse vers Mont de Marsan, 90 km/h
19 N124 à SAINTE-CHRISTIE-D'ARMAGNAC (PR 114,27), sens Toulouse vers Mont de Marsan, 90 km/h
39 N21 à LECTOURE (PR 11,643), sens des PR croissants, 90 km/h

31 Haute-Garonne
7 Allée des Briennes à TOULOUSE, sens Périphérique vers centre ville, 50 km/h
8 A61 à BALMA (PR 235,9), sens Carcassonne vers Montauban, 90 km/h
9 A62 à TOULOUSE (PR 228,5), sens Bordeaux vers Montpellier, 90 km/h
10 A620 à TOULOUSE (PR 5,375), sens Tarbes vers Bordeaux, 90 km/h
11 A620 à TOULOUSE (PR 13,53), sens Tarbes vers Montpellier, 90 km/h
12 N20 à MIREMONT (PR 51,714), sens Toulouse vers Foix, 90 km/h
13 N124 à COLOMIERS (PR 9,56), sens Auch vers Toulouse, 110 km/h
40 A64 à ROQUEFORT-SUR-GARONNE (PR 227,855 et 227,91), dans les deux sens, 130 km/h

65 Hautes-Pyrénées

23 A64 à LUTILHOUS (PR 165,5), sens Toulouse vers Tarbes, 110 km/h
24 N117 à IBOS (PR 53,987), sens Pau vers Tarbes, 90 km/h
25 D935 à TARBES (PR 40,692), sens Vic en Bigorre vers Tarbes, 50 km/h
41 N21 à ESCONDEAUX (PR 7,985), sens Rabastens vers Tarbes, 70 km/h
42 D929 à HECHES (PR 39,743), sens Lannemezan vers St-Lary, 90 km/h

46 Lot

20 D811 à ESPERE (PR 7,542), sens Villeneuve sur Lot vers Cahors, 50 km/h
21 D8 à PRADINES (PR 41,33), sens Douelles vers Cahors, 50 km/h
22 D803 à SAINT-MICHEL-LOUBEJOU (PR 37,245), sens Bretenoux vers St-Céré, 90 km/h
43 A20 à NADILLAC (PR 346,85), sens Brive la Gaillarde vers Cahors, 130 km/h
44 D811 à CAHORS (PR 2,21), sens Mercues vers Cahors, 70 km/h
45 N20 à LE MONTAT (PR 95,8), sens Toulouse vers Cahors, 110 km/h

81 Tarn

32 N88 à LE GARRIC (PR 24,954), Sens Carmaux vers Albi, 90 km/h
27 N112 à PUYGOUZON (PR 77,641), sens Castres vers Albi, 90 km/h
28 N126 à PUYLAURENS (PR 19,28), sens Puylaurens vers Soual, 70 km/h
29 D999 à CUNAC (PR 34,107), sens Millau vers Albi, 90 km/h
30 D112 à MASSAC-SERAN (PR 76,505), sens Lavaur vers Castres, 90 km/h
31 D42 à MAURENS-SCOPONT (PR 8,914), sens Verfeil vers Castres, 90 km/h
46 D999 à LISLE-SUR-TARN (PR 48,84), sens Montauban vers Albi, 90 km/h
47 D999 à MONTGAILLARD (PR 64,69), sens Albi vers Montauban, 90 km/h

82 Tarn-et-Garonne

32 A62 à AUVILLAR (PR 150,6), sens Toulouse vers Bordeaux, 130 km/h
33 N20 à MONTAUBAN (PR 31,575), sens Caussade vers Montauban, 90 km/h
34 N113 à MONTECH (PR 13,4), sens Toulouse vers Agen, 90 km/h
35 D927 à MOISSAC (PR 23,75), sens Montauban vers Moissac, 70 km/h
36 D958 à LA VILLE-DIEU-DU-TEMPLE (PR 73,645), sens Montauban vers Castelsarrazin, 90 km/h

NORD-PAS-DE-CALAIS

59 Nord

1 A1 à FACHES-THUMESNIL (PR 206), sens Lille vers Paris, 110 km/h
2 A1 à LESQUIN (PR 207,5), sens Paris vers Lille, 110 km/h
3 N2 à MAUBEUGE (PR 32,945), sens Belgique vers Maubeuge, 50 km/h
4 N43 à LE CATEAU-CAMBRESIS (PR 13,55), sens Cambrai vers Le Cateau Cambresis, 90 km/h
5 N43 à BEAUVOIS-EN-CAMBRESIS (PR 24,45), sens Caudry vers Cambrai, 50 km/h
6 N49 à FEIGNIES (PR 95,74), sens Maubeuge vers Valenciennes, 70 km/h
7 N49 à LA LONGUEVILLE (PR 90,1), sens Valenciennes vers Maubeuge, 110 km/h
8 N356 à WASQUEHAL (PR 8,3), sens Lille vers Roubaix, 110 km/h
9 N421 à LAMBRES-LEZ-DOUAI (PR 7,8), sens Cambrai vers Lens, 90 km/h
16 A16 à COUDEKERQUE-BRANCHE (PR 124,12), sens Belgique vers Dunkerque, 110 km/h
17 A25 à LOOS (PR 5,1), sens Dunkerque vers Lille, 90 km/h
18 N41 à HALLENNES-LEZ-HAUBOURDIN (PR 14,5), sens Lille vers La Bassée, 110 km/h

62 Pas-de-Calais

10 A21 à LENS (PR 10,45), sens Douai vers Aix Noulette, 110 km/h
11 N41 à BRIAS (PR 22,7), sens St-Pol sur Ternoise vers Béthune, 90 km/h
12 N43 à ANNEZIN (PR 31), sens Lillers vers Béthune, 90 km/h
13 D950 à GAVRELLE (PR 8,4), sens Douai vers Arras, 110 km/h
14 D301 à AIX-NOULETTE (PR 0,85), sens Aix Noulette vers Houdain, 90 km/h
15 D301 à MAISNIL-LES-RUITZ (PR 8,6), sens Divion vers Aix Noulette, 90 km/h
19 A16 à CALAIS (PR 85,325), sens Dunkerque vers Boulogne, 110 km/h
20 A16 à SAINT-INGLEVERT (PR 69,96), sens Boulogne vers Calais, 130 km/h
21 D901 à ATTIN (PR 18,766), sens Boulogne vers Montreuil, 90 km/h
22 D939 à CAMPAGNE-LES-HESDIN (PR 110,7), sens Hesdin vers Montreuil, 90 km/h
23 N43 à BAYENGHEM-LES-EPERLECQUES (PR 78,248), sens St-Omer vers Calais, 70 km/h

PAYS DE LA LOIRE

44 Loire-Atlantique

1 A844 à ORVAULT (PR 35,47), sens Rennes vers Vannes, 90 km/h
2 D273 à OUDON (PR 62,794), sens Ancenis vers Nantes, 70 km/h
3 N23 à CARQUEFOU (PR 49,15), sens Angers vers Nantes, 70 km/h
4 N137 à TREILLIERES (PR 36,925), sens Rennes vers Nantes, 110 km/h
5 N165 à VIGNEUX-DE-BRETAGNE (PR 17,72), sens Nantes vers Vannes, 110 km/h
6 N844 à SAINT-HERBLAIN (PR 32,15), sens Rennes vers Bordeaux, 90 km/h
7 D723 à ROUANS (PR 18,908), sens St-Brévin les Pins vers Nantes, 70 km/h
8 D17 à SAINT-HERBLAIN (PR 54,76), sens Coueron vers St-Herblain, 70 km/h
9 D213 à MONTOIR-DE-BRETAGNE (PR 19,225), sens St-Nazaire vers St-Brevin les Pins, 90 km/h
35 D751 à PORNIC (PR 39,53), sens Nantes vers Pornic, 90 km/h
36 D771 à LOUISFERT (PR 26,35), sens Nozay vers Chateaubriant, 90 km/h
37 N165 à SAINTE-ANNE-SUR-BRIVET (PR 48,12), sens Vannes vers Nantes, 110 km/h
38 N171 à FAY-DE-BRETAGNE (PR 55,6), sens Nozay vers Savernay, 90 km/h
39 N171 à TRIGNAC (PR 86,48), sens Nantes vers La Baule, 90 km/h

49 Maine-et-Loire

10 N23 à ANGERS (PR 34,4), sens Paris vers Nantes, 70 km/h
11 N23 à SAINT-MARTIN-DU-FOUILLOUX (PR 49,82), sens Angers vers Nantes, 90 km/h
12 N160 à SAINT-LAMBERT-DU-LATTAY (PR 23,85), sens Cholet vers Angers, 90 km/h
13 N1160 à SAINT-BARTHELEMY-D'ANJOU (PR 5,118), sens Angers vers Cholet, 90 km/h
14 N147 à VIVY (PR 26,71), sens Vivy vers Saumur, 90 km/h
15 D963 à BECON-LES-GRANITS (PR 8,99), sens Cande vers Angers, 90 km/h
16 D766 à BAUGE (PR 21,75), sens Noyant vers Baugé, 90 km/h
17 D13 à CHOLET (PR 5,18), sens Angers vers Nantes, 70 km/h
40 N162 à GREZ-NEUVILLE (PR 18,2), sens Angers vers Le Lion d'Angers, 90 km/h
47 N23 à ANGERS (PR 37,3), sens Nantes vers Angers, 70 km/h

53 Mayenne
18 N12 à PRE-EN-PAIL (PR 3,973), sens Alencon vers Mayenne, 50 km/h
19 N12 à ERNEE (PR 64,13), sens Mayenne vers Fougères, 50 km/h
20 D57 à LA BRULATTE (PR 49,293), sens Laval vers Rennes, 90 km/h
21 N162 à ENTRAMMES (PR 25,183), sens Laval vers Château Gontier, 90 km/h
42 D57 à LAVAL (PR 32,141), sens Le Mans vers Rennes, 50 km/h

72 Sarthe
22 N138 à MARIGNE-LAILLE (PR 23,49), sens Château du Loir vers Le Mans, 70 km/h
23 N138 à LE MANS (PR 47,12), sens Alençon vers Tours, 90 km/h
24 N157 à CHAMPAGNE (PR 35,35), sens St-Calais vers Le Mans, 90 km/h
25 N157 à LONGNES (PR 63,6), sens Laval vers Le Mans, 90 km/h
26 D301 à SILLE-LE-PHILIPPE (PR 17,6), Sens Bonnetable vers Savigne l'Evêque, 90 km/h
43 D23 à SAINT-JEAN-DU-BOIS (PR 21,38), sens Le Mans vers Sablé, 90 km/h
44 D304 à SAINT-REMY-DE-SILLE (PR 70,963), sens Le Guillaume vers Le Mans, 90 km/h
45 D311 à SAINT-RIGOMER-DES-BOIS (PR 18,559), sens Alençon vers Mamers, 90 km/h

85 Vendée
27 D137 à LA REORTHE (PR 35,67), sens La Rochelle vers Nantes, 90 km/h
28 D137 à SAINT-GEORGES-DE-MONTAIGU (PR 77,407), sens Nantes vers La Rochelle, 90 km/h
29 D160 à CHAMBRETAUD (PR 11,944), sens Cholet vers La roche sur Yon, 90 km/h
30 D753 à LE PERRIER (PR 70,47), sens Challans vers St-Jean de Monts, 90 km/h
31 D746 à SAINT-FLORENT-DES-BOIS (PR 7,27), sens Luçon vers La Roche sur Yon, 90 km/h
32 D747 à SAINT-VINCENT-SUR-GRAON (PR 17,52), sens La Roche sur Yon vers La Tranche sur mer, 90 km/h
33 D937 à BELLEVILLE-SUR-VIE (PR 9,886), sens Montaigu vers La Roche sur Yon, 110 km/h
34 D948 à SAINT-CHRISTOPHE-DU-LIGNERON (PR 65,46), sens Aizenay vers Challans, 90 km/h
46 D949 à TALMONT-SAINT-HILAIRE (PR 65,288), sens Luçon vers les Sables d'Olonne, 90 km/h

PICARDIE

02 Aisne
1 N2 à LARGNY-SUR-AUTOMNE (PR 1,82), sens Villers Cotterets vers Paris, 110 km/h
2 N2 à LAON (PR 59,55), sens Soissons vers Marle, 90 km/h
3 N2 à FROIDMONT-COHARTILLE (PR 76,9), sens Laon vers Marle, 90 km/h
4 N31 à RESSONS-LE-LONG (PR 6,6), sens Soisson vers Compiègne, 90 km/h
5 N31 à CIRY-SALSOGNE (PR 30,45), sens Soissons vers Marle, 90 km/h
6 D1043 à SAINT-MICHEL (PR 10,684), sens Hirson vers Laurembert, 90 km/h
7 D1044 à BELLICOURT (PR 10,3), sens Cambrai vers St-Quentin, 90 km/h
8 N442 à SAINT-QUENTIN (PR 2,62), sens St-Quentin vers Laon, 70 km/h
9 D1 à LEUILLY-SOUS-COUCY (PR 43,604), sens Soissons vers Chauny, 90 km/h
26 D8 à REMAUCOURT (PR 24,42), sens St-Quentin vers Bohain en Vermandois, 90 km/h

60 Oise
10 D1001 à NOAILLES (PR 21,35), sens Beauvais vers Paris, 50 km/h
11 N2 à LEVIGNEN (PR 17,786), sens Soissons vers Paris, 70 km/h
12 D1017 à LA CHAPELLE-EN-SERVAL (PR 2,65), sens Paris vers Senlis, 90 km/h
13 N31 à NOINTEL (PR 57,5), sens Compiègne vers Clermont, 50 km/h
14 N31 à ARSY (PR 71,832), sens Clermont vers Compiègne, 90 km/h
15 D1330 à AUMONT-EN-HALATTE (PR 26,8 et 26,8), dans les deux sens, 110 km/h
17 D901 à BEAUVAIS (PR 2,9), sens Troissereux vers Paris, 70 km/h
18 D915 à SERIFONTAINE (PR 20,95), sens Gournaye en Bray vers Gisors, 50 km/h
27 A16 à FROISSY (PR 89,1), sens Paris vers Boulogne, 130 km/h
28 D1001 à FONTAINE-SAINT-LUCIEN (PR 43,9), sens Beauvais vers Froissy, 90 km/h
29 D1016 à CREIL (PR 14), sens Clermont vers Chantilly, 110 km/h
30 N2 à PEROY-LES-GOMBRIES (PR 13,5), sens Paris vers Soissons, 50 km/h

80 Somme
19 A1 à HEM-MONACU (PR 130,5), sens Paris vers Lille, 130 km/h
20 N1 à YZEUX (PR 43,573), sens Yzeux vers Flixecourt, 90 km/h
21 N1 à BUIGNY-SAINT-MACLOU (PR 74,42), sens Abbeville vers Boulogne, 70 km/h
22 N17 à LIANCOURT-FOSSE (PR 15,79), sens Peronne vers Roye, 90 km/h
23 N25 à AMIENS (PR 8), sens Abbeville vers Longueau, 110 km/h
24 D934 à BOUCHOIR (PR 16,813), sens Amiens vers Roye, 110 km/h
25 D929 à RIBEMONT-SUR-ANCRE (PR 18,9), sens Amiens vers Albert, 90 km/h
31 N25 à LA VICOGNE (PR 25,3), sens Doullens vers Amiens, 90 km/h

POITOU-CHARENTES

16 Charente
1 N10 à LA COURONNE (PR 56,32), sens Bordeaux vers Paris, 110 km/h
2 N10 à SAINT-YRIEIX-SUR-CHARENTE (PR 48,7), sens Paris vers Bordeaux, 110 km/h
3 N141 à SAINT-PROJET-SAINT-CONSTANT (PR 49,2), sens Angoulême vers Limoges, 90 km/h
4 N141 à SAINT-SATURNIN (PR 77), sens Cognac vers Angoulême, 90 km/h
21 D939 à SONNEVILLE (PR 58,553), sens St-Jean-d'Angély vers Angoulême, 50 km/h
22 D951 à SAINT-LAURENT-DE-CERIS (PR 15,11), sens St-Claud vers Confolens, 90 km/h
23 N10 à NONAVILLE (PR 76), sens Angoulême vers Bordeaux, 90 km/h
24 N141 à EXIDEUIL (PR 11,6), sens Angoulême vers Limoges, 70 km/h
25 Voie de l'Europe à ANGOULEME, sens Ma Campagne vers Centre Ville, 70 km/h

17 Charente-Maritime
5 N137 à PONS (PR 25,44), sens Bordeaux vers Saintes, 70 km/h
6 N137 à AYTRE (PR 111,415), sens Ile de Ré vers Rochefort, 90 km/h
7 N137 à MARANS (PR 131,92), sens Fontenay le Compte vers La Rochelle, 70 km/h
8 N150 à MEDIS (PR 77,9), sens Saintes vers Royan, 90 km/h
9 N237 à LAGORD (PR 1,911), sens Ile de Ré vers Rochefort, 90 km/h
10 D728 à LA CLISSE (PR 4,816), sens Saintes vers La Clisse, 70 km/h
11 D732 à SAINT-ANDRE-DE-LIDON (PR 34,22), sens Gemozac vers Cozes, 90 km/h
12 D733 à ECHILLAIS (PR 7,9), sens Royan vers Rochefort, 90 km/h
26 D911 à MURON (PR 23,88), sens Rochefort vers Muron, 90 km/h

79 Deux-Sèvres

13 N248 à FRONTENAY-ROHAN-ROHAN (PR 4,8), sens Epannes vers Granzay Gript, 90 km/h
14 N11 à NIORT (PR 36,225), sens Poitiers vers La Rochelle, 90 km/h
15 N149 à MAULEON (PR 76,18), sens Nantes vers Bressuire, 90 km/h
16 D743 à SAINT-PARDOUX (PR 7,949), sens Parthenay vers Niort, 70 km/h
27 A83 à SAINT-GELAIS (PR 138,94), sens Nantes vers Poitiers, 130 km/h
28 N11 à MAUZE-SUR-LE-MIGNON (PR 63,7), sens Niort vers La Rochelle, 90 km/h
29 N150 à SAINT-SYMPHORIEN (PR 6,4), sens St-Jean d'Angely vers Niort, 70 km/h

86 Vienne

17 A10 à VOUNEUIL-SOUS-BIARD (PR 310,86), sens Province vers Paris, 130 km/h
18 N10 à BEAUMONT (PR 36,8), sens Chatellerault vers Poitier, 90 km/h
19 N10 à MIGNE-AUXANCES (PR 49,27), sens Chatellerault vers Poitiers, 70 km/h
20 N149 à CISSE (PR 7,81), sens Parthenay vers Poitiers, 90 km/h
30 83 Avenue de Paris à POITIERS, sens Poitiers vers Chatellerault, 50 km/h
31 D347 à CISSE (PR 68,382), sens Loudun vers Poitiers, 90 km/h
32 N147 à LHOMMAIZE (PR 31,961), sens Poitiers vers Limoges, 90 km/h
33 D951 à SEVRES-ANXAUMONT (PR 7,7), sens Le Blanc vers Poitiers, 90 km/h

PROVENCE-ALPES-CÔTE D'AZUR

04 Alpes-de-Haute-Provence

1 N85 à AUBIGNOSC (PR 17,706), sens Sisteron vers Château Arnoux St-Auban, 90 km/h
2 N85 à L'ESCALE (PR 22,978), sens Digne les Bains vers Château Arnoux St-Auban, 90 km/h
3 N96 à VOLX (PR 16,8), sens Volx vers Manosque, 90 km/h
4 N96 à VILLENEUVE (PR 20,506), sens Volx vers La Brillanne, 90 km/h
26 A51 à SISTERON (PR 119,44), sens Aix en Provence vers La Saulce, 110 km/h
27 N85 à AIGLUN (PR 36,491), sens Digne-les-Bains vers Malijai, 90 km/h

05 Hautes-Alpes

40 D1091 à SAINT-CHAFFREY (PR 42,676), sens Grenoble vers Briançon, 90 km/h
41 N85 à CHATEAUVIEUX (PR 48,392), sens Gap vers Sisteron, 90 km/h
42 N94 à LA ROCHETTE (PR 76,285), sens Briançon ver Gap, 90 km/h
43 N94 à PRUNIERES (PR 95,1), sens Gap vers Briançon, 90 km/h

06 Alpes-Maritimes

8 A8 à NICE (PR 196,817), sens Marseille vers Italie, 90 km/h
9 N98 à NICE (PR 36,728), sens Ouest vers Est, 70 km/h
28 D2085 à ROQUEFORT-LES-PINS (PR 17,651), sens Grasse vers Villeneuve Loubet, 90 km/h
29 D35 à VALBONNE (PR 5,616), sens Antibes vers Valbonne, 70 km/h
30 N202 à NICE (PR 113,152 et 113,173), dans les deux sens, 70 km/h
32 N98 à SAINT-LAURENT-DU-VAR (PR 34,619 et 34,696), dans les deux sens, 70 km/h

13 Bouches-du-Rhône

10 A7 à MARSEILLE (PR 273,242), sens Lyon vers Marseille, 110 km/h
11 A7 à MARSEILLE (PR 276,188), sens Aix vers Marseille, 110 km/h
12 A7 à MARSEILLE (PR 279,614), sens Lyon vers Marseille, 90 km/h
13 A50 à MARSEILLE (PR 0,75), sens Aubagne vers Marseille, 90 km/h
14 A55 à MARSEILLE (PR 5,6), sens Fos sur Mer vers Marseille, 90 km/h
15 A55 à MARSEILLE (PR 7), sens Fos sur Mer vers Marseille, 90 km/h
16 N7 à VERQUIERES (PR 4,69), sens Avignon vers Salon de Provence, 90 km/h
17 D368 à LES PENNES-MIRABEAU (PR 6,439), sens Aix en Provence vers Martigues, 90 km/h
18 D99 à SAINT-REMY-DE-PROVENCE (PR 20,368), sens Tarascon vers Cavaillon, 80 km/h
34 D556 à MEYRARGUES (PR 1,472), sens Aix en Provence vers Pertuis, 90 km/h
35 D99 à SAINT-REMY-DE-PROVENCE (PR 9,2), sens Cavaillon vers Tarascon, 90 km/h
36 N113 à ARLES (PR 77,349), sens Salon de Provence vers Nîmes, 90 km/h
37 D113 à LA FARE-LES-OLIVIERS (PR 24,6), sens La Fare les Oliviers vers Rognac, 90 km/h
38 N568 à SAINT-MARTIN-DE-CRAU (PR 4,76), sens Arles vers Marseille, 110 km/h
39 N7 à AIX-EN-PROVENCE (PR 58,9), sens St-Cannat vers Aix en Provence, 70 km/h

83 Var

19 A50 à TOULON (PR 67,698), sens Marseille vers Toulon, 110 km/h
20 A50 à TOULON (PR 70,545), sens Toulon vers Marseille, 70 km/h
21 A57 à TOULON (PR 1,823), sens Toulon vers Hyères, 110 km/h
22 N98 à HYERES (PR 10,47), sens Toulon vers Hyeres, 90 km/h
23 D43 à BRIGNOLES (PR 2,863), sens Cuers vers Brignoles, 90 km/h
44 A8 à LES ADRETS-DE-L'ESTEREL (PR 144,913), sens Nice vers Aix en Provence, 130 km/h
45 A8 à LES ADRETS-DE-L'ESTEREL (PR 146,933), sens Aix vers Italie, 110 km/h
46 A8 à TANNERON (PR 151,41), sens Aix vers Italie, 110 km/h
47 D43 à CUERS (PR 19), sens Brignoles vers Cuers, 90 km/h
48 D560 à SAINT-MAXIMIN-LA-SAINTE-BAUME (PR 20,45), sens Barjols vers St-Maximin, 90 km/h
49 DN8 à LE BEAUSSET (PR 9,167), sens Cuges vers Toulon, 90 km/h

84 Vaucluse

24 A7 à ORANGE (PR 168,5), sens Sud vers Nord, 130 km/h
25 N7 à AVIGNON (PR 51,22 et 51,25), dans les deux sens, 90 km/h
50 D225 à LE PONTET (PR 5,235), sens Carpentras vers Avignon, 110 km/h
51 D942 à VEDENE (PR 1,465), sens Avignon vers Capentras, 90 km/h
52 D973 à CAVAILLON (PR 7,76), sens Avignon vers Cavaillon, 90 km/h

RHÔNE-ALPES

01 Ain

1 D1075 à TOSSIAT (PR 10), sens Pont d'Ain vers Bourg en Bresse, 90 km/h
2 D1075 à CHATEAU-GAILLARD (PR 30,342), sens Amberieux en Dombes vers Lyon, 90 km/h
3 D1083 à BENY (PR 61,215), sens Bourg en Bresse vers Lons le Saulnier, 90 km/h
4 N83 à MARLIEUX (PR 27,83), sens Lyon vers Bourg en Bresse, 90 km/h
5 N83 à PEROUGES (PR 22,43), sens Meximieux vers Beligneux, 90 km/h
6 D936 à JASSERON (PR 52,857), sens Jasseron vers Bourg en Bresse, 90 km/h
21 A40 à LES NEYROLLES (PR 117,395), sens Genève vers Mâcon, 110 km/h
48 A46 à NEYRON (PR 25,181), sens Paris vers Lyon, 90 km/h

49 D1083 à MIONNAY (PR 3,89), sens Bourg en Bresse vers Lyon, 90 km/h
50 D936 à SAINT-TRIVIER-SUR-MOIGNANS (PR 14,412), sens Bourg en Bresse vers Trévoux, 90 km/h

07 Ardèche
7 N86 à TOURNON-SUR-RHONE (PR 38), sens St-Jean de Muzols vers Mauves, 50 km/h
8 N304 à COUX (PR 9,7), sens Privas vers Loriol, 90 km/h
9 D104 à BANNE (PR 83,8), sens Aubenas vers Ales, 70 km/h
51 N82 à PEAUGRES (PR 11,75), sens Servieres vers Annonay, 90 km/h
52 N86 à VIVIERS (PR 114,88), sens Bourg St-Andeol vers Viviers, 90 km/h

26 Drôme
10 A7 à SAINT-MARCEL-LES-SAUZET (PR 109,586), sens Valence vers Bollène, 130 km/h
11 N7 à LAVEYRON (PR 9,2), sens Sud vers Nord, 90 km/h
12 N7 à LA ROCHE-DE-GLUN (PR 33,62), sens Valence vers Tain l'Hermitage, 90 km/h
13 N7 à SAULCE-SUR-RHONE (PR 72,52), sens Valence vers Montélimar, 50 km/h
14 N7 à LA COUCOURDE (PR 80,9), sens Nord vers Sud, 90 km/h
15 N7 à PIERRELATTE (PR 109,66), sens Montélimar vers Orange, 90 km/h
16 N532 à ALIXAN (PR 11,26), sens Romans vers Valence, 110 km/h
17 D104 à CHABRILLAN (PR 5,2), sens Crest vers Loriol sur Drome, 90 km/h
53 A7 à BOURG-LES-VALENCE (PR 69,75), sens Valence vers Lyon, 110 km/h
54 D540 à LA BEGUDE-DE-MAZENC (PR 13,814), sens Montélimar vers Dieulefit, 90 km/h

38 Isère
24 N6 à SAINT-QUENTIN-FALLAVIER (PR 3,163), sens Bourgoin Jallieu vers Lyon, 90 km/h
25 N6 à CESSIEU (PR 25,595), sens La Tour du Pin vers Bourgoin Jallieu, 90 km/h
26 N7 à REVENTIN-VAUGRIS (PR 12,65), sens Vienne vers Valence, 90 km/h
27 N85 à RIVES (PR 38,87), sens Lyon vers Grenoble, 90 km/h
28 N87 à SAINT-MARTIN-D'HERES (PR 5,8), sens Grenoble vers Chambery, 90 km/h
29 N90 à CHAPAREILLAN (PR 40,33), sens Grenoble vers Chambery, 90 km/h
30 N532 à SAINT-QUENTIN-SUR-ISERE (PR 32,3), sens Valence vers Grenoble, 90 km/h
31 D5 à BRIE-ET-ANGONNES (PR 6,88), sens Grenoble vers Vizille, 50 km/h
58 D525 à MORETEL-DE-MAILLES (PR 2,14), sens Allevard vers Goncelin, 50 km/h
59 N85 à MOTTIER (PR 21), sens Grenoble vers Lyon, 90 km/h
60 N92 à VOUREY (PR 43,33), sens Valence vers Voiron, 90 km/h

41 Loire
32 N82 à MONTROND-LES-BAINS (PR 41,215), sens St-Etienne vers Roanne, 50 km/h
33 N82 à CUZIEU (PR 45,454), sens Montrond les Bains vers St-Etienne, 90 km/h
34 N7 à SAINT-FORGEUX-LESPINASSE (PR 16,973), sens Roanne vers Moulins, 70 km/h
35 N88 à SAINT-ETIENNE (PR 35,692), sens Firminy vers Lyon, 70 km/h
36 D482 à POUILLY-SOUS-CHARLIEU (PR 6,35), sens Digoin vers Roanne, 50 km/h
61 D12 à VEAUCHE (PR 7,294), sens Andrezieux Boutheon vers St-Galmier, 50 km/h

69 Rhône
37 Tunnel de la Croix Rousse à LYON, sens centre ville vers Vaise, 50 km/h
38 A6 à LYON (PR 453), sens Sud vers Nord, 90 km/h
39 A450 à PIERRE-BENITE (PR 0,3), dans les deux sens, 90 km/h
40 N383 à VILLEURBANNE (PR 6), dans les deux sens, 90 km/h
41 D301 à FEYZIN (PR 0,5), sens Est vers Ouest, 50 km/h
62 16 Bd Irene Joliot Curie à VENISSIEUX, sens Corbas vers Lyon, 50 km/h
63 33 Quai Docteur Gailleton à LYON, sens Caluire et Cuire vers la Mulatière, 50 km/h

73 Savoie
42 A43 à VEREL-DE-MONTBEL (PR 73), sens Chambery vers Lyon, 110 km/h
43 A43 à NANCES (PR 81,7), sens Lyon vers Chambery, 110 km/h
44 N6 à COISE-SAINT-JEAN-PIED-GAUTHIER (PR 59,5), sens Chambery vers Albertville, 90 km/h
45 N90 à AIGUEBLANCHE (PR 48), sens Moutiers vers Albertville, 80 km/h
46 N201 à CHAMBERY (PR 2,2), sens Grenoble vers Aix les Bains, 70 km/h
47 N201 à LA BIOLLE (PR 24,5), sens Annecy vers Aix les Bains, 90 km/h
64 A43 à MODANE (PR 194)

74 Haute-Savoie
18 A40 à BOSSEY (PR 62,957), sens Macon vers Annemasse, 110 km/h
19 A41 à PRINGY (PR 134,954), sens Allonzier la Caille vers Annecy, 130 km/h
20 N201 à COPPONEX (PR 39,758), sens Cruseilles vers St-Julien en Genevois, 70 km/h
22 N1508 à POISY (PR 3,555), sens Seynod vers Epagny, 90 km/h
23 D903 à ALLINGES (PR 73,951), sens Bans en Chablais vers Thonon les Bains, 70 km/h
55 N205 à LES HOUCHES (PR 68,29), sens Chamonix vers St-Gervais, 90 km/h
56 N5 à SCIEZ (PR 10,763), sens Douvaine vers Thonon les Bains, 90 km/h
57 Tunnel du Mont-Blanc à CHAMONIX-MONT-BLANC

LÉGENDE

Cartographie

Routes

Autoroute - Aire de service - Aire de repos
Double chaussée de type autoroutier
Échangeurs : complet, partiels
Numéros d'échangeurs
Route de liaison internationale ou nationale
Route de liaison interrégionale ou de dégagement
Route revêtue - non revêtue
Chemin d'exploitation - Sentier
Autoroute - Route en construction
(le cas échéant: date de mise en service prévue)

Largeur des routes

Chaussées séparées
4 voies
2 voies larges
2 voies
1 voie

Distances (totalisées et partielles)

Section à péage } sur autoroute
Section libre } sur autoroute

sur route

Numérotation - Signalisation

E 10 — A 10 — Route européenne - Autoroute
N 20 — D 31 — D 104 — Route nationale - départementale

Obstacles

Forte déclivité (flèches dans le sens de la montée)
de 5 à 9%, de 9 à 13%, 13% et plus
1250 — Col et sa cote d'altitude
Parcours difficile ou dangereux
Passages de la route : à niveau, supérieur, inférieur
Hauteur limitée (au-dessous de 4,50 m)
Limites de charge : d'un pont, d'une route (au-dessous de 19 t.)
Pont mobile - Barrière de péage

Route à sens unique
Route réglementée
Route interdite

Transports

Voie ferrée - Station
Aéroport - Aérodrome

Transport des autos :
par bateau
par bac (le Guide MICHELIN donne le numéro de téléphone des principaux bacs)
Bac pour piétons et cycles

Administration

Capitale de division administrative

Frontière - Douane

Sports - Loisirs

Stade - Golf - Hippodrome
Port de plaisance - Baignade - Parc aquatique
Base ou parc de loisirs - Circuit automobile
Piste cyclable / Voie Verte
GR 5 — Refuge de montagne - Sentier de grande randonnée

Curiosités

Principales curiosités : voir LE GUIDE VERT
Table d'orientation - Panorama - Point de vue - Parcours pittoresque
Édifice religieux - Château - Ruines
Monument mégalithique - Phare - Moulin à vent
Train touristique - Cimetière militaire
Grotte - Autres curiosités

Signes divers

Puits de pétrole ou de gaz - Carrière - Éolienne
Transporteur industriel aérien
Usine - Barrage - Tour ou pylône de télécommunications
Raffinerie - Centrale électrique - Centrale nucléaire
Phare ou balise - Moulin à vent - Château d'eau - Hôpital
Église ou chapelle - Cimetière - Calvaire
Château - Fort - Ruines - Village étape
Grotte - Monument - Altiport
Forêt ou bois - Forêt domaniale

Plans de ville

Curiosités

Bâtiment intéressant
Édifice religieux intéressant :
Église - Temple

Voirie

Autoroute , double chaussée de type autoroutier
Échangeurs numérotés : complet, partiel
Grande voie de circulation
Sens unique - Rue réglementée ou impraticable
Rue piétonne - Tramway
R. Pasteur — Rue commerçante - Parking - Parking Relais
Porte - Passage sous voûte - Tunnel
Gare et voie ferrée - Auto / Train
Funiculaire - Téléphérique, télécabine
Pont mobile - Bac pour autos

Signes divers

Information touristique - Cinéma Multiplex
Mosquée - Synagogue
Tour - Ruines - Moulin à vent - Château d'eau
Jardin, parc, bois - Cimetière - Calvaire
Stade - Golf - Hippodrome - Patinoire
Piscine de plein air, couverte
Vue - Panorama - Table d'orientation
Monument - Fontaine - Usine - Centre commercial
Port de plaisance - Phare - Tour de télécommunications
Aéroport - Station de métro - Gare routière
Transport par bateau :
passagers et voitures, passagers seulement
Repère commun aux plans et aux cartes Michelin détaillées
Bureau principal de poste restante et téléphone
Hôpital - Marché couvert - Caserne
Bâtiment public repéré par une lettre :
A C - Chambre d'agriculture - Chambre de commerce
G H J - Gendarmerie - Hôtel de ville - Palais de justice
M P T - Musée - Préfecture, sous-préfecture - Théâtre
U - Université, grande école
POL - Police (commissariat central)
Passage bas (inf. à 4 m 50) - Charge limitée (inf. à 19 t)

France

1/200 000

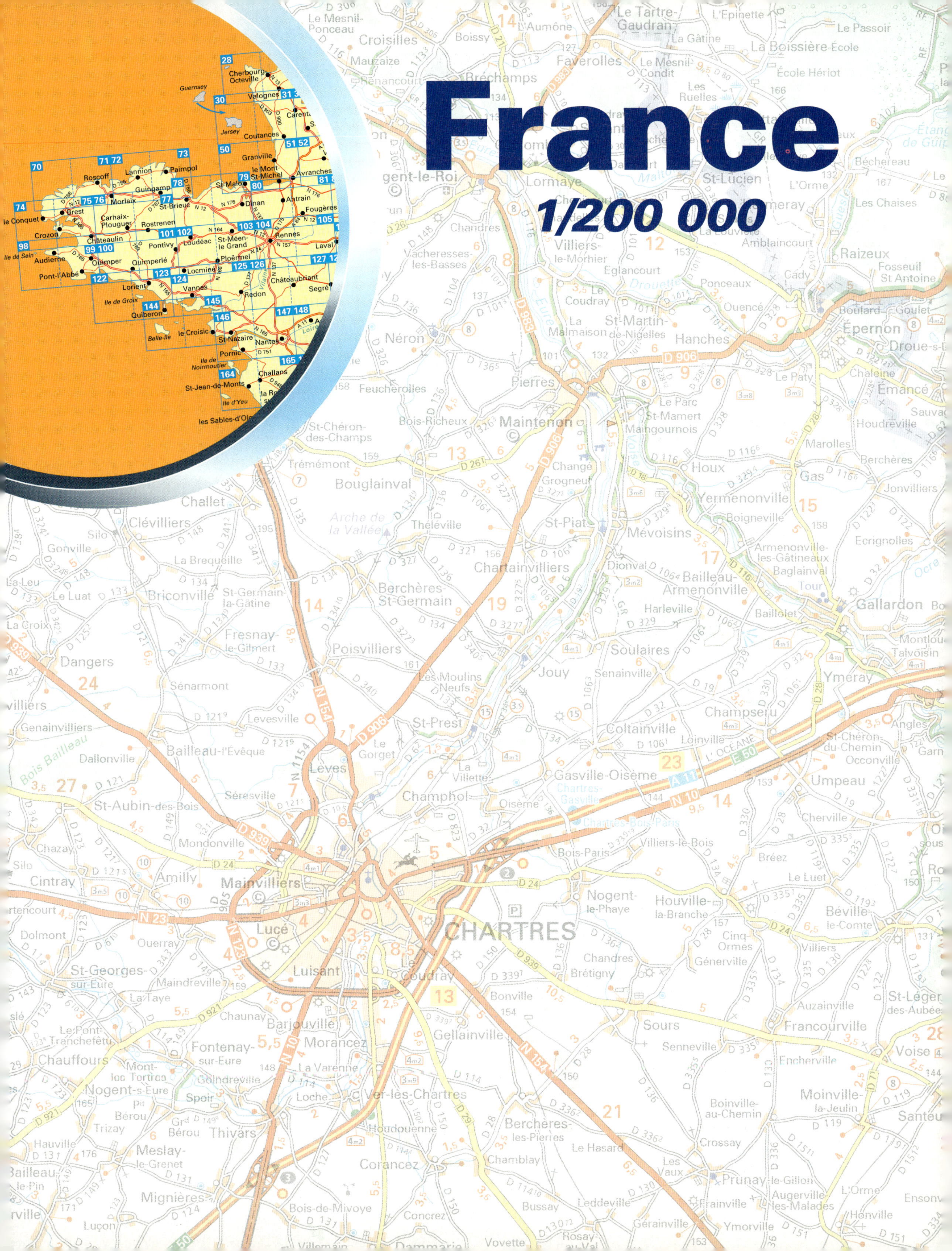

AX
AY
AZ
BA
1
2
3
4
5
6
Tunnel sous la Manche
PAS DE CALAIS
Côte d'Opale
Phare de Walde
TERMINAL TRANSMANCHE
CALAIS
Blériot-Plage
Sangatte
Coquelles
Fort Nieulay
TERMINAL TUNNEL
Fréthun
Le Pont-du-Leu
Le Pont-de-Coulogne
Coulogne
Le Pont-de-Briques
Les Hemmes
Waldam
Le Fort-Vert
Marck
Le Beau-Marais
Offekerque
Guemps
Les Attaques
Le Pont-d'Ardres
Mont Latham
Cap Blanc-Nez
Mont d'Hubert
Escalles
Peuplingues
Tappecul
Sombre
Wissant
Bonningues-lès-Calais
Nielles-lès-C.
St-Tricat
Hames-Boucres
Wadenthun
Pihen-lès-Guînes
Guînes
Andres
Balinghem
Brêmes
Ardres
Cap Gris-Nez
Framzelle
Le Châtelet
Tardinghen
Hervelinghen
St-Inglevert
Hauteville
Mont de Couple
Audembert
Les deux Caps
Mimoyecques
Cran-aux-Oeufs
Audinghen
Warcove
Leubringhen
Landrethun-le-Nord
Caffiers
Camp du drap d'Or
Colonne Blanchard
Campagne-lès-Guînes
Rodelinghem
Landrethun-lès-Ardres
Autingues
Bernes
Leulinghen-Bernes
Blecquenecques
Ferques
Elinghen
Le Mont
Fiennes
Bouquehault
Audresselles
Raventhun
Bazinghen
Ledouent
Marquise
Hydrequent
Marbre
Locquinghen
Boeucres
Hermelinghen
Ecottes
Le Val
Ambleteuse
Beuvrequen
Bouquinghen
Rinxent
Hardinghen
Rety
PARC NATUREL RÉGIONAL DES
Slack
Pointe aux Oies
Conninchthun
Offrethun
Wierre-Effroy
Rebertingue
Mont Cornet
Le Caraquet
Alembon
Sanghen
Le Ventus-d'Alembon
Licques
Clerques
Wimereux
Wacquinghen
Hesdres
Maninghen-Henne
Pittefaux
Boursin
Herbinghen
Hocquinghen
Audenfort
Wimille
Souverain-Moulin
Houllefort
Le Wast
Mont Dauphin
Colembert
Bainghen
Rebergues
Haut-Loquin
Terlincthun
Colonne de la Grde Armée
Rupembert
Pernes-lès-B.
Le Moulin
Belle-et-Houllefort
Nabringhen
Surques
BOULOGNE-SUR-MER
St-Martin-Boulogne
La Capelle-lès-B.
Conteville-lès-B.
Le Plouy
Escœuilles
Longueville
Henneveux
Bellebrune
Alincthun
Cauchene
Mont-Lambert
Maquinghen
Ostrohove
Baincthun
La Culbute
Bournonville
Brunembert
Quesques
Le Portel
Outreau
Cap d'Alprech
Ningles
Équihen-Plage
St-Étienne-au-Mont
St-Léonard
Echinghen
Pont-de-Briques
Questinghen
Coucolette
Quéhen
Wirwignes
Forêt de Desvres
Le Cantinard
Selles
Velinghen
Choquel
Menneville
Lottinghen
Coulomby
Nielle
0
5
10 km
A 16
A 26
E 15
D 940
N 42

BB BC BD BE

Oostduin
Koksijde-Ba
St-Idesbald
De Panne
Oosthoek
Westhoek
Plopsaland
Ten Bogaerd
Bray-Dunes
Charrière
Adinkerke
DUNKERQUE
Malo-les-Bains
Leffrinckoucke
Zuydcoote
Ghyvelde
Meulhouck
De Moeren
Rosendaël
Leffrinckoucke-Village
ZONE INDUSTRIELLE PORTUAIRE
Hameau-des-Dunes
Fort-Mardyck
St-Pol-sur-Mer
Grde-Synthe
Mardyck
Le Casino
Tiegerveld
Uxem
Les Moëres
Téteghem
Pont-à-Chartettes
Kromen-Houck
Coudekerque-Branche
Coudekerque
Le Galghouck
Hameau-des-Neiges
La Brouckstraete
Houtem
Grand-Fort-Philippe
Les Escardines
Pt-Fort-Philippe
Les Huttes
Loon-Plage
Les Dunes-d'Oye
Le Bout-d'Oye
L'Étoile
Oye-Plage
Gravelines
Cappelle-la-Grde
Armbouts-Cappel
Fort Vallières
Benkies-Meulen
Warhem
Hondschoote
Pont-aux-Cerfs
Doornte
St-Georges-sur-l'Aa
Craywick
Pont-de-Spycker
Spycker
Grd-Millebrugge
Pt-Millebrugge
Hoymille
Bergues
Haeghe-Meulen
Killem
Haezepoel
Killem-Linde
Coppenaxfort
Brouckerque
Steene
Bierne
Rattekot
Les Cinq Chemins
Rexpoëde
Hagedoorn
St-Folquin
Le Guindal
Bourbourg
Socx
Crochte
Quaëdypre
West-Cappel
Les Cinq Chemins
Oost-Cappel
St-Omer-Capelle
Vieille-Église
Nouvelle-Église
Mannequebeurre
Le Laurier
Quathove
Le Nieppe
Pitgam
Byssaert
Roesbrugge-Haringe
Looberghe
Drincham
Le Sprey
Bissezeele
Wylder
Fort Bâtard
St-Nicolas
Ste-Marie-Kerque
La Bistade
Cappelle-Brouck
Eringhem
Spreuwkoot
La Belle-Vue
Bambecque
Kruystraete
Aandenkot
St-Pierre-Brouck
L'Hossenaere
Le Tilleul
Lynck
Hennuin
Audruicq
Pont-du-West
Pont l'Abbesse
Zegerscappel
Esquelbecq
Wormhout
Herzeele
Houtkerque
Nortkerque
Ostove
Le Fort-St-Jean
Ruminghem
Muncq-Nieurlet
Blanc-Pignon
Holque
Bac-de-Millam
Merckeghem
Millam
Bollezeele
L'Erkelsbrugge
La Cloche
Le Kieken-Put
Ledringhem
Riet-Veld
Kruysweg
Zutkerque
Nielles-lès-Ardres
Polincove
Cocove
Recques-sur-Hem
Le Ruth
Ste-Mildrède
Volckerinckhove
Les Cinq Rues
Rubrouck
Le Cygne
Oudezeele
Winnezeele
Droogland
Forêt d'Eperlecques
Watten
Wattendam
Abbe
Blockhaus
Bleue-Maison
Wulverdinghe
Lederzeele
Broxeele
Arnèke
Zermezeele
Le Peckel
Le Temple
St-Laurent
Le Communal
Le Mont
Ganspette
Bois du Ham
Loverstel
Point du Jour
Ochtezeele
Le Menegat
Hardifort
Le Riveld
St-Eloi
Steenvoorde
Parc d'Attractions
Nordausques
Tournehem-sur-la-Hem
Eperlecques
St-Momelin
Buysscheure
Noordpeene
Wemaers-Cappel
Cassel
Terdeghem
Nort-Leulinghem
Bayenghem-lès-Eperlecques
Houlle
Moulle
Serques
Nieurlet
Booneghem
Zuytpeene
Monts des Récollets
Godewaersvelde
La Ronville
Mentque-Nortbécourt
Tilques
Salperwick
La Romelaere
Clairmarais
Bavinchove
Oxelaëre
St-Sylvestre-Cappel
Petit Difques
Grand Difques
Ste-Marie-Cappel
Eecke
Nortbécourt
Moringhem
Cormette
St-Martin-au-Laërt
St-Bernard
Forêt de Rihoult-Clairmarais
Schoubrouck
Les Trois-Rois
L'Hazewinde
La Maison Blanche
Hondeghem
Le Peuplier
Barbinghem
Liheuse
ST-OMER
Malhove
La Wattine
Laulne
Tatinghem
Étang d'Harchelles
Le Nieppe
Staple
Longue-Croix
Caëstre
La Bréarde
La Creule
Quercamps
Boisdinghem
Zudausques
Etrehem
Arques
La Crosse
Pradelles
Vernove
Acquin-Westbécourt
Quelmes
Leulinghem
Longuenesse
Ascenseur
Les Fontinettes
Ebblinghem
Wallon-Cappel
Les Cinq Rues
Hazebrouck
Borre
Strazeele
Westbécourt
Le Val-d'Acquin
Lauwerdal
Le Val-de-Lumbres
Abbe St-Paul
Wisques
Blendecques
Campagne-lès-W.
Renescure
Lynde
La Raiderie
Le Poovre
Gondardenne
Wizernes
Setques
Hallines
Pont-d'Asquin
Le Croquet
Sercus
Le Bourbourg
Ingeland
Lumbres
Esquerdes
Bilques
Bayenghem-lès-S.
La Pourchinte
Wavrans-sur-l'Aa
Vedringhem
Affringues
Elnes
Pihem
Helfaut
Heuringhem
Sablonnière
Racquinghem
Cochendal
Blaringhem
La Belle Hôtesse
Le Camois
Steenbecque
Morbecque
La Motte-au-Bois
La Rue-du-Bois
Sec-Bois
D 600
N 1
N 42
A 16
A 25
E 40
E 42
D 916
D 948
D 943
D 933
D 928
D 300

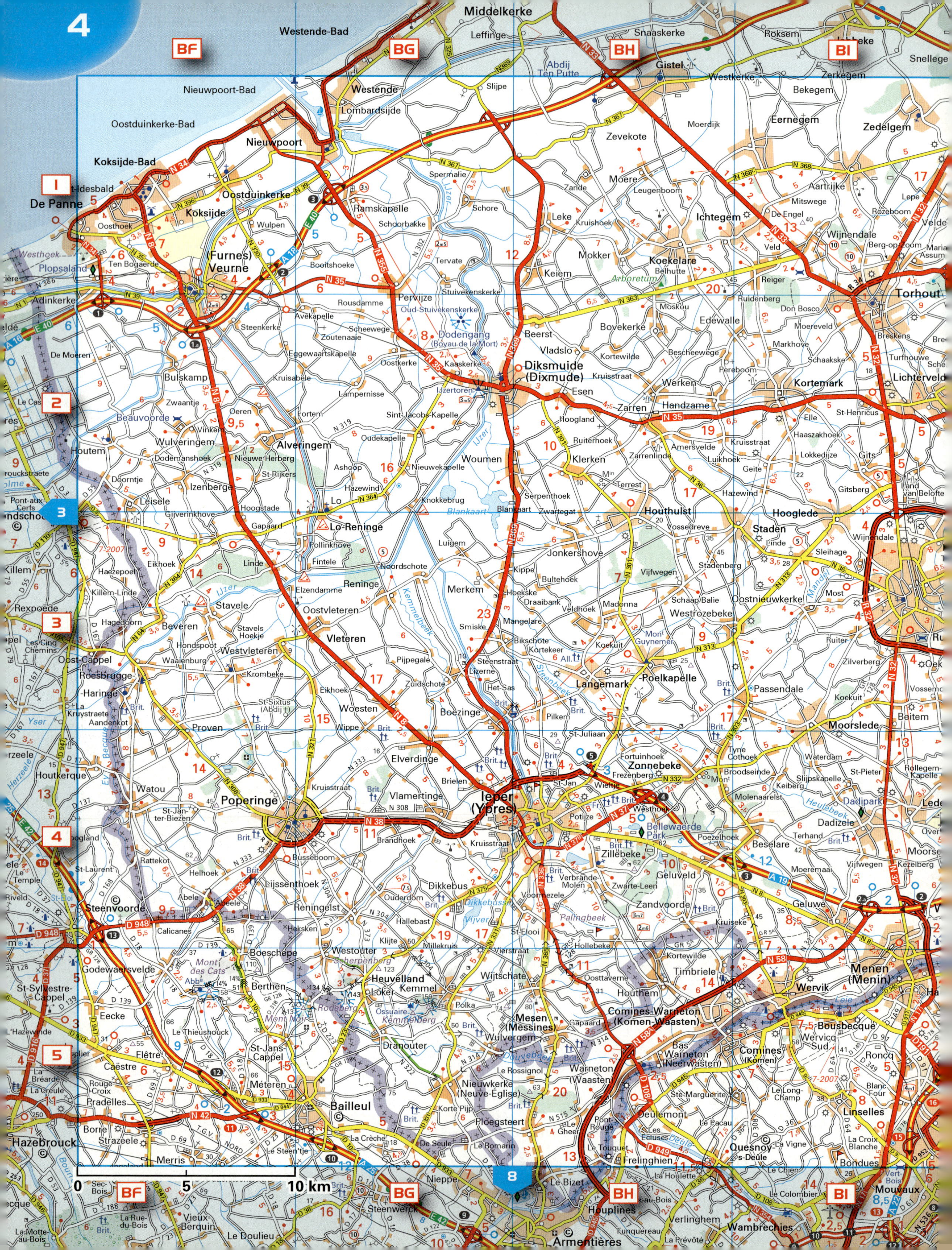
BF
BG
BH
BI
Middelkerke
Westende-Bad
Leffinge
Snaaskerke
Roksem
Snellegem
Abdij Ten Putte
Gistel
Westkerke
Zerkegem
Nieuwpoort-Bad
Westende
Lombardsijde
Slijpe
Bekegem
Oostduinkerke-Bad
Nieuwpoort
Zevekote
Moerdijk
Eernegem
Zedelgem
Koksijde-Bad
Spermalie
Moere
Aartrijke
De Panne
Oostduinkerke
Ramskapelle
Schore
Zande
Leugenboom
Ichtegem
Mitswege
Koksijde
Schoorbakke
Leke
Kruishoek
De Engel
Wijnendale
Oosthoek
Wulpen
Tervate
Mokker
Koekelare
Westhoek
Plopsaland
Ten Bogaerde
(Furnes)
Veurne
Booitshoeke
Keiem
Arboretum
Torhout
Adinkerke
Rousdamme
Pervijze
Stuivekenskerke
Oud-Stuivekenskerke
Ruidenberg
Don Bosco
Avekapelle
Steenkerke
Zoutenaaie
Scheewege
Dodengang
(Boyau-de-la-Mort)
Beerst
Bovekerke
Moskou
Edewalle
Moereveld
De Moeren
Eggewaartskapelle
Oostkerke
Kaaskerke
Vladslo
Kortewilde
Bescheewege
Markhove
Schaakske
Lichtervelde
Bulskamp
Kruisabele
Diksmuide
(Dixmude)
Kruisstraat
Pereboom
Kortemark
Lampernisse
IJzertoren
Esen
Werken
Zwaantje
Handzame
Oeren
Zarren
Vinkem
Beauvoorde
Fortem
Sint-Jacobs-Kapelle
Hoogland
Elle
St-Henricus
Wulveringem
Alveringem
Oudekapelle
Ruiterhoek
Amersvelde
Kruisstraat
Haaszakhoek
Houtem
Dodemanshoek
Nieuwe-Herberg
Ashoop
Nieuwkapelle
Woumen
Klerken
Zarrenlinde
Luikhoek
Lokkedijze
Gits
Izenberge
St-Rijkers
Hazewind
Terrest
Geite
Doorntje
Serpenthoek
Hazewind
Gitsberg
Leisele
Hoogstade
Lo
Knokkebrug
Blankaart
Zwartegat
Houthulst
Hooglede
Gijverinkhove
Gapaard
Lo-Reninge
Vossedreve
Staden
Pollinkhove
Luigem
Linde
Wijnendale
Haezepoel
Eikhoek
Linde
Fintele
Noordschote
Jonkershove
Sleihage
Killem-Linde
Elzendamme
Reninge
Kippe
Bultehoek
Stadenberg
IJzer
Vijfwegen
Stavele
Oostvleteren
Merkem
Hoekske
Draaibank
Madonna
Schaap Balie
Oostnieuwkerke
Most
Rexpoëde
Hagedoorn
Beveren
Stavels Hoekje
Veldhoek
Westrozebeke
Vleteren
Smiske
Mangelare
Mont Guynemer
Hondspoot
Westvleteren
Bikschote
Kortekeer
Koekuit
Ruiter
Oost-Cappel
Waaienburg
Krombeke
Pijpegale
Steenstraat
Lizerne
Poelkapelle
Zilverberg
Roesbrugge
-Haringe
Eikhoek
Zuidschote
Het-Sas
Langemark-
Passendale
La Kruystraete
St-Sixtus (Abdij)
Woesten
Boezinge
Pilkem
Koekuit
Aandenkot
Beitem
Yser
Proven
Wippe
St-Juliaan
Moorslede
Tyne Cothoek
Fortuinhoek
Zonnebeke
Waterdam
Houtkerque
Elverdinge
Brielen
Frezenberg
Broodseinde
St-Pieter
Rollegem-Kapelle
Watou
Poperinge
Kruisstraat
Vlamertinge
Ieper
(Ypres)
St-Jan
Wieltje
Keiberg
Slijpskapelle
Molenaarelst
Dadipark
St-Jan-ter-Biezen
Westhoek
Potijze
Bellewaerde Park
Heulebeek
Dadizele
Terhand
Moorsele
Brandhoek
Kruisstraat
Zillebeke
Poezelhoek
Beselare
Rattekot
Busseboom
Verbrande-Molen
Geluveld
Moeremaai
Kezelberg
Vijfwegen
Helhoek
Lijssenthoek
Dikkebus
Zwarte-Leen
St-Laurent
Abele
Reningelst
Ouderdom
Dikkebus Vijver
Voormezele
Zandvoorde
Geluwe
Steenvoorde
Hallebast
Palingbeek
Kruiseke
Calicanes
Heksken
Klijte
St-Eloois
Hollebeke
Kortewilde
Boeschepe
Westouter
Scherpenberg
Millekruis
Vierstraat
Godewaersvelde
Mont des Cats
Heuvelland
Kemmel
Wijtschate
Oosttaverne
Timbriele
Menen
(Menin)
St-Sylvestre-Cappel
Berthen
Loker
Houthem
Wervik
Eecke
Ossuaire
Kemmelberg
Polka
Mesen
(Messines)
Gapaard
Comines-Warneton
(Komen-Waasten)
Bousbecque
Le Thieushouck
Mont Noir
Wervicq-Sud
Wulvergem
St-Jans-Cappel
Dranouter
Bas Warneton
(Neerwaasten)
Comines
(Komen)
Roncq
Flêtre
Caëstre
Le Rossignol
Warneton
(Waasten)
Méteren
Nieuwkerke
(Neuve-Eglise)
Ste-Marguerite
Le Long-Champ
Blanc Four
Rouge Croix
Pradelles
Korte Pijp
Linselles
Ploegsteert
Deûlémont
Hazebrouck
Bailleul
Pont Rouge
Le Pacau
Borre
Strazeele
La Crèche
De Seule
Le Romarin
Le Gheer
Les Ecluses
Quesnoy-s-Deûle
La Vigne
La Croix Blanche
Le Steen'tje
Le Touquet
Frelinghien
Bondues
Merris
Nieppe
Le Bizet
La Houlette
Le Chien
Mouvaux
Le Colombier
Sec-Bois
Houplines
0
5
10 km
Steenwerck
Bas Bois
Verlinghem
Wambrechies
Vieux-Berquin
La Rue-du-Bois
La Motte-au-Bois
Le Doulieu
Armentières
Funquereau
La Prévôté
Lede
Overheule
Vossemolen
Velde
Lepe
Rozeboom
Berg-op-Zoom
Reiger
Belhutte
Breskens
Turfhouwe
Aardooie
Sint-Juliaan
N 8
N 38
N 35
N 36
N 32
N 33
N 367
N 369
N 313
N 332
N 37
A 18
A 19
E 40
D 948
D 916

BJ
BK
BL
BM
St-Michiels
Boudewijnpark
Oedelem
De Hoorn
Kleit
Kruipuit
Waarschoot
Oostkamp
Knesselare
Oostwinkel
Daasdonk
Sleidinge
Loppem
Beernem
Ronsele
Zuidwege
St-Joris
Ursel
Zomergem
Evergem
Waardamme
Hertsberge
Aalterbrug
Lovendegem
Belzele
Wondelgem
Ruddervoorde
Aalter
Bellem
Vinderhoute
Mariakerke
Wingene
Hansbeke
Merendree
GENT
(GAND)
Landegem
Drongen
Lotenhulle
Hille
Zwevezele
Ruiselede
Poeke
Poesele
Nevele
Vosselare
Afsnee
Schuiferskapelle
St-Martens-Latem
Egem
Kanegem
Vinkt
St-Martens-Leerne
Bachte-Maria-Leerne
Deurle
St-Denijs-Westrem
Koolskamp
Pittem
Tielt
Aarsele
Deinze
De Pinte
Zwijnaarde
Ardooie
Hogenhove
Grammene
Astene
Merelbeke
Dentergem
Wontergem
Gottem
Machelen
Petegem-aan-de-Leie
Nazareth
Schelderode
Roeselare
(Roulers)
Markegem
Oeselgem
Olsene
Eke
Melsen
Meulebeke
Wakken
Tuttegem
Vurste
Semmerzake
Kachtem
Emelgem
Ingelmunster
Oostrozebeke
Zulte
Ouwegem
Gavere
Izegem
St-Baafs-Vijve
Kruishoutem
Asper
Zingem
Wielsbeke
St-Eloois-Vijve
Lendelede
Desselgem
Waregem
Nokere
Wannegem-Lede
Welden
Zwalm
Bavikhove
Beveren-Leie
(COURTRAI)
KORTRIJK
Kuurne
Deerlijk
Oudenaarde
(Audenaarde)
Harelbeke
Anzegem
Wortegem-Petegem
Vichte
Gijzelbrechtegem
Bissegem
Ingooigem
Leupegem
Maarke-Kerkem
St-Lodewijk
Kaster
Elsegem
Etikhove
Maarkedal
Zwevegem
Otegem
Tiegem
Kerkhove
Lauwe
Marke
Berchem
Heestert
Waarmaarde
Kluisbergen
Rollegem
Avelgem
Mouscron
(Moeskroen)
Moen
Outrijve
Dottignies
(Dottenijs)
St-Denijs
Kooigem
Bossuit
Mont-de-l'Enclus
Russeignies
(Rozenaken)
Ronse
(Renaix)
Ellezelles
Flobecq
(Vloesberg)
Spiere-Helkijn
(Espierres-Helchin)
Pottes
Celles
Herseaux
Estaimpuis
Dergneau
Anseroeul
Wattripont
Vattrelos
Leers-Nord
Pecq
Warcoing
Estaimbourg
ROUBAIX
Cordes
Arc
Ainières
St-Sauveur
Frasnes-lez-Anvaing
Ellignies-lez-Frasnes
Anvaing
Lahamaide
I
2
3
4
5
9

AX
AY
AZ
BA
5
6
7
8
9
2
11
Audresselles
Ambleteuse
Bazinghen
Marquise
Beuvrequen
Hydrequent
Rinxent
Blecquenecques
Elinghen
Fiennes
Bouquehault
Rodelinghem
Landrethun-lès-Ardres
Hermelinghen
Hardinghen
Rety
PARC NATUREL RÉGIONAL DES CAPS ET MARAIS D'OPALE
Pointe aux Oies
Wimereux
Wimille
Offrethun
Wacquinghen
Maninghen-Henne
Pittefaux
Wierre-Effroy
Alembon
Sanghen
Licques
Clerques
Hocquinghen
Boursin
Herbinghen
Colembert
Le Wast
Bainghen
Rebergues
Nabringhen
Surques
Terlincthun
Colonne de la Grde Armée
Souverain-Moulin
Pernes-lès-B.
Conteville-lès-B.
Belle-et-Houllefort
Le Plouy
Alincthun
BOULOGNE-SUR-MER
St-Martin-Boulogne
La Capelle-lès-B.
Bellebrune
Longueville
Henneveux
Escœuilles
Bullescamps
Le Portel
Cap d'Alprech
Outreau
Baincthun
Echinghen
St-Léonard
Crémarest
Bournonville
Brunembert
Quesques
Coulomby
Selles
Lottinghen
Ningles
Équihen-Plage
St-Étienne-au-Mont
Pont-de-Briques
Questinghen
Forêt de Boulogne
Wirwignes
Menneville
St-Martin-Choquel
Isques
Hesdin-l'Abbé
Questrecques
Desvres
Vieil-Moutier
Ecault
Condette
Hesdigneul-lès-B.
Carly
Wierre-au-Bois
Longfossé
Courset
Senlecques
Lédinghem
Le Choquel
Hardelot-Plage
Nesles
Verlincthun
Samer
Tingry
Bois-de-Senlecques
Bécourt
Dignopré
Hameau-du-Chemin
Neufchâtel-Hardelot
Mont Violette
Doudeauville
Zoteux
Bout-Dessous
Mont St-Frieux
Dannes
Halinghen
Lacres
Bezinghem
Bourthes
Widehem
Parenty
Enquin-sur-Baillons
Preures
Wicquinghem
Ergny
Ste-Cécile-Plage
St-Gabriel-Plage
Pointe de Lornel
Camiers
Hubersent
Frencq
Cormont
Hucqueliers
Avesnes
Côte d'Opale
Embouchure de la Canche
Lefaux
Longvilliers
Beussent
Maninghem
LE TOUQUET-PARIS-PLAGE
Étaples
Maresville
Inxent
Recques-s-Course
Toutendal
Clenleu
Quilen
St-Michel-sous-Bois
Trépied
Tubersent
Bréxent-Enocq
Estréelles
Alette
Humbert
Rimboval
Stella-Plage
Cucq
Beutin
Attin
La Calotterie
Neuville-sous-Montreuil
Aix-en-Issart
Sempy
Boubers-lès-Hesmond
Embry
Royon
Merlimont-Plage
St-Josse
La Madelaine-s/s-Montreuil
Sorrus
MONTREUIL
Marant
St-Denœux
Hesmond
Lebiez
Merlimont
St-Aubin
Marles-s-Canche
Marenla
Parc de Bagatelle
Airon-N.-Dame
Airon-St-Vaast
Campigneulles-les-Pites
Beaumerie-St-Martin
Ecuires
Brimeux
Loison-s-Créquoise
Offin
Rang-du-Fliers
Campigneulles-les-Gdes
Lespinoy
Beaurainville
Wambercourt
Cavron-St-Martin
Berck
Berck-Plage
Verton
Boisjean
Campagne-lès-Hesdin
Maresquel-Ecquemicourt
Contes
Wailly-Beaucamp
Aubin-St-Vaast
Guisy
Groffliers
Waben
Baie d'Authie
Lépine
Buire-le-Sec
St-Rémy-au-Bois
Gouy-St-André
Bouin-Plumoison
Roussent
Maintenay
Conchil-le-Temple
Nempont-St-Firmin
Tigny-Noyelle
Saulchoy
Mouriez
Capelle-lès-Hesdin
Fort-Mahon-Plage
Quend-Plage-les-Pins
Dominois
Douriez
Tortefontaine
0
5
10 km

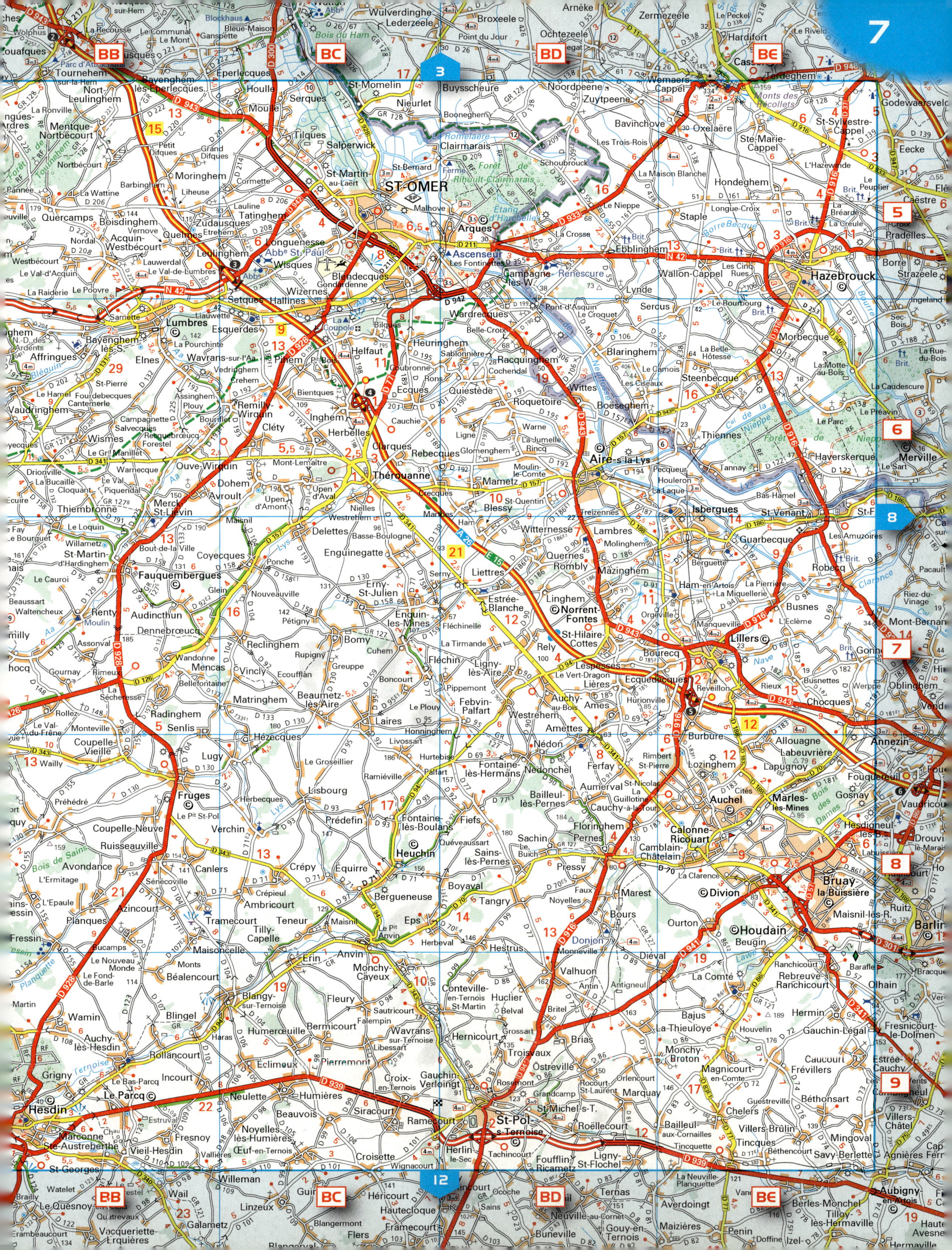
7
St-Omer
Arques
Hazebrouck
Aire-s-la-Lys
Thérouanne
Lumbres
Fauquembergues
Fruges
Heuchin
Hesdin
Le Parcq
St-Pol-s-Ternoise
Houdain
Bruay la Buissière
Auchel
Lillers
Isbergues
St-Venant
Merville
Norrent-Fontes
Divion
Calonne-Ricouart
Marles-les-Mines
Ascenseur
Blendecques
Wizernes
Longuenesse
Tatinghem
Helfaut
Clairmarais
Renescure
Ebblinghem
Morbecque
Steenbecque
Thiennes
Lambres
Mazingham
Ham-en-Artois
Busnes
Chocques
Annezin
Allouagne
Lozinghem
Burbure
Ferfay
Ames
Amettes
Auchy-au-Bois
Westrehem
Laires
Febvin-Palfart
Fléchin
Enquin-les-Mines
Estrée-Blanche
Liettres
Witternesse
Quernes
Rombly
Blessy
Mametz
Crecques
Delettes
Coyecques
Reclinghem
Bomy
Matringhem
Vincly
Mencas
Radinghem
Senlis
Coupelle-Vieille
Coupelle-Neuve
Verchin
Lugy
Hézecques
Lisbourg
Prédefin
Fontaine-lès-Boulans
Fiefs
Sains-lès-Pernes
Pernes
Floringhem
Camblain-Châtelain
Marest
Bours
Ourton
Valhuon
Brias
Troisvaux
Ostreville
Ramecourt
Herlin-le-Sec
Roëllecourt
Ligny-St-Flochel
Foufflin-Ricametz
Tincques
Savy-Berlette
Aubigny-en-Artois
Villers-Brûlin
Chelers
Magnicourt-en-Comté
Monchy-Breton
Bajus
La Comté
Dieval
Bergueneuse
Anvin
Eps
Tangry
Boyaval
Crépy
Canlers
Azincourt
Ruisseauville
Avondance
Planques
Tramecourt
Tilly-Capelle
Teneur
Erin
Blangy-sur-Ternoise
Fleury
Blingel
Wamin
Auchy-lès-Hesdin
Rollancourt
Incourt
Grigny
Marconne
Ste-Austreberthe
Vieil-Hesdin
Fresnoy
Neulette
Humières
Noyelles-lès-Humières
Willeman
Wail
Galametz
Linzeux
Hautecloque
Framecourt
Buneville
Gouy-en-Ternois
Averdoingt
Maizières
Berles-Monchel
Tilloy-lès-Hermaville
Wavrans-sur-l'Aa
Elnes
Esquerdes
Setques
Hallines
Affringues
Bayenghem-lès-Seninghem
Vaudringhem
Wismes
Remilly-Wirquin
Cléty
Inghem
Herbelles
Clarques
Rebecques
Ouve-Wirquin
Dohem
Avroult
Merck-St-Liévin
Thiembronne
Nort-Leulinghem
Mentque-Nortbécourt
Moringhem
Quercamps
Boisdinghem
Acquin-Westbécourt
Quelmes
Zudausques
Leulinghem
Wisques
Tournehem
Houlle
Moulle
Serques
Tilques
Salperwick
St-Martin-au-Laërt
Eperlecques
Nieurlet
Buysscheure
Noordpeene
Zuytpeene
Wemaers-Cappel
Bavinchove
Oxelaëre
Ste-Marie-Cappel
St-Sylvestre-Cappel
Hondeghem
Staple
Lynde
Sercus
Wallon-Cappel
Blaringhem
Racquinghem
Wardrecques
Campagne-lès-W.
Roquetoire
Quiestède
Ecques
Heuringhem
Wittes
Boëseghem
Haverskerque
Guarbecque
Robecq
Blendecques
Ecquedecques
Lières
Auchy-au-Bois
Nédon
Nédonchel
Tincques
BB
BC
BD
BE
3
8
12
N 42
D 943
D 928
D 916
D 939
A 26
E 15
D 341

BF
BG
BH
BI
4
5
6
7
8
9
13
14
Ieper
Heuvelland
Kemmel
Mesen (Messines)
Wervik
Menen (Menin)
Comines-Warneton (Komen-Waasten)
Bailleul
Steenvoorde
Godewaersvelde
Hazebrouck
Armentières
Houplines
Nieppe
Steenwerck
Merville
Estaires
Laventie
Erquinghem-Lys
Fleurbaix
Bois-Grenier
Frelinghien
Quesnoy-s-Deûle
Wambrechies
Marquette-lez-Lille
Marcq-en-B.
Mouvaux
Bondues
Linselles
Bousbecque
Roncq
Lambersart
Lomme
La Madeleine
Mons-en-Barœul
LILLE (RIJSEL)
Lezennes
Ronchin
Lesquin
Faches-Thumesnil
Vendeville
LILLE-LESQUIN
Seclin
Templemars
Wattignies
Loos
Haubourdin
Emmerin
Noyelles-lès-S.
Houplin-Ancoisne
Sequedin
Hallennes-lez-H.
Englos
Ennetières-en-Weppes
Capinghem
Pérenchies
Prémesques
Erquinghem-le-Sec
Escobecques
Beaucamps-Ligny
Fournes-en-W.
Santes
Wavrin
Sainghin-en-Weppes
Marquillies
Illies
Aubers
Fromelles
Le Maisnil
Radinghem-en-W.
Herlies
Wicres
La Bassée
Salomé
Hantay
Violaines
Lorgies
Neuve-Chapelle
Richebourg
Festubert
Givenchy-lès-la-B.
Cuinchy
Cambrin
Annequin
Auchy-les-Mines
Haisnes
Douvrin
Wingles
Billy-Berclau
Bauvin
Provin
Annœullin
Allennes-les-Marais
Carnin
Camphin-en-Carembault
Phalempin
Forêt de Phalempin
Tourmignies
Mérignies
Pont-à-Marcq
Avelin
Ennevelin
Attiches
Fretin
Templeuve
Béthune
Beuvry
Fouquières
Annezin
Chocques
Gonnehem
Mont-Bernanchon
Hinges
Locon
Vieille-Chapelle
Lestrem
La Gorgue
Calonne-sur-la-Lys
Robecq
Vendin-lès-B.
Oblinghem
Essars
Labourse
Verquin
Vaudricourt
Drouvin-le-Marais
Sailly-Labourse
Noyelles-lès-V.
Vermelles
Mazingarbe
Grenay
Loos-en-Gohelle
Bénifontaine
Hulluch
Vendin-le-Vieil
Annay
Pont-à-Vendin
Meurchin
Carvin
Estevelles
Courrières
Harnes
Oignies
Libercourt
Wahagnies
Thumeries
Ostricourt
Moncheaux
Raimbeaucourt
Leforest
Roost-Warendin
Évin-Malmaison
Courcelles-lès-Lens
Auby
Flers-en-Escrebieux
Dorignies
Waziers
DOUAI
Lambres-lez-Douai
Cuincy
Esquerchin
Lauwin-Planque
Noyelles-Godault
Hénin-Beaumont
Montigny-en-Gohelle
Dourges
Fouquières-lès-L.
Billy-Montigny
Sallaumines
Noyelles-s-Lens
Loison-s-Lens
Lens
Liévin
Éleu-dit-Leauwette
Avion
Méricourt
Rouvroy
Drocourt
Bois-Bernard
Izel-lès-Équerchin
Quiéry-la-Motte
Acheville
Arleux-en-Gohelle
Fresnoy-en-Gohelle
Neuvireuil
Vimy
Willerval
Farbus
Thélus
Givenchy-en-Gohelle
Mémorial canadien
Souchez
Ablain-St-Nazaire
Colline de N.-D. de Lorette
Angres
Bully-les-Mines
Aix-Noulette
Sains-en-G.
Hersin-Coupigny
Nœux-les-Mines
Haillicourt
Ruitz
Barlin
Bruay-la-Buissière
Houdain
Maisnil-lès-R.
Hesdigneul
Gosnay
Bouvigny-Boyeffles
Servins
Gouy-Servins
Fresnicourt-le-Dolmen
Olhain
Estrée-Cauchy
Camblain-l'Abbé
Carency
Villers-au-Bois
Mont-St-Éloi
Neuville-St-Vaast
Écurie
Roclincourt
Bailleul-Sir-Berthoult
Gavrelle
Fresnes-lès-Montauban
Vitry-en-Artois
Brebières
Corbehem
Férin
Gœulzin
Courchelettes
Villers-Châtel
Capelle-Fermont
Agnières
Savy-Berlette
Mingoval
Cambligneul
Acq
Aubigny-en-Artois
Haute-Avesnes
Marœuil
Tilloy-lès-Hermaville
A 1
A 21
A 25
A 26
A 22
0
5
10 km

BJ
BK
BL
BM
5
6
7
8
9
14
15
Velgem
Lauwe
Marke
Zwevegem
Vossenhoek
St-Lodewijk
Ingooigem
Kaster
Elsegem
Kerkhove
Heestert
Knokke
Waarmaarde
Avelgem
Berchem
Kluisbergen
Kwaremont
Nukerke
Zulzeke
Maarke-Kerkem
Rekkem
Dronkaard
Aalbeke
Rollegem
Marionetten
Bellegem
Moen
Outrijve
Mouscron (Moeskroen)
Neuville-en-F.
Tourcoing
Luingne
Herseaux
Dottignies (Dottenijs)
Spiere-Helkijn (Espierres-Helchin)
Kooigem
St-Denijs
Bossuit
Escanaffles
Orroir
Amougies
Mont-de-l'Enclus
Russeignies (Rozenaken)
Ronse (Renaix)
Ellezelles
Flobecq (Vloesberg)
Wattripont
Anserœul
Dergneau
Pottes
Celles
Evregnies
Warcoing
Estaimpuis
Wattrelos
Leers-Nord
Herinnes
Butor
Molenbais
Archimont
Arc
Ainières
St-Sauveur
Pecq
ROUBAIX
Lys-lez-L.
Estaimbourg
Bailleul
Obigies
Mont-St-Aubert
Velaines
Cordes
Anvaing
Ellignies-lez-Frasnes
Frasnes-lez-Anvaing
Buissenal
Œudeghien
Lannoy
Hem
Toufflers
Nechin
Ramegnies-Chin
Templeuve
Blandain
Kain
Bizencourt
Thimougies
Montrœul-au-Bois
Hacquegnies
Moustier
Houtaing
Mainvault
Sailly-lez-L.
Forest-s-Marque
Willems
Rumillies
Grandmetz
Chapelle-à-Wattines
Ligne
Tressin
Baisieux
Froyennes
Orcq
Warchin
Gaurain-Ramecroix
Maulde
Gallaix
Moulbaix
Chéreng
TOURNAI (DOORNIK)
Marquain
Vaulx
La Louvière
Barry
Pipaix
Leuze-en-Hainaut
Chapelle-à-Oie
Blicquy
Anstaing
Sainghin-en-M.
Gruson
Camphin-en-Pévèle
Froidmont
Ere
Vezon
Tourpes
Aubechies
Ellignies-Ste-Anne
Bouvines
Cysoing
Esplechin
St-Maur
Chercq
Calonne
Fontenoy
Wasmes-Audemez
Baugnies
Willaupuis
Péronne-en-M.
Wannehain
Rumes
Willemeau
Antoing
Bruyelle
Péronnes
Braffe
Thumaide
Belœil
Louvil
Cobrieux
Bachy
Taintignies
Guignies
Wez-Velvain
Maubray
Brasmenil
Bury
Roucourt
Basècles
Genech
La Glanerie
Jollain-Merlin
Hollain
Callenelle
Quevaucamps
Stambruges
Templeuve
Lesdain
Brunehaut
Laplaigne
Howardries
Mouchin
Rongy
Bléharies
Mortagne-du-Nord
Flines-lès-Mortagne
Wiers
Péruwelz
Blaton
Bon-Secours
Hergnies
Cappelle-en-Pévèle
Nomain
Aix
Rumegnies
Harchies
Auchy-lez-Orchies
Orchies
Landas
Saméon
Lecelles
Thun-St-Amand
Nivelle
Bruille-St-Amand
Vieux-Condé
Bernissart
Pommerœul
Beuvry-la-Forêt
Rosult
St-Amand-les-Eaux
Odomez
Condé-sur-l'Escaut
Thivencelle
Coutiches
Bouvignies
Sars-et-Rosières
Brillon
Millonfosse
Fresnes-sur-Escaut
Hensies
Flines-lez-Raches
Tilloy-lez-M.
Hasnon
Escautpont
Vicq
Crespin
Quiévrain
Marchiennes
Warlaing
Wandignies-Hamage
Bruay-sur-l'Escaut
Beuvrages
Onnaing
Quiévrechain
Lallaing
Pecquencourt
Rieulay
Fenain
Wallers
Raismes
Anzin
Rombies-et-Marchipont
Honnelles
Bruille-lez-M.
Somain
Erre
Hornaing
Hélesmes
Haveluy
Oisy
Hérin
Petite-Forêt
VALENCIENNES
Marly
St-Saulve
Sebourg
Escaudain
Denain
Wavrechain
Aniche
Abscon
Auberchicourt
Rouvignies
Trith-St-Léger
Aulnoy-lez-V.
Curgies
PARC NATUREL DES PLAINES DE L'ESCAUT
PARC NATUREL RÉGIONAL SCARPE-ESCAUT

AT
AU
AV
AW
10
11
12
13
14
Onival
Ault
Le Bois-de-Cise
Mers-les-Bains
Blingues
Le Tréport
Calvaire des Terrasses
Eu
Mesnil-Sorel
Mesnil-Val
Mesnil-Sterling
Criel-Plage
Flocques
Les Quesnets
Etalondes
Ponts-et-Marais
Mont Jolibois
Criel-sur-Mer
Heudelimont
Boscrocourt
La Bourdaine
Le Fresnoy
Mesnil-en-Caux
Tocqueville-s-Eu
Touffreville-s-Eu
St-Rémy-Boscrocourt
Godelmesnil
Neuvillette
Assigny
St-Sulpice-s-Yères
Biville-s-Mer
Le Thil
Etocquigny
Baromesnil
Penly
Litteville
Brunville
Canehan
St-Martin-le-Gaillard
St-Martin-Plage
Vassonville
Guilmécourt
Cuverville-sur-Yères
Sept-Meules
Berneval-s-Mer
Berneval-le-Grand
St-Martin-en-Campagne
Bois-Ricard
Le Coudroy
Belleville-sur-Mer
Greny
Auquemesnil
Melincamp
Grattepanche
Bracquemont
Silo
Englesqueville
Tourville-la-Chapelle
St-Quentin-au-Bosc
St-Aignan
Val-du-Roy
Puys
N.-D. Bon-Secours
DIEPPE
Derchigny
Glicourt
Graincourt
Le Burel
Regnetuit
Gouchaupré
Taillemesnil
Avesnes-en-Val
Aigumont
Phare d'Ailly
Valleuse
Vasterival
Pourville-s-Mer
Port-l'Ailly
Greges
Coquereaumont
Sauchay-le-Haut
La Vauvaye
Intraville
Neuville-lès-D.
Ste-Marguerite-s-Mer
Varengeville-s-Mer
Petit-Appeville
Thibermont
Sauchay-le-Bas
Breuilly
Brétigny
Etrimont
Quiberville-Plage
Quiberville
Etran
Ancourt
Le Bucq
Bray
Bailly-en-Rivière
Blanques
Maisoncelle
Villy-le-Haut
Manoir
Rouxmesnil-Bouteilles
Martin-Eglise
Bellengreville
St-Ouen-s/s-Bailly
Pelvert
Feuilloy
Folny
Calmont
Torqueville
Envermeu
Monthuit
Montigny
Touffécal
Flainville
Longueil
Tous-les-Mesnils
Le Hameletr
Archelles
Renouval
Fresnoy-Folny
Englesqueville
Offranville
Gruchet
Arques-la-Bataille
Fumechon
Les Vieux Ifs
Silo
St-Denis
Ouville-la-Rivière
St-Aubin-s-Scie
Martigny
St-Aubin-le-Cauf
St-Nicolas
Angreville
Douvrend
Le Mont
Bailly-en-C.
0
5
10 km
20

AX
AY
AZ
BA
6
21
10
11
12
13
14
Baie d'Authie
Fort-Mahon-Plage
Quend-Plage-les-Pins
Quend
St-Quentin en-Tourmont
Rue
Parc ornithologique du Marquenterre
Baie de Somme
Le Crotoy
St-Valery-sur-Somme
Cayeux-sur-Mer
Brighton
Maison de l'Oiseau
Cap Hornu
Le Hourdel
Lanchères
Pendé
Estrébœuf
Brutelles
Woignarue
Vaudricourt
St-Blimont
Friville-Escarbotin
Bourseville
Allenay
Tully
Fressenneville
Woincourt
Yzengremer
Feuquières-en-Vimeu
Dargnies
Bouvaincourt-s-Bresle
Embreville
Beauchamps
Gamaches
Longroy
Bouillancourt-en-Séry
Bazinval
Monchaux-Soreng
Rieux
Blangy-s-Bresle
Nesle-Normandeuse
Pierrecourt
Haute Forêt d'Eu
Tigny-Noyelle
Nampont
Abbᵉ de Valloires
Argoules
Saulchoy
Dominois
Vron
Vercourt
Regnière-Ecluse
Arry
Bernay-en-Ponthieu
Machy
Machiel
Vironchaux
Ligescourt
Crécy-en-Ponthieu
Forêt de Crécy
Forest-Montiers
Nouvion
Ponthoile
Noyelles-s-Mer
Sailly-Flibeaucourt
Le Titre
Forest-l'Abbaye
Lamotte-Buleux
Hautvillers-Ouville
Canchy
Domvast
Buigny-St-Maclou
Port-le-Grd
Grand-Laviers
Cambron
Abbeville
Drucat
Caours
Neufmoulin
Vauchelles-les-Quesnoy
Mareuil-Caubert
Epagne-Epagnette
Eaucourt-s-Somme
Pont-Remy
Moyenneville
Béhen
Chépy
Huchenneville
Bray-lès-Mareuil
Bailleul
Limeux
Huppy
St-Maxent
Oisemont
Hallencourt
Airaines
Fontaine-s-Somme
Longpré-les-Corps-Saints
Liercourt
Sorel-en-Vimeu
Citerne
Wiry-au-Mont
Allery
Métigny
Warlus
Montagne-Fayel
Avesnes-Chaussoy
Fontaine-le-Sec
Vergies
Heucourt-Croquoison
Épaumesnil
Aumâtre
Mouflières
Senarpont
St-Riquier
Millencourt-en-Ponthieu
Oneux
Coulonvillers
Maison-Roland
Buigny-l'Abbé
Yaucourt-Bussus
Bussus-Bussuel
Gorenflos
Ailly-le-Ht-Clocher
Francières
Cocquerel
Long
Bouchon
L'Étoile
Condé-Folie
Flixecourt
Hangest-sur-Somme
Soues
Quesnoy-sur-Airaines
Riencourt
Dompierre-sur-Authie
Estrées-lès-Crécy
Fontaine-sur-Maye
Brailly-Cornehotte
Le Boisle
Boufflers
Gueschart
Labroye
Noyelles-en-Chaussée
Gapennes
Yvrencheux
Agenvillers
Neuilly-l'Hôpital
Maintenay
St-Rémy-au-Bois
Gouy-St-André
Douriez
Tortefontaine
Regnauville
Brévillers
Capelle-lès-Hesdin
Guigny
Raye-s-Authie
Caumont
Tollent
Chériennes
Somme
Authie
Maye

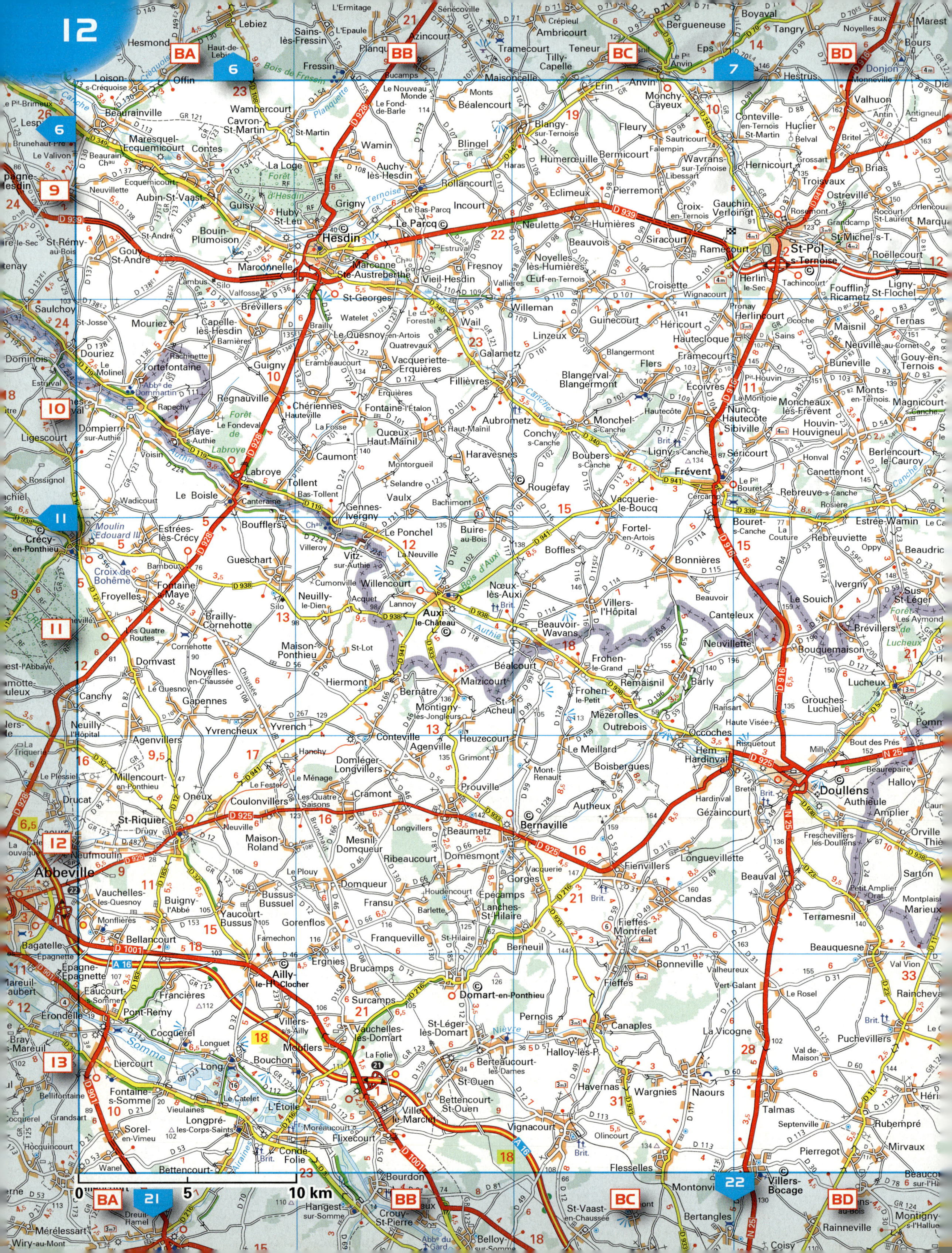
BA
BB
BC
BD
Hesdin
St-Pol-s-Ternoise
Frévent
Auxi-le-Château
Doullens
Abbeville
Crécy-en-Ponthieu
St-Riquier
Bernaville
Domart-en-Ponthieu
Ailly-le-Haut-Clocher
Villers-Bocage
Beaurainville
Blangy-sur-Ternoise
Le Parcq
Anvin
Heuchin
Bergueneuse
Pernes
Fressin
Azincourt
Tramecourt
Ambricourt
Teneur
Wambercourt
Cavron-St-Martin
Marconne
Ste-Austreberthe
Vieil-Hesdin
Willeman
Fillièvres
Galametz
Linzeux
Humières
Herlin-le-Sec
Ligny-St-Flochel
Conchy-s-Canche
Boubers-s-Canche
Nuncq-Hautecote
Sibiville
Rebreuve-s-Canche
Bonnières
Canteleux
Neuvillette
Lucheux
Barly
Occoches
Hem-Hardinval
Beauval
Candas
Fienvillers
Longuevillette
Terramesnil
Beauquesne
Talmas
Naours
Wargnies
Havernas
Canaples
Halloy-lès-P.
Flesselles
Vignacourt
Bettencourt-St-Ouen
St-Ouen
Berteaucourt-les-Dames
St-Léger-lès-Domart
Pernois
Fieffes-Montrelet
Bonneville
Gorges
Beaumetz
Prouville
Agenville
Heuzecourt
Conteville
Yvrench
Yvrencheux
Gapennes
Domvast
Brailly-Cornehotte
Noyelles-en-Chaussée
Maison-Ponthieu
Hiermont
Bernâtre
Maizicourt
Montigny-les-Jongleurs
Mézerolles
Outrebois
Frohen-le-Grand
Frohen-le-Petit
Remaisnil
Beauvoir-Wavans
Boffles
Vitz-sur-Authie
Willencourt
Neuilly-le-Dien
Gueschart
Boufflers
Le Ponchel
Buire-au-Bois
Nœux-lès-Auxi
Vaulx
Tollent
Labroye
Raye-sur-Authie
Dompierre-sur-Authie
Tortefontaine
Douriez
Saulchoy
Maintenay
Gouy-St-André
Marconnelle
Huby-St-Leu
Guisy
Aubin-St-Vaast
Contes
Maresquel-Ecquemicourt
Brévillers
Capelle-lès-Hesdin
Mouriez
Guigny
Regnauville
Chériennes
Caumont
Le Quesnoy-en-Artois
Wail
Vacqueriette-Erquières
Fontaine-l'Étalon
Quœux-Haut-Maînil
Haravesnes
Rougefay
Aubrometz
Vacquerie-le-Boucq
Fortel-en-Artois
Villers-l'Hôpital
Beauvoir
Ivergny
Le Souich
Bouquemaison
Grouches-Luchuel
Milly
Authieule
Amplier
Orville
Sarton
Marieux
Raincheval
Puchevillers
Rubempré
Mirvaux
Pierregot
Montonvillers
Bertangles
Rainneville
Coisy
Montigny-s-l'Hallue
St-Vaast-en-Chaussée
Belloy-sur-Somme
Crouy-St-Pierre
Bourdon
Hangest-sur-Somme
Picquigny
Flixecourt
Ville-le-Marclet
L'Étoile
Long
Longpré-les-Corps-Saints
Condé-Folie
Bettencourt
Liercourt
Fontaine-s-Somme
Sorel-en-Vimeu
Wanel
Pont-Remy
Cocquerel
Francières
Eaucourt-s-Somme
Épagne-Epagnette
Bellancourt
Vauchelles-les-Quesnoy
Buigny-l'Abbé
Yaucourt-Bussus
Bussus-Bussuel
Gorenflos
Ergnies
Brucamps
Surcamps
Vauchelles-lès-Domart
Mouflers
Bouchon
Villers-s-Ailly
Domqueur
Fransu
Franqueville
Berneuil
Ribeaucourt
Domesmont
Mesnil-Domqueur
Maison-Roland
Neufmoulin
Drucat
Millencourt-en-Ponthieu
Oneux
Coulonvillers
Cramont
Domléger-Longvillers
Agenvillers
Neuilly-l'Hôpital
Canchy
Froyelles
Fontaine-sur-Maye
Estrées-lès-Crécy
Le Boisle
Ligescourt
Croisette
Siracourt
Ramecourt
Gauchin-Verloingt
Croix-en-Ternois
Wavrans-sur-Ternoise
Monchy-Cayeux
Conteville-en-Ternois
Huclier
Hernicourt
Troisvaux
Ostreville
Brias
Valhuon
Boyaval
Tangry
Marest
Bours
Faux
Noyelles
Eps
Croisette
Héricourt
Hautecloque
Framecourt
Flers
Ecoivres
Sericourt
Monchel-s-Canche
Blangerval-Blangermont
Guinecourt
Pierremont
Eclimeux
Bermicourt
Humerœuille
Fleury
Erin
Incourt
Grigny
Rollancourt
Auchy-lès-Hesdin
Wamin
Béalencourt
Blingel
Neulette
Noyelles-lès-Humières
Œuf-en-Ternois
Beauvoois
Fresnoy
St-Georges
Moulin Edouard III
Croix de Bohême
Forêt d'Hesdin
Bois d'Auxi
Somme
Authie
Canche
Ternoise
Nièvre
0
5
10 km

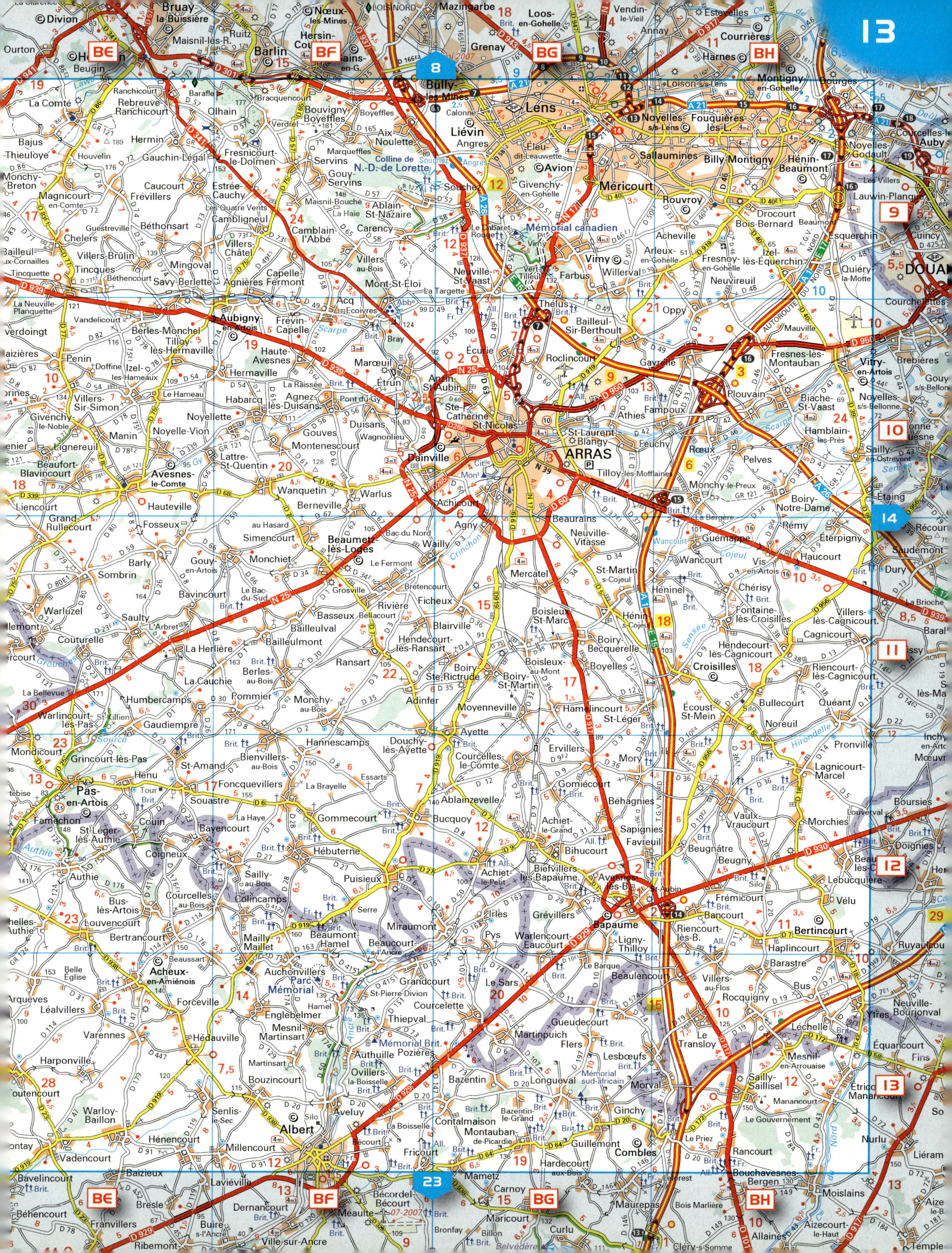

Divion
Bruay-la-Buissière
Nœux-les-Mines
Mazingarbe
Loos-en-Gohelle
Vendin-le-Vieil
Estevelles
Courrières
Harnes
Beugin
Maisnil-lès-R.
Barlin
Hersin-Coupigny
Grenay
Annay
Montigny-en-Gohelle
Bully-les-Mines
Lens
Liévin
Angres
Avion
Méricourt
Noyelles-s-Lens
Fouquières-lès-L.
Sallaumines
Billy-Montigny
Hénin-Beaumont
Noyelles-Godault
Courcelles-lès-Lens
Auby
La Comté
Ranchicourt
Rebreuve-Ranchicourt
Olhain
Bouvigny-Boyeffles
Aix-Noulette
Hermin
Gauchin-Légal
Fresnicourt-le-Dolmen
Servins
Gouy-Servins
Colline de N.-D. de Lorette
Souchez
Givenchy-en-Gohelle
Rouvroy
Drocourt
Bois-Bernard
Lauwin-Planque
Magnicourt-en-Comte
Caucourt
Frévillers
Estrée-Cauchy
Camblain-l'Abbé
Ablain-St-Nazaire
Carency
Mémorial canadien
Vimy
Willerval
Acheville
Arleux-en-Gohelle
Fresnoy-en-Gohelle
Izel-lès-Équerchin
Esquerchin
Cuincy
Quiéry-la-Motte
Douai
Béthonsart
Chelers
Villers-Brûlin
Tincques
Mingoval
Savy-Berlette
Villers-Châtel
Capelle-Fermont
Agnières
Villers-au-Bois
Mont-St-Éloi
Neuville-St-Vaast
Farbus
Neuvireuil
Aubigny-en-Artois
Vandelicourt
Berles-Monchel
Tilloy-lès-Hermaville
Frévin-Capelle
Acq
Écoivres
Thélus
Bailleul-Sir-Berthoult
Oppy
Courchelettes
Mauville
Fresnes-lès-Montauban
Vitry-en-Artois
Brebières
Penin
Izel-lès-Hameaux
Haute-Avesnes
Hermaville
Marœuil
Étrun
Anzin-St-Aubin
Écurie
Roclincourt
Gavrelle
Villers-Sir-Simon
Habarcq
Agnez-lès-Duisans
Duisans
Ste-Catherine
St-Nicolas
Athies
Fampoux
Plouvain
Biache-St-Vaast
Noyelles-s/s-Bellonne
Givenchy-le-Noble
Manin
Noyelle-Vion
Gouves
Montenescourt
St-Laurent-Blangy
Arras
Feuchy
Rœux
Pelves
Hamblain-les-Prés
Sailly-en-Ostrevent
Lignereuil
Beaufort-Blavincourt
Avesnes-le-Comte
Lattre-St-Quentin
Wagnonlieu
Dainville
Tilloy-lès-Mofflaines
Monchy-le-Preux
Étaing
Boiry-Notre-Dame
Liencourt
Hauteville
Wanquetin
Berneville
Warlus
Achicourt
Agny
Beaurains
Neuville-Vitasse
Guémappe
Rémy
Éterpigny
Récourt
Saudemont
Grand-Rullecourt
Fosseux
Simencourt
Beaumetz-lès-Loges
Wailly
Mercatel
Wancourt
Vis-en-Artois
Haucourt
Dury
Barly
Gouy-en-Artois
Monchiet
Le Fermont
St-Martin-s-Cojeul
Héninel
Chérisy
Sombrin
Bavincourt
Grosville
Bretencourt
Hénin-s-Cojeul
Fontaine-lès-Croisilles
Villers-lès-Cagnicourt
Warluzel
Saulty
Basseux
Rivière
Ficheux
Boisleux-St-Marc
Cagnicourt
Baralle
Couturelle
L'Arbret
Bailleulval
Blairville
Boiry-Becquerelle
Hendecourt-lès-Cagnicourt
La Herlière
Bailleulmont
Hendecourt-lès-Ransart
Boyelles
Croisilles
Riencourt-lès-Cagnicourt
La Cauchie
Berles-au-Bois
Ransart
Boisleux-au-Mont
Boiry-Ste-Rictrude
Boiry-St-Martin
Humbercamps
Pommier
Monchy-au-Bois
Adinfer
Moyenneville
Hamelincourt
St-Léger
Écoust-St-Mein
Bullecourt
Quéant
Warlincourt-lès-Pas
Gaudiempré
Ayette
Noreuil
Pronville
Inchy-en-Artois
Mœuvres
Mondicourt
Grincourt-lès-Pas
Hannescamps
Bienvillers-au-Bois
Douchy-lès-Ayette
Courcelles-le-Comte
Ervillers
Mory
Lagnicourt-Marcel
Henu
St-Amand
Foncquevillers
Essarts
Pas-en-Artois
Souastre
La Brayelle
Ablainzevelle
Gomiécourt
Béhagnies
Vaulx-Vraucourt
Morchies
Boursies
Famechon
Couin
St-Léger-lès-Authie
Bayencourt
Gommecourt
Bucquoy
Achiet-le-Grand
Sapignies
Favreuil
Beugnâtre
Beugny
Louverval
Doignies
Coigneux
Hébuterne
Bihucourt
Authie
Sailly-au-Bois
Puisieux
Achiet-le-Petit
Biefvillers-lès-Bapaume
Avesnes-lès-B.
Frémicourt
Lebucquière
Vélu
Bus-lès-Artois
Courcelles-au-Bois
Colincamps
Serre
Irles
Grévillers
Bapaume
Bancourt
Bertincourt
Louvencourt
Bertrancourt
Mailly-Maillet
Beaumont-Hamel
Miraumont
Pys
Warlencourt-Eaucourt
Riencourt-lès-B.
Haplincourt
Ruyaulcourt
Acheux-en-Amiénois
Auchonvillers
Beaucourt-s-l'Ancre
Ligny-Thilloy
Barastre
Forceville
Parc Mémorial
Grandcourt
Le Sars
Beaulencourt
Villers-au-Flos
Bus
Léalvillers
Englebelmer
Courcelette
Le Barque
Rocquigny
Neuville-Bourjonval
Varennes
Mesnil-Martinsart
Thiepval
Gueudecourt
Le Transloy
Léchelle
Ytres
Hédauville
Martinpuich
Flers
Équancourt
Harponville
Martinsart
Authuille
Pozières
Mémorial Brit.
Lesbœufs
Mesnil-en-Arrouaise
Fins
Bouzincourt
Ovillers-la-Boisselle
Bazentin
Longueval
Mémorial sud-africain
Morval
Sailly-Saillisel
Étricourt-Manancourt
Senlis-le-Sec
Aveluy
Ginchy
Le Gouvernement
Warloy-Baillon
Albert
La Boisselle
Contalmaison
Bazentin-le-Grand
Montauban-de-Picardie
Guillemont
Combles
Le Priez
Rancourt
Nurlu
Hénencourt
Millencourt
Bécourt
Fricourt
Hardecourt-aux-Bois
Bouchavesnes-Bergen
Vadencourt
Baizieux
Laviéville
Mametz
Carnoy
Moislains
Bresle
Dernancourt
Méaulte
Bécordel-Bécourt
Maricourt
Curlu
Maurepas
Bois Marlière
Aizecourt-le-Haut
Béhencourt
Franvillers
Buire-s-l'Ancre
Ville-sur-Ancre
Bronfay
Billon
Belvédère
Cléry-s-Somme
Allaines
Ribemont
Temple

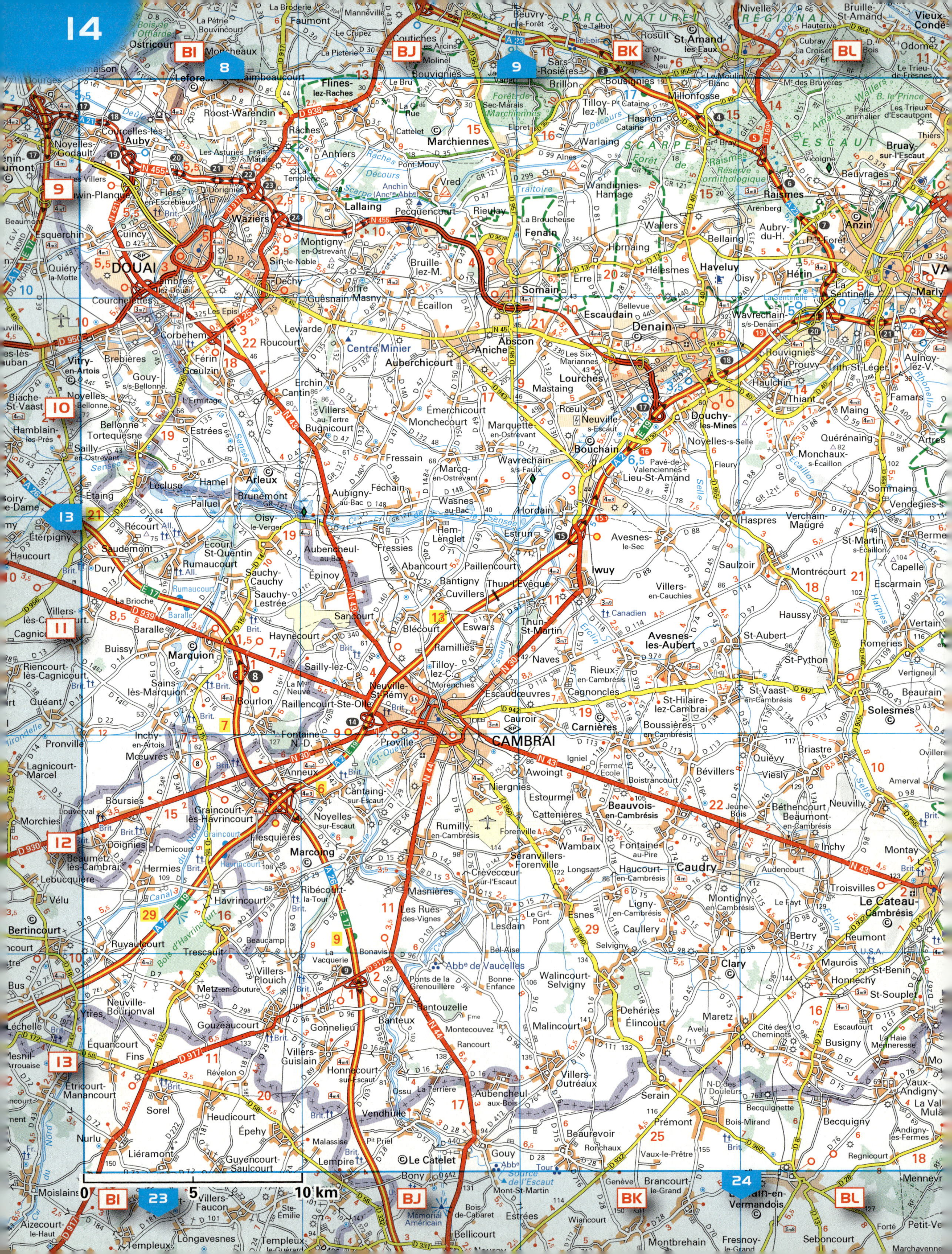
DOUAI
Waziers
Sin-le-Noble
Dechy
Cuincy
Lambres-lez-Douai
Courchelettes
Flers-en-Escrebieux
Auby
Roost-Warendin
Râches
Anhiers
Flines-lez-Raches
Marchiennes
Lallaing
Pecquencourt
Montigny-en-Ostrevant
Guesnain
Lewarde
Masny
Loffre
Écaillon
Bruille-lez-M.
Rieulay
Vred
Fenain
Somain
Erre
Hornaing
Wandignies-Hamage
Warlaing
Tilloy-lez-M.
Hasnon
Wallers
Haveluy
Hélesmes
Bellaing
Raismes
Anzin
Aubry-du-H.
Hérin
Oisy
Escaudain
Denain
Abscon
Aniche
Auberchicourt
Lourches
Roeulx
Mastaing
Wavrechain-s/s-Denain
Rouvignies
Prouvy
Haulchin
Thiant
Trith-St-Léger
La Sentinelle
Douchy-les-Mines
Noyelles-s-Selle
Neuville-s-Escaut
Bouchain
Lieu-St-Amand
Marquette-en-Ostrevant
Wavrechain-s/s-Faux
Émerchicourt
Monchecourt
Fressain
Marcq-en-Ostrevant
Féchain
Wasnes-au-Bac
Hordain
Estrun
Erchin
Cantin
Villers-au-Tertre
Bugnicourt
Roucourt
Corbehem
Férin
Gœulzin
Brebières
Vitry-en-Artois
Gouy-s/s-Bellonne
Estrées
Hamel
Arleux
Brunémont
Lécluse
Palluel
Aubigny-au-Bac
Oisy-le-Verger
Aubencheul-au-Bac
Fressies
Hem-Lenglet
Paillencourt
Abancourt
Bantigny
Cuvillers
Thun-l'Évêque
Thun-St-Martin
Iwuy
Avesnes-le-Sec
Villers-en-Cauchies
Haspres
Saulzoir
Verchain-Maugré
Montrécourt
Sommaing
Quérénaing
Monchaux-s-Écaillon
Maing
Famars
St-Martin-s-Écaillon
Vendegies-s-É.
Capelle
Escarmain
Haussy
St-Aubert
St-Python
Vertain
Romeries
Avesnes-les-Aubert
Rieux-en-Cambrésis
Cagnoncles
Naves
Escaudœuvres
Ramillies
Tilloy-lez-C.
Blécourt
Eswars
Sancourt
Haynecourt
Épinoy
Sauchy-Cauchy
Sauchy-Lestrée
Rumaucourt
Écourt-St-Quentin
Récourt
Saudemont
Dury
Étaing
Baralle
Buissy
Marquion
Sains-lès-Marquion
Sailly-lez-C.
Bourlon
Raillencourt-Ste-Olle
Neuville-St-Rémy
Fontaine-N.-D.
Proville
CAMBRAI
Cauroir
Carnières
Boussières-en-Cambrésis
St-Hilaire-lez-Cambrai
St-Vaast-en-Cambrésis
Solesmes
Beaurain
Briastre
Quiévy
Viesly
Bévillers
Boistrancourt
Igniel
Awoingt
Niergnies
Estourmel
Cattenières
Beauvois-en-Cambrésis
Wambaix
Fontaine-au-Pire
Haucourt-en-Cambrésis
Caudry
Béthencourt
Beaumont-en-Cambrésis
Inchy
Neuvilly
Montay
Le Cateau-Cambrésis
Troisvilles
Audencourt
Montigny-en-Cambrésis
Ligny-en-Cambrésis
Caullery
Bertry
Reumont
Maurois
Honnechy
St-Benin
St-Souplet
Busigny
Escaufourt
Maretz
Clary
Dehéries
Élincourt
Walincourt-Selvigny
Malincourt
Villers-Outréaux
Serain
Prémont
Bohain-en-Vermandois
Becquigny
Vaux-Andigny
Esnes
Lesdain
Crèvecœur-s/l'Escaut
Séranvillers-Forenville
Rumilly-en-Cambrésis
Masnières
Les Rues-des-Vignes
Bonavis
Banteux
Bantouzelle
Gonnelieu
Villers-Guislain
Honnecourt-sur-Escaut
Aubencheul-aux-Bois
Vendhuile
Le Catelet
Gouy
Bony
Marcoing
Noyelles-sur-Escaut
Cantaing-sur-Escaut
Flesquières
Graincourt-lès-Havrincourt
Anneux
Inchy-en-Artois
Mœuvres
Pronville
Boursies
Doignies
Demicourt
Hermies
Havrincourt
Ribécourt-la-Tour
Trescault
Villers-Plouich
Metz-en-Couture
Gouzeaucourt
Beaucamp
La Vacquerie
Ruyaulcourt
Neuville-Bourjonval
Ytres
Équancourt
Fins
Sorel
Heudicourt
Épehy
Révelon
Nurlu
Lieramont
Guyencourt-Saulcourt
Villers-Faucon
Lempire
Malassise
Morchies
Beaumetz-lès-Cambrai
Lebucquière
Vélu
Bertincourt
Lagnicourt-Marcel
Quéant
Riencourt-lès-Cagnicourt
Cagnicourt
Villers-lès-Cagnicourt
Hamblain-les-Prés
Biache-St-Vaast
Noyelles-sous-Bellonne
Bellonne
Tortequesne
Sailly-en-Ostrevant
PARC NATUREL RÉGIONAL
SCARPE
ESCAUT
St-Amand-les-Eaux
Millonfosse
Beuvry-la-Forêt
Sars-et-Rosières
Brillon
Bousignies
Rosult
Nivelle
Odomez
Bruay-sur-l'Escaut
Beuvrages
Condé
Marly
Aulnoy-lez-V.
Artres
Centre Minier
Abbé de Vaucelles
Mémorial Américain
Estrées
Bellicourt
Montbrehain
Sebancourt
Fresnoy-le-Grand
Brancourt-le-Grand
Moislains
Templeux-la-Fosse
Longavesnes
Aizecourt-le-Haut
0
5
10 km

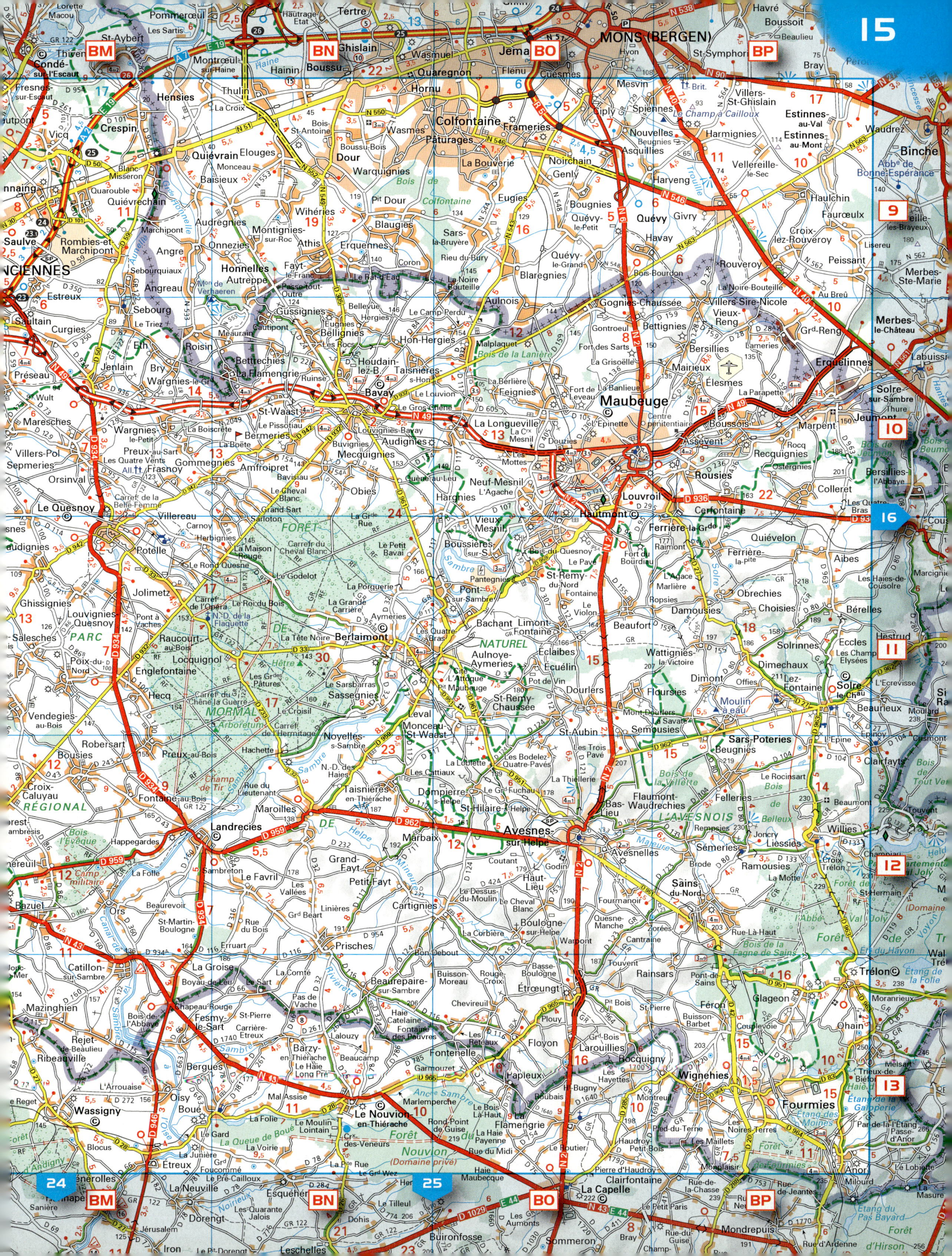

9 10 11 12 13 16 24 25

BQ
BR
BS
BT
CHARLEROI
Morlanwelz
Carnières
Piéton
Souvret
Jumet
Fleurus
Farciennes
Sambreville
Tamines
Fontaine-l'Évêque
Anderlues
Binche
Leval-Trahegnies
Ressaix
Waudrez
Épinois
Buvrinnes
Abbe de Bonne-Espérance
Montigny-le-Tilleul
Landelies
Marchienne-au-Pont
Mont-s-Marchienne
Marcinelle
Couillet
Loverval
Châtelineau
Châtelet
Aiseau-Presles
Le Roux
Vitrival
Aisemont
Falisolle
Bouffioulx
Sart-Eustache
Gougnies
Villers-Poterie
Gerpinnes
Acoz
Joncret
Jamioulx
Nalinnes
Tarcienne
Somzée
Hanzinne
Hanzinelle
Mettet
Biesme
Oret
Florennes
Morialmé
St-Aubin
Corenne
Lobbes
Thuin
Gozée
Abbe d'Aulne
Biesme-sous-Thuin
Marbaix
Ham-sur-Heure
Thuillies
Cour-sur-Heure
Berzée
Thy-le-Château
Gourdinne
Laneffe
Chastrès
Fraire
Walcourt
Yves-Gomezée
Vogenée
Silenrieux
Daussois
Philippeville
Jamagne
Jamiolle
Villers-Deux-Églises
Senzeille
Neuville
Samart
Merlemont
Sautour
Villers-en-Fagne
Roly
Matagne-la-Grande
Fagnolle
Mariembourg
Dourbes
Nismes
Viroinval
Olloy-sur-Viroin
Vierves-sur-Viroin
Petigny
Couvin
Frasnes
Boussu-en-Fagne
Aublain
Dailly
Pesche
Gonrieux
Presgaux
Brûly
Brûly-de-Pesche
Cul-des-Sarts
Forêt de Nismes
Oignies-en-Thiérache
Regniessart
Merbes-le-Château
Merbes-Ste-Marie
Solre-sur-Sambre
Erquelinnes
Labuissière
Hantes-Wihéries
Fontaine-Valmont
Montignies-St-Christophe
Leers-et-Fosteau
Donstiennes
Strée
Thirimont
Bousignies
Beaumont
Leval-Chaudeville
Cousolre
Colleret
Clermont
Fontenelle
Castillon
Boussu-lez-Walcourt
Erpion
Barbençon
Solre-St-Géry
Vergnies
Bges de l'Eau d'Heure
Plate Taille
Cerfontaine
Soumoy
Renlies
Fourbechies
Froidchapelle
Rance
Sivry-Rance
Sautin
Grandrieu
Hestrud
Solre-le-Château
Beaurieux
Clairfayts
Montbliart
Eppe-Sauvage
Moustier-en-Fagne
Trélon
Wallers-Trélon
Baives
Macon
Salles
St-Remy
Chimay
Virelles
Lompret
Robechies
Baileux
Bourlers
Forges
Momignies
Seloignes
Bois de Chimay
Forêt de Trélon
Lac de Virelles
Parc départemental du Val Joly
Anor
Fourmies
Ohain
Scourmont
Abbe N.-D. de Scourmont
Rièzes
L'Escaillère
Forêt de Signy-le-Petit
Revin
Gué-d'Hossus
0
5
10 km
9
10
11
12
13
15
25
26

BU
BV
BW
BX
Malonne
Floreffe
Franière
Wépion
Naninne
Wierde
Faulx-les-Tombes
Ohey
Evelette
Havelange
Taravisée
Sart-St-Laurent
Dave
Trî d'Avillon
Gesves
Sorée
Ossogne
Bois de Dave
Fosses-la-Ville
Lustin
Maillen
Assesse
Florée
Schaltin
Miécret
Profondeville
Rochers de Frênes
Crupet
Jeneffe
Lesve
Mont
St-Gérard
Annevoie-Rouillon
Godinne
Hamois
Porcheresse
Barvaux-Condroz
Durnal
Natoye
Achet
Mohiville
Yvoir
Evrehailles
Spontin
Braibant
Emptinne
Graux
Denée
Bioul
Warnant
Dorinne
Ciney
Maredret
Anhée
Purnode
Sovet
Nettinne
Sosoye
Haut-le-Wastia
Awagne
Pessoux
Ermeton-sur-Biert
Chau de Montaigle
Chau de Crèvecœur
Lisogne
Thynes
Leignon
Bouvignes-s-Meuse
Sommière
Falaën
Weillen
Achêne
Haversin
Sinsin
Flavion
Serville
DINANT
Sorinnes
Foy-N.-D.
Conneux
Ychippe
Hogne
Onhaye
Anseremme
Dréhance
Celles
Serinchamps
Morville
Hastière-Lavaux
Furfooz
Custinne
Chevetogne
Buissonville
Falmignoul
Falmagne
Hulsonniaux
Houyet
Mont-Gauthier
Havrenne
Omezée
Soulme
Gochenée
Hermeton-s-Meuse
Blaimont
Waulsort
Mesnil-St-Blaise
Ciergnon
Rochefort
Surice
Vodelée
Agimont
Heer
Feschaux
Finnevaux
Wanlin
Jemelle
Villers-s-Lesse
Éprave
Grotte de Rochefort
Doische
Fort de Charlemont
Givet
Wiesme
Focant
Lessive
Han-s-Lesse
Gimnée
Fromelennes
Baronville
Gozin
Martouzin-Neuville
Wavreille
Vaucelles
Ham-sur-Meuse
Rancennes
Dion
Beauraing
Lavaux-Ste-Anne
Genimont
Ave-et-Auffe
Hierges
Aubrives
Charnois
Chooz
Winenne
Pondrôme
Revogne
Wellin
Resteigne
Tellin
Landrichamps
Javingue
Wancennes
Lomprez
Halma
Chanly
Vireux-Molhain
Vireux-Wallerand
Felenne
Honnay
Sohier
Le Neupont
Vonêche
Froidfontaine
Montigny-sur-Meuse
Bois de St-Remacle
Daverdisse
Bois de Mohimont
Transinne
Hargnies
Bourseigne-Neuve
Bourseigne-Vieille
Vencimont
Malvoisin
Redu
Euro Space Center
Fépin
Roc de Fépin
Haybes
Patignies
Haut-Fays
Gembes
Sart-Custinne
Rienne
Pont-Colin
Porcheresse
Villance
Fumay
Willerzie
Étang de Boiron
Gedinne
Gedinne-Station
Maissin
Bois de Rienne
Louette-St-Pierre
Louette-St-Denis
Bièvre
Graide
Anloy
Les Vieux-Moulins-de-Thilay
Les V.-Moulins-d'Hargnies
Houdremont
Opont
Graide-Station
27

AL
AM
AN
AO
14
15
16
17
18
0
5
10 km
34
Fécamp
Criquebeuf-en-Caux
Grainval
Yport
Vaucottes-s-Mer
Vattetot-s-Mer
Aiguille de Belval
Valleuse du Cure
Froberville
Falaise d'Amont
Étretat
Bénouville
Falaise d'Aval
La Manneporte
Les Aygues
La Hêtrée
Bordeaux-St-Clair
Les Loges
Cap d'Antifer
La Place
Gerville
Le Mont-Roti
Jumel
Le Tilleul
La Poterie-Cap-d'Antifer
Ste-Marie-au-Bosc
Pierrefiques
Fongueusemare
Beaurepaire
Sausseuzemare-en-Caux
Bruneval
Cuverville
Les Groseilliers
Port pétrolier du Havre-Antifer
Villainville
Écrainville
Plage de Bruneval
Beaumesnil
Gonneville-la-Mallet
St-Jouin-Bruneval
Criquetot-l'Esneval
Goderville
La Mare-Goubert
Le Grand Hameau
Anglesqueville-l'Esneval
Heuqueville
Vergetot
La Forge
Turretot
Le Coudray
St-Sauveur-d'Émalleville
Buglise
St-Martin-du-Bec
Le Bec
Écuquetot
Cauville-sur-Mer
Mannevillette
Hermeville
Rimbertot
N.-D.-du-Bec
Goustimesnil
Virville
Ecqueville
Café Blanc
Rolleville
Angerville-l'Orcher
Graimbouville
St-Supplix
St-Barthélemy
Manéglise
Fontenay
Étainhus
La Brière
Octeville-sur-Mer
Épouville
Sainneville
St-Andrieux
Montivilliers
La Cour Souveraine
Dondeneville
Fontaine-la-Mallet
St-Laurent-de-Brèvedent
Canyon Park
Épretot
Edreville
Le Grand Hameau
La Demi-Lieue
St-Martin-du-Manoir
Ignauval
La Hève
Ste-Adresse
Forêt de Montgeon
Gournay
St-Aubin-Routot
Sanvic
Graville
Harfleur
Gonfreville-l'Orcher
Gainneville
La Queue du Gril
Rogerville
Chau d'Orcher
St-Vincent-Cramesnil
Oudalle
Sandouville
D 940
D 925
D 489
D 39
D 139
D 31
D 111
GR 21

AP
AQ
AR
AS
14
15
16
17
18
20
35
Phare d'Ailly
Ste-Marguerite-s-Mer
Quiberville-Plage
Quiberville
St-Aubin-s-Mer
Sotteville-s-Mer
St-Valery-en-Caux
Falaise d'Aval
Falaise d'Amont
Veules-les-Roses
Veulettes-s-Mer
Le Bourg-Dun
St-Denis-d'Aclon
Blosseville
La Chapelle-s-Dun
St-Pierre-le-Vx
La Gaillarde
Luneray
Gourel
Gruchet-St-Siméon
Fontaine-le-Dun
Houdetot
Angiens
Cailleville
Gueutteville-les-Grès
Manneville-ès-Plains
Ingouville
St-Sylvain
Janville
Malleville-les-Grès
Auberville-la-Manuel
Septimanville
St-Martin-aux-Buneaux
St-Pierre-en-Port
Les Grdes Dalles
Les Ptes Dalles
Vinnemerville
Sassetot-le-Mauconduit
Écretteville-s-Mer
Életot
Senneville-s-Fécamp
Canouville
Clasville
Cany-Barville
St-Riquier-ès-Plains
Vittefleur
Paluel
Butot-Vénesville
Crasville-la-Mallet
Néville
Pleine-Sève
Le Mesnil-Durdent
Ste-Colombe
Ocqueville
Sasseville
Drosay
Ermenouville
Anglesqueville-la-Bras-Long
Bourville
Crasville-la-Rocquefort
Autigny
Vénestanville
Rainfreville
Bramelot
Tocqueville-en-Caux
Sassetot-le-Malgardé
Gonneville
St-Laurent-en-Caux
Auzouville-s-Saâne
Bretteville-St-Laurent
Reuville
Bénesville
Canville-les-Deux-Églises
Héberville
Fultot
Hautot-l'Auvray
Flamanvillette
Émondeville
Barville
Bosville
Touffrainville
Ancretteville-s-Mer
Ouainville
Criquetot-le-Mauconduit
Theuville-aux-Maillots
Hocqueville
Bertreville
Bertheauville
Thérouldeville
Angerville-la-Martel
Daubeuf
Ypreville
Clainville
Ste-Hélène-Bondeville
Hâbleville
Alventot
St-Benoist
St-Ouen
Fécamp
Colleville
Toussaint
Valmont
Gerponville
Ourville-en-Caux
Grainville-la-Teinturière
St-Vaast-Dieppedalle
Veauville-lès-Quelles
Routes
Doudeville
Étalleville
Prétot-Vicquemare
Boudeville
Le Torp-Mesnil
Lindebeuf
Berville
Ouville-l'Abbaye
Criquetot-s-Ouville
Amfreville-les-Champs
Anvéville
Hautot-St-Sulpice
Yvecrique
Étoutteville
Grémonville
Yerville
Motteville
Flamanville
Yvetot
Auzebosc
Ste-Marie-des-Champs
Baons-le-Comte
Écretteville-lès-Baons
Valliquerville
Allouville-Bellefosse
Bois-Himont
St-Clair-sur-les-Monts
Écalles-Alix
Croix-Mare
Mont-de-l'If
Fréville
Blacqueville
Bouville
Barentin
Carville-la-Folletière
La Folletière
Betteville
Mauléverier-Ste-Gertrude
Caudebec-en-Caux
St-Wandrille-Rançon
Louvetot
Trouville
Lintot
Beuzevillette
Bolbec
Gruchet-le-Valasse
Abbaye du Valasse
St-Eustache-la-Forêt
St-Antoine-la-Forêt
Mélamare
Lillebonne
Auberville-la-Campagne
Les Communes
St-Nicolas-de-la-Haie
Anquetierville
Villequier
Pont de Brotonne
St-Nicolas-de-Bliquetuit
Rauville
Raffetot
Bolleville
Alvimare
Cléville
Foucart
Ricarville
Bermonville
Fauville-en-Caux
Trémauville
Hattenville
Yébleron
Bernières
Auzouville-Auberbosc
Bennetot
Normanville
Ypreville-Biville
Sorquainville
Thiouville
Ste-Marguerite-s-Fauville
Cliponville
Ancourteville-s-Héricourt
Héricourt-en-Caux
Rocquefort
Autretot
Veauville-lès-Baons
Hautot-le-Vatois
St-Pierre-Lavis
Envronville
Cleuville
Robertot
Auffay
Le Hanouard
Beuzeville-la-Guérard
Sommesnil
Oherville
Carville-Pot-de-Fer
Harcanville
Riville
Thiétreville
Thiergeville
Contremoulins
Ganzeville
Tourville-les-Ifs
Bec-de-Mortagne
Daubeuf-Serville
Mentheville
Limpiville
Annouville-Vilmesnil
Angerville-Bailleul
Tocqueville-les-Murs
Grainville-Ymauville
St-Maclou-la-Brière
Gonfreville-Caillot
Bréauté
Vattetot-s/s-Beaumont
Mirville
Houquetot
Beuzeville-la-Grenier
Nointot
Lanquetot
Parc-d'Anxtot
St-Jean-de-la-Neuville
Bolbec
Yerville
Auzouville-l'Esneval
Gideville
Mesnil-Panneville
St-Martin-aux-Arbres
Ectot-l'Auber
Saussay
Émanville
Limésy
Bourdainville
Beautot
Vibeuf
Imbleville
D 925
D 926
A 29
N 15
E 44

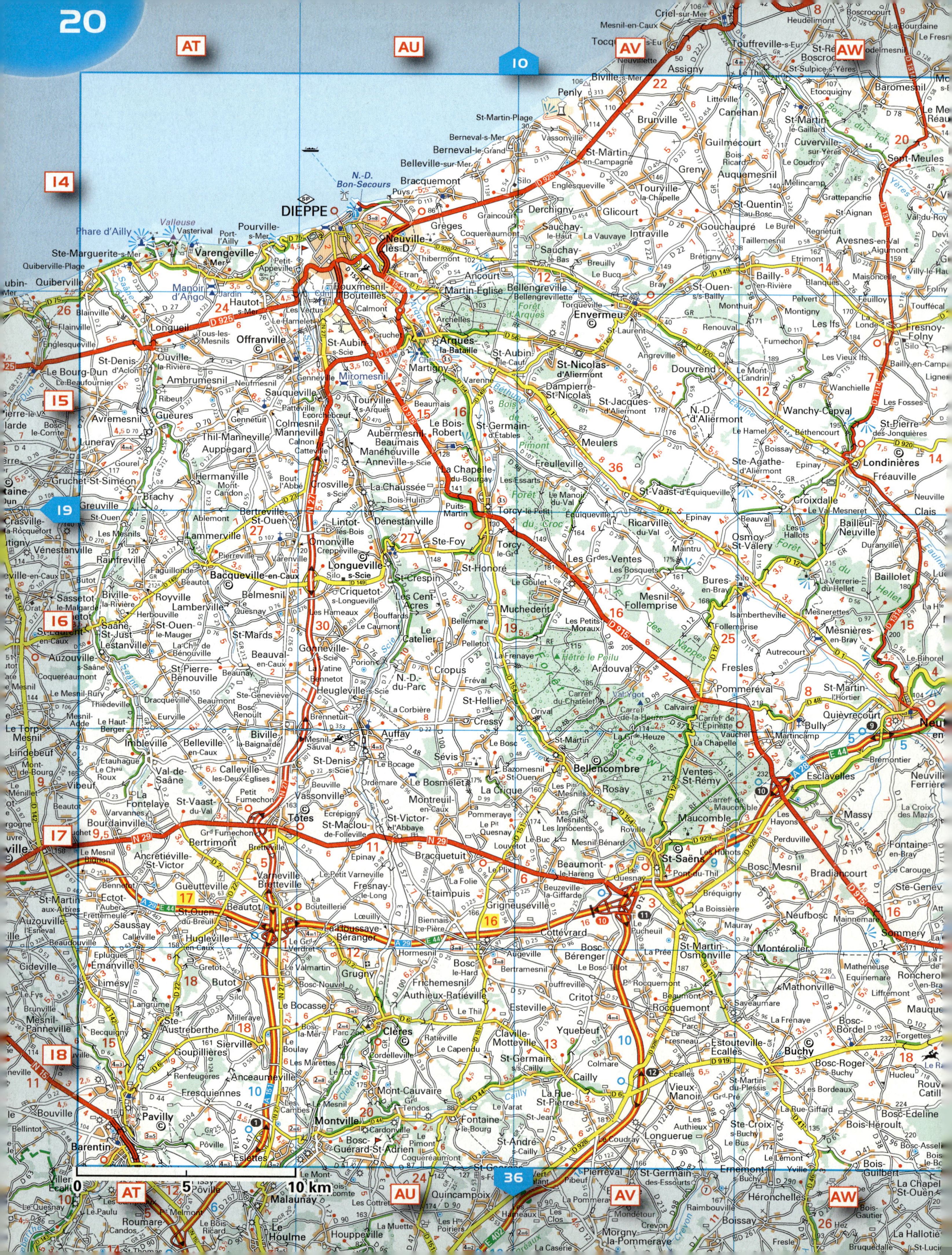
AT
AU
AV
AW
10
14
15
16
17
18
19
36
DIEPPE
Phare d'Ailly
Varengeville-s-Mer
Pourville-s-Mer
Ste-Marguerite-s-Mer
Quiberville
Offranville
Neuville-lès-D.
Arques-la-Bataille
Martin-Église
Envermeu
Bellengreville
St-Nicolas-d'Aliermont
Londinières
Longueville-s-Scie
Bacqueville-en-Caux
Luneray
Auffay
Tôtes
Bellencombre
St-Saëns
Buchy
Clères
Montville
Pavilly
Barentin
Malaunay
Le Houlme
Criquetot-s-Longueville
Torcy-le-Grand
Torcy-le-Petit
Ardouval
Neufchâtel-en-Bray
Bosc-le-Hard
Yerville
Val-de-Saâne
Bertrimont
Totes
Biville
Berneval-le-Grand
Belleville-sur-Mer
Bracquemont
Penly
St-Martin-en-Campagne
Brunville
Greny
Auquemesnil
Intraville
Douvrend
Bailly-en-Rivière
Wanchy-Capval
Croixdalle
Bures-en-Bray
Mesnil-Follemprise
Muchedent
Cropus
St-Hellier
Cressy
Rosay
Maucomble
Esclavelles
Massy
Bradiancourt
Neufbosc
Montérolier
Quincampoix
Isneauville
Hétre le Peilu
Forêt d'Arques
Forêt d'Eawy
Forêt du Croc
N.-D.-Bon-Secours
Manoir d'Ango
Miromesnil
0
5
10 km

Gamaches
Blangy-s-Bresle
Bouttencourt
Oisemont
Hallencourt
Airaines
Molliens-Dreuil
Hornoy-le-Bourg
Poix-de-Picardie
Aumale
Grandvilliers
Formerie
Forges-les-Eaux
Marseille-en-Beauvaisis
Songeons
Gaillefontaine
Argueil
Senarpont
Neufchâtel-en-Bray
Foucarmont
Londinières
Fresneville
Blargies
Abancourt
Crèvecœur-le-Grand
AX
AY
AZ
BA
11
14
15
16
17
18
22
37

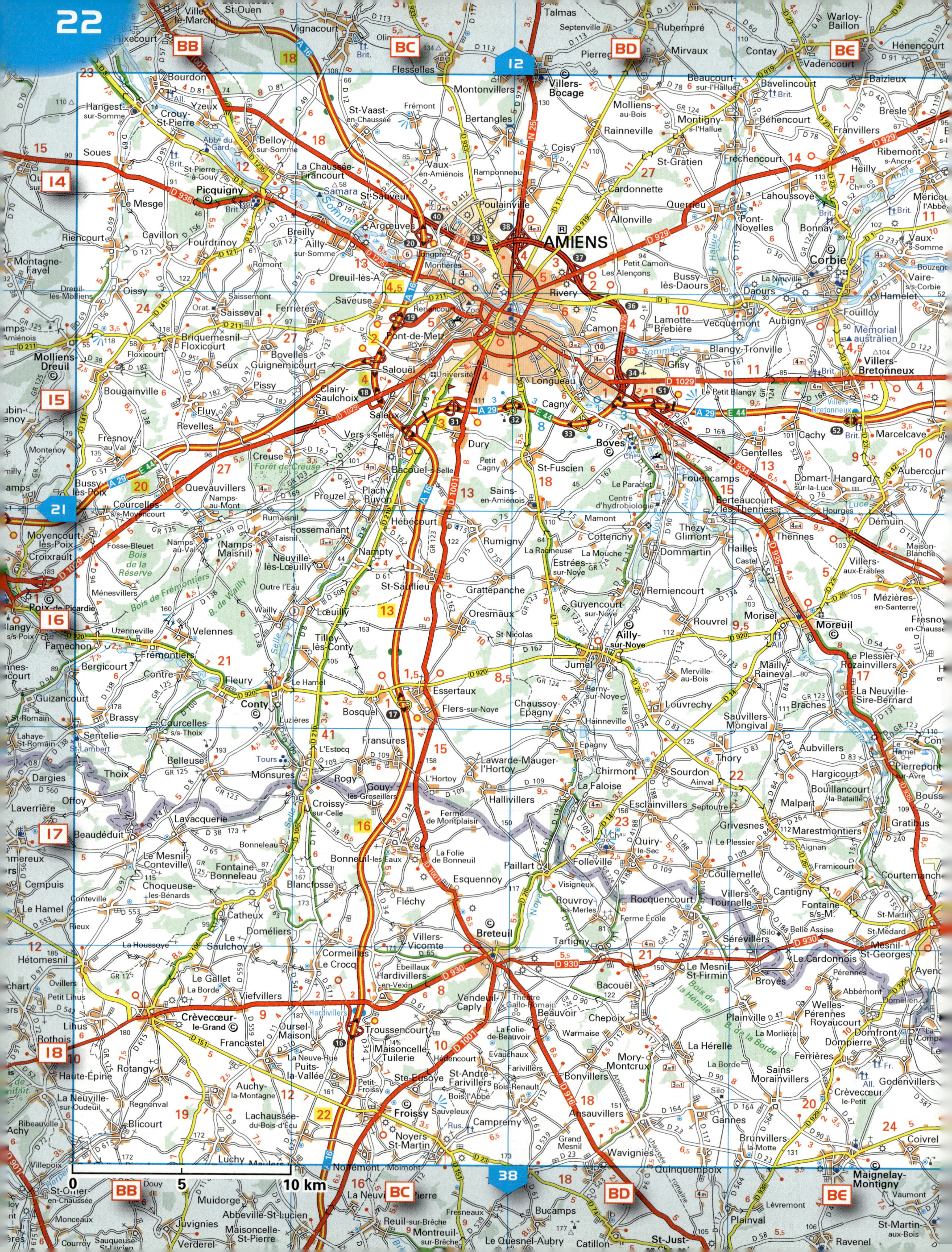
BB
BC
BD
BE
12
14
15
16
17
18
21
38
AMIENS
Villers-Bocage
Flesselles
Vignacourt
St-Ouen
Talmas
Rubempré
Mirvaux
Contay
Warloy-Baillon
Vadencourt
Hénencourt
Montonvillers
Bertangles
Molliens-au-Bois
Rainneville
Montigny-s-l'Hallue
Béhencourt
Franvillers
Bresle
Baizieux
Bavelincourt
Fréchencourt
Heilly
Ribemont-s-Ancre
Méricourt-l'Abbé
Picquigny
Hangest-sur-Somme
Bourdon
Crouy-St-Pierre
Yzeux
Belloy-sur-Somme
Soues
Le Mesnil
La Chaussée-Tirancourt
St-Sauveur
St-Vaast-en-Chaussée
Vaux-en-Amiénois
Poulainville
Coisy
Cardonnette
Allonville
Querrieu
Pont-Noyelles
Lahoussoye
Bonnay
Corbie
Argœuves
Longpré
Montières
Dreuil-lès-A.
Ailly-sur-Somme
Breilly
Fourdrinoy
Cavillon
Riencourt
Montagne-Fayel
Oissy
Saisseval
Saveuse
Rivery
Camon
Lamotte-Brebière
Vecquemont
Daours
Aubigny
Fouilloy
Hamelet
Bussy-lès-Daours
Vaire-s/s-Corbie
Villers-Bretonneux
Blangy-Tronville
Glisy
Longueau
Cagny
Boves
Salouël
Pont-de-Metz
Saleux
Clairy-Saulchoix
Guignemicourt
Bovelles
Seux
Pissy
Ferrières
Briquemesnil-Floxicourt
Molliens-Dreuil
Bougainville
Fluy
Revelles
Fresnoy-au-Val
Bussy-lès-Poix
Quevauvillers
Creuse
Forêt de Creuse
Vers-s-Selles
Bacouel-s-Selle
Dury
St-Fuscien
Sains-en-Amiénois
Gentelles
Cachy
Marcelcave
Fouencamps
Berteaucourt-lès-Thennes
Thennes
Domart-sur-la-Luce
Hangard
Démuin
Aubercourt
Plachy-Buyon
Prouzel
Hébécourt
Rumigny
Thézy-Glimont
Dommartin
Hailles
Villers-aux-Érables
Mézières-en-Santerre
Moreuil
Courcelles-s/s-Moyencourt
Namps-au-Val
Fossemanant
Nampty
St-Sauflieu
Grattepanche
Estrées-sur-Noye
Cottenchy
Remiencourt
Rouvrel
Morisel
Moyencourt-lès-Poix
Croixrault
Poix-de-Picardie
Méréville
Bois de Frémontiers
Velennes
Lœuilly
Tilloy-lès-Conty
Oresmaux
Guyencourt-sur-Noye
Ailly-sur-Noye
Jumel
Mailly-Raineval
Le Plessier-Rozainvillers
La Neuville-Sire-Bernard
Frémontiers
Bergicourt
Contre
Fleury
Conty
Essertaux
Flers-sur-Noye
Chaussoy-Epagny
Louvrechy
Sauvillers-Mongival
Braches
Brassy
Courcelles-s/s-Thoix
Sentelie
Belleuse
Monsures
Fransures
Rogy
Lawarde-Mauger-l'Hortoy
Chirmont
Sourdon
Thory
Aubvillers
Hargicourt
Pierrepont-s-Avre
Thoix
Dargies
Laverrière
Offoy
Lavacquerie
Croissy-sur-Celle
Gouy-les-Groseillers
Hallivillers
La Faloise
Esclainvillers
Malpart
Grivesnes
Bouillancourt-la-Bataille
Marestmontiers
Gratibus
Beaudéduit
Le Mesnil-Conteville
Fontaine-Bonneleau
Choqueuse-les-Bénards
Blancfosse
Bonneuil-les-Eaux
Esquennoy
Paillart
Folleville
Quiry-le-Sec
Coullemelle
Cantigny
Fontaine-s/s-M.
Courtemanche
Catheux
Doméliers
Fléchy
Villers-Vicomte
Breteuil
Rouvroy-les-Merles
Rocquencourt
Villers-Tournelle
Tartigny
Sérévillers
Le Cardonnois
Mesnil-St-Georges
Le Saulchoy
Cormeilles
Le Crocq
Hardivillers-en-Vexin
Le Gallet
Viefvillers
Crèvecœur-le-Grand
Francastel
Oursel-Maison
Troussencourt
Maisoncelle-Tuilerie
Vendeuil-Caply
Beauvoir
Bacouël
Chepoix
Le Mesnil-St-Firmin
Broyes
Welles-Pérennes
Royaucourt
Plainville
La Hérelle
Dompierre
Domfront
Ferrières
Sains-Morainvillers
Godenvillers
Rotangy
Auchy-la-Montagne
Puits-la-Vallée
Ste-Eusoye
St-André-Farivillers
Bonvillers
Mory-Montcrux
Ansauvillers
Crèvecœur-le-Petit
Lachaussée-du-Bois-d'Écu
Froissy
Noyers-St-Martin
Campremy
Wavignies
Gannes
Brunvillers-la-Motte
Coivrel
Blicourt
Luchy
Maignelay-Montigny
Haute-Épine
La Neuville-sur-Oudeuil
Hétomesnil
Abbeville-St-Lucien
Muidorge
Bucamps
St-Just-en-Chaussée
Le Quesnel-Aubry
Catillon
Ravenel
Plainval
St-Martin-aux-Bois
0
5
10 km

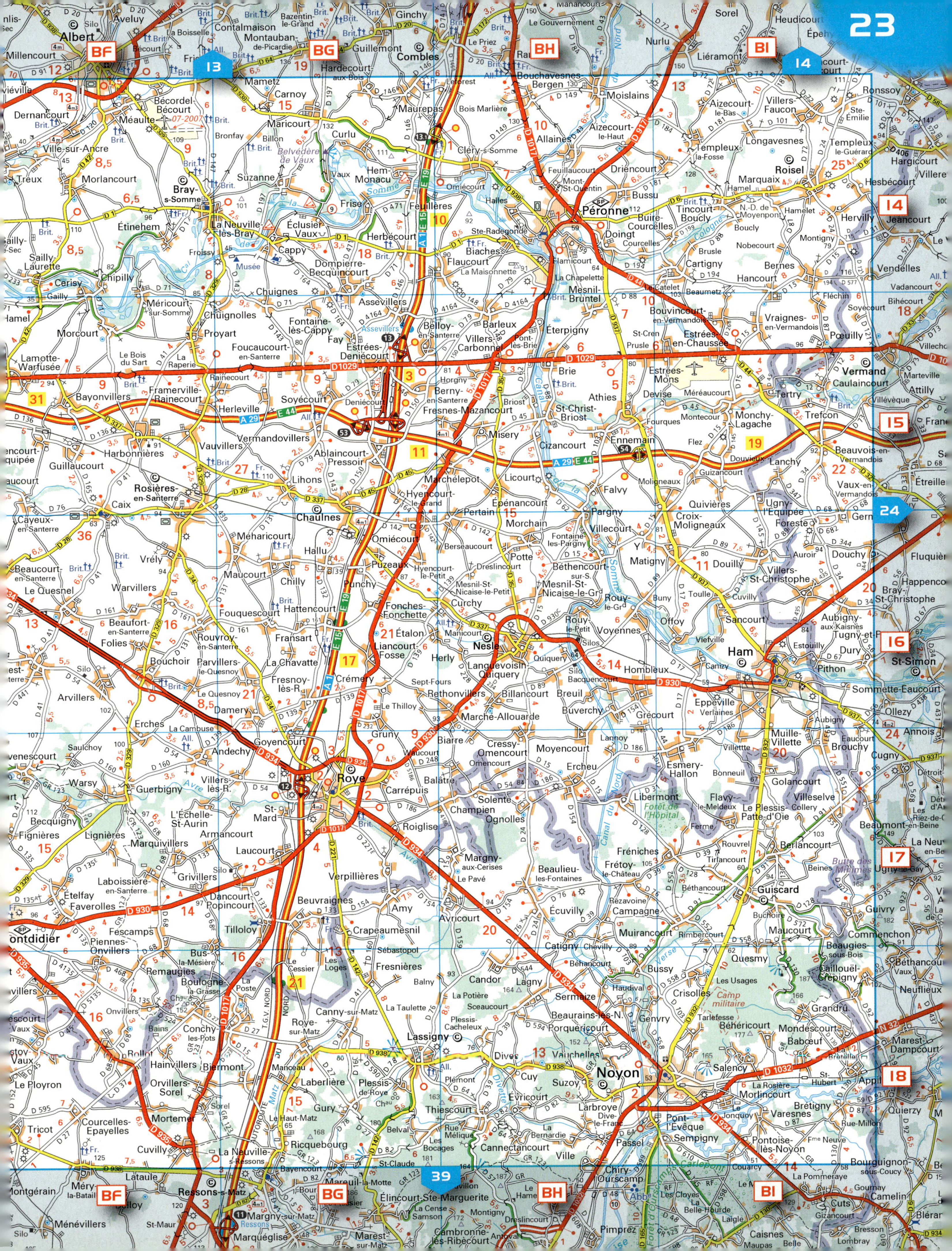
Albert
Combles
Péronne
Bray-s-Somme
Rosières-en-Santerre
Chaulnes
Nesle
Ham
Roye
Noyon
Montdidier
Lassigny
Vermand
Roisel
Guiscard
Ressons-s-Matz
Marquéglise
Margny-sur-Matz
Estrées-Deniécourt
Estrées-en-Chaussée
Athies
Ennemain
Monchy-Lagache
Matigny
Hombleux
Moyencourt
Crisolles
Pont-l'Évêque
Sempigny
Thiescourt
Cuvilly
Tricot
Conchy-les-Pots
Tilloloy
Beuvraignes
Amy
Avricourt
Candor
Carrépuis
Liancourt-Fosse
Fonches-Fonchette
Hattencourt
Fresnoy-lès-R.
Maricourt
Maurepas
Cléry-s-Somme
Feuillères
Herbécourt
Dompierre-Becquincourt
Assevillers
Belloy-en-Santerre
Barleux
Villers-Carbonnel
Brie
Mesnil-Bruntel
Doingt
Bussu
Tincourt-Boucly
Hancourt
Bernes
Vraignes-en-Vermandois
Pœuilly
Caulaincourt
Trefcon
Beauvois-en-Vermandois
Douilly
Villers-St-Christophe
Sancourt
Eppeville
Esmery-Hallon
Golancourt
Flavy-le-Meldeux
Berlancourt
Maucourt
Quesmy
Béhéricourt
Salency
Babœuf
Varesnes
Morlincourt
Passel
Chiry-Ourscamp
Suzoy
Larbroye
Vauchelles
Porquéricourt
Sermaize
Lagny
Écuvilly
Campagne
Fréniches
Libermont
Solente
Ognolles
Beaulieu-les-Fontaines
Margny-aux-Cerises
Roiglise
Verpillières
Crapeaumesnil
Fresnières
Laucourt
Armancourt
Grivillers
Dancourt-Popincourt
Fescamps
Piennes-Onvillers
Remaugies
Boulogne-la-Grasse
Hainvillers
Orvillers-Sorel
Mortemer
Courcelles-Epayelles
Laberlière
Gury
Ricquebourg
Lataule
Méry-la-Bataille
Ménévillers
Montgérain
Élincourt-Ste-Marguerite
Dreslincourt
Caisnes
Pimprez
Cambronne-lès-Ribécourt
Marest-sur-Matz
Warsy
Guerbigny
L'Échelle-St-Aurin
Becquigny
Fignières
Marquivillers
Laboissière-en-Santerre
Etelfay
Faverolles
Arvillers
Erches
Andechy
Villers-lès-R.
St-Mard
Goyencourt
Damery
Parvillers-le-Quesnoy
Bouchoir
Folies
Beaufort-en-Santerre
Le Quesnel
Warvillers
Vrély
Caix
Harbonnières
Guillaucourt
Vauvillers
Framerville-Rainecourt
Bayonvillers
Lamotte-Warfusée
Morcourt
Proyart
Chuignolles
Chuignes
Méricourt-sur-Somme
Chipilly
Cerisy
Sailly-Laurette
Étinehem
Morlancourt
Méaulte
Bécordel-Bécourt
Carnoy
Mametz
Montauban-de-Picardie
Guillemont
Ginchy
Bouchavesnes-Bergen
Moislains
Allaines
Aizecourt-le-Haut
Driencourt
Templeux-la-Fosse
Longavesnes
Villers-Faucon
Marquaix
Hervilly
Vendelles
Jeancourt
Vermandovillers
Soyécourt
Herleville
Lihons
Hallu
Chilly
Maucourt
Méharicourt
Fouquescourt
Fransart
Punchy
Puzeaux
Omiécourt
Hyencourt-le-Grand
Marchélepot
Misery
Licourt
Épénancourt
Pertain
Morchain
Potte
Curchy
Mesnil-St-Nicaise
Béthencourt-sur-S.
Rouy-le-Gd
Voyennes
Offoy
Y
Croix-Moligneaux
Quivières
Ugny-l'Équipée
Douchy
Tugny-et-Pont
Dury
Pithon
St-Simon
Sommette-Eaucourt
Ollezy
Annois
Brouchy
Cugny
Villeselve
Beaumont-en-Beine
Ugny-le-Gay
Guivry
Commenchon
Beaugies-sous-Bois
Caillouël-Crépigny
Grandrû
Mondescourt
Appilly
Brétigny
Quierzy
Pontoise-lès-Noyon
Bourguignon-sous-Coucy
Camelin
Cuts
Blérancourt
A 1
A 29
E 44
E 15
E 19
D 1029
D 930
D 934
D 1017
D 937
D 938
D 1032
D 935
BF
BG
BH
BI
13
14
15
16
17
18
24
39

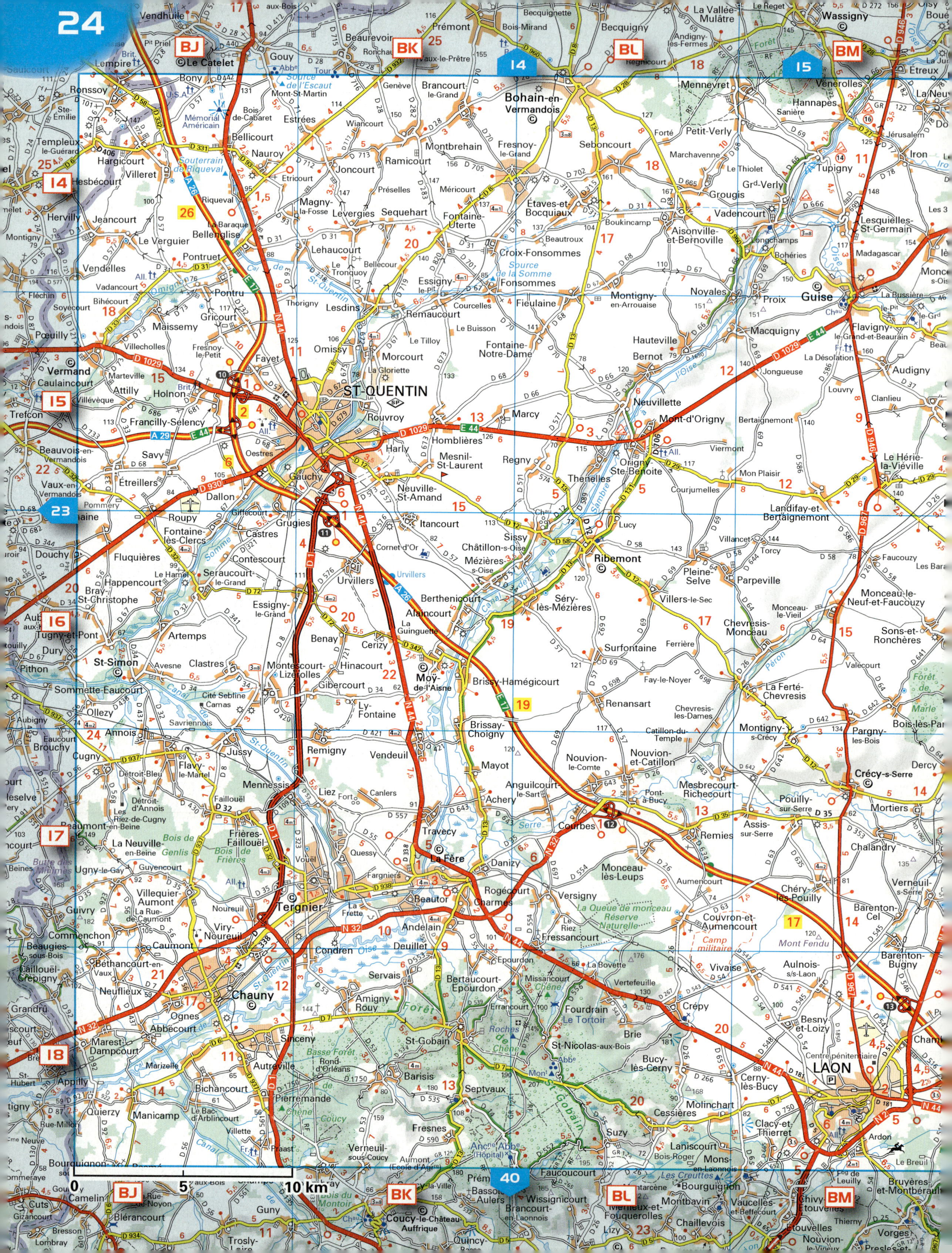

St-Quentin
Bohain-en-Vermandois
Guise
Ribemont
Moÿ-de-l'Aisne
Tergnier
Chauny
La Fère
Crécy-s-Serre
Laon
St-Simon
Vermand
Le Catelet
Wassigny
Coucy-le-Château-Auffrique
St-Gobain
Vendhuile
Beaurevoir
Prémont
Becquigny
Mennevret
Etreux
Ronssoy
Hargicourt
Bellicourt
Nauroy
Estrées
Joncourt
Ramicourt
Montbrehain
Fresnoy-le-Grand
Seboncourt
Vadencourt
Lesquielles-St-Germain
Montigny-en-Arrouaise
Origny-Ste-Benoîte
Mont-d'Origny
Neuvillette
Homblières
Mesnil-St-Laurent
Neuville-St-Amand
Itancourt
Châtillon-s-Oise
Mézières-s-Oise
Séry-lès-Mézières
Brissy-Hamégicourt
Nouvion-le-Comte
Anguilcourt-le-Sart
Danizy
Versigny
Fressancourt
Crépy
Molinchart
Cessières
Septvaux
Barisis
Pierremande
Manicamp
Quierzy
Bichancourt
Sinceny
Ognes
Abbecourt
Marest-Dampcourt
Guivry
Flavy-le-Martel
Jussy
Remigny
Vendeuil
Liez
Travecy
Beautor
Charmes
Andelain
Deuillet
Servais
Amigny-Rouy
Gauchy
Grugies
Essigny-le-Grand
Urvillers
Cerizy
Benay
Hinacourt
Ly-Fontaine
Clastres
Artemps
Happencourt
Fluquières
Roupy
Dallon
Savy
Holnon
Attilly
Francilly-Selency
Fayet
Omissy
Lesdins
Remaucourt
Fonsommes
Fieulaine
Marcy
Regny
Thenelles
Sissy
Pleine-Selve
Parpeville
Villers-le-Sec
Surfontaine
Renansart
Mayot
Achery
Courbes
Monceau-lès-Leups
Remies
Pouilly-sur-Serre
Chéry-lès-Pouilly
Barenton-Cel
Barenton-Bugny
Aulnois-s/s-Laon
Besny-et-Loizy
Vivaise
Bucy-lès-Cerny
Cerny-lès-Bucy
Clacy-et-Thierret
Ardon
Fourdrain
Brie
St-Nicolas-aux-Bois
Suzy
Lizy
Montbavin
Bourguignon
Vaucelles-et-Beffecourt
Chivy-lès-Étouvelles
Étouvelles
Faucoucourt
Wissignicourt
Brancourt-en-Laonnois
Bassoles-Aulers
Verneuil-sous-Coucy
Fresnes
Blérancourt
Camelin
Gury
Trosly-Loire
Forêt de St-Gobain
Basse Forêt de Coucy
0
5
10 km
14
15
23
40
BJ
BK
BL
BM

Le Nouvion-en-Thiérache
Fourmies
La Capelle
Esquéhéries
Buironfosse
Leschelles
Lavaqueresse
Sommeron
Froidestrées
Mondrepuis
Wimy
Luzoir
Ohis
Neuve-Maison
Hirson
Effry
Gergny
Englancourt
Erloy
Sorbais
Chigny
Crupilly
Malzy
Proisy
Romery
Marly-Gomont
Autreppes
St-Algis
Étréaupont
La Hérie
Origny-en-Thiérache
Buire
Eparcy
Bucilly
Landouzy-la-Ville
Landouzy-la-Cour
La Bouteille
Fontaine-lès-Vervins
Hauteville
Haution
Laigny
Voulpaix
Vervins
La Vallée-au-Blé
Le Sourd
Lemé
Wiège-Faty
Gomont
Chevennes
Franqueville
St-Pierre
Rougeries
Thenailles
Plomion
Jeantes
Nampcelles-la-Cour
Harcigny
Bancigny
Braye-en-Thiérache
Hary
Gronard
Burelles
Prisces
St-Gobert
Voharies
Marfontaine
La Neuville-Housset
Berlancourt
Thiernu
Lugny
Rogny
Montigny-s/s-Marle
Marle
Cilly
Bosmont-sur-Serre
Tavaux-et-Pontséricourt
Vigneux-Hocquet
Renneval
Dagny-Lambercy
Morgny-en-Thiérache
Archon
Cuiry-lès-Iviers
Dohis
Iviers
Brunehamel
Parfondeval
Résigny
Grandrieux
Rouvroy
Rozoy-s-Serre
Raillimont
Chéry-lès-Rozoy
Dolignon
Ste-Geneviève
Vincy-Reuil-et-Magny
Chaourse
Montcornet
Soize
Agnicourt-et-Séchelles
St-Pierremont
La Neuville-Bosmont
Autremencourt
Toulis-et-Attencourt
Voyenne
Froidmont-Cohartille
Cuirieux
Vesles-et-Caumont
Grandlup-et-Fay
Pierrepont
Goudelancourt-lès-Pierrepont
Mâchecourt
Clermont-les-Fermes
Bucy-lès-Pierrepont
La Ville-aux-Bois-lès-Dizy
Le Thuel
Noircourt
Montloué
Lislet
Dizy-le-Gros
Chivres-en-Laonnois
Ste-Preuve
Boncourt
Lappion
Missy-lès-Pierrepont
Monceau-le-Waast
Liesse-Notre-Dame
Gizy
Samoussy
Marchais
Sissonne
La Selve
Nizy-le-Comte
Sévigny-Waleppe
Hannogne-St-Rémy
St-Quentin-le-Petit
Banogne-Recouvrance
Le Thour
Athies s/s-Laon
Eppes
Coucy-lès-Eppes
Mauregny-en-Haye
Montaigu
St-Erme-Outre-et-Ramecourt
Courtrizy-et-Fussigny
Montchâlons
La Malmaison
Villers-devant-le-Thour
St-Germainmont
Gomont
Herpy-l'Arlésienne
Château-Porcien
Condé-lès-Herpy
St-Fergeux
Seraincourt
Remaucourt
Renneville
Fraillicourt
Vaux-lès-Rubigny
Rubigny
Berlise
Mont-St-Jean
Blanchefosse-et-Bay
Aubenton
Hannappes
Logny-lès-Aubenton
Leuze
Beaumé
Martigny
Any-Martin-Rieux
Signy-le-Petit
Watigny
St-Michel
Sougland
Forêt de Signy-le-Petit
Forêt du Nouvion
Bois de l'Épaisseneux
Forêt de Marfontaine
Forêt de Samoussy
Marais St-Boëtien
Camp de Sissonne
Serre
Brune
Vilpion
Oise
Thon
Hurtaut
Souche

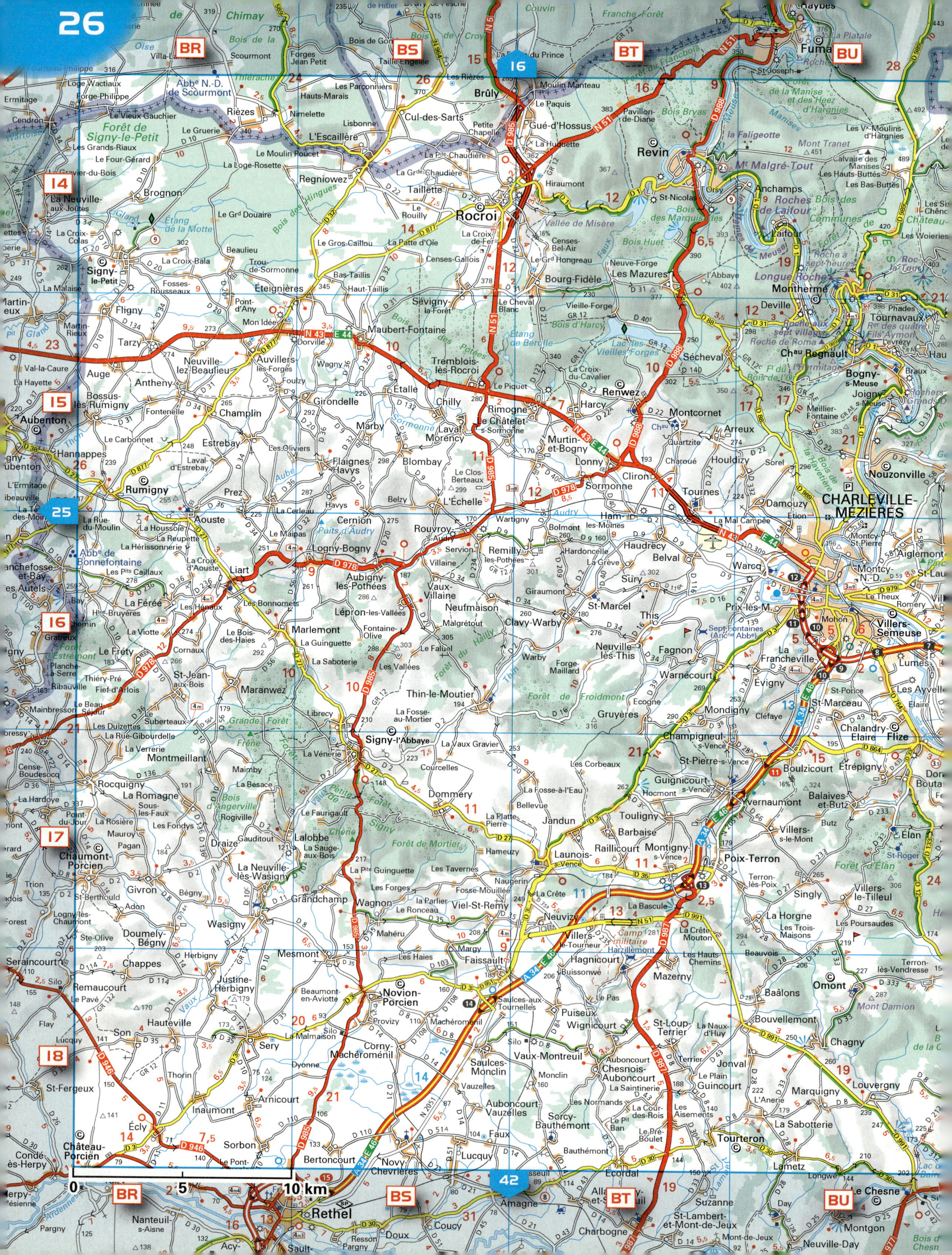
BR
BS
BT
BU
16
14
15
25
17
18
42
Chimay
Forêt de Signy-le-Petit
Signy-le-Petit
Brognon
Regniowez
Rocroi
Bourg-Fidèle
Revin
Fumay
Haybes
Anchamps
Laifour
Monthermé
Deville
Tournavaux
Bogny-s-Meuse
Joigny-s-Meuse
Nouzonville
CHARLEVILLE-MÉZIÈRES
Aubenton
Rumigny
Maubert-Fontaine
Tremblois-lès-Rocroi
Renwez
Montcornet
Sécheval
Rimogne
Murtin-et-Bogny
Lonny
Sormonne
Tournes
Liart
Logny-Bogny
Aubigny-les-Pothées
Remilly-les-Pothées
Warcq
Prix-lès-M.
Villers-Semeuse
La Francheville
Warnécourt
Mondigny
Champigneul-s-Vence
St-Pierre-s-Vence
Signy-l'Abbaye
Thin-le-Moutier
Dommery
Launois-s-Vence
Poix-Terron
Villers-le-Tilleul
Chaumont-Porcien
Wasigny
Novion-Porcien
Faissault
Neuvizy
Saulces-Monclin
Vaux-Montreuil
Omont
Chagny
Louvergny
Tourteron
Rethel
Château-Porcien
Amagne
Le Chesne
Charbogne
Suzanne
Doux
Coucy
0
5
10 km

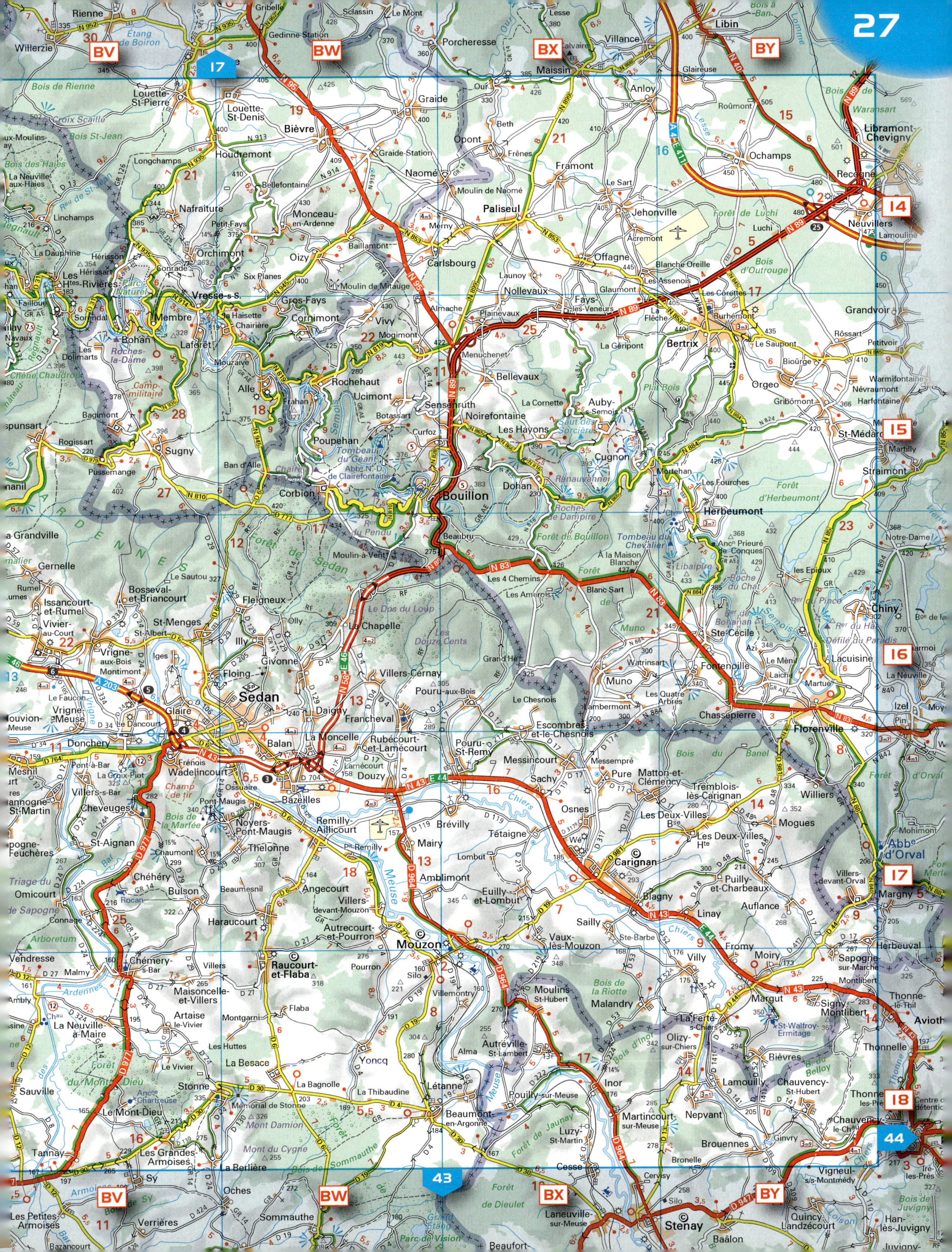
BV
BW
BX
BY
17
Rienne
Willerzie
Gedinne-Station
Porcheresse
Maissin
Villance
Libin
Louette-St-Pierre
Louette-St-Denis
Bièvre
Graide
Opont
Framont
Anloy
Ochamps
Libramont-Chevigny
Recogne
Neuvillers
14
Houdremont
Naome
Paliseul
Jehonville
Nafraiture
Monceau-en-Ardenne
Carlsbourg
Offagne
Orchimont
Vresse-s-S.
Gros-Fays
Nollevaux
Fays-les-Veneurs
Bertrix
Membre
Bohan
Cornimont
Vivy
Bellevaux
Orgeo
Alle
Rochehaut
Ucimont
Sensenruth
Noirefontaine
Les Hayons
Auby-s-Semois
Cugnon
Poupehan
Sugny
Corbion
Bouillon
Dohan
Herbeumont
St-Médard
15
Straimont
Les Fourches
Forêt d'Herbeumont
Gernelle
Fleigneux
La Chapelle
Les 4 Chemins
Blanc Sart
Ste-Cécile
Chiny
Issancourt-et-Rumel
Vivier-au-Court
Vrigne-aux-Bois
St-Menges
Illy
Givonne
Villers-Cernay
Fontenoille
Muno
Lacuisine
16
Sedan
Floing
Daigny
Francheval
Pouru-aux-Bois
Chassepierre
Florenville
Vrigne-Meuse
Donchery
Balan
La Moncelle
Rubécourt-et-Lamécourt
Pouru-St-Remy
Escombres-et-le-Chesnois
Messincourt
Matton-et-Clémency
Tremblois-lès-Carignan
Williers
Wadelincourt
Bazeilles
Douzy
Sachy
Osnes
Les Deux-Villes
Mogues
Villers-s-Bar
Cheveuges
Noyers-Pont-Maugis
Remilly-Aillicourt
Brévilly
Tétaigne
Carignan
St-Aignan
Thelonne
Mairy
Amblimont
Pouilly-et-Charbeaux
Villers-devant-Orval
Margny
17
Chéhéry
Bulson
Angecourt
Villers-devant-Mouzon
Euilly-et-Lombut
Blagny
Linay
Auflance
Haraucourt
Autrecourt-et-Pourron
Mouzon
Vaux-lès-Mouzon
Sailly
Fromy
Moiry
Sapogne-sur-Marche
Chémery-s-Bar
Raucourt-et-Flaba
Maisoncelle-et-Villers
Moulins-St-Hubert
Malandry
Villy
Margut
Signy-Montlibert
Thonne-le-Thil
Avioth
La Neuville-à-Maire
Artaise-le-Vivier
Yoncq
Autréville-St-Lambert
La Ferté-s-Chiers
Olizy-sur-Chiers
Thonnelle
Sauville
Le Mont-Dieu
Stonne
La Besace
Létanne
Inor
Lamouilly
Chauvency-St-Hubert
Thonne-les-Prés
18
Beaumont-en-Argonne
Pouilly-sur-Meuse
Martincourt-sur-Meuse
Nepvant
Chauvency-le-Château
44
Tannay
Les Grandes-Armoises
La Berlière
Luzy-St-Martin
Brouennes
Vigneul-s-Montmédy
43
Sy
Oches
Sommauthe
Laneuville-sur-Meuse
Stenay
Quincy-Landzécourt
Les Petites-Armoises
Verrières
Beaufort
Baâlon
Han-lès-Juvigny
Meuse
Chiers
Semois
N 89
N 95
N 83
N 43
E 44
A 203
D 964
D 977
Forêt de Sedan
Bois de Sapogne
Forêt du Mont Dieu
Forêt de Dieulet

W
X
Y
Z
15
16
17
18
19
Renonquet
Burhou
Braye Bay
Quesnard
Saline Bay
Braye
Newtown
Longis Bay
Clonque Bay
Raz Island
Trois Vaux
St-Anne
Essex
Hanging Rock
Tête de Judemarre
Telegraph Bay
Alderney
(Aurigny)
Raz Blanchard
Cap de la Hague
Sémaphore
Roche Gélétan
Gros du Raz
Goury
St-Germain-des-Vaux
Les Herbeuses
Anse St-Martin
La Coque
La Roche
Port-Racine
Sémaphore
Pointe Jardeheu
Auderville
Le Hâble
Omonville-la-Petite
Rue-Désert
Omonville-la-Rogue
Baie d'Écalgrain
Digulleville
Jobourg
C.R.O.S.S.
Éculleville
Rocher du Castel-Vendon
Nez de Voidries
Dannery
Gruchy
Landemer
Nez de Jobourg
Greville-Hague
Dur-Écu
Herqueville
La Rue-de-Beaumont
Urville-Nacqueville
Beaumont-Hague
Herquemoulin
Baie du Houguet
Pierres Pouquelées
Branville-Hague
Léveillé
Rue-d'Ozouville
Anse de Vauville
Prieuré
Ste-Croix-Hague
Centre Scientifique
Vauville
Tonneville
Flottemanville-Hague
Le Petit Thot
La Croix-Frimot
Camp Maneyrol
Calvaire des Dunes
Biville
Gourbesville
Les Noës
Le Val-de-Bas
Acqueville
Carrefr-de Pelles
Champ de Tir
Pénitot
Vasteville
Herquetot
Teurthéville-Hague
Héauville
Le Manoir
Clairefontaine
Craville
Siouville-Hague
La Viesville
Quetteville
Helleville
Les Contes
St-Christophe-du-Foc
Couvert
Diélette
La Petite Siouville
Arthur
Bretantot
Les Pipets
La Croix-Georges
Sotteville
Sémaphore
Flamanville
Tréauville
Bonnemains
Cap de Flamanville
Quesnay
Benoîtville
Houel
Le Point-du-Jour
Falaises de Flamanville
Les Pieux
Sciotot
Grosville
Anse de Sciotot
Fme de Becqueville
Fritot
Le Comte
Le Rozel
Bernay
St-Germain-le-Gaillard
Longueville
Le Poux
Pierreville
Pointe du Rozel
Hauteville
La Croix Morain
Surtainville
La Mare du-Parc
Béghin
Scye
St-Paul
Sénoville
Bastard
Baubigny
Sortosville-en-Beaumont
La Vallée
Le Meaudenaville
Les Barrières
Hatainville
Les Moitiers-d'Allonne
Masse de Remond
St-Pierre-d'Arthéglise
La Haye-d'Ectot
Roches du Rit
Carteret
Chapelle
Barneville-Carteret
Cap de Carteret
Barneville-Plage
St-Jean-de-la-Rivière
St-Georges-de-la-Rivière
Bosqueville
ILES ANGLO-NORMANDES
(CHANNEL ISLANDS)
ALDERNEY
GUERNSEY
SARK
JERSEY
Chausey
Cherbourg-Octeville
Diélette
Carteret
Granville
St-Malo
Dinard
Relation maritime:
passant les autos
ne les passant pas
Relation aérienne:
ne passant pas les autos
0
5
10 km

30

AA AB AC AD

15
16
17
18
19
Basses du Renier
Basses du Sen
Raz du Cap Lévy
Anse de la Mondrée
Cap Lévy
Raz de Barfleur
Pointe de Barfleur
Pointe de Querqueville
Querqueville
Ft Central
Ft de l'Ouest
Ft de l'Est
Grande Rade
Île Pelée
Pointe du Brulay
Anse du Brick
Hameau-de-la-Mer
CHERBOURG-OCTEVILLE
Équeurdreville-Hainneville
Tourlaville
Bretteville
Le Becquet
Fermanville
Carneville
Maupertus-s-Mer
Cosqueville
St-Pierre-Église
Théville
Renouville
Rémond
Les Mares
Vrasville
Réthoville
Néville-s-Mer
Angoville-en-Saire
Gouberville
Varouville
Gatteville-le-Phare
Barfleur
La Bretonne
Tocqueville
Canteloup
Clitourps
Ste-Geneviève
Montfarville
Anneville-en-Saire
Landemer
Pointe du Moulard
Maltot
La Crasvillerie
Valcanville
Le Vicel
La Pernelle
Le Vast
Bois de Boutron
Brillevast
Bois de Brillevast
Digosville
Gonneville
Le Theil
La Glacerie
Le Mesnil-au-Val
Bonhomme
Bois de Barnavast
Réville
Pointe de Saire
Jonville
Quettehou
Île de Tatihou
Fort de l'Ilet
St-Vaast-la-Hougue
Fort de la Hougue
Morsalines
Teurthéville-Bocage
Montaigu-la-Brisette
Videcosville
Crasville
Octeville-l'Avenel
Saussemesnil
Martinvast
Hardinvast
Tollevast
Sideville
Le Bourg-Neuf
St-Martin-le-Gréard
Brix
Breuville
Sottevast
Valognes
Tamerville
Yvetot-Bocage
Aumeville-Lestre
Quinéville
Lestre
Roches St-Floxel
Hameau-du-Nord
Montebourg
Ozeville
Fontenay-s-Mer
Îles St-Marcou
accès interdit
Hameau-du-Sud
Ravenoville-Plage
St-Marcouf
Azeville
Batterie
Ravenoville
Foucarville
Les Dunes-de-Varreville
Utah Beach
St-Germain-de-Varreville
St-Martin-de-Varreville
La Madeleine
Musée
Audouville-la-Hubert
Ste-Mère-Église
Négreville
Rocheville
Bricquebec
Morville
Lieusaint
Colomby
Émondeville
Fresville
Orglandes
Gourbesville
Amfreville
Picauville
St-Sauveur-le-Vicomte
Étienville
Chef-du-Pont
Sébeville
Écoquenéauville
Turqueville
Carquebut
Hiesville
Boutteville
Ste-Marie-du-Mont
Brucheville
Le Valdécie
Magneville
Golleville
Néhou
Ste-Colombe
Le Vrétot
Besneville
Banc du Grand Vey
10
31
AA
AB
AC
AD

Anse de
Fme de Becque
Sciotot
Le Ro
Y
Pointe du Rozel

ILES ANGLO-NORMANDES (CHANNEL ISLANDS)

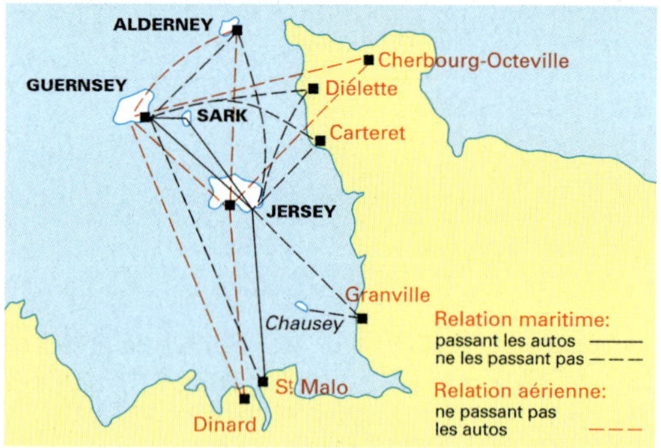

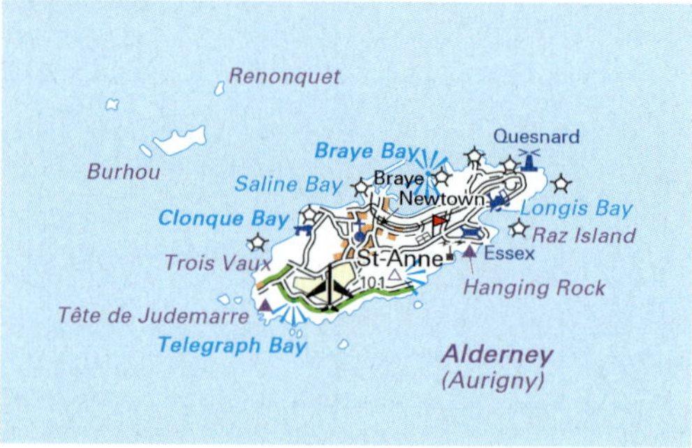

19

Roches du Rit

Cap de Carte

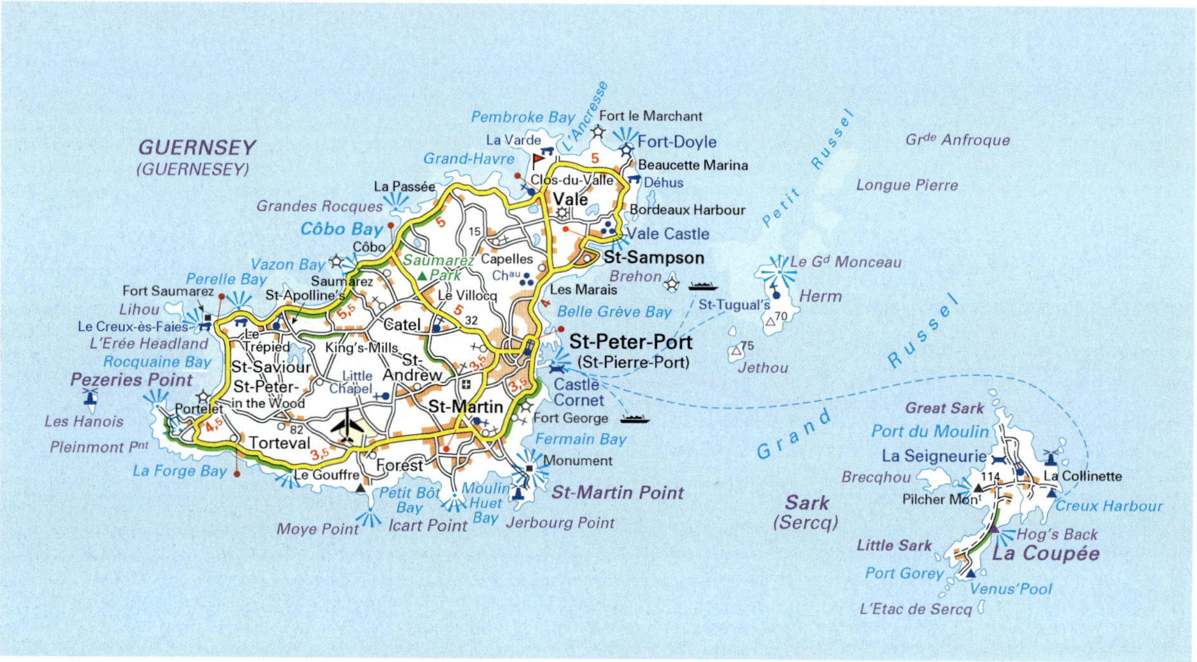

20

21

22

23

0 5 10 km

Y

Valognes
Bricquebec
Négreville
Rocheville
St-Martin-le-Hébert
Quettetot
Pierreville
Le Vrétot
Sénoville
Sortosville-en-Beaumont
St-Pierre-d'Arthéglise
St-Jacques-de-Néhou
Néhou
Golleville
Magneville
Ste-Colombe
Colomby
Morville
Lieusaint
Flottemanville
Sortosville
Montebourg
Ecausseville
Emondeville
Joganville
Azeville
Turqueville
Ste-Mère-Église
Amfreville
Neuville-au-Plain
Gourbesville
Orglandes
Biniville
Hautteville-Bocage
Crosville-s-Douve
Reigneville-Bocage
La Bonneville
St-Sauveur-le-Vicomte
Rauville-la-Place
Étienville
Picauville
Chef-du-Pont
Blosville
Carquebut
Liesville-s-Douve
Houesville
St-Côme-du-Mont
Carentan
Barneville-Carteret
St-Jean-de-la-Rivière
St-Georges-de-la-Rivière
Le Mesnil
Besneville
Fierville-les-Mines
St-Maurice-en-Cotentin
La Haye-d'Ectot
Portbail
Canville
St-Lô-d'Ourville
Denneville
Neuville-en-Beaumont
St-Sauveur-de-Pierrepont
St-Nicolas-de-Pierrepont
Varenguebec
Doville
Neufmesnil
Baudreville
Bolleville
Lithaire
Vindefontaine
Prétot
Ste-Suzanne
Coigny
Appeville
Cretteville
Houtteville
Beuzeville-la-Bastille
Les Moitiers-en-Bauptois
PARC NATUREL RÉGIONAL DES MARAIS DU COTENTIN ET DU BESSIN
St-Symphorien-le-Valois
La Haye-du-Puits
St-Rémy-des-Landes
Glatigny
Montgardon
Mobecq
Surville
Bretteville-s-Ay
Angoville-s-Ay
St-Jores
Baupte
Auvers
Méautis
Le Plessis-Lastelle
Gorges
Vesly
Laulne
St-Germain-s-Ay
Lessay
St-Patrice-de-Claids
Gonfreville
Nay
Sainteny
Raffoville
St-Germain-s-Sèves
Créances
Pirou
Périers
St-Sébastien-de-Raids
Marchésieux
St-Martin-d'Aubigny
Remilly-s-Lozon
Feugères
Le Mesnil-Vigot
Vaudrimesnil
St-Aubin-du-Perron
St-Michel-de-la-Pierre
St-Sauveur-Lendelin
Geffosses
Anneville-s-Mer
Gouville-s-Mer
Muneville-le-Bingard
Montsurvent
La Ronde-Haye
Hauteville-la-Guichard
Montcuit
Camprond
Marigny
Le Lorey
Cambernon
Ancteville
Servigny
Brainville
Boisroger
Gratot
Blainville-s-Mer
Agon-Coutainville
St-Malo-de-la-Lande
Tourville-s-Sienne
Heugueville-s-Sienne
Bricqueville-la-Blouette
Coutances
Savigny
Courcy
Nicorps
Saussey
Orval
Montchaton
Regnéville-s-Mer
Cerisy-la-Salle
Roches du Sac de Pirou
Sénéquet
Z
AA
AB
AC
28
32
51
19
20
21
22
23

AD
AE
AF
AG
Îles St-Marcouf
accès interdit
Hameau-du-Nord
Les Gougins
Hameau-du-Sud
Ravenoville-Plage
St-Marcouf
Ravenoville
Foucarville
Mont Leclerc
Les Dunes-de-Varreville
St-Germain-de-Varreville
St-Martin-de-Varreville
Utah Beach
La Madeleine
Musée
Audouville-la-Hubert
Turqueville
Écoquenéauville
Sébeville
Boutteville
Ste-Marie-du-Mont
Hiesville
Brucheville
Pouppeville
Banc du Grand Vey
Roches de Grandcamp
Passe de Carentan
Passe d'Isigny
Grandcamp-Maisy
Pointe du Hoc
St-Pierre-du-Mont
Le Fèvre
Pointe et raz de la Percée
Omaha Beach
Englesqueville-la-Percée
Cricqueville-en-Bessin
Asnières-en-Bessin
Vierville-s-Mer
Les Moulins
Louvières
St-Laurent-s-Mer
Colleville-s-Mer
Ste-Honorine-des-Pertes
Port-en-Bessin-Huppain
Géfosse-Fontenay
Vierville
Angoville-au-Plain
Carentan
Brévands
Catz
Les Veys
Isigny-s-Mer
Osmanville
Cardonville
St-Germain-du-Pert
Deux-Jumeaux
Longueville
Formigny
Trévières
Écrammeville
Aignerville
Mosles
St-Hilaire-Petitville
St-Pellerin
Monfréville
Colombières
Bricqueville
Rubercy
Saonnet
Mandeville-en-Bessin
Cussy
Barbeville
Vaucelles
Montmartin-en-Graignes
Neuilly-la-Forêt
Lison
Castilly
Bernesq
St-Georges-de-Bohon
Graignes
St-Jean-de-Daye
Cartigny-l'Epinay
St-Marcout
St-Martin-de-Blagny
Le Molay-Littry
Le Breuil-en-Bessin
Crouay
Tournières
Musée de la Mine
Campigny
Agy
Subles
Ranchy
Le Mesnil-Véneron
Le Mesnil-Angot
Tribehou
St-Fromond
Airel
Le Tronquay
Noron-la-Poterie
Littry
Le Dézert
Ste-Marguerite-d'Elle
St-Clair-s-l'Elle
Cerisy-la-Forêt
Vaubadon
Castillon
Le Hommet-d'Arthenay
Cavigny
Les Champs-de-Losque
La Meauffe
St-Jean-de-Savigny
Balleroy
Montfiquet
La Bazoque
Pont-Hébert
Villiers-Fossard
Couvains
Le Mesnil-Rouxelin
Amigny
Le Mesnil-Eury
St-Georges-d'Elle
Litteau
Bérigny
Planquery
Cahagnolles
St-André-de-l'Épine
La Luzerne
St-Georges-Montcocq
Hébécrevon
ST-LÔ
Agneaux
La Chapelle-en-Juger
Le Mesnil-Amey
St-Gilles
Marigny
St-Pierre-de-Semilly
La Barre-de-Semilly
St-Germain-d'Elle
Rouxeville
Cormolain
Foulognes
Sallen
Torteval-Quesnay
Baudre
St-Thomas
Canisy
La Mancellière-s-Vire
Précorbin
Vidouville
Lamberville
La Vacquerie
Caumont-l'Éventé
Livry
Souterroscope
Quibou
St-Ébremond-de-Bonfossé
St-Martin-de-Bonfossé
St-Samson-de-Bonfossé
Ste-Suzanne-s-Vire
Gourfaleur
Sept-Vents
Cahagnes
Condé-s-Vire
Torigni-s-Vire
Placy-Montaigu
Dampierre
Cerisy-la-Salle
Brectouville
St-Pierre-du-Fresne
31
52
0
5
10 km

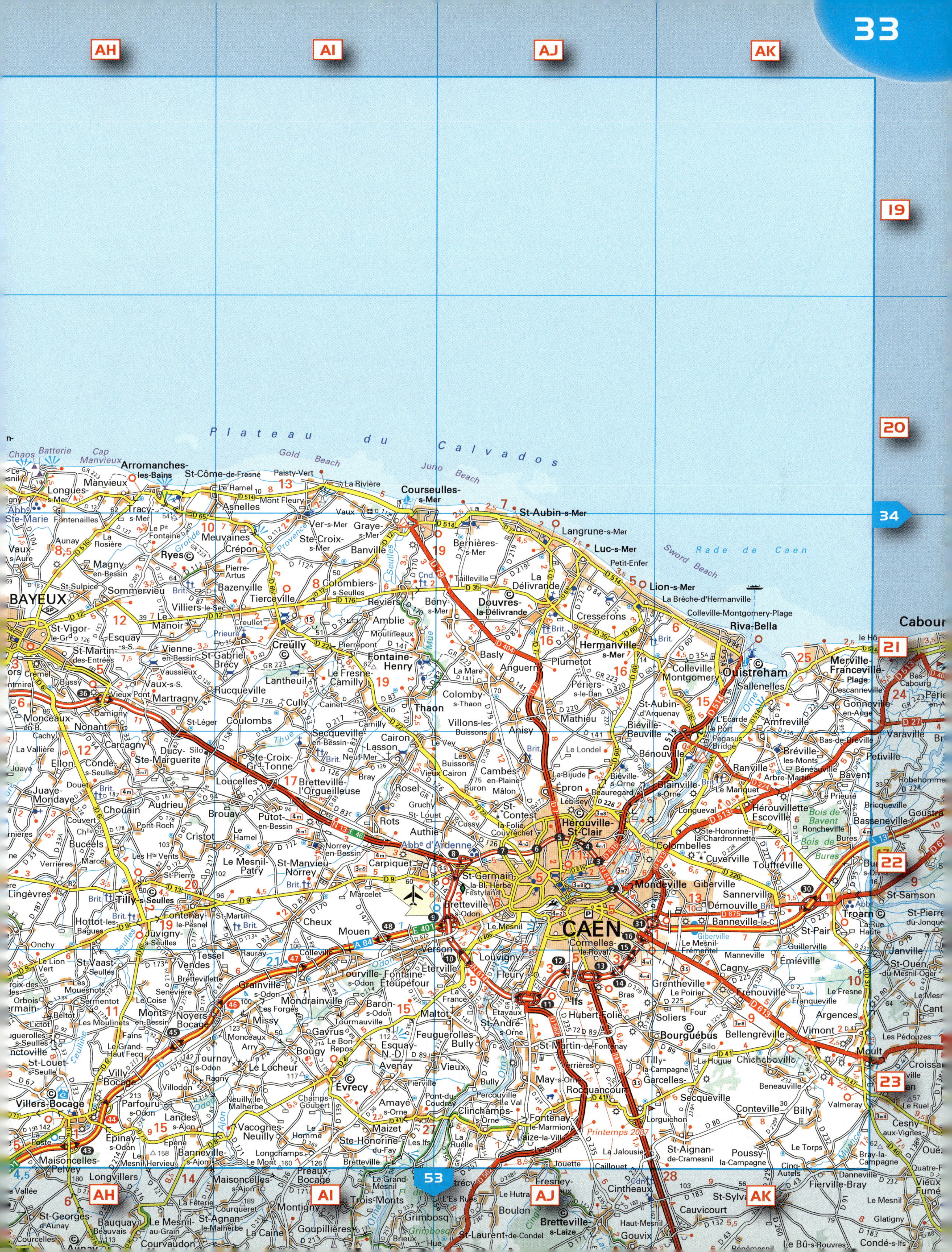
AH
AI
AJ
AK
19
20
21
22
23
34
53
Plateau du Calvados
Gold Beach
Juno Beach
Sword Beach
Rade de Caen
Arromanches-les-Bains
St-Côme-de-Fresné
Courseulles-s-Mer
St-Aubin-s-Mer
Langrune-s-Mer
Luc-s-Mer
Lion-s-Mer
Riva-Bella
Ouistreham
Cabourg
BAYEUX
Ryes
Creully
Douvres-la-Délivrande
Hermanville-s-Mer
Colleville-Montgomery
Bernières-s-Mer
Thaon
Anisy
Mathieu
Bénouville
Ranville
Merville-Franceville-Plage
Tilly-s-Seulles
Bretteville-l'Orgueilleuse
Carpiquet
Hérouville-St-Clair
CAEN
Mondeville
Colombelles
Giberville
Démouville
Troarn
Évrecy
Ifs
Fleury
Bourguébus
Villers-Bocage
Bretteville-s-Laize
Cintheaux
Vimont
Argences
Moult
Tourville
Verson
Louvigny
St-Germain-la-Bl.-Herbe
Cormelles-le-Royal
Grentheville
Rocquancourt
Fontenay-le-Marmion
Cuverville
Sannerville
Banneville-la-C.
Touffréville
Escoville
Hérouvillette
Amfreville
Sallenelles
Gonneville-en-Auge
Varaville
Cheux
Mouen
Fontaine-Étoupefour
Baron-s-Odon
Maltot
Esquay-N.-D.
Feuguerolles-Bully
May-s-Orne
St-Martin-de-Fontenay
St-André-s-Orne
Épron
Lébisey
Cambes-en-Plaine
Villons-les-Buissons
Rosel
Authie
Rots
Secqueville-en-Bessin
Lasson
Cairon
Fontaine-Henry
Reviers
Banville
Graye-s-Mer
Ver-s-Mer
Crépon
Meuvaines
Asnelles
Tracy-s-Mer
Manvieux
Longues-s-Mer
Vaux-s-Aure
Magny-en-Bessin
Sommervieu
St-Vigor-le-Gd
Audrieu
Fontenay-le-Pesnel
Juvigny-s-Seulles
Noyers-Bocage
Missy
Gavrus
Bougy
Le Locheur
Vacognes-Neuilly
Amayé-s-Orne
Maizet
Ste-Honorine-du-Fay
Clinchamps-s-Orne
Laize-la-Ville
St-Aignan-de-Cramesnil
Poussy-la-Campagne
Conteville
Billy
Secqueville
Garcelles-Secqueville
Soliers
Bellengreville
Chicheboville
Frénouville
Cagny
Émiéville
Airan
Fierville-Bray
Printemps 2007
Festyland
Abbé d'Ardenne

AL
AM
AN
AO
18
19
20
21
22
23
33
54
LE HAVRE
Ste-Adresse
Cap de la Hève
PORT 2000
Grand Canal du Havre
Harfleur
Gonfreville l'Orcher
Montivilliers
Octeville-sur-Mer
Honfleur
Pont de Normandie
Côte de Grâce
Villerville
Trouville-s-Mer
DEAUVILLE
Touques
Benerville-s-Mer
Blonville-s-Mer
Villers-s-Mer
Falaise des Vaches Noires
Houlgate
Cabourg
Dives-s-Mer
Merville-Franceville-Plage
Pont-l'Évêque
Beuzeville
Blangy-le-Château
Dozulé
Cambremer
LISIEUX
Troarn
Mézidon-Canon
Beuvillers
Orbec
Crèvecœur-en-Auge
Beuvron-en-Auge
Le Mesnil-Mauger
0
5
10 km

35
AP
AQ
AR
AS
19
20
21
22
23
36
55
Lillebonne
N.-D.-de-Gravenchon
Caudebec-en-Caux
Villequier
Quillebeuf-sur-Seine
Port-Jérôme
Pont de Tancarville
Pont de Brotonne
Duclair
Jumièges
Le Trait
Ételan
Aizier
Vieux-Port
Trouville-la-Haule
Bourneville
Routot
Pont-Audemer
Bourg-Achard
Montfort-s-Risle
Brionne
Le Bec-Hellouin
Harcourt
Le Neubourg
Thiberville
Bernay
Beaumont-le-Roger
Bourgtheroulde-Infreville
Amfreville-la-Campagne
Cormeilles
St-Georges-du-Vièvre
Forêt de Brotonne
Seine
Risle
Charentonne

AT
AU
AV
AW
20
19
35
21
22
23
56
ROUEN
Sotteville-lès-R.
St-Étienne-du-Rouvray
Petit-Couronne
Le Grd-Quevilly
Le Pt-Quevilly
Bois-Guillaume
Mont-St-Aignan
Darnétal
Bihorel
Maromme
Déville
Canteleu
Bonsecours
Le Mesnil-Esnard
Franqueville-St-Pierre
Boos
Belbeuf
Oissel
Cléon
St-Aubin-lès-E.
Elbeuf
Caudebec-lès-E.
St-Pierre-lès-Elbeuf
Pont-de-l'Arche
Val-de-Reuil
Le Vaudreuil
Louviers
Incarville
Poses
Tournedos-s-Seine
Amfreville-s/s-les-Monts
Pîtres
Pont-St-Pierre
Romilly-s-Andelle
Les Andelys
Chau Gaillard
Gaillon
Aubevoye
Vernon
Acquigny
Pinterville
Heudebouville
Le Neubourg
Montaure
Fleury-s-Andelle
Charleval
Ménesqueville
Grd-Couronne
Moulineaux
Chau de Robert-le-Diable
Montville
Malaunay
Le Houlme
Isneauville
Quincampoix
Préaux
Martainville
Montmain
Vascœuil
Lyons-la-Forêt
Forêt de Roumare
Forêt de Bord
Forêt des Andelys
Forêt de Longboel
Côte des Deux Amants
Écluses
SEINE
Abbe de Fontaine-Guérard
Amfreville-la-Mi-Voie
Quèvreville
Ymare
Gouy
Alizay
Igoville
Criquebeuf-s-S.
Martot
Tostes
St-Cyr-la-Campagne
La Saussaye
St-Didier-des-Bois
Crasville
Surville
La Haye-Malherbe
Quatremare
Hondouville
Houetteville
Amfreville-s-Iton
La Vacherie
Brosville
Cailly-s-Eure
St-Julien-de-la-Liègue
La Croix-St-Leufroy
Écardenville-s-Eure
Autheuil-Authouillet
Ste-Colombe-près-Vernon
Chambray
St-Marcel
0
5
10 km

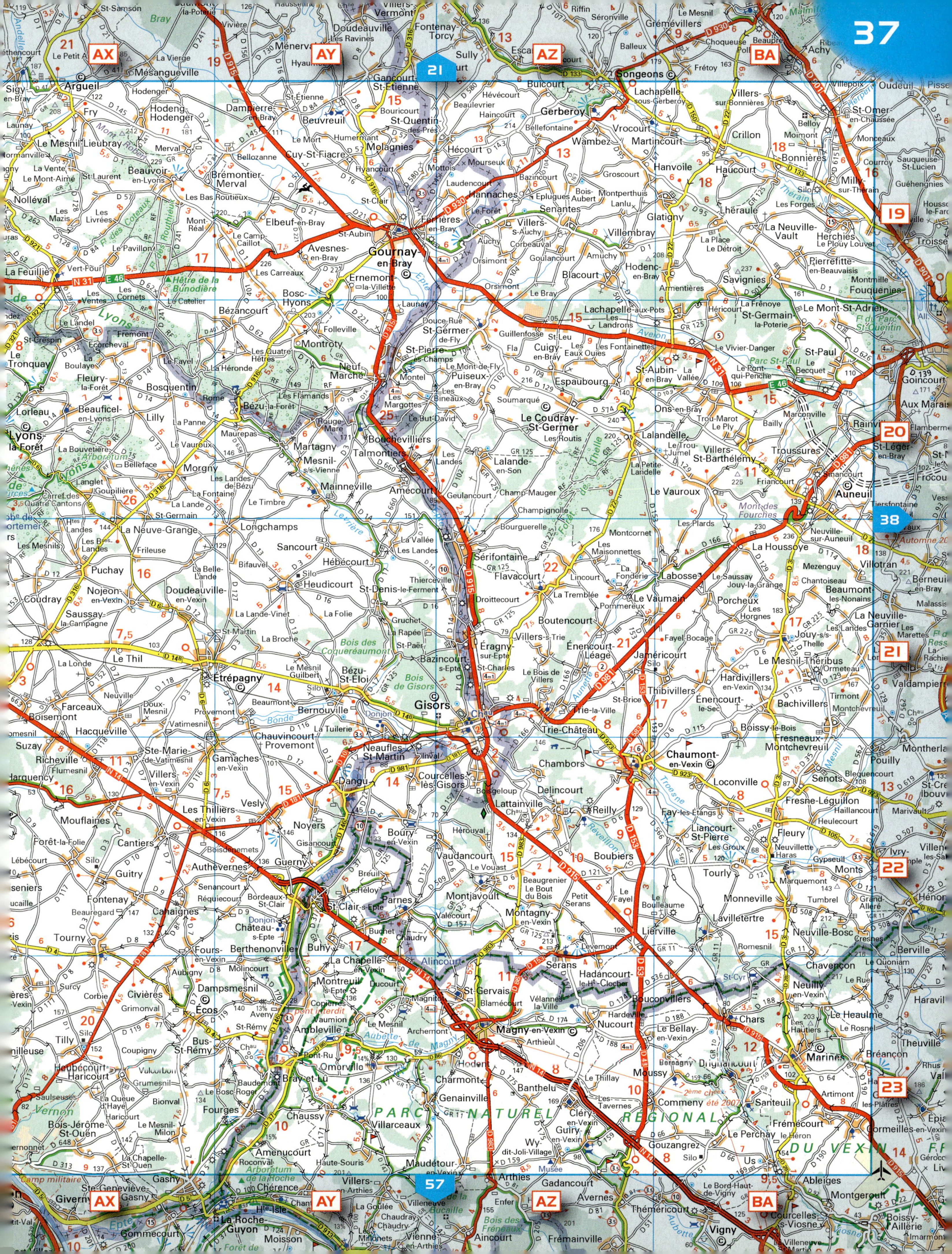
AX
AY
AZ
BA
21
19
20
38
21
22
23
57
Songeons
Gerberoy
Argueil
Mésangueville
Gournay-en-Bray
Ferrières-en-Bray
Gancourt-St-Étienne
St-Quentin-des-Prés
Molagnies
Hodeng-Hodenger
Beauvoir-en-Lyons
Brémontier-Merval
Elbeuf-en-Bray
Avesnes-en-Bray
Ernemont-la-Villette
Bézancourt
Bosc-Hyons
Lachapelle-aux-Pots
St-Germer-de-Fly
Le Coudray-St-Germer
Espaubourg
St-Aubin-en-Bray
Savignies
St-Germain-la-Poterie
Le Mont-St-Adrien
Auneuil
Villers-St-Barthélemy
Lalandelle
Le Vauroux
La Houssoye
Lyons-la-Forêt
Lorleau
Fleury-la-Forêt
Bosquentin
Bézu-la-Forêt
Martagny
Mainneville
Talmontiers
Amécourt
Bouchevilliers
Sérifontaine
Flavacourt
Le Vaumain
Labosse
Porcheux
Boutencourt
Éragny-sur-Epte
Bazincourt-sur-Epte
Jaméricourt
Thibivillers
Hardivillers-en-Vexin
Bachivillers
Étrépagny
Bézu-St-Éloi
Gisors
Trie-Château
Chaumont-en-Vexin
Boissy-le-Bois
Fresneaux-Montchevreuil
Loconville
Fresne-Léguillon
Neaufles-St-Martin
Dangu
Courcelles-lès-Gisors
Lattainville
Delincourt
Reilly
Liancourt-St-Pierre
Fleury
Monts
Vesly
Noyers
Les Thilliers-en-Vexin
Guerny
Authevernes
Bourry-en-Vexin
Vaudancourt
Boubiers
St-Clair-sur-Epte
Parnes
Montjavoult
Montagny-en-Vexin
Lierville
Lavilletertre
Neuville-Bosc
Chavençon
Neuilly-en-Vexin
Berville
Château-sur-Epte
Buhy
La Chapelle-en-Vexin
St-Gervais
Magny-en-Vexin
Hadancourt-le-Haut-Clocher
Bouconvillers
Nucourt
Chars
Marines
Dampsmesnil
Écos
Ambleville
Omerville
Bray-et-Lû
Charmont
Genainville
Banthelu
Cléry-en-Vexin
Santeuil
Frémécourt
Le Perchay
Gouzangrez
Us
Ableiges
Montgeroult
Courcelles-sur-Viosne
Chaussy
Villarceaux
Amenucourt
Maudétour-en-Vexin
Arthies
Gadancourt
Avernes
Théméricourt
Vigny
Vienne-en-Arthies
Fontenay-St-Père
Giverny
La Roche-Guyon
Gommecourt
Moisson
PARC NATUREL RÉGIONAL DU VEXIN
Camp militaire
Bois des Coquéreaumont
Bois de Gisors
N 31
N 14
E 46
D 915
D 981
D 153
D 930
D 1001

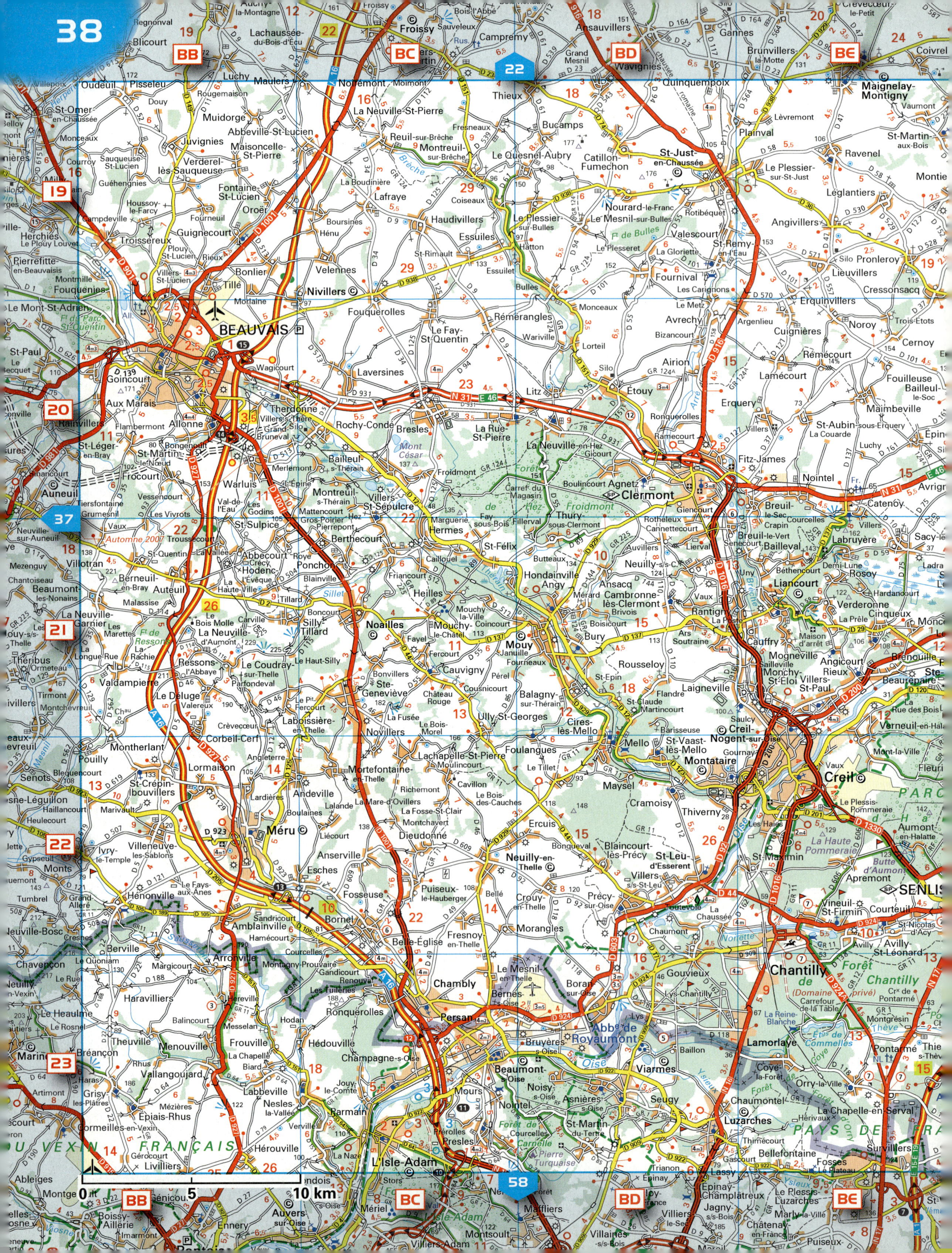

BB
BC
BD
BE
Froissy
Ansauvilliers
Blicourt
Lachaussée-du-Bois-d'Écu
Crèvecœur-le-Petit
Coivrel
Wavignies
Quinquempoix
Maignelay-Montigny
Oudeuil
Pisseleu
Noirémont
Thieux
St-Omer-en-Chaussée
Muidorge
La Neuville-St-Pierre
Bucamps
Plainval
Juvignies
Abbeville-St-Lucien
Reuil-sur-Brêche
St-Just-en-Chaussée
Ravenel
Verderel-lès-Sauqueuse
Maisoncelle-St-Pierre
Montreuil-sur-Brêche
Le Quesnel-Aubry
Catillon-Fumechon
Le Plessier-sur-St-Just
Montiers
Fontaine-St-Lucien
Lafraye
Nourard-le-Franc
Léglantiers
Herchies
Troissereux
Guignecourt
Haudivillers
Le Plessier-sur-Bulles
Angivillers
Essuiles
Valescourt
St-Remy-en-l'Eau
Velennes
Pronleroy
Fouquenies
Bonlier
Tillé
Nivillers
Fournival
Lieuvillers
Cressonsacq
BEAUVAIS
Fouquerolles
Rémérangles
Monceaux
Erquinvillers
Le Fay-St-Quentin
Avrechy
Cuignières
Noroy
Laversines
Airion
Rémécourt
Goincourt
Aux Marais
Litz
Étouy
Lamécourt
Fouilleuse
Therdonne
Rochy-Condé
Bresles
La Rue-St-Pierre
La Neuville-en-Hez
Erquery
Maimbeville
Allonne
St-Léger-en-Bray
St-Martin-le-Nœud
Warluis
Bailleul-sur-Thérain
Fitz-James
St-Aubin-sous-Erquery
Auneuil
Frocourt
Villers-St-Sépulcre
Agnetz
Clermont
Nointel
Catenoy
Montreuil-sur-Thérain
Hermes
Berthecourt
Thury-sous-Clermont
Breuil-le-Sec
Labruyère
Troussures
St-Sulpice
Abbecourt
Ponchon
St-Félix
Hondainville
Breuil-le-Vert
Sacy-le-Grand
Villotran
Hodenc-l'Évêque
Heilles
Angy
Neuilly-sous-Clermont
Liancourt
Rosoy
Berneuil-en-Bray
Auteuil
Ansacq
Cambronne-lès-Clermont
Verderonne
Cinqueux
La Neuville-Garnier
Le Coudray-sur-Thelle
Silly-Tillard
Noailles
Mouchy-le-Châtel
Mouy
Bury
Rantigny
Cauffry
Monchy-St-Éloi
Angicourt
Brenouille
Valdampierre
Le Déluge
Ste-Geneviève
Cauvigny
Balagny-sur-Thérain
Rousseloy
Laigneville
Villers-St-Paul
Labosissière-en-Thelle
Noailles
Ully-St-Georges
Cires-lès-Mello
Mello
Nogent-sur-Oise
Creil
Verneuil-en-Halatte
Montherlant
Corbeil-Cerf
Lachapelle-St-Pierre
Foulangues
St-Vaast-lès-Mello
Montataire
Pouilly
Lormaison
Mortefontaine-en-Thelle
Maysel
St-Crépin-Ibouvillers
Andeville
Cramoisy
Thiverny
Méru
Ercuis
Ivry-le-Temple
Villeneuve-les-Sablons
Neuilly-en-Thelle
Blaincourt-lès-Précy
St-Leu-d'Esserent
Dieudonne
Fosseuse
Puiseux-le-Hauberger
Crouy-en-Thelle
Précy-sur-Oise
Vineuil-St-Firmin
SENLIS
Hénonville
Amblainville
Bornel
Belle-Église
Morangles
Chaumont
Courteuil
Berville
Arronville
Chambly
Le Mesnil-en-Thelle
Boran-sur-Oise
Gouvieux
Chantilly
Forêt de Chantilly
Haravilliers
Ronquerolles
Persan
Bruyères-sur-Oise
Abbaye de Royaumont
Lamorlaye
Theuville
Frouville
Hédouville
Beaumont-sur-Oise
Viarmes
Marines
Vallangoujard
Labbeville
Champagne-sur-Oise
Noisy-sur-Oise
Asnières-sur-Oise
Seugy
Orry-la-Ville
Nesles-la-Vallée
Mours
Nointel
St-Martin-du-Tertre
Luzarches
La Chapelle-en-Serval
Hérouville
L'Isle-Adam
Presles
Bellefontaine
Survilliers
Vexin Français
Pays de France
Auvers-sur-Oise
Mériel
Maffliers
Épinay-Champlâtreux
Jagny-sous-Bois
Fosses
Plailly
Le Plessis-Luzarches
Marly-la-Ville
0
5
10 km
37
58
22

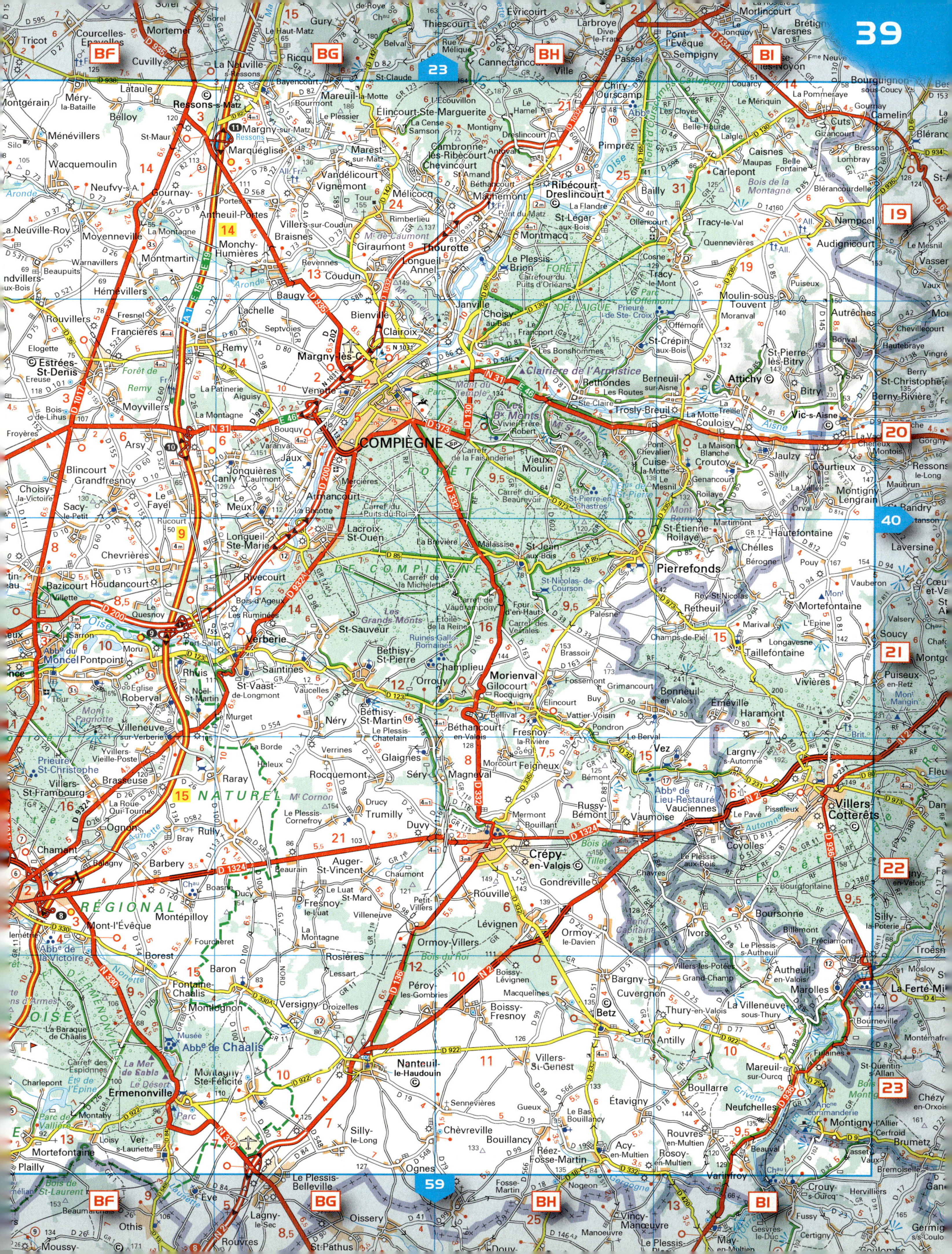
BF
BG
BH
BI
23
59
19
20
40
21
22
23
Ressons-s-Matz
Margny-sur-Matz
Marquéglise
Mareuil-la-Motte
Élincourt-Ste-Marguerite
Cambronne-lès-Ribécourt
Chevincourt
Ribécourt-Dreslincourt
Pont-l'Évêque
Sempigny
Noyon
Pimprez
Carlepont
Caisnes
Cuts
Nampcel
Tracy-le-Val
Audignicourt
Thourotte
Montmacq
Le Plessis-Brion
Giraumont
Longueil-Annel
Vandélicourt
Vignemont
Mélicocq
Coudun
Monchy-Humières
Antheuil-Portes
Villers-sur-Coudun
Braisnes
Baugy
Janville
Choisy-au-Bac
Clairoix
Bienville
Margny-lès-C.
Venette
COMPIÈGNE
Moulin-sous-Touvent
Tracy-le-Mont
St-Crépin-aux-Bois
Berneuil-sur-Aisne
Attichy
Bitry
Vic-s-Aisne
Trosly-Breuil
Couloisy
Jaulzy
Courtieux
Vieux-Moulin
Rethondes
Estrées-St-Denis
Rémy
Moyvillers
Arsy
Jonquières
Jaux
Armancourt
Le Meux
Lacroix-St-Ouen
Longueil-Ste-Marie
Rivecourt
Verberie
Saintines
St-Vaast-de-Longmont
Pont-Ste-Maxence
Rhuis
Pontpoint
St-Sauveur
Béthisy-St-Pierre
Béthisy-St-Martin
Orrouy
Morienval
Pierrefonds
St-Étienne-Roilaye
Chelles
Retheuil
Taillefontaine
Vivières
Vez
Haramont
Villers-Cotterêts
Largny-s-Automne
Vauciennes
Crépy-en-Valois
Gondreville
Ormoy-Villers
Lévignen
Nanteuil-le-Haudouin
Betz
Cuvergnon
Thury-en-Valois
Antilly
Boullarre
Mareuil-sur-Ourcq
La Ferté-Milon
Marolles
Ermenonville
Mortefontaine
Senlis
Fontaine-Chaalis
Baron
Versigny
Montagny-Ste-Félicité
Péroy-les-Gombries
Boissy-Fresnoy
Villers-St-Genest
Acy-en-Multien
Rouvres-en-Multien
Le Plessis-Belleville
Lagny-le-Sec
Montépilloy
Mont-l'Évêque
Fresnoy-le-Luat
Auger-St-Vincent
Rully
Barbery
Rocquemont
Trumilly
Duvy
Glaignes
Néry
Raray
Villeneuve-sur-Verberie
Brasseuse
Villers-St-Frambourg
Ognon
Chamant
FORÊT DE COMPIÈGNE
FORÊT DE L'AIGUE
Forêt de Retz
PARC NATUREL RÉGIONAL
Abbaye de Chaalis
Aisne
Oise
Aronde
Automne

BJ
BK
BL
BM
24
39
60
19
20
21
22
23
SOISSONS
Coucy-le-Château Auffrique
Anizy-le-Château
Vailly-sur-Aisne
Braine
Villers-Cotterêts
La Ferté-Milon
Neuilly-St-Front
Oulchy-le-Château
Fère-en-Tardenois
Château-Thierry
Longpont
Vic-sur-Aisne
Folembray
Blérancourt
Manicamp
Bourguignon-sous-Coucy
Laon
Montbavin
Chailvois
Pinon
Vauxaillon
Chavignon
Chevregny
Vaudesson
Filain
Ostel
Braye-en-Laonnois
Chavonne
Soupir
Bourg-et-Comin
Pont-Arcy
Condé-s-Aisne
Celles-sur-Aisne
Chivres-Val
Vregny
Missy-sur-Aisne
Crouy
Bucy-le-Long
Villeneuve-St-Germain
Venizel
Sermoise
Ciry-Salsogne
Vasseny
Acy
Serches
Billy-s-Aisne
Belleu
Vauxbuin
Courmelles
Noyant-et-Aconin
Septmonts
Berzy-le-Sec
Ploisy
Missy-aux-Bois
Dommiers
Cœuvres-et-Valsery
St-Pierre-Aigle
Cutry
Laversine
Saconin-et-Breuil
Ambleny
Pernant
Mercin-et-Vaux
Osly-Courtil
Fontenoy
Pommiers
Pasly
Vauxrezis
Cuffies
Chavigny
Juvigny
Leury
Clamecy
Braye
Vuillery
Terny-Sorny
Margival
Laffaux
Nanteuil-la-Fosse
Sancy-les-Cheminots
Aizy-Jouy
Juvigny
Bieuxy
Bagneux
Épagny
Vézaponin
Morsain
Nouvron-Vingré
Tartiers
Cuisy-en-Almont
Berny-Rivière
Vassens
Audignicourt
Nampcel
St-Aubin
Selens
Trosly-Loire
Pont-St-Mard
Guny
Champs
St-Paul-aux-Bois
Besmé
Camelin
Cuts
Crécy-au-Mont
Leuilly-sous-Coucy
Neuville-sur-Margival
Jumencourt
Landricourt
Quincy-Basse
Wissignicourt
Brancourt-en-Laonnois
Prémontré
Bassoles-Aulers
Faucoucourt
Merlieux-et-Fouquerolles
Lizy
Royaucourt-et-Chailvet
Urcel
Monampteuil
Laval-en-Laonnois
Chivy-lès-Étouvelles
Étouvelles
Presles-et-Thierny
Vorges
Bruyères-et-Montbérault
Colligis-Crandelain
Trucy
Pancy-Courtecon
Allemant
Mont des Crapouillots
Bois de Mortier
Forêt de Pinon
Fort de la Malmaison
Chemin des Dames
Presles-et-Boves
St-Mard
Viel-Arcy
Dhuizel
Chassemy
Brenelle
Longueval-Barbonval
Vauxtin
Vauxcéré
Courcelles-s-Vesle
Paars
Perles
Bazoches-sur-Vesle
Augy
Cuiry-Housse
Couvrelles
Cerseuil
Limé
Quincy-s/s-le-Mont
Jouaignes
Lesges
Tannières
Mont-Notre-Dame
Mont-St-Martin
St-Thibaut
Ville-Savoye
Chéry-Chartreuve
Loupeigne
Mareuil-en-Dôle
Dravegny
Lhuys
Bruys
Branges
Arcy-Ste-Restitue
Maast-et-Violaine
Nampteuil-s/s-Muret
Muret-et-Crouttes
Launoy
Droizy
Hartennes-et-Taux
Villemontoire
Buzancy
Rozières-s-Crise
Chacrise
Ambrief
Parcy-et-Tigny
Neuville-St-Jean
Villers-Hélon
Louatre
Vierzy
Chaudun
Montgobert
Puiseux-en-Retz
Soucy
Fleury
Corcy
Dampleux
Faverolles
Ancienville
Oigny-en-Valois
Silly-la-Poterie
Troësnes
Marizy-Ste-Geneviève
Marizy-St-Mard
Passy-en-Valois
Macogny
Monnes
Dammard
Chézy-en-Orxois
Montigny-l'Allier
Brumetz
Priez
Sommelans
St-Gengoulph
Courchamps
Monthiers
Hautevesnes
Licy-Clignon
Bussiares
Épaux-Bézu
Bonnesvalyn
Grisolles
Latilly
Rocourt-St-Martin
La Croix-sur-Ourcq
Armentières-s-Ourcq
Breny
Montgru-St-Hilaire
Rozet-St-Albin
Noroy-sur-Ourcq
Chouy
Billy-sur-Ourcq
Le Plessier-Huleu
Grand-Rozoy
St-Rémy-Blanzy
Beugneux
Cramaille
Saponay
Nanteuil-N.D.
Bruyères-s-Fère
Coincy
Brécy
Beuvardes
Villeneuve-sur-Fère
Villers-sur-Fère
Seringes-et-Nesles
Sergy
Cierges
Coulonges-Cohan
Fresnes-en-Tardenois
Ronchères
Champvoisy
Le Charmel
Jaulgonne
Épieds
Bézu-St-Germain
Verdilly
Forêt de Fère
Forêt de Ris
Bois Meunière
Bois du Châtelet
Bois de Cresnes
Forêt de Retz
Butte de Chalmont
L'Aisne
L'Ourcq
Vesle
Crise
N 2
N 31
D 1
E 46
A 4 - E 50
0
5
10 km

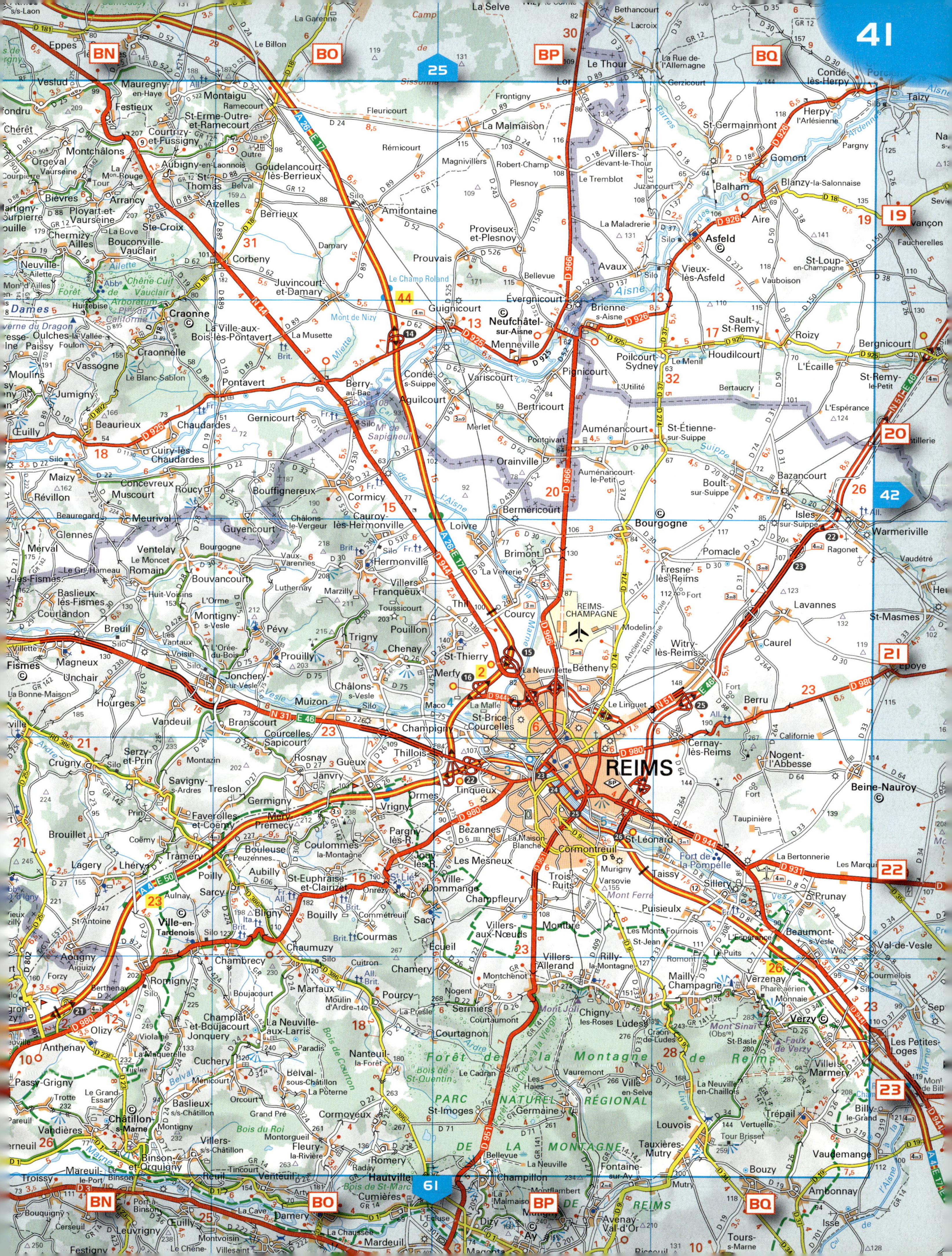
BN
BO
BP
BQ
25
La Selve
Bethancourt
Lor
Le Thour
Condé-lès-Herpy
Talzy
Eppes
Veslud
Mauregny-en-Haye
Montaigu
Festieux
St-Erme-Outre-et-Ramecourt
Fleuricourt
Frontigny
La Malmaison
Gerzicourt
St-Germainmont
Herpy-l'Arlésienne
Courtrizy-et-Fussigny
Montchâlons
Orgeval
Aubigny-en-Laonnois
Goudelancourt-lès-Berrieux
Rémicourt
Magnivillers
Robert-Champ
Villers-devant-le-Thour
Le Tremblot
Juzancourt
Gomont
Balham
Blanzy-la-Salonnaise
Pargny
Bièvres
Ployart-et-Vaurseine
St-Thomas
Arrancy
Aizelles
Amifontaine
Plesnoy
Aire
Asfeld
Chermizy-Ailles
Ste-Croix
Bouconville-Vauclair
Berrieux
Corbeny
Proviseux-et-Plesnoy
La Maladrerie
Neuville-s-Ailette
Juvincourt-et-Damary
Damary
Prouvais
Avaux
Vieux-lès-Asfeld
St-Loup-en-Champagne
Vauboison
Craonne
La Ville-aux-Bois-lès-Pontavert
Le Champ Roland
Guignicourt
Évergnicourt
Neufchâtel-sur-Aisne
Menneville
Brienne-s-Aisne
Sault-St-Remy
Roizy
Bergnicourt
Oulches-la-Vallée-Foulon
Paissy
Craonnelle
Vassogne
La Musette
Mont de Nizy
Poilcourt-Sydney
Houdilcourt
L'Écaille
St-Remy-le-Petit
Moulins
Jumigny
Pontavert
Berry-au-Bac
Condé-s-Suippe
Variscourt
Pignicourt
Bertaucry
Beaurieux
Gernicourt
Aguilcourt
Bertricourt
L'Espérance
Chaudardes
Merlet
Auménancourt
St-Étienne-sur-Suippe
Cuiry-lès-Chaudardes
Pontgivart
Maizy
Concevreux
Orainville
Auménancourt-le-Petit
Bazancourt
Révillon
Muscourt
Roucy
Bouffignereux
Cormicy
Boult-sur-Suippe
Isles-sur-Suippe
Meurival
Guyencourt
Châlons-le-Vergeur
Cauroy-lès-Hermonville
Loivre
Bermericourt
Bourgogne
Warmeriville
Glennes
Ventelay
Merval
Le Moncet
Romain
Bourgogne
Vaux-Varennes
Hermonville
Brimont
Pomacle
Ragonet
Vaudétré
Bouvancourt
Villers-Franqueux
La Verrerie
Fresne-lès-Reims
Baslieux-lès-Fismes
Courlandon
Lhéry
Montigny-s-Vesle
Pévy
Toussicourt
Pouillon
Thil
Courcy
Reims-Champagne
Lavannes
St-Masmes
Breuil
Trigny
Chenay
Modelin
Witry-lès-Reims
Caurel
Fismes
Magneux
Unchair
Prouilly
Jonchery-sur-Vesle
Merfy
St-Thierry
La Neuvillette
Bétheny
Époye
Hourges
Châlons-s-Vesle
Muizon
La Malle
St-Brice-Courcelles
Le Linguet
Berru
Vandeuil
Branscourt
Champigny
Cernay-lès-Reims
Courcelles-Sapicourt
Thillois
REIMS
Nogent-l'Abbesse
Crugny
Serzy-et-Prin
Rosnay
Gueux
Janvry
Savigny-s-Ardres
Treslon
Tinqueux
Beine-Nauroy
Germigny
Méry-Prémecy
Ormes
Vrigny
Faverolles-et-Coëmy
Bezannes
Taupinière
Pargny-lès-Reims
Brouillet
Coulommes-la-Montagne
Boulcuse
La Maison-Blanche
Cormontreuil
St-Léonard
La Bertonnerie
Lagery
Tramery
Aubilly
Jouy-lès-Reims
Les Mesneux
Murigny
Fort de la Pompelle
Taissy
Sillery
Prunay
St-Euphraise-et-Clairizet
Ville-Dommange
Trois-Puits
Varsovie
Mont Ferré
Puisieulx
Ville-en-Tardenois
Sarcy
Bligny
Bouilly
Sacy
Champfleury
Villers-aux-Nœuds
Montbré
Les Monts Fournois
Beaumont-s-Vesle
Val-de-Vesle
Courmas
Chaumuzy
Écueil
Villers-Allerand
Rilly-la-Montagne
Wez
Aougny
Chambrecy
Cuitron
Chamery
Mailly-Champagne
Verzenay
Courmelois
Romigny
Marfaux
Pourcy
Nogent
Sermiers
Chigny-les-Roses
Mont Joli
Mont Sinaï
Verzy
Sept-Saulx
Olizy
Champlat-et-Boujacourt
Jonquery
La Neuville-aux-Larris
Moulin d'Ardre
Courtagnon
Ludes
Craon-de-Ludes
Faux de Verzy
Villers-Marmery
Les Petites-Loges
Anthenay
Nanteuil-la-Forêt
Forêt de la Montagne de Reims
Le Cadran
Vaurémont
Ville-en-Selve
La Neuville-en-Chaillois
Trépail
Passy-Grigny
Cuchery
Belval-sous-Châtillon
Les Haies
Germaine
Parc Naturel Régional
Le Grand-Essart
Trotte
Baslieux-s-Châtillon
Orcourt
La Poterne
St-Quentin
St-Imoges
Billy-le-Grand
Châtillon-s-Marne
Vandières
Montigny
Grand Pré
Cormoyeux
Bois du Roi
Louvois
Tours-sur-Marne
Vertuelle
Tour Brisset
Villers-s-Châtillon
Fleury-la-Rivière
Montorgueil
Bellevue
Tauxières-Mutry
Vaudemange
Binson-et-Orquigny
Mareuil-le-Port
Reuil
Venteuil
Romery
La Neuville
Fontaine-sur-Ay
Bouzy
Troissy
Hautvillers
Champillon
Ambonnay
Cumières
Dizy
Montflambert
Avenay-Val-d'Or
Port-à-Binson
Damery
La Cave
Cerseuil
Leuvrigny
Festigny
Le Chêne
Montvoisin
Villesaint
La Chaussée
Mardeuil
Magenta
Ay
Mutry
Bouquigny
Isse
Tours-s-Marne
61
42

BR
BS
BT
BU
26
19
20
21
22
23
41
62
Rethel
Inaumont
Arnicourt
Sorbon
Écly
Barby
Taizy
Le Pont-d'Arcole
Bertoncourt
Novy-Chevrières
Aubencourt-Vauzelles
Sorcy-Bauthémont
Faux
Lucquy
Sausseuil
Bauthémon
Ecordal
Tourteron
La Sabotterie
Lametz
Le Chesne
Aisne
Nanteuil-s-Aisne
Acy-Romance
Sault-lès-Rethel
Biermes
Doux
Coucy
Resson
Pargny
Amagne
Alland'Huy-et-Sausseuil
Suzanne
St-Lambert-et-Mont-de-Jeux
Mont-de-Jeux
Charbogne
Montgon
Neuville-Day
Semuy
Rilly-s-Aisne
Voncq
Les Alleux
Givry
Ambly-Fleury
Attigny
Thugny-Trugny
Seuil
Sevigny
Avançon
Faucherelles
St-Loup-Champagne
Tagnon
La Servelle
Perthes
Mont-Laurent
Saulces-Champenoises
Ste-Vaubourg
Chuffilly-Roche
Vaux-Champagne
Ménil-Annelles
Coulommes-et-Marqueny
Terron-s-Aisne
Vandy
Ballay
Vrizy
Annelles
Bergnicourt
Le Châtelet-sur-Retourne
Neuflize
St-Remy-le-Petit
Alincourt
Retourne
Pauvres
Les Sylvains
Chardeny
Quilly
Grivy-Loisy
Condé-lès-Vouziers
Vouziers
Mars-s/s-Bourcq
Tourcelles-Chaumont
Dricourt
Bignicourt
Juniville
Ville-s-Retourne
Mont-St-Remy
Leffincourt
Mazagran
Bourcq
Blaise
La Briqueterie
Falaise
La Gentillerie
Ménil-Lépinois
Ste-Marie
Contreuve
Bagot
Savigny-s-Aisne
Olizy-Primat
Machault
Sugny
Warmeriville
Ragonet
Aussonce
La Neuville-en-Tourne-à-Fuy
Cauroy
Semide
Mont-St-Martin
St-Morel
Crécy
Brières
Vaudétré
Heutrégiville
Merlan
Les Monts Chéry
Monthois
Corbon
Scay
Liry
Challerange
St-Masmes
Selles
Hauviné
St-Clément-à-Arnes
St-Étienne-à-Arnes
Arnes
Baimont
Orfeuil
Marvaux-Vieux
Époye
Pontfaverger-Moronvilliers
Bétheniville
St-Pierre-à-Arnes
Aure
Ardeuil-et-Montfauxelles
Séchault
St-Hilaire-le-Petit
Vauroisy
Manre
Bussy
Sommepy-Tahure
Gratreuil
Fontaine-en-Dormois
St-Martin-l'Heureux
Beine-Nauroy
Nauroy
Moronvilliers
Dontrien
Ste-Marie-à-Py
St-Souplet-sur-Py
Butte de Tahure
Tahure
Rouvroy-Ripont
Ripont
Vaudesincourt
Mont Cornillet
Butte de Souain
Camp militaire
Les Marquises
Prunay
Constantine
Moscou
Aubérive
Suippe
Perthes-lès-Hurlus
Le Mesnil-lès-Hurlus
Massiges
Prosnes
L'Espérance
Souain-Perthes-lès-Hurlus
Les Wacques
Minaucourt-le-Mesnil-lès-Hurlus
Val-de-Vesle
Wez
St-Hilaire-le-Grand
Hurlus
Virginy
Courmelois
Baconnes
Russe
Jonchery-sur-Suippe
Wargemoulin-Hurlus
Voie de Suippes
Sept-Saulx
Camp de Mourmelon
Suippes
Laval-sur-Tourbe
Les Cruzis
Mourmelon-le-Grand
Les Petites-Loges
Mourmelon-le-Petit
Ferme de Suippes
Somme-Suippe
St-Jean-sur-Tourbe
Mont Farman
Bois de la Lyre
La Salle
Hans
Livry-Louvercy
Mont de Billy
Billy-le-Grand
Crête Niel
Haricot de Vadenay
Somme-Tourbe
Somme-Bionne
Vaudemange
Bouy
Vesle
Mont Frenet
Mont Piémont
Ambonnay
Vadenay
Bussy-le-Château
La Croix-en-Champagne
Les Maigneux
Isse
Les Grandes-Loges
St-Hilaire-au-Temple
Cuperly
Camp d'Attila
La Cheppe
St-Remy-sur-Bussy
Le Vieux-Bellay
La Chapelle-Felcourt
0
5
10 km

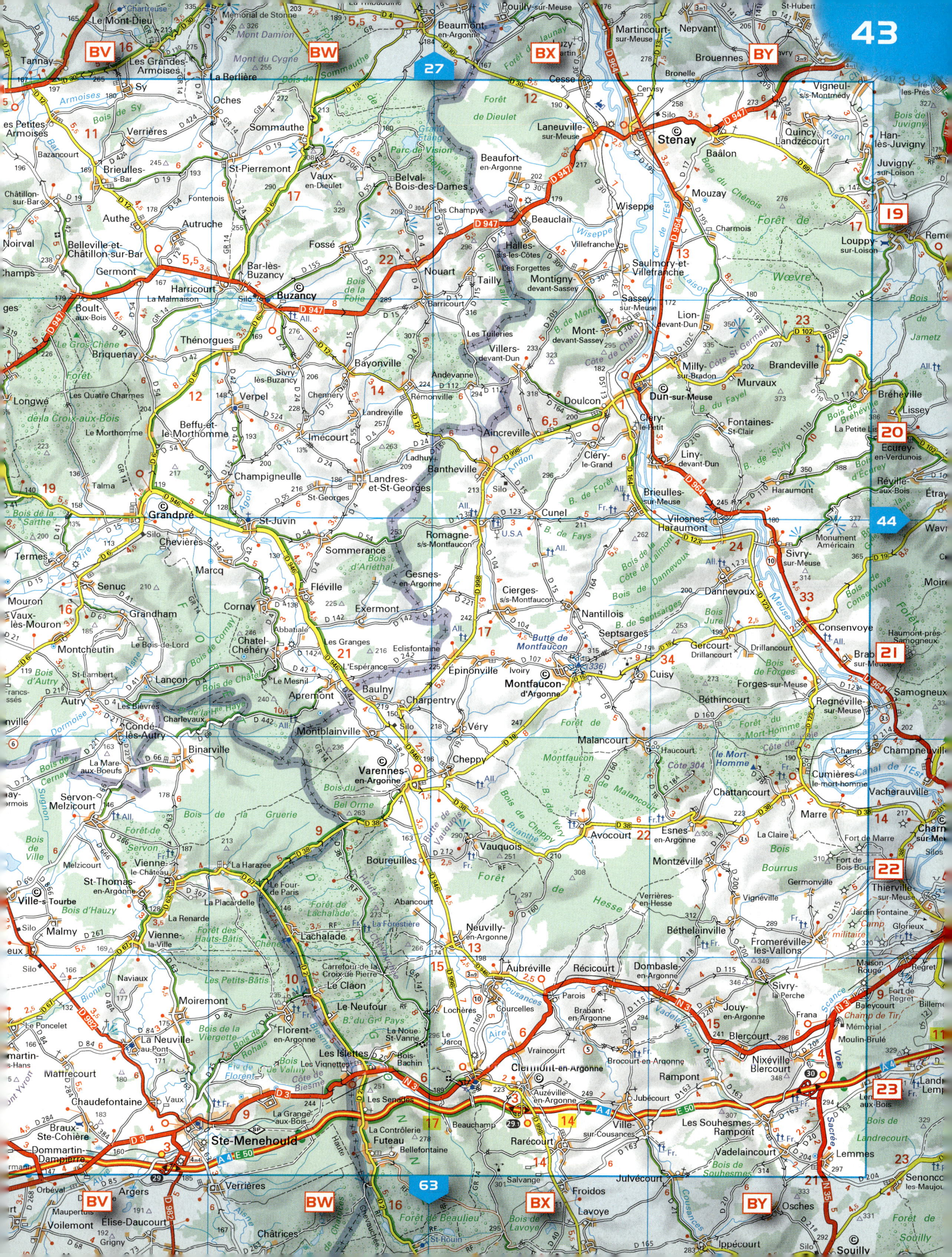

Le Mont-Dieu
Beaumont-en-Argonne
Pouilly-sur-Meuse
Martincourt-sur-Meuse
Nepvant
Brouennes
Tannay
Les Grandes-Armoises
La Berlière
Mont Damion
Mont du Cygne
Bois de Sommauthe
Cesse
Vigneul-s/s-Montmédy
Sy
Oches
Forêt de Dieulet
Laneuville-sur-Meuse
Stenay
Quincy-Landzécourt
Les Petites-Armoises
Verrières
Sommauthe
Beaufort-en-Argonne
Baâlon
Han-lès-Juvigny
Juvigny-sur-Loison
Bazancourt
Brieulles-s-Bar
St-Pierremont
Vaux-en-Dieulet
Belval-Bois-des-Dames
Wiseppe
Mouzay
Châtillon-sur-Bar
Fontenois
Les Champys
Beauclair
Charmois
Forêt de Woëvre
Loupy-sur-Loison
Autruche
Authe
Noirval
Belleville-et-Châtillon-sur-Bar
Fossé
Halles-s/s-les-Côtes
Les Forgettes
Saulmory-et-Villefranche
Germont
Bar-lès-Buzancy
Nouart
Tailly
Montigny-devant-Sassey
Harricourt
La Malmaison
Buzancy
Barricourt
Sassey-sur-Meuse
Lion-devant-Dun
Boult-aux-Bois
Thénorgues
Les Tuileries
Villers-devant-Dun
Mont-devant-Sassey
Le Gros Chêne
Briquenay
Bayonville
Milly-sur-Bradon
Brandeville
Murvaux
Sivry-lès-Buzancy
Andevanne
Rémonville
Doulcon
Dun-sur-Meuse
Bréheville
Lissey
Longwé
Les Quatre Charmes
Verpel
Chennery
Landreville
Fontaines-St-Clair
Le Morthomme
Beffu-et-le-Morthomme
Imécourt
Aincreville
Cléry-le-Petit
La Petite Lissey
Ecurey-en-Verdunois
Ladhuy
Cléry-le-Grand
Liny-devant-Dun
Champigneulle
Bantheville
Landres-et-St-Georges
Talma
St-Georges
Brieulles-sur-Meuse
Haraumont
Réville-aux-Bois
Grandpré
St-Juvin
Cunel
Vilosnes-Haraumont
Termes
Chevières
Romagne-s/s-Montfaucon
U.S.A.
Monument Américain
Sivry-sur-Meuse
Marcq
Sommerance
Gesnes-en-Argonne
Senuc
Grandham
Fléville
Exermont
Cierges-s/s-Montfaucon
Nantillois
Dannevoux
Mouron
Vaux-lès-Mouron
Cornay
Septsarges
Consenvoye
Chatel-Chéhéry
Les Granges
Eclisfontaine
Butte de Montfaucon
Gercourt-Drillancourt
Drillancourt
Montcheutin
Le Bois-de-Lord
L'Espérance
Epinonville
Ivoiry
Montfaucon-d'Argonne
Cuisy
Brabant-sur-Meuse
Forges-sur-Meuse
Haumont-près-Samogneux
St-Lambert
Lançon
Le Mesnil
Apremont
Baulny
Charpentry
Béthincourt
Samogneux
Autry
Les Bièvres
Charlevaux
Montblainville
Véry
Forêt de Mort-Homme
Regnéville-sur-Meuse
Condé-lès-Autry
Binarville
Malancourt
Haucourt
Le Mort Homme
Cheppy
Champneuville
La Mare-aux-Boeufs
Varennes-en-Argonne
Côte 304
Cumières-le-mort-homme
Servon-Melzicourt
Bois de Malancourt
Chattancourt
Vacherauville
Bel Orme
Marre
Bois de Cheppy
Avocourt
Esnes-en-Argonne
Vauquois
Forêt de Hesse
La Claire
Fort de Marre
Charny-sur-Meuse
Vienne-le-Château
Melzicourt
La Harazee
Boureuilles
Montzéville
Fort de Bois Bourrus
Thierville-sur-Meuse
St-Thomas-en-Argonne
Le Four-de-Paris
Germonville
Ville-s-Tourbe
Bois d'Hauzy
La Placardelle
Abancourt
Verrières-en-Hesse
Jardin Fontaine
Malmay
La Renarde
Forêt de Lachalade
La Forestière
Vigneville
Glorieux
Vienne-la-Ville
Lachalade
Béthelainville
Neuvilly-en-Argonne
Fromeréville-les-Vallons
Naviaux
Les Petits-Bâtis
Carrefour de la Croix de Pierre
Aubréville
Récicourt
Dombasle-en-Argonne
Sivry-la-Perche
Le Claon
Regret
Moiremont
Le Neufour
Parois
Jouy-en-Argonne
Fort de Regret
Courcelles
Brabant-en-Argonne
Baleycourt
Le Poncelet
La Neuville-au-Pont
Florent-en-Argonne
Lochères
Frana
Champ de Tir
Le Jarcq
Blercourt
Mémorial
La Noue-St-Vanne
Moulin-Brûlé
Les Islettes
Vraincourt
Brocourt-en-Argonne
Nixéville-Blercourt
Les Vignettes
Bois-Bachin
Clermont-en-Argonne
Rampont
Mattrecourt
Côte de Biesme
Auzéville-en-Argonne
Jubécourt
Chaudefontaine
Les Senades
Ville-sur-Cousances
Les Souhesmes-Rampont
Braux-Ste-Cohière
La Grange-aux-Bois
Beauchamp
Rarécourt
La Contrôlerie
Futeau
Vadelaincourt
Lemmes
Ste-Menehould
Bellefontaine
Dommartin-Dampierre
Julvécourt
Senoncourt-les-Maujouy
Orbéval
Argers
Verrières
Salvange
Froidos
Maupertuis
Elise-Daucourt
Lavoye
Osches
Voilemont
Forêt de Beaulieu
Châtrices
St-Rouin
Ippécourt
Souilly
Grigny

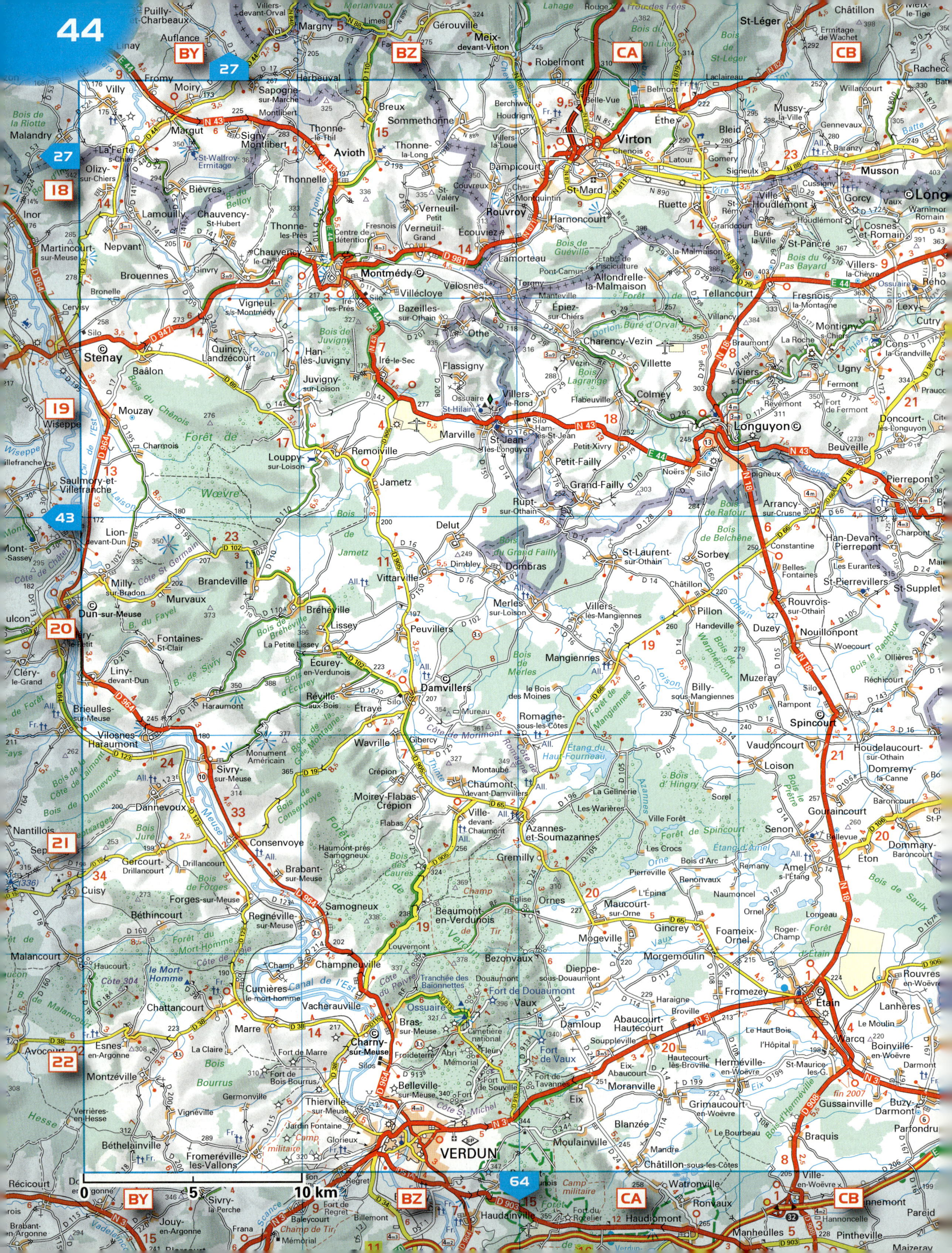
BY
BZ
CA
CB
27
18
19
43
20
21
22
64
Pouilly-sur-Charbeaux
Auflance
Margny
Gérouville
Meix-devant-Virton
Robelmont
St-Léger
Châtillon
Villy
Moiry
Herbeuval
Sapogne-sur-Marche
Breux
Sommethonne
Belle-Vue
Virton
Éthe
Bleid
Musson
Malandry
Margut
Signy-Montlibert
Avioth
Thonne-le-Thil
Thonne-la-Long
St-Walfroy Ermitage
La Ferté-s-Chiers
Olizy-sur-Chiers
Bièvres
Thonnelle
Dampicourt
St-Mard
Ruette
Houdlémont
Gorcy
Cosnes-et-Romain
Inor
Lamouilly
Chauvency-St-Hubert
Verneuil-Petit
Verneuil-Grand
Écouviez
Rouvroy
Harnoncourt
Martincourt-sur-Meuse
Nepvant
Thonne-les-Prés
Chauvency-le-Château
Montmédy
Lamorteau
Torgny
Allondrelle-la-Malmaison
St-Pancré
Villers-la-Chèvre
Brouennes
Villécloye
Velosnes
Bazeilles-sur-Othain
Écouviez
Tellancourt
Fresnois-la-Montagne
Cervisy
Vigneul-s/s-Montmédy
Iré-les-Prés
Othe
Épiez-sur-Chiers
Charency-Vezin
Villette
Montigny-s-Chiers
Cons-la-Grandville
Stenay
Baâlon
Quincy-Landzécourt
Han-lès-Juvigny
Iré-le-Sec
Flassigny
Villers-le-Rond
Colmey
Viviers-s-Chiers
Ugny
Juvigny-sur-Loison
Flabeuville
Longuyon
Mouzay
Forêt de Woëvre
Marville
St-Jean-lès-Longuyon
Petit-Xivry
Beuville
Pierrepont
Wiseppe
Saulmory-et-Villefranche
Charmois
Louppy-sur-Loison
Remoiville
Jametz
Petit-Failly
Grand-Failly
Noërs
Arrancy-sur-Crusne
Rupt-sur-Othain
Lion-devant-Dun
Delut
Dombras
St-Laurent-sur-Othain
Sorbey
Han-Devant-Pierrepont
Milly-sur-Bradon
Brandeville
Vittarville
Murvaux
Bréhéville
Merles-sur-Loison
Villers-lès-Mangiennes
Pillon
Rouvrois-sur-Othain
St-Pierrevillers
Dun-sur-Meuse
Lissey
Peuvillers
Mangiennes
Duzey
Nouillonpont
Fontaines-St-Clair
La Petite Lissey
Écurey-en-Verdunois
Damvillers
Billy-sous-Mangiennes
Muzeray
Cléry-le-Grand
Liny-devant-Dun
Haraumont
Réville-aux-Bois
Étraye
Romagne-sous-les-Côtes
Spincourt
Brieulles-sur-Meuse
Vilosnes-Haraumont
Wavrille
Gibercy
Vaudoncourt
Loison
Sivry-sur-Meuse
Crépion
Chaumont-devant-Damvillers
Domremy-la-Canne
Dannevoux
Moirey-Flabas-Crépion
Ville-devant-Chaumont
Azannes-et-Soumazannes
Gouraincourt
Nantillois
Consenvoye
Haumont-près-Samogneux
Gremilly
Senon
Dommary-Baroncourt
Gercourt-Drillancourt
Brabant-sur-Meuse
Amel-s-l'Étang
Éton
Cuisy
Forges-sur-Meuse
Samogneux
Ornes
Maucourt-sur-Orne
Béthincourt
Regnéville-sur-Meuse
Beaumont-en-Verdunois
Mogeville
Gincrey
Foameix-Ornel
Malancourt
Haucourt
Champneuville
Bezonvaux
Dieppe-sous-Douaumont
Morgemoulin
Étain
Cumières-le-Mort-homme
Vacherauville
Fort de Douaumont
Vaux
Fromezey
Lanhères
Chattancourt
Marre
Bras-sur-Meuse
Damloup
Abaucourt-Hautecourt
Warcq
Boinville-en-Woëvre
Avocourt
Esnes-en-Argonne
Charny-sur-Meuse
Fort de Vaux
Herméville-en-Woëvre
Montzéville
Belleville-sur-Meuse
Eix
Moranville
Grimaucourt-en-Woëvre
Gussainville
Buzy-Darmont
Thierville-sur-Meuse
Verrières-en-Hesse
Béthelainville
Fromeréville-les-Vallons
Glorieux
VERDUN
Moulainville
Blanzée
Châtillon-sous-les-Côtes
Braquis
Parfondrupt
Récicourt
Sivry-la-Perche
Jouy-en-Argonne
Haudainville
Watronville
Ronvaux
Haudiomont
Manheulles
Pintheville
Ville-en-Woëvre
Maizeray
0
5
10 km
fin 2007

Bertrange
Dahlem
Hivange
Sélange
Clémency
Schouweiler
Hautcharage
Bascharage
Sanem
Mondercange
Differdange
Niederkorn
Lasauvage
Pétange
Athus
Aubange
Mont-St-Martin
Longlaville
Saulnes
Herserange
Oberkorn
Belvaux
Soleuvre
Ehlerange
Esch-sur-A.
(Esch-U.)
Schifflange
(Schëffleng)
Kayl
(Käl)
Tétange
Rumelange
(Rëmeleng)
Dudelange
(Diddeleng)
Bettembourg
(Beteburg)
Leudelange
Reckange-sur-Mess
Ehlange
Kockelscheuer
Pontpierre
Abweiler
Bergem
Huncherange
Noertzange
Budersberg
Livange
Peppange
Crauthem
Hesperange
(Hesper)
Alzingen
Itzig
Contern
Fentange
Roeser
Weiler-la-Tour
Aspelt
Frisange
Hellange
Parc Merveilleux
Dalheim
Filsdorf
Syren
Trintange
Waldbredimus
Ersange
Stadtbredimus
Bous
Assel
Rolling
Erpeldange
Schleinberg
Bech-Kleinmacher
Wellenstein
Ellange
Elvange
Altwies
Mondorf-les-Bains
(Munneref)
Burmerange
Wintrange
Emerange
Schengen
Évrange
Preisch
Himeling
Hagen
Haute-Rentgen
Basse-Rentgen
Hallingi
Puttelange-lès-Thionville
Beyren-lès-Sierck
Gandren
Contz-les-Bains
Haute-Kontz
Rodemack
Faulbach
Semming
Breistroff-la-Grande
Évange
Esing
Dodenom
Zoufftgen
Forêt de Zoufftgen
Roussy-le-Village
Roussy-le-Bourg
Boler
Basse Parthe
Haute Parthe
Usselskirch
Fixem
Gavisse
Rettel
Boust
Sentzich
Homeldange
Cattenom
Hettange
Métrich
Koenigsmacker
Husange
Forêt de Garche
Garche
Koeking
Mexy
Heumont
Haucourt-Moulaine
Hussigny-Godbrange
Moulaine
Saint-Charles
Rédange
Russange
Thil
Audun-le-Tiche
Villerupt
Tiercelet
Cantebonne
Ottange
Nondkeil
Volmerange-les-Mines
Kanfen
Molvange
Escherange
Immerhof
Soetrich
Zeiterholz
Hettange-Grande
Entrange
Rochonvillers
Tressange
Angevillers
Bure
Aumetz
Ecomusée
Crusnes
Errouville
Hirps
Bréhain-la-Ville
Bréhain-la-Cour
Bourène
Morfontaine
Villers-la-Montagne
Laix
Baslieux
Ville-au-Montois
Bazailles
Fillières
Serrouville
Ludelange
Havange
Bassompierre
Boulange
Beuvillers
Audun-le-Roman
Joppécourt
Le Chanois
Boudrezy
Mercy-le-Haut
Higny
Preutin-Higny
Malavillers
Murville
Sancy
Bazonville
Lommerange
Trieux
Anderny
Mont-Bonvillers
Landres
Mairy-Mainville
Piennes
Tucquegnieux
Bettainvillers
Bertrameix
Norroy-le-Sec
Joudreville
Mancieulles
Avril
Anoux
St-Supplet
St-Saumont
La Malmaison
Lantéfontaine
Immonville
La Serpe
Fléville-Lixières
Lixières
Gondrecourt-Aix
Ozerailles
Lubey
Génaville
Les Baroches
Briey
Moutiers
Jœuf
Homécourt
Valleroy
Auboué
Mouaville
Thumeréville
Fiquelmont
Abbéville-lès-Conflans
Moineville
Hatrize
Beaumont
Le Paradis
Ste-Marie-aux-Chênes
St-Privat-la-Montagne
Roncourt
Neuvron
Conflans-en-Jarnisy
Boncourt
Olley
Jeandelize
Labry
Tichemont
Fleury
Giraumont
Batilly
St-Ail
Amanvillers
Habonville
Jouaville
Puxe
Ebany
Jarny
Friauville
Bouzonville
Doncourt-lès-Conflans
Anoux-la-Grange
Vernéville
Moncel
Bruville
Droitaumont
Caulre
Malmaison
Villers-sous-Pareid
Dompierre
Brainville
Allamont
Porcher
Le Chenois
Ville-sur-Yron
Grisières
La Grange
Urcourt
St-Marcel
Villers-aux-Bois
Gravelotte
Rezonville
Mars-la-Tour
Fontoy
Algrange
Knutange
Nilvange
Hayange
Neufchef
Musée Ste-Neige
Serémange-Erzange
St-Nicolas-en-Forêt
Florange
Uckange
Fameck
Edange
Budange
Ranguevaux
Justemont
Moyeuvre-Petite
Moyeuvre-Grande
Beuvange
Vitry-s-O.
Clouange
Rosselange
Froidcul
Richemont
Bousse
Guénange
Gandrange
Boussange
Bertrange
Imeldange
Illange
Amnéville
Hagondange
Rombas
Talange
Pierrevillers
Malancourt-la-Montagne
Silvange
Maizières-lès-M.
Walibi Lorraine
Hauconcourt
Montois-la-Montagne
Marange-Silvange
Bronvaux
Fèves
Semécourt
Norroy-le-Veneur
Plesnois
Saulny
Woippy
Bellevue
Vigneulles
Lorry-lès-M.
Plappeville
Le Ban-St-Martin
Maison Neuve
Lessy
Scy-Chazelles
Longeville-lès-M.
Moulins-lès-M.
Ste-Ruffine
Rozérieulles
Jussy
Châtel-St-Germain
Metz-St-Privat
Argancy
Olgy
Malroy
St-Rémy
La Maxe
St-Julien-lès-M.
Chieulles
Vany
Villers-l'Orme
Grimont
Mey
Vantoux
Vallières-lès-Metz
Borny
METZ
Queuleu
Charly-Oradour
Rupigny
Failly
Vrémy
Antilly
Chailly-lès-Ennery
Ennery
Flévy
Trémery
Ay-s-Moselle
Mondelange
Blettange
Montrequienne
Logne
St-Charles
Chelaincourt
Rurange-lès-Thionville
Kirsch-lès-Luttange
Luttange
Vinsberg
Schell
Guélange
Metzeresche
Metzervisse
Reinange
Distroff
Volstroff
Stuckange
Yutz
Kuntzig
Valmestroff
Inglange
Elzange
Manom
Basse-Ham
Thionville
Guentrange
Chambourg
Elange
Veymerange
Terville
Daspich
Ebange
Volkrange
Beuvange-s-St-Michel
Marspich
Konacker
Hettange
Bettelainville
Hessange
Altroff
Buding
Breistroff-la-Petite
Hastroff
Cité des Officiers
Vigy
Sanry-lès-Vigy
Vry
Méchy
Avancy
Paouilly
Barbe
Servigny-lès-Ste-Barbe
Noisseville
Nouilly
Montoy-Flanville
Retonféy
Coincy
Ogy
Colligny
Marsilly
Ars-Laquenexy
La Grange-aux-Bois
Moulins
Montigny
Ste-Barbe
Méchy
Camp militaire
Forêt de Moyeuvre
Bois de Champ
Champ de Tir
Étang de Mont
Zoo
Parc thermal
Autoroute de l'Est
CC
CD
CE
CF
46
65
18
19
20
21
22

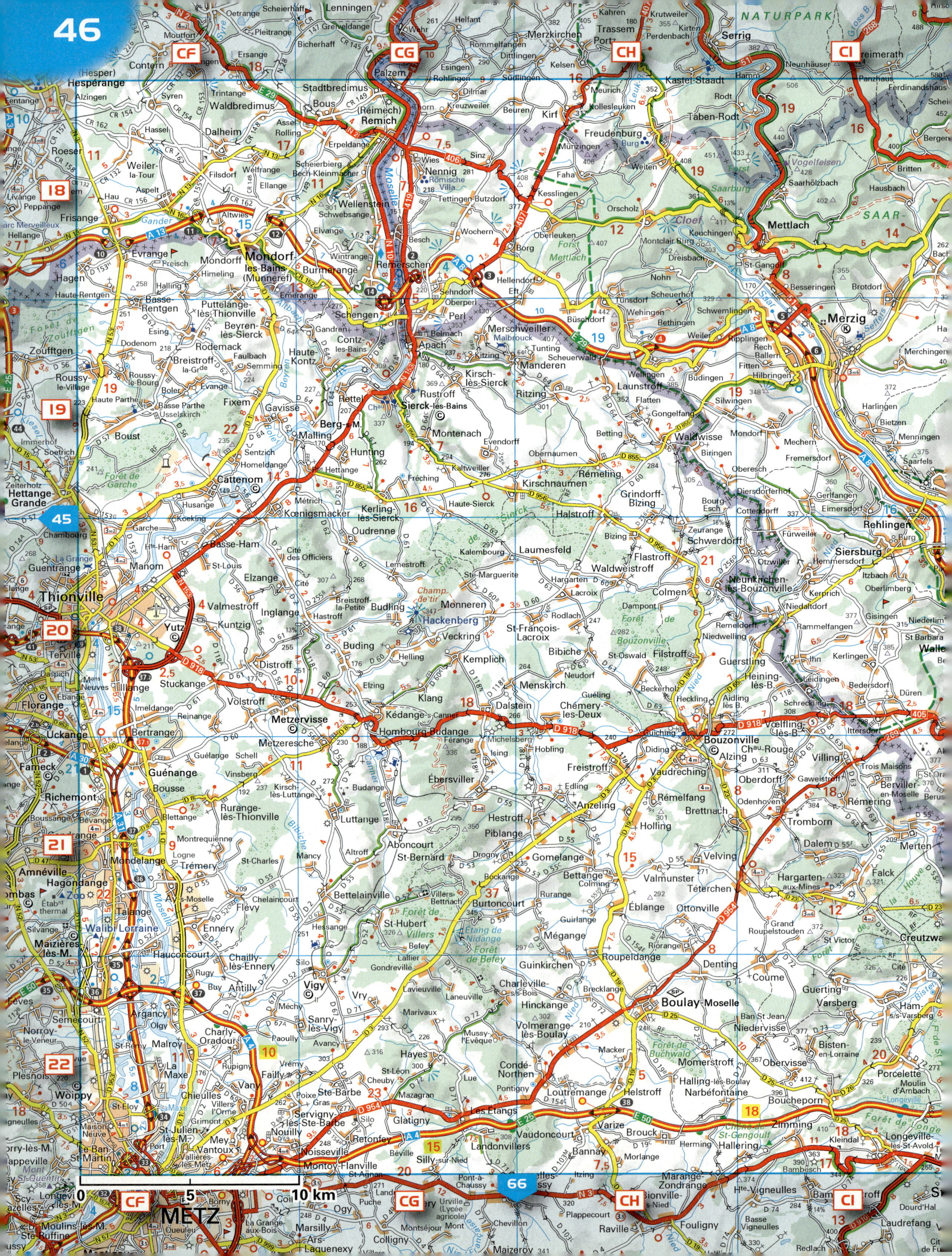
CF
CG
CH
CI
NATURPARK
Hesperange
Contern
Alzingen
Lenningen
Stadtbredimus
Remich
Waldbredimus
Dalheim
Mondorf-les-Bains
Wellenstein
Schwebsange
Nennig
Perl
Schengen
Kirf
Freudenburg
Serrig
Kastel-Staadt
Taben-Rodt
Saarburg
Mettlach
SAAR
Merzig
Orscholz
Besch
Remerschen
Apach
Sierck-les-Bains
Manderen
Launstroff
Waldwisse
Frisange
Hettange-Grande
Cattenom
Koenigsmacker
Kerling-lès-Sierck
Halstroff
Rémeling
Kirschnaumen
Grindorff-Bizing
Schwerdorff
Rehlingen
Siersburg
Thionville
Yutz
Manom
Basse-Ham
Elzange
Inglange
Kuntzig
Distroff
Stuckange
Metzervisse
Kédange-s-Canner
Hombourg-Budange
Dalstein
Chémery-les-Deux
Menskirch
Bouzonville
Hackenberg
Monneren
Laumesfeld
Waldweistroff
Colmen
Neunkirchen-lès-Bouzonville
Filstroff
Guerstling
Florange
Uckange
Fameck
Richemont
Guénange
Bertrange
Amnéville
Hagondange
Walibi Lorraine
Maizières-lès-M.
Mondelange
Talange
Hauconcourt
Ennery
Flévy
Trémery
Vigy
Antilly
Luttange
Aboncourt
St-Bernard
Bettelainville
Burtoncourt
Piblange
Anzeling
Freistroff
Vaudreching
Rémelfang
Holling
Velving
Valmunster
Téterchen
Ottonville
Éblange
Mégange
Guinkirchen
Roupeldange
Boulay-Moselle
Denting
Coume
Varsberg
Hargarten-aux-Mines
Falck
Tromborn
Merten
Creutzwald
Berviller-en-Moselle
Rémering
Dalem
Argancy
Malroy
Woippy
Plesnois
Semécourt
Norroy-le-Veneur
Charly-Oradour
Vany
Failly
Chieulles
Servigny-lès-Ste-Barbe
Ste-Barbe
Noisseville
Retonfey
Glatigny
Les Étangs
Landonvillers
Vaudoncourt
Varize
Brouck
Bannay
Hinckange
Volmerange-lès-Boulay
Condé-Northen
Helstroff
Momerstroff
Narbéfontaine
Halling-lès-Boulay
Obervisse
Niedervisse
Bisten-en-Lorraine
Boucheporn
Zimming
Porcelette
Longeville-lès-St-Avold
Hallering
Montoy-Flanville
St-Julien-lès-Metz
Vantoux
Mey
METZ
Marange-Zondrange
Fouligny
Raville
Laudrefang
Hte-Vigneulles
Bambiderstroff
0
5
10 km
45
66
18
19
20
21
22

CJ
CK
CL
CM
Weiskirchen
Wadern
Losheim
Tholey
St Wendel
Marpingen
Schmelz
Lebach
Eppelborn
Ottweiler
Illingen
Schiffweiler
Neunkirchen
Dillingen
Saarlouis
Saarwellingen
Heusweiler
Quierschied
Friedrichsthal
Merchweiler
Spiesen-Elversberg
Riegelsberg
Sulzbach
St Ingbert
Kirkel
Püttlingen
Völklingen
Wadgassen
Dudweiler
SAARBRÜCKEN
Blieskastel
Petite-Rosselle
Stiring-Wendel
Forbach
Großrosseln
Mandelbachtal
Gersheim
Freyming-Merlebach
Sarreguemines
Grosbliederstroff
Kleinblittersdorf
Bliesbruck
Farébersviller
Hombourg-Haut
Saint-Avold
Macheren
HUNSRÜCK
Warndt
18
19
20
21
22
48
67

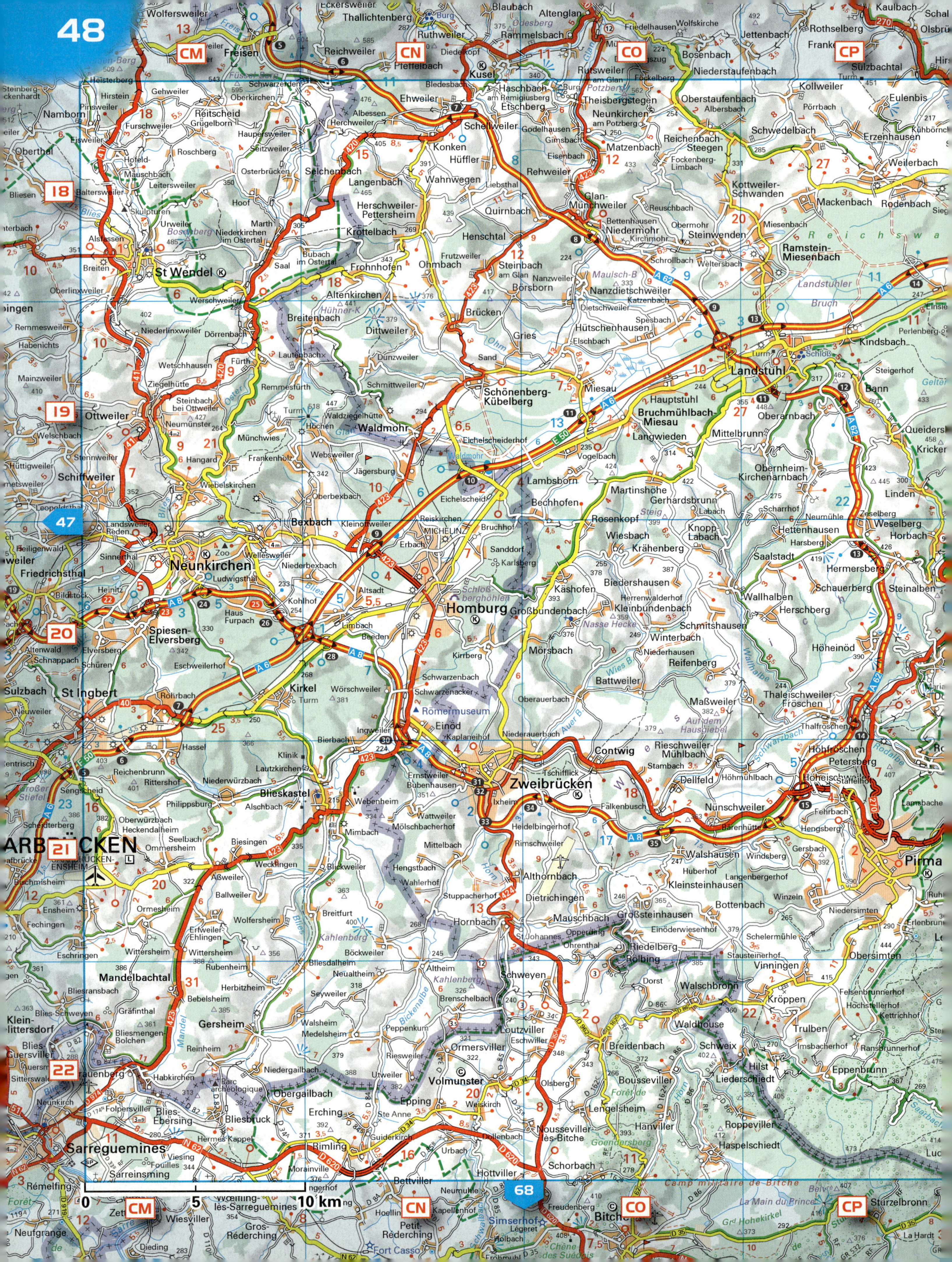
Wolfersweiler
Thallichtenberg
Blaubach
Altenglan
Kaulbach
Freisen
Reichweiler
Pfeffelbach
Kusel
Rammelsbach
Rutsweiler
Bosenbach
Niederstaufenbach
Rothselberg
Sulzbachtal
Heisterberg
Namborn
Gehweiler
Reitscheid
Ehweiler
Schellweiler
Theisbergstegen
Oberstaufenbach
Kollweiler
Eulenbis
Selchenbach
Konken
Hüffler
Matzenbach
Reichenbach-Steegen
Schwedelbach
Erzenhausen
Weilerbach
Baltersweiler
Langenbach
Wahnwegen
Rehweiler
Glan-Münchweiler
Kottweiler-Schwanden
Mackenbach
Rodenbach
Herschweiler-Pettersheim
Quirnbach
Niedermohr
Steinwenden
Ramstein-Miesenbach
Krottelbach
Henschtal
Niederkirchen im Ostertal
St Wendel
Frohnhofen
Ohmbach
Steinbach am Glan
Börsborn
Nanzdietschweiler
Oberlinxweiler
Altenkirchen
Landstuhler Bruch
Breitenbach
Dittweiler
Brücken
Hütschenhausen
Kindsbach
Gries
Landstuhl
Ottweiler
Schönenberg-Kübelberg
Miesau
Hauptstuhl
Bruchmühlbach-Miesau
Mittelbrunn
Bann
Oberarnbach
Queidersbach
Kricker
Waldmohr
Langwieden
Schiffweiler
Jägersburg
Lambsborn
Obernheim-Kirchenarnbach
Martinshöhe
Gerhardsbrunn
Linden
Bechhofen
Bexbach
Rosenkopf
Knopp-Labach
Hettenhausen
Weselberg
Horbach
Neunkirchen
Wiesbach
Krähenberg
Saalstadt
Hermersberg
Friedrichsthal
Homburg
Biedershausen
Schauerberg
Steinalben
Käshofen
Großbundenbach
Kleinbundenbach
Wallhalben
Herschberg
Spiesen-Elversberg
Schmitshausen
Winterbach
Höheinöd
Mörsbach
Reifenberg
Battweiler
Sulzbach
St Ingbert
Kirkel
Thaleischweiler-Fröschen
Maßweiler
Römermuseum
Einöd
Contwig
Rieschweiler-Mühlbach
Höhfröschen
Petersberg
Dellfeld
Zweibrücken
Nünschweiler
Blieskastel
Saarbrücken
Ensheim
Walshausen
Windsberg
Pirmasens
Kleinsteinhausen
Althornbach
Dietrichingen
Mauschbach
Großsteinhausen
Bottenbach
Niedersimten
Hornbach
Obersimten
Mandelbachtal
Riedelberg
Vinningen
Walschbronn
Kröppen
Gersheim
Trulben
Waldhouse
Loutzviller
Breidenbach
Schweix
Hilst
Eppenbrunn
Kleinblittersdorf
Ormersviller
Volmunster
Bousseviller
Liederschiedt
Habkirchen
Obergailbach
Lengelsheim
Roppeviller
Sarreguemines
Bliesbruck
Erching
Epping
Nousseviller-lès-Bitche
Hanviller
Haspelschiedt
Rimling
Schorbach
Hottviller
Sturzelbronn
Bitche
Rémelfing
Woelfling-lès-Sarreguemines
Gros-Réderching
Petit-Réderching
Siersthal
Camp militaire de Bitche
CM
CN
CO
CP
0
5
10 km

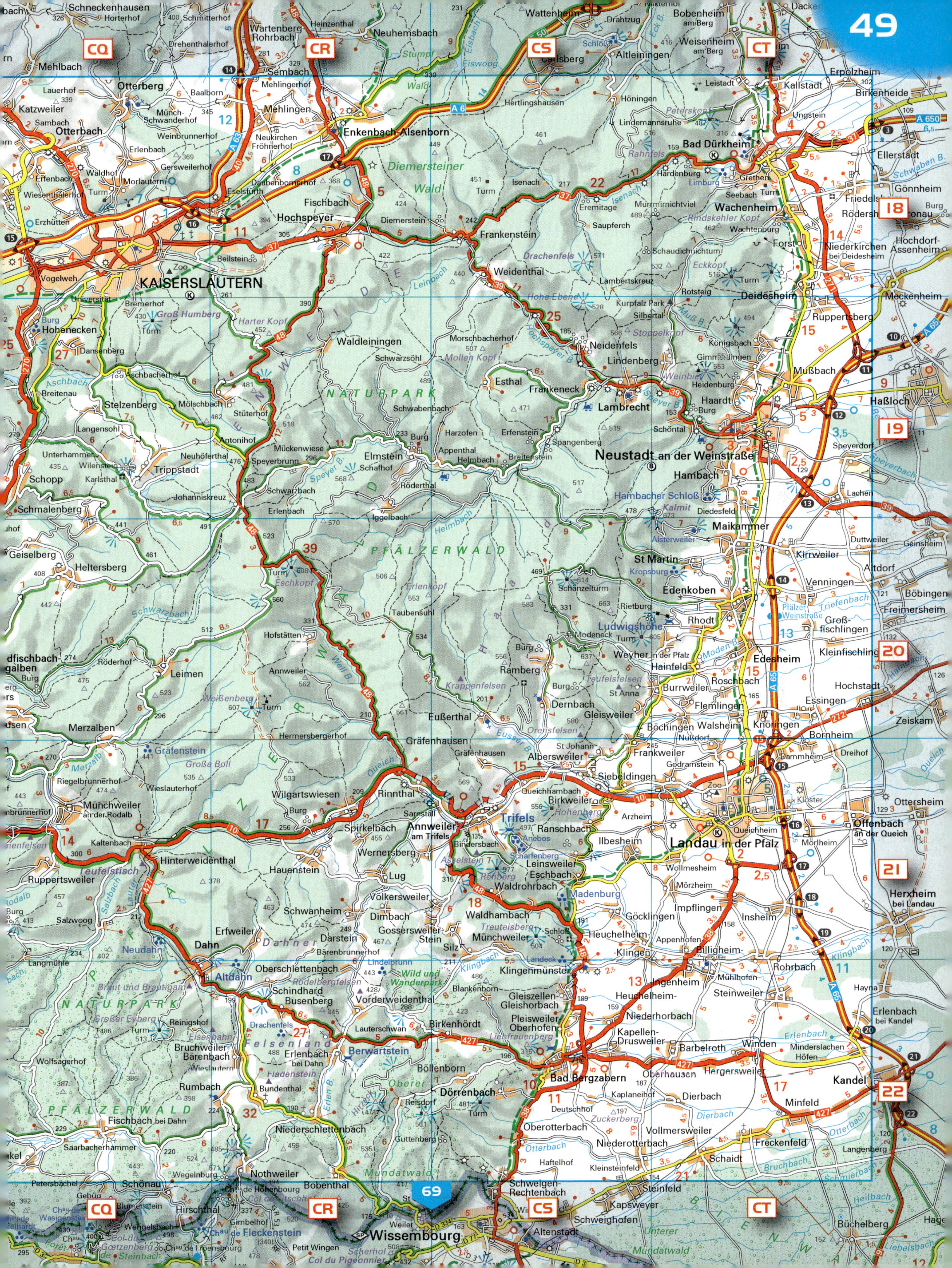
CQ
CR
CS
CT
18
19
20
21
22
69
Schneckenhausen
Mehlbach
Otterberg
Katzweiler
Otterbach
Wartenberg-Rohrbach
Sembach
Mehlingen
Enkenbach-Alsenborn
Neuhemsbach
Wattenheim
Carlsberg
Altleiningen
Bobenheim am Berg
Weisenheim am Berg
Kallstadt
Erpolzheim
Birkenheide
Bad Dürkheim
Ellerstadt
Gönnheim
Friedelsheim
Wachenheim
Forst
Niederkirchen bei Deidesheim
Hochdorf-Assenheim
Deidesheim
Meckenheim
Ruppertsberg
Mußbach
Haßloch
Diemersteiner Wald
Hochspeyer
Fischbach
Frankenstein
Weidenthal
KAISERSLAUTERN
Hohenecken
Waldleiningen
Neidenfels
Lindenberg
Lambrecht
Esthal
Frankeneck
NATURPARK
Stelzenberg
Trippstadt
Johanniskreuz
Elmstein
Neustadt an der Weinstraße
Hambach
Hambacher Schloß
Maikammer
St. Martin
Edenkoben
Schmalenberg
Schopp
Geiselberg
Heltersberg
PFÄLZERWALD
Kirrweiler
Venningen
Altdorf
Böbingen
Freimersheim
Groß-fischlingen
Rhodt
Ludwigshöhe
Edesheim
Kleinfischlingen
Hainfeld
Weyher in der Pfalz
Burrweiler
Leimen
Merzalben
Ramberg
Krappenfelsen
Dernbach
Gleisweiler
Flemlingen
Hochstadt
Essingen
Böchingen
Walsheim
Knöringen
Bornheim
Zeiskam
Eußerthal
Gräfenhausen
Albersweiler
Frankweiler
Siebeldingen
Dammheim
Dreihof
Münchweiler an der Rodalb
Wilgartswiesen
Rinnthal
Annweiler am Trifels
Trifels
Birkweiler
Arzheim
Landau in der Pfalz
Offenbach an der Queich
Ottersheim
Spirkelbach
Ranschbach
Ilbesheim
Kaltenbach
Hinterweidenthal
Ruppertsweiler
Hauenstein
Wernersberg
Leinsweiler
Eschbach
Lug
Waldrohrbach
Wollmesheim
Mörzheim
Impflingen
Madenburg
Herxheim bei Landau
Völkersweiler
Waldhambach
Gossersweiler-Stein
Münchweiler
Göcklingen
Heuchelheim
Insheim
Dahn
Erfweiler
Darstein
Schwanheim
Dimbach
Silz
Klingenmünster
Billigheim-Ingenheim
Rohrbach
Altdahn
Oberschlettenbach
Schindhard
Busenberg
Vorderweidenthal
Gleiszellen-Gleishorbach
Steinweiler
Niederhorbach
Pleisweiler-Oberhofen
Erlenbach bei Kandel
Birkenhördt
Kapellen-Drusweiler
Barbelroth
Winden
Hayna
Bruchweiler-Bärenbach
Erlenbach bei Dahn
Berwartstein
Bad Bergzabern
Oberhausen
Hergersweiler
Kandel
Minfeld
Rumbach
Bundenthal
Böllenborn
Dörrenbach
Dierbach
Oberotterbach
Niederotterbach
Vollmersweiler
Freckenfeld
Fischbach bei Dahn
Niederschlettenbach
Schaidt
Nothweiler
Bobenthal
Schweigen-Rechtenbach
Steinfeld
Kapsweyer
Schönau
Hirschthal
Wissembourg
Altenstadt
Schweighofen
Büchelberg

V
W
X
Y
24
25
26
27
28
Grd Romont
Grande Île
CÔTE D'ÉMERAUDE
Cap Fréhel
Fort la Latte
Pointe de St-Cast
St-Cast-le-Guildo
Pointe du Grouin
Les Tintiaux
Île Du Guesclin
Pte du Meinga
Îles des Landes
La Pierre de
Port-Mer
Basse-Cancale
Port-Briac
Îles des Rimains
Pointe de la Chaîne
Pointe du Hock
Cancale
Rothéneuf
Rochers sculptés
Les Haies de la Conchée
Île de Cézembre
Pte de la Varde
ST-MALO
Paramé
Rochebonne
DINARD
St-Lunaire
St-Briac-s-Mer
Lancieux
St-Jacut-de-la-Mer
Ploubalay
Pleurtuit
La Richardais
St-Servan-s-M.
Grd Aquarium
St-Coulomb
St-Méloir-des-Ondes
St-Benoît-des-Ondes
Vildé-la-Marine
La Gouesnière
St-Jouan-des-Guérets
St-Père
St-Suliac
Le Minihic-s-Rance
Langrolay-sur-Rance
Châteauneuf-d'Ille-et-Vilaine
St-Guinoux
La Fresnais
Hirel
Lillemer
Dol-de-Bretagne
Plévenon
Pléboulle
Matignon
Trégon
Plessix-Balisson
Pluduno
Créhen
St-Lormel
Pen-Guen
Le Guildo
Beaussais
0
5
10 km
79

Agon-Coutainville
Coutances
Tourville-s-Sienne
Bricqueville
Heugueville
Regnéville-s-Mer
Pointe d'Agon
Orval
Montchaton
Hyenville
Montmartin-s-Mer
Hauteville-Plage
Hauteville-s-Mer
Annoville
Hérenguerville
Contrières
Quettreville-s-Sienne
Trelly
Lingreville
Le Mesnil-Aubert
Muneville-s-Mer
Lengronne
Cerisy-la-Salle
Ouville
Montpinchon
Nicorps
Saussey
St-Denis-le-Vêtu
Roncey
Guéhébert
Grimesnil
St-Denis-le-Gast
Hambye
Abbe de Hambye
La Baleine
Gavray
Sourdeval-les-Bois
Bricqueville-s-Mer
Bréhal
Chanteloup
Cérences
Le Pignon
Les Huguenans
Chausey
route submersible
Fermé à la circulation
St-Martin
Coudeville-Plage
Coudeville-s-Mer
Bréville-s-Mer
Donville-les-Bains
Longueville
Hudimesnil
Le Mesnil-Amand
Le Loreur
Ver
Montaigu-les-Bois
Le Mesnil-Garnier
Villedieu-les-Poêles
Granville
Pointe du Roc
Yquelon
Anctoville-s-Boscq
St-Sauveur-la-Pommeraye
La Meurdraquière
Equilly
Le Mesnil-Villeman
Fleury
Champrepus
St-Nicolas
St-Planchers
St-Jean-des-Champs
Folligny
Beauchamps
Le Tanu
Banc de Tombelaine
Le Fourneau
St-Pair-s-Mer
Les Trois Croix
Kairon-Plage
Le Pont-Bleu
Jullouville
Edenville
Carolles-Plage
St-Aubin-des-Préaux
Hocquigny
La Haye-Pesnel
Bourguenolles
Abbe de La Lucerne
La Lucerne-d'Outremer
La Mouche
St-Pierre-Langers
Champcervon
La Rochelle-Normande
Les Chambres
Le Pignon Butor
Carolles
Cabane Vauban
Pointe de Champeaux
Champeaux
Sartilly
Angey
Ste-Pience
Le Luot
Montviron
Lolif
Subligny
St-Jean-le-Thomas
Dragey-Ronthon
Champcey
Chavoy
Plomb
Tirepied
Vernix
Bacilly
Marcey-les-Grèves
St-Jean-de-la-Haize
Ponts
St-Senier-s/s-Avranches
St-Brice
La Gohannière
Le Petit-Celland
La Godefroy
BAIE
DU MONT-SAINT-MICHEL
Bec d'Andaine
Genêts
Vains
Avranches
St-Léonard
Le Grand-Port
Tombelaine
Pointe du Grouin du Sud
Le Val-St-Père
St-Martin-des-Champs
St-Ovin
St-Loup
St-Quentin-s-le-Homme
Marcilly
LE MONT-ST-MICHEL
Pointe de Roche-Torin
Courtils
Céaux
Pontaubault
Ducey
Les Chéris
Chemin Dolais
Cherrueix
Ste-Anne
Polders
Le Vivier
La Larronnière
Beauvoir
Huisnes-s-Mer
Servon
Précey
Poilley
Bge de la Roche qui Boit
Le Bout-du-Chemin
St-Broladre
Narbonne
Roz-s-Couesnon
St-Marcan
Tanis
Juilley
La Croix-aux-Herbes
Dol
St-Georges-de-Gréhaigne
Macey
Vergoncey
Crollon
St-Senier-de-Beuvron
St-Laurent-de-Terregatte
Baguer-Pican
Mont-Rouault
Sains
Z
AA
AB
AC
24
25
26
27
28
31
52
80
81

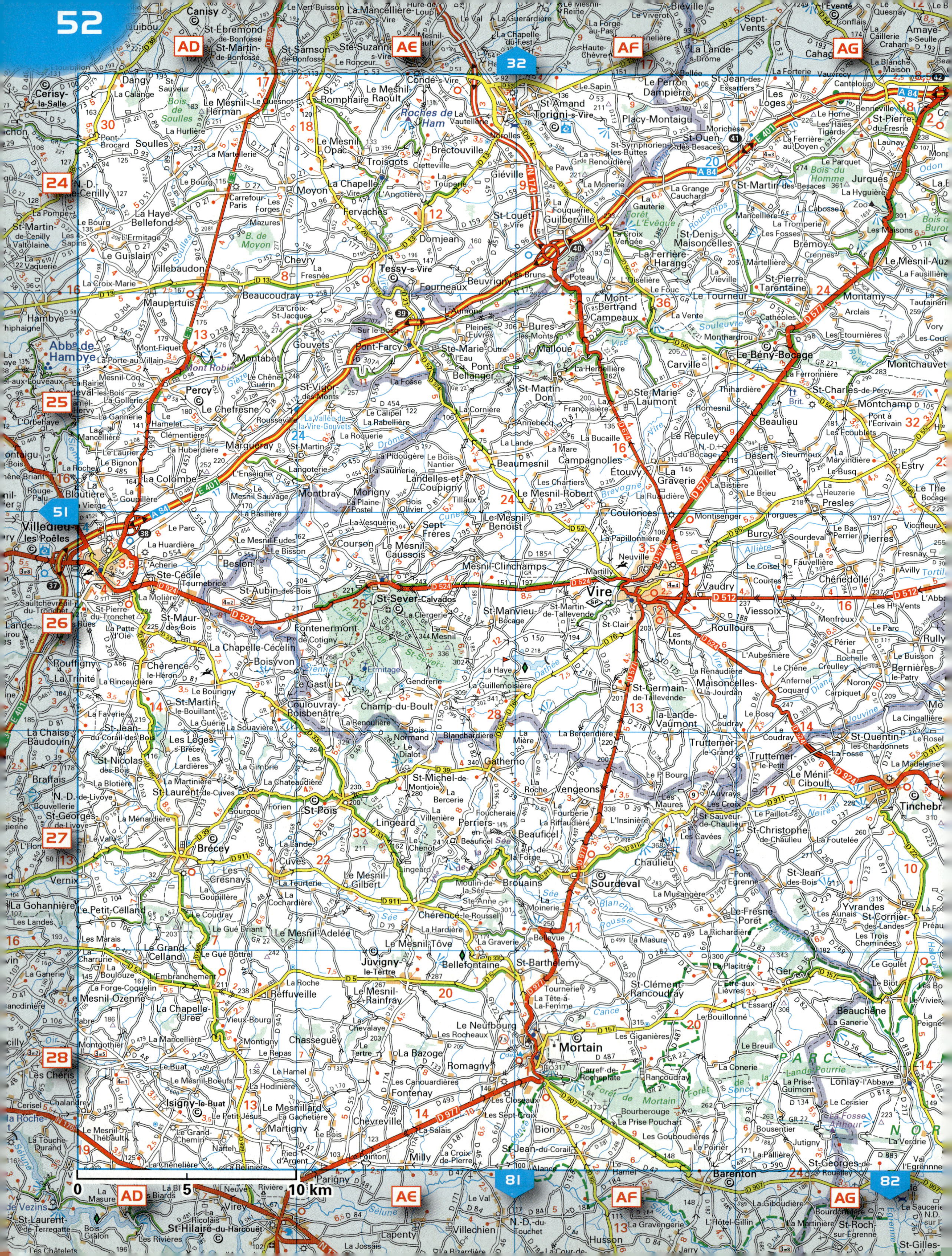
AD
AE
AF
AG
32
51
81
82
24
25
26
27
28
Canisy
St-Ebrémond-de-Bonfossé
St-Martin-de-Bonfossé
St-Samson-de-Bonfossé
Ste-Suzanne-s-Vire
La Mancellière-s-Vire
Le Ronceur
Cerisy-la-Salle
Dangy
La Calange
St-Sauveur
Bois de Soulles
Le Mesnil-Herman
Le Guesnot
St-Romphaire
Le Mesnil-Raoult
Condé-s-Vire
Roches de Ham
La Vautelière
St-Amand
Torigni-s-Vire
Le Perron
Dampierre
St-Jean-des-Essartiers
Les Loges
Canteloup
St-Pierre-du-Fresne
Pont-Brocard
Soulles
Le Mesnil-Opac
Troisgots
Brectouville
Gièville
Placy-Montaigu
St-Symphorien-les-Buttes
St-Ouen-des-Besaces
La Ferrière-au-Doyen
Jurques
N.-D.-de-Cenilly
La Haye-Bellefond
Moyon
La Chapelle-s-Vire
Fervaches
Domjean
St-Louet-s-Vire
Guilberville
La Gauterie
Forêt L'Évêque
St-Martin-des-Besaces
La Hyguière
Zoo
St-Martin-de-Cenilly
B. de Moyon
Le Guislain
Villebaudon
Chevry
Tessy-s-Vire
Fourneaux
Beuvrigny
La Ferrière-Harang
St-Denis-Maisoncelles
Brémoy
Le Mesnil-Auzouf
Maupertuis
Beaucoudray
Mont-Bertrand
Campeaux
Le Tourneur
St-Pierre-Tarentaine
Montamy
Hambye
Abb. de Hambye
Montabot
Gouvets
Pont-Farcy
Ste-Marie-Outre-l'Eau
Pont-Bellanger
Bures-les-Monts
Malloué
Carville
Le Bény-Bocage
Montchauvet
Percy
Le Chefresne
St-Vigor-des-Monts
La Vallée de la Vire-Gouvets
St-Martin-Don
Ste-Marie-Laumont
Montchamp
Margueray
St-Martin
Campagnolles
Le Reculey
Le Désert
Estry
La Colombe
Montbray
Morigny
Landelles-et-Coupigny
Beaumesnil
Le Mesnil-Robert
Étouvy
La Graverie
Presles
Villedieu-les-Poêles
Le Mesnil-Benoist
Coulonces
Burcy
Pierres
Sept-Frères
Courson
Le Mesnil-Caussois
Mesnil-Clinchamps
Neuville
Vaudry
Chênedollé
Ste-Cécile
Beslon
St-Aubin-des-Bois
St-Sever-Calvados
Vire
Viessoix
St-Maur-des-Bois
Fontenermont
St-Manvieu-Bocage
St-Martin-de-Tallevende
Roullours
La Chapelle-Cécelin
Boisyvon
Chérence-le-Héron
La Trinité
Le Gast
Champ-du-Boult
St-Germain-de-Tallevende
Maisoncelles-la-Jourdan
Bernières-le-Patry
St-Martin-le-Bouillant
Coulouvray-Boisbenâtre
La Lande-Vaumont
Truttemer-le-Grand
Truttemer-le-Petit
St-Quentin-les-Chardonnets
La Chaise-Baudouin
Les Loges-s-Brécey
Le Dialot
Gathemo
Le Ménil-Ciboult
Tinchebray
St-Nicolas-des-Bois
St-Laurent-de-Cuves
St-Michel-de-Montjoie
Vengeons
Braffais
N.-D.-de-Livoye
St-Georges-de-Livoye
St-Pois
Lingeard
Perriers-en-Beauficel
Beauficel
St-Sauveur-de-Chaulieu
St-Christophe-de-Chaulieu
Brécey
Cuves
Le Mesnil-Gilbert
Brouains
Sourdeval
Chaulieu
St-Jean-des-Bois
Vernix
La Gohannière
Le Petit-Celland
Chérencé-le-Roussel
Le Fresne-Poret
Yvrandes
St-Cornier-des-Landes
Le Grand-Celland
Le Mesnil-Adelée
Juvigny-le-Tertre
Le Mesnil-Tôve
Bellefontaine
St-Barthélemy
St-Clément-Rancoudray
Ger
Beauchêne
Le Mesnil-Ozenne
La Chapelle-Urée
Reffuveille
Le Mesnil-Rainfray
La Tête-à-la-Femme
Le Neufbourg
Mortain
Chasseguey
La Bazoge
Romagny
Rancoudray
Lonlay-l'Abbaye
Les Chéris
Isigny-le-Buat
Le Mesnilbus
Fontenay
Forêt de Mortain
Bion
Chèvreville
Martigny
Milly
St-Jean-du-Corail
St-Georges-de-Rouelley
Barenton
Parc
Parigny
Virey
St-Hilaire-du-Harcouët
St-Laurent-de-Terregatte
Lapenty
Villechien
Husson
St-Roch-sur-Égrenne
0
5
10 km

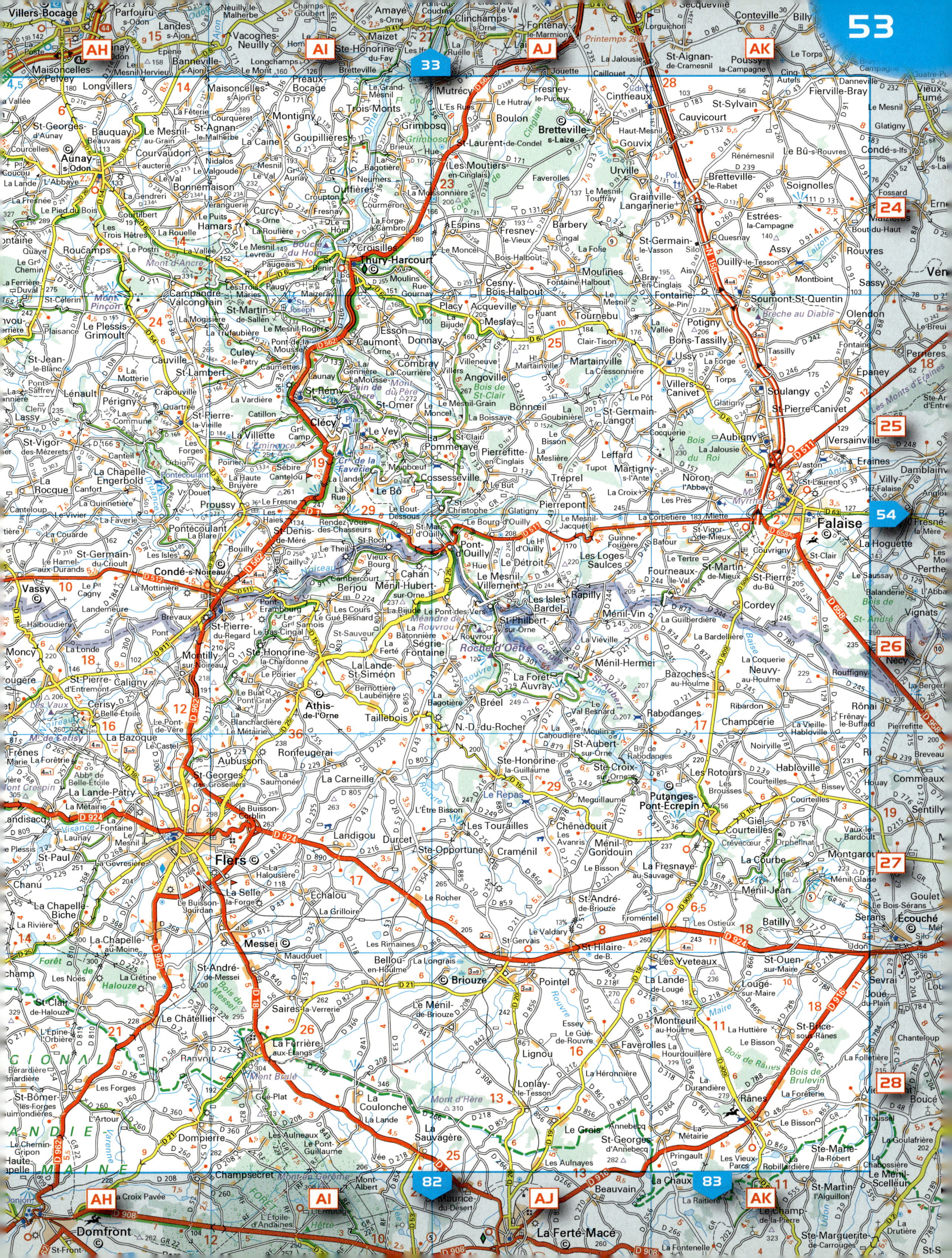
Villers-Bocage
Aunay-s-Odon
Thury-Harcourt
Bretteville-s-Laize
Falaise
Clécy
Condé-s-Noireau
Vassy
Pont-d'Ouilly
Flers
Athis-de-l'Orne
Putanges-Pont-Écrepin
Briouze
Messei
Écouché
Rânes
La Ferrière-aux-Étangs
Domfront
La Ferté-Macé
Dompierre
Champsecret
Saint-Rémy
Cossesséville
Rouvrou
Roche d'Oëtre
St-Philbert-sur-Orne
Ménil-Hermei
Rabodanges
Montgaroult
Sentilly
Batilly
Fresnay-le-Samson
Potigny
Soumont-St-Quentin
Ussy
Aubigny
Versainville
Cintheaux
Gouvix
Urville
Grainville-Langannerie
Fierville-Bray
Conteville
Clinchamps-s-Orne
Amayé-s-Orne
Évrecy
Maizet
Croisilles
Caumont
Esson
Donnay
Combray
St-Omer
Le Vey
Pierrefitte-en-Cinglais
Tréprel
Pierrepont
Rapilly
Les Loges-Saulces
Le Détroit
Ménil-Vin
Bazoches-au-Houlme
Champcerie
Habloville
Ronfeugerai
Aubusson
La Carneille
Taillebois
Bréel
La Forêt-Auvray
Ste-Honorine-la-Guillaume
Les Tourailles
Craménil
Landigou
Durcet
Ste-Opportune
St-Georges-des-Groseillers
La Lande-Patry
La Bazoque
Cerisy-Belle-Étoile
Montilly-sur-Noireau
Caligny
St-Pierre-d'Entremont
La Chapelle-Biche
La Chapelle-au-Moine
St-André-de-Messei
Le Châtellier
Saires-la-Verrerie
Bellou-en-Houlme
Pointel
Lignou
Lonlay-le-Tesson
La Coulonche
La Sauvagère
St-Hilaire-de-B.
Les Yveteaux
Lougé-sur-Maire
St-Ouen-sur-Maire
St-Brice-sous-Rânes
Montreuil-au-Houlme
Faverolles
La Lande-de-Lougé
Ménil-Jean
La Courbe
La Fresnaye-au-Sauvage
Ménil-Gondouin
Chênedouit
Méguillaume
St-Aubert-sur-Orne
Ste-Croix-sur-Orne
Les Rotours
Giel-Courteilles
Pont-Erambourg
Ménil-Hubert-sur-Orne
Ségrie-Fontaine
La Lande-St-Siméon
St-Pierre-du-Regard
St-Denis-de-Méré
Proussy
Pontécoulant
La Villette
St-Pierre-la-Vieille
Lassy
St-Vigor-des-Mézerets
La Rocque
Lénault
Cauville
St-Lambert
Culey-le-Patry
St-Martin-de-Sallen
Campandré-Valcongrain
Le Plessis-Grimoult
Roucamps
Hamars
Curcy-sur-Orne
Goupillières
Montigny
Maisoncelles-sur-Ajon
Longvillers
Bauquay
Le Mesnil-au-Grain
Courvaudon
Bonnemaison
Les Moutiers-en-Cinglais
Espins
Fresney-le-Vieux
Barbery
Moulines
Cesny-Bois-Halbout
Acqueville
Placy
Meslay
Tournebu
Martainville
Angoville
Bonnœil
St-Germain-Langot
Leffard
Martigny-sur-l'Ante
Noron-l'Abbaye
Villers-Canivet
Soulangy
St-Pierre-Canivet
Bons-Tassilly
Olendon
Épaney
Ouilly-le-Tesson
Rouvres
Assy
Estrées-la-Campagne
Soignolles
Le Bû-sur-Rouvres
St-Sylvain
Cauvicourt
St-Aignan-de-Cramesnil
Poussy-la-Campagne
Damblainville
Villy-lez-Falaise
Fresné-la-Mère
La Hoguette
Pertheville
Vignats
Rônai
Neuvy-au-Houlme
Cordey
St-Martin-de-Mieux
Fourneaux-le-Val
Guinée-Fougères
Mont Pinçon
Mont d'Ancre
Forêt de Halouze
Mont de Cerisy
Bois de Messei
Bois de Rânes
Bois du Roi
Brèche au Diable
Mont d'Hère
Mont Brûlé
Orne
Rouvre
Noireau
Baize
Maire
Laizon
Ante
Vère
Varenne
Printemps 2007
AH
AI
AJ
AK
33
54
82
83
24
25
26
27
28

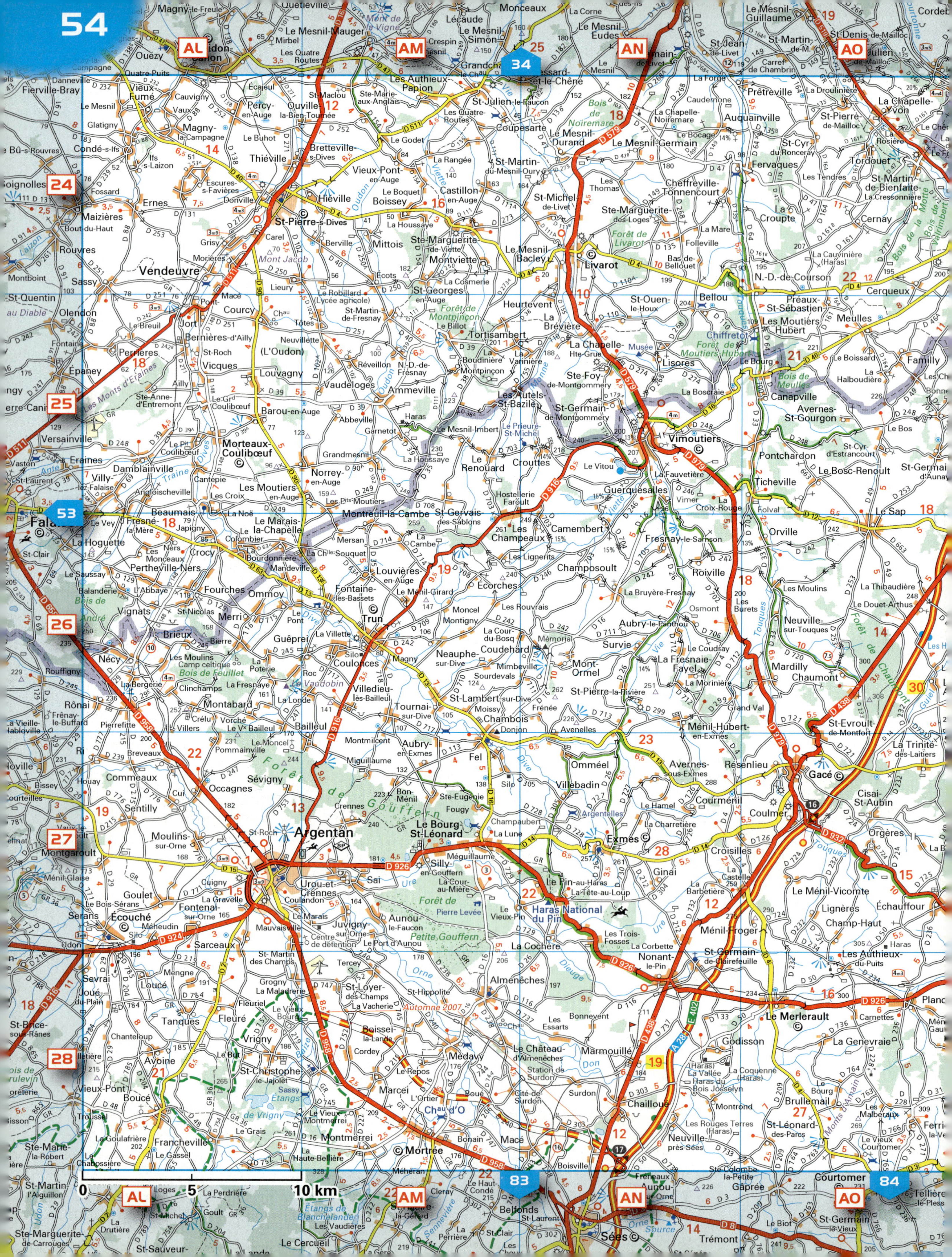
AL
AM
AN
AO
34
53
83
84
24
25
26
27
28
Vieux-Fumé
Magny-la-Campagne
Thiéville
St-Pierre-s-Dives
Hiéville
Vieux-Pont-en-Auge
Boissey
Castillon-en-Auge
Mittois
Ste-Marguerite-de-Viette
Montviette
St-Georges-en-Auge
Les Authieux-Papion
St-Julien-le-Faucon
Coupesarte
St-Martin-du-Mesnil-Oury
St-Michel-de-Livet
Le Mesnil-Bacley
Livarot
Le Mesnil-Germain
Cheffreville-Tonnencourt
Ste-Marguerite-des-Loges
Auquainville
Fervaques
La Croupte
Cernay
St-Martin-de-Bienfaite-la-Cressonnière
N.-D.-de-Courson
Cerqueux
Préaux-St-Sébastien
Les Moutiers-Hubert
Meulles
Vendeuvre
Jort
Courcy
Bernières-d'Ailly
Vicques
Louvagny
Perrières
Epaney
Vaudeloges
Ammeville
Heurtevent
La Brévière
Tortisambert
La Chapelle-Hte-Grue
Ste-Foy-de-Montgommery
Lisores
Bellou
St-Ouen-le-Houx
Canapville
Avernes-St-Gourgon
Familly
Morteaux-Coulibœuf
Barou-en-Auge
Norrey-en-Auge
Les Moutiers-en-Auge
Damblainville
Villy-lez-Falaise
Beaumais
Les Autels-St-Bazile
St-Germain-de-Montgommery
Vimoutiers
Le Renouard
Crouttes
Pontchardon
Ticheville
Le Bosc-Renoult
Guerquesalles
Camembert
Les Champeaux
Montreuil-la-Cambe
St-Gervais-des-Sablons
Louvières-en-Auge
Le Marais-la-Chapelle
Fresné-la-Mère
Falaise
La Hoguette
Pertheville-Ners
Crocy
Fourches
Ommoy
Trun
Fontaine-les-Bassets
Ecorches
Champosoult
Fresnay-le-Samson
Roiville
Orville
Le Sap
Neuville-sur-Touques
Vignats
Brieux
Merri
Guêpré
Coulonces
Magny
Villedieu-lès-Bailleul
Neauphe-sur-Dive
Coudehard
Mont-Ormel
Aubry-le-Panthou
Survie
La Fresnaie-Fayel
Mardilly
Chaumont
St-Evroult-de-Montfort
Nécy
Montabard
Bailleul
Tournai-sur-Dive
St-Lambert-sur-Dive
Chambois
Moissy
Avenelles
St-Pierre-la-Rivière
Ménil-Hubert-en-Exmes
Résenlieu
Gacé
La Trinité-des-Laitiers
Commeaux
Occagnes
Sévigny
Aubry-en-Exmes
Fel
Omméel
Villebadin
Avernes-sous-Exmes
Courménil
Coulmer
Cisai-St-Aubin
Moulins-sur-Orne
Montgaroult
Sentilly
Argentan
Le Bourg-St-Léonard
Exmes
Croisilles
Orgères
Écouché
Goulet
Fontenai-sur-Orne
Urou-et-Crennes
Sarceaux
Silly-en-Gouffern
Forêt de Gouffern
Le Pin-au-Haras
Haras National du Pin
Ginai
Ménil-Froger
Le Ménil-Vicomte
Lignerès
Champ-Haut
Échauffour
Nonant-le-Pin
St-Germain-de-Clairefeuille
Les Authieux-du-Puits
Le Merlerault
Carnettes
La Genevraie
Loucé
Tanques
Fleuré
Vrigny
St-Christophe-le-Jajolet
Boissei-la-Lande
Almenêches
Médavy
Le Château-d'Almenêches
Marmouillé
Godisson
Avoine
Boucé
Francheville
Marcei
Mortrée
Montmerrei
Mâcé
Chailloué
Neuville-près-Sées
Brullemail
St-Léonard-des-Parcs
Gâprée
Courtomer
Sées
Trémont
St-Germain-le-Vieux
10 km

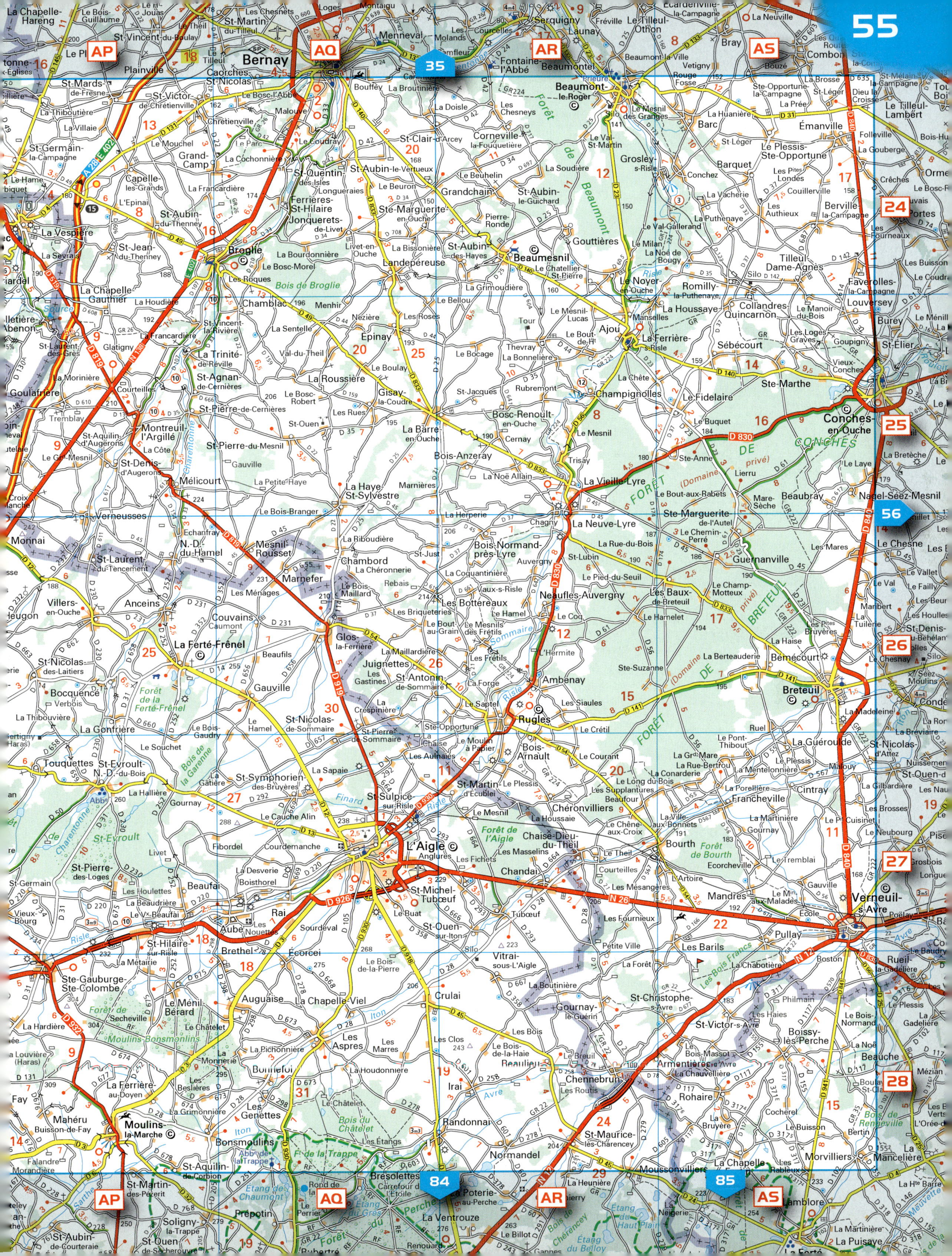
Bernay
AP
AQ
AR
AS
35
Beaumont-le-Roger
Forêt de Beaumont
Serquigny
Launay
Le Tilleul-Othon
La Neuville
Bray
Combon
Broglie
Bois de Broglie
St-Quentin-des-Isles
Ferrières-St-Hilaire
Jonquerets-de-Livet
Landepereuse
Beaumesnil
St-Aubin-des-Hayes
Grandchain
Corneville-la-Fouquetière
Grosley-s-Risle
Barc
Barquet
Émanville
Le Plessis-Ste-Opportune
Berville-la-Campagne
Le Noyer-en-Ouche
Romilly-la-Puthenaye
La Houssaye
Ajou
La Ferrière-s-Risle
Sébécourt
Collandres-Quincarnon
Tilleul-Dame-Agnès
Faverolles-la-Campagne
Louversey
Burey
St-Élier
Conches-en-Ouche
Forêt de Conches
Ste-Marthe
Champignolles
Le Fidelaire
Chamblac
Épinay
La Roussière
Gisay-la-Coudre
La Barre-en-Ouche
Bosc-Renoult-en-Ouche
Bois-Anzeray
La Vieille-Lyre
La Neuve-Lyre
Ste-Marguerite-de-l'Autel
Beaubray
Nagel-Séez-Mesnil
56
24
25
26
27
28
Montreuil-l'Argillé
St-Denis-d'Augerons
Mélicourt
Verneusses
Monnai
St-Laurent-du-Tencement
N.-D.-du-Hamel
Mesnil-Rousset
Chambord
La Haye-St-Sylvestre
Bois-Normand-près-Lyre
Neaufles-Auvergny
Les Baux-de-Breteuil
Guernanville
Forêt de Breteuil
Bémécourt
Breteuil
Anceins
Villers-en-Ouche
La Ferté-Frênel
Couvains
Marnefer
Glos-la-Ferrière
Les Bottereaux
Juignettes
St-Antonin-de-Sommaire
Ambenay
Rugles
Bois-Arnault
St-Nicolas-des-Laitiers
Bocquencé
La Gonfrière
Gauville
St-Nicolas-de-Sommaire
Touquettes
St-Evroult-N.-D.-du-Bois
St-Symphorien-des-Bruyères
St-Sulpice-sur-Risle
St-Martin-d'Écublei
Chéronvilliers
Chaise-Dieu-du-Theil
Bourth
Francheville
Cintray
La Guéroulde
Gournay
L'Aigle
Chandai
St-Michel-Tubœuf
St-Ouen-sur-Iton
Mandres
Pullay
Verneuil-s-Avre
St-Pierre-des-Loges
Beaufai
Rai
Aube
St-Hilaire-sur-Risle
Ste-Gauburge-Ste-Colombe
Le Ménil-Bérard
Brethel
Écorcei
Auguaise
La Chapelle-Viel
Crulai
Vitrai-sous-l'Aigle
Gournay-le-Guérin
St-Christophe-s-Avre
St-Victor-s-Avre
Boissy-lès-Perche
Armentières-s-Avre
Chennebrun
Rohaire
Aspres
Bonnefoi
Irai
Randonnai
Normandel
St-Maurice-lès-Charencey
La Ferrière-au-Doyen
Moulins-la-Marche
Mahéru
Les Genettes
Bonsmoulins
St-Aquilin-de-Corbion
St-Martin-des-Pézerit
Prépotin
Bresolettes
La Ventrouze
Mousonvilliers
Morvilliers
Beauche
84
85

ÉVREUX
Dreux
Pacy-s-Eure
Conches-en-Ouche
Damville
St-André-de-l'Eure
Nonancourt
Verneuil-s-Avre
Brezolles
Anet
Ivry-la-Bataille
Vernouillet
St-Lubin-des-Joncherets
Tillières-s-Avre
Breteuil
Gravigny
La Madeleine
Arnières-s-Iton
Angerville-la-Campagne
Aulnay-s-Iton
Gauciel
Huest
Fauville
Miserey
Boncourt
Cierrey
Le Vieil-Évreux
Guichainville
La Trinité
Caugé
Parville
St-Sébastien-de-Morsent
Gauville-la-Campagne
Sacquenville
Tourneville
Normanville
Reuilly
Sassey
Fontaine-s-Jouy
Jouy-s-Eure
Ménilles
Douains
Chaignes
Aigleville
Fains
Gadencourt
Hécourt
Merey
Breuilpont
Bretagnolles
Fresney
La Boissière
Épieds
Serez
Neuilly
Garennes-s-Eure
Mousseaux-Neuville
Mouettes
L'Habit
La Couture-Boussey
Ézy-s-Eure
Saussay
Croth
Boncourt
Marcilly-s-Eure
Sorel-Moussel
St-Georges-Motel
Montreuil
Abondant
Cherisy
Muzy
Louye
Aunay-s-Crécy
Garnay
Tréon
Le Boullay-Mivoye
Vert-en-Drouais
Garancières-en-Drouais
Allainville
Louvilliers-en-Drouais
Laons
Châtaincourt
Saulnières
Crécy-Couvé
Fessanvilliers-Mattanvilliers
Revercourt
Prudemanche
Rueil-la-Gadelière
Montigny-sur-Avre
Courteilles
Bâlines
Piseux
Grandvilliers
Droisy
Courdemanche
Mesnil-s-l'Estrée
Illiers-l'Évêque
Marcilly-la-Campagne
Moisville
Coudres
Chavigny-Bailleul
Corneuil
Thomer-la-Sôgne
Jumelles
Les Authieux
Grossœuvre
Garencières
La Forêt-du-Parc
Quessigny
Foucrainville
Champigny-la-Futelaye
Lignerolles
St-Laurent-des-Bois
Roman
Chambray
Gouville
Le Roncenay-Authenay
Chanteloup
Les Essarts
Le Sacq
Sylvains-les-Moulins
Les Ventes
Orvaux
Villalet
Nogent-le-Sec
Manthelon
Le Fresne
Glisolles
Gaudreville-la-Rivière
Champ-Dolent
La Bonneville-s-Iton
Les Baux-Ste-Croix
Le Plessis-Grohan
Avrilly
Fumeçon
Prey
St-Luc
Le Cormier
St-Germain-de-Fresney
Forêt d'Évreux
Forêt de Merey
Forêt d'Ivry
Forêt de Roseux
Forêt de Dreux
Bois de la Couture
Obélisque d'Ivry
Abbé du Breuil-Benoît
Dame-Marie
L'Hosmes
Acon
Breux-s-Avre
Dampierre-s-Avre
St-Rémy-s-Avre
La Madeleine-de-Nonancourt
St-Germain-s-Avre
Bérou-la-Mulotière
Beauche
Les Châtelets
Vitray-s-Brezolles
Crucey-Villages
Camp militaire
Escorpain
Boissy-en-Drouais
Laons
St-Ange-et-Torçay
Fontaine-les-Ribouts
Le Mesnil-Simon
St-Ouen-d'Attez
St-Nicolas-d'Attez
Condé-s-Iton
Le Chesne
Nagel-Séez-Mesnil
Le Mesnil-Hardray
Émanville
Faverolles-la-Campagne
Louversey
Burey
Ormes
Portes
Claville
Bois-Hubert
Le Tilleul-Lambert
Tournedos-Bois-Hubert
Bernienville
Bacquepuis
Brosville
Le Boulay-Morin
Dardez
St-Vigor
Autheuil-Authouillet
Ste-Colombe-près-Vernon
Chambray
Rouvray
Houlbec-Cocherel
Hardencourt-Cocherel
La Heunière
Croisy-s-Eure
Caillouet-Orgeville
Le Plessis-Hébert
Mercey
St-Marcel
St-Vincent-des-Bois
Champenard
Villez-s-s-Neubourg
0
5
10 km
AT
AU
AV
AW
24
25
26
27
28
36
55
85
86
N 12
N 13
N 154
D 833
D 928
D 939

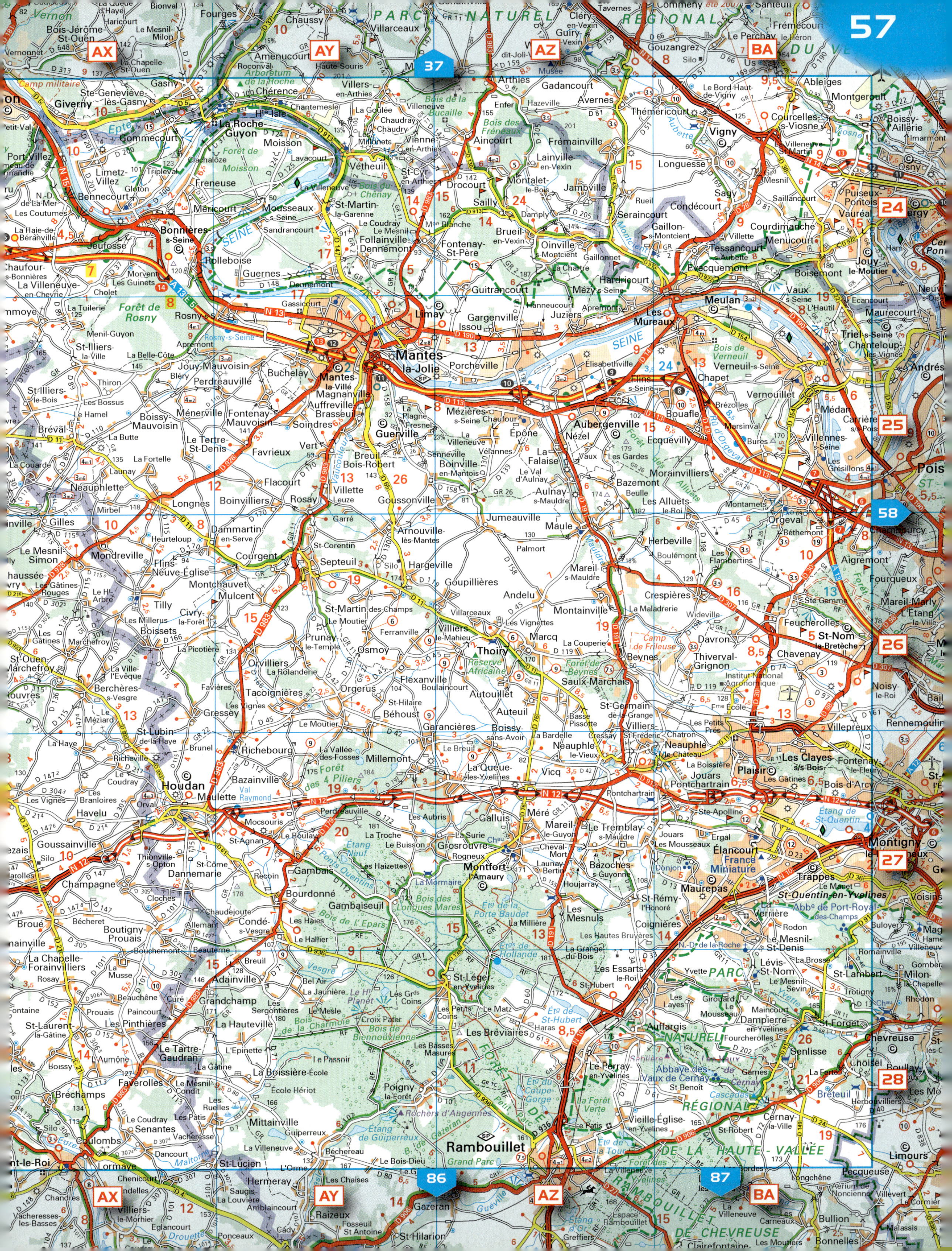
AX
AY
AZ
BA
37
86
87
58
24
25
26
27
28
PARC NATUREL RÉGIONAL DU VEXIN
Vernon
Giverny
La Roche-Guyon
Bonnières-s-Seine
Forêt de Rosny
Rosny-s-Seine
Mantes-la-Jolie
Mantes-la-Ville
Limay
Gargenville
Les Mureaux
Meulan
Vigny
Aubergenville
Épône
Poissy
Orgeval
Chambourcy
St-Nom-la-Bretèche
Thoiry
Houdan
Montfort-l'Amaury
Plaisir
Les Clayes-s-Bois
Élancourt
Maurepas
Trappes
St-Quentin-en-Yvelines
Montigny-le-Bretonneux
Coignières
Le Perray-en-Yvelines
Rambouillet
Forêt de Rambouillet
St-Léger-en-Yvelines
Gambais
Gambaiseuil
Septeuil
Maule
Neauphle-le-Château
Chevreuse
Dampierre-en-Yvelines
Cernay-la-Ville
Limours
Épernon
Coulombs
Nogent-le-Roi
SEINE
PARC NATUREL RÉGIONAL DE LA HAUTE-VALLÉE DE CHEVREUSE

BB
BC
38
BD
BE
24
25
57
26
27
28
87
88
PARIS
ST-DENIS
VERSAILLES
ST-GERMAIN-EN-LAYE
Pontoise
Cergy
Cergy-Pontoise
L'Isle-Adam
Luzarches
Chaumontel
Fosses
Survilliers
Valmondois
Auvers-sur-Oise
Méry-s-Oise
Taverny
Beauchamp
Montmorency
Sarcelles
Villiers-le-Bel
Goussainville
Roissy-en-France
AÉROPORT CHARLES DE GAULLE
Herblay
Maisons-Laffitte
Poissy
Argenteuil
Sartrouville
Houilles
Bezons
Colombes
Gennevilliers
Asnières
Clichy
St-Ouen
Aubervilliers
Pantin
Bobigny
Drancy
Le Bourget
AÉROPORT DE PARIS-LE BOURGET
Stains
Dugny
Pierrefitte-s-Seine
Enghien-les-Bains
Épinay-s-Seine
Villetaneuse
Sannois
Ermont
Eaubonne
Franconville
Cormeilles-en-Parisis
Sevran
Villepinte
Aulnay-s-Bois
Livry-Gargan
Les Pavillons-s-Bois
Bondy
Le Raincy
Noisy-le-Sec
Romainville
Les Lilas
Bagnolet
Montreuil
Rosny-s-Bois
Neuilly-Plaisance
Vincennes
Fontenay-s-Bois
Nogent-s-M.
Le Perreux
Champigny-s-M.
Joinville-le-Pont
St-Maur-des-Fossés
Charenton
St-Maurice
St-Mandé
Maisons-Alfort
Alfortville
CRÉTEIL
Bonneuil-s-M.
Ivry-s-Seine
Vitry-s-Seine
Choisy-le-Roi
Thiais
Orly
Villejuif
Cachan
L'Haÿ-les-Roses
Arcueil
Bagneux
Fontenay-aux-Roses
Montrouge
Malakoff
Châtillon
Clamart
Meudon
Vanves
Issy-les-M.
Sèvres
Boulogne-Billancourt
St-Cloud
Suresnes
Puteaux
Courbevoie
Neuilly-s-S.
Levallois-Perret
La Défense
Nanterre
Rueil-Malmaison
Chatou
Le Vésinet
Croissy-s-Seine
Bougival
La Celle-St-Cloud
Garches
Vaucresson
Marnes-la-Coquette
Ville-d'Avray
Viroflay
Chaville
Vélizy-Villacoublay
Le Chesnay
Rocquencourt
Marly-le-Roi
Louveciennes
Le Pecq
Montesson
Carrières-s-Seine
Chambourcy
Aigremont
Fourqueux
Mareil-Marly
L'Étang-la-Ville
St-Cyr-l'École
Fontenay-le-Fleury
Bois-d'Arcy
Montigny-le-Bretonneux
Guyancourt
Buc
Jouy-en-Josas
Les Loges-en-Josas
Toussus-le-Noble
Châteaufort
Magny-les-Hameaux
Saclay
Palaiseau
Orsay
Gif-s-Yvette
Bures-s-Y.
Les Ulis
Limours
Massy
Antony
Sceaux
Bourg-la-Reine
Châtenay-Malabry
Le Plessis-Robinson
Bièvres
Verrières-le-Buisson
Fresnes
Rungis
Wissous
AÉROPORT DE PARIS-ORLY
Chilly-Mazarin
Paray-Vieille-Poste
Athis-Mons
Morangis
Juvisy-s-Orge
Savigny-s-Orge
Longjumeau
Champlan
Villebon
Saulx-les-Chartreux
Ballainvilliers
Épinay-s-Orge
Viry-Châtillon
Grigny
Morsang-s-Orge
Villemoisson-s-Orge
Villiers-s-Orge
Montlhéry
Linas
Ste-Geneviève-des-Bois
St-Michel-s-O.
Ris-Orangis
ÉVRY
Draveil
Montgeron
Vigneux-s-Seine
Brunoy
Yerres
Crosne
Villeneuve-St-Georges
Villeneuve-le-Roi
Valenton
Limeil-Brévannes
Boissy-St-Léger
Sucy-en-Brie
Villecresnes
Forêt de Sénart
Quincy-s-Sénart
Épinay-s-Sénart
Villiers-s-M.
Chennevières
Ormesson
Noisy-le-Grand
Gagny
Montfermeil
Villemomble
Conflans-Ste-Honorine
Andrésy
Achères
Triel-s-Seine
Chanteloup-les-Vignes
Vauréal
Jouy-le-Moutier
Neuville
Éragny
St-Ouen-l'Aumône
Pierrelaye
Bessancourt
Frépillon
Montsoult
Domont
Ézanville
Écouen
Moisselles
Attainville
Le Mesnil-Aubry
Le Plessis-Gassot
Bouqueval
Gonesse
Arnouville-lès-Gonesse
Garges-lès-G.
Deuil-la-Barre
Groslay
St-Brice-s/s-Forêt
Piscop
Montmagny
Forêt de Montmorency
Forêt de l'Isle-Adam
Nerville-la-Forêt
Maffliers
Villiers-Adam
Béthemont-la-Forêt
Chauvry
Bouffémont
St-Prix
St-Leu-la-Forêt
Le Plessis-Bouchard
Soisy
Margency
Andilly
Montlignon
Marly-la-Ville
Fontenay-en-Parisis
Louvres
Villeron
Chennevières-lès-Louvres
Épiais-lès-L.
Le Thillay
Vaudherland
PARC DES EXPOSITIONS
Tour Eiffel
Notre-Dame
Bois de Boulogne
Bois de Vincennes
Rennemoulin
Noisy-le-Roi
Bailly
Villepreux
Clayes-s-Bois
Chevreuse
St-Rémy-lès-Chevreuse
Milon-la-Chapelle
St-Lambert
St-Forget
Gometz-le-Châtel
Les Molières
St-Jean-de-Beauregard
Nozay
La Ville-du-Bois
Villejust
Marcoussis
Forges-les-Bains
Briis-s-Forges
Fontenay-lès-Briis
Bonnelles
Tigery
Lieusaint
St-Germain-lès-C.
0
5
10 km

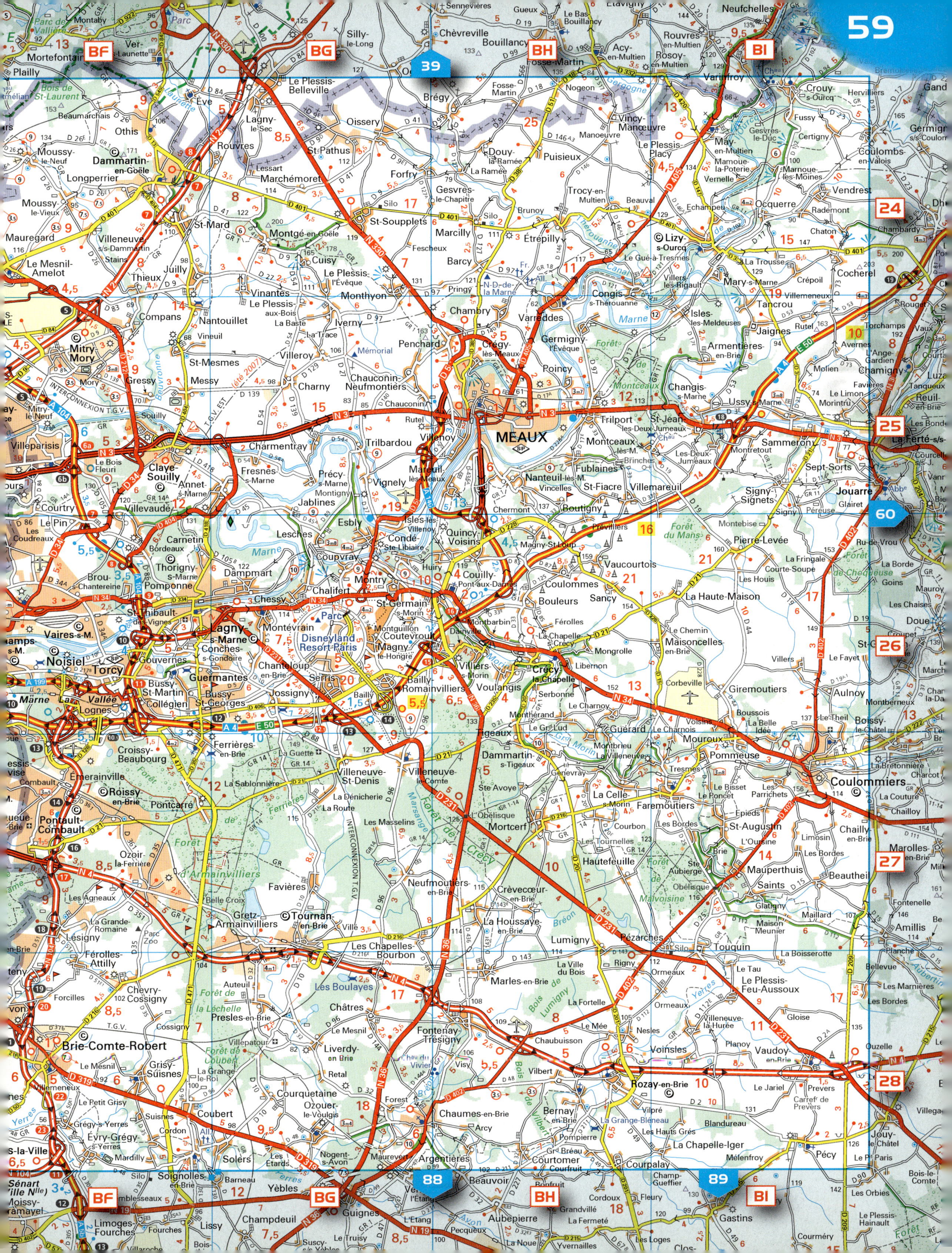
BF
BG
BH
BI
39
24
25
26
27
28
60
88
89
MEAUX
Coulommiers
Jouarre
La Ferté-s/s-Jouarre
Lagny-s-Marne
Torcy
Noisiel
Vaires-s-M.
Brie-Comte-Robert
Rozay-en-Brie
Tournan-en-Brie
Dammartin-en-Goële
Mitry-Mory
Claye-Souilly
Villeparisis
Chessy
Disneyland Resort Paris
Serris
Crécy-la-Chapelle
Esbly
Coupvray
Villenoy
Trilport
Lizy-s-Ourcq
May-en-Multien
Crouy-s-Ourcq
Congis-s-Thérouanne
Varreddes
Monthyon
Penchard
Chauconin-Neufmontiers
Nanteuil-lès-Meaux
Fublaines
Montceaux-lès-Meaux
Sammeron
Sept-Sorts
Signy-Signets
Pierre-Levée
Vaucourtois
Bouleurs
Coulommes
Sancy
Maisoncelles-en-Brie
Giremoutiers
Mouroux
Pommeuse
Faremoutiers
Guérard
Dammartin-s-Tigeaux
Voulangis
Villiers-s-Morin
Couilly-Pont-aux-Dames
Quincy-Voisins
Magny-le-Hongre
Bailly-Romainvilliers
Montévrain
Chanteloup-en-Brie
Bussy-St-Georges
Bussy-St-Martin
Collégien
Ferrières-en-Brie
Croissy-Beaubourg
Émerainville
Roissy-en-Brie
Pontault-Combault
Pontcarré
Ozoir-la-Ferrière
Favières
Gretz-Armainvilliers
Les Chapelles-Bourbon
Villeneuve-St-Denis
Villeneuve-le-Comte
Neufmoutiers-en-Brie
Mortcerf
Hautefeuille
Crèvecœur-en-Brie
La Houssaye-en-Brie
Lumigny
Marles-en-Brie
Fontenay-Trésigny
Chaumes-en-Brie
Liverdy-en-Brie
Presles-en-Brie
Chevry-Cossigny
Férolles-Attilly
Lésigny
Grisy-Suisnes
Coubert
Soignolles-en-Brie
Solers
Ozouer-le-Voulgis
Argentières
Vaudoy-en-Brie
Voinsles
Pézarches
Touquin
Mauperthuis
St-Augustin
Chailly-en-Brie
Beautheil
Aulnoy
Boissy-le-Châtel
Jaignes
Tancrou
Mary-s-Marne
Isles-lès-Meldeuses
Armentières-en-Brie
Changis-s-Marne
Ussy-s-Marne
St-Jean-les-Deux-Jumeaux
Germigny-l'Évêque
Poincy
Crégy-lès-Meaux
Chambry
Barcy
Marcilly
Étrépilly
Puisieux
Forfry
Oissery
St-Pathus
St-Soupplets
Marchémoret
Montgé-en-Goële
Cuisy
Le Plessis-l'Évêque
Iverny
Villeroy
Charny
Messy
Gressy
Compans
Thieux
Juilly
Nantouillet
Vinantes
Le Plessis-aux-Bois
Charmentray
Trilbardou
Vignely
Fresnes-s-Marne
Précy-s-Marne
Jablines
Lesches
Dampmart
Thorigny-s-Marne
Pomponne
Carnetin
Annet-s-Marne
Villevaudé
Courtry
Le Pin
Brou-s-Chantereine
St-Thibault-des-Vignes
Gouvernes
Conches-s-Gondoire
Guermantes
Chalifert
Montry
St-Germain-s-Morin
Forêt de Crécy
Forêt d'Armainvilliers
Forêt de Ferrières
Forêt de Malvoisine
Forêt du Mans
Marne
Grand Morin
Ourcq
Thérouanne
Beuvronne
Yerres
A 4
A 104
A 140
A 199
N 2
N 3
N 4
N 19
N 36
N 104
N 330
D 231
D 402
D 405
E 50
E 54

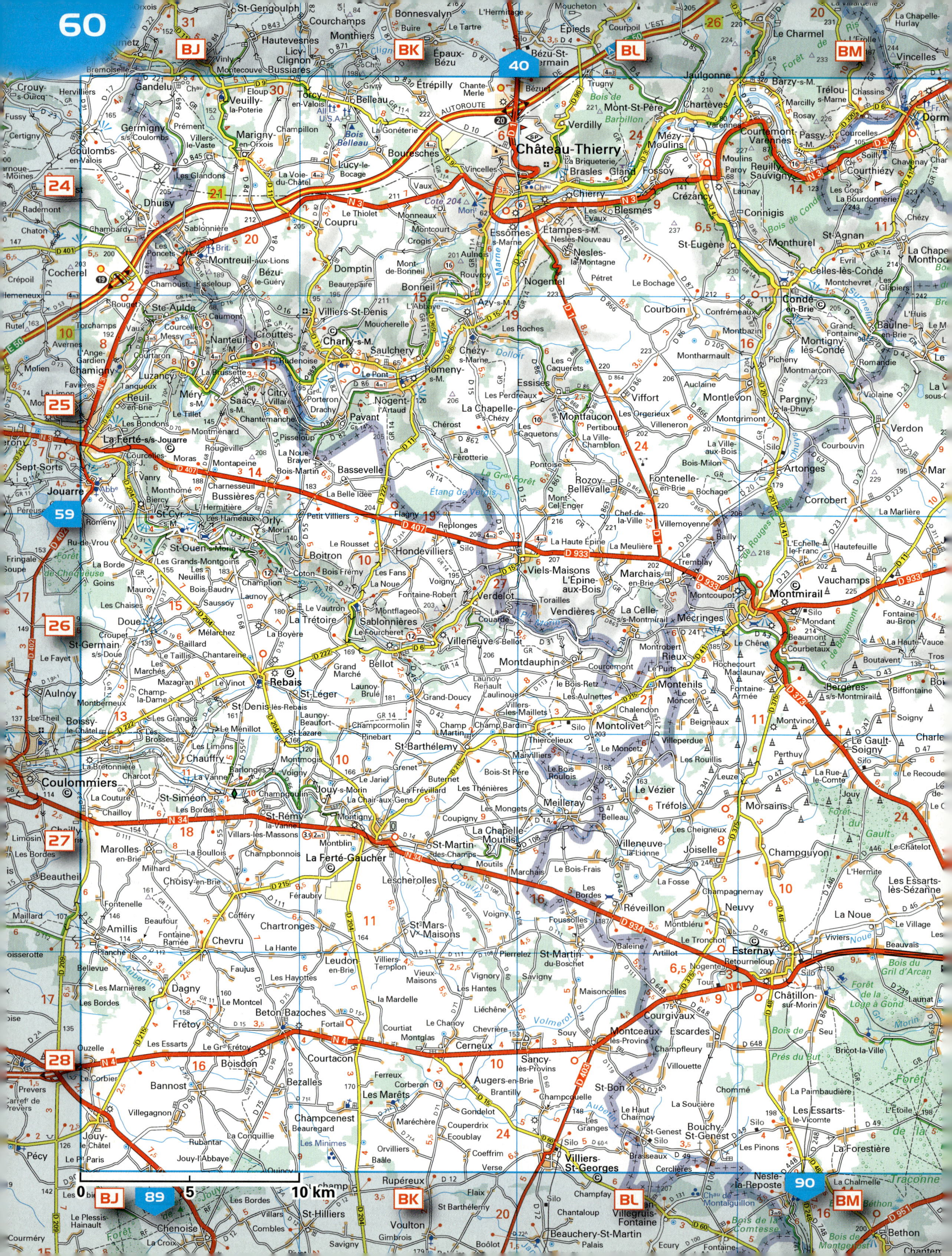
BJ
BK
BL
BM
40
59
89
90
24
25
26
27
28
St-Gengoulph
Hautevesnes
Courchamps
Monthiers
Bonnesvalyn
Épaux-Bézu
Bézu-St-Germain
Epieds
Le Charmel
Jaulgonne
Gandelu
Veuilly-la-Poterie
Torcy-en-Valois
Belleau
Étrépilly
Chartèves
Mont-St-Père
Barzy-s-M.
Trélou-s-Marne
Crouy-s-Ourcq
Marigny-en-Orxois
Bouresches
Château-Thierry
Verdilly
Mézy-Moulins
Courtemont-Varennes
Passy-s-M.
Germigny-s/s-Coulombs
Coulombs-en-Valois
Lucy-le-Bocage
Vincelles
Brasles
Gland
Fossoy
Crézancy
Reuilly-Sauvigny
Courthiézy
Dhuisy
Coupru
Vaux
Chierry
Blesmes
Connigis
Chambardy
Montreuil-aux-Lions
Bézu-le-Guéry
Domptin
Essômes-s-Marne
Étampes-s-M.
Nesles-la-Montagne
St-Eugène
Monthurel
St-Agnan
Cocherel
Nogentel
Celles-lès-Condé
Villiers-St-Denis
Charly-s-M.
Azy-s-M.
Courboin
Condé-en-Brie
Montigny-lès-Condé
Nanteuil
Crouttes
Saulchery
Romeny-s-M.
Chézy-s-Marne
Luzancy
Méry-s-M.
Saâcy-s-M.
Citry
Nogent-l'Artaud
Essises
Viffort
Montlevon
Pargny-la-Dhuys
Reuil-en-Brie
Pavant
La Chapelle-s-Chézy
Montfaucon
Verdon
La Ferté-s/s-Jouarre
Sept-Sorts
Jouarre
Bassevelle
Rozoy-Bellevalle
Fontenelle-en-Brie
Artonges
Corrobert
Bussières
St-Cyr
Orly-s-Morin
Hondevilliers
Viels-Maisons
L'Épine-aux-Bois
Marchais-en-Brie
Montmirail
Vauchamps
St-Ouen-s-Morin
Boitron
Verdelot
Vendières
La Celle-s/s-Montmirail
Mécringes
Doue
La Trétoire
Sablonnières
Villeneuve-s-Bellot
Montdauphin
Rieux
St-Germain-s/s-Doue
Rebais
Bellot
Montenils
Aulnoy
St-Léger
St-Denis-lès-Rebais
Montolivet
Boissy-le-Châtel
St-Barthélemy
Le Gault-Soigny
Chauffry
Coulommiers
Jouy-s-Morin
Le Vézier
Tréfols
Morsains
St-Siméon
St-Rémy-la-Vanne
St-Martin-des-Champs
La Chapelle-Moutils
Meilleray
Marolles-en-Brie
La Ferté-Gaucher
Villeneuve-la-Lionne
Joiselle
Champguyon
Lescherolles
Choisy-en-Brie
Réveillon
Neuvy
St-Mars-Vx-Maisons
Amillis
Chevru
Chartronges
Leudon-en-Brie
St-Martin-du-Boschet
Esternay
Dagny
Châtillon-sur-Morin
Beton-Bazoches
Courgivaux
Frétoy
Montceaux-lès-Provins
Escardes
Cerneux
Courtacon
Sancy-lès-Provins
Boisdon
Bannost
Augers-en-Brie
Les Marêts
St-Bon
Les Essarts-le-Vicomte
Champcenest
Bouchy-St-Genest
Jouy-le-Châtel
Pécy
Villiers-St-Georges
La Forestière
Rupéreux
Voulton
St-Hilliers
Villegruis-Fontaine
Beauchery-St-Martin
Nesle-la-Reposte
Bethon
0
5
10 km

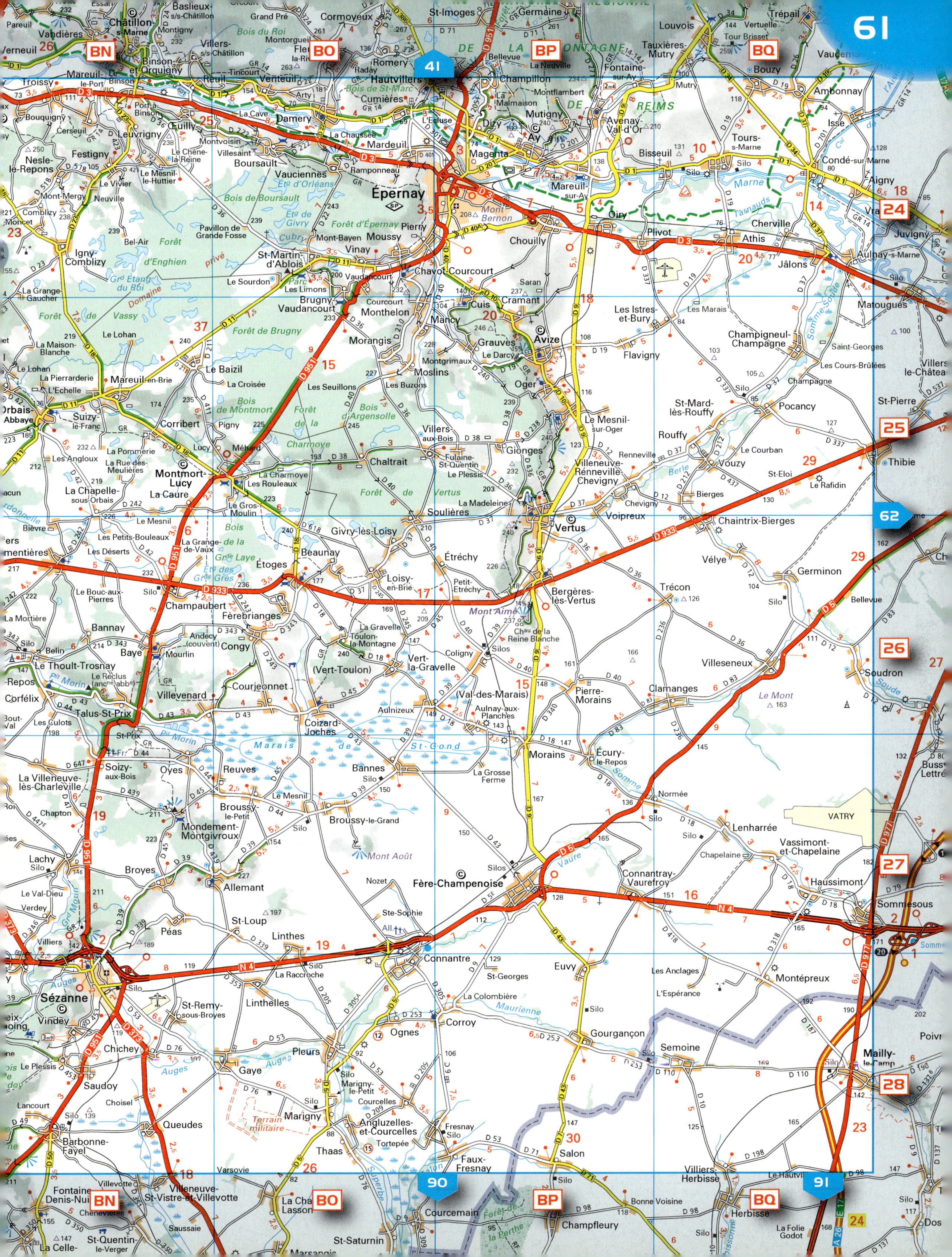
Châtillon-s-Marne
Vandières
Binson-et-Orquigny
Villers-s-Châtillon
Mareuil-le-Port
Troissy
Cormoyeux
Romery
St-Imoges
Germaine
Hautvillers
Cumières
Champillon
Dizy
Ay
Mutigny
Avenay-Val-d'Or
Louvois
Tauxières-Mutry
Fontaine-sur-Ay
Bouzy
Ambonnay
Isse
Tours-s-Marne
Bisseuil
Condé-sur-Marne
Aigny
Damery
Mardeuil
Magenta
Épernay
Mareuil-sur-Ay
Oiry
Plivot
Athis
Cherville
Jâlons
Juvigny
Aulnay-s-Marne
Matougues
Festigny
Leuvrigny
Boursault
Vauciennes
Nesle-le-Repons
Le Mesnil-le-Huttier
Neuville
Comblizy
Igny-Comblizy
Moussy
Pierry
Vinay
Chouilly
St-Martin-d'Ablois
Chavot-Courcourt
Brugny-Vaudancourt
Monthelon
Cuis
Cramant
Mancy
Grauves
Avize
Les Istres-et-Bury
Flavigny
Champigneul-Champagne
Morangis
Moslins
Oger
Le Baizil
Mareuil-en-Brie
Suizy-le-Franc
Corribert
Villers-aux-Bois
Le Mesnil-sur-Oger
St-Mard-lès-Rouffy
Pocancy
Rouffy
Gionges
Fulaine-St-Quentin
Chaltrait
Montmort-Lucy
Villeneuve-Renneville-Chevigny
Vouzy
Thibie
Bierges
La Chapelle-sous-Orbais
Soulières
Vertus
Voipreux
Chaintrix-Bierges
Givry-lès-Loisy
Beaunay
Étréchy
Étoges
Loisy-en-Brie
Bergères-lès-Vertus
Vélye
Germinon
Champaubert
Fèrebrianges
Mont Aimé
Trécon
Bannay
Baye
Congy
Vert-la-Gravelle
Coligny
Villeseneux
Le Thoult-Trosnay
Villevenard
Courjeonnet
(Vert-Toulon)
(Val-des-Marais)
Pierre-Morains
Clamanges
Soudron
Talus-St-Prix
Coizard-Joches
Aulnizeux
Aulnay-aux-Planches
Marais de St-Gond
Soizy-aux-Bois
Oyes
Reuves
Bannes
Morains
Écury-le-Repos
La Villeneuve-lès-Charleville
Broussy-le-Petit
Broussy-le-Grand
Normée
Lenharrée
Vassimont-et-Chapelaine
VATRY
Mondement-Montgivroux
Lachy
Broyes
Allemant
Fère-Champenoise
Connantray-Vaurefroy
Haussimont
Sommesous
St-Loup
Péas
Linthes
Connantre
Euvy
Montépreux
Sézanne
Vindey
St-Remy-sous-Broyes
Linthelles
Corroy
Ognes
Gourgançon
Semoine
Chichey
Pleurs
Gaye
Saudoy
Marigny
Marigny-le-Petit
Mailly-le-Camp
Queudes
Angluzelles-et-Courcelles
Barbonne-Fayel
Thaas
Fresnay
Faux-Fresnay
Salon
Villiers-Herbisse
Herbisse
Fontaine-Denis-Nuisy
Villeneuve-St-Vistre-et-Villevotte
La Chapelle-Lasson
Courcemain
Champfleury
St-Saturnin
St-Quentin-le-Verger
La Celle
BN
BO
BP
BQ
41
62
90
91
24
25
26
27
28

CHÂLONS-EN-CHAMPAGNE
Vitry-le-François
St-Memmie
Compertrix
Fagnières
St-Martin-sur-le-Pré
St-Gibrien
Recy
L'Épine
Courtisols
Somme-Vesle
Poix
Moivre
Coupéville
Le Fresne
Marson
St-Jean-sur-Moivre
Dampierre-sur-Moivre
Francheville
Sarry
Moncetz-Longevas
Chepy
St-Germain-la-Ville
Mairy-s-Marne
Vésigneul-s-Marne
Pogny
Omey
Togny-aux-Bœufs
Vitry-la-Ville
Cheppes-la-Prairie
St-Martin-aux-Champs
La Chaussée-sur-Marne
Aulnay-l'Aître
Songy
Ablancourt
St-Amand-sur-Fion
St-Lumier-en-Champagne
Soulanges
Pringy
Drouilly
Loisy-s-Marne
Maisons-en-Champagne
Couvrot
Blacy
Marolles
Glannes
Huiron
Courdemanges
Châtelraould-St-Louvent
Blaise-s/s-Arzillières
Arzillières-Neuville
Écury-sur-Coole
Nuisement-sur-Coole
Breuvery-s-Coole
St-Quentin-sur-Coole
Cernon
Coupetz
Fontaine
Vésigneul
Faux-Vésigneul
Coole
Sompuis
Humbauville
Le Meix-Tiercelin
Sommesous
Soudé
Dommartin-Lettrée
Bussy-Lettrée
Vatry
Soudron
Cheniers
Thibie
Villers-le-Château
Matougues
Aulnay-s-Marne
Juvigny
Vraux
Aigny
Condé-sur-Marne
Isse
Ambonnay
Les Grandes-Loges
La Veuve
Bouy
Vadenay
Cuperly
St-Hilaire-au-Temple
Dampierre-au-Temple
St-Étienne-au-Temple
La Cheppe
Bussy-le-Château
St-Remy-sur-Bussy
La Croix-en-Champagne
Tilloy-et-Bellay
Auve
Herpont
Vanault-le-Châtel
Bassu
Lisse-en-Champagne
Bassuet
Vavray-le-Grand
Changy
St-Quentin-les-Marais
Merlaut
Ponthion
Plichancourt
Brusson
Vauclerc
Écriennes
Luxemont-et-Villotte
Frignicourt
Bignicourt-sur-Marne
Norrois
Cloyes-s-Marne
Matignicourt-Goncourt
Larzicourt
St-Remy-en-Bouzemont-St-Genest-et-Isson
Mailly-le-Camp
Poivres
Camp militaire de Mailly
AUTOROUTE DE L'EST
A 4 - E 50
A 26 - E 17
N 44
N 4
D 3
D 977
D 994
D 982
D 995
D 396
Marne
Vesle
Coole
Soude
Guenelle
Moivre
Fion
Saulx
0 5 10 km
BR BS BT BU
42 61 91 92

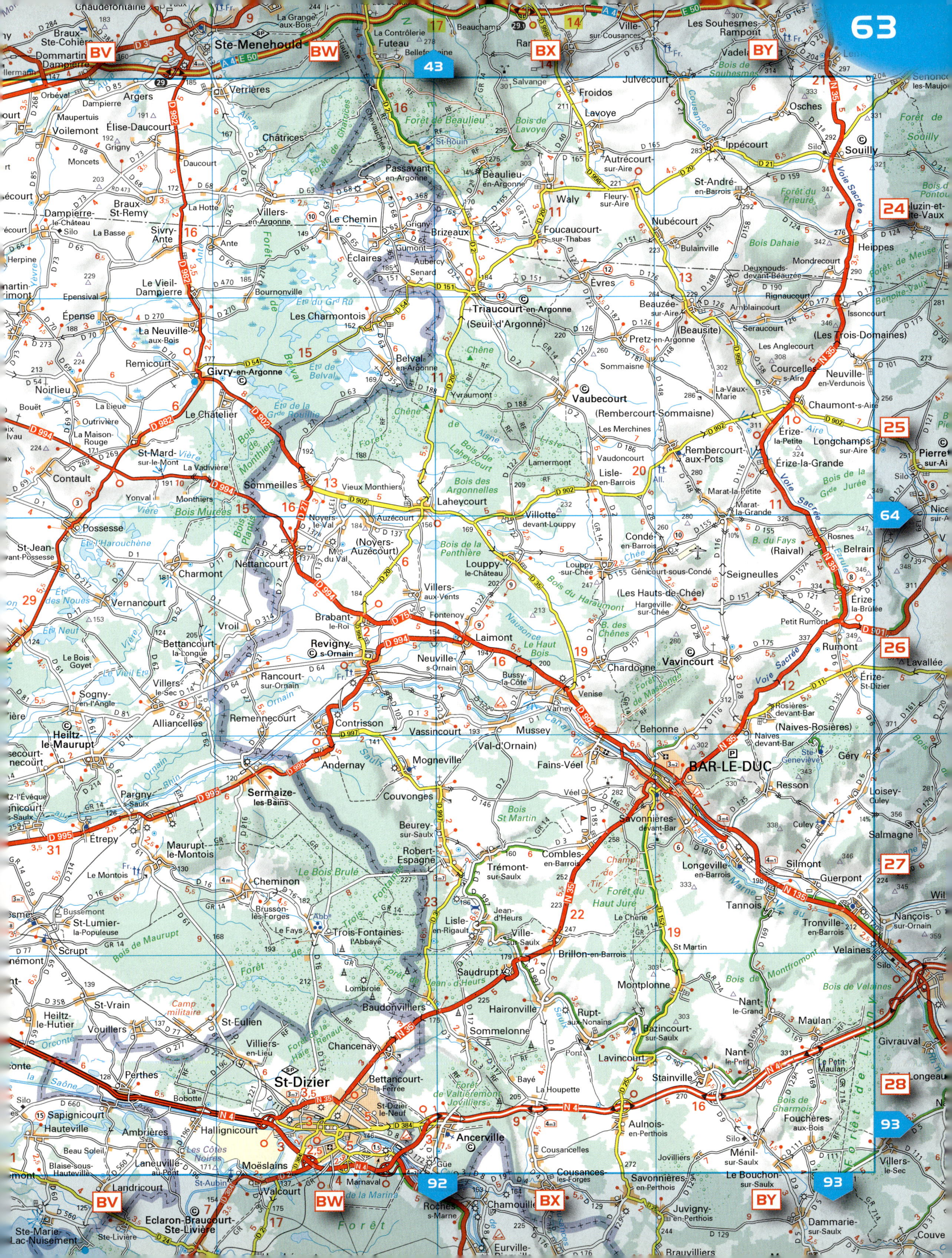
Ste-Menehould
Chaudefontaine
Braux-Ste-Cohière
Dommartin-Dampierre
Verrières
Chatrices
Forêt de Beaulieu
Passavant-en-Argonne
Beaulieu-en-Argonne
Froidos
Lavoye
Julvécourt
Osches
Souilly
Ippécourt
Autrécourt-sur-Aire
Waly
Fleury-sur-Aire
St-André-en-Barrois
Villers-en-Argonne
Le Chemin
Élise-Daucourt
Voilemont
Argers
Dampierre-le-Château
Braux-St-Remy
Sivry-Ante
Brizeaux
Foucaucourt-sur-Thabas
Nubécourt
Bulainville
Heippes
Éclaires
Le Vieil-Dampierre
Les Charmontois
Triaucourt-en-Argonne
(Seuil-d'Argonne)
Évres
Beauzée-sur-Aire
(Beausite)
Amblaincourt
Seraucourt
Rignaucourt
Deuxnouds-devant-Beauzée
Mondrecourt
Issoncourt
(Les Trois-Domaines)
Épense
La Neuville-aux-Bois
Pretz-en-Argonne
Sommaisne
Les Anglecourt
Courcelles-s-Aire
Neuville-en-Verdunois
Remicourt
Givry-en-Argonne
Belval-en-Argonne
Noirlieu
Vaubecourt
(Rembercourt-Sommaisne)
Chaumont-s-Aire
Le Châtelier
Yvraumont
Les Merchines
Érize-la-Petite
Longchamps-sur-Aire
Érize-la-Grande
St-Mard-sur-le-Mont
Contault
Rembercourt-aux-Pots
Vaudoncourt
Lisle-en-Barrois
Marat-la-Petite
Marat-la-Grande
Sommeilles
Vieux Monthiers
Laheycourt
Villotte-devant-Louppy
Possesse
Noyers-le-Val
Auzécourt
(Noyers-Auzécourt)
Condé-en-Barrois
Rosnes
Belrain
(Raival)
St-Jean-devant-Possesse
Charmont
Nettancourt
Louppy-le-Château
Louppy-sur-Chée
Génicourt-sous-Condé
Seigneulles
Vernancourt
Villers-aux-Vents
(Les Hauts-de-Chée)
Hargeville-sur-Chée
Érize-la-Brûlée
Vroil
Brabant-le-Roi
Laimont
Petit Rumont
Rumont
Bettancourt-la-Longue
Revigny-s-Ornain
Neuville-s-Ornain
Bussy-la-Côte
Chardogne
Vavincourt
Lavallée
Sogny-en-l'Angle
Villers-le-Sec
Rancourt-sur-Ornain
Érize-St-Dizier
Heiltz-le-Maurupt
Alliancelles
Remennecourt
Contrisson
Vassincourt
Mussey
Varney
Behonne
Rosières-devant-Bar
(Naives-Rosières)
Naives-devant-Bar
Géry
Andernay
(Val-d'Ornain)
Mognéville
Fains-Véel
BAR-LE-DUC
Resson
Loisey-Culey
Pargny-s-Saulx
Sermaize-les-Bains
Couvonges
Beurey-sur-Saulx
Savonnières-devant-Bar
Salmagne
Étrepy
Maurupt-le-Montois
Robert-Espagne
Combles-en-Barrois
Longeville-en-Barrois
Silmont
Guerpont
Le Montois
Cheminon
Tremont-sur-Saulx
Forêt du Haut Jure
Tannois
Tronville-en-Barrois
Nançois-sur-Ornain
Bussemont
St-Lumier-la-Populeuse
Brusson-les-Forges
Trois-Fontaines-l'Abbaye
Jean-d'Heurs
Lisle-en-Rigault
Ville-sur-Saulx
Le Chêne
St Martin
Velaines
Scrupt
Brillon-en-Barrois
Saudrupt
Montplonne
Lombroie
Nant-le-Grand
Maulan
St-Vrain
Heiltz-le-Hutier
Vouillers
St-Eulien
Baudonvilliers
Haironville
Rupt-aux-Nonains
Sommelonne
Bazincourt-sur-Saulx
Givrauval
Villers-en-Lieu
Chancenay
Lavincourt
Nant-le-Petit
Le Petit-Maulan
Perthes
St-Dizier
Bettancourt-la-Ferrée
Stainville
Longeaux
Bayé
La Houpette
Sapignicourt
Hauteville
Ambrières
Hallignicourt
Ancerville
Aulnois-en-Perthois
Fouchères-aux-Bois
Beau Soleil
Blaise-sous-Hauteville
Laneuville-au-Pont
Moëslains
Cousancelles
Jovilliers
Ménil-sur-Saulx
Landricourt
Valcourt
Marnaval
Cousances-les-Forges
Savonnières-en-Perthois
Le Bouchon-sur-Saulx
Villers-le-Sec
Eclaron-Braucourt-Ste-Livière
Ste-Marie-Lac-Nuisement
Roches-s-Marne
Chamouilley
Juvigny-en-Perthois
Dammarie-sur-Saulx
Eurville
Brauvilliers
BV
BW
BX
BY
43
64
92
93
24
25
26
27
28
29
31

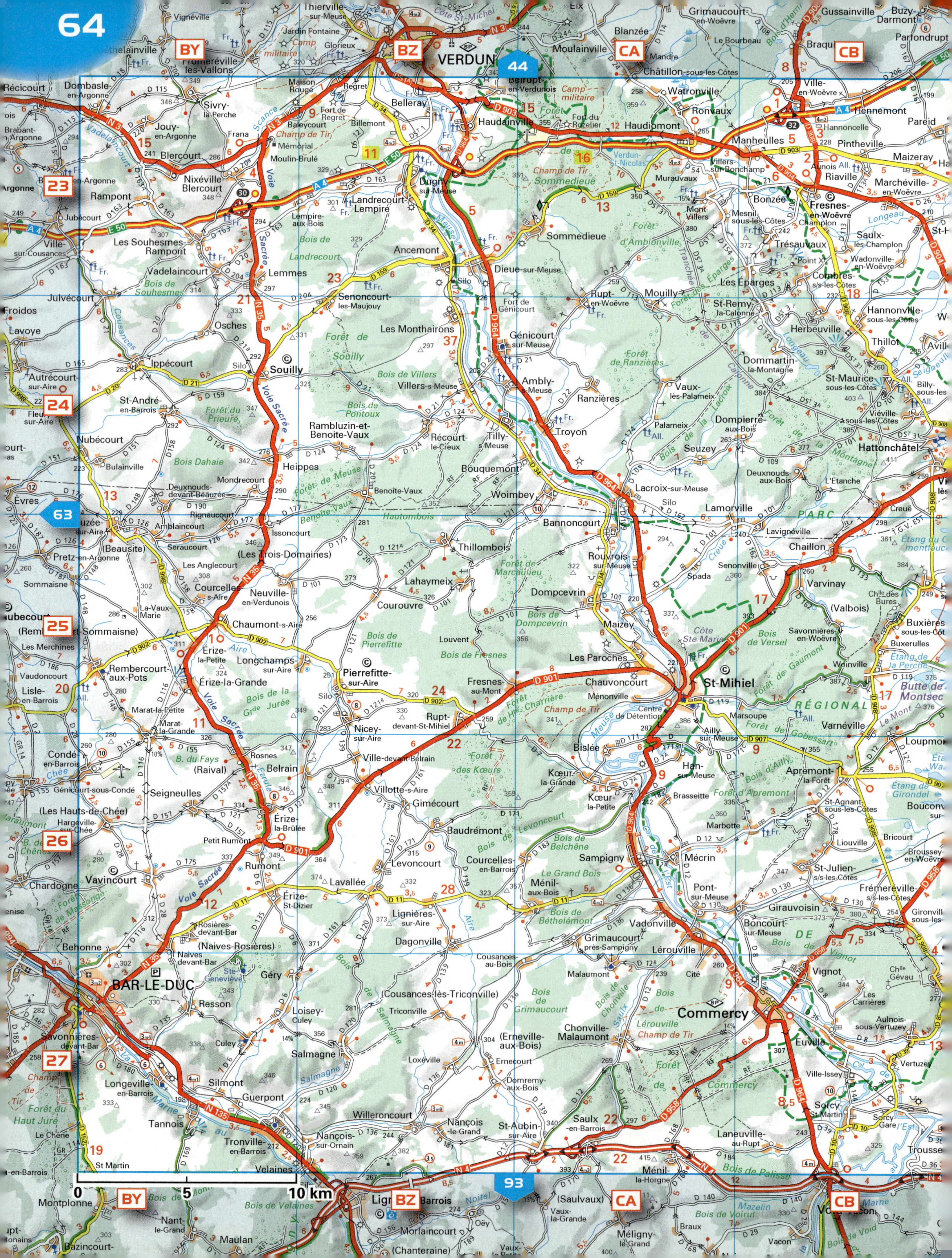

VERDUN
Belrupt-en-Verdunois
Haudainville
Haudiomont
Watronville
Ronvaux
Manheulles
Hennemont
Pareid
Pintheville
Maizeray
Riaville
Marchéville-en-Woëvre
Fresnes-en-Woëvre
Bonzée
Dombasle-en-Argonne
Sivry-la-Perche
Jouy-en-Argonne
Blercourt
Nixéville-Blercourt
Rampont
Dugny-sur-Meuse
Landrecourt-Lempire
Ancemont
Sommedieue
Dieue-sur-Meuse
Les Souhesmes-Rampont
Vadelaincourt
Lemmes
Senoncourt-les-Maujouy
Les Monthairons
Génicourt-sur-Meuse
Rupt-en-Woëvre
Mouilly
Les Éparges
St-Remy-la-Calonne
Herbeuville
Thillot
Combres-s/s-les-Côtes
Hannonville-sous-les-Côtes
Saulx-lès-Champlon
Fresnes-en-Woëvre
Julvécourt
Osches
Souilly
Ippécourt
Villers-s-Meuse
Ambly-s-Meuse
Ranzières
Troyon
Dommartin-la-Montagne
Vaux-lès-Palameix
Dompierre-aux-Bois
St-Maurice-sous-les-Côtes
Viéville-s/s-les-Côtes
Hattonchâtel
St-André-en-Barrois
Rambluzin-et-Benoite-Vaux
Récourt-le-Creux
Tilly-s-Meuse
Bouquemont
Seuzey
Lacroix-sur-Meuse
Lamorville
Nubécourt
Bulainville
Heippes
Deuxnouds-devant-Beauzée
Mondrecourt
Benoite-Vaux
Woimbey
Bannoncourt
Deuxnouds-aux-Bois
Amblaincourt
Isoncourt
(Les Trois-Domaines)
Thillombois
Rouvrois-sur-Meuse
Lavignéville
Chaillon
(Beausite)
Pretz-en-Argonne
Courcelles-s-Aire
Neuville-en-Verdunois
Lahaymeix
Dompcevrin
Varvinay
(Valbois)
Buxières-sous-les-Côtes
Chaumont-s-Aire
Courouvre
Maizey
Savonnières-en-Woëvre
(Rembercourt-Sommaisne)
Érize-la-Petite
Longchamps-sur-Aire
Louvent
Les Paroches
St-Mihiel
Woinville
Rembercourt-aux-Pots
Érize-la-Grande
Pierrefitte-sur-Aire
Fresnes-au-Mont
Chauvoncourt
Marsoupe
Varnéville
Lisle-en-Barrois
Marat-la-Petite
Marat-la-Grande
Nicey-sur-Aire
Rupt-devant-St-Mihiel
Bislée
Ailly-sur-Meuse
Loupmont
Condé-en-Barrois
Seigneulles
Belrain
Rosnes
Ville-devant-Belrain
Kœur-la-Grande
Kœur-la-Petite
Han-sur-Meuse
Apremont-la-Forêt
(Raival)
Géricourt-sous-Condé
(Les Hauts-de-Chée)
Érize-la-Brûlée
Villotte-s-Aire
Gimécourt
Brasseitte
St-Agnant-sous-les-Côtes
Baudrémont
Marbotte
Liouville
Bricourt
Vavincourt
Rumont
Levoncourt
Courcelles-en-Barrois
Sampigny
Mécrin
St-Julien-s/s-les-Côtes
Fréméréville-s/s-les-Côtes
Lavallée
Érize-St-Dizier
Ménil-aux-Bois
Pont-sur-Meuse
Girauvoisin
Boncourt-sur-Meuse
Behonne
Rosières-devant-Bar
(Naives-Rosières)
Lignières-sur-Aire
Dagonville
Vadonville
Grimaucourt-près-Sampigny
Lérouville
Naives-devant-Bar
BAR-LE-DUC
Géry
Resson
Cousances-aux-Bois
(Cousances-lès-Triconville)
Triconville
Malaumont
Commercy
Vignot
Loisey-Culey
Chonville-Malaumont
Euville
Savonnières-devant-Bar
Longeville-en-Barrois
Salmagne
Loxéville
(Erneville-aux-Bois)
Ernecourt
Silmont
Guerpont
Dommery-aux-Bois
Ville-Issey
Sorcy-St-Martin
Tannois
Willeroncourt
Nançois-le-Grand
Nançois-sur-Ornain
St-Aubin-sur-Aire
Saulx-en-Barrois
Laneuville-au-Rupt
Tronville-en-Barrois
Velaines
Ménil-la-Horgne
Ligny-en-Barrois
Montplonne
Nant-le-Grand
Maulan
Morlaincourt
(Chanteraine)
(Saulvaux)
Vaux-la-Grande
Méligny-le-Grand
Braux
Void-Vacon
Bazincourt
0
5
10 km
BY
BZ
CA
CB
23
24
25
26
27
44
63
93

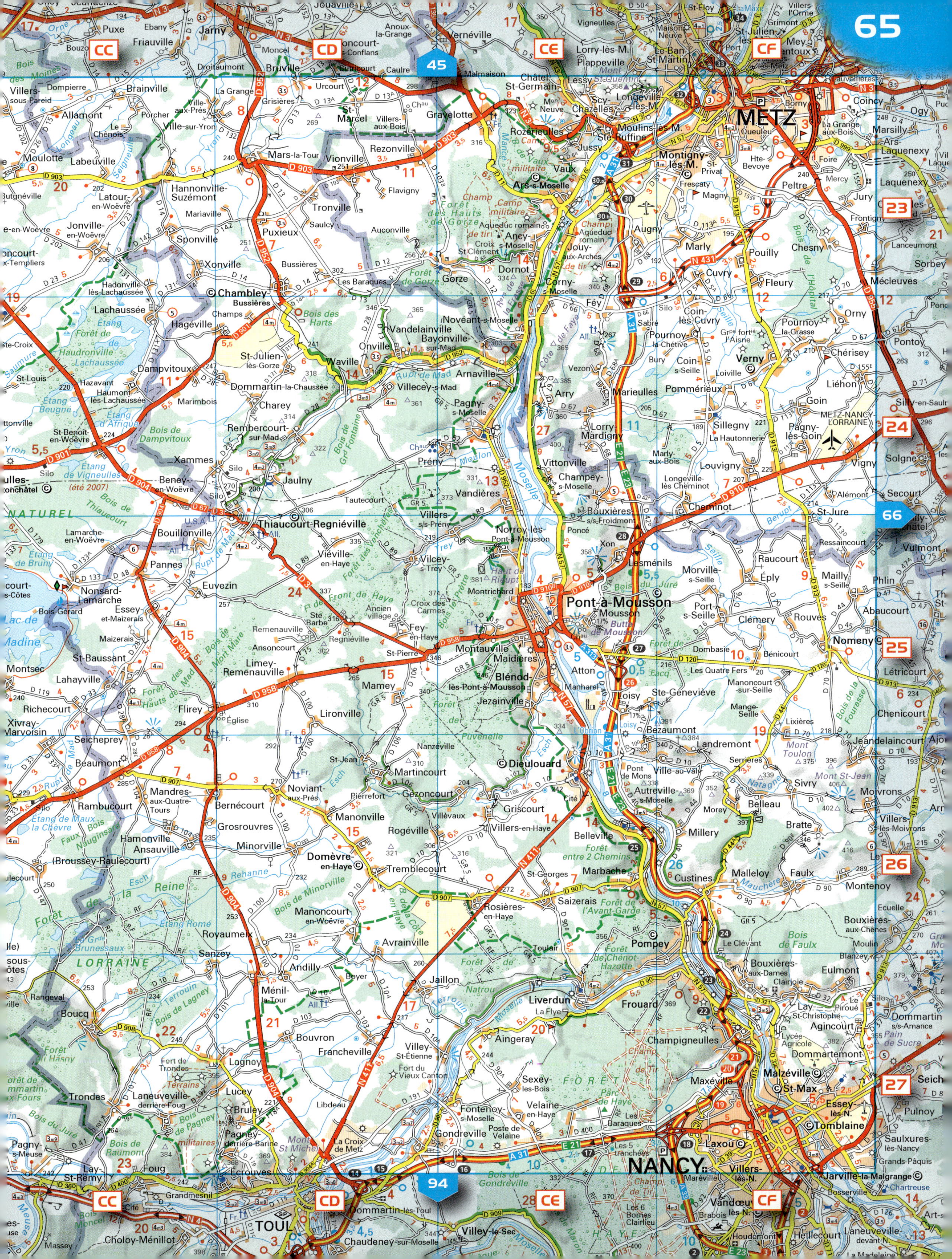
METZ
NANCY
Pont-à-Mousson
TOUL
Thiaucourt-Regniéville
Dieulouard
Pompey
Frouard
Liverdun
Custines
Jarny
Gravelotte
Mars-la-Tour
Gorze
Ars-s-Moselle
Montigny-lès-M.
Chambley-Bussières
Jaulny
Vandières
Norroy-lès-Pont-à-Mousson
Blénod-lès-Pont-à-Mousson
Jezainville
Maidières
Montauville
Nomeny
Verny
Malzéville
St-Max
Essey-lès-N.
Tomblaine
Laxou
Villers-lès-N.
Vandœuvre
Jarville-la-Malgrange
Domèvre-en-Haye
Flirey
Seicheprey
Beaumont
Essey-et-Maizerais
Pannes
Bouillonville
Euvezin
Limey-Remenauville
Lironville
Mamey
Martincourt
Gézoncourt
Griscourt
Manonville
Noviant-aux-Prés
Bernécourt
Rambucourt
Royaumeix
Andilly
Ménil-la-Tour
Lagney
Bouvron
Francheville
Gondreville
Fontenoy-s-Moselle
Velaine-en-Haye
Maxéville
Champigneulles
Malleloy
Belleau
Millery
Autreville-s-Moselle
Landremont
Bezaumont
Ste-Geneviève
Loisy
Atton
Lesménils
Morville-s-Seille
Éply
Clémery
Raucourt
Cheminot
Louvigny
Vittonville
Arnaville
Pagny-s-Moselle
Prény
Villecey-s-Mad
Onville
Waville
Rembercourt-sur-Mad
Xammes
Dampvitoux
Hagéville
St-Julien-lès-Gorze
Dommartin-la-Chaussée
Charey
Vionville
Rezonville
Tronville
Puxieux
Sponville
Xonville
Labeuville
Jonville-en-Woëvre
Hannonville-Suzémont
Lachaussée
Hadonville-lès-Lachaussée
Corny-s-Moselle
Novéant-s-Moselle
Dornot
Ancy-s-Moselle
Jouy-aux-Arches
Augny
Marly
Fey
Coin-lès-Cuvry
Cuvry
Pournoy-la-Chétive
Marieulles
Arry
Lorry-Mardigny
Pagny-lès-Goin
Goin
Sillegny
Pommérieux
Fleury
Peltre
Jury
Chesny
Mécleuves
Orny
Chérisey
Liéhon
Pouilly
METZ-NANCY-LORRAINE
FORÊT DE HAYE
LORRAINE
NATUREL
Moselle
Lac de Madine
Forêt de Puvenelle
Bois le Prêtre
Forêt des Hauts de Gorze
CC
CD
CE
CF
45
66
94
23
24
25
26
27

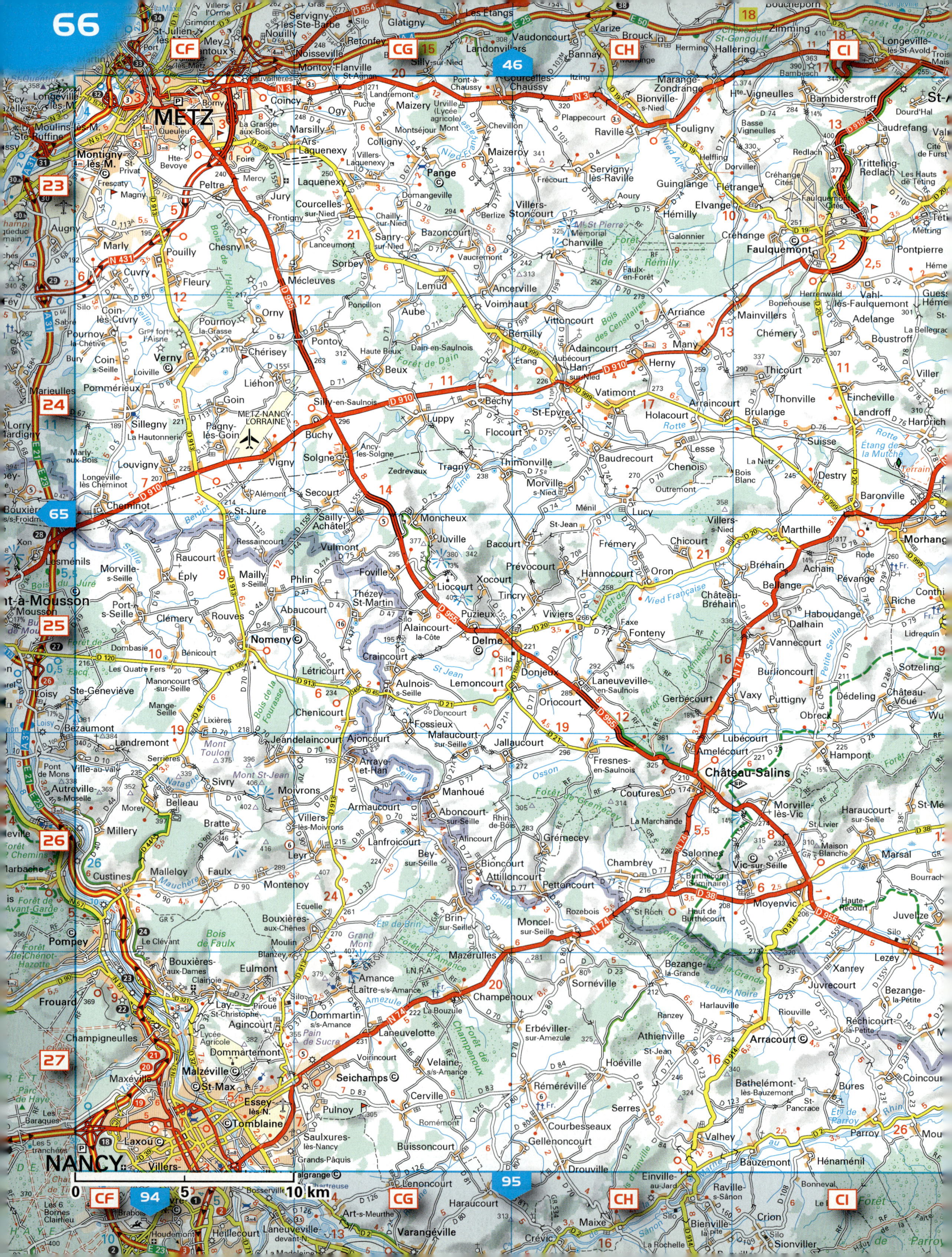
METZ
NANCY
Château-Salins
Faulquemont
Pont-à-Mousson
Nomeny
Delme
Vic-sur-Seille
Morhange
Verny
Pange
Courcelles-sur-Nied
Marsal
Arracourt
Seichamps
Tomblaine
Essey-lès-N.
Laxou
Malzéville
St-Max
Pompey
Frouard
Champigneulles
Maxéville
Montigny-lès-M.
Marly
Pouilly
Longeville-lès-M.
Moulins-lès-M.
Ste-Ruffine
Woippy
St-Julien-lès-M.
Vantoux
Noisseville
Servigny-lès-Ste-Barbe
Glatigny
Les Étangs
Vaudoncourt
Landonvillers
Varize
Brouck
Bannay
Hallering
Zimming
Longeville-lès-St-Avold
Bambiderstroff
Laudrefang
Tritteling-Redlach
Créhange
Flétrange
Elvange
Guinglange
Hémilly
Servigny-lès-Raville
Raville
Bionville-s-Nied
Marange-Zondrange
Fouligny
Chanville
Villers-Stoncourt
Maizeroy
Ancerville
Rémilly
Vittoncourt
Adaincourt
Han-sur-Nied
Herny
Many
Arriance
Mainvillers
Chémery
Thicourt
Adelange
Boustroff
Eincheville
Landroff
Thonville
Brulange
Arraincourt
Holacourt
Vatimont
Baudrecourt
Chenois
Destry
Suisse
Baronville
Marthille
Villers-s-Nied
Chicourt
Bréhain
Château-Bréhain
Achain
Rodalbe
Haboudange
Dalhain
Vannecourt
Burlioncourt
Puttigny
Obreck
Dédeling
Château-Voué
Vaxy
Gerbécourt
Lubécourt
Amelécourt
Hampont
Morville-lès-Vic
Salonnes
Moyenvic
Juvelize
Lezey
Xanrey
Juvrecourt
Bezange-la-Petite
Réchicourt-la-Petite
Bathelémont-lès-Bauzemont
Bures
Coincourt
Parroy
Bauzemont
Hénaménil
Valhey
Athienville
Hoéville
Serres
Ranzey
Bezange-la-Grande
Sornéville
Moncel-sur-Seille
Champenoux
Mazerulles
Erbéviller-sur-Amezule
Réméréville
Courbesseaux
Gellenoncourt
Drouville
Cerville
Buissoncourt
Velaine-s-Amance
Laneuvelotte
Dommartin-s-Amance
Amance
Laître-s-s-Amance
Pulnoy
Saulxures-lès-Nancy
Agincourt
Dommartemont
Lay-St-Christophe
Eulmont
Bouxières-aux-Dames
Bouxières-aux-Chênes
Custines
Malleloy
Faulx
Montenoy
Leyr
Bratte
Millery
Belleau
Sivry
Moivrons
Villers-lès-Moivrons
Lanfroicourt
Armaucourt
Arraye-et-Han
Manhoué
Aboncourt-sur-Seille
Bey-sur-Seille
Bioncourt
Attilloncourt
Pettoncourt
Chambrey
Grémecey
Fresnes-en-Saulnois
Coutures
Jallaucourt
Malaucourt-sur-Seille
Fossieux
Ajoncourt
Aulnois-s-Seille
Lemoncourt
Oriocourt
Laneuveville-en-Saulnois
Fonteny
Faxe
Viviers
Donjeux
Puzieux
Xocourt
Tincry
Prévocourt
Bacourt
Hannocourt
Oron
Frémery
Lucy
Juville
Liocourt
Moncheux
Alaincourt-la-Côte
Craincourt
Thézey-St-Martin
Foville
Létricourt
Chenicourt
Jeandelaincourt
Landremont
Ville-au-Val
Autreville-s-Moselle
Bezaumont
Ste-Geneviève
Loisy
Mange-Seille
Manoncourt-sur-Seille
Clémery
Bénicourt
Port-s-Seille
Morville-s-Seille
Éply
Raucourt
Mailly-s-Seille
Phlin
Abaucourt
Rouves
Vulmont
Sailly-Achâtel
Secourt
Solgne
Vigny
St-Jure
Alémont
Cheminot
Louvigny
Sillegny
Pagny-lès-Goin
Goin
Pommérieux
Coin-s-Seille
Liéhon
Chérisey
Pournoy-la-Grasse
Orny
Fleury
Cuvry
Coin-lès-Cuvry
Pournoy-la-Chétive
Marieulles
Silly-en-Saulnois
Buchy
Ancy-lès-Solgne
Luppy
Béchy
Flocourt
St-Epvre
Thimonville
Tragny
Morville-s-Nied
Beux
Pontoy
Mécleuves
Sorbey
Aube
Lemud
Voimhaut
Sanry-sur-Nied
Laquenexy
Ars-Laquenexy
Jury
Peltre
Mercy
Colligny
Ogy
Coincy
Marsilly
Maizery
Puche
Montoy-Flanville
Silly-sur-Nied
Courcelles-Chaussy
Itzing
Raville
Pontpierre
Vahl-lès-Faulquemont
Metz-Nancy-Lorraine
Frescaty
Magny
Augny
Chesny
Moselle
Seille
Nied Française
Rotte
Étang de la Mutche
Forêt de Facq
Bois de la Fourasse
Grand Mont
Forêt de Champenoux
Bois de Faulx
Forêt de Grémecey
Forêt de Rémilly
Bois des Censitaires
Forêt de Dain
Forêt de Bride et de Koecking
0 5 10 km
CF
CG
CH
CI
23
24
25
26
27
46
65
94
95

Sarreguemines
Sarralbe
Sarre-Union
Drulingen
Fénétrange
Sarrebourg
Dieuze
Albestroff
Puttelange-aux-Lacs
Grostenquin
Réchicourt-le-Château
Lorquin
Mittersheim
Forêt de Fénétrange
Forêt de Sarrebourg
PARC NATUREL RÉGIONAL
LORRAINE
CJ
CK
CL
CM
47
68
95
96
23
24
25
26
27

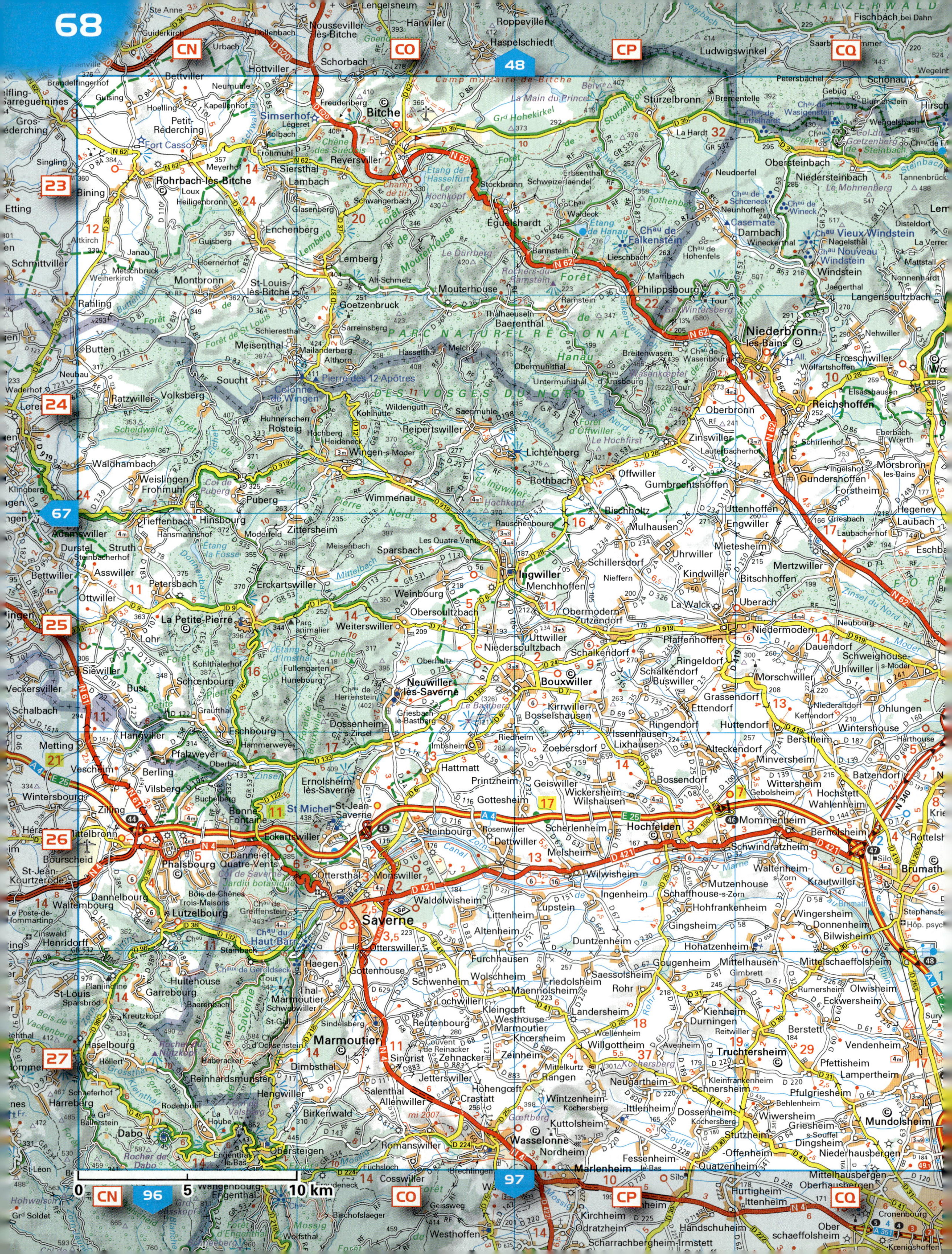
Bitche
Sarreguemines
Rohrbach-lès-Bitche
Lemberg
St-Louis-lès-Bitche
Montbronn
Philippsbourg
Niederbronn-les-Bains
Reichshoffen
Wingen-s-Moder
Lichtenberg
Ingwiller
La Petite-Pierre
Neuwiller-lès-Saverne
Bouxwiller
Phalsbourg
Saverne
Lutzelbourg
Marmoutier
Hochfelden
Brumath
Truchtersheim
Mundolsheim
Wasselonne
Marlenheim
Dabo
Dambach
Obersteinbach
Ludwigswinkel
Fischbach bei Dahn
Schönau
Haspelschiedt
Sturzelbronn
Baerenthal
Mouterhouse
Goetzenbruck
Meisenthal
Soucht
Volksberg
Rosteig
Wimmenau
Sparsbach
Weiterswiller
Dossenheim
Ernolsheim-lès-Saverne
Steinbourg
Dettwiller
Monswiller
Otterswiller
Mommenheim
Schwindratzheim
Wingersheim
Ittenheim
Oberhausbergen
Camp militaire de Bitche
PARC NATUREL RÉGIONAL DES VOSGES DU NORD
Forêt de Moder
Chau de Falkenstein
Chau du Haut-Barr
Rocher de Dabo
0 5 10 km
CN CO CP CQ
48 67 96 97
23 24 25 26 27

CR
CS
CT
CU
49
23
24
25
26
27
97
Niederschlettenbach
Nothweiler
Bobenthal
Mundatwald
Wissembourg
Col du Pigeonnier
Wingen
Climbach
Oberhoffen-les-W.
Steinseltz
Cleebourg
Riedseltz
Drachenbronn-Birlenbach
Ingolsheim
Lobsann
Lampertsloch
Keffenach
Memmelshoffen
Hunspach
Soultz-s/s-Forêts
Preuschdorf
Merkwiller-Pechelbronn
Kutzenhausen
Dieffenbach-lès-Wœrth
Surbourg
Gunstett
Biblisheim
Durrenbach
Walbourg
Haguenau
Schweigen-Rechtenbach
Schweighofen
Steinfeld
Kapsweyer
Altenstadt
Forêt de Wissembourg
Schleithal
Salmbach
Seebach
Siegen
Niederlauterbach
Oberlauterbach
Neewiller-près-Lauterbourg
Scheibenhard
Lauterbourg
Hoffen
Aschbach
Trimbach
Stundwiller
Buhl
Oberrœdern
Niederrœdern
Rittershoffen
Hatten
Betschdorf
Casemate Esch
Schaffhouse-près-Seltz
Eberbach-Seltz
Crœttwiller
Wintzenbach
Mothern
Munchhausen
Seltz
Kesseldorf
Forstfeld
Beinheim
Kauffenheim
Leutenheim
Rœschwoog
Roppenheim
Neuhaeusel
Fort-Louis
Soufflenheim
Rountzenheim
Auenheim
Sessenheim
Stattmatten
Dalhunden
Schirrhoffen
Schirrhein
Kaltenhouse
Oberhoffen-s-Moder
Bischwiller
Rohrwiller
Drusenheim
Herrlisheim
Offendorf
Gries
Weitbruch
Kurtzenhouse
Weyersheim
Gambsheim
Hœrdt
Kilstett
La Wantzenau
Reichstett
Hœnheim
Bischheim
Schiltigheim
STRASBOURG
Wörth am Rhein
Maximiliansau
Hagenbach
Büchelberg
Bienwald
Neuburg am Rhein
Berg
Rheinstetten
Mörsch
Forchheim
Daxlanden
Durmersheim
Au am Rhein
Illingen
Elchesheim-Illingen
Bietigheim
Steinmauern
Plittersdorf
Ötigheim
Rastatt
Ottersdorf
Wintersdorf
Iffezheim
Malsch
Muggensturm
Kuppenheim
Favorite
Sandweier
Hügelsheim
Baden-Airpark
Sinzheim
BADEN-BADEN
Gaggenau
Oos
Stollhofen
Söllingen
Rheinmünster
Schwarzach
Greffern
Grauelsbaum
Lichtenau
Hildmannsfeld
Moos
Scherzheim
Muckenschopf
Bühl
Vimbuch
Oberbruch
Steinbach
Neuweier
Balzhofen
Oberweier
Bühlertal
Altschweier
Memprechtshofen
Freistett
Rheinau
Gamshurst
Achern
Großweier
Sasbach
Sasbachwalden
Kappelrodeck
Oberachern
Önsbach
Fautenbach
Hausgereut
Holzhausen
Wagshurst
Honau
Zierolshofen
Bodersweier
Querbach
Renchen
Mösbach
Ulm
Seebach
Mummelsee
Hornisgrinde
Schwarzwald-Hochstraße
RHEIN
Forêt de Haguenau

C
D
E
F
24
25
26
27
28
Pointe de Pon
Chapell
Ménéham
Plateau d'Amand ar Ross
Karrec-Hir
La Digue
Boutrouilles
St-Egarec
Rudoloc
Lanhir
L'Île Vierge
La Grève Blanche
St-Michel
Nens-Vran
Le Libenter
Î. Stagadon
Î. Venan
Kelerdut
Île Penenès
Grève du Vougot
Nodéven
Chenal de l'Aber Wrac'h
Grève de Zorn
Curnic
Guissény
Kerbrezant
Î. de la Croix
Î. Vrac'h
Lilia
Iliz-Koz
Lanvaon
Leure
Kerhornaouen
Keryaro
Presqu'île de St-Marguerite
Î. Cézon
St-Cava
Perros
Plouguerneau
Keroudern
Brendaouez
Île Guenioc
Dunes
Poulloc
Fort
Î. d'Erch
20
Croas-ar-Gall
Lavengat
Corn Carhai
Roches de Portsall
Î. Tariec
B. des Anges
L'Aber-Wrac'h
Ste-Anne
Antéren
Îl. du Bec
Rosservor
Île Trevors
Î. Garo
Gouvent
St-Antoine
Kerdélant
St-Frégant
Île Carne
Tumulus
Dunes de Corn-ar-Gazel
Brouënnou
Landéda
Paluden
Le Grouanec
Lanneuval
Porsguen
Île Verte
Prat-ar-Coum
Croix-Rouge
Kerouartz
Prat-Paul
Lannébeur
Keradennec
Tréompan
Lampaul-Ploudalmézeau
St-Pabu
Aber Benoît
Lannilis
Wrac'h
Kernilis
Penmarch
Kergoles
Roches d'Argenton
Trémazan
Portsall
Streat-Veur
Diouris
Pellan
St-Samson
Bar-ar-Lan
Kerlanou
Kérarédeau
16
Moulin-du-Châtel
Croas-Kerzu
Pointe de Landunvez
Kersaint
Loc-Brévalaire
Menez-Bras
Le Folgoët
St-Gonvel
Penfoul
10
Landunvez
13
Tréglonou
Tariec
Île d'Iock
Ploudalmézeau
Kérouné
Kergrac'h
Lanarvily
Le Four
Argenton
St-Roch
Kernevez
Kerantour
Plouvien
Presqu'île St-Laurent
14
Plouguin
St-Jean-Balanant
Landouzan
Le Drennec
Porspoder
Keroustat
Kergastel
St-Jaoua
Locmaria
Plourin
Kérivinoc
Kerdalaes
Pentreff
Coat-Méal
Coal-Elez
Lestanet
Larret
Les Liniou
Kergadiou
13
Couloudouarn
Trémobian
18
Breventoc
Le Leuhan
Tréouergat
St-Urfold
Bourg-Blanc
Plabennec
Kerangueve
Île Melon
Melon
Pen-an-Dreff
15
Lanildut
Brélès
15
Tollan
23
Guipronvel
Fuzore
Rocher du Crapaud
Lanrivoaré
Kergroadès
Les Trois Curés
Lanorven
Lesquelen
Lannon
Porscave
Aber-Ildut
104
Tumulus
Grève de Gouérou
Brescanvel
Lanvenec
Kéranflech
Milizac
Kergoat
Mendy
22
Keralias
Porspaul
Lampaul-Plouarzel
St-Eloi
Kérivot
Gouesnou
Lanvélar
Chenal
Le Faix
Les Plâtresses
Île Ségal
Lokornou-Vian
12
Kervalguen
Kersaint-Plabennec
Pen-ar
0
5
10 km
C
74
D
E
75
F
Pointe de Corsen
Kerloas
St-Renan
Ty-Colo
Guilers
Keroudy
Tromeur
Kervao
St-Divy
Porsmoguer
Kerouzien
Lamber
Cohars
Langongar
Trégorff
12
Grand-Kervao
Loscoat
Lambézellec
Kergaradec
Guipavas
La Forêt-Landerneau
Four
Helle

G
H
I
J
24
25
26
27
28
72
75
76
Île-de-Batz
Trou du Serpent
Le Ru
Chapelle Ste-Anne
Jardin exotique
Pnte de Perharidy
Roscoff
Jardin exotique
Le Pouldu
Santec
Île de Sieck
an Annec
Théven-Kerbrat
Bougourouan
Dossen
Moguériec
Poulfoën
Kerfissien
St-Eden
Forban
Kerdanné
Kérider
Brélévenez
Tronjoly
Kersauson
Kersaint
St-Maudez
Kérouzéré
Kerbrat
Bois de Santec
Keragon
Keradennec
Laber
St-Pol-de-Léon
Kersaliou
Rocher Ste-Anne
Pempoul
Kernevez
La Madeleine
Trégondern
Carantec
Baie de Morlaix
Île Callot
Route submersible
Chaise du Curé
Chau du Taureau
Pointe de Primel
Rochers
Primel-Trégastel
Pnte de Diben
Le Diben
Le Guerzit
St-Samson
Terenez
Kerbiguet
Kerenot
Kermebel
Kerbabu
Kersaint
Kernelehen
St-Gonven
Kergaradec
Woallas
Plouezoc'h
Cairn de Barnenez
Rade de Morlaix
Kerdanet
Trodibon
St-Julien
Le Dourduff
Dourduff
Plage des Chardons Bleus
Sémaphore
Brignogan-Plages
Le Garo
Plage du Lividic
Gouletoc
Kérurus
Grève de Frouden
Plages de Pors-Meur et de Pors-Guen
Baie de Kernic
Plounéour-Trez
Goulven
Grève de Goulven
Maison des Dunes
Rocher
Keremma
Pont-Christ
Plouescat
Kerzéan
Lannurien
Lanveur
Kerlissien
Cléder
Sibiril
Lanneufeld
Plougoulm
Croissant-de-Plougoulm
Trégor
Stang
Ruplouénan
Kerisnel
Kerprigen
Kerdézant
Moulin-du-Chatel
Mézonan
Lochrist
Goulven
Tréflez
Kérus
Gare de Tréflez
Plounévez-Lochrist
Maillé
Quéran
Fme Mlle du Léon
Tréflaouénan
Kermenguy
Kervren
Ste-Catherine
Kerlaudy
Plouénan
Pont de la Corde
Henvic
Kermen
La Lande
Kerozal
Locquénolé
Plouider
Runeven
Croazou
Chau de Kergornadeac
Kerdrein
Meslein
Kerouzé
Trézilidé
Mespaul
Pont-Eon
Les Bruyères
Kergunic
Mouster
Pont-du-Châtel
Kerizinen
Mengleus
Berven
Plouzévédé
Kermancouez
Kertanguy
Lopreden
Taulé
Penzé
Lanugy
Croissant
St-André
Pen-an-Traon
Tréfeunteuniou
Ploujean
Keranroux
Kervolaugar
Kerguélen
Pontéalet
St-Vougay
Kerjean
Kervigodou
Keruzoret
Forêt de Lannuzouarn
Penguer
N.D. de la Victoire
Ste-Geneviève
Kerozar
Lesneven
Porléach
St-Méen
Kérilien
Lanhouarneau
Plougar
Trémagon
Triévin
Plouvorn
Lambader
Croas-ar-Born
Kerilly
Kerbrat
Croix-Neuve
Penhoat
St-Martin-des-Champs
Morlaix
Trégarantec
Kergroas
Locmélar
Traonien-Querné
St-Derrien
Kéryvon
Langéoguer
Coativellec
Kerguédal
Moulin-Neuf
Kergoat
Ste-Sève
Lichen
Trébodennic
Bellevue
Lesvéoc
Kernoter
Plougourvest
Guerruas
Kerlidou
Guiclan
Hellin
Kerivin
St-Fiacre
La Chapelle-du-Mûr
La Croix-de-Pierre
Kergongar
Kergoff
Plounéventer
Kerlaer
Bodilis
Base aéronavale
Kervoanec
La Poterie
Guerjean
Locménven
Coatilezec
Kervenarc'hant
Vallon-du-Pont
Plourin-lès-Morlaix
Kerfelgar
Trémaouézan
Château
St-Servais
Kérivin
Kermat
St-Jacques
St-Thégonnec
Penvern
Vieux Moulin
Coat-Miniou
Coatelan
Lanneuffret
Keriel
Quinquis
Landivisiau
Lampaul-Guimiliau
Silo
Lespodou
Pleyber-Christ
Créach-Miloc
Kerbenéat
Moulin de Brézal
Chle de Pont-Christ
Traonlen
Guimiliau
Pen-ar-Vern
Kergrenn
Kergalein
Trégunvez
Bodister
Quélern
Plouédern
Runhuel
St-Eloi
Botiguery
St-Derbot
La Roche-Maurice
Mescoat
Kerriou
Loc-Eguiner
Roch-Fily
Penhoat-Huon
Loc-Eguiner-St-Thégonnec
Kervern
Le Cloître-St-Thégonnec
Landerneau
Pencran
La Martyre
Le Traon
St-Antoine
Kermaria
Le Queff
Ste-Anne
Kerroc'h
Locmélar
Kéroual
Croix-Rouge
Gozeuzen
St-Sauveur
Kerambellec
Le Plessis
Kergus
Penmergués
Kergreis
Kerbriant
Kermeur
Coateleuzac'h
Queffleuth
Penzé
Horn
Flèche
Guillec
Éloin
D 10
D 788
D 69
D 58
D 712
D 19
D 30
E 50
N 12
GR 34
GR 380

K
L
M
N
24
25
26
27
28
71
76
77
Île Plate
Île aux Moines
Île de Malban
Île de Bono
Les Sept Îles
(Réserve naturelle)
Granit
Rose
Côte
de
Île Renote
Rochers
Pnte de Squéouel
Rochers
Île Tomé
Le Four
Île St-Gildas
Trégastel-Plage
Ploumanach
PERROS-GUIREC
Port-Blanc
Île Grande
Île Aganton
Île Milliau
Le Castel
Pnte de Bihit
Porz Mabo
Landrellec
Ste-Anne
St-Guirec
Kerguntuil
La Clarté
Trestraou
Pnte du Château
Port-l'Épine
Kériec
Le Royau
Trestel
Trévou-Tréguignec
Trélévern
Louannec
Nantouar
Trégastel
St-Samson
Penvern
TÉLÉCOMS SPATIALES
St-Uzec
Pleumeur-Bodou
St-Quay-Perros
Guéradur
Kervoasdoué
Mabiliés
Trébeurden
Kerduel
Keringant
Cruguil
Barac'h
Petit Camp
Kermaria-Sulard
Coatréven
Trézény
Le Rhû
Servel
Lannion
Brélévenez
Le Rusquet
la Ville-Blanche
Langoat
Lochrist
Beg Léguer
Pnte de Dourvin
Le Yaudet
Loguivy-lès-L.
Kerivon
St-Dogmel
Rospez
Lanmérin
Pointe de Séhar
Baie de Lannion
Locquémeau
Kergerven
Christ
Ploulec'h
Bel-Air
Kervosquer
Quemperven
Pointe de Primel
Rochers
Primel-Trégastel
Le Diben
Ste-Barbe
Plougasnou
Pointe Run Glas
Pnte de Beg-an-Fry
Marc'h Sammet
Les Sables Blancs
Pointe de Locquirec
Locquirec
Trédrez-Locquémeau
Pnte de Beg-ar-Fort
Pnte de Plestin
St-Michel-en-Grève
St-Efflam
Lieue de Grève
St-Jean
St-Herbot
Keranglas
Pont-Keriel
Buhulien
Chau de Coatfrec
Kéruel
Lanvézéac
Le Cosquer
Caouënnec-Lanvézéac
Confort
St-Jean-du-Doigt
Le Prajou
Poul Rodou
Christ
Moulin de la Rive
Kerboulic
Guimaëc
N.D. de la Joie
Lanmeur
Le Hellès
Pont-Ménou
Toul-an-Héry
Peulven
St-Haran
Plestin-les-Grèves
Grd Rocher
Ploumilliau
Kerblat
Ploubezre
Kerfons
Chau de Tonquédec
Tonquédec
Cavan
Les Cinq-Croix
La Lande
Kergrist
Kerauzern
Tréduder
St-Mélar
Lanascol
Kéraudy
Kerguéron
Coatroué
Run
Barderou
Kernalégan
Pluzunet
Crec'h-Allain
Lanneven
Bégard
Pen Ar Guer
Kervélégant
Kermouster
Kersco
Plouézoc'h
St-Antoine
Le Bois-de-la-Roche
Plouégat-Guérand
Douron
Ste-Anne
St-Jagut
Coat-ar-Sal
St-Sébastien
Plouzélambre
Kervern
St-Idunet
Loc
Lanvellec
Rosanbo
St-Yves
Garlan
Kermouster
Lanleya
Lezormel
Plufur
Les Sept-Saints
Bernantec
Plouaret
Le Vieux-Marché
Tregrom
Botlézan
Kerlecun
Trébriand
Trémel
Lescoat
St-Nicolas
St-Maurice
St-Éloi
Quinquis
Trévoureu
Pédernec
Morlaix
La Chapelle-du-Mûr
Encremer
Trudujou
Usel
Plouégat-Moysan
La Gare
St-Carré
Roche de Kiriou
Plounérin
Trinité
St-Conéry
Ménez-Bré
Manaty
Gollot
St-Efflam
Louargat
Plouigneau
Rosampoul
Kerstrad
Pen-Ar-Parc-Hir
Luzivilly
Le Ponthou
Étang du Moulin Neuf
Ar-Réchou
Beg-ar-Chra
Keramanac'h
Plounévez-Moëdec
Locmaria
St-Fiacre
La Croix-de-Pierre
St-Eutrope
Plourin-lès-Morlaix
Coadon
St-Éloi
Bourouguel
St-Maudez
La Vieille Côte
Coat-Guégan
Belle-Isle-en-Terre
Pen-an-Stang
Tréglamus
Guernalin
Coatelan
Plougonven
Guerguiniou
Botsorhel
Guerlesquin
Loguivy-Plougras
Loc-Envel
Forêt de Coat-an-Hay
Keranguéven
Quélern
Kerlosser
Christ
Plougras
Kerroué
Kerguelven
Panfourby
Gurunhuel
Lannéanou
Kerret
Coatilan
Beffou
Croix Joncourt
Forêt de Coat-an-Noz
Kergaër
Kerambellec
Dourdu
Forêt de Beffou
Les Avrégan
Scalon
Kergoguen
Pen-lan-Steunou
Plougonver
Kerambuan
Kermeur
Quillien
Kervezec
Launay
Coat-ar-Herno
Kergreis
Kerléoret
Penmergues
0
5
10 km
N 12
E 50
D 786
D 712
D 767
D 6
D 65
D 11
D 30

O
P
Q
R
24
25
26
27
28
Pointe du Château
Le Gouffre
Pors-Bugalez
Pors-Hir
Îles d'Er
Créac'h Maout
Sillon de Talbert
Anse de Pors Scaff
Plougrescant
Île Loaven
Larmor-Pleubian
Québo
Lanéros
Le Roudour
Kermagen
Île Maudez
Le Rosédo
Le Paon
Port-Béni
Sémaphore
La Corderie
St-Michel
Île de Bréhat
Pleubian
St-Antoine
St-Gonéry
Kerbors
Lanmodez
Phare de la Croix
Le Bourg
Île Logodec
Pors-Guyon
Île Béniguet
Quatre-Vents
La Roche-Jaune
Le Launay
Kerdallec
Kermassac'h
Pommelin
Île à Bois
Port-Clos
Grève du Guerzido
Bellevue
Kermouster
Loguivy-de-la-Mer
Pointe de l'Arcouest
Keralio
St-Adrien
Pleumeur-Gautier
L'Arcouest
Lannevez
Plouguiel
Le Bodic
Launay
Le Bot
Le Guiler
Kermenguy
Perros-Hamon
Tréguier
Ploubazlanec
Trédarzec
Kerloury
Pors-Éven
La Croix-Neuve
Lézardrieux
Kerroc'h
Île St-Riom
Côte du Goëlo
Roches du Roho
Minihy-Tréguier
St-Nicolas
Camarel
Paimpol
Île Lemenez
Mez de Goëlo
Kerantgrist
Plounez
Kérity
Pte de Guilben
Anse de Paimpol
Pointe de Bilfot
Langazou
Ste-Anne
Pleudaniel
Abbe de Beauport
Pouldouran
Lancerf
Penvern
Ste-Barbe
Port-Lazo
Troguéry
Boloi
Pors-Lec'h
L'Armorizel
Centre de formation d'Armor
Hengoat
Vieux-Bourg
St-Riom
Pointe de Minard
Plourivo
Rucle
Plouézec
Pommerit-Jaudy
La Roche-Jagu
Kerléau
Bourg Blanc
St-Yves
Le Questel
Kergorlay
Penhoat
Kerfot
Barafot
Leinar-Lan
Pors Pin
Pointe Berjule
St-Jean
St-Paul
Kerguen
Kermaria
La Madeleine
Le Taureau
Coat-Nevenez
Ploëzal
Yvias
Danot
Bréhec-en-Plouha
Pointe de la Tour
Penlan
Briantel
Quemper-Guézennec
Tumulus
Petit-St-Loup
Lanloup
Kerrot
Pontrieux
La Noë-Verte
Plage Bonaparte
Runan
Kervic
Kervorgan
Temple
La Trinité
Port-Moguer
La Corderie
Le Faouët
Lanleff
Plehédel
Trévos
La Trinité
Plouëc-du-Trieux
La Belle-Église
Kerouzever
Le Cabaret
St-Jacques
Kermaria
Pte de Plouha
Kergrist
Kerlivan
Kérognan
Kergresquen
St-Laurent
Kerouziel
Brélidy
fin 2007
Plouha
Le Palus-Plage
St-Clet
Tréméven
Port-Goret
Pte du Bec de Vir
Kerprovost
Lannebert
Pludual
Kérégal
Île Harbour
Kermaria
Clérin
Tréverec
St-Yves
Tréveneuc
Landebaëron
St-Gilles-les-Bois
Croix Kérizel
Kertugal
Fonteny
Pte de St-Quay
Roches de St-Quay
Kerhon
Gommenec'h
Liscorno
Beaugouyen
Froideville
St-Quay-Portrieux
St-Laurent
Le Restmeur
Lanvollon
Nonen
Pléguien
St-Barnabe
Kermoroc'h
Squiffiec
Pommerit-le-Vicomte
Coat-Aroa
Carrefour
Le Moulin
N.-D. de l'Espérance
Rangaré
Kerbellec
Le Roha
Étables-sur-Mer
Le Vieux Poirier
Trégonneau
Le Bois-de-la-Salle
Plourhan
Kermilon
La Croix Blanche
Tressignaux
Les Godelins
Folgoat
Paradis
La Croix-Pierre
Catroual
BAIE
Kermarc
St-Yves
Tréguidel
Lantic
St-Roch
Kerhré
Kerlan
Goudelin
La Ribote
Pte de la Rognouze
Binic
Plouisy
Runévarec
Pabu
N.-D. de la Cour
Prido
SAINT-
La Grandville
Trévenais
St-Patern
Le Cozen
Le Merzer
Bringolo
Les Courtillons
Ste-Marguerite
St-Jean
Guingamp
Le Traoul
St-Quay
La Ville-Louais
Pte de Pordic
Kernilien
Grâces
St-Agathon
St-Jean-Kerdaniel
La Corderie
Le Vaudic
La Ville-Rouault
La Perrine
Kéridret
Malaunay
La Ville-Chevalier
Le Forville
La Toise
Les Rosaires
Pordic
Tournemine
Rocher des Tablettes
Danouët
Ploumagoar
Lautremen
St-Guignan
Plélo
Trégomeur
Trémeloir
St-Éloi
Martin-Plage
Pte du Roselier
Plouagat
Châtelaudren
Locmaria
St-Blaise
St-Nicolas
St-Mathurin
L'Isle
La Ville-Fontaine
La Ville-Agan
St-Hernin
Ste-Brigitte
Goëlo
Les Rampes
La Ville-Hervy
St-Laurent-de-la-Mer
Bois de la Roche
Kergulferm
Resmarec
Bois de Malaunay
Coadout
Bel-Air
Bois de Keraufret
Gwas
Kerstern
Kertedevant
Quinquis
Ville-Pleg
Le Sépulcre
Plérin
Sous-la-Tour
Pointe des Guettes
Pte de Cesson
Réserve naturelle
Marinarium
Kerguiniou
Goudemail
Seignaux
Plerneuf
Trémuson
Les Villages
La Vallet
Cesson
Gringlin
St-Adrien
St-Roch
Kerbaëlen
Kerhamon
Pont-Camp
Plouvara
St-Ignace
La Méaugon
St-Hervé
St-Ilan
Hillion
Avaugour
Le Bois-Ours
Bois de
Bois
des Maisons
D 786
D 787
D 7
D 6
D 9
D 32
E 50
N 12
77
78

A
B
C
D
70
28
29
30
31
32
Passage du Fromrust
Île de Keller
Baie de Béninou
Pte de Cadoran
Stiff
Pte de Bac'haol
Porz Yusin
Frugullou
Niou-Uhella
Kergadou
Baie du Stiff
Creac'h
N.-D. de Bon Voyage
Pte de Pern
Loqueltas
Penn-Arlan
Men-Korn
ÎLE D'OUESSANT
Porz Arlan
Lampaul
Kergoff
Nividic
Feunteun Velen
Porsguen
Baie de Lampaul
Pointe de Pen-ar-Roc'h
Pointe de Porz Doun
PARC
Passage du Fromveur
La Jument
Kéréon
Île de Bannec
La Helle
Le Faix
Les Plâtresses
Île de Balanec
Les Trois Pierres
Lédénès de Molène
Petit Port
Île-Molène
NATUREL
Les Pierres Vertes
Lédénès de Quéménès
Île de Trielen
Île de Lytiry
Île de Quéménès
Île de Morgol
Les Serroux
RÉGIONAL
Île de Béniguet
Grande-Vinotière
Les Pierres Noires
D'ARMORIQUE
Kervouroc
Chaussée des Pierres Noires
Chenal de la Helle
Chenal du Four
Pointe de Corsen
Pointe de St-Mathieu
Les Vieux Moines
St-Mathieu
Abbatiale
Le Conquet
Pte de Kermorvan
Pte des Renards
Plage de Porsliogan
Plage des Blancs Sablons
L'Ilette
St-Samson
Portsall
Bar-ar-Lan
Kersaint
Pointe de Landunvez
St-Gonvel
Île d'Iock
Le Four
Argenton
Landunvez
Ploudalmézeau
Presqu'île St-Laurent
Porspoder
Keroustat
Kergastel
Plourin
St-Roch
Kernevez
Larret
Les Liniou
Île Melon
Melon
Kergadiou
Coulouâdouarn
Lanildut
Brélès
Pen-an-Dreff
Rocher du Crapaud
Porscave
Kergroadès
Lanrivoaré
Aber Ildut
Brescanvel
Grève de Gouérou
Lanvenec
Kéranflec'h
Lampaul-Plouarzel
Porspaul
St-Eloi
Île Ségal
Lokornou-Vian
Trézien
Plouarzel
Kervéatoux
Ruscumunoc
Kerloas
Porsmoguer
Kerouzien
Lamber
Grève de Porsmoguer
Kerhornou
Cohars
Kervadéza
Pont-L'Hôpital
Langongar
Ploumoguer
Illien
Kerzévéon
Lanfeust
Moguérou
Kerscao
Plouzané
St-Sébastien
Trébabu
Kergounan
Berbouguis
Goasmeur
Kerfili
Locmaria-Plouzané
Lochrist
Kérinou
Porsmilin
Trégana
Trez-Hir
Kersalaün
Stèles
Plougonvelin
Toulbroc'h
Anse de Bertheaume
Pte du Grand Minou
Pointe de Creac'h-Meur
Pointe du Petit Minou
Goulet
Pointe des Capucins
Pointe du Grand Gouin
Pointe du Toulinguet
La Parquette
Alignements de Lagatjar
Camaret-sur-Mer
Véryach
Chenal du Corbeau
Chenal du Petit Leac'h
Pointe de Penhir
Les Tas de Pois
PARC
Château de Dinan
Pointe de Dinan
Plage de la
Cap de la
D 789
D 5
D 28
D 67
D 85
D 68
D 168
Tévennec
Ar Men
Pointe de Brézellec
Pte de Penharn
Réserve du Cap Sizun
Pointe du Van
Pointe de Castelmeur
Kermeur
St-They
Baie des Trépassés
Sémaphore
La Vieille
Île-de-Sein
Raz de Sein
Chaussée de Sein
PARC NATUREL
RÉGIONAL
Mescran
Goulien
Lannourec
Cléden-Cap-Sizun
Quillivic
Lescleden
0
5
10 km

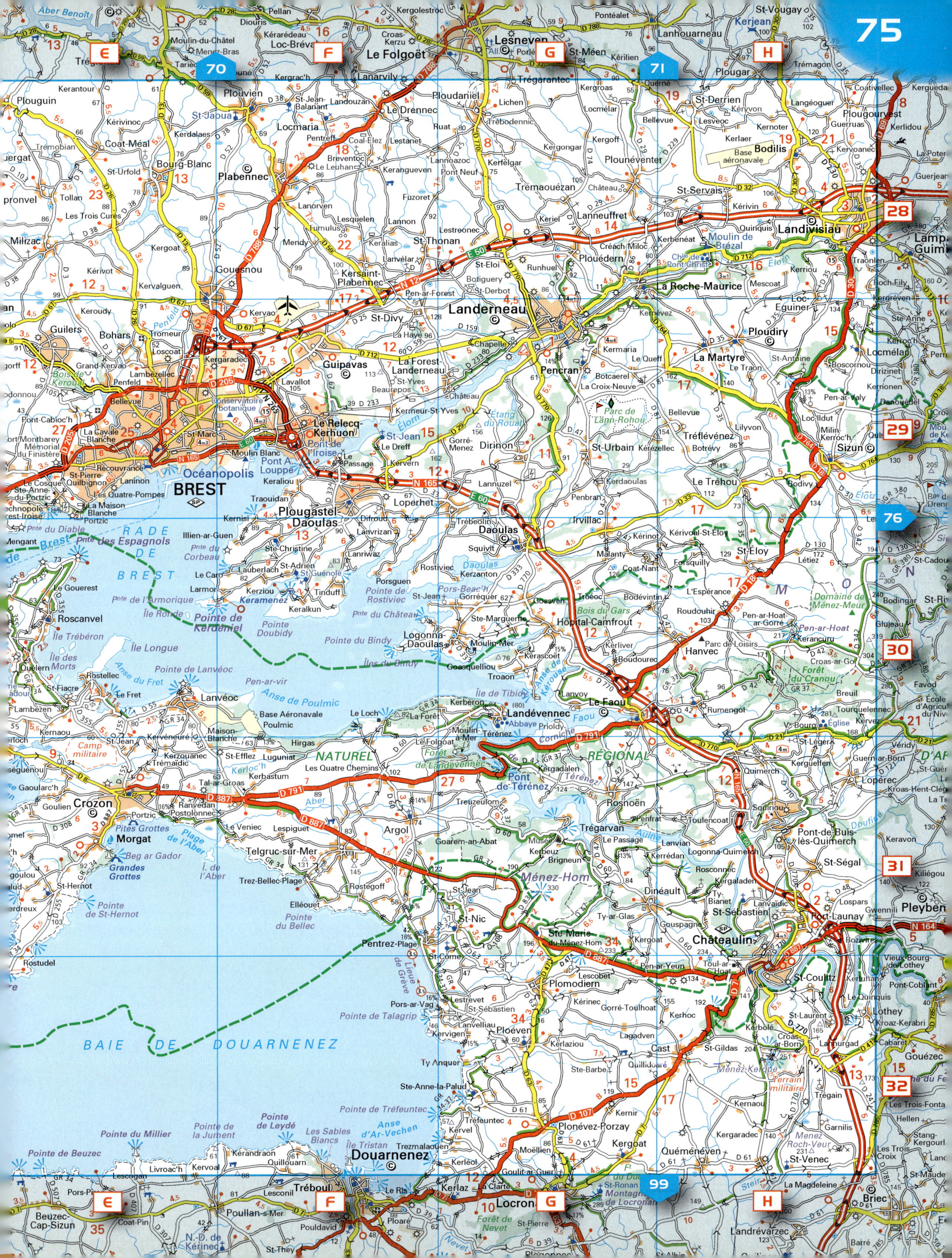
BREST
Océanopolis
RADE DE BREST
BAIE DE DOUARNENEZ
Landerneau
Landivisiau
Lesneven
Le Folgoët
Plabennec
Guipavas
Gouesnou
Guilers
Bohars
Le Relecq-Kerhuon
Plougastel-Daoulas
Daoulas
Le Faou
Landévennec
Crozon
Morgat
Camaret
Châteaulin
Pleyben
Douarnenez
Tréboul
Locronan
Plonévez-Porzay
Ploéven
Plomodiern
Argol
Telgruc-sur-Mer
Hanvec
Sizun
La Martyre
Ploudiry
La Roche-Maurice
Plouédern
Pencran
Dirinon
Loperhet
Irvillac
Lanvéoc
Roscanvel
Ménez-Hom
Pont-de-Buis-lès-Quimerch
St-Ségal
Port-Launay
St-Coulitz
Quéménéven
Kergoat
Briec
Landrévarzec
Plouvien
Plouguin
Coat-Méal
Bourg-Blanc
Kersaint-Plabennec
Ploudaniel
Le Drennec
Trémaouézan
Plounéventer
St-Servais
Bodilis
Plougourvest
Plougar
Lampaul-Guimiliau
Locmélar
St-Eloy
Le Tréhou
Tréflévénez
St-Urbain
Loperhet
Logonna-Daoulas
Rosnoën
Dinéault
Trégarvan
Cast
St-Nic
Pentrez-Plage
Ste-Anne-la-Palud
Kerlaz
Le Juch
Parc Naturel Régional d'Armorique
Forêt du Cranou
Forêt de Landévennec
Pointe des Espagnols
Pointe de l'Armorique
Pointe du Bellec
Pointe de Talagrip
Pointe du Millier
Pointe de Leydé
Pointe de Beuzec
Île Longue
Île Trébéron
Île des Morts
Base Aéronavale Poulmic
N 12
N 165
E 50
E 60
D 887
D 791
D 770
D 764
D 712
D 788
70
71
76
28
29
30
31
32
99
E
F
G
H

71
72
75
100
28
29
30
31
32
I
J
K
L
Morlaix
Plouvorn
Lambader
Plougourvest
St-Thégonnec
Lampaul-Guimiliau
Guimiliau
Plouigneau
Plougonven
Plourin-lès-Morlaix
Le Ponthou
Plouégat-Moysan
Guerlesquin
Plougras
Lannéanau
Le Cloître-St-Thégonnec
Pleyber-Christ
Loc-Eguiner-St-Thégonnec
St-Sauveur
Locmélar
Sizun
Commana
Plounéour-Ménez
Scrignac
Bolazec
Plourac'h
La Feuillée
Berrien
Huelgoat
Botmeur
Brennilis
Loqueffret
St-Herbot
Locmaria-Berrien
Poullaouen
Plouyé
Brasparts
Lannédern
St-Rivoal
Le Cloître-Pleyben
Plonévez-du-Faou
Collorec
Landeleau
Carhaix-Plouguer
Plounévézel
Kergloff
Cléden-Poher
Pleyben
Lennon
Châteauneuf-du-Faou
Spézet
Gouézec
St-Thois
St-Goazec
Laz
Motreff
Gourin
Tréogan
Roudouallec
Edern
PARC
D'ARMORIQUE
NATUREL
RÉGIONAL
Roc Trévezel
Montagne St-Michel
Réservoir de St-Michel
Yeun-Elez
Forêt de Huelgoat
Roche Cintrée
Roc'h Begheor
Domaine de Trévarez
Roche du Feu
N.-D. du Crann
Roc de Toullaëron
MONTAGNES NOIRES
Bois de Conveau
Forêt de Fréau
Canal de Nantes à Brest
Aulne
Hyère
0
5
10 km

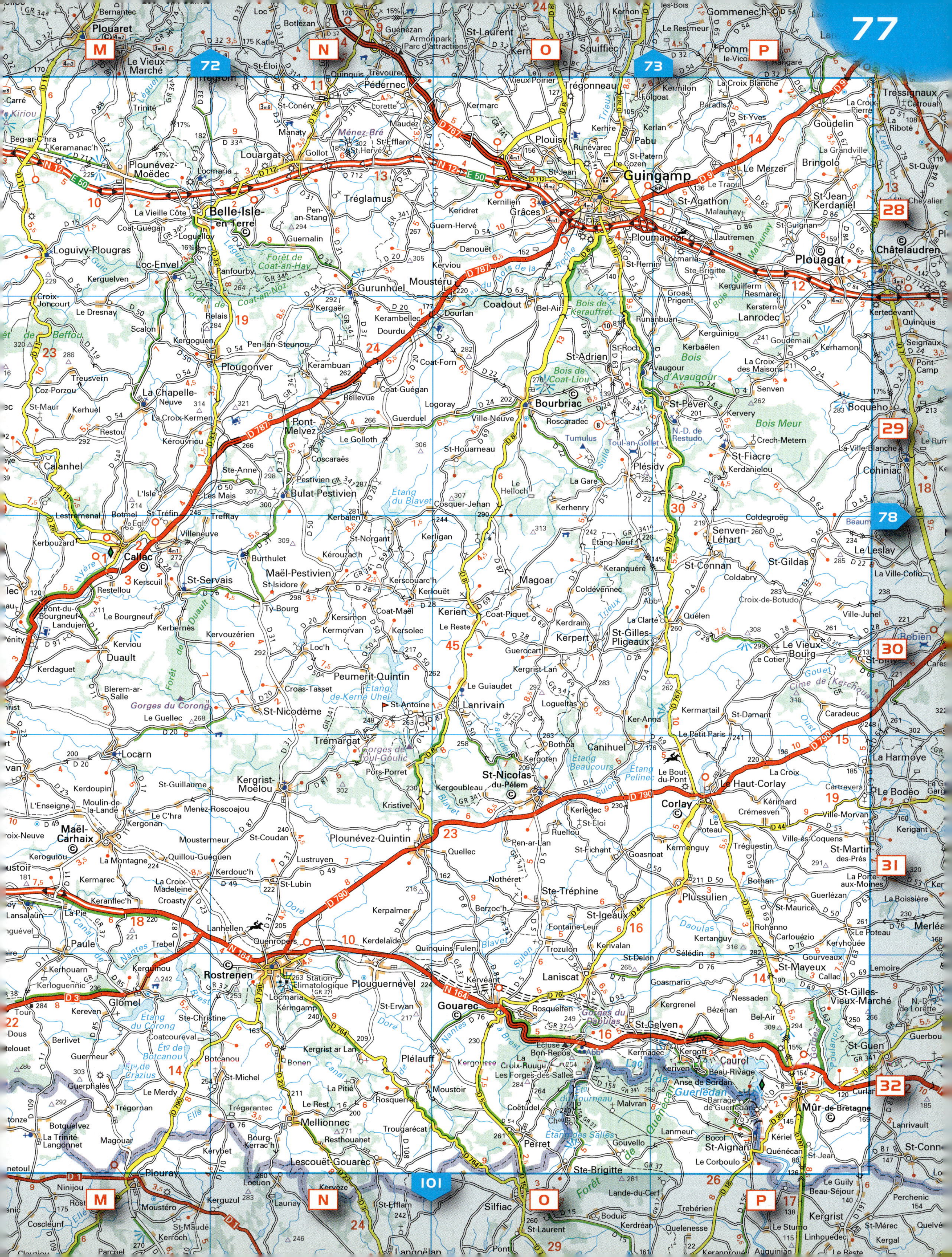
M
N
O
P
72
73
78
101
28
29
30
31
32
Plouaret
Le Vieux-Marché
Bernantec
Botlézan
Guénézan
Armoripark Parc d'attractions
St-Laurent
Squiffiec
Kerhon
Gommenec'h
Le Restmeur
Pommerit-le-Vicomte
Tressignaux
Cavan
Pédernec
Kermarc
Trégonneau
Quinquis
Trévourec
St-Conéry
Ménez-Bré
St-Hervé
St-Efflam
Maudez
Plouisy
Pabu
St-Patern
Kerhre
Folgoat
Kermilon
La Croix Blanche
Paradis
St-Yves
Goudelin
La Croix-Pierre
Le Carrouail
La Riboté
La Grandville
Bringolo
St-Quay
Beg-ar-C'hra
Keramanac'h
Plounévez-Moëdec
Locmaria
Louargat
Gollot
Manaty
Tréglamus
Grâces
Kernilien
St-Jean
Guingamp
St-Agathon
Malaunay
Le Merzer
Le Traou
St-Jean-Kerdaniel
Chevalier
Le Cozen
La Vieille Côte
Belle-Isle-en-Terre
Coat-Guégan
Loguellou
Pen-an-Stang
Guernalin
Keridret
Guern-Hervé
Danouët
Ploumagoar
Lautremen
St-Guignan
Plouagat
Châtelaudren
Loguivy-Plougras
Loc-Envel
Forêt de Coat-an-Hay
Panfourby
Kerguelven
Kerviou
Moustéru
Gurunhuel
Coadout
Bel-Air
St-Hernin
Locmaria
Ste-Brigitte
Kerguillerm
Resmarec
Bois de Malaunay
Croix-Joncourt
Le Dresnay
Scalon
Relais
Coat-an-Noz
Kergaër
Kerambellec
Dourdu
Dourlan
Bois de Kerauffret
Groas-Prigent
Runanbuan
Kerstern
Lanrodec
Kertedevant
Quinquis
Seignaux
Pont-Camp
Beffou
Kergoguen
Pen-lan-Steunou
Kerguiniou
Goudemail
Kerhamon
Treusvern
Coz-Porzou
Plougonver
Kerambuan
Coat-Forn
St-Adrien
St-Roch
Kerbaëlen
Bois d'Avaugour
Avaugour
La Croix des Maisons
La Chapelle-Neuve
Bellevue
Coat-Guégan
Logoray
Bois de Coat-Liou
Bourbriac
Senven
St-Maur
Kerhuel
La Croix-Kermen
Pont-Melvez
Guerduel
Ville-Neuve
Roscaradec
St-Péver
N.-D. de Restudo
Kervery
Bois Meur
Crech-Metern
Boqueho
Restou
Kérouvriou
Le Golloth
Coscaraës
St-Houarneau
Tumulus
Toul-an-Gollet
St-Fiacre
Kerdanielou
La-Ville-Blanche
Cohiniac
Calanhel
Ste-Anne
Pestivien
Bulat-Pestivien
Étang du Blavet
Le Helloch
La Gare
Plésidy
L'Isle
Les Mais
Cosquer-Jehan
Kerhenry
Lestremenal
Botmel
St-Tréfin
Trefflay
Kerbalen
Kerligan
Étang-Neuf
Coldegroëg
Senven-Léhart
Beaum
Le Leslay
Kerbouzard
Callac
Villeneuve
Burthulet
St-Norgant
Kérouzac'h
Magoar
Keranquéré
St-Connan
St-Gildas
La Ville-Collio
Restellou
Kerscuil
St-Servais
Maël-Pestivien
St-Isidore
Kerscouarc'h
Kerlouët
Coldévennec
Coldabry
Croix-de-Botudo
Pont-du-Bourgneuf
Landujen
Le Bourgneuf
Ty-Bourg
Kersimon
Coat-Maël
Kerien
Coat-Piquet
Kerdrain
La Clarté
Quélen
Ville-Juhel
Kerbernès
Kervouzérien
Kermorvan
Kersolec
Le Reste
Kerpert
St-Gilles-Pligeaux
Le Vieux-Bourg
Robien
Duault
Kerviou
Loc'h
Guerocart
Le Cotier
St-Bihy
Kerdaguet
Forêt de Duault
Peumerit-Quintin
Kergrist-Lan
Cime de Kerchouan
Blerem-ar-Salle
Gorges du Corong
Croas-Tasset
Étang de Kerné Uhel
Le Guiaudet
Logueltas
Ker-Anna
Kermartail
St-Damant
Caradeuc
Le Guellec
St-Nicodème
St-Antoine
Lanrivain
Le Petit Paris
Locarn
Trémargat
Gorges de Toul-Goulic
Bothoa
Canihuel
Le Haut-Corlay
La Harmoye
Kerdoupin
St-Guillaume
Kergrist-Moëlou
Pors-Porret
Kergoten
Étang Beaucours
Étang Pelinec
Le Bout-du-Pont
La Croix
Le Bodéo
L'Enseigne
Moulin-de-la-Lande
Menez-Roscoajou
Kristivel
St-Nicolas-du-Pélem
Kergoubleau
Kerlédec
St-Éloi
Corlay
Kérimard
Cartravers
Maël-Carhaix
Kergonan
Le C'hra
St-Coudan
Plounévez-Quintin
Ruellou
Le Poteau
Crémesven
Ville-Morvan
Kerigant
Moustermeur
Pen-ar-Lan
Ville-ès-Coquens
Kerguiolou
La Montagne
Quillou-Guéguen
Lustruyen
Quellec
St-Fichant
Goasnoat
Kermenguy
Tréguestin
St-Martin-des-Prés
Kermarec
La Croix-Madeleine
Kerdouc'h
St-Lubin
Nothéret
Bothan
La Porte-aux-Moines
La Boissière
Kerenflec'h
Croasty
Ste-Tréphine
Plussulien
Guerlézan
St-Maurice
Lansalaün
La Pie
Kerpalmer
Berzoc'h
St-Igeaux
Daoulas
Kertanguy
Rohanno
Carlouézio
Le Poteau
Merléac
Paule
Trebel
Lanhellen
Quenropers
Kerdelaidé
Quinquins-Fulen
Fontaine-Leur
Kerivalan
Trozulon
Sélédin
Keryhouée
Kerhouarn
Kerguinou
Kerloguennic
Rostrenen
Station climatologique
Plouguernével
Kervéant
Laniscat
St-Delon
Goasmario
St-Mayeux
Gouverneux
Callac
Lemoire
St-Gilles-Vieux-Marché
Glomel
Locmaria
Kérimgamp
St-Erwan
Gouarec
Rosquelfen
Gorges du Daoulas
St-Gelven
Kergrenel
Nessaden
Bézénan
Bel-Air
N.-D. de Lorette
Kereven
Étang du Corong
Ste-Christine
Coatcouraval
Écluse Bon-Repos
Abbaye
Kermadec
Kergoff
Caurel
Beau-Rivage
Anse de Sordan
Berlivet
Guermeur
Étang de Botcanou
Botcanou
Kergrist ar Lan
Bonen
Pléiauff
Kergousse
La Croix-Rouge
Les Forges-des-Salles
Lac de Guerlédan
St-Guen
Guerphalès
Étang de Frazius
St-Michel
La Pitié
Le Rest
Canal de Nantes à Brest
Rosquerrec
Moustoir
Coëtudel
Forêt du Fourneau
Malvran
Barrage de Guerlédan
Mûr-de-Bretagne
Curlan
Trégornan
Le Merdy
Trégarantec
Mellionnec
Trougaréat
Perret
Étang des Salles
Gouvello
Lanmeur
Bocol
St-Aignan
Kériel
Quénécan
St-Jean
Lanrivault
St-Connec
Botquelvez
La Trinité-Langonnet
Magouar
Kerybet
Bourg-Kerrac'h
Resthouanet
Lescouët-Gouarec
Ste-Brigitte
Forêt de Quénécan
Le Corboulo
Plouray
Ninijou
Locuon
Kerguzul
Launay
Kervoze
St-Efflam
Silfiac
Lande-du-Cerf
Trebérien
Le Guily
Beau-Séjour
Perchenic
St-Mérec
Quelvé
Coscleunt
Moustéro
St-Maudé
Kerroch
Parcpel
Langoëlan
St-Laurent
Boduic
Kerdréan
Quelenesse
Le Sturno
Kergrist
Linhouédec
Le Reste
Kergal
Aguinien
N 12
E 50
N 164
D 787
D 790
D 767
D 712
D 9
D 1
D 3
D 44
GR 34
GR 341
GR 37

Q
R
S
T
73
77
102
27
28
29
30
31
Pointe Berjule
Le Taureau
Bréhec-Plouha
Lanloup
Pte de la Tour
Plage Bonaparte
Port-Moguer
Trévos
La Trinité
Pte de Plouha
Plouha
Kermaria
Kérouziel
Le Palus-Plage
Port-Goret
Pte du Bec de Vir
Île Harbour
Plehédel
Tréméven
Pludual
Lanvollon
Tréveneuc
Fonteny
Pte de St-Quay
St-Quay-Portrieux
Roches de St-Quay
Le Moulin
N.-D. de l'Espérance
Étables-sur-Mer
Les Godelins
Binic
Pte de la Rognouze
Ste-Marguerite
Pte de Pordic
Pordic
Les Rosaires
Rocher des Tablettes
Martin-Plage
Pte du Roselier
Goudelin
Tressignaux
Tréguidel
Lantic
Plourhan
Pléguien
Bringolo
Châtelaudren
Plouagat
Plélo
Trégomeur
Tréméloir
Quintin
Plerneuf
Plouvara
La Méaugon
Trémuson
Plérin
ST-BRIEUC
Ploufragan
Trégueux
Langueux
Yffiniac
Hillion
Cesson
Sous-la-Tour
Pointe des Guettes
Lermot
Réserve naturelle
Plédran
St-Donan
St-Julien
Cohiniac
Le Fœil
Le Leslay
Plaintel
St-Brandan
Uzel
Allineuc
Merléac
St-Hervé
Lanfains
La Harmoye
Le Bodéo
L'Hermitage-Lorge
Forêt de Lorge
Plœuc-sur-Lié
Plouguenast
Gausson
Plémy
Moncontour
Trédaniel
N.-D. du Haut
Hénon
Quessoy
Pommeret
Lamballe
Noyal
Landéhen
Meslin
Coëtmieux
Andel
Morieux
Planguenoual
Le Val-André
La Guette
Pléneuf-Val-André
Pte de Pléneuf
Erquy
Cap d'Erquy
Plage du Guen
St-Alban
La Malhoure
Penguily
Trébry
Bréhand
St-Glen
Collinée
Le Gouray
Langast
Plessala
St-Gouéno
St-Jacut-du-Mené
BAIE DE SAINT-BRIEUC
Petit Léjon
Le Grand Pourier
Rohein
Plateau des Jaunes
Le Verdelet
Côte de Penthièvre
Le Quillio
Grâce-Uzel
La Motte
St-Gilles-Vieux-Marché
0
5
10 km

U
V
W
X
Penthièvre
Cap Fréhel
CÔTE
D'ÉMERAUDE
Fort la Latte
Pointe de St-Cast
Sables-d'Or-les-Pins
Pléhérel-Plage-(Vieux-Bourg)
Plurien
Fréhel
Plévenon
St-Cast-le-Guildo
Matignon
Pléboulle
St-Lunaire
DINARD
ST-MALO
Paramé
Rothéneuf
St-Servan-s-M.
Grd Aquarium
St-Briac-s-Mer
Lancieux
St-Jacut-de-la-Mer
Ploubalay
Pleurtuit
La Richardais
Le Minihic-s-Rance
St-Suliac
St-Coulomb
St-Méloir-des-Ondes
St-Père
Châteauneuf-d'Ille-et-Vilaine
Hénanbihen
Ruca
St-Pôtan
Pluduno
St-Lormel
Créhen
Trégon
Plancoët
St-Denoual
Landébia
Quintenic
Pléven
Plorec-sur-Arguenon
Bourseul
Corseul
Plessix-Balisson
Trémereuc
Pleslin-Trigavou
Langrolay-sur-Rance
Plouër-s-Rance
Pleudihen-s-Rance
La Vicomté-s-R.
St-Samson-s-Rance
Taden
Quévert
DINAN
Lanvallay
St-Hélen
Languenan
Aucaleuc
Vildé-Guigalan
Plélan-le-Petit
St-Méloir-des-Bois
St-Maudez
La Landec
Jugon-les-Lacs
Tramain
Dolo
Plédéliac
St-Rieul
Trélivan
St-Carné
Calorguen
Les Champs-Géraux
Plesder
Pleugueneuc
Trébédan
Brusvily
Bobital
Le Hinglé
Languédias
Mégrit
Trédias
Plénée-Jugon
Sévignac
Broons
Trémeur
Yvignac-la-Tour
Plumaudan
St-Maden
Guenroc
Tréfumel
St-Juvat
Évran
St-André-des-Eaux
Le Quiou
St-Judoce
Tréverien
St-Thual
Trimer
Plouasne
Longaulnay
Guitté
Caulnes
Médréac
La Chapelle-Blanche
St-Jouan-de-l'Isle
Mérillac
Lanrelas
Montmuran
St-Domineuc
La Baussaine
Miniac-s-Bécherel
27
28
29
30
31
80
103
N 176
E 401
N 12
E 50
N 137
D 766
D 168
D 786

BAIE
DU MONT-SAINT-MICHEL
LE MONT-ST-MICHEL
Cancale
Port-Briac
Îles des Rimains
Pointe de la Chaîne
Pointe du Hock
Bec d'Andaine
Tombelaine
Pointe du Grouin du Sud
Pointe de Roche-Torin
Avranches
Le Val-St-Père
Marcey-les-Grèves
Vains
Bacilly
St-Léonard
Le Grand-Port
Le Gué de l'Épine
Bas-Courtils
Courtils
Céaux
Pontaubault
Huisnes-s-Mer
Servon
Précey
Tanis
Crollon
Macey
Vergoncey
Le Rivage
La Rive
Ardevon
Beauvoir
Moidrey
Polders
Bailly
Quatre Salines
Le Palais
Val-St-Revert
Roz-s-Couesnon
St-Marcan
St-Broladre
Narbonne
La Poultière
St-Georges-de-Gréhaigne
Pontorson
Boucey
Cormeray
Curey
Ballant
La Croix-Avranchin
Villiers-le-Pré
Vessey
Aucey-la-Plaine
Sacey
Montanel
Argouges
Carnet
Sougéal
La Cocherais
Vieux-Viel
Trans-la-Forêt
Pleine-Fougères
Sains
Baguer-Pican
Baguer-Morvan
Dol-de-Bretagne
Mont-Dol
Roz-Landrieux
Le Vivier-s-Mer
Chemin Dolais
Cherrueix
Ste-Anne
Le Han
Hirel
La Fresnais
St-Benoît-des-Ondes
St-Méloir-des-Ondes
Cancale
La Gouesnière
St-Père
St-Guinoux
Lillemer
Châteauneuf-d'Ille-et-Vilaine
Miniac-Morvan
Plerguer
Le Tronchet
Épiniac
La Boussac
Menhir de Champ-Dolent
Broualan
Antrain
St-Ouen-la-Rouërie
La Fontenelle
Forêt de Villecartier
Bazouges-la-Pérouse
Noyal-s/s-Bazouges
Cuguen
Lourmais
Trémeheuc
Combourg
Meillac
Lanhélin
Bonnemain
Étang de Trémigon
Pleugueneuc
La Bourbansais
Tremblay
St-Brice-en-Coglès
Rimou
Romazy
Chauvigné
St-Marc-le-Blanc
Baillé
Le Tiercent
St-Christophe-de-Valains
St-Ouen-des-Alleux
St-Rémy-du-Plain
Marcillé-Raoul
St-Léger-des-Prés
Lanrigan
La Chapelle-aux-Filtzméens
St-Domineuc
Québriac
Tinténiac
Dingé
Forêt de Tanouarn
Étang de Boulet
Bois de Soubon
Feins
Sens-de-Bretagne
Vieux-Vy-s-Couesnon
Gahard
Mézières-s-Couesnon
St-Aubin-du-Cormier
Andouillé-Neuville
Aubigné
Montreuil-sur-Ille
Guipel
Hédé
St-Symphorien
Les Iffs
Cardroc
St-Gondran
Langouet
Vignoc
Gévezé
Montreuil-le-Gast
Melesse
St-Médard-s-Ille
St-Aubin-d'Aubigné
St-Germain-s-Ille
Mouazé
Chasné-sur-Illet
Ercé-près-Liffré
Gosné
Liffré
St-Sulpice-la-Forêt
Betton
Langan
La Chapelle-Chaussée
La Baussaine
Montmuran
St-Brieuc-des-Iffs
Dol
N 176
E 401
N 175
N 137
D 795
D 155
D 794
D 796
0
5
10 km
Y
Z
AA
AB
28
29
30
31
32
51
79
104

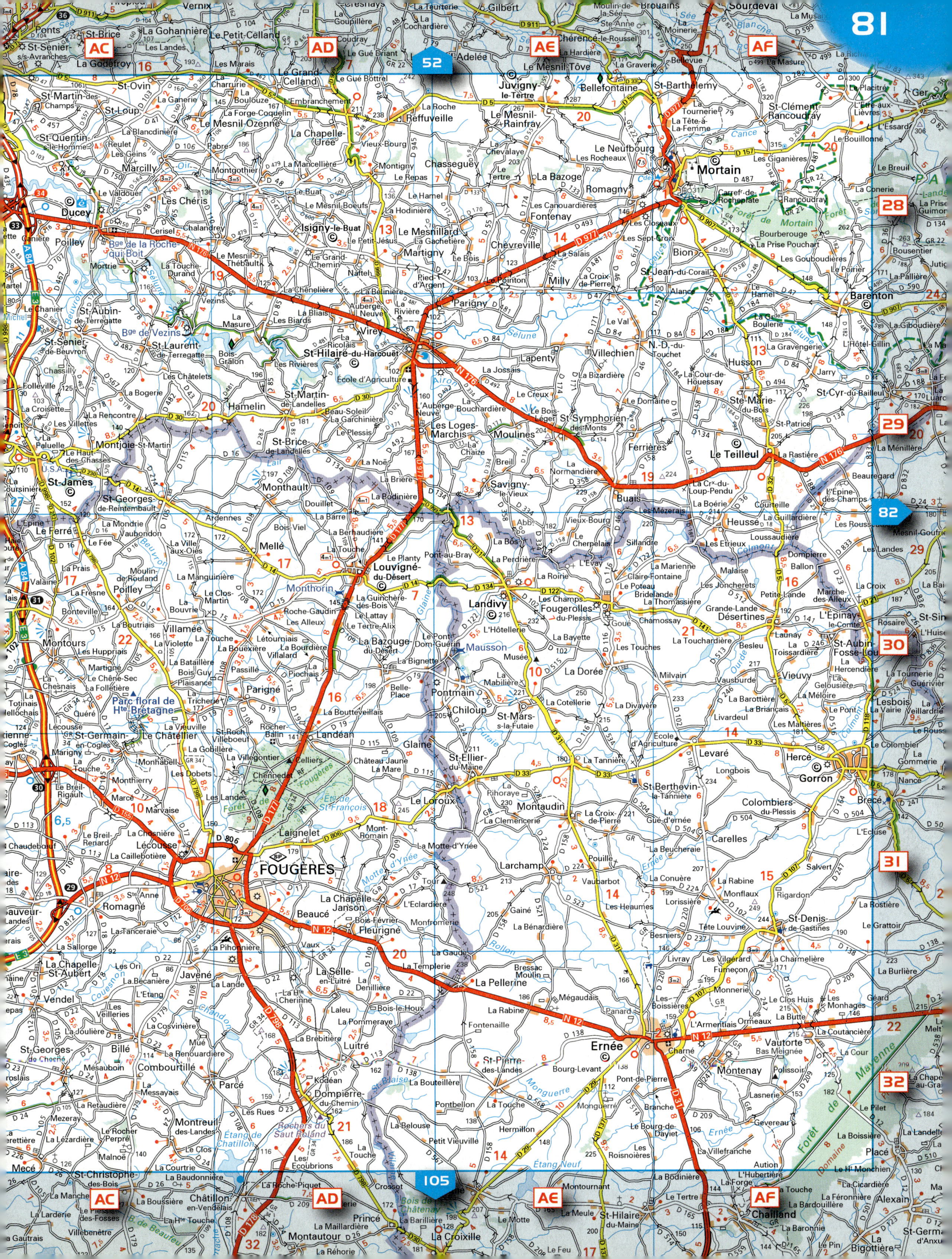
AC
AD
AE
AF
52
105
28
29
82
30
31
32
Mortain
Juvigny-le-Tertre
Bellefontaine
St-Barthélemy
Ducey
Isigny-le-Buat
St-Hilaire-du-Harcouët
Le Teilleul
St-James
Louvigné-du-Désert
Landivy
Fougerolles-du-Plessis
Désertines
Gorron
FOUGÈRES
Ernée
Chailland
Barenton
Montjoie-St-Martin
Parigné
Landéan
Lécousse
Romagné
Beaucé
Fleurigné
La Pellerine
St-Denis-de-Gastines
Vautorte
Montenay
Larchamp
Montaudin
Levaré
Colombiers-du-Plessis
Carelles
St-Ellier-du-Maine
Pontmain
St-Mars-s-la-Futaie
La Dorée
Savigny-le-Vieux
Buais
Ferrières
Villechien
Lapenty
Virey
Parigny
Milly
Chèvreville
Le Mesnillard
Martigny
Romagny
Fontenay
La Bazoge
Reffuveille
Chasseguey
Le Neufbourg
Bion
Husson
Ste-Marie-du-Bois
St-Cyr-du-Bailleul
Heussé
Vieuvy
St-Aubin-Fosse-Louvain
Hamelin
St-Martin-de-Landelles
St-Brice-de-Landelles
Monthault
Mellé
Poilley
Villamée
St-Georges-de-Reintembault
Le Ferré
Laignelet
La Chapelle-Janson
Le Loroux
Forêt de Fougères
Forêt de Mortain
Forêt de Mayenne
N 12
N 176
D 177
D 806
D 33
D 31

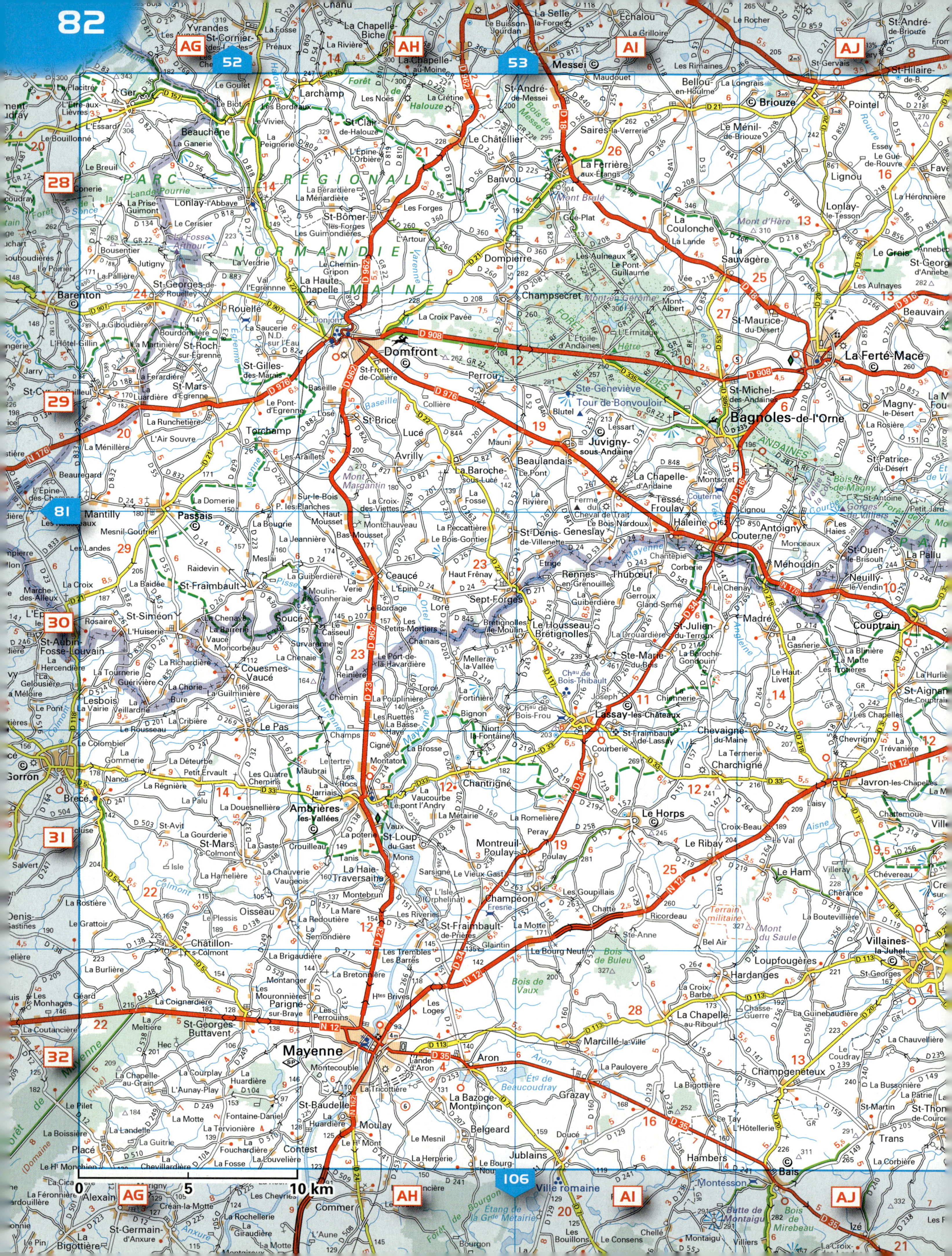
AG
AH
AI
AJ
52
53
81
106
28
29
30
31
32
PARC RÉGIONAL NORMANDIE MAINE
Messei
Briouze
La Ferté-Macé
Bagnoles-de-l'Orne
Domfront
Passais
Juvigny-sous-Andaine
Couterne
Lassay-les-Châteaux
Gorron
Ambrières-les-Vallées
Le Horps
Javron-les-Chapelles
Villaines-la-Juhel
Couptrain
Mayenne
Bais
Ville romaine
Barenton
Mantilly
Céaucé
Haleine
St-Fraimbault
Chantrigné
Montreuil-Poulay
Champgenéteux
Marcillé-la-Ville
Aron
Moulay
Commer
Alexain
Forêt de Halouze
Tour de Bonvouloir
Forêt des Andaines
Mont Margantin
Lonlay-l'Abbaye
St-Bômer-les-Forges
Champsecret
Dompierre
La Coulonche
St-Michel-des-Andaines
Magny-le-Désert
Beaulandais
Geneslay
Saint-Denis-de-Villenette
Sept-Forges
Rennes-en-Grenouilles
Madré
Chevaigné-du-Maine
Charchigné
Hardanges
Loupfougères
La Chapelle-au-Riboul
Grazay
Belgeard
Jublains
Hambers
Montesson
St-Georges-Buttavent
Châtillon-sur-Colmont
Oisseau
La Haie-Traversaine
St-Loup-du-Gast
Champéon
Couesmes-Vaucé
Soucé
Lesbois
St-Mars-sur-Colmont
Brecé
Colombiers-du-Plessis
0
5
10 km

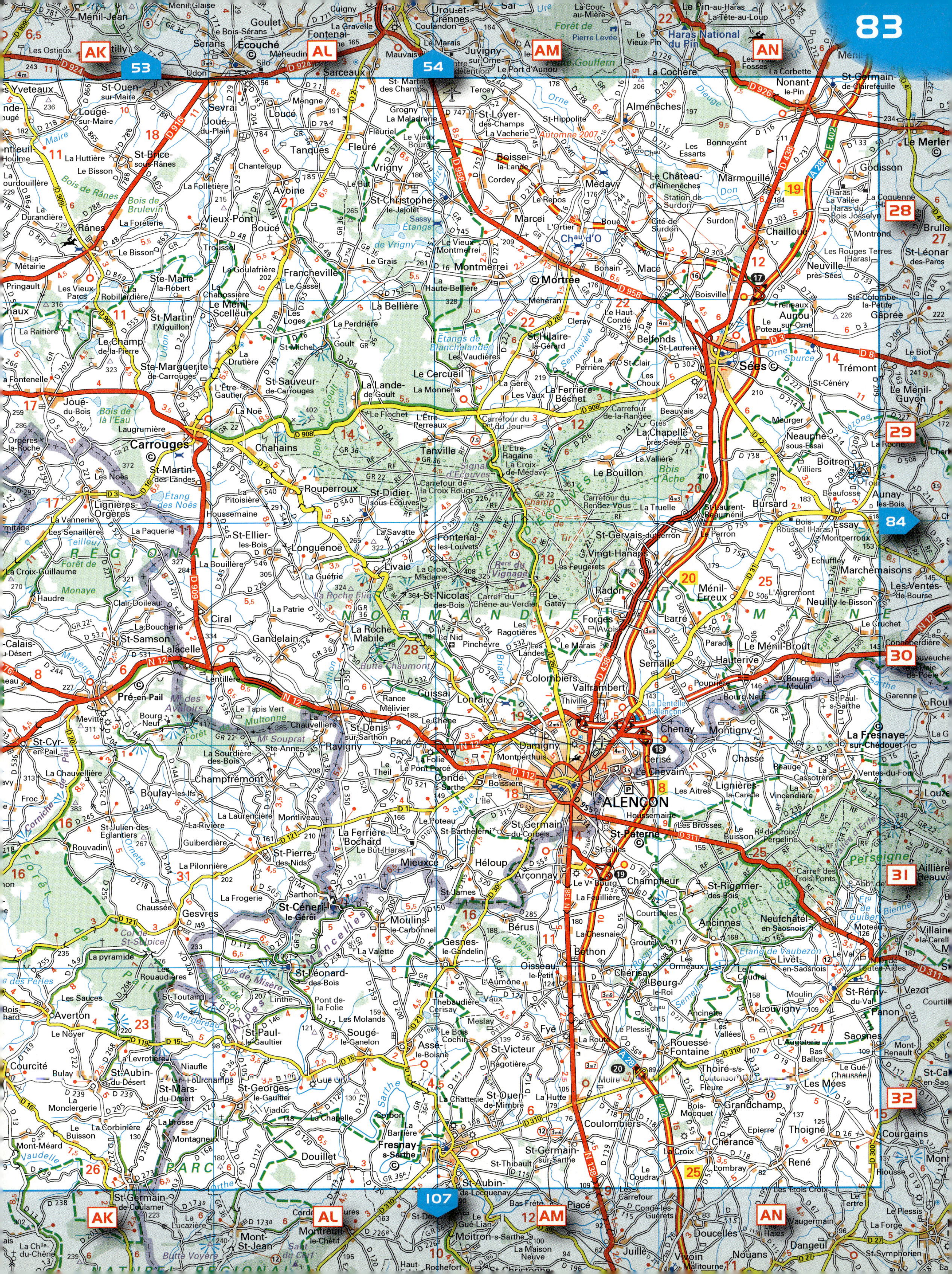
AK
AL
AM
AN
53
54
107
28
29
30
31
32
84
Ménil-Jean
Écouché
Goulet
Sarceaux
Urou-et-Crennes
Haras National du Pin
Le Pin-au-Haras
Nonant-le-Pin
St-Germain-de-Clairefeuille
Le Merlerault
Godisson
Rânes
Boucé
Fleuré
Vrigny
Médavy
Almenêches
Le Château-d'Almenêches
Marmouillé
Chailloué
Neuville-près-Sées
Mortrée
Montmerrei
Francheville
La Bellière
Macé
Sées
Aunou-sur-Orne
Trémont
Carrouges
St-Martin-des-Landes
Joué-du-Bois
Ste-Marguerite-de-Carrouges
St-Sauveur-de-Carrouges
La Lande-de-Goult
Le Cercueil
La Ferrière-Béchet
Tanville
Le Bouillon
La Chapelle-près-Sées
Neauphe-sous-Essai
Boitron
Aunay-les-Bois
Essay
Bursard
Rouperroux
St-Didier-sous-Écouves
Longuenoë
Fontenai-les-Louvets
Livaie
Forêt d'Écouves
Vingt-Hanaps
Radon
Forges
Larré
Ménil-Erreux
Marchemaisons
Neuilly-le-Bisson
Les Ventes-de-Bourse
Le Chevain
Lignières-Orgères
Ciral
Gandelain
La Lacelle
La Roche-Mabile
St-Nicolas-des-Bois
Colombiers
Valframbert
Semallé
Hauterive
Le Ménil-Broût
Pré-en-Pail
St-Cyr-en-Pail
Lonrai
Cuissai
Damigny
St-Denis-sur-Sarthon
Pacé
Condé-sur-Sarthe
ALENÇON
Cerisé
Chenay
Montigny
Chassé
La Fresnaye-sur-Chédouet
Lignières-la-Carelle
Champfrémont
Ravigny
Boulay-les-Ifs
St-Germain-du-Corbéis
St-Paterne
Arçonnay
Champfleur
Héloup
Mieuxcé
La Ferrière-Bochard
St-Pierre-des-Nids
St-Céneri-le-Gérei
Gesvres
Moulins-le-Carbonnel
Gesnes-le-Gandelin
Bérus
Ancinnes
Forêt de Perseigne
Neufchâtel-en-Saosnois
St-Rigomer-des-Bois
Livet-en-Saosnois
Oisseau-le-Petit
Béthon
Chérisay
Bourg-le-Roi
Louvigny
St-Rémy-du-Val
Vezot
Saosnes
St-Léonard-des-Bois
St-Paul-le-Gaultier
Sougé-le-Ganelon
Assé-le-Boisne
St-Victeur
Fyé
Rouessé-Fontaine
Thoiré-sous-Contensor
Les Mées
Averton
Courcité
St-Aubin-du-Désert
St-Mars-du-Désert
St-Georges-le-Gaultier
Fresnay-sur-Sarthe
St-Ouen-de-Mimbré
Coulombiers
St-Germain-sur-Sarthe
Grandchamp
Thoigné
René
St-Aubin-de-Locquenay
Piacé
Juillé
Douillet
Mont-St-Jean
Moitron-sur-Sarthe
Doucelles
Nouans
Dangeul
Vivoin
St-Germain-de-Coulamer
Parc Naturel Régional Normandie-Maine

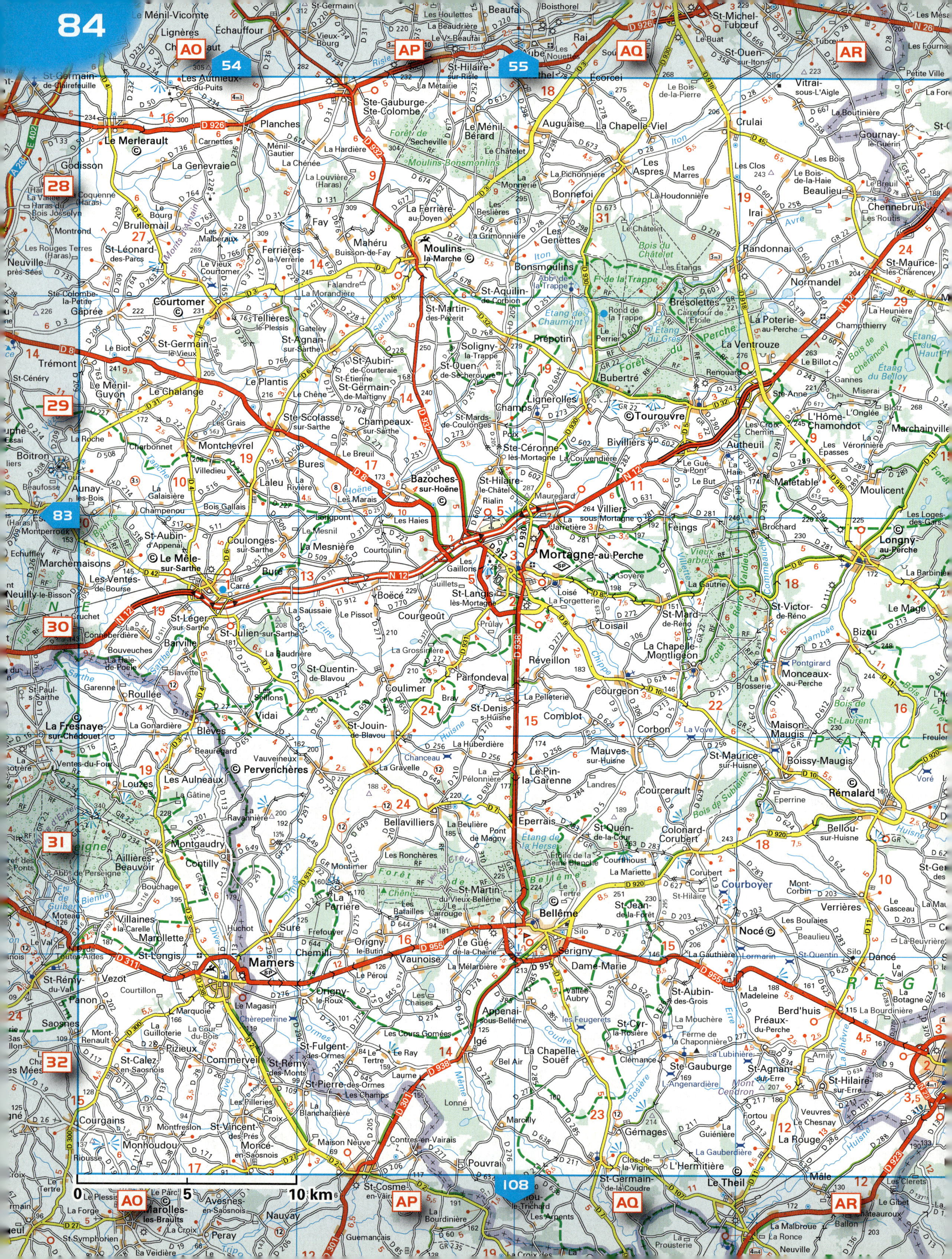
AO
AP
AQ
AR
54
55
83
108
28
29
30
31
32
Le Merlerault
Planches
Ste-Gauburge-Ste-Colombe
St-Hilaire-sur-Risle
Auguaise
La Chapelle-Viel
Crulai
Vitrai-sous-l'Aigle
Gournay-le-Guérin
Chennebrun
Moulins-la-Marche
Bonsmoulins
Randonnai
Normandel
St-Maurice-lès-Charencey
Courtomer
Brullemail
St-Léonard-des-Parcs
Ferrières-la-Verrerie
Mahéru
Fay
St-Aquilin-de-Corbion
Bresolettes
La Ventrouze
La Poterie-au-Perche
Le Mêle-sur-Sarthe
Tourouvre
Autheuil
L'Hôme-Chamondot
Marchainville
Moulicent
Longny-au-Perche
Bazoches-sur-Hoëne
Mortagne-au-Perche
Le Pin-la-Garenne
Courgeon
Bivilliers
Feings
Coulonges-sur-Sarthe
Buré
Courgeoût
St-Langis-lès-Mortagne
Réveillon
Parfondeval
Coulimer
Comblot
Pervenchères
Montgaudry
Bellavilliers
Bellême
St-Martin-du-Vieux-Bellême
Eperrais
Mauves-sur-Huisne
Corbon
Courcerault
St-Maurice-sur-Huisne
Boissy-Maugis
Rémalard
Bellou-sur-Huisne
Colonard-Corubert
Courboyer
Nocé
Verrières
Dancé
Berd'huis
Préaux-du-Perche
St-Hilaire-sur-Erre
Mamers
La Fresnaye-sur-Chédouet
Marolles-les-Braults
Avesnes-en-Saosnois
Igé
Appenai-sous-Bellême
La Chapelle-Souëf
Dame-Marie
Sérigny
St-Aubin-des-Grois
Ste-Gauburge
St-Agnan-sur-Erre
Gémages
L'Hermitière
Le Theil
St-Germain-de-la-Coudre
St-Cosme-en-Vairais
Pouvrai
St-Rémy-des-Monts
St-Vincent-des-Prés
Monhoudou
Courgains
Commerveil
Pizieux
Vezot
Saosnes
Forêt de Bellême
Forêt de la Trappe
P A R C
R É G
0
5
10 km

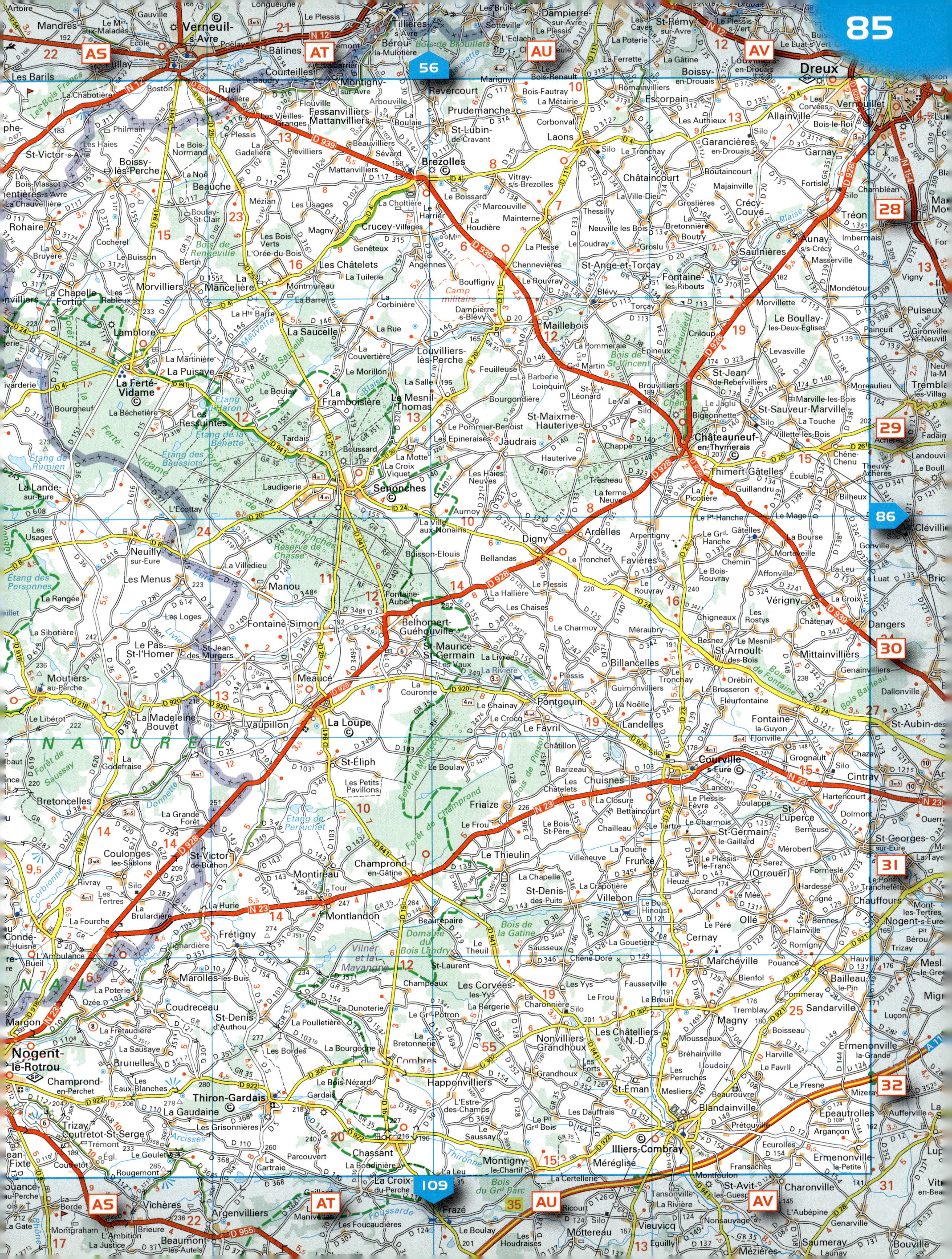
Verneuil-s-Avre
Tillières-s-Avre
Dreux
Vernouillet
Brezolles
Laons
Châtaincourt
Crécy-Couvé
Aunay
Tréon
Saulnières
La Ferté-Vidame
Lamblore
La Saucelle
Senonches
Louvilliers-lès-Perche
Maillebois
Châteauneuf-en-Thymerais
Jaudrais
Digny
Ardelles
Favières
Manou
Fontaine-Simon
Belhomert-Guéhouville
St-Maurice-St-Germain
La Loupe
Pontgouin
Landelles
Courville-s-Eure
St-Éliph
Champrond-en-Gâtine
Montlandon
Frétigny
Nogent-le-Rotrou
Thiron-Gardais
Combres
Happonvilliers
Illiers-Combray
Magny
Chassant
Nonvilliers-Grandhoux
Les Châtelliers-N.-D.
St-Arnoult-des-Bois
Mittainvilliers
Fontaine-la-Guyon
St-Germain-le-Gaillard
Ollé
Cernay
Chauffours
Sandarville
Ermenonville-la-Grande
Forêt de Senonches
Forêt de Champrond
N A T U R E L
AS
AT
AU
AV
56
86
109

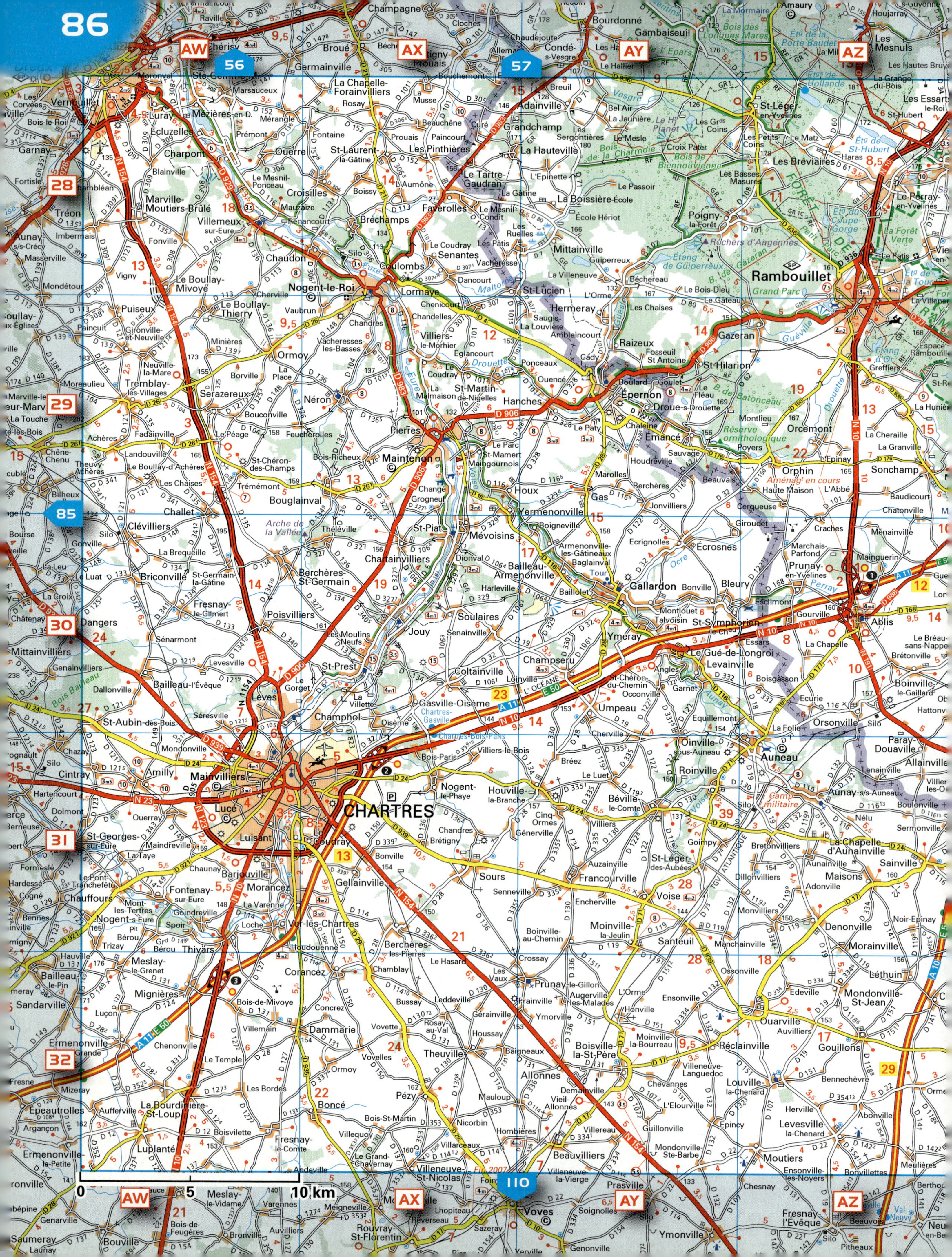
AW
AX
AY
AZ
56
57
85
110
28
29
30
31
32
Champagne
Bourdonné
Gambaiseuil
Les Mesnuls
Chérisy
Broué
Condé-s-Vesgre
Germainville
Vernouillet
Luray
Mézières-en-D.
Écluzelles
Charpont
La Chapelle-Forainvilliers
Adainville
Grandchamp
La Hauteville
St-Léger-en-Yvelines
Les Bréviaires
St-Laurent-la-Gâtine
Les Pinthières
Croisilles
Faverolles
Bréchamps
Coulombs
La Boissière-École
Poigny-la-Forêt
Le Perray-en-Yvelines
Marville-Moutiers-Brûlé
Villemeux-sur-Eure
Tréon
Chaudon
Senantes
Mittainville
Rambouillet
Nogent-le-Roi
Lormaye
St-Lucien
Hermeray
Le Boulay-Mivoye
Le Boulay-Thierry
Puiseux
Vaubrun
Villiers-le-Morhier
Raizeux
Gazeran
Ormoy
Tremblay-les-Villages
Serazereux
Néron
Pierres
Maintenon
St-Hilarion
Épernon
Droue-s-Drouette
Émancé
Orcemont
Orphin
Sonchamp
Hanches
Houx
Gas
Challet
Clévilliers
Bouglainval
St-Chéron-des-Champs
Yermenonville
Mévoisins
St-Piat
Écrosnes
Briconville
St-Germain-la-Gâtine
Berchères-St-Germain
Chartainvilliers
Bailleau-Armenonville
Gallardon
Bleury
Prunay-en-Yvelines
Ablis
Dangers
Fresnay-le-Gilmert
Poisvilliers
Soulaires
Jouy
Ymeray
St-Symphorien-le-Château
Le Gué-de-Longroi
Mittainvilliers
Bailleau-l'Évêque
Lèves
St-Prest
Champseru
Coltainville
Gasville-Oisème
Umpeau
St-Aubin-des-Bois
Champhol
Oinville-sous-Auneau
Auneau
Orsonville
Paray-Douaville
Amilly
Mainvilliers
Lucé
Luisant
CHARTRES
Nogent-le-Phaye
Houville-la-Branche
Béville-le-Comte
Roinville
Aunay-s/s-Auneau
Cintray
St-Georges-s-Eure
Coudray
Sours
Francourville
St-Léger-des-Aubées
Voise
Bretonvilliers
La Chapelle-d'Aunainville
Sainville
Fontenay-sur-Eure
Barjouville
Morancez
Gellainville
Chauffours
Nogent-s-Eure
Ver-lès-Chartres
Thivars
Berchères-les-Pierres
Moinville-la-Jeulin
Santeuil
Denonville
Morainville
Meslay-le-Grenet
Mignières
Corancez
Prunay-le-Gillon
Léthuin
Mondonville-St-Jean
Ouarville
Réclainville
Gouillons
Boisville-la-St-Père
Allonnes
Theuville
Dammarie
Pézy
Bonçé
Ermenonville-la-Grande
Épeautrolles
La Bourdinière-St-Loup
Luplanté
Moutiers
Levesville-la-Chenard
Beauvilliers
Voves
Prasville
Ymonville
Fresnay-l'Évêque
Rouvray-St-Florentin
Bouville
0
5
10 km

Maurepas
St-Quentin-en-Yvelines
Massy
Antony
Orly
Saclay
Palaiseau
Orsay
Chevreuse
Gif-s-Y.
Les Ulis
Longjumeau
Savigny-s-Orge
Draveil
Montgeron
Limours
Montlhéry
Ste-Geneviève-des-Bois
Ris-Orangis
ÉVRY
Arpajon
Dourdan
St-Chéron
Étréchy
Étampes
La Ferté-Alais
Milly-la-Forêt
Angerville
Méréville
Malesherbes
Chilly-Mazarin
Grigny
St-Arnoult-en-Yvelines
Rochefort
Bonnelles
Breuillet
St-Sulpice-de-Favières
Lardy
Mennecy
Ballancourt-s-Essonne
Boutigny-sur-Essonne
Maisse
Mespuis
Pussay
Saclas
Brétigny-s-Orge
Marcoussis
Forges-les-Bains
Camp de Linas-Montlhéry
PARC NATUREL RÉGIONAL DU GÂTINAIS
A 10
N 20
N 191
D 837
58
88
111

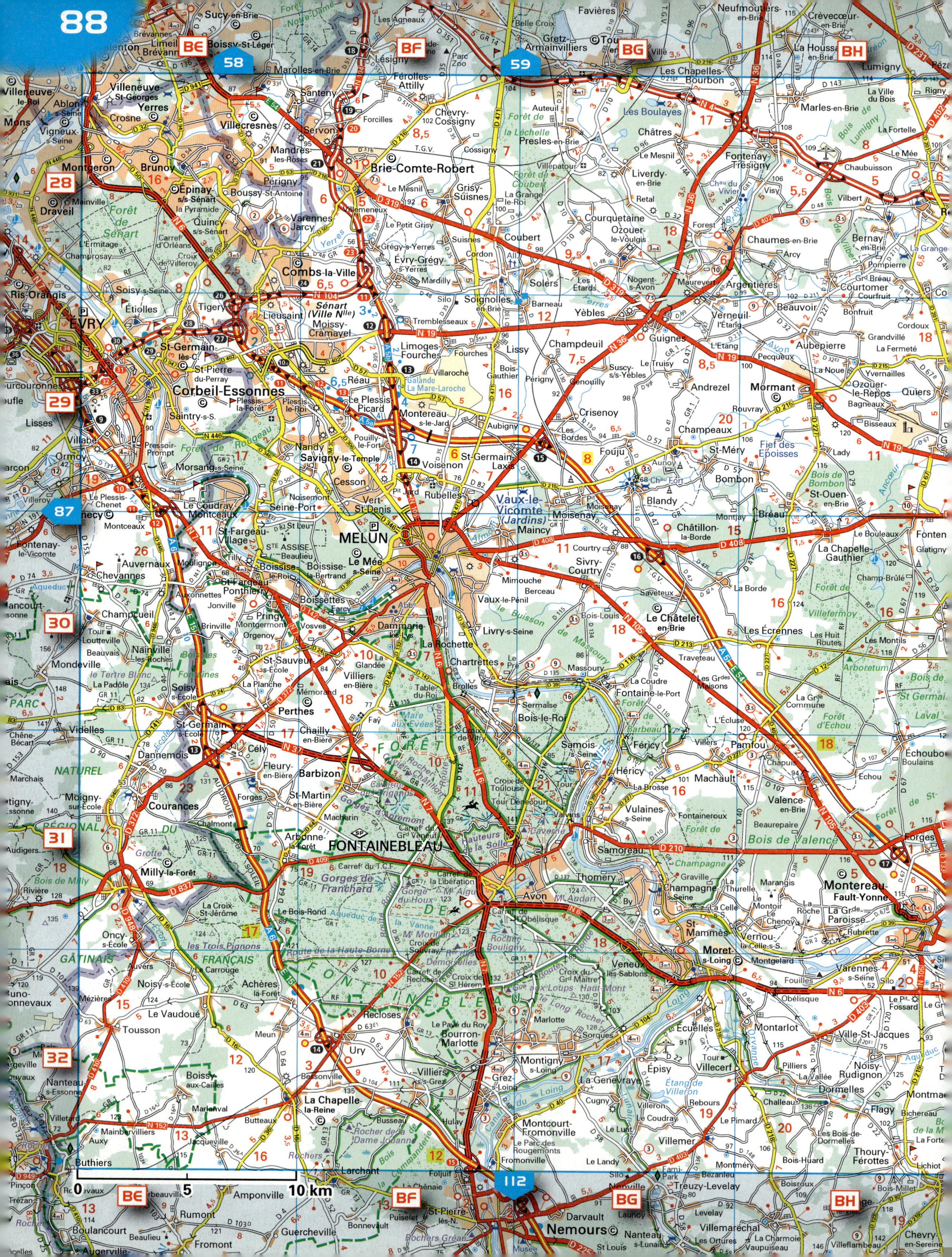
BE
BF
BG
BH
58
59
87
112
28
29
30
31
32
Sucy-en-Brie
Boissy-St-Léger
Marolles-en-Brie
Lésigny
Férolles-Attilly
Favières
Gretz-Armainvilliers
Tournan-en-Brie
Neufmoutiers-en-Brie
Crèvecœur-en-Brie
La Houssaye-en-Brie
Lumigny
Les Chapelles-Bourbon
Villeneuve-le-Roi
Villeneuve-St-Georges
Yerres
Crosne
Ablon
Vigneux-s-Seine
Mons
Villecresnes
Santeny
Servon
Mandres-les-Roses
Brie-Comte-Robert
Chevry-Cossigny
Forcilles
Presles-en-Brie
Marles-en-Brie
Les Boulayes
Châtres
Fontenay-Trésigny
Montgeron
Brunoy
Draveil
Épinay-s-Sénart
Boussy-St-Antoine
Périgny
Varennes-Jarcy
Grisy-Suisnes
Coubert
Courquetaine
Ozouer-le-Voulgis
Liverdy-en-Brie
Chaumes-en-Brie
Bernay-en-Brie
Forêt de Sénart
Quincy-s-Sénart
Combs-la-Ville
Évry-Grégy-s-Yerres
Soignolles-en-Brie
Solers
Yèbles
Nogent-s-Avon
Guignes
Verneuil-l'Étang
Argentières
Beauvoir
Courtomer
Ris-Orangis
Évry
Étiolles
Soisy-s-Seine
Tigery
Lieusaint
Sénart (Ville Nlle)
Moissy-Cramayel
Limoges-Fourches
Lissy
Champdeuil
Mormant
Aubepierre
Quiers
St-Germain-lès-C.
St-Pierre-du-Perray
Corbeil-Essonnes
Saintry-s-S.
Réau
Le Plessis-Picard
Montereau-s-le-Jard
Crisenoy
Andrezel
Champeaux
Ozouer-le-Repos
Lisses
Villabé
Ormoy
Nandy
Savigny-le-Temple
Cesson
Vert-St-Denis
Voisenon
St-Germain-Laxis
Rubelles
Fouju
St-Méry
Bombon
Blandy
St-Ouen-en-Brie
Le Coudray-Montceaux
Morsang-s-Seine
Seine-Port
Melun
Le Mée-s-Seine
Vaux-le-Vicomte (Jardins)
Maincy
Moisenay
Châtillon-la-Borde
Bréau
Fontenay-le-Vicomte
Auvernaux
Chevannes
St-Fargeau-Ponthierry
Boissise-le-Roi
Boissise-la-Bertrand
Sivry-Courtry
La Chapelle-Gauthier
Champcueil
Nainville-les-Roches
Mondeville
Pringy
Dammarie-les-Lys
La Rochette
Vaux-le-Pénil
Livry-s-Seine
Le Châtelet-en-Brie
Les Écrennes
Soisy-s-École
St-Sauveur-s-École
Villiers-en-Bière
Perthes
Chartrettes
Bois-le-Roi
Fontaine-le-Port
Chailly-en-Bière
Samois-s-Seine
Féricy
Pamfou
Videlles
Dannemois
Cély
Fleury-en-Bière
Barbizon
Héricy
Machault
Échouboulains
Moigny-s-École
Courances
St-Martin-en-Bière
Vulaines-s-Seine
Valence-en-Brie
Arbonne-la-Forêt
FONTAINEBLEAU
Samoreau
Bois de Valence
Forges
Milly-la-Forêt
Gorges de Franchard
Avon
Thomery
Champagne-s-Seine
Montereau-Fault-Yonne
Oncy-s-École
St-Mammès
Moret-s-Loing
Veneux-les-Sablons
Varennes-s-Seine
Noisy-s-École
Achères-la-Forêt
Recloses
Bourron-Marlotte
Montarlot
Ville-St-Jacques
Le Vaudoué
Tousson
Ury
Montigny-s-Loing
Écuelles
Épisy
Villecerf
Noisy-Rudignon
Dormelles
Boissy-aux-Cailles
La Chapelle-la-Reine
Villiers-s-Grez
Grez-s-Loing
La Genevraye
Flagy
Buthiers
Larchant
Montcourt-Fromonville
Villemer
Thoury-Férottes
Nemours
Treuzy-Levelay
Darvault
Villemaréchal
Amponville
Guercheville
St-Pierre-lès-N.
Chevry-en-Sereine
0
5
10 km

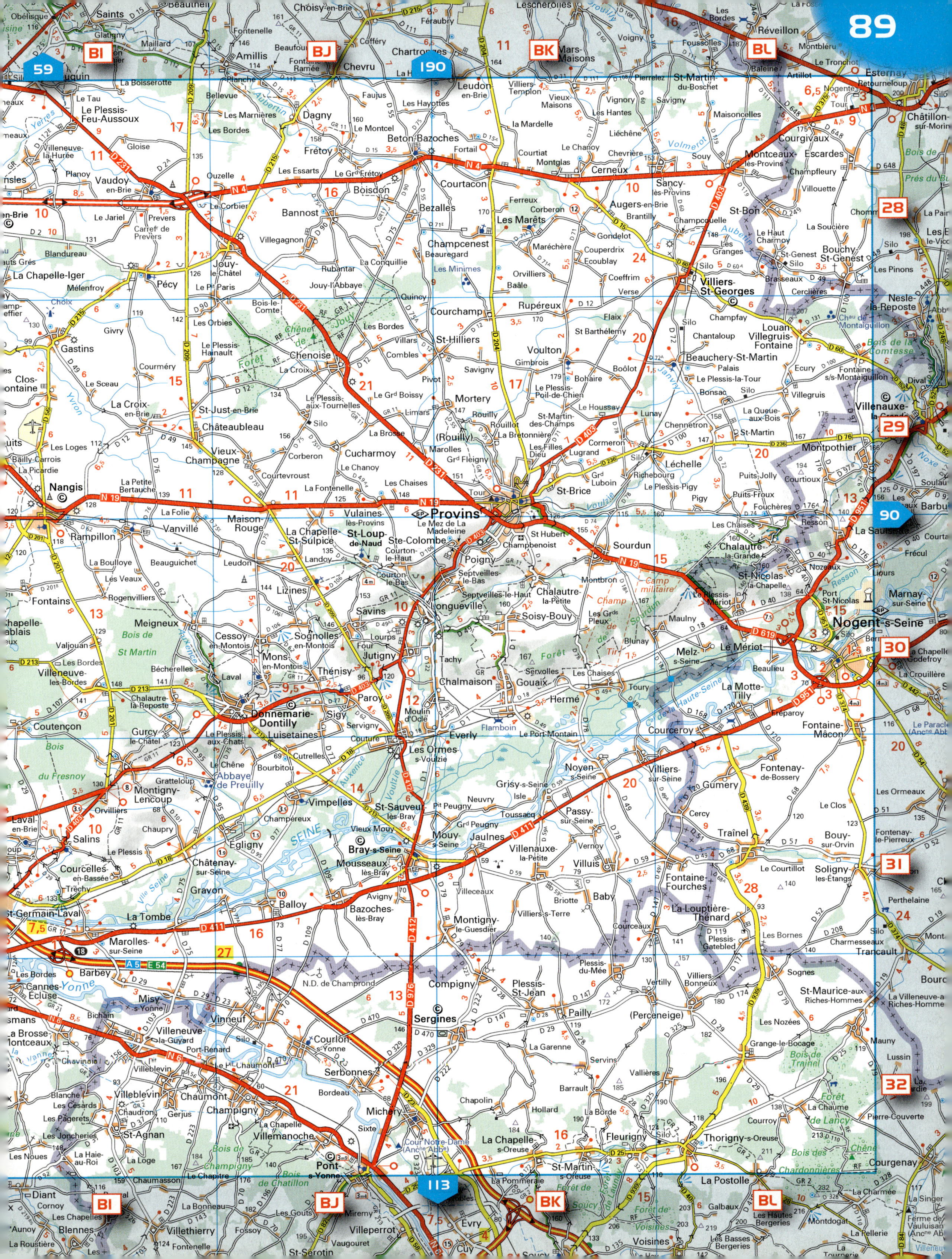

59
BI
BJ
190
BK
BL
28
29
90
30
31
32
113
Provins
Nogent-s-Seine
Nangis
Donnemarie-Dontilly
Bray-s-Seine
Sergines
Villiers-St-Georges
Villenauxe-la-Grande
Pont-s-Yonne
Montereau
Courtacon
Beton-Bazoches
Jouy-le-Châtel
Champcenest
Chalautre-la-Grande
Longueville
Marolles-sur-Seine
Thorigny-s-Oreuse
Esternay
Réveillon
Chenoise
Cerneux
Sancy-lès-Provins
Montpothier
Sourdun
St-Brice
Léchelle
Gouaix
Hermé
Melz-s-Seine
Le Mériot
Fontaine-Mâcon
Gumery
Traînel
Soligny-les-Étangs
Les Ormes-s-Voulzie
Jutigny
Savins
Mons-en-Montois
Cessoy-en-Montois
Gurcy-le-Châtel
Montigny-Lencoup
Salins
Balloy
Bazoches-lès-Bray
Mousseaux-lès-Bray
Vimpelles
Egligny
Châtenay-sur-Seine
Jaulnes
Villenauxe-la-Petite
Villiers-sur-Seine
Noyen-s-Seine
Baby
Courceroy
Fontaine-Fourches
La Louptière-Thénard
Plessis-St-Jean
Pailly
Compigny
Serbonnes
Courlon-s-Yonne
Vinneuf
Misy-s-Yonne
Villeneuve-la-Guyard
Chaumont
Champigny
Michery
La Chapelle-s-Oreuse
Fleurigny
St-Martin-s-Oreuse
La Postolle
Évry
Cuy
Vieux-Champagne
Châteaubleau
La Croix-en-Brie
Gastins
Pécy
Bannost
Vaudoy-en-Brie
Dagny
Frétoy
Boisdon
Bezalles
Les Marêts
Courchamp
Rupéreux
Voulton
St-Hilliers
Mortery
Rouilly
Cucharmoy
Vulaines-lès-Provins
St-Loup-de-Naud
Ste-Colombe
Poigny
Chalautre-la-Petite
Soisy-Bouy
Lizines
Sognolles-en-Montois
Thénisy
Paroy
Sigy
Luisetaines
Everly
Chalmaison
St-Sauveur-lès-Bray
Mouy-s-Seine
Passy-sur-Seine
Grisy-s-Seine
Villuis
Montigny-le-Guesdier
St-Nicolas-la-Chapelle
Marnay-sur-Seine
Barbuise
Courtavant

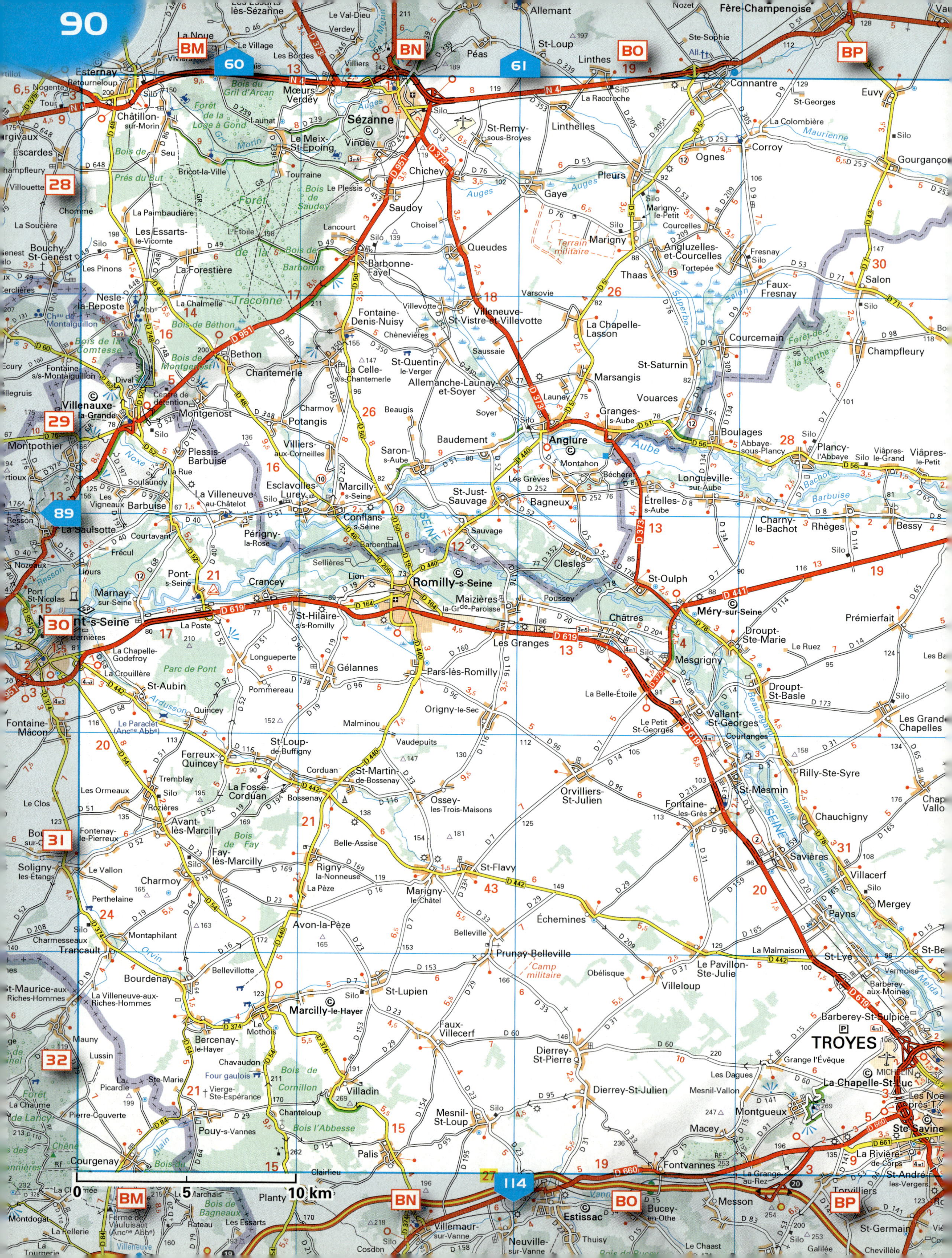
BM
BN
BO
BP
60
61
89
114
28
29
30
31
32
Esternay
Châtillon-sur-Morin
Sézanne
Mœurs-Verdey
Le Meix-St-Epoing
Vindey
Chichey
Saudoy
St-Remy-sous-Broyes
Linthelles
Linthes
Allemant
St-Loup
Péas
Fère-Champenoise
Connantre
Euvy
Corroy
Gourgançon
Ognes
Pleurs
Gaye
Marigny
Thaas
Angluzelles-et-Courcelles
Faux-Fresnay
Salon
Champfleury
Courcemain
St-Saturnin
Vouarces
Marsangis
La Chapelle-Lasson
Queudes
Barbonne-Fayel
Les Essarts-le-Vicomte
La Forestière
Nesle-la-Reposte
Bethon
Chantemerle
Fontaine-Denis-Nuisy
Villeneuve-St-Vistre-et-Villevotte
St-Quentin-le-Verger
Allemanche-Launay-et-Soyer
Villenauxe-la-Grande
Montgenost
Potangis
Villiers-aux-Corneilles
Plessis-Barbuise
Barbuise
La Villeneuve-au-Châtelot
Esclavolles-Lurey
Marcilly-s-Seine
Conflans-s-Seine
Saron-s-Aube
Baudement
Anglure
St-Just-Sauvage
Bagneux
Granges-s-Aube
Boulages
Plancy-l'Abbaye
Longueville-sur-Aube
Étrelles-s-Aube
Charny-le-Bachot
Rhèges
Bessy
Clesles
St-Oulph
Méry-sur-Seine
Romilly-s-Seine
Maizières-la-Grde-Paroisse
Pont-s-Seine
Crancey
Marnay-sur-Seine
Nogent-s-Seine
St-Hilaire-s/s-Romilly
Gélannes
Pars-lès-Romilly
Les Granges
Châtres
Mesgrigny
Droupt-Ste-Marie
Droupt-St-Basle
Premierfait
St-Aubin
La Chapelle-Godefroy
Parc de Pont
Origny-le-Sec
Vallant-St-Georges
Ferreux-Quincey
St-Loup-de-Buffigny
La Fosse-Corduan
St-Martin-de-Bossenay
Ossey-les-Trois-Maisons
Orvilliers-St-Julien
Fontaine-les-Grès
St-Mesmin
Rilly-Ste-Syre
Chauchigny
Savières
Avant-lès-Marcilly
Fay-lès-Marcilly
Rigny-la-Nonneuse
St-Flavy
Marigny-le-Châtel
Échemines
Villacerf
Mergey
Payns
Avon-la-Pèze
Prunay-Belleville
Le Pavillon-Ste-Julie
Villeloup
St-Lyé
Barberey-St-Sulpice
TROYES
La Chapelle-St-Luc
Ste-Savine
Marcilly-le-Hayer
St-Lupien
Faux-Villecerf
Dierrey-St-Pierre
Dierrey-St-Julien
Bercenay-le-Hayer
Villadin
Mesnil-St-Loup
Montgueux
Macey
Fontvannes
Pouy-s-Vannes
Palis
Bourdenay
Trancault
Charmesseaux
Soligny-les-Étangs
Courgenay
Estissac
Bucey-en-Othe
Messon
Planty
Villemaur-sur-Vanne
Neuville-sur-Vanne
Torvilliers
St-Germain
Seine
Aube
0
5
10 km

Haussimont
Sommesous
Soudé
Ste-Croix
Coole
Vitry-le-François
BQ
BR
BS
BT
62
28
29
92
30
31
32
115
Montépreux
Mailly-le-Camp
Poivres
Sompuis
Forêt de Vauhalaise
La Galbaudine
La Croix
La Certine
Humbauville
Le Meix-Tiercelin
Orphelinat
Les Monts Torlors
Camp militaire de Mailly
Tharges
Trouans
Dosnon
Grandville
Villiers-Herbisse
Le Hautvilliers
Herbisse
La Folie Godot
Allibaudières
Ste-Tanche
St-Ouen-Domprot
St-Étienne
Bréban
Corbeil
Le Plessis
Dampierre
Lhuître
Le Chêne
Ormes
Torcy-le-Grand
Torcy-le-Petit
St-Nabord-s-Aube
Vinets
Isle-Aubigny
Ramerupt
Vaucogne
Arcis-s-Aube
Villette-sur-Aube
Ortillon
Vaupoisson
Chaudrey
Morembert
Romaines
Dommartin-le-Coq
Jasseines
Donnement
Nozay
St-Étienne-s/s-Barbuise
La Belle Idée
Mesnil-la-Comtesse
Nogent-sur-Aube
Petit Nogent
Coclois
Ste-Thuise
Brillecourt
Aulnay
St-Remy-s/s-Barbuise
Voué
Montardoise
Mesnil-Lettre
Magnicourt
Chalette-sur-Voire
Bétignicourt
Verricourt
La Harmande
Montsuzain
Aubeterre
Avant-lès-Ramerupt
Faloudel
Pougy
Molins-sur-Aube
Lesmont
St-Christophe-Dodinicourt
Lassicourt
Musée
Longsols
Charmont
Charmont-sous-Barbuise
Fontaine-Luyères
Luyères
Feuges
Vailly
Mortée
Onjon
Val-d'Auzon
Montangon
Pel-et-Der
Précy-N.-D.
Précy-St-Martin
St-Léger-s/s-B.
Épagne
Brienne-le-Château
Centre psychothérapique
Blaincourt-sur-Aube
Villevoque
La Valentine
Bouy-Luxembourg
Piney
Villehardouin
Brantigny
Mathaux
Brienne-la-Vieille
Radonvilliers
Rachisy
Villiers-le-Brûlé
Brévonnes
Le Grand Brevonnel
Dienville
Chaumesnil
Montmorel
Assencières
La Belle Épine
Ste-Maure
Culoison
Massonville
Champ de Tir
Creney-près-T.
L'Espérance
Rouilly-Sacey
Sacey
Mesnil-Sellières
Rosson
La Loge Lionne
Bonlieu
Chantemerle
L'Etape
Lac Amance
La Rothière
Petit-Mesnil
Unienville
PARC NATUREL RÉGIONAL DE LA FORÊT D'ORIENT
Lac du Temple
Forêt du Temple
Chêne
Pont-Ste-Marie
Argentolles
Villechétif
Bouranton
Dosches
Géraudot
Laubressel
Champigny
Vaudemanche
Réserve Ornithologique
Parc de vision animalier
Maison du Parc
Forêt d'Orient
Amance
Juvanzé
Jessains
Beaulieu
Trannes
Bossancourt
La Ville-aux-Bois
Vauchonvilliers
St-Parres-aux-Tertres
Belley
Baires
Thennelières
La Moline
St-Julien
Menois
Bas-Bois
Larivour
Lac d'Orient
Courteranges
Ruvigny
Lusigny-s-Barse
Mesnil-St-Père
Champ-s-Barse
La Loge-aux-Chèvres
Étang du Parc aux Pourceaux
Val Suzenay
Le Gagnage-aux-Chats
Dolancourt
Arganço
Maison-des-Champs
Magny-Fouchard
Bréviandes
Rouilly
Rouillerot
Fontaine
Montaulin
Bois de Lusigny
Le Ménilot
Daudes
Glannes
Huiron
Courdemanges
Châtelraould-St-Louvent
Mont Moret
St-Louvent
Blaise-s/s-Arzillières
La Breuille
Les Rivières-Henruel
Arzillières-Neuville
Perthes
Les Mandres
St-Chéron
Flumet
Henruel
La Verpillière
La Malmaison
Gigny-Bussy
Bussy-aux-Bois
Petit-Paris
Somsois
Lignon
Brandonvilliers
Étang de la Fosse aux Bois
Bois des Laires
Chapelaine
Hancourt
Margerie-Hancourt
St-Utin
Nauroy
St-Léger-sous-Margerie
Chassericourt
Joncreuil
Plaisance
Balignicourt
Petit Fontenay
Chavanges
Tanière
Labraux
Pars-lès-Chavanges
Montmorency-Beaufort
Braux
Courcelles-s-Voire
Rances
Lentilles
Villeret
Yèvres-le-Petit
Hampigny
Rosnay-l'Hôpital
Blignicourt
Vallentigny
Rotrate
Putteville
Maizières-lès-Brienne
Perthes-lès-Brienne
Juzanvigny
Camp militaire
Marolles
Frignicourt
Vauclerc
Luxémont-et-Villotte
Bignicourt-sur-Marne
Norrois
Neuville-sous-Arzillières
St-Genest
Drosnay
Vitry-le-François
Sommesous

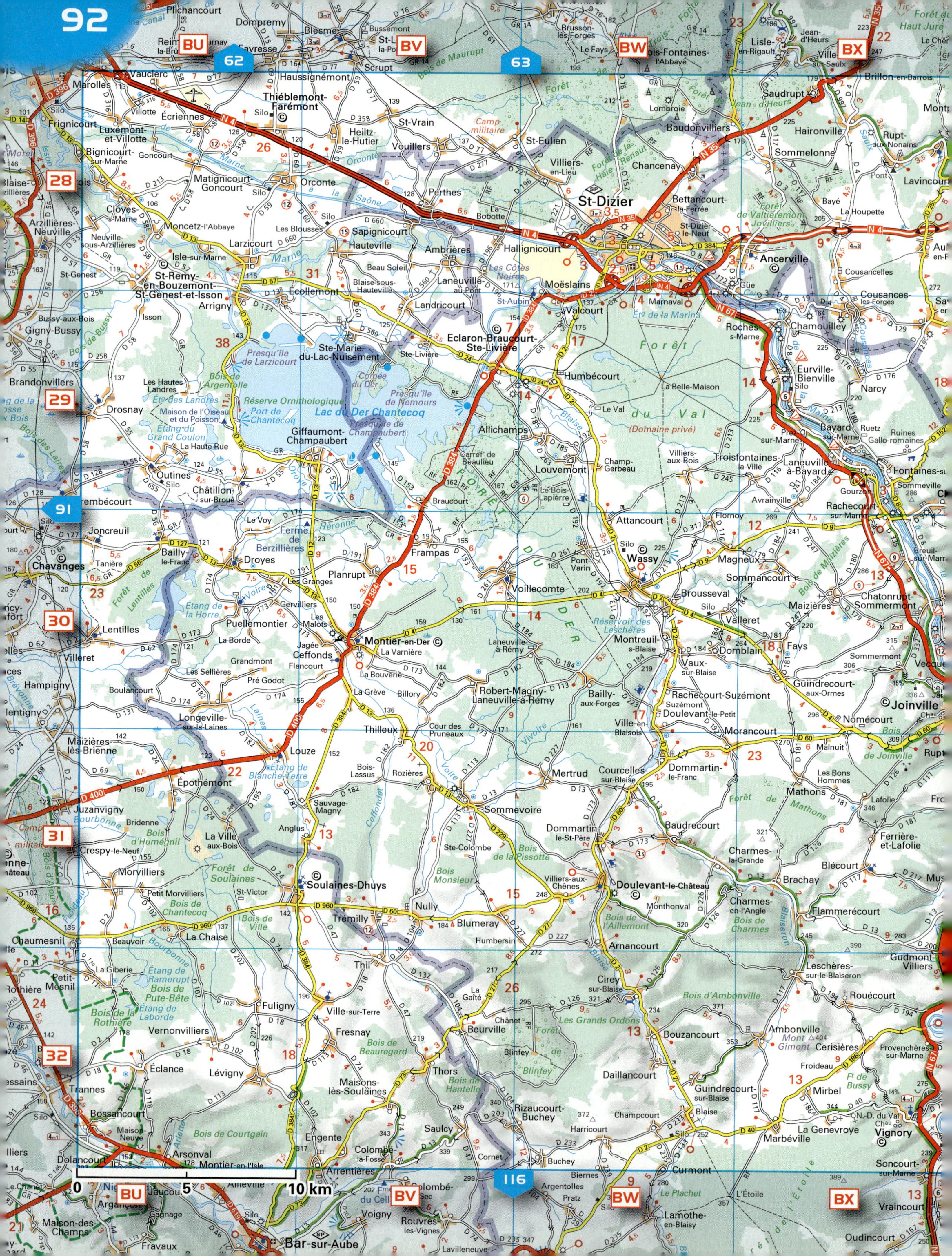

BU
BV
BW
BX
62
63
91
116
28
29
30
31
32
Plichancourt
Dompremy
Blesme
Reims-la-Brûlée
Favresse
St-Lumier-la-Populeuse
Scrupt
Bois de Maurupt
Brusson
Hallignicourt
Bois-Fontaines-l'Abbaye
Lisle-en-Rigault
Jean-d'Heurs
Ville-sur-Saulx
Brillon-en-Barrois
Haussignémont
Vauclerc
Marolles
Thiéblemont-Farémont
Frignicourt
Luxémont-et-Villotte
Écriennes
Bignicourt-sur-Marne
Goncourt
Matignicourt-Goncourt
Orconte
Heiltz-le-Hutier
St-Vrain
Vouillers
Camp militaire
Forêt de la Haie Renaut
St-Eulien
Villiers-en-Lieu
Chancenay
Lombroie
Baudonvilliers
Saudrupt
Haironville
Sommelonne
Rupt-aux-Nonains
Lavincourt
Cloyes-sur-Marne
Arzillières-Neuville
Neuville-sous-Arzillières
Moncetz-l'Abbaye
Larzicourt
Les Blousses
Sapignicourt
Hauteville
Perthes
La Bobotte
St-Dizier
Bettancourt-la-Ferrée
St-Dizier-le-Neuf
Forêt de Valtièremont
Bayé
La Houpette
Ancerville
Cousancelles
Cousances-les-Forges
Isle-sur-Marne
St-Genest
St-Remy-en-Bouzemont-St-Genest-et-Isson
Isson
Arrigny
Écollemont
Blaise-sous-Hauteville
Beau Soleil
Ambrières
Laneuville-au-Pont
Les Côtes Noires
Landricourt
Moëslains
St-Aubin
Valcourt
Marnaval
Éts de la Marina
Roches-s-Marne
Chamouilley
Bussy-aux-Bois
Gigny-Bussy
Bois de Bussy
Brandonvillers
Presqu'île de Larzicourt
Ste-Marie-du-Lac-Nuisement
Ste-Livière
Eclaron-Braucourt-Ste-Livière
Forêt du Val
Humbécourt
La Belle-Maison
Eurville-Bienville
Narcy
Les Hautes Landres
Bois de l'Argentolle
Étang des Landres
Réserve Ornithologique
Maison de l'Oiseau et du Poisson
Port de Chantecoq
Lac du Der Chantecoq
Presqu'île de Nemours
Presqu'île de Chantecoq
Drosnay
Étang du Grand Coulon
La Haute Rue
Giffaumont-Champaubert
Allichamps
Le Val
(Domaine privé)
Bayard-sur-Marne
Ruines Gallo-romaines
Chamouilley
Fontaines-sur-Marne
Laneuville-à-Bayard
Troisfontaines-la-Ville
Villiers-aux-Bois
Champ-Gerbeau
Louvemont
Carrefour de Beaulieu
Outines
Châtillon-sur-Broué
Braucourt
Le Bois-Lapierre
Avrainville
Rachecourt-sur-Marne
Sommeville
Joncreuil
Le Voy
Ferme de Berzillières
Héronne
Frampas
Attancourt
Flornoy
Wassy
Pont-Varin
Magneux
Sommancourt
Breuil-sur-Marne
Chavanges
Bailly-le-Franc
Droyes
Planrupt
Voillecomte
Brousseval
Maizières
Chatonrupt-Sommermont
Forêt de Lentilles
Étang de la Horre
Puellemontier
Les Malots
Gervilliers
Réservoir des Leschères
Valleret
Montreuil-s-Blaise
Domblain
Fays
Lentilles
Villeret
La Borde
Montier-en-Der
La Varnière
Laneuville-à-Rémy
Vaux-sur-Blaise
Sommermont
Hampigny
Les Sellières
Grandmont
Jagée
Ceffonds
Flancourt
La Bouverie
Pré Godot
Robert-Magny-Laneuville-à-Rémy
Rachecourt-Suzémont
Suzémont
Guindrecourt-aux-Ormes
Joinville
Boulancourt
Bailly-aux-Forges
Doulevant-le-Petit
Longeville-sur-la-Laines
La Grève
Billory
Thilleux
Cour des Pruneaux
Ville-en-Blaisois
Morancourt
Nomécourt
Malnuit
Maizières-lès-Brienne
Louze
Étang de Blanche Terre
Bois-Lassus
Rozières
Mertrud
Courcelles-sur-Blaise
Dommartin-le-Franc
Bois de Joinville
Juzanvigny
Épothémont
Sauvage-Magny
Ceffondet
Sommevoire
Mathons
Les Bons Hommes
Forêt de Mathons
Lafolie
Bridenne
Bois d'Humégnil
La Ville-aux-Bois
Anglus
Dommartin-le-St-Père
Baudrecourt
Charmes-la-Grande
Ferrière-et-Lafolie
Crespy-le-Neuf
Morvilliers
Forêt de Soulaines
Soulaines-Dhuys
Ste-Colombe
Bois de la Pissotte
Bois Monsieur
Villiers-aux-Chênes
Doulevant-le-Château
Monthorval
Charmes-en-l'Angle
Bois de Charmes
Brachay
Blécourt
Petit Morvilliers
Bois de Chantecoq
St-Victor
Bois de Ville
Trémilly
Nully
Blumeray
Bois de l'Allemont
Flammerécourt
Chaumesnil
La Chaise
Beauvoir
Humbersin
Arnancourt
Gudmont-Villiers
La Giberie
Étang de Ramerupt
Bois de Pute-Bête
Thil
La Gaîté
Cirey-sur-Blaise
Leschères-sur-le-Blaiseron
Rouécourt
Petit-Mesnil
Bois de la Rothière
Bois de Laborde
Fuligny
Ville-sur-Terre
Chânet
Forêt de Blinfey
Les Grands Ordons
Bois d'Ambonville
Ambonville
Mont Gimont
Cerisières
Provenchères-sur-Marne
Vernonvilliers
Fresnay
Beurville
Blinfey
Bouzancourt
Éclance
Lévigny
Bois de Beauregard
Froideau
Mirbel
Fl de Bussy
Trannes
Maisons-lès-Soulaines
Thors
Bois de Hantelle
Daillancourt
Guindrecourt-sur-Blaise
Blaise
N.-D. du Val
Bossancourt
Maison-Neuve
Bois de Courtgain
Engente
Saulcy
Rizaucourt-Buchey
Harricourt
Champcourt
Marbéville
La Genevroye
Vignory
Dolancourt
Arsonval
Montier-en-l'Isle
Colombé-la-Fosse
Cornet
Buchey
Curmont
Soncourt-sur-Marne
Arrentières
Biernes
Argentolles
Pratz
Le Plachet
L'Étoile
Vraincourt
Jaucourt
Colombé-le-Sec
Voigny
Rouvres-les-Vignes
Lamothe-en-Blaisy
Oudincourt
Maison-des-Champs
Fravaux
Bar-sur-Aube
Lavilleneuve
0
5
10 km

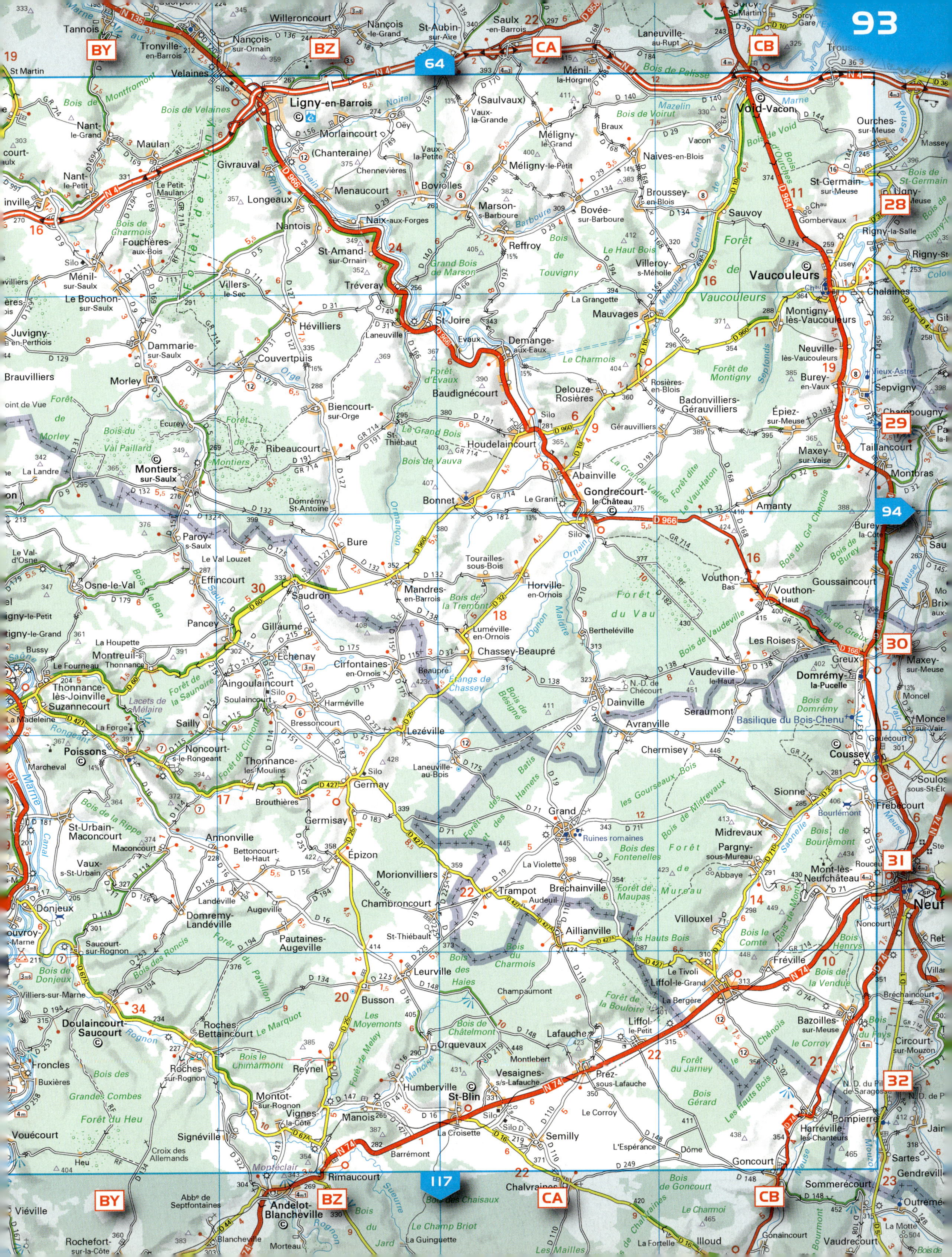

BY
BZ
CA
CB
64
94
117
Tannois
Willeroncourt
Nançois-le-Grand
St-Aubin-sur-Aire
Saulx-en-Barrois
Laneuville-au-Rupt
Sorcy-St-Martin
Tronville-en-Barrois
Nançois-sur-Ornain
Velaines
St Martin
Ligny-en-Barrois
Morlaincourt
(Chanteraine)
Menaucourt
Naix-aux-Forges
Nantois
Givrauval
Longeaux
Maulan
Nant-le-Grand
Nant-le-Petit
Le Petit-Maulan
Bois de Velaines
Bois de Montfroment
Forêt de Ligny
(Saulvaux)
Vaux-la-Grande
Vaux-la-Petite
Chennevières
Oëy
Ménil-la-Horgne
Méligny-le-Grand
Méligny-le-Petit
Braux
Bois de Voirut
Void-Vacon
Vacon
Naives-en-Blois
Broussey-en-Blois
Bovée-sur-Barboure
Boviolles
Marson-s-Barboure
Barboure
Reffroy
Bois de Touvigny
Le Haut Bois
Villeroy-s-Méholle
Sauvoy
Forêt de Vaucouleurs
Vaucouleurs
Ourches-sur-Meuse
St-Germain-sur-Meuse
Ugny-sur-Meuse
Gombervaux
Rigny-la-Salle
Rigny-St-Martin
Tusey
Chalaines
Massey
Bois de St-Germain
Montigny-lès-Vaucouleurs
Neuville-lès-Vaucouleurs
Burey-en-Vaux
Sepvigny
Champougny
Taillancourt
Montbras
Épiez-sur-Meuse
Maxey-sur-Vaise
Forêt de Montigny
Sepfonds
Mazelin
Bois de Void
Bois d'Ourches
Canal de la Marne au Rhin
St-Amand-sur-Ornain
Tréveray
St-Joire
Laneuville
Evaux
Demange-aux-Eaux
Le Charmois
Mauvages
La Grangette
Grand Bois de Marson
Rosières-en-Blois
Badonvilliers-Gérauvilliers
Gérauvilliers
Delouze-Rosières
Baudignécourt
Forêt d'Evaux
Houdelaincourt
Le Grand Bois
Bois de Vauva
St Thiébaut
Abainville
Gondrecourt-le-Château
Le Granit
La Grande Vallée
Forêt dite le Vau-Haton
Amanty
Bonnet
Ornançon
Biencourt-sur-Orge
Ribeaucourt
Dommartin-St-Antoine
Couvertpuis
Hévilliers
Villers-le-Sec
Dammarie-sur-Saulx
Ménil-sur-Saulx
Le Bouchon-sur-Saulx
Fouchères-aux-Bois
Bois de Gharmois
Juvigny-en-Perthois
Brauvilliers
Morley
Forêt de Morley
Ecurey
Bois du Val Paillard
Forêt de Montiers
Montiers-sur-Saulx
La Landre
Paroy-s-Saulx
Le Val Louzet
Le Val-d'Osne
Effincourt
Osne-le-Val
Bois de Ban
Saudron
Bure
Mandres-en-Barrois
Tourailles-sous-Bois
Bois de la Trembe
Horville-en-Ornois
Forêt du Vau
Bertheléville
Vouthon-Bas
Vouthon-Haut
Goussaincourt
Bois de Burey
Bois du Gd Chenois
Burey-la-Côte
Pancey
Gillaumé
La Houpette
Montreuil-s-Thonnance
Thonnance
Le Fourneau
Echenay
Cirfontaines-en-Ornois
Luméville-en-Ornois
Chassey-Beaupré
Beaupré
Étangs de Chassey
Bois de Bésigné
Bois de Vaudeville
Les Roises
Vaudeville-le-Haut
N.-D. de Chécourt
Dainville
Seraumont
Domrémy-la-Pucelle
Bois de Domrémy
Greux
Maxey-sur-Meuse
Moncel
Basilique du Bois-Chenu
Avranville
Chermisey
Coussey
Gouécourt
Thonnance-lès-Joinville
Suzannecourt
La Madeleine
Forêt de la Saunoire
Aingoulaincourt
Soulaincourt
Harméville
Bressoncourt
Lacets de Mélaire
Sailly
La Forge
Rongeant
Poissons
Noncourt-s-le-Rongeant
Forêt de Cirfontaines
Thonnance-les-Moulins
Lezéville
Laneuville-au-Bois
Germay
Bois de Hamets
Forêt des Batis
Les Gourseaux Bois
Bois de Midrevaux
Sionne
Frébécourt
Bourlémont
Marcheval
Marne
Bois de la Rippe
St-Urbain-Maconcourt
Maconcourt
Vaux-s-St-Urbain
Canal
Annonville
Bettoncourt-le-Haut
Brouthières
Germisay
Épizon
Morionvilliers
Grand
Ruines romaines
La Violette
Bois des Fontenelles
Forêt de Mureau
Midrevaux
Pargny-sous-Mureau
Abbaye
Mont-lès-Neufchâteau
Bois de Bourlémont
Saonelle
Neufchâteau
Donjeux
Rouvroy-s-Marne
Landéville
Domremy-Landéville
Augeville
Pautaines-Augeville
Chambroncourt
St-Thiébault
Trampot
Audeuil
Brechainville
Forêt de Maupas
Aillianville
Les Hauts Bois
Villouxel
Bois le Comte
Bois de Montesson
Bois des Henrys
Fréville
Bois de la Vendue
Saucourt-sur-Rognon
Bois des Roncis
Forêt du Pavillon
Bois de Donjeux
Villiers-sur-Marne
Doulaincourt-Saucourt
Rognon
Roches-Bettaincourt
Le Marquot
Leurville
Bois des Haies
Busson
Les Moyemonts
Champaumont
Liffol-le-Grand
Le Tivoli
La Bergère
Forêt de la Bouloire
Liffol-le-Petit
Bois de Châtelmont
Orquevaux
Lafauche
Bazoilles-sur-Meuse
Le Corroy
Bois du Pays
Circourt-sur-Mouzon
Bréchainville
Froncles
Buxières
Bois des Grandes Combes
Forêt du Heu
Roches-sur-Rognon
Bois le Chimarmont
Reynel
Forêt de Meley
Humberville
Vesaignes-s/s-Lafauche
Montlebert
Prez-sous-Lafauche
Forêt du Jarney
Les Hauts Bois
Chênois
N.-D. du Pilier
Saragosse
N.-D. de Pitié
Pompierre
Harréville-les-Chanteurs
Jainvillotte
Vouécourt
Signéville
Montot-sur-Rognon
Vignes-la-Côte
Manois
St-Blin
Semilly
Le Corroy
L'Espérance
Dôme
Bois Gérard
Goncourt
Sartes
Gendreville
Sommerécourt
Barrémont
La Croisette
Croix des Allemands
Heu
Montéclair
Rimaucourt
Chalvraines
Bois des Chaisaux
Bois de Goncourt
Le Charmoi
Bois de Charlaines
Outremécourt
Viéville
Abbé de Septfontaines
Andelot-Blancheville
Blancheville
Rochefort-sur-la-Côte
Morteau
Bois du Jard
Le Champ Briot
La Guinguette
Les Mailles
La Fortelle
Illoud
Gonaincourt
Vaudrecourt
La Motte
Bourmont
N 4
N 135
N 74
D 966
D 964
D 960
D 427
D 674
D 166

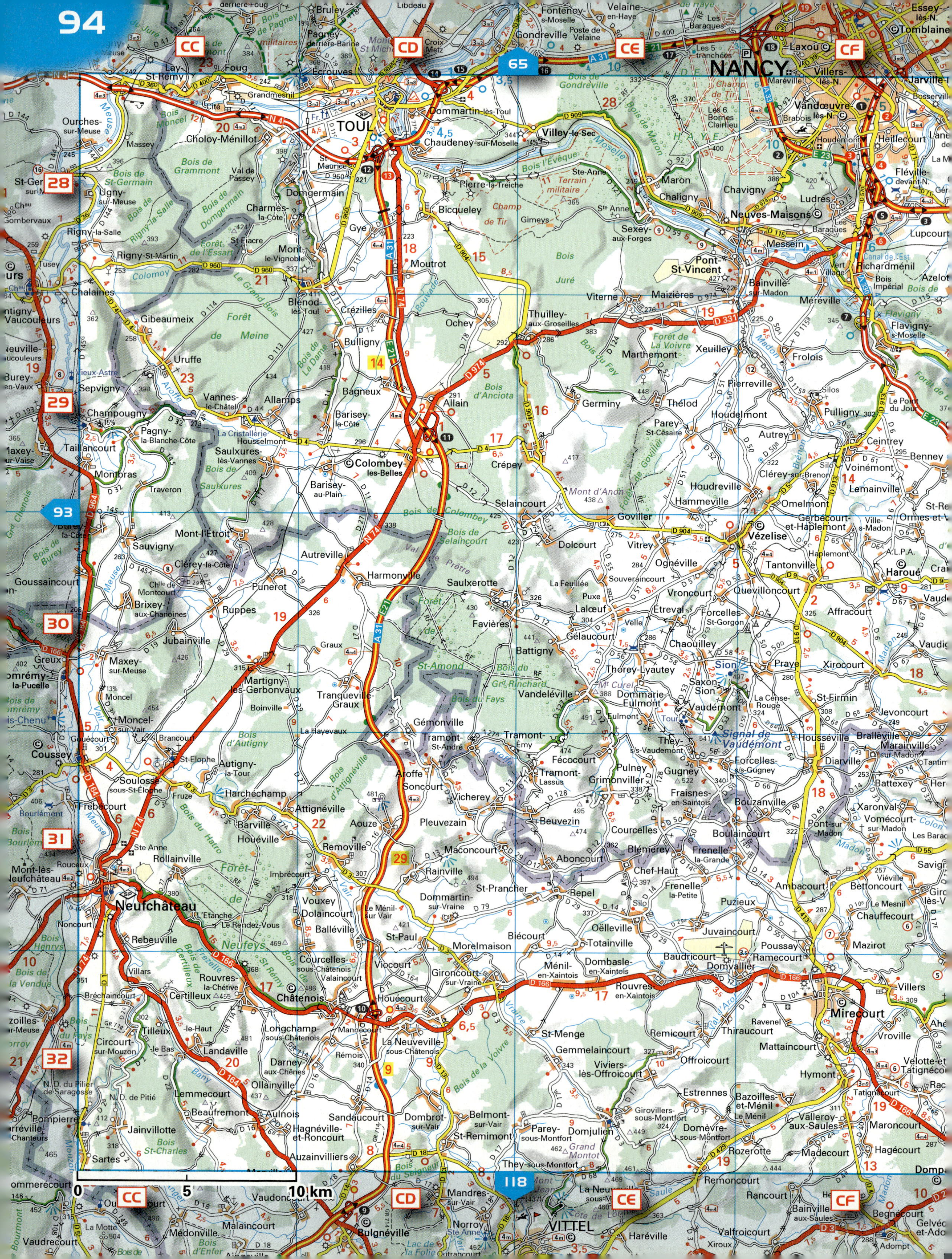
NANCY
TOUL
Neufchâteau
Mirecourt
Vézelise
Colombey-les-Belles
Châtenois
VITTEL
Bulgnéville
Neuves-Maisons
Pont-St-Vincent
Vandœuvre-lès-N.
Laxou
Villers-lès-N.
Jarville-la-M.
Tomblaine
Fléville-devant-N.
Ludres
Messein
Richardménil
Flavigny-s-Moselle
Haroué
Tantonville
Diarville
Poussay
Ramecourt
Dommartin-lès-Toul
Chaudeney-sur-Moselle
Villey-le-Sec
Pierre-la-Treiche
Bicqueley
Domgermain
Gye
Moutrot
Ochey
Crézilles
Bulligny
Allain
Bagneux
Thuilley-aux-Groseilles
Maizières
Xeuilley
Pierreville
Houdelmont
Germiny
Thélod
Crépey
Selaincourt
Goviller
Dolcourt
Vitrey
Ognéville
Saulxerote
Favières
Battigny
Vandeléville
Sion
Saxon-Sion
Vaudémont
Signal de Vaudémont
Gémonville
Tramont-St-André
Tramont-Émy
Tramont-Lassus
Fécocourt
Grimonviller
Pulney
Gugney
Fraisnes-en-Saintois
Bouzanville
Boulaincourt
Praye
Xirocourt
St-Firmin
Jevoncourt
Housséville
Forcelles-sous-Gugney
Vicherey
Beuvezin
Courcelles
Blémerey
Aboncourt
Maconcourt
Rainville
Pleuvezain
Soncourt
Aroffe
Attignéville
Aouze
Removille
Barville
Houéville
Harchéchamp
Autigny-la-Tour
Soulosse-sous-St-Élophe
Frebécourt
Coussey
Rollainville
Rebeuville
Certilleux
Rouvres-la-Chétive
Landaville
Tilleux
Circourt-sur-Mouzon
Lemmecourt
Beaufremont
Aulnois
Jainvillotte
Pompierre
Sartes
Dommartin-sur-Vraine
St-Prancher
Repel
Oëlleville
Totainville
Juvaincourt
Puzieux
Ambacourt
Bettoncourt
Chauffecourt
Mazirot
Villers
Vroville
Mattaincourt
Hymont
Thiraucourt
Ravenel
Remicourt
Offroicourt
Estrennes
Bazoilles-et-Ménil
Valleroy-aux-Saules
Maroncourt
Madecourt
Hagécourt
Rozerotte
Domèvre-sous-Montfort
Girovillers-sous-Montfort
Domjulien
Parey-sous-Montfort
They-sous-Montfort
St-Remimont
Belmont-sur-Vair
Dombrot-sur-Vair
Sandaucourt
Auzainvilliers
Hagnéville-et-Roncourt
Rémois
La Neuveville-sous-Châtenois
Houécourt
Gironcourt-sur-Vraine
Viocourt
Vouxey
Dolaincourt
Balléville
St-Paul
Morelmaison
Blécourt
Ménil-en-Xaintois
Dombasle-en-Xaintois
Rouvres-en-Xaintois
Baudricourt
Domvallier
St-Menge
Gemmelaincourt
Viviers-lès-Offroicourt
Remoncourt
Rancourt
Bainville-aux-Saules
Valfroicourt
Haréville
Norroy
Mandres-sur-Vair
Malaincourt
Médonville
Vaudoncourt
Vaudrecourt
Ommérécourt
Grandmesnil
Foug
Lay-St-Rémy
Choloy-Ménillot
Écrouves
Ourches-sur-Meuse
Massey
Ugny-sur-Meuse
Rigny-la-Salle
Rigny-St-Martin
Chalaines
Vaucouleurs
Gibeaumeix
Uruffe
Sepvigny
Champougny
Pagny-la-Blanche-Côte
Taillancourt
Montbras
Vannes-le-Châtel
Allamps
Saulxures-lès-Vannes
Barisey-au-Plain
Barisey-la-Côte
Mont-l'Étroit
Sauvigny
Clérey-la-Côte
Brixey-aux-Chanoines
Goussaincourt
Maxey-sur-Meuse
Greux
Domrémy-la-Pucelle
Moncel-sur-Vair
Martigny-les-Gerbonvaux
Tranqueville-Graux
Autreville
Harmonville
Punerot
Ruppes
Jubainville
Boinville
Charmes-la-Côte
Mont-le-Vignoble
Blénod-lès-Toul
Forêt de Meine
Forêt de Saulxures
Bois de Colombey
Bois du Haut
Bois de Grammont
Bois d'Anciota
Bois de Gondreville
Chaligny
Chavigny
Maron
Sexey-aux-Forges
Houdemont
Heillecourt
Lupcourt
Azelot
Mereville
Frolois
Pulligny
Ceintrey
Voinémont
Lemainville
Clérey-sur-Brenon
Omelmont
Autrey
Houdreville
Hammeville
Marthemont
Parey-St-Césaire
Affracourt
Vaudémont
Quevilloncourt
Forcelles-St-Gorgon
Chaouilley
Thorey-Lyautey
Dommarie-Eulmont
Vroncourt
Étreval
Gélaucourt
Laloeuf
Puxe
Souveraincourt
Xaronval
Vomécourt-sur-Madon
Battexey
Pont-sur-Madon
Marainville-sur-Madon
Bralleville
CC
CD
CE
CF
65
93
118
28
29
30
31
32
0
5
10 km

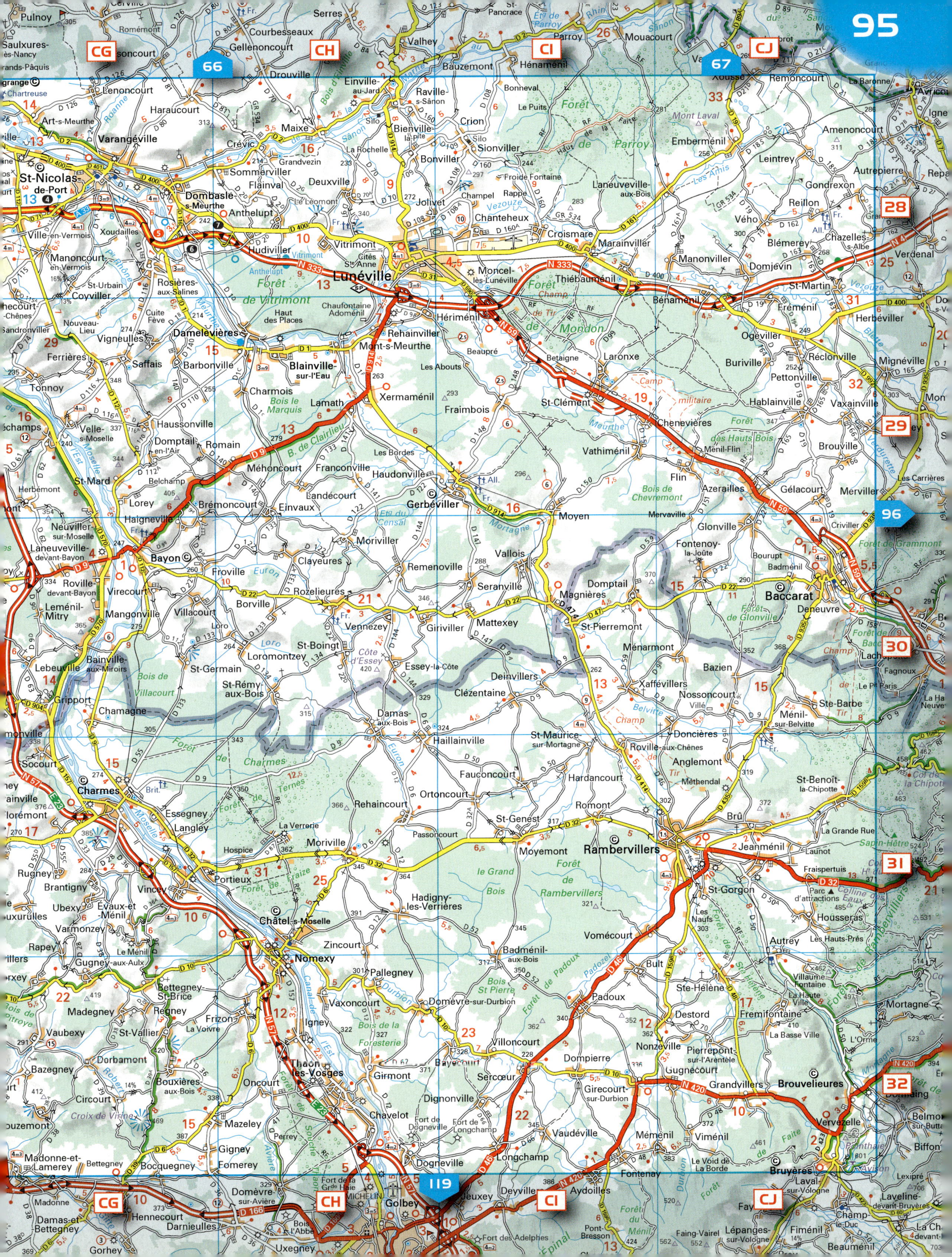
Pulnoy
Serres
Valhey
Mouacourt
Saulxures-lès-Nancy
Courbesseaux
Gellenoncourt
Drouville
Bauzemont
Hénaménil
Parroy
Xousse
Remoncourt
La Baronne
Avricourt
Art-s-Meurthe
Varangéville
St-Nicolas-de-Port
Haraucourt
Maixe
Crévic
Sommerviller
Flainval
Deuxville
Einville-au-Jard
Raville-s-Sânon
Bienville-la-Petite
Crion
Sionviller
Bonviller
Jolivet
Chanteheux
Croismare
Marainviller
Laneuveville-aux-Bois
Embermênil
Leintrey
Amenoncourt
Autrepierre
Gondrexon
Reillon
Vého
Blémerey
Chazelles-s-Albe
Verdenal
Domjevin
Manonviller
Dombasle-s-Meurthe
Anthelupt
Hudiviller
Vitrimont
Lunéville
Moncel-lès-Lunéville
Thiébauménil
Bénaménil
St-Martin
Frémenil
Herbéviller
Ville-en-Vermois
Xoudailles
Manoncourt-en-Vermois
Rosières-aux-Salines
Coyviller
St-Urbain
Forêt de Vitrimont
Chaufontaine
Adoménil
Haut des Places
Rehainviller
Mont-s-Meurthe
Hériménil
Forêt de Mondon
Laronxe
Ogéviller
Buriville
Reclonville
Mignéville
Vigneulles
Damelevières
Blainville-sur-l'Eau
Ferrières
Saffais
Barbonville
Charmois
Lamath
Xermaménil
Fraimbois
St-Clément
Chenevières
Pettonville
Hablainville
Vaxainville
Tonnoy
Velle-s-Moselle
Haussonville
Domptail-en-l'Air
Romain
Méhoncourt
Franconville
Les Bordes
Haudonville
Gerbéviller
Vathiménil
Ménil-Flin
Flin
Azerailles
Brouville
Gélacourt
Merviller
St-Mard
Lorey
Belchamp
Landécourt
Brémoncourt
Einvaux
Moyen
Mervaville
Glonville
Haigneville
Bayon
Neuviller-sur-Moselle
Laneuveville-devant-Bayon
Froville
Clayeures
Moriviller
Remenoville
Vallois
Fontenoy-la-Joûte
Bourupt
Badménil
Baccarat
Deneuvre
Roville-devant-Bayon
Virecourt
Borville
Rozelieures
Seranville
Magnières
Domptail
Leméníl-Mitry
Mangonville
Villacourt
Vennezey
Giriviller
Mattexey
St-Pierremont
Ménarmont
Lachapelle
Lebeuville
Bainville-aux-Miroirs
Loromontzey
St-Boingt
Côte d'Essey
Essey-la-Côte
Deinvillers
Bazien
Fagnoux
St-Germain
St-Rémy-aux-Bois
Clézentaine
Xaffévillers
Nossoncourt
Gripport
Chamagne
Damas-aux-Bois
St-Maurice-sur-Mortagne
Doncières
Ste-Barbe
Ménil-sur-Belvitte
Haillainville
Roville-aux-Chênes
Anglemont
Socourt
Charmes
Fauconcourt
Hardancourt
St-Benoît-la-Chipotte
Ortoncourt
Méthendal
Essegney
Langley
Rehaincourt
Romont
Brû
La Verrerie
Moriville
St-Genest
Rambervillers
Jeanménil
La Grande Rue
Rugney
Portieux
Passoncourt
Moyemont
Forêt de Rambervillers
Brantigny
Vincey
Hadigny-les-Verrières
St-Gorgon
Ubexy
Évaux-et-Ménil
Châtel-s-Moselle
Fraispertuis
Varmonzey
Les Naufs
Housseras
Rapey
Zincourt
Vomécourt
Autrey
Les Hauts-Prés
Gugney-aux-Aux
Nomexy
Badménil-aux-Bois
Bult
Bettegney-St-Brice
Pallegney
Ste-Hélène
Villaume
Madegney
Regney
Frizon
Vaxoncourt
Domèvre-sur-Durbion
Padoux
Fremifontaine
Mortagne
Vaubexy
St-Vallier
Igney
Destord
La Basse Ville
Dorbamont
Villoncourt
Nonzeville
Bayecourt
Pierrepont-sur-l'Arentèle
Gugnécourt
Thaon-les-Vosges
Girmont
Sercœur
Dompierre
Grandvillers
Brouvelieures
Bazegney
Boxières-aux-Bois
Oncourt
Girecourt-sur-Durbion
Circourt
Dignonville
Vervezelle
Mazeley
Chavelot
Vaudéville
Ménemil
Viménil
Gigney
Fomerey
Longchamp
Dogneville
Bruyères
Madonne-et-Lamerey
Bettegney
Bocquegney
Fontenay
Le Void de la Borde
Domèvre-sur-Avière
Golbey
Deyvillers
Jeuxey
Aydoilles
Laval-sur-Vologne
Lépanges-sur-Vologne
Fiménil
Damas-et-Bettegney
Hennecourt
Darnieulles
Uxegney
Pont-Bresson
Faing-Vairel
Champ-le-Duc
Laveline-devant-Bruyères
Beaumenil
Gorhey
CG
CH
CI
CJ
66
67
28
29
96
30
31
32
119

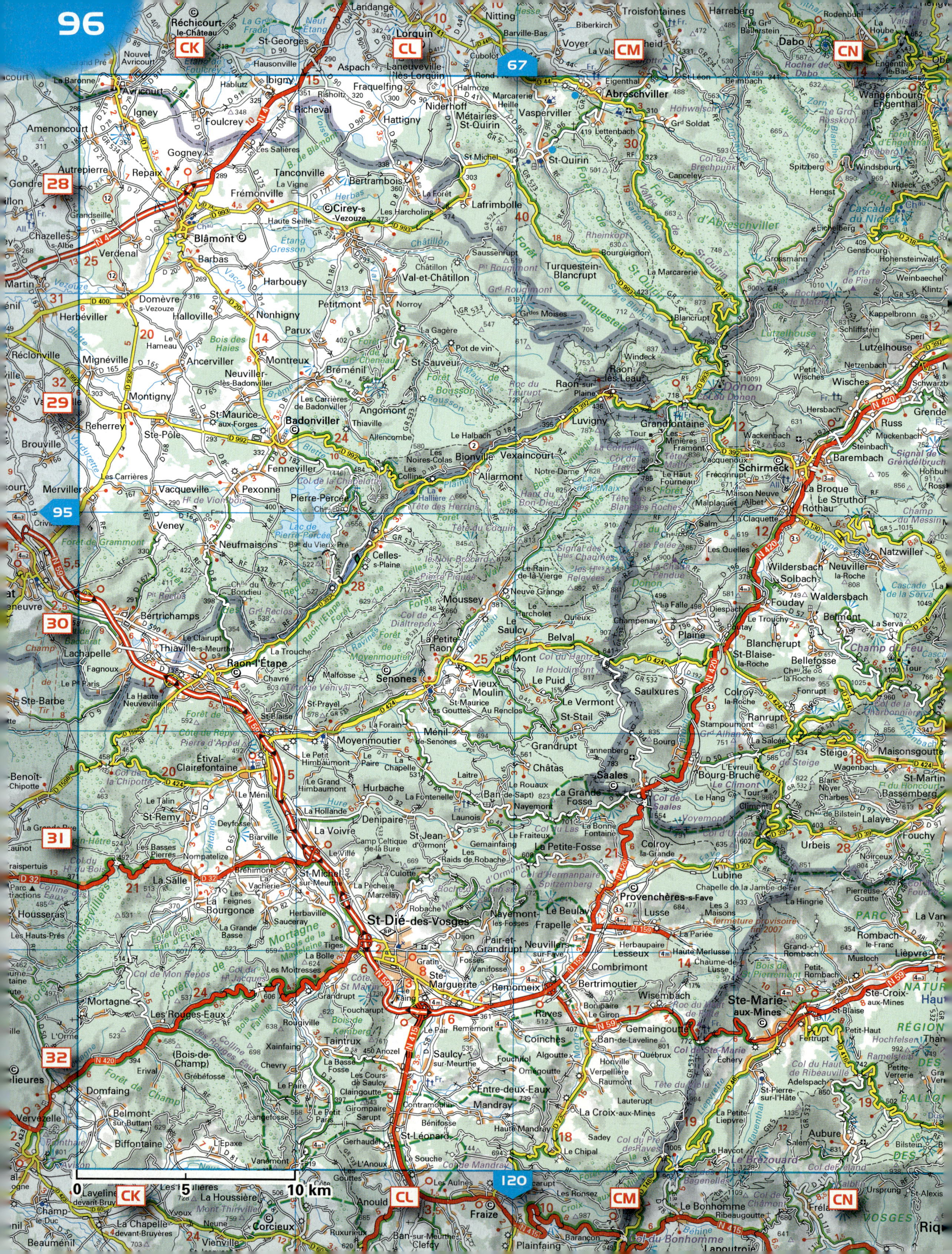
Réchicourt-le-Château
St-Georges
Lorquin
Nitting
Troisfontaines
Harreberg
Dabo
Avricourt
Abreschviller
Cirey-s-Vezouze
Blâmont
Val-et-Châtillon
Turquestein-Blancrupt
Badonviller
Raon-lès-Leau
Grandfontaine
Schirmeck
Celles-s-Plaine
Raon-l'Étape
Senones
Moussey
Saales
Moyenmoutier
Étival-Clairefontaine
Bourg-Bruche
Provenchères-s-Fave
St-Dié-des-Vosges
Ste-Marguerite
Ste-Marie-aux-Mines
Saulcy-sur-Meurthe
Mandray
Fraize
Corcieux
Le Bonhomme
Plainfaing
Lusse
Lièpvre
Mortagne
Baccarat
Rambervillers
CK
CL
CM
CN
67
95
120
28
29
30
31
32
0
5
10 km

68
69
121
CO
CP
CQ
CR
28
29
30
31
32
STRASBOURG
Kehl
Schiltigheim
Wasselonne
Marlenheim
Mundolsheim
Hoenheim
Bischheim
Fegersheim
Lingolsheim
Illkirch-Graffenstaden
Ostwald
Eckbolsheim
Wolfisheim
Oberhausbergen
Mittelhausbergen
Entzheim
STRASBOURG ENTZHEIM INTERNATIONAL
Molsheim
Mutzig
Dinsheim
Dorlisheim
Rosheim
Obernai
Ottrott
Bischoffsheim
Boersch
Mont Ste-Odile
Le Hohwald
Barr
Andlau
Mittelbergheim
Epfig
Villé
Châtenois
Sélestat
Kintzheim
Orschwiller
St-Hippolyte
Ribeauvillé
Bergheim
Guémar
Illhaeusern
Marckolsheim
Benfeld
Erstein
Geispolsheim
Blaesheim
Krautergersheim
Meistratzheim
Niedernai
Valff
Westhouse
Huttenheim
Sermersheim
Kogenheim
Ebersmunster
Ebersheim
Muttersholtz
Hilsenheim
Wittisheim
Sundhouse
Baldenheim
Schwobsheim
Boesenbiesen
Richtolsheim
Artolsheim
Mussig
Heidolsheim
Hessenheim
Ohnenheim
Bootzheim
Mackenheim
Saasenheim
Schoenau
Rhinau
Boofzheim
Daubensand
Gerstheim
Obenheim
Plobsheim
Eschau
Lipsheim
Nordhouse
Hipsheim
Ichtratzheim
Krafft
Osthouse
Sand
Herbsheim
Witternheim
Diebolsheim
Friesenheim
Neuried
Altenheim
Dundenheim
Ichenheim
Meißenheim
Ottenheim
Schwanau
Allmannsweier
Nonnenweier
Wittenweier
Kappel-Grafenhausen
Rust
Europa-Park
Mahlberg
Ettenheim
Ringsheim
Herbolzheim
Kenzingen
Wagenstadt
Weisweil
Wyhl
Forchheim
Riegel
Endingen
Sasbach
Kippenheim
Friesenheim
Offenburg
Willstätt
Marlen
Eckartsweier
Hohnhurst
Schutterwald
Lahr
Altdorf
Orschweier
Rheinhausen
Niederhausen
Oberhausen
Erstein
Hindisheim
Limersheim
Schaeffersheim
Bolsenheim
Uttenheim
Bourgheim
Gertwiller
Zellwiller
Stotzheim
Kertzfeld
St-Pierre
Eichhoffen
Itterswiller
Nothalten
Blienschwiller
Dambach-la-Ville
Scherwiller
Dieffenthal
Thanville
St-Maurice
Neubois
Triembach-au-Val
Breitenheim
Kolbsheim
Hangenbieten
Holtzheim
Achenheim
Breuschwickersheim
Ergersheim
Ernolsheim-Bruche
Dachstein
Soultz-les-Bains
Wolxheim
Avolsheim
Dangolsheim
Bergbieten
Traenheim
Balbronn
Westhoffen
Flexbourg
Still
Heiligenberg
Oberhaslach
Gresswiller
Mollkirch
Klingenthal
Avolsheim
Altorf
Duttlenheim
Duppigheim
Innenheim
Griesheim-près-Molsheim
Rhein
RHEIN
A 35
A 5
A 4
A 352
N 4
N 83
N 353
N 420
N 59

A
B
C
D
32
33
34
35
36
Plage de la P
Cap de la C
Poi
Lug
Tévennec
Ar Men
PARC
NATUREL
RÉGIONAL
D'ARMORIQUE
Île-de-Sein
Chaussée de Sein
Raz de Sein
Pont des Chats
la Vieille
Pointe du Raz
Pointe du Van
Pointe de Castelmeur
Pointe de Brézellec
Pte de Penharn
Réserve du Cap Sizun
St-They
Baie des Trépassés
Sémaphore
Lescoff
Kermeur
Mescran
Moulin de Kerharo
Lesve
Goulien
Lannourec
Cléden-Cap-Sizun
Quillivic
Lescleden
Plogoff
St-Tremeur
Quatre-Vents
Trevenouen
Port de Bestrée
Pendreff
Landrer
Lézurec
Kerauc
Pointe de Feunteunod
Penneac'h
Primelin
Esquibien
St-Tugen
Audierne
Custren
Ste-Evette
Anse du Loch
Pointe de Lervily
D 7
D 43
D 784
GR 34
13
B A I
D ' A U D
0
5
10 km

E
F
G
H
75
100
32
33
34
35
36
BAIE DE DOUARNENEZ
Châteaulin
Dinéault
St-Sébastien
St-Nic
Pentrez-Plage
Plomodiern
Ploéven
St-Coulitz
Lothey
Gouézec
Cast
Quillidoaré
Pointe de Talagrip
Pointe de Tréfeuntec
Ste-Anne-la-Palud
Plonévez-Porzay
Kergoat
Quéménéven
Pointe du Millier
Pointe de Leydé
Pointe de la Jument
Pointe de Beuzec
Les Sables Blancs
Anse d'Ar-Vechen
Île Tristan
Douarnenez
Tréboul
Poullan-s-Mer
Beuzec-Cap-Sizun
Pont-Croix
Confort-Meilars
Mahalon
Pouldergat
Locronan
Forêt de Nevet
Montagne de Locronan
Le Juch
Plogonnec
Briec
Landrévarzec
Quilinen
La Magdeleine
St-Venec
Guengat
Plonéis
Gourlizon
Guiler-s-Goyen
Ploulinec
Étang de Poulguidou
Landudec
Plozévet
Pors-Poulhan
Pointe de Souc'h
Kersigny
Plogastel-St-Germain
QUIMPER
Pluguffan
Ergué-Gabéric
Kerdévot
Site du Stangala
Penhors
Pouldreuzic
Peumérit
Tréogat
Plovan
Étang de Kergalan
Plonéour-Lanvern
Languivoa
Tréméoc
Plomelin
Combrit
Pont-l'Abbé
Gouesnach
Clohars-Fouesnant
Bénodet
St-Évarzec
Pleuven
La Forêt-Fouesnant
Fouesnant
Beg-Meil
Concarneau
N.-D. de Tronoën (Calvaire)
Pointe de la Torche
Plage de Pors-Carn
Plomeur
St-Jean-Trolimon
Étang de St-Vio
Tréguennec
St-Guénolé
N.-D. de la Joie
Eckmühl
Penmarch
Kérity
Pointe de Penmarc'h
Roches de Penmarc'h
Guilvinec
Lochiagat
Treffiagat
Plobannalec-Lesconil
Lesconil
Kérazan
Loctudy
Île-Tudy
Plage du Teven
Anse de Bénodet
Pointe de Mousterlin
Mousterlin
Pointe de St-Oual
Île aux Moutons
Îles de Glénan
St-Nicolas
Baie de Kérogan
Port du Corniguel
Ste-Marine
Pointe de Combrit
Pointe St-Gilles
Le Letty
Fouesnant

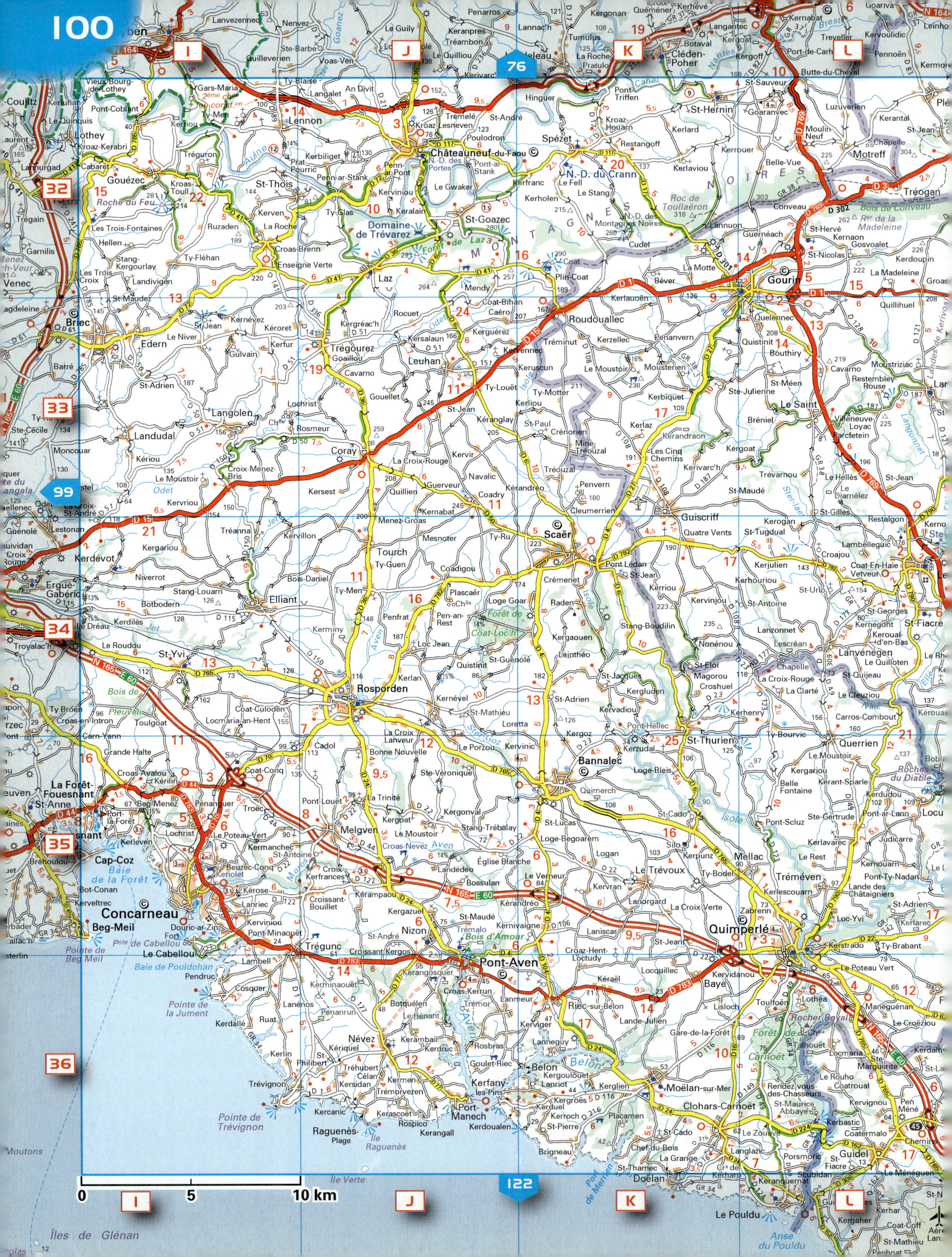
I
J
K
L
76
99
122
32
33
34
35
36
Châteauneuf-du-Faou
N.-D. des Portes
Spézet
N.-D. du Crann
Cléden-Poher
St-Hernin
Motreff
Tréogan
Lennon
Gouézec
St-Thois
Laz
Domaine de Trévarez
St-Goazec
M O N T A G N E S
N O I R E S
Roc de Toullaëron
Gourin
Roudouallec
Briec
Edern
Trégourez
Leuhan
Coray
Langolen
Landudal
Guiscriff
Le Saint
Scaër
Tourch
Elliant
Rosporden
St-Yvi
Bannalec
St-Thurien
Querrien
Concarneau
Beg-Meil
La Forêt-Fouesnant
Cap-Coz
Baie de la Forêt
Pointe de Beg Meil
Le Cabellou
Baie de Pouldohan
Pointe de la Jument
Trégunc
Melgven
Nizon
Pont-Aven
Névez
Kerfany-les-Pins
Port-Manech
Raguenès-Plage
Île Raguenès
Pointe de Trévignon
Trévignon
Riec-sur-Belon
Belon
Moëlan-sur-Mer
Clohars-Carnoët
Doëlan
Le Pouldu
Anse du Pouldu
Quimperlé
Mellac
Le Trévoux
Baye
Forêt de Carnoët
Guidel
Tréméven
Locunolé
Rochers du Diable
Île Verte
Îles de Glénan
0
5
10 km

77
102
123
124
M
N
O
P
32
33
34
35
36
Rostrenen
Glomel
Plouguernével
Gouarec
Laniscat
St-Gelven
Gorges du Daoulas
Plélauff
Lac de Guerlédan
Mûr-de-Bretagne
Caurel
St-Mayeux
St-Gilles-Vieux-Marché
St-Guen
Mellionnec
Lescouët-Gouarec
Perret
Forêt de Quénécan
St-Aignan
Ste-Brigitte
Silfiac
Plouray
Langoëlan
Kergrist
Neulliac
Cléguérec
Séglien
St-Tugdual
Ploërdut
Abbe de Langonnet
Priziac
Le Croisty
Guémené-s-Scorff
Locmalo
Malguénac
Pontivy
Noyal-Pontivy
Lignol
St-Caradec-Trégomel
Kernascléden
Persquen
Guern
Le Sourn
Berné
Meslan
Pont-Calleck
Inguiniel
Bieuzy
Melrand
St-Nicodème
St-Nicolas-des-Eaux
Site de Castennec
Ferme archéologique
Bubry
Plouay
Guilligomarc'h
Pluméliau
Quistinic
Lanvaudan
Calan
Inzinzac-Lochrist
Languidic
Baud
Camors
Cléguer
Pont-Scorff
Caudan
Hennebont
Lanester
Kervignac
Kerfourn
Rohan
Remungol
Moustoir-Remungol
La Chapelle-Neuve
Plumelin
Guénin
St-Barthélemy
Bon-Repos
Beau-Rivage
Site de la Croix-Rouge

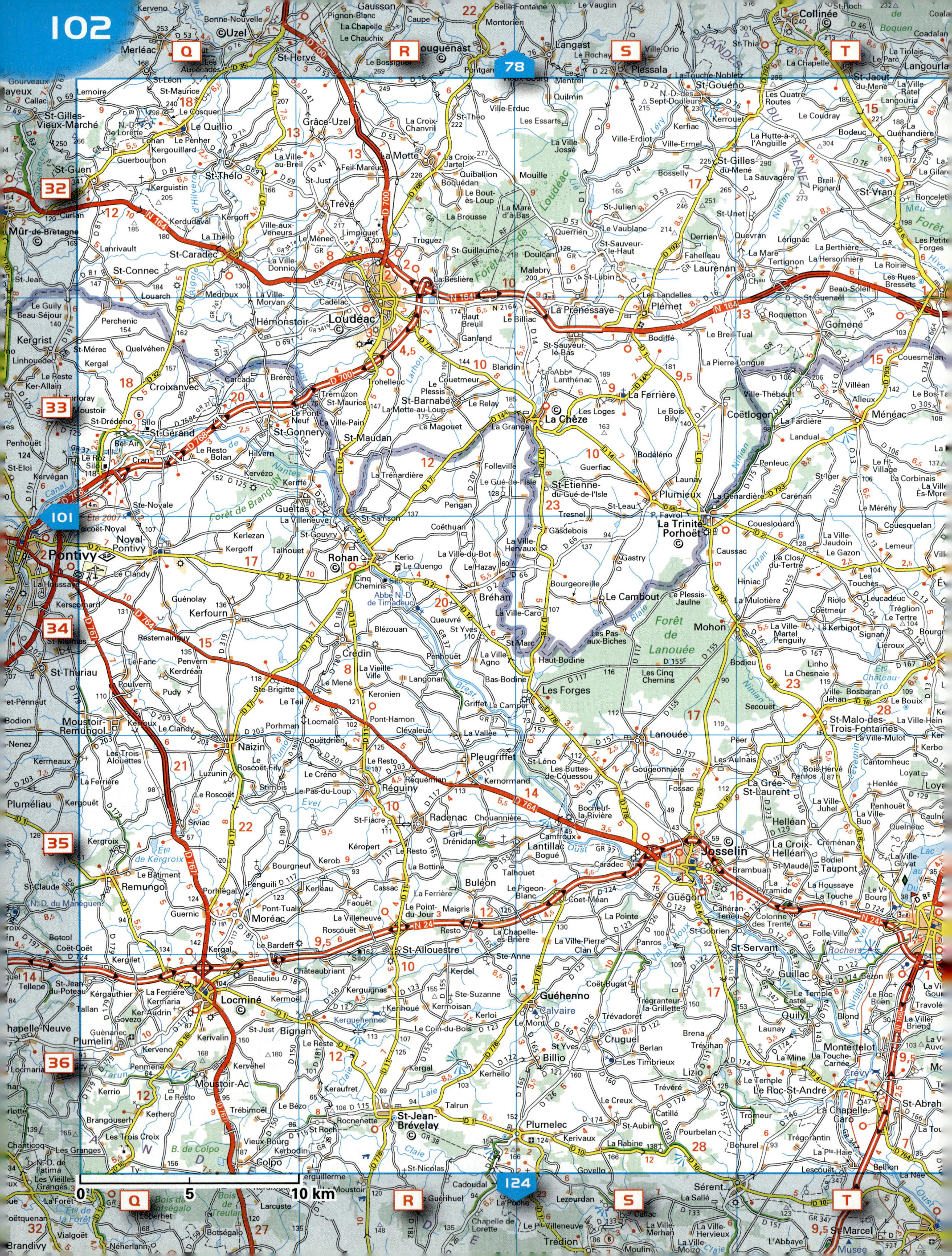

Q
R
S
T
78
124
101
32
33
34
35
36
Uzel
St-Hervé
Merléac
Bonne-Nouvelle
Plouguenast
Langast
Plessala
Collinée
St-Jacut-du-Mené
St-Gouéno
Le Quillio
St-Gilles-Vieux-Marché
St-Guen
Mûr-de-Bretagne
St-Thélo
Grâce-Uzel
La Motte
Trévé
St-Caradec
St-Connec
Loudéac
Hémonstoir
La Prénessaye
Plémet
Laurenan
St-Gilles-du-Mené
St-Vran
Gomené
Ménéac
Coëtlogon
La Ferrière
La Chèze
St-Barnabé
St-Maudan
St-Gonnery
St-Gérand
Croixanvec
Kergrist
Pontivy
Noyal-Pontivy
Rohan
Gueltas
St-Samson
St-Gouvry
Bréhan
St-Étienne-du-Gué-de-l'Isle
Plumieux
La Trinité-Porhoët
Mohon
Forêt de Lanouée
Lanouée
Les Forges
Crédin
Kerfourn
St-Thuriau
Moustoir-Remungol
Naizin
Réguiny
Pleugriffet
Radenac
Josselin
Guégon
Guilliers
St-Malo-des-Trois-Fontaines
La Grée-St-Laurent
Helléan
La Croix-Helléan
Taupont
Remungol
Moréac
Plumeliau
St-Allouestre
Buléon
Lantillac
Locminé
Moustoir-Ac
Bignan
Guéhenno
Billio
Cruguel
St-Servant
Guillac
Quily
Montertelot
Plumelin
Plumelec
St-Jean-Brévelay
Colpo
Lizio
Le Roc-St-André
La Chapelle-Caro
St-Abraham
Sérent
St-Marcel
Forêt de Branguily
Forêt de Loudéac
0
5
10 km

U
V
W
X
79
125
126
32
33
34
35
36
104
Caulnes
Broons
Guenroc
Plouasne
Longaulnay
Bécherel
Miniac-s/s-Bécherel
Les Iffs
Cardroc
St-Pern
Médréac
La Chapelle-Blanche
St-Jouan-de-l'Isle
Quédillac
Plumaugat
Lanrelas
Éréac
Mérillac
St-Launeuc
La Hardouinais
Landujan
Irodouër
St-M'Hervon
Forêt de Montauban
St-Méen-le-Grand
Montauban-de-Bretagne
Le Crouais
St-Onen-la-Chapelle
Loscouët-sur-Meu
Trémorel
Merdrignac
La Chapelle-du-Lou-du-Lac
Le Lou-du-Lac
Romillé
St-Uniac
Bédée
La Nouaye
Pleumeleuc
Boisgervilly
Illifaut
Gaël
Muel
St-Maugan
Montfort-sur-Meu
Breteil
Iffendic
Talensac
La Chapelle-Thouarault
St-Gilles
Bléruais
St-Gonlay
Mauron
St-Léry
Concoret
Comper
St-Malon-sur-Mel
Monterfil
Mordelles
Le Verger
Forêt de Montfort
Brocéliande
Paimpont
Forêt de Paimpont
Étang du Pas du Houx
St-Péran
Treffendel
Bréal-s/s-Montfort
Cintré
St-Thurial
Goven
Néant-sur-Yvel
Tréhorenteuc
Plélan-le-Grand
Les Forges de Paimpont
Beignon
Tréfumel
Maxent
Baulon
Lassy
Campénéac
Coëtquidan-St Cyr
St-Malo-de-Beignon
Bovel
Guichen
Augan
Porcaro
Guer
Campel
La Chapelle-Bouëxic
Maure-de-Bretagne
Mernel
Monteneuf
Réminiac
Comblessac
Carentoir
Quelneuc
Ruffiac
Manoir de l'Automobile
Lohéac
St-Séglin
Lieuron
Caro
Bruc-sur-Aff
N 12
N 24
N 164
D 166
D 766
D 773

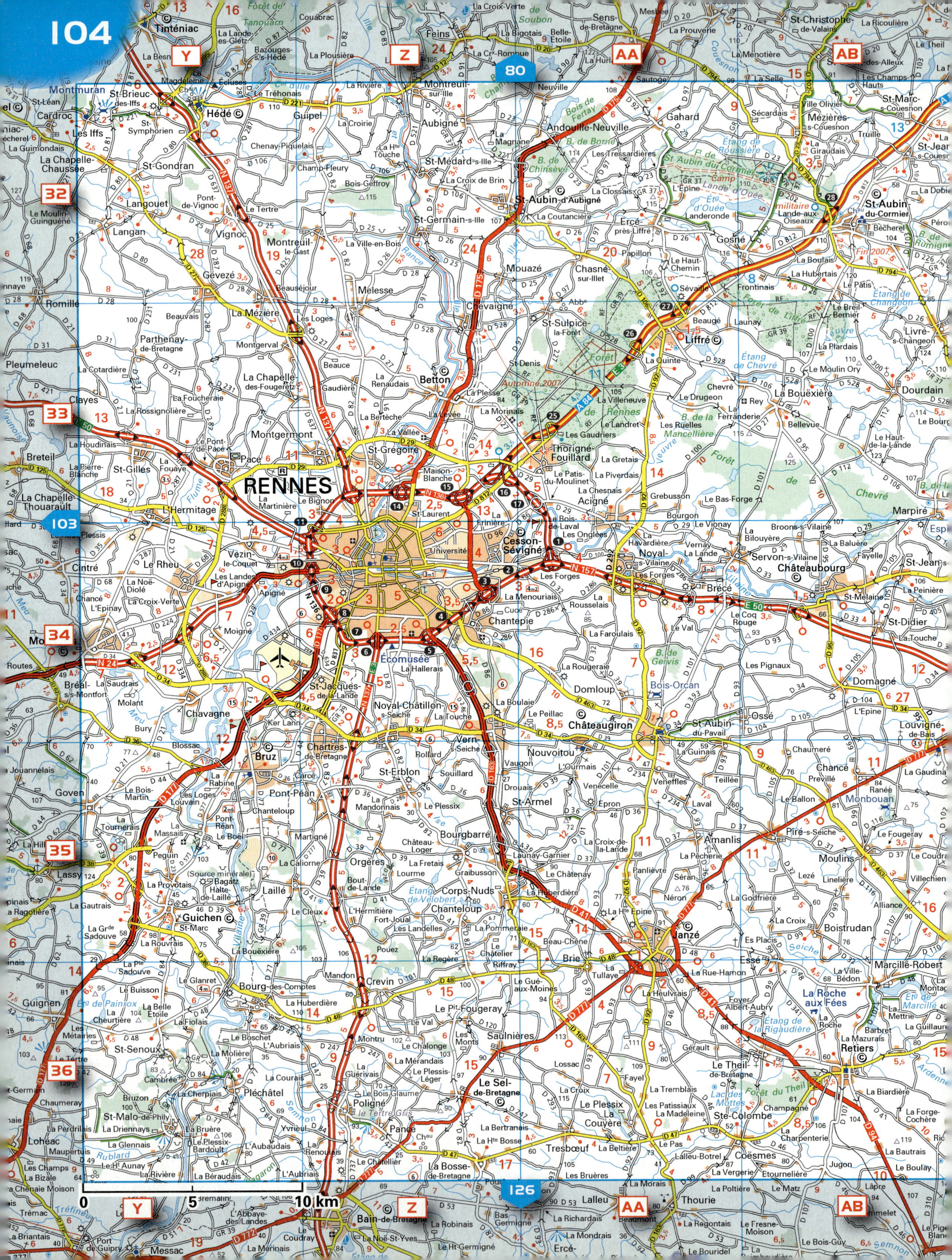

RENNES
Tinténiac
Hédé
Montreuil-sur-Ille
Aubigné
Sens-de-Bretagne
St-Christophe-de-Valains
St-Aubin-d'Aubigné
St-Aubin-du-Cormier
Gosné
Liffré
Betton
Melesse
La Mézière
Montgermont
Pacé
St-Grégoire
Thorigné-Fouillard
Acigné
Cesson-Sévigné
Noyal-sur-Vilaine
Servon-s-Vilaine
Châteaubourg
Brécé
Chantepie
Vezin-le-Coquet
Le Rheu
L'Hermitage
Breteil
St-Gilles
Mordelles
Bréal-s-Montfort
Chavagne
Bruz
Chartres-de-Bretagne
St-Jacques-de-la-Lande
Noyal-Châtillon-s-Seiche
Vern-s-Seiche
St-Erblon
Pont-Péan
Laillé
Guichen
Bourgbarré
Orgères
Corps-Nuds
Châteaugiron
Domloup
Nouvoitou
St-Armel
Janzé
Amanlis
Moulins
Retiers
Brie
Le Sel-de-Bretagne
Bourg-des-Comptes
Pléchâtel
St-Malo-de-Phily
Poligné
Pancé
Tresbœuf
Ste-Colombe
Coësmes
Lohéac
Bain-de-Bretagne
Messac
Marcillé-Robert
Domagné
Louvigné-de-Bais
St-Aubin-du-Pavail
Ossé
Vignoc
Langouet
Gévezé
Parthenay-de-Bretagne
Clayes
Pleumeleuc
Romillé
Ercé-près-Liffré
Chasné-sur-Illet
Mouazé
Chevaigné
St-Sulpice-la-Forêt
Andouillé-Neuville
Gahard
Mézières-s-Couesnon
Dourdain
La Bouëxière
Marpiré
Forêt de Rennes
Forêt de Chevré
Forêt du Theil
Ecomusée
La Roche aux Fées
A 84
N 137
N 157
N 136
N 24
E 50
D 41
D 177
D 163
D 34
D 463
Y
Z
AA
AB
32
33
34
35
36
80
103
126
0
5
10 km

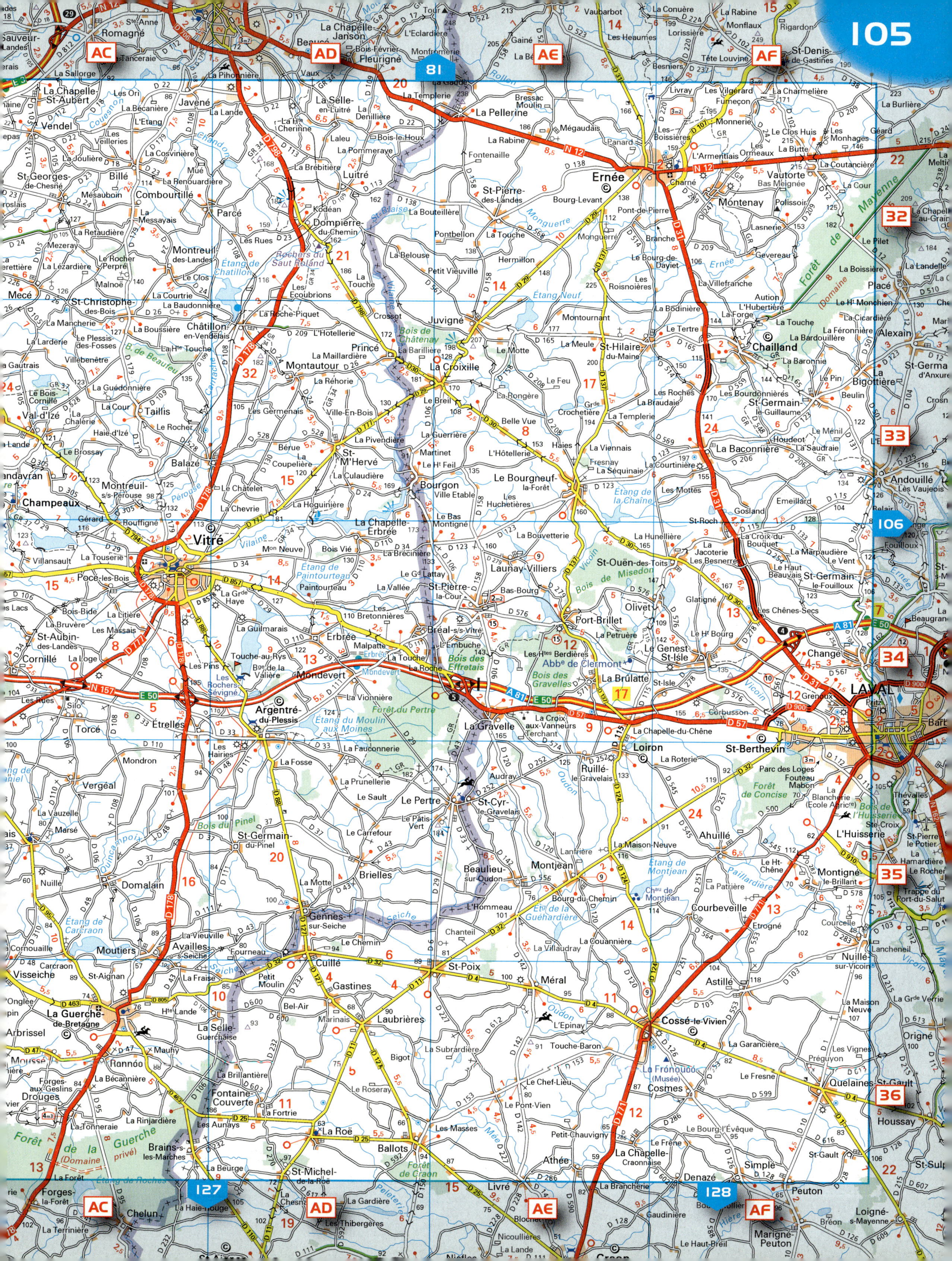

Vitré
Ernée
Laval
Argentré-du-Plessis
La Guerche-de-Bretagne
Cossé-le-Vivien
Chailland
Montenay
Juvigné
La Croixille
Le Bourgneuf-la-Forêt
Loiron
St-Berthevin
Châtillon-en-Vendelais
Montautour
Princé
Bourgon
La Gravelle
Port-Brillet
Olivet
St-Ouën-des-Toits
Changé
L'Huisserie
Ahuillé
Montigné-le-Brillant
Nuillé-sur-Vicoin
Astillé
Courbeveille
Méral
St-Poix
Cuillé
Gennes-sur-Seiche
Brielles
Le Pertre
Argentré-du-Plessis
Étrelles
Torcé
Vergéal
Domalain
Moutiers
Availles-sur-Seiche
Visseiche
Rannée
Drouges
Fontaine-Couverte
La Roë
Ballots
St-Michel-de-la-Roë
Livré
Athée
Simplé
Quelaines-St-Gault
Cosmes
Denazé
Peuton
Craon
Champeaux
Montreuil-sous-Pérouse
Balazé
Taillis
Val-d'Izé
St-Christophe-des-Bois
Mecé
St-Georges-de-Chesné
Billé
Combourtillé
Parcé
Dompierre-du-Chemin
Luitré
La Selle-en-Luitré
Javené
Romagné
Fleurigné
La Chapelle-Janson
La Pellerine
St-Pierre-des-Landes
Vautorte
Alexain
Andouillé
La Baconnière
St-Germain-le-Guillaume
St-Germain-le-Fouilloux
St-Hilaire-du-Maine
Launay-Villiers
Erbrée
Mondevert
Bréal-sous-Vitré
St-Aubin-des-Landes
Cornillé
Poce-les-Bois
Forêt de Mayenne
Forêt de la Guerche
Bois de Misedon
Bois des Gravelles
Forêt du Pertre
Rochers du Saut Roland
Étang de Chatillon
A 81
E 50
N 157
N 12
D 178
D 31
D 771
D 30
D 29
AC
AD
AE
AF
81
106
127
128
22
32
33
34
35
36

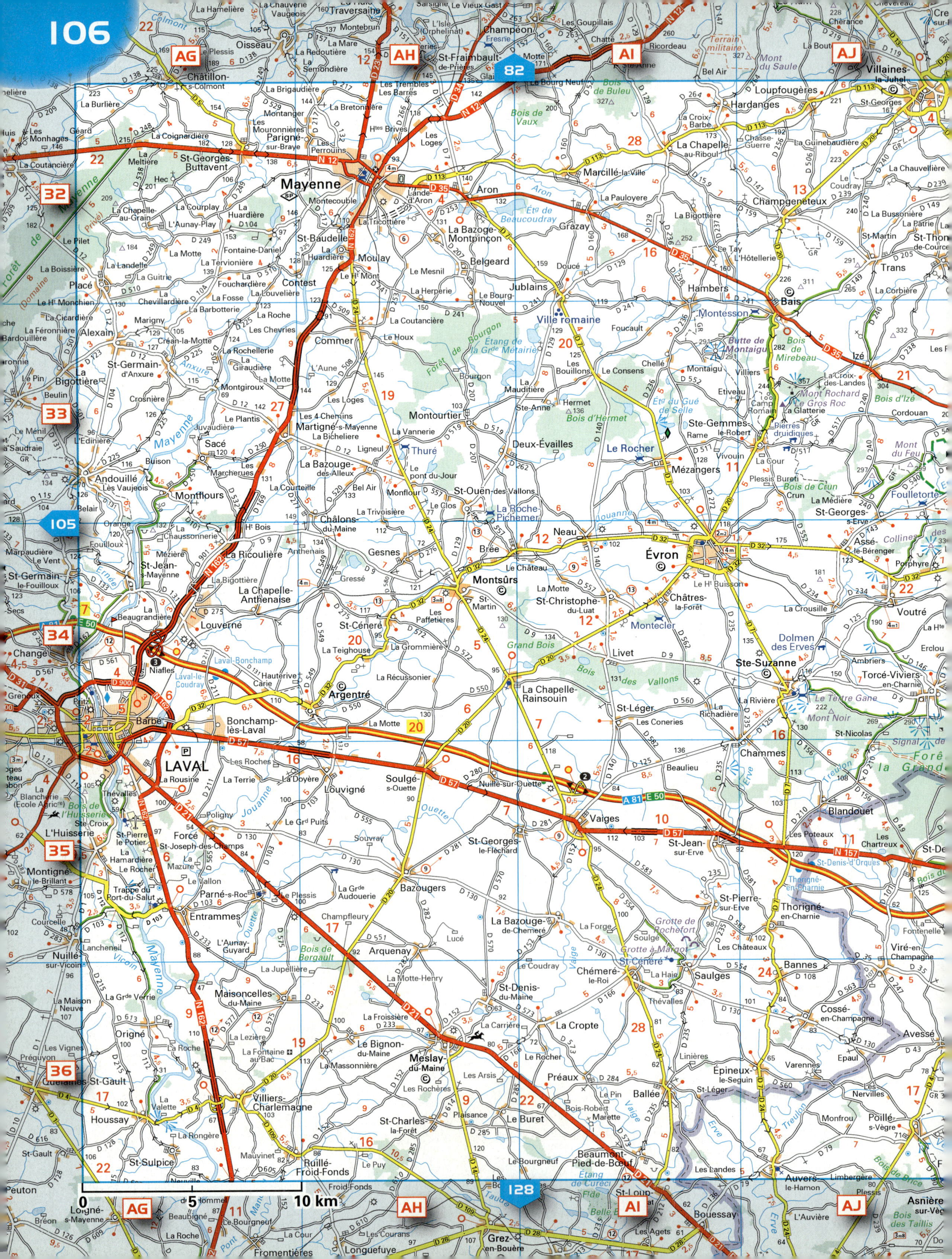
AG
AH
AI
AJ
82
32
33
34
35
36
105
128
Mayenne
LAVAL
Évron
Bais
Montsûrs
Argentré
Meslay-du-Maine
Ste-Suzanne
Villaines-la-Juhel
Oisseau
Châtillon-s-Colmont
St-Georges-Buttavent
Champéon
St-Fraimbault-de-Prières
Aron
Grazay
Marcillé-la-Ville
Hardanges
Loupfougères
La Chapelle-au-Riboul
Champgenéteux
Commer
Martigné-s-Mayenne
Contest
St-Baudelle
Moulay
La Bazoge-Montpinçon
Belgeard
Jublains
Hambers
Alexain
St-Germain-d'Anxure
Bigottière
Montflours
Andouillé
Sacé
Montourtier
Deux-Évailles
St-Ouën-des-Vallons
Mézangers
Ste-Gemmes-le-Robert
Châlons-du-Maine
Gesnes
Neau
Brée
La Chapelle-Anthenaise
Louverné
St-Jean-s-Mayenne
Changé
St-Céneré
Châtres-la-Forêt
Voutré
Bonchamp-lès-Laval
La Chapelle-Rainsouin
St-Léger
Livet
Chammes
Vaiges
Soulgé-s-Ouette
Louvigné
L'Huisserie
Forcé
Entrammes
Parné-s-Roc
Bazougers
St-Georges-le-Fléchard
St-Jean-sur-Erve
Blandouet
Thorigné-en-Charnie
St-Pierre-sur-Erve
Saulgès
Bannes
Chémeré-le-Roi
La Bazouge-de-Chemeré
Arquenay
Maisoncelles-du-Maine
Nuillé-sur-Vicoin
Origné
Villiers-Charlemagne
Ruillé-Froid-Fonds
Le Bignon-du-Maine
La Cropte
Préaux
Ballée
Épineux-le-Seguin
Cossé-en-Champagne
Beaumont-Pied-de-Bœuf
Le Buret
St-Charles-la-Forêt
Houssay
St-Sulpice
Quelaines-St-Gault
Grez-en-Bouère
Boussay
Auvers-le-Hamon
Asnière-sur-Vègre
0
5
10 km
A 81
E 50
N 12
N 162
N 157
D 35
D 32
D 57
D 21
D 20
D 24

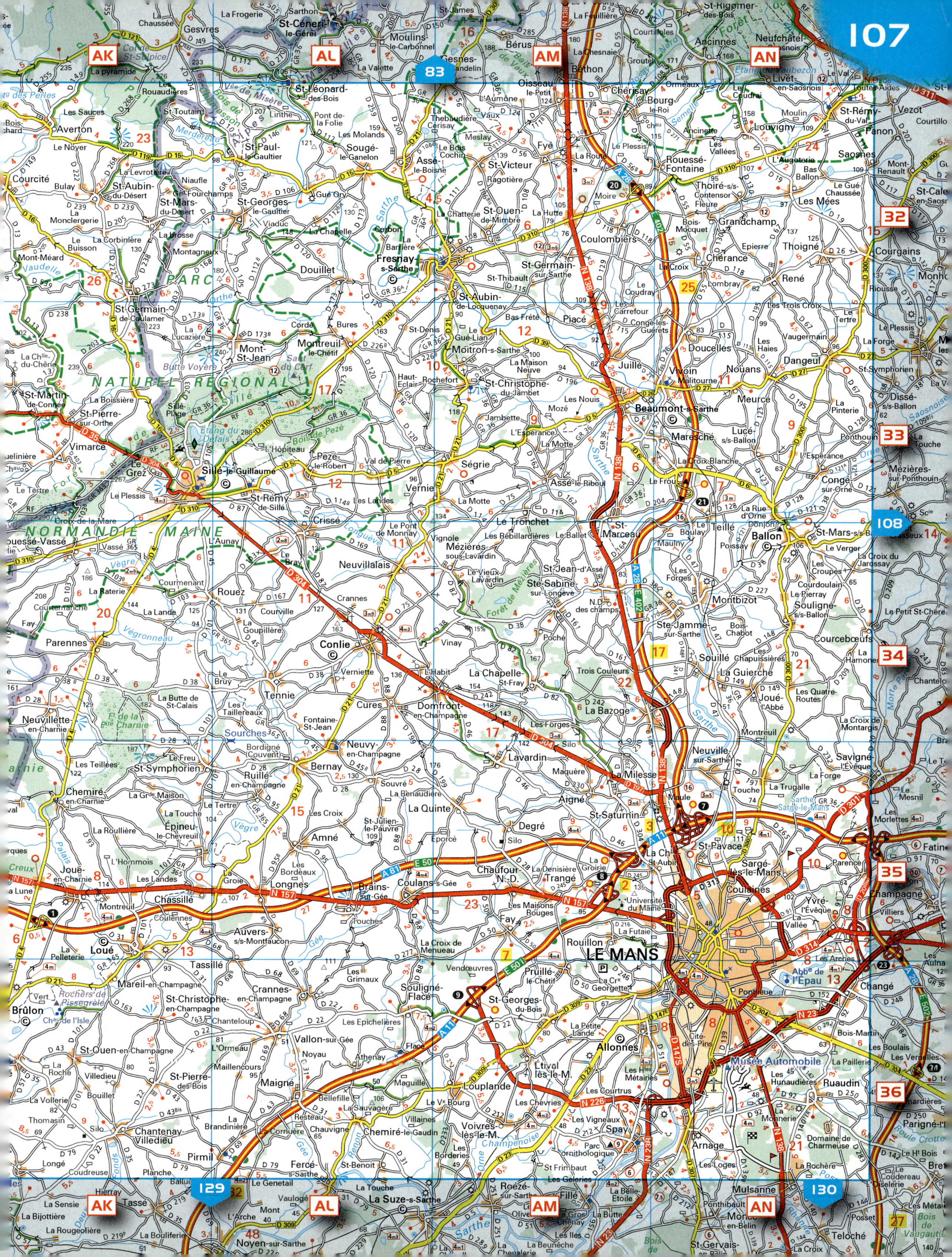
AK
AL
AM
AN
83
32
33
108
34
35
36
129
130
LE MANS
Sillé-le-Guillaume
Fresnay-s-Sarthe
Beaumont-s-Sarthe
Ballon
Conlie
Loué
Brûlon
Allonnes
Coulaines
Arnage
Mulsanne
La Suze-s-Sarthe
Noyen-sur-Sarthe
St-Céneri-le-Gérei
Bérus
Rouessé-Fontaine
Coulombiers
St-Georges-le-Gaultier
Douillet
Mont-St-Jean
Ségrie
Vernie
Neuvillalais
Tennie
Cures
Domfront-en-Champagne
Lavardin
Aigné
La Bazoge
Ste-Jamme-sur-Sarthe
Souillé
Savigné-l'Évêque
Yvré-l'Évêque
Changé
Ruaudin
Spay
Louplande
Chemiré-le-Gaudin
Souligné-Flacé
Vallon-sur-Gée
Chassillé
Tassillé
Joué-en-Charnie
Chemiré-en-Charnie
Parennes
Rouez
Crissé
Teillé
Montbizot
Neuville-sur-Sarthe
Sargé-lès-le-Mans
St-Pavace
La Milesse
St-Saturnin
Degré
Coulans-s-Gée
Brains-sur-Gée
Chaufour-N.-D.
Trangé
Rouillon
Pruillé-le-Chétif
St-Georges-du-Bois
Étival-lès-le-M.
Voivres-lès-le-M.
Fillé
Roézé-sur-Sarthe
Abbaye de l'Épau
Musée Automobile
PARC NATUREL RÉGIONAL
NORMANDIE - MAINE
Forêt de Sillé
Forêt de Perseigne
Vivoin
Juillé
Piacé
Moitron-s-Sarthe
St-Aubin-de-Locquenay
Assé-le-Boisne
Sougé-le-Ganelon
St-Paul-le-Gaultier
Averton
Courcité
St-Germain-de-Coulamer
St-Pierre-sur-Orthe
Vimarcé
Pezé-le-Robert
St-Rémy-de-Sillé
Le Grez
Neuvillette-en-Charnie
Bernay
Neuvy-en-Champagne
Ruillé-en-Champagne
Amné
Épineu-le-Chevreuil
Longnes
Auvers-s/s-Montfaucon
Crannes-en-Champagne
St-Christophe-en-Champagne
Maigné
Chantenay-Villedieu
Pirmil
Fercé-s-Sarthe
Mareil-en-Champagne
St-Ouen-en-Champagne
Bois-Martin
Parigné-l'Évêque
Thoiré-s/s-Contensor
Grandchamp
Thoigné
René
Dangeul
Nouans
Meurce
Lucé-s/s-Ballon
Mézières-sous-Ballon
Congé-sur-Orne
St-Mars-s/s-Ballon
Souligné-s/s-Ballon
Courcebœufs
Joué-l'Abbé
La Guierche
Montreuil
Ste-Sabine-sur-Longève
St-Jean-d'Assé
Mézières-sous-Lavardin
Le Tronchet
St-Marceau
Assé-le-Riboul
La Chapelle-St-Fray
Trois Couleurs
Les Mées
Saosnes
Louvigny
Moulins-le-Carbonnel
Gesvres
Oisseau-le-Petit
Fyé
St-Ouen-de-Mimbré
St-Germain-sur-Sarthe
Cherisay
Bourg-le-Roi
Ancinnes

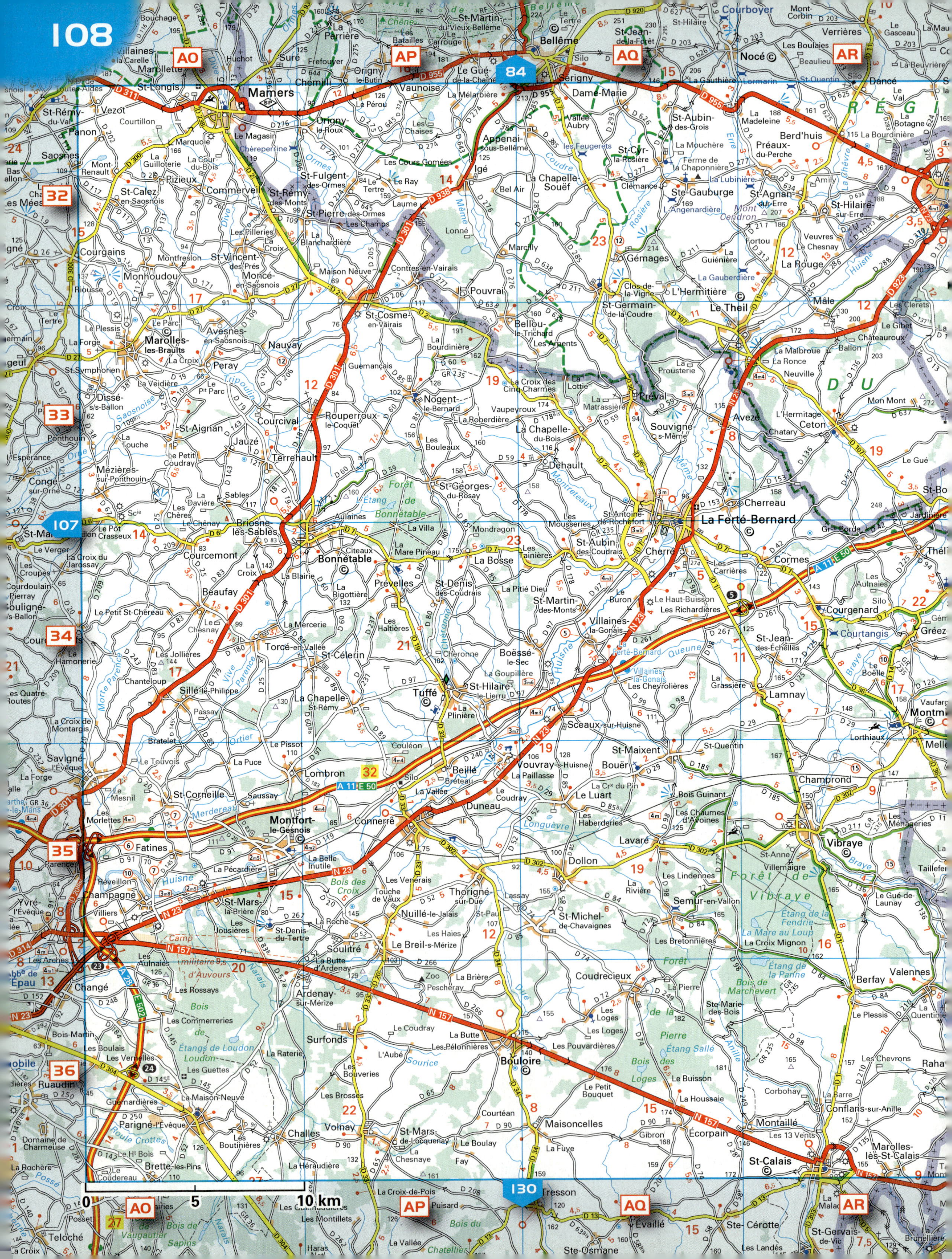
Mamers
Bellême
Nocé
St-Rémy-du-Val
Marolles-les-Braults
Bonnétable
La Ferté-Bernard
Le Theil
Ceton
Cherreau
Cormes
Tuffé
Montfort-le-Gesnois
Connerré
Vibraye
Bouloire
St-Calais
Changé
Parigné-l'Évêque
Ardenay-sur-Mérize
Dollon
Lamnay
Beaufay
Sillé-le-Philippe
Savigné-l'Évêque
Champagné
Le Mans
Ballon
Dissé-s/s-Ballon
Mézières-sur-Ponthouin
Courcival
Saint-Cosme-en-Vairais
Nogent-le-Bernard
La Chapelle-du-Bois
Dehault
Préval
Souvigné-s-Même
Avezé
Berd'huis
Préaux-du-Perche
Dancé
Montmirail
Sceaux-sur-Huisne
Vouvray-s-Huisne
Le Luart
Coudrecieux
Semur-en-Vallon
Berfay
Valennes
Conflans-sur-Anille
Marolles-lès-St-Calais
Forêt de Vibraye
Bois de Loudon
Volnay
Surfonds
Soulitré
Nuillé-le-Jalais
St-Mars-la-Brière
Fatines
Lombron
Torcé-en-Vallée
St-Célerin
Prévelles
St-Denis-des-Coudrais
Boëssé-le-Sec
St-Hilaire-le-Lierru
Duneau
Thorigné-sur-Dué
St-Michel-de-Chavaignes
Lavaré
St-Maixent
Bouër
Champrond
Ste-Cérotte
Évaillé
Tresson
Ste-Osmane
Ecorpain
Montaillé
A 11 E 50
N 23
N 157
D 955
D 301
0 5 10 km
107
84
130
AO
AP
AQ
AR
32
33
34
35
36

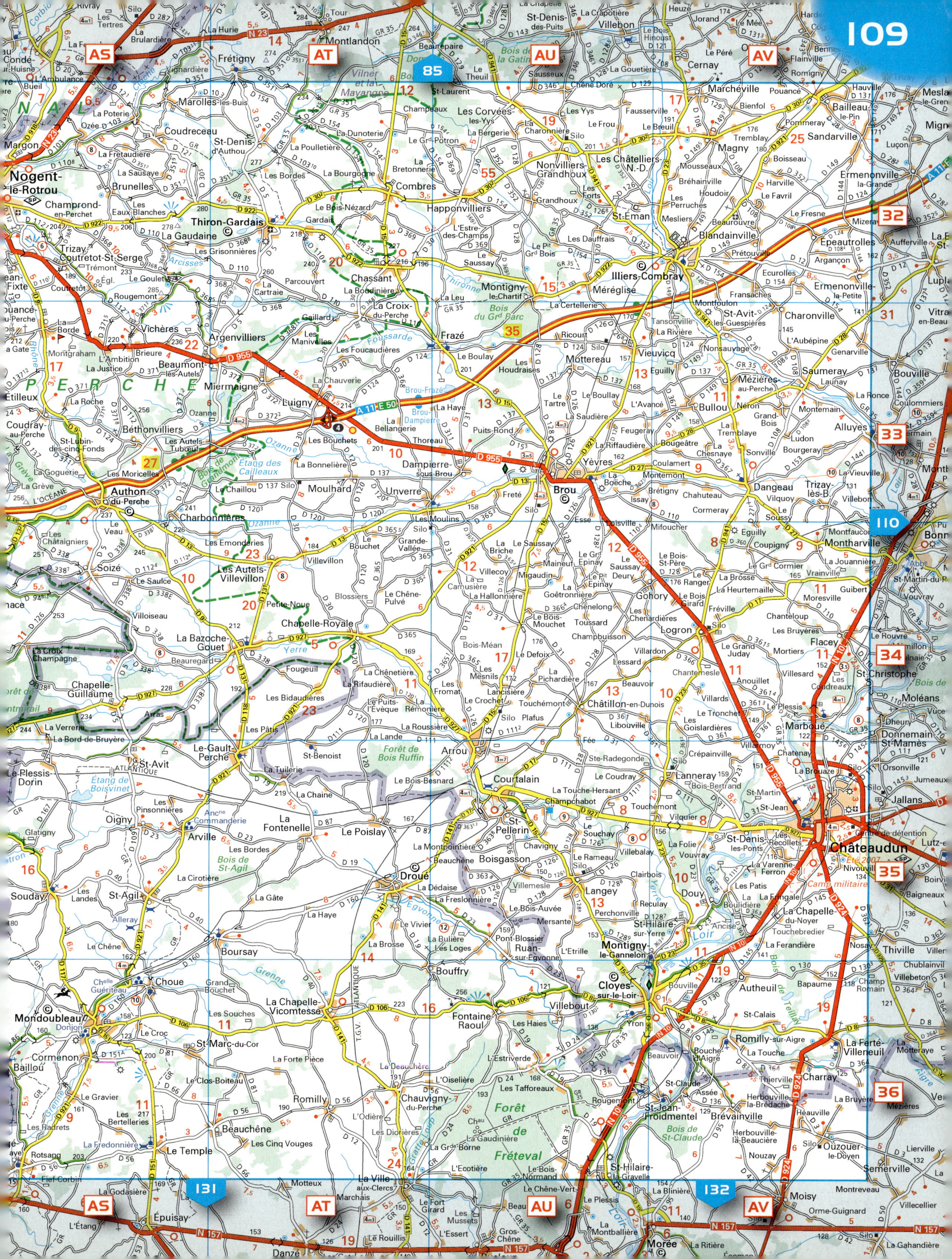
Nogent-le-Rotrou
Thiron-Gardais
Illiers-Combray
Brou
Authon-du-Perche
Châteaudun
Cloyes-sur-le-Loir
Mondoubleau
Droué
Montigny-le-Gannelon
Bonneval
Arrou
Courtalain
Châtillon-en-Dunois
Chapelle-Royale
Frétigny
Montlandon
Combres
Happonvilliers
Nonvilliers-Grandhoux
Marchéville
Magny
Blandainville
Sandarville
Ermenonville-la-Grande
Epeautrolles
Vieuvicq
Mottereau
Dangeau
Bullou
Yèvres
Unverre
Moulhard
Dampierre-sous-Brou
Charbonnières
Soizé
Les Autels-Villevillon
La Bazoche-Gouet
Chapelle-Guillaume
Le Gault-Perche
St-Avit
Arville
Oigny
Souday
St-Agil
Boursay
Choue
La Chapelle-Vicomtesse
Fontaine-Raoul
Villebout
Boisgasson
St-Pellerin
Langey
Logron
Lanneray
Marboué
Moléans
St-Christophe
Thiville
Autheuil
Douy
Romilly-sur-Aigre
La Ferté-Villeneuil
Charray
St-Jean-Froidmental
Brévainville
Ozoüer-le-Doyen
Chauvigny-du-Perche
Romilly
Beauchêne
Le Temple
Épuisay
Danzé
Morée
Moisy
Cormenon
Baillou
Béthonvilliers
Miermaigne
Luigny
Argenvilliers
Vichères
Beaumont-les-Autels
Coudreceau
Brunelles
Champrond-en-Perchet
Trizay-Coutretot-St-Serge
Saumeray
Alluyes
Montharville
Méréglise
Montigny-le-Chartif
Frazé
Chassant
Les Corvées-les-Yys
Forêt de Fréteval
PERCHE
A 11 E 50
D 955
N 10
N 157
D 924
D 927
AS
AT
AU
AV
85
110
131
132
32
33
34
35
36

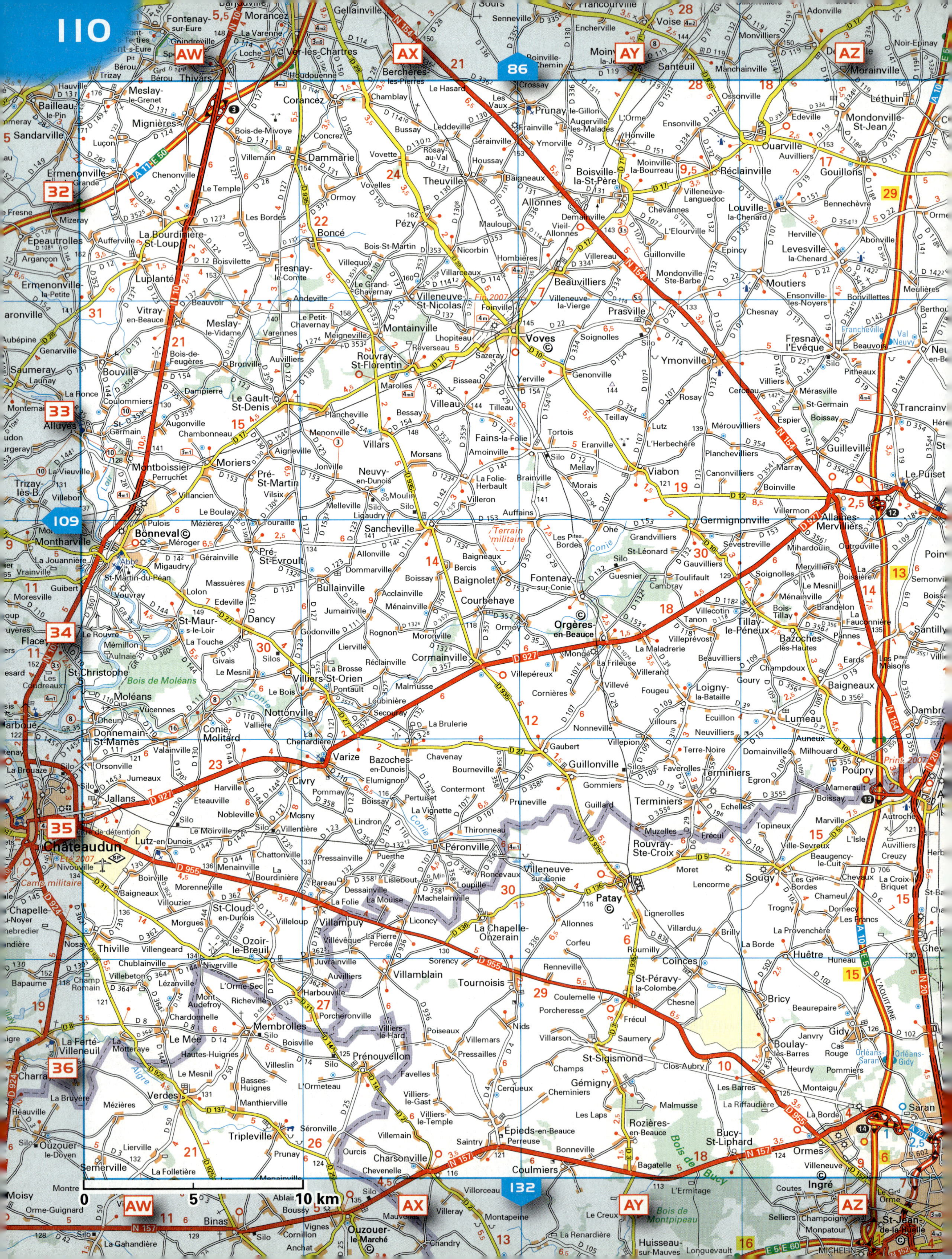
AW
AX
AY
AZ
86
109
132
32
33
34
35
36
Fontenay-sur-Eure
Morancez
Gellainville
Ver-lès-Chartres
Berchères-les-Pierres
Sours
Francourville
Voise
Adonville
Moinville-la-Jeulin
Santeuil
Morainville
Thivars
Corancez
Prunay-le-Gillon
Mesłay-le-Grenet
Mignières
Dammarie
Ouarville
Léthuin
Mondonville-St-Jean
Sandarville
Ermenonville-la-Grande
Boisville-la-St-Père
Réclainville
Gouillons
Theuville
Allonnes
Louville-la-Chenard
Bonce
Pézy
La Bourdinière-St-Loup
Epeautrolles
Levesville-la-Chenard
Luplanté
Beauvilliers
Moutiers
Ermenonville-la-Petite
Vitray-en-Beauce
Villeneuve-St-Nicolas
Prasville
Meslay-le-Vidame
Montainville
Voves
Fresnay-l'Évêque
Rouvray-St-Florentin
Bouville
Ymonville
Saumeray
Le Gault-St-Denis
Villeau
Alluyes
Trancrainville
Villars
Fains-la-Folie
Guilleville
Moriers
Pré-St-Martin
Neuvy-en-Dunois
Viabon
Le Puiset
Montboissier
Bonneval
Sancheville
Germignonville
Allaines-Mervilliers
Pré-St-Évroult
Bullainville
Baignolet
Fontenay-sur-Conie
Tillay-le-Péneux
St-Maur-sur-le-Loir
Dancy
Courbehaye
Orgères-en-Beauce
Bazoches-les-Hautes
St-Christophe
Villiers-St-Orien
Cormainville
Loigny-la-Bataille
Baigneaux
Moléans
Nottonville
Lumeau
Donnemain-St-Mamès
Conie-Molitard
Varize
Bazoches-en-Dunois
Guillonville
Terminiers
Poupry
Cloyes
Jallans
Civry
Châteaudun
Lutz-en-Dunois
Péronville
Villeneuve-sur-Conie
Patay
Rouvray-Ste-Croix
Sougy
St-Cloud-en-Dunois
Ozoir-le-Breuil
Villampuy
La Chapelle-Onzerain
Thiville
Villamblain
Tournoisis
St-Péravy-la-Colombe
Coinces
Huêtre
Bricy
Membrolles
Le Mée
La Ferté-Villeneuil
Prénouvellon
St-Sigismond
Gémigny
Gidy
Boulay-les-Barres
Verdes
Tripleville
Charsonville
Épieds-en-Beauce
Rozières-en-Beauce
Bucy-St-Liphard
Ormes
Ingré
Coulmiers
Saran
St-Jean-de-la-Ruelle
Ouzouer-le-Marché
Binas
Semerville
Huisseau-sur-Mauves
Bois de Moléans
Bois de Bucy
Bois de Montpipeau
Camp militaire
Terrain militaire
L'AQUITAINE
0
5
10 km

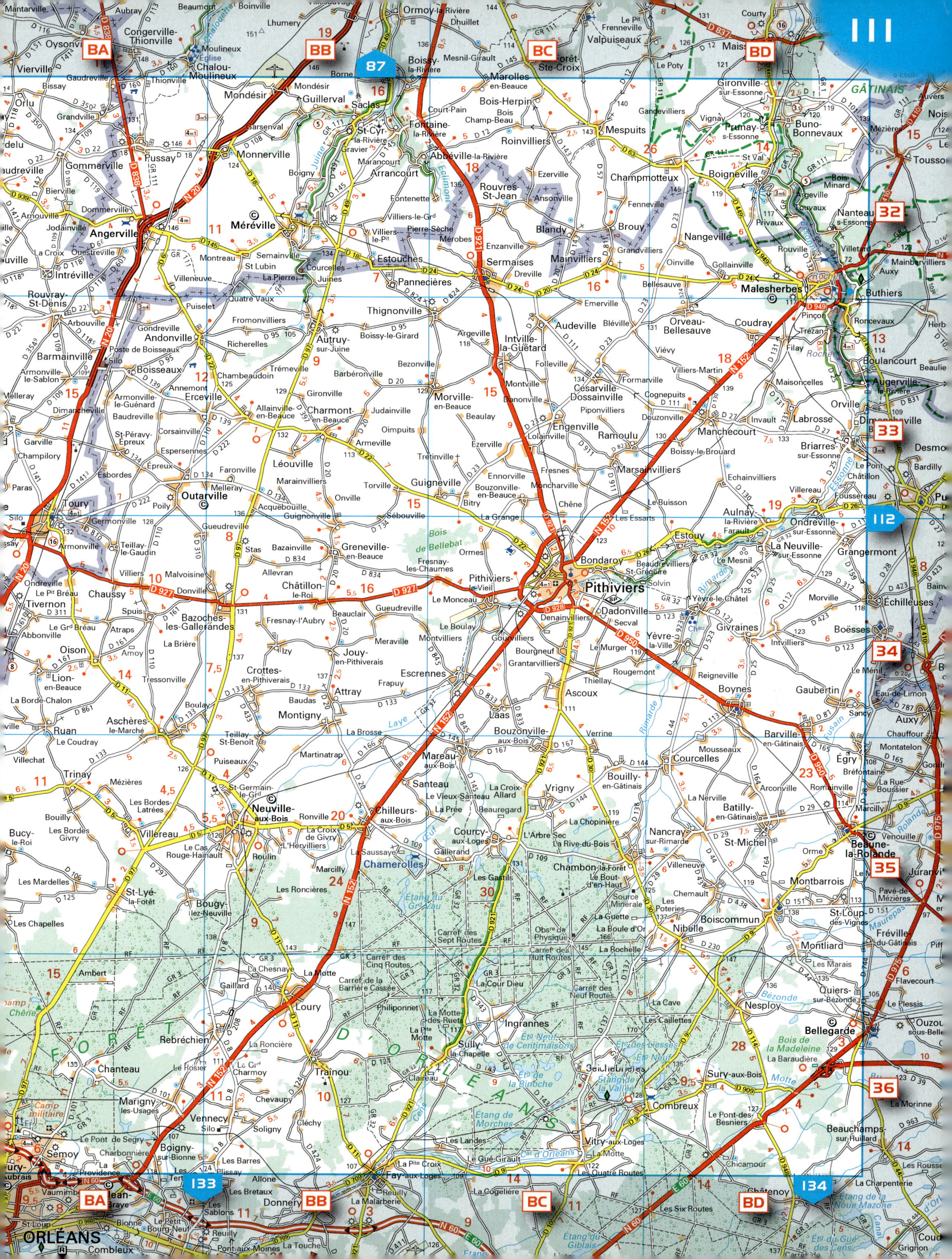
BA
BB
BC
BD
87
32
33
112
34
35
36
133
134
Angerville
Méréville
Outarville
Pithiviers
Malesherbes
Neuville-aux-Bois
Beaune-la-Rolande
Bellegarde
ORLÉANS
Toury
Artenay
Chaussy
Bazoches-les-Gallerandes
Greneville-en-Beauce
Châtillon-le-Roi
Boynes
Puiseaux
Courcelles
Chilleurs-aux-Bois
Loury
Sully-la-Chapelle
Ingrannes
Vitry-aux-Loges
Combreux
Nesploy
Boiscommun
Montbarrois
Sury-aux-Bois
Semoy
Saint-Jean-de-Braye
Mareau-aux-Bois
Ascoux
Dadonville
Estouy
Ondreville-sur-Essonne
Orveau-Bellesauve
Manchecourt
Briarres-sur-Essonne
Échilleuses
Gaubertin
Barville-en-Gâtinais
Batilly-en-Gâtinais
Nancray-sur-Rimarde
Chambon-la-Forêt
Rebréchien
Marigny-les-Usages
Vennecy
Boigny-sur-Bionne
Donnery
Fay-aux-Loges
FORÊT D'ORLÉANS
GÂTINAIS
N 20
N 152
D 927
D 921
D 950
D 948
D 975
N 60
E 60

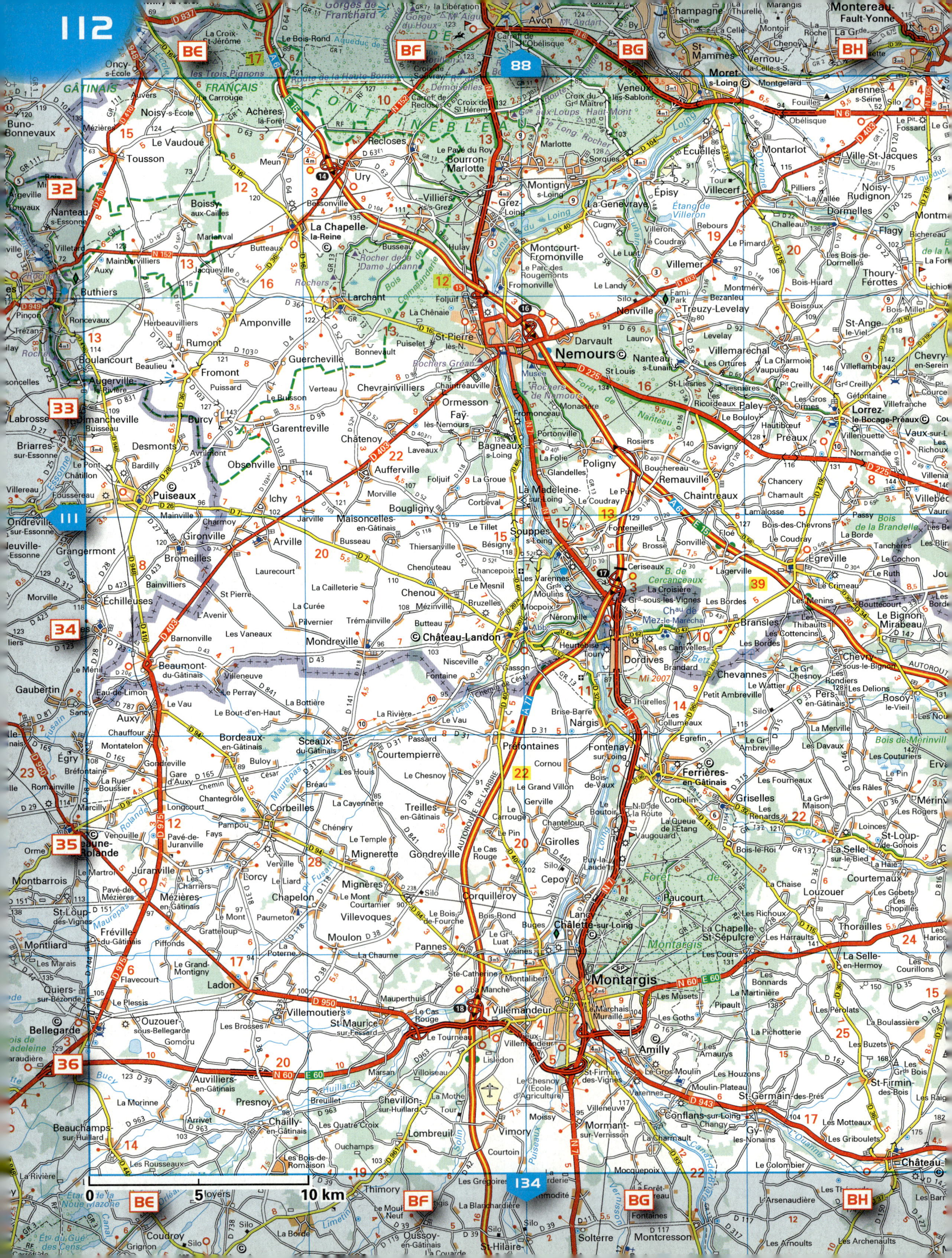

Nemours
Montargis
Château-Landon
Puiseaux
Ferrières-en-Gâtinais
La Chapelle-la-Reine
Moret-s-Loing
Lorrez-le-Bocage-Préaux
Beaune-la-Rolande
Bellegarde
Souppes-s-Loing
Dordives
Châlette-sur-Loing
Amilly
Villemandeur
Egreville
Chevry-sous-le-Bignon
Courtenay
Château-Renard
Forêt de Fontainebleau
Forêt de Montargis
Malesherbes
Larchant
Bourron-Marlotte
Grez-s-Loing
Montigny-s-Loing
Nanteau-s-Essonne
Boulancourt
Échilleuses
Beaumont-du-Gâtinais
Corbeilles
Mignères
Ladon
Fontenay-sur-Loing
Nargis
Girolles
Préfontaines
Bordeaux-en-Gâtinais
Sceaux-du-Gâtinais
Juranville
Mézières-en-Gâtinais
Auvilliers-en-Gâtinais
Chailly-en-Gâtinais
Lombreuil
Vimory
Mormant-sur-Vernisson
Conflans-sur-Loing
St-Germain-des-Prés
St-Firmin-des-Bois
La Selle-en-Hermoy
Thorailles
Louzouer
Griselles
Chevannes
Rosoy-le-Vieil
Pers-en-Gâtinais
Bransles
Chaintreaux
Remauville
Poligny
Bagneaux-s-Loing
Chevrainvilliers
Aufferville
Garentreville
Arville
Gironville
Bromeilles
Mondreville
Chenou
La Madeleine-sur-Loing
Ury
Recloses
Achères-la-Forêt
Noisy-s-École
Tousson
Villemaréchal
Paley
Dormelles
Flagy
Thoury-Férottes
Villecerf
Épisy
Écuelles
Montarlot
Ville-St-Jacques
Varennes-s-Seine
Veneux-les-Sablons
St Mammès
BE
BF
BG
BH
32
33
34
35
36
88
111
134
0
5
10 km

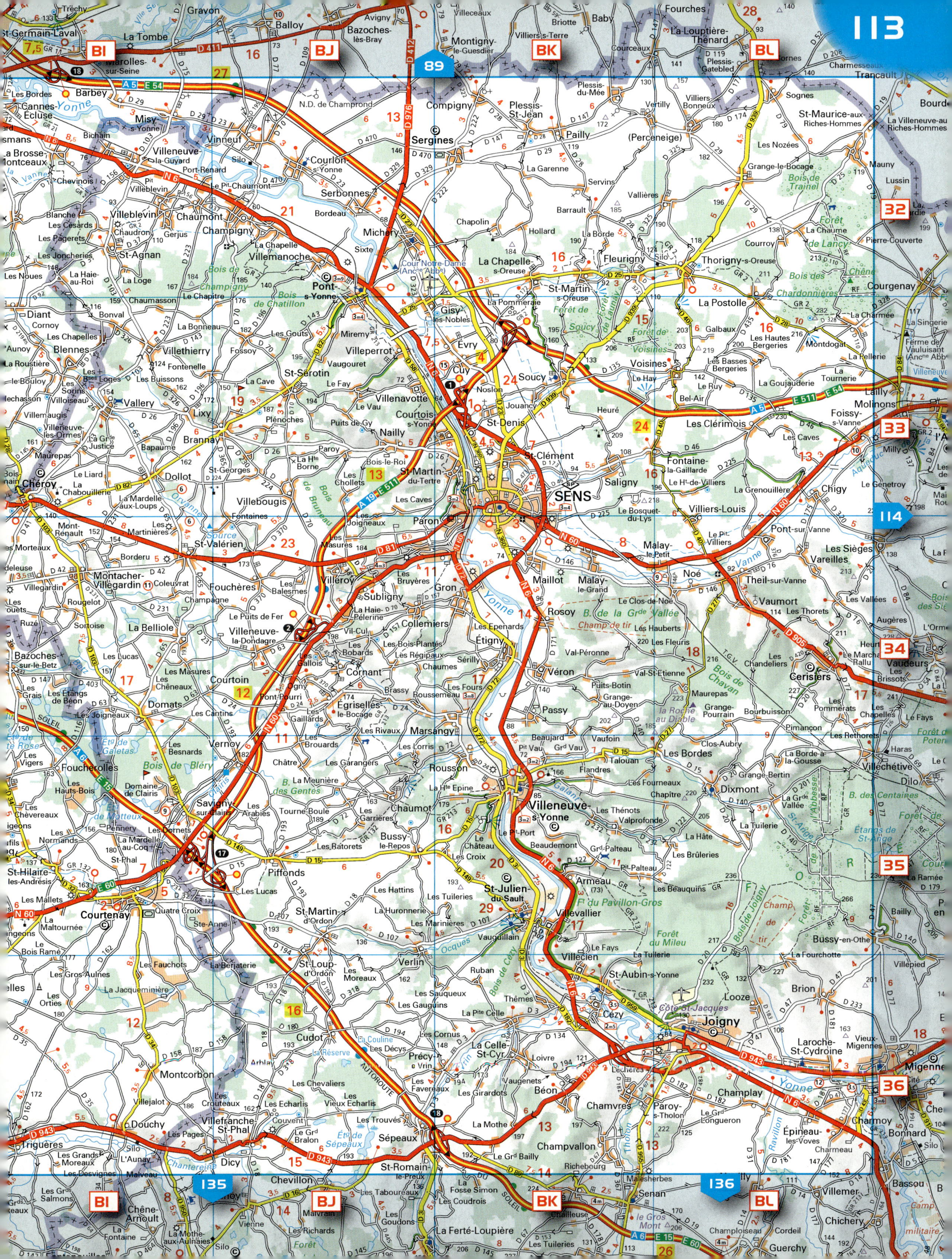

SENS
Villeneuve-s-Yonne
Joigny
Pont-s-Yonne
Sergines
Courtenay
Chéroy
St-Julien-du-Sault
Cerisiers
Villevallier
St-Valérien
Villeroy
Paron
St-Clément
St-Denis
Malay-le-Grand
Noé
Vareilles
Les Sièges
Cézy
St-Aubin-s-Yonne
Laroche-St-Cydroine
Migennes
Charmoy
Epineau-les-Voves
Bassou
Champlay
Paroy-s-Tholon
Béon
Chamvres
Champvallon
Sépeaux
Précy-s-Vrin
La Celle-St-Cyr
Cudot
Piffonds
Savigny-sur-Clairis
Courtoin
Domats
Chaumont
Villemanoche
Michery
Serbonnes
Courlon-s-Yonne
Vinneuf
Misy-s-Yonne
Barbey
Balloy
Bazoches-lès-Bray
Gravon
St-Germain-Laval
Montigny-le-Guesdier
Villiers-s-Terre
Courceaux
La Louptière-Thénard
Trancault
Sognes
St-Maurice-aux-Riches-Hommes
Pailly
Plessis-St-Jean
Compigny
Fleurigny
Thorigny-s-Oreuse
La Postolle
Courgenay
Voisines
Molinons
Foissy-s-Vanne
Les Clérimois
Saligny
Chigy
Villiers-Louis
Theil-sur-Vanne
Vaumort
Pont-sur-Vanne
Soucy
Gisy-les-Nobles
Évry
Cuy
Villeperrot
Villenavotte
Nailly
Courtois-s-Yonne
St-Martin-du-Tertre
Maillot
Rosoy
Véron
Passy
Étigny
Gron
Subligny
Collemiers
Marsangy
Rousson
Dixmont
Bussy-en-Othe
Brion
Armeau
Villecien
Fouchères
Vallery
Lixy
Brannay
Dollot
Villebougis
Montacher-Villegardin
Fouchérolles
St-Hilaire-les-Andrésis
Triguères
Douchy
Villefranche-St-Phal
Montcorbon
St-Loup-d'Ordon
St-Martin-d'Ordon
Verlin
Chevillon
Malesherbes
Senan
Chêne-Arnoult
Chichery
Guerchy
Villemer
BI
BJ
BK
BL
32
33
34
35
36
89
114
135
136
Forêt de Lancy
Forêt du Pavillon-Gros
Bois de Chavan
Bois des Chardonnières
Yonne
Vanne
Oreuse
A 5
E 54
E 511
A 19
A 6
E 15
N 6
N 60
D 606
D 905
D 943

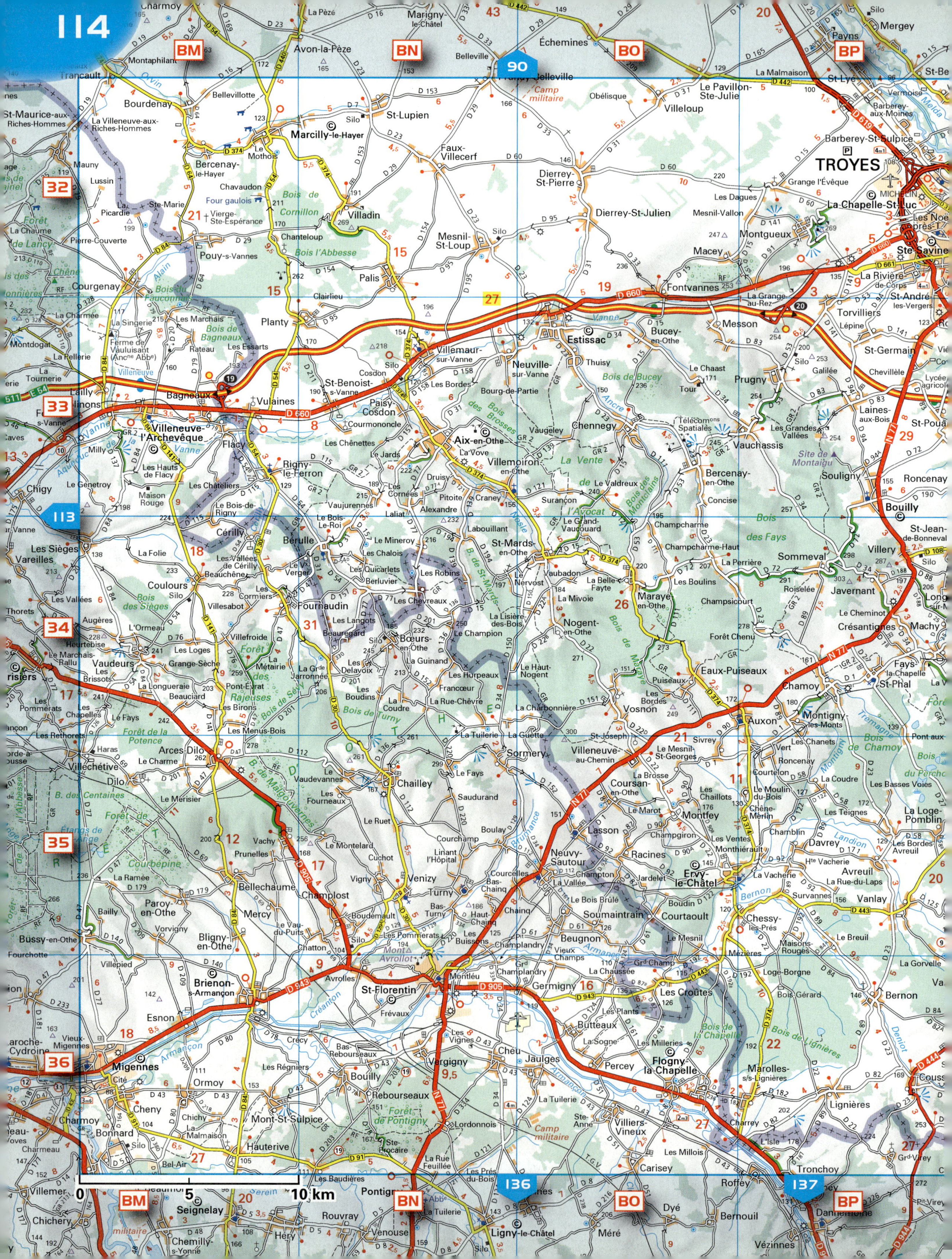
BM
BN
BO
BP
90
113
136
137
32
33
34
35
36
TROYES
Marcilly-le-Hayer
Avon-la-Pèze
Marigny-le-Châtel
Échemines
Payns
Mergey
St-Lyé
Barberey-St-Sulpice
La Chapelle-St-Luc
Ste-Savine
Bourdenay
St-Lupien
Faux-Villecerf
Dierrey-St-Pierre
Dierrey-St-Julien
Villeloup
Le Pavillon-Ste-Julie
Villadin
Mesnil-St-Loup
Palis
Pouy-s-Vannes
Courgenay
Planty
Villemaur-sur-Vanne
Estissac
Fontvannes
Montgueux
Macey
Messon
Torvilliers
La Rivière-de-Corps
St-André-les-Vergers
St-Germain
Bucey-en-Othe
Prugny
Neuville-sur-Vanne
Bourg-de-Partie
St-Benoist-s-Vanne
Paisy-Cosdon
Villeneuve-l'Archevêque
Bagneaux
Vulaines
Flacy
Rigny-le-Ferron
Aix-en-Othe
Villemoiron-en-Othe
Chennegy
Vauchassis
Bercenay-en-Othe
Laines-aux-Bois
Souligny
Roncenay
Bouilly
Chigy
Les Sièges
Vareilles
Cérilly
Bérulle
Coulours
Fournaudin
Bœurs-en-Othe
St-Mards-en-Othe
Nogent-en-Othe
Maraye-en-Othe
Sommeval
Villery
Javernant
Eaux-Puiseaux
Chamoy
Auxon
Montigny-les-Monts
Vosnon
Villeneuve-au-Chemin
Sormery
Chailley
Arces-Dilo
Dilo
Villechétive
Coursan-en-Othe
Montfey
Lasson
Neuvy-Sautour
Racines
Ervy-le-Châtel
Chessy-les-Prés
Davrey
Avreuil
Vanlay
Soumaintrain
Courtaoult
Venizy
Turny
Bellechaume
Champlost
Mercy
Paroy-en-Othe
Bligny-en-Othe
Brienon-s-Armançon
St-Florentin
Germigny
Beugnon
Les Croûtes
Marolles-s/s-Lignières
Flogny-la-Chapelle
Percey
Butteaux
Jaulges
Vergigny
Bouilly
Rebourseaux
Mont-St-Sulpice
Ormoy
Esnon
Mignennes
Cheny
Bonnard
Hauterive
Villiers-Vineux
Lignières
Tronchoy
Roffey
Carisey
Bernouil
Dannemoine
Seignelay
Ligny-le-Châtel
Pontigny
Venouse
Méré
Dyé
Vézinnes
Chemilly-s-Yonne
Héry
Rouvray
Chichery
Forêt d'Othe
Forêt de Pontigny
Bois de Lignières
Bois de Chamoy
Bois des Fays
0
5
10 km

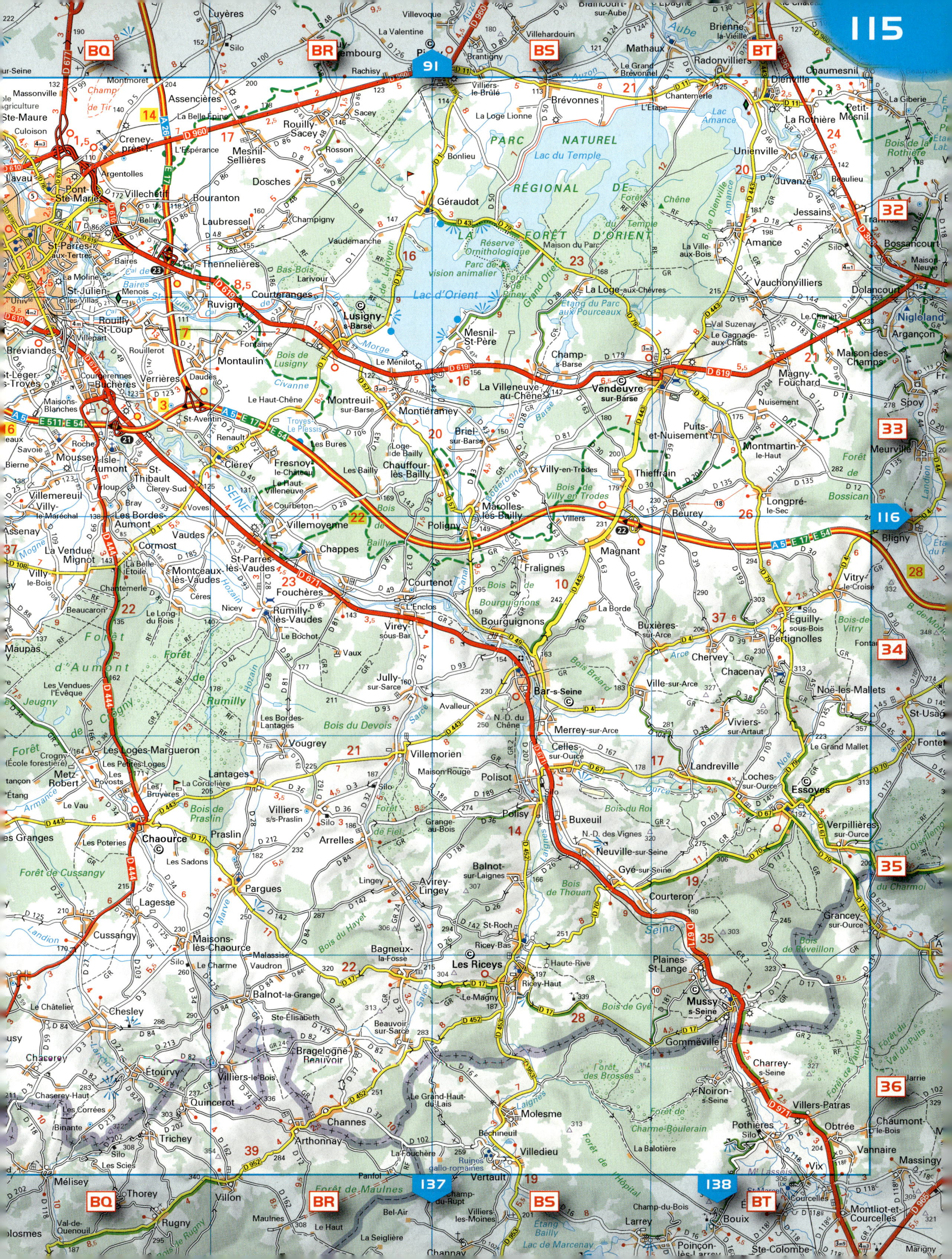

BQ
BR
BS
BT
91
116
137
138
32
33
34
35
36
Parc Naturel Régional de la Forêt d'Orient
Lac du Temple
Lac Amance
Lac d'Orient
Réserve Ornithologique
Parc de vision animalier
Forêt du Temple
Luyères
Villevoque
La Valentine
Villehardouin
Mathaux
Brienne-la-Vieille
Radonvilliers
Dienville
Chaumesnil
Montmorel
Massonville
Ste-Maure
Assencières
La Belle Épine
Rachisy
Villiers-le-Brûlé
Brévonnes
Chantemerle
Petit-Mesnil
La Giberie
La Rothière
Creney-près-T.
L'Espérance
Rouilly-Sacey
Sacey
La Loge Lionne
Unienville
Argentolles
Rosson
Mesnil-Sellières
Dosches
Bonlieu
Juvanzé
Beaulieu
Pont-Ste-Marie
Villechétif
Bouranton
Géraudot
Jessains
Trannes
Lavau
Belley
Laubressel
Champigny
Vaudemanche
Maison du Parc
Amance
Bossancourt
St-Parres-aux-Tertres
Thennelières
La Ville-aux-Bois
Maison Neuve
Baires
Menois
Larivour
La Loge-aux-Chèvres
Vauchonvilliers
Dolancourt
La Moline
St-Julien-les-Villas
Courteranges
Ruvigny
Lusigny-s-Barse
Étang du Parc aux Pourceaux
Nigloland
Arganςon
Rouilly-St-Loup
Val Suzenay
Le Gagnage-aux-Chats
Bréviandes
Montaulin
Fontaine
Bois de Lusigny
Mesnil-St-Père
Le Ménilot
Champ-s-Barse
Maison-des-Champs
Magny-Fouchard
Rouillerot
Verrières
Daudes
La Villeneuve-au-Chêne
Vendeuvre sur-Barse
Maisons-Blanches
Le Haut-Chêne
Montreuil-sur-Barse
Montiéramey
Nuisement
Spoy
St-Aventin
Briel-sur-Barse
Puits-et-Nuisement
Renault
Troyes-Le Plessis
Savoie
Rouche
Mousseyl
Isle-Aumont
Fresnoy-le-Château
Les Bures
Loge-de Bailly
Chauffour-lès-Bailly
Villy-en-Trodes
Montmartin-le-Haut
Meurville
St-Thibault
Clérey
Les Bailly
Thieffrain
Bois de Villy en Trodes
Forêt de Bossican
Villemereuil
Clérey-Sud
Le Haut-Villeneuve
Vilchy-le-Maréchal
Bray
Courbeton
Marolles-lès-Bailly
Beurey
Longpré-le-Sec
Les Bordes-Aumont
Voves
Villers
Bligny
Villemoyenne
Poligny
Vaudes
Cormost
Chappes
Magnant
La Vendue-Mignot
St-Parres-lès-Vaudes
Fralignes
Vitry-le-Croisé
Villy-le-Bois
Monceaux-lès-Vaudes
Fouchères
Courtenot
Chantemerle
Céres
L'Enclos
Bourguignons
Bois de Bourguignons
La Borde
Beaucaron
Le Long-du Bois
Nicey
Rumilly-lès-Vaudes
Le Bochot
Virey-sous-Bar
Buxières-sur-Arce
Eguilly-sous-Bois
Bertignolles
Forêt d'Aumont
Vaux
Chervey
Maupas
Les Vendues-l'Évêque
Forêt de Rumilly
Jully-sur-Sarce
Bar-s-Seine
Ville-sur-Arce
Chacenay
Noé-les-Mallets
Avalleur
N.-D. du Chêne
Merrey-sur-Arce
Viviers-sur-Artaut
Jeugny
Les Bordes-Lantages
Bois du Devois
St-Usage
Fontette
Vougrey
Le Grand Mallet
Les Loges-Margueron
Villemorien
Celles-sur-Ource
Landreville
Crogny (École forestière)
Les Petites-Loges
Lantages
Maison Rouge
Polisot
Loches-sur-Ource
Essoyes
Metz-Robert
Les Povosts
La Cordelière
Les Bruyères
Bois de Prastin
Polisy
Buxeuil
Le Vau
Villiers-s/s-Praslin
Bois du Roi
Verpillières-sur-Ource
Chaource
Praslin
Arrelles
Grange-au-Bois
N.-D. des Vignes
Neuville-sur-Seine
Les Poteries
Les Sadons
Balnot-sur-Laignes
Gyé-sur-Seine
Forêt de Cussangy
Lingey
Avirey-Lingey
Bois de Thouan
Courteron
Pargues
Lagesse
Grancey-sur-Ource
Cussangy
St-Roch
Maisons-lès-Chaource
Bagneux-la-Fosse
Les Riceys
Ricey-Bas
Haute-Rive
Plaines-St-Lange
Bois de Réveillon
Le Charme
Malassise
Vaudron
Ricey-Haut
Le Magny
Balnot-la-Grange
Bois de Gyé
Mussy-s-Seine
Le Châtelier
Chesley
Ste-Élisabeth
Beauvoir-sur-Sarce
Gomméville
Bragelogne-Beauvoir
Charrey-s-Seine
Forêt des Brosses
Chacerey
Étourvy
Villiers-le-Bois
Quincerot
Le Grand-Haut-du Lais
Noiron-s-Seine
Molesme
Villers-Patras
Forêt de Charme-Boulerain
Pothières
Obtrée
Chaumont-le-Bois
Channes
Arthonnay
Béchineul
Villedieu
La Balotière
Vannaire
Massingy
Trichey
Forêt de l'Hôpital
Ruines gallo-romaines
Vix
Mélisey
Thorey
Villon
Forêt de Maulnes
Panfol
Vertault
Champ-du-Rupt
Villiers-les-Moines
Champ-du-Bois
Larrey
Bouix
Montliot-et-Courcelles
Courcelles
Val-de-Quenouil
Rugny
Maulnes
Le Haut
Bel-Air
La Seiglière
Channay
Étang Bailly
Lac de Marcenay
Poinçon-lès-Larrey
Ste-Colombe
Marigny
Seine
Armance
Laignes
Sarce
Arce
Ource
Barse
Hozain
Landion
Morge
Bois de Bailly

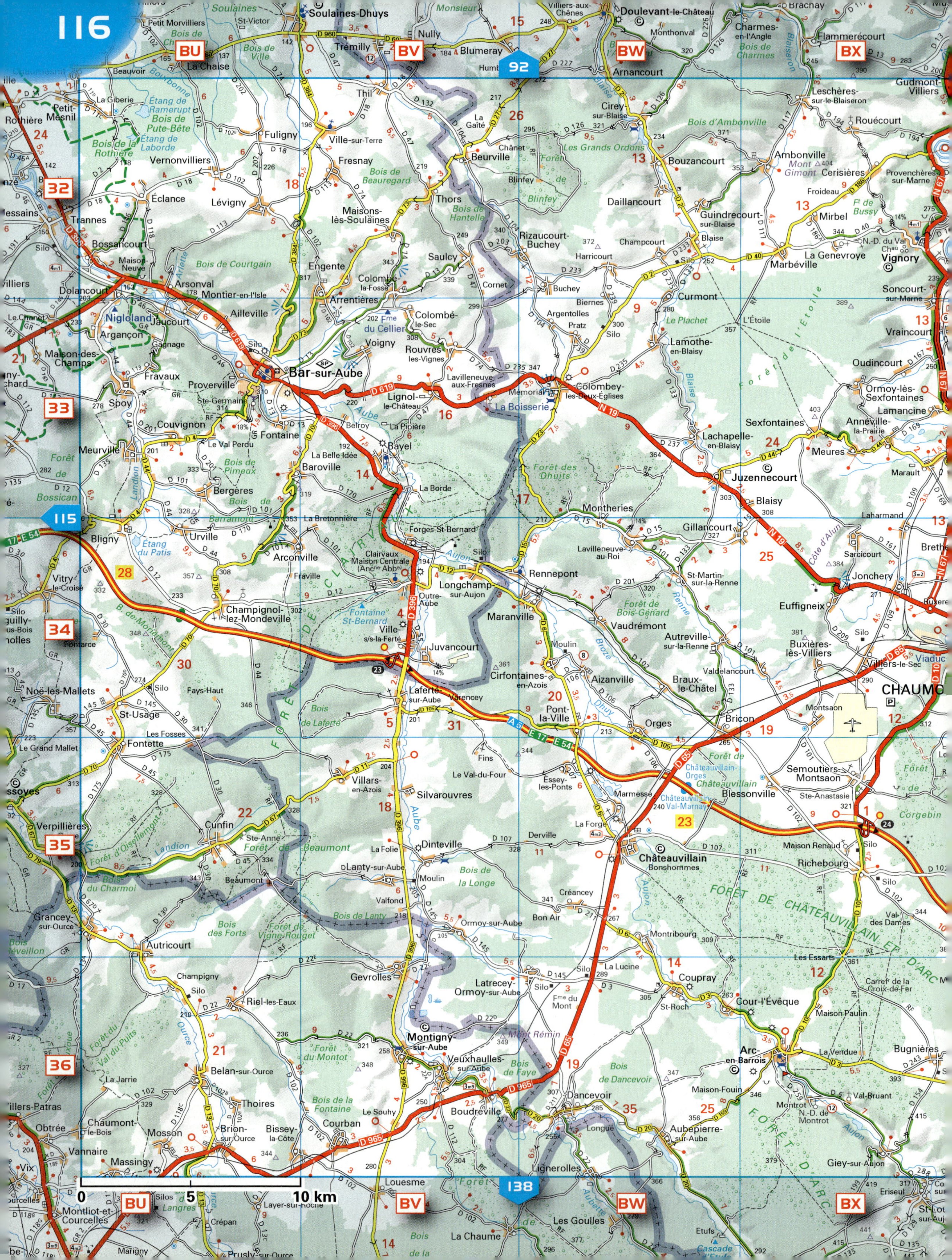
BU
BV
BW
BX
92
115
138
32
33
34
35
36
Soulaines-Dhuys
Doulevant-le-Château
Brachay
Flammerécourt
Petit Morvilliers
La Chaise
Trémilly
Nully
Blumeray
Villiers-aux-Chênes
Charmes-en-l'Angle
Arnancourt
Gudmont-Villiers
Beauvoir
Thil
Cirey-sur-Blaise
Leschères-sur-le-Blaiseron
Rouécourt
Rothière
Petit-Mesnil
Fuligny
Ville-sur-Terre
La Gaité
Beurville
Bouzancourt
Ambonville
Cerisières
Vernonvilliers
Fresnay
Daillancourt
Mirbel
Éclance
Lévigny
Thors
Maisons-lès-Soulaines
Guindrecourt-sur-Blaise
Blaise
Trannes
Rizaucourt-Buchey
Champcourt
La Genevroye
Vignory
Bossancourt
Saulcy
Harricourt
Marbéville
Engente
Arsonval
Colombé-la-Fosse
Buchey
Curmont
Soncourt-sur-Marne
Dolancourt
Montier-en-l'Isle
Arrentières
Argentolles
Nigloland
Jaucourt
Ailleville
Colombé-le-Sec
Pratz
L'Étoile
Vraincourt
Arcançon
Voigny
Lamothe-en-Blaisy
Maison-des-Champs
Rouvres-les-Vignes
Oudincourt
Bar-sur-Aube
Fravaux
Proverville
Lavilleneuve-aux-Fresnes
Colombey-les-Deux-Églises
Ormoy-lès-Sexfontaines
Spoy
Lignol-le-Château
La Boisserie
Couvignon
Fontaine
Bayel
Sexfontaines
Annéville-la-Prairie
Lachapelle-en-Blaisy
Meures
Meurville
Baroville
Juzennecourt
Bergères
Blaisy
Montheries
Bligny
Urville
Forges-St-Bernard
Gillancourt
Laharmand
Arconville
Clairvaux
Lavilleneuve-au-Roi
Sarcicourt
Vitry-le-Croisé
Longchamp-sur-Aujon
Rennepont
St-Martin-sur-la-Renne
Jonchery
Champignol-lez-Mondeville
Maranville
Euffigneix
Ville-s/s-la-Ferté
Vaudrémont
Autreville-sur-la-Renne
Buxières-lès-Villiers
Juvancourt
Villiers-le-Sec
Noé-les-Mallets
Cirfontaines-en-Azois
Aizanville
Braux-le-Châtel
CHAUMONT
St-Usage
Laferté-sur-Aube
Pont-la-Ville
Orges
Bricon
Fontette
Le Grand Mallet
Essoyes
Villars-en-Azois
Silvarouvres
Essey-les-Ponts
Marmesse
Blessonville
Semoutiers-Montsaon
Verpillières
Cunfin
Ste-Anne
Dinteville
Châteauvillain
Maison Renaud
Richebourg
Lanty-sur-Aube
Beaumont
Créancey
Grancey-sur-Ource
Autricourt
Ormoy-sur-Aube
Montribourg
Forêt de Châteauvillain et d'Arc
Gevrolles
Latrecey-Ormoy-sur-Aube
Coupray
Cour-l'Évêque
Champigny
Riel-les-Eaux
St-Roch
Montigny-sur-Aube
Arc-en-Barrois
Bugnières
Belan-sur-Ource
Veuxhaulles-sur-Aube
Dancevoir
Aubepierre-sur-Aube
Thoires
Boudreville
Chaumont-le-Bois
Mosson
Brion-sur-Ource
Bissey-la-Côte
Courban
Obtrée
Vannaire
Massingy
Lignerolles
Giey-sur-Aujon
Louesme
Montliot-et-Courcelles
Les Goulles
La Chaume
Prusly-sur-Ource
0
5
10 km

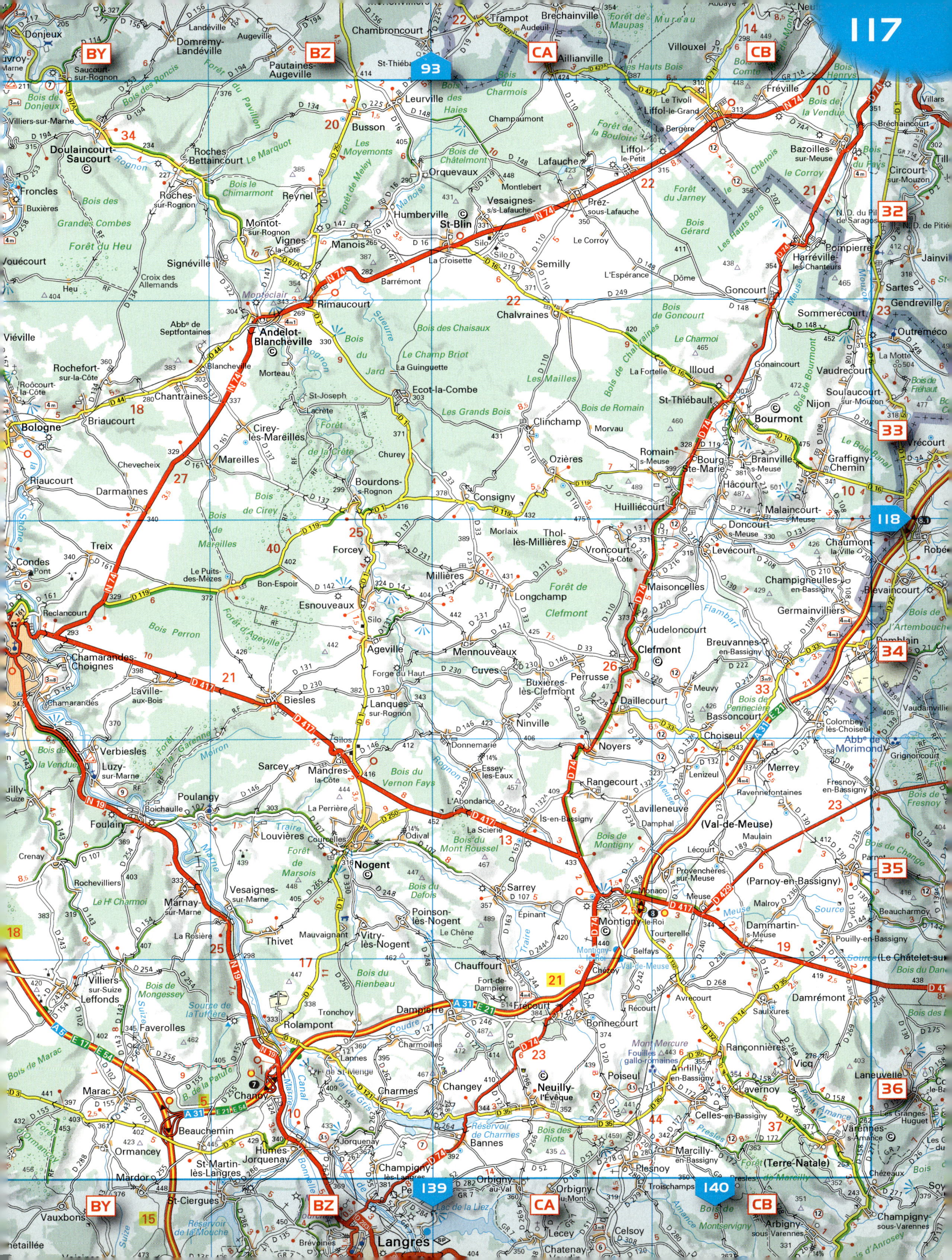
BY
BZ
CA
CB
93
118
139
140
32
33
34
35
36
Donjeux
Domremy-Landéville
Chambroncourt
Trampot
Brechainville
Villouxel
Saucourt-sur-Rognon
Pautaines-Augeville
Aillianville
Liffol-le-Grand
Fréville
Leurville
Champaumont
Busson
Doulaincourt-Saucourt
Roches-Bettaincourt
Orquevaux
Lafauche
Liffol-le-Petit
Bazoilles-sur-Meuse
Circourt-sur-Mouzon
Froncles
Roches-sur-Rognon
Reynel
Humberville
St-Blin
Vesaignes-s/s-Lafauche
Prez-sous-Lafauche
Montot-sur-Rognon
Vignes-la-Côte
Manois
Semilly
Le Corroy
Harréville-les-Chanteurs
Pompierre
Vouécourt
Signéville
Rimaucourt
Chalvraines
Goncourt
Sartes
Gendreville
Viéville
Andelot-Blancheville
Sommerécourt
Outremécourt
Rochefort-sur-la-Côte
Ecot-la-Combe
Illoud
Vaudrecourt
Soulaucourt-sur-Mouzon
Nijon
Bologne
Briaucourt
Chantraines
Cirey-lès-Mareilles
Clinchamp
St-Thiébault
Bourmont
Romain-s-Meuse
Bourg-Ste-Marie
Brainville-s-Meuse
Graffigny-Chemin
Mareilles
Ozières
Hâcourt
Riaucourt
Darmannes
Bourdons-s-Rognon
Consigny
Huilliécourt
Malaincourt-s-Meuse
Doncourt-s-Meuse
Treix
Forcey
Thol-lès-Millières
Vroncourt-la-Côte
Levécourt
Chaumont
Condes
Millières
Longchamp
Maisoncelles
Champigneulles-en-Bassigny
Esnouveaux
Germainvilliers
Silo
Audeloncourt
Ageville
Mennouveaux
Clefmont
Breuvannes-en-Bassigny
Chamarandes-Choignes
Cuves
Buxières-lès-Clefmont
Perrusse
Laville-aux-Bois
Biesles
Lanques-sur-Rognon
Daillecourt
Meuvy
Bassoncourt
Choiseul
Ninville
Noyers
Verbiesles
Luzy-sur-Marne
Sarcey
Mandres-la-Côte
Donnemarie
Essey-les-Eaux
Rangecourt
Lenizeul
Merrey
Poulangy
Lavilleneuve
Ravennefontaines
Foulain
Louvières
Is-en-Bassigny
(Val-de-Meuse)
Nogent
Sarrey
Provenchères-sur-Meuse
(Parnoy-en-Bassigny)
Rochevilliers
Vesaignes-sur-Marne
Poinson-lès-Nogent
Montigny-le-Roi
Dammartin-s-Meuse
Marnay-sur-Marne
Thivet
Vitry-lès-Nogent
Chauffourt
Villiers-sur-Suize
Leffonds
Faverolles
Rolampont
Dampierre
Frécourt
Bonnecourt
Avrecourt
Damrémont
Ranconnières
Vicq
Laneuvelle
Marac
Chanoy
Changey
Neuilly-l'Évêque
Poiseul
Charmes
Lavernoy
Beauchemin
Ormancey
Humes-Jorquenay
Bannes
Marcilly-en-Bassigny
Celles-en-Bassigny
Varennes-s-Amance
St-Martin-lès-Langres
Champigny-lès-Langres
Orbigny-au-Val
Orbigny-au-Mont
Plesnoy
(Terre-Natale)
Mardor
St-Ciergues
Vauxbons
Langres
Celsoy
Arbigny-sous-Varennes
Champigny-sous-Varennes
Lecey

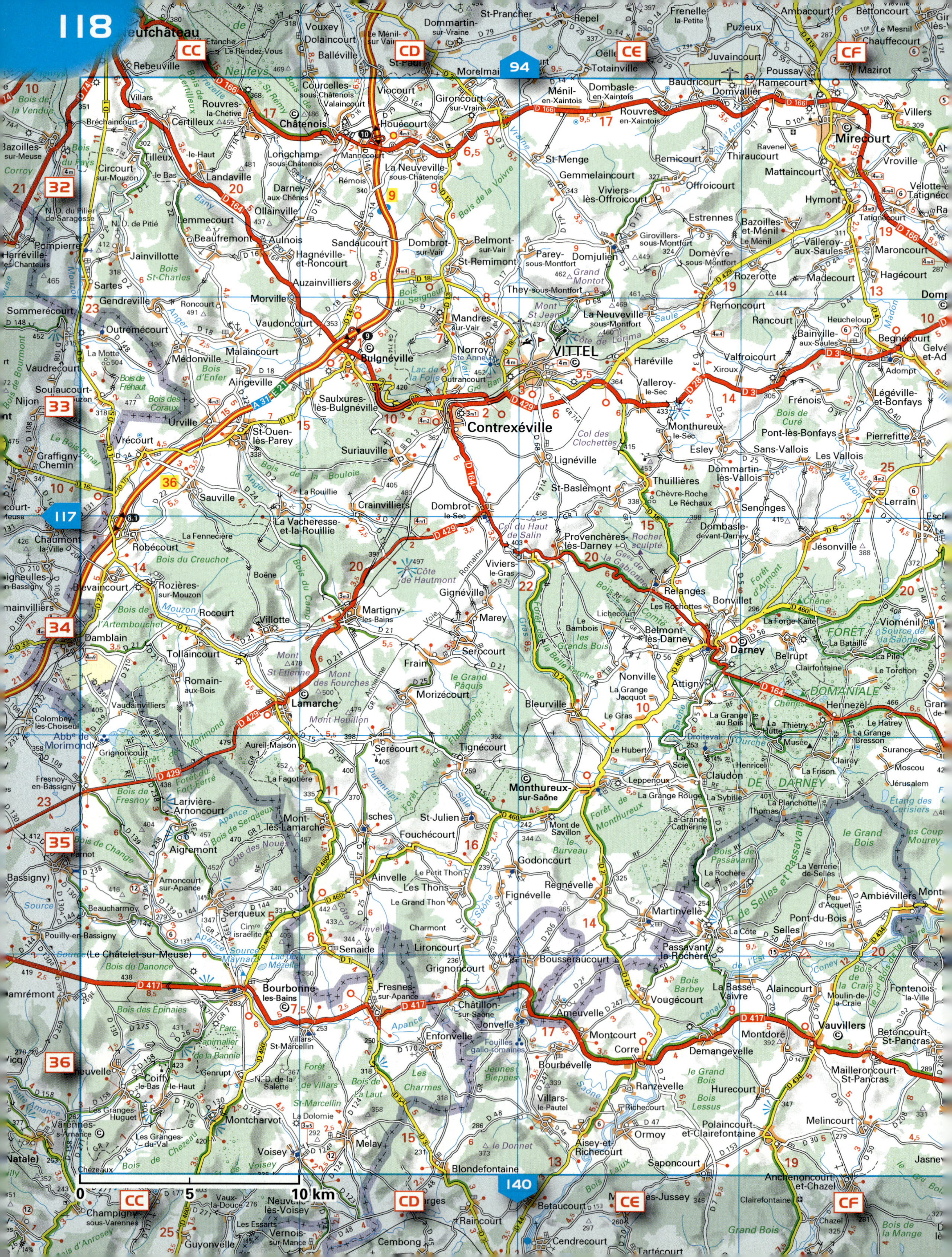
CC
CD
CE
CF
94
117
140
Neufchâteau
Rebeuville
Châtenois
Rouvres-la-Chétive
Vouxey
Dolaincourt
Balléville
Viocourt
Houécourt
Gironcourt-sur-Vraine
Rouvres-en-Xaintois
Dombasle-en-Xaintois
Ménil-en-Xaintois
Totainville
Oëlleville
Juvaincourt
Puzieux
Frenelle-la-Petite
Ambacourt
Bettoncourt
Chauffecourt
Mazirot
Poussay
Ramecourt
Domvallier
Baudricourt
Mirecourt
Villers
Vroville
Thiraucourt
Mattaincourt
Hymont
Ravenel
Remicourt
St-Menge
Gemmelaincourt
Viviers-lès-Offroicourt
Offroicourt
Estrennes
Bazoilles-et-Ménil
Valleroy-aux-Saules
Tatignécourt
Maroncourt
Hagécourt
Rozerotte
Madecourt
Domèvre-sous-Montfort
Girovillers-sous-Montfort
Domjulien
Parey-sous-Montfort
They-sous-Montfort
Grand Montot
Belmont-sur-Vair
St-Remimont
Dombrot-sur-Vair
Sandaucourt
La Neuveville-sous-Châtenois
Longchamp-sous-Châtenois
Mannecourt
Rémois
Darney-aux-Chênes
Landaville
Certilleux
Tilleux
Circourt-sur-Mouzon
Bazoilles-sur-Meuse
Pompierre
Jainvillotte
Lemmecourt
Beaufremont
Ollainville
Aulnois
Hagnéville-et-Roncourt
Auzainvilliers
Sartes
Gendreville
Morville
Vaudoncourt
Malaincourt
Outrémécourt
Médonville
Aingeville
Bulgnéville
Sommerécourt
Vaudrecourt
Soulaucourt-sur-Mouzon
Nijon
Urville
Saulxures-lès-Bulgnéville
St-Ouen-lès-Parey
Vrécourt
Graffigny-Chemin
Mandres-sur-Vair
Norroy
Outrancourt
VITTEL
Contrexéville
Haréville
Valleroy-le-Sec
Remoncourt
Rancourt
Bainville-aux-Saules
Begnécourt
Valfroicourt
Xiroux
Frénois
Légéville-et-Bonfays
Pont-lès-Bonfays
Pierrefitte
Monthureux-le-Sec
Esley
Sans-Vallois
Les Vallois
Dommartin-lès-Vallois
Lerrain
Thuillières
Senonges
Dombasle-devant-Darney
Jésonville
Lignéville
St-Baslemont
Col des Clochettes
Suriauville
Sauville
La Vacheresse-et-la-Rouillie
Crainvilliers
Dombrot-le-Sec
Col du Haut de Salin
Provenchères-lès-Darney
Rocher sculpté
Chaumont-la-Ville
Robécourt
Bois du Creuchot
Rozières-sur-Mouzon
Bleurville
Villotte
Rocourt
Martigny-les-Bains
Côte de Hautmont
Viviers-le-Gras
Gignéville
Marey
Relanges
Les Rochottes
Bonvillet
Lichecourt
Belmont-lès-Darney
Darney
Belrupt
Viomémil
FORÊT DOMANIALE DE DARNEY
Damblain
Tollaincourt
Romain-aux-Bois
Mont St Étienne
Mont des Fourches
Lamarche
Mont Héullion
Serocourt
Frain
Morizécourt
Nonville
Attigny
La Grange Jacquot
Hennezel
Vaudainvilliers
Grignoncourt
Aureil-Maison
Serécourt
Tignécourt
Monthureux-sur-Saône
Le Hubert
Claudon
La Grange Rouge
Larivière-Arnoncourt
Mont-lès-Lamarche
Isches
St-Julien
Fouchécourt
Godoncourt
Aigremont
Serqueux
Ainvelle
Les Thons
Fignévelle
Regnévelle
Martinvelle
Passavant-la-Rochère
Ambiévillers
Pont-du-Bois
Selles
Bourbonne-les-Bains
Fresnes-sur-Apance
Grignoncourt
Bousseraucourt
Châtillon-sur-Saône
Jonvelle
Ameuvelle
Vougécourt
La Basse Vaivre
Alaincourt
Vauvillers
Fontenois-la-Ville
Montcourt
Corre
Demangevelle
Montdoré
Betoncourt-St-Pancras
Mailleroncourt-St-Pancras
Enfonvelle
Bourbévelle
Ranzevelle
Hurecourt
Villars-St-Marcellin
Coiffy-le-Haut
Montcharvot
Voisey
Melay
Blondefontaine
Aisey-et-Richecourt
Ormoy
Polaincourt-et-Clairefontaine
Saponcourt
Melincourt
Anchenoncourt-et-Chazel
Jasney
Chézeaux
Varennes-sur-Amance
Pouilly-en-Bassigny
Le Châtelet-sur-Meuse
Champigny-sous-Varennes
Vaux-la-Douce
Neuvelle-lès-Voisey
Vernois-sur-Mance
Guyonvelle
Cemboing
Raincourt
Betaucourt
Cendrecourt
Tartécourt
Clairefontaine
0
5
10 km
D 166
D 164
D 429
D 417
D 460
D 3
D 28
A 31
E 21

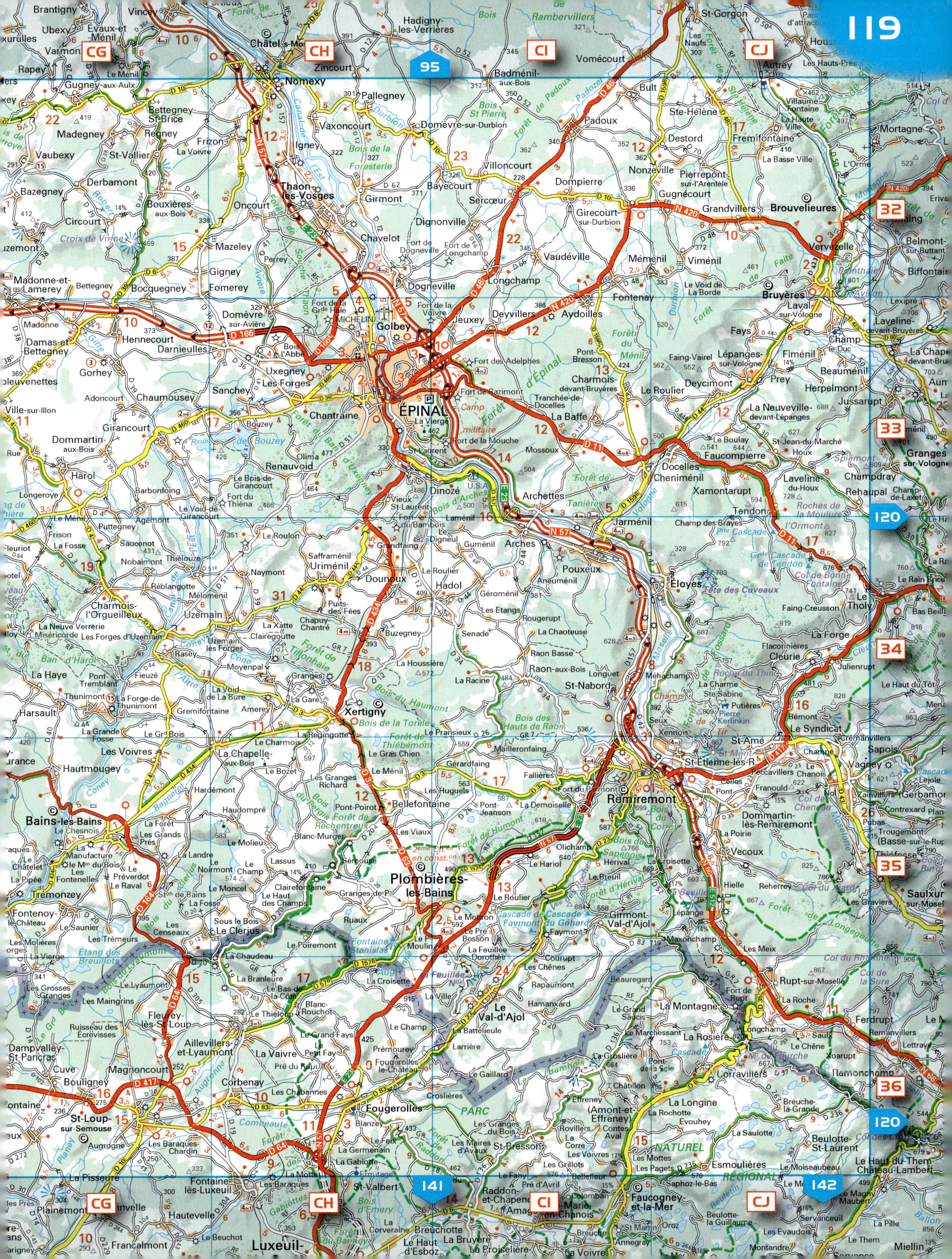

119
CG
CH
CI
CJ
95
141
142
120
32
33
34
35
36
Épinal
Remiremont
Plombières-les-Bains
Bains-les-Bains
Luxeuil-
Châtel-s-Moselle
Nomexy
Thaon-les-Vosges
Golbey
Chavelot
Dogneville
Jeuxey
Deyvillers
Aydoilles
Bruyères
Brouvelieures
Rambervillers
Vomécourt
Padoux
Dompierre
Grandvillers
Vaudéville
Longchamp
Fontenoy
Charmois-devant-Bruyères
Docelles
Faucompierre
Cheniménil
Xamontarupt
Jarménil
Arches
Pouxeux
Éloyes
Archettes
Dinozé
Hadol
Uriménil
Dounoux
Xertigny
St-Nabord
St-Étienne-lès-R.
St-Amé
Vagney
Le Syndicat
Le Tholy
Gérardmer
Dommartin-lès-Remiremont
Vecoux
Rupt-sur-Moselle
Ferdrupt
Ramonchamp
Le Val-d'Ajol
Fougerolles
Corbenay
St-Loup-sur-Semouse
Aillevillers-et-Lyaumont
Fontaine-lès-Luxeuil
Faucogney-et-la-Mer
Girmont-Val-d'Ajol
Chantraine
Les Forges
Uxegney
Sanchey
Darnieulles
Hennecourt
Chaumousey
Dommartin-aux-Bois
Girancourt
Harol
Renauvoid
Charmois-l'Orgueilleux
Uzemain
Hautmougey
Les Voivres
Thiélouze
Bellefontaine
Le Clerjus
Harsault
Vaxoncourt
Pallegney
Igney
Girmont
Sercœur
Bayecourt
Dignonville
Mazeley
Oncourt
Domèvre-sur-Avière
Gorhey
Bouxières-aux-Bois
Derbamont
Vaubexy
Madegney
Regney
Frizon
Gigney
Fomerey
Bocquegney
Mémenil
Viménil
Laval-sur-Vologne
Champ-le-Duc
Fays
Lépanges-sur-Vologne
Prey
Deycimont
Herpelmont
Le Roulier
La Baffe
Mossoux
Fimenil
Beauménil
La Neuveville-devant-Lépanges
Laveline-du-Houx
Rehaupal
Tendon
Champdray
Granges-sur-Vologne
Cascade de Tendon
Fête des Cuveaux
Cleurie
La Forge
Sapois
Saulxures-sur-Moselotte
Cornimont
Le Ménil
Longuet
Raon-aux-Bois
Fallières
La Demoiselle
Le Girmont
Hérival
Cascade du Géhard
Forêt d'Épinal
Forêt de Tanières
Forêt de Thiébémont
Bois du Haumont
Canal de l'Est
Parc Naturel Régional
N 57
N 420
D 46
D 11
D 417
D 434
D 157
D 63
D 64
D 23
D 62
D 159bis

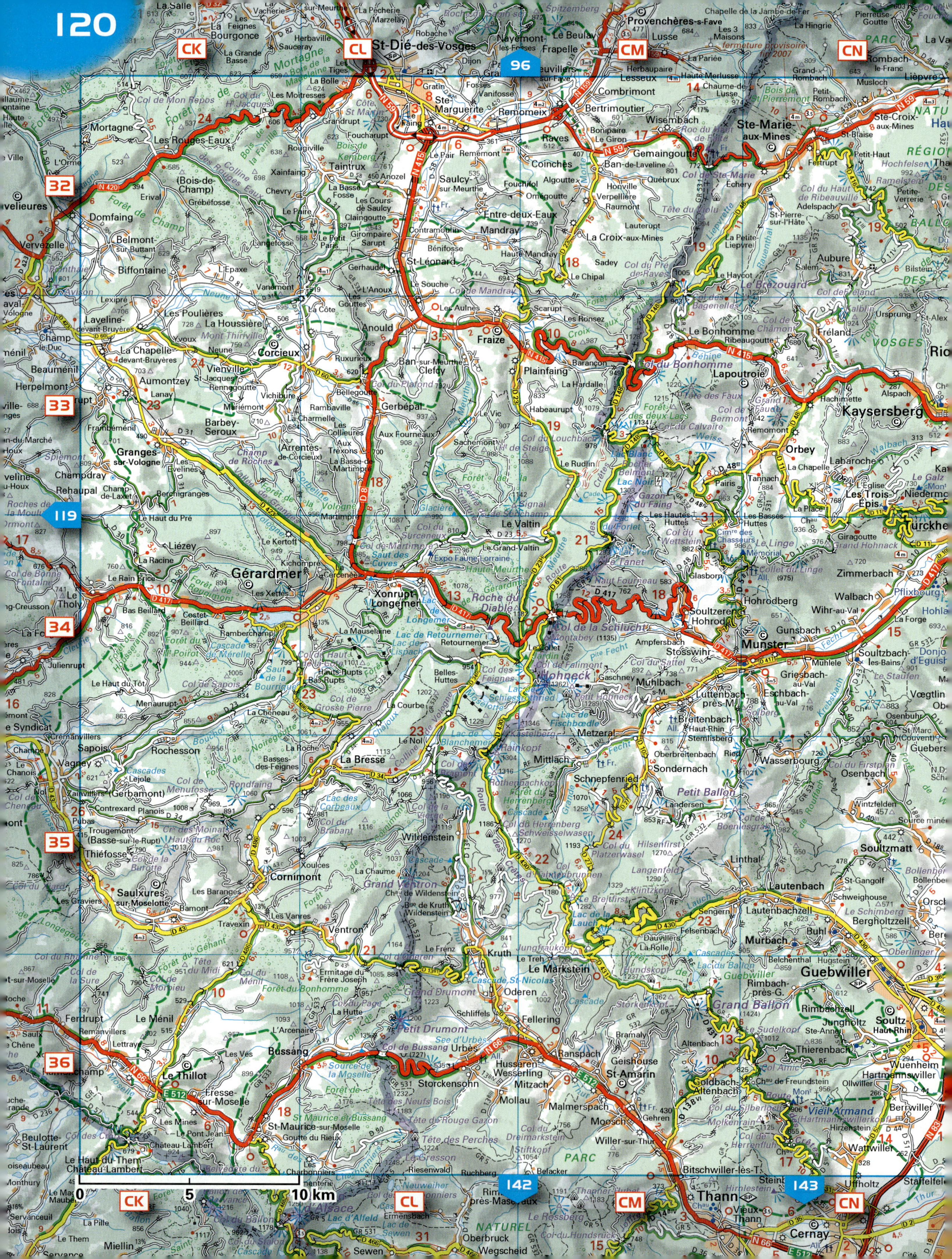
CK
CL
CM
CN
96
32
33
34
35
36
119
142
143
St-Dié-des-Vosges
Provenchères-s-Fave
Ste-Marie-aux-Mines
Kaysersberg
Gérardmer
Xonrupt-Longemer
Corcieux
Fraize
Plainfaing
Le Bonhomme
Lapoutroie
Orbey
Munster
La Bresse
Cornimont
Saulxures-sur-Moselotte
Le Thillot
Bussang
St-Maurice-sur-Moselle
St-Amarin
Thann
Cernay
Guebwiller
Soultzmatt
Lautenbach
Le Markstein
Col de la Schlucht
Grand Ballon
Petit Ballon
Col du Bonhomme
Rochesson
Granges-sur-Vologne
Bruyères
Mortagne
Le Valtin
Metzeral
Wasserbourg
Sondernach
Kruth
Oderen
Fellering
Wildenstein
Ventron
0
5
10 km

97
143
CO
CP
CQ
CR
32
33
34
35
36
Sélestat
Europa-Park
Rust
Ettenheim
Ringsheim
Herbolzheim
Kenzingen
Marckolsheim
Ribeauvillé
Bergheim
Guémar
Illhaeusern
Ohnenheim
Elsenheim
Grussenheim
Jebsheim
Riedwihr
Holtzwihr
Riquewihr
Kientzheim
Ammerschwihr
Ingersheim
COLMAR
Horbourg-Wihr
Andolsheim
Sundhoffen
Wintzenheim
Wettolsheim
Herrlisheim-près-C.
Sasbach
Endingen
Riegel
Teningen
Emmendingen
Burkheim
Vogtsburg
Oberbergen
Bötzingen
Jechtingen
Ihringen
Breisach am Rhein
Neuf-Brisach
Volgelsheim
Vogelgrun
Biesheim
Kunheim
Widensolen
Appenwihr
Logelheim
Wolfgantzen
Weckolsheim
Ste-Croix-en-Plaine
Niederhergheim
Oberhergheim
Dessenheim
Rouffach
Rustenhart
Hirtzfelden
Heiteren
Geiswasser
Nambsheim
Balgau
Fessenheim
Blodelsheim
Roggenhouse
Munchhouse
Ensisheim
Rumersheim-le-Haut
Bantzenheim
Chalampé
Ottmarsheim
Battenheim
Wittenheim
Pulversheim
Ecomusée d'Alsace
Gundolsheim
Merxheim
Raedersheim
Ungersheim
Feldkirch
Bollwiller
Soultz
Hartheim
Bad Krozingen
Heitersheim
Buggingen
Müllheim
Neuenburg
Badenweiler
Staufen im Breisgau
Sulzburg
Münstertal
FREIBURG IM BREISGAU
Umkirch
Gottenheim
Merdingen
Opfingen
Tiengen
Munzingen
Schallstadt
Ebringen
Merzhausen
Au
Wittnau
Pfaffenweiler
Ehrenkirchen
Norsingen
Kirchhofen
Eschbach
Bremgarten
Grißheim
Wettelbrunn
Dottingen
Ballrechten-Dottingen
Zienken
Hügelheim
Zunzingen
Schweighof
Lehen
Hochdorf
March
Buchheim
Holzhausen
Neuershausen
Eichstetten
Nimburg
Bahlingen
Forchheim
Wyhl
Weisweil
Malterdingen
Hecklingen
Bombach
Wagenstadt
Kahlenberg
Tutschfelden
Bleichheim
Mackenheim
Bootzheim
Artolsheim
Richtolsheim
Schwobsheim
Baldenheim
Mussig
Heidolsheim
Hessenheim
Saasenheim
Sundhouse
Schoenau
Wittisheim
Muttersholtz
Hilsenheim
Bindernheim
Rhinau
Grafenhausen
Ebersheim
Scherwiller
Châtenois
Orschwiller
St-Hippolyte
Rodern
Rorschwihr
Zellenberg
Ostheim
Beblenheim
Bennwihr
Mittelwihr
Sigolsheim
Houssen
Wickerschwihr
Bischwihr
Muntzenheim
Fortschwihr
Durrenentzen
Urschenheim
Artzenheim
Baltzenheim
Algolsheim
Obersaasheim
Hettenschlag
Biltzheim
Niederentzen
Oberentzen
Munwiller
Meyenheim
Réguisheim
Niederrimsingen
Oberrimsingen
Gündlingen
Hochstetten
Achkarren
Wasenweiler
Bickensohl
Oberrotweil
Bischoffingen
Kiechlinsbergen
Leiselheim
Königschaffhausen
Amoltern
RHEIN
Grand Canal d'Alsace
Forêt de la Harth

Concarneau
Beg-Meil
Bot-Conan
Kerveltrec
Le Letty
St-Gilles
Kerbader
Brallac'h
Mousterlin
Pointe de Mousterlin
Anse de Bénodet
Langoz
Loctudy
Kergall
Pointe de Beg Meil
Pte de Cabellou
Le Cabellou
Baie de Pouldohan
Pendruc
Pointe de la Jument
Kerdallé
Cosquer
Lambell
Ruat
Kerlin
Lanénos
Trévignon
Pointe de Trévignon
St-Philibert
Kerose
Lanriec
Kerviniou
Pont-Minaouët
Trégunc
Croissant-Bouillet
Kérampaou
Kergazuel
St-Andr
Croissant-Kergos
Kerminaouët
Penanrun
Kériquel
Tréhubert
Célan
Kersidan
Kercanic
Raguenès-Plage
Île Raguenès
Île Verte
Névez
Botquélen
Le Hénant
Kerambail
Kerdruc
Kermen
Trémorvezen
Kerascoët
Rospico
Kerangall
Port-Manech
Kerfany-les-Pins
Kerdoualen
Kerangosquer
Croas-Kerrun
Tremor
Rosbras
Goulet-Riec
Aven
Bossulan
N 165
E 60
St-Maudé
Trémalo
Bois d'A
Kerandréo
Kernivaigne
Pont-Aven
Lanmeur
Riec-sur-Belon
Kerviger
Lanneguy
Belon
Kergoulouet
Lanriot
Kerduel
Kergroës
Kerroch
St-Pierre
Brigneau
Port de Merrien
Kerglien
Placamen
Chef-du-Bois
La Grange
St-Thamec
Doëlan
St-Cado
Moëlan-sur-M
Clohars-C
Lande-Julien
Gare-de-la-For
Kéraël
Locquillec
Croaz-Hent-Loctudy
Lanisca
St-Jean
Kervran
Lanorgard
La Croix-Verte
D 783
D 24
Île aux Moutons
Îles de Glénan
St-Nicolas
Drenec
Cigogne
Penfret
Loch
ÎLE
100
H
I
J
K
36
37
38
39
40
0
5
10 km

L
M
N
O
101
124
144
36
37
38
39
40
Arzano
Pont-Scorff
Hennebont
Lanester
LORIENT
Port-Louis
Larmor-Plage
Ploemeur
Guidel
Quéven
Caudan
Gâvres
Groix
Locmiquélic
Riantec
Merlevenez
Ste-Hélène
Plouhinec
Kervignac
Nostang
Brandérion
Languidic
Inzinzac-Lochrist
Landévant
Landaul
Locoal-Mendon
Belz
Étel
Erdeven
Ploemel
Plouharnel
Carnac
Carnac-Plage
La Trinité-sur-Mer
St-Pierre-Quiberon
Quiberon
Port-Haliguen
Portivy
PRESQU'ÎLE DE QUIBERON
Côte Sauvage
BAIE DE QUIBERON
Plateau des Birvideaux
Roches de Magouëro
Basse des Bretons
Les Errants
Passe de l'Ouest
Passe du Sud
Anse du Pouldu
Aéroport de Lann-Bihoué
Pointe du Talut
Pointe de Gâvres
Pointe des Chats
Pointe d'Erdeven
Pointe du Conguel
Pointe de Légenès
Port Maria
Beg er Vil
Beg Rohu
Île Theviec
Fort de Penthièvre
Penthièvre
La Teignouse
Chaussée de la Teignouse
Île Glazic
Alignements
Dolmens de Rondossec
Trou de l'Enfer
Port Tudy
Plage des Grands Sables
Port Mélite
Blavet

P
Q
R
S
101
102
123
36
37
38
39
40
VANNES
Auray
Baud
Locminé
Pluvigner
Grand-Champ
St-Jean-Brévelay
Elven
Sarzeau
Port-Navalo
Arzon
Locmariaquer
Carnac
Ste-Anne-d'Auray
Plescop
St-Avé
Séné
Theix
Surzur
Questembert
Muzillac
Plumelec
Bignan
Moustoir-Ac
Plumergat
Brech
Crach
Baden
Larmor-Baden
Plougoumelen
Arradon
Île-aux-Moines
Île-d'Arz
GOLFE DU MORBIHAN
Presqu'île de Rhuys
St-Gildas-de-Rhuys
Chau de Suscinio
Damgan
Ambon
Noyalo
Le Tour-du-Parc
Monterblanc
Meucon
Locqueltas
Camors
Landaul
St-Philibert
Forteresse de Largoët
Forêt de Camors
Bois de St-Bily
BAIE DE QUIBERON
Rade de Penerf
Anse de Suscinio
E 60
N 165
N 166
N 24
D 780
D 775
0
5
10 km

Ploërmel
Campénéac
Coëtquidan-St-Cyr
St-Malo-de-Beignon
103
T
U
V
W
Augan
Porcaro
Guer
Maure-de-Bretagne
36
Monterrein
Caro
Monteneuf
Réminiac
Missiriac
Tréal
Malestroit
Ruffiac
Carentoir
Quelneuc
St-Séglin
Lieuron
St-Marcel
St-Laurent-sur-Oust
St-Nicolas-du-Tertre
La Chapelle-Gaceline
Pipriac
37
St-Congard
La Gacilly
Sixt-s-Aff
Pleucadeuc
St-Martin
Cournon
126
Molac
Les Fougerêts
St-Gravé
Glénac
Renac
Peillac
Bains-sur-Oust
38
Pluherlin
Rochefort-en-Terre
Malansac
St-Jacut-les-Pins
Ste-Marie
St-Perreux
Questembert
Redon
St-Nicolas-de-Redon
Avessac
St-Gorgon
Allaire
Limerzel
Caden
Zoo de Branféré
Rieux
39
Noyal-Muzillac
Béganne
Fégréac
Le Guerno
Péaule
Théhillac
Marzan
Nivillac
St-Dolay
Sévérac
La Roche-Bernard
Arzal
St-Gildas-des-Bois
40
Guenrouet
Camoël
Férel
Missillac
146
Drefféac
Herbignac
Quilly
N 24
N 165
E 60
D 775
D 773
D 177

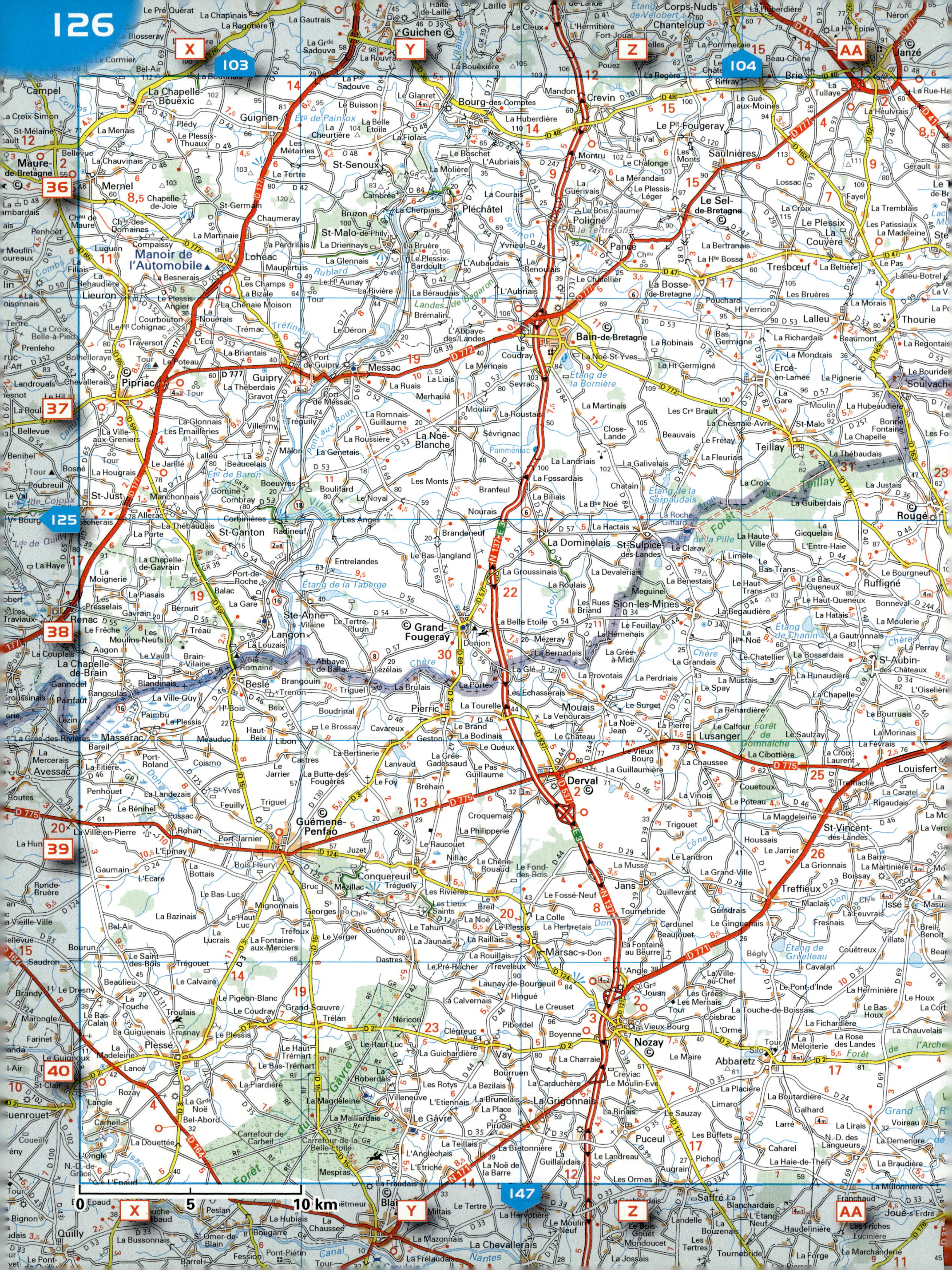

X
Y
Z
AA
103
104
125
147
36
37
38
39
40
Guichen
Bourg-des-Comptes
Crevin
Janzé
Chanteloup
Corps-Nuds
Brie
Guignen
La Chapelle-Bouëxic
St-Senoux
Pléchâtel
Poligné
Pancé
Le Sel-de-Bretagne
Saulnières
Le Pt-Fougeray
Lohéac
St-Malo-de-Phily
Manoir de l'Automobile
Maure-de-Bretagne
Mernel
Lieuron
La Bosse-de-Bretagne
Tresbœuf
Lalleu
Thourie
Bain-de-Bretagne
Messac
Guipry
Pipriac
La Noë-Blanche
Ercé-en-Lamée
Teillay
St-Malo
Soulvache
St-Just
Rougé
Brandeneuf
La Dominelais
St-Sulpice-des-Landes
Sion-les-Mines
St-Ganton
Grand-Fougeray
Ruffigné
Ste-Anne-s-Vilaine
Langon
Renac
La Chapelle-de-Brain
Besle
Pierric
Mouais
Lusanger
St-Aubin-des-Châteaux
Masserac
Avessac
Derval
Guémené-Penfao
Conquereuil
Jans
Treffieux
St-Vincent-des-Landes
Louisfert
Issé
Marsac-s-Don
Nozay
Abbaretz
Plessé
Vay
Le Gâvre
La Grigonnais
Puceul
Saffré
Blain
Forêt du Gâvre
Forêt de Domnaiche
Forêt de la Pille
Étang de la Taberge
Vilaine
Chère
Don
N 137
E 3
D 772
D 775
D 771
D 164
0
5
10 km

AB
AC
AD
AE
105
148
128
36
37
38
39
40
Marcillé-Robert
Visseiche
La Guerche-de-Bretagne
Moutiers
Gennes-sur-Seiche
Cuillé
Gastines
Laubrières
St-Poix
Méral
Cossé-le-Vivien
Retiers
Arbrissel
Rannée
Mousse
Drouges
Forges-aux-Geslins
La Selle-Guerchaise
Fontaine-Couverte
La Roë
Ballots
La Roche aux Fées
Forêt de la Guerche
Brains-s-les-Marches
St-Michel-de-la-Roë
Forêt de Craon
Livré
Athée
La Chapelle-Craonnaise
Denazé
Forges-la-Forêt
Chelun
Martigné-Ferchaud
Eancé
St-Aignan-sur-Roë
Congrier
Senonnes
St-Erblon
Renazé
La Selle-Craonnaise
Niafles
Craon
St-Saturnin-du-Limet
St-Martin-du-Limet
Bouchamps-lès-Craon
Chérancé
Pommerieux
Forêt de Javardan
Fercé
Noyal-sur-Brutz
Villepot
Soudan
Châteaubriant
St-Aubin
Pouancé
Carbay
La Prévière
Armaillé
Chazé-Henry
La Chapelle-Hullin
Grugé-l'Hôpital
Bourg-l'Évêque
Vergonnes
La Boissière
St-Quentin-les-Anges
Châtelais
Bouillé-Ménard
L'Hôtellerie-de-Flée
Nyoiseau
Noyant-la-Gravoyère
Segré
Ste-Gemmes-d'Andigné
Combrée
Noëllet
St-Michel-et-Chanveaux
Le Tremblay
Le Bourg-d'Iré
La Ferrière
Forêt de Juigné
Juigné-des-Moutiers
La Teillais
Erbray
St-Julien-de-Vouvantes
La Chapelle-Glain
Bois de la Minière
Challain-la-Potherie
Loiré
Chazé-sur-Argos
Moisdon-la-Rivière
Petit-Auverné
Grand-Auverné
Le Pin
Vritz
Candé
Angrie
La Meilleraye-de-Bretagne
Abbaye de Melleray
Forêt d'Ancenis
Riaillé
Bonnœuvre
St-Sulpice-des-Landes
Freigné
St-Mars-la-Jaille
La Cornuaille
Le Louroux-Béconnais
Maumusson
Pannecé
Trans-sur-Erdre
Villemoisan
Cuillon
Brains-sur-les-Marches
Dauphin

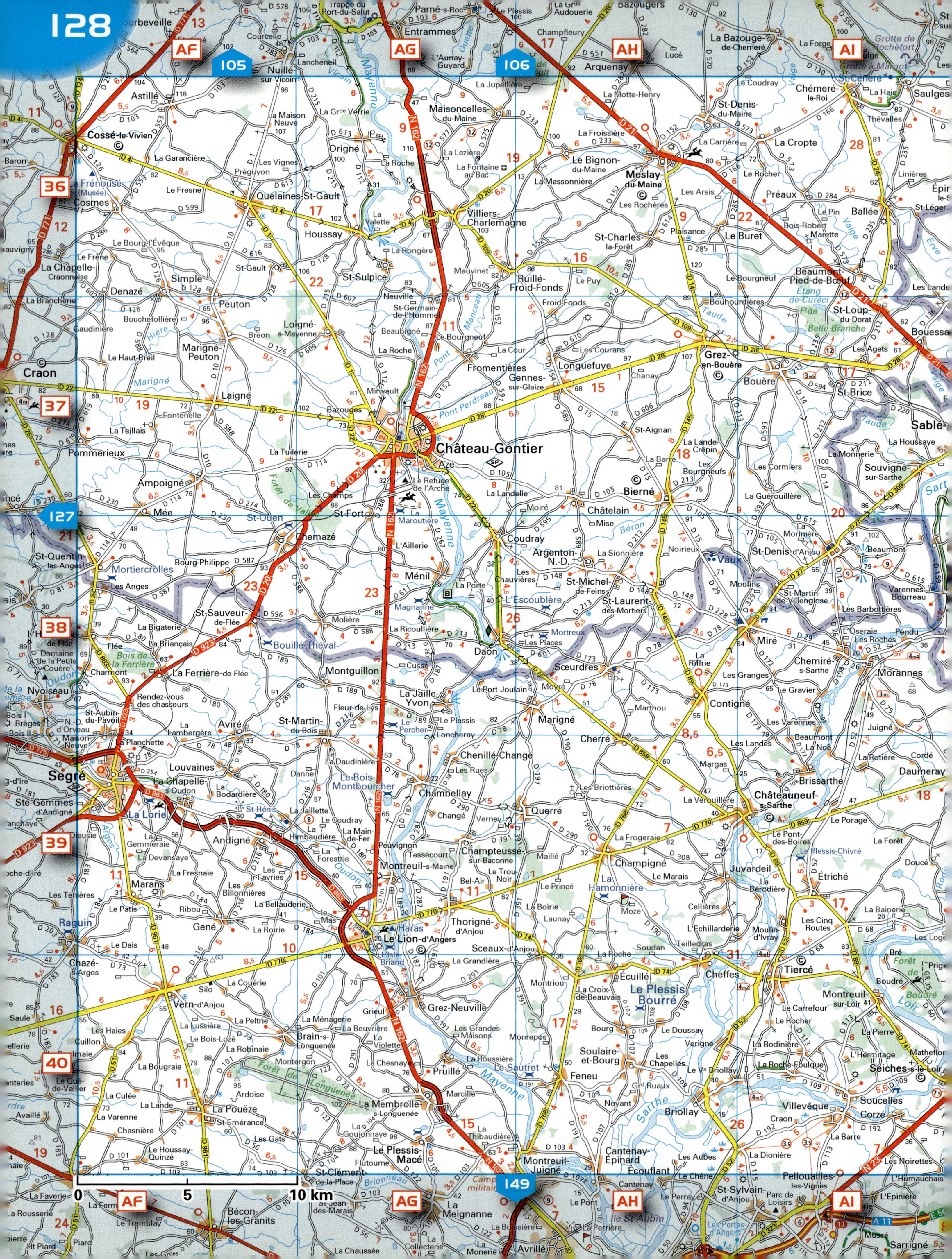
105
106
127
149
AF
AG
AH
AI
36
37
38
39
40
Château-Gontier
Craon
Cossé-le-Vivien
Segré
Le Lion-d'Angers
Meslay-du-Maine
Grez-en-Bouère
Sablé
Châteauneuf-s-Sarthe
Tiercé
Seiches-s-le-Loir
Le Plessis-Macé
Montreuil-Juigné
Avrillé
Daon
Coudray
Azé
Chemazé
Ménil
Bierné
Morannes
Miré
Contigné
Champigné
Feneu
Briollay
Soulaire-et-Bourg
Cheffes
Juvardeil
Étriché
Grez-Neuville
Vern-d'Anjou
Le Louroux-Béconnais
La Pouëze
Andigné
Louvaines
La Chapelle-s-Oudon
Marans
Gené
Chazé-s-Argos
Montguillon
Marigné
Chenillé-Changé
Querré
Thorigné-d'Anjou
Sceaux-d'Anjou
Écuillé
Cantenay-Épinard
Pruillé
La Membrolle-s-Longuenée
Brain-s-Longuenée
Villiers-Charlemagne
Ruillé-Froid-Fonds
Fromentières
Longuefuye
Bouère
St-Brice
St-Denis-d'Anjou
Le Bignon-du-Maine
Arquenay
Houssay
Quelaines-St-Gault
Loigné-s-Mayenne
Peuton
Marigné-Peuton
Laigné
Simplé
Denazé
La Chapelle-Craonnaise
Cosmes
Astillé
Nuillé-sur-Vicoin
Origné
Maisoncelles-du-Maine
Mayenne
Sarthe
Loir
Forêt de Longuenée
Le Plessis Bourré
0
5
10 km

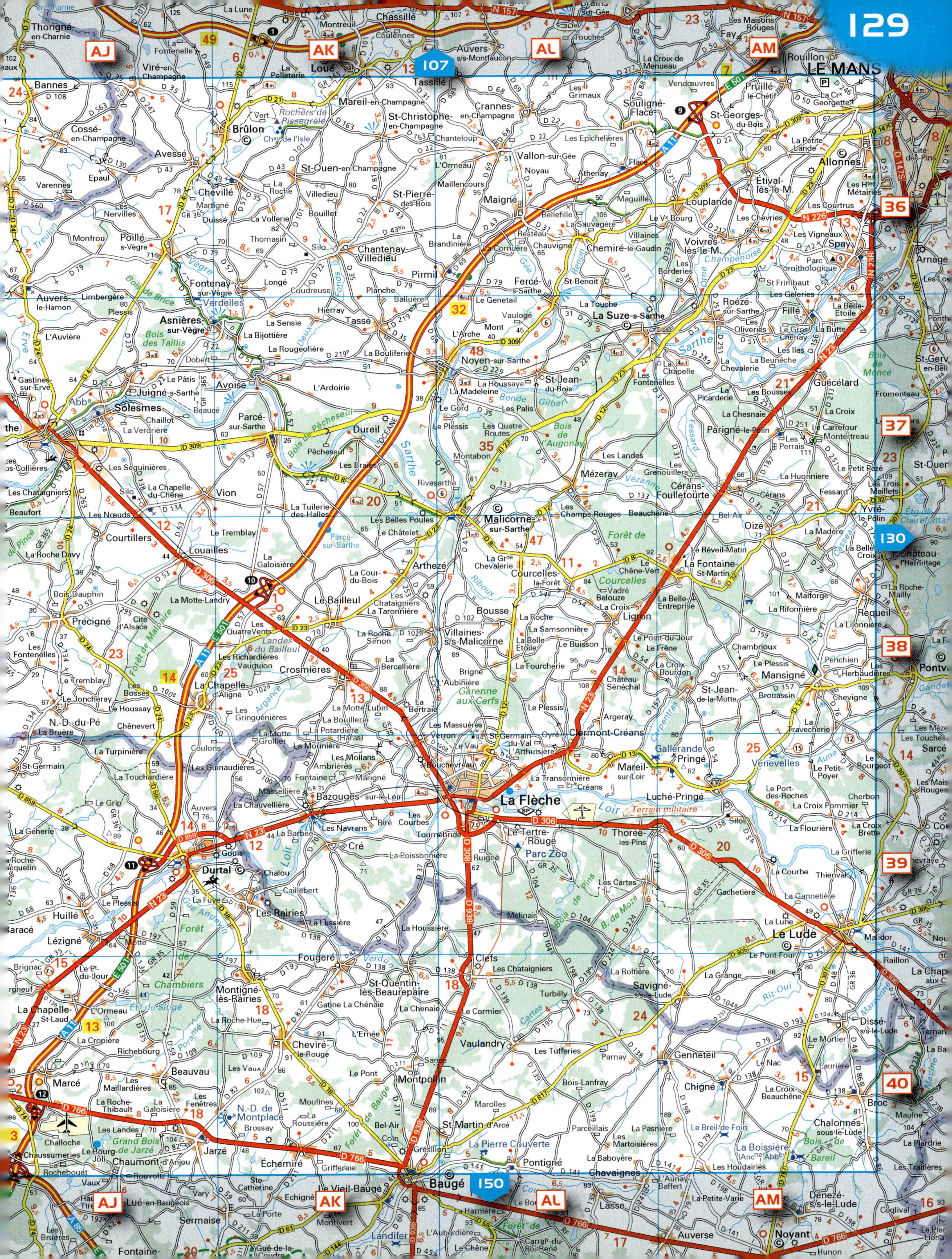
AJ
AK
AL
AM
107
130
150
36
37
38
39
40
Le Mans
Thorigné-en-Charnie
Chassillé
Loué
Aurvers-s/s-Montfaucon
Fay
Rouillon
Bannes
Viré-en-Champagne
Mareil-en-Champagne
Tassillé
Souligné-Flacé
Pruillé-le-Chétif
St-Georges-du-Bois
Brûlon
St-Christophe-en-Champagne
Cranne-en-Champagne
Vallon-sur-Gée
Allonnes
Cossé-en-Champagne
Avessé
St-Ouen-en-Champagne
St-Pierre-des-Bois
Maigné
Étival-lès-le-M.
Louplande
Chevillé
Poillé-s-Vègre
Chantenay-Villedieu
Pirmil
Chemiré-le-Gaudin
Voivres-lès-le-M.
Spay
Fontenay-sur-Vègre
Fercé-s-Sarthe
Roézé-sur-Sarthe
Fillé
Auvers-le-Hamon
Asnières-sur-Vègre
Tassé
La Suze-s-Sarthe
Noyen-sur-Sarthe
St-Jean-du-Bois
Guécelard
Juigné-s-Sarthe
Avoise
Solesmes
Parcé-sur-Sarthe
Dureil
Parigné-le-Pôlin
Sablé-sur-Sarthe
Vion
Mézeray
Malicorne-sur-Sarthe
Cérans-Foulletourte
Yvré-le-Pôlin
Courtillers
Louailles
Oizé
Arthezé
Le Bailleul
Courcelles-la-Forêt
Précigné
Ligron
Requeil
Villaines-s/s-Malicorne
Crosmières
La Chapelle-d'Aligné
Mansigné
Clermont-Créans
Pringé
Vénevelles
La Flèche
Bazouges-sur-le-Loir
Luché-Pringé
Durtal
Thorée-les-Pins
Les Rairies
Le Lude
Huillé
Lézigné
Fougeré
Clefs
St-Quentin-lès-Beaurepaire
Savigné-s/s-le-Lude
Montigné-lès-Rairies
Dissé-s/s-le-Lude
Cheviré-le-Rouge
Vaulandry
Genneteil
Marcé
Beauvau
Montpollin
Chigné
Broc
N.-D. de Montplace
St-Martin-d'Arcé
Chalonnes-sous-le-Lude
Jarzé
Échemiré
Pontigné
Chaumont-d'Anjou
Baugé
Chavaignes
Lué-en-Baugeois
Le Vieil-Baugé
Lasse
Dénezé-s/s-le-Lude
Sermaise
Auverse
Noyant
Fontaine-Guérin
Forêt de Chambiers
Forêt de Courcelles
Parc Zoo
Terrain militaire
Loir
Sarthe
A 11
E 501
N 23
D 306
D 309
D 323
D 766
D 938

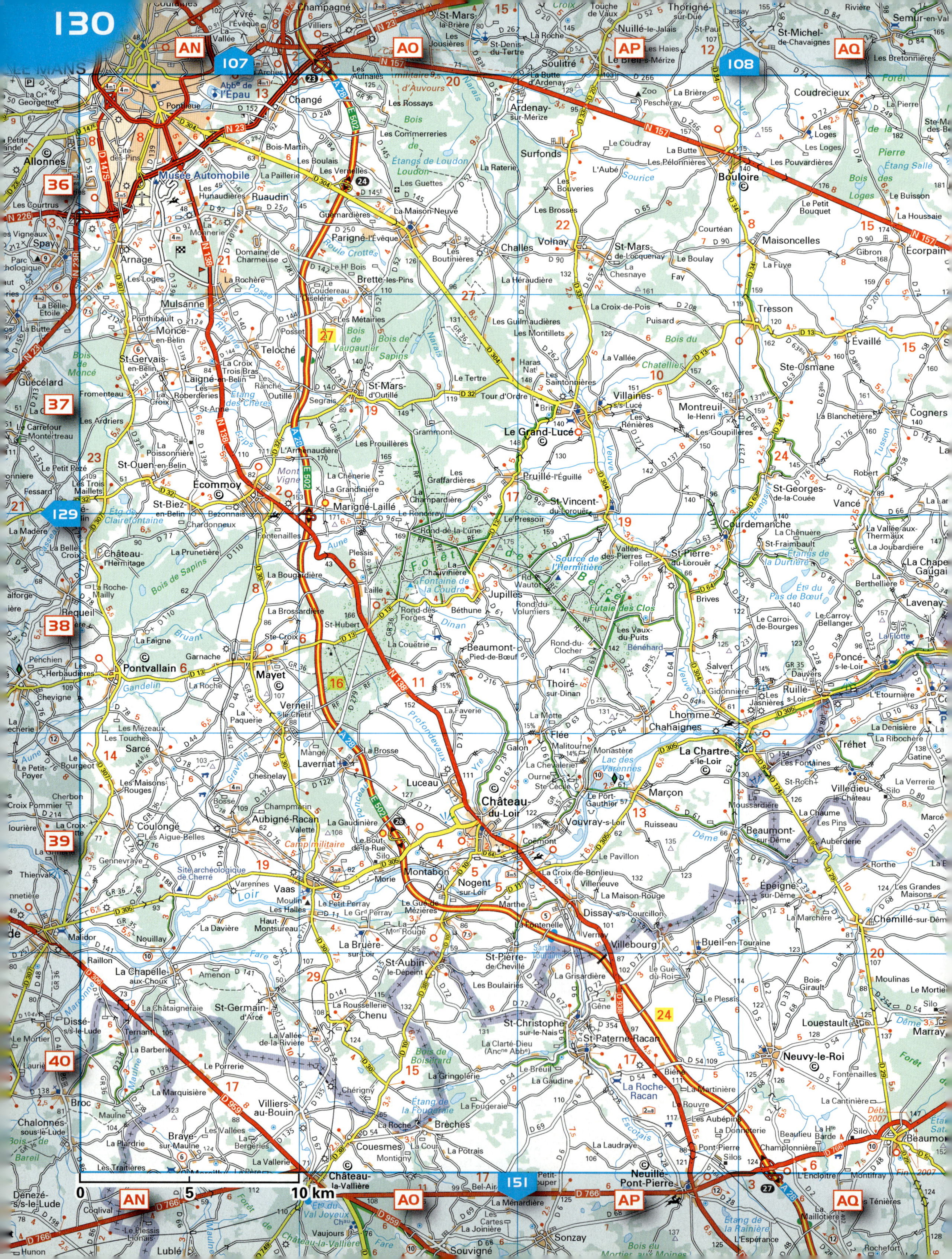
LE MANS
Allonnes
Arnage
Mulsanne
Changé
Ruaudin
Parigné-l'Évêque
Brette-les-Pins
Teloché
Laigné-en-Belin
St-Gervais-en-Belin
Guécélard
St-Mars-d'Outillé
Ardenay-sur-Mérize
Surfonds
Volnay
Challes
St-Mars-de-Locquenay
Bouloire
Maisoncelles
Écorpain
Coudrecieux
St-Michel-de-Chavaignes
Tresson
Évaillé
Ste-Osmane
Cogners
Le Grand-Lucé
Villaines-s/s-Lucé
Montreuil-le-Henri
Pruillé-l'Éguillé
St-Vincent-du-Lorouër
Écommoy
Marigné-Laillé
St-Ouen-en-Belin
St-Biez-en-Belin
Courdemanche
St-Georges-de-la-Couée
Vancé
St-Pierre-du-Lorouër
Jupilles
Beaumont-Pied-de-Bœuf
Thoiré-sur-Dinan
Pontvallain
Mayet
Verneil-le-Chétif
Sarcé
Lavernat
Luceau
Château-du-Loir
Flée
Lhomme
Chahaignes
La Chartre-s-le-Loir
Ruillé-s-Loir
Tréhet
Marçon
Vouvray-s-Loir
Beaumont-sur-Dême
Villedieu-le-Château
Coulongé
Aubigné-Racan
Vaas
Montabon
Nogent-sur-Loir
Dissay-s/s-Courcillon
Épeigné-sur-Dême
Chemillé-sur-Dême
Bueil-en-Touraine
Villebourg
La Chapelle-aux-Choux
St-Germain-d'Arcé
La Bruère-sur-Loir
St-Aubin-le-Dépeint
Chenu
St-Pierre-de-Chevillé
St-Christophe-sur-le-Nais
St-Paterne-Racan
Neuvy-le-Roi
Louestault
Dissé-s/s-le-Lude
Villiers-au-Bouin
Braye-sur-Maulne
Couesmes
Brèches
La Roche-Racan
Neuillé-Pont-Pierre
Château-la-Vallière
Beaumont
Sonzay
Souvigné
Lublé
Marray
Forêt de Bercé
0
5
10 km
AN
AO
AP
AQ
107
108
129
151
36
37
38
39
40

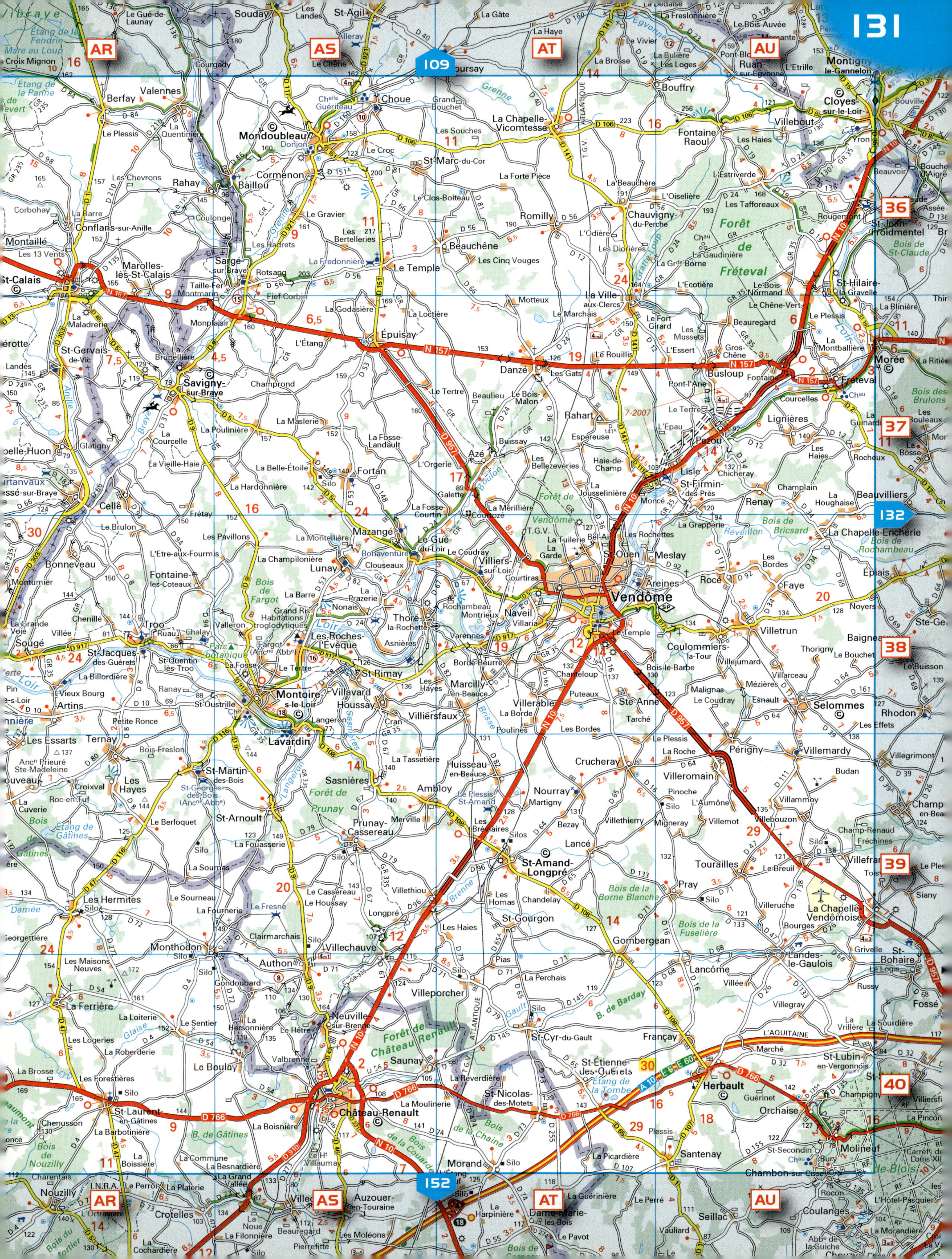
109
AR
AS
AT
AU
Le Gué-de-Launay
Souday
St-Agil
La Gâte
Le Chêne
Bouffry
Ruan-sur-Egvonne
Montigny-le-Gannelon
Cloyes-sur-le-Loir
Berfay
Valennes
Choue
Mondoubleau
La Chapelle-Vicomtesse
Fontaine-Raoul
Villebout
Cormenon
Baillou
St-Marc-du-Cor
Rahay
La Forte Pièce
Romilly
Chauvigny-du-Perche
Conflans-sur-Anille
Montaillé
Marolles-lès-St-Calais
St-Calais
Sargé-sur-Braye
Beauchêne
Le Temple
Forêt de Fréteval
Épuisay
Danzé
La Ville-aux-Clercs
Busloup
Fréteval
Morée
St-Gervais-de-Vic
Savigny-sur-Braye
Rahart
Lignières
Azé
Fortan
Pezou
Lisle
St-Firmin-des-Prés
Cellé
Renay
Beauvilliers
132
Mazangé
Lunay
Villiers-sur-Loir
St-Ouen
Meslay
Vendôme
Naveil
Areines
Bonneveau
Fontaine-les-Coteaux
Thoré-la-Rochette
Villetrun
Coulommiers-la-Tour
Sougé
Troo
Les Roches-l'Évêque
St-Jacques-des-Guérets
St-Rimay
Montoire-sur-le-Loir
Houssay
Marcilly-en-Beauce
Selommes
Artins
Lavardin
Villiersfaux
Ste-Anne
Périgny
Villemardy
Les Essarts
Ternay
St-Martin-des-Bois
Les Hayes
Sasnières
Huisseau-en-Beauce
Crucheray
Villeromain
St-Arnoult
Prunay-Cassereau
Ambloy
Nourray
Lancé
St-Amand-Longpré
Tourailles
Pray
La Chapelle-Vendômoise
Les Hermites
St-Gourgon
Gombergean
Landes-le-Gaulois
Monthodon
Authon
Villechauve
Lancôme
La Ferrière
Neuville-sur-Brenne
Villeporcher
Saunay
St-Cyr-du-Gault
Françay
St-Lubin-en-Vergonnois
Le Boulay
Château-Renault
St-Nicolas-des-Motets
St-Étienne-des-Guérets
Herbault
Orchaise
St-Laurent-en-Gâtines
Molineuf
Santenay
Morand
Auzouer-en-Touraine
152
Nouzilly
Crotelles
Seillac
Dame-Marie-les-Bois
Rocon
36
37
38
39
40

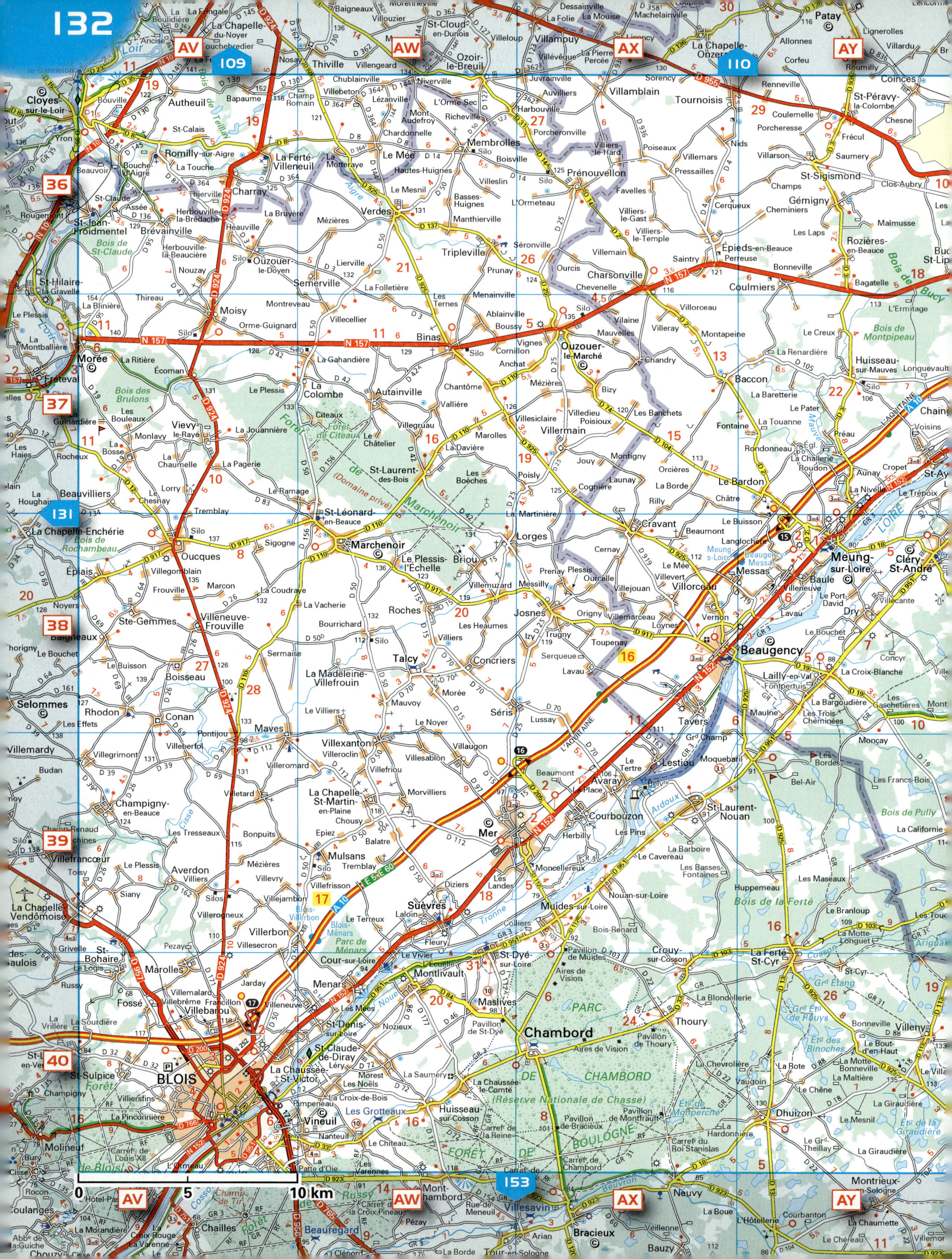
AV
AW
AX
AY
109
110
131
153
36
37
38
39
40
Baigneaux
Morée
Cloyes-sur-le-Loir
Autheuil
Romilly-sur-Aigre
La Ferté-Villeneuil
Charray
Verdes
Le Mée
Membrolles
Prénouvellon
Villamblain
Tournoisis
Patay
St-Péravy-la-Colombe
St-Sigismond
Gémigny
Coinces
Épieds-en-Beauce
Coulmiers
Saintry
Charsonville
Tripleville
Séronville
Binas
Ouzouer-le-Marché
Moisy
Semerville
Ouzouer-le-Doyen
Brévainville
St-Jean-Froidmentel
St-Hilaire-la-Gravelle
Fréteval
Autainville
La Colombe
Forêt de Marchenoir
St-Laurent-des-Bois
Villermain
Baccon
Huisseau-sur-Mauves
Le Bardon
Meung-sur-Loire
Cléry-St-André
Beaugency
Lailly-en-Val
Tavers
Cravant
Villorceau
Messas
Lorges
Briou
Marchenoir
St-Léonard-en-Beauce
Oucques
Beauvilliers
La Chapelle-Enchérie
Épiais
Ste-Gemmes
Villeneuve-Frouville
Roches
Josnes
Talcy
Concriers
La Madeleine-Villefrouin
Séris
Lestiou
Avaray
Mer
Courbouzon
St-Laurent-Nouan
Maves
Villexanton
Conan
Boisseau
Rhodon
Selommes
Villemardy
Champigny-en-Beauce
Villefrancœur
La Chapelle-Vendômoise
Averdon
Mulsans
La Chapelle-St-Martin-en-Plaine
Suèvres
Muides-sur-Loire
Villerbon
Menars
Cour-sur-Loire
St-Dyé-sur-Loire
Montlivault
Maslives
Chambord
Crouy-sur-Cosson
La Ferté-St-Cyr
Thoury
St-Bohaire
Marolles
Fossé
Villebarou
BLOIS
La Chaussée-St-Victor
St-Claude-de-Diray
Vineuil
Huisseau-sur-Cosson
Les Grottes
FORÊT DE CHAMBORD
PARC DE CHAMBORD
(Réserve Nationale de Chasse)
FORÊT DE BOULOGNE
Dhuizon
Neuvy
Bracieux
Villesavin
Mont-près-Chambord
Chailles
Montrieux-en-Sologne
Villeny
LOIRE
0
5
10 km

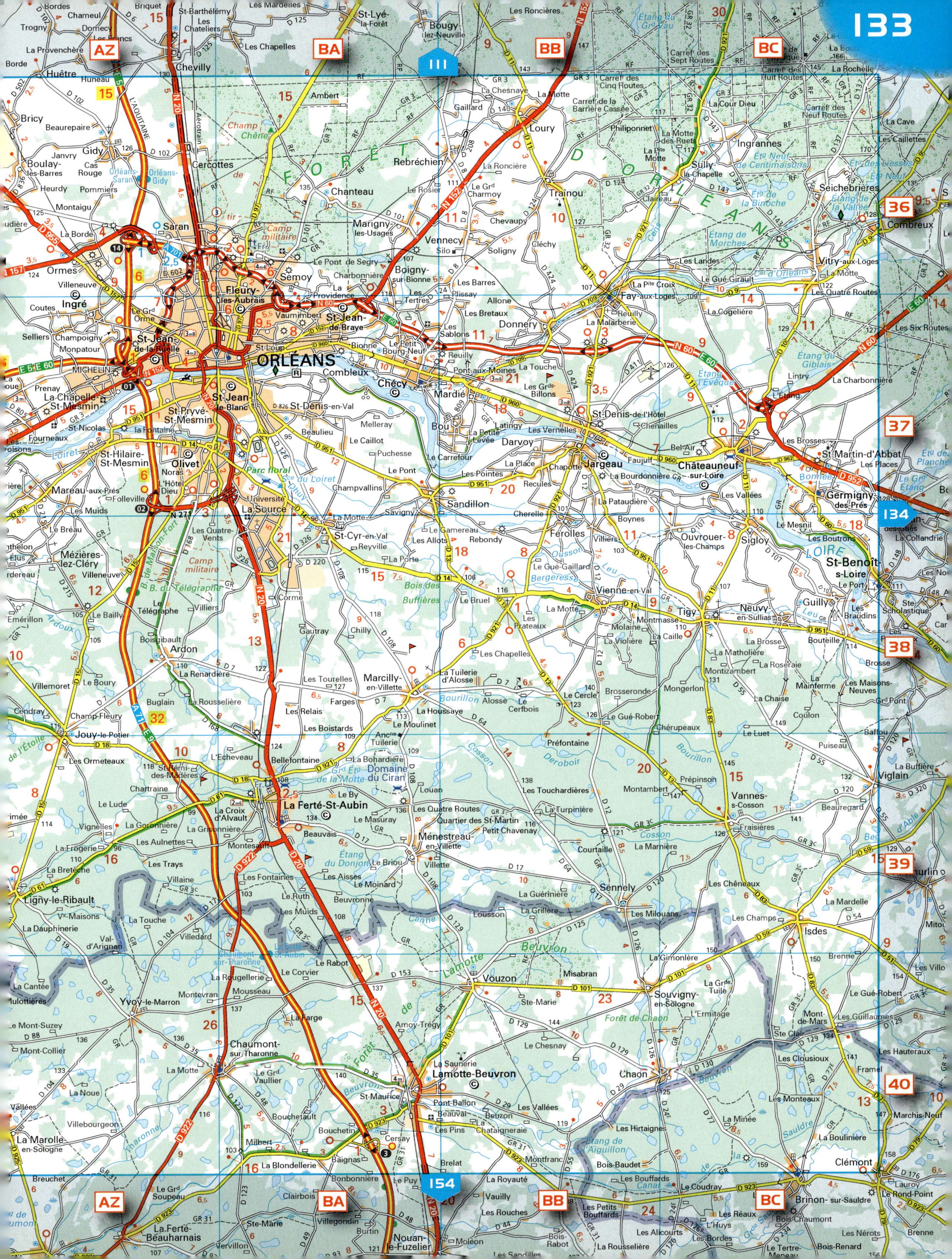
AZ
BA
111
BB
BC
36
37
134
38
39
40
154
ORLÉANS
Fleury-les-Aubrais
St-Jean-de-Braye
St-Jean-de-la-Ruelle
St-Jean-le-Blanc
Saran
Ingré
Olivet
La Source
St-Pryvé-St-Mesmin
St-Hilaire-St-Mesmin
Mareau-aux-Prés
Semoy
Chécy
Mardié
Combleux
St-Denis-en-Val
Sandillon
St-Cyr-en-Val
Marigny-les-Usages
Boigny-sur-Bionne
Vennecy
Rebréchien
Loury
Trainou
Chanteau
Cercottes
Chevilly
Ingrannes
Sully-la-Chapelle
Seichebrières
Combreux
Vitry-aux-Loges
Fay-aux-Loges
Donnery
Jargeau
St-Denis-de-l'Hôtel
Châteauneuf-sur-Loire
Germigny-des-Prés
St-Martin-d'Abbat
St-Benoît-s-Loire
Darvoy
Férolles
Ouvrouer-les-Champs
Sigloy
Tigy
Vienne-en-Val
Neuvy-en-Sullias
Guilly
Marcilly-en-Villette
Ardon
Jouy-le-Potier
Mézières-lez-Cléry
La Ferté-St-Aubin
Ménestreau-en-Villette
Sennely
Vannes-s-Cosson
Viglain
Isdes
Ligny-le-Ribault
Yvoy-le-Marron
Chaumont-sur-Tharonne
Vouzon
Souvigny-en-Sologne
Lamotte-Beuvron
Chaon
Nouan-le-Fuzelier
La Ferté-Beauharnais
La Marolle-en-Sologne
Brinon-sur-Sauldre
Clémont
FORÊT D'ORLÉANS
LOIRE
Loiret
Cosson
Beuvron
Sauldre
Domaine du Ciran
Forêt de Chaon

BD
BE
BF
BG
111
112
133
155
36
37
38
39
40
Montargis
Amilly
Châlette-sur-Loing
Villemandeur
Vimory
Lorris
Bellegarde
Gien
Briare
Sully-s-Loire
Ouzouer-sur-Loire
Châtillon-sur-Loire
St-Benoît-s-Loire
Germigny-des-Prés
Dampierre-en-Burly
St-Aignan-le-Jaillard
Poilly-lez-Gien
Autry-le-Châtel
Coullons
Cerdon
Viglain
Villemurlin
Nevoy
St-Gondon
St-Florent
Lion-en-Sullias
Montereau
Varennes-Changy
Nogent-s-Vernisson
La Bussière
Boismorand
Les Choux
Langesse
Le Moulinet-sur-Solin
Ouzouer-des-Champs
St-Hilaire-sur-Puiseaux
Solterre
Oussoy-en-Gâtinais
Thimory
Chailly-en-Gâtinais
Presnoy
Auvilliers-en-Gâtinais
Lombreuil
Chevillon-sur-Huillard
Beauchamps-sur-Huillard
Noyers
Coudroy
Vieilles-Maisons-sur-Joudry
Châtenoy
Sury-aux-Bois
Combreux
Nesploy
Quiers-sur-Bezonde
Ouzouer-sous-Bellegarde
Ladon
Villemoutiers
St-Maurice-sur-Fessard
Mormant-sur-Vernisson
Pressigny-les-Pins
Montbouy
Montcresson
Conflans-sur-Loing
Ouzouer-s-Trézée
St-Brisson-sur-Loire
St-Martin-s-Ocre
St-Firmin-s-Loire
Ousson-s-Loire
Bray-en-Val
Les Bordes
Bonnée
St-Père-s-Loire
Argent-sur-Sauldre
Blancafort
Cernoy-en-Berry
Forêt d'Orléans
Forêt de St Brisson
LOIRE
0
5
10 km

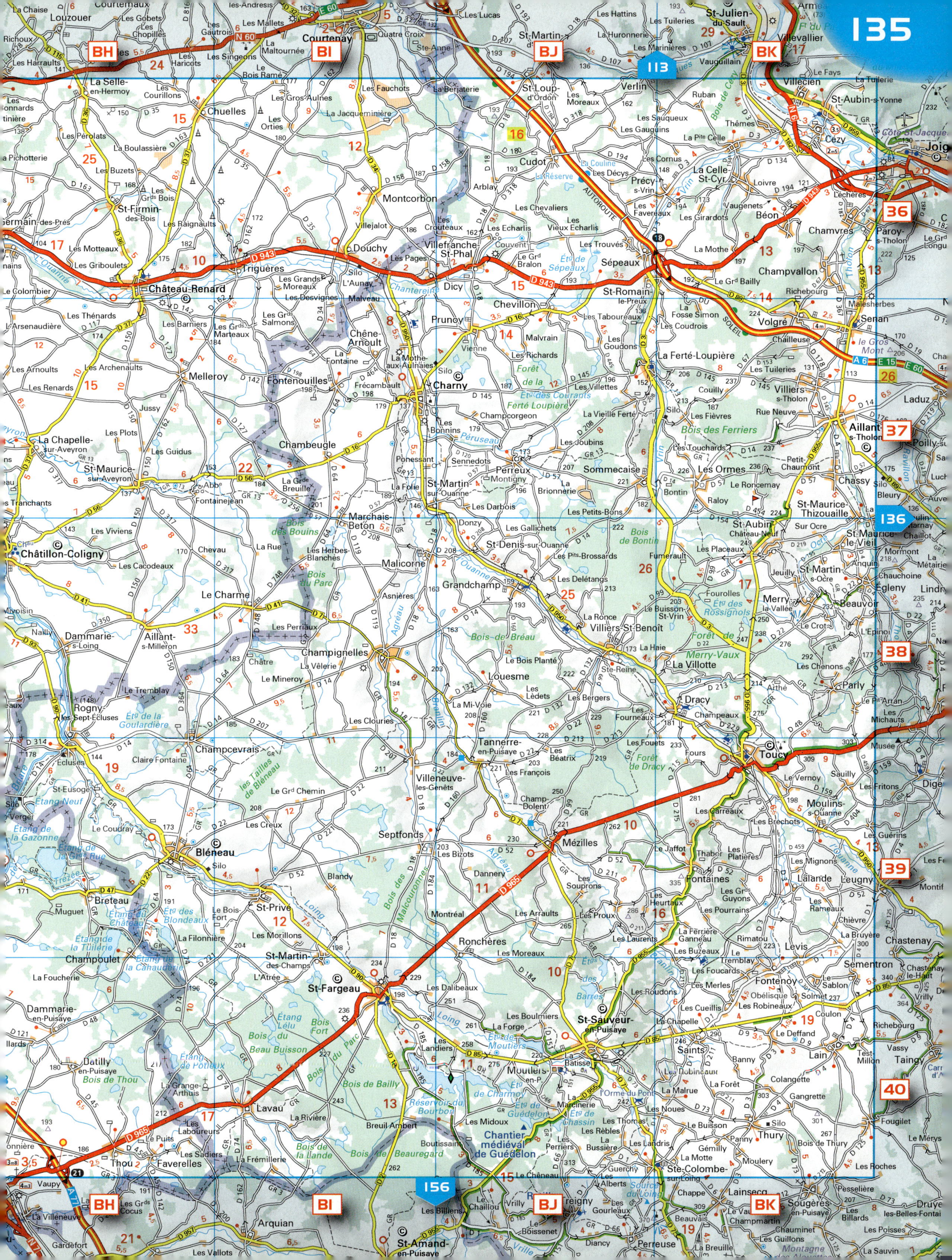
Courtenay
Louzouer
La Selle-en-Hermoy
Chuelles
St-Firmin-des-Bois
Château-Renard
Triguères
Douchy
Montcorbon
Villefranche-St-Phal
St-Loup-d'Ordon
Cudot
Précy-s-Vrin
St-Julien-du-Sault
Villevallier
Villecien
St-Aubin-s-Yonne
Cézy
Joigny
La Celle-St-Cyr
Béon
Chamvres
Paroy-s-Tholon
Sépeaux
Champvallon
St-Romain-le-Preux
Volgré
Senan
Chevillon
Prunoy
Dicy
Chêne-Arnoult
Charny
Melleroy
Fontenouilles
La Ferté-Loupière
Villiers-s-Tholon
Aillant-s-Tholon
La Chapelle-sur-Aveyron
St-Maurice-sur-Aveyron
Chambeugle
Perreux
Sommecaise
Les Ormes
Chassy
St-Maurice-Thizouaille
St-Martin-sur-Ouanne
Marchais-Beton
Châtillon-Coligny
St-Denis-sur-Ouanne
Malicorne
Grandchamp
St-Aubin-Château-Neuf
St-Maurice-le-Vieil
St-Martin-s-Ocre
Beauvoir
Egleny
Merry-la-Vallée
Le Charme
Villiers-St-Benoît
La Villotte
Dammarie-s-Loing
Aillant-s-Milleron
Champignelles
Louesme
Dracy
Parly
Rogny-les-Sept-Écluses
Champcevrais
Tannerre-en-Puisaye
Toucy
Moulins-s-Ouanne
Villeneuve-les-Genêts
Septfonds
Bléneau
Mézilles
Fontaines
Lalande
Leugny
Breteau
St-Privé
Ronchères
Levis
Chastenay
Champoulet
St-Martin-des-Champs
St-Fargeau
St-Sauveur-en-Puisaye
Fontenoy
Dammarie-en-Puisaye
Saints
Lain
Taingy
Moutiers-en-P.
Lavau
Thury
Ste-Colombe-sur-Loing
Thou
Faverelles
Treigny
Lainsecq
Sougères-en-Puisaye
Arquian
St-Amand-en-Puisaye
Perreuse
Chantier médiéval de Guédelon
BH
BI
BJ
BK
113
136
156
36
37
38
39
40

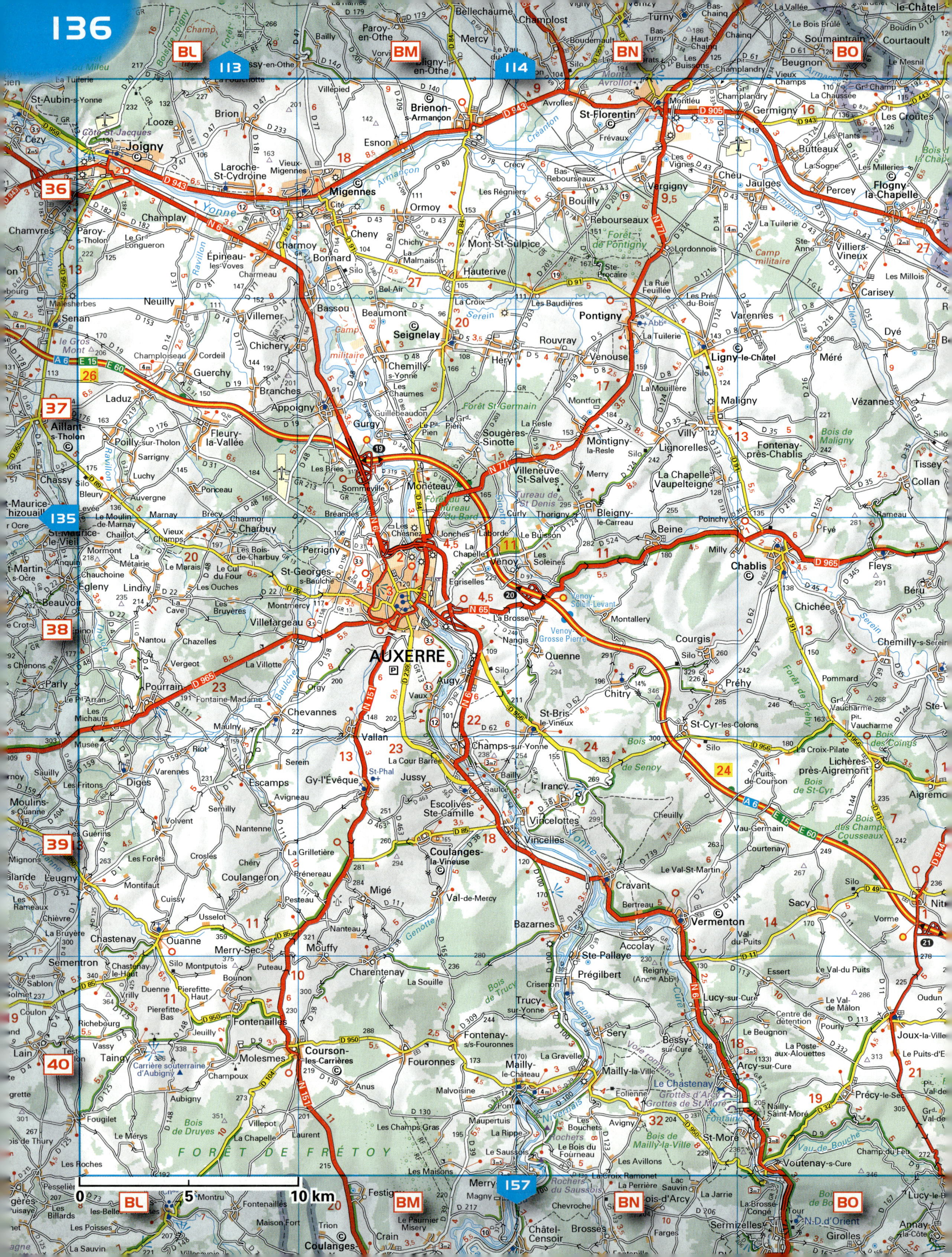
BL
BM
BN
BO
113
114
135
157
36
37
38
39
40
Joigny
St-Aubin-s-Yonne
Cézy
Looze
Brion
Laroche-St-Cydroine
Vieux-Migennes
Migennes
Esnon
Brienon-s-Armançon
St-Florentin
Germigny
Flogny-la-Chapelle
Percey
Jaulges
Chéu
Vergigny
Bouilly
Rebourseaux
Forêt de Pontigny
Lordonnois
Villiers-Vineux
Carisey
Champlay
Paroy-s-Tholon
Épineau-les-Voves
Charmoy
Bonnard
Cheny
Ormoy
Mont-St-Sulpice
Hauterive
Chamvres
Neuilly
Senan
Villemer
Bassou
Beaumont
Seignelay
Chichery
Pontigny
Ligny-le-Châtel
Varennes
Méré
Champloiseau
Cordeil
Guerchy
Branches
Appoigny
Chemilly-s-Yonne
Héry
Rouvray
Venouse
Maligny
Laduz
Aillant-s-Tholon
Poilly-sur-Tholon
Fleury-la-Vallée
Gurgy
Forêt St-Germain
Sougères-s-Sinotte
Montigny-la-Resle
Villy
Lignorelles
Fontenay-près-Chablis
Vézannes
Chassy
Sarrigny
Luchy
Ponceau
Les Bries
Monéteau
Villeneuve-St-Salves
La Chapelle-Vaupelteigne
Tissey
Collan
Bleury
Auvergne
Marnay
Chaumot
Charbuy
Perrigny
Bleigny-le-Carreau
Beine
Chablis
Fleys
Béru
St-Maurice-le-Vieil
Chaillot
Vieux Champs
Les Bois-de-Charbuy
St-Georges-s-Baulche
Égriselles
Vénoy
Les Soleines
Milly
Chichée
Égleny
Lindry
Villefargeau
AUXERRE
Montallery
Courgis
Chemilly-s-Serein
Beauvoir
Nantou
Chazelles
Vergeot
La Villotte
Augy
Quenne
Chitry
Préhy
Parly
Pourrain
Fontaine-Madame
Chevannes
Orgy
Vaux
St-Bris-le-Vineux
St-Cyr-les-Colons
Vaucharme
Mauluy
Vallan
Champs-sur-Yonne
Bois de Senoy
La Croix-Pilate
Lichères-près-Aigremont
Aigremont
Saints
Diges
Escamps
Gy-l'Évêque
Jussy
Irancy
Puits-de-Courson
Bois de St-Cyr
Moulins-s-Ouanne
Les Fritons
Varennes
Semilly
Avigneau
Escolives-Ste-Camille
Cheuilly
Vincelottes
Vincelles
Vau-Germain
Courtenay
Les Guérins
Volvent
Nantenne
Crosles
Chéry
La Grilletière
Coulangeron
Coulanges-la-Vineuse
Val-de-Mercy
Cravant
Le Val-St-Martin
Sacy
Leugny
Montifaut
Migé
Vermenton
Bazarnes
Chastenay
Ouanne
Usselot
Merry-Sec
Mouffy
Nanteau
Accolay
Ste-Pallaye
Prégilbert
Essert
Sementron
Montputois
Bounon
Charentenay
La Souille
Trucy-sur-Yonne
Lucy-sur-Cure
Joux-la-Ville
Pierrefitte-Haut
Fontenailles
Fontenay-s/s-Fourronnes
Sery
Bessy-sur-Cure
Le Beugnon
Arcy-sur-Cure
Richebourg
Taingy
Molesmes
Courson-les-Carrières
Fouronnes
Mailly-le-Château
La Gravelle
Mailly-la-Ville
Carrière souterraine d'Aubigny
Aubigny
Anus
Malvoisine
Nailly-Saint-Moré
Précy-le-Sec
Fougilet
Le Mérys
Bois de Druyes
Villepot
La Chapelle
Laurent
Les Champs Gras
Maupertuis
La Rippe
Le Saussois
Les Bouchets
Avigny
Bois de Mailly-la-Ville
St-Moré
Voutenay-s-Cure
FORÊT DE FRÉTOY
Les Roches
Les Maisons
Merry-sur-Yonne
Magny
Rochers du Saussois
Lac Sauvin
La Jarrie
Sermizelles
Givry
Girolles
Annay-la-Côte
Lucy-le-Bois
Festigny
Châtel-Censoir
Brosses
Crain
Coulanges
Trucy
Fontenailles
Les Poisses
La Sauvin
0
5
10 km
A 6
E 15
E 60
N 6
N 77
N 65
N 151
D 965
D 905
D 943
D 956

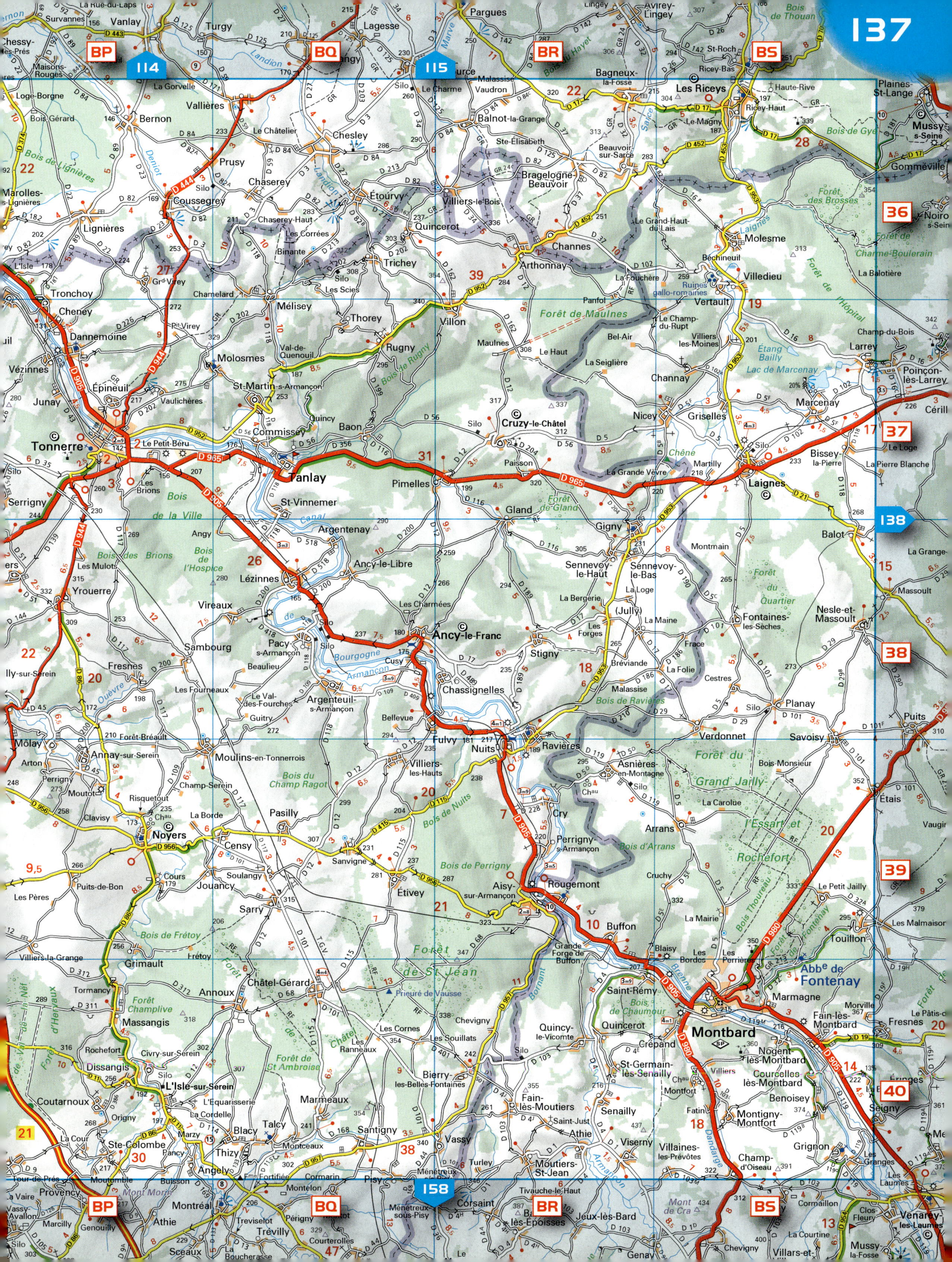
Vanlay
Turgy
Lagesse
Pargues
Avirey-Lingey
Bernon
Vallières
Chesley
Balnot-la-Grange
Les Riceys
Ricey-Haut
Mussy-s-Seine
Prusy
Étourvy
Villiers-le-Bois
Bragelogne-Beauvoir
Coussegrey
Chaserey
Lignières
Quincerot
Channes
Arthonnay
Molesme
Trichey
Villedieu
Tronchoy
Cheney
Dannemoine
Mélisey
Thorey
Villon
Forêt de Maulnes
Vertault
Molosmes
Rugny
Larrey
Vézinnes
Épineuil
Junay
St-Martin-s-Armançon
Channay
Poinçon-lès-Larrey
Marcenay
Tonnerre
Commissey
Baon
Cruzy-le-Châtel
Nicey
Griselles
Tanlay
Pimelles
Laignes
Serrigny
St-Vinnemer
Argentenay
Gland
Gigny
Balot
Ancy-le-Libre
Sennevoy-le-Haut
Sennevoy-le-Bas
Lézinnes
Yrouerre
Vireaux
Fontaines-les-Sèches
Nesle-et-Massoult
Ancy-le-Franc
Pacy-s-Armançon
Sambourg
Stigny
Fresnes
Chassignelles
Argenteuil-s-Armançon
Planay
Verdonnet
Savoisy
Puits
Fulvy
Nuits
Ravières
Annay-sur-Serein
Villiers-les-Hauts
Asnières-en-Montagne
Moulins-en-Tonnerrois
Étais
Noyers
Pasilly
Cry
Arrans
Censy
Sarry
Jouancy
Étivey
Perrigny-s-Armançon
Rougemont
Aisy-sur-Armançon
Buffon
Fontenay
Grimault
Annoux
Châtel-Gérard
Saint-Rémy
Marmagne
Massangis
Quincy-le-Vicomte
Montbard
Fain-lès-Montbard
Dissangis
L'Isle-sur-Serein
Bierry-les-Belles-Fontaines
Fain-lès-Moutiers
Courcelles-lès-Montbard
Coutarnoux
Marmeaux
Santigny
Vassy
Athie
Senailly
Seigny
Ste-Colombe
Blacy
Talcy
Thizy
Moutiers-St-Jean
Viserny
Villaines-les-Prévôtes
Champ-d'Oiseau
Grignon
Provency
Montréal
Athie
Trévilly
Corsaint
Les Époisses
Jeux-lès-Bard
Venarey-les-Laumes

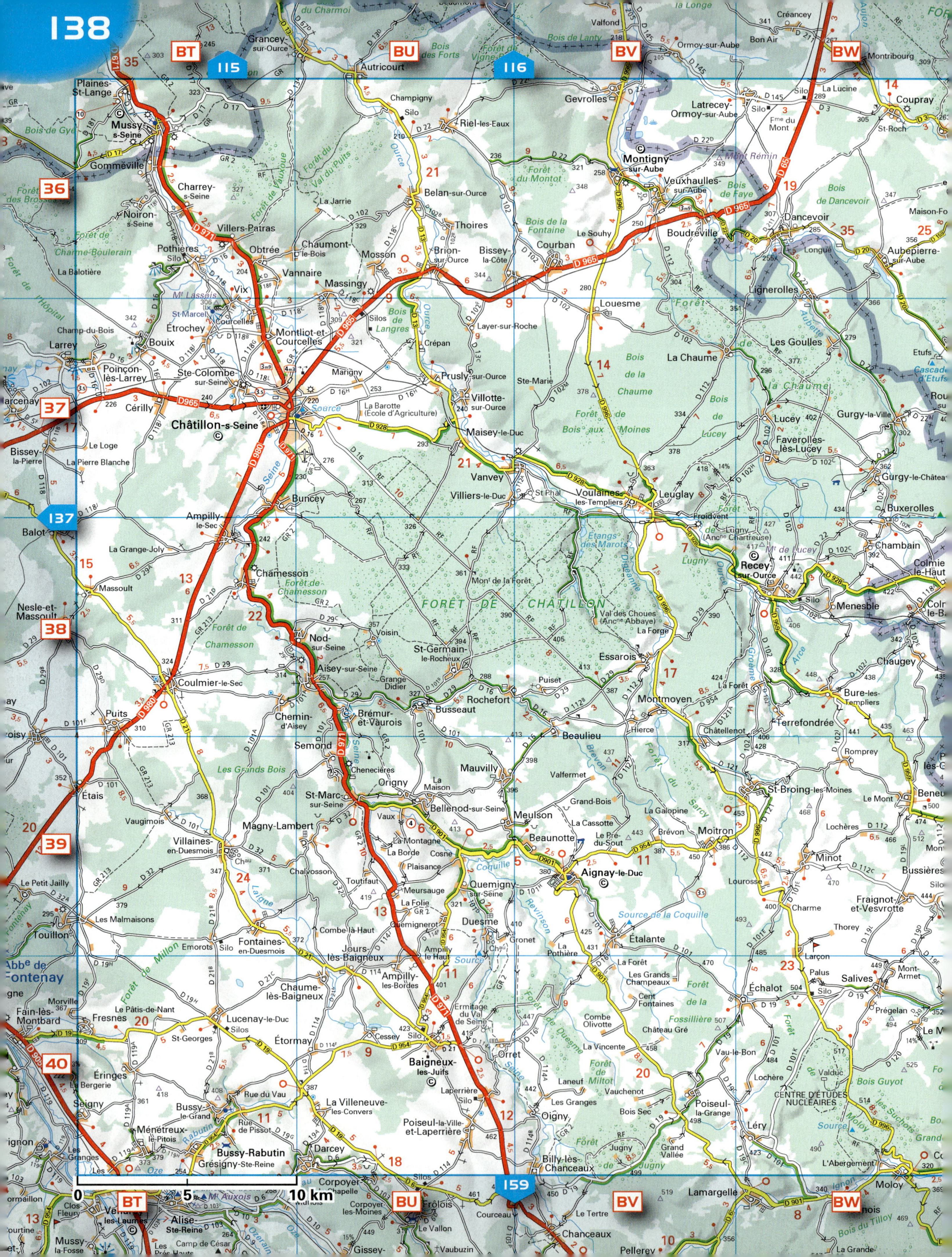
BT
BU
BV
BW
115
116
36
37
137
38
39
40
159
Plaines-St-Lange
Mussy-s-Seine
Gommeville
Grancey-sur-Ource
Autricourt
Champigny
Riel-les-Eaux
Valfond
Gevrolles
Ormoy-sur-Aube
Latrecey-Ormoy-sur-Aube
Créancey
Bon Air
Montribourg
La Lucine
Coupray
St-Roch
Fme du Mont
Montigny-sur-Aube
Veuxhaulles-sur-Aube
Mont Remin
Bois de Gyé
Charrey-s-Seine
Noiron-s-Seine
Forêt de Charme-Boulerain
Villers-Patras
Pothières
Obtrée
Vannaire
La Jarrie
Belan-sur-Ource
Thoires
Brion-sur-Ource
Bissey-la-Côte
Mosson
Massingy
Courban
Le Souhy
Boudreville
Dancevoir
Bois de Dancevoir
Maison-Fort
Aubepierre-sur-Aube
Lignerolles
Longue
Chaumont-le-Bois
La Balotière
Forêt de l'Hôpital
Mt Lassois
Vix
St-Marcel
Courcelles
Etrochey
Montliot-et-Courcelles
Bouix
Champ-du-Bois
Larrey
Poinçon-lès-Larrey
Ste-Colombe-sur-Seine
Cérilly
Marcenay
Silos
Bois de Langres
Crépan
Layer-sur-Roche
Louesme
Forêt
Les Goulles
La Chaume
Etufs
Marigny
Prusly-sur-Ource
Villotte-sur-Ource
Ste-Marie
Bois de la Chaume
Forêt de Bois aux Moines
Bois de Lucey
Lucey
Faverolles-lès-Lucey
Gurgy-la-Ville
Gurgy-le-Château
La Barotte (École d'Agriculture)
Châtillon-s-Seine
Source
Maisey-le-Duc
Le Loge
La Pierre Blanche
Bissey-la-Pierre
Vanvey
Villiers-le-Duc
St Phal
Voulaines-les-Templiers
Leuglay
Forêt de Lugny
Froidvent
Lugny (Anc.ne Chartreuse)
Mt de Lucey
Buxerolles
Chambain
Colmier-le-Haut
Recey-sur-Ource
Menesble
Buncey
Ampilly-le-Sec
Balot
La Grange-Joly
Massoult
Nesle-et-Massoult
Chamesson
Forêt de Chamesson
Étangs des Marots
Mont de la Forêt
FORÊT DE CHÂTILLON
Val des Choues (Ancne Abbaye)
La Forge
Essarois
Voisin
Nod-sur-Seine
St-Germain-le-Rocheux
Aisey-sur-Seine
Grange Didier
Coulmier-le-Sec
Puiset
Rochefort
Busseaut
Montmoyen
La Forêt
Bure-les-Templiers
Chaugey
Terrefondrée
Châtellenot
Hierce
Beaulieu
Puits
Chemin-d'Aisey
Brémur-et-Vaurois
Semond
Chenecières
Mauvilly
Valfermet
Forêt du Sarcy
Romprey
St-Broing-les-Moines
Le Mont
Les Grands Bois
Étais
Vaugimois
Magny-Lambert
St-Marc-sur-Seine
Origny
La Maison
Bellenod-sur-Seine
Grand-Bois
Meulson
La Cassotte
La Galopine
Brévon
Moitron
Lochères
Villaines-en-Duesmois
Vaux
La Borde
Cosne
Beaunotte
Le Pré-du-Sout
Minot
Bussières
Plaisance
Aignay-le-Duc
Chalvosson
Toutifaut
Meursauge
Quemigny-sur-Seine
Lourosse
Fraignot-et-Vesvrotte
Le Petit Jailly
Les Malmaisons
Toutillon
La Folie
Quemignerot
Duesme
Gronet
Source de la Coquille
Étalante
Charme
Thorey
Combe-la-Haut
Fontaines-en-Duesmois
Emorots
Ampilly-le-Haut
La Pothière
Abbe de Fontenay
Forêt de Millon
Jours-lès-Baigneux
Ampilly-les-Bordes
Chaume-lès-Baigneux
La Forêt
Les Grands Champeaux
Cent Fontaines
Forêt de la Fossillière
Échalot
Larçon
Palus
Salives
Mont-Armet
Morville
Fain-lès-Montbard
Le Pâtis-de-Nant
Fresnes
Lucenay-le-Duc
Étormay
Ermitage du Val de Seine
Combe Olivotte
Château Gré
Prégelan
St-Georges
Cessey
Baigneux-les-Juifs
Orret
La Vincente
Vau-le-Bon
Valduc
Éringes
La Bergerie
Seigny
Rue du Vau
La Villeneuve-les-Convers
Laperrière
Forêt de Miltot
Laneuf
Vauchenot
Poiseul-la-Grange
Lochère
CENTRE D'ÉTUDES NUCLÉAIRES
Bois Guyot
Bussy-le-Grand
Rue de Pissot
Poiseul-la-Ville-et-Laperrière
Les Granges
Oigny
Bois Sec
Léry
Source
Ménétreux-le-Pitois
Bussy-Rabutin
Grésigny-Ste-Reine
Darcey
Billy-lès-Chanceaux
Jugny
Grand Vallée
L'Abergement
Moloy
Corpoyer-la-Chapelle
Frôlois
Lamargelle
Les Laumes
Alise-Ste-Reine
Mt Auxois
Clos-Fleury
Venarey
Courceau
Le Tertre
Chanceaux
Le Vallon
Corpoyer-les-Moines
Gissey-
Vaubuzin
Mussy-la-Fosse
Camp de César
Pellerey
La Grande
Bois du Tilloy
0
5
10 km

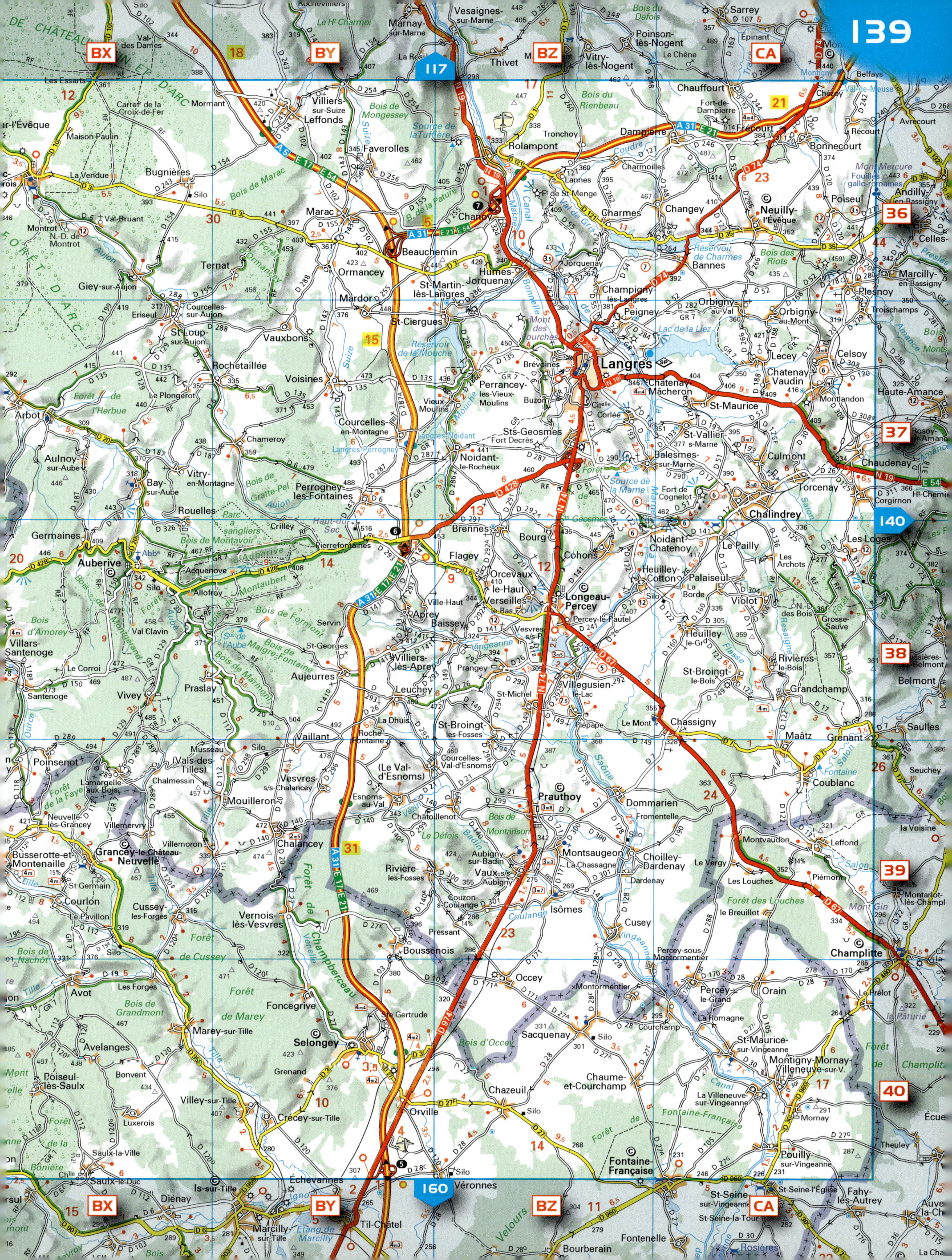
117
160
140
36
37
38
39
40
BX
BY
BZ
CA
Vesaignes-sur-Marne
Marnay-sur-Marne
Thivet
Vitry-lès-Nogent
Poinson-lès-Nogent
Sarrey
Epinant
Les Essarts
Carref. de la Croix-de-Fer
Mormant
Villiers-sur-Suize
Leffonds
Faverolles
Rolampont
Tronchoy
Chauffourt
Dampierre
Frécourt
Bonnecourt
Maison Paulin
Bugnières
Marac
Chanoy
Lannes
Charmoilles
Changey
Neuilly-l'Évêque
Poiseul
Andilly-en-Bassigny
Montrot
Val-Bruant
Ternat
Beauchemin
Ormancey
Charmes
Humes-Jorquenay
St-Martin-lès-Langres
Jorquenay
Bannes
Réservoir de Charmes
Marcilly-en-Bassigny
Plesnoy
Giey-sur-Aujon
Courcelles-sur-Aujon
Mardor
St-Ciergues
Champigny-lès-Langres
Peigney
Orbigny-au-Val
Orbigny-au-Mont
Lac de la Liez
Eriseul
St-Loup-sur-Aujon
Vauxbons
Réservoir de la Mouche
Brevoines
Langres
Lecey
Celsoy
Rochetaillée
Voisines
Perrancey-les-Vieux-Moulins
Vieux-Moulins
Châtenay-Mâcheron
Chatenay-Vaudin
Montlandon
Haute-Amance
Le Plongerot
Arbot
Forêt de l'Herbue
Buzon
Corlée
St-Maurice
St-Vallier-s-Marne
Culmont
Chaudenay
Courcelles-en-Montagne
Chameroy
Sts-Geosmes
Noidant-le-Rocheux
Balesmes-sur-Marne
Fort de Cognelot
Torcenay
Aulnoy-sur-Aube
Bay-sur-Aube
Vitry-en-Montagne
Perrogney-les-Fontaines
Source de la Marne
Chalindrey
Rouelles
Brennes
Bourg
Cohons
Noidant-Chatenoy
Le Pailly
Les Loges
Germaines
Auberive
Crilley
Pierrefontaines
Flagey
Orcevaux
Heuilley-Cotton
Palaiseul
Acquenove
Allofroy
Bois de Montaubert
Verseilles-le-Haut
Verseilles-le-Bas
Longeau-Percey
Percey-le-Pautel
Violot
Les Archots
Aprey
Baissey
Vesvres-s-Percey
Heuilley-le-Grand
Rivières-le-Bois
Grosse-Sauve
Villars-Santenoge
Val Clavin
Servin
St-Georges
Villiers-lès-Aprey
Prangey
Le Corroi
Praslay
Aujeurres
Leuchey
Villegusien-le-Lac
St-Broingt-le-Bois
Grandchamp
Belmont
Santenoge
Vivey
St-Michel
Piépape
Le Mont
Chassigny
Maâtz
Grenant
Saulles
Vaillant
La Dhuis
Roche-Fontaine
St-Broingt-les-Fosses
Poinsenot
Musseau
(Vals-des-Tilles)
Chalmessin
Lamargelle-aux-Bois
Vesvres-s/s-Chalancey
(Le Val-d'Esmons)
Courcelles-Val-d'Esmons
Prauthoy
Dommarien
Fromentelle
Coublanc
Seuchey
Mouilleron
Esmons-au-Val
Chatoillenot
Neuvelle-lès-Grancey
Villemervry
Villemoron
Chalancey
Bois de Montanson
Montsaugeon
La Chassagne
Choilley-Dardenay
Le Vergy
Montvaudon
Leffond
La Voisine
Busserotte-et-Montenaille
Grancey-le-Château-Neuvelle
Rivière-les-Fosses
Aubigny-sur-Badin
Vaux-s/s-Aubigny
Dardenay
Les Louches
Piémont
Courlon
St Germain
Le Pavillon
Cussey-les-Forges
Vernois-lès-Vesvres
Forêt de Champberceau
Couzon
Isômes
Cusey
Forêt des Louches
Le Breuillot
Champlitte
Montarlot-lès-Champl
Forêt de Cussey
Pressant
Boussenois
Percey-sous-Montormentier
Avot
Les Forges
Bois de Grandmont
Forêt de Marey
Foncegrive
Ste Gertrude
Occey
Montormentier
Percey-le-Grand
Orain
Le Prélot
La Pâturie
Avelanges
Marey-sur-Tille
Selongey
Sacquenay
Courchamp
La Romagne
St-Maurice-sur-Vingeanne
Montigny-Mornay-Villeneuve-sur-V.
Poiseul-lès-Saulx
Bonvent
Grenand
Bois d'Occey
Chazeuil
Chaume-et-Courchamp
La Villeneuve-sur-Vingeanne
Fontaine-Française
Mornay
Villey-sur-Tille
Crecey-sur-Tille
Luxerois
Orville
Fontaine-Française
Pouilly-sur-Vingeanne
Theuley
Saulx-la-Ville
Saulx-le-Duc
Échevannes
Véronnes
Is-sur-Tille
Diénay
Marcilly-sur-Tille
Til-Châtel
Étang de Marcilly
Bourberain
Fontenelle
St-Seine-sur-Vingeanne
St-Seine-la-Tour
St-Seine-l'Église
Fahy-lès-Autrey
Rosières
A 5
E 17
E 54
A 31
E 21
N 19
N 74
D 428
D 974
D 67
Forêt d'Arc
Bois de Marac
Canal

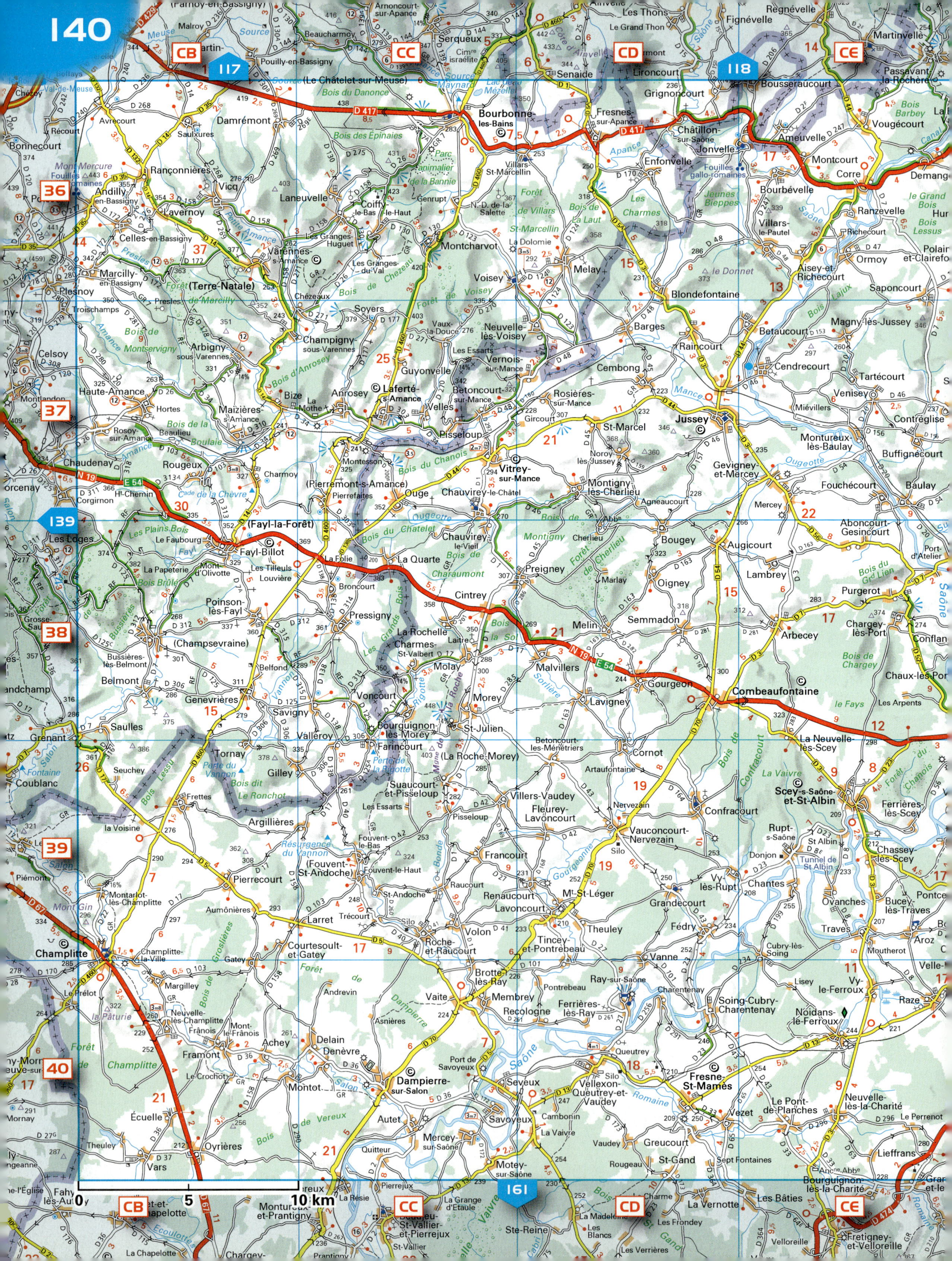
CB
CC
CD
CE
117
118
139
161
36
37
38
39
40
Bourbonne-les-Bains
Serqueux
Le Châtelet-sur-Meuse
Pouilly-en-Bassigny
Beaucharmoy
Fresnes-sur-Apance
Châtillon-sur-Saône
Jonvelle
Bousseraucourt
Martinville
Passavant-la-Rochère
Vougécourt
Ameuvelle
Montcourt
Corre
Demangevelle
Enfonvelle
Grignoncourt
Lironcourt
Senaide
Les Thons
Fignévelle
Regnévelle
Bourbévelle
Ranzevelle
Villars-le-Pautel
Aisey-et-Richecourt
Ormoy
Saponcourt
Polaincourt-et-Clairefontaine
Blondefontaine
Melay
Voisey
Montcharvot
Dammartin-sur-Meuse
Damrémont
Avrecourt
Récourt
Saulxures
Rançonnières
Vicq
Laneuvelle
Coiffy-le-Bas
Coiffy-le-Haut
Genrupt
Villars-St-Marcellin
Bonnecourt
Andilly-en-Bassigny
Lavernoy
Celles-en-Bassigny
Varennes-sur-Amance
Marcilly-en-Bassigny
Plesnoy
(Terre-Natale)
Chézeaux
Soyers
Champigny-sous-Varennes
Arbigny-sous-Varennes
Celsoy
Haute-Amance
Hortes
Maizières-sur-Amance
Bize
Anrosey
Laferté-sur-Amance
Velles
Pisseloup
Betoncourt-sur-Mance
Vernois-sur-Mance
Neuvelle-lès-Voisey
Guyonvelle
Barges
Raincourt
Betaucourt
Cendrecourt
Magny-lès-Jussey
Tartécourt
Cembong
Rosières-sur-Mance
Gircourt
St-Marcel
Jussey
Vitrey-sur-Mance
Chauvirey-le-Châtel
Chauvirey-le-Vieil
Ouge
(Pierremont-s-Amance)
Charmoy
Rougeux
Chaudenay
Corgirnon
Rosoy-sur-Amance
Montigny-lès-Cherlieu
Noroy-lès-Jussey
Gevigney-et-Mercey
Montureux-lès-Baulay
Contréglise
Buffignécourt
Fouchécourt
Baulay
Aboncourt-Gesincourt
Augicourt
Bougey
Lambrey
Oigney
Purgerot
Arbecey
Chargey-lès-Port
Conflandey
Chaux-lès-Port
(Fayl-la-Forêt)
Fayl-Billot
Les Loges
La Quarte
Cintrey
Preigney
Semmadon
Melin
Malvillers
Gourgeon
Combeaufontaine
Lavigney
Poinson-lès-Fayl
(Champsevraine)
Pressigny
La Rochelle
Charmes-St-Valbert
Molay
Morey
Voncourt
Bourguignon-lès-Morey
St-Julien
Belmont
Genevrières
Savigny
Valleroy
Grenant
Saulles
Tornay
Gilley
Farincourt
(La Roche-Morey)
Betoncourt-les-Ménétriers
Cornot
La Neuvelle-lès-Scey
Scey-s-Saône-et-St-Albin
Ferrières-lès-Scey
Coublanc
Argillières
Suaucourt-et-Pisseloup
Villers-Vaudey
Fleurey-Lavoncourt
Vauconcourt-Nervezain
Confracourt
Rupt-s-Saône
Chassey-lès-Scey
Pierrecourt
(Fouvent-St-Andoche)
Francourt
Vy-lès-Rupt
Chantes
Montarlot-lès-Champlitte
Larret
Renaucourt
Lavoncourt
Mt-St-Léger
Grandecourt
Ovanches
Bucey-lès-Traves
Traves
Champlitte
Courtesoult-et-Gatey
Roche-et-Raucourt
Volon
Tincey-et-Pontrebeau
Theuley
Fédry
Cubry-lès-Soing
Vanne
Margilley
Brotte-lès-Ray
Vaite
Membrey
Recologne
Ferrières-lès-Ray
Ray-sur-Saône
Soing-Cubry-Charentenay
Vy-le-Ferroux
Raze
Noidans-le-Ferroux
Delain
Denèvre
Achey
Framont
Dampierre-sur-Salon
Seveux
Vellexon-Queutrey-et-Vaudey
Fresne-St-Mamès
Neuvelle-lès-la-Charité
Montot
Le Pont-de-Planches
Vezet
Écuelle
Autet
Savoyeux
Mercey-sur-Saône
Greucourt
St-Gand
Lieffrans
Oyrières
Vars
Motey-sur-Saône
Bourguignon-lès-la-Charité
La Vernotte
Les Bâties
Montureux-et-Prantigny
St-Vallier
Ste-Reine
Fretigney-et-Velloreille
Saône
Salon
Amance
Mance
Apance
Ougeotte
Vannon
Gourgeonne
Romaine
Forêt de Champlitte
0
5
10 km
N 19
E 54
D 417

CF
CG
CH
CI
118
119
36
37
142
38
39
40
162
Ambiévillers
Montmotier
Trémonzey
Pont-du-Bois
Selles
Fontenoy-le-Château
Plombières-les-Bains
Le Clerjus
Le Poirmont
Alaincourt
Fontenois-la-Ville
Vauvillers
Betoncourt-St-Pancras
Dampvalley-St-Pancras
Mailleroncourt-St-Pancras
Fleurey-lès-St-Loup
Aillevillers-et-Lyaumont
La Vaivre
Le Val-d'Ajol
Bouligney
Magnoncourt
Corbenay
Girefontaine
St-Loup-sur-Semouse
Fougerolles
Melincourt
Anjeux
Augrogne
Jasney
Les Baraques-Chardin
Anchenoncourt-et-Chazel
La Pisseure
Fontaine-lès-Luxeuil
Plainemont
Ainvelle
Hautevelle
Dampierre-lès-Conflans
Francalmont
Luxeuil-les-Bains
St-Valbert
Raddon-et-Chapendu
Amage
Ste-Marie-en-Chanois
Faucogney-et-la-Mer
Breuchotte
La Bruyère
La Proiselière-et-Langle
La Voivre
Froideconche
St-Remy
Bassigney
Briaucourt
Ormoiche
St-Sauveur
Esboz-Brest
Cubry-lès-Faverney
Conflans-sur-Lanterne
Bourguignon-lès-Conflans
Breuches
La Corbière
Belmont
Écromagny
Menoux
Amance
Mersuay
Velorcey
Abelcourt
Ste-Marie-en-Chaux
Baudoncourt
Magnivray
Rignovelle
Belonchamp
Faverney
Courcelles
Équevilley
Meurcourt
Villers-lès-Luxeuil
La Chapelle-lès-Luxeuil
Éhuns
Lantenot
Mélisey
Breurey-lès-Faverney
La Villedieu-en-Fontenette
Visoncourt
Brotte-lès-Luxeuil
Aillooncourt
Linexert
Montessaux
Fleurey-lès-Faverney
Le Chaumont
Neurey-en-Vaux
Betoncourt-lès-Brotte
Citers
Franchevelle
Le Val-St-Éloi
Mailleroncourt-Charette
Servigney
Genevrey
Dambenoit-lès-Colombe
Quers
St-Germain
La Neuvelle-lès-Lure
Amoncourt
Provenchère
Vilory
Colombe-lès-Bithaine
Malbouhans
Varogne
La Villeneuve-Bellenoye-et-la-Maize
Adelans-et-le-Val-de-Bithaine
Froideterre
Villers-sur-Port
Vellefrie
Saulx
Châteney
Bouhans-lès-Lure
Flagy
Châtenois
Lure
Port-s-Saône
Bougnon
La Creuse
Roye
Auxon
Creveney
Velleminfroy
Amblans-et-Velotte
Pusy-et-Epenoux
Colombier
Pomoy
Genevreuille
Magny-Vernois
Frotey-lès-Lure
Palante
Grattery
Charmoille
Villeparois
Montcey
Colombotte
Mollans
Vouhenans
Lyoffans
Coulevon
Calmoutier
Vy-lès-Lure
Pusey
Comberjon
Lièvans
Moffans-et-Vacheresse
Montigny-lès-V.
VESOUL
Dampvalley-lès-Colombe
Les Aynans
Le Val-de-Gouhenans
Vaivre-et-Montoille
Frotey-lès-V.
Noroy-le-Bourg
Montjustin-et-Velotte
Arpenans
La Vergenne
Chariez
Noidans-lès-V.
Colombe-lès-V.
Autrey-lès-Cerre
Athesans-Etroitefontaine
Mont-le-Vernois
Echenoz-la-Méline
Navenne
Quincey
Villers-le-Sec
Cerre-lès-Noroy
Oricourt
Gouhenans
Aillevans
Longevelle
Villafans
Mignavillers
Borey
Oppenans
Andelarre
Andelarrot
La Demie
Neurey-lès-la-Demie
Les Baraques-de-Borey
La Grange-d'Ancin
St-Sulpice
Senargent-Mignafans
Beveuge
Secenans
Marast
Villersexel
St-Ferjeux
Vallerois-Lorioz
Velleguindry-et-Levrecey
Echenoz-le-Sec
Vellefaux
Vallerois-le-Bois
Moimay
Autrey-le-Vay
Villers-la-Ville
Villargent
Courchaton
Mailley-et-Chazelot
Esprels
Les Magny
Mélecey
Le Magnoray
Filain
Chassey-lès-Montbozon
Pont-sur-l'Ognon
Abbenans
Fallon
Grammont
Dampierre-sur-Linotte
Vy-lès-Filain
Bonnal
Bournois
Accolans
Tressandans
Cubrial
Cubry
Geney
Pennesières
Authoison
Roche-s-Linotte-et-Sorans
Montbozon
Bouhans-lès-Montbozon
Cognières
Montagney-Servigney
Cuse-et-Adrisans
Gondenans
Nans
Uzelle
Les Echarquenans
Thiénans
Rougemont

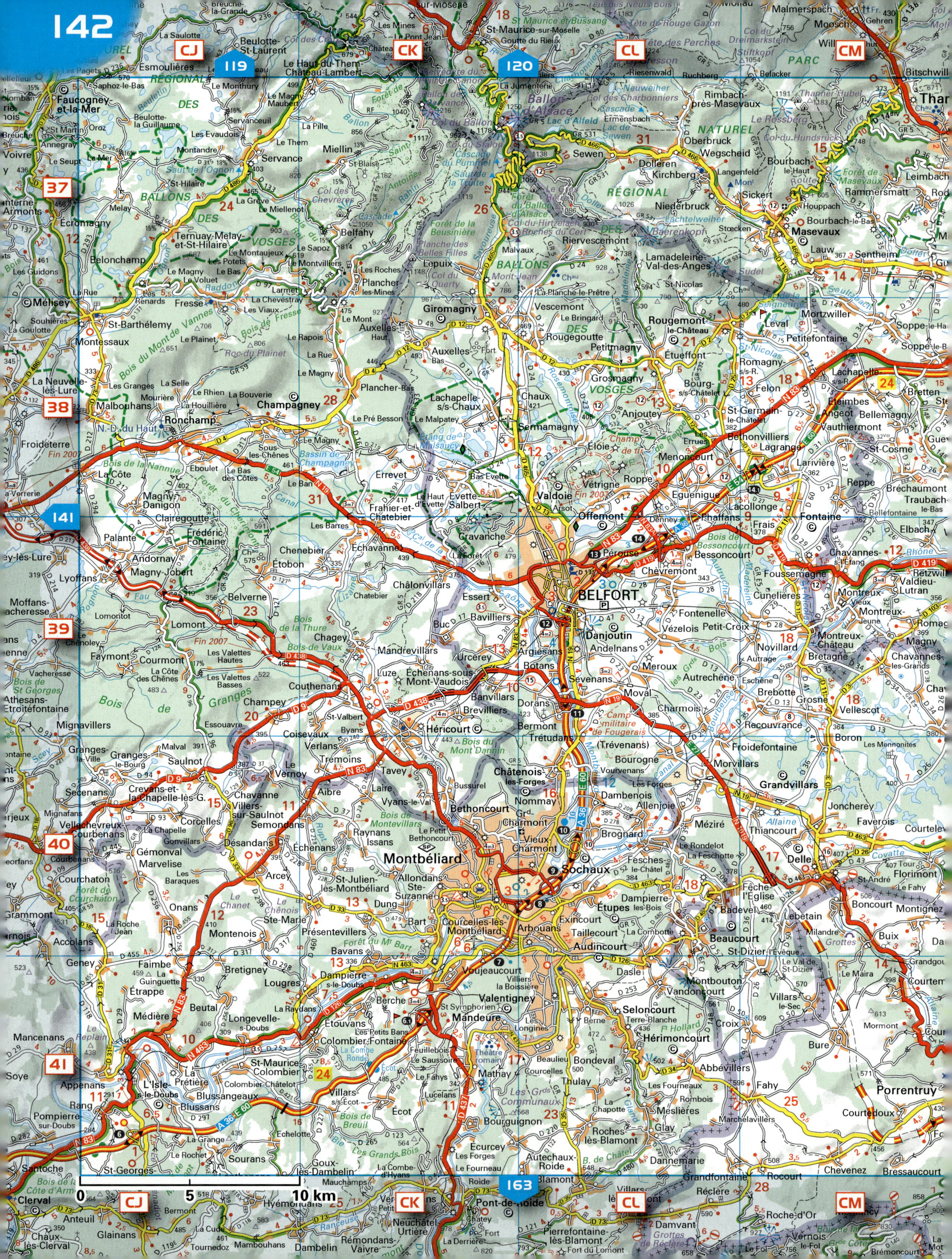
CJ
119
CK
120
CL
CM
37
38
39
40
41
141
163
24
Faucogney-et-la-Mer
Mélisey
Belonchamp
Ternuay-Melay-et-St-Hilaire
Servance
Miellin
Le Haut-du-Them-Château-Lambert
St-Maurice-sur-Moselle
Ballon d'Alsace
Sewen
Dolleren
Kirchberg
Oberbruck
Wegscheid
Rimbach-près-Masevaux
Masevaux
Niederbruck
Sickert
Lauw
Sentheim
Lamadeleine-Val-des-Anges
Riervescemont
Giromagny
Auxelles-Haut
Auxelles-Bas
Lepuix
Plancher-les-Mines
Plancher-Bas
Champagney
Ronchamp
Malbouhans
St-Barthélemy
Montessaux
La Neuvelle-lès-Lure
Froideterre
Rougemont-le-Château
Étueffont
Petitmagny
Grosmagny
Rougegoutte
Vescemont
Lachapelle-s/s-Chaux
Sermamagny
Chaux
Évette-Salbert
Valdoie
Offemont
Éloie
Vétrigne
Roppe
Eguenigue
Menoncourt
Bethonvilliers
Lagrange
Felon
Lachapelle-s/s-Rougemont
Angeot
Bellemagny
Bretten
Fontaine
Frais
Lacollonge
Phaffans
Denney
Pérouse
Bessoncourt
Chèvremont
BELFORT
Fontenelle
Vézelois
Petit-Croix
Cunelières
Foussemagne
Montreux-Château
Novillard
Bretagne
Chavannes-les-Grands
Danjoutin
Andelnans
Meroux
Autrechêne
Moval
Brebotte
Grosne
Vellescot
Charmois
Recouvrance
Boron
Froidefontaine
Grandvillars
Morvillars
Bourogne
Trétudans
Sevenans
Bermont
Dorans
Botans
Argiésans
Urcerey
Bavilliers
Essert
Cravanche
Châlonvillars
Échenans-sous-Mont-Vaudois
Luze
Mandrevillars
Buc
Chagey
Chenebier
Étobon
Frahier-et-Chatebier
Errevet
Magny-Danigon
Clairegoutte
Frédéric-Fontaine
Palante
Andornay
Magny-Jobert
Lyoffans
Belverne
Lomont
Faymont
Courmont
La Côte
Couthenans
Champey
Coisevaux
Verlans
Héricourt
Brevilliers
Banvilliers
Tavey
Tremoins
Le Vernoy
Saulnot
Chavanne
Villers-sur-Saulnot
Semondans
Aibre
Laire
Vyans-le-Val
Bussurel
Bethoncourt
Châtenois-les-Forges
Nommay
Dambenois
Allenjoie
Brognard
Fesches-le-Châtel
Étupes
Exincourt
Taillecourt
Audincourt
Sochaux
Vieux-Charmont
Montbéliard
Allondans
Ste-Suzanne
Courcelles-lès-Montbéliard
Arbouans
Bart
Dung
Présentevillers
Bavans
St-Julien-lès-Montbéliard
Issans
Raynans
Échenans
Désandans
Arcey
Onans
Montenois
Ste-Marie
Gémonval
Marvelise
Courchaton
Accolans
Geney
Faimbe
Étrappe
Médière
Bretigney
Lougres
Beutal
Longevelle-s-Doubs
Étouvans
Colombier-Fontaine
St-Maurice-Colombier
L'Isle-le-Doubs
Blussans
Appenans
Rang
Pompierre-sur-Doubs
Mancenans
Voujeaucourt
Valentigney
Mandeure
Berche
Dampierre-s-le-Doubs
Mathay
Bourguignon
Villars-s/s-Écot
Écot
Sourans
Goux-lès-Dambelin
Pont-de-Roide
Dambelin
Vaivre
Villars-lès-Blamont
Blamont
Roches-lès-Blamont
Glay
Meslières
Thulay
Bondeval
Seloncourt
Hérimoncourt
Vandoncourt
Dasle
Montbouton
Beaucourt
Badevel
Fêche-l'Église
Delle
Thiancourt
Joncherey
Faverois
Courtelevant
Florimont
Boncourt
Montignez
Buix
Courtemaîche
Porrentruy
Courtedoux
Chevenez
Bressaucourt
Fahy
Abbévillers
Croix
Villars-le-Sec
Bure
Réclère
Damvant
Roche-d'Or
Grandfontaine
Rocourt
Vernois
St-Dizier-l'Évêque
Lebetain
Courcelles
Clerval
Anteuil
Glainans
Santoche
Hyémondans
Mignavillers
Granges-le-Bourg
Crevans-et-la-Chapelle-lès-G.
Secenans
Villechevreux
Courbenans
Athesans-Étroitefontaine
Moffans-et-Vacheresse
Plancher-les-Mines
Fin 2007
0
5
10 km

CN
CO
CP
CQ
120
121
37
38
39
40
41
Vieil Armand
Ecomusée d'Alsace
Pulversheim
Bantzenheim
Chalampé
Zienken
Müllheim
Cernay
Uffholtz
Staffelfelden
Wittelsheim
Wittenheim
Kingersheim
Illzach
Sausheim
Baldersheim
Ottmarsheim
Neuenburg
Hombourg
Steinenstadt
Pfastatt
Lutterbach
Richwiller
Bourtzwiller
Reiningue
MULHOUSE
Rixheim
Riedisheim
Habsheim
Schlienger
Bad Bellingen
Aspach-le-Bas
Schweighouse-Thann
Morschwiller-le-Bas
Heimsbrunn
Didenheim
Brunstatt
Zimmersheim
Eschentzwiller
Burnhaupt-le-Haut
Burnhaupt-le-Bas
Diefmatten
Galfingue
Froeningen
Flaxlanden
Bruebach
Dietwiller
Landser
Schlierbach
Kembs
Niffer
Blansingen
Kleinkems
Bernwiller
Zillisheim
Steinbrunn-le-Bas
Steinbrunn-le-Haut
Geispitzen
Waltenheim
Sierentz
Istein
Efringen-Kirchen
Spechbach-le-Haut
Spechbach-le-Bas
Illfurth
Tagolsheim
Luemschwiller
Rantzwiller
Koetzingue
Uffheim
Magstatt-le-Haut
Magstatt-le-Bas
Bartenheim
Rosenau
Eglingen
Heidwiller
Walheim
Obermorschwiller
Wahlbach
Hagenbach
Dannemarie
Altkirch
Aspach
Emlingen
Heiwiller
Tagsdorf
Zaessingue
Stetten
Brinckheim
Kappelen
Village-Neuf
Huningue
Weil
Ballersdorf
Carspach
Wittersdorf
Schwoben
Hausgauen
Helfrantzkirch
Franken
Blotzheim
Michelbach-le-Bas
BALE-MULHOUSE (EURO AIRPORT)
St-Louis
Hirsingue
Hundsbach
Jettingen
Ranspach-le-Bas
Ranspach-le-Haut
Hésingue
Hegenheim
Buschwiller
Hirtzbach
Bettendorf
Henflingen
Berentzwiller
Attenschwiller
Michelbach-le-Haut
Fulleren
Mertzen
Hindlingen
Heimersdorf
Ruederbach
Oberdorf
Grentzingen
Steinsoultz
Knoeringue
Wentzwiller
Allschwil
BASEL (BÂLE)
Friesen
Largitzen
Waldighofen
Muespach
Roppentzwiller
Folgensbourg
Schoenenbuch
Binningen
Ueberstrass
Seppois-le-Bas
Feldbach
Riespach
Durmenach
Muespach-le-Haut
Hagenthal-le-Bas
Hagenthal-le-Haut
Neuwiller
Oberwil
Biel
Bottmingen
Muttenz
Münchenstein
Seppois-le-Haut
Bisel
Werentzhouse
Linsdorf
Bettlach
Leymen
Reinach
Arlesheim
Réchésy
Mooslargue
Koestlach
Vieux-Ferrette
Fislis
Liebenswiller
Therwil
Witterswil
Ettingen
Dornach
Pfetterhouse
Durlinsdorf
Moernach
Ferrette
Bouxwiller
Oltingue
Rodersdorf
Flüh
Beurnevésin
Bendorf
Sondersdorf
Raedersdorf
Biederthal
Metzerlen
Hofstetten
Aesch
Lugnez
Bonfol
Liebsdorf
Lutter
Pfeffingen
Courtavon
Oberlarg
Winkel
Ligsdorf
Wolschwiller
Burg
Blauen
Nenzlingen
Grellingen
Duggingen
Vendlincourt
Coeuve
Levoncourt
Kiffis
Dittingen
Zwingen
Laufen
Brislach
Himmelried
Seewen
Miécourt
Charmoille
Lucelle
Roggenburg
Kleinlützel
Röschenz
Breitenbach
Alle
Pleujouse
Ederswiler
Fehren
Bretzwil
Cornol
Fregiécourt
Pleigne
Movelier
Soyhières
Liesberg
Wahlen
Büsserach
Courgenay
Asuel
Bourrignon
Mettembert
Meltingen
Erschwil
Grindel
Bärschwil
Unter-Beinwil
Delémont
Courroux
Montsevelier
St-Ursanne
Seleute
Montmelon
Boécourt
Develier
Rossemaison
Vicques
Courchapoix
Corban
Mervelier
Vermes
Schelten
Ober-Beinwil

M
N
O
P
39
40
41
42
43
Erdeven
Ploemel
Locmaria
Kercadio
St-Laurent
Bourdello
Ste Avoye
Plouharnel
Carnac
Carnac-Plage
La Trinité-sur-Mer
Crach
St-Philibert
Locmariaquer
Larmor-Baden
Port-Navalo
Alignements
Dolmens de Rondossec
Pnte de Légenès
Île Theviec
Penthièvre
Fort de Penthièvre
Sables Blancs
Kerhostin
Portivy
Beg en Aud
Pointe du Percho
St-Pierre-Quiberon
Kergroix
Côte Sauvage
Î. de la Truie
Kervihan
Kerniscob
Beg Rohu
Saint-Julien
Port-Haliguen
Quiberon
PRESQU'ÎLE DE QUIBERON
Beg er Goalennec
Beg er Lan
Port Maria
Beg er Vil
Pnte du Conguel
BAIE DE QUIBERON
Méaban
Plateau des Birvideaux
La Teignouse
Chaussée de la Teignouse
Passage de la Teignouse
Chaussée du Béniguet
Île Glazic
Île Valhuec
Banc de Taillefer
Passage du Béniguet
Beg er Vachif
Île d'Houat
Houat
En Thal
Banc de Houat
Île Cenis
Chaussée de l'Île aux Chevaux
Île aux Chevaux
Passage des Sœurs
Pnte du Vieux Château
Hœdic
Île de Hœdic
Les Poulains
Pointe des Poulains
Fort Sarah Bernhardt
Plage de Deuborch
Pnte du Cardinal
Stêr-Vraz
Pnte du Vieux Château
Pnte de Kerzo
Port Jean
Bortifaouen
Sauzon
Grotte de l'Apothicairerie
Port Fouquet
Pnte de Taillefer
Sémaphore
Magorlec
Chubiguer
Borstang
Le Pavillon
Citadelle
Borderune
Bordelanne
Bruté
Le Palais
Pnte de Ramonette
Borticado
Kerlédan
Bordustard
Borthélo
Port Güen
Plage de Bordardoué
Port Yorc'h
Rade du Palais
Côte Sauvage
Kervellan
Ty-Néhué
Kerspern
Port Donnant
Bedex
Parlevant
Bordardoué
Plage des Grands Sables
Grand Phare
Îles Baguenères
Aiguilles de Port Coton
Kervilahouen
Bangor
Samzun
Pointe de Kerdonis
Kerdavid
Borménahic
Port-An-Dro
Domois
Kervarigeon
Borduro
Bordehouat
Port Goulphar
Pnte du Talus
Le Grd Cosquet
Kerzo
Ty-Seveno
Locmaria
Port-Maria
Port-Blanc
Borvran
Port Kérel
Plage d'Herlin
Pnte de St Marc
Île de Bangor
Pnte de Pouldon
BELLE-ÎLE
Pointe du Skeul
0
5
10 km

Q
R
S
T
124
125
146
39
40
41
42
43
VANNES
Séné
Arradon
Theix
Noyalo
Surzur
Berric
Lauzach
La Trinité-Surzur
Ambon
Muzillac
Noyal-Muzillac
Le Guerno
Billiers
Damgan
Le Tour-du-Parc
Sarzeau
St-Armel
Golfe du Morbihan
Île-aux-Moines
Île-d'Arz
Presqu'île de Rhuys
Ch^au de Suscinio
Anse de Suscinio
Pointe de St-Jacques
Pointe de Penvins
Rade de Penerf
Passe de la Grde Accroche
Pénestin
Camoël
Arzal
Péaule
Marzan
Herbignac
Assérac
Plateau de la Recherche
Île Dumet
Piriac-sur-Mer
Pointe du Castelli
Mesquer
St-Molf
La Turballe
Guérande
Rade du Croisic
Le Croisic
Batz-sur-Mer
Le Pouliguen
LA BAULE
La Baule Escoublac
Pornichet
Côte Sauvage
Chenal du Nord
Les Petits Cardinaux
Grands Cardinaux
Le Four
La Calebasse
La Banche
Grd Charpentier
Zoo de Branféré
Kerbourg
St-André-des-Eaux
Ste-Marguerite
Pointe de Chémoulin
Q
R
S
T

T
U
V
W
125
164
145
41
42
43
44
45
Herbignac
Asserac
Pontchâteau
Missillac
Drefféac
Ste-Reine-de-Bretagne
Crossac
St-Lyphard
PARC
NATUREL
RÉGIONAL
DE
BRIÈRE
La Grande-Brière
St-Joachim
Besné
Prinquiau
Guérande
La Turballe
Le Croisic
Batz-sur-Mer
Le Pouliguen
LA BAULE
La Baule Escoublac
Pornichet
St-André-des-Eaux
Montoir-de-Bretagne
Trignac
Donges
ST-NAZAIRE
LOIRE
Paimbœuf
Corsept
St-Brevin-les-Pins
St-Brevin-l'Océan
St-Viaud
St-Père-en-Retz
St-Michel-Chef-Chef
Tharon-Plage
La Plaine-s-Mer
Préfailles
Pte de St-Gildas
Chauvé
Pornic
La Bernerie-en-Retz
Les Moutiers-en-Retz
Bourgneuf-en-Retz
BAIE DE BOURGNEUF
Côte de Jade
Nord
Île du Pilier
ÎLE DE NOIRMOUTIER
Noirmoutier-en-l'Île
0
5
10 km

126
148
165
41
42
43
44
45
X
Y
Z
AA
NANTES
St-Herblain
Orvault
Rezé
Carquefou
La Chapelle-s-Erdre
Sautron
Couëron
Indre
Bouguenais
Bouaye
St-Sébastien-s-Loire
Vertou
Basse-Goulaine
Les Sorinières
Blain
Héric
Nort-sur-Erdre
Sucé-sur-Erdre
Treillières
Grandchamp-des-Fontaines
Vigneux-de-Bretagne
Le Temple-de-Bretagne
Malville
Fay-de-Bretagne
Bouvron
Savenay
Cordemais
St-Étienne-de-Montluc
Le Pellerin
Rouans
Vue
Cheix-en-Retz
Port-St-Père
St-Léger-les-Vignes
Ste-Pazanne
St-Hilaire-de-Chaléons
St-Aignan-Grandlieu
Pont-St-Martin
St-Mars-de-Coutais
Lac de Grand-Lieu
La Chevrolière
St-Lumine-de-Coutais
St-Philbert-de-Grand-Lieu
Montbert
Aigrefeuille-s-Maine
Château-Thébaud
La Haie-Fouassière
Haute-Goulaine
Thouaré-s-Loire
Mauves-s-Loire
Ligné
Petit-Mars
St-Mars-du-Désert
Les Touches
Joué-s-Erdre
Saffré
Puceul
Le Gâvre
Casson
Nantes Atlantique
Planète sauvage
Forêt de la Groulaise
Loire
Canal de Nantes à Brest
Réserve naturelle

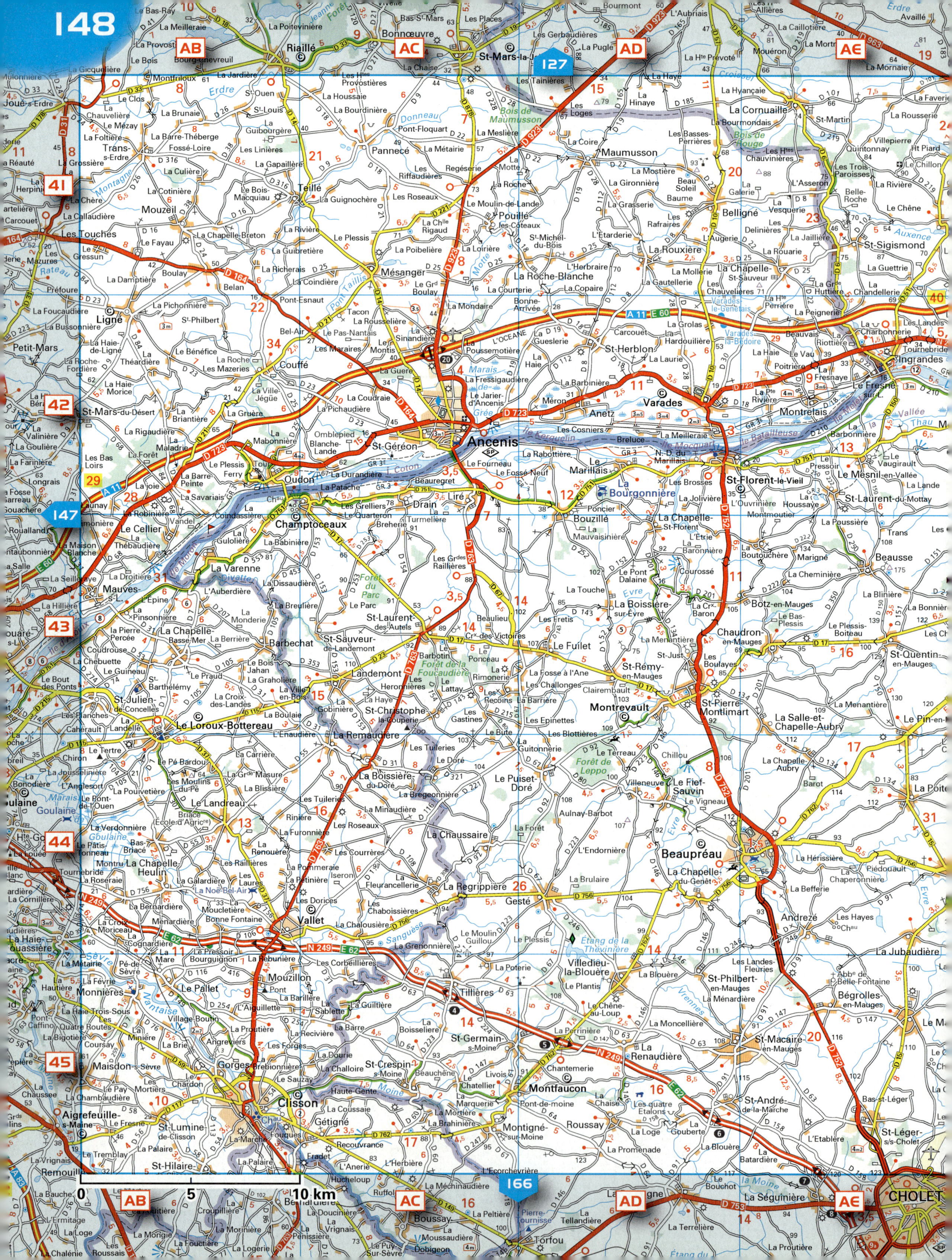
AB
AC
AD
AE
127
147
166
41
42
43
44
45
Riaillé
Bonnœuvre
St-Mars-la-Jaille
Teillé
Pannecé
Mouzeil
Maumusson
Belligné
Pouillé-les-Coteaux
La Roche-Blanche
La Rouxière
Ligné
Mésanger
St-Herblon
Couffé
Ancenis
Varades
Montrelais
Ingrandes
St-Géréon
Anetz
St-Mars-du-Désert
Oudon
Champtoceaux
Drain
Liré
Bouzillé
St-Florent-le-Vieil
Le Mesnil-en-Vallée
St-Laurent-du-Mottay
Le Cellier
Mauves-s-L.
La Varenne
Barbechat
St-Laurent-des-Autels
Le Fuilet
St-Rémy-en-Mauges
Chaudron-en-Mauges
St-Quentin-en-Mauges
Landemont
St-Christophe-la-Couperie
Montrevault
St-Pierre-Montlimart
La Salle-et-Chapelle-Aubry
Le Pin-en-Mauges
St-Julien-de-Concelles
Le Loroux-Bottereau
La Remaudière
La Boissière-du-Doré
Le Puiset-Doré
Le Fief-Sauvin
Le Landreau
La Chaussaire
Beaupréau
La Chapelle-Heulin
Vallet
La Regrippière
Gesté
Andrezé
La Jubaudière
Le Pallet
Mouzillon
Tillières
Villedieu-la-Blouère
St-Philbert-en-Mauges
Bégrolles-en-Mauges
Gorges
St-Germain-s-Moine
St-Crespin-s-Moine
Montfaucon
La Renaudière
St-Macaire-en-Mauges
Clisson
Gétigné
Montigné-sur-Moine
Roussay
St-André-de-la-Marche
St-Léger-s-Cholet
Aigrefeuille-s-Maine
Boussay
Torfou
La Séguinière
CHOLET
0
5
10 km

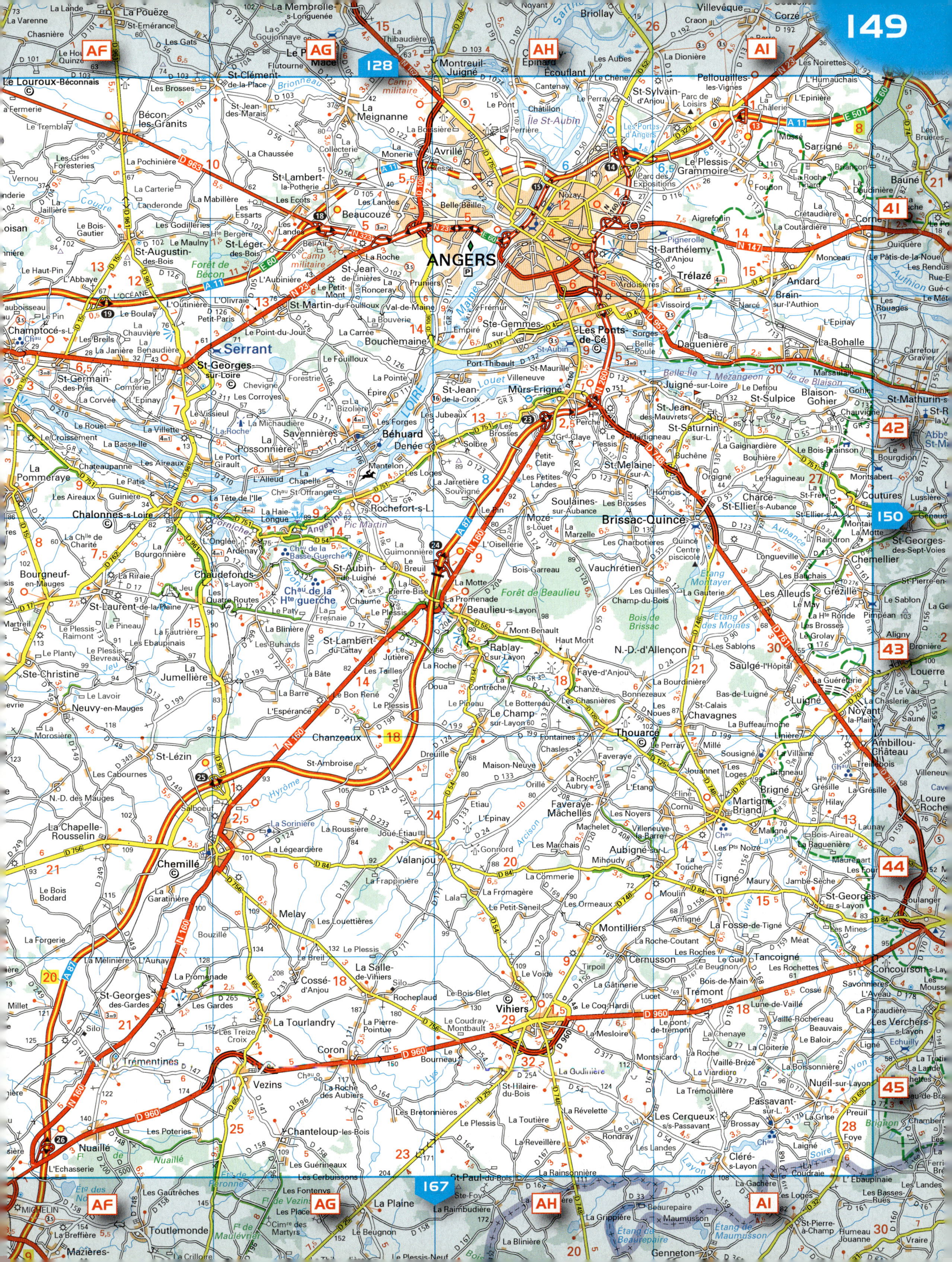

AF
AG
AH
AI
128
167
150
41
42
43
44
45
ANGERS
Le Louroux-Béconnais
La Pouëze
La Membrolle-s-Longuenée
Montreuil-Juigné
Briollay
Villevêque
Corzé
Écouflant
Pellouailles-les-Vignes
St-Sylvain-d'Anjou
Bécon-les-Granits
La Meignanne
Avrillé
St-Clément-de-la-Place
St-Jean-des-Marais
La Chaussée
St-Lambert-la-Potherie
Beaucouzé
Sarrigné
Le Plessis-Grammoire
Parc des Expositions
St-Augustin-des-Bois
St-Léger-des-Bois
Forêt de Bécon
Camp militaire
St-Jean-de-Linières
St-Martin-du-Fouilloux
Bouchemaine
Ste-Gemmes-sur-Loire
Les Ponts-de-Cé
St-Barthélemy-d'Anjou
Trélazé
Andard
Brain-sur-l'Authion
Pignerolle
La Daguenière
La Bohalle
Champtocé-s-Loire
Serrant
St-Georges-sur-Loire
St-Germain-des-Prés
Savennières
Béhuard
Denée
Mûrs-Erigné
Juigné-sur-Loire
St-Jean-des-Mauvrets
St-Saturnin-sur-L.
Blaison-Gohier
St-Sulpice
St-Mathurin-s-L.
La Possonnière
Chalonnes-s-Loire
La Pommeraye
Rochefort-s-L.
Soulaines-sur-Aubance
St-Melaine-sur-A.
Brissac-Quincé
Charcé-St-Ellier-s-Aubance
Coutures
Chemellier
St-Georges-des-Sept-Voies
Bourgneuf-en-Mauges
Chaudefonds-s-Layon
St-Aubin-de-Luigné
Chau de la Hte guerche
St-Laurent-de-la-Plaine
Beaulieu-s-Layon
Forêt de Beaulieu
Vauchrétien
Les Alleuds
Grézillé
Rablay-sur-Layon
Faye-d'Anjou
N.-D.-d'Allençon
Saulgé-l'Hôpital
St-Lambert-du-Lattay
Ste-Christine
Jumellière
Neuvy-en-Mauges
Chanzeaux
Le Champ-sur-Layon
Thouarcé
Chavagnes
Luigné
Noyant-la-Plaine
Ambillou-Château
St-Lézin
Martigné-Briand
Brigné
Faveraye-Mâchelles
N.-D.-des Mauges
La Chapelle-Rousselin
Chemillé
Valanjou
Aubigné-sur-L.
Tigné
St-Georges-s-Layon
La Fosse-de-Tigné
Montilliers
Melay
Cernusson
Tancoigné
Concourson-s-Layon
La Salle-de-Vihiers
Cossé-d'Anjou
St-Georges-des-Gardes
Vihiers
Trémont
Les Verchers-s-Layon
La Tourlandry
Coron
Trémentines
Vezins
Nueil-sur-Layon
Passavant-sur-L.
Les Cerqueux-s/s-Passavant
Chanteloup-les-Bois
Cléré-s-Layon
Nuaillé
St-Paul-du-Bois
Toutlemonde
Mazières

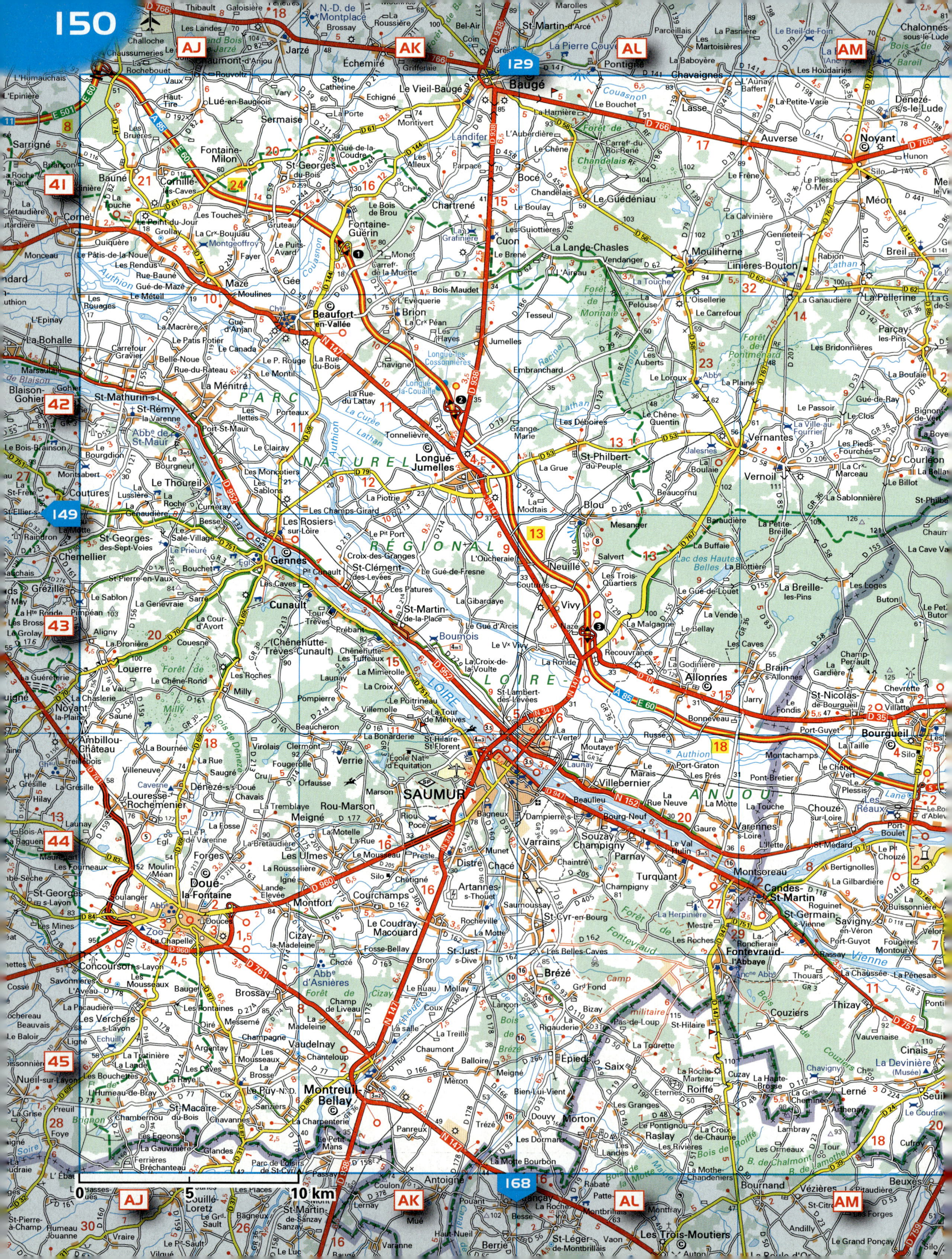
AJ
AK
AL
AM
129
149
168
41
42
43
44
45
Baugé
Beaufort-en-Vallée
Longué-Jumelles
Gennes
Saumur
Doué-la-Fontaine
Montreuil-Bellay
Fontevraud-l'Abbaye
Allonnes
Bourgueil
Noyant
Vernantes
Mouliherne
Candes-St-Martin
Montsoreau
Brézé
Chalonnes-sous-le-Lude
Jarzé
Cuon
Blou
Vivy
Varrains
Turquant
PARC NATUREL RÉGIONAL LOIRE-ANJOU
LOIRE
Authion
Lathan
Vienne
Forêt de Chandelais
Forêt de Monnaie
Forêt de Pontménard
Forêt de Fontevraud
Camp militaire
0
5
10 km

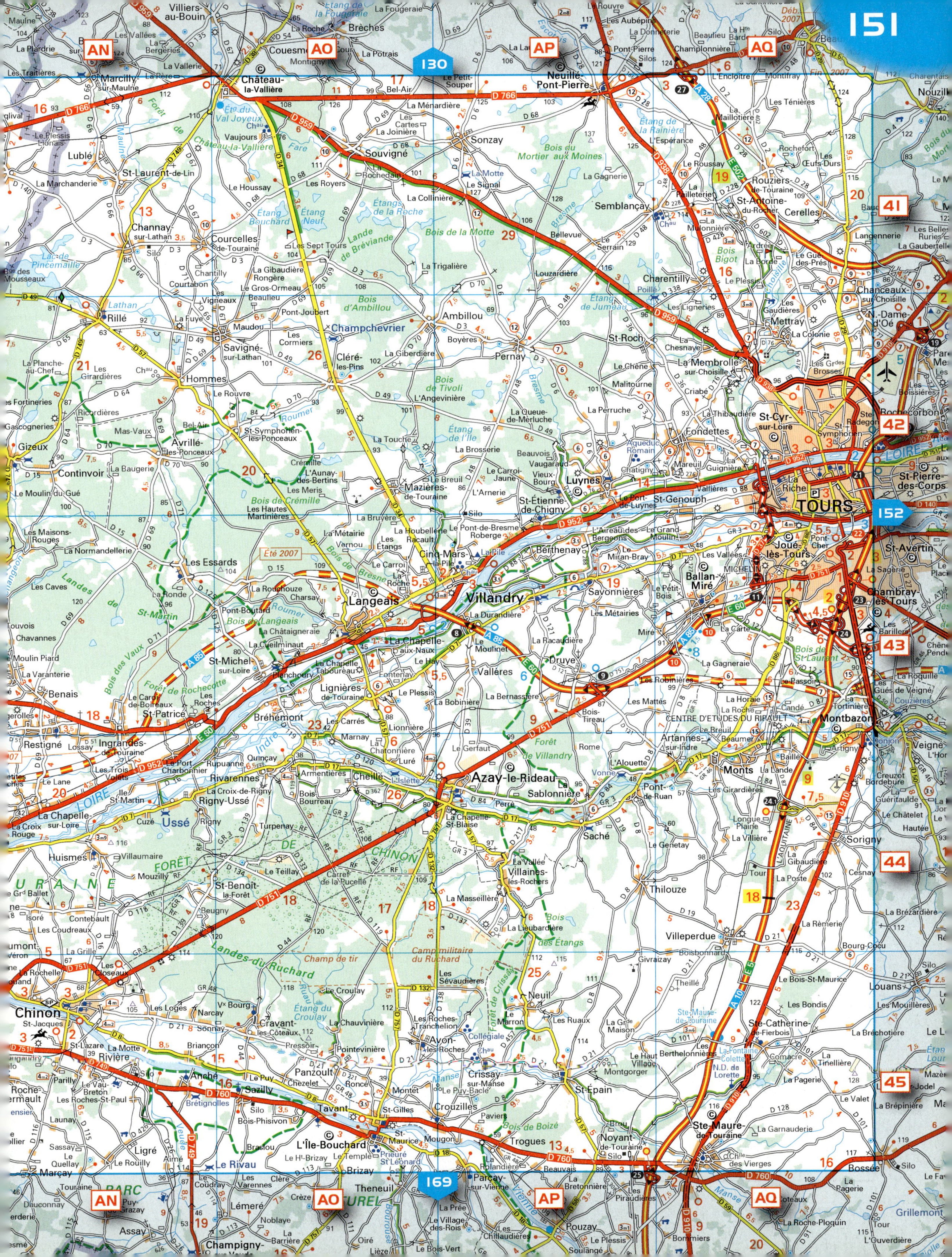
130
152
169
AN
AO
AP
AQ
41
42
43
44
45
Château-la-Vallière
Villiers-au-Bouin
Brèches
Couesmes
La Fougeraie
Neuillé-Pont-Pierre
Marcilly-sur-Maulne
Lublé
St-Laurent-de-Lin
Souvigné
Sonzay
Bois du Mortier aux Moines
Semblançay
Rouziers-de-Touraine
St-Antoine-du-Rocher
Cerelles
Channay-sur-Lathan
Courcelles-de-Touraine
Lande de Bréviande
Bois de la Motte
Étangs de la Roche
La Trigalière
Charentilly
Bois Bigot
Rillé
Ambillou
Champchevrier
Savigné-sur-Lathan
Cléré-les-Pins
Pernay
St-Roch
Mettray
La Membrolle-sur-Choisille
Hommes
Bois de Tivoli
St-Symphorien-les-Ponceaux
Avrillé-les-Ponceaux
Gizeux
Continvoir
Bois de Crémille
Mazières-de-Touraine
Luynes
Fondettes
St-Cyr-sur-Loire
St-Pierre-des-Corps
TOURS
St-Étienne-de-Chigny
St-Genouph
Cinq-Mars-la-Pile
Langeais
Villandry
Berthenay
Savonnières
Ballan-Miré
Joué-lès-Tours
St-Avertin
Chambray-lès-Tours
Les Essards
Landes de St-Martin
Bois de Langeais
La Chapelle-aux-Naux
St-Michel-sur-Loire
Lignières-de-Touraine
Vallères
Druye
Forêt de Rochecotte
St-Patrice
Bréhémont
Ingrandes-de-Touraine
Restigné
Rivarennes
Azay-le-Rideau
Forêt de Villandry
Monts
Artannes-sur-Indre
Montbazon
Veigné
Pont-de-Ruan
Saché
Cheillé
La Chapelle-aux-Naux
Rigny-Ussé
Ussé
Huismes
Forêt de Chinon
Villaines-les-Rochers
Thilouze
Sorigny
Villeperdue
Landes du Ruchard
Camp militaire du Ruchard
Chinon
Rivière
Anché
Sazilly
Tavant
L'Île-Bouchard
Ligré
Crissay-sur-Manse
Avon-les-Roches
Panzoult
Cravant-les-Côteaux
Neuil
St-Épain
Ste-Catherine-de-Fierbois
Ste-Maure-de-Touraine
Noyant-de-Touraine
Trogues
Parçay-sur-Vienne
Theneuil
Le Rivau
Marçay
Lémeré
Champigny-sur-Veude
Louans
La Rochelle
Beaumont-en-Véron
Cinais
Seuilly

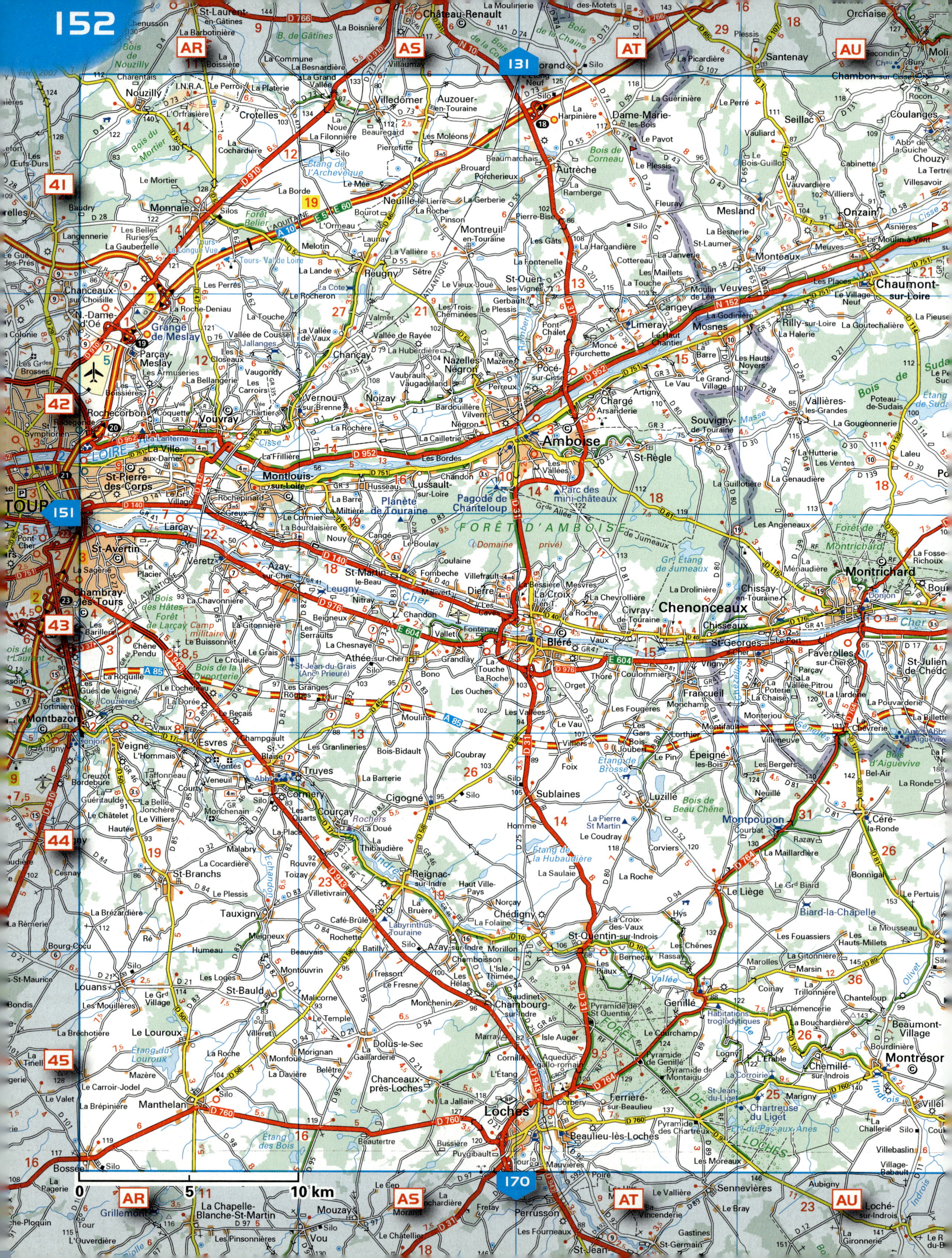

AR
AS
AT
AU
131
151
170
41
42
43
44
45
St-Laurent-en-Gâtines
Château-Renault
Nouzilly
Crotelles
Villedômer
Auzouer-en-Touraine
Dame-Marie-les-Bois
Santenay
Chambon-sur-Cisse
Seillac
Coulanges
Chouzy
Onzain
Mesland
Monnaie
Neuillé-le-Lierre
Montreuil-en-Touraine
Autrèche
St-Ouen-les-Vignes
Reugny
Vernou-sur-Brenne
Vouvray
Chançay
Noizay
Nazelles-Négron
Pocé-sur-Cisse
Limeray
Cangey
Mosnes
Veuves
Chaumont-sur-Loire
Rilly-sur-Loire
Chargé
Amboise
St-Règle
Souvigny-de-Touraine
Vallières-les-Grandes
Rochecorbon
Parçay-Meslay
Chanceaux-sur-Choisille
N.-Dame-d'Oé
LOIRE
Cisse
St-Pierre-des-Corps
Montlouis-sur-Loire
Lussault-sur-Loire
Pagode de Chanteloup
Planète de Touraine
Parc des mini-châteaux
FORÊT D'AMBOISE
TOURS
Larçay
St-Avertin
Véretz
Azay-sur-Cher
St-Martin-le-Beau
Chambray-lès-Tours
Dierre
La Croix-en-Touraine
Bléré
Civray-de-Touraine
Chenonceaux
Chisseaux
Chissay-en-Touraine
Montrichard
Faverolles-sur-Cher
St-Julien-de-Chédon
St-Georges-sur-Cher
Cher
Athée-sur-Cher
Francueil
Épeigné-les-Bois
Montbazon
Veigné
Esvres
Truyes
Cormery
Courçay
Cigogné
Sublaines
Luzillé
Montpoupon
Céré-la-Ronde
St-Branchs
Tauxigny
Reignac-sur-Indre
Chédigny
St-Quentin-sur-Indrois
Genillé
Azay-sur-Indre
Chambourg-sur-Indre
Louans
St-Bauld
Le Louroux
Dolus-le-Sec
Chanceaux-près-Loches
Manthelan
Loches
Beaulieu-lès-Loches
Ferrière-sur-Beaulieu
Chemillé-sur-Indrois
Montrésor
Beaumont-Village
Sennevières
Perrusson
FORÊT DE LOCHES
Indre
Indrois
0
5
10 km

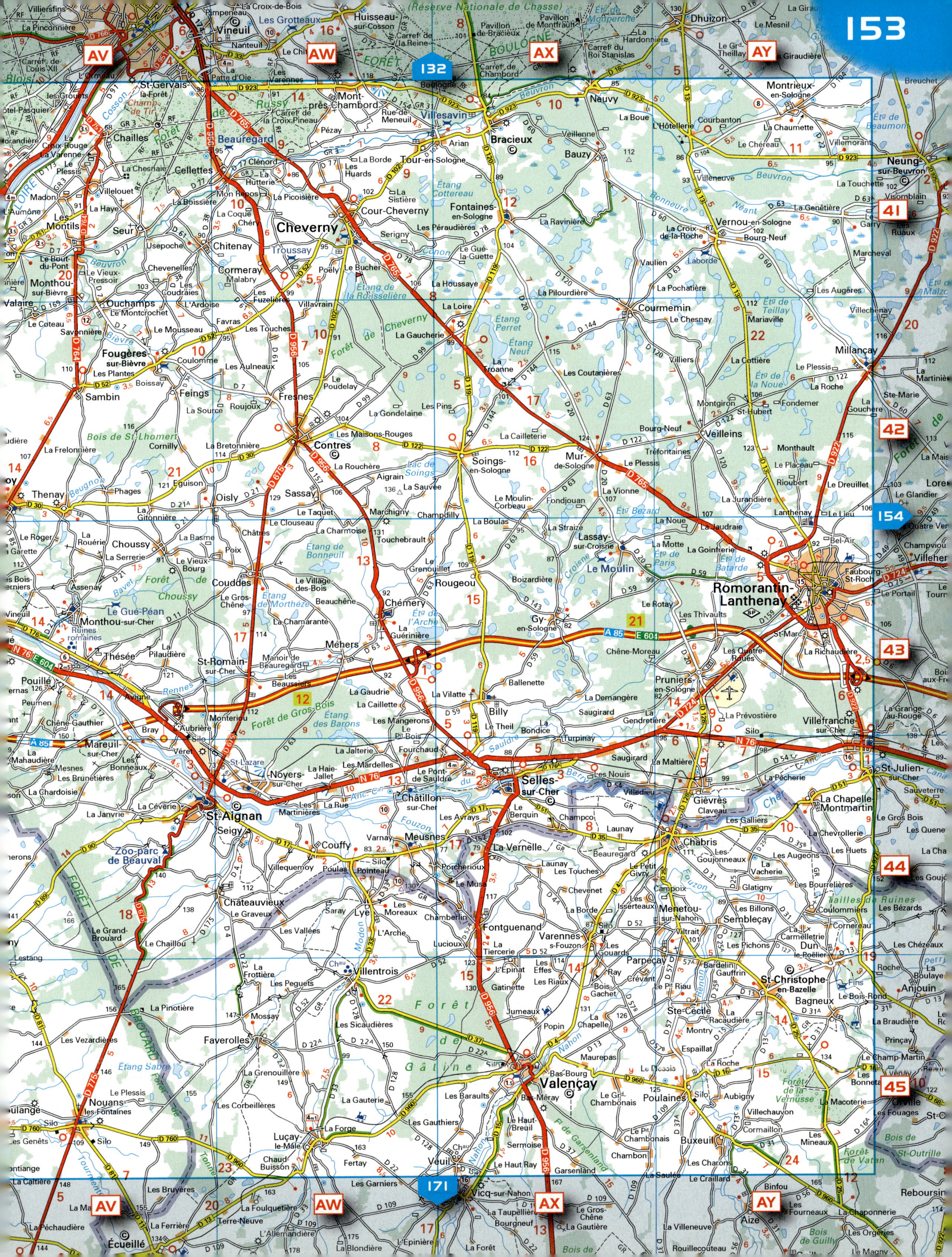
Cheverny
Contres
Romorantin-Lanthenay
Selles-sur-Cher
St-Aignan
Valençay
Bracieux
Fougères-sur-Bièvre
Soings-en-Sologne
Mur-de-Sologne
Courmemin
Villefranche-sur-Cher
St-Julien-sur-Cher
Chabris
Gièvres
Menetou-sur-Nahon
Sembleçay
St-Christophe-en-Bazelle
Poulaines
Buxeuil
Luçay-le-Mâle
Villentrois
Châteauvieux
Meusnes
Noyers-sur-Cher
Thésée
Monthou-sur-Cher
Pouillé
Couddes
Sassay
Oisly
Thenay
Chémery
Rougeou
Gy-en-Sologne
Billy
Pruniers-en-Sologne
Lassay-sur-Croisne
Millançay
Veilleins
Neung-sur-Beuvron
Vernou-en-Sologne
Neuvy
Fontaines-en-Sologne
Cour-Cheverny
Tour-en-Sologne
Mont-près-Chambord
Vineuil
Chailles
Les Montils
Seur
Chitenay
Cormeray
Ouchamps
Sambin
Feings
Fresnes
Couffy
Seigy
Châtillon-sur-Cher
Faverolles
Nouans-les-Fontaines
Écueillé
Vicq-sur-Nahon
Veuil
Lye
Parpeçay
Varennes-sur-Fouzon
Fontguenand
Ste-Cécile
Bagneux
Dun-le-Poëlier
Zoo-parc de Beauval
Forêt de Gros-Bois
Forêt de Gâtine
Forêt de Cheverny
A 85
N 76
D 956
D 765
132
154
171
AV
AW
AX
AY
41
42
43
44
45

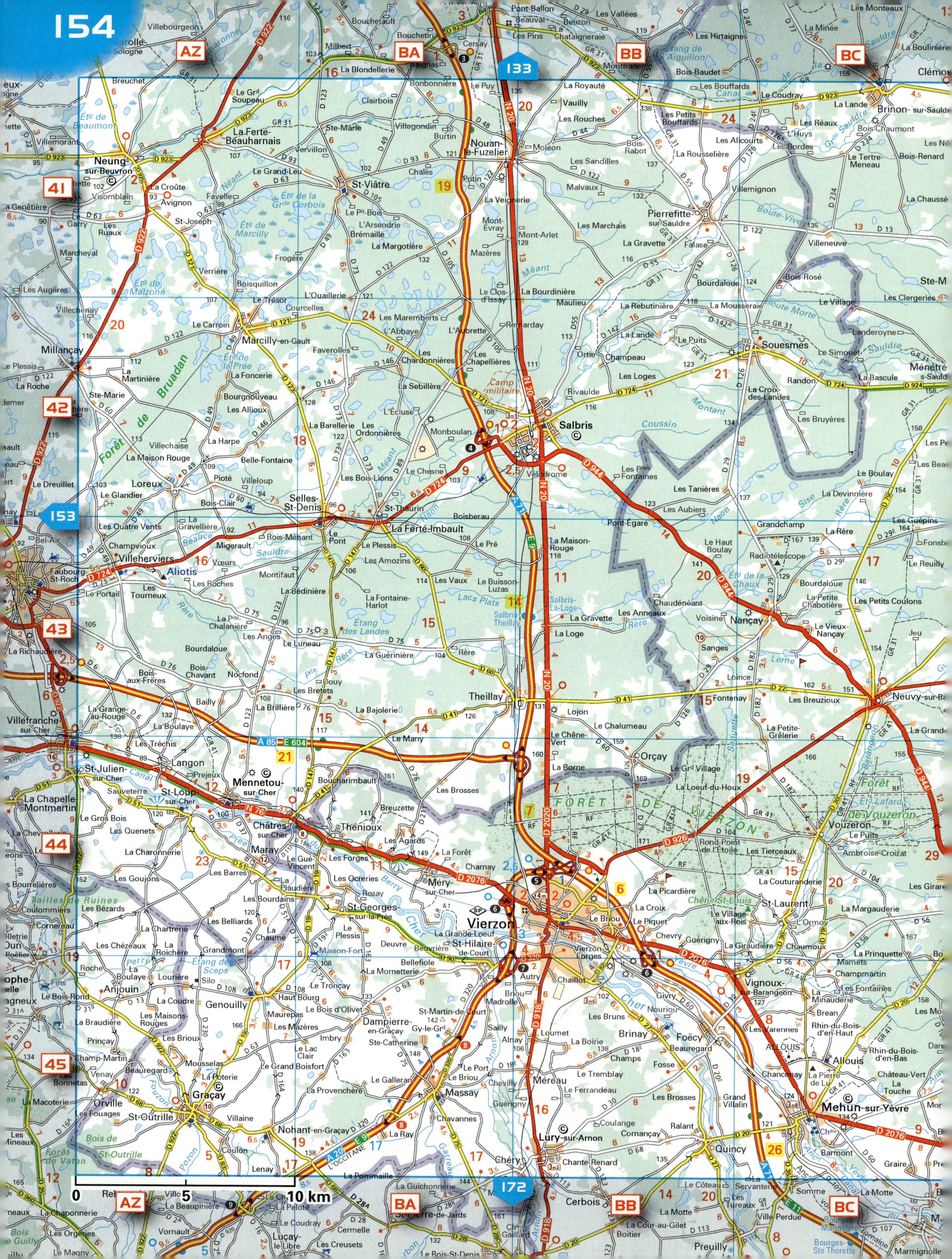

AZ
BA
BB
BC
133
41
42
43
44
45
153
172
Neung-sur-Beuvron
La Ferté-Beauharnais
St-Viâtre
Nouan-le-Fuzelier
Pierrefitte-sur-Sauldre
Souesmes
Salbris
Marcilly-en-Gault
Millançay
Loreux
Selles-St-Denis
La Ferté-Imbault
Villeherviers
Romorantin
Forêt de Bruadan
Nançay
Neuvy-sur-Barangeon
Theillay
Orçay
Langon
Mennetou-sur-Cher
Villefranche-sur-Cher
St-Julien-sur-Cher
St-Loup-sur-Cher
Châtres-sur-Cher
Maray
Thénioux
Méry-sur-Cher
Vierzon
St-Georges-sur-la-Prée
St-Hilaire-de-Court
Forêt de Vierzon
Forêt de Vouzeron
Vouzeron
St-Laurent
Vignoux-sur-Barangeon
Mehun-sur-Yèvre
Allouis
Foëcy
Brinay
Quincy
Lury-sur-Arnon
Massay
Dampierre-en-Graçay
Genouilly
Graçay
St-Outrille
Nohant-en-Graçay
Chéry
Méreau
Anjouin
Cerbois
Preuilly
Lucay-le-Libre
St-Pierre-de-Jards
Brinon-sur-Sauldre
Ménétréol-sur-Sauldre
Clémont
La Chapelle-Montmartin
Coulommiers
L'Occitane
0
5
10 km

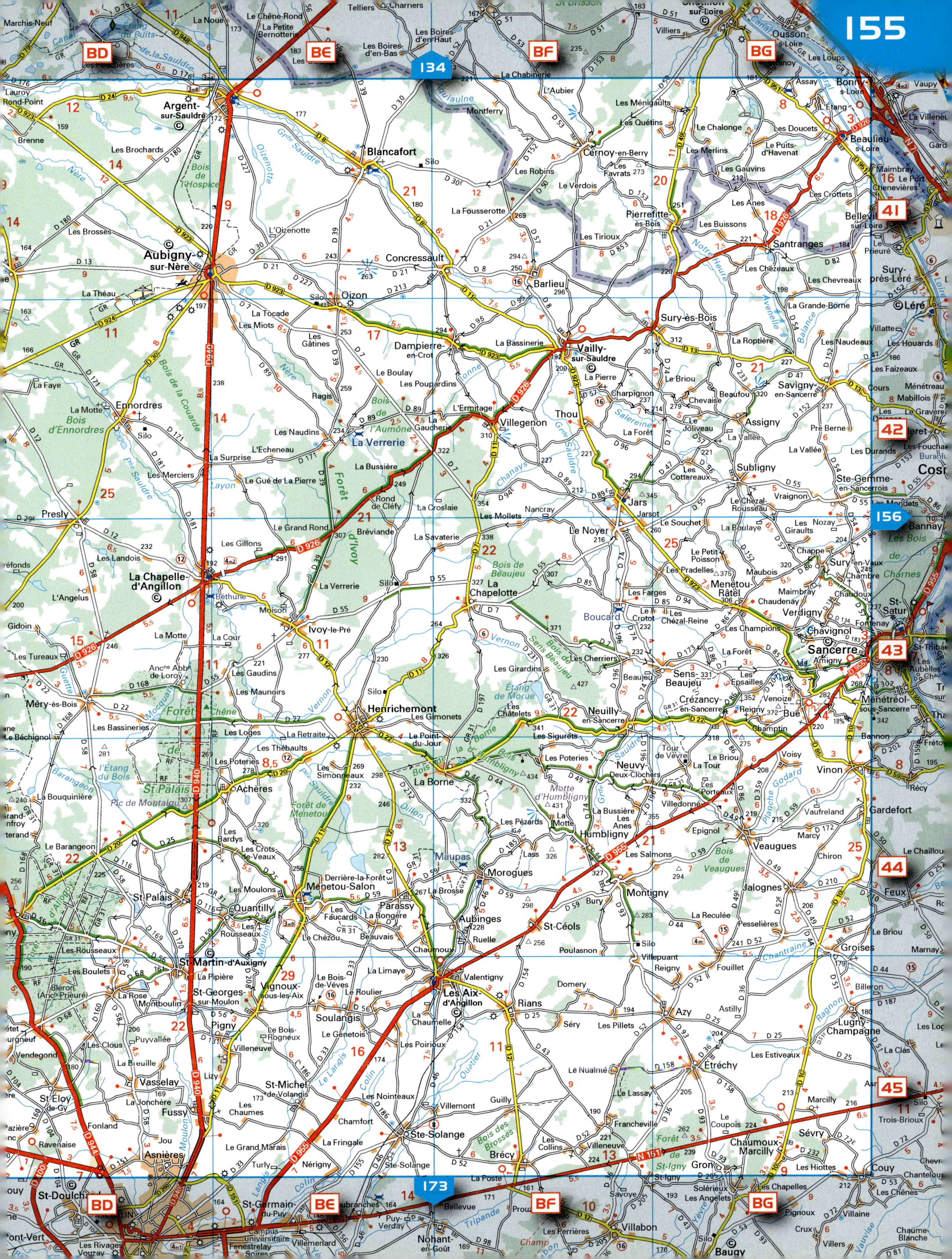

134
173
156
41
42
43
44
45
BD
BE
BF
BG
Argent-sur-Sauldre
Blancafort
Cernoy-en-Berry
Pierrefitte-ès-Bois
Beaulieu-sur-Loire
Bonny-s-Loire
Ousson-s-Loire
Santranges
Belleville-sur-Loire
Sury-près-Léré
Léré
Aubigny-sur-Nère
Concressault
Oizon
Barlieu
Sury-ès-Bois
Vailly-sur-Sauldre
Dampierre-en-Crot
Savigny-en-Sancerre
Ennordres
Villegenon
Thou
Assigny
Subligny
La Verrerie
Presly
Jars
Le Noyer
La Chapelle-d'Angillon
Ivoy-le-Pré
La Chapelotte
Sury-en-Vaux
Menetou-Râtel
Verdigny
Chavignol
Sancerre
St-Satur
Sens-Beaujeu
Crézancy-en-Sancerre
Bué
Ménétréol-sous-Sancerre
Méry-ès-Bois
Henrichemont
Neuilly-en-Sancerre
Achères
La Borne
Neuvy-Deux-Clochers
Vinon
Humbligny
Veaugues
Gardefort
Menetou-Salon
St-Palais
Quantilly
Morogues
Montigny
Jalognes
Parassy
Aubinges
St-Céols
St-Martin-d'Auxigny
Les Aix-d'Angillon
Rians
Vignoux-sous-les-Aix
St-Georges-sur-Moulon
Soulangis
Azy
Lugny-Champagne
Pigny
Etréchy
St-Michel-de-Volangis
Vasselay
Fussy
St-Eloy-de-Gy
Ste-Solange
Brécy
Chaumoux-Marcilly
Sévry
Asnières
Gron
St-Doulchard
St-Germain-du-Puy
Nohant-en-Goût
Villabon
Baugy
Forêt d'Ivoy
Forêt de St-Palais
Forêt de Menetou
Bois de la Courade
Bois d'Ennordres

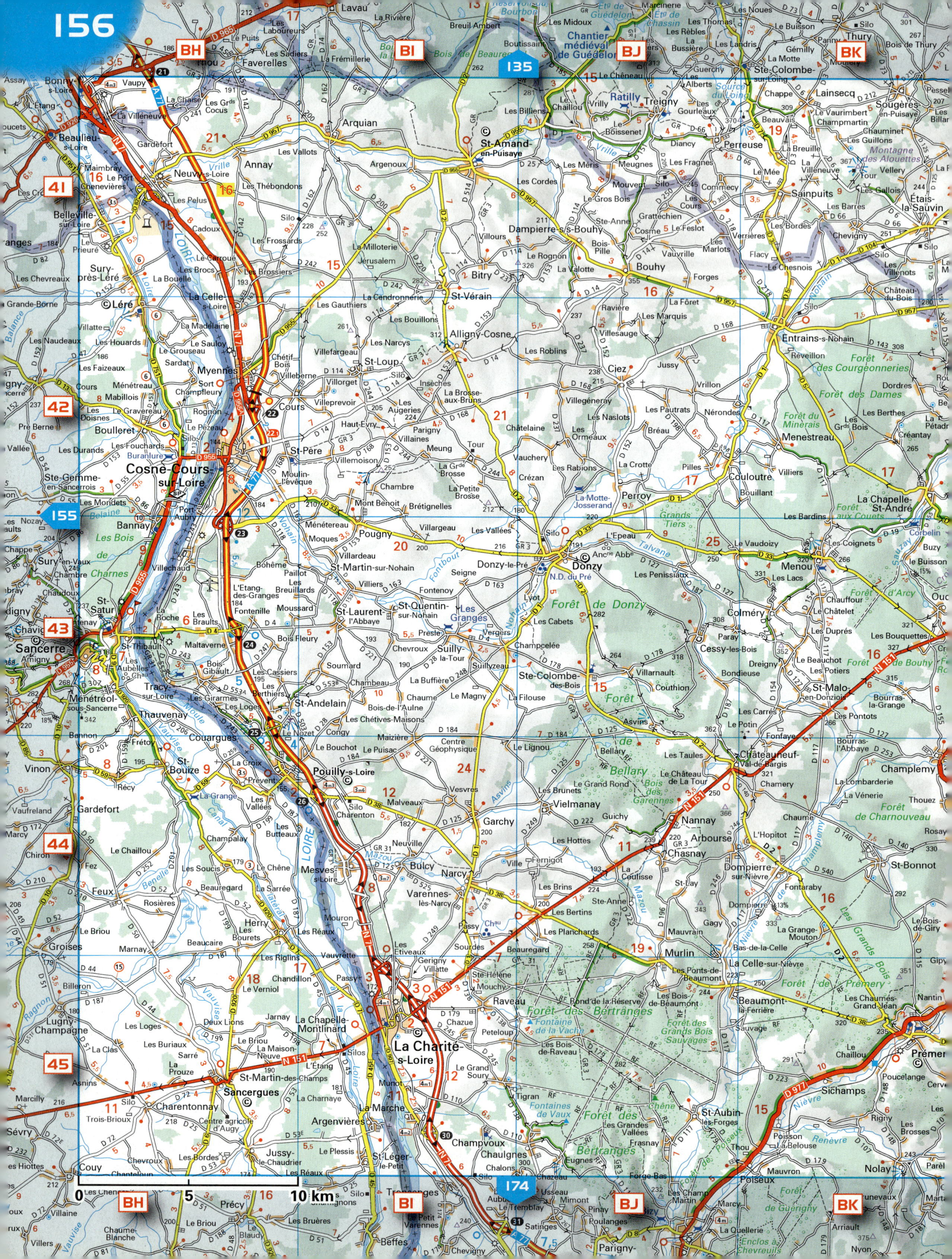
BH
BI
BJ
BK
135
155
174
41
42
43
44
45
Bonny-s-Loire
Vaupy
Beaulieu-s-Loire
Les Laboureurs
Faverelles
Lavau
La Rivière
Breuil Ambert
Bois de Beaure
Bouhy
Chantier médiéval de Guédelon
Les Noues
Thury
Les Midoux
Les Sadiers
La Frémillerie
Gémilly
Ste-Colombe-sur-Loing
La Motte
Les Rèbles
Bussière
Treigny
Ratilly
Le Chêneau
Les Alberts
Lainsecq
Sougères-en-Puisaye
Arquian
St-Amand-en-Puisaye
Les Billeries
Perreuse
Diancy
Le Boissenet
Annay
Les Vallots
Argenoux
Gardefort
Maimbray
Le Port
Chenevières
Neuvy-s-Loire
Les Thébondons
Les Cordes
Les Méris
Meugnes
Les Fragnes
Mouvent
Commecy
Sainpuits
Étais-la-Sauvin
Belleville-sur-Loire
Les Pelus
Cadoux
Silo
Dampierre-s-s-Bouhy
Le Gros Bois
Ste-Anne
Grattechien
Cosme
Le Feslot
Les Cours
Les Bordes
Chevigny
Sury-près-Léré
Prieuré
Le Carroue
Les Frossards
La Milloterie
Jérusalem
Villours
Le Rognon
Bitry
La Valotte
Bois-Pillé
Vauvrille
Les Marlots
Flacy
Le Chesnois
Forges
Les Chevreaux
La Bouelle
Les Brocs
Les Brossiers
Léré
La Celle-s-Loire
La Cendronnerie
St-Vérain
Les Gauthiers
La Forêt
Château-du-Bois
Villatte
La Madeleine
Les Bouillons
Alligny-Cosne
Rivière
Les Marquis
Villesauge
Entrains-s-Nohain
Les Naudeaux
Les Houards
Le Grousseau
Le Sauloy
Sardat
Myennes
Chétif-Bois
Villefargeau
Les Narcys
Les Roblins
Ciez
Réveillon
Forêt des Courgeonneries
Les Faizeaux
St-Loup
Silo
Jussy
Vrillon
Dordres
Ménétreau
Cours
Mabillois
Champfleury
Sort
Villeberne
Villorget
Inséches
La Brosse-aux-Bruns
Villegénéray
Les Pautrats
Nérondes
Forêt des Dames
Les Berthes
Le Gravereau
Les Doisnes
Rognon
Villeprevoir
Les Augeries
Parigny
Châtelaine
Les Naslots
Bréau
Forêt du Minérais
Menestreau
Pré Bernes
Boulleret
Le Pézeau
Haut-Evry
Villaines
Les Ormeaux
Créantay
Les Durands
Les Fouchards
Buranlure
Cosne-Cours-sur-Loire
St-Père
Villemoison
Meung
Tour
Vauchery
Les Rabions
La Crotte
Pilles
Couloutre
Villiers
Ste-Gemme-en-Sancerrois
Moulin-l'Évêque
Chambre
Le Grde Brosse
La Petite Brosse
Crézan
La Motte-Josserand
Perroy
Bouillant
La Chapelle-St-André
Les Mondets
Mont Benoit
Brétignelles
Bannay
Port Aubry
Ménétereau
Moques
Pougny
Villargeau
Les Vallées
Donzy
L'Epeau
Ancne Abbe
Le Vaudoizy
Les Coignets
Menou
Buzy
Le Buisson
Les Bois de Charnes
Sury-en-Vaux
Villechaud
Bohème
Villardeau
St-Martin-sur-Nohain
Donzy-le-Pré
N.D. du Pré
Les Penissiaux
Les Lacs
Chauffour
Forêt d'Arcy
St-Satur
Paillot
L'Étang-des-Granges
Les Breuillards
Villiers
Fontenoy
Seigne
Forêt de Donzy
Colméry
Le Châtelet
Les Duprés
Sancerre
La Roche
Les Braults
Fontenille
Moussard
St-Laurent-l'Abbaye
St-Quentin-sur-Nohain
Les Granges
Preste
Vergers
Les Cabets
Paray
Cessy-les-Bois
Les Bouquettes
Amigny
St-Thibault
Maltaverne
Bois Fleury
Chevroux
Suilly-la-Tour
Champcelée
Bondieuse
Dreigny
Le Beauchot
Les Potiers
Forêt de Bouhy
Ménétréol-sous-Sancerre
Les Aubelles
Bois-Gibault
Les Cassiers
Les Berthiers
Soumard
Chambeau
La Buffière
Suillyzeau
Ste-Colombe-des-Bois
Villarnault
Couthion
St-Malo-en-Donziois
Bourras-la-Grange
Tracy-sur-Loire
Les Girarmes
Les Loges
St-Andelain
Bois-de-l'Aulne
Les Chétives-Maisons
Chaume
Le Magny
La Filouse
Forêt
Asvins
Les Carrés
Le Potin
Les Pontots
Thauvenay
Couargues
Le Nozet
Congy
Maizière
Centre Géophysique
Le Lignou
Bellary
Fontaye
Bourras-l'Abbaye
Vinon
Frétoy
St-Bouize
La Croix
Prevent
Le Bouchot
Le Puisac
Pouilly-s-Loire
Forêt de Bellary
Les Taules
Le Château de la Tour
Châteauneuf-Val-de-Bargis
Chamery
Champlemy
La Lombarderie
La Vénerie
Thouez
Récy
La Grange
Les Vallées
Silo
Charenton
Malveaux
Vesvres
Les Brunets
Le Grand Rond
Bois des Garennes
Vielmanay
Nannay
Forêt de Charnouveau
Vaufreland
Gardefort
Champalay
Les Butteaux
Garchy
Guichy
Arbourse
Chaume
L'Hopitot
Rosay
Marcy
Le Chaillou
Chiron
Neuville
Les Hottes
Chasnay
Le Chêne
Les Soucis
Mesves-s-Loire
Bulcy
Ville
Fernigot
Narcy
Les Brins
La Coulisse
Dompierre-sur-Nièvre
St-Bonnot
Fez
Feux
Rosières
Beauregard
La Sarrée
Varennes-lès-Narcy
Ste-Anne
Les Bertins
St-Lay
Fontaraby
Le Briou
Herry
Les Bourets
Beaucaire
Les Réaux
Mouron
Passy
Les Planchards
Mauvrain
Gagy
La Grange-Mouton
Le Bois-de-Giry
Groises
Marnay
Les Étiveaux
Vauvrette
Sourdes
Beauregard
Murlin
Bas-de-la-Celle
Les Riglins
Chandillon
Gerigny
Villatte
Ste-Hélène
Mouchy
Les Ponts-de-Beaumont
La Celle-sur-Nièvre
Forêt de Prémery
Billeron
Le Verniol
Raveau
Les Bois de-Beaumont
Beaumont-la-Ferrière
Les Chaumes-Grand Jean
Nantin
Lugny-Champagne
Les Loges
Deux Lions
Jarnay
La Chapelle-Montlinard
Forêt des Bertranges
Fontaine de la Vache
Forêt des Grands Bois Sauvages
Sauvage
Les Clas
Les Buriaux
Sarré
Le Briou
La Maison-Neuve
La Charité-s-Loire
Chazue
Peteloup
Les Bois de-Raveau
Le Chaillou
Prémery
La Prouze
L'Étang
Silos
Le Grand Soury
Sichamps
Poucelange
Asnins
Sancergues
St-Martin-des-Champs
La Charnaye
Murlot
Tigran
Fontaines de Vaux
Forêt des Bertranges
Les Grandes Vallées
Fraisnay
St-Aubin-les-Forges
Marcilly
Silo
Charentonnay
La Marche
Trois-Brioux
Centre agricole d'Augy
Argenvières
Champvoux
Chaulgnes
Poisson
La Belouse
Sévry
Chevroux
Les Bordes
Jussy-le-Chaudrier
Le Plessis
St-Léger-le-Petit
Chalons
Mauvron
Poiseux
Nolay
Les Hiottes
Couy
Chantelouп
Les Réaux
Tronsanges
Usseau
Aubuy
Le Tremblay
Mimont
Pinay
Roulanges
Les Chasnay
Martin
Forêt de Guérigny
Arriault
Villaine
Précy
Le Briou
Les Bruères
Blaudy
Petit Varennes
Satinges
Beffes
Chevigny
Parigny
Les Enclos à Chevreuils
La Quellerie
Nyon
Villers
Chaume-Blanche
Vauvise
LOIRE
Nohain
Mazou
Nièvre
0
5
10 km

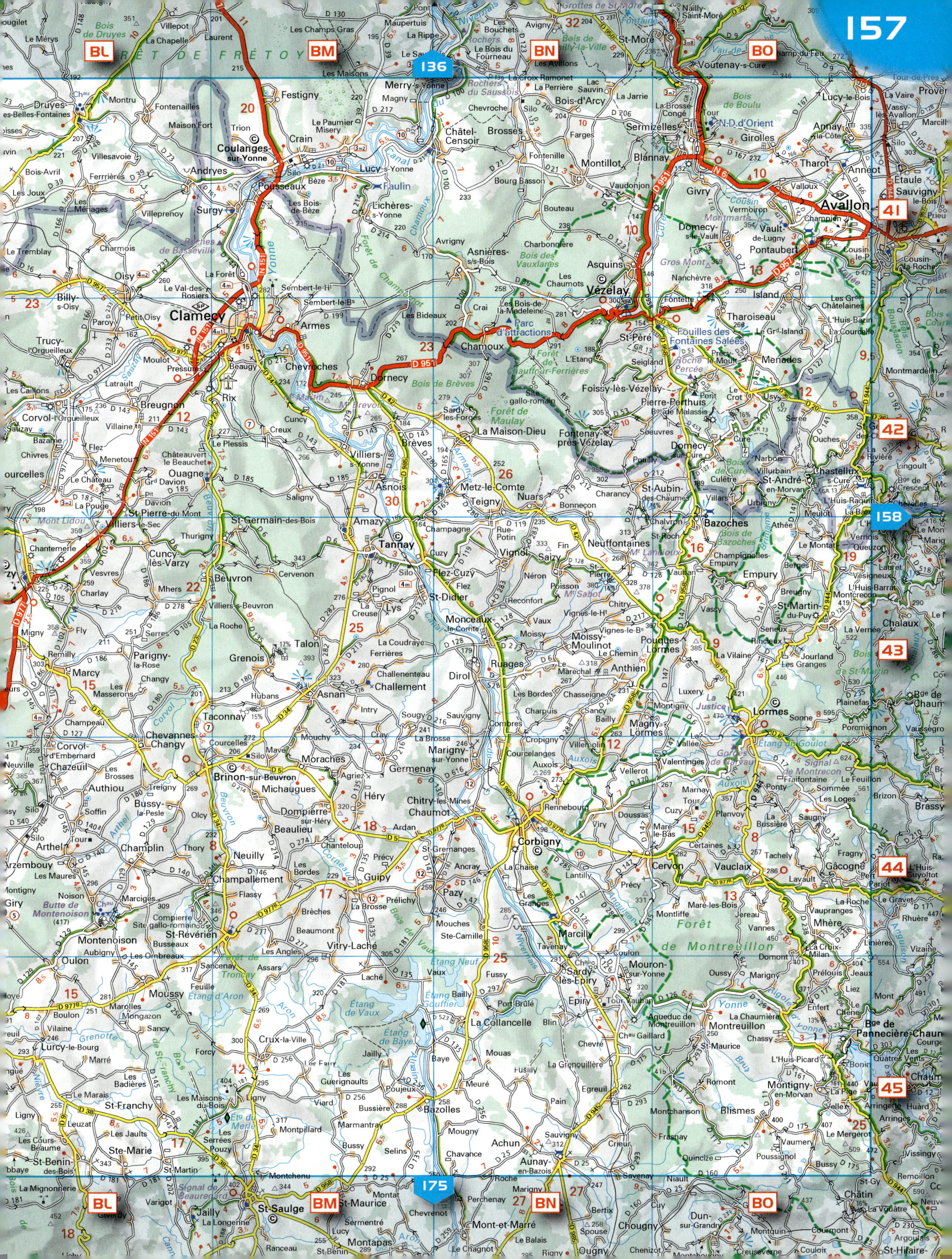
BL
BM
BN
BO
136
158
175
41
42
43
44
45
Forêt de Frétoy
Clamecy
Coulanges-sur-Yonne
Festigny
Crain
Lucy-s-Yonne
Châtel-Censoir
Brosses
Merry-s-Yonne
Bois-d'Arcy
Sermizelles
Blannay
Montillot
St-Moré
Voutenay-s-Cure
Girolles
Annay
Avallon
Vault-de-Lugny
Pontaubert
Givry
Domecy-s-le-Vault
Asquins
Vézelay
St-Père
Fontaines Salées
Asnières-s-Bois
Chamoux
Armes
Chevroches
Corvol-l'Orgueilleux
Breugnon
Varzy
Villiers-le-Sec
Cuncy-lès-Varzy
Beuvron
Asnois
Tannay
Metz-le-Comte
Teigny
Nuars
Vignol
Neuffontaines
Bazoches
Chastellux
St-André-en-Morvan
Domecy-sur-Cure
Pierre-Perthuis
Foissy-lès-Vézelay
Fontenay-près-Vézelay
La Maison-Dieu
Brèves
Villiers-s-Yonne
Sardy-lès-Forges
Amazy
Flez-Cuzy
St-Didier
Monceaux-le-Comte
Dirol
Ruages
Moissy-Moulinot
Anthien
Pouques-Lormes
Lormes
Empury
St-Martin-du-Puy
Talon
Grenois
Asnan
Challement
Taconnay
Chevannes-Changy
Brinon-sur-Beuvron
Michaugues
Moraches
Germenay
Marigny-sur-Yonne
Chitry-les-Mines
Chaumot
Corbigny
Dompierre-sur-Héry
Beaulieu
Neuilly
Champallement
Guipy
Pazy
St-Révérien
Vitry-Laché
Crux-la-Ville
Montenoison
Champlin
Bussy-la-Pesle
Arthel
Sardy-lès-Epiry
Epiry
Marcilly
Mouron-sur-Yonne
Montreuillon
La Collancelle
Forêt de Montreuillon
Vauclaix
Cervon
Gâcogne
Bazolles
Aunay-en-Bazois
Achun
Montigny-en-Morvan
Blismes
Étang de Vaux
Étang de Baye
Sancy
Lurcy-le-Bourg
St-Franchy
Ste-Marie
St-Benin-des-Bois
St-Saulge
Jailly
Montapas
Mont-et-Marré
Chougny
Dun-sur-Grandry
Châtin
Parc d'attractions
Fouilles des Fontaines Salées
Forêt de Maulay
Bois de Brèves

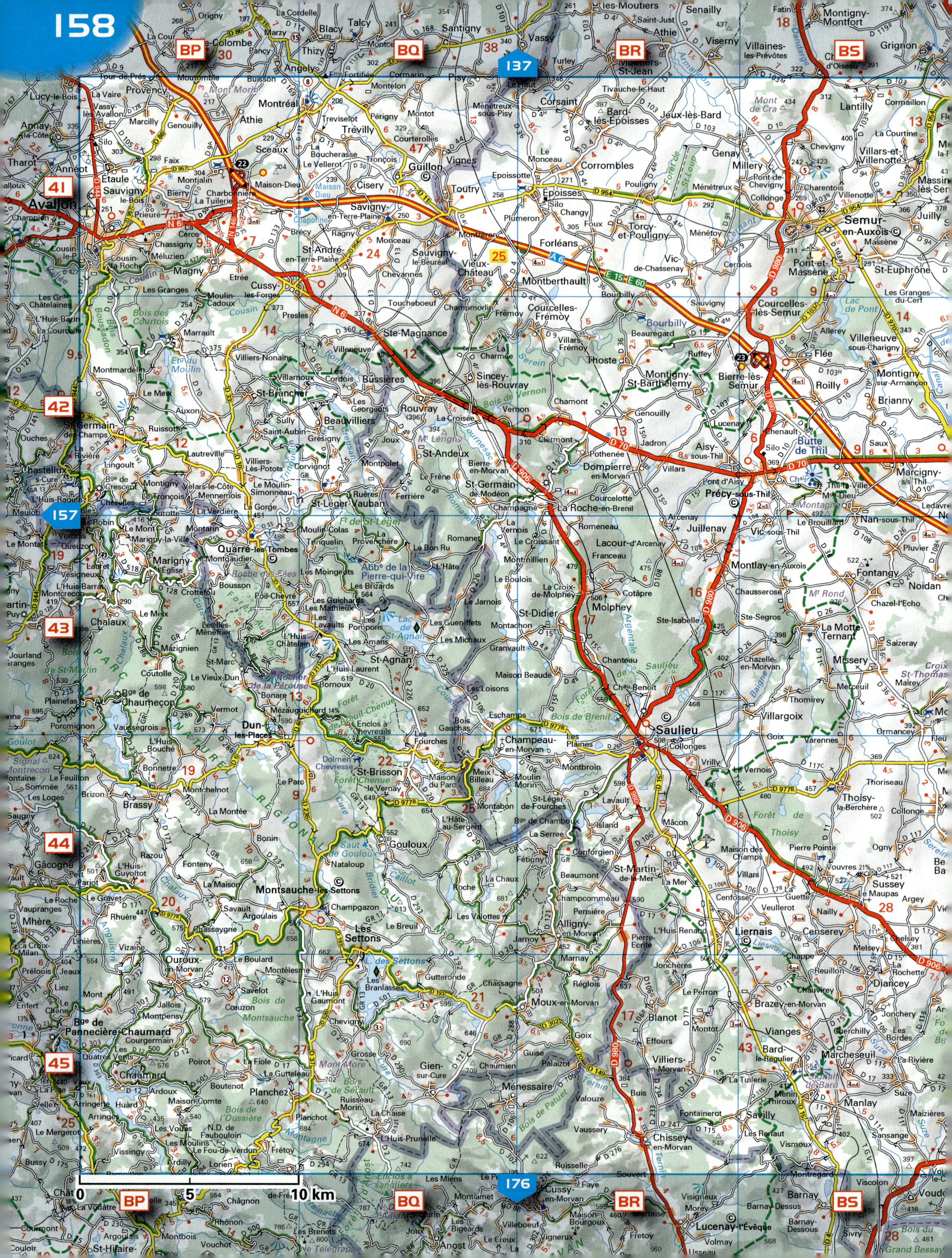
Avallon
Montréal
Guillon
Époisses
Semur-en-Auxois
Précy-sous-Thil
Saulieu
Quarré-les-Tombes
St-Brisson
Montsauche-les-Settons
Les Settons
Liernais
Lucenay-l'Évêque
Rouvray
Bussières
Vic-de-Chassenay
Montberthault
Ste-Magnance
Dun-les-Places
Alligny-en-Morvan
Moux-en-Morvan
Gouloux
St-Agnan
Marigny-l'Église
Chissey-en-Morvan
Thoisy-la-Berchère
Courcelles-lès-Semur
Montigny-sur-Armançon
Bierre-lès-Semur
Dompierre-en-Morvan
La Roche-en-Brenil
Villargoix
Champeau-en-Morvan
Fontangy
PARC NATUREL RÉGIONAL DU MORVAN
Lac des Settons
Lac de St-Agnan
Forêt de Thoisy
Butte de Thil
41
42
43
44
45
137
157
176
BP
BQ
BR
BS
0
5
10 km

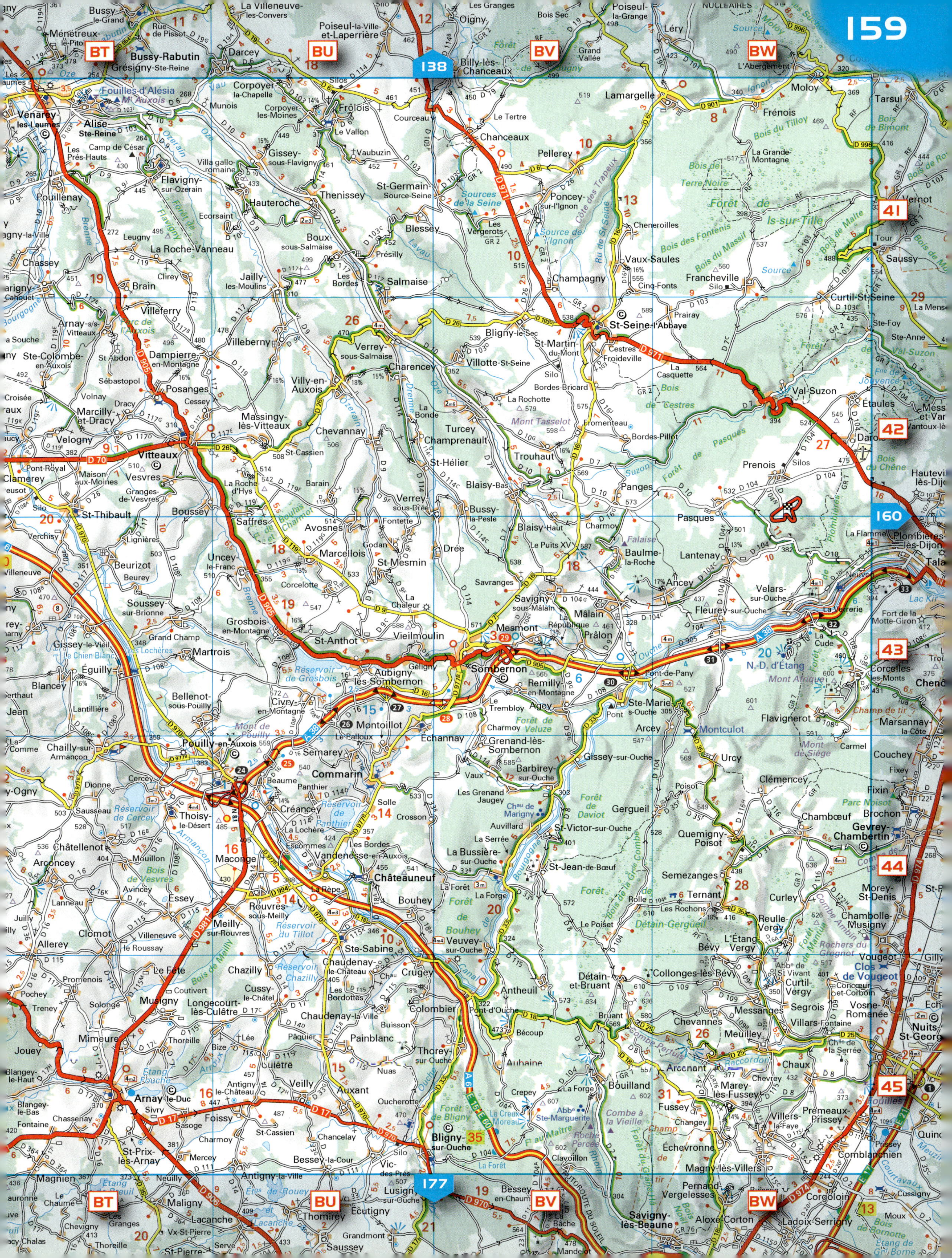

138
160
177
41
42
43
44
45
BT
BU
BV
BW
Bussy-Rabutin
Grésigny-Ste-Reine
Venarey-les-Laumes
Alise-Ste-Reine
Fouilles d'Alésia
Mt Auxois
Flavigny-sur-Ozerain
Pouillenay
La Roche-Vanneau
Darcey
Frôlois
Corpoyer-la-Chapelle
Gissey-sous-Flavigny
Thenissey
Hauteroche
St-Germain-Source-Seine
Blessey
Boux-sous-Salmaise
Salmaise
Jailly-les-Moulins
Billy-lès-Chanceaux
Chanceaux
Pellerey
Poncey-sur-l'Ignon
Sources de la Seine
Lamargelle
Frénois
Vaux-Saules
Champagny
Francheville
Cinq-Fonts
St-Seine-l'Abbaye
St-Martin-du-Mont
Blessey
Léry
Moloy
Tarsul
Vernot
Saussy
Curtil-St-Seine
Forêt de Is-sur-Tille
Val-Suzon
Étaules
Darois
Prenois
Hauteville-lès-Dijon
Plombières-lès-Dijon
Talant
Brain
Villeferry
Arnay-sous-Vitteaux
Dampierre-en-Montagne
Ste-Colombe-en-Auxois
Posanges
Marcilly-et-Dracy
Velogny
Vitteaux
Vesvres
Massingy-lès-Vitteaux
Villy-en-Auxois
Verrey-sous-Salmaise
Charencey
Villotte-St-Seine
Bligny-le-Sec
Turcey
Champrenault
St-Hélier
Blaisy-Bas
Blaisy-Haut
Bussy-la-Pesle
Trouhaut
Panges
Pasques
Lantenay
Baulme-la-Roche
Ancey
Velars-sur-Ouche
Fleurey-sur-Ouche
Savigny-sous-Mâlain
Mâlain
Prâlon
Mesmont
Sombernon
Vieilmoulin
St-Anthot
Grosbois-en-Montagne
Verrey-sous-Drée
Drée
St-Mesmin
Marcellois
Avosnes
Saffres
Boussey
St-Thibault
Uncey-le-Franc
Beurizot
Soussey-sur-Brionne
Martrois
Gissey-le-Vieil
Éguilly
Blancey
Bellenot-sous-Pouilly
Civry-en-Montagne
Aubigny-lès-Sombernon
Montoillot
Remilly-en-Montagne
Agey
Ste-Marie-s-Ouche
Pont-de-Pany
Corcelles-les-Monts
Flavignerot
Marsannay-la-Côte
Couchey
Pouilly-en-Auxois
Semarey
Commarin
Échannay
Grenand-lès-Sombernon
Barbirey-sur-Ouche
Gissey-sur-Ouche
Arcey
Urcy
Clémencey
Chailly-sur-Armançon
Créancey
Thoisy-le-Désert
Châtellenot
Arconcey
Vandenesse-en-Auxois
Châteauneuf
St-Victor-sur-Ouche
La Bussière-sur-Ouche
St-Jean-de-Bœuf
Gergueil
Quemigny-Poisot
Chambœuf
Gevrey-Chambertin
Semezanges
Ternant
Curley
Morey-St-Denis
Chambolle-Musigny
Reulle-Vergy
L'Étang-Vergy
Bévy
Vougeot
Clos de Vougeot
Curtil-Vergy
Vosne-Romanée
Segrois
Villars-Fontaine
Nuits-St-Georges
Essey
Meilly-sur-Rouvres
Rouvres-sous-Meilly
Bouhey
Veuvey-sur-Ouche
Ste-Sabine
Chazilly
Cussy-le-Châtel
Chaudenay-le-Château
Crugey
Antheuil
Détain-et-Bruant
Collonges-lès-Bévy
Chevannes
Messanges
Meuilley
Le Fête
Musigny
Longecourt-lès-Culêtre
Chaudenay-la-Ville
Colombier
Pont-d'Ouche
Bécoup
Painblanc
Thorey-sur-Ouche
Aubaine
Bouilland
Arcenant
Marey-lès-Fussey
Chaux
Premeaux-Prissey
Mimeure
Arnay-le-Duc
Foissy
Veilly
Auxant
Crepey
Ste-Marguerite
Fussey
Échevronne
Villers-la-Faye
Comblanchien
Sivry
St-Prix-lès-Arnay
Bessey-la-Cour
Bligny-sur-Ouche
Magny-lès-Villers
Pernand-Vergelesses
Corgoloin
Maligny
Antigny-la-Ville
Thomirey
Lusigny-sur-Ouche
Bessey-en-Chaume
Savigny-lès-Beaune
Aloxe-Corton
Ladoix-Serrigny
Écutigny
Saussey

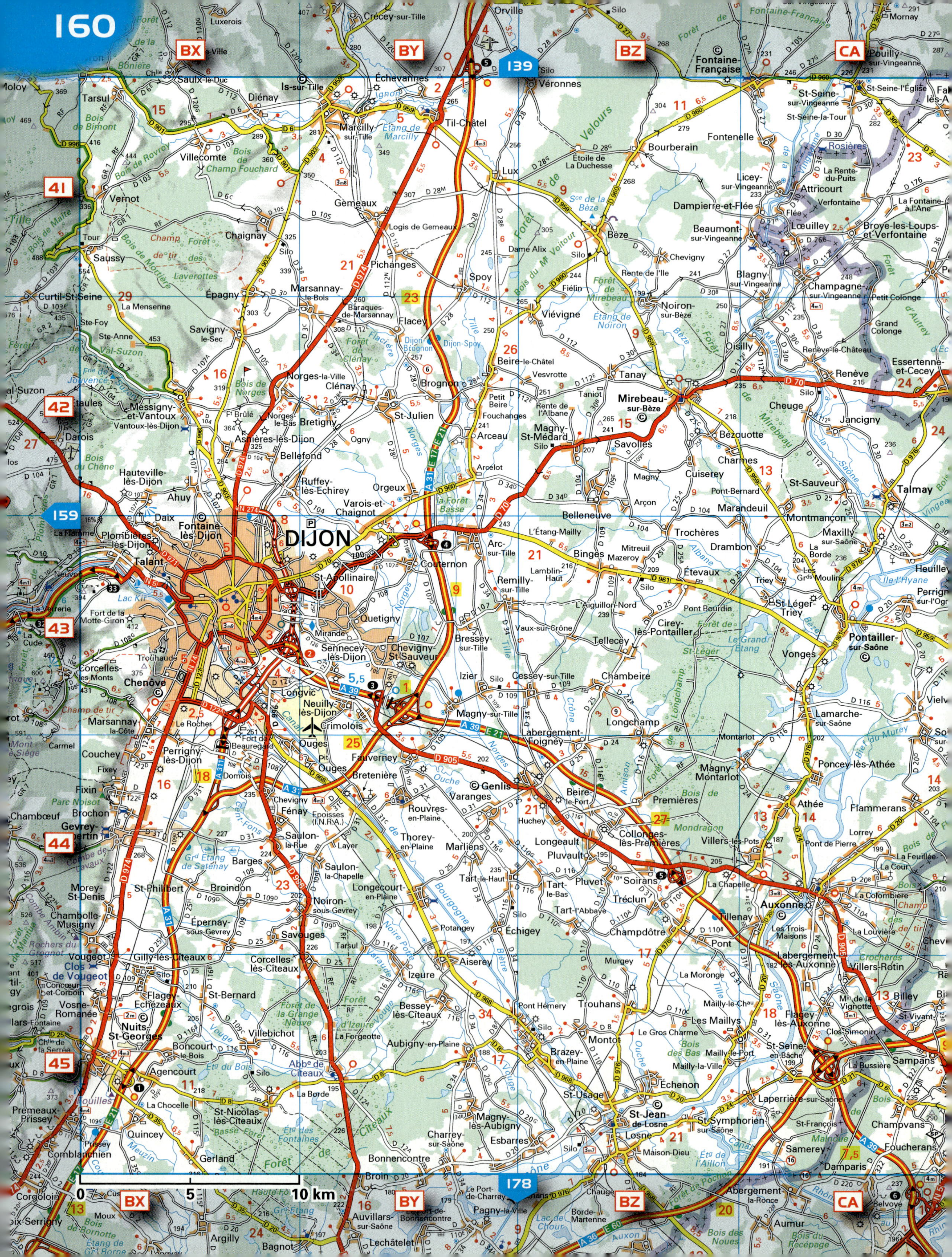
BX
BY
BZ
CA
139
41
42
159
43
44
45
178
Is-sur-Tille
Échevannes
Véronnes
Fontaine-Française
Pouilly-sur-Vingeanne
Tarsul
Diénay
Marcilly-sur-Tille
Til-Châtel
St-Seine-sur-Vingeanne
St-Seine-l'Église
Villecomte
Lux
Bourberain
Fontenelle
Vernot
Gemeaux
Étoile de la Duchesse
Licey-sur-Vingeanne
Attricourt
Saussy
Chaignay
Logis de Gemeaux
Dampierre-et-Flée
Beaumont-sur-Vingeanne
Lœuilley
Broye-les-Loups-et-Verfontaine
Pichanges
Bèze
Chevigny
Blagny-sur-Vingeanne
Curtil-St-Seine
Épagny
Marsannay-le-Bois
Spoy
Champagne-sur-Vingeanne
Savigny-le-Sec
Flacey
Vievigne
Noiron-sur-Bèze
Oisilly
Renève
Essertenne-et-Cecey
Messigny-et-Vantoux
Norges-la-Ville
Clénay
Brognon
Beire-le-Châtel
Tanay
Mirebeau-sur-Bèze
Cheuge
Jancigny
Darois
Bretigny
St-Julien
Magny-St-Médard
Bézouotte
Asnières-lès-Dijon
Bellefond
Arceau
Savolles
Charmes
Hauteville-lès-Dijon
Ruffey-lès-Echirey
Orgeux
Cuiseray
St-Sauveur
Talmay
Ahuy
Varois-et-Chaignot
Arçon
Marandeuil
Montmançon
Daix
Fontaine-lès-Dijon
Belleneuve
Trochères
Maxilly-sur-Saône
Plombières-lès-Dijon
DIJON
Arc-sur-Tille
Binges
Drambon
Talant
St-Apollinaire
Couternon
Remilly-sur-Tille
Étevaux
Heuilley
Quetigny
Cirey-lès-Pontailler
St-Léger-Triey
Perrigny-sur-l'Ognon
Chevigny-St-Sauveur
Bressey-sur-Tille
Tellecey
Pontailler-sur-Saône
Sennecey-lès-Dijon
Vonges
Corcelles-les-Monts
Chenôve
Longvic
Neuilly-lès-Dijon
Izier
Cessey-sur-Tille
Chambeire
Marsannay-la-Côte
Crimolois
Magny-sur-Tille
Longchamp
Lamarche-sur-Saône
Couchey
Perrigny-lès-Dijon
Ouges
Labergement-Foigney
Fauverney
Magny-Montarlot
Poncey-lès-Athée
Fixin
Bretenière
Genlis
Beire-le-Fort
Premières
Brochon
Varanges
Athée
Flammerans
Gevrey-Chambertin
Fénay
Rouvres-en-Plaine
Huchey
Collonges-lès-Premières
Villers-les-Pots
Saulon-la-Rue
Thorey-en-Plaine
Marliens
Longeault
Pluvault
Barges
Saulon-la-Chapelle
Tart-le-Haut
Soirans
Auxonne
Morey-St-Denis
St-Philibert
Broindon
Longecourt-en-Plaine
Tart-le-Bas
Pluvet
Tréclun
Chambolle-Musigny
Épernay-sous-Gevrey
Noiron-sous-Gevrey
Tart-l'Abbaye
Tillenay
Savouges
Échigey
Champdôtre
Vougeot
Gilly-lès-Cîteaux
Corcelles-lès-Cîteaux
Aiserey
Pont
Labergement-lès-Auxonne
Villers-Rotin
Flagey-Échezeaux
St-Bernard
Izeure
Bessey-lès-Cîteaux
Trouhans
Les Maillys
Flagey-lès-Auxonne
Vosne-Romanée
Nuits-St-Georges
Villebichot
Aubigny-en-Plaine
Montot
Maillys-le-Port
St-Seine-en-Bâche
Sampans
Boncourt-le-Bois
Abbaye de Cîteaux
Brazey-en-Plaine
Agencourt
Échenon
St-Usage
Laperrière-sur-Saône
St-Nicolas-lès-Cîteaux
Magny-lès-Aubigny
St-Jean-de-Losne
St-Symphorien-sur-Saône
Champvans
Premeaux-Prissey
Quincey
Esbarres
Losne
Samerey
Foucherans
Comblanchien
Gerland
Charrey-sur-Saône
Bonnencontre
Damparis
Corgoloin
Broin
Auvillars-sur-Saône
Pagny-la-Ville
Chaugey
Abergement-la-Ronce
Belvoye
Argilly
Bagnot
Lechâtelet
Aumur
0
5
10 km
A 31
A 39
A 36
E 21
D 974
D 905
D 70
D 960
D 959
D 996

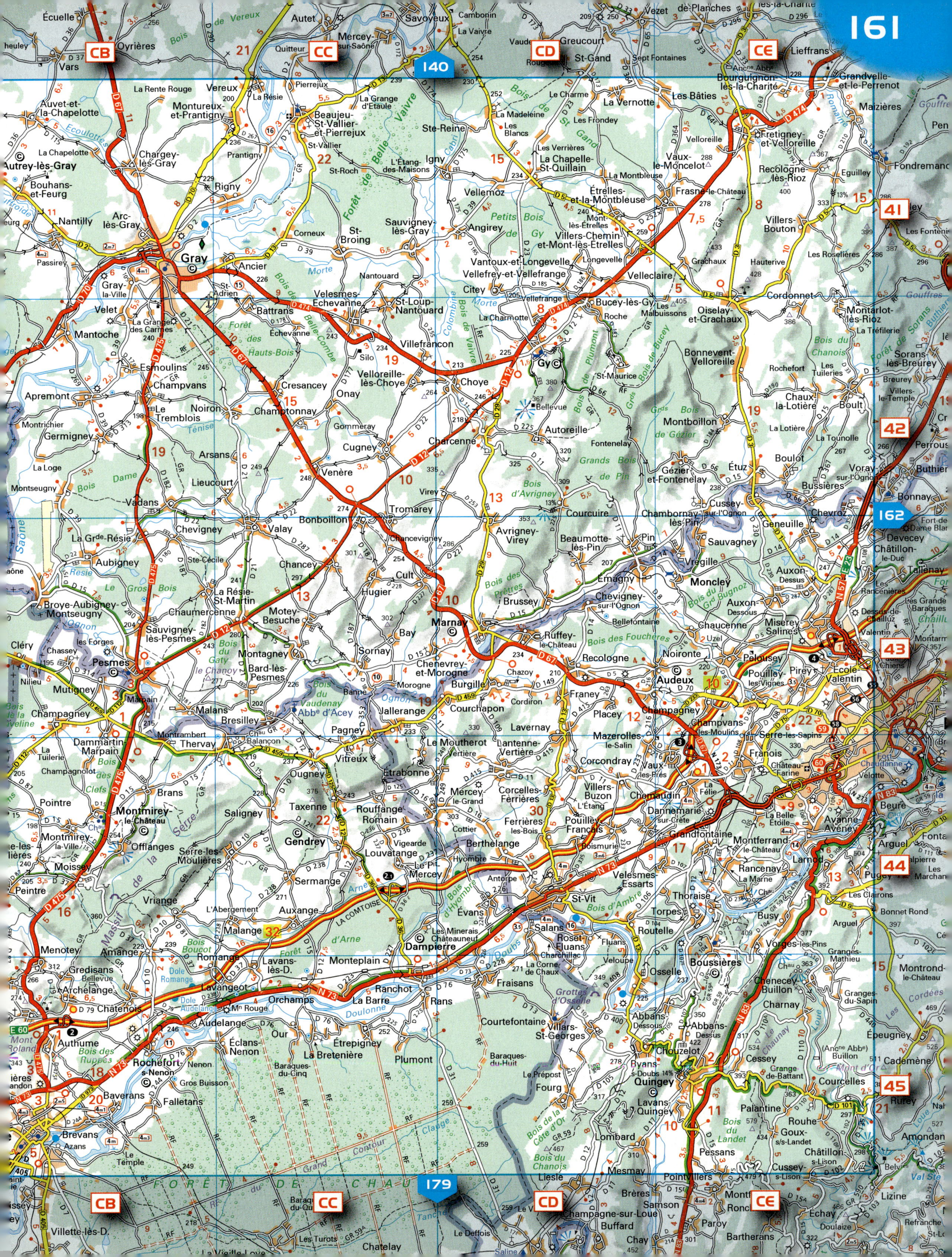
CB
CC
CD
CE
140
179
41
42
43
44
45
162
Écuelle
Oyrières
Vars
Autet
Mercey-sur-Saône
Savoyeux
Cambonin
La Vaivre
Greucourt
St-Gand
Sept Fontaines
Vezet
les-Planches
Lieffrans
Bourguignon-lès-la-Charité
Grandvelle-et-le-Perrenot
Mazières
Auvet-et-la-Chapelotte
La Rente Rouge
Vereux
Montureux-et-Prantigny
La Résie
Beaujeu-St-Vallier-et-Pierrejux
St-Vallier
La Grange d'Étaule
Ste-Reine
La Madeleine
Les Blancs
Le Charme
La Vernotte
Les Bâties
Les Frondey
Fretigney-et-Velloreille
Velloreille
Chargey-lès-Gray
Autrey-lès-Gray
Bouhans-et-Feurg
Prantigny
Rigny
St-Roch
Forêt de Belle-Vaivre
L'Étang des Maisons
Igny
Les Verrières
La Chapelle-St-Quillain
Vaux-le-Moncelot
Recologne-lès-Rioz
Fondremand
Vellemoz
Étrelles-et-la-Montbleuse
La Montbleuse
Frasne-le-Château
Nantilly
Arc-lès-Gray
Corneux
St-Broing
Sauvigney-lès-Gray
Petits Bois
Angirey
Mont-lès-Étrelles
Villers-Chemin-et-Mont-lès-Étrelles
Villers-Bouton
Passirey
Gray
Ancier
Vantoux-et-Longevelle
Vellefrey-et-Vellefrange
Longevelle
Velleclaire
Grachaux
Hauterive
Les Rosellières
Gray-la-Ville
St-Adrien
Velesmes-Échevanne
Nantouard
St-Loup-Nantouard
Citey
La Charmotte
Bucey-lès-Gy
Les Malbuissons
Oiselay-et-Grachaux
Cordonnet
Montarlot-lès-Rioz
La Tréfilerie
Velet
Mantoche
La Grange des Carrées
Battrans
Échevanne
Forêt des Hauts-Bois
Villefrancon
Roche
Gy
Bonnevent-Velloreille
Sorans-lès-Breurey
Esmoulins
Champvans
Silo
Choye
Velloreille-lès-Choye
Onay
Cresancey
Bellevue
St-Maurice
Rochefort
Chaux-la-Lotière
Boult
Apremont
Montrichier
Germigney
Noiron
Le Tremblois
Champtonnay
Gommeray
Cugney
Charcenne
Autoreille
Fontenelay
Montboillon
La Lotière
La Tounolle
La Loge
Arsans
Lieucourt
Venère
Tromarey
Virey
Grands Bois de Pin
Gézier-et-Fontenelay
Étuz
Boulot
Bussières
Voray-sur-l'Ognon
Perrouse
Buthier
Montseugny
Vadans
Bonboillon
Bois d'Avrigney
Courcuire
Chambornay-lès-Pin
Cussey-sur-l'Ognon
Geneuille
Chevroz
Bonnay
Devecey
Châtillon-le-Duc
Saône
La Grde-Résie
Chevigney
Valay
Chancevigney
Avrigney-Virey
Beaumotte-lès-Pin
Pin
Sauvageny
Aubigney
Ste-Cécile
Chancey
Cult
Vregille
Moncley
Auxon-Dessus
Tallenay
Broye-Aubigney-Montseugny
La Résie-St-Martin
Hugier
Bois des Prêtres
Émagny
Chevigney-sur-l'Ognon
Auxon-Dessous
Les Rancenières
Chaumercenne
Motey-Besuche
Brussey
Bellefontaine
Chaucenne
Miserey-Salines
Dessus-Chailluz
Clery
Sauvigney-lès-Pesmes
Bay
Marnay
Ruffey-le-Château
Bois des Foucherets
Uzel
Pesmes
Chassey
Montagney
Sornay
Chenevrey-et-Morogne
Chazoy
Recologne
Noironte
Palousey
Pouilley-les-Vignes
Pirey
École-Valentin
Valentin
Nilleu
Mutigney
Malpain
Bard-lès-Pesmes
Morogne
Burgille
Cordiron
Audeux
Franey
Champvans-les-Moulins
Placey
Champagney
Malans
Bresilley
Abbe d'Acey
Jallerange
Courchapon
Lavernay
Serre-les-Sapins
Dammartin-Marpain
Thervay
Montrambert
Pagney
Le Moutherot
Lantenne-Vertière
Mazerolles-le-Salin
Franois
Corcondray
Vaux-les-Prés
Château-Farine
Chaudanne
Velotte
Champagnolot
Vitreux
Étrabonne
Mercey-le-Grand
Corcelles-Ferrières
Villers-Buzon
L'Étang
Chemaudin
Dannemarie-sur-Crète
Brans
Ougney
Taxenne
Rouffange
Romain
Ferrières-les-Bois
Pouilley-Français
Grandfontaine
Montferrand-le-Château
La Belle Étoile
Avanne-Aveney
Beure
Arguel
Pointre
Montmirey-le-Château
Montmirey-la-Ville
Saligney
Gendrey
Cottier
Berthelange
Boismurie
Rancenay
Larnod
Pugey
Offlanges
Serre-les-Moulières
Louvatange
Vigearde
Le Pt-Mercey
Hyombre
Velesmes-Essarts
Thoraise
La Marne
Les Clarons
Moissey
Peintre
Vriange
Sermange
Arne
Antorpe
St-Vit
Bois d'Ambre
Torpes
Busy
Bonnet Rond
Massif de la Serre
L'Abergement
Auxange
La Comtoise
Les Minerais
Château-neuf
Evans
Salans
Roset-Fluans
Fluans
Routelle
Vorges-les-Pins
Grandes-Mathieu
Menotey
Amange
Malange
Romange
Forêt d'Arne
Dampierre
Montplain
Charchillac
Veloupe
Osselle
Boussières
Chenecey-Buillon
Montrond-le-Château
Gredisans
Bellevue
Archelange
Châtenois
Dole Romange
Lavangeot
Lavans-lès-D.
Ranchot
Fraisans
La Corne de Chaux
Grottes d'Osselle
Charnay
Granges-du-Sapin
Orchamps
La Barre
Rans
Abbans-Dessous
Abbans-Dessus
Dole Audelange
Mn Rouge
Doulonne
Audelange
Courtefontaine
Villars-St-Georges
Épeugney
Authume
Our
Éclans-Nenon
Étrepigney
Plumont
Baraques-du-Huit
Byans-s-Doubs
Chouzelot
Cessey
Grange-de-Battant
Mont d'Or
Cademène
Bois des Ruppes
Rochefort-s-Nenon
Nenon
La Bretenière
Baraques-du-Cinq
Le Prépost
Fourg
Quingey
Lavans-Quingey
Courcelles
Rurey
Baverans
Gros Buisson
Falletans
Palantine
Rouhe
Goux-s/s-Landet
Bois du Landet
Brevans
Azans
Contour
Lombard
Pessans
Châtillon-s-Lison
Amondans
Le Temple
Grand Contour
Claude
Bois de la Côte d'Or
Bois du Chanois
Mesmay
Poinvillers
Cussey-s-Lison
Forêt de Chaux
Lieste
Brères
Samson
Montl
Ronc
Villette-lès-D.
Baraq du Qu
Les Turots
Champagne-sur-Loue
Buffard
Échay
Lizine
Chatelay
Le Deffois
Chay
Paroy
Bartherans
Refranche

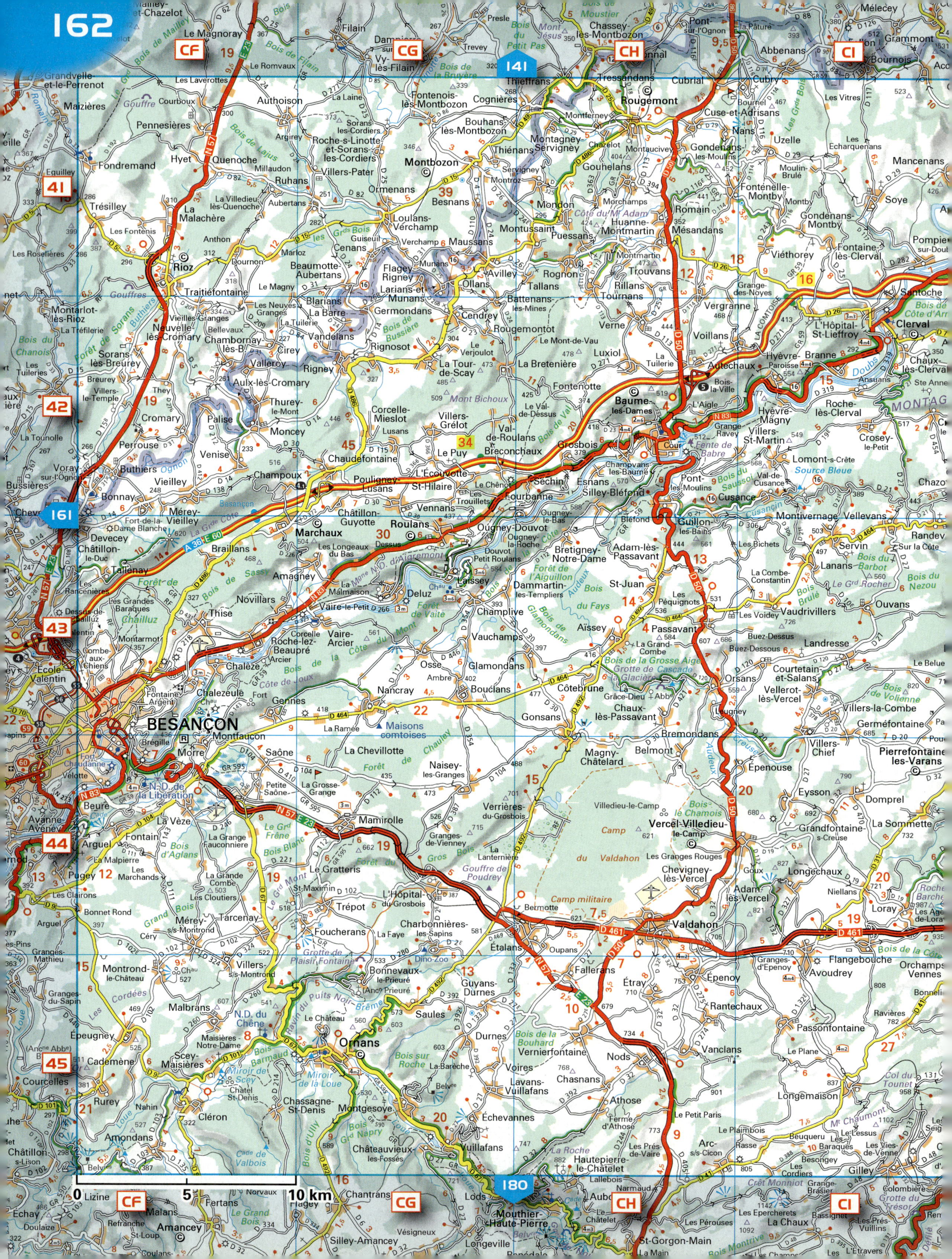

141
161
180
CF
CG
CH
CI
41
42
43
44
45
BESANÇON
Rougemont
Montbozon
Rioz
Marchaux
Roulans
Baume-les-Dames
Clerval
L'Hôpital-St-Lieffroy
Vercel-Villedieu-le-Camp
Valdahon
Ornans
Mouthier-Haute-Pierre
Pierrefontaine-les-Varans
Amancey
Cusance
Montbéliard
Cuse-et-Adrisans
Fontenois-lès-Montbozon
Thiéfrans
Chassey-lès-Montbozon
Pont-sur-l'Ognon
Abbenans
Mélecey
Le Magnoray
Filain
Vy-lès-Filain
Authoison
Fondremand
Quenoche
Hyet
Pennesières
Mazières
Grandvelle-et-le-Perrenot
Trésilley
La Malachère
Traitiéfontaine
Neuvelle-lès-Cromary
Sorans-lès-Breurey
Cromary
Perrouse
Buthiers
Vieilley
Bonnay
Devecey
Châtillon-le-Duc
Tallenay
Thise
Chalezeule
Montfaucon
Morre
Saône
La Vèze
Arguel
Pugey
Fontain
Beure
Avanne-Aveney
Tarcenay
Trépot
Foucherans
Mamirolle
L'Hôpital-du-Grosbois
Étalans
Fallerans
Étray
Epenoy
Nods
Vernierfontaine
Chasnans
Athose
Durnes
Saules
Scey-Maisières
Cléron
Amondans
Échevannes
Vuillafans
Montgesoye
Chantrans
Lods
Hautepierre-le-Châtelet
Passavant
Landresse
Orsans
Vellerot-lès-Vercel
Villers-la-Combe
Germéfontaine
Epenouse
Eysson
Dompre!
La Sommette
Grandfontaine-sur-Creuse
Longechaux
Loray
Flangebouche
Orchamps-Vennes
Avoudrey
Passonfontaine
Vanclans
Longemaison
Ouvans
Vaudrivillers
Servin
Lanans
Vellevans
Montivernage
Guillon-les-Bains
Adam-lès-Passavant
St-Juan
Aïssey
Vauchamps
Glamondans
Bouclans
Côtebrune
Gonsans
Magny-Châtelard
Bremondans
Belmont
Nancray
Gennes
La Chevillotte
Naisey-les-Granges
Verrières-du-Grosbois
Deluz
Laissey
Champlive
Dammartin-les-Templiers
Bretigney-Notre-Dame
Ougney-Douvot
Fourbanne
Séchin
Esnans
Vennans
St-Hilaire
Pouligney-Lusans
Champoux
Châtillon-Guyotte
Chaudefontaine
Moncey
Venise
Palise
Thurey-le-Mont
Valleroy
Rigney
Rignosot
Vandelans
Cirey
La Barre
Blarians
Germondans
Ollans
Cendrey
Battenans-les-Mines
Tallans
Rognon
Trouvans
Rillans
Tournans
Verne
Luxiol
Fontenotte
Grosbois
Breconchaux
Villers-Grélot
Le Puy
Val-de-Roulans
Corcelle-Mieslot
Rougemontot
La Bretenière
La Tour-de-Scay
Flagey-Rigney
Maussans
Montussaint
Mondon
Puessans
Huanne-Montmartin
Romain
Mésandans
Viéthorey
Fontaine-lès-Clerval
Vergranne
Voillans
Autechaux
Hyèvre-Paroisse
Branne
Roche-lès-Clerval
Hyèvre-Magny
Villers-St-Martin
Lomont-s-Crête
Pont-les-Moulins
Silley-Bléfond
Gondenans-les-Moulins
Gondenans-Montby
Fontenelle-Montby
Uzelle
Nans
Cubry
Cubrial
Tressandans
Montagney-Servigney
Thiénans
Bouhans-lès-Montbozon
Cognières
Roche-s-Linotte-et-Sorans-les-Cordiers
Villers-Pater
Ormenans
Besnans
Loulans-Verchamp
Cenans
Beaumotte-Aubertans
Ruhans
Équevilley
Vaire-Arcier
Roche-lez-Beaupré
Novillars
Amagney
Braillans
Mérey-Vieilley
Gouffre de Poudrey
Camp militaire du Valdahon
10 km

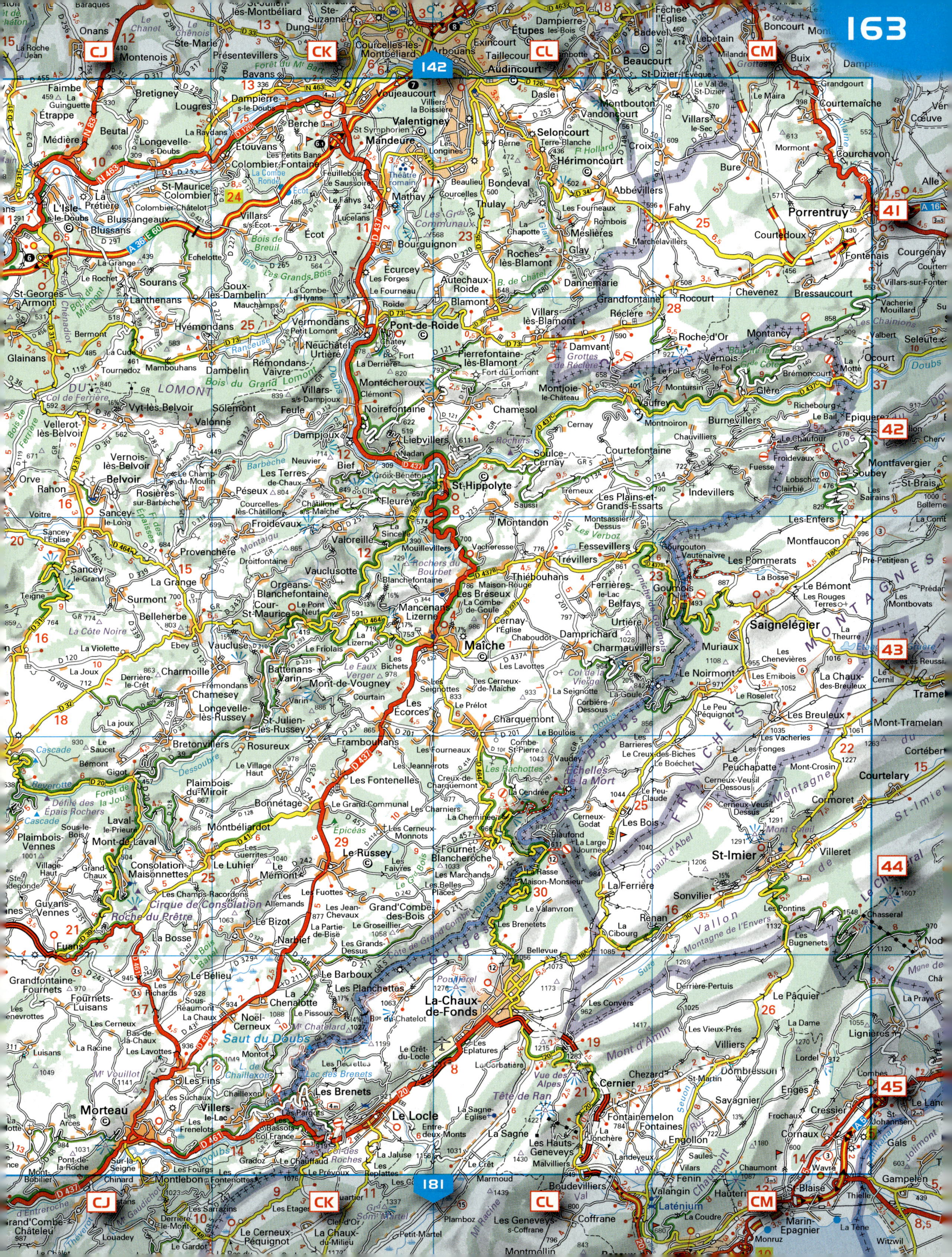
142
181
CJ
CK
CL
CM
41
42
43
44
45
Onans
Montenois
Présentevillers
Courcelles-lès-Montbéliard
Arbouans
Exincourt
Étupes
Taillecourt
Audincourt
Beaucourt
Badevel
Lebetain
Boncourt
Buix
Faimbe
Bretigney
Lougres
Dampierre-sur-le-Doubs
Voujeaucourt
Valentigney
Mandeure
Seloncourt
Hérimoncourt
Dasle
Vandoncourt
Montbouton
Croix
Villars-le-Sec
Bure
Grandgourt
Courtemaîche
Coeuve
Courchavon
Étrappe
Médière
Beutal
Longevelle-sur-Doubs
Étouvans
Berche
Colombier-Fontaine
St-Maurice-Colombier
L'Isle-sur-le-Doubs
Blussans
Blussangeaux
Villars-s-Écot
Écot
Mathay
Bourguignon
Bondeval
Thulay
Abbévillers
Fahy
Porrentruy
Courtedoux
Fontenais
Courgenay
Sourans
Goux-lès-Dambelin
Écurcey
Autechaux-Roide
Roches-lès-Blamont
Glay
Meslières
Dannemarie
Grandfontaine
Rocourt
Chevenez
Bressaucourt
St-Georges-Armont
Lanthenans
Hyémondans
Vermondans
Neuchatel-Urtière
Pont-de-Roide
Villars-lès-Blamont
Blamont
Réclère
Roche-d'Or
Damvant
Montancy
Glainans
Mambouhans
Dambelin
Rémondans-Vaivre
Montécheroux
Pierrefontaine-lès-Blamont
Montjoie-le-Château
Vaufrey
Glère
Ocourt
Vyt-lès-Belvoir
Solemont
Valonne
Feule
Noirefontaine
Liebvillers
Chamesol
Cernay
Courtefontaine
Burnevillers
Epiquerez
Vellerot-lès-Belvoir
Vernois-lès-Belvoir
Belvoir
Rahon
Orve
Sancey-le-Long
Rosières-sur-Barbèche
Péseux
Les Terres-de-Chaux
Dampjoux
Bief
Fleurey
St-Hippolyte
Soulce-Cernay
Indevillers
Les Plains-et-Grands-Essarts
Montfavergier
Soubey
St-Brais
Froidevaux
Montandon
Provenchère
Valoreille
Vaucluse
Orgeans-Blanchefontaine
Cour-St-Maurice
Mancenans-Lizerne
Thiébouhans
Fessevillers
Trévillers
Goumois
Les Pommerats
Saignelégier
Montfaucon
Les Enfers
Sancey-le-Grand
La Grange
Surmont
Belleherbe
Maîche
Damprichard
Charmauvillers
Muriaux
Le Noirmont
Les Breuleux
Charmoille
Chamesey
Longevelle-lès-Russey
St-Julien-lès-Russey
Bretonvillers
Rosureux
Frambouhans
Les Écorces
Charquemont
Les Bois
Mont-Tramelan
Plaimbois-du-Miroir
Bonnétage
Les Fontenelles
Le Russey
Montbéliardot
Le Luhier
Mémont
Laval
Mont-de-Laval
Consolation-Maisonnettes
Plaimbois-Vennes
Guyans-Vennes
Fuans
La Bosse
Le Bizot
Narbief
Grand'Combe-des-Bois
Le Peuchapatte
Courtelary
Cormoret
Villeret
St-Imier
Sonvilier
Renan
La Ferrière
La Cibourg
Grandfontaine-Fournets
Les Fournets-Luisans
Le Bélieu
Le Barboux
Les Planchettes
La Chaux-de-Fonds
Noël-Cerneux
Le Pâquier
Villiers
Dombresson
Cernier
Fontainemelon
Fontaines
Engollon
Savagnier
Lignières
Saut du Doubs
Les Brenets
Le Locle
La Sagne
Les Hauts-Geneveys
Morteau
Villers-le-Lac
Montlebon
Les Fins
Boudevilliers
Les Geneveys-s-Coffrane
Coffrane
Valangin
Hauterive
Marin-Epagnier
Blaise
Gampelen
Louadey
Le Gardot
Chinard
Les Cerneux-Péquignot
La Chaux-du-Milieu
Les Etages
Grand'Combe-Châteleu
FRANCHES MONTAGNES
Cirque de Consolation
Roche du Prêtre
Théâtre romain
Vue des Alpes
Tête de Ran
Mont d'Amin
Chasseral
Vallon
Latenium
A 36 E 60
A 16
D 437
D 461
N 463
D 201
D 464

T
U
V
W
146
46
47
48
49
50
Île du Pilier
Pointe de l'Herbaudière
Pointe de la Gardette
La Blanche
La Madeleine
Pointe des Charniers
La Linière
Guérande
Le Grand-Viel
L'Herbaudière
Luzay
Tour Plantier
Plage des Souzeaux
Pointe des Dames
Bois de la Chaise
Le Sableau
ÎLE DE NOIRMOUTIER
Pointe de Devin
Étier de l'Arceau
Océanile
Noirmoutier-en-l'Île
Bressuire
La Bosse
L'Épine
La Mongendrie
La Guérinière
Le Bonhomme
Le Fier
La Tresson
Pointe de la Loire
Roches de la Loire
La Maison-Rouge
Barbâtre
Les Onchères
La Frandière
La Fosse
Pointe de la Fosse
Pointe N.D. de Monts
La Grande Côte
Pey de la Blet
Forêt des Pays de Monts
Fief-Haut
Les Marguerites
N.-D.-de-Monts
Plage du Pont d'Yeu
Pont d'Yeu
La Tonnelle
Plage de la Tonnelle
Plage St-Jean
St-Jean-de-Monts
Plage des Demoiselles
Le Petit-Bec
Le Grand-Bec
Les Mouettes
La Pège
La Paree-Préneau
Les Loires
Sion-sur-l'Océan
Corniche Vendéenne
Croix-de-Vie
Pointe de Grosse Terre
Pointe de la Garenne
Le Pont-Jaunay
N.-D. des Dunes
La Sauzaie
Brétignolles-s-Mer
La Parée
Le Marais
Pierre Moine
BOURGNEUF
Pré-Vincent
Les Moutiers-en-Retz
Sables
Lyorne
La Davière
Le Fondreau
Bourgneuf-en-Retz
Le Collet
Les Rivières
Polders St-Sran
Le Pont-du-Fresne
Pointe de la Coupelasse
La Coupelasse
La Préoire
La Vendette
Le Fain
Roches de Bouin
Parc à Huîtres
Le Bernard
Les Brochets
Bouin
Les Virées
Port-la-Roche
Les Champs
La Guillaudière
Les Billarderies
Marais
Passage du Gois
(Route praticable à basse mer)
Port du Bec
Epoids
Le Petit-Fresne
Le Marais-Moreau
Le Port
Abbe de l'Île Chauvet
La Croix Rouge
Bellevue
Cossonnière
La Raguénerie
La Gaubretière
Beauvoir-sur-Mer
Bordevert
le Pt Moulin
Fromentine
St-Gervais
La Pierre-Blanche
Le Grand Pont
La Barre-de-Monts
La Bonnetière
La Lande
Le Poirot
St-Urbain
Écomusée du Daviaud
Les Quatre Moulins
La Croix-Joslain
La Croix-Verte
Les Bouchauds
Le Pré-aux-Filles
Bourrine à Rosalie
Grand Étier
Raire
Sallertaine
Pont Habert
Challans
Grande Croix
La Paunière
Le Vieux Cerne
Marais de Challans
La Mouraine
Canal du Perrier
Le Plaud
Le Perrier
Licheret
La Gobetière
Pierre Levée
La Cailleterie
Le Petit Mariau
Le Grand Pinier
Le Porteau
La Rivière
Les Mattes
Soullans
Les Chapelles
Orouet
La Bourrine du Bois Jucaud
Le Bois-Jucaud
Le Pissot
Ligneron
La Conge
St-Hilaire-de-Riez
Le Plessis
St-Gilles-Croix-de-Vie
La Bégaud
Côte des Monts
CÔTE DE LUMIÈRE
Les Chiens Perrins
La Planche à Puare
Pte du But
Cadouère
Port-Joinville
Ker-Châlon
Grd Phare
Fort de Pierre-Levée
Saint-Sauveur
(L'Île-d'Yeu)
Ker-Chauvineau
Le Vx Château
Ker-Bossy
Marais-Salé
Pte du Châtelet
Plage des Sabias
Port-de-la-Meule
La Croix
Côte Sauvage
Pte de la Tranche
Anse des Vieilles
Tour
Pte des Corbeaux
D 948
D 38
D 22
D 758
D 753
D 59
D 51
D 82
0
5
10 km

X
Y
Z
AA
147
182
166
46
47
48
49
50
Machecoul
St-Philbert-de-Grand-Lieu
St-Colomban
St-Philbert-de-Bouaine
Vieillevigne
Rocheservière
Corcoué-sur-Logne
Paulx
Saint-Étienne-de-Mer-Morte
Touvois
Legé
Falleron
Froidfond
La Garnache
Challans
St-Christophe-du-Ligneron
Grand'Landes
Palluau
St-Paul-Mont-Penit
La Chapelle-Palluau
St-Étienne-du-Bois
Les Lucs-sur-Boulogne
Beaufou
Mormaison
St-André-Treize-Voies
St-Sulpice-le-Verdon
L'Herbergement
Chabotterie
Belleville-sur-Vie
Saligny
St-Denis-la-Chevasse
Le Poiré-sur-Vie
Aizenay
Apremont
Maché
Commequiers
St-Maixent-sur-Vie
Coëx
St-Révérend
L'Aiguillon-sur-Vie
La Chapelle-Hermier
Martinet
Beaulieu-s/s-la-Roche
Venansault
Mouilleron-le-Captif
La Génétouze
Dompierre-sur-Yon
La Chaize-Giraud
Landevieille
St-Julien-des-Landes
La Mothe-Achard
St-Georges-de-Pointindoux
Landeronde
Ste-Flaive-des-Loups
Les Clouzeaux
Aubigny
LA ROCHE-SUR-YON
Brem-s-Mer
Vairé
Nieul
Chaillé-s/s-les-Ormeaux
Geneston
Montbert
Remouille
Bois-Chevalier
Mémorial de Vendée
Croix de Charette
Forêt de Machecoul
Forêt de Touvois
Abbé des Fontenelles
MICHELIN

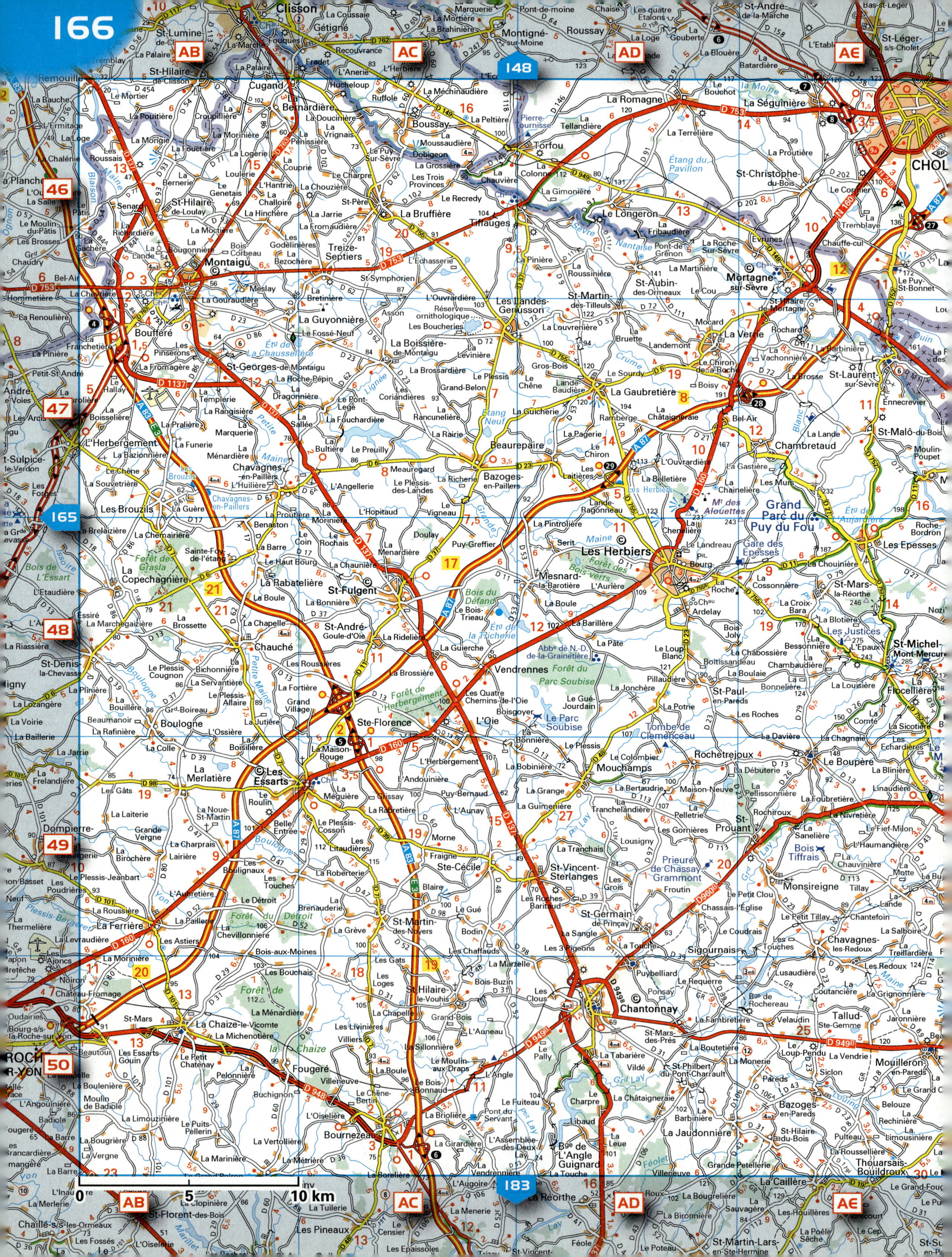
AB
AC
AD
AE
148
183
46
47
48
49
50
165
Clisson
St-Hilaire-de-Clisson
Montigné-sur-Moine
Roussay
La Séguinière
Cholet
Cugand
La Bernardière
Boussay
Torfou
La Romagne
Tiffauges
La Bruffière
Treize-Septiers
Montaigu
St-Hilaire-de-Loulay
Le Longeron
Mortagne-sur-Sèvre
St-Christophe-du-Bois
Les Landes-Genusson
St-Aubin-des-Ormeaux
La Verrie
Boufféré
St-Georges-de-Montaigu
La Boissière-de-Montaigu
La Gaubretière
St-Laurent-sur-Sèvre
L'Herbergement
Chavagnes-en-Paillers
Beaurepaire
Bazoges-en-Paillers
Chambretaud
Les Brouzils
Grand Parc du Puy du Fou
Les Epesses
Les Herbiers
St-Fulgent
La Rabatelière
Mesnard-la-Barotière
St-Michel-Mont-Mercure
Chauché
Vendrennes
Forêt du Parc Soubise
St-Paul-en-Pareds
Boulogne
Ste-Florence
L'Oie
Rochetrejoux
Le Boupère
Les Essarts
Mouchamps
St-Prouant
Ste-Cécile
St-Vincent-Sterlanges
Monsireigne
La Ferrière
St-Martin-des-Noyers
St-Germain-de-Prinçay
Sigournais
Chavagnes-les-Redoux
St-Hilaire-le-Vouhis
Chantonnay
La Chaize-le-Vicomte
Fougeré
Bournezeau
Mouilleron-en-Pareds
Bazoges-en-Pareds
Thouarsais-Bouildroux
St-Florent-des-Bois
Les Pineaux
La Réorthe
0
5
10 km

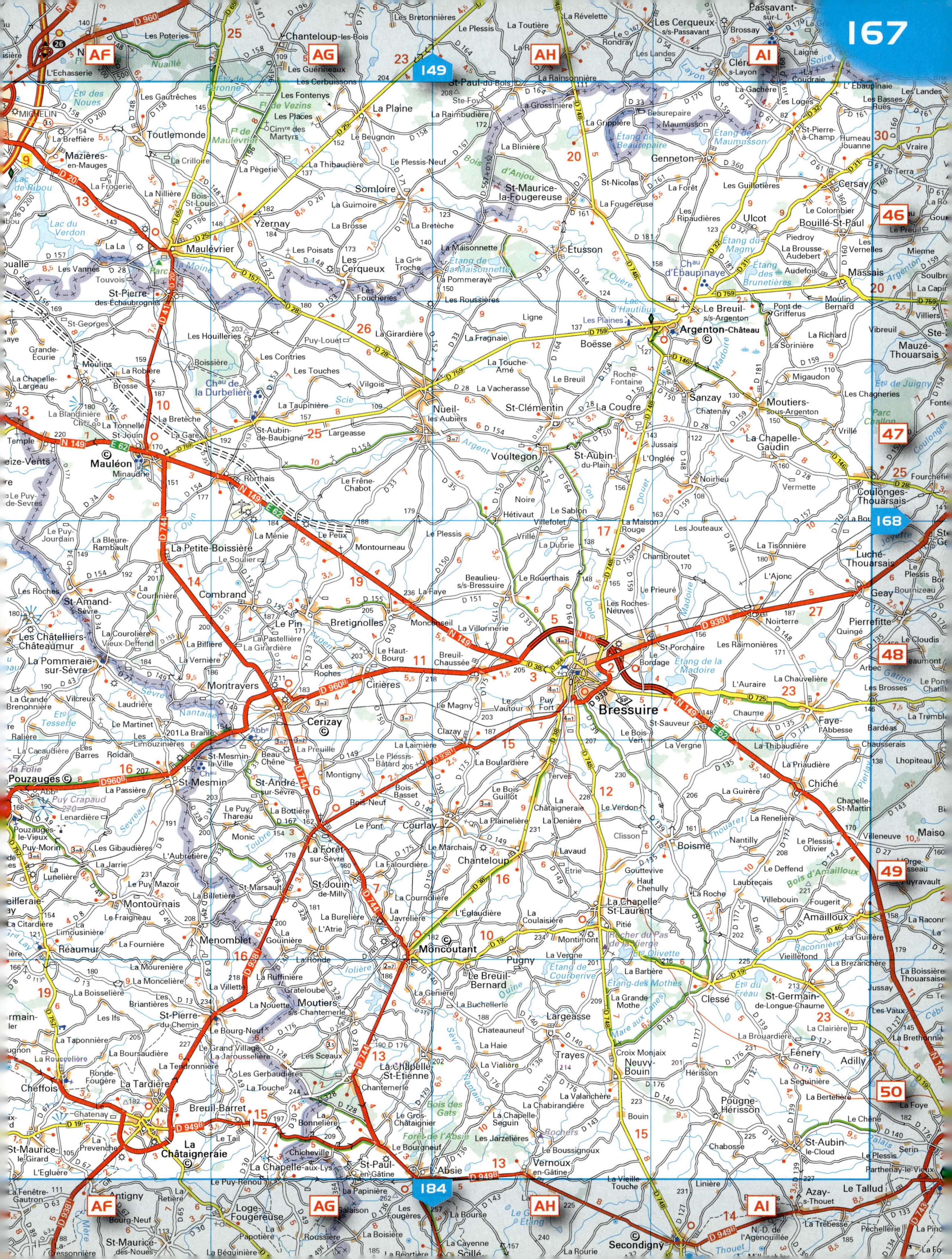
149
168
184
AF
AG
AH
AI
Chanteloup-les-Bois
St-Paul-du-Bois
Passavant-sur-L.
Les Cerqueux-s/s-Passavant
Cléré-s-Layon
Mazières-en-Mauges
Toutlemonde
Maulévrier
Yzernay
La Plaine
Somloire
Les Cerqueux
St-Maurice-la-Fougereuse
Étusson
Genneton
Ulcot
Bouillé-St-Paul
Cersay
Massais
St-Pierre-des-Échaubrognes
Argenton-Château
Le Breuil-s/s-Argenton
Boësse
Nueil-les-Aubiers
St-Clément
La Coudre
Sanzay
Moutiers-sous-Argenton
La Chapelle-Gaudin
Mauléon
St-Aubin-de-Baubigné
Voultegon
St-Aubin-du-Plain
Coulonges-Thouarsais
La Petite-Boissière
Combrand
Le Pin
Bretignolles
St-Amand-s-Sèvre
Les Châtelliers-Châteaumur
La Pommeraie-sur-Sèvre
Montravers
Cerizay
Cirières
Bressuire
Faye-l'Abbesse
Geay
Luché-Thouarsais
Pierrefitte
Chiché
Pouzauges
St-Mesmin
St-André-sur-Sèvre
La Forêt-sur-Sèvre
Courlay
Chanteloup
Boismé
Amailloux
Montournais
Réaumur
Menomblet
St-Jouin-de-Milly
Moncoutant
Pugny
La Chapelle-St-Laurent
Clessé
St-Germain-de-Longue-Chaume
Moutiers-s/s-Chantemerle
Le Breuil-Bernard
Largeasse
Trayes
Neuvy-Bouin
Pougne-Hérisson
Fenery
Adilly
Cheffois
La Tardière
La Châtaigneraie
Breuil-Barret
La Chapelle-St-Étienne
La Chapelle-Seguin
Vernoux-en-Gâtine
St-Paul-en-Gâtine
La Chapelle-aux-Lys
L'Absie
St-Aubin-le-Cloud
Azay-s-Thouet
Le Tallud
Secondigny
Antigny
St-Maurice-des-Noues
Loge-Fougereuse

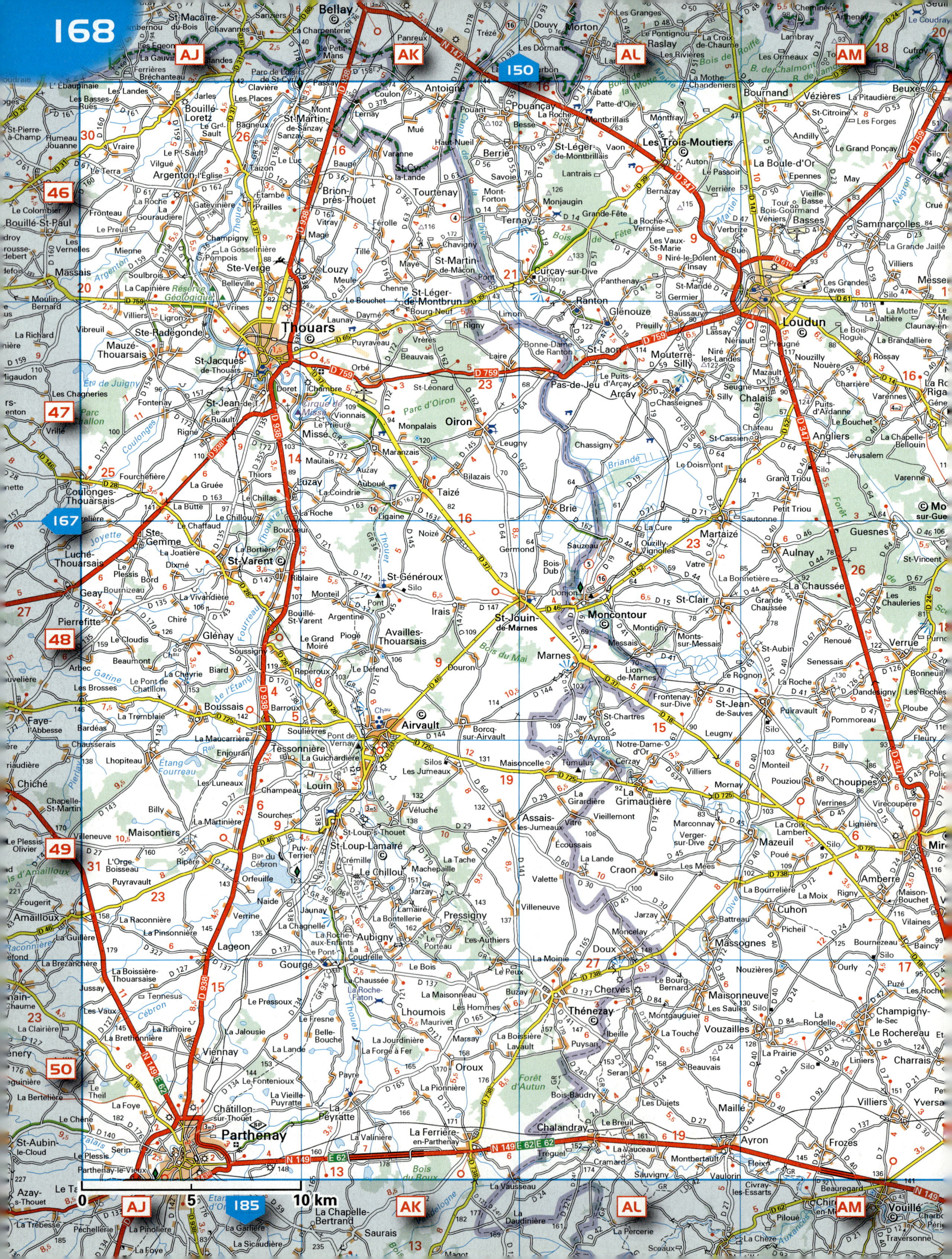
AJ
AK
AL
AM
150
167
185
46
47
48
49
50
Thouars
Loudun
Airvault
Parthenay
Moncontour
St-Varent
Les Trois-Moutiers
Oiron
St-Jouin-de-Marnes
Thénezay
Mirebeau
Vouillé
Ste-Verge
St-Jacques-de-Thouars
Ste-Radegonde
Mauzé-Thouarsais
Coulonges-Thouarsais
Luché-Thouarsais
Pierrefitte
Glénay
Boussais
Maisontiers
St-Loup-Lamairé
Louin
Assais-les-Jumeaux
La Grimaudière
Mazeuil
Amberre
Chouppes
Martaizé
Aulnay
La Chaussée
Angliers
Chalais
Mouterre-Silly
Glénouze
Ranton
Curçay-sur-Dive
Pouançay
Antoigné
Argenton-l'Église
Bouillé-Loretz
St-Martin-de-Sanzay
Brion-près-Thouet
Tourtenay
Ternay
Sammarçolles
Messemé
Bournand
Vézières
Beuxes
Taizé
Brie
Marnes
Irais
Availles-Thouarsais
Missé
Luzay
St-Généroux
St-Clair
Verrue
Craon
Cherves
Vouzailles
Champigny-le-Sec
Maillé
Ayron
Frozes
Villiers
Gourgé
Viennay
Lageon
Aubigny
Pressigny
Doux
Massognes
Cuhon
La Ferrière-en-Parthenay
Chalandray
Châtillon-sur-Thouet
La Peyratte
0
5
10 km

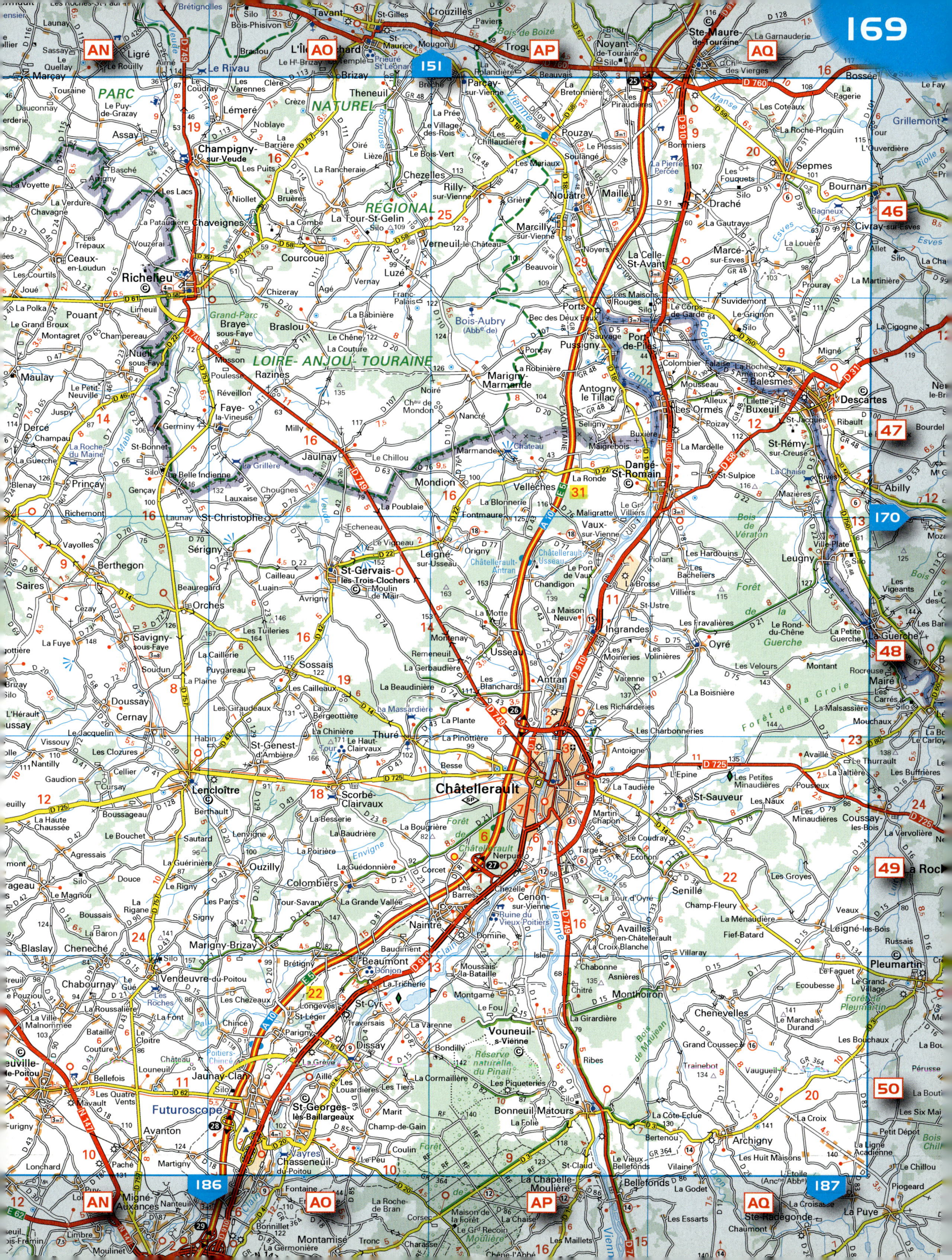
AN
AO
AP
AQ
151
170
186
187
46
47
48
49
50
PARC
NATUREL
RÉGIONAL
LOIRE-ANJOU-TOURAINE
Richelieu
Champigny-sur-Veude
Chaveignes
Ste-Maure-de-Touraine
Nouâtre
Maillé
Marcilly-sur-Vienne
Pouzay
Descartes
Dangé-St-Romain
Ingrandes
Châtellerault
Lencloître
Naintré
Futuroscope
Jaunay-Clan
Chasseneuil-du-Poitou
St-Georges-lès-Baillargeaux
Dissay
Vouneuil-s-Vienne
Bonneuil-Matours
Migné-Auxances
Vendeuvre-du-Poitou
Pleumartin
Leigné-les-Bois
Coussay-les-Bois
La Roche-Posay
Archigny
Monthoiron
Cenon-sur-Vienne
Availles-en-Châtellerault
Antran
Usseau
Vaux-sur-Vienne
Scorbé-Clairvaux
St-Gervais-les-Trois-Clochers
Thuré
St-Genest-d'Ambière
Ouzilly
Colombiers
Marigny-Brizay
Leugny
Oyré
St-Sauveur
Senillé
Mondion
Vellèches
Port-de-Piles
Les Ormes
Buxeuil
Abilly
Bois-Aubry (Abbᵉ de)
Forêt de la Groie
Forêt de Châtellerault
Futuroscope
Mirebeau
Braslou
Faye-la-Vineuse
Razines
Jaulnay
Leigné-sur-Usseau
Sossais
Orches
Sérigny
Berthegon
Savigny-sous-Faye
Doussay
Cernay
Chabournay
Cheneché
Blaslay
Avanton
Martigny
Beaumont
St-Cyr
Marigny-Marmande
Antogny-le-Tillac
Ports
Pussigny
Sepmes
Bournan
Civray-sur-Esves
Marcé-sur-Esves
Drache
La Celle-St-Avant
La Guerche
Mairé
Ste-Radegonde
Bellefonds
La Chapelle-Moulière

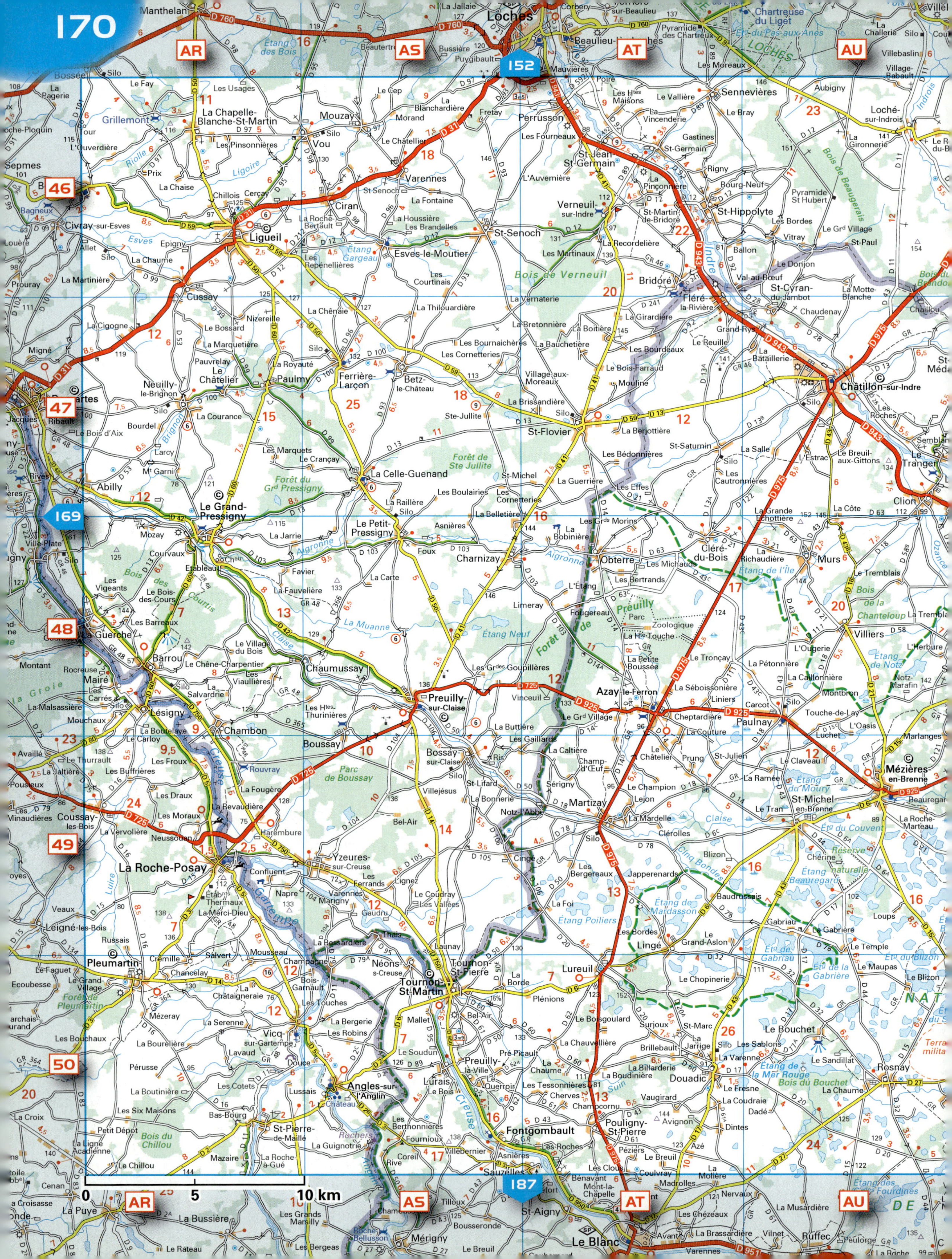

Manthelan
Loches
Beaulieu-lès-Loches
Chartreuse du Liget
Etang des Bois
AR
AS
AT
AU
152
187
169
46
47
48
49
50
Bossée
Mauvières
Sennevières
Aubigny
Loché-sur-Indrois
Le Fay
Les Usages
La Chapelle-Blanche-St-Martin
Grillemont
Mouzay
Vou
Perrusson
Les Fourneaux
St-Jean-St-Germain
Fretay
Varennes
St-Senoch
La Fontaine
Sepmes
Bagneux
Civray-sur-Esves
Ligueil
Ciran
Cercay
Chillois
Esves-le-Moutier
Verneuil-sur-Indre
St-Hippolyte
Bois de Beaugerais
La Pinçonnière
St-Martin-de-Bridoré
Bridoré
Bois de Verneuil
Flère-la-Rivière
Val-au-Boeuf
St-Cyran-du-Jambot
Chaudenay
Châtillon-sur-Indre
Cussay
La Chaume
Epigny
Allet
La Martinière
Prouray
La Chênaie
Nizereille
La Thilouardière
La Vernaterie
La Bretonnière
La Boitière
La Girardière
Grand-Rys
La Bataillerie
Le Bossard
La Marquetière
Pauvrelay
Le Châtelier
Paulmy
Ferrière-Larçon
Betz-le-Château
Les Bournaichères
Les Cornetteries
Village-aux-Moreaux
Mouline
La Brissandière
St-Flovier
La Berjottière
St-Saturnin
Neuilly-le-Brignon
Descartes
Bourdel
La Courance
Les Marquets
Le Crançay
Ste-Jullite
Forêt de Ste Jullite
La Celle-Guenand
St-Michel
La Guerrière
Les Bédonnières
La Salle
Les Cautronnières
Le Breuil-aux-Gittons
Le Tranger
Clion
Abilly
Larcy
Forêt du Gd Pressigny
Le Grand-Pressigny
Les Boulaires
Les Cornetteries
La Belletière
Les Effes
Le Petit-Pressigny
Asnières
La Bobinière
Les Gds Morins
Cléré-du-Bois
La Grande Echottière
Murs
Mozay
Courvaux
Etableau
La Jarrie
Aigronne
Foux
Charnizay
Obterre
Les Michauds
Les Bertrands
Etang de l'Ile
Le Tremblais
Bois de la Chanteloup
Les Vigeants
Les Bois-des-Cours
Favier
La Fauvelière
La Carte
Limeray
L'Etang
Fougereau
Preuilly
Parc Zoologique
Villiers
Les Barreaux
La Guerche
Le Village du Bois
La Muanne
Etang Neuf
Forêt de Preuilly
La Hte Touche
L'Ougerie
Montant
Barrou
Le Chêne-Charpentier
Chaumussay
Les Grdes Goupillières
La Petite Boussée
Le Tronçay
La Pétonnière
La Callonnière
Etang de Notz
Rocreuse
Mairé
Les Carrés
La Malsassière
Salvardrie
Les Viaullières
Preuilly-sur-Claise
Vinceuil
Azay-le-Ferron
La Séboissonnière
Montbron
Notz-Marafin
Mouchaux
Lésigny
La Bouteleye
Chambon
Les Htes Thurinières
La Buttière
Le Grd Village
Cheptardière
Liniers
Carcot
Paulnay
Touche-de-Lay
L'Oasis
Luchet
Marlanges
Availlé
La Jaltière
Le Carloy
Le Thurrault
Les Buffrières
Les Froux
Rouvray
Boussay
Bossay-sur-Claise
Les Gaillards
La Caltière
Champ-d'Oeuf
Le Châtelier
Prung
St-Julien
Le Claveau
Mézières-en-Brenne
Pouseux
Les Minaudières
Coussay-les-Bois
Les Draux
Les Moraux
La Fougère
La Revaudière
Parc de Boussay
Villejésus
St-Lifard
Sérigny
La Bonnerie
Le Champion
Lejon
La Ramée
Etang du Moury
Beauregard
La Vervolière
Neussoueil
Harembure
Notz-l'Abbé
Martizay
La Mardelle
St-Michel-en-Brenne
Le Tran
Etg du Couvent
La Roche-Marteau
La Roche-Posay
Confluent
Yzeures-sur-Creuse
Bal-Air
Clérolles
Claise
Chérine
Réserve naturelle
Napre
Les Ferrands
Ligniz
Cingé
Les Bergereaux
Jappérenards
Blizon
Etang Beauregard
Etab. Thermaux
La Merci-Dieu
Varennes
Marigny
Gaudru
Le Coudray
Les Vallées
La Foi
Etang Poiliers
Etang de Mardasson
Baudrussais
Gabriau
La Gabrière
Loups
Veaux
Leigné-les-Bois
Russais
La Bessardière
Thais
Launay
Les Bordes
Lingé
Grand-Aslon
Etg de Gabriau
Etg de la Gabrière
Le Temple
Le Maupas
Etg du Blizon
Pleumartin
Le Faguet
Crémille
Salvert
Mousseau
Champagne
Néons-s-Creuse
Tournon-St-Pierre
Tournon-St-Martin
La Borde
Lureuil
Le Chopinerie
Le Blizon
Ecoubesse
Le Grand Village
Forêt de Pleumartin
Chancelay
La Châtaigneraie
Bois-Garnault
Les Touches
Plénions
Le Boisgoulard
Surjoux
St-Marc
La Jarrige
Le Bouchet
Mézeray
La Serenne
Vicq-sur-Gartempe
La Bergerie
Les Robins
Mallet
Bel-Air
La Chauvellière
Brillebault
Les Sablons
Le Sandillat
Les Bouchaux
La Bourelière
Lavaud
Douce
Le Soudun
Preuilly-la-Ville
Pré Picault
La Chaume
La Billardière
La Boudinière
Douadic
La Varenne
Etang de la Mer Rouge
Bois du Bouchet
Rosnay
Pérusse
La Boutinière
Les Cotets
Lussais
Angles-sur-l'Anglin
Lurais
Le Bois
Querroir
Les Tessonnières
Cherves
Champcornu
Vaugirard
Le Fresne
La Coudraie
Dadé
La Chaume
Les Six Maisons
Bas-Bourg
Creuse
Poulingy-St-Pierre
Avignon
Dintes
La Croix
Petit Dépôt
Bois du Chilloux
St-Pierre-de-Maillé
Rochers
Les Berthonnières
Fourniaux
Fontgombault
Les Roches
La Ligne Acadienne
Le Chillou
Mazaire
La Roche-à-Gué
La Guignotrie
Coreil
Rive
Villebernier
Asnières
Sauzelles
Pézières
Le Breuil
Azé
La Molière
Les Clous
Coulvray
Madrolles
Nervaux
Etang des Fourdines
Cenan
La Croisasse
La Puye
La Bussière
Les Grands Marsilly
Tilloux
St-Aigny
Bénavant
Mont-la-Chapelle
Les Chézeaux
La Musardière
Ruffec
La Brassardière
Vilnet
Peulorge
Le Rateau
Les Bergeas
Bellusson
Mérigny
Bousserande
Le Breuil
Le Blanc
Avant
Vennes
0
5
10 km

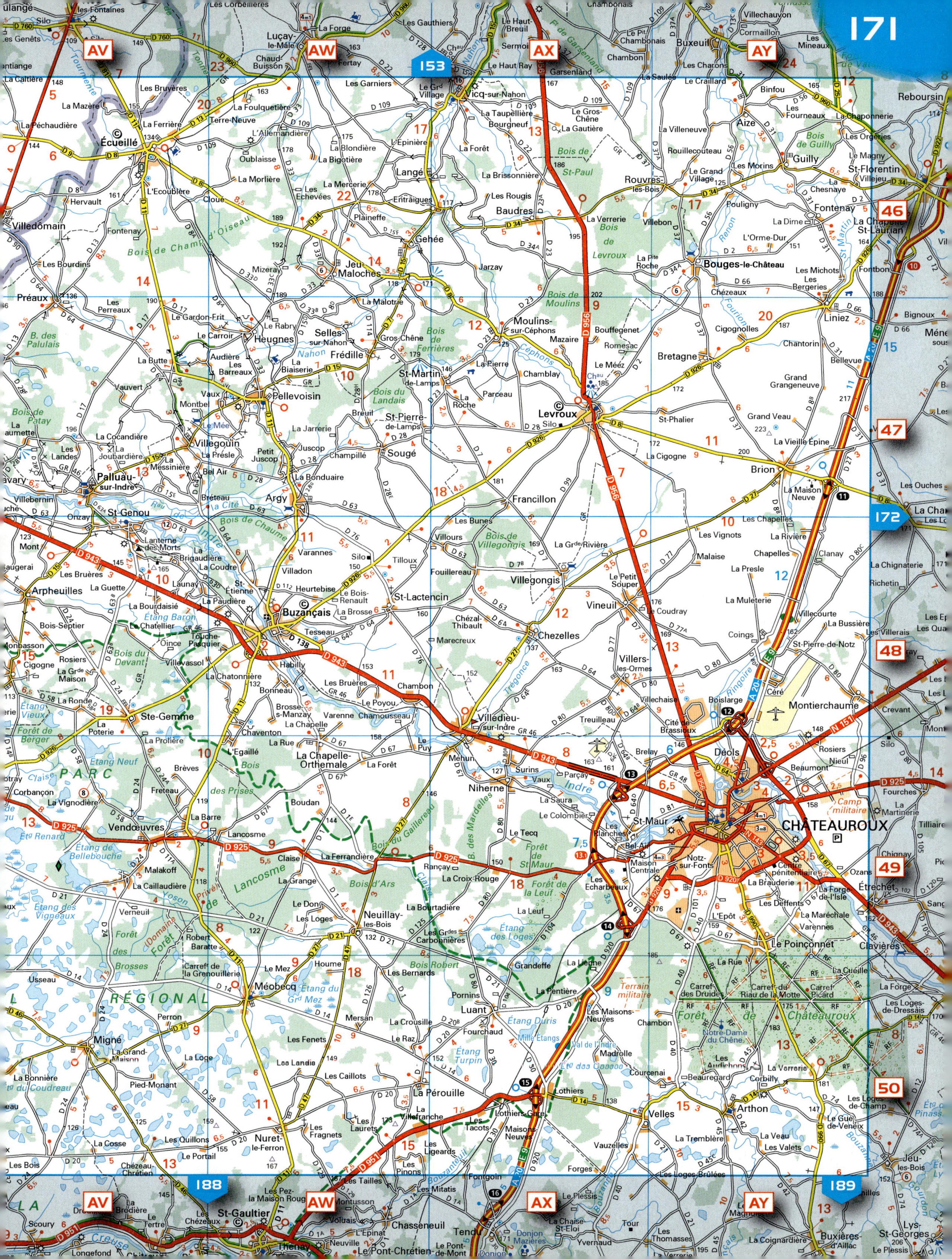

AV
AW
AX
AY
153
46
47
172
48
49
50
188
189
Écueillé
Villedômain
Préaux
Palluau-sur-Indre
St-Genou
Arpheuilles
Buzançais
Argy
Pellevoisin
Heugnes
Selles-sur-Nahon
Frédille
Jeu-Maloches
Gehée
Langé
Vicq-sur-Nahon
Baudres
Moulins-sur-Céphons
Levroux
Bretagne
Rouvres-les-Bois
Bouges-le-Château
Guilly
St-Florentin
Liniez
Brion
Francillon
Villegongis
Vineuil
Chezelles
Villedieu-sur-Indre
Niherne
St-Maur
Déols
CHÂTEAUROUX
Le Poinçonnet
Montierchaume
Ardentes
Velles
Arthon
Luant
Méobecq
Vendœuvres
Neuillay-les-Bois
La Chapelle-Orthemale
Ste-Gemme
Migné
Nuret-le-Ferron
St-Gaultier
Chasseneuil
Le Pont-Chrétien-Chabenet
Thenay
Sougé
St-Pierre-de-Lamps
St-Martin-de-Lamps
Villegouin
Clion
Luçay-le-Mâle
Buxeuil
Fontenay
Aize
Chambon
Forêt de Châteauroux
Bois de Champ d'Oiseau
Bois de Chaume
Bois de Villegongis
Bois d'Ars
Bois des Prises
Bois de Moulins
Bois de Ferrières
Bois du Landais
Bois de Guilly
Bois de St-Paul
Forêt de Lancosme
Forêt de St-Maur
Forêt de la Leuf
Forêt de Berger
PARC NATUREL RÉGIONAL
Étang Baron
Étang du Grd Mez
Étang Duris
Étang Turpin
Étang de Bellebouche
Étang des Vigneaux
Étang des Loges
Camp militaire
Terrain militaire
Indre
Nahon
Céphons
Tourmente
Claise
Creuse
D 943
D 956
D 926
D 925
D 920
D 951
D 960
A 20
E 9
N 151

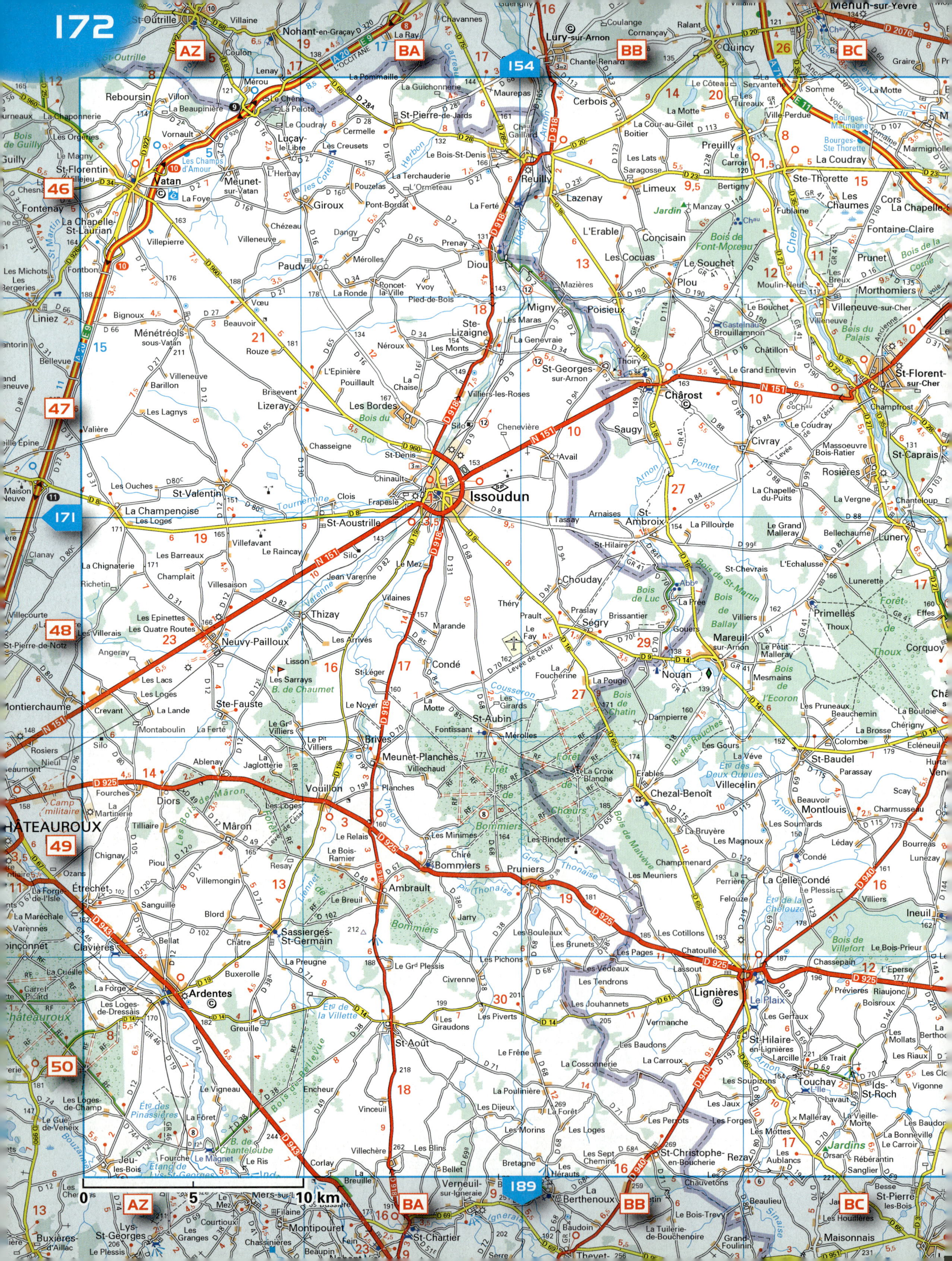
AZ
BA
BB
BC
154
171
189
46
47
48
49
50
St-Outrille
Villaine
Nohant-en-Graçay
La Ray
Chavannes
Lury-sur-Arnon
Coulanges
Cornançay
Ralant
Quincy
Mehun-sur-Yevre
Reboursin
Villon
Mérou
La Pommeraie
La Guichonnerie
Maurepas
Chante-Renard
Cerbois
Le Côteau
Servantière
Somme
La Motte
La Beaupinière
Le Chêne
La Pelote
St-Pierre-de-Jards
La Motte
Les Tureaux
Ville-Perdue
Bourges-Marmagne
Vornault
Lucay-le-Libre
Le Coudray
Cermelle
Chaillot Gaillard
La Cour-au-Gilet
Boitier
Bourges-Ste Thorette
Marmignolle
Bois de Guilly
Guilly
Le Magny
Les Orgeries
St-Florentin
Vatan
Les Champs d'Amour
Meunet-sur-Vatan
L'Herbay
Les Creusets
Le Bois-St-Denis
La Terchauderie
L'Ormeteau
Reuilly
Les Lats
Saragosse
Preuilly
Le Carroir
La Coudray
Ste-Thorette
Fontenay
La Foye
Giroux
Pouzelas
Pont-Bordat
La Ferté
Lazenay
Limeux
Bertigny
Manzay
Fublaine
Les Chaumes
Cors
La Chapelle
La Chapelle-St-Laurian
Villepierre
Chézeau
Villeneuve
Dangy
Prenay
L'Erable
Concisain
Bois de Font-Moreau
Fontaine-Claire
Les Michots
Les Bergeries
Fontbon
Paudy
Mérolles
Diou
Les Cocuas
Le Souchet
Plou
Prunet
Bois de la Corne
Moulin-Neuf
Morthomiers
Liniez
Bignoux
Vœu
Poncet-la-Ville
Yvoy
La Ronde
Pied-de-Bois
Mazières
Mignv
Poisieux
Le Bouchet
Castelnau-Brouillamnon
Villeneuve-sur-Cher
Villeneuve
Ménétréols-sous-Vatan
Beauvoir
Rouze
Néroux
Ste-Lizaigne
Les Maras
Les Monts
La Genevraie
Châtillon
Bois du Palais
Bellevue
Villeneuve
Barillon
L'Epinière
Pouillault
La Chaise
St-Georges-sur-Arnon
Thoiry
Le Grand Entrevin
St-Florent-sur-Cher
Brisevent
Lizeray
Les Bordes
Bois du Roi
Villiers-les-Roses
Chârost
Les Lagnys
Valière
Chenevière
Saugy
Champfrost
Le Coudray
Massoeuvre
Bois-Ratier
Civray
St-Caprais
Chasseigne
St-Denis
Silo
Avail
Les Ouches
St-Valentin
Chinault
Clois
Frapesle
Issoudun
Arnon
Pontet
Rosières
La Chapelle-du-Puits
La Vergne
Chanteloup
La Champenoise
Les Loges
St-Aoustrille
Tassay
Arnaises
St-Ambroix
La Pillourde
Le Grand Malleray
Bellechaume
Lunery
Villefavant
Le Raincay
Les Barreaux
St-Hilaire
L'Echalusse
Clanay
La Chignaterie
Champlait
Villesaison
Jean Varenne
Le Mez
Chouday
Bois de Luc
St-Chevrais
Bois de St-Martin
Lunerette
Richetin
Vilaines
Théry
Prault
Praslay
Brissantier
La Prée
Bois de Ballay
Villiers
Primelles
Thoux
Forêt de Thoux
Effes
Villecourte
Les Epinettes
Les Quatre Routes
Neuvy-Pailloux
Thizay
Les Arrivés
Marande
Le Fay
Ségry
Mareuil-sur-Arnon
Le Petit Malleray
Corquoy
Les Villerais
Angeray
Lisson
Condé
St-Léger
Levée de César
La Foucherine
Nouan
Mesmains
Bois de l'Ecoron
St-Pierre-de-Notz
Les Lacs
Les Loges
Les Sarrays
B. de Chaumet
La Pouge
Bois de Chatin
Les Pruneaux
Beauchemin
La Bouloie
Chérigny
Montierchaume
Crevant
La Lande
Ste-Fauste
Le Noyer
La Motte
Les Girards
Dampierre
La Brosse
Le Grd Villiers
Montaboulin
La Ferté
Le Pit Villiers
Brives
Fontissant
St-Aubin
Mérolles
B. des Rauches
Les Gours
Colombe
Eclénueil
Rosiers
Nieul
Ablenay
La Jaglotterie
Meunet-Planches
Villechaud
Forêt de Chœurs
La Croix Blanche
Erables
La Vève
Etg des Deux Queues
St-Baudel
Parassay
Villecelin
Fourches
Camp militaire
La Martinerie
Diors
Bois de Mâron
Les Loges
Vouillon
Planches
Chezal-Benoît
Beauvoir
Montlouis
Scay
Charmusseau
Châteauroux
Tilliaire
Mâron
Le Relais
Le Bois-Ramier
Les Minimes
Chiré
Bommiers
Les Bindets
La Bruyère
Les Soumards
Les Magnoux
Bourreas
Léday
Lunezay
Chigny
Piou
Resay
Pruniers
Champmenard
Les Meuniers
Condé
Ozans
Etrechet
La Forge-de-l'Isle
Villemongin
Ambrault
Le Breuil
Gde Thonaise
La Perrière
La Celle-Condé
Le Plessis
Feluoze
Etg de la Chelouze
Villiers
Sanguille
Blord
Jarry
Les Boulleaux
Les Brunets
Ineuil
La Maréchale
Varennes
Bellat
Chatre
Sassierges-St-Germain
Bommiers
Les Cotillons
Chatoullé
Bois de Villefort
Le Bois-Prieur
Clavières
Le Grd Plessis
Les Pichons
Les Pages
Lassout
Chassepain
L'Eperse
La Cueille
La Preugne
Buxerolle
Civrenne
Les Védeaux
Les Tendrons
Prévières
Riaujonc
Boisroux
La Forge
Les Loges-de-Dressais
Ardentes
Etg de la Villette
Les Giraudons
Les Pivert
Les Jouhannets
Lignières
Le Plaix
Vermanche
Les Gerraux
Greuille
St-Août
Les Baudons
St-Hilaire-en-Lignières
Larcille
Les Mollats
Les Riaux
La Carroux
La Cossonnerie
Le Trait
La Frêne
Les Soupizons
Touchay
Ids-St-Roch
Vigoune
L'Ile
Lavaut
Le Vigneau
Encheur
La Poulinière
Les Jaux
La Vieille-Morte
Les Loges-de-Champ
Vinceuil
Les Dijeux
La Forêt
Les Perrots
Les Forges
Malleray
Les Baudon
Etg des Pinassières
La Forêt
Le Gué de Veneix
Les Morins
Les Loges
Les Mottes
Jardins
La Bonneville
Le Carroir
Bois de Bellevue
B. de Chanteloube
Villechère
Les Blins
Les Sept Chemins
St-Christophe-en-Boucherie
Rezay
Les Aublancs
Orsan
Rébérantin
Sanglier
Jeu-les-Bois
Fourche
Le Magnet
Le Ris
Etang de Lys-St-Georges
Corlay
Bellet
Bretagne
Les Hérauts
Chauvetons
Besse
St-Pierre-les-Bois
Breuille
Verneuil-sur-Igneraie
Berthenoux
Beaulieu
Les Houillères
Mers-sur-Indre
Filaine
Montipouret
St-Chartier
Baudoin
Le Bois-Trevy
La Tuilerie-de-Boucheroire
Grand Foulinin
Maisonnais
Buxières-d'Aillac
St-Georges
Lys-St-Georges
Les Granges
Courtioux
Chassinières
Beaupin
Le Plessis
Thevet
Serre
0
5
10 km

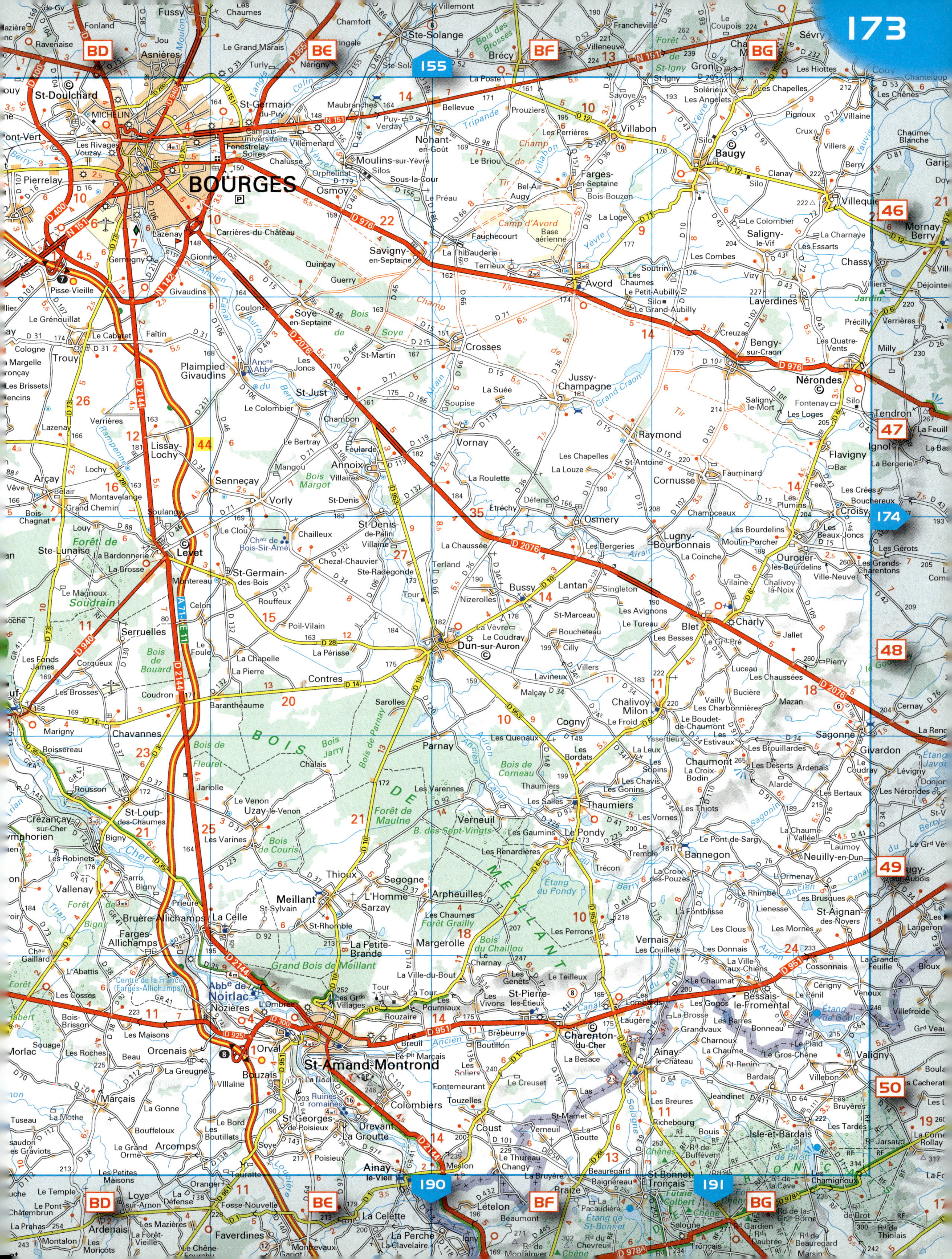
BOURGES
St-Doulchard
Asnières
St-Germain-du-Puy
Ste-Solange
Brécy
Villeneuve
Sévry
Savoye
Villabon
Baugy
Nohant-en-Goût
Moulins-sur-Yèvre
Farges-en-Septaine
Osmoy
Avord
Base aérienne
Savigny-en-Septaine
Soye-en-Septaine
Crosses
Jussy-Champagne
Nérondes
Laverdines
Bengy-sur-Craon
Plaimpied-Givaudins
Trouy
St-Just
Lissay-Lochy
Vornay
Raymond
Flavigny
Cornusse
Senneçay
Vorly
Annoix
Osmery
Lugny-Bourbonnais
Croisy
Levet
St-Denis-de-Palin
Ste-Lunaise
Forêt de Soudrain
St-Germain-des-Bois
Bussy
Lantan
Blet
Charly
Dun-sur-Auron
Serruelles
Chalivoy-Milon
Contres
Cogny
Sagonne
Givardon
Chavannes
BOIS DE MEILLANT
Parnay
Thaumiers
St-Loup-des-Chaumes
Uzay-le-Venon
Crézançay-sur-Cher
Vallenay
Bruère-Allichamps
Farges-Allichamps
Meillant
Le Pondy
Bannegon
Neuilly-en-Dun
Arpheuilles
Margerolle
Vernais
St-Aignan-des-Noyers
Noirlac
Nozières
St-Amand-Montrond
Orval
Bouzais
Colombiers
Charenton-du-Cher
St-Pierre-les-Étieux
Bessais-le-Fromental
Ainay-le-Château
Isle-et-Bardais
Drevant
La Groutte
Ainay-le-Vieil
Coust
Marçais
Arcomps
Orcenais
Lételon
La Perche
Faverdines
Ardenais
BD
BE
BF
BG
155
174
190
191
46
47
48
49
50

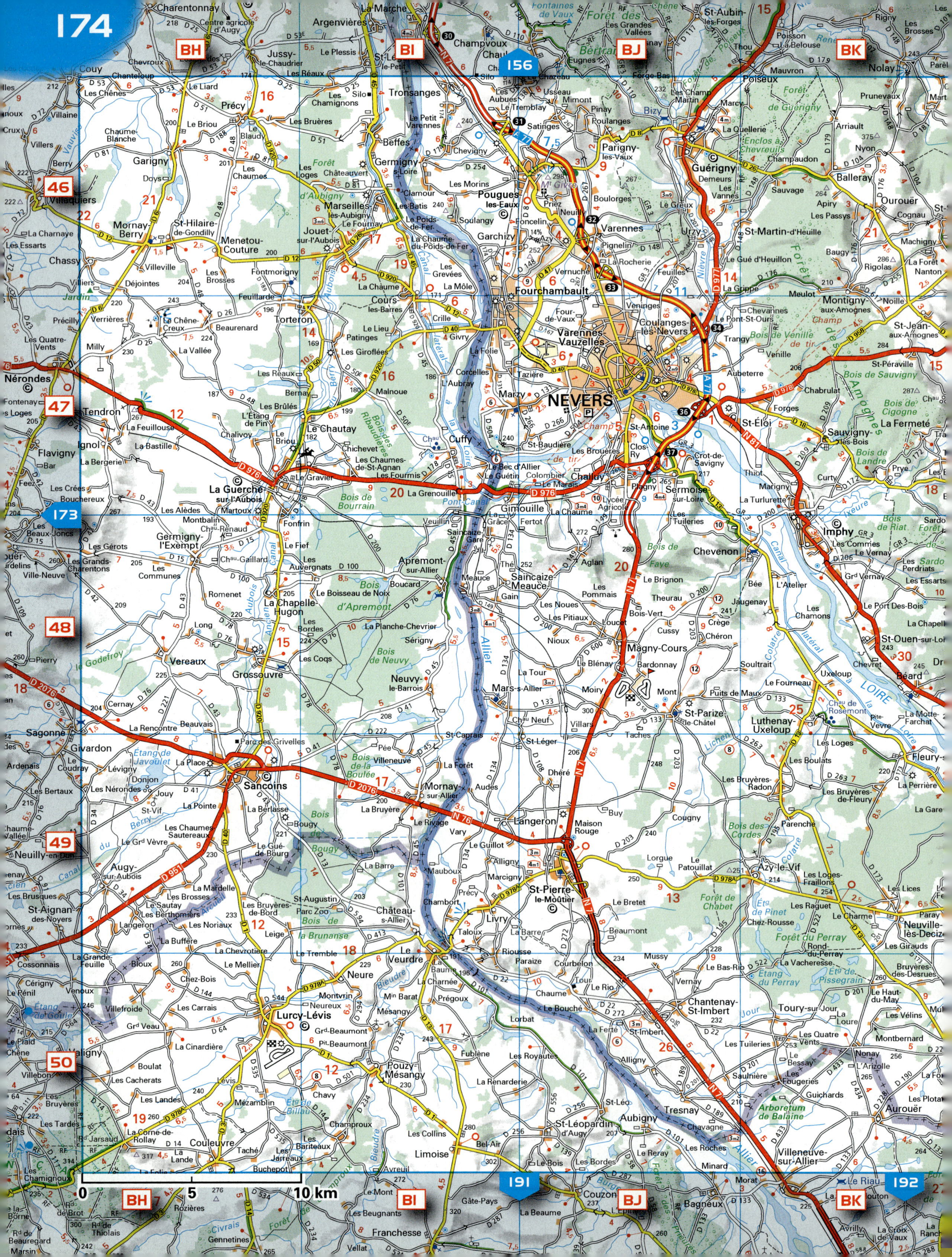
BH
BI
BJ
BK
156
173
191
192
46
47
48
49
50
Charentonnay
Argenvières
La Marche
Champvoux
Chaulgnes
Forêt des Bertranges
St-Aubin-les-Forges
Poiseux
Nolay
Jussy-le-Chaudrier
Précy
Tronsanges
Urzy
Guérigny
Balleray
Ourouër
Villequiers
Garigny
Germigny-sur-Loire
Pougues-les-Eaux
Parigny-les-Vaux
Varennes
Mornay-Berry
St-Hilaire-de-Gondilly
Menetou-Couture
Marseilles-lès-Aubigny
Jouet-sur-l'Aubois
Garchizy
St-Martin-d'Heuille
Chassy
Fourchambault
Montigny-aux-Amognes
Torteron
Cours-les-Barres
Coulanges-lès-Nevers
Varennes-Vauzelles
St-Jean-aux-Amognes
Nérondes
NEVERS
Cuffy
Chaluzy
Sermoise-sur-Loire
St-Éloi
Sauvigny-les-Bois
Tendron
La Guerche-sur-l'Aubois
Le Chautay
Gimouille
Imphy
Chevenon
Germigny-l'Exempt
Apremont-sur-Allier
Saincaize-Meauce
La Chapelle-Hugon
Magny-Cours
Vereaux
Grossouvre
Neuvy-le-Barrois
Mars-s-Allier
St-Parize-le-Châtel
Luthenay-Uxeloup
St-Ouen-sur-Loire
Béard
Sagonne
Givardon
Sancoins
Mornay-sur-Allier
Langeron
Fleury-sur-Loire
Azy-le-Vif
Augy-sur-Aubois
St-Pierre-le-Moûtier
Neuilly-en-Dun
St-Aignan-des-Noyers
Château-s-Allier
Livry
Le Veurdre
Neure
Chantenay-St-Imbert
Toury-sur-Jour
Neuville-lès-Decize
Lurcy-Lévis
Pouzy-Mésangy
Limoise
St-Léopardin-d'Augy
Aubigny
Villeneuve-sur-Allier
Couleuvre
Allier
LOIRE
0
5
10 km

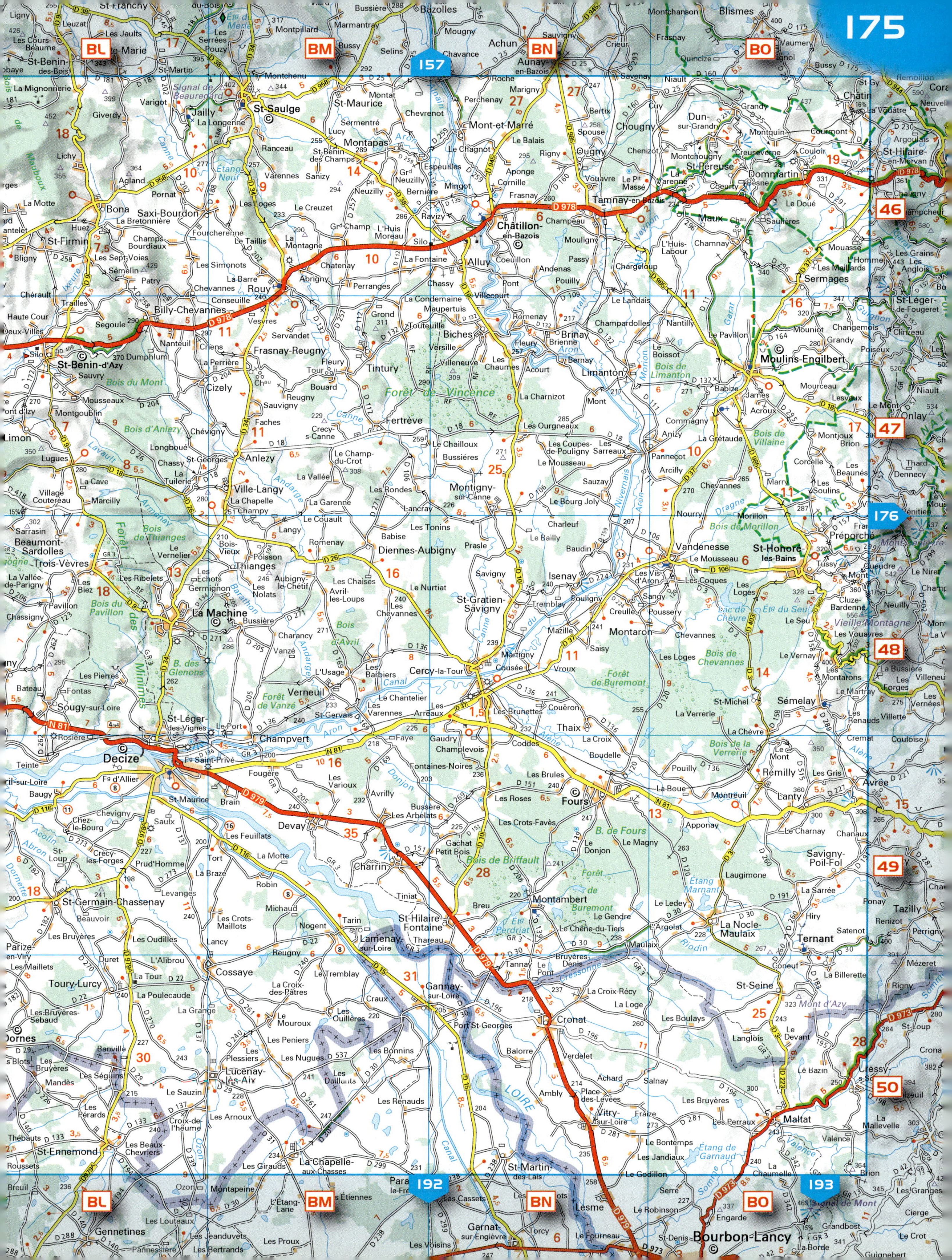
St-Saulge
Châtillon-en-Bazois
Tamnay-en-Bazois
Moulins-Engilbert
St-Benin-d'Azy
Billy-Chevannes
Frasnay-Reugny
Forêt de Vincence
Anlezy
Ville-Langy
Diennes-Aubigny
St-Gratien-Savigny
Vandenesse
St-Honoré-les-Bains
La Machine
Decize
Cercy-la-Tour
Verneuil
Champvert
Thaix
Rémilly
Fours
Devay
Montambert
Ternant
La Nocle-Maulaix
St-Hilaire-Fontaine
Lamenay-sur-Loire
Gannay-sur-Loire
Cronat
St-Seine
Maltat
Vitry-sur-Loire
Bourbon-Lancy
St-Germain-Chassenay
Cossaye
Lucenay-lès-Aix
St-Ennemond
Toury-Lurcy
Garnat-sur-Engièvre
St-Martin-des-Lais
La Chapelle-aux-Chasses
Sougy-sur-Loire
St-Léger-des-Vignes
Savigny-Poil-Fol
Sémelay
Préporché
Dommartin
Sermages
Loire
Aron
Forêt de Buremont
Bois de Briffault
D 978
D 979
N 81
D 973
157
176
192
193
46
47
48
49
50

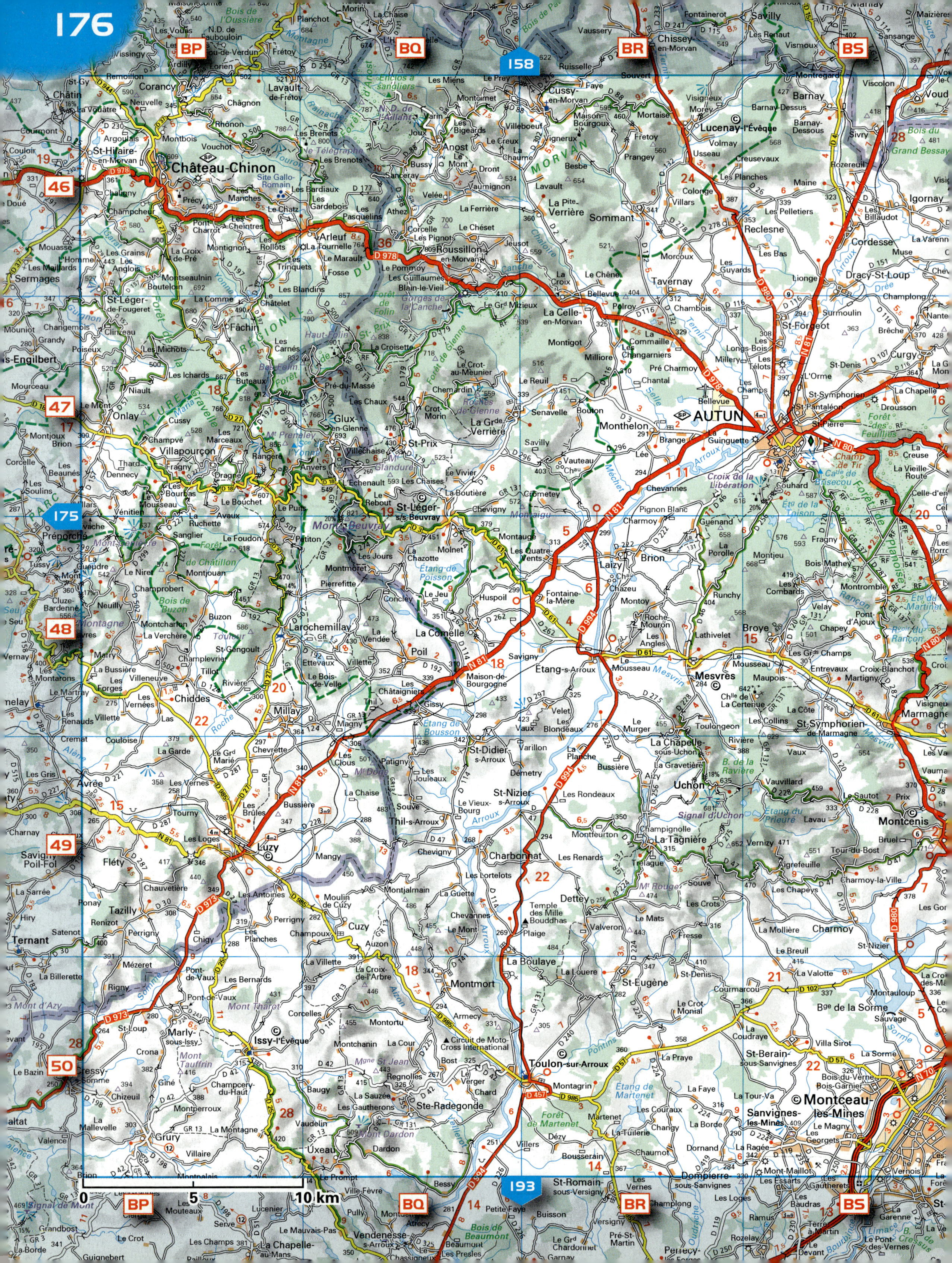
158
BP
BQ
BR
BS
Château-Chinon
MORVAN
AUTUN
Lucenay-l'Évêque
Anost
Roussillon-en-Morvan
La Celle-en-Morvan
Arleuf
Montsauche
St-Léger-sous-Beuvray
Mont Beuvray
St-Prix
La Grande-Verrière
Glux-en-Glenne
Onlay
Villapourçon
Larochemillay
La Comelle
Poil
Étang-s-Arroux
Mesvres
Brion
Laizy
Monthelon
St-Forgeot
Dracy-St-Loup
Cordesse
Igornay
Barnay
Reclesne
Tavernay
Sommant
La Petite-Verrière
Broye
La Chapelle-sous-Uchon
Uchon
Marmagne
St-Symphorien-de-Marmagne
Montcenis
Le Creusot
Luzy
Millay
Chiddes
Tazilly
Ternant
Savigny-Poil-Fol
Avrée
Flêty
Cuzy
St-Didier-s-Arroux
St-Nizier-s-Arroux
Charbonnat
Dettey
Montmort
La Boulaye
Toulon-sur-Arroux
St-Eugène
Issy-l'Évêque
Marly-sous-Issy
Grury
Uxeau
Ste-Radegonde
Montceau-les-Mines
Sanvignes-les-Mines
St-Bérain-sous-Sanvignes
Dompierre-sous-Sanvignes
St-Romain-sous-Versigny
Vendenesse-s-Arroux
Gueugnon
La Chapelle-au-Mans
Génelard
Perrecy-les-Forges
Temple des Mille Bouddhas
Circuit de Moto-Cross International
Croix de la Libération
Signal d'Uchon
Forêt de Planoise
D 978
N 81
N 80
D 994
D 973
D 985
46
47
48
49
50
175
193
0
5
10 km

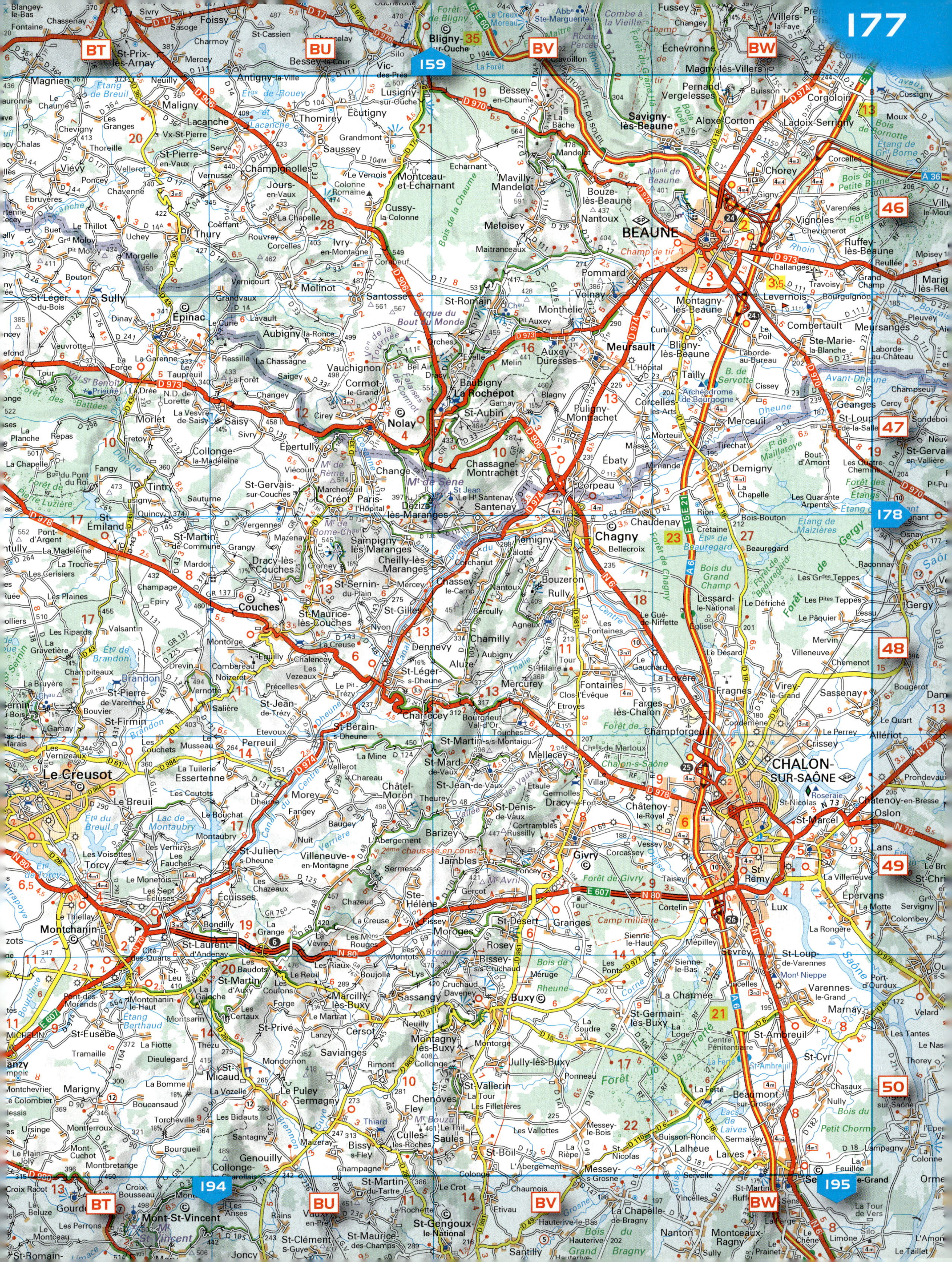

BT
BU
BV
BW
159
194
195
178
46
47
48
49
50
BEAUNE
CHALON-SUR-SAÔNE
Le Creusot
Montchanin
Chagny
Nolay
Meursault
Épinac
Couches
Givry
Buxy
Sully
Bligny-s-Ouche
Savigny-lès-Beaune
Aloxe-Corton
Ladoix-Serrigny
Pommard
Volnay
La Rochepot
Santenay
Mercurey
Rully
St-Marcel
St-Rémy
Lux
Sennecey-le-Grand
Mont-St-Vincent
St-Gengoux-le-National
Torcy
Blanzy
Chaudenay
Demigny
Verdun-sur-le-Doubs
Mt de Sène
Forêt de Givry
Fontaines
Varennes-le-Grand
La Ferté
Montagny-lès-Buxy
Saules
Genouilly
Le Breuil
St-Léger-sur-Dheune
Dennevy
St-Loup-de-Varennes
Laives
Beaumont-sur-Grosne

BX
BY
BZ
CA
160
177
195
196
46
47
48
49
50
St-Jean-de-Losne
St-Symphorien-sur-Saône
Seurre
Pierre-de-Bresse
Chaussin
Chemin
Louhans
Montret
St-Germain-du-Bois
St-Germain-du-Plain
Beaurepaire-en-Bresse
Verdun-sur-Doubs
Montpont-en-Bresse
Mervans
Montjay
Sermesse
Navilly
Pouilly-sur-Saône
Labergement-lès-Seurre
Auvillars-sur-Saône
Bagnot
Argilly
Corgoloin
Villy-le-Moutier
Corberon
Chevigny-en-Valière
Palleau
Écuelles
Charnay-lès-Chalon
Ciel
Gergy
Verjux
Toutenant
St-Martin-en-Bresse
Ouroux-sur-Saône
Simard
Branges
Sornay
Pierre
Sens-sur-Seille
Bosjean
Bellevesvre
Mouthier-en-Bresse
Annoire
Longepierre
Pourlans
Frontenard
Serley
Thurey
Lessard-en-Bresse
Devrouze
Diconne
Villegaudin
Montcoy
Damerey
St-Maurice-en-Rivière
Bey
Allériot
Chalon-sur-Saône
Oslon
Lans
Épervans
St-Christophe-en-Bresse
Baudrières
St-Usuge
Vincelles
Ratte
Savigny-en-Revermont
Sagy
Cosges
Bletterans
Fontainebrux
Sermesse
Forêt de Cîteaux
Saône
Doubs
A 36
E 60
D 973
D 996
D 970
N 73
N 78
D 978
D 975
D 470
0
5
10 km

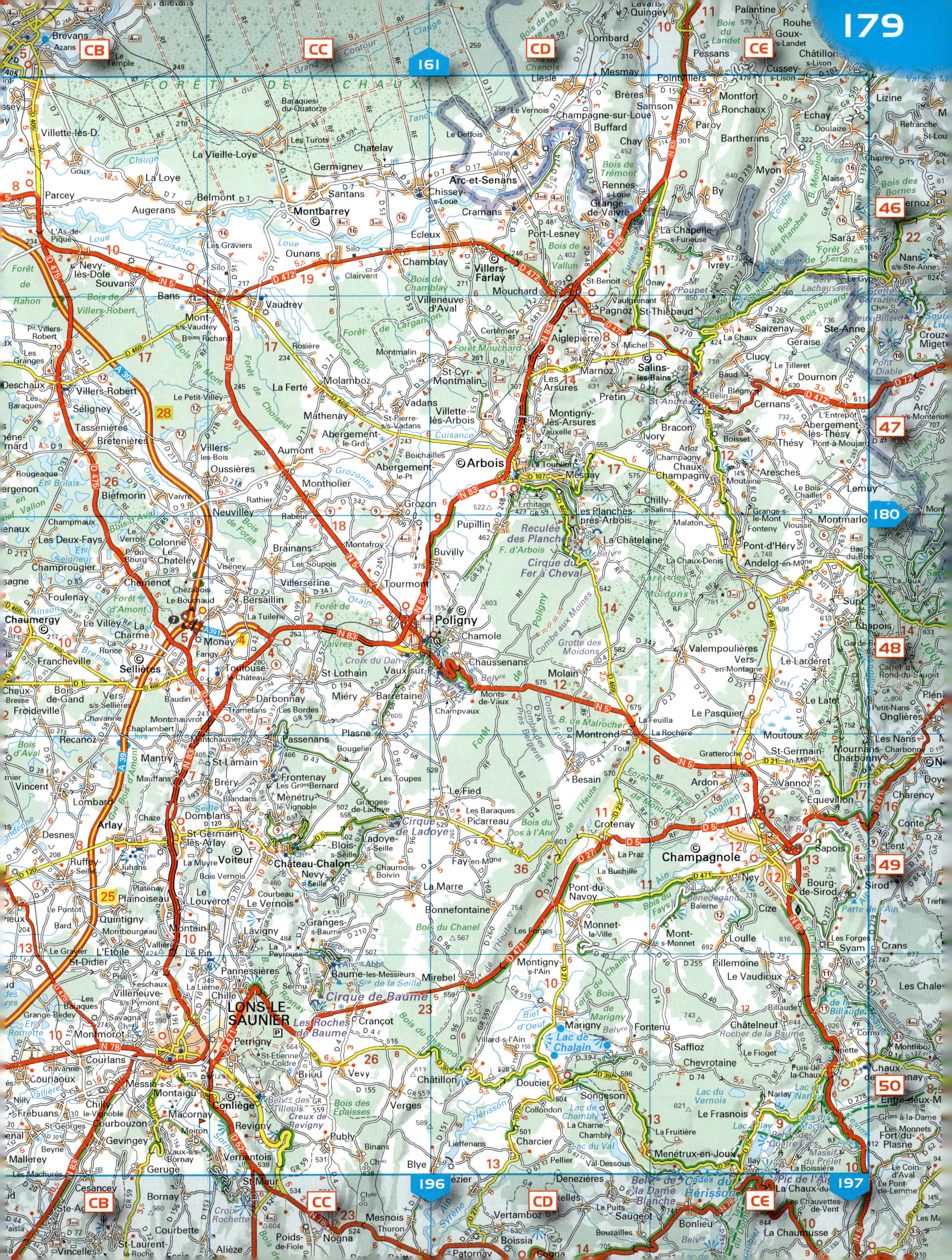
CB
CC
CD
CE
161
46
47
48
49
50
180
196
197
FORÊT DE CHAUX
Brevans
Villette-lès-D.
La Vieille-Loye
Chatelay
Germigney
Arc-et-Senans
Champagne-sur-Loue
Buffard
Chay
Rennes
Grange-de-Vaivre
Pessans
Cussey-s-Lison
Montfort
Ronchaux
Paroy
Bartherans
Myon
Lizine
La Loye
Parcey
Augerans
Belmont
Montbarrey
Santans
Chissey-s-Loue
Cramans
Port-Lesney
La Chapelle-s-Furieuse
Ivrey
Nans-s-Ste-Anne
Nevy-lès-Dole
Souvans
Bans
Mont-s-s-Vaudrey
Vaudrey
Ounans
Chamblay
Villers-Farlay
Mouchard
St-Thiébaud
Pagnoz
Villeneuve-d'Aval
Aiglepierre
Salins-les-Bains
Saizenay
Ste-Anne
Villers-Robert
Séligney
Tassenières
Bretenières
La Ferté
Molamboz
Mathenay
Vadans
St-Cyr-Montmalin
Les Arsures
Marnoz
Pretin
Clucy
Cernans
Dournon
Abergement-le-Grd
Villette-lès-Arbois
Montigny-lès-Arsures
Ivory
Bracon
Thésy
Villers-les-Bois
Oussières
Aumont
Abergement-le-Pt
Arbois
Mesnay
Chaux-Champagny
Aresches
Lemuy
Biefmorin
Montholier
Grozon
Pupillin
Les Planches-près-Arbois
Chilly-s-Salins
Montmarlon
Neuvilley
Colonne
Brainans
Buvilly
Reculée des Planches
Cirque du Fer à Cheval
La Châtelaine
Pont-d'Héry
Andelot-en-Mgne
Les Deux-Fays
Champrougier
Foulenay
Chemenot
Bersaillin
Villerserine
Tourmont
Poligny
Chamole
Supt
Chapois
Chaumergy
Le Villey
Sellières
Francheville
Monay
Toulouse-le-Château
St-Lothain
Miéry
Vaux-s-Poligny
Barretaine
Chaussenans
Molain
Valempoulières
Vers-en-Montagne
Le Larderet
Le Latet
Froideville
Recanoz
Darbonnay
Passenans
Plasne
Montrond
La Rochère
Le Pasquier
Moutoux
St-Germain-en-Mgne
Mournans-Charbonny
Onglières
Mantry
St-Lamain
Brery
Frontenay
Le Fied
Besain
Ardon
Vannoz
Equevillon
Vincent
Lombard
Arlay
Desnes
Ruffey-s-Seille
Domblans
St-Germain-lès-Arlay
Voiteur
Château-Chalon
Cirque de Ladoye
Picarreau
Crotenay
Champagnole
Sapois
Bourg-de-Sirod
Sirod
Plainoiseau
Le Louverot
Quintigny
Le Vernois
La Marre
Bonnefontaine
Pont-du-Navoy
Monnet-la-Ville
Loulle
Cize
L'Étoile
St-Didier
Montain
Lavigny
Le Pin
Pannessières
Baume-les-Messieurs
Mirebel
Montigny-s-l'Ain
Pillemoine
Le Vaudioux
Crans
Villeneuve-s-Pymont
Montmorot
Chille
LONS-LE-SAUNIER
Perrigny
Cirque de Baume
Les Roches de Baume
Crançot
Marigny
Lac de Chalain
Fontenu
Châtelneuf
Courlans
Chavanne
Courlaoux
Messia-s-Sorne
Montaigu
Conliège
Briod
Vevy
Châtillon
Doucier
Songeson
Saffloz
Chevrotaine
Chaux-des-Crotenay
Frébuans
Macornay
Revigny
Verges
Charcier
Le Frasnois
Entre-deux-Monts
Gevingey
Publy
Ménétrux-en-Joux
Le Bouchoux
Geruge
Vernantois
Blye
Denezières
Saugeot
Cascades du Hérisson
Pic de l'Aigle
La Chaux-du-Dombief
Bornay
Cesancey
Mesnois
Vertamboz
Bonlieu
Courbette
Alièze
Poids-de-Fiole
Nogna
Boissia
La Chaumusse
Patornay

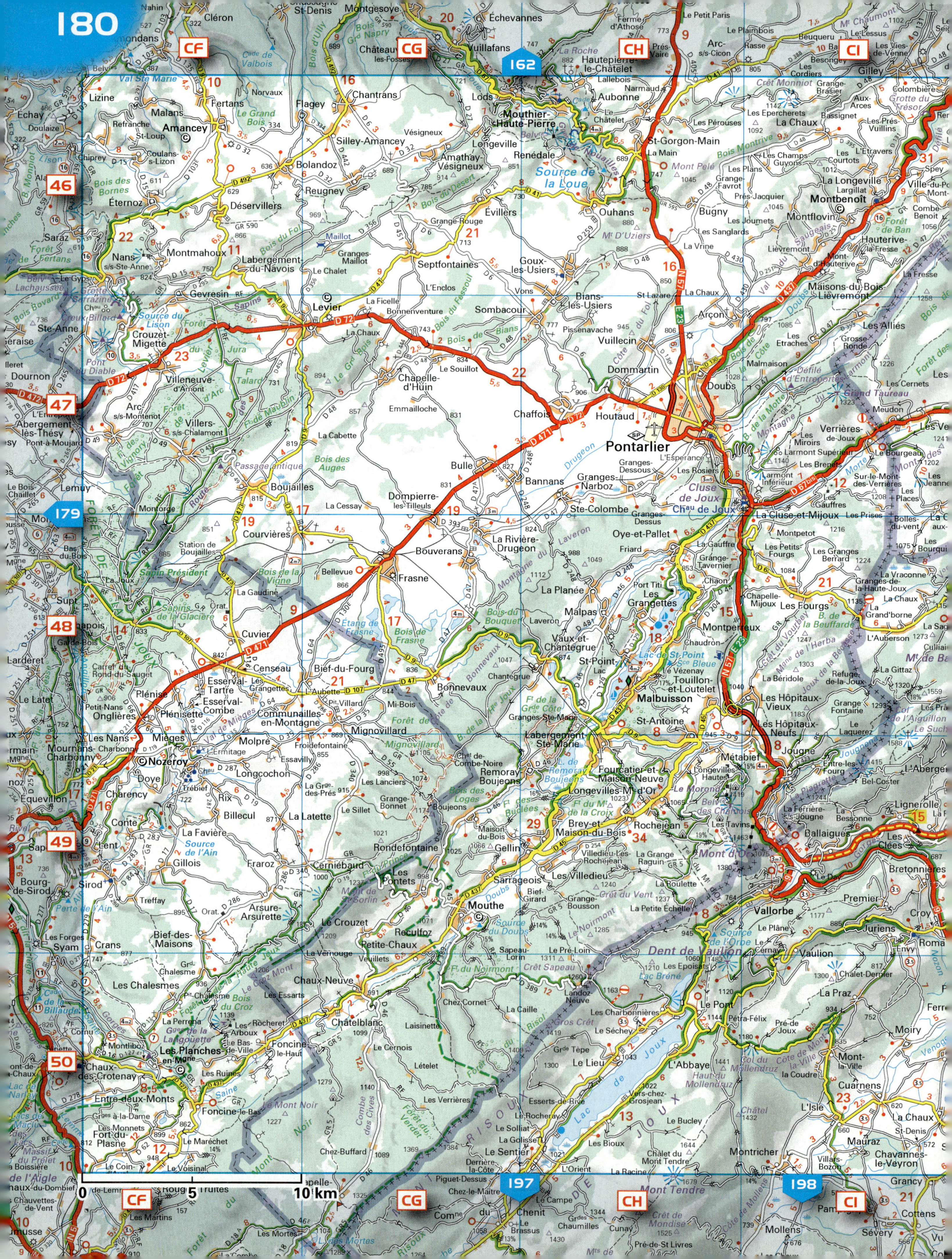
CF
CG
CH
CI
162
179
197
198
46
47
48
49
50
Pontarlier
Levier
Nozeroy
Mouthe
Malbuisson
Vallorbe
Montbenoît
Amancey
Ornans
Mouthier-Haute-Pierre
Source de la Loue
Vuillafans
Lods
Longeville
Renédale
Ouhans
St-Gorgon-Main
Septfontaines
Sombacour
Goux-les-Usiers
Bians-les-Usiers
Evillers
Arçon
Doubs
Dommartin
Houtaud
Chaffois
Bulle
Bannans
Dompierre-les-Tilleuls
Bouverans
Frasne
La Rivière-Drugeon
Boujailles
Courvières
Cuvier
Censeau
Bief-du-Fourg
Bonnevaux
Vaux-et-Chantegrue
St-Point-Lac
Lac de St-Point
Labergement-Ste-Marie
Remoray-Boujeons
Les Grangettes
Montperreux
Oye-et-Pallet
La Cluse-et-Mijoux
Verrières-de-Joux
Les Fourgs
Les Hôpitaux-Vieux
Les Hôpitaux-Neufs
Jougne
Métabief
Longevilles-Mt-d'Or
Rochejean
Mont d'Or
Gellin
Sarrageois
Chaux-Neuve
Châtelblanc
Foncine-le-Haut
Foncine-le-Bas
Les Planches-en-Montagne
Chaux-des-Crotenay
Entre-deux-Monts
Fort-du-Plasne
Mignovillard
Communailles-en-Montagne
Esserval-Tartre
Esserval-Combe
Mièges
Molpré
Longcochon
Doye
Charency
Billecul
La Latette
Rondefontaine
Les Pontets
Reculfoz
Petite-Chaux
Cerniébaud
Gillois
Crouzet-Migette
Villeneuve-d'Amont
Villers-sous-Chalamont
Arc-sous-Montenot
Nans-sous-Ste-Anne
Montmahoux
Labergement-du-Navois
Déservillers
Bolandoz
Reugney
Silley-Amancey
Amathay-Vésigneux
Chapelle-d'Huin
Sirod
Bourg-de-Sirod
Crans
Syam
Les Chalesmes
Dent de Vaulion
Lac de Joux
Le Pont
L'Abbaye
Le Lieu
Le Sentier
Le Brassus
Les Charbonnières
Vaulion
Romainmôtier
Premier
Ballaigues
Lignerolle
Les Clées
Juriens
La Praz
Mont-la-Ville
Cuarnens
L'Isle
Mollens
Montricher
Mont Tendre
Sainte-Colombe
Granges-Narboz
Cluse de Joux
Château de Joux
Forêt de la Joux
Forêt de la Fresse
Source du Lison
Source de l'Ain
Source de l'Orbe
Source du Doubs
Lac Brenet
Hauterive-la-Fresse
Maisons-du-Bois-Lièvremont
Montflovin
Gilley
Les Alliés
Bois de Ban
0
5
10 km

CJ
CK
CL
CM
163
198
199
46
47
48
49
50
Morteau
Villers-le-Lac
Le Locle
La Sagne
Fontainemelon
Fontaines
Engollon
Frochaux
Cornaux
Chaumont
Hauterive
St-Blaise
Marin-Epagnier
Gampelen
Thielle
Valangin
Laténium
La Coudre
Monruz
NEUCHÂTEL
Serrières
Peseux
Corcelles
Auvernier
Colombier
Cormondrèche
Montmollin
Coffrane
Les Geneveys-s-Coffrane
Boudevilliers
Malvilliers
Montlebon
Le Quartier
Les Ponts-de-Martel
La Chaux-du-Milieu
Le Cerneux-Péquignot
Les Cerneux
La Brévine
Lac des Taillères
Bémont
Le Brouillet
Les Sagnettes
La Roche
Le Cernil
Les Parcs
Boveresse
Môtiers
Couvet
Travers
Noiraigue
Brot-Plamboz
Brot-Dessous
Rochefort
Montezillon
Bôle
Areuse
Boudry
Cortaillod
Bevaix
Perreux
Chambrelien
Champ-du-Moulin
Gorgier
Chez-le-Bart
St-Aubin-Sauges
Fresens
Montalchez
Provence
Mutrux
Vernéaz
Sauges
Vaumarcus
Concise
Corcelles
Onnens
Fleurier
St-Sulpice
Buttes
La Robella
Le Chasseron
Mauborget
Fontanezier
Romairon
Vaugondry
Bonvillars
Villars-Burquin
Grandevent
Novalles
Bullet
Fiez
Champagne
Vugelles-la-Mothe
Giez
Orges
Grandson
Corcelettes
Valeyres-s-M.
Ste-Croix
Vuiteboeuf
Peney
Essert-s-C.
Les Tuileries
Yverdon-les-Bains
Yvonand
Cheyres
Montagny
Chamblon
Treycovagnes
Baulmes
Champvent
Villars-s-C.
Mathod
Suscévaz
Rances
Valeyres-s-s-Rances
Gressy
Pomy
Cuarny
Cronay
Mézery
Donneloye
Epautheyres
Ursins
Valeyres-s-U.
Gossens
Bioley-Magnoux
Prahins
Orzens
Ogens
Oppens
Montcherand
Orbe
Mosaïques d'Urba
Bosseaye
Essert-Pittet
Suchy
Belmont-s-Yverdon
Ependes
Essertines-s-Yverdon
Chavornay
Corcelles-s-Chavornay
Pailly
Vuarrengel
Vuarrens
Rueyres
Bercher
Thierrens
St-Cierges
Moudon
Chapelle-s-Moudon
Martherenges
Boulens
Penthéréaz
Bavois
Arnex-s-Orbe
Orny
Eclépens
La Sarraz
Villars-Lussery
Lussery
Dizy
Daillens
Penthalaz
Penthaz
Cossonay
Sullens
Bournens
Boussens
Etagnières
Bioley-Orjulaz
Assens
Morrens
Cheseaux
Romanel
Crissier
Vufflens-la-Ville
Aclens
Villars-Ste-Croix
Mex
Cugy
Epalinges
Les Cullayes
Montpreveyres
Froideville
Bottens
Poliez-Pittet
Villars-Mendraz
Peyres-Possens
Sugnens
Naz
Goumoens-la-Ville
Echallens
Villars-le-Terroir
Eclagnens
Oulens
Bettens
Bretigny-s-Morrens
St-Barthélemy
Malapalud
Dommartin
Montaubion-Chardonney
Villars-Tiercelin
Corcelles-le-Jorat
Ropraz
Carrouge
Mézières
Ferlens
Servion
Vulliens
Ecublens
Peney-le-Jorat
Vucherens
Hermenches
Syens
Rossenges
Sottens
Montet
Chavannes
Bressonnaz
Villangeaux
Rue
Ursy
Vuarmarens
Esmonts
Morlens
Promasens
Chapelle
Gillarens
Mossel
Auboranges
Oron-la-Ville
Châtillens
Palézieux
Essertes
Les Tavernes
Bussigny
La Rogivue
Maracon
St-Martin
Progens
Semsales
Pont
Besencens
Fiaugères
Porsel
Bouloz
Grattavache
La Verrerie
Le Crêt
Vaulruz
Sâles
Maules
Romanens
Rueyres
Vuisternens-devt-Romont
Villariaz
La Magne
La Joux
Lieffrens
Les Ecasseys
Sommentier
Vuadens
Vaudens
Bionnens
Prez-vers-Siviriez
Le Saulgy
Siviriez
Chavannes-les-Forts
Villaraboud
Villaranon
Hennens
Billens
Romont
La Neirigue
Berlens
Le Châtelard
Grangettes
Estévenens
Mézières
Massonnens
Villargiroud
Orsonnens
Villarsel-le-Gd
Chavannes-s/s-O.
Estavayer-le-Gibloux
Rueyres-St-Laurent
Avry-devant-Pont
Le Gibloux
Prévonloup
Dompierre
Lovatens
Sarzens
Curtilles
Lucens
Brenles
Chesalles
Oulens
Bussy
Villars-le-Cte
Forel-s-Lucens
Denezy
Neyruz-s-Moudon
Correvon
Chanéaz
Vuissens
Prévondavaux
Praratoud
Démoret
Combremont-le-Petit
Combremont-le-Grand
Cheiry
Surpierre
Villeneuve
Chapelle
Molondin
Chêne-Pâquier
Champtauroz
Treytorrens
Villars-Epeney
Cheseaux-Noréaz
La Mauguettaz
Rovray
Chavannes-le-Chêne
Murist
Nuvilly
Sassel
Aumont
Franex
Granges-de-Vesin
Vesin
Seiry
Bollion
Lully
Font
Châbles
Châtillon
Estavayer-le-Lac
Sévaz
Frasses
Montet
Cugy
Fétigny
Ménières
Granges-près-Marnand
Marnand
Villarzel
Sédeilles
Rossens
Henniez
Seigneux
Cerniaz
Villars-Bramard
Lussy
Villaz-St-Pierre
Chatonnaye
Villarimboud
Chénens
Cottens
Autigny
Payerne
Corcelles
Bussy
Morens
Montbrelloz
Rueyres-les-Prés
Autavaux
Forel
Chevroux
Grandcour
Gletterens
Portalban
Delley
Les Friques
St-Aubin
Vallon
Missy
Carignan
Dompierre
Domdidier
Avenches
Donatyre
Villars-le-Grand
Constantine
Chabrey
Montmagny
Champmartin
Cudrefin
Vallamand
Bellerive
Salavaux
Faoug
Mur
Vully-le-Haut
Lugnorre
Montet
Corserey
Torny-le-Grand
Lentigny
Middes
Trey
Etrabloz
Torny-Pittet
Mannens
Grandsivaz
Montagny-les-Monts
Montagny-la-Ville
Léchelles
Chandon
Noréaz
Prez-vers-Noréaz
Corminboeuf
Neyruz
Ecuvillens
Onnens
Lovens
Russy
Corsalettes
Grolley
Ponthaux
Nierlet-les-Bois
Autafond
Avry-s-Matran
Chésopelloz
Seedorf
Léchelles
Rosé
Mt Racine
Tête de Ran
Mont Aubert
Le Soliat
Creux du Van
Gorges de l'Areuse
Réserve du Bois des Lattes
Combe Pellaton
Crêt du Cervelet
Crêt de Sapel
Les Tailleres
Val de Travers
LAC DE NEUCHÂTEL
Glâne
Broye
Mentue
Thièle
Talent
Venoge
Mormont
Jorat
Niremont
Moléson-sur-Gruyères
Les Alpettes
Les Paccots
Mont Pèlerin
A1
A5
E 23
E 27

X
Y
Z
AA
165
51
52
53
54
55
0
5
10 km
La Mothe-Achard
Louvernières
La Raffinière
Les Chânières
Vairé
La Richard
La Pilletière
Le Plessy-Lan
Cossonnière
La Forêt
Le Guy
Le Guineri
Ste-Flaive
Les Clouzeaux
L'Embretière
La Génerie
Soulinière
La Sirmière
L'Angoulinie
Livraie
La Guyonnière
Le Fougeré
Les Brancardière
La Domangère
Laveaud
La Gachère
Les Granges
La Chausserie
Le Plessis-Jousselin
La Chapelle-Achard
Le Beignon
Bourdigal
La Coiffaudière
La Retardière
Aubigny
La Jarrie
Nesmy
La Chevalerie
Le Merlet
La Salaire
La Bradière
Le Moulin-des-Landes
Chau de La Lière
Audouinière
Tinetière
Mortevieille
Chaillot
Chaillé-s/s
La Burelière
La Grassière
Le Chaigne
La Bourie
La Coutancinière
Bourgneuf
La Millière
L'Epinay
Le Puy-Gaudin
Réserve ornithologique
L'Île-d'Olonne
St-Mathurin
Le Girouard
Nieul-le-Dolent
La Maugerie
La Vergne
L'Allerie
Sauveterre
Champclou
Le Pont-Chartran
La Barbière Marchande
Vertonne
Thibaudière
La Janière
La Boissière-des-Landes
L'Epinette
Olonne-s-Mer
La Baudière
Ste-Foy
Grosbreuil
La Prémaudière
La Guitardière
Frégneau
Courtesolles
Le Guy
Pierre Levée
La Vergne
La Remelière
La Chevalerie
La Glorandière
La Girvière
L'Etablière
La Bénatonnière
L'Emerière
La Philipière
La Bigeoire
La Rainerie
La Martinière
Bois Grolland
Beauchêne
L'Aubraie
La Roulière
L'Epinette
Le Bois-Guiton
La Lièvre
La Bergerie
Château-d'Olonne
La Guigneraie
Bois-Jaulin
Le Pain
Miotières
Phare des Barges
La Chaume
Beauséjour
Le Moulin-des-Landes
Poiroux
St-Avaugourd-des-Landes
St-Vincent-sur-Graon
Pointe de l'Aiguille
LES SABLES-D'OLONNE
Vieux Bourg
Moutiers-les-Mauxfaits
Le Champ-St-Père
Fort St-Nicolas
Rudelière
Zoo
La Mouzinière
La Pironnière
Les Arpents
Sorin
Bgs de Finfarine
La Bouchetière
Grande-Chevalerie
Pointe de Tanchette
La Corniche
Saint-Jean-d'Orbestier
Talmont-St-Hilaire
La Clémantinière
Bois-Renard
Bois-Lambert
St-Sornin
Puits d'Enfer
Maison-Neuve
La Dagoterie
Le Poteau
La Guignardière
Avrillé
St-Cyr-en-Talmondais
Anse de Cayola
Le Porteau
Querry-Pigeon
Les Eaux
Dolmen de la Frébouchère
Pont Rouge
Le Givre
La Brunière
Port-Bourgenay
Les Hautes Mers
La Guittière
L'Ensoivière
Les Côtes
St-Hilaire-la-Forêt
Le Plessis
Revroux
Le Bernard
Plage du Veillon
Ilaude
Abbe de N.-D. de Lieu-Dieu
La Vinière
Le Pont-Métayer
Le Breuil
La Nozière
Pointe du Payré
Les Airies
Bouillac
Longeville-s-Mer
Fontaine
La Grange
Jard-sur-Mer
La Raisinière
St-Vincent-s-Jard
Cigogne
La Chaine
La Mongerie
Les Rabouillères
Les Rivières
Angles
Moricq
Roche de L'Islatte
Maison de Clemenceau
Le Rocher
Canal de Ceinture
Saligotière
L'Alouette
Les Conches
La Ville-d'Angles
Le Port-de-Moricq
Forêt de Longeville
Milieu
Les Tendes
La Terrière
Canal du Grd Prée
Les Mottes
La Banche
Parc Floral
Ceinture
La Grière
Ste-Anne
Pointe du Grouin du Cou
La Belle-Henriette
Pointe du Chiquet
La Tranche-sur-Mer
La Grière-Plage
Les Jars
Pte du Rocher
Anse du Maupas
La Faute-sur-Mer
PERTUIS
Pte du Lizay
Conche des Baleines
Les Portes-en-Ré
Les Baleines
La Rivière
L'Arche de Noé
Le Gillieux
Pte du Fier
Loix
Pte du Grouin
St-Clément-des-Baleines
Réserve Naturelle
Fier d'Ars
Rade de St-Martin
Ars-en-Ré
Fosse de Loix
St-Ma
Citadelle
Pte de Grignon
Le Martray
La Passe
La Couarde-s-Mer
Morinant
Le Bois-Plage-en-Ré
Pte de Chanchardon
La Gollandière
Gros-Jonc
Phare de Chanchardon
Les Grenettes
ÎLE DE RÉ
La Noue
D 160
D 32
D 38
D 36
D 12
D 21
D 949
D 747
D 4
D 735
D 201
D 1046
D 105A
D 19
D 109

AB
AC
AD
AE
166
184
200
201
51
52
53
54
55
Bournezeau
La Jaudonnière
Thouarsais-Bouildroux
Thorigny
La Réorthe
St-Florent-des-Bois
Château-Guibert
Les Pineaux
Ste-Pexine
Ste-Hermine
St-Juire-Champgillon
St-Martin-Lars-en-Ste-Hermine
St-Laurent-de-la-Salle
St-Cyr-des-Gâts
St-Sulpice-en-Pareds
Cezais
Mareuil-s-Lay-Dissais
Moutiers-s-le-Lay
Bessay
Thiré
La Chapelle-Thémer
St-Martin-des-Fontaines
Marsais-Ste-Radégonde
Bourneau
Rosnay
La Couture
Péault
Corpe
St-Jean-de-Beugné
St-Aubin-la-Plaine
St-Étienne-de-Brillouet
St-Valérie
L'Hermenault
Pouillé
Sérigné
La Bretonnière
Les Magnils-Reigniers
Ste-Gemme-la-Plaine
Nalliers
Mouzeuil-St-Martin
Petosse
Longèves
Luçon
Chasnais
Lairoux
Les Moutiers-sur-le-Lay
Moreilles
Le Langon
Auzay
Chaix
Fontaines
St-Denis-du-Payré
Grues
Triaize
Champagné-les-Marais
Chaillé-les-Marais
Puyravault
Ste-Radégonde-des-Noyers
Vouillé-les-Marais
Le Poiré-s-Velluire
Velluire
Montreuil
St-Michel-en-l'Herm
L'Aiguillon-sur-Mer
La Taillée
Le Gué-de-Velluire
Vix
L'Île-d'Elle
Marans
Charron
Anse de l'Aiguillon
Pointe de l'Aiguillon
Pointe d'Arçay
Taugon
St-Jean-de-Liversay
Esnandes
Marsilly
Villedoux
Andilly
St-Ouen-d'Aunis
Longèves
Nuaillé-d'Aunis
Courçon
Ferrières
Nieul-s-Mer
L'Houmeau
Lagord
St-Xandre
Puilboreau
Dompierre-s-Mer
Ste-Soulle
Vérines
Anais
St-Sauveur-d'Aunis
Angliers
Benon
Rivedoux-Plage
LA ROCHELLE
Périgny
Bourgneuf
St-Médard-d'Aunis
Montroy
Clavette
St-Rogatien
Vouhé
MARAIS
INTERRÉGIONAL
DU
Sèvre Niortaise
Canal de Vix
Canal des Cinq Abbés
Réserve naturelle
Digue de l'Aiguillon
E 3
E 601
A 83
D 137
D 949
D 938
N 11
N 237

166
167
183
201
202
51
52
53
54
55
AE
AF
AG
AH
La Châtaigneraie
Breuil-Barret
St-Paul-en-Gâtine
La Chapelle-aux-Lys
Antigny
Loge-Fougereuse
St-Maurice-des-Noues
St-Hilaire-de-Voust
Vouvant
Cezais
St-Sulpice-en-Pareds
St-Cyr-des-Gâts
St-Laurent-de-la-Salle
La Caillère
St-Martin-Lars-en-Ste-Hermine
Ste-Hermine
La Chapelle-Thémer
St-Martin-des-Fontaines
Marsais-Ste-Radégonde
Bourneau
L'Hermenault
Mervent
Forêt de Mervent-Vouvant
Puy-de-Serre
Foussais-Payré
Faymoreau
Marillet
Le Busseau
Scillé
Beugnon
La Chapelle-Thireuil
Fenioux
Puihardy
Coulonges-s-l'Autize
St-Maixent-de-Beugné
St-Hilaire-des-Loges
Xanton-Chassenon
Fontenay-le-Comte
Pissotte
L'Orbrie
St-Michel-le-Cloucq
Longèves
Petosse
Pouillé
Sérigné
Auzay
Chaix
Fontaines
St-Martin-de-Fraigneau
Nieul-s-l'Autise
Oulmes
St-Pompain
Faye-sur-Ardin
Villiers-en-Plaine
St-Maxire
Le Langon
Le Poiré-s-Velluire
Velluire
Montreuil
Doix
Bouillé-Courdault
Maillezais
St-Pierre-le-Vieux
Benet
Coulon
Magné
Le Gué-de-Velluire
Vix
Maillé
St-Sigismond
Le Mazeau
Damvix
Arçais
La Garette
Sansais
L'Ile-d'Elle
Marans
Taugon
La Ronde
St-Jean-de-Liversay
St-Cyr-du-Doret
St-Hilaire-la-Palud
St-Georges-de-Rex
Amuré
Le Vanneau-Irleau
Frontenay-Rohan-Rohan
St-Symphorien
Courçon
Cramchaban
La Laigne
Mauzé-s-le-Mignon
Prin-Deyrançon
Le Bourdet
Épannes
Vallans
Granzay-Gript
Beauvoir-sur-Niort
Niort
Bessines
Nuaillé-d'Aunis
St-Sauveur-d'Aunis
Ferrières
Benon
Forêt de Benon
Anais
Usseau
La Rochénard
La Foye-Monjault
MARAIS
POITEVIN
Sèvre Niortaise
0
5
10 km

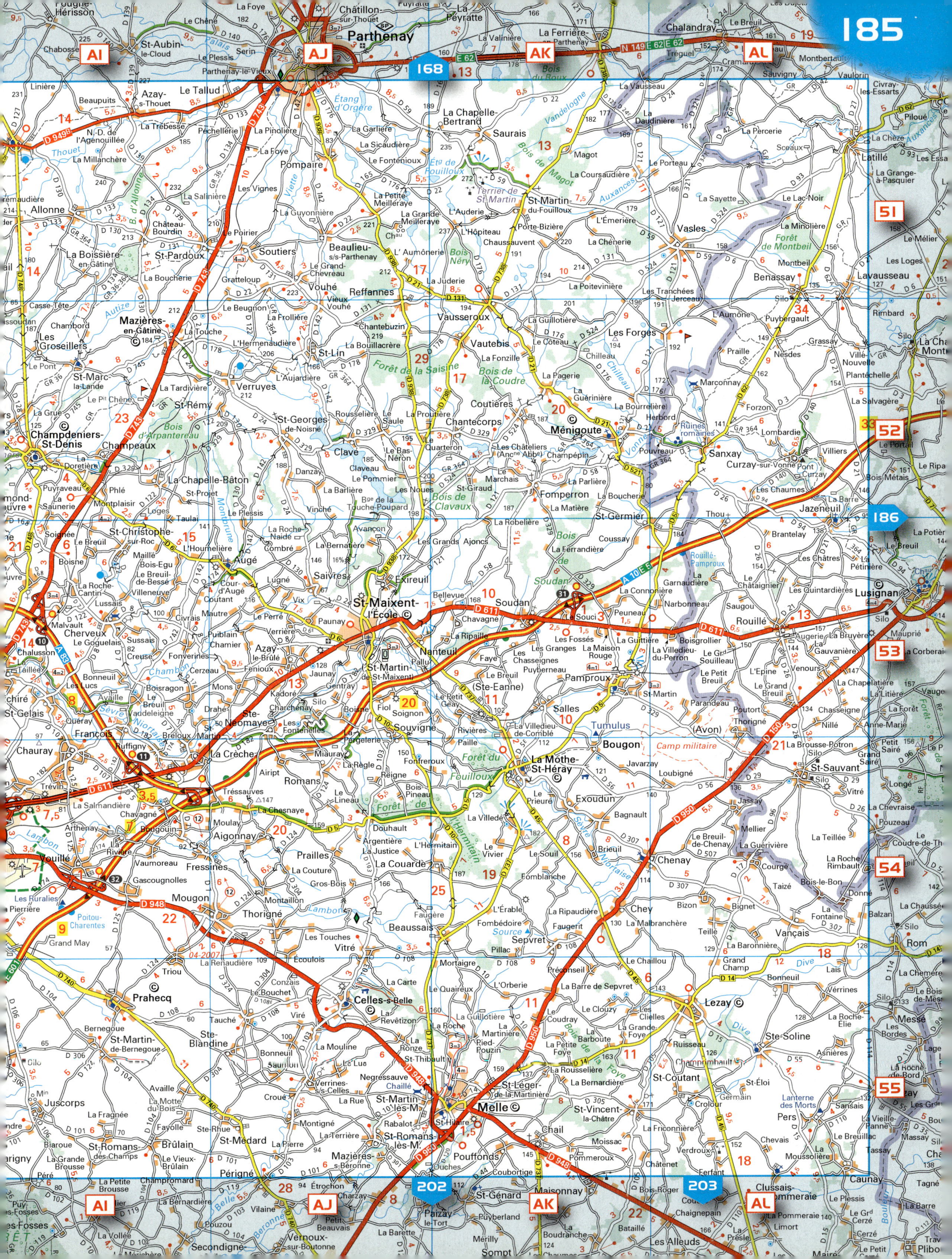
Parthenay
St-Aubin-le-Cloud
Châtillon-sur-Thouet
La Peyratte
La Ferrière-en-Parthenay
Chalandray
Azay-s-Thouet
Le Tallud
Pompaire
La Chapelle-Bertrand
Saurais
St-Martin-du-Fouilloux
Vasles
Latillé
Allonne
La Boissière-en-Gâtine
St-Pardoux
Soutiers
Beaulieu-s/s-Parthenay
Vouhé
Reffannes
Vausseroux
Vautebis
Les Forges
Benassay
Mazières-en-Gâtine
Les Groseilliers
St-Marc-la-Lande
St-Lin
Verruyes
Coutières
Ménigoute
Sanxay
Curzay-sur-Vonne
Champdeniers-St-Denis
Champeaux
St-Georges-de-Noisné
Clavé
Chantecorps
La Chapelle-Bâton
Fomperron
St-Germier
Jazeneuil
St-Christophe-sur-Roc
Augé
Saivres
Exireuil
Soudan
Lusignan
Cherveux
St-Maixent-l'École
Nanteuil
Pamproux
Rouillé
Azay-le-Brûlé
St-Martin-de-St-Maixent
Salles
Ste-Néomaye
Souvigné
Bougon
St-Sauvant
François
La Crèche
La Mothe-St-Héray
Exoudun
Romans
Aigonnay
Chenay
Vouillé
Prailles
Fressines
Mougon
Thorigné
La Couarde
Beaussais
Sepvret
Vançais
Prahecq
Celles-s-Belle
Lezay
Ste-Soline
St-Martin-de-Bernegoue
Ste-Blandine
Melle
St-Léger-de-la-Martinière
St-Coutant
Juscorps
St-Romans-des-Champs
Brûlain
St-Médard
St-Martin-lès-M.
St-Romans-lès-M.
Pouffonds
Mazières-s-Béronne
Périgné
Chail
Maisonnay
St-Génard
Paizay-le-Tort
Clussais-la-Pommeraie
Les Alleuds
Forêt de la Saisine
Forêt de l'Hermitain
Forêt du Fouilloux
Forêt de Montbeil
Camp militaire
Tumulus
Ruines romaines
AI
AJ
AK
AL
168
186
202
203
51
52
53
54
55

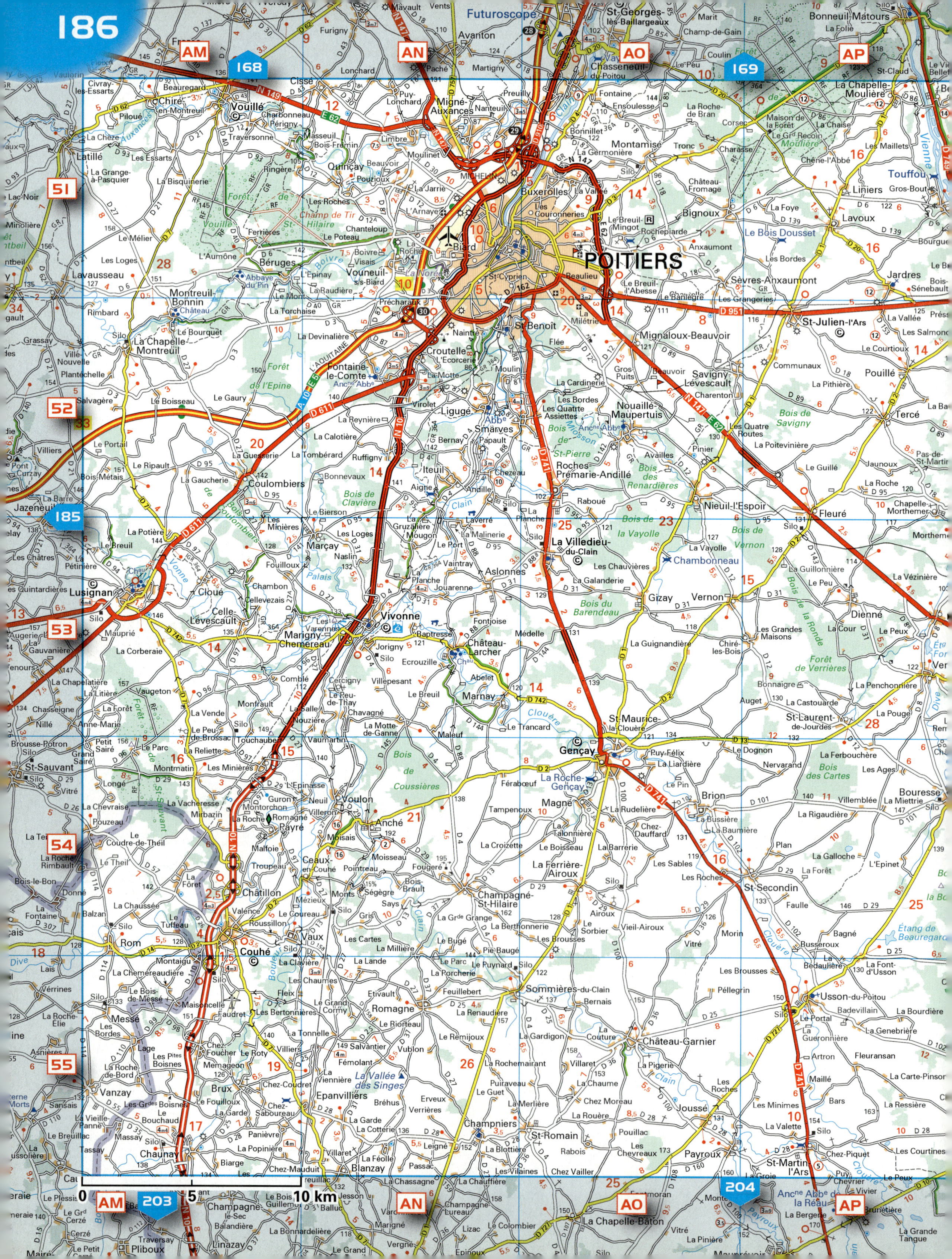
POITIERS
Futuroscope
St-Georges-lès-Baillargeaux
Chasseneuil-du-Poitou
Avanton
Migné-Auxances
Vouillé
Quinçay
Buxerolles
Montamisé
Bonneuil-Matours
La Chapelle-Moulière
Liniers
Lavoux
Bignoux
Sèvres-Anxaumont
St-Julien-l'Ars
Jardres
Mignaloux-Beauvoir
Savigny-Lévescault
Tercé
Pouillé
Nouaillé-Maupertuis
Ligugé
Smarves
Fontaine-le-Comte
Croutelle
St-Benoît
Béruges
Vouneuil-s-s-Biard
Biard
Montreuil-Bonnin
La Chapelle-Montreuil
Latillé
Lavausseau
Coulombiers
Lusignan
Celle-Lévescault
Marigny-Chemereau
Vivonne
Château-Larcher
Marçay
Iteuil
Roches-Prémarie-Andillé
La Villedieu-du-Clain
Aslonnes
Nieuil-l'Espoir
Fleuré
Dienné
Gizay
Vernon
St-Maurice-la-Clouère
Gençay
Magné
Brion
St-Secondin
Usson-du-Poitou
Château-Garnier
Sommières-du-Clain
Champagné-St-Hilaire
Anché
Voulon
Payré
Châtillon
Couhé
Vaux
Romagne
Champniers
St-Romain
Payroux
Joussé
St-Martin-l'Ars
Chaunay
Brux
Blanzay
Sanxay
Rom
St-Sauvant
Jazeneuil
Curzay
Celle-Lévescault
La Chapelle-Bâton
Ceaux-en-Couhé
Vivonne
Forêt de l'Épine
Forêt de Vouillé-St-Hilaire
Bois de Savigny
Forêt de Verrières
Bois des Cartes
Chambonneau
La Vallée des Singes
AM
AN
AO
AP
51
52
53
54
55
168
169
185
204
203
0
5
10 km

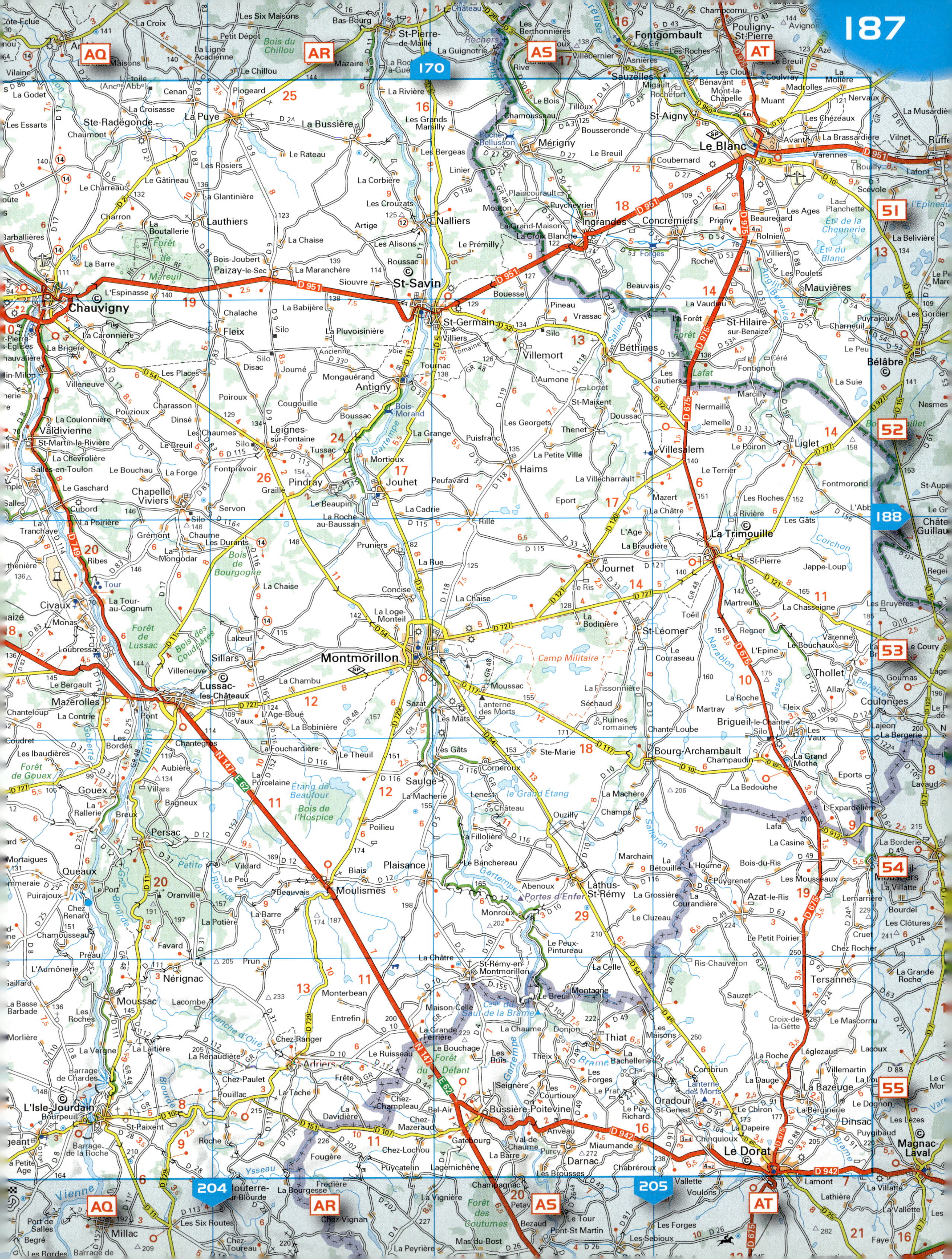
Chauvigny
St-Savin
St-Germain
Le Blanc
Montmorillon
Lussac-les-Châteaux
La Trimouille
Le Dorat
Bélâbre
L'Isle-Jourdain
Ste-Radégonde
La Puye
La Bussière
Nalliers
Ingrandes
Concremiers
Mérigny
Fontgombault
St-Pierre-de-Maillé
Paizay-le-Sec
Lauthiers
Fleix
Antigny
Jouhet
Pindray
Leignes-sur-Fontaine
Valdivienne
Chapelle-Viviers
Civaux
Mazerolles
Sillars
Journet
St-Léomer
Haims
Villesalem
Béthines
Liglet
Mauvières
St-Hilaire-sur-Benaize
Saulgé
Plaisance
Moulismes
Lathus-St-Rémy
Bourg-Archambault
Brigueil-le-Chantre
Thollet
Coulonges
Persac
Queaux
Gouex
Nérignac
Moussac
Adriers
Azat-le-Ris
Tersannes
Thiat
Oradour-St-Genest
Bussière-Poitevine
Darnac
Magnac-Laval
Dinsac
La Bazeuge
Millac
Forêt de Lussac
Camp Militaire
Étang de Beaufour
le Grand Étang
Portes d'Enfer
Forêt du Défant
AQ
AR
AS
AT
170
188
204
205
51
52
53
54
55

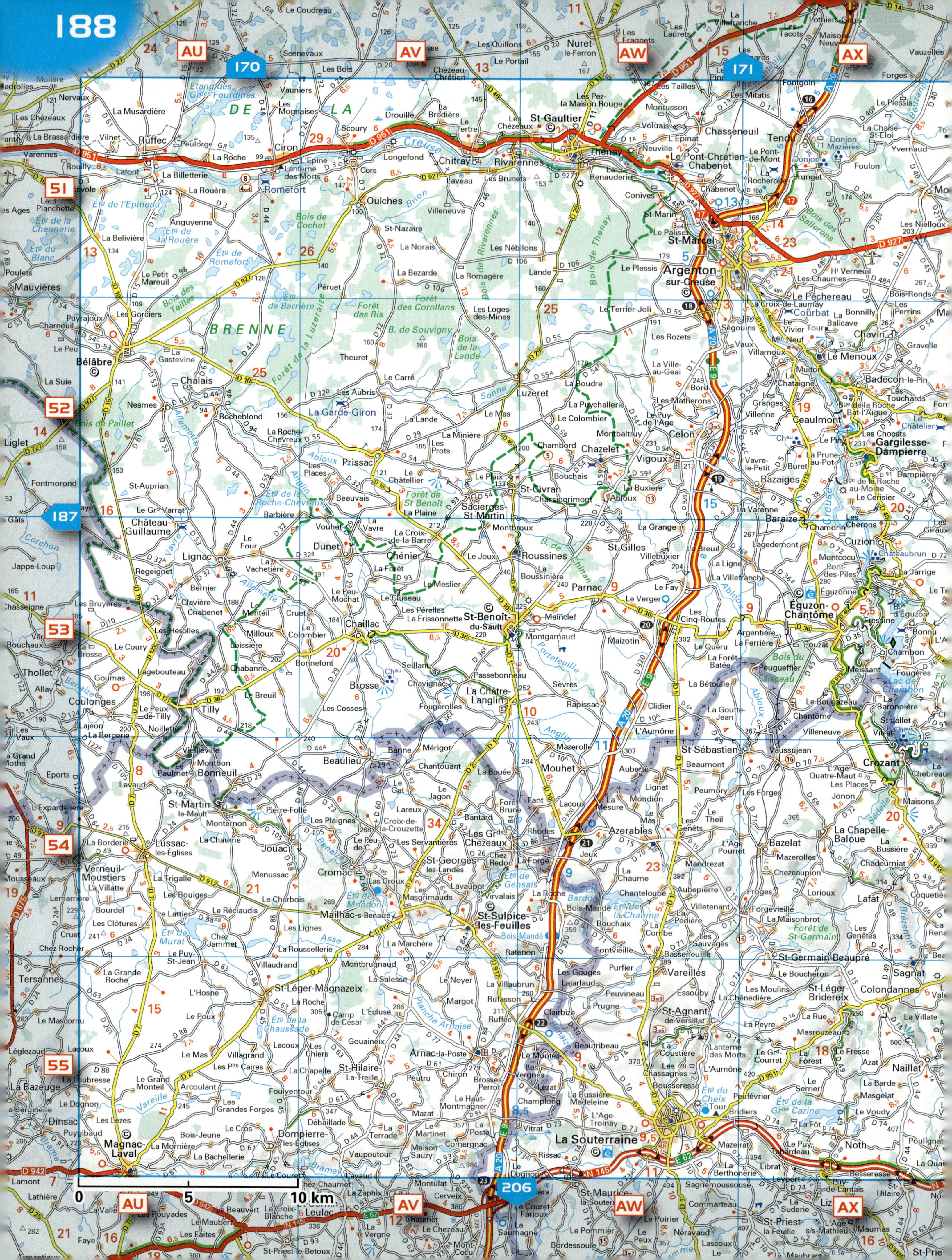
AU
AV
AW
AX
170
171
187
206
51
52
53
54
55
BRENNE
Ruffec
Ciron
Scoury
St-Gaultier
Thenay
Rivarennes
Chitray
Oulches
Romefort
Mézières-en-Brenne
Le Pont-Chrétien-Chabenet
Chasseneuil
Tendu
St-Marcel
Argenton-sur-Creuse
Le Pêchereau
Le Menoux
Badecon-le-Pin
Ceaulmont
Gargilesse-Dampierre
Cuzion
Bélâbre
Chalais
Nesmes
Le Blanc
Prissac
La Garde-Giron
Luzeret
Celon
Vigoux
Chazelet
St-Civran
Sacierges-St-Martin
Château-Guillaume
Lignac
Dunet
Chéniers
Roussines
St-Gilles
Bazaiges
Baraize
Éguzon-Chantôme
Parnac
St-Benoît-du-Sault
Chaillac
Mouhet
Brosse
La Châtre-Langlin
Tilly
Coulonges
Crozant
St-Sébastien
Beaulieu
Bonneuil
St-Martin-le-Mault
Lussac-les-Églises
Verneuil-Moustiers
Jouac
Cromac
Mailhac-s-Benaize
St-Georges-les-Landes
St-Sulpice-les-Feuilles
Azerables
La Chapelle-Baloue
Bazelat
Lafat
St-Germain-Beaupré
Sagnat
Colondannes
St-Léger-Bridereix
St-Léger-Magnazeix
Arnac-la-Poste
St-Agnant-de-Versillat
Vareilles
La Souterraine
Noth
Naillat
Magnac-Laval
Dompierre-les-Églises
St-Hilaire-la-Treille
Tersannes
Lacoux
La Bazeuge
Dinsac
Forêt de la Luzeraize
Forêt des Ris
Forêt des Corollans
Bois de Thenay
Creuse
Anglin
Abloux
Benaize
Sonne
Brion
Portefeuille
Étang de la Mer Rouge
Étang des Gds Fourdines
Étg de l'Epineau
Étg de la Chennerie
Étg de Romefort
Étg de Barrière
Étg de la Roche-Chevreux
Lac de Chambon
Forêt de St-Germain
Étg de la Cazine
Étg du Cheix
Bois de Paillet
Bois du Peuguefffier
D 951
D 927
D 36
D 912
A 20
E 9
E 62
N 145
0
5
10 km

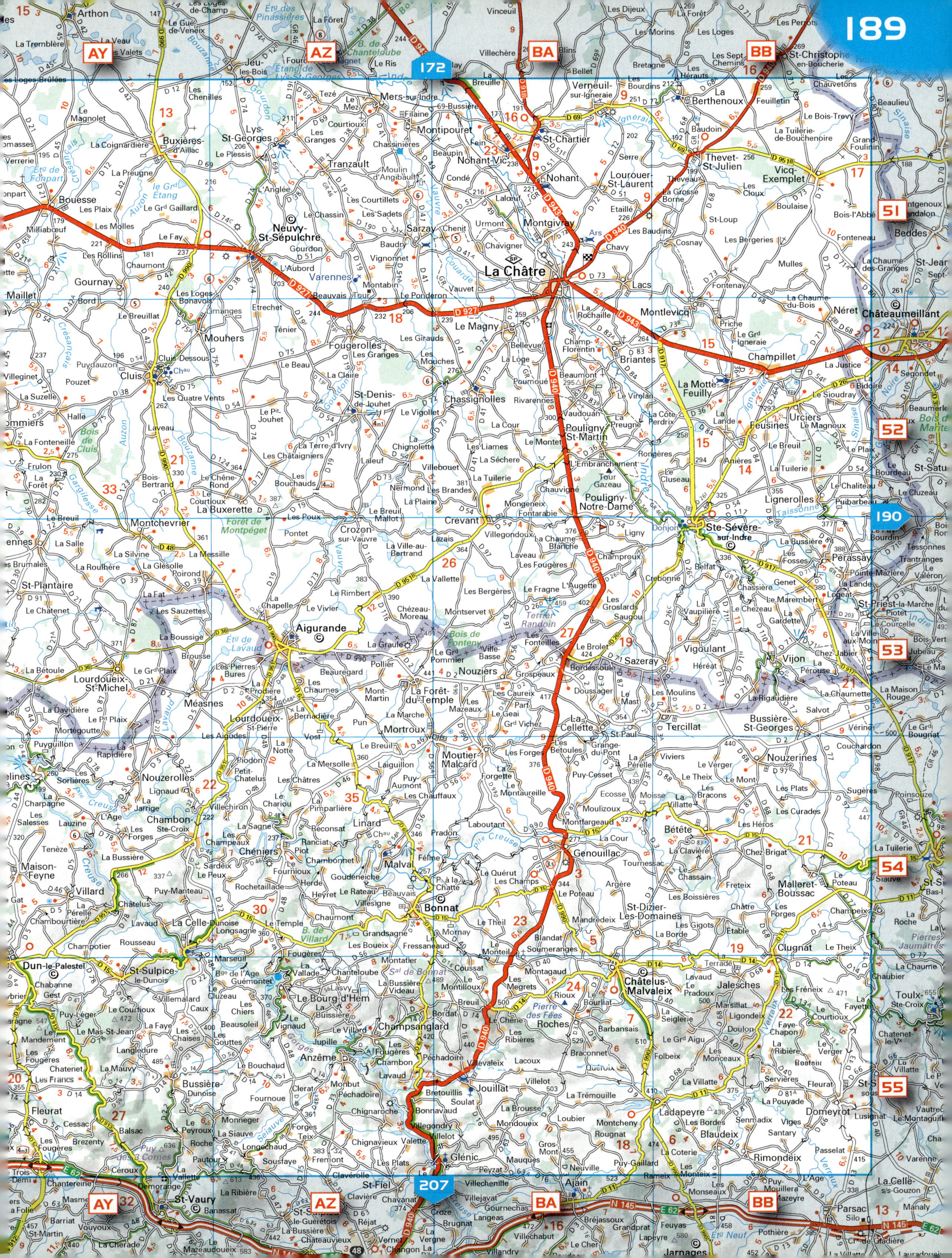
172
207
AY
AZ
BA
BB
51
52
53
54
55
190
Arthon
La Forêt
Vinceuil
Les Dijeux
Les Morins
Les Loges
Les Perrots
St-Christophe-en-Boucherie
Jeu-les-Bois
Mers-sur-Indre
Verneuil-sur-Igneraie
La Berthenoux
Chauvetons
Feuillettin
Le Bois-Trévy
Beaulieu
Le Magnolet
Buxières-d'Aillac
Lys-St-Georges
Montipouret
Nohant-Vic
St-Chartier
Thevet-St-Julien
Vicq-Exempiet
Tranzault
Nohant
Lourouer-St-Laurent
Bouesse
Neuvy-St-Sépulchre
Sarzay
Montgivray
Bois-l'Abbé
Fonteneau
Beddes
La Châtre
Lacs
Mulles
Gournay
Maillet
Mouhers
Fougerolles
Le Magny
Montlevicq
Néret
Châteaumeillant
Champillet
Cluis
Briantes
La Motte-Feuilly
St-Denis-de-Jouhet
Chassignolles
Pouligny-St-Martin
Feusines
Urciers
Pouligny-Notre-Dame
Lignerolles
Montchevrier
La Buxerette
Crozon-sur-Vauvre
Crevant
Ste-Sévère-sur-Indre
Pérassay
St-Plantaire
Aigurande
Vigoulant
Vijon
Lourdoueix-St-Michel
La Forêt-du-Temple
Nouziers
Sazeray
Méasnes
Lourdoueix-St-Pierre
Mortroux
La Cellette
Tercillat
Bussière-St-Georges
Moutier-Malcard
Nouzerines
Nouzerolles
Chambon-Ste-Croix
Linard
Genouillac
Bétête
Chéniers
Malval
Bonnat
St-Dizier-les-Domaines
Malleret-Boussac
Maison-Feyne
Villard
La Celle-Dunoise
Dun-le-Palestel
St-Sulpice-le-Dunois
Le Bourg-d'Hem
Champsanglard
Châtelus-Malvaleix
Clugnat
Jalesches
Toulx-Ste-Croix
Anzème
Roches
Fleurat
Bussière-Dunoise
Jouillat
Ladapeyre
Domeyrot
Glénic
St-Vaury
Ajain
Jarnages
Parsac
Montchevrier
Forêt de Montpéget
Indre
Creuse
Petite Creuse
Pierre des Fées
Terrier Randoin
Bois de Fontenu
Le Pont
E 62
N 145
D 940
D 943
D 927
D 917

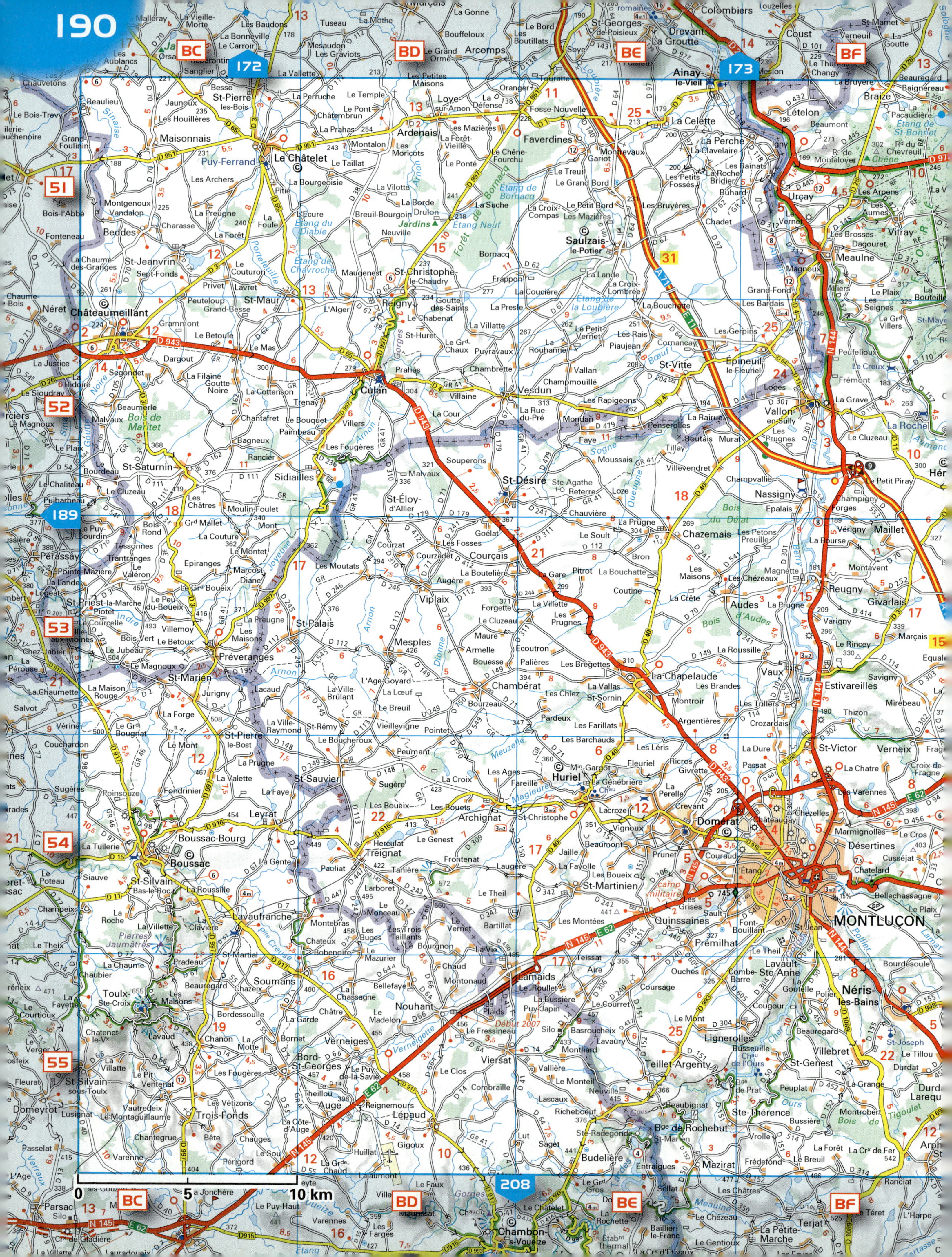

BC
BD
BE
BF
172
173
189
208
51
52
53
54
55
Le Châtelet
Puy-Ferrand
Maisonnais
St-Pierre-les-Bois
Ardenais
Loye-sur-Arnon
Faverdines
Ainay-le-Vieil
La Celette
La Perche
Urçay
Meaulne
Vitray
Saulzais-le-Potier
Beddes
St-Jeanvrin
Châteaumeillant
St-Christophe-le-Chaudry
Reigny
Culan
Vesdun
St-Vitte
Épineuil-le-Fleuriel
Vallon-en-Sully
St-Saturnin
Sidiailles
St-Désiré
Chazemais
Nassigny
Maillet
Courçais
Viplaix
Mesples
Préveranges
St-Marien
St-Palais
Chambérat
La Chapelaude
Audes
Reugny
Givarlais
Estivareilles
St-Victor
Verneix
Huriel
Domérat
Désertines
MONTLUÇON
Boussac
Boussac-Bourg
St-Silvain-Bas-le-Roc
Lavaufranche
Leyrat
St-Sauvier
Treignat
Archignat
St-Martinien
Quinssaines
Prémilhat
Lamaids
Toulx-Ste-Croix
Soumans
Nouhant
Verneiges
Bord-St-Georges
Viersat
Lépaud
Budelière
Lignerolles
Teillet-Argenty
Néris-les-Bains
Villebret
St-Genest
Ste-Thérence
Mazirat
St-Silvain-sous-Toulx
Trois-Fonds
Chambon-s-Voueize
Étang de Bornacq
Étang du Diable
Étang de Chavroche
Étang de la Loubière
Forêt de Bornacq
Bois de Maritet
Bois du Défat
Bois d'Audes
Pierres Jaumâtres
camp militaire
Début 2007
Barrage de Rochebut
Cher
Arnon
Indre
Joyeuse
Sinaise
Portefeuille
Sologne
Magieure
Verneigette
Tardes
N 145
N 144
E 62
A 71
D 943
D 997
D 916
D 951
D 40
0
5
10 km

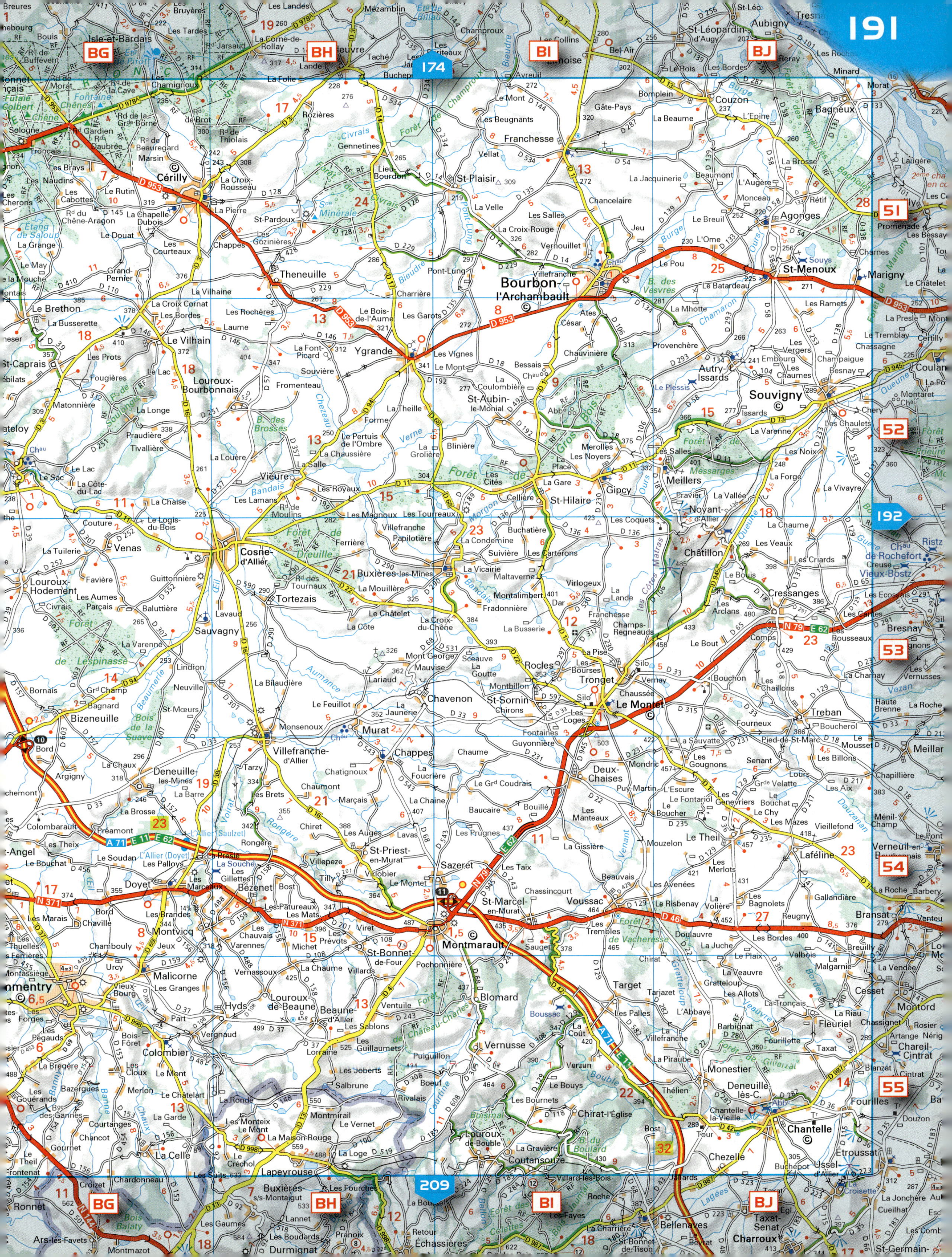

174
192
209
BG
BH
BI
BJ
51
52
53
54
55
Isle-et-Bardais
Cérilly
Theneuille
Le Vilhain
Louroux-Bourbonnais
Ygrande
Bourbon-l'Archambault
St-Menoux
Souvigny
Agonges
Couzon
St-Léopardin-d'Augy
Franchesse
St-Plaisir
St-Aubin-le-Monial
Meillers
Gipcy
St-Hilaire
Noyant-d'Allier
Châtillon
Cressanges
Le Montet
Tronget
Rocles
Treban
Deux-Chaises
Cosne-d'Allier
Venas
Tortezais
Buxières-les-Mines
Vieure
Sauvagny
Bizeneuille
Villefranche-d'Allier
Murat
Chappes
Chavenon
St-Sornin
Montmarault
Sazeret
St-Priest-en-Murat
St-Marcel-en-Murat
Voussac
Target
Montvicq
Doyet
Bézenet
Malicorne
Commentry
Hyds
Louroux-de-Beaune
Beaune-d'Allier
Blomard
Vernusse
Colombier
Lapeyrouse
Chirat-l'Église
Monestier
Fleuriel
Chantelle
Deneuille-lès-C.
Laféline
Le Theil
Louroux-Hodement
Forêt de Tronçais
Forêt de Civrais
Forêt de Dreuille
Forêt de Lespinasse
Forêt des Colettes
Forêt de Vacheresse
Forêt des Prieurés Moladier
Forêt de Messarges
Forêt de Gros Bois
Bourbon-l'Archambault
Buxières-s/s-Montaigut
Durmignat
Échassières
Bellenaves
Taxat-Senat
Charroux
St-Germain-de-Salles
Marigny
Souvigny
Meillard
Verneuil-en-Bourbonnais
Bransat
Cesset
Montord
Chareil-Cintrat
Fourilles
Ussel-d'Allier
Étroussat

BK
BL
BM
BN
174
175
191
210
51
52
53
54
55
MOULINS
Yzeure
Avermes
Neuvy
Coulandon
Bressolles
Toulon-sur-Allier
Montbeugny
Chevagnes
Dompierre-sur-Besbre
Thiel-sur-Acolin
Lusigny
Chézy
Gennetines
Trévol
Villeneuve-sur-Allier
Aurouër
St-Ennemond
Paray-le-Frésil
Garnat-sur-Engièvre
Beaulon
Montilly
Marigny
Souvigny
Besson
Chemilly
Bessay-sur-Allier
Neuilly-le-Réal
Chapeau
St-Pourçain-sur-Besbre
Vaumas
Thionne
Jaligny-sur-Besbre
St-Léon
Châtelperron
Sorbier
Montcombroux-les-Mines
Mercy
St-Voir
Gouise
Châtel-de-Neuvre
La Ferté-Hauterive
Monétay-sur-Allier
Meillard
Verneuil-en-Bourbonnais
Contigny
St-Loup
St-Gérand-de-Vaux
Montoldre
Treteau
Chavroches
Trézelles
Varennes-sur-Tèche
Barrais-Bussolles
Lapalisse
St-Prix
Servilly
Périgny
Cindré
Boucé
Varennes-sur-Allier
St-Pourçain-sur-Sioule
Saulcet
Bransat
Louchy-Montfand
Paray-sous-Briailles
Créchy
Billy
Sanssat
St-Gérand-le-Puy
Montaigu-le-Blin
Magnet
St-Félix
Marcenat
Loriges
Barberier
St-Didier-la-Forêt
Chareil-Cintrat
Fourilles
Bayet
Rongères
Forêt de Moladier
Bois de Leyde
Bois de Chapeau
Forêt de St-Gilbert
Fôret de Munet
Allier
Besbre
Loire
Sioule
0
5
10 km

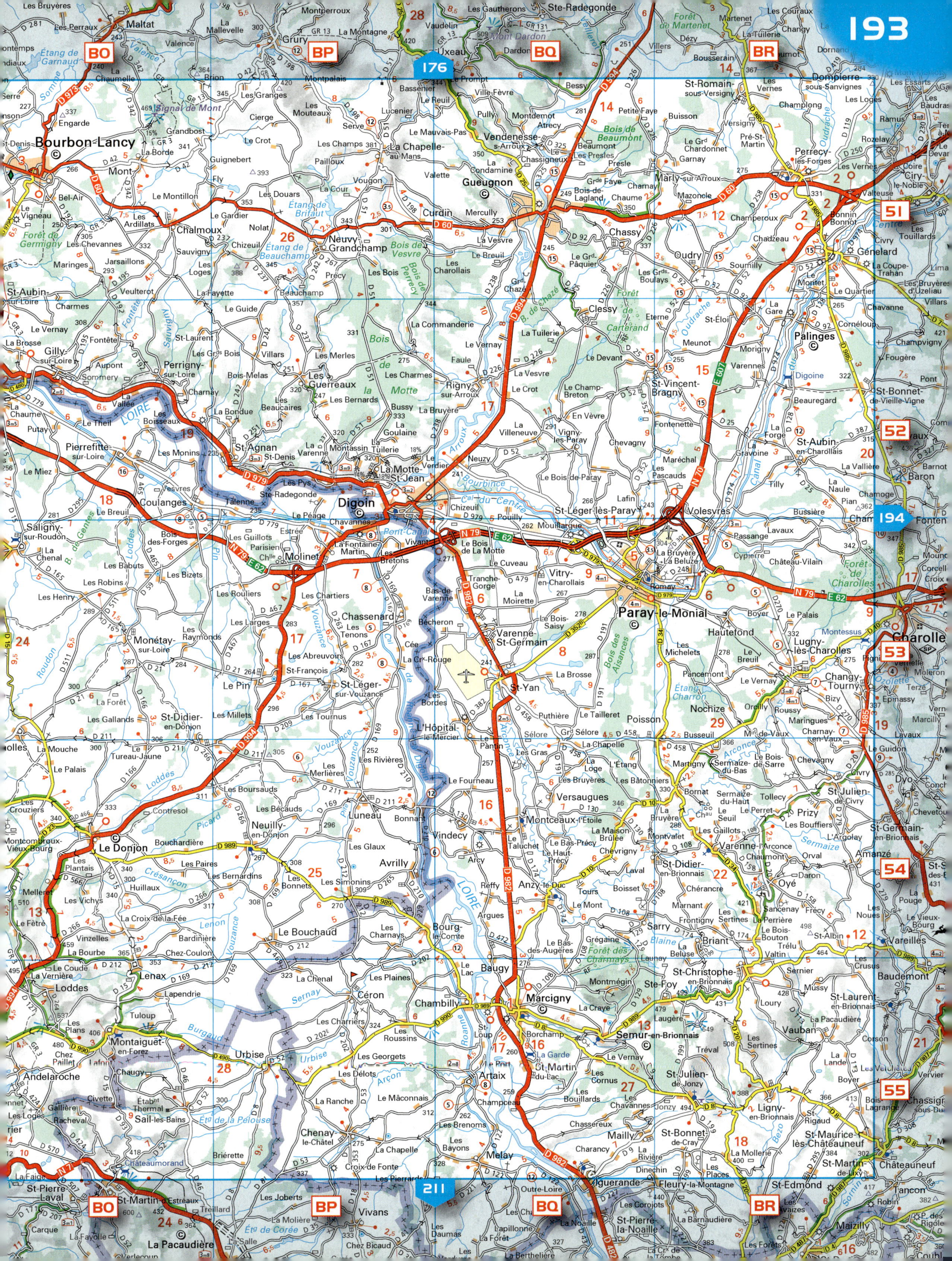

BO
BP
BQ
BR
176
211
194
51
52
53
54
55
Bourbon-Lancy
Maltat
Grury
Uxeau
Ste-Radegonde
Martenet
Dompierre-sous-Sanvignes
St-Romain-sous-Versigny
Gueugnon
Vendenesse-s-Arroux
La Chapelle-au-Mans
Curdin
Neuvy-Grandchamp
Chalmoux
Chassy
Marly-sur-Arroux
Perrecy-les-Forges
Ciry-le-Noble
Génelard
Palinges
Oudry
Clessy
St-Vincent-Bragny
Rigny-sur-Arroux
Digoin
La Motte-St-Jean
Gilly-sur-Loire
Perrigny-sur-Loire
Les Guerreaux
St-Agnan
Pierrefitte-sur-Loire
Coulanges
Saligny-sur-Roudon
Molinet
Chassenard
Varenne-St-Germain
St-Yan
Paray-le-Monial
Volesvres
St-Léger-lès-Paray
Vitry-en-Charollais
Hautefond
Charolles
Lugny-lès-Charolles
Changy
Nochize
Poisson
St-Léger-sur-Vouzance
Monétay-sur-Loire
St-Didier-en-Donjon
Le Pin
L'Hôpital-le-Mercier
Versaugues
Montceaux-l'Étoile
Vindecy
Luneau
Neuilly-en-Donjon
Le Donjon
Avrilly
Anzy-le-Duc
Bourg-le-Comte
Baugy
Marcigny
Chambilly
Céron
Lenax
Loddes
Montaiguët-en-Forez
Urbise
Andelaroche
Artaix
St-Martin-du-Lac
Semur-en-Brionnais
St-Julien-de-Jonzy
Sarry
Briant
St-Christophe-en-Brionnais
Vareilles
Baudemont
Oyé
Varenne-l'Arconce
St-Didier-en-Brionnais
Chenay-le-Châtel
Melay
Iguerande
St-Bonnet-de-Cray
Ligny-en-Brionnais
St-Maurice-lès-Châteauneuf
Châteauneuf
St-Pierre-la-Noaille
St-Martin-d'Estréaux
La Pacaudière
Vivans
St-Edmond
Maizilly
Sail-les-Bains
Le Bouchaud
Loire
Arroux
Bourbince
Canal du Centre
Arconce
Vouzance
Sornin
N 79
E 62
N 70
E 607
D 982
D 979
D 994
D 60
D 973

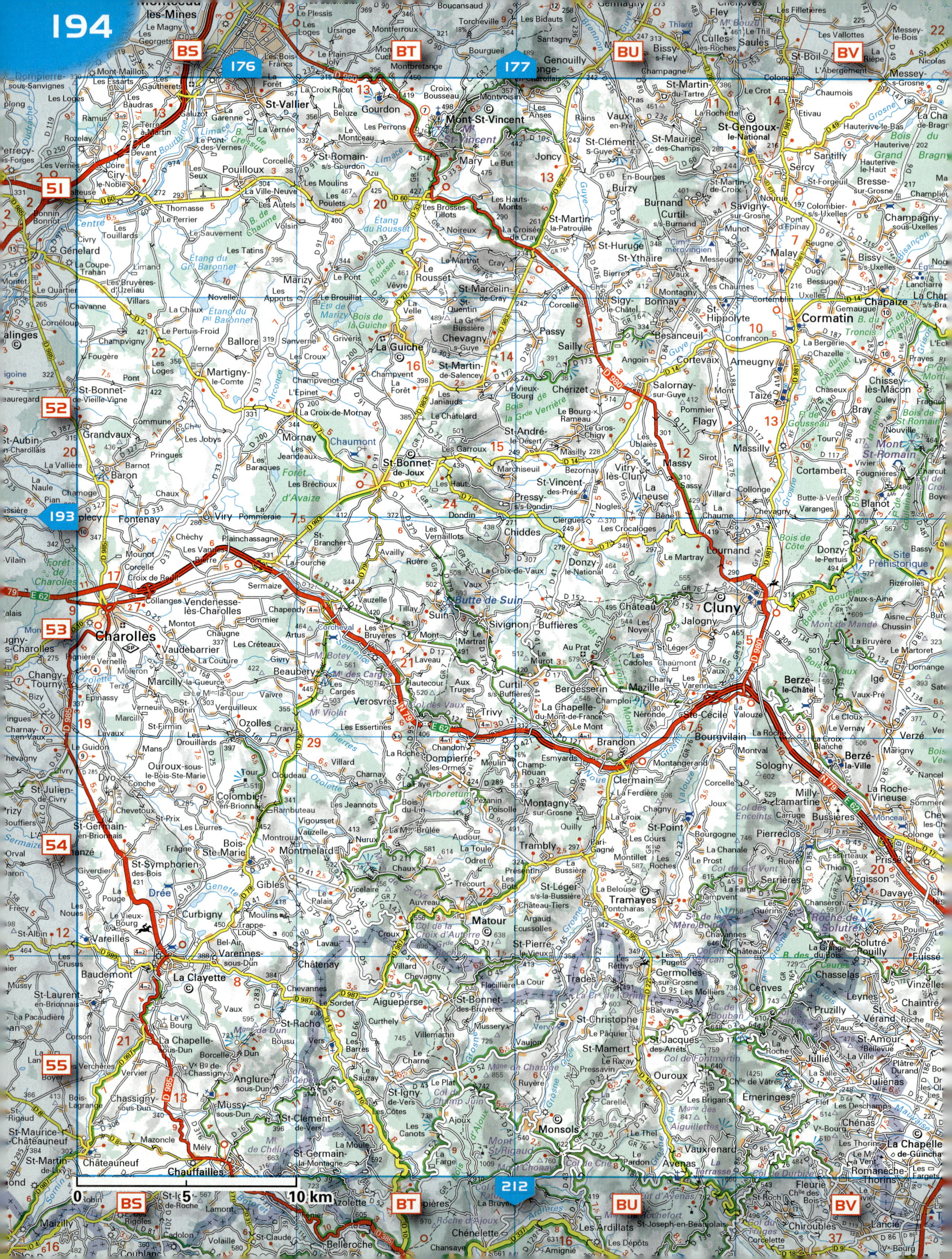

BS
176
BT
177
BU
BV
Montceau-les-Mines
St-Vallier
Gourdon
Mont-St-Vincent
Genouilly
St-Gengoux-le-National
St-Boil
Pouilloux
Joncy
Cormatin
Chapaize
Génelard
Marizy
La Guiche
Bonnay
Salornay-sur-Guye
Ballore
Martigny-le-Comte
Chevagny
St-Bonnet-de-Joux
Massilly
Taizé
Grandvaux
Baron
Chaumont
Cortambert
Blanot
193
Fontenay
Viry
Chiddes
Cluny
Lournand
Donzy-le-National
Charolles
Vendenesse-lès-Charolles
Butte de Suin
Suin
Sivignon
Buffières
Jalogny
Berzé-le-Châtel
Berzé-la-Ville
Ozolles
Verosvres
Trivy
Brandon
Bourgvilain
Sologny
Milly-Lamartine
Dompierre-les-Ormes
Clermain
Montmelard
Matour
Tramayes
Pierreclos
Serrières
Vergisson
Davayé
La Clayette
Curbigny
Varennes-sous-Dun
Châtenay
Aigueperse
Germolles-sur-Grosne
Solutré-Pouilly
Chasselas
Cenves
Pruzilly
Leynes
Chassigny-sous-Dun
Anglure-sous-Dun
St-Christophe
St-Mamert
Ouroux
Juliénas
Émeringes
St-Clément-de-Vers
St-Igny-de-Vers
Monsols
Vauxrenard
Avenas
Châteauneuf
Chauffailles
Mély
La Chapelle-de-Guinchay
51
52
53
54
55
212
0
5
10 km

177
178
BW
BX
BY
BZ
51
52
196
53
54
55
213
Louhans
Tournus
Cuisery
Sennecey-le-Grand
Brienne
Jouvençon
Ménétreuil
La Chapelle-Naude
Montpont-en-Bresse
Ste-Croix
Frontenaud
Bantanges
Rancy
Huilly-s-Seille
Loisy
La Chapelle-Thècle
Brancion
Chardonnay
Uchizy
Farges-lès-Mâcon
La Truchère
Ratenelle
Romenay
St-Trivier-de-Courtes
Courtes
Vernoux
Curciat-Dongalon
Varennes-St-Sauveur
Dommartin-lès-Cuiseaux
Cormoz
Pont-de-Vaux
St-Bénigne
Reyssouze
St-Étienne-s-Reyssouze
Gorrevod
Servignat
Mantenay-Montlin
St-Julien-s-R.
Lescheroux
Beaupont
Domsure
Marboz
Foissiat
Jayat
Montrevel-en-Bresse
Malafretaz
Attignat
Viriat
Bourg-en-Bresse
Brou
Péronnas
Mâcon
Replonges
St-Laurent-s-Saône
Bâgé-le-Châtel
St-André-de-Bâgé
Feillens
Manziat
Pont-de-Veyle
Crottet
St-Cyr-s-M.
Vonnas
Mézériat
Vandeins
Montcet
Polliat
Confrançon
Curtafond
Dommartin
Marsonnas
St-Sulpice
Bény
Villemotier
Chavannes-sur-Reyssouze
Boissey
Béréziat
Cruzilles-lès-Mépillat
Laiz
Grièges
Varennes-lès-Mâcon
Sancé
Vinzelles
St-Martin-Belle-Roche
Vésines
Asnières-sur-Saône
Chevroux
Ozan
Boz
St-Denis-lès-Bourg
St-Rémy
Montagnat
Condeissiat
Saône
Seille
Reyssouze
Sevron
Solnan
Veyle
Sâne Vive
Sâne Morte
Forêt du Villard
Étang de Pontremble
Bois de Vescours
A 6
A 40
A 39
E 21
E 62
N 6
N 79
N 83
D 975
D 936
D 996

CA
CB
CC
CD
178
179
195
214
51
52
53
54
55
St-Amour
Cuiseaux
Coligny
Beaufort
Orgelet
Clairvaux-les-Lacs
Moirans-en-Montagne
St-Julien
Arinthod
Treffort-Cuisiat
Oyonnax
Nantua
Izernore
Dortan
Thoirette
Pont-de-Poitte
St-Lupicin
Lavans-lès-St-C.
Vaux-lès-St-Claude
Montréal-la-Cluse
Villereversure
Cousance
Dommartin-lès-Cuiseaux
Chavannes-s-Suran
Simandre-s-Suran
0
5
10 km

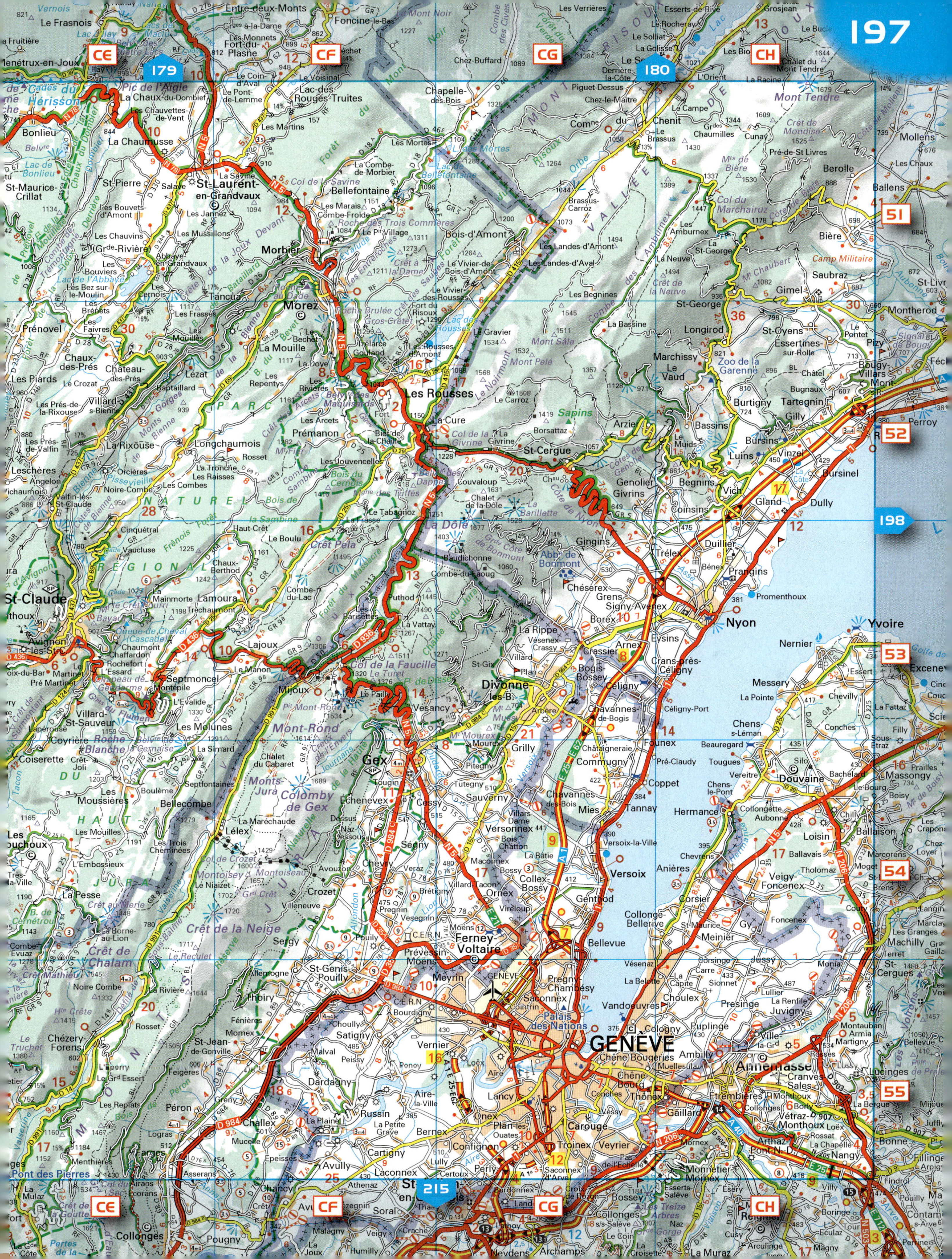
179
180
198
215
CE
CF
CG
CH
51
52
53
54
55
St-Laurent-en-Grandvaux
Morbier
Morez
Les Rousses
La Cure
St-Cergue
Bois-d'Amont
Bellefontaine
Chapelle-des-Bois
Prémanon
Lamoura
Lajoux
Septmoncel
St-Claude
Mijoux
Gex
Divonne-les-B.
Nyon
Gland
Rolle
Prangins
Coppet
Versoix
Ferney-Voltaire
GENÈVE
Annemasse
Carouge
Chêne-Bougeries
Meyrin
St-Genis-Pouilly
Thoiry
Collonges
Yvoire
Douvaine
Thonon
Hermance
La Dôle
Mont-Rond
Crêt de la Neige
Le Reculet
Col de la Faucille
Col de la Givrine
Vallée de Joux
Le Brassus
Le Sentier
Lac des Rousses
Parc Naturel Régional du Haut-Jura

LAUSANNE
LÉMAN
LAC
ÉVIAN-LES-BAINS
THONON-LES-BAINS
Morges
Ouchy
Pully
Renens
Prilly
Lutry
Vevey
La Tour-de-Peilz
Rolle
Aubonne
Allaman
St-Prex
Préverenges
St-Sulpice
Ecublens
Crissier
Cully
Corseaux
St-Saphorin
Chexbres
Cossonay
Yvoire
Excenevex
Sciez
Douvaine
Anthy-sur-Léman
Publier
Amphion-les-Bains
Neuvecelle
Maxilly
Lugrin
Meillerie
St-Gingolph
Thollon-lès-M.
Bernex
Abondance
Châtel
La Chapelle-d'Abondance
Avoriaz
Morzine
Les Gets
St-Jean-d'Aulps
Le Biot
Bellevaux
Boëge
Taninges
St Jeoire
Mieussy
Fillinges
Machilly
Bons-en-Chablais
Brenthonne
Perrignier
Allinges
Margencel
Armoy
Lyaud
Reyvroz
Vailly
La Forclaz
Vacheresse
Seytroux
Montriond
Essert-Romand
Chevenoz
Larringes
Champanges
Marin
Féternes
Vinzier
Habère-Poche
Habère-Lullin
Burdignin
Saxel
Villard
Mégevette
Onnion
Bogève
Viuz-en-Sallaz
Ville-en-Sallaz
Peillonnex
Faucigny
Nangy
Pic de Mémise
La Dent d'Oche
Mont de Grange
Roc d'Enfer
Pointe de Nantaux
Col du Corbier
Col de Cou
Col de Saxel
Signal de Bougy
Corniche de Lavaux
Camp Militaire
0
5
10 km
CI
CJ
CK
CL
51
52
53
54
55
180
181
197
216

181
217
CM
CN
CO
CP
51
52
53
54
55
Bulle
Gruyères
Châtel-St-Denis
Semsales
Moléson-sur-Gruyères
Enney
Estavannens
Grandvillard
Neirivue
Albeuve
Lessoc
Montbovon
Château-d'Oex
Rossinière
Rougemont
Saanen
Gstaad
Zweisimmen
Saanenmöser
St-Stephan
Schönried
Lenk
Blonay
Les Avants
Rochers de Naye
MONTREUX
Chillon
Villeneuve
Territet
Noville
Rennaz
Roche
Corbeyrier
Leysin
Le Sépey
Les Mosses
Col des Mosses
La Lécherette
L'Etivaz
Les Diablerets
LES DIABLERETS
Scex Rouge
Gsteig
Lauenen
Col du Sanetsch
Aigle
Ollon
Villars-s-Ollon
Gryon
Bex
St-Maurice
Monthey
Collombey
Vouvry
Chessel
Vionnaz
Troistorrents
Val-d'Illiez
Champéry
Dents du Midi
Lavey-Village
Evionnaz
Vernayaz
Martigny
Saillon
Leytron
Riddes
Chamoson
Ardon
Vétroz
Conthey
SION
Salins
Nendaz
Isérables
Saxon
Charrat
Fully
Verbier
Arbaz
Savièse
Anzère
Grimisuat
Vex
Col de la Croix
Pas de Cheville
Grand Muveran
Pont de Nant
Dent de Morcles
Lac de Salanfe
Salvan
Les Marécottes
RHÔNE
Lac de Tseuzier
Bge de la Grde Dixence
Mt Fort
Lac de Cleuson
Zinal

AA
AB
AC
AD
183
218
56
57
58
59
60
ÎLE DE RÉ
PERTUIS D'ANTIOCHE
ÎLE D'OLÉRON
LA ROCHELLE
Rivedoux-Plage
Sablanceaux
Ste-Marie-de-Ré
La Noue
Les Grenettes
Pte de Chauveau
Phare de Chauveau
Pte du chef de Baie
Tour du Lavardin
Port-Neuf
Les Minimes
L'Houmeau
Lagord
Puilboreau
Dompierre-s-Mer
Périgny
Aytré
La Plage d'Aytré
Pte de Roux
Pte du Chay
Angoulins
St-Jean-des-Sables
Châtelaillon-Plage
Pte de Châtelaillon
St-Rogatien
La Jarne
La Jarrie
Croix-Chapeau
Aigrefeuille-d'Aunis
Salles-s-Mer
St-Vivien
Thairé
Ballon
Bourgneuf
St-Médard-d'Aunis
Montroy
Clavette
Tour d'Antioche
Rocher d'Antioche
Pte de Chassiron
Phare de Chassiron
Chassiron
La Morelière
Plage de Soubrejon
St-Denis-d'Oléron
La Brée-les-Bains
Les Boulassiers
Port du Douet
Anse de Maleconche
Plage de la Gautrelle
Forêt des Saumonards
Rade des Basques
Pte du Parc
Île-d'Aix
Fort Liedot
Pte de Coudepont
Fort Boyard
Pte des Saumonards
Ste Catherine
Fort de la Rade
Fort Enet
Pte de la Fumée
La Fumée
Anse de Fouras
Fouras
Rade de l'Île d'Aix
Réserve naturelle du Marais d'Yves
Baie d'Yves
Pte du Rocher
Yves
Anse du Marais Salé
St-Georges-d'Oléron
Chaucre
Pte de Chaucre
Domino
Plage des Sables-Vignier
Les Sables-Vigniers
Pte de Chardonnière
Boyardville
La Perrotine
St-Pierre-d'Oléron
L'Aiguille
La Cotinière
Côte Sauvage
Dolus-d'Oléron
Bellevue
Réserve naturelle des Marais de Moëze
Le Château-d'Oléron
Tour de Juliard
Coureau d'Oléron
Île Madame
Passe aux Bœufs (Route submersible)
Port-des-Barques
ROCHEFORT
St-Laurent-de-la-Prée
Vergeroux
Soubise
St-Nazaire-s-Charente
St-Froult
Moëze
Plaisance
Échillais
Plage de Vert-Bois
Le Grd-Village-Plage
Fort Louvois
Pte des Chardons
Bourcefranc-le-Chapus
Brouage
Hiers-Brouage
St-Agnant
Plage de la Giraudière
St-Trojan-les-Bains
Pte de Manson
Forêt de St-Trojan
La Grande Plage
Marennes
Marennes-Plage
Pertuis de Maumusson
Pte de Gatseau
Ronce-les-Bains
Viaduc de la Seudre
St-Just-Luzac
St-Jean-d'Angle
Pointe Espagnole ou Pointe d'Arvert
Plage de l'Embellie
Forêt de la Tremblade
La Tremblade
Forêt de la Coubre
Arvert
Étaules
Chaillevette
Nieulle-s-Seudre
St-Sornin
Les Mathes
La Coubre
Bonne Anse
Zoo
St-Augustin
Mornac-s-Seudre
Le Gua
0
5
10 km

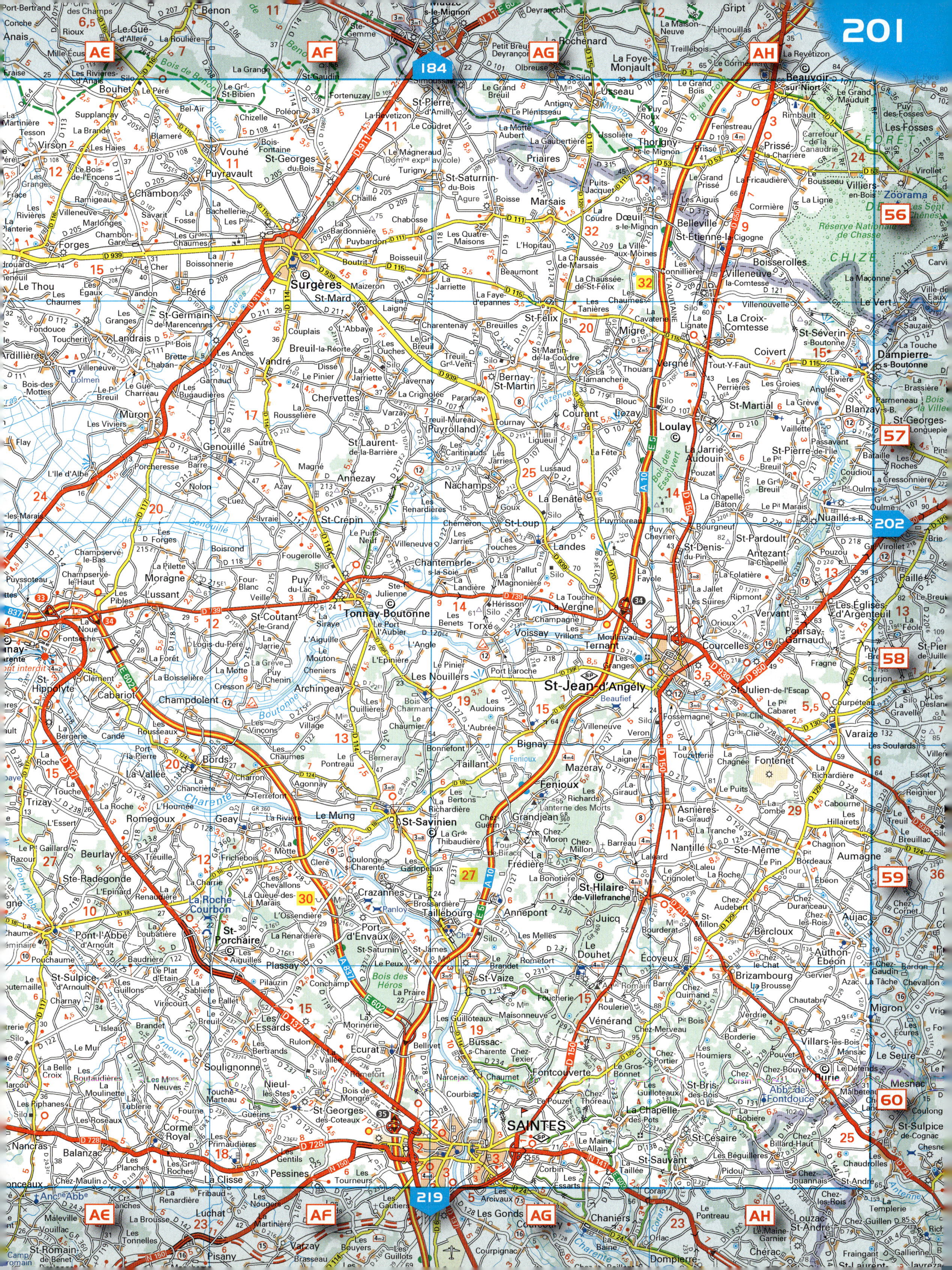
AE
AF
AG
AH
184
219
202
56
57
58
59
60
Surgères
Tonnay-Boutonne
St-Jean-d'Angély
SAINTES
St-Savinien
Taillebourg
Loulay
Beauvoir-sur-Niort
St-Hippolyte
Cabariot
Pont-l'Abbé-d'Arnoult
St-Porchaire
Burie
Matha
Aulnay
Dampierre-s-Boutonne
Mauzé-s-le-Mignon
Forêt de Chizé
Réserve Nationale de Chasse
Zoorama
La Roche-Courbon
Charente
Boutonne
Bois des Héros
Bois de l'Essouvert
Abbaye de Fontdouce
Courcelles
Vervant
Fenioux
Bignay
Varaize
Nantillé
Écoyeux
Brizambourg
St-Hilaire-de-Villefranche
Le Douhet
Vénérand
Fontcouverte
La Chapelle-des-Pots
St-Sauvant
Chaniers
Les Gonds
Pessines
Balanzac
Corme-Royal
Nancras
Soulignonne
Romegoux
Geay
Crazannes
Port-d'Envaux
Annepont
Juicq
Plassay
Écurat
Archingeay
Champdolent
Genouillé
Muron
Landrais
Péré
Vandré
Chervettes
Puyrolland
Courant
Bernay-St-Martin
St-Félix
Migré
Vergné
Coivert
Prissé-la-Charrière
Thorigny-le-Mignon
Usseau
Priaires
Marsais
Doeuil-s-le-Mignon
Belleville
St-Étienne-la-Cigogne
Boisserolles
Villeneuve-la-Comtesse
La Croix-Comtesse
St-Martial
Blanzay-s-B.
Nuaillé-s-B.
Antezant-la-Chapelle
Poursay-Garnaud
Les Églises-d'Argenteuil
Ternant
La Vergne
Voissay
Torxé
Les Nouillers
Landes
Nachamps
Lussaud
La Benâte
Annezay
St-Crépin
Puy-du-Lac
Moragne
Lussant
St-Coutant-le-Grand
Bords
La Vallée
Trizay
Beurlay
Ste-Radegonde
St-Sulpice-d'Arnoult
Les Essards
Rétaud
Chermignac
La Clisse
Luchat
Pisany
Varzay
Cravans
Chérac
Rouffiac

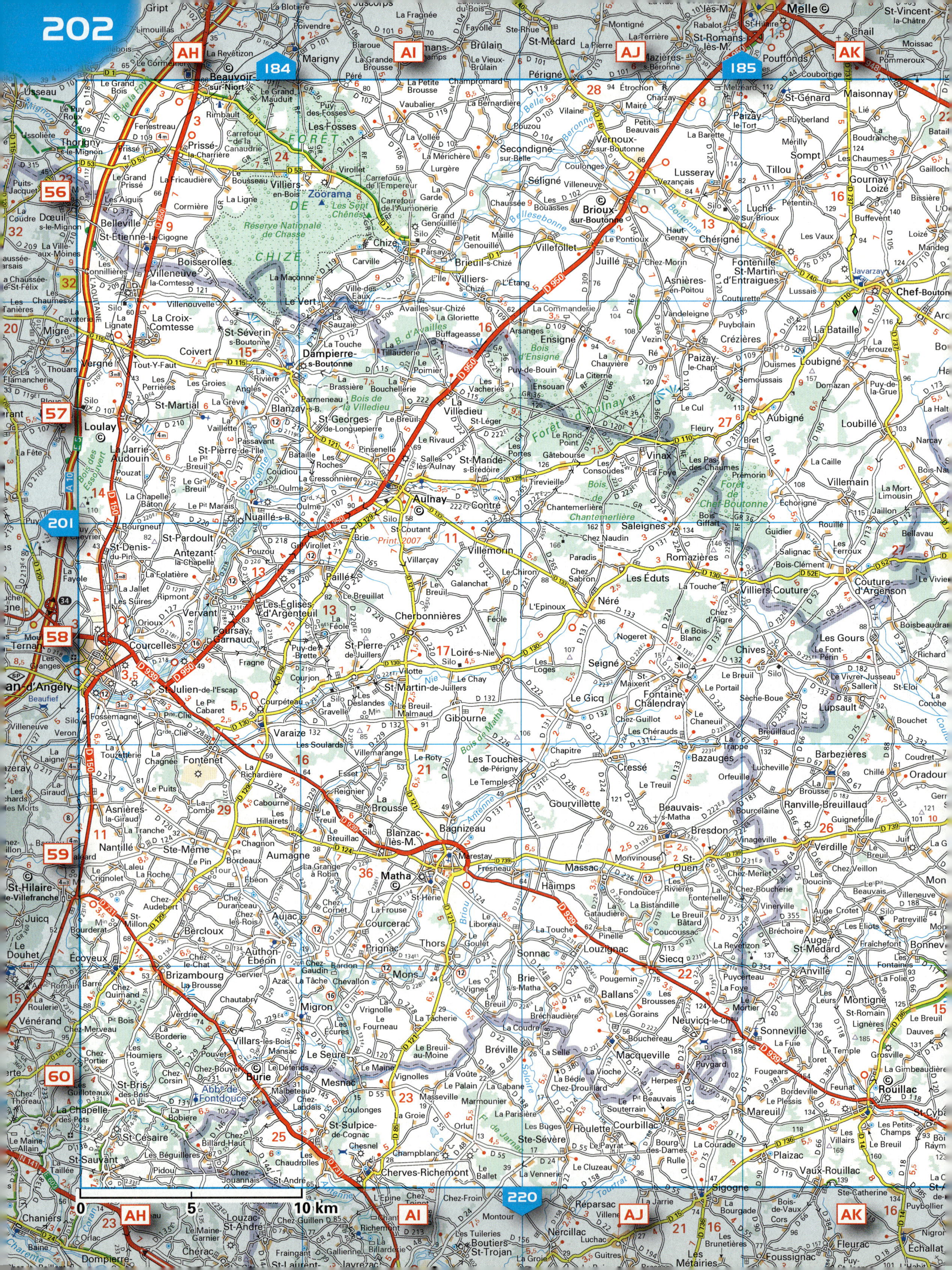
Beauvoir-sur-Niort
Melle
Marigny
Périgné
Prissé-la-Charrière
Villiers-en-Bois
Zoorama
Forêt de Chizé
Réserve Nationale de Chasse
Chizé
Brioux-sur-Boutonne
Vernoux-sur-Boutonne
Lusseray
Séligné
Secondigné-sur-Belle
Chef-Boutonne
Javarzay
Loubigné
Paizay-le-Chapt
Aubigné
Loubillé
Villemain
Chérigné
Fontenille-St-Martin-d'Entraigues
Asnières-en-Poitou
Juillé
Villefollet
Brieuil-s-Chizé
Villeneuve-la-Comtesse
Loulay
Dampierre-s-Boutonne
St-Séverin-s-Boutonne
Blanzay-s-B.
St-Georges-de-Longuepierre
Aulnay
Salles-lès-Aulnay
St-Mandé-s-Brédoire
Contré
Villedieu
Forêt d'Aulnay
Vinax
Forêt de Chef-Boutonne
St-Jean-d'Angély
Courcelles
St-Julien-de-l'Escap
Varaize
Fontenet
Asnières-la-Giraud
Nantillé
Ste-Même
Aumagne
Matha
Blanzac-lès-M.
Bagnizeau
Brie
Cherbonnières
Loiré-s-Nie
Néré
Villiers-Couture
Couture-d'Argenson
Seigné
Chives
Fontaine-Chalendray
Lupsault
Barbezières
Bazauges
Cressé
Gourvillette
Beauvais-s-Matha
Bresdon
St-Ouen
Verdille
Ranville-Breuillaud
Massac
Haimps
Siecq
Louzignac
Sonnac
Ballans
Neuvicq-le-Château
Macqueville
Sonneville
Rouillac
Mons
Thors
Prignac
Brizambourg
Migron
Burie
Villars-les-Bois
Le Seure
Mesnac
St-Sulpice-de-Cognac
Cherves-Richemont
Ste-Sévère
Courbillac
Houlette
Plaizac
Vaux-Rouillac
Sigogne
Bercloux
Écoyeux
St-Hilaire-de-Villefranche
Chaniers
Dompierre
Jarnac
St-Césaire
Vénérand
Fenioux
Gibourne
Les Touches-de-Périgny
Les Éduts
Romazières
Saleignes
Villemorin
St-Pierre-de-Juillers
St-Martin-de-Juillers
Les Églises-d'Argenteuil
Antezant-la-Chapelle
St-Pardoult
Nuaillé-s-B.
La Jarrie-Audouin
St-Pierre-de-l'Isle
St-Denis-du-Pin
Migré
Vergné
Coivert
La Croix-Comtesse
Bernay-St-Martin
Thors
Print. 2007
0 5 10 km
AH AI AJ AK
184 185 201 220
56 57 58 59 60

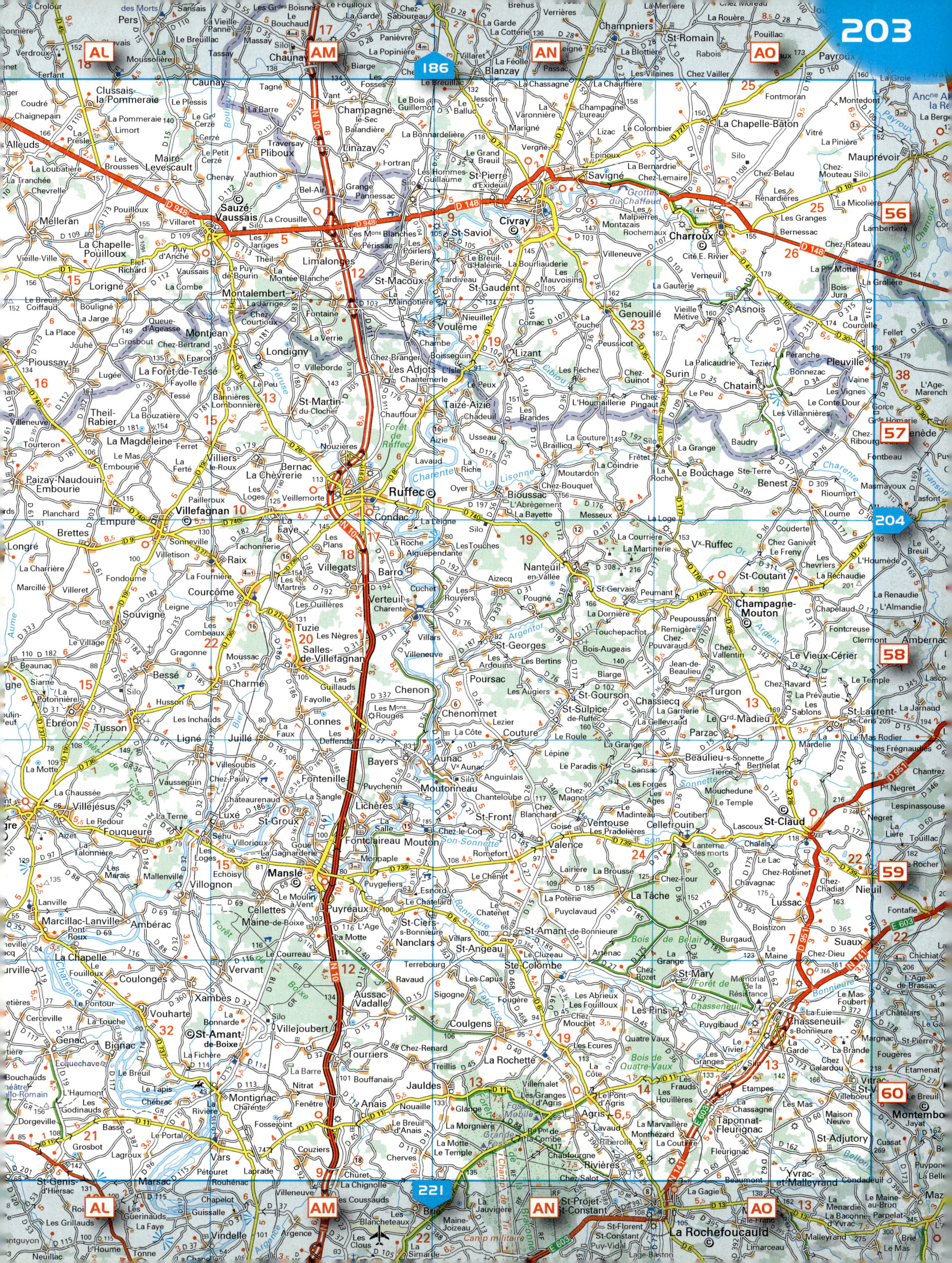
186
221
204
56
57
58
59
60
AL
AM
AN
AO
Clussais-la-Pommeraie
Sauzé-Vaussais
Limalonges
Civray
Charroux
Savigné
St-Saviol
St-Gaudent
St-Macoux
Genouillé
Asnois
Pleuville
Chatain
Surin
La Chapelle-Bâton
Montalembert
Montjean
Londigny
Lorigné
La Chapelle-Pouilloux
Mairé-Levescault
Melleran
Pioussay
Theil-Rabier
Paizay-Naudouin-Embourie
Villefagnan
La Forêt-de-Tessé
Villiers-le-Roux
La Magdeleine
Ruffec
Condac
Taizé-Aizie
Les Adjots
Lizant
Champniers
Champagne-le-Sec
Linazay
Voulême
Bioussac
Benest
Le Bouchage
Nanteuil-en-Vallée
Vx-Ruffec
St-Coutant
Champagne-Mouton
Verteuil-s-Charente
Barro
Villegats
Raix
Courcôme
Souvigné
Tuzie
Salles-de-Villefagnan
Charmé
Poursac
St-Georges
St-Gourson
Chassiecq
Turgon
Le Vieux-Cérier
St-Laurent-de-Céris
Chenon
Chenommet
St-Sulpice-de-Ruffec
Couture
Parzac
Beaulieu-s-Sonnette
Ébréon
Tusson
Ligné
Juillé
Lonnes
Bayers
Aunac
Moutonneau
Fontenille
Lichères
Luxé
St-Groux
Fontclaireau
Mouton
Mansle
Valence
Ventouse
Cellefrouin
St-Claud
Lussac
Nieuil
Villejésus
Fouqueure
Marcillac-Lanville
Ambérac
Cellettes
Maine-de-Boixe
Puyréaux
Nanclars
St-Ciers-s-Bonnieure
St-Angeau
St-Amant-de-Bonnieure
La Tâche
Suaux
St-Mary
Chasseneuil-s-Bonnieure
Ste-Colombe
Coulgens
La Rochette
Les Pins
Aussac-Vadalle
Vervant
Coulonges
Xambes
Vouharte
St-Amant-de-Boixe
Villejoubert
Tourriers
Genac
Bignac
Montignac-Charente
Anais
Jauldes
Agris
Rivières
Taponnat-Fleurignac
St-Adjutory
Yvrac-et-Malleyrand
St-Projet-St-Constant
La Rochefoucauld
Vars
Marsac
St-Genis-d'Hiersac
Brie
Forêt de la Braconne
Forêt de Boixe
Forêt de Ruffec
Bois de Belair
Forêt de Chasseneuil
Charente
Son-Sonnette
Bonnieure
N 10
D 948
D 148
D 951
D 739
E 603

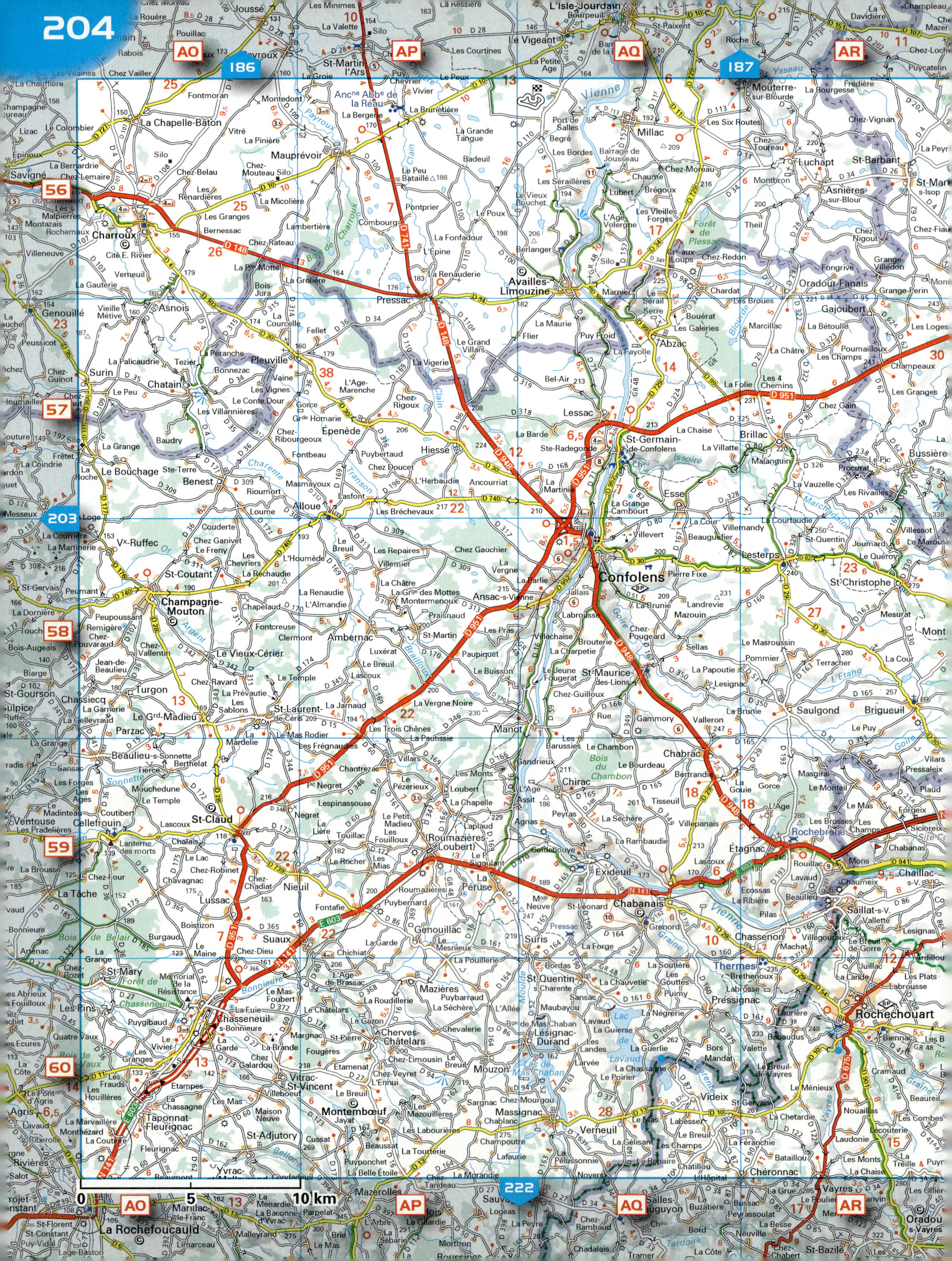
AO
AP
AQ
AR
186
187
56
57
58
59
60
203
222
Charroux
Civray
Savigné
La Chapelle-Bâton
Mauprévoir
Pressac
Availles-Limouzine
Millac
Mouterre-sur-Blourde
Luchapt
Asnières-sur-Blour
Oradour-Fanais
Gajoubert
Genouillé
Asnois
Surin
Chatain
Pleuville
Épenède
Hiesse
Lessac
St-Germain-de-Confolens
Brillac
Abzac
Le Bouchage
Benest
Alloue
Confolens
Esse
Lesterps
St-Christophe
Champagne-Mouton
St-Coutant
Ansac-s-Vienne
Ambernac
Turgon
Le Grd-Madieu
St-Laurent-de-Céris
Manot
St-Maurice-des-Lions
Saulgond
Brigueuil
Chabrac
Chirac
Étagnac
Rochechouart
Exideuil
Chabanais
St-Claud
Roumazières-Loubert
Nieuil
Lussac
Suaux
Genouillac
Suris
Chassenon
Saillat-s-Vienne
Chasseneuil-s-Bonnieure
St-Mary
Mazières
Cherves-Châtelars
Lésignac-Durand
Pressignac
Videix
Vitrac-St-Vincent
Montembœuf
Massignac
Verneuil
Chéronnac
Mouzon
Taponnat-Fleurignac
La Rochefoucauld
Marillac-le-Franc
Mazerolles
Vayres
Oradour-s-Vayres
Cellefrouin
Ventouse
Forêt de Chasseneuil
Vienne
Charente
Lac de Lavaud
Lac du Mas Chaban
D 148
D 951
D 948
D 741
D 740
E 603
N 141
0
5
10 km

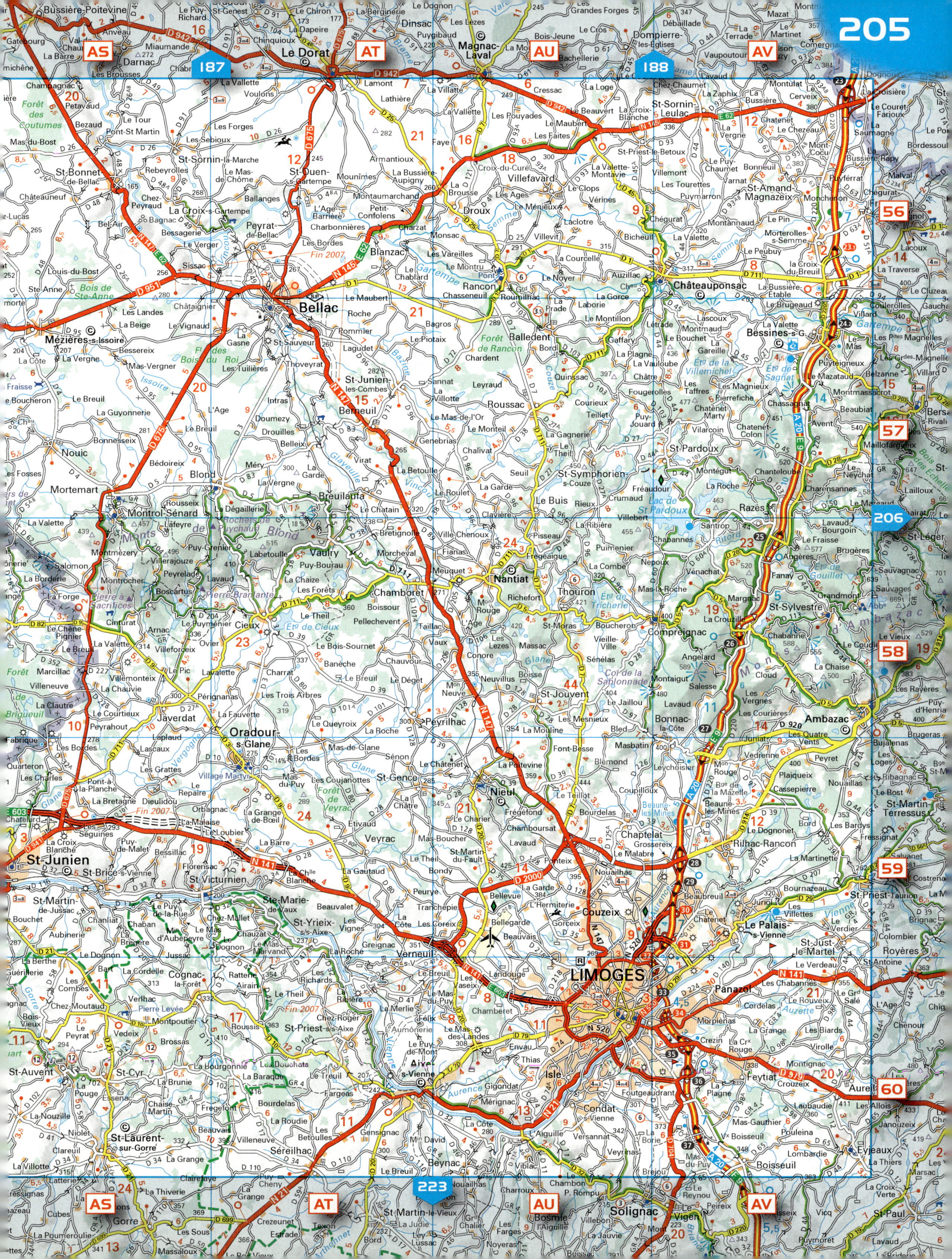

AS
AT
AU
AV
187
188
206
223
56
57
58
59
60
Le Dorat
Magnac-Laval
Dinsac
Bellac
Mézières-s-Issoire
St-Junien
Oradour-s-Glane
Nantiat
Châteauponsac
Bessines-s-G.
Ambazac
Nieul
Couzeix
LIMOGES
Aixe-s-Vienne
Isle
Panazol
Feytiat
Le Palais-s-Vienne
Solignac
Nouic
Mortemart
Blond
Montrol-Sénard
Cieux
Javerdat
Chamboret
Peyrilhac
Compreignac
Razès
St-Sylvestre
Rilhac-Rancon
Verneuil
Veyrac
St-Victurnien
Cognac-la-Forêt
St-Laurent-sur-Gorre
Séreilhac
Boisseuil
Condat-s-Vienne
Rancon
Balledent
Roussac
Berneuil
Bellegarde
Peyrat-de-Bellac
Blanzac
Droux
Villefavard
St-Sornin-Leulac
St-Priest-Taurion
St-Just-le-Martel
Royères
Aureil
Eyjeaux
Chaptelat
Thouron
Vaulry
St-Junien-les-Combes
Limoges-Bellegarde

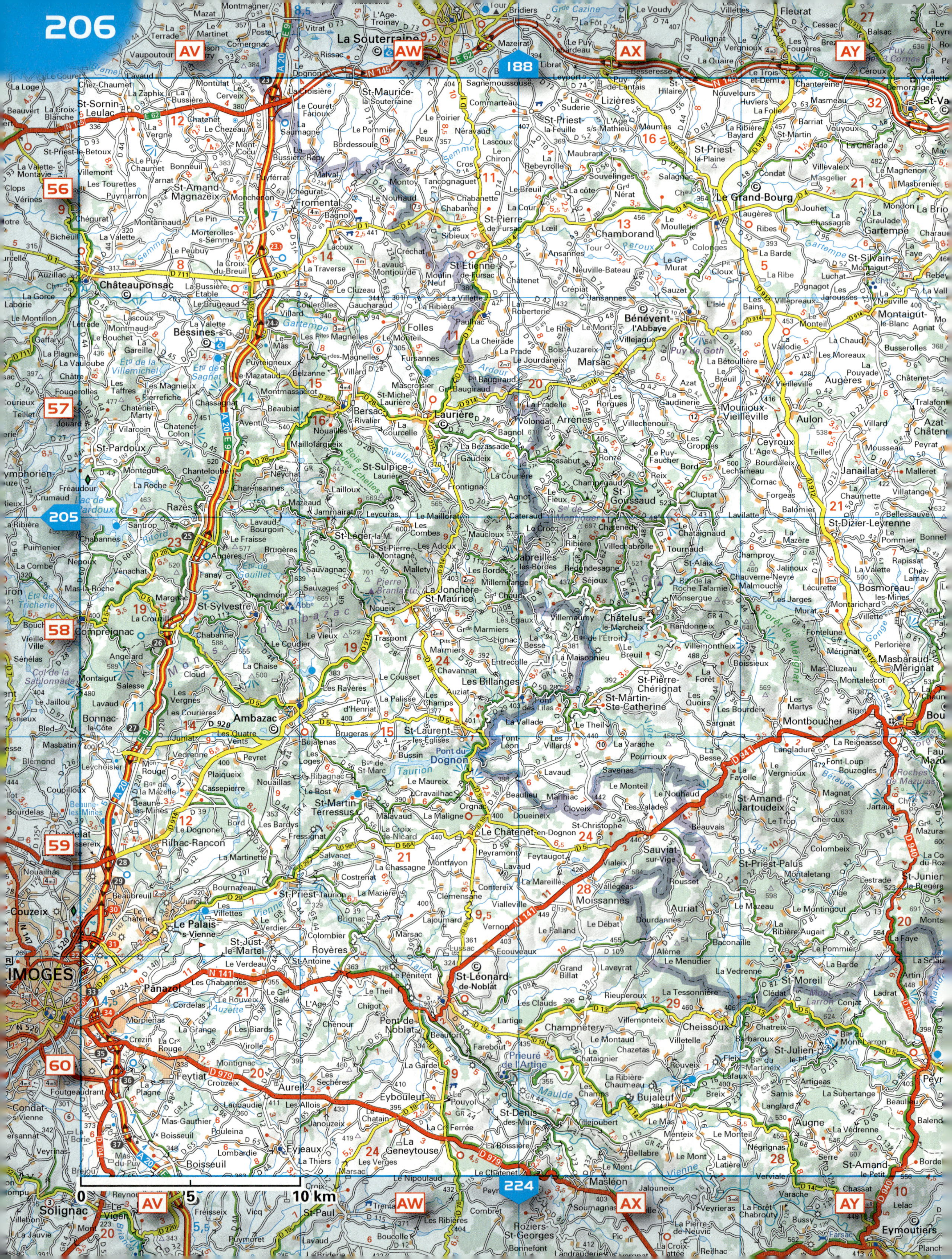

AV
AW
AX
AY
188
205
224
56
57
58
59
60
La Souterraine
St-Maurice-la-Souterraine
Lizières
St-Priest-la-Feuille
St-Priest-la-Plaine
Le Grand-Bourg
St-Amand-Magnazeix
Fromental
St-Pierre-de-Fursac
St-Étienne-de-Fursac
Chamborand
Châteauponsac
Bessines-s-G.
Folles
Bénévent-l'Abbaye
Marsac
Laurière
Mourioux-Vieilleville
Aulon
Arrènes
Ceyroux
Gartempe
St-Sylvain-Montaigut
Montaigut-le-Blanc
St-Pardoux
Razès
St-Sulpice-Laurière
St-Goussaud
St-Dizier-Leyrenne
St-Léger-la-M.
Jabreilles-les-Bordes
La Jonchère-St-Maurice
Châtelus-le-Marcheix
Bosmoreau-les-Mines
St-Sylvestre
Compreignac
Masbaraud-Mérignat
St-Pierre-Chérignat
St-Martin-Ste-Catherine
Ambazac
St-Laurent-les-Églises
Pont du Dognon
Montboucher
St-Amand-Jartoudeix
St-Martin-Terressus
Le Châtenet-en-Dognon
Sauviat-sur-Vige
St-Priest-Palus
Moissannes
Auriat
St-Priest-Taurion
Le Palais-s-Vienne
St-Just-le-Martel
Royères
St-Léonard-de-Noblat
Champnétery
Cheissoux
St-Moreil
St-Julien-le-Petit
Panazol
Feytiat
Aureil
Eyboulleuf
St-Denis-des-Murs
Bujaleuf
Augne
St-Amand-le-Petit
Peyrat
Eymoutiers
Masléon
Solignac
St-Paul
Roziers-St-Georges
Limoges
0
5
10 km

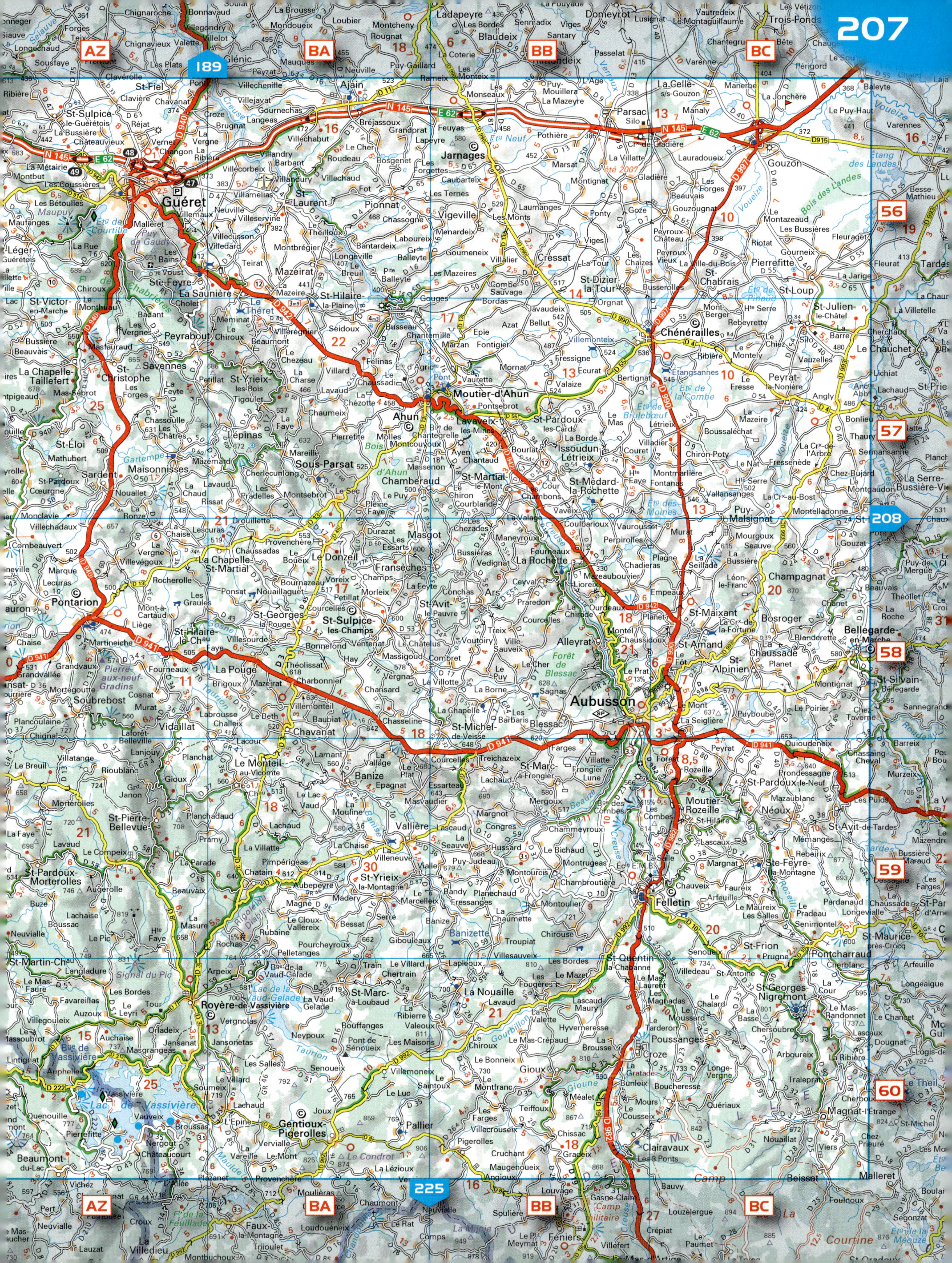
AZ
BA
BB
BC
189
225
208
56
57
58
59
60
Guéret
Aubusson
Felletin
Chénérailles
Jarnages
Ahun
Moutier-d'Ahun
Bourganeuf
St-Sulpice-les-Champs
Pontarion
Royère-de-Vassivière
Gentioux-Pigerolles
Bellegarde-en-Marche
Crocq
Sous-Parsat
Vallière
La Nouaille
Gioux
Lac de Vassivière
Ste-Feyre
St-Vaury
Ajain
Parsac
Gouzon
Cressat
St-Dizier-la-Tour
Pionnat
St-Laurent
Lavaveix-les-Mines
St-Pardoux-les-Cards
Issoudun-Létrieix
St-Médard-la-Rochette
Puy-Malsignat
Champagnat
St-Maixant
St-Amand
St-Alpinien
Moutier-Rozeille
St-Pardoux-le-Neuf
Néoux
Ste-Feyre-la-Montagne
St-Frion
Pontcharraud
St-Georges-Nigremont
St-Quentin-la-Chabanne
Poussanges
Clairavaux
Féniers
St-Yrieix-la-Montagne
St-Marc-à-Loubaud
St-Michel-de-Veisse
Blessac
Alleyrat
St-Avit-le-Pauvre
Vigeville
Mazeirat
St-Hilaire-la-Plaine
St-Yrieix-les-Bois
St-Christophe
La Chapelle-Taillefert
St-Éloi
Sardent
Maisonnisses
Janaillat
St-Hilaire-le-Château
Soubrebost
Vidaillat
Chavanat
Le Monteil-au-Vicomte
St-Pierre-Bellevue
St-Pardoux-Morterolles
Faux-la-Montagne
Peyrat-la-Nonière
St-Loup
St-Julien-le-Châtel
Pierrefitte
St-Chabrais
Glénic
St-Fiel
St-Sulpice-le-Guérétois
La Saunière
St-Victor-en-Marche
Savennes
Peyrabout
Fransèches
La Rochette
St-Martial-le-Mont
Chamberaud
La Pouge
Mérinchal
Lussat
Camp militaire de la Courtine
Forêt de Chabrières
Forêt de Blessac
Étang des Landes
Lac de Lavaud-Gelade
Bois des Landes
Creuse
Maulde
Taurion
Gartempe
Thaurion
Rozeille
Vassivière
N 145
E 62
D 941
D 942
D 990
D 982

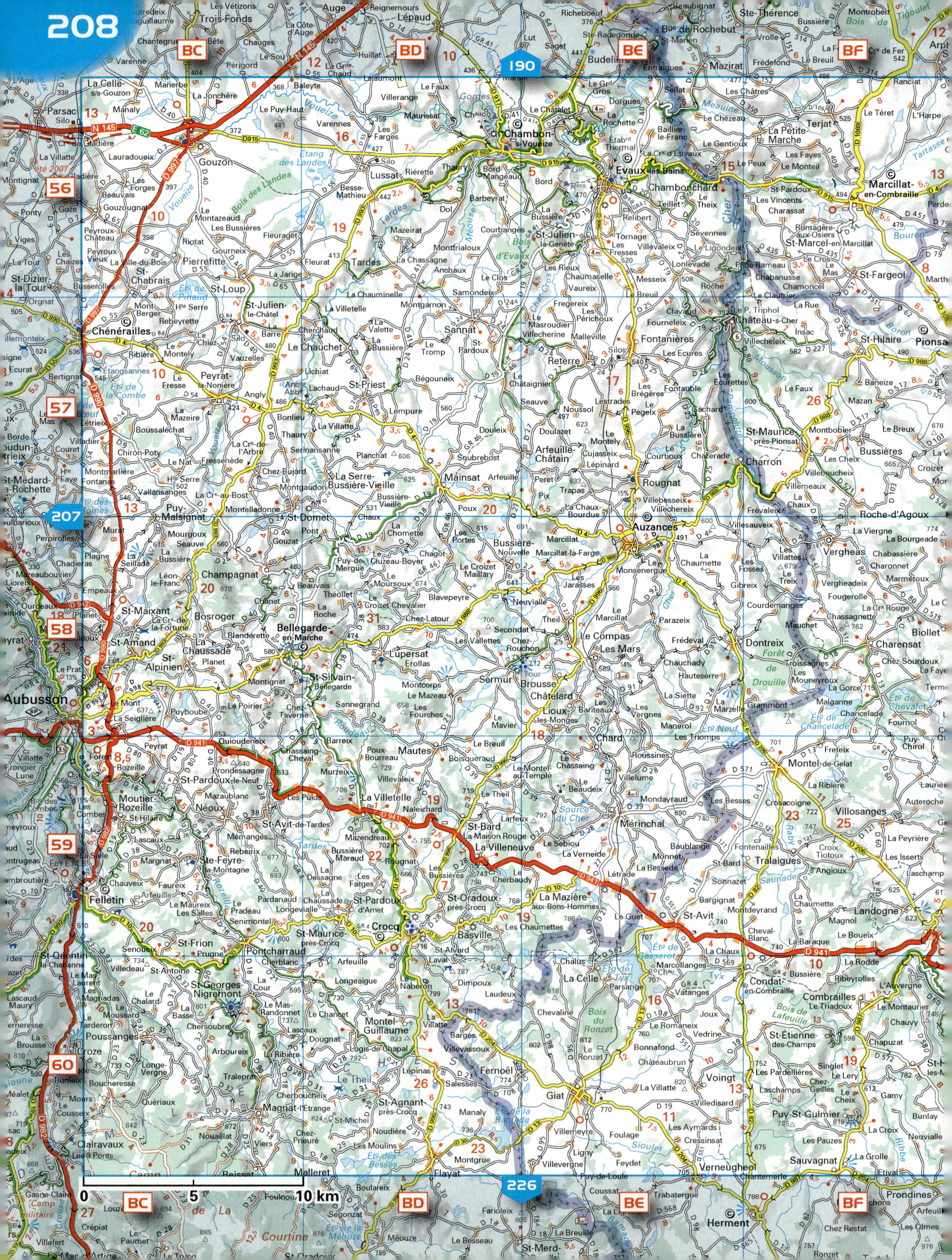
BC
BD
BE
BF
190
207
226
56
57
58
59
60
Aubusson
Felletin
Chénérailles
Gouzon
Chambon-s-Voueize
Evaux-les-Bains
Chambonchard
Marcillat-en-Combraille
Pionsat
St-Gervais-d'Auvergne
Auzances
Rougnat
Mainsat
Bellegarde-en-Marche
Crocq
St-Avit
Giat
Herment
Pontcharraud
St-Georges-Nigremont
Magnat-l'Etrange
St-Maurice-près-Pionsat
Charron
Dontreix
Châteaux-s-Cher
Montel-de-Gelat
Condat-en-Combraille
St-Étienne-des-Champs
Voingt
Puy-St-Gulmier
Sauvagnat
Verneugheol
Villossanges
Combrailles
Landogne
Tralaigues
Mérinchal
La Villeneuve
St-Bard
Flayat
St-Agnant-près-Crocq
Fernoël
Basville
St-Oradoux-près-Crocq
St-Pardoux-d'Arnet
St-Maurice-près-Crocq
Mautes
La Villetelle
Chard
Lioux-les-Monges
Sermur
Brousse
Châtelard
Lupersat
St-Silvain-Bellegarde
Champagnat
Bosroger
St-Maixant
St-Amand
St-Alpinien
La Chaussade
Puy-Malsignat
St-Domet
Peyrat-la-Nonière
Lussat
Tardes
St-Julien-le-Châtel
Le Chauchet
St-Priest
Sannat
Reterre
Fontanières
Arfeuille-Châtain
Bussière-Nouvelle
Le Compas
Les Mars
Pierrefitte
St-Loup
St-Chabrais
Moutier-Rozeille
St-Pardoux-le-Neuf
St-Frion
Néoux
St-Avit-de-Tardes
La Celle
Forêt de Drouille
D 941
D 915
D 990
D 993
D 996
D 988
N 145
E 62
0
5
10 km

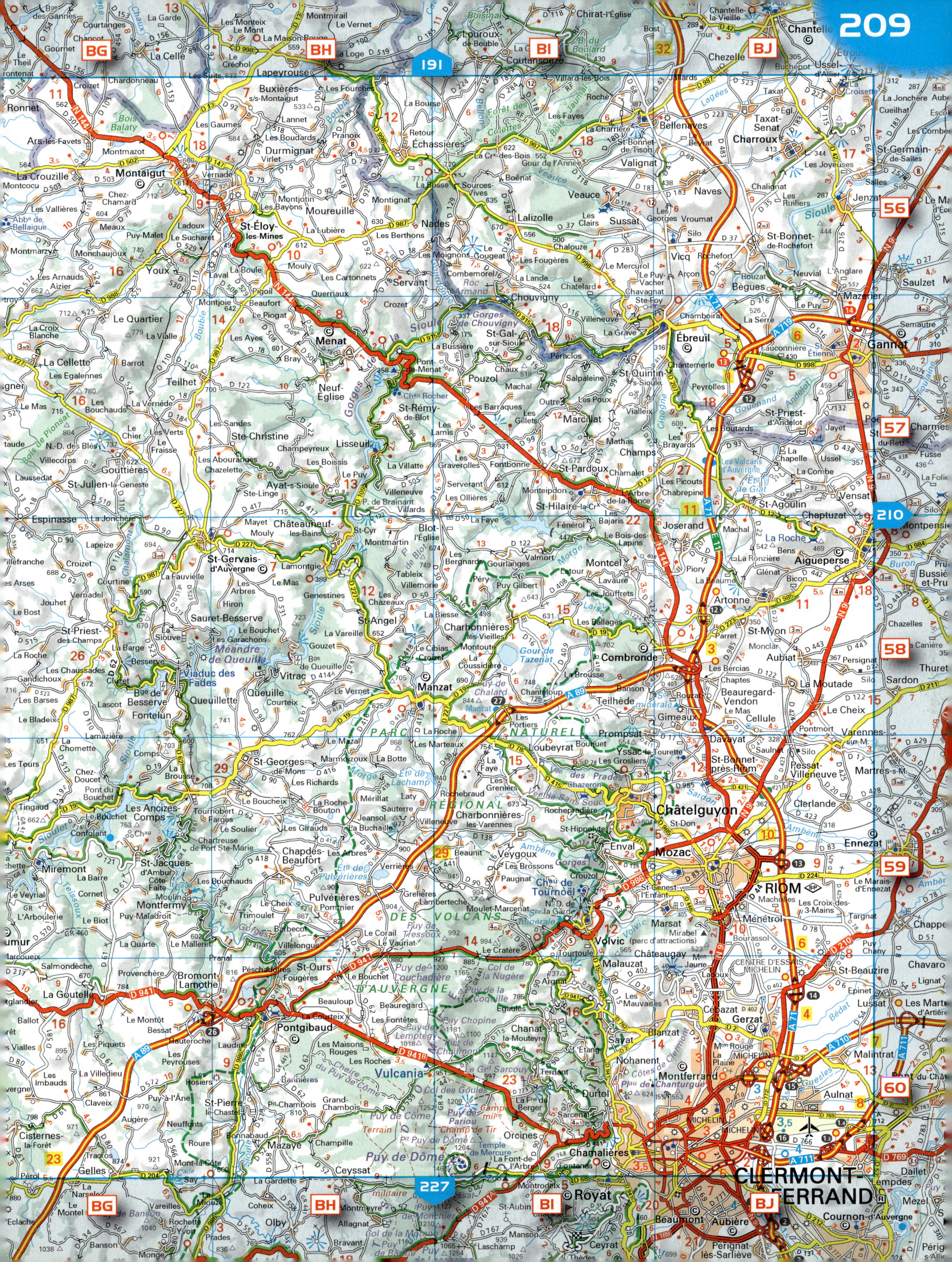
Montaigut
St-Éloy-les-Mines
Menat
Ébreuil
Gannat
Aigueperse
St-Gervais-d'Auvergne
Manzat
Combronde
Châtelguyon
Riom
Volvic
Pontgibaud
Vulcania
Puy de Dôme
Chamalières
Royat
CLERMONT-FERRAND
Aubière
Beaumont
Aulnat
Gerzat
Montferrand
Mozac
Enval
Ennezat
Artonne
Lezoux
PARC NATUREL RÉGIONAL DES VOLCANS D'AUVERGNE
Gorges de la Sioule
Méandre de Queuille
Viaduc des Fades
Gour de Tazenat
Vicq
Charroux
Chantelle
Bellenaves
Gelles
Bromont-Lamothe
St-Ours
Durtol
Nohanent
Blanzat
Sayat
Malauzat
Marsat
Ménétrol
Cébazat
Davayat
St-Bonnet-près-Riom
Pessat-Villeneuve
Clerlande
Youx
Lapeyrouse
Buxières-s/s-Montaigut
Durmignat
Moureuille
Servant
Pouzol
Lisseuil
Châteauneuf-les-Bains
Les Ancizes-Comps
Miremont
Montfermy
Queuille
Vitrac
Loubeyrat
Charbonnières-les-Varennes
Pulvérières
Mazaye
Ceyssat
Orcines
191
227
210
BG
BH
BI
BJ
56
57
58
59
60

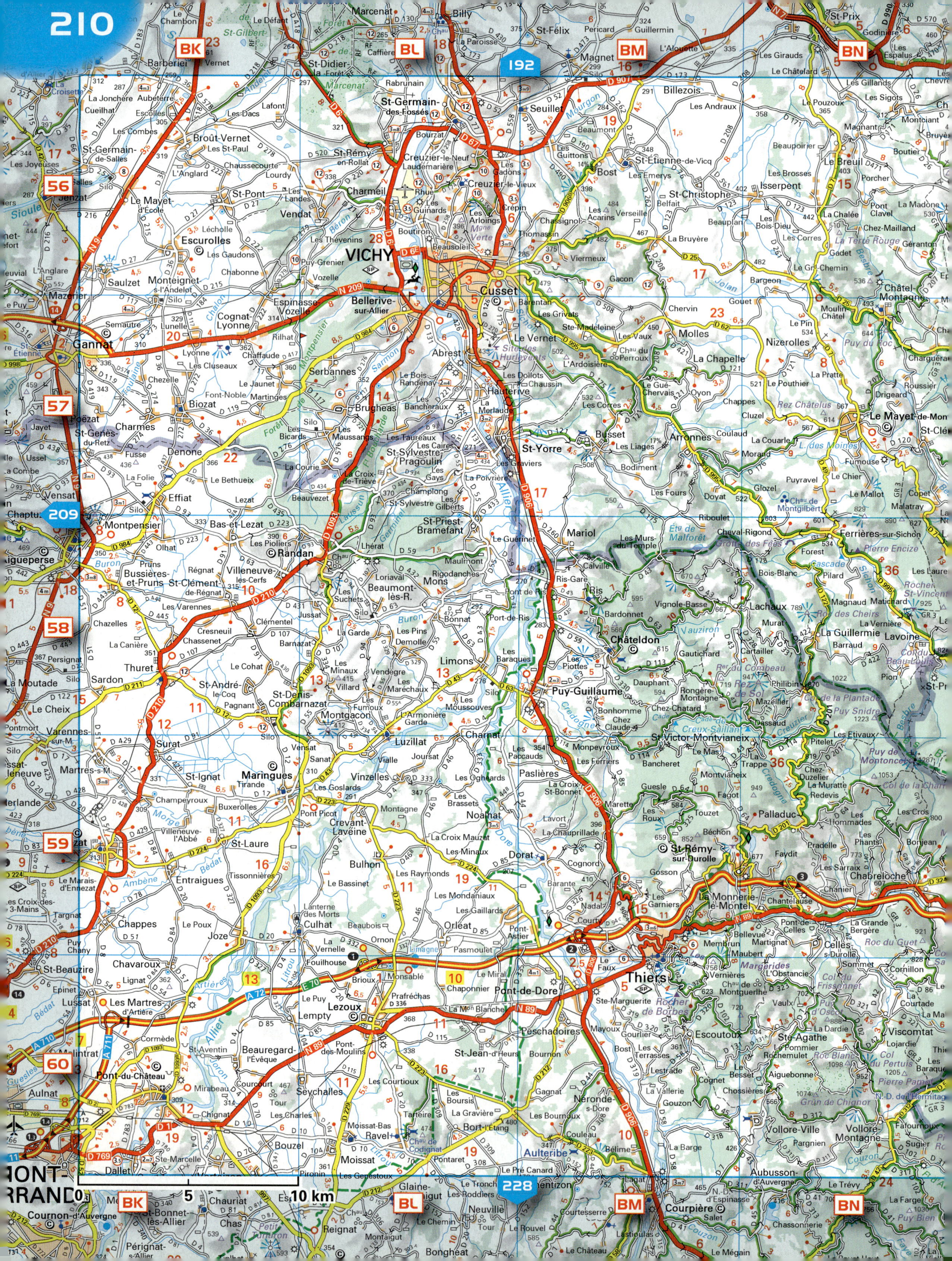

BK
BL
BM
BN
192
209
228
Marcenat
Billy
St-Félix
Magnet
St-Prix
St-Didier-la-Forêt
Barberier
Vernet
St-Germain-des-Fossés
Seuillet
Billezois
Le Breuil
Broût-Vernet
St-Germain-de-Salles
St-Rémy-en-Rollat
Creuzier-le-Neuf
Creuzier-le-Vieux
St-Étienne-de-Vicq
Isserpent
St-Pont
Vendat
Charmeil
Bost
St-Christophe
Le Mayet-d'École
Escurolles
Arfeuilles
VICHY
Cusset
Bellerive-sur-Allier
Espinasse-Vozelle
Cognat-Lyonne
Saulzet
Monteignet-s-l'Andelot
Chabonne
Gannat
Molles
Nizerolles
Châtel-Montagne
Abrest
Le Vernet
La Chapelle
Serbannes
Hauterive
Brugheas
Biozat
St-Yorre
Busset
Arronnes
Le Mayet-de-Montagne
Charmes
Denone
Effiat
St-Sylvestre-Pragoulin
Mariol
Ferrières-sur-Sichon
Montpensier
Bas-et-Lezat
Randan
St-Priest-Bramefant
Aigueperse
Bussières-et-Pruns
St-Clément-de-Régnat
Villeneuve-les-Cerfs
Beaumont-lès-R.
Mons
Ris
Lachaux
Châteldon
La Guillermie
Lavoine
Limons
Puy-Guillaume
Thuret
St-André-le-Coq
St-Denis-Combarnazat
Montgacon
Surat
Vensat
Luzillat
Charnat
St-Victor-Montvianeix
Maringues
St-Ignat
Vinzelles
Paslières
Palladuc
Crevant-Laveine
Noalhat
St-Rémy-sur-Durolle
St-Laure
Entraigues
Bulhon
Dorat
Chabreloche
La Monnerie-le-Montel
Chappes
Joze
Culhat
Orléat
Celles-s-Durolle
Thiers
Chavaroux
Pont-de-Dore
St-Beauzire
Lezoux
Escoutoux
Viscomtat
Ste-Agathe
Pont-du-Château
Beauregard-l'Évêque
Peschadoires
St-Jean-d'Heurs
Seychalles
Néronde-s-Dore
Vollore-Ville
Vollore-Montagne
Moissat
Ravel
Bort-l'Étang
Aulteribe
Glaine-Montaigut
Neuville
Courpière
Aubusson-d'Auvergne
Dallet
Cournon-d'Auvergne
Bongheat
Sioule
Allier
Dore
Forêt de Montpensier
Gorges de la Credogne
10 km

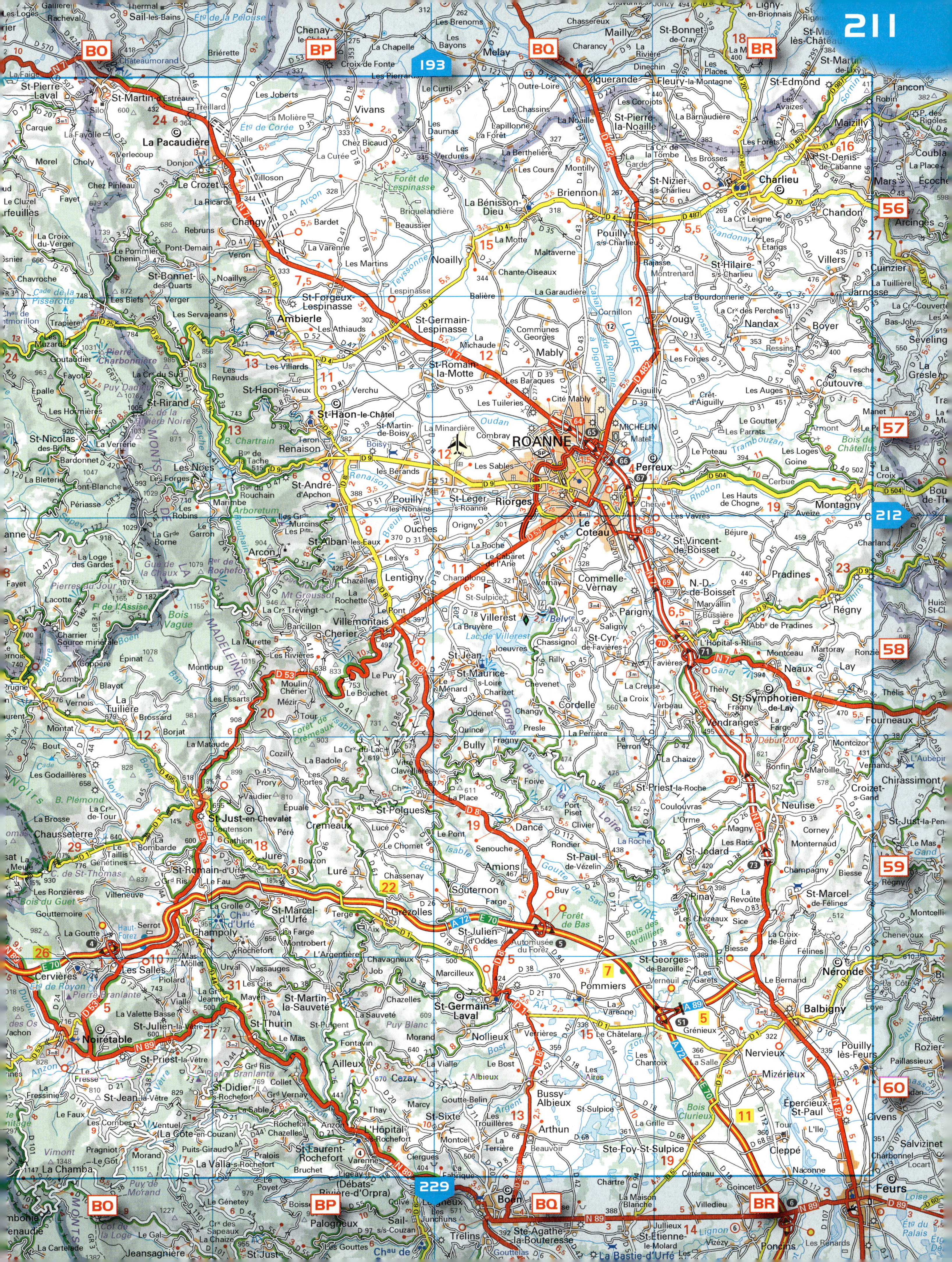
193
212
229
BO
BP
BQ
BR
56
57
58
59
60
ROANNE
Riorges
Le Coteau
Mably
Perreux
Charlieu
Pouilly-s/s-Charlieu
Iguerande
Melay
Marcigny
St-Nizier-s/s-Charlieu
St-Denis-de-Cabanne
Chandon
Villers
Jarnosse
Boyer
Nandax
Coutouvre
Montagny
Vougy
Briennon
La Bénisson-Dieu
Noailly
St-Germain-Lespinasse
St-Romain-la-Motte
St-Forgeux-Lespinasse
Ambierle
Changy
St-Martin-d'Estreaux
St-Pierre-Laval
La Pacaudière
Le Crozet
St-Bonnet-des-Quarts
Renaison
St-Haon-le-Châtel
St-Haon-le-Vieux
St-Rirand
St-Nicolas-des-Biefs
Les Noës
St-André-d'Apchon
St-Alban-les-Eaux
Arcon
Pouilly-les-Nonains
St-Léger-s-Roanne
Ouches
Lentigny
Villemontais
Cherier
St-Just-en-Chevalet
Chausseterre
Juré
Cremeaux
St-Polgues
St-Romain-d'Urfé
St-Marcel-d'Urfé
Champoly
Les Salles
Noirétable
Cervières
St-Julien-la-Vêtre
St-Didier-s-Rochefort
St-Jean-la-Vêtre
St-Priest-la-Vêtre
St-Thurin
Ailleux
St-Laurent-Rochefort
L'Hôpital-s-Rochefort
Débats-Rivière-d'Orpra
Boën
Sail-s-Couzan
Trelins
Ste-Agathe-la-Bouteresse
St-Étienne-le-Molard
St-Germain-Laval
St-Julien-d'Oddes
Souternon
Amions
Dancé
St-Paul-de-Vézelin
St-Jodard
St-Priest-la-Roche
Neulise
Vendranges
St-Symphorien-de-Lay
Régny
Pradines
N.-D.-de-Boisset
St-Vincent-de-Boisset
Parigny
Commelle-Vernay
St-Cyr-de-Favières
Cordelle
Villerest
St-Jean-St-Maurice-s-Loire
Bully
Pinay
St-Marcel-de-Félines
Balbigny
Nervieux
Mizérieux
Épercieux-St-Paul
Néronde
Pouilly-lès-Feurs
Feurs
Cleppé
Ste-Foy-St-Sulpice
Arthur
Bussy-Albieux
St-Sixte
Pommiers
St-Georges-de-Baroille
Civens
Salvizinet
Poncins
Lac de Villerest
Forêt de Bas
Bois des Ardillières
Monts de la Madeleine
Loire
Aix
Le Sornin
Rhodon
Renaison
Teyssonne
N7
N82
N89
A72
A89
E70
D482
D487
D504
D53
D8
D9
D1

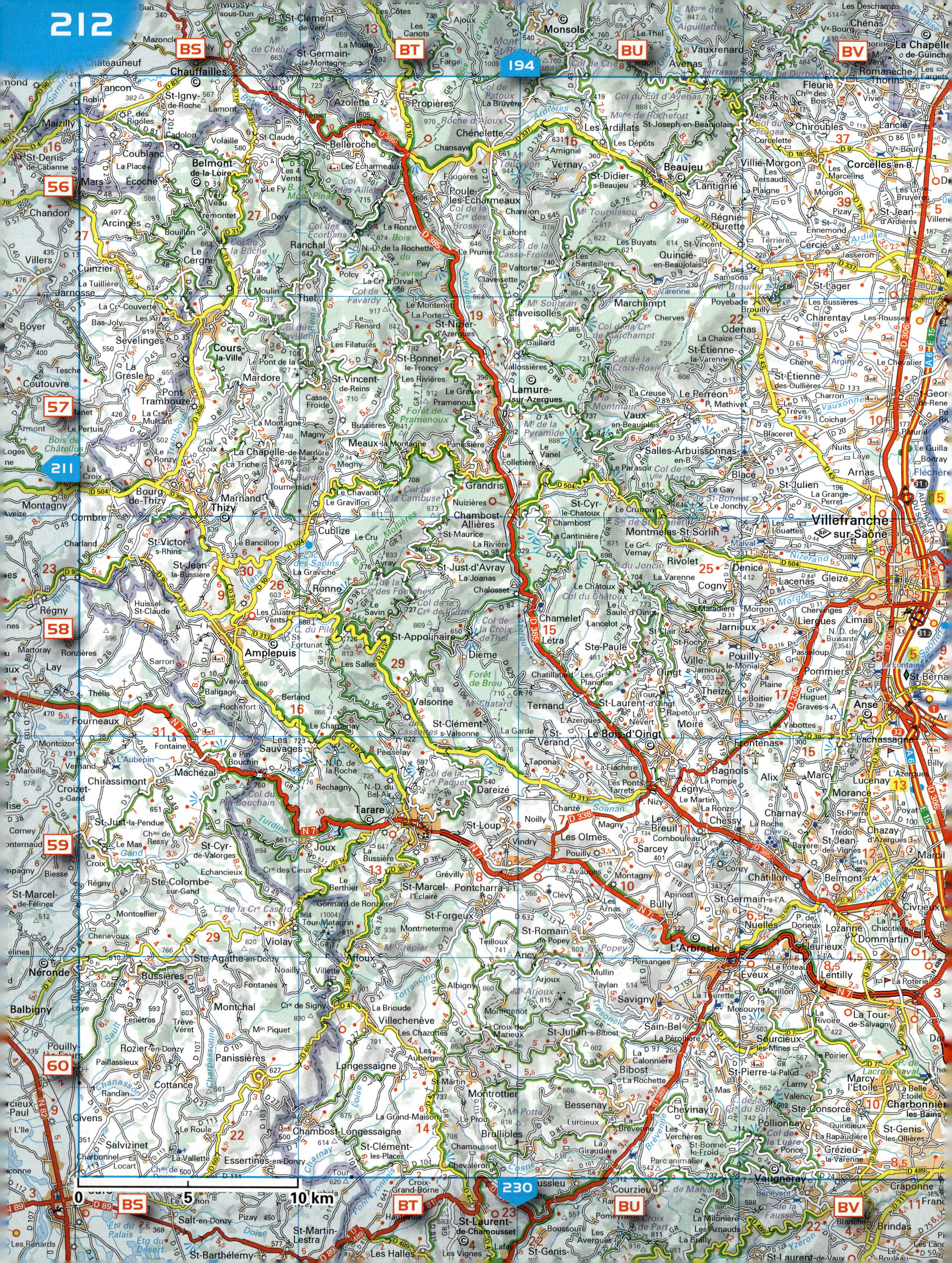
BS
BT
194
BU
BV
Chauffailles
Monsols
Beaujeu
Belleroche
Chénelette
Les Ardillats
Belmont-de-la-Loire
Ranchal
Propières
Azolette
Poule-les-Écharmeaux
Vernay
St-Didier-s-Beaujeu
Lantignié
Villié-Morgon
Fleurie
Chiroubles
Corcelles-en-B.
Régnié-Durette
Quincié-en-Beaujolais
Marchampt
Claveisolles
Lamure-sur-Azergues
Cours-la-Ville
Thel
Mardore
St-Vincent-de-Reins
St-Bonnet-le-Troncy
St-Nizier-d'Azergues
Odenas
St-Étienne-la-Varenne
Le Perréon
Vaux-en-Beaujolais
Salles-Arbuissonnas-en-B.
Blacé
Arnas
Villefranche-sur-Saône
Gleizé
Limas
St-Julien
Thizy
Bourg-de-Thizy
Marnand
La Chapelle-de-Mardore
Meaux-la-Montagne
Grandris
Chambost-Allières
St-Cyr-le-Chatoux
Montmelas-St-Sorlin
Rivolet
Denicé
Lacenas
Cogny
Amplepuis
Ronno
St-Just-d'Avray
Chamelet
Létra
Ste-Paule
Oingt
Ville-sur-Jarnioux
Jarnioux
Pouilly-le-Monial
Pommiers
Anse
Régny
St-Victor-s-Rhins
St-Jean-la-Bussière
St-Appolinaire
Dième
Valsonne
St-Clément-s-Valsonne
Ternand
Le Bois-d'Oingt
Theizé
Moiré
Lachassagne
Les Sauvages
Tarare
Machézal
Chirassimont
Dareizé
Légny
Bagnols
Alix
Marcy
Lucenay
Morancé
Chazay-d'Azergues
Le Breuil
Chessy
Charnay
St-Loup
Les Olmes
Sarcey
Joux
St-Just-la-Pendue
St-Cyr-de-Valorges
Ste-Colombe-sur-Gand
St-Marcel-l'Éclaire
Pontcharra-s-T.
St-Forgeux
Bully
L'Arbresle
Châtillon
St-Germain-s-l'A.
Nuelles
Lozanne
Dommartin
Fleurieux
Lentilly
Éveux
Violay
Ste-Agathe-en-Donzy
Néronde
Balbigny
Bussières
Montchal
Villechenève
Longessaigne
Savigny
Sain-Bel
St-Julien-s-Bibost
Bibost
Sourcieux-les-Mines
St-Pierre-la-Palud
Marcy-l'Étoile
Charbonnières-les-Bains
Montrottier
Brullioles
Chevinay
Pollionnay
Vaugneray
Ste-Consorce
Panissières
Cottance
Salvizinet
Essertines-en-Donzy
Chambost-Longessaigne
St-Clément-les-Places
Pouilly
St-Laurent-de-Chamousset
Courzieu
Brindas
Craponne
230
10 km
0
5

195
214
231
56
57
58
59
60
BW
BX
BY
BZ
Bourg
Péronnas
Montagnat
Revonnas
Châtillon-s-Chalaronne
Thoissey
St-Didier-sur-Chalaronne
Mogneneins
Peyzieux-s-Saône
Genouilleux
Guéreins
Montceaux
Francheleins
St-Trivier-s-Moignans
Messimy-s-Saône
Chaleins
Villeneuve
Savigneux
Ars-s-Formans
Ambérieux-en-Dombes
Misérieux
Toussieux
Trévoux
Reyrieux
Civrieux
Parcieux
Quincieux
Massieux
Genay
Neuville-s-Saône
Fleurieu-s-S.
Fontaines-St-Martin
Rochetaillée-s-S.
Sathonay
Caluire-et-Cuire
Rillieux-la-Pape
Miribel
Neyron
Vaulx-en-Velin
Villeurbanne
LYON
Bron
Décines-Charpieu
Chassieu
Genas
Meyzieu
Jonage
Pusignan
Janneyrias
Pont-de-Chéruy
Charvieu-Chavagneux
Tignieu-Jameyzieu
Crémieu
Villette-d'Anthon
Anthon
Loyettes
St-Romain-de-Jalionas
Parc archéologique de Larina
Montluel
Dagneux
Balan
Niévroz
Thil
Beynost
St-Maurice-de-B.
Bressolles
Ste-Croix
Pizay
Béligneux
Pérouges
Meximieux
Faramans
Bourg-St-Christophe
Charnoz-sur-Ain
Blyes
St-Jean-de-Niost
Gourdan
St-Maurice-de-Gourdans
Camp de la Valbonne
Chazey-sur-Ain
Ste-Julie
Villieu-Loyes-Mollon
Rignieux-le-Franc
St-Éloi
Joyeux
Birieux
Le Montellier
Versailleux
Chalamont
Châtillon-la-Palud
Crans
St-Maurice-de-Rémens
Villars-les-Dombes
Parc des Oiseaux
Bouligneux
Ste-Olive
Lapeyrouse
Monthieux
St-Marcel-en-Dombes
St-André-de-Corcy
St-Jean-de-Thurigneux
Rancé
Mionnay
Tramoyes
Sandrans
Relevant
La Chapelle-du-Châtelard
Marlieux
St-Germain-sur-Renon
St-Georges-sur-Renon
Romans
St-Paul-de-Varax
St-Nizier-le-Désert
Dompierre-sur-Veyle
Châtenay
Servas
Lent
St-André-sur-Vieux-Jonc
Condeissiat
Neuville-les-Dames
Sulignat
L'Abergement-Clémenciat
Dompierre-s-C.
Certines
La Tranclière
Druillat
Villette-s-Ain
Priay
Lyon-St-Exupéry
Colombier-Saugnieu
St-Priest
Oullins

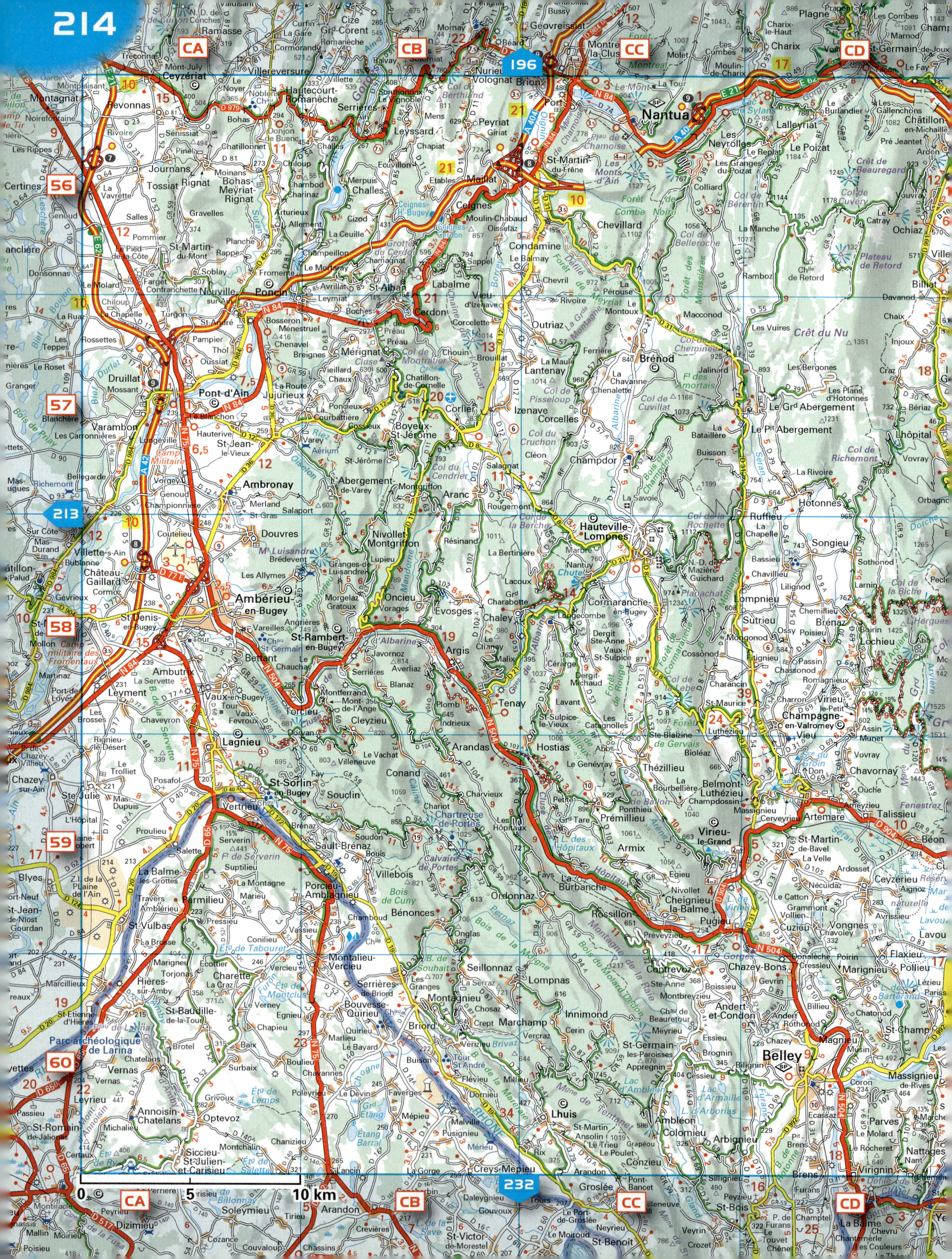

CA
CB
CC
CD
196
213
232
Nantua
Montagnat
Revonnas
Ceyzériat
Hautecourt-Romanèche
Serrières
Brion
Port
St-Martin-du-Frêne
Maillat
Cerdon
Poncin
Neuville-sur-Ain
Pont-d'Ain
Jujurieux
Druillat
Varambon
Ambronay
Douvres
Ambérieu-en-Bugey
St-Rambert-en-Bugey
Lagnieu
St-Sorlin-en-Bugey
Sault-Brénaz
Porcieu-Amblagnieu
Montalieu-Vercieu
Bouvesse-Quirieu
Briord
Lhuis
Belley
Virieu-le-Grand
Artemare
Champagne-en-Valromey
Hauteville-Lompnes
Brénod
Le Grd Abergement
Le Pt Abergement
Corlier
Izenave
Tenay
Argis
Evosges
Chaley
Hostias
Arandas
Conand
Souclin
Villebois
Ordonnaz
Bénonces
Seillonnaz
Lompnas
Innimond
Rossillon
Pugieu
Cheignieu-la-Balme
Contrevoz
Chazey-Bons
Magnieu
Massignieu-de-Rives
Parves
Nattages
Virignin
Brens
Arbignieu
Conzieu
Prémillieu
Armix
Thézillieu
Belmont-Luthézieu
Talissieu
Béon
Culoz
Ceyzérieu
Vongnes
Flaxieu
Marignieu
St-Champ
Charix
Plagne
Le Poizat
Lalleyriat
Chevillard
Condamine
Labalme
Outriaz
Lantenay
Corcelles
Champdor
Aranc
Nivollet-Montgriffon
Oncieu
Vaux-en-Bugey
Leyment
Chazey-sur-Ain
Blyes
St-Vulbas
La Balme-les-Grottes
Hières-sur-Amby
Optevoz
Annoisin-Chatelans
Siccieu-St-Julien-et-Carisieu
Arandon
Creys-Mépieu
Parc archéologique de Larina
Dizimieu
Soleymieu
Villette-sur-Ain
Château-Gaillard
St-Denis-en-Bugey
Chalamont
Crêt du Nu
Plateau de Retord
Forêt de Mazières
Col de la Rochette
Chute
0
5
10 km

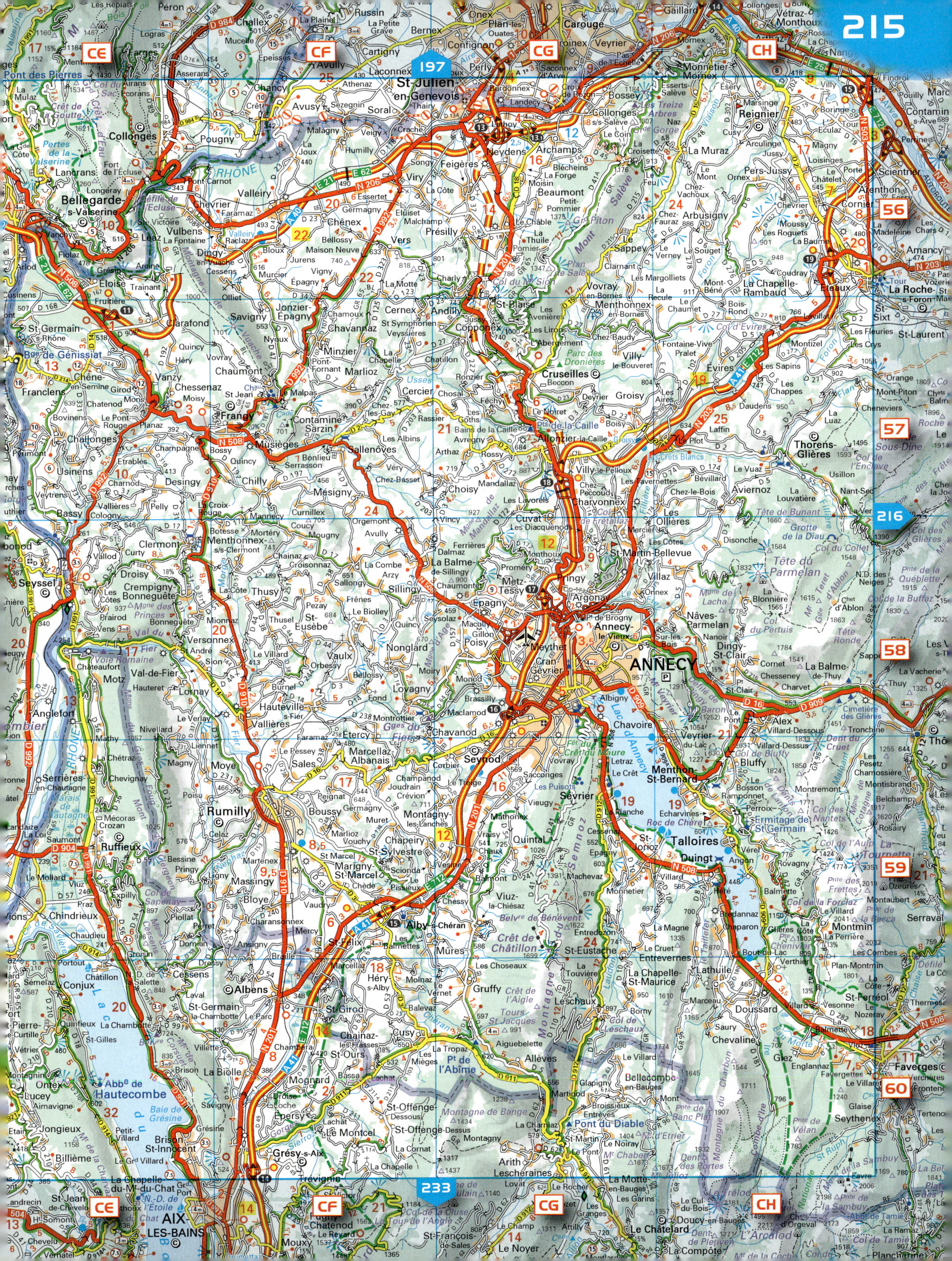
197
St-Julien-en-Genevois
Carouge
Collonges
Bellegarde-s-Valserine
Reignier
La Roche-s-Foron
Cruseilles
Frangy
Seyssel
ANNECY
Annecy-le-Vieux
Rumilly
Thorens-Glières
Talloires
Faverges
Alby-s-Chéran
Albens
Aix-les-Bains
Abbe de Hautecombe
Le Châtelard
Menthon-St-Bernard
Seynod
Lac d'Annecy
Lac du Bourget
Rhône
216
233
56
57
58
59
60
CE
CF
CG
CH

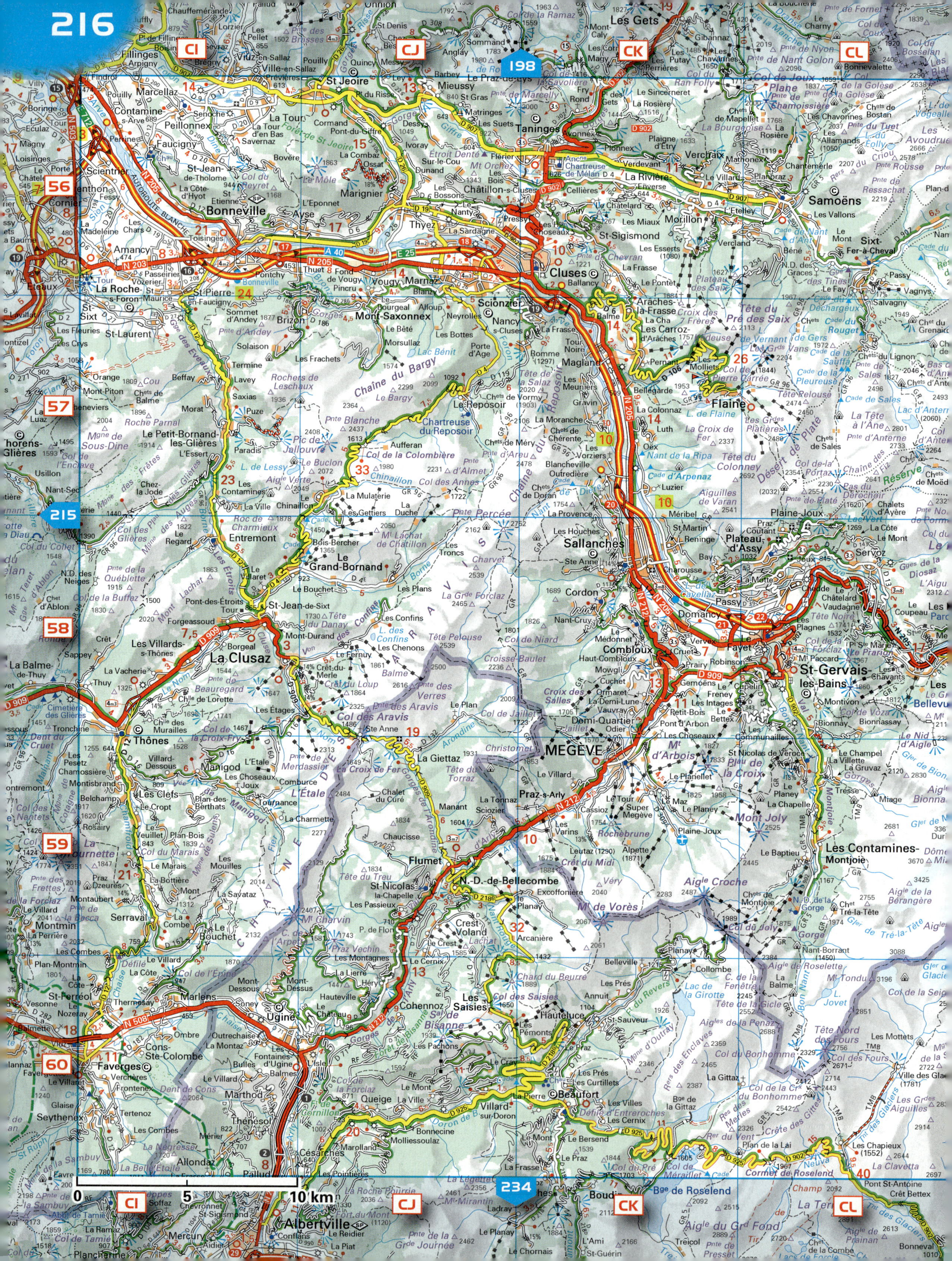
198
215
234
CI
CJ
CK
CL
56
57
58
59
60
Les Gets
Samoëns
Sixt-Fer-à-Cheval
Taninges
Cluses
Scionzier
Marnaz
Thyez
Marignier
Bonneville
St-Jeoire
Mieussy
La Roche-sur-Foron
St-Pierre-en-Faucigny
Mont-Saxonnex
Le Reposoir
Magland
Flaine
Sallanches
Passy
Plateau d'Assy
Servoz
Cordon
Combloux
Domancy
St-Gervais-les-Bains
MEGÈVE
Demi-Quartier
Praz-s-Arly
Flumet
N.-D.-de-Bellecombe
Crest-Voland
Les Saisies
Hauteluce
Beaufort
Les Contamines-Montjoie
Le Grand-Bornand
St-Jean-de-Sixt
La Clusaz
Entremont
Thônes
Manigod
La Giettaz
Ugine
Marlens
Faverges
Cons-Ste-Colombe
Albertville
Chaîne du Bargy
Chaîne des Aravis
Col des Aravis
Col de la Colombière
Chartreuse du Reposoir
Mont Joly
Col du Joly
Col des Saisies
Col du Bonhomme
Désert de Platé
Aiguilles de Varan
Arâches-la-Frasse
Les Carroz-d'Arâches
Morillon
Verchaix
Fillinges
Faucigny
Amancy
Marcellaz
Contamine-s-Arve
Sallanches
Nancy-s-Cluses
Bellevue
Roselend
0
5
10 km

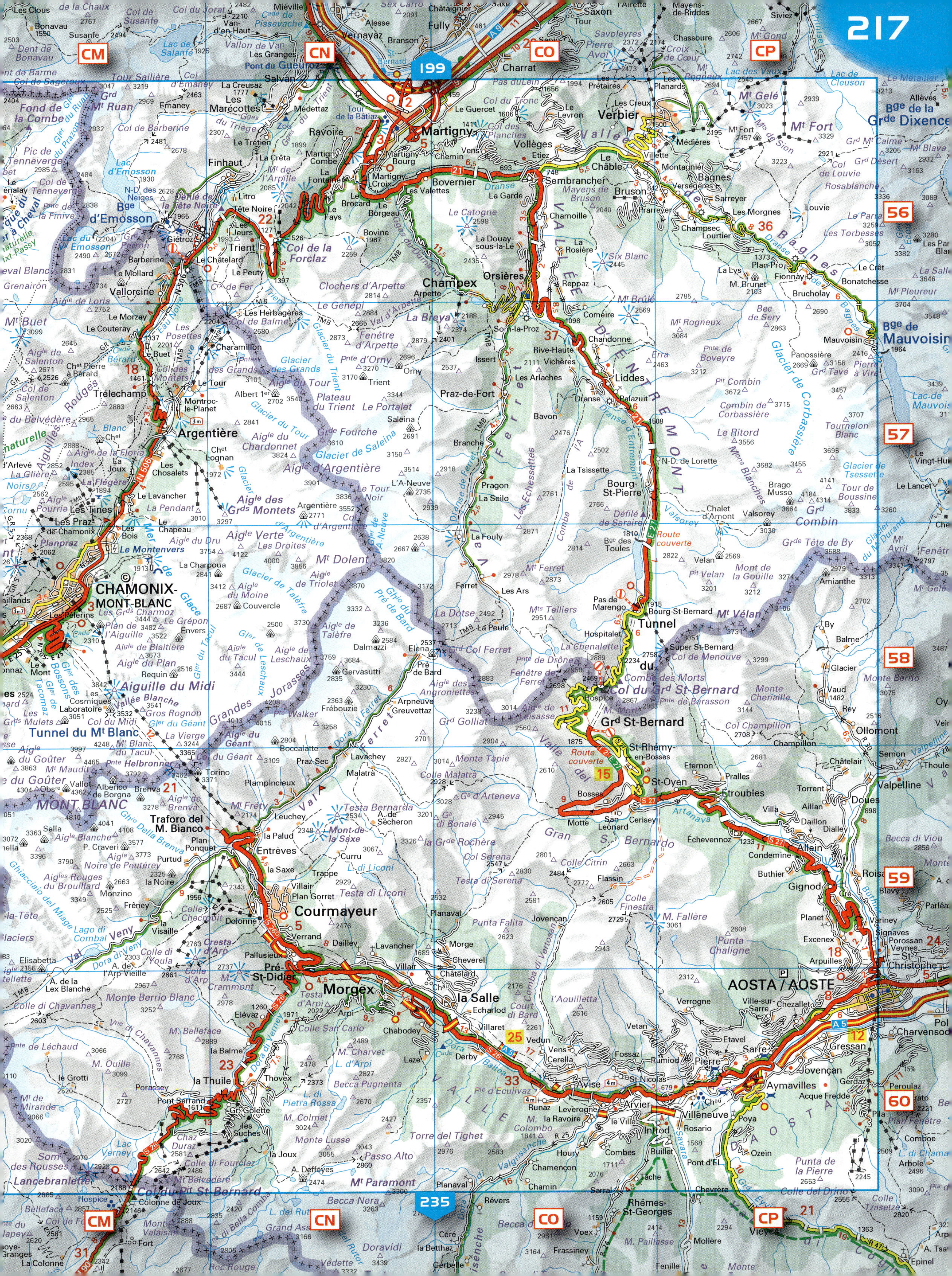
CM
CN
CO
CP
199
235
56
57
58
59
60
Martigny
Verbier
Le Châble
Sembrancher
Bagnes
Bruson
Vollèges
Bovernier
Orsières
Champex
Liddes
Bourg-St-Pierre
Trient
Col de la Forclaz
Finhaut
Bge d'Emosson
Vallorcine
Argentière
CHAMONIX-MONT-BLANC
Aiguille du Midi
Tunnel du Mt Blanc
MONT BLANC
Mt Dolent
Aigle d'Argentière
Glacier de Saleina
Tunnel du Grd St-Bernard
Col du Grd St-Bernard
Grd St-Bernard
St-Rhemy-en-Bosses
St-Oyen
Etroubles
Courmayeur
Entrèves
Pré-St-Didier
Morgex
La Salle
La Thuile
Avise
Arvier
Villeneuve
Aymavilles
AOSTA / AOSTE
Gignod
Allein
Valpelline
Grand Combin
Mt Vélan
Mt Gelé
Mt Fort
Bge de Mauvoisin
Col du Pt St-Bernard
Route couverte
Glacier de Corbassière
Mt Fallère
Mt Paramont
Traforo del M. Bianco
Val Ferret
Vallée d'Entremont
Gran S. Bernardo

AA
AB
AC
AD
200
236
61
62
63
64
65
0
5
10 km
Pointe de la Coubre
La Coubre
Bonne Anse
La Palmyre
Zoo
Plage de la Palmyre
Plage de la Gde Côte
La Grande Côte
Phare de Terre-Nègre
St-Palais-s-Mer
Nauzan
Pontaillac
ROYAN
Arvert
Étaules
Chaillevette
Mornac-s-Seudre
Breuillet
St-Augustin
St-Sulpice-de-Royan
Vaux-s-Mer
Médis
Semussac
Pte de Vallières
St-Georges-de-Didonne
Cordouan
Pointe de Grave
Pte de Suzac
Plage de Suzac
Plage de l'Arnèche
Plage des Vergnes
Plage des Nonnes
Meschers-s-Gironde
Talmont-s-Gironde
Musée
Port Bloc
Fort du Verdon
Port Médoc
Le Verdon-sur-Mer
Le Royannais
Les Huttes
Grands-Maisons
ZONE PORTUAIRE
Pte de la Chambrette
Soulac-sur-Mer
Le Jeune Soulac
Neyran
Les Coustaux
L'Amélie-sur-Mer
Lillan
Banc des Olives
Pointe de la Négade
Lède de la Négade
Talais
Les Mattes
Pointe aux Oiseaux
Port-de-St Vivien
Grayan
Grayan-et-l'Hôpital
Les Eyres
Le Gurp
Le Piqueau
Lède du Gurp
Étang de la Barreyre
Dépée
Euronat
Daugagnan
St-Vivien-de-Médoc
Richard
La Fosse
La Brasserie
Jau-Dignac-et-Loirac
Port-de-Richard
Lède de la Canillouse
Le Mayne
Vensac
Montalivet-les-Bains
Centre Hélio-Marin
Mayan
Meugas
Sémian
Queyrac
Moulineyre
Vendays-Montalivet
Forêt de Vendays
Cap-du-Prat
Marais de Lespaut
Hourean
Les Ourmes
Coudessant
Cayrehours
Berganton
Blanc
Bourgueyraud
Gaillan-en-Médoc
Lesparre-Médoc
La Bresquette
Forêt du Junca
St-Isidore
Le Pin-Sec
Lizan
Naujac-sur-Mer
La Prise
Magagnan
Conneau
Gausseron
Liard
St-Gaux
Prignac-en-Médoc
N 215
D 101
D 102
D 25
D 730
N 150
D 14

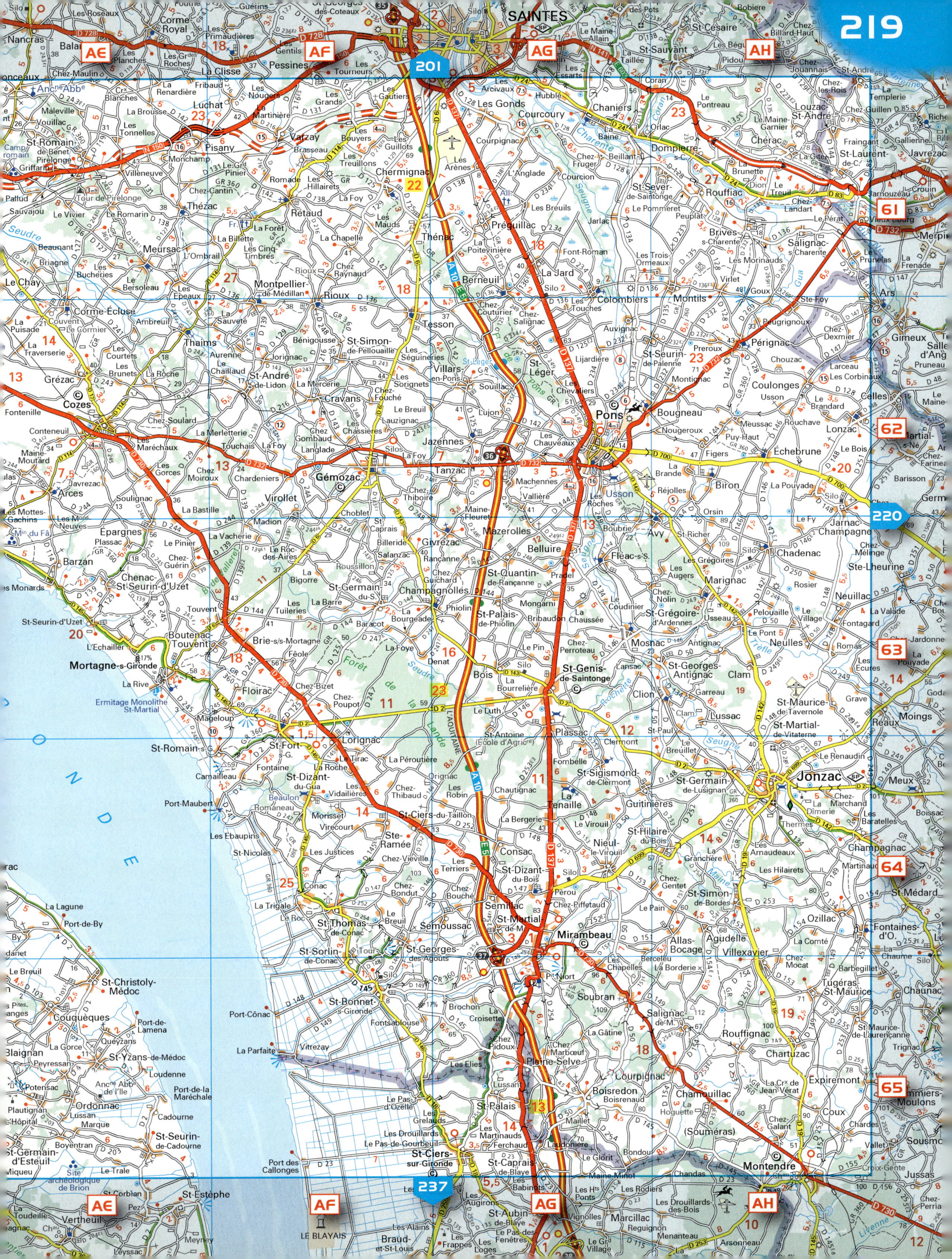
AE
AF
AG
AH
201
SAINTES
St-Césaire
St-Sauvant
Corme-Royal
Balanzac
Pessines
Les Gonds
Courcoury
Chaniers
Pisany
Varzay
Luchat
St-Romain-de-Benet
Chermignac
Thénac
Préguillac
Dompierre-s-C.
Rouffiac
Brives-s-Charente
Salignac-s-Charente
Thézac
Rétaud
Meursac
Montpellier-de-Médillan
Rioux
Berneuil
Tesson
La Jard
Colombiers
Montils
Pérignac
Corme-Écluse
Thaims
St-André-de-Lidon
St-Simon-de-Pellouaille
Villars-en-Pons
St-Léger
St-Seurin-de-Palenne
Grézac
Cozes
Cravans
Jazennes
Pons
Bougneau
Coulonges
Échebrune
Lonzac
Arces
Gémozac
Virollet
Tanzac
Biron
Épargnes
Givrezac
Mazerolles
Belluire
Fléac-s-S.
Avy
Chadenac
Jarnac-Champagne
Barzan
Chenac-St-Seurin-d'Uzet
Champagnolles
St-Quantin-de-Rançanne
Marignac
St-Palais-de-Phiolin
St-Grégoire-d'Ardennes
Neuilles
Mortagne-s-Gironde
Boutenac-Touvent
Brie-s/s-Mortagne
Mosnac
St-Genis-de-Saintonge
St-Georges-Antignac
Clam
Floirac
Bois
St-Maurice-de-Tavernole
St-Martial-de-Vitaterne
Lorignac
St-Fort-s-G.
Plassac
Clion
St-Romain-s-G.
St-Dizant-du-Gua
St-Sigismond-de-Clermont
St-Germain-de-Lusignan
Jonzac
Meux
St-Ciers-du-Taillon
Tenaille
Guitinières
St-Hilaire-du-Bois
Ste-Ramée
Consac
St-Dizant-du-Bois
Nieul-le-Virouil
Champagnac
Semillac
St-Martial-de-M.
St-Simon-de-Bordes
Ozillac
St-Thomas-de-Conac
Semoussac
Mirambeau
Allas-Bocage
Agudelle
Villexavier
St-Sorlin-de-Conac
St-Georges-des-Agouts
Soubran
Tugéras-St-Maurice
St-Bonnet-s-Gironde
Salignac-de-M.
Rouffignac
Chartuzac
St-Christoly-Médoc
Couquèques
St-Yzans-de-Médoc
Pleine-Selve
Courpignac
Expiremont
Boisredon
Chamouillac
St-Palais
St-Seurin-de-Cadourne
St-Germain-d'Esteuil
St-Ciers-sur-Gironde
St-Caprais-de-Blaye
Montendre
237
St-Estèphe
Vertheuil
St-Aubin-de-Blaye
Marcillac
LE BLAYAIS
220
61
62
63
64
65
GIRONDE

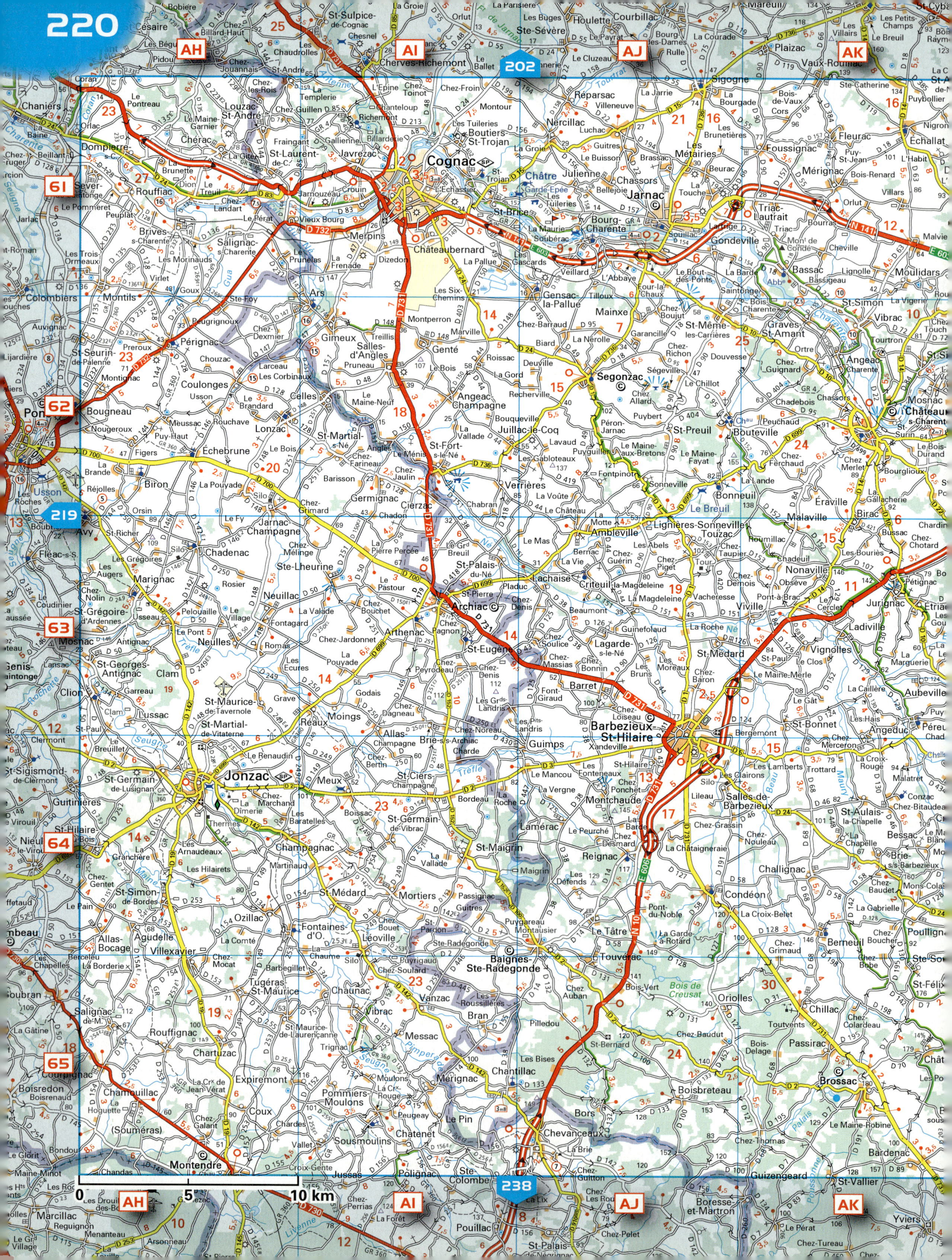

AH
AI
AJ
AK
202
219
238
61
62
63
64
65
Cognac
Jarnac
Châteauneuf-s-Charente
Segonzac
Barbezieux-St-Hilaire
Jonzac
Archiac
Baignes-Ste-Radegonde
Montendre
Brossac
Pons
Châteaubernard
Cherves-Richemont
St-Sulpice-de-Cognac
Javrezac
Louzac-St-André
Chérac
Dompierre
Rouffiac
Brives-s-Charente
Salignac-s-Charente
Merpins
Gensac-la-Pallue
Bourg-Charente
Triac-Lautrait
Gondeville
Mainxe
Ars
Gimeux
Salles-d'Angles
Genté
Angeac-Champagne
Juillac-le-Coq
Bouteville
Péréac-Jarnac
St-Preuil
Pérignac
Coulonges
Lonzac
Celles
St-Martial-s-Né
Échebrune
Biron
Germignac
Cierzac
St-Fort-s-le-Né
Verrières
Ambleville
Lignières-Sonneville
Bonneuil
Malaville
Jarnac-Champagne
Chadenac
Ste-Lheurine
Neuillac
Marignac
St-Grégoire-d'Ardennes
St-Georges-Antignac
St-Germain-de-Lusignan
Lachaise
Criteuil-la-Magdeleine
Lagarde-s-le-Né
St-Eugène
Arthenac
St-Médard
Jurignac
Vignolles
Ladiville
Salles-de-Barbezieux
Reignac
Condéon
Challignac
Touvérac
Oriolles
Chillac
Passirac
Boisbreteau
Chevanceaux
Chantillac
Mérignac
Messac
Vanzac
Chaunac
Tugéras-St-Maurice
Rouffignac
Expiremont
Coux
Sousmoulins
Chatenet
Polignac
Pommiers-Moulons
Fontaines-d'O.
Léoville
Ozillac
Agudelle
Villexavier
Allas-Bocage
St-Simon-de-Bordes
Champagnac
Réaux
Moings
Allas-Champagne
Brie-s-Archiac
St-Ciers-Champagne
St-Germain-de-Vibrac
Mortiers
Guimps
Montchaude
St-Maigrin
Guitinières
St-Hilaire-du-Bois
Clion
Mosnac
Neulles
St-Martial-de-Vitaterne
St-Maurice-de-Tavernole
Meux
Bran
Bois de Creusat
0
5
10 km

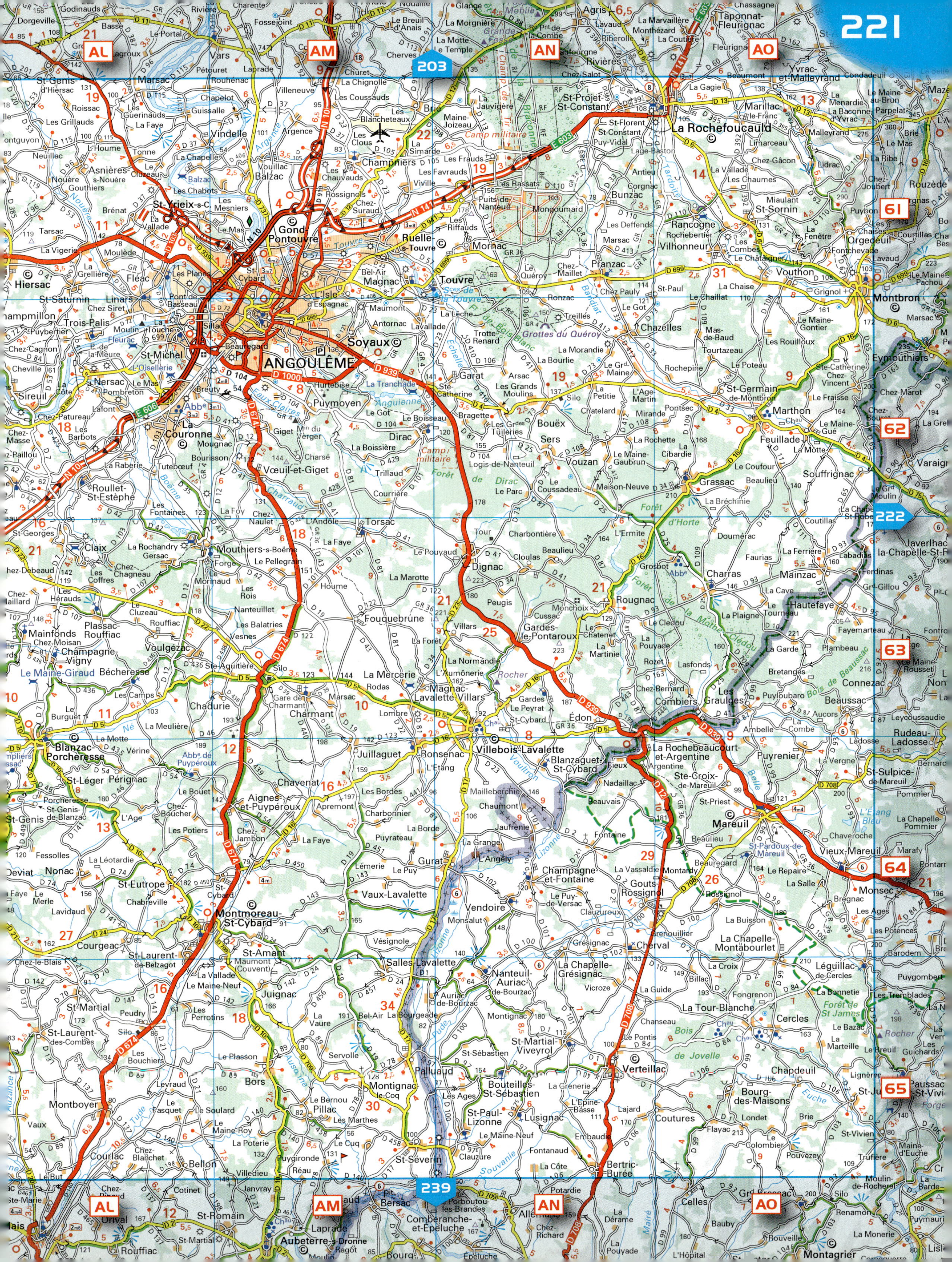
AL
AM
AN
AO
203
222
239
61
62
63
64
65
ANGOULÊME
Soyaux
Gond-Pontouvre
St-Yrieix-s-C.
Ruelle-s-Touvre
La Couronne
Puymoyen
Vœuil-et-Giget
Hiersac
Fléac
Linars
St-Michel
Nersac
La Rochefoucauld
St-Projet-St-Constant
Rivières
Agris
Taponnat-Fleurignac
Yvrac-et-Malleyrand
Marillac-le-Franc
Rancogne
Vilhonneur
Bunzac
Pranzac
Mornac
Magnac-s-T.
Touvre
L'Isle-d'Espagnac
Champniers
Balzac
Vindelle
Vars
Marsac
Asnières-s-Nouère
St-Genis-d'Hiersac
Trois-Palis
St-Saturnin
Montbron
Vouthon
St-Sornin
Mainzac
Eymouthiers
Marthon
Feuillade
St-Germain-de-Montbron
Chazelles
Grassac
Souffrignac
Garat
Bouëx
Sers
Vouzan
Dirac
Torsac
Dignac
Sireuil
Claix
Mouthiers-s-Boëme
Plassac-Rouffiac
Voulgézac
Champagne-Vigny
Roullet-St-Estèphe
Fouquebrune
Gardes-le-Pontaroux
Rougnac
Charras
Hautefaye
Villebois-Lavalette
Magnac-Lavalette-Villars
Blanzaguet-St-Cybard
La Rochebeaucourt-et-Argentine
Mareuil
Vieux-Mareuil
Monsec
Blanzac-Porcheresse
Charmant
Chadurie
Juillaguet
Ronsenac
Édon
Combiers
Les Graulges
Aignes-et-Puypéroux
Chavenat
Gurat
Vendoire
Champagne-et-Fontaine
Gouts-Rossignol
Montmoreau-St-Cybard
St-Eutrope
Nonac
Vaux-Lavalette
Salles-Lavalette
Nanteuil-Auriac-de-Bourzac
La Chapelle-Grésignac
La Chapelle-Montabourlet
La Tour-Blanche
Cercles
Léguillac-de-Cercles
Juignac
St-Amant
Montignac-le-Coq
Palluaud
Bouteilles-St-Sébastien
St-Martial-Viveyrol
Verteillac
St-Paul-Lizonne
Lusignac
Bertric-Burée
Bourg-des-Maisons
Chapdeuil
Coutures
St-Séverin
Pillac
Bors
Bellon
Courlac
Montboyer
St-Martial
St-Laurent-des-Combes
Courgeac
Aubeterre-s-Dronne
Bonnes
Laprade
Bersac
Comberanche-et-Épeluche
Allemans
Celles
Montagrier
St-Romain
Rouffiac
Forêt de Dirac
Forêt d'Horte
Camp militaire
Grottes du Quéroy
N 10
N 141
E 606
D 674
D 939
D 1000
D 708

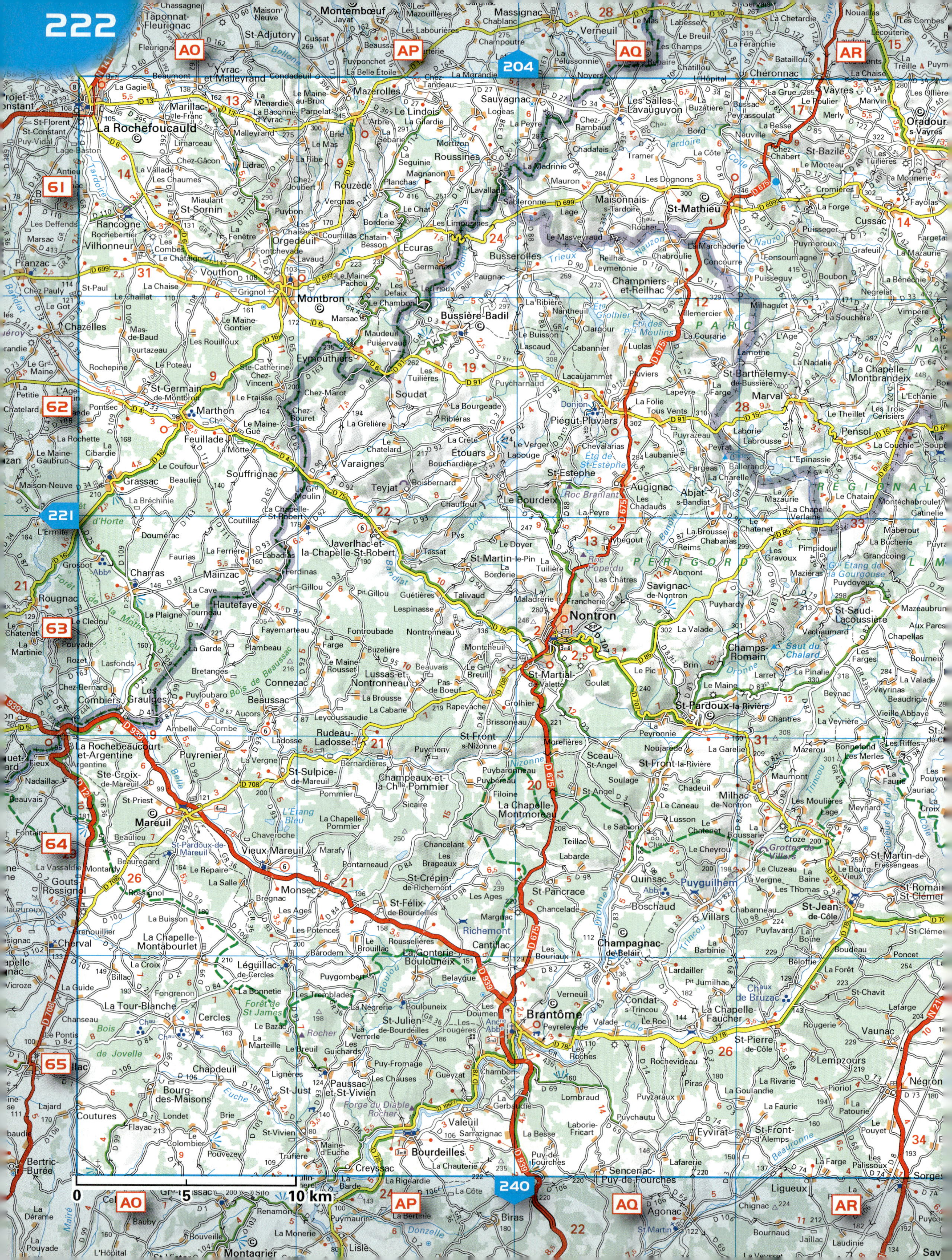
La Rochefoucauld
Montbron
Nontron
Brantôme
Mareuil
St-Mathieu
Bussière-Badil
Piégut-Pluviers
St-Pardoux-la-Rivière
Champagnac-de-Belair
La Rochebeaucourt-et-Argentine
Marthon
Feuillade
Javerlhac-et-la-Chapelle-St-Robert
St-Martial-de-Valette
Villars
Bourdeilles
Champs-Romain
St-Saud-Lacoussière
Oradour-s-Vayres
Vayres
Chéronnac
Marval
Pensol
Augignac
Abjat-s-Bandiat
Savignac-de-Nontron
Quinsac
St-Jean-de-Côle
Condat-s-Trincou
La Chapelle-Faucher
St-Pierre-de-Côle
Vieux-Mareuil
Monsec
Cercles
La Tour-Blanche
Léguillac-de-Cercles
Paussac-et-St-Vivien
Valeuil
Lisle
Creyssac
Biras
Agonac
Ligueux
Sorges
Négrondes
Vaunac
Lempzours
PARC NATUREL RÉGIONAL PÉRIGORD-LIMOUSIN
0 5 10 km
AO
AP
AQ
AR
204
221
240
61
62
63
64
65

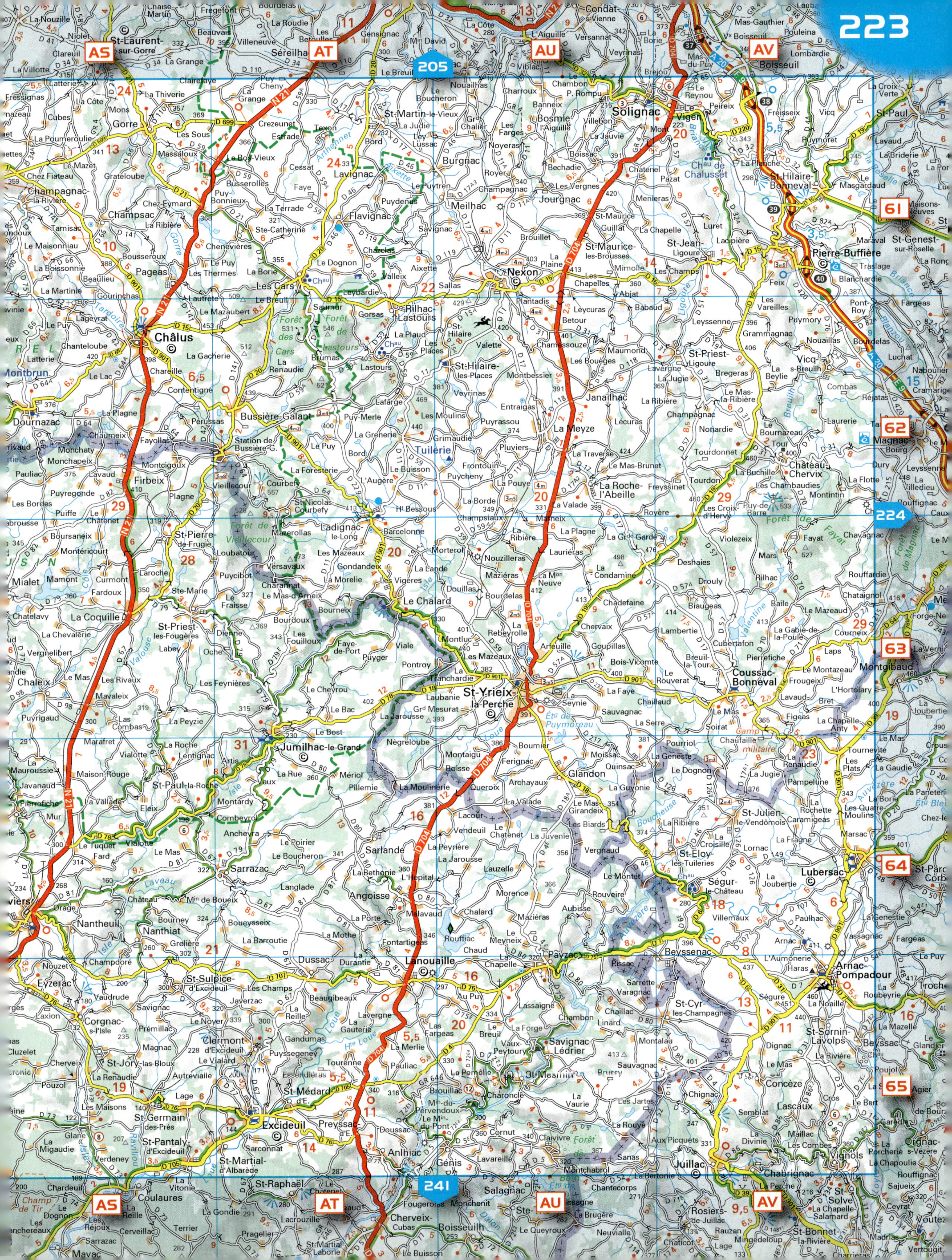
205
224
241
AS
AT
AU
AV
61
62
63
64
65
St-Laurent-sur-Gorre
Séreilhac
Solignac
Le Vigen
Boisseuil
St-Paul
St-Hilaire-Bonneval
Pierre-Buffière
Châlus
Gorre
Champsac
Pageas
Les Cars
Flavignac
Lavignac
Burgnac
St-Martin-le-Vieux
Meilhac
Jourgnac
Nexon
St-Maurice-les-Brousses
St-Jean-Ligoure
Rilhac-Lastours
St-Hilaire-les-Places
Janailhac
St-Priest-Ligoure
Vicq-s-Breuilh
Magnac-Bourg
Château-Chervix
La Roche-l'Abeille
La Meyze
Bussière-Galant
Firbeix
Dournazac
St-Pierre-de-Frugie
Ladignac-le-Long
Le Chalard
Coussac-Bonneval
St-Yrieix-la-Perche
Jumilhac-le-Grand
Glandon
St-Priest-les-Fougères
Montgibaud
Lubersac
Ségur-le-Château
St-Éloy-les-Tuileries
St-Julien-le-Vendômois
Arnac-Pompadour
Beyssenac
Payzac
Lanouaille
Angoisse
Sarlande
Sarrazac
Nantheuil
Thiviers
St-Paul-la-Roche
Dussac
Eyzerac
Corgnac-s-l'Isle
St-Sulpice-d'Excideuil
Excideuil
St-Médard-d'E.
St-Germain-des-Prés
St-Pantaly-d'Excideuil
Savignac-Lédrier
St-Cyr-les-Champagnes
St-Sornin-Lavolps
Juillac
Concèze
Lascaux
Beyssac
Chabrignac
Anlhiac
Génis
Salagnac
St-Raphaël
Coulaures
St-Martial-d'Albarède
Cherveix-Cubas
Boisseuilh
Forêt de Vieillecour
Forêt de Fayat
Étg de Puymoreau
Camp militaire

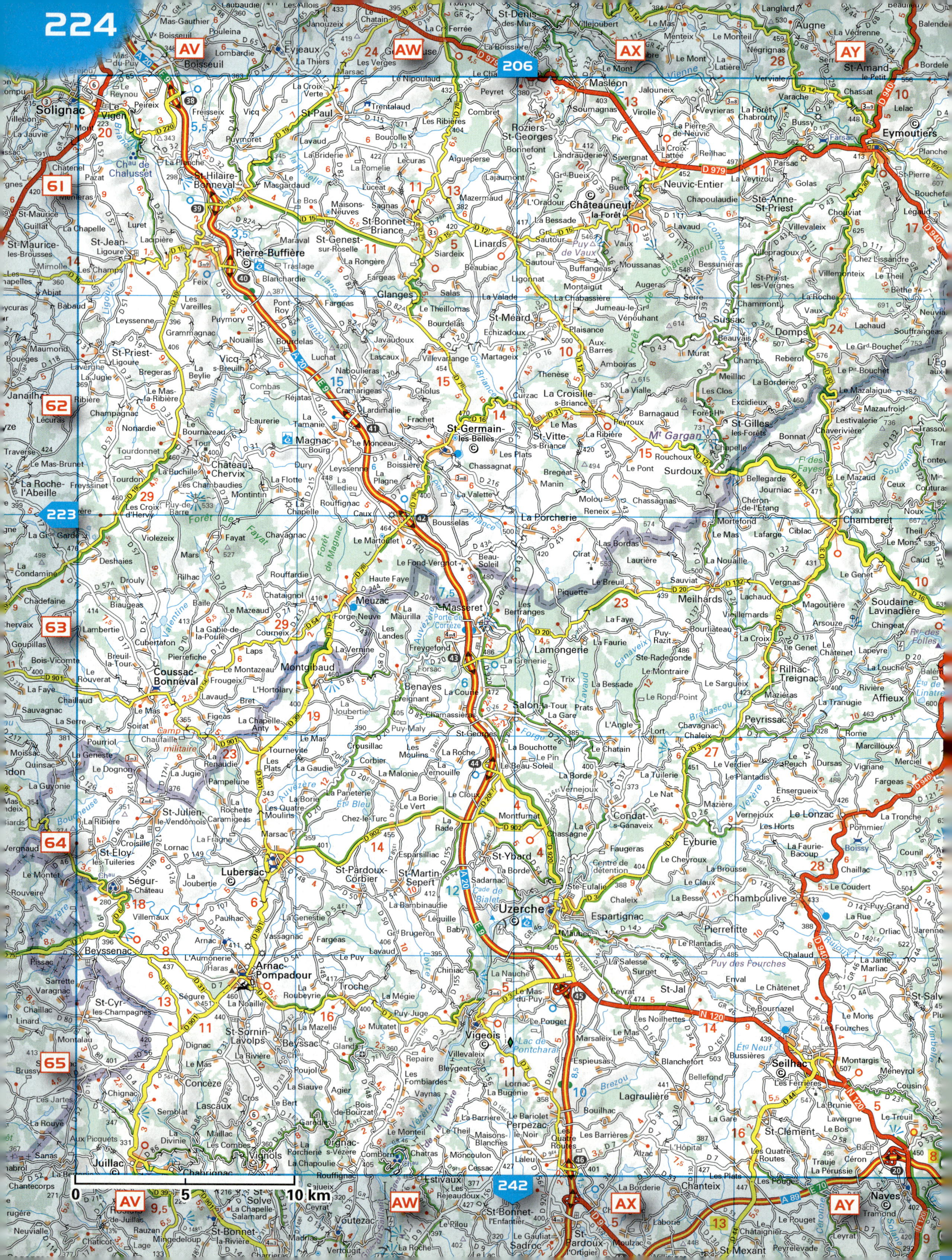
AV
AW
AX
AY
206
242
223
61
62
63
64
65
Solignac
Vigen
Boisseuil
Eyjeaux
St-Paul
St-Denis-des-Murs
Masléon
Eymoutiers
St-Amand-le-Petit
Augne
Chau de Chalusset
St-Hilaire-Bonneval
Pierre-Buffière
St-Genest-sur-Roselle
St-Bonnet-Briance
Linards
Châteauneuf-la-Forêt
Neuvic-Entier
Ste-Anne-St-Priest
Roziers-St-Georges
St-Jean-Ligoure
St-Maurice-les-Brousses
Glanges
St-Méard
Sussac
Domps
St-Priest-Ligoure
Vicq-s-Breuilh
Magnac-Bourg
St-Germain-les-Belles
St-Vitte-s-Briance
La Croisille-s-Briance
St-Gilles-les-Forêts
Mt Gargan
Surdoux
La Roche-l'Abeille
Château-Chervix
La Porcherie
Chamberet
Meuzac
Masseret
Lamongerie
Meilhards
Soudaine-Lavinadière
Coussac-Bonneval
Montgibaud
Benayes
Salon-la-Tour
Rilhac-Treignac
Peyrissac
Affieux
St-Julien-le-Vendômois
St-Eloy-les-Tuileries
Ségur-le-Château
Lubersac
St-Pardoux-Corbier
St-Martin-Sepert
St-Ybard
Uzerche
Espartignac
Condat-s-Ganaveix
Eyburie
Chamboulive
Pierrefitte
Beyssenac
Arnac-Pompadour
St-Cyr-les-Champagnes
St-Sornin-Lavolps
Beyssac
Troche
Vigeois
Perpezac-le-Noir
St-Jal
Seilhac
St-Clément
Lagraulière
Juillac
Orgnac-s-Vézère
Vignols
Naves
Chanteix
St-Bonnet-l'Enfantier
Sadroc
St-Mexant
A 20
N 120
0
5
10 km

AZ
BA
BB
BC
207
243
61
62
63
64
65
226
Meymac
Égletons
Bugeat
Sornac
Millevaches
La Courtine
Neuvic
Ussel
Corrèze
Peyrelevade
Tarnac
Chavanac
Davignac
Maussac
Combressol
St-Angel
Lapleau
Gimel-les-Cascades
Rosiers-d'Égletons
St-Yrieix-le-Déjalat
Moustier-Ventadour
Chirac-Bellevue
Palisse
St-Setiers
Gentioux-Pigerolles
Toy-Viam
Viam
Pérols-s-Vézère
Alleyrat
Chaveroche
St-Sulpice-les-Bois
St-Germain-Lavolps
St-Pardoux-le-Vieux
St-Rémy
Bellechassagne
St-Martial-le-Vieux
Mestes
Valiergues
Chapelle-Spinasse
St-Hilaire-Foissac
Montaignac-St-Hippolyte
Sarran
Meyrignac-l'Église
St-Augustin
Gourdon-Murat
Pradines
Grandsaigne
Bonnefond
Lacelle
Rempnat
Nedde
Villedieu
Faux-la-Montagne
Feniers
Vestiges gallo-romains des Cars
Tourbière du Longéroux
Puy Pendu
Puy de Razel
Forêt de Ventadour
Forêt de Bonneval
Ch^au de Ventadour
Lac de Séchemailles
Suc-au-May
Camp militaire
Camp de la Courtine
D 979
D 982
D 36
D 16
D 991
N 89
A 89
E 70

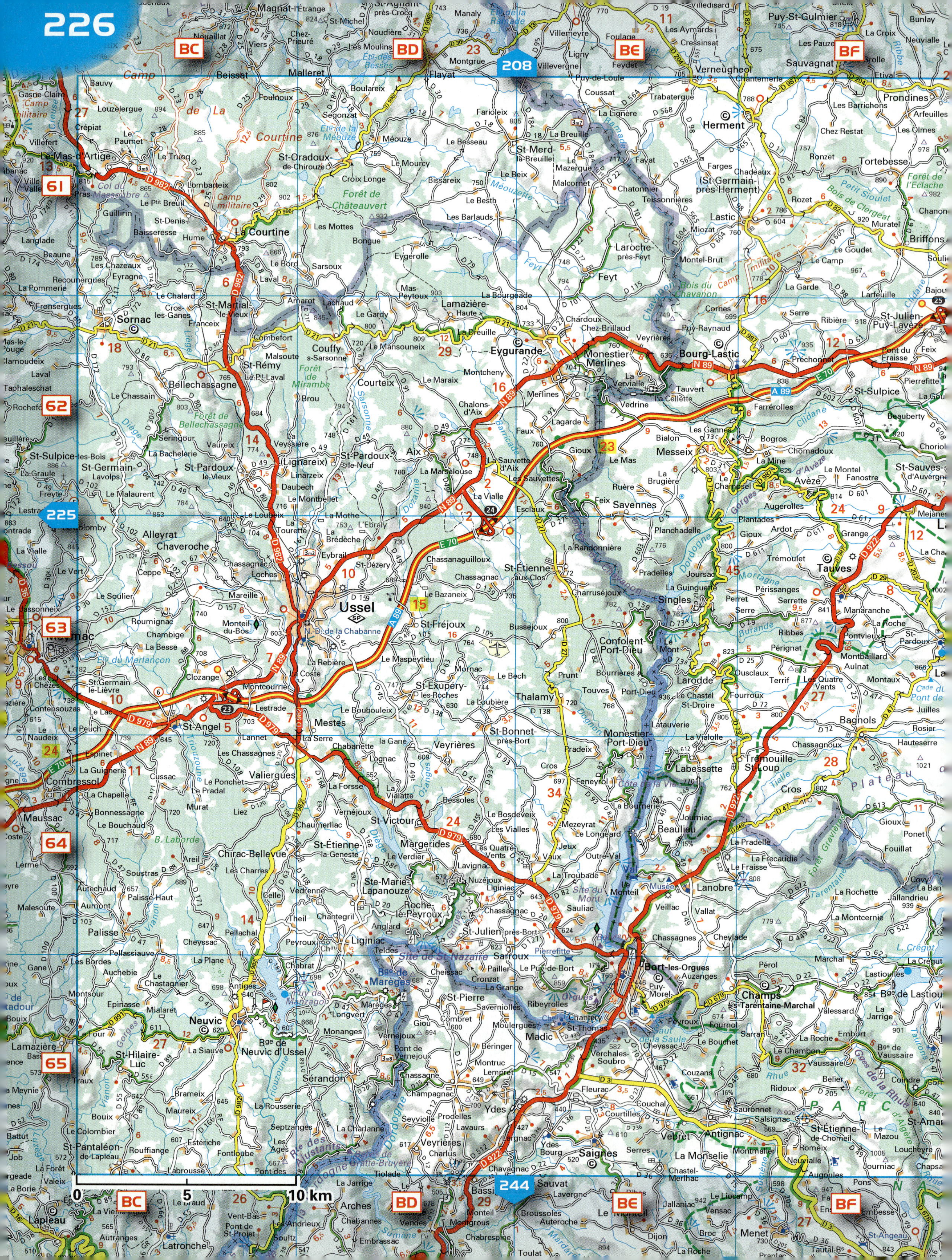
BC
BD
BE
BF
208
225
244
61
62
63
64
65
La Courtine
Camp militaire de La Courtine
Forêt de Châteauvert
Sornac
Feyt
Eygurande
Monestier-Merlines
Bourg-Lastic
Herment
St-Germain-près-Herment
Lastic
Briffons
Prondines
Tortebesse
St-Julien-Puy-Lavèze
St-Sulpice
Messeix
Savennes
Avèze
Tauves
St-Rémy
Bellechassagne
Forêt de Bellechassagne
Forêt de Mirambe
St-Pardoux-le-Neuf
St-Pardoux-le-Vieux
Aix
Ussel
Mestes
St-Angel
Meymac
St-Fréjoux
Chaveroche
Alleyrat
Valiergues
Veyrières
St-Étienne-aux-Clos
Confolent-Port-Dieu
Monestier-Port-Dieu
Thalamy
Singles
Larodde
Labessette
Trémouille-St-Loup
Bagnols
Cros
St-Victour
Margerides
St-Étienne-la-Geneste
Chirac-Bellevue
Liginiac
Sarroux
Bort-les-Orgues
Lanobre
Champs-s-Tarentaine-Marchal
Neuvic
St-Hilaire-Luc
Sérandon
Madic
Ydes
Saignes
Antignac
Vebret
St-Étienne-de-Chomeil
Lamazière-Basse
St-Pantaléon-de-Lapleau
Lapleau
Sauvat
Le Monteil
Arches
Veyrières
Riom-ès-Montagnes
Combressol
Maussac
Palisse
Plateau
PARC
0
5
10 km

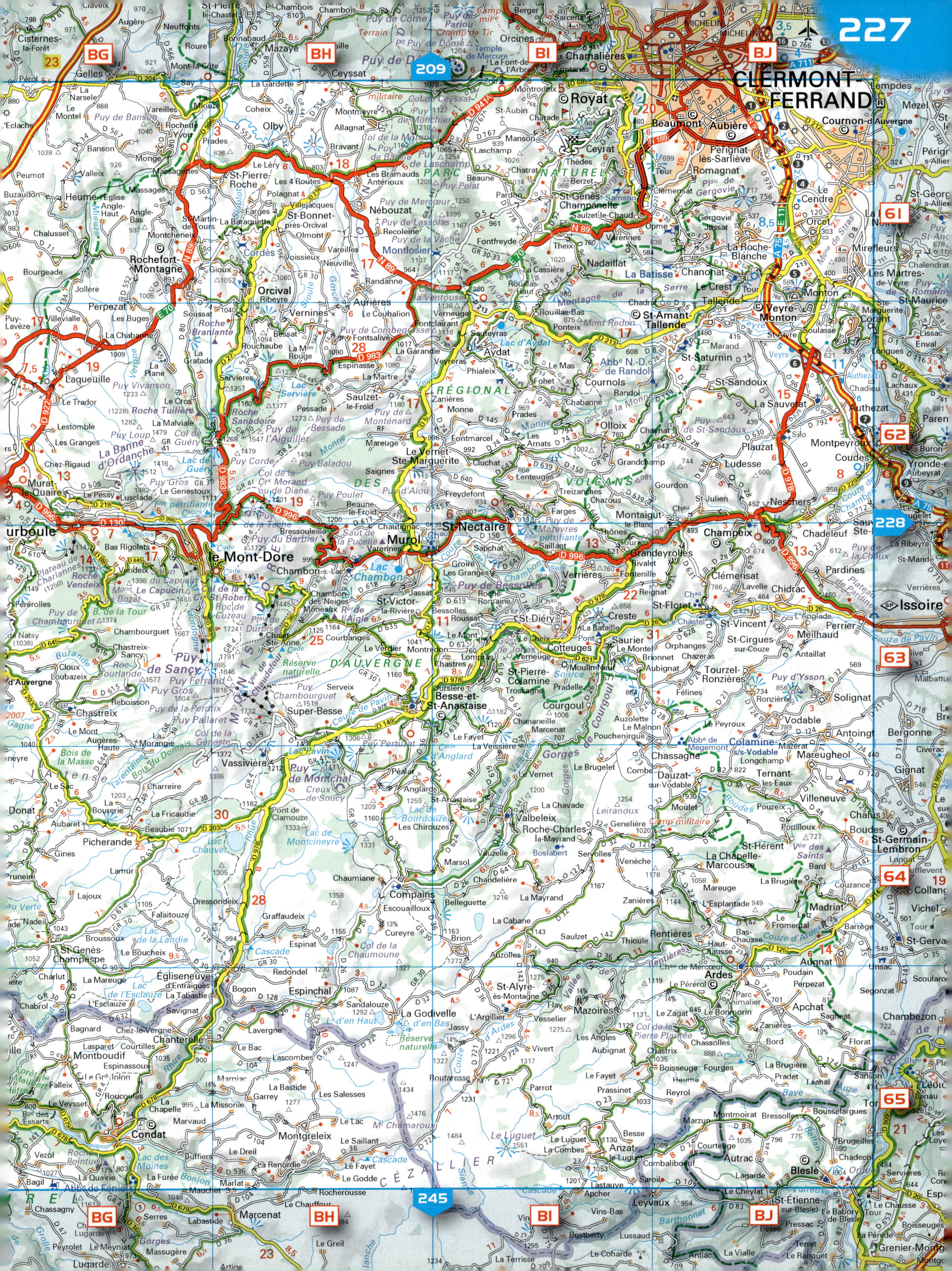
209
228
245
BG
BH
BI
BJ
61
62
63
64
65
CLERMONT-FERRAND
Chamalières
Royat
Beaumont
Aubière
Cournon-d'Auvergne
Pérignat-lès-Sarliève
Romagnat
Orcet
Le Cendre
Mirefleurs
Les Martres-de-Veyre
La Roche-Blanche
Veyre-Monton
St-Amant-Tallende
St-Saturnin
Tallende
Chanonat
Nadaillat
Theix
Ceyrat
St-Genès-Champanelle
Aydat
Lac d'Aydat
St-Sandoux
La Sauvetat
Authezat
Montpeyroux
Coudes
Plauzat
Ludesse
Neschers
Champeix
Chadeleuf
Issoire
Meilhaud
Perrier
St-Vincent
St-Cirgues-sur-Couze
Tourzel-Ronzières
Solignat
Vodable
Antoingt
Bergonne
Mareugheol
Ternant-les-Eaux
Villeneuve
St-Germain-Lembron
St-Hérent
La Chapelle-Marcousse
Madriat
Augnat
Ardes
Apchat
Mazoires
Anzat-le-Luguet
Blesle
Rentières
Dauzat-sur-Vodable
Chassagne
Colamine
Creste
Saurier
Grandeyrolles
Montaigut-le-Blanc
St-Floret
Clémensat
Chidrac
Verrières
St-Nectaire
Murol
Lac Chambon
Chambon-sur-Lac
Saillant
Saulzet-le-Froid
Le Vernet-Ste-Marguerite
Olloix
Cournols
Fohet
Chaynat
Grandchamp
St-Julien
Pardines
St-Diéry
Cotteuges
St-Pierre-Colamine
Besse-et-St-Anastaise
Super-Besse
Puy de Sancy
Le Mont-Dore
La Bourboule
Murat-le-Quaire
Rochefort-Montagne
Orcival
Vernines
Aurières
Nébouzat
Olby
Ceyssat
Mazaye
Gelles
Cisternes-la-Forêt
Laqueuille
Perpezat
Heume-l'Église
St-Pierre-Roche
St-Bonnet-près-Orcival
Vareilles
Puy de Dôme
Puy de Côme
Col de Ceyssat
Puy de Laschamp
Puy de Mercœur
Montlosier
Randanne
Le Cheix
Puy de Monténard
Puy de l'Aiguiller
Roche Sanadoire
Roche Tuilière
Col de Guéry
Lac de Guéry
La Banne d'Ordanche
Chastreix
Picherande
Vassivière
Lac Pavin
Puy de Montchal
Compains
Lac de Montcineyre
Egliseneuve-d'Entraigues
Espinchal
Montboudif
Condat
Marcenat
Montgreleix
La Godivelle
St-Alyre-ès-Montagne
Valbeleix
Roche-Charles-la-Mayrand
Saurier
Courgoul
Gorges de Courgoul
Vallée de Chaudefour
Réserve naturelle
Rés. de la Vallée de Chaudefour
PARC NATUREL RÉGIONAL DES VOLCANS D'AUVERGNE
MONTS DORE
CÉZALLIER
Lac de Bourdouze
Lac Chauvet
Lac de la Landie
Lac de Servière
Lac du Guéry
Lac des Moines
Lac d'en Haut
Lac d'en Bas
Puy d'Ysson
Plateau de Gergovie
Puy de Bessolles
Jassat
St-Victor-la-Rivière
Courbanges
Chambon-des-Neiges
Les Chirouzes
Chaumiane
Escouailloux
Brion
La Cabane
Pradelle
Marcenat
Lastaux
Vins-Bas
Apcher
Leyvaux
St-Étienne-sur-Blesle
Grenier-Montgon
Lempdes
Mezel
Nohanent
Clermont-Ferrand
Ambert
Scoulorn
Vichel
Colamine-sous-Vodable
Gignat
Boudes
Chalus
Collanges
Chambezon
Léotoing
Lorlanges
Bousselargues
Brugeilles
Torsiac
La Chapelle-Laurent
Autrac
Marzun
Lussaud
Vezols
Bagil
Chassagny
Lugarde
Massugère
Le Greil
La Terrisse
Bostberty
Combaliboeuf
Artout
Prassinet
Le Fayet
Aubignat
Les Angles
Vessellier
L'Argillier
Jassy
Vivert
Parrot
Le Luguet
Les Combes
Pont de Clamouze
Graffaudeix
Espinat
Redondel
Bogon
Lavergne
Le Bac
Lascombes
Marniac
Garrey
La Bastide
Les Salesses
Le Lac
Le Saillant
La Renardie
Le Fayet
Le Godde
Lajoux
Falaitouze
Broussoux
Nadeil
Le Boucheix
St-Genès-Champespe
Charlut
Chabrol
Bagnard
Lasparet
Courtilles
Espinassoux
Falleix
Le Veysset
Roucoulet
Marvaud
Vezol
Bagil
Artige
Mauchet
Marlat
La Furée
Buffiers
Le Drelt
Chambourguet
Chastreix-Sancy
Cloux
Loubaleix
Rebaisson
Le Mont
Augères
Morangie
Charreire
La Bourrerie
La Fricaudie
Aubaret
Beaubie
Gines
Lamur
Dressondeix
La Mareuge
Savignat
Chanterelle
La Tabastie
Bourgeade
Jollère
Puy-Lavèze
Villevialle
Le Trador
Lestomble
Les Granges
Chez-Rigaud
Le Genestoux
Lusclade
Bressouleille
Varennes
Sapchat
Groire
Les Granges
Rozier
Romaine
Bessolles
Roussat
Le Mont
Monnedon
Chastres
Pétrosses
Fontaine
Reignat
Zanières
Prades
Monne
Fontmarcel
Cluchat
Lenteuges
Treizanches
Chazoux
Farges
Mazeyres
Gourdon
Rouillas-Bas
Ponteix
Le Crest
Tallende
Marand
Montredon
Manson
Laschamp
Beaune
Pardon
Fontfreyde
Recoleine
Berzet
Thèdes
St-Aubin
Charade
Orcines
La Font-de-l'Arbre
Ceyssat
Allagnat
Bravant
Montmeyre
Coheix
Le Léry
Les 4 Routes
Polagnat
Villejacques
Olmont
Voissieux
Neuville
Randanne
Le Couhalion
Fontclairant
Verneuge
Sauteyras
Phialeix
Espinasse
La Martre
Saulzet-le-Froid
Pessade
Massagettes
Monges
Prades
Rochette
Yvon
Vareilles
La Narsele
Le Montel
Banson
Valleix
Peumot
Bouzaudon
Chalusset
Massages
Angle-Haut
Montcheneil
Gioux
Soussat
Roche Branlante
La Grange
La Plane
La Chabanne
Les Buges
Sarvières
Le Cros
La Malviale
Ribeyre
Bessat
La Mouchie
Rouchaube
Vendeix
Bas Rigolets
Le Capucin
Roc de Cuzeau
Puy de la Tour
Puy Ferrand
Puy Gros
Puy de la Perdrix
Puy Pailaret
Rés. de Chastreix
Puy de Chambourguet
Serveix
Lac des Hermines
Col de la Croix Morand
Puy Corde
Puy Baladou
Puy de Bessade
Saignes
Beaune-le-Froid
Chautignac
Chambon
Vendeix
Le Fayet
La Veissière
Le Brugelet
Le Vernet
La Chadave
Pouchenirgue
Le Malnon
Marcenat
Chanteloube
Pradelle
Auzolette
Le Peyroux
Longchamp
Moulet
Pouzaix
Pouilloux
Vèze
Bard
Mareuge
L'Esplantade
Le Fromental
Bas-Chausse
Haut-Chausse
Le Pérol
Parc animalier
Le Zagat
Le Bonnorin
Chassolles
Fourges
Reyrol
Marzun
Montmoirat
Bressolles
Le Cheylat
Pressac
Terret
Couzance
Barrège
Poudain
Perpezat
Segonzat
Saghéat
Florat
Bord
La Brugière
Pradet
Lachal
Sanson
Bournoncle
La Chaux
St-Mandé
St-Rémy
Le Broc
Parentignat
St-Yvoine
Orbeil
Pardines
Ronzières
Auterive
Tourzel
Félines
Mazerat
Chazeras
Orphanges
Brionnet
Le Monteil
Aubignat
Chaudeyrolles
Saurier
Crozet
La Bataille
Rivalet
Fontenille
Coteuges
Moulin-Neuf
Trossagne
Chananeille
Marcenat
Le Fayet
Pont Bertrand
Fontaine
Marsol
Vauzelle
Anglards
Pessat
St-Anastaise
Chandelière
Belleguette
Saulzet
Thioule
Genelière
Leiranoux
Vèneche
Mareuge
La Mayrand
Zanières
Auzolles
Servoles
Boslabert
Marsol
La Cabane
Mazoires
Vessellier
Le Chastel
Puy de Monne
Puy de la Vache
Puy de Lassolas
Puy Pelat
Puy de Combegrasse
Puy de Charmont
Puy de la Rodde
Puy de Vichatel
Puy de Montchal
Puy de Boutaresse
Puy Redon
Lac Chauvet
Bois de la Masse
Col de la Chaumoune
Cascade
Couze de Chambon
Couze Pavin
Couze d'Ardes
Couze de Valbeleix
Mont Redon
Puy de St-Sandoux
Abbe N.-D. de Randol
Randol
La Batisse
Serre
Chadrat
Fontaine
Gergovie
Jussat
Opme
Varennes
Le Cendre
Gondole
Longues
Enval
Lissac
St-Maurice
St-Romain
Sallèdes
Chalendrat
Authezat
Chadieu
Le Pallard
Parent
Buron
Yronde-et-Buron
Aubeyrat
Sauvagnat-Ste-Marthe
La Ribeyre
St-Mandé
Malbattu
Vernières
Gignat
Nonette
Villeneuve
Lorlanges
Beaulieu
Charbonnier
Lempdes-sur-Allagnon
Vichel
Tour
Saint-Gervazy
Collanges
Scoulorn
Chambezon
Léotoing
Lempdes
Lempdes-sur-Allagnon
Grenier-Montgon
Boisseuges
Peyrusse
La Chausse
Espinasse
Servières
Chalus
St-Étienne-sur-Blesle
La Vialle
Bousselargues
Le Pouget
Anliac
Leyvaux
Le Luguet
La Combe
Anzat-le-Luguet
Lastaux
Lussaud
La Cohade
Bostberty
La Terrisse
Rochebrune
Rochouse
Le Chauffour
Serres
Labastide
Cascade de la Roche

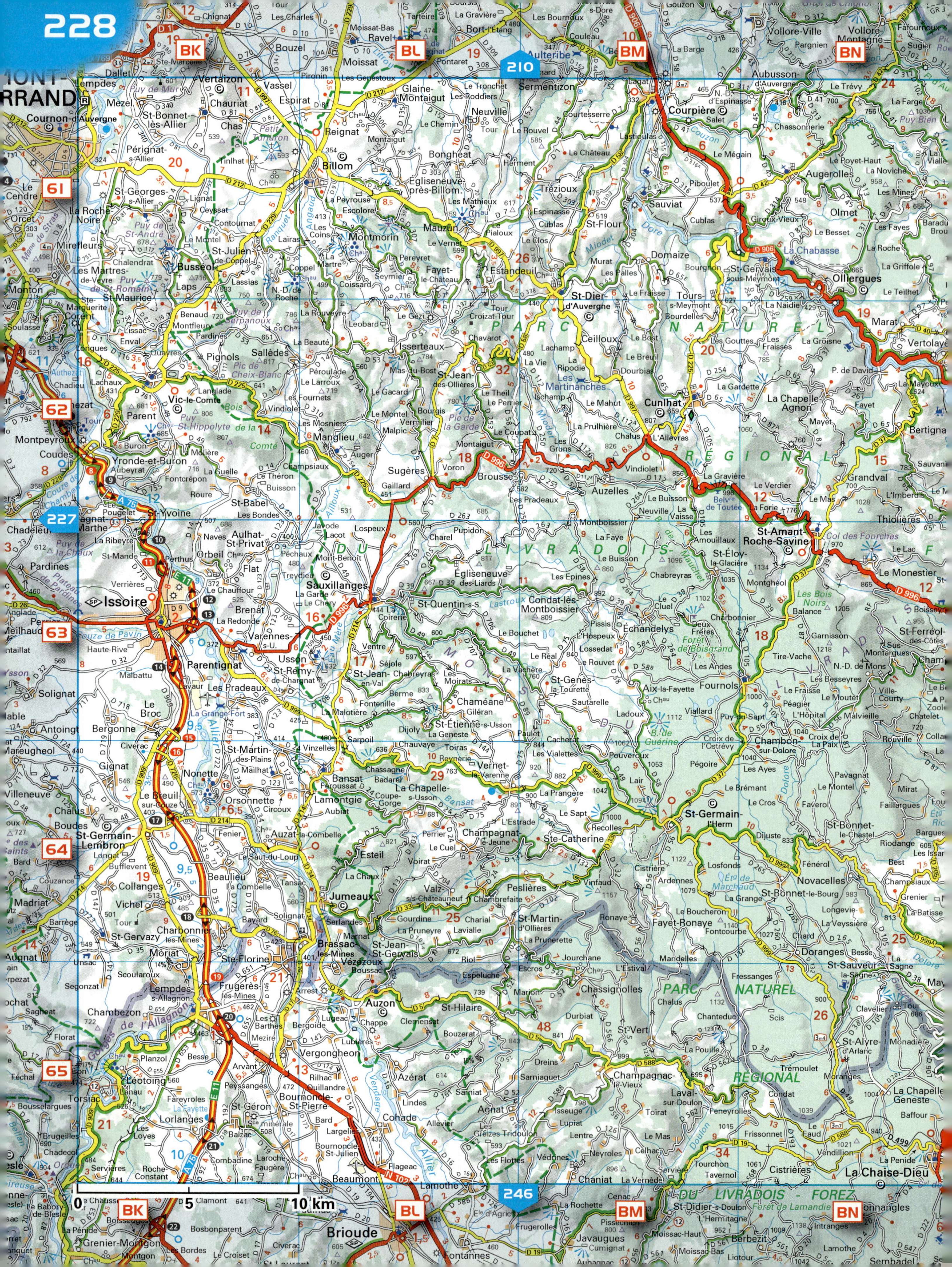
BK
BL
BM
BN
210
227
246
61
62
63
64
65
Billom
Courpière
Cunlhat
Issoire
Sauxillanges
St-Dier-d'Auvergne
St-Amant-Roche-Savine
St-Germain-l'Herm
St-Germain-Lembron
Jumeaux
Brassac-les-Mines
Auzon
La Chaise-Dieu
Brioude
Olliergues
Vic-le-Comte
Parentignat
Usson
Vertaizon
Mozun
Montmorin
Busséol
Manglieu
Sugères
Brousse
Auzelles
Échandelys
Fournols
Arlanc
Champagnac-le-Vieux
Lempdes-sur-Allagnon
Vergongheon
Cournon-d'Auvergne
Lezoux
Aubusson-d'Auvergne
PARC NATUREL RÉGIONAL
LIVRADOIS
DU LIVRADOIS - FOREZ
PARC NATUREL RÉGIONAL
0
5
10 km

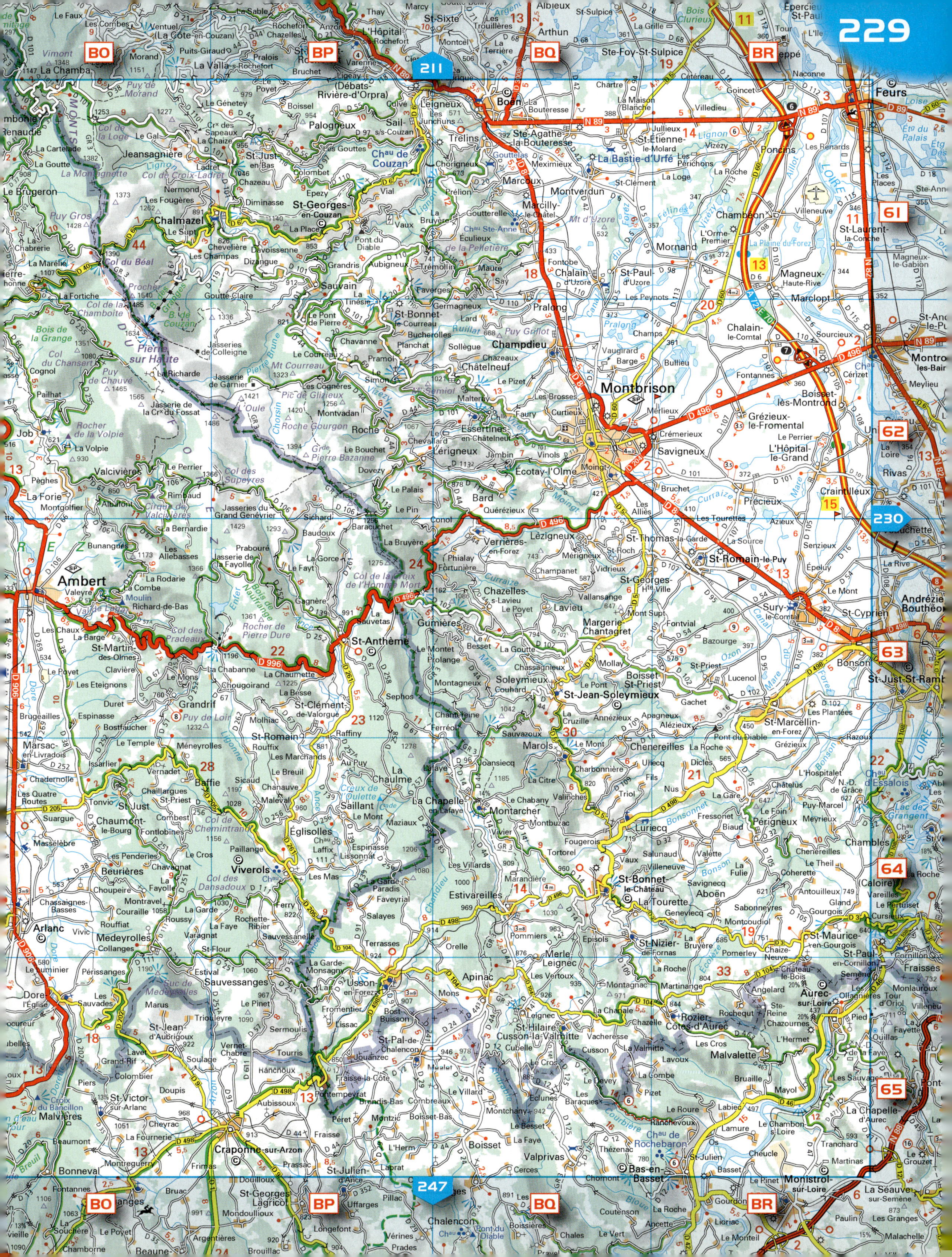
211
230
247
BO
BP
BQ
BR
Boën
Feurs
Montbrison
Chalmazel
St-Georges-en-Couzan
Sauvain
Champdieu
St-Bonnet-le-Courreau
Ambert
St-Anthème
Jeansagnière
Palogneux
Sail-sous-Couzan
Trelins
Ste-Agathe-la-Bouteresse
Marcoux
Marcilly-le-Châtel
Montverdun
Chalain-d'Uzore
St-Paul-d'Uzore
Pralong
Chambéon
Magneux-Haute-Rive
Marclopt
Chalain-le-Comtal
Savigneux
Ecotay-l'Olme
Essertines-en-Châtelneuf
Lérigneux
Bard
Verrières-en-Forez
Lézigneux
St-Thomas-la-Garde
St-Romain-le-Puy
Sury-le-Comtal
St-Cyprien
Bonson
St-Just-St-Rambert
Craintilleux
St-Marcellin-en-Forez
Boisset-St-Priest
St-Jean-Soleymieux
Margerie-Chantagret
Gumières
Chazelles-sur-Lavieu
Lavieu
Soleymieux
Marols
Chenereilles
Luriecq
St-Bonnet-le-Château
La Tourette
Aboën
Périgneux
Chambles
St-Maurice-en-Gourgois
Apinac
Estivareilles
St-Hilaire-Cusson-la-Valmitte
Usson-en-Forez
St-Pal-de-Chalencon
Malvalette
Aurec-sur-Loire
Craponne-sur-Arzon
Viverols
Sauvessanges
Eglisolles
Saillant
La Chaulme
La Chapelle-en-Lafaye
Montarcher
Baffie
Chaumont-le-Bourg
Beurières
Arlanc
Medeyrolles
St-Martin-des-Olmes
Grandrif
St-Clément-de-Valorgue
St-Romain
Valcivières
Job
La Forie
St-Victor-sur-Arlanc
Malvières
St-Jean-d'Aubrigoux
Bas-en-Basset
Monistrol-sur-Loire
Rozier-Côtes-d'Aurec
La Chapelle-d'Aurec
Valprivas
Boisset
St-Julien-d'Ance
Chalencon
St-Georges-Lagricol
La Séauve-sur-Semène
Andrézieux-Bouthéon
Rivas
Cuzieu
St-Laurent-la-Conche
Montrond-les-Bains
Boisset-lès-Montrond
Grézieux-le-Fromental
L'Hôpital-le-Grand
Précieux
Mornand
St-Etienne-le-Molard
La Bastie-d'Urfé
Poncins
Dore-l'Eglise
Marsac-en-Livradois
Ste-Foy-St-Sulpice
Arthun
St-Sixte
Puy de Montoncel
Col du Béal
Pierre sur Haute
Rocher de la Volpie
Col des Supeyres
Col de la Croix de l'Homme Mort
Col des Pradeaux
Roche Gourgon
Col de Baracuchet
Ch^au de Couzan
Ch^au de Rochebaron
LOIRE
N 89
D 496
D 498
D 996
D 906
A 72
E 70

BS
BT
BU
BV
212
229
248
61
62
63
64
65
Feurs
Salt-en-Donzy
St-Barthélemy-Lestra
Valeille
Haute-Rivoire
St-Laurent-de-Chamousset
Ste-Foy-l'Argentière
Souzy
Aveize
Duerne
Yzeron
Montromant
Vaugneray
Brindas
Messimy
Thurins
Soucieu-en-Jarrest
St-Martin-en-Haut
Rontalon
Orliénas
Virigneux
Meys
Bellegarde-en-Forez
Maringes
Viricelles
Grézieu-le-Marché
Pomeys
St-Symphorien-sur-Coise
Larajasse
Coise
Signal de St-André
Chaussan
Mornant
Taluyers
St-André-le-Puy
Montrond-les-Bains
Chazelles-s-Lyon
Cuzieu
Unias
Rivas
St-Galmier
St-Médard-en-Forez
St-Denis-s-Coise
Chevrières
Grammond
Marcenod
Châtelus
Ste-Catherine
Riverie
St-Sorlin
St-Didier-s-Riverie
St-Maurice-s-Dargoire
St-Andéol-le-Château
St-Jean-de-Touslas
Dargoire
Tartaras
Chambœuf
Veauche
Andrézieux-Bouthéon
St-Cyprien
Aveizieux
St-Bonnet-les-Oules
La Gimond
Fontanès
St-Christo-en-Jarez
St-Romain-en-Jarez
St-Martin-la-Plaine
St-Joseph
Genilac
Châteauneuf
Rive-de-Gier
Echalas
Trèves
St-Héand
La Fouillouse
Valfleury
Cellieu
Lorette
La Grand-Croix
Farnay
St-Just-St-Rambert
Bonson
L'Etrat
La Tour-en-Jarez
La Talaudière
Sorbiers
St-Chamond
L'Horme
St-Paul-en-Jarez
Ste-Croix-en-Jarez
Pavezin
Chuyer
St-Priest-en-Jarez
Villars
St-Jean-Bonnefonds
St-Martin-la-Plaine
La Terrasse-s-Dorlay
Doizieux
St-Genest-Lerpt
Roche-la-Molière
ST-ÉTIENNE
La Ricamarie
Le Chambon-Feugerolles
Unieux
Firminy
Fraisses
Planfoy
Rochetaillée
Crêt de l'Œillon
Mont Pilat
PARC NATUREL RÉGIONAL DU PILAT
Bessat
Tarentaise
Pélussin
Véranne
Roisey
Maclas
Lupé
Bessey
St-Appolinard
Colombier
St-Julien-Molin-Molette
Brossainc
Vinzieux
St-Ferréol-d'Auroux
Pont-Salomon
St-Just-Malmont
St-Romain-les-Atheux
St-Genest-Malifaux
Jonzieux
Marlhes
St-Régis-du-Coin
Le Grouzet
St-Didier
Bourg-Argental
Burdignes
St-Marcel-les-Annonay
Boulieu-lès-A.
St-Sauveur-en-Rue
St-Victor-Malescours
Aurec-sur-Loire
La Chapelle-d'Aurec
Col du Grand Bois ou de la République
Gouffre d'Enfer
0
5
10 km

BW
BX
BY
BZ
213
LYON
Bron
Décines-Charpieu
Chassieu
Pont-de-Chéruy
Charvieu-Chavagneux
Janneyrias
Crémieu
Dizimieu
Villemoirieu
Ste-Foy-lès-Lyon
La Mulatière
Oullins
St-Fons
St-Priest
Vénissieux
EUREXPO
Mi-Plaine
LYON-SAINT-EXUPÉRY
Colombier-Saugnieu
St-Bonnet-de-Mure
St-Laurent-de-Mure
Satolas-et-Bonce
Chamagnieu
Panossas
Frontonas
St-Marcel-Bel-Accueil
Vénérieu
St-Genis-Laval
Irigny
Pierre-Bénite
Corbas
Mions
Feyzin
Vourles
Vernaison
Toussieu
St-Pierre-de-Chandieu
Grenay
Heyrieux
Valencin
St-Quentin-Fallavier
La Verpillière
L'Isle-d'Abeau
Villefontaine
Vaulx-Milieu
Bourgoin-Jallieu
Domarin
Maubec
Charly
Millery
Solaize
St-Symphorien-d'Ozon
Chaponnay
Marennes
Simandres
Communay
Ternay
Grigny
Givors
Chasse-s-Rhône
Chuzelles
Villette-de-Vienne
Luzinay
St-Just-Chaleyssin
Diémoz
Bonnefamille
Roche
Four
St-Alban-de-Roche
Serpaize
Septème
Oytier-St-Oblas
St-Georges-d'Espéranche
Charantonnay
Artas
Meyrieu-les-Étangs
Culin
St-Agnin-s-Bion
Les Éparres
Tramolé
Seyssuel
Loire-s-Rhône
St-Romain-en-Gal
Ste-Colombe
St-Cyr-s-le-Rhône
VIENNE
Pont-Évêque
Estrablin
Moidieu-Détourbe
Beauvoir-de-Marc
Royas
St-Jean-de-Bournay
Ste-Anne-s-Gervonde
Châtonnay
Ampuis
Tupin-et-Semons
Jardin
Les Côtes-d'Arey
St-Sorlin-de-Vienne
Eyzin-Pinet
Savas-Mépin
Villeneuve-de-Marc
Meyssiès
Lieudieu
Condrieu
Chonas-l'Amballan
Les Roches-de-Condrieu
Reventin-Vaugris
St-Prim
St-Clair-du-Rhône
Chalons
Cour-et-Buis
Montseveroux
St-Julien-de-l'Herms
Semons
Nantoin
Commelle
Arzay
Bossieu
Cheyssieu
Vernioz
Auberives-s-Varèze
Monsteroux-Milieu
St-Alban-de-Varèze
Clonas-sur-Varèze
Assieu
La Chapelle-de-Surieu
Moissieu-sur-Dolon
Primarette
Revel-Tourdan
Pommier-de-Beaurepaire
Faramans
Ornacieux
Balbins
Penol
Côte-St-André
St-Maurice-l'Exil
Salaise-s-Sanne
Roussillon
St-Romain-de-Surieu
Bellegarde-Poussieu
Pisieu
Sardieu
Pajay
Le Péage-de-Roussillon
Ville-s-s-Anjou
Sonnay
Anjou
Agnin
Pact
Beaurepaire
St-Barthélemy
Marcilloles
St-Siméon-de-Bressieux
Sablons
Chanas
Bougé-Chambalud
Jarcieu
Lapeyrouse-Mornay
Beaufort
Thodure
Viriville
Épinouze
Marcollin
Lentiol
Manthes
Lens-Lestang
St-Rambert-d'Albon
St-Sorlin-en-Valloire
Moras-en-Valloire
Anneyron
Le Grand-Serre
Roybon
Hauterives
Champagne
Bogy
Peyraud
61
62
63
64
65
232
249
Forêt de Bonnevaux
Bois de Taravas
Forêt des Blaches
Chambaran

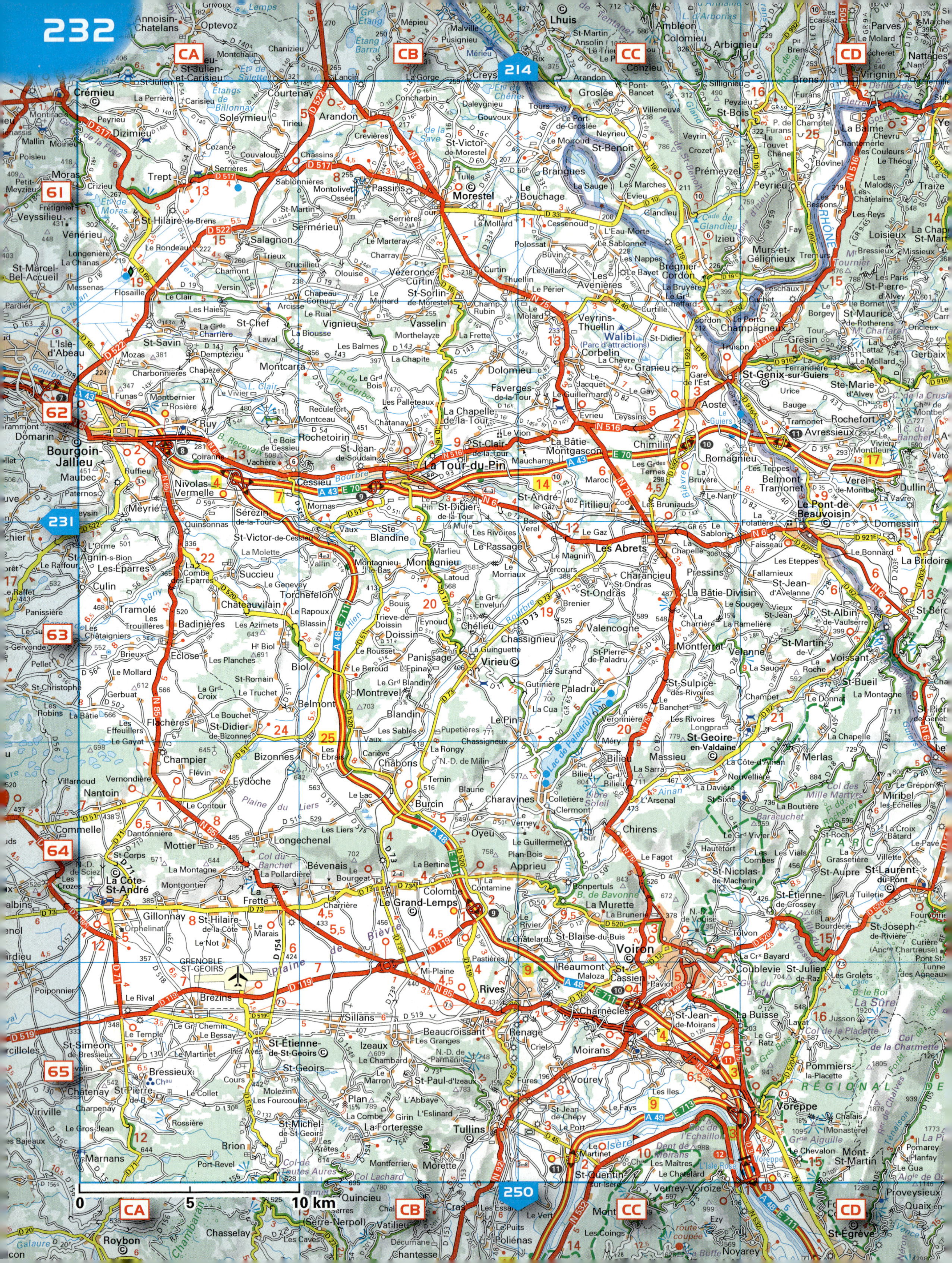
CA
CB
CC
CD
214
Crémieu
Arandon
Courtenay
Morestel
Le Bouchage
Brangues
St-Hilaire-de-Brens
Salagnon
Sermérieu
Vézeronce-Curtin
St-Sorlin-de-Morestel
Vasselin
Dolomieu
Veyrins-Thuellin
Les Avenières
Brégnier-Cordon
St-Genix-sur-Guiers
Aoste
St-Savin
Montcarra
Ruy
Bourgoin-Jallieu
Rochetoirin
St-Jean-de-Soudain
La Tour-du-Pin
St-Clair-de-la-Tour
La Bâtie-Montgascon
Chimilin
Romagnieu
Le Pont-de-Beauvoisin
St-Didier-de-la-Tour
St-André-le-Gaz
Les Abrets
Nivolas-Vermelle
Sérézin-de-la-Tour
Ste-Blandine
Montagnieu
Succieu
Châteauvilain
Virieu
Valencogne
Chassignieu
Paladru
Lac de Paladru
Montferrat
St-Geoire-en-Valdaine
Belmont
Biol
St-Didier-de-Bizonnes
Châbons
Bizonnes
Charavines
Bilieu
Massieu
Le Grand-Lemps
Apprieu
Voiron
La Murette
St-Blaise-du-Buis
Coublevie
La Côte-St-André
Gillonnay
St-Hilaire-de-la-Côte
Brézins
St-Étienne-de-St-Geoirs
Rives
Renage
Moirans
Tullins
Voreppe
Vourey
St-Quentin
Chirens
St-Laurent-du-Pont
St-Joseph-de-Rivière
Pommiers-la-Placette
231
250
0
5
10 km

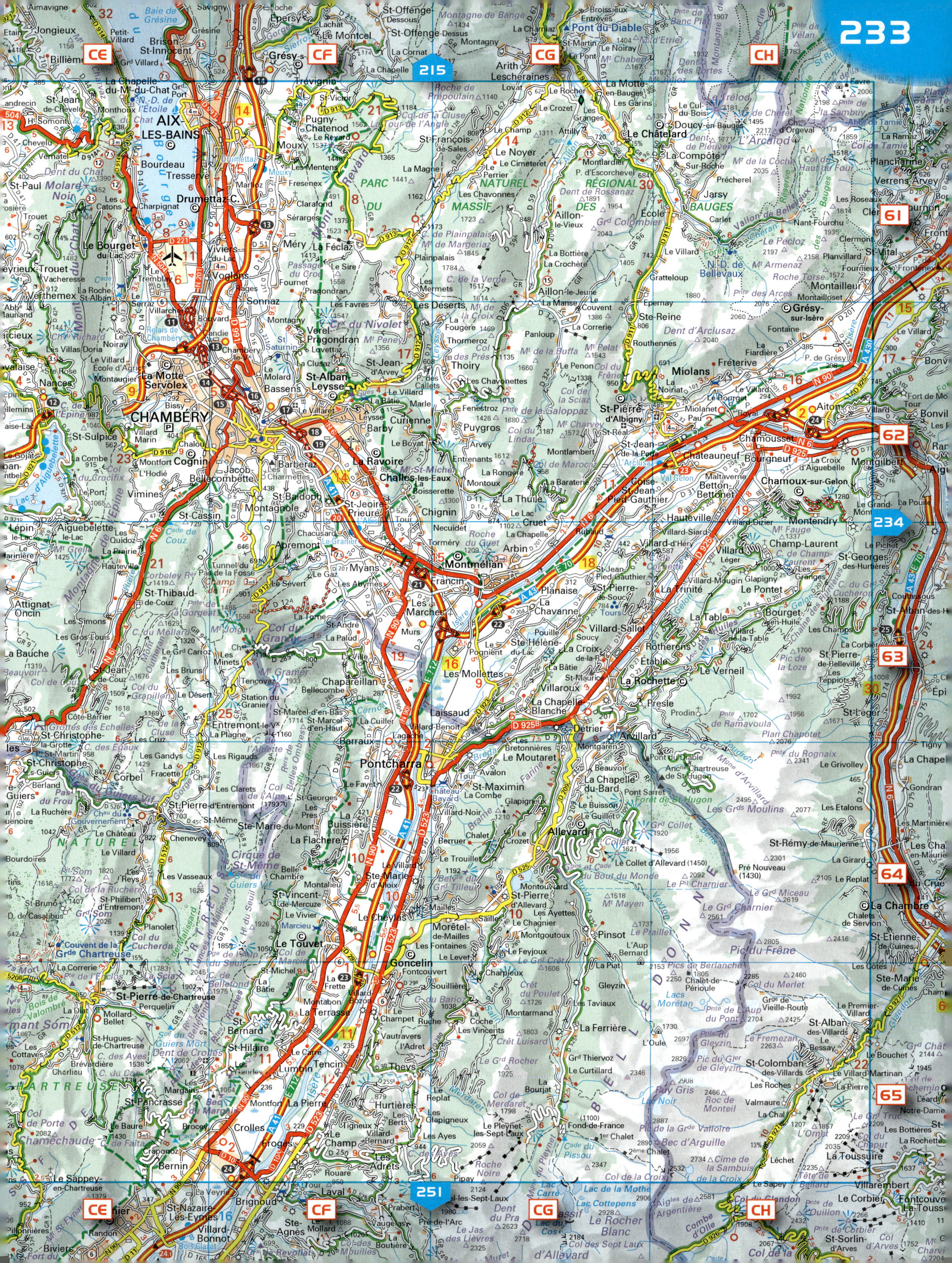
CE
CF
CG
CH
215
251
234
61
62
63
64
65
AIX-LES-BAINS
CHAMBÉRY
La Motte-Servolex
Le Bourget-du-Lac
Drumettaz-C.
Grésy-s-
Trévignin
Pugny-Chatenod
Mouxy
Méry
Viviers-du-Lac
Voglans
Sonnaz
Bassens
St-Alban-Leysse
La Ravoire
Challes-les-Eaux
Barberaz
Jacob-Bellecombette
Cognin
Vimines
St-Cassin
Montagnole
St-Baldoph
St-Jeoire-Prieuré
Chignin
Myans
Apremont
Les Marches
Montmélian
Francin
Arbin
Cruet
St-Pierre-d'Albigny
Miolans
Fréterive
Grésy-sur-Isère
Aiton
Chamousset
Châteauneuf
Bourgneuf
Montgilbert
Coise-St-Jean-Pied-Gauthier
Hauteville
Villard-d'Héry
Planaise
La Chavanne
St-Pierre-de-Soucy
Villard-Sallet
La Trinité
La Rochette
Détrier
Arvillard
La Chapelle-Blanche
Les Mollettes
Laissaud
Chapareillan
Pontcharra
St-Maximin
La Chapelle-du-Bard
Allevard
Le Moutaret
Barraux
La Buissière
Le Cheylas
Goncelin
Le Touvet
St-Vincent-de-Mercuze
Ste-Marie-d'Alloix
Froges
Crolles
Bernin
Le Versoud
Brignoud
Laval
Villard-Bonnot
St-Nazaire-les-Eymes
St-Pierre-de-Chartreuse
St-Hugues-de-Chartreuse
St-Pierre-d'Entremont
Entremont-le-Vx
Les Échelles
St-Christophe
Corbel
St-Thibaud-de-Couz
Aiguebelette-le-Lac
Lépin-le-Lac
St-Sulpice
Le Châtelard
Doucy-en-Bauges
École
Jarsy
Aillon-le-Jeune
Aillon-le-Vieux
Thoiry
Puygros
Curienne
St-François-de-Sales
Les Déserts
Arith
Lescheraines
Pont du Diable
St-Offenge-Dessus
St-Offenge-Dessous
PARC NATUREL RÉGIONAL DES BAUGES
MASSIF DES BAUGES
PARC NATUREL RÉGIONAL DE CHARTREUSE
Mt Revard
Croix du Nivolet
Mt Granier
Dent de Crolles
Col du Granier
Col de Porte
Cirque de St-Même
Chamechaude
Ste-Hélène-du-Lac
Les Adrets
Theys
Le Champ-près-Froges
Tencin
La Pierre
St-Rémy-de-Maurienne
La Chambre
St-Étienne-de-Cuines
Ste-Marie-de-Cuines
St-Colomban-des-Villards
St-Alban-des-Villards
Pic du Frêne
Col du Glandon
La Toussuire
Villarembert
Le Corbier
Fontcouverte-la-Toussuire
Le Pontet
Bourgneuf
Châteauneuf
Montendry
Champ-Laurent
St-Georges-des-Hurtières
St-Alban-des-Hurtières
Bourget-en-Huile
St-Pierre-de-Belleville
St-Léger
Épierre
Chamoux-sur-Gelon
Betton-Bettonet
Villard-Léger
Le Verneil
La Table
Presle
Villaroux
Sept-Laux
Lac du Crozet
Pinsot
La Ferrière
Le Haut-Bréda
Gleyzin
Le Moutaret

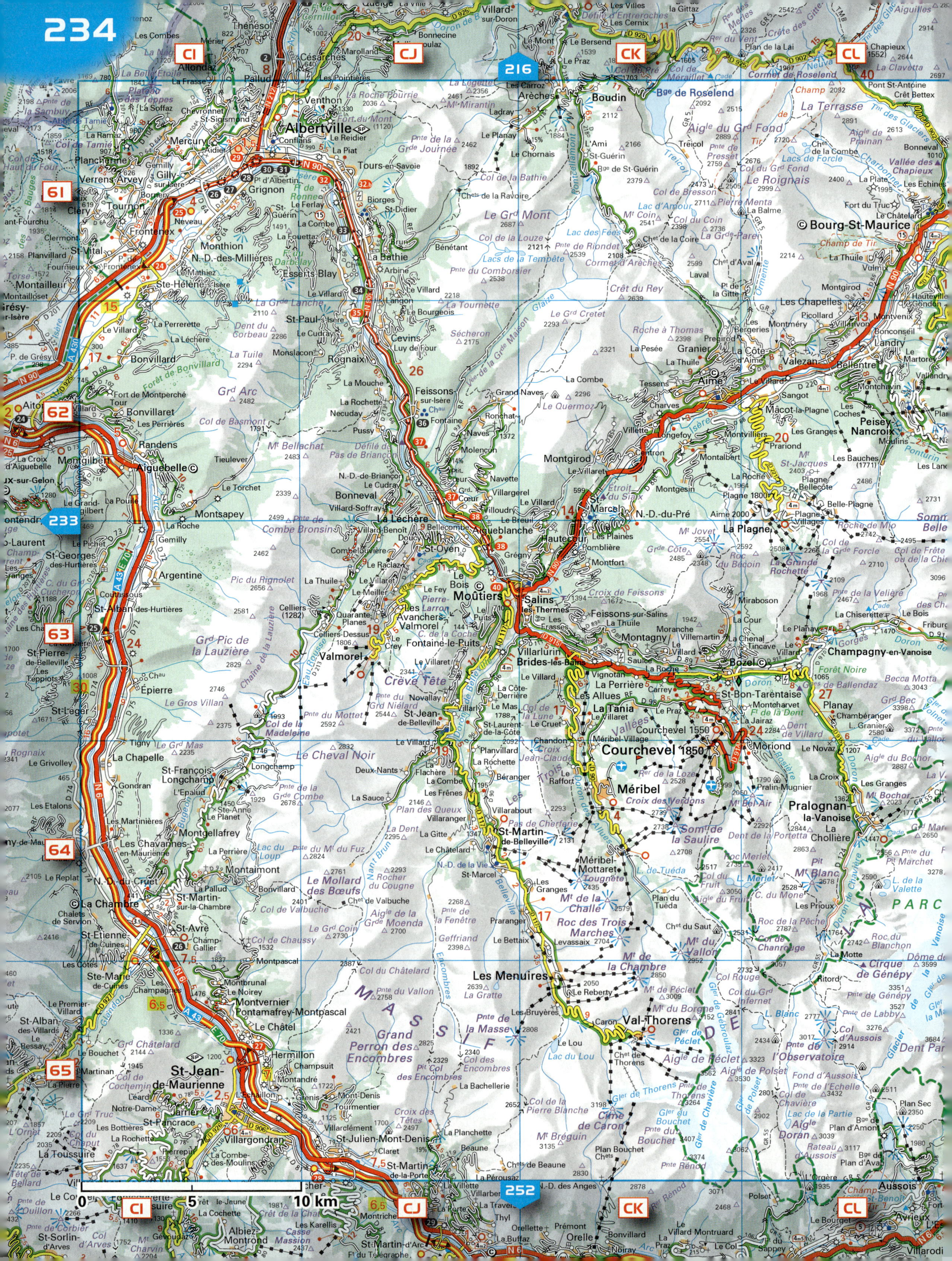
216
233
252
61
62
63
64
65
CI
CJ
CK
CL
Albertville
Aiguebelle
Moûtiers
Bourg-St-Maurice
Aime
Courchevel 1850
Méribel
Les Menuires
Val-Thorens
St-Jean-de-Maurienne
La Plagne
Champagny-en-Vanoise
Pralognan-la-Vanoise
Bozel
Salins-les-Thermes
Brides-les-Bains
St-Martin-de-Belleville
Valmorel
La Chambre
Epierre
Arêches
Boudin
Bge de Roselend
Cormet de Roselend
Peisey-Nancroix
Landry
Bellentre
Montgirod
Grignon
Frontenex
Tournon
Mercury
Gilly-sur-Isère
St-Pierre-de-Belleville
Argentine
Montsapey
La Léchère
Aigueblanche
Feissons-sur-Isère
Cevins
Notre-Dame-de-Briançon
St-Avre
St-Etienne-de-Cuines
Hermillon
Villargondran
St-Julien-Mont-Denis
St-Martin-de-la-Porte
Orelle
Aussois
Valloire
MASSIF
PARC
0
5
10 km

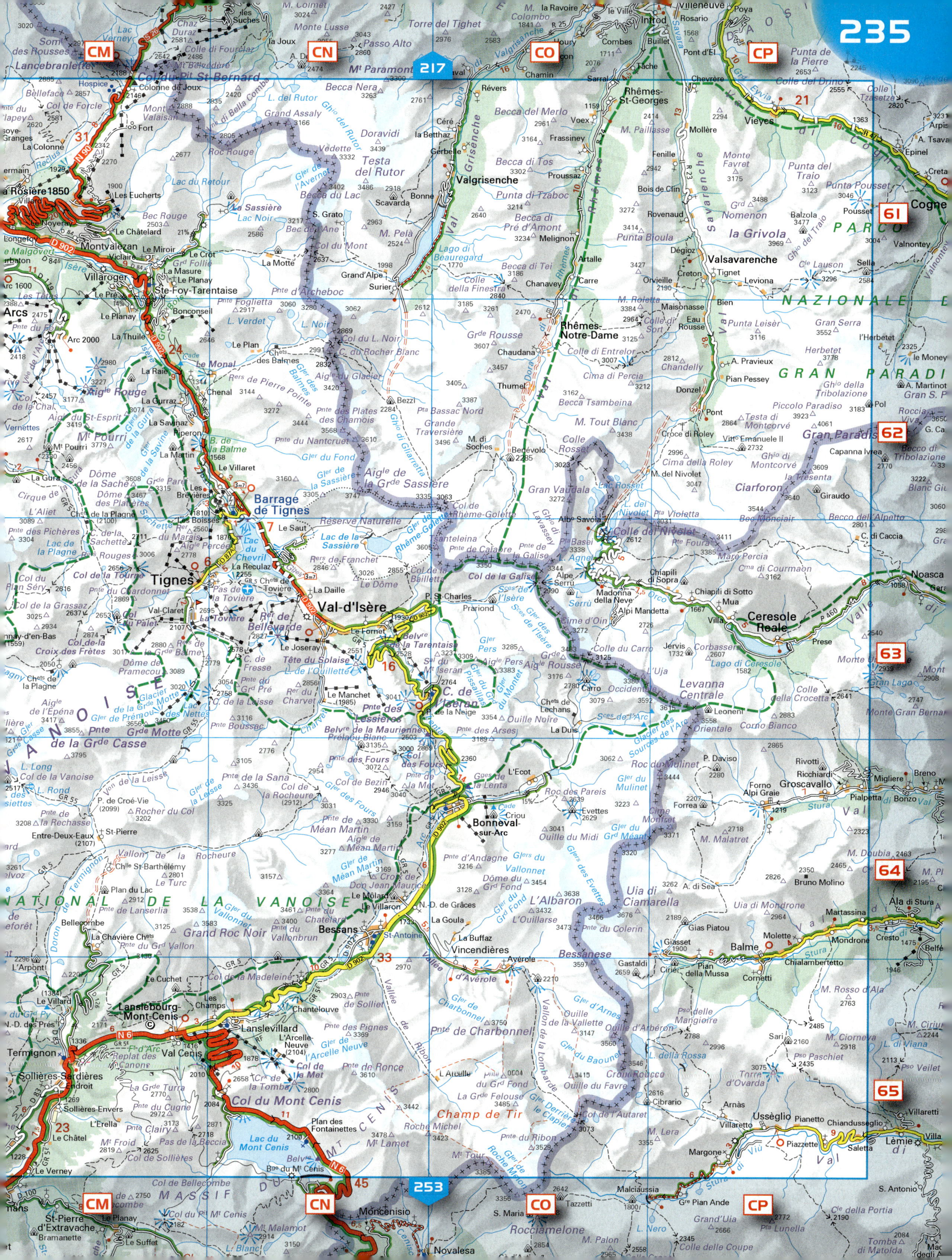

217
253
61
62
63
64
65
CM
CN
CO
CP
Val-d'Isère
Tignes
Barrage de Tignes
Bonneval-sur-Arc
Bessans
Lanslebourg-Mont-Cenis
Lanslevillard
Val Cenis
Termignon
Sollières-Sardières
Col du Mont Cenis
Lac du Mont Cenis
Ste-Foy-Tarentaise
Villaroger
Montvalezan
La Rosière 1850
Col du Pt St Bernard
Valgrisenche
Rhêmes-Notre-Dame
Rhêmes-St-Georges
Valsavarenche
Cogne
Ceresole Reale
Noasca
Col du Nivolet
Col de l'Iseran
Col de la Galise
Levanna Centrale
Groscavallo
Balme
Usséglio
Novalesa
Rocciamelone
Moncenisio
Champ de Tir
L'Albaron
Uia di Ciamarella
Bessanese
Aigle de la Gde Sassière
Tête du Solaise
La Grivola
GRAN PARADISO
PARCO NAZIONALE
VANOISE
Grand Roc Noir
Dôme de Chasseforêt
Gde Motte
Gde Casse

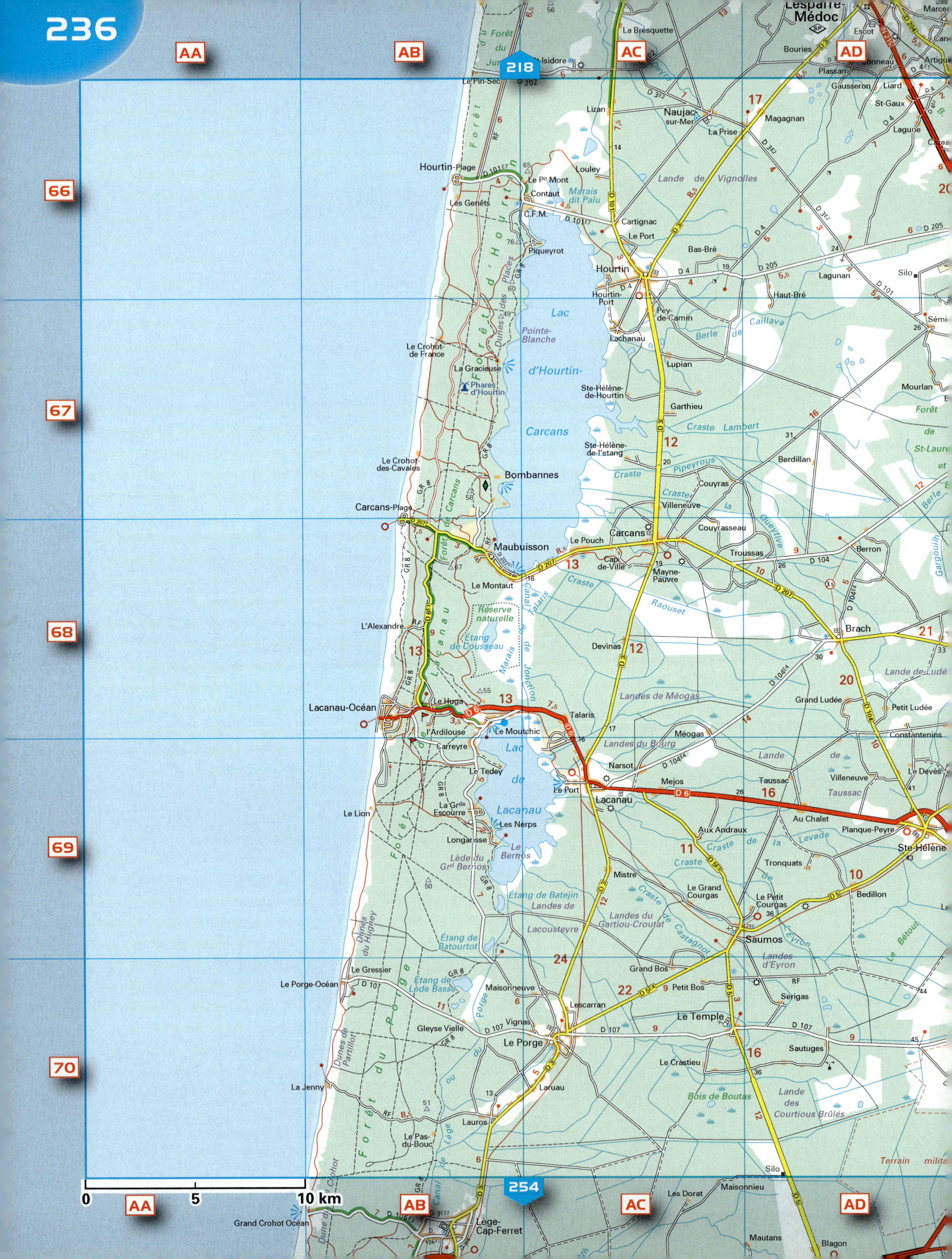
AA
AB
AC
AD
218
254
66
67
68
69
70
0
5
10 km
Lesparre-Médoc
Hourtin-Plage
Hourtin
Lac d'Hourtin-Carcans
Carcans-Plage
Carcans
Maubuisson
Bombannes
Lacanau-Océan
Lac de Lacanau
Lacanau
Le Porge-Océan
Le Porge
Saumos
Le Temple
Brach
Ste-Hélène
Lège-Cap-Ferret
Grand Crohot Océan
Naujac-sur-Mer
Forêt d'Hourtin
Forêt de Carcans
Forêt du Porge
Réserve naturelle
Étang de Cousseau
Landes de Méogas
Bois de Boutas
Lande des Courtious Brûlés
Terrain militaire

AE
AF
AG
AH
219
238
255
66
67
68
69
70
BORDEAUX
Blaye
Pauillac
Montendre
St-Savin
St-Laurent-Médoc
Castelnau-de-Médoc
Margaux
Bourg
St-André-de-Cubzac
Blanquefort
Mérignac
Lormont
Cenon
Floirac
Carbon-Blanc
Ambarès-et-Lagrave
St-Médard-en-Jalles
Le Haillan
Eysines
Bruges
Le Bouscat
Caudéran
Talence
Pessac
Bassens
St-Loubès
Izon
Vayres
Tresses
Fargues-St-Hilaire
Salleboeuf
Pompignac
Artigues-près-B.
Yvrac
Beychac-et-Caillau
St-Germain-du-Puch
Cavignac
Marsas
Marcenais
St-Ciers-de-Canesse
Plassac
Villeneuve
Lamarque
Cussac-Fort-Médoc
St-Julien-Beychevelle
St-Estèphe
Vertheuil
Cissac-Médoc
St-Sauveur
Listrac-Médoc
Moulis-en-Médoc
Avensan
Soussans
Arsac
Macau
Ludon-Médoc
Parempuyre
Le Pian-Médoc
Le Taillan-Médoc
St-Aubin-de-Médoc
Salaunes
Martignas-sur-Jalle
Etauliers
Reignac
St-Aubin-de-Blaye
St-Ciers-sur-Gironde
St-Palais
Donnezac
Marcillac
St-Christoly-de-Blaye
St-Vivien-de-Blaye
Berson
Teuillac
Mombrier
Pugnac
Tauriac
Prignac-et-Marcamps
St-Gervais
Cubzac-les-Ponts
St-Romain-la-Virvée
Asques
Cubnezais
Peujard
Virsac
Aubie-et-Espessas
St-Antoine
Gauriaguet
Salignac
Mouillac
Tarnès
Cadillac-en-Fronsadais
Lugon-et-l'Île-du-Carney
St-Yzan-de-Soudiac
Bussac-Forêt
Corignac
Le Pas-de-Bussac
Gironde
Garonne
Dordogne
Île Patiras
Île Verte
Île du Nord
Bec d'Ambès
Ambès
Le BLAYAIS
Lafite-Rothschild
Mouton-Rothschild
Lanessan
Maucaillou
BORDEAUX-MERIGNAC
A 10
N 137
N 215
N 89
D 1
A 630

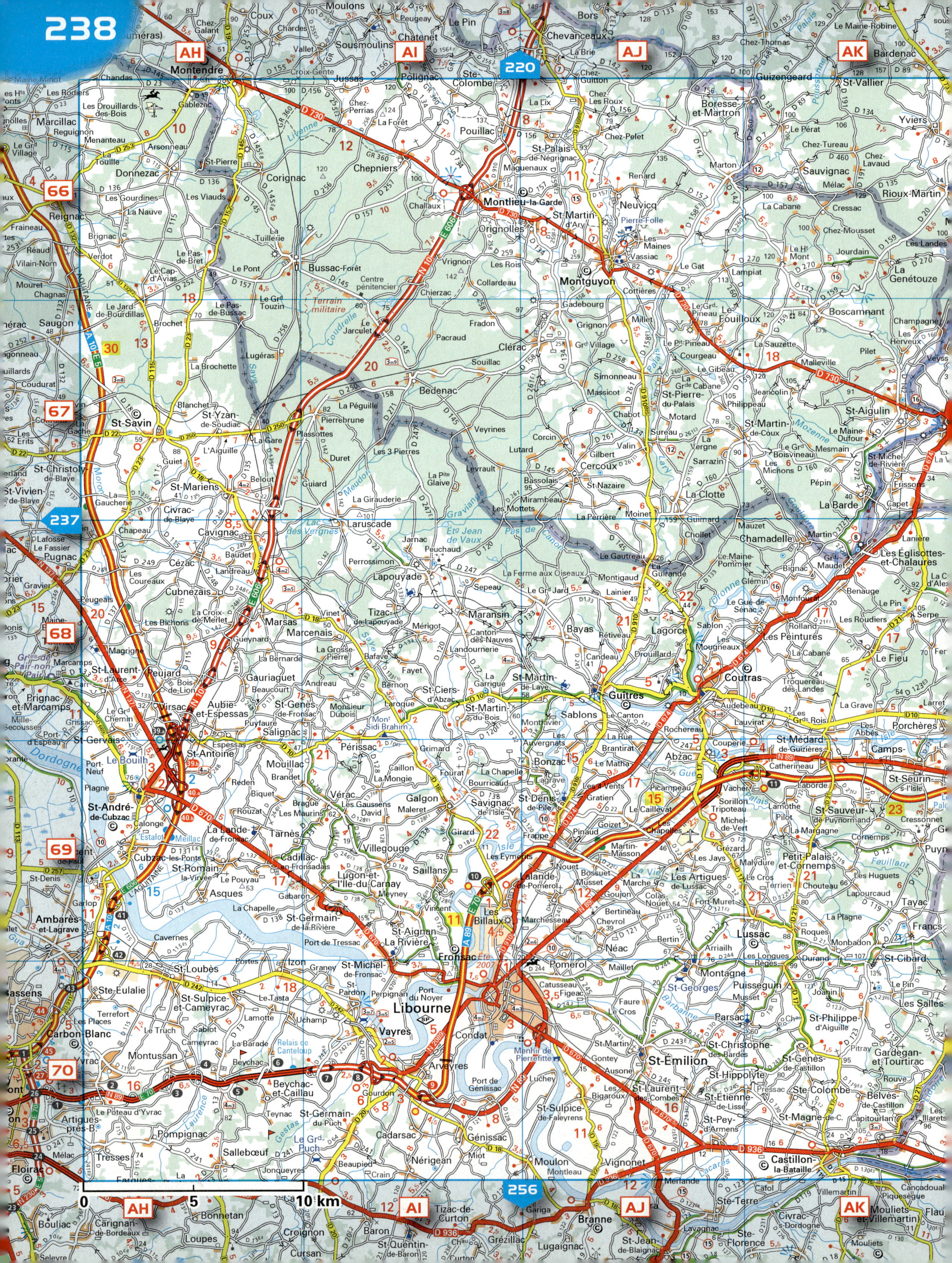
AH
AI
AJ
AK
220
237
256
66
67
68
69
70
Montendre
Coux
Moulons
Chartres
Sousmoulins
Chatenet
Le Pin
Chevanceaux
Bors
Polignac
Ste-Colombe
Jussas
Guizengeard
Bardenac
St-Vallier
Le Maine-Robine
Boresse-et-Martron
Yviers
Marcillac
Les Drouillards-des-Bois
Gablezac
Arsonneau
Donnezac
Pouillac
St-Palais-de-Négrignac
Chepniers
Corignac
Montlieu-la-Garde
St-Martin-d'Ary
Neuvicq
Orignolles
Sauvignac
Rioux-Martin
Reignac
Brignac
Bussac-Forêt
Montguyon
Le Gat
Lampiat
La Genétouze
Saugon
Chierzac
Fouilloux
Boscamnant
Terrain militaire
Clérac
Pacraud
Fradon
Grignon
La Sauzette
Malleville
Bedenac
Souillac
Simonneau
Massicot
St-Pierre-du-Palais
St-Aigulin
St-Savin
St-Yzan-de-Soudiac
Plassottes
Pierrebrune
La Péguille
Veyrines
Corcin
St-Martin-de-Coux
Le Maine-Dufour
St-Christoly-de-Blaye
St-Vivien-de-Blaye
Les 3 Pierres
Cercoux
St-Nazaire
La Clotte
St-Mariens
Civrac-de-Blaye
Cavignac
Laruscade
La Girauderie
Levrault
Mirambeau
Les Mottets
La Perrière
Moinet
Chamadelle
La Barde
Les Églisottes-et-Chalaures
Pugnac
Cézac
Cubnezais
Lapouyade
Peuchaud
Perrissimon
Sepeau
Montigaud
Le Maine-Pommier
Marsas
Marcenais
Tizac-de-Lapouyade
Maransin
Bayas
Lagorce
Les Peintures
St-Laurent-d'Arce
Peujard
Gauriaguet
Aubie-et-Espessas
St-Genès-de-Fronsac
Salignac
St-Ciers-d'Abzac
St-Martin-du-Bois
St-Martin-de-Laye
Guîtres
Sablons
Coutras
Prignac-et-Marcamps
St-Gervais
Virsac
St-Antoine
Périssac
Abzac
St-Médard-de-Guizières
Camps-sur-l'Isle
St-Seurin-sur-l'Isle
Dordogne
St-André-de-Cubzac
Mouillac
Galgon
Savignac-de-l'Isle
Bonzac
St-Denis-de-Pile
Les Eglisottes
Porchères
Cubzac-les-Ponts
St-Romain-la-Virvée
Tarnès
Cadillac-en-Fronsadais
Villegouge
Lugon-et-l'Île-du-Carnay
Saillans
Lalande-de-Pomerol
Les Artigues-de-Lussac
Petit-Palais-et-Cornemps
St-Sauveur-de-Puynormand
Ambarès-et-Lagrave
Asques
St-Germain-de-la-Rivière
St-Aignan
La Rivière
Fronsac
Les Billaux
Néac
Lussac
Tayac
St-Loubès
St-Michel-de-Fronsac
Pomerol
Montagne
Puisseguin
St-Cibard
Ste-Eulalie
St-Sulpice-et-Cameyrac
Libourne
Vayres
Condat
St-Georges
Parsac
St-Philippe-d'Aiguille
Carbon-Blanc
Montussan
Arveyres
St-Christophe-des-Bardes
St-Émilion
St-Genès-de-Castillon
Gardegan-et-Tourtirac
Beychac-et-Caillau
Izon
St-Laurent-des-Combes
St-Hippolyte
Ste-Colombe
Pompignac
St-Germain-du-Puch
St-Sulpice-de-Faleyrens
St-Étienne-de-Lisse
St-Pey-d'Armens
St-Magne-de-C.
Belvès-de-Castillon
Artigues-près-B.
Génissac
Cadarsac
Nérigean
Moulon
Vignonet
Castillon-la-Bataille
Floirac
Tresses
Salleboeuf
Branne
Mouliets-et-Villemartin
Carignan-de-Bordeaux
Bonnetan
Loupes
Croignon
Baron
St-Quentin-de-Baron
Tizac-de-Curton
Grézillac
Lugaignac
St-Jean-de-Blaignac
Ste-Terre
Civrac-sur-Dordogne
Ste-Florence
0
5
10 km

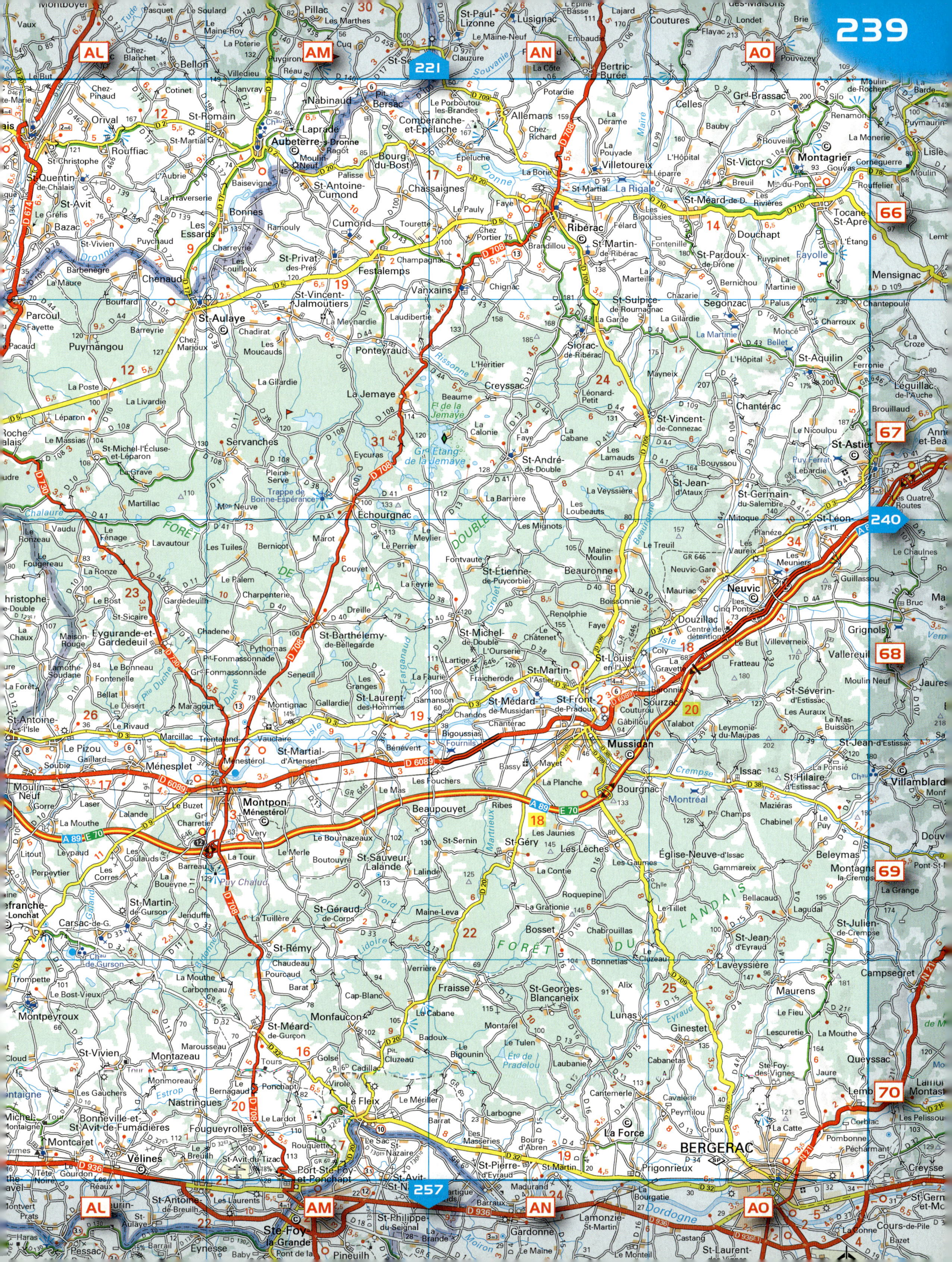
AL
AM
AN
AO
221
240
257
66
67
68
69
70
Pillac
St-Paul-Lizonne
Lusignac
Bertric-Burée
Coutures
Londet
Montboyer
Bellon
Nabinaud
Bersac
Allemans
Villetoureix
Celles
Grd-Brassac
Montagrier
Chez-Pinaud
Orival
Rouffiac
St-Romain
Aubeterre-s-Dronne
Laprade
Comberanche-et-Epeluche
Chez-Richard
St-Victor
Tocane-St-Apre
St-Quentin-de-Chalais
St-Avit
Bazac
Bonnes
Les Essards
St-Antoine-Cumond
Bourg-du-Bost
Chassaignes
Ribérac
St-Martin-de-Ribérac
St-Méard-de-D.
Douchapt
St-Pardoux-de-Drône
Mensignac
Chenaud
St-Privat-des-Prés
Festalemps
Vanxains
St-Vincent-Jalmoutiers
St-Aulaye
Parcoul
Puymangou
Ponteyraud
Siorac-de-Ribérac
St-Sulpice-de-Roumagnac
Segonzac
St-Aquilin
La Jemaye
Creyssac
Léonard-Petit
St-Vincent-de-Connezac
Chantérac
St-Astier
Servanches
St-Michel-l'Écluse-et-Léparon
Eygurande-et-Gardedeuil
St-André-de-Double
St-Jean-d'Ataux
St-Germain-du-Salembre
St-Léon-s-l'I.
Échourgnac
Gd Étang de la Jemaye
Trappe de Bonne-Espérance
FORÊT DE LA DOUBLE
St-Étienne-de-Puycorbier
Beauronne
Neuvic
Douzillac
St-Barthélemy-de-Bellegarde
St-Michel-de-Double
St-Martin-l'Astier
Grignols
Vallereuil
St-Laurent-des-Hommes
St-Médard-de-Mussidan
St-Front-de-Pradoux
Sourzac
St-Séverin-d'Estissac
St-Antoine-sur-l'Isle
Le Pizou
Ménesplet
Ménestérol
St-Martial-d'Artenset
Mussidan
Bourgnac
Issac
St-Hilaire-d'Estissac
Villamblard
Montpon-Ménestérol
Beaupouyet
St-Sernin
St-Géry
Les Lèches
Église-Neuve-d'Issac
Beleymas
Montagnac-la-Crempse
St-Sauveur-Lalande
St-Martin-de-Gurson
Carsac-de-G.
St-Géraud-de-Corps
Maine-Leva
Bosset
FORÊT DU LANDAIS
St-Jean-d'Eyraud
St-Julien-de-Crempse
St-Rémy
Fraisse
St-Georges-Blancaneix
Laveyssière
Campsegret
Montpeyroux
Monfaucon
St-Méard-de-Gurçon
Lunas
Ginestet
Maurens
St-Vivien
Montazeau
Queyssac
Lembras
Nastringues
Le Fleix
La Force
Bonneville-et-St-Avit-de-Fumadières
Fougueyrolles
Vélines
Port-Ste-Foy-et-Ponchapt
St-Pierre-d'Eyraud
Prigonrieux
BERGERAC
Ste-Foy-la-Grande
St-Philippe-du-Seignal
Gardonne
Lamonzie-St-Martin
Dordogne
Dronne
Isle
Crempse
D 708
D 709
D 6089
A 89
E 70
D 936

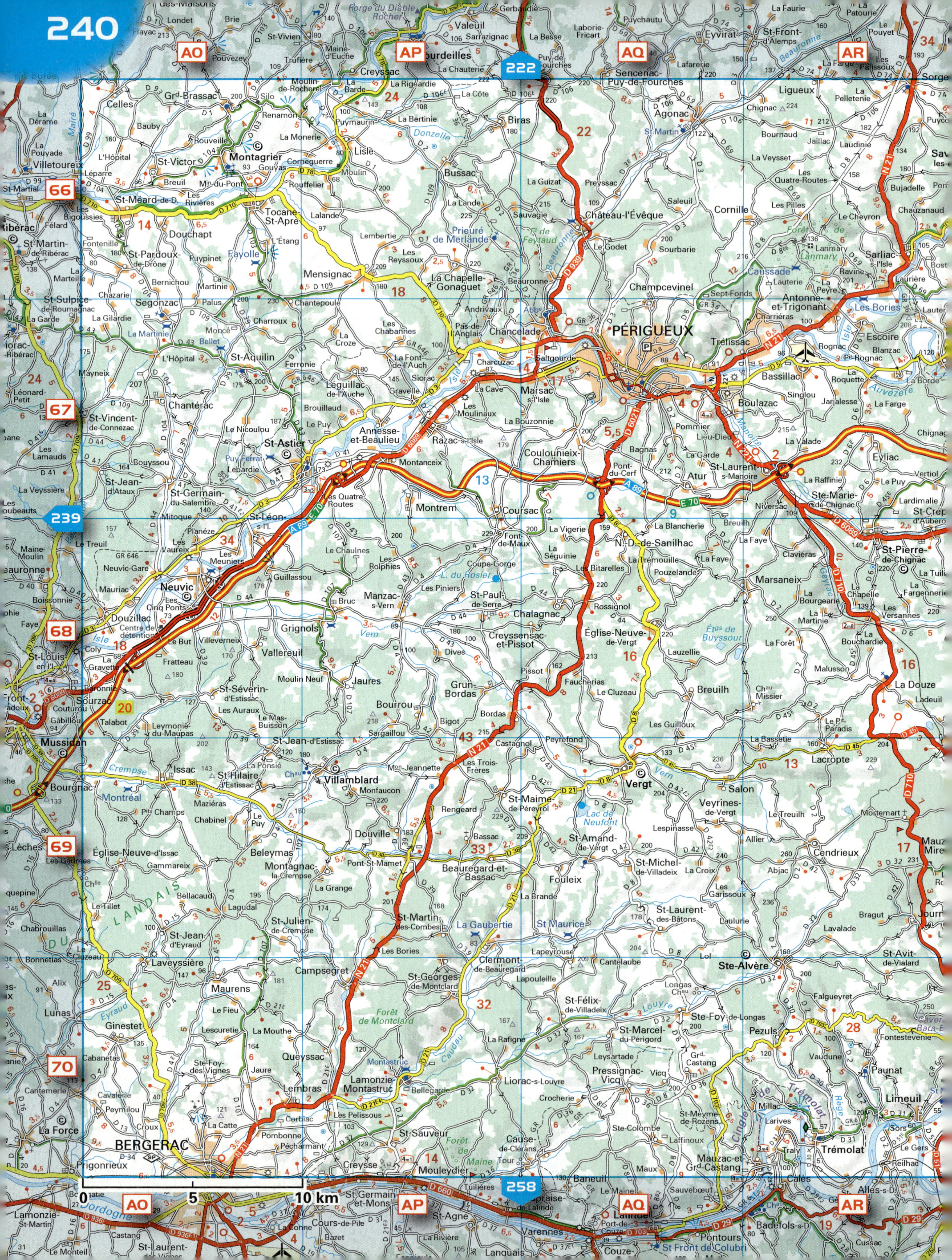
AO
AP
AQ
AR
222
239
258
66
67
68
69
70
34
PÉRIGUEUX
Brantôme
Bourdeilles
Valeuil
Biras
Agonac
Château-l'Évêque
Chancelade
Trélissac
Boulazac
Bassillac
Montagrier
Tocane-St-Apre
Douchapt
St-Astier
Annesse-et-Beaulieu
Razac-s-l'Isle
Coulounieix-Chamiers
Marsac-s-l'Isle
Neuvic
St-Léon-s-l'I.
Mussidan
Sourzac
Bourgnac
Villamblard
St-Jean-d'Estissac
Vergt
Salon
Ste-Alvère
St-Pierre-de-Chignac
Ste-Marie-de-Chignac
St-Laurent-s-Manoire
Atur
Sarliac-s-l'Isle
Antonne-et-Trigonant
Manzac-s-Vern
Grignols
Jaures
Douville
St-Martin-des-Combes
Clermont-de-Beauregard
Beauregard-et-Bassac
Lamonzie-Montastruc
Queyssac
Lembras
BERGERAC
Mouleydier
Creysse
Lalinde
Trémolat
Limeuil
Mauzac-et-Grand-Castang
Ginestet
Lunas
Maurens
Campsegret
Église-Neuve-d'Issac
Issac
St-Hilaire-d'Estissac
Laveyssière
St-Julien-de-Crempse
Beleymas
Montagnac-la-Crempse
Forêt de Montclard
Liorac-s-Louyre
Pressignac-Vicq
St-Marcel-du-Périgord
Ste-Foy-de-Longas
Pezuls
Paunat
Cendrieux
St-Avit-de-Vialard
Lacropte
Breuilh
Église-Neuve-de-Vergt
Chalagnac
Creyssensac-et-Pissot
St-Paul-de-Serre
Grun-Bordas
Fouleix
St-Amand-de-Vergt
St-Michel-de-Villadeix
St-Laurent-des-Bâtons
St-Félix-de-Villadeix
Montrem
Coursac
N.-D.-de-Sanilhac
Marsaneix
Ribérac
Villetoureix
Vallereuil
St-Séverin-d'Estissac
Périgueux
Isle
Vern
Crempse
Louyre
Dordogne
DU LANDAIS
0
5
10 km

AS
AT
223
AU
AV
Excideuil
Anlhiac
Juillac
Coulaures
Hautefort
St-Robert
Ayen
Tourtoirac
Ste-Eulalie-d'Ans
Temple-Laguyon
Nailhac
Badefols-d'Ans
Chourgnac
Lourdoueix
Brouchaud
Gabillou
Ste-Orse
Granges-d'Ans
La Chapelle-St-Jean
Villac
Montagnac-d'Auberoche
Bauzens
St-Rabier
Peyrignac
Limeyrat
Ajat
Azerat
Thenon
La Bachellerie
Beauregard-de-Terrasson
Terrasson-Lavilledieu
Le Lardin-St-Lazare
Condat-s-Vézère
Coly
Montignac
Aubas
St-Amand-de-Coly
Fanlac
Plazac
Rouffignac-St-Cernin-de-Reilhac
La Vermondie
Thonac
St-Léon-s-Vézère
Valojoulx
La Chapelle-Aubareil
Sergeac
Peyzac-le-Moustier
Tursac
St-Geniès
Archignac
Salignac-Eyvigues
Paulin
Jayac
Nadaillac
Les Eyzies-de-Tayac-Sireuil
Le Bugue
Campagne
Marquay
Tamniès
Marcillac-St-Quentin
St-Crépin-et-Carlucet
Proissans
Sarlat-la-Canéda
St-Vincent-le-Paluel
Ste-Nathalène
Carlux
Orliaguet
Meyrals
St-Cyprien
Castels
Beynac-et-Cazenac
Vitrac
Carsac-Aillac
Calviac-en-Périgord
Peyrillac-et-Millac
Cazoulès
Larche
Pazayac
Grèzes
Chavagnac
La Dornac
Daglan
Mansac
Coux-et-Bigaroque
Mouzens
Siorac-en-Périgord
Lascaux
Dordogne
Vézère
A 89
D 6089
D 704
D 47
259
66
67
68
69
70
242

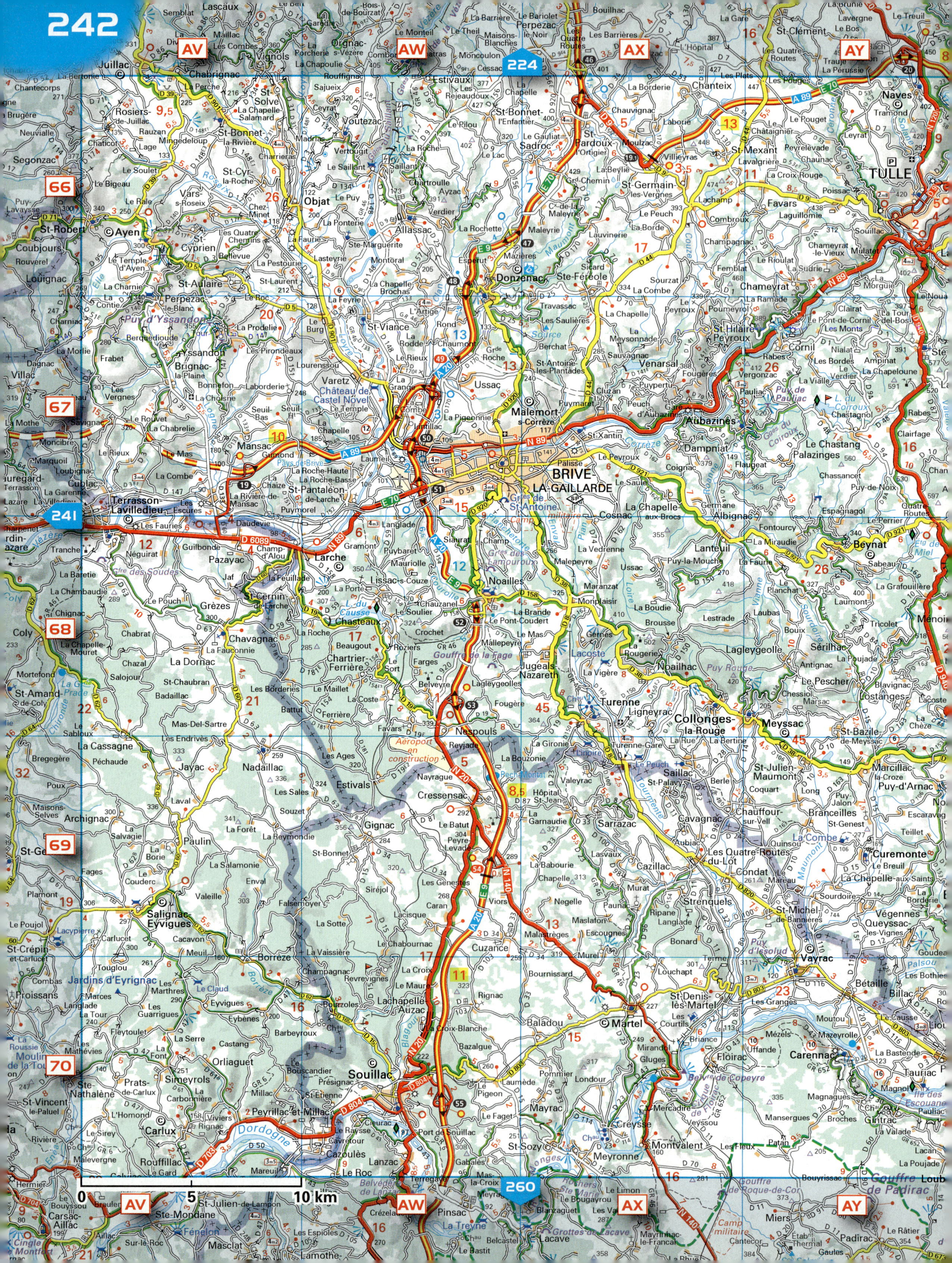
AV
AW
224
AX
AY
66
67
241
68
69
70
260
Juillac
Chabrignac
Vignols
Objat
Allassac
Donzenac
Ste-Féréole
St-Bonnet-l'Enfantier
Sadroc
St-Pardoux-l'Ortigier
Chanteix
St-Clément
Naves
TULLE
St-Mexant
St-Germain-les-Vergnes
Favars
Ayen
St-Robert
Louignac
Perpezac-le-Blanc
St-Aulaire
Puy d'Yssandon
Yssandon
Brignac-la-Plaine
St-Viance
Varetz
Château de Castel Novel
Ussac
Malemort-s-Corrèze
Venarsal
St-Hilaire-Peyroux
Cornil
Aubazines
Dampniat
Mansac
Terrasson-Lavilledieu
St-Pantaléon-de-Larche
BRIVE-LA-GAILLARDE
Cosnac
La Chapelle-aux-Brocs
Albignac
Beynat
Larche
Lissac-s-Couze
Noailles
Chasteaux
Chavagnac
Jugeals-Nazareth
Turenne
Lagleygeolle
Noailhac
Collonges-la-Rouge
Meyssac
Nespouls
Aéroport en construction
Estivals
Nadaillac
Jayac
Cressensac
Sarrazac
Saillac
Marcillac-la-Croze
Puy-d'Arnac
Curemonte
Gignac
Cavagnac
Les Quatre-Routes-du-Lot
Condat
Strenquels
St-Michel-de-Bannières
Vayrac
Salignac-Eyvigues
Borrèze
Cuzance
Martel
St-Denis-lès-Martel
Bétaille
Lachapelle-Auzac
Souillac
Carennac
Sarlat-la-Canéda
Carlux
Peyrillac-et-Millac
Meyronne
Creysse
Montvalent
Floirac
Gouffre de Padirac
Lacave
Grottes de Lacave
Pinsac
Ste-Mondane
Dordogne
Fénelon
Jardins d'Eyrignac
Gouffre de la Fage
Lacoste
0 5 10 km

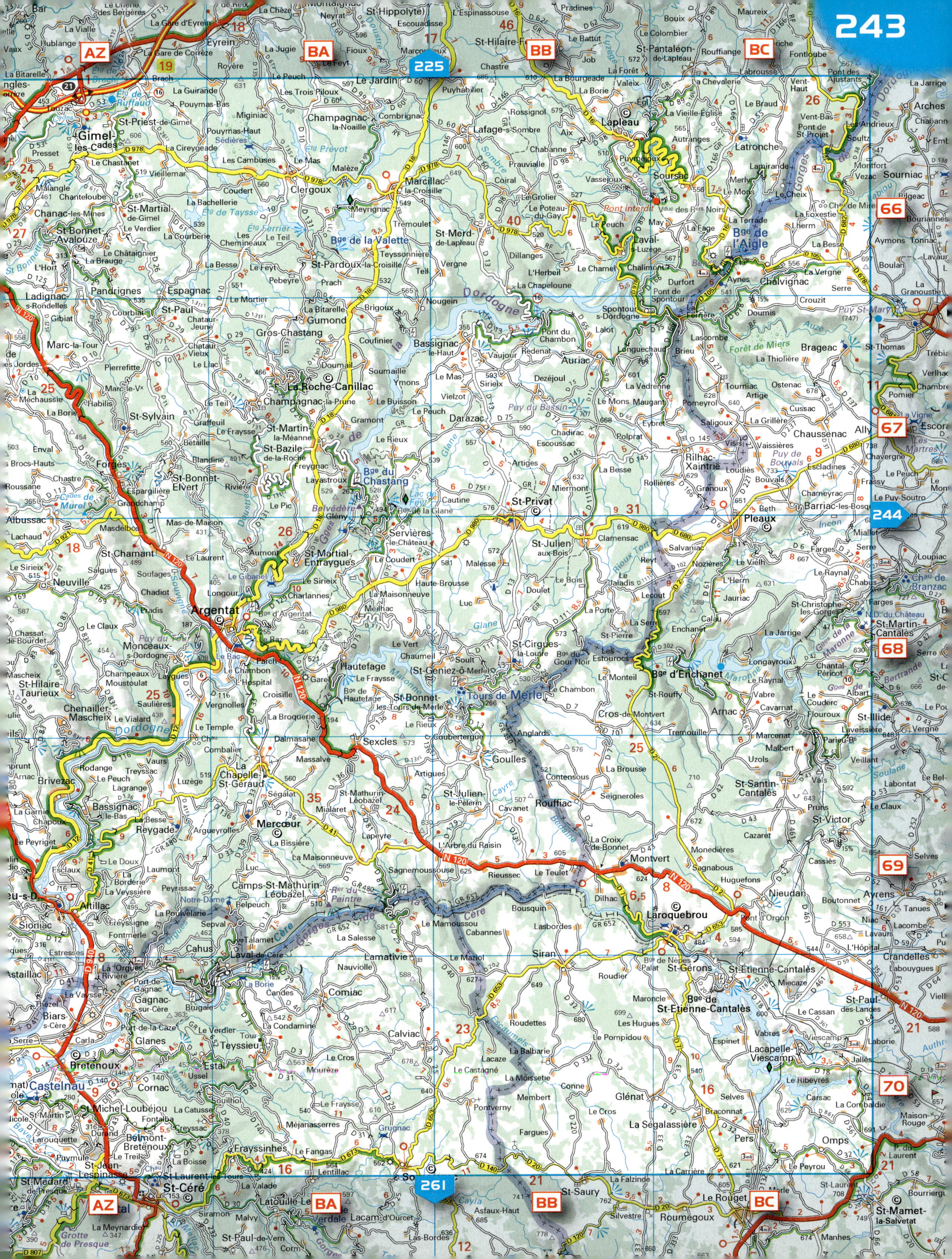

225
244
261
AZ
BA
BB
BC
66
67
68
69
70
Gimel-les-Cascades
St-Priest-de-Gimel
Champagnac-la-Noaille
Marcillac-la-Croisille
Lafage-sur-Sombre
Lapleau
Soursac
Latronche
Sourniac
Clergoux
Meyrignac
Bge de la Valette
St-Pardoux-la-Croisille
St-Merd-de-Lapleau
Bge de l'Aigle
Chalvignac
Chanac-les-Mines
St-Martial-de-Gimel
St-Bonnet-Avalouze
Ladignac
Pandrignes
Espagnac
St-Paul
Gumond
Gros-Chastang
Bassignac-le-Haut
Dordogne
Auriac
Spontour
Brageac
Marc-la-Tour
La Roche-Canillac
Champagnac-la-Prune
St-Martin-la-Méanne
St-Bazile-de-la-Roche
St-Sylvain
Forgès
St-Bonnet-Elvert
Bge du Chastang
Darazac
St-Privat
Rilhac-Xaintrie
Chaussenac
Ally
Pleaux
Albussac
St-Chamant
Neuville
Argentat
Servières-le-Château
St-Martial-Entraygues
St-Julien-aux-Bois
Monceaux-sur-Dordogne
Hautefage
St-Geniez-ô-Merle
Tours de Merle
St-Cirgues-la-Loutre
Bge d'Enchanet
Arnac
St-Hilaire-Taurieux
Sexcles
Goulles
Cros-de-Montvert
St-Santin-Cantalès
St-Victor
La Chapelle-St-Géraud
Mercœur
Rouffiac
Bassignac-le-Bas
Reygade
Camps-St-Mathurin-Léobazel
Montvert
Laroquebrou
Altillac
St-Gérons
St-Étienne-Cantalès
Bge de St-Étienne-Cantalès
Lacapelle-Viescamp
Siran
Comiac
Calviac
Teyssieu
Biars-s-Cère
Bretenoux
Glanes
Castelnau
Cornac
St-Michel-Loubéjou
Frayssinhes
St-Céré
St-Saury
Le Rouget
Roumégoux
Glénat
La Ségalassière
Omps
Pers
St-Mamet-la-Salvetat
N 120
D 978
D 980
D 680

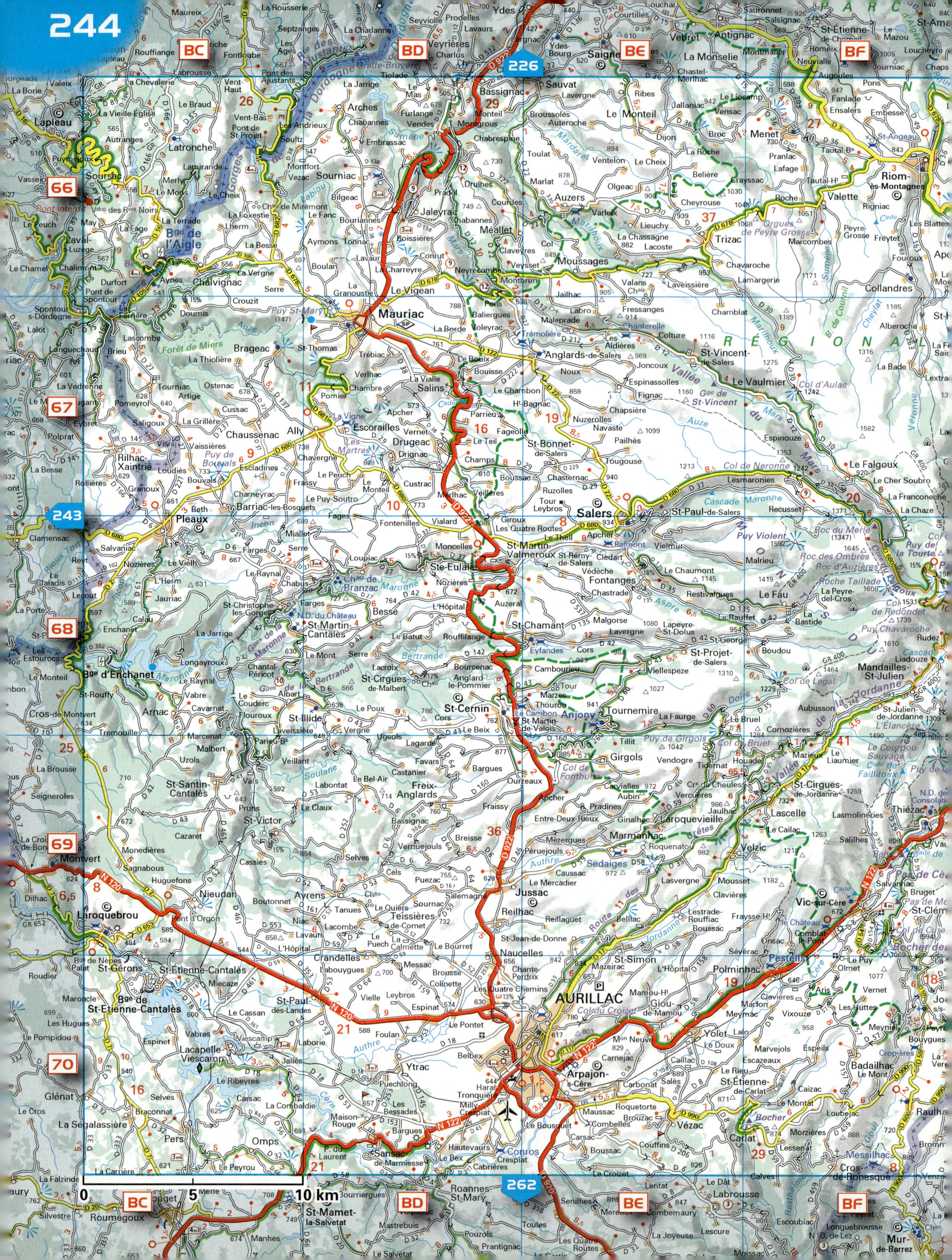

Mauriac
Aurillac
Salers
Pleaux
Laroquebrou
Arpajon-s-Cère
Vic-sur-Cère
Riom-ès-Montagnes
Lapleau
Soursac
Trizac
Moussages
Anglards-de-Salers
St-Cernin
St-Martin-Valmeroux
Fontanges
Le Vaulmier
St-Paul-de-Salers
Tournemire
Girgols
Marmanhac
Jussac
Naucelles
Ytrac
Sansac-de-Marmiesse
St-Simon
Polminhac
Yolet
Vézac
Carlat
Thiézac
Mandailles-St-Julien
Ally
Drugeac
Escorailles
Chaussenac
Brageac
Arches
Jaleyrac
Sourniac
Chalvignac
Auzers
Menet
Valette
Le Falgoux
Le Fau
St-Projet-de-Salers
Saint-Chamant
St-Illide
Arnac
Rilhac-Xaintrie
Cros-de-Montvert
St-Santin-Cantalès
St-Victor
Nieudan
Ayrens
St-Paul-des-Landes
Lacapelle-Viescamp
St-Étienne-Cantalès
St-Gérons
Omps
Pers
Glénat
Roumégoux
St-Mamet-la-Salvetat
Crandelles
Teissières-de-Cornet
Reilhac
Freix-Anglards
Vitrac
Bge de l'Aigle
Bge d'Enchanet
Bge de St-Étienne-Cantalès
Puy Violent
Col de Néronne
Puy Mary
Col de Legal
Vallée de la Jordanne
Vallée du Mars
Forêt de Miers
Parc Naturel Régional des Volcans d'Auvergne
Monts du Cantal
N 120
N 122
D 922
D 680
BC
BD
BE
BF
226
243
262
66
67
68
69
70
0
5
10 km

BG
BH
BI
BJ
227
246
263
66
67
68
69
70
Condat
Montgreleix
Marcenat
Allanche
Murat
Neussargues-Moissac
St-Flour
Massiac
Blesle
Super-Lioran
Le Lioran
Plomb du Cantal
Pierrefort
Chaudes-Aigues
Viaduc de Garabit
Ch. d'Alleuze
Gorges de la Truyère
Belvédère de Mallet
Bge de Grandval
Bge de Lanau
Pont de Tréboul
Gorges du Bès
St-Bonnet-de-Condat
Landeyrat
Pradiers
Vèze
Molèdes
Laurie
Auriac-l'Église
Molompize
Ferrières-St-Mary
Valjouze
Charmensac
Bonnac
St-Mary-le-Plain
St-Poncy
Lugarde
St-Saturnin
Ségur-les-Villas
Vernols
Dienne
Chavagnac
Chalinargues
Joursac
Virargues
Chastel-s-Murat
Bredons
Albepierre-Bredons
Laveissière
Lavigerie
Celles
Coltines
Talizat
Andelat
Roffiac
Coren
Vieillespesse
Rézentières
Ussel
Valuéjols
Tanavelle
Villedieu
Les Ternes
Paulhac
Cézens
Brezons
Malbo
Narnhac
Paulhenc
Gourdièges
Neuvéglise
Oradour
Cussac
Anglards-de-St-Flour
Faverolles
Loubaresse
Lavastrie
Fridefont
Maurines
Albaret-le-Comtal
Arzenc-d'Apcher
St-Georges
Chaliers
Montchamp
Tiviers
Mentières
Ruines
Puy de Peyre Arse
Puy Griou
Puy Brunet
Col de Prat de Bouc
Col d'Entremont
Col de la Fageole
Monts du Cantal
Volcans d'Auvergne
N 122
D 926
D 921
D 990
D 679
A 75

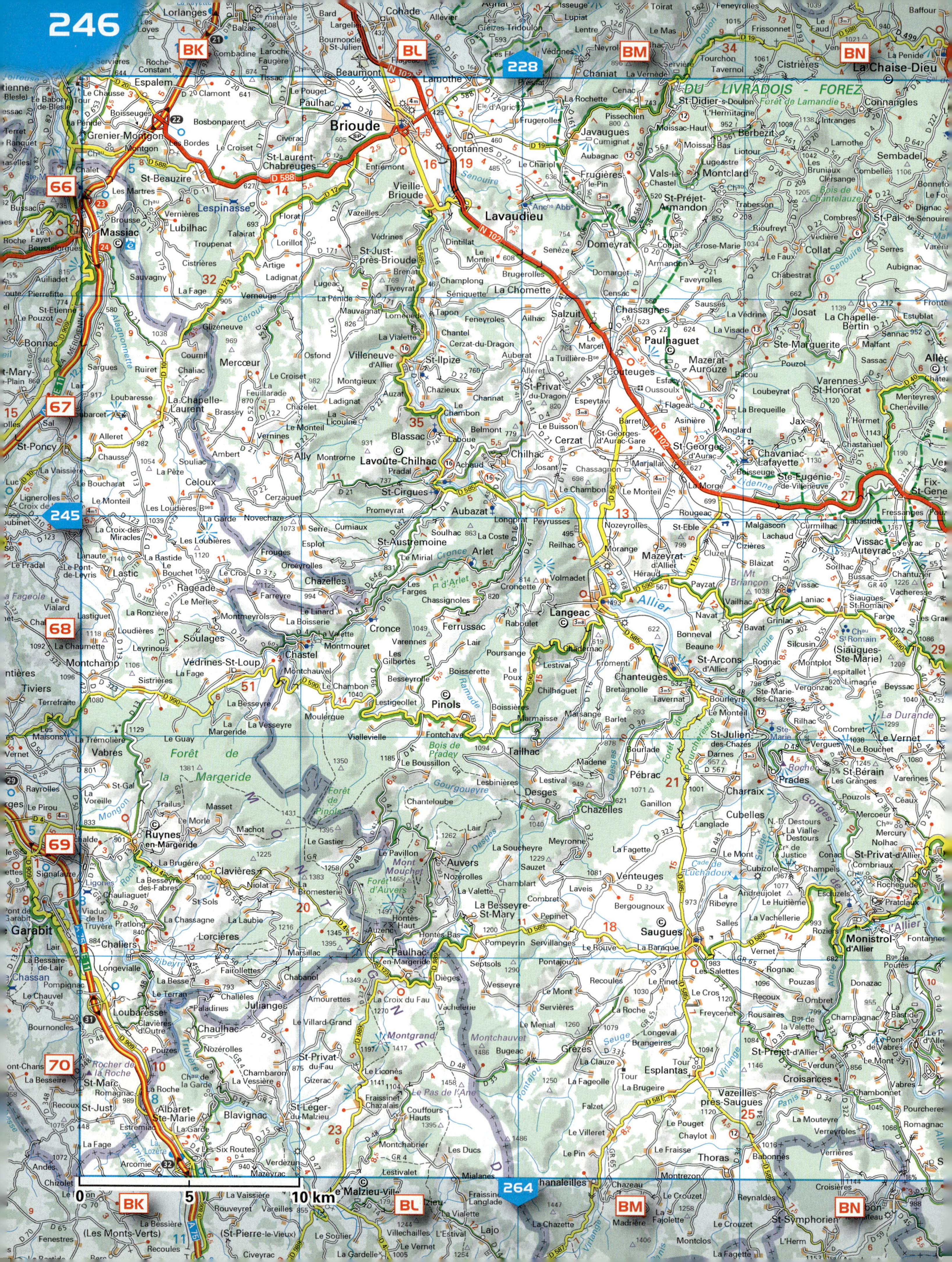
BK
BL
BM
BN
228
264
245
DU LIVRADOIS - FOREZ
Brioude
Lavaudieu
Massiac
Paulhaguet
Langeac
Saugues
La Chaise-Dieu
Chavaniac-Lafayette
Lavoûte-Chilhac
Pinols
Ruynes-en-Margeride
Garabit
Monistrol-d'Allier
Paulhac-en-Margeride
Blassac
Chilhac
Cerzat
St-Georges-d'Aurac
Mazeyrat-d'Allier
St-Arcons-d'Allier
St-Julien-des-Chazes
Prades
Chanteuges
Vieille-Brioude
Fontannes
Frugières-le-Pin
Javaugues
Domeyrat
St-Just-près-Brioude
Villeneuve-d'Allier
St-Ilpize
Aubazat
Arlet
St-Cirgues
St-Austremoine
Cronce
Ferrussac
Chastel
Vèdrines-St-Loup
Soulages
Lastic
Rageade
Mercœur
La Chapelle-Laurent
Celoux
Lubilhac
St-Beauzire
Espalem
Lorlanges
Bournoncle-St-Pierre
St-Laurent-Chabreuges
Lamothe
Cohade
Paulhac
Lespinasse
Tailhac
Desges
Chazelles
Pébrac
Charraix
Cubelles
Venteuges
Auvers
Nozerolles
La Besseyre-St-Mary
Clavières
Lorcières
Chaliers
Loubaresse
Chaulhac
Juliange
St-Privat-du-Fau
Blavignac
Albaret-Ste-Marie
St-Léger-du-Malzieu
Grèzes
Esplantas
Vazeilles-près-Saugues
Thoras
St-Préjet-d'Allier
Croisances
St-Privat-d'Allier
Montchamp
Tiviers
Vabres
Forêt de la Margeride
MONTAGNE
Mont Mouchet
Montgrand
Allier
Sénouire
N 102
A 75
D 588
D 590
D 585
Le Malzieu-Ville
St-Symphorien
Chanaleilles
0
5
10 km

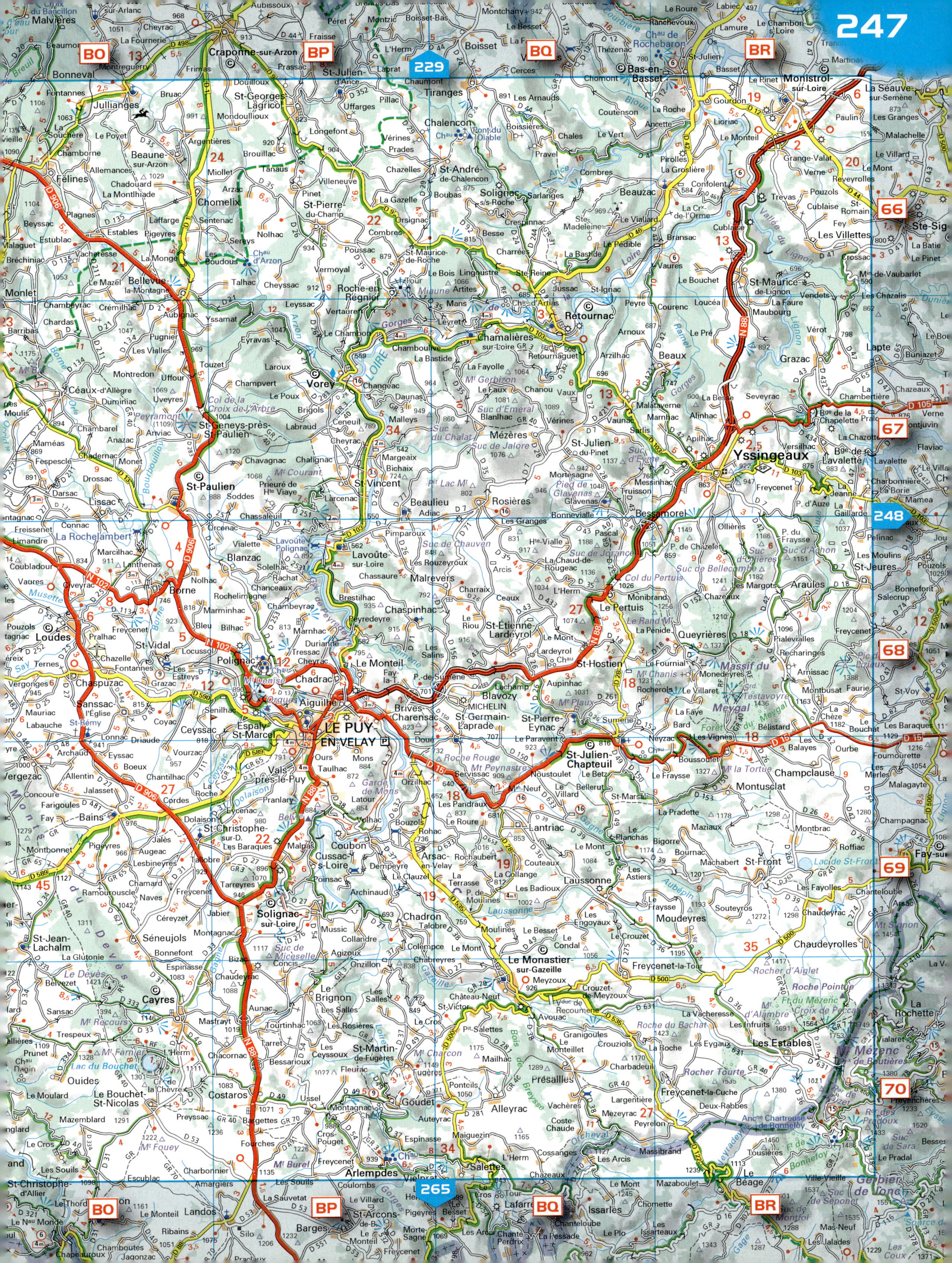
BO
BP
BQ
BR
229
265
248
66
67
68
69
70
Craponne-sur-Arzon
Malvières
Bonneval
Julliange
St-Georges-Lagricol
St-Julien-d'Ance
Tiranges
Boisset
Bas-en-Basset
Monistrol-sur-Loire
La Séauve-sur-Semène
Chalencon
St-André-de-Chalencon
Solignac-s/s-Roche
Beauzac
Félines
Chomelix
St-Pierre-du-Champ
Bellevue-la-Montagne
Roche-en-Régnier
Retournac
St-Maurice-de-Lignon
Ste-Sigolène
Les Villettes
Vorey
Chamalières-sur-Loire
Beaux
Grazac
Lapte
St-Geneys-près-St-Paulien
St-Paulien
Malrevers
Rosières
St-Julien-du-Pinet
Yssingeaux
Bessamorel
St-Vincent
Beaulieu
Lavoûte-sur-Loire
Blanzac
Borne
Loudes
St-Vidal
Polignac
Chaspuzac
Sanssac-l'Église
Le Puy-en-Velay
Aiguilhe
Espaly-St-Marcel
Brives-Charensac
St-Germain-Laprade
Blavozy
St-Pierre-Eynac
St-Julien-Chapteuil
Queyrières
Araules
St-Jeures
Montusclat
Champclause
Vals-près-le-Puy
Coubon
Cussac-s-Loire
Solignac-sur-Loire
Le Monastier-sur-Gazeille
Lantriac
Laussonne
Moudeyres
St-Front
Fay-sur-Lignon
Chaudeyrolles
Les Estables
Cayres
Séneujols
St-Jean-Lachalm
Le Bouchet-St-Nicolas
Costaros
Le Brignon
St-Martin-de-Fugères
Présailles
Alleyrac
Goudet
Arlempdes
Freycenet-la-Cuche
Freycenet-la-Tour
Le Béage
Landos
Issarlès
Lac d'Issarlès
Mont Mézenc
Lac du Bouchet
Massif du Meygal
Suc de Chauvon
Mt Plaux
Loire
N 88
N 102
D 906
D 15
D 103
D 589
D 590
D 535
D 500
D 105

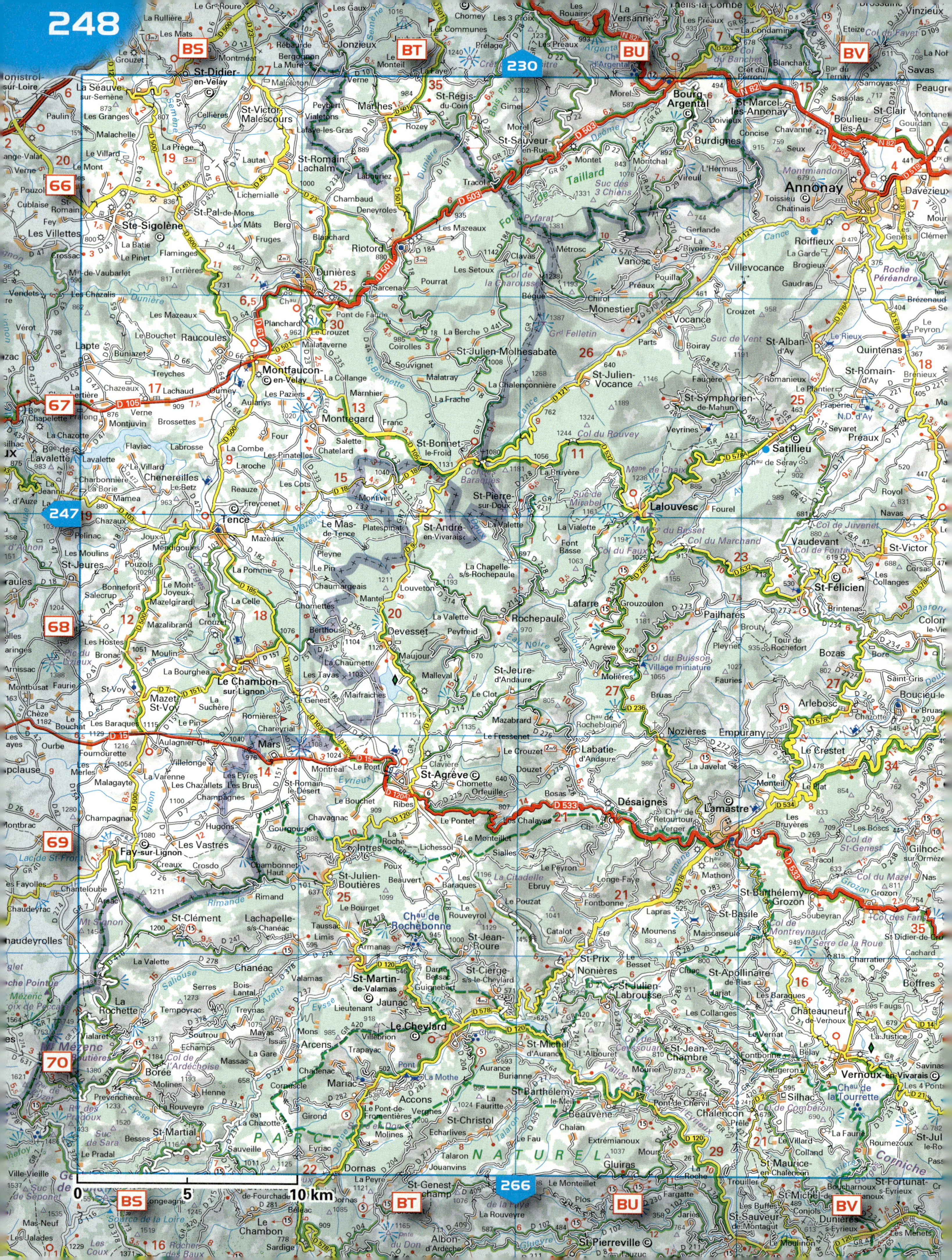
BS
BT
BU
BV
230
247
266
66
67
68
69
70
St-Didier-en-Velay
St-Victor-Malescours
Jonzieux
St-Régis-du-Coin
Marlhes
St-Sauveur-en-Rue
Bourg-Argental
St-Marcel-lès-Annonay
Annonay
Davézieux
Boulieu-lès-Annonay
Ste-Sigolène
St-Pal-de-Mons
St-Romain-Lachalm
Riotord
Dunières
Vanosc
Villevocance
Roiffieux
Monestier
Vocance
St-Alban-d'Ay
Quintenas
Montfaucon-en-Velay
Raucoules
St-Julien-Molhesabate
St-Julien-Vocance
St-Romain-d'Ay
Montregard
St-Bonnet-le-Froid
St-Symphorien-de-Mahun
Satillieu
Tence
Chenereilles
St-Pierre-sur-Doux
St-André-en-Vivarais
Lalouvesc
Vaudevant
St-Félicien
St-Victor
St-Jeures
Le Mas-de-Tence
Le Chambon-sur-Lignon
Mazet-St-Voy
Devesset
Rochepaule
Lafarre
Pailharès
St-Jeure-d'Andaure
Bozas
Arlebosc
Mars
St-Agrève
Labatie-d'Andaure
Nozières
Empurany
Le Crestet
Désaignes
Lamastre
Fay-sur-Lignon
Les Vastres
Intres
St-Julien-Boutières
St-Barthélemy-Grozon
Gilhoc-sur-Ormèze
St-Clément
Lachapelle-sous-Chanéac
St-Jean-Roure
St-Basile
Chanéac
St-Martin-de-Valamas
St-Cierge-sous-le-Cheylard
St-Prix
Nonières
St-Julien-Labrousse
St-Apollinaire-de-Rias
Boffres
La Rochette
Le Cheylard
St-Michel-d'Aurance
St-Jean-Chambre
Châteauneuf-de-Vernoux
Borée
Arcens
Mariac
Accons
St-Barthélemy-le-Meil
Vernoux-en-Vivarais
Silhac
Chalencon
St-Martial
St-Christol
Beauvène
St-Maurice-en-Chalencon
Dornas
Gluiras
St-Genest-Lachamp
St-Pierreville
Dunière
PARC NATUREL
0
5
10 km

BW
BX
BY
BZ
231
267
250
66
67
68
69
70
Sablons
Chanas
Épinouze
Manthes
Marcollin
Lentiol
Peyraud
St-Rambert-d'Albon
Anneyron
St-Sorlin-en-Valloire
Moras-en-Valloire
Lens-Lestang
Le Grand-Serre
Roybon
Champagne
Bogy
Hauterives
Palais Idéal
St-Clair-sur-Galaure
Montfalcon
St-Désirat
Albon
Tersanne
Andance
Andancette
Châteauneuf-de-Galaure
St-Martin-d'Août
Montrigaud
Talencieux
Beausemblant
Laveyron
Mureils
St-Christophe-et-le-Laris
Dionay
La Motte-de-Galaure
Miribel
St-Vallier
St-Uze
Claveyson
Ratières
Montchenu
Bathernay
St-Bonnet-de-Valclérieux
St-Appolinard
Crépol
St-Laurent-d'Onay
Forêt de Thivolet
St-Antoine-l'Abbaye
Sarras
Ozon
Ponsas
St-Barthélemy-de-Vals
St-Andéol
Margès
Le Chalon
Montmiral
Arras-sur-Rhône
Charmes-sur-l'Herbasse
St-Michel-sur-Savasse
Arthémonay
Montagne
Sécheras
Serves-sur-Rhône
Bren
St-Donat-sur-l'Herbasse
Geyssans
St-Bonnet-de-Chavagne
Érôme
Gervans
Marsaz
Parnans
Chantemerle-les-Blés
Chavannes
Peyrins
Triors
Châtillon-St-Jean
St-Hilaire-du-Rosier
Lemps
Larnage
Crozes-Hermitage
Veaunes
St-Bardoux
Mours-St-Eusèbe
Génissieux
St-Lattier
Eymeux
Vion
Tain-l'Hermitage
Mercurol
Clérieux
Romans-sur-Isère
St-Paul-lès-Romans
St-Nazaire-en-Royans
Tournon-s-R.
Chanos-Curson
Granges-lès-Beaumont
Bourg-de-Péage
La Motte-Fanjas
Mauves
Pont-de-l'Herbasse
Jaillans
St-Barthélemy-le-Plain
Beaumont-Monteux
Châteauneuf-sur-Isère
Chatuzange-le-Goubet
Meymans
St-Jean-en-Royans
La Roche-de-Glun
Pont-de-l'Isère
Beauregard-Baret
Oriol-en-Royans
Glun
Châteaubourg
Chosson
Plats
Alixan
Rochefort-Samson
St-Romain-de-Lerps
St-Marcel-lès-Valence
Barbières
Bouvan
Cornas
Bourg-lès-Valence
Besayes
Marches
Champis
St-Péray
VALENCE
Montélier
Charpey
St-Vincent-la-Commanderie
Guilherand-Granges
Malissard
Chabeuil
Peyrus
Léoncel
Col de la Bataille
Toulaud
Soyons
Châteaudouble
Combovin
Montvendre
Portes-lès-Valence
Barcelonne
Charmes-sur-Rhône
Beaumont-lès-Valence
Montéléger
Beauvallon
Étoile-sur-Rhône
La Baume-Cornillane
Plan-de-Baix
Ourches
Upie

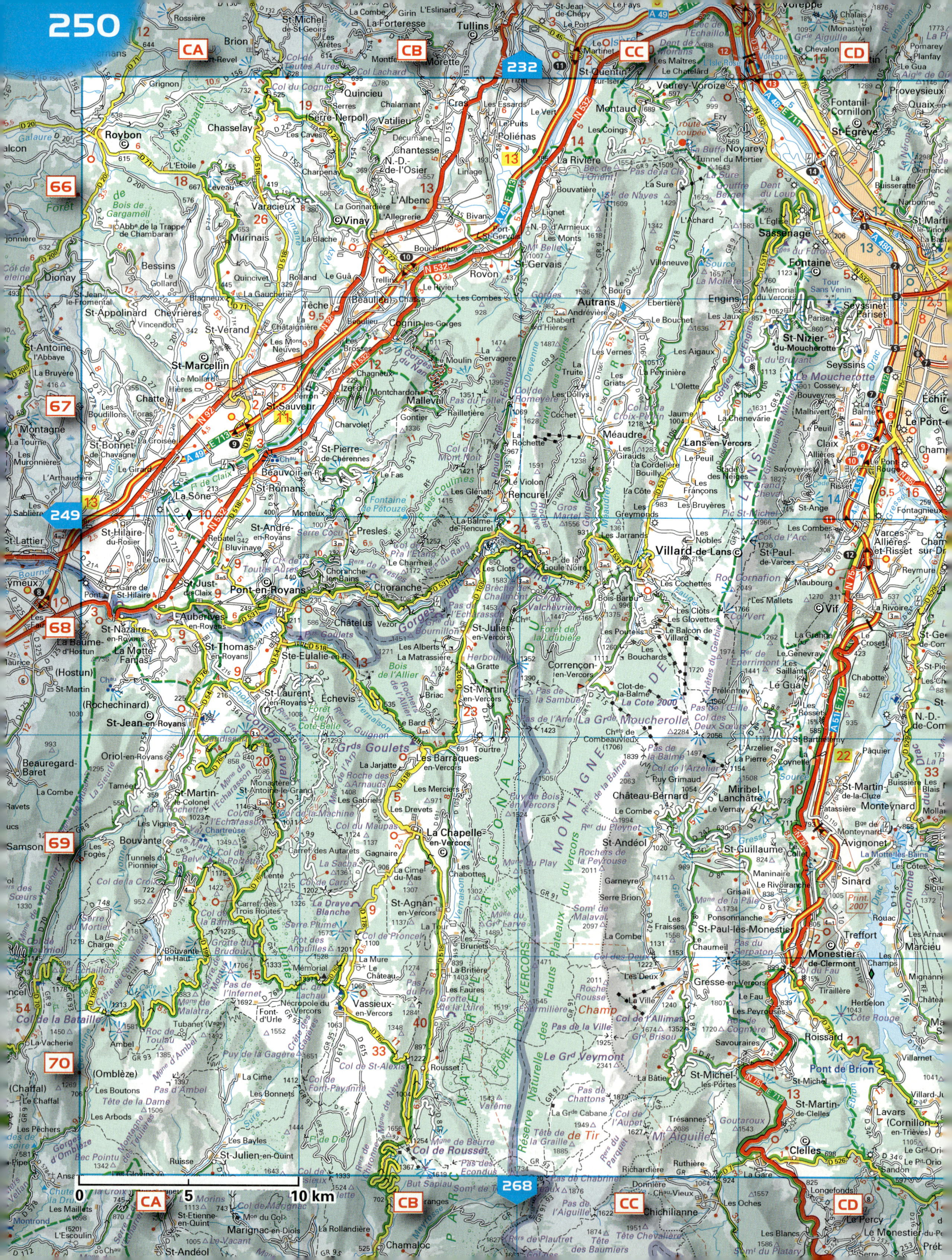

CA
CB
CC
CD
232
249
268
66
67
68
69
70
Roybon
Chasselay
Vinay
L'Albenc
Tullins
Quincieu
Vatilieu
Chantesse
Cras
Poliénas
La Rivière
St-Quentin-sur-Isère
Veurey-Voroize
Noyarey
Sassenage
Fontaine
St-Égrève
Fontanil-Cornillon
Voreppe
Proveysieux
Quaix-en-Chartreuse
Murinais
Varacieux
Dionay
St-Antoine-l'Abbaye
St-Appolinard
Chevrières
St-Vérand
St-Marcellin
Chatte
Téche
Cognin-les-Gorges
St-Gervais
Rovon
Malleval
Autrans
Méaudre
Engins
Seyssinet-Pariset
Seyssins
St-Nizier-du-Moucherotte
Lans-en-Vercors
Villard-de-Lans
Claix
Varces-Allières-et-Risset
Vif
St-Sauveur
St-Pierre-de-Chérennes
Beauvoir-en-Royans
St-Romans
La Sône
St-Hilaire-du-Rosier
St-Lattier
St-Just-de-Claix
Pont-en-Royans
St-André-en-Royans
Presles
Rencurel
Choranche
Châtelus
St-Julien-en-Vercors
Corrençon-en-Vercors
St-Martin-en-Vercors
St-Nazaire-en-Royans
St-Thomas-en-Royans
Ste-Eulalie-en-Royans
St-Laurent-en-Royans
Échevis
St-Jean-en-Royans
Oriol-en-Royans
Beauregard-Baret
La Motte-Fanjas
Rochechinard
St-Martin-le-Colonel
Bouvante
Les Barraques-en-Vercors
La Chapelle-en-Vercors
St-Agnan-en-Vercors
Vassieux-en-Vercors
Col de Rousset
Col de la Bataille
Château-Bernard
St-Andéol
St-Guillaume
Gresse-en-Vercors
Le Gua
Miribel-Lanchâtre
St-Paul-lès-Monestier
Monestier-de-Clermont
St-Michel-les-Portes
St-Martin-de-la-Cluze
Avignonet
Sinard
Treffort
Roissard
St-Martin-de-Clelles
Clelles
Chichilianne
Le Percy
Lavars
Marcieu
La Grde Moucherolle
Le Grd Veymont
Mt Aiguille
Grands Goulets
Gorges de la Bourne
Combe Laval
Forêt de Lente
Réserve Naturelle des Hauts Plateaux du Vercors
Forêt du Vercors
Montagne de Lans
St-Julien-en-Quint
St-Andéol
Marignac-en-Diois
Chamaloc
0
5
10 km

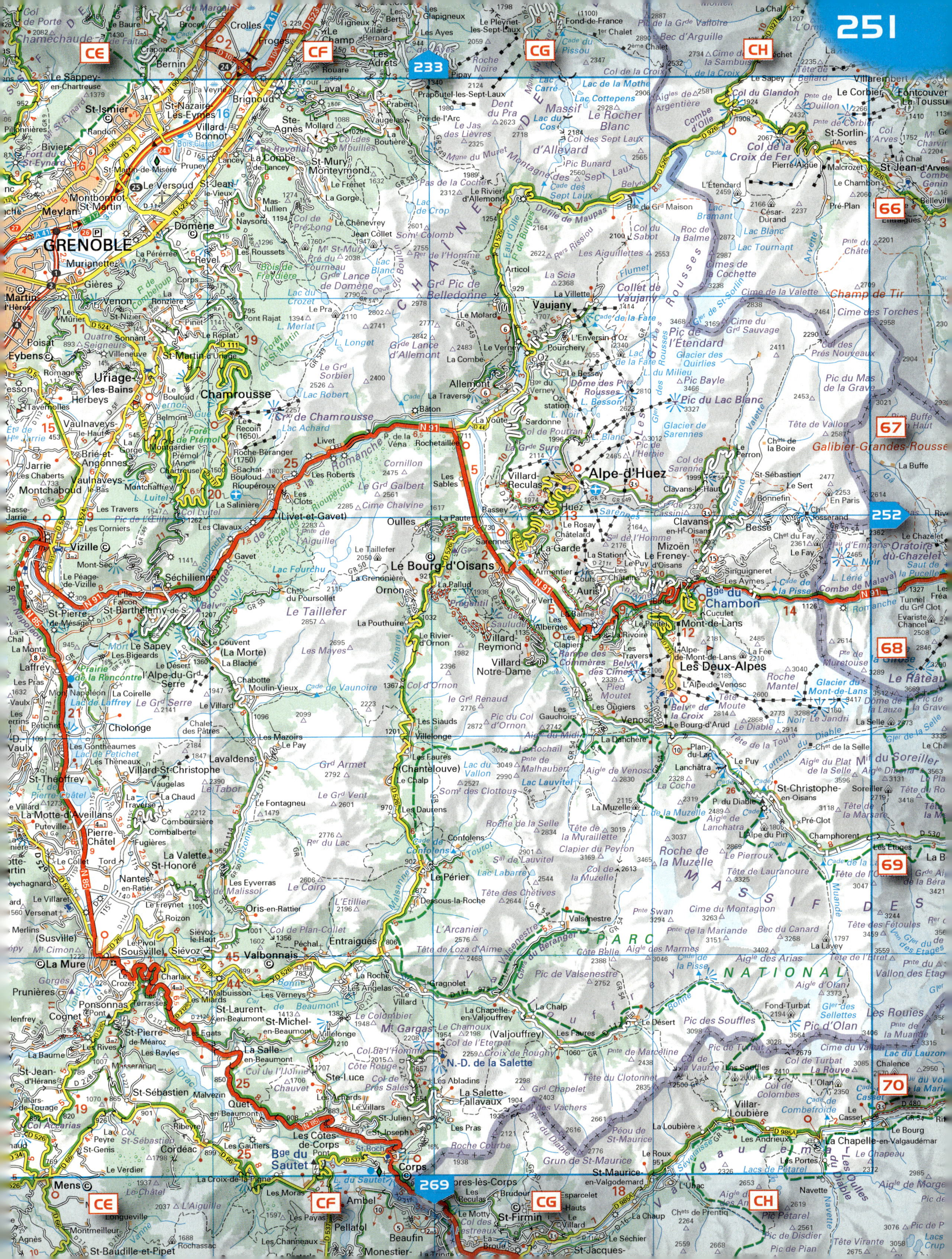
CE
CF
CG
CH
233
252
269
66
67
68
69
70
GRENOBLE
Meylan
St-Ismier
Crolles
Froges
Brignoud
Domène
Revel
Gières
Eybens
Uriage-les-Bains
Chamrousse
Vizille
Séchilienne
Laffrey
La Mure
Susville
Sousville
Valbonnais
Corps
Mens
St-Firmin
Allemont
Vaujany
Alpe-d'Huez
Huez
Le Bourg-d'Oisans
Bourg-d'Oisans
Oulles
La Garde
Auris
Mont-de-Lans
Les Deux-Alpes
Venosc
Le Freney-d'Oisans
Mizoën
Clavans-en-Ht-Oisans
Besse
St-Sorlin-d'Arves
St-Jean-d'Arves
Col du Glandon
Col de la Croix de Fer
Lac de Grand Maison
Pic de l'Etendard
Massif d'Allevard
Le Rocher Blanc
Chaîne de Belledonne
Grd Pic de Belledonne
Cime Chalvine
Le Grd Galbert
Le Taillefer
Lac du Chambon
Livet-et-Gavet
Rochetaillée
St-Christophe-en-Oisans
La Bérarde
Roche de la Muzelle
Tête de Lauranoure
Massif des Écrins
Parc National
Pic d'Olan
Valsenestre
Entraigues
N.-D. de la Salette
La Salette-Fallavaux
St-Michel-en-Beaumont
St-Laurent-en-Beaumont
La Motte-d'Aveillans
Pierre-Châtel
La Valette
St-Honoré
Nantes-en-Ratier
St-Théoffrey
Cholonge
Lac de Laffrey
Chantelouve
Le Périer
Villard-Reymond
Villard-Notre-Dame
Bec du Canard
Cime du Vallon
Lac Lauvitel
Valjouffrey
Le Désert
Villar-Loubière
La Chapelle-en-Valgaudemar
Le Sappey-en-Chartreuse
St-Martin-d'Uriage
Vaulnaveys-le-Haut
Brié-et-Angonnes
Lac Achard
Col de la Croix de Chamrousse
Prémol
Lac du Sautet
Cordéac
St-Sébastien
La Salle-en-Beaumont
Ponsonnas
Ste-Luce
Quet-en-Beaumont
Les Côtes-de-Corps
Galibier-Grandes-Rousses
Champ de Tir
Les Grandes Rousses
Pic du Lac Blanc
Dôme des Petites Rousses
Oratoire du Chazelet
Romanche
N 91
N 85
A 41

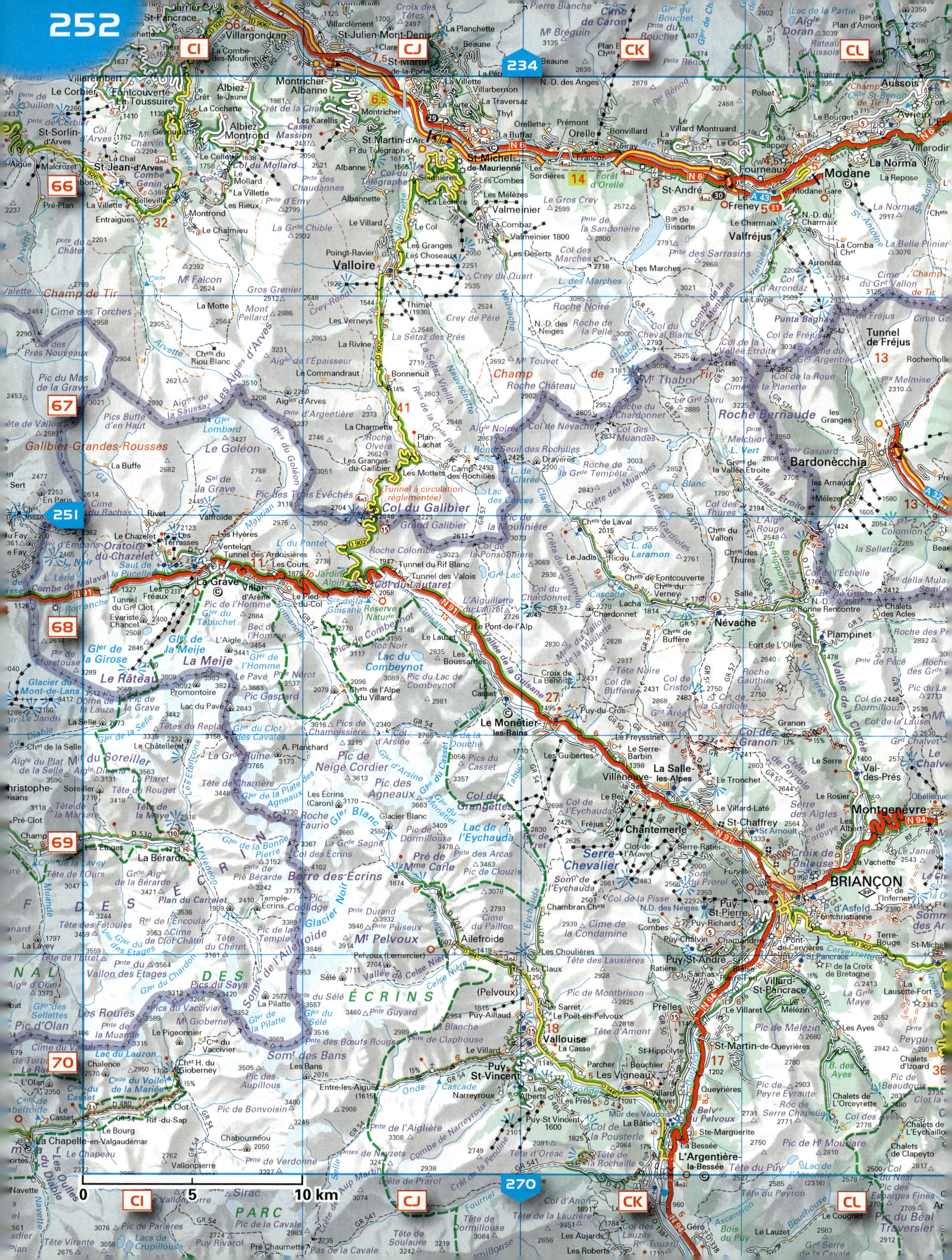
CI
CJ
CK
CL
234
251
270
66
67
68
69
70
Villargondran
St-Julien-Mont-Denis
St-Martin-de-la-Porte
Villarembert
Fontcouverte-la-Toussuire
Montricher-Albanne
Albiez-le-Jeune
Albiez-Montrond
St-Sorlin-d'Arves
St-Jean-d'Arves
St-Martin-d'Arc
St-Michel-de-Maurienne
Orelle
Valmeinier
Valloire
Modane
Fourneaux
St-André
Valfréjus
Aussois
La Norma
Avrieux
Tunnel de Fréjus
Bardonècchia
Col du Galibier
Grand Galibier
Col du Lautaret
Galibier-Grandes-Rousses
Pic des Trois Évêchés
Aigles d'Arves
Mt Thabor
Roche Bernaude
Le Goléon
La Grave
Villar-d'Arêne
La Meije
Le Râteau
Pic Gaspard
Névache
Plampinet
Le Monêtier-les-Bains
La Salle-les-Alpes
Chantemerle
Serre Chevalier
Montgenèvre
BRIANÇON
Puy-St-Pierre
Puy-St-André
Villard-St-Pancrace
Pic de Neige Cordier
Pic des Agneaux
Barre des Écrins
Mt Pelvoux
ÉCRINS
Ailefroide
Vallouise
Puy-St-Vincent
L'Argentière-la-Bessée
St-Martin-de-Queyrières
Les Vigneaux
La Bérarde
Plan du Carrelet
Lac du Lauzon
La Chapelle-en-Valgaudémar
PARC
0
5
10 km

235
271
CM
CN
CO
CP
66
67
68
69
70
Lac du Mont Cenis
Col du Mont Cenis
Moncenisio
Novalesa
Venaus
Rocciamelone
Susa
Gravere
Meana di Susa
Chiomonte
Exilles
Salbertrand
Oulx
Sauze d'Oulx
Sestriere
Sauze di Cesana
Clavière
Cesana Torinese
Pragelato
Fenestrelle
Usseaux
Massello
Perrero
Salzu di Pinerolo
Perosa Argentina
Pinasca
Villar Perosa
Porte
Prali
Bobbio Pellice
Villar Pellice
Torre Pèllice
Luserna S. Giovanni
Bussoleno
S. Giorio
Chianocco
Bruzolo
S. Didero
Borgone Susa
Condove
Villar Focchiardo
S. Antonino di Susa
Vaie
Mompantero
Giaglione
Mattie
Roure
Pomaretto
Pramollo
S. Germano Chisone
Abriès
Aiguilles
Château Queyras
Ville-Vieille
Ristolas
St-Pierre d'Extravache
Bramanette
Massif d'Ambin
M. Orsiera
Bric Ghinivert
Bric Froid
Punta Cornour
Bric Bouchet
Pic de Rochebrune
Col d'Izoard
M. Fraiteve
Colle delle Finestre
Colle del Sestriere

AA
AB
AC
AD
236
272
273
71
72
73
74
75
0
5
10 km
Grand Crohot Océan
Lège-Cap-Ferret
Lauros
Le Pas
Le Cousteau de la Machine
Réserve naturelle
Arès
La Pignada
Jane-de-Boy
Claouey
Andernos-les-Bains
Le Mauret
Les Jacquets
Le Truc Vert
Le Petit Piquey
Le Grand Piquey
BASSIN
D'ARCACHON
Île aux Oiseaux
Parcs à huîtres
Piraillan
Le Canon
L'Herbe
Villa-Algérienne
La Vigne
Belisaire
Cap Ferret
Taussat
Cassy
Le Renet
Lanton
Certes
Audenge
La Courbe
Les Trucailles
Bas-Vallon
Vigneau
Tagon
Biganos
Facture
Réservoirs à Poissons
Parc ornithologique du Teich
Le Teich
Ruat
Lamothe
Balanos
ARCACHON
Les Abatilles
Le Moulleau
Pyla-sur-Mer
Pilat-Plage
Les Bordes
La Hume
Port de Larros
Gujan-Mestras
Meyran
Parc de loisirs
La Teste-de-Buch
Les Miguelots
Le Truc de la Truque
Le Courneau
Zoo
Montmorency
Dune du Pilat
Réserve naturelle du Banc d'Arguin
Banc du Toulinguet
Cap Ferret
Gailloueys
Dunes de Ginestras
Forêt usagère de la Teste
Champ de Tir
Cazaux
Pointe d'Arcachon
La Salie
Forêt de Lons-Lamothe
Étang de Cazaux et de Sanguinet
Curepipe
Dunes des Places
Les Hautes Rives
Port-Maguide
Langeot
Bernon
Louse
Sanguinet
Lombard
Le Bougès
Méoule
Le Clerc
Once
Courneilley
Forêt de Lagnereau
Le Petit Lagnereau
Sillac
Silo
Gare de Lugos
Forêt de Lugos
Lugos
Forêt de Salles
Salles
Le Caplanne
Le Mayne
Béguey
Bilos
Lanot
Caudos
Mios
Peyot
Lillet
Hobre
Arnauton
Caze
Le Voisin
Peylon
Larrieu
Peylahon
Castendet
Gassian
Arnautille
Petit Caudos
Moura
Forêt Nezer
Biscarrosse-Plage
Petite Male
Ispes
En Mayotte
Navarrosse
Goubern
La Broutasse
En Belliard
Millas
Bosque
En Bergoin
En Hill
Narp
Pt Étang de Biscarrosse
Trappe
Biscarrosse
Hourtiquets
En Bonnet
Étang de Biscarrosse et de Parentis
Forêt usagère de Biscarrosse
Forêt de Biscarrosse
Lahitte
Les Mouliès
Parentis-en-Born
Le Lac
Naouton
Bourrouque
Pons
Mothes
DES LANDES
CENTRE D'ESSAIS
Les Dorat
Maisonnieu
Mautans
Blagon
Les Chalets
Les Nargues
La Grde Heyre
Jossaume
La Huillarde
PARC NATUREL RÉGIONAL
La Pointe
Lubec
Hougueyra
La Possession
Les Argentières
Quartier-Bas
Lacanau-de-Mios
Florence
Les Douils
Le Muret
Bidaou
La Crabett
Silo
des Courtious Brûlés
Terrain militaire
D 106
A 660
N 250
D 650
D 3
D 5
D 216
D 652
D 218
D 46
D 110
D 146

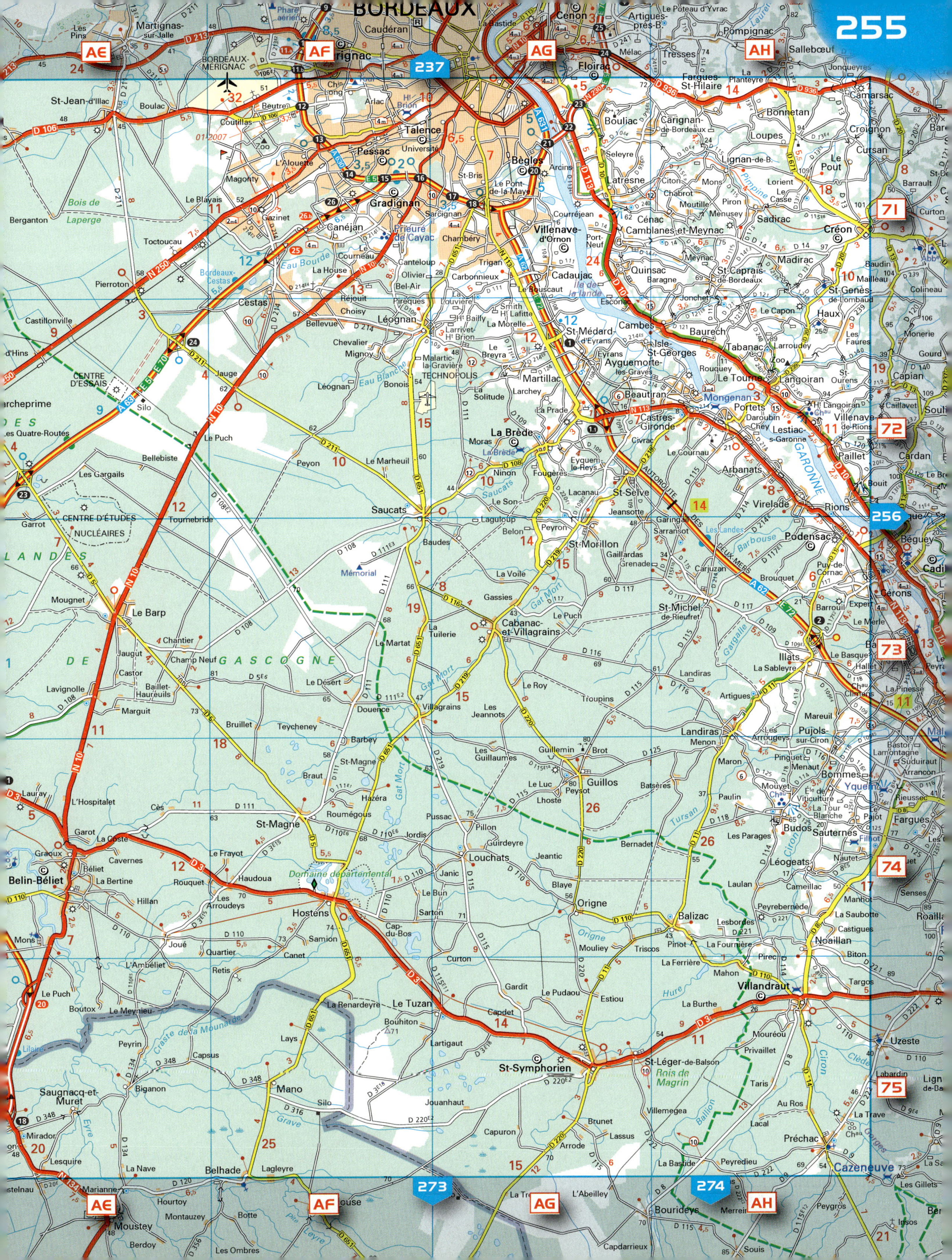
BORDEAUX
AE
AF
AG
AH
237
Mérignac
Caudéran
Cenon
Floirac
Artigues-près-B.
Pompignac
Sallebœuf
Les Pins
Martignas-sur-Jalle
Bordeaux-Mérignac
St-Jean-d'Illac
Pessac
Talence
Bègles
Gradignan
Canéjan
Cestas
Léognan
Villenave-d'Ornon
Cadaujac
Bouliac
Latresne
Carignan-de-Bordeaux
Fargues-St-Hilaire
Camarsac
Croignon
Créon
Lignan-de-B.
Sadirac
Madirac
Cénac
Camblanes-et-Meynac
Quinsac
St-Caprais-de-Bordeaux
Haux
Langoiran
Baurech
Tabanac
Isle-St-Georges
Beautiran
Castres-Gironde
Portets
Arbanats
Virelade
Podensac
Rions
Cardan
256
Béguey
Cadillac
Cérons
St-Médard-d'Eyrans
Ayguemorte-les-Graves
Martillac
La Brède
Saucats
St-Selve
St-Morillon
Cabanac-et-Villagrains
St-Michel-de-Rieufret
Illats
Landiras
Pujols-sur-Ciron
Bommes
Sauternes
Preignac
Budos
Léogeats
Noaillan
Villandraut
Balizac
Origne
Guillos
Hostens
St-Magne
Belin-Béliet
Le Barp
Mios
Salles
Saugnacq-et-Muret
Mano
Belhade
St-Symphorien
St-Léger-de-Balson
Préchac
Uzeste
Cazeneuve
Moustey
Le Tuzan
Louchats
Villagrains
Marguit
Mougnet
Castillonville
Pierroton
Toctoucau
Barsac
Langon
Le Pout
Haux
Cambes
Bonnetan
Loupes
Tresses
Mélac
Salleboeuf
Eau Bourde
Garonne
Ciron
Gat Mort
Hure
Barbouse
Saucats
Tursan
Origne
Ballion
LANDES DE GASCOGNE
CENTRE D'ESSAIS
CENTRE D'ÉTUDES NUCLÉAIRES
Domaine départemental
Mémorial
Bois de Laperge
Prieuré de Cayac
Technopolis
Mongenan
Autoroute des Deux Mers
A 62
A 63
A 630
A 631
N 10
N 250
N 230
N 113
D 3
D 110
D 651
D 220
D 11
D 936
71
72
73
74
75
273
274
Mirador
Lesquire
La Nave
Berdoy
Hourtoy
Montauzey
Botte
Les Ombres
Capdarrieux
Souis
Bourideys
Merrein
La Bastide
Peyrelieu
Lassus
Brunet
Arrode
Capuron
Jouanhaut
Silo
Lays
Peyrin
Capsus
Biganon
Le Meynieu
Boutox
Le Puch
L'Ambélet
Mons
Hillan
Joué
Quartier
Retis
Canet
Samion
Cap-du-Bos
Curton
Gardit
Le Pudaou
Estiou
Mouliey
Triscos
Pinot
La Ferrière
Mahon
La Burthe
Capdet
Lartigaut
Bouhiton
La Renardeyre

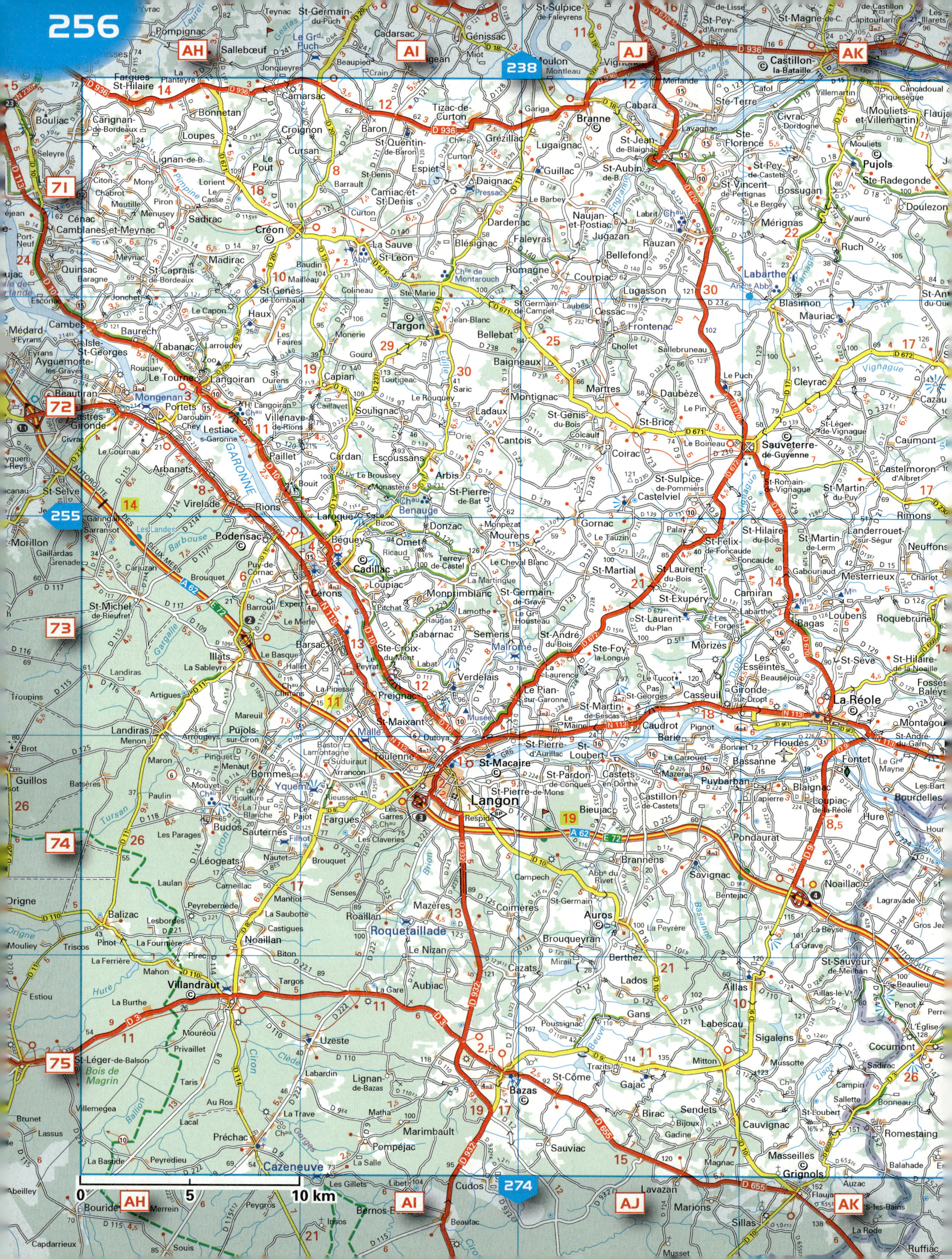
AH
AI
AJ
AK
238
255
274
71
72
73
74
75
Pompignac
Salleboeuf
Fargues-St-Hilaire
Bouliac
Carignan-de-Bordeaux
Camarsac
Croignon
Cursan
Baron
St-Quentin-de-Baron
Tizac-de-Curton
Grézillac
Branne
Cabara
St-Jean-de-Blaignac
St-Aubin-de-B.
Lugaignac
Guillac
Daignac
Espiet
Moulon
Génissac
Cadarsac
Vignonet
Castillon-la-Bataille
Ste-Terre
Ste-Florence
Civrac-de-Dordogne
Pujols
Ste-Radegonde
Doulezon
Mérignas
Ruch
Bossugan
St-Pey-de-Castets
St-Vincent-de-Pertignas
Lignan-de-B.
Loupes
Le Pout
Sadirac
Créon
Latresne
Cénac
Camblanes-et-Meynac
Quinsac
Madirac
La Sauve
St-Léon
Blésignac
Dardenac
Faleyras
Jugazan
Naujan-et-Postiac
Rauzan
Bellefond
Romagne
Courpiac
Lugasson
Labarthe
Blasimon
Mauriac
St-Caprais-de-Bordeaux
Baurech
Haux
St-Genès-de-Lombaud
Targon
Frontenac
Cessac
Bellebat
Tabanac
Langoiran
Le Tourne
Capian
Baigneaux
Montignac
Martres
Daubèze
Cleyrac
Sauveterre-de-Guyenne
Isle-St-Georges
Ayguemorte-les-Graves
Beautiran
Portets
Lestiac-s-Garonne
Villenave-de-Rions
Paillet
Soulignac
Cardan
Escoussans
Ladaux
Cantois
St-Genis-du-Bois
Coirac
St-Brice
Castelviel
Arbanats
Virelade
Rions
Laroque
Arbis
St-Pierre-de-Bat
Donzac
Omet
Béguey
Cadillac
Loupiac
Podensac
Cérons
Mourens
Gornac
St-Martial
St-Laurent-du-Bois
St-Félix-de-Foncaude
St-Hilaire-du-Bois
Landerrouet-sur-Ségur
St-Martin-de-Lerm
Caumont
Castelmoron-d'Albret
Rimons
Neuffons
St-Michel-de-Rieufret
Illats
Barsac
Ste-Croix-du-Mont
Gabarnac
Semens
Monprimblanc
St-Germain-de-Grave
St-André-du-Bois
Ste-Foy-la-Longue
St-Laurent-du-Plan
St-Exupéry
Camiran
Morizès
Les Esseintes
Bagas
Loubens
Roquebrune
St-Sève
La Réole
Landiras
Pujols-sur-Ciron
Preignac
Verdelais
St-Maixant
Le Pian-sur-Garonne
St-Martin-de-Sescas
Caudrot
Casseuil
Gironde-sur-Dropt
Toulenne
St-Macaire
St-Pierre-d'Aurillac
St-Loubert
Castets-en-Dorthe
Barie
Floudes
Bassanne
Fontet
Montagoudin
Guillos
Budos
Bommes
Sauternes
Fargues
Langon
St-Pardon-de-Conques
St-Pierre-de-Mons
Bieujac
Castillon-de-Castets
Puybarban
Blaignac
Loupiac-de-la-Réole
Hure
Pondaurat
Léogeats
Brannens
Savignac
Noaillac
Balizac
Noaillan
Mazères
Roquetaillade
Coimères
Auros
Brouqueyran
Berthez
Villandraut
Le Nizan
Aubiac
Cazats
Lados
Aillas
Sigalens
St-Sauveur-de-Meilhan
St-Léger-de-Balson
Uzeste
Lignan-de-Bazas
Bazas
Gans
Labescau
Mitton
Gajac
Birac
Sendets
Cauvignac
Cocumont
Préchac
Cazeneuve
Marimbault
Pompéjac
Sauviac
Masseilles
Grignols
Lavazan
Marions
Sillas
Cudos
Bernos-Beaulac
Bourideys
GARONNE
A 62
0
5
10 km

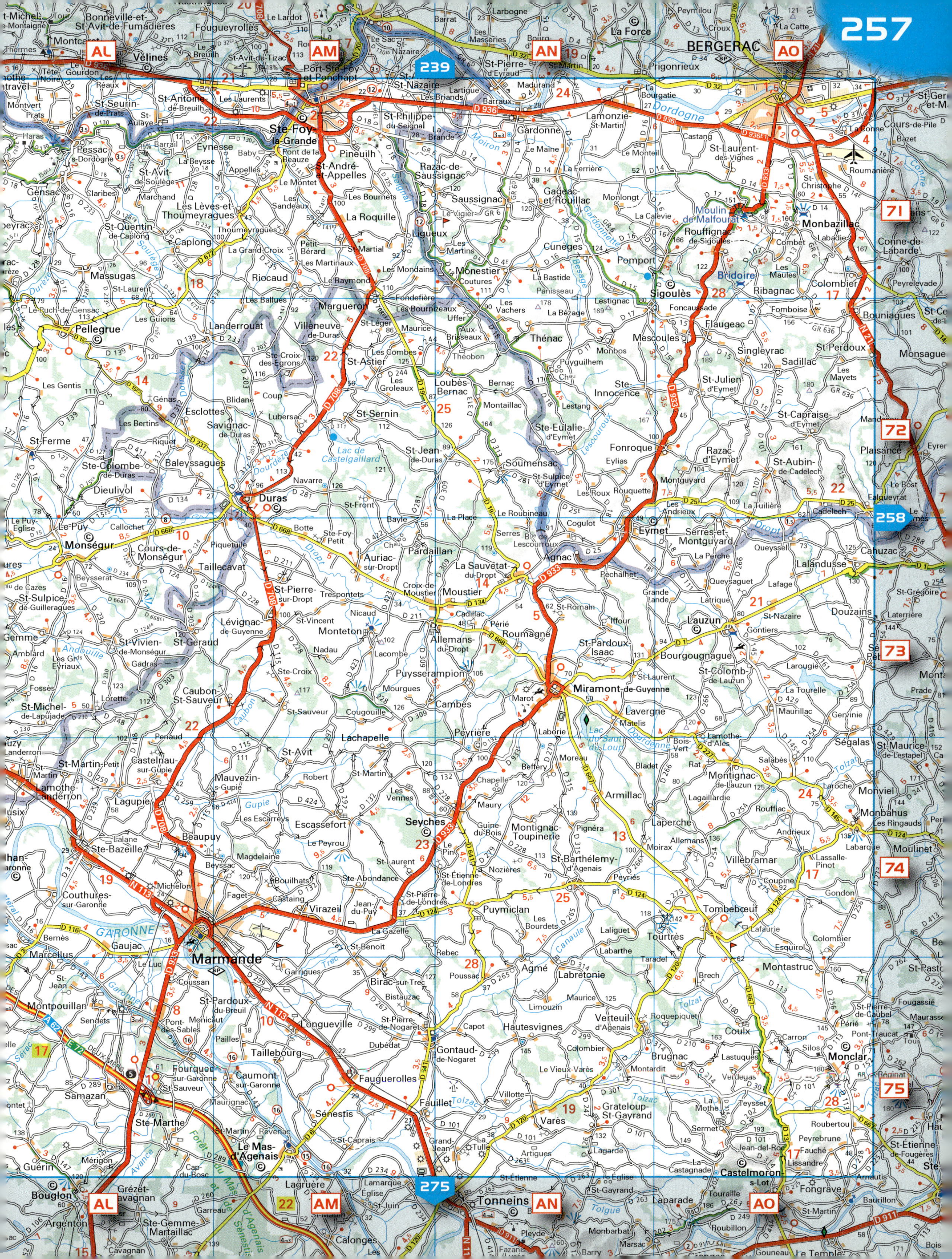
AL
AM
AN
AO
239
258
275
71
72
73
74
75
BERGERAC
Ste-Foy-la-Grande
Port-Ste-Foy-et-Ponchapt
Vélines
Dordogne
Pineuilh
St-André-et-Appelles
La Roquille
Eynesse
Pessac-s-Dordogne
Gensac
Les Lèves-et-Thoumeyragues
St-Quentin-de-Caplong
Caplong
Massugas
Pellegrue
Landerrouat
Margueron
Riocaud
Ligueux
Saussignac
Gageac-et-Rouillac
Cunèges
Monestier
Pomport
Sigoulès
Rouffignac-de-Sigoulès
Monbazillac
Colombier
Bouniagues
Ribagnac
Flaugeac
Mescoules
Thénac
Singleyrac
Sadillac
St-Perdoux
St-Julien-d'Eymet
Ste-Innocence
Ste-Eulalie-d'Eymet
Fonroque
Razac-d'Eymet
St-Capraise-d'Eymet
St-Aubin-de-Cadelech
Plaisance
Soumensac
St-Sulpice-d'Eymet
Eymet
Serres-et-Montguyard
Lalandusse
Cahuzac
Villeneuve-de-Duras
St-Astier
Loubès-Bernac
St-Sernin
St-Jean-de-Duras
Esclottes
Savignac-de-Duras
Baleyssagues
Ste-Colombe-de-Duras
Dieulivol
St-Ferme
Duras
Lac de Castelgaillard
Monségur
Cours-de-Monségur
Taillecavat
Auriac-sur-Dropt
Pardaillan
La Sauvetat-du-Dropt
Agnac
Moustier
St-Pierre-sur-Dropt
Lévignac-de-Guyenne
Monteton
Allemans-du-Dropt
Roumagne
St-Pardoux-Isaac
Lauzun
Bourgougnague
St-Colomb-de-Lauzun
Douzains
Miramont-de-Guyenne
Lavergne
Lac du Saut du Loup
Puysserampion
Cambes
Peyrière
Caubon-St-Sauveur
St-Géraud
St-Sulpice-de-Guilleragues
St-Vivien-de-Monségur
St-Michel-de-Lapujade
Castelnau-sur-Gupie
Mauvezin-s-Gupie
St-Avit
Lachapelle
Seyches
Escassefort
Montignac-Toupinerie
Armillac
Laperche
Montignac-de-Lauzun
Ségalas
St-Maurice-de-Lestapel
Monviel
Monbahus
Moulinet
Villebramar
Lamothe-Landerron
Lagupie
Beaupuy
Ste-Bazeille
Couthures-sur-Garonne
Garonne
Marmande
Gaujac
Virazeil
Puymiclan
St-Barthélemy-d'Agenais
Tombebœuf
Tourtrès
Agmé
Labretonie
Montastruc
Birac-sur-Trec
Longueville
Taillebourg
Fauguerolles
Gontaud-de-Nogaret
Hautesvignes
Verteuil-d'Agenais
Coulx
Brugnac
Monclar
Fourques-sur-Garonne
Caumont-sur-Garonne
Samazan
Ste-Marthe
Sénestis
Le Mas-d'Agenais
Varès
Grateloup-St-Gayrand
Castelmoron-s-Lot
Fongrave
Bouglon
Tonneins
Montpouillan
Marcellus
Lagruère
Calonges

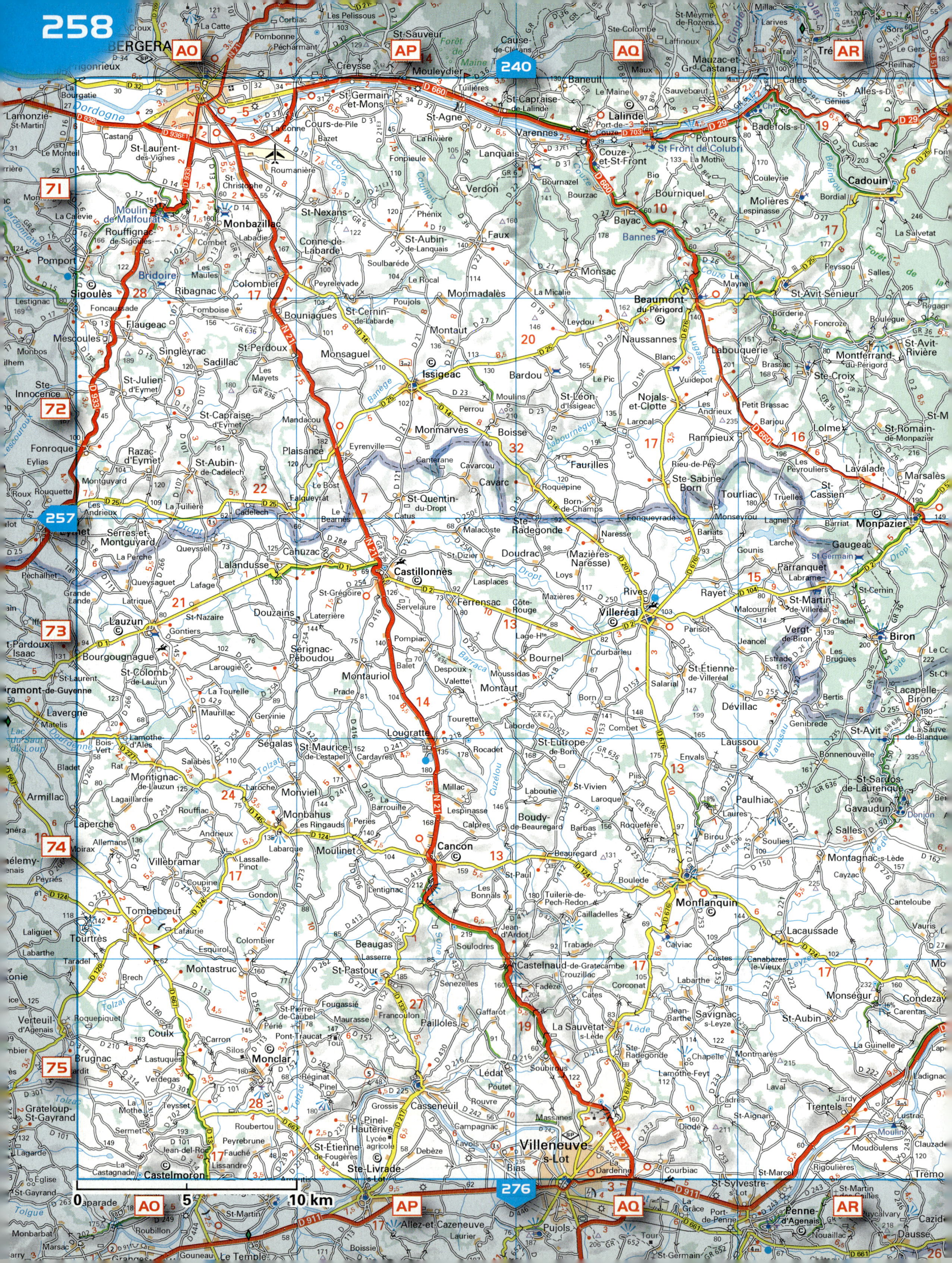
Bergerac
Dordogne
Mouleydier
Lalinde
Couze-et-St-Front
Badefols-s-D.
Trémolat
Cadouin
Monbazillac
Sigoulès
Bridoire
Ribagnac
Colombier
Bouniagues
Issigeac
Monsaguel
Montaut
Bardou
Beaumont du-Périgord
Naussannes
Labouquerie
Montferrand-du-Périgord
Ste-Croix
Faux
Monsac
Bayac
Bannes
Molières
Monmadalès
Eymet
Serres-et-Montguyard
Singleyrac
Plaisance
Monmarvès
Boisse
Faurilles
Rampieux
Lolme
St-Cassien
Tourliac
Lavalade
Monpazier
Castillonnès
Cahuzac
Lalandusse
Ferrensac
Doudrac
Villeréal
Rives
Parranquet
Biron
Lauzun
Bourgougnague
Montauriol
Lougratte
Cancon
Monflanquin
Dévillac
Gavaudun
Montagnac-s-Lède
St-Sardos-de-Laurenque
Monbahus
Moulinet
Villebramar
Tombebœuf
Tourtrès
Castelnaud-de-Gratecambe
La Sauvetat-s-Lède
Savignac-s-Leyze
St-Aubin
Monségur
Monclar
Pailloles
Casseneuil
Ste-Livrade-s-Lot
Villeneuve-s-Lot
Pujols
Penne-d'Agenais
Trentels
Castelmoron
Allez-et-Cazeneuve
AO
AP
AQ
AR
71
72
73
74
75
240
257
276
0
5
10 km

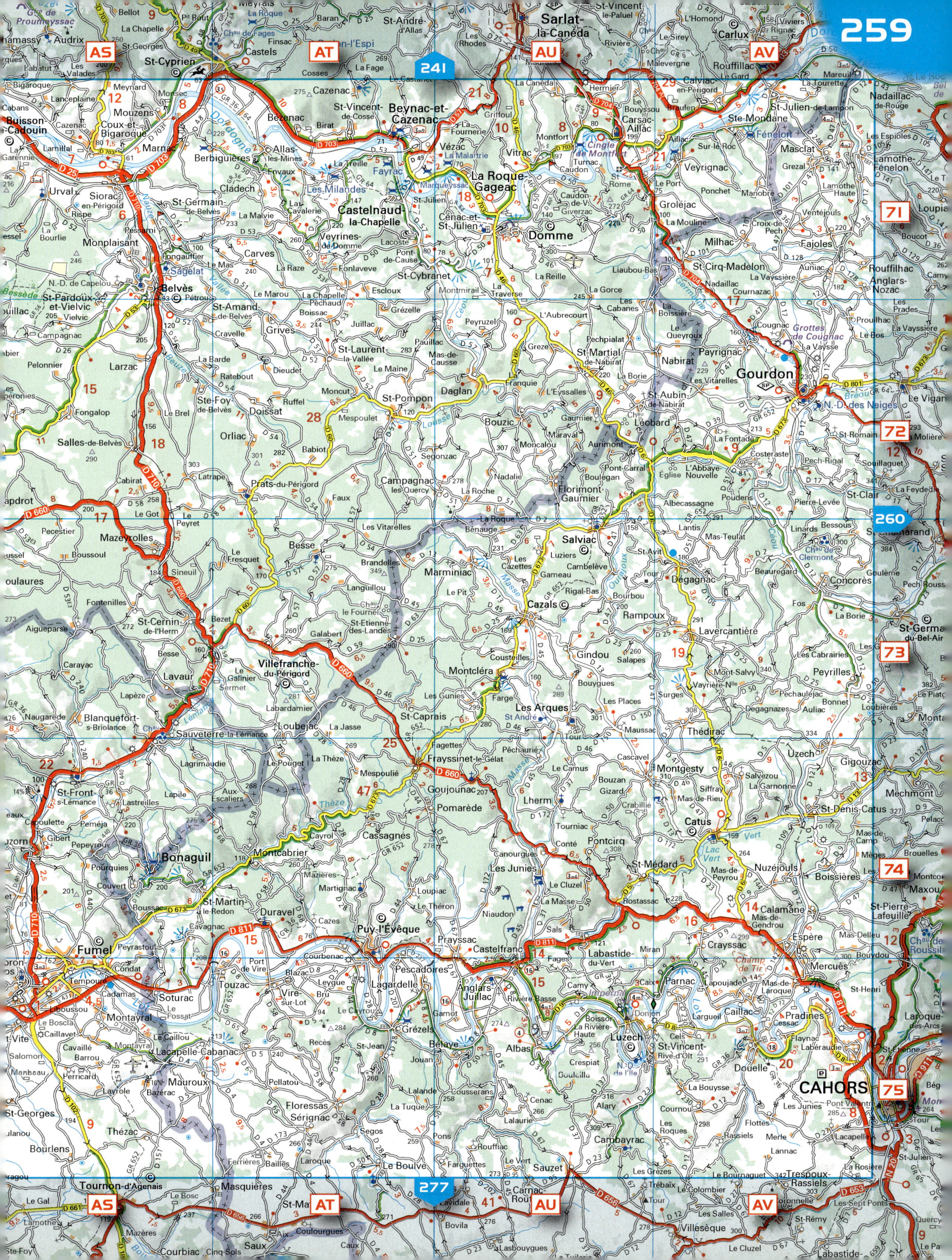
241
AS
AT
AU
AV
Sarlat-la-Canéda
St-Cyprien
Beynac-et-Cazenac
Le Buisson-de-Cadouin
Carlux
Rouffillac
Calviac-en-Périgord
Carsac-Aillac
St-Julien-de-Lampon
Ste-Mondane
Fénelon
Masclat
Lamothe-Fénelon
Vézac
La Roque-Gageac
Castelnaud-la-Chapelle
Domme
Cénac-et-St-Julien
Siorac-en-Périgord
Belvès
St-Pardoux-et-Vielvic
Monplaisant
Carves
St-Cybranet
Groléjac
Milhac
Fajoles
St-Cirq-Madelon
Nadaillac-de-Rouge
Rouffilhac
Anglars-Nozac
Payrignac
Gourdon
Grottes de Cougnac
Nabirat
St-Martial-de-Nabirat
Daglan
St-Pompon
Larzac
Fongalop
Salles-de-Belvès
Orliac
Doissat
Prats-du-Périgord
Campagnac-lès-Quercy
Bouzic
Florimont-Gaumier
Salviac
Dégagnac
Mazeyrolles
Besse
Marminiac
Cazals
Rampoux
Lavercantière
Concorès
St-Cernin-de-l'Herm
Villefranche-du-Périgord
Loubejac
Montcléra
Gindou
Les Arques
Thédirac
Peyrilles
Blanquefort-sur-Briolance
Sauveterre-la-Lémance
Frayssinet-le-Gélat
Goujounac
Pomarède
Lherm
Montgesty
Catus
Uzech
Gigouzac
Mechmont
St-Denis-Catus
Cassagnes
Bonaguil
Montcabrier
St-Martin-le-Redon
Duravel
Puy-l'Évêque
Les Junies
Le Cluzel
St-Médard
Nuzéjouls
Boissières
Calamane
Fumel
Soturac
Touzac
Vire-sur-Lot
Prayssac
Castelfranc
Lagardelle
Pescadoires
Anglars-Juillac
Luzech
Parnac
Crayssac
Mercuès
Espère
Pradines
Caillac
Douelle
CAHORS
Montayral
Lacapelle-Cabanac
Mauroux
Floressas
Sérignac
Albas
Bélaye
Grézels
Cambayrac
Sauzet
Thézac
Tournon-d'Agenais
Masquières
Le Boulvé
Villesèque
Trespoux-Rassiels
Labastide-du-Vert
Lacapelle
260
277
71
72
73
74
75

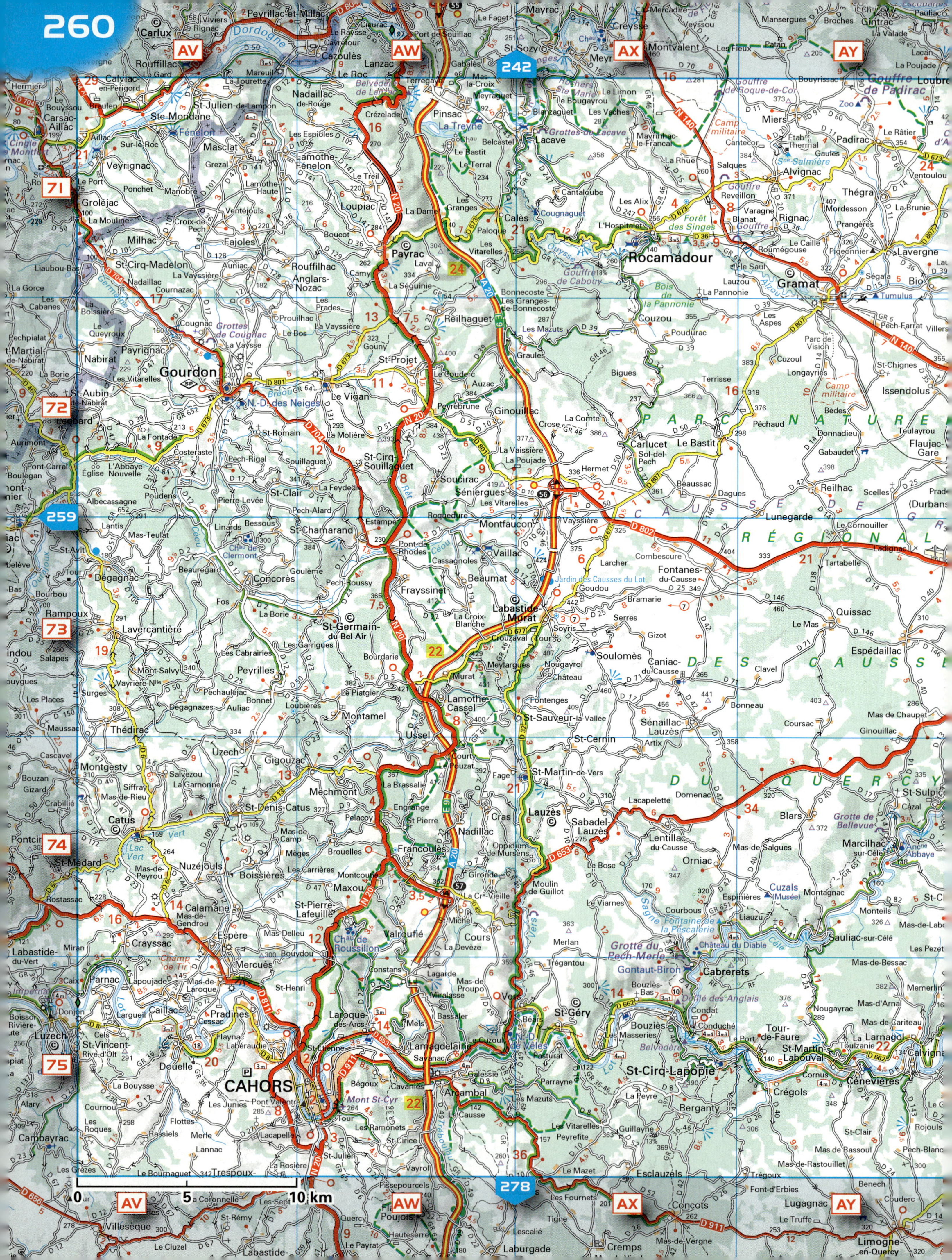
AV
AW
AX
AY
242
Dordogne
Carlux
Rouffillac
Peyrillac-et-Millac
Cazoulès
Lanzac
Souillac
Mayrac
Creysse
Montvalent
Gintrac
Gouffre de Padirac
Calviac-en-Périgord
St-Julien-de-Lampon
Ste-Mondane
Nadaillac-de-Rouge
Pinsac
La Treyne
Lacave
Grottes de Lacave
Meyronne
Miers
Padirac
Carsac-Aillac
Fénelon
Veyrignac
Masclat
Lamothe-Fénelon
Loupiac
Calès
Alvignac
Thégra
Grolejac
Milhac
Payrac
Rocamadour
L'Hospitalet
Gramat
Forêt des Singes
Gouffre de Cabouy
St-Cirq-Madelon
Rouffilhac
Anglars-Nozac
Reilhaguet
Couzou
Gourdon
Grottes de Cougnac
Nabirat
Payrignac
Le Vigan
St-Projet
Ginouillac
Carlucet
Le Bastit
Issendolus
Flaujac-Gare
PARC NATUREL RÉGIONAL DES CAUSSES DU QUERCY
N.-D. des Neiges
St-Cirq-Souillaguet
Soucirac
Séniergues
Montfaucon
Lunegarde
Reilhac
St-Chamarand
Vaillac
Frayssinet
Labastide-Murat
Beaumat
Fontanes-du-Causse
Quissac
Dégagnac
Rampoux
Lavercantière
St-Germain-du-Bel-Air
Soulomès
Caniac-du-Causse
Espédaillac
Peyrilles
Montamel
Lamothe-Cassel
St-Sauveur-la-Vallée
Sénaillac-Lauzès
Thédirac
Ussel
St-Cernin
Montgesty
Uzech
Gigouzac
Mechmont
St-Martin-de-Vers
Lauzès
Sabadel-Lauzès
Blars
Grotte de Bellevue
St-Sulpice
Catus
St-Médard
St-Denis-Catus
Nadillac
Lentillac-du-Causse
Orniac
Marcilhac-sur-Célé
Nuzéjouls
Boissières
Francoulès
Maxou
Cuzals (Musée)
Calamane
St-Pierre-Lafeuille
Valroufié
Grotte du Pech-Merle
Cabrerets
Sauliac-sur-Célé
Crayssac
Mercuès
Espère
Parnac
Pradines
Bouziès
St-Géry
Vers
Luzech
CAHORS
Lamagdelaine
Arcambal
St-Cirq-Lapopie
Tour-de-Faure
St-Martin-Labouval
Cénevières
Douelle
Mont St-Cyr
Crégols
Bergarny
Esclauzels
Trespoux
Lot
Célé
259
278
0 5 10 km
Villesèque
Labastide-Marnhac
Laburgade
Cremps
Concots
Lugagnac
Limogne-en-Quercy

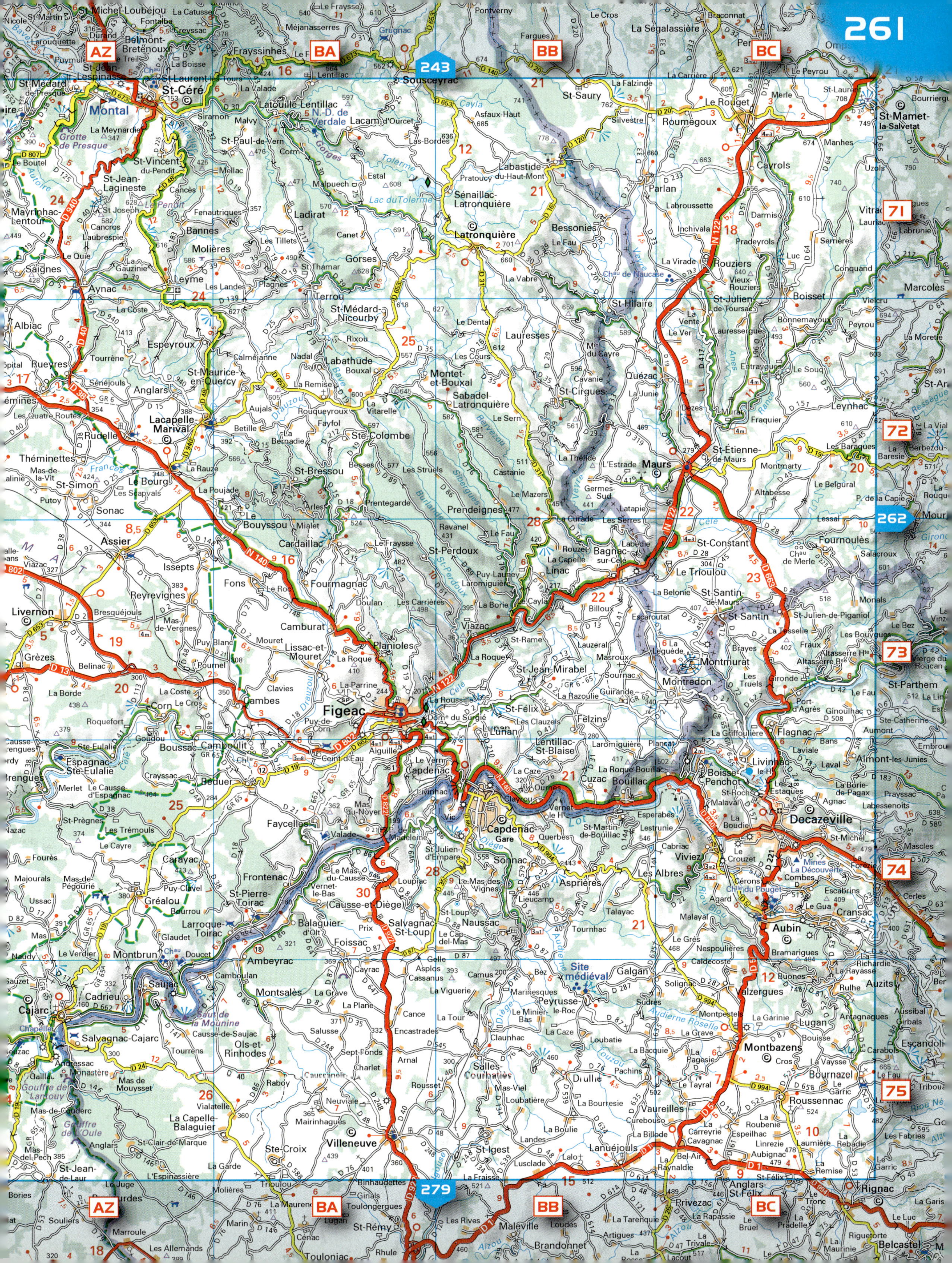
AZ
BA
BB
BC
243
262
279
71
72
73
74
75
St-Céré
Montal
Sousceyrac
Latouille-Lentillac
Lacam-d'Ourcet
St-Saury
Le Rouget
Roumégoux
St-Mamet-la-Salvetat
St-Vincent-du-Pendit
St-Jean-Lagineste
Labastide-du-Haut-Mont
Sénaillac-Latronquière
Latronquière
Parlan
Cayrols
Ladirat
Bannes
Molières
Gorses
Bessonies
Rouziers
St-Julien-de-Toursac
Boisset
Marcolès
Aynac
Leyme
Terrou
St-Médard-Nicourby
St-Hilaire
Laursesses
Quézac
Albiac
Rueyres
Espeyroux
Labathude
Montet-et-Bouxal
Sabadel-Latronquière
St-Cirgues
St-Maurice-en-Quercy
Anglars
Lacapelle-Marival
Rudelle
Ste-Colombe
Leynhac
St-Étienne-de-Maurs
Maurs
Théminettes
St-Simon
Le Bourg
St-Bressou
Prendeignes
Sonac
Assier
Cardaillac
St-Perdoux
Bagnac-sur-Célé
St-Constant
Fournoulès
Issepts
Fons
Fourmagnac
Linac
Le Trioulou
St-Santin-de-Maurs
Livernon
Reyrevignes
Camburat
Viazac
St-Santin
Lissac-et-Mouret
Planioles
St-Jean-Mirabel
Montmurat
Grèzes
Cambes
Figeac
Lunan
Felzins
Montredon
Flagnac
Boussac
Camboulit
Lentillac-St-Blaise
Livinhac-le-Haut
Boisse-Penchot
Espagnac-Ste-Eulalie
Béduer
Capdenac
Cuzac
Bouillac
Decazeville
Faycelles
Capdenac-Gare
Viviez
Aubin
Cransac
Carayac
Frontenac
St-Pierre-Toirac
Sonnac
Asprières
Les Albres
Gréalou
Larroque-Toirac
Balaguier-d'Olt
Salvagnac-St-Loup
Naussac
Montbrun
Saujac
Ambeyrac
Galgan
Valzergues
Cajarc
Cadrieu
Montsalès
Site médiéval
Peyrusse-le-Roc
Salvagnac-Cajarc
Ols-et-Rinhodes
Montbazens
Lugan
Salles-Courbatiès
Drulhe
Roussennac
Bournazel
La Capelle-Balaguier
Vaureilles
Villeneuve
Ste-Croix
Lanuéjouls
Anglars-St-Félix
Rignac
Privezac
Maleville
Brandonnet
Toulongergues
St-Rémy
Belcastel
N 122
N 140
D 840
D 802
D 653
D 994

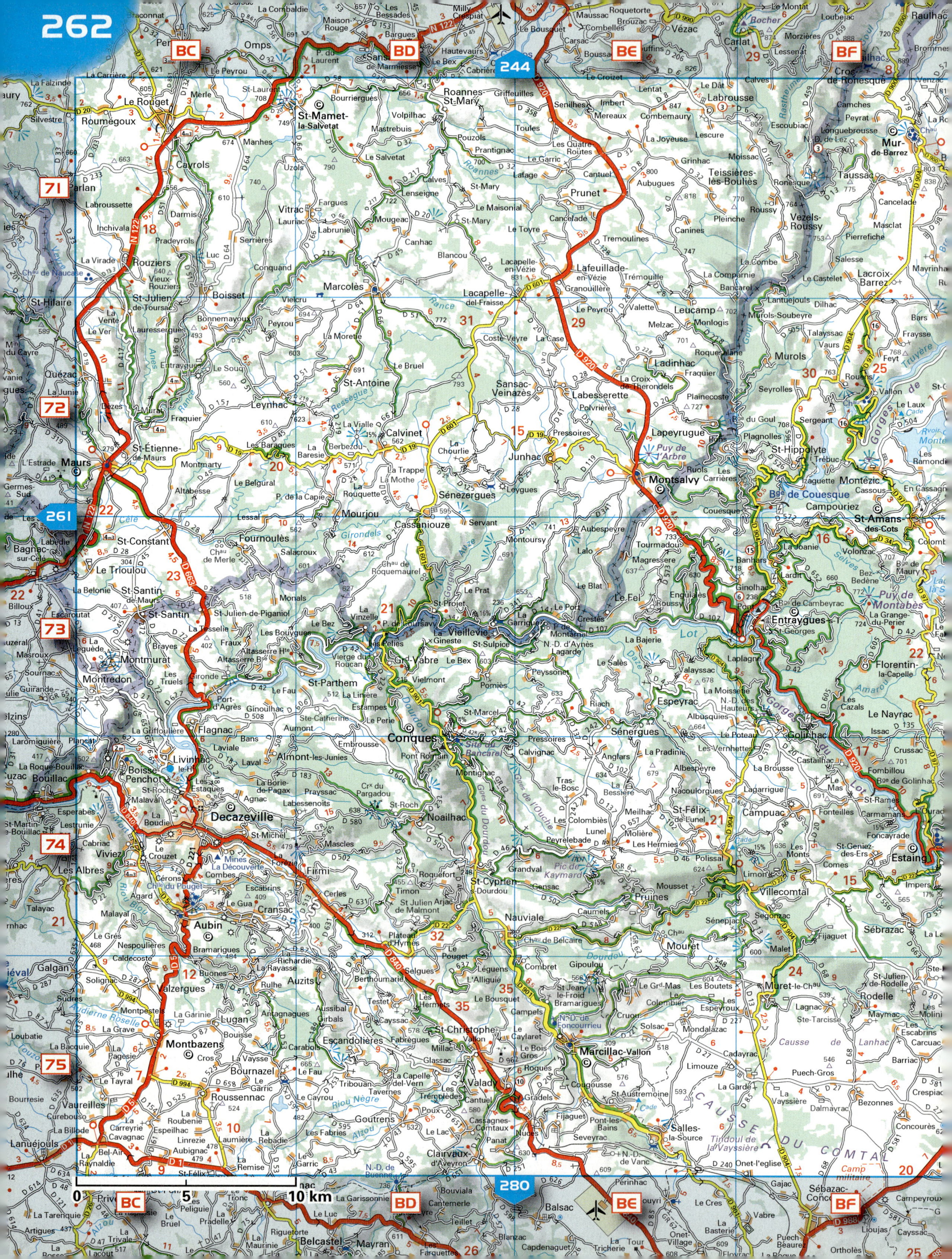
BC
BD
BE
BF
244
71
72
73
74
75
261
280
Le Rouget
Roumégoux
St-Mamet-la-Salvetat
Roannes-St-Mary
Vitrac
Marcolès
Lacapelle-del-Fraisse
Prunet
Lafeuillade-en-Vézie
Leucamp
Murols
Mur-de-Barrez
Lacroix-Barrez
St-Julien-de-Toursac
Boisset
St-Antoine
Calvinet
Sansac-Veinazès
Junhac
Labesserette
Lapeyrugue
Montsalvy
St-Hippolyte
Montézic
Campouriez
St-Amans-des-Cots
St-Étienne-de-Maurs
Maurs
Leynhac
Sénezergues
Cassaniouze
Mourjou
Fournoulès
St-Constant
Le Trioulou
St-Santin-de-Maurs
St-Santin
Montmurat
Montredon
Flagnac
Livinhac-le-Haut
Decazeville
Aubin
Cransac
Firmi
Conques
Grand-Vabre
St-Parthem
La Vinzelle
Vieillevie
Senergues
Espeyrac
Entraygues-s.-T.
Golinhac
Florentin-la-Capelle
Le Nayrac
Espalion
Estaing
Noailhac
St-Cyprien-s-Dourdou
Nauviale
Pruines
Mouret
Villecomtal
St-Félix-de-Lunel
Campuac
Sébrazac
Rodelle
Muret-le-Château
Marcillac-Vallon
Salles-la-Source
Valady
St-Christophe-Vallon
Clairvaux-d'Aveyron
Goutrens
Auzits
Rignac
Montbazens
Galgan
Valzergues
Lugan
Roussennac
Bournazel
Vaureilles
Lanuéjouls
Puy de l'Arbre
Puy de Montabès
Causse du Comtal
Causse de Lanhac
Lot
Dourdou
Gorges de la Truyère
Bge de Couesque
N 122
D 920
D 901
D 840
D 994
D 19
Sébazac-Concourès
Onet-l'Église
Balsac
Belcastel
Mayran
0
5
10 km

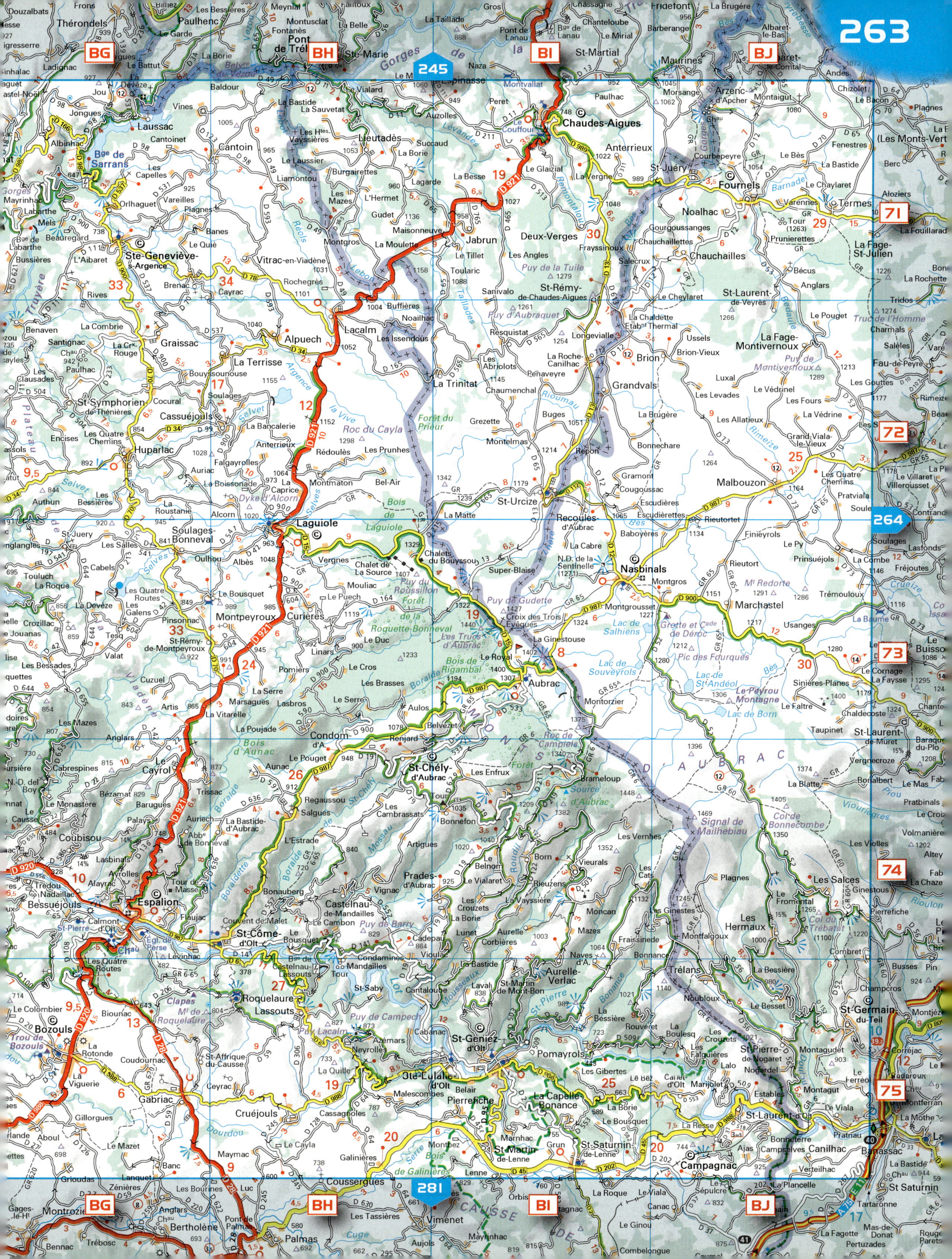
BG
BH
BI
BJ
245
71
72
73
74
75
264
281
Chaudes-Aigues
Fournels
Anterrieux
Noalhac
Chauchailles
Deux-Verges
Jabrun
St-Rémy-de-Chaudes-Aigues
Lieutadès
Cantoin
Ste-Geneviève-Argence
Vitrac-en-Viadène
Alpuech
Graissac
La Terrisse
Lacalm
La Trinitat
Brion
Grandvals
St-Laurent-de-Veyrès
La Fage-Montivernoux
La Fage-St-Julien
Termes
Malbouzon
St-Urcize
Recoules-d'Aubrac
Nasbinals
Marchastel
Laguiole
Soulages-Bonneval
Cassuéjouls
Huparlac
St-Symphorien-de-Thénières
Montpeyroux
Curières
Aubrac
St-Chély-d'Aubrac
Condom-d'Aubrac
Le Cayrol
Espalion
St-Côme-d'Olt
Bessuéjouls
Castelnau-de-Mandailles
Prades-d'Aubrac
Roquelaure
Lassouts
Bozouls
Gabriac
Cruéjouls
St-Geniez-d'Olt
Ste-Eulalie-d'Olt
Pomayrols
Aurelle-Verlac
Trélans
Les Hermaux
Les Salces
St-Germain-du-Teil
St-Pierre-de-Nogaret
St-Laurent-d'Olt
Campagnac
St-Saturnin-de-Lenne
St-Martin-de-Lenne
Canilhac
Banassac
Coussergues
Vimenet
Palmas
Bertholène
Montrozier
Gorges de la Truyère
Bge de Sarrans
Plateau de Viadène
Bois de Laguiole
Forêt du Prieur
Roc du Cayla
Puy de Gudette
Lac de Salhiens
Lac de Souveyrols
Lac de St-Andéol
Grotte et Cde de Dèroc
Pic des Fourques
Signal de Mailhebiau
Col de Bonnecombe
MONTS D'AUBRAC
Causse de Sévérac

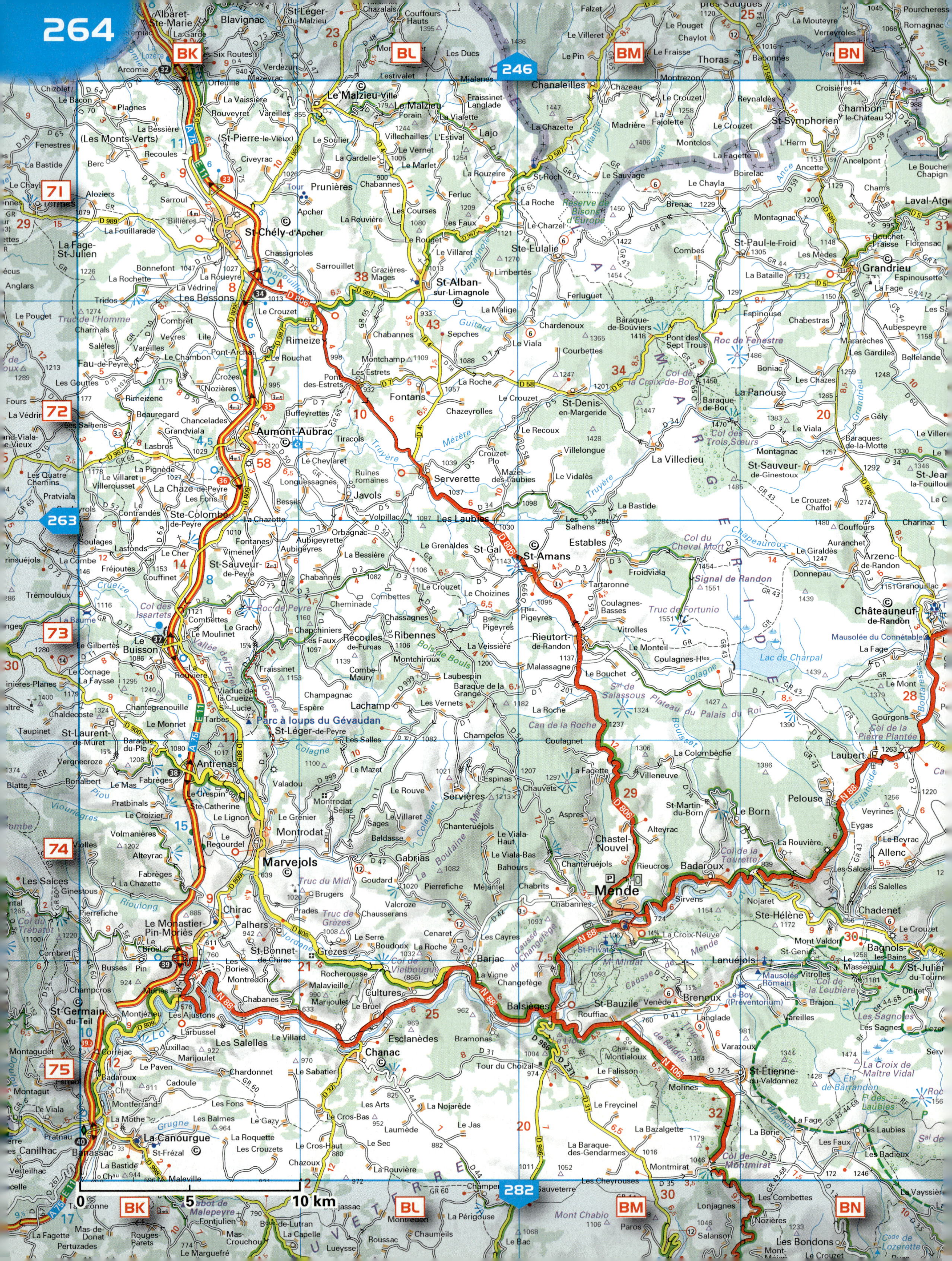
BK
BL
BM
BN
246
71
72
73
74
75
263
282
Le Malzieu-Ville
St-Chély-d'Apcher
St-Alban-sur-Limagnole
Aumont-Aubrac
Serverette
Les Laubies
St-Amans
Rieutort-de-Randon
Châteauneuf-de-Randon
Grandrieu
Chanaleilles
Thoras
St-Symphorien
Chambon-le-Château
La Panouse
St-Denis-en-Margeride
La Villedieu
St-Sauveur-de-Ginestoux
Le Buisson
St-Léger-de-Peyre
Antrenas
Montrodat
Marvejols
Chirac
Le Monastier-Pin-Moriès
St-Bonnet-de-Chirac
Grèzes
Chanac
Esclanèdes
Balsièges
Barjac
Mende
Badaroux
Lanuéjols
Chadenet
Bagnols-les-Bains
St-Étienne-du-Valdonnez
St-Bauzile
Brenoux
Laubert
Allenc
Le Born
Pelouse
St-Germain-du-Teil
La Canourgue
Banassac
Les Salelles
Lac de Charpal
Col de la Pierre Plantée
Col de Montmirat
Truc de Fortunio
Signal de Randon
Parc à loups du Gévaudan
Réserve de Bisons d'Europe
Roc de Fenestre
Mont Mimat
0
5
10 km

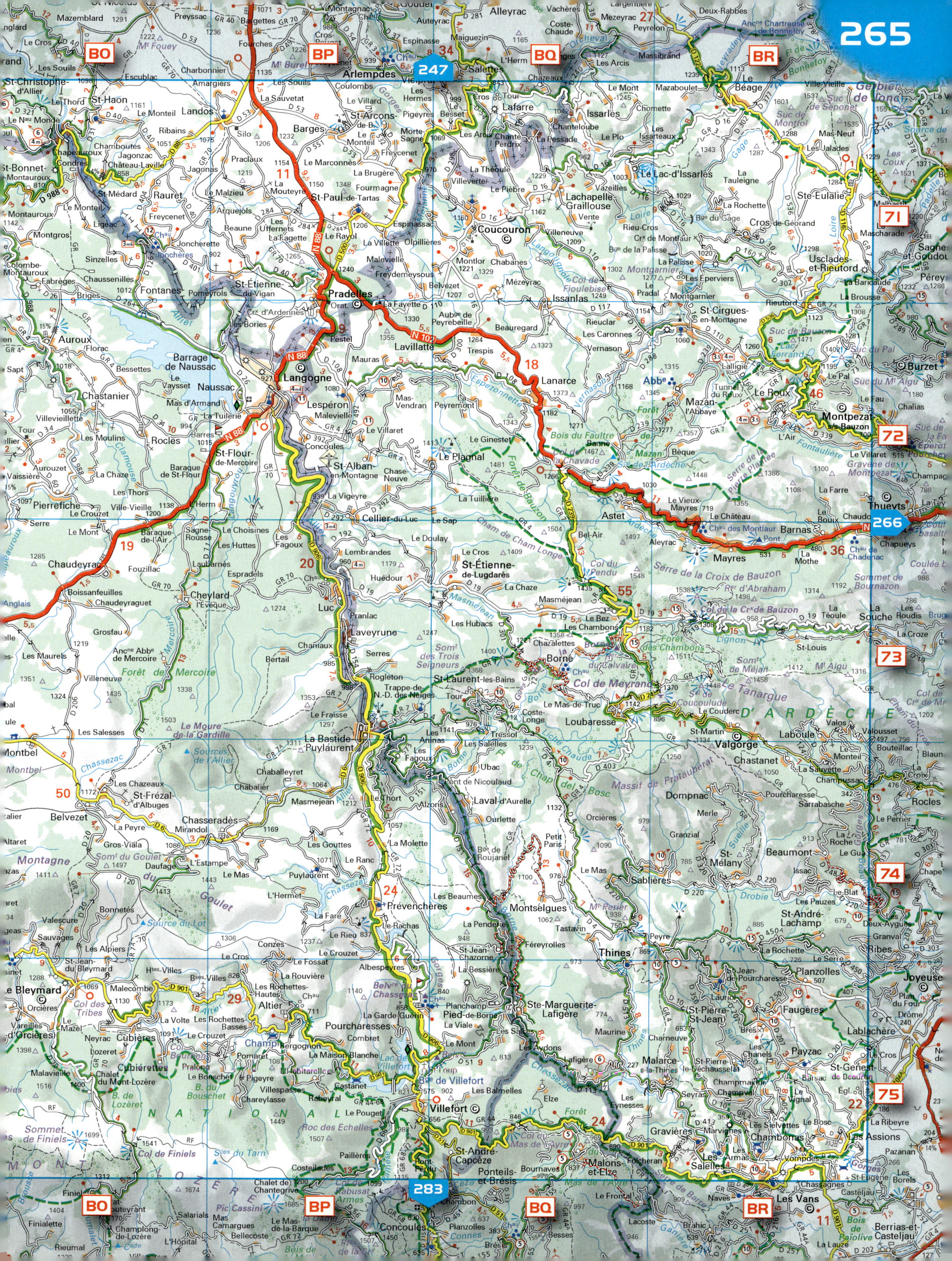

BO
BP
BQ
BR
247
283
266
71
72
73
74
75
Arlempdes
Landos
St-Haon
Chapeauroux
Rauret
St-Paul-de-Tartas
Coucouron
Lachapelle-Graillouse
Le Lac-d'Issarlès
Issarlès
Le Béage
Ste-Eulalie
Cros-de-Géorand
Usclades-et-Rieutord
Pradelles
St-Étienne-du-Vigan
Barrage de Naussac
Naussac
Langogne
Auroux
Lespéron
Laveyrune
Luc
Issanlas
Lanarce
Mazan-l'Abbaye
Montpezat-s/s-Bauzon
Burzet
Thueyts
Barnas
Mayres
Astet
St-Cirgues-en-Montagne
Le Roux
St-Flour-de-Mercoire
St-Alban-en-Montagne
Le Plagnal
Cellier-du-Luc
Chaudeyrac
Cheylard-l'Évêque
St-Étienne-de-Lugdarès
Col de Meyrand
Borne
St-Laurent-les-Bains
Loubaresse
Valgorge
Laboule
Rocles
La Bastide-Puylaurent
Serre de la Croix de Bauzon
Chasseradès
St-Frézal-d'Albuges
Belvezet
Laval-d'Aurelle
Dompnac
Beaumont
St-Mélany
Sablières
Prévenchères
Montselgues
Thines
Planzolles
Joyeuse
Le Bleymard
Altier
Cubières
Cubiérettes
Pourcharesses
Villefort
Pied-de-Borne
Ste-Marguerite-Lafigère
Malarce-s-la-Thines
Faugères
Payzac
St-Genest-de-Beauzon
Lablachère
St-André-Capcèze
Ponteils-et-Brésis
Malons-et-Elze
Les Vans
Berrias-et-Casteljau
Concoules
Chambonas
Gravières
Les Salelles
Mercoire
Forêt de Mercoire
Massif de Tanargue
Montagne
Col de Finiels
Sommet de Finiels
Cham de Cham Longe
Bois du Faultre
Forêt de Bauzon
Mont Lozère
Grosfau
Villeneuve
Pierrefiche

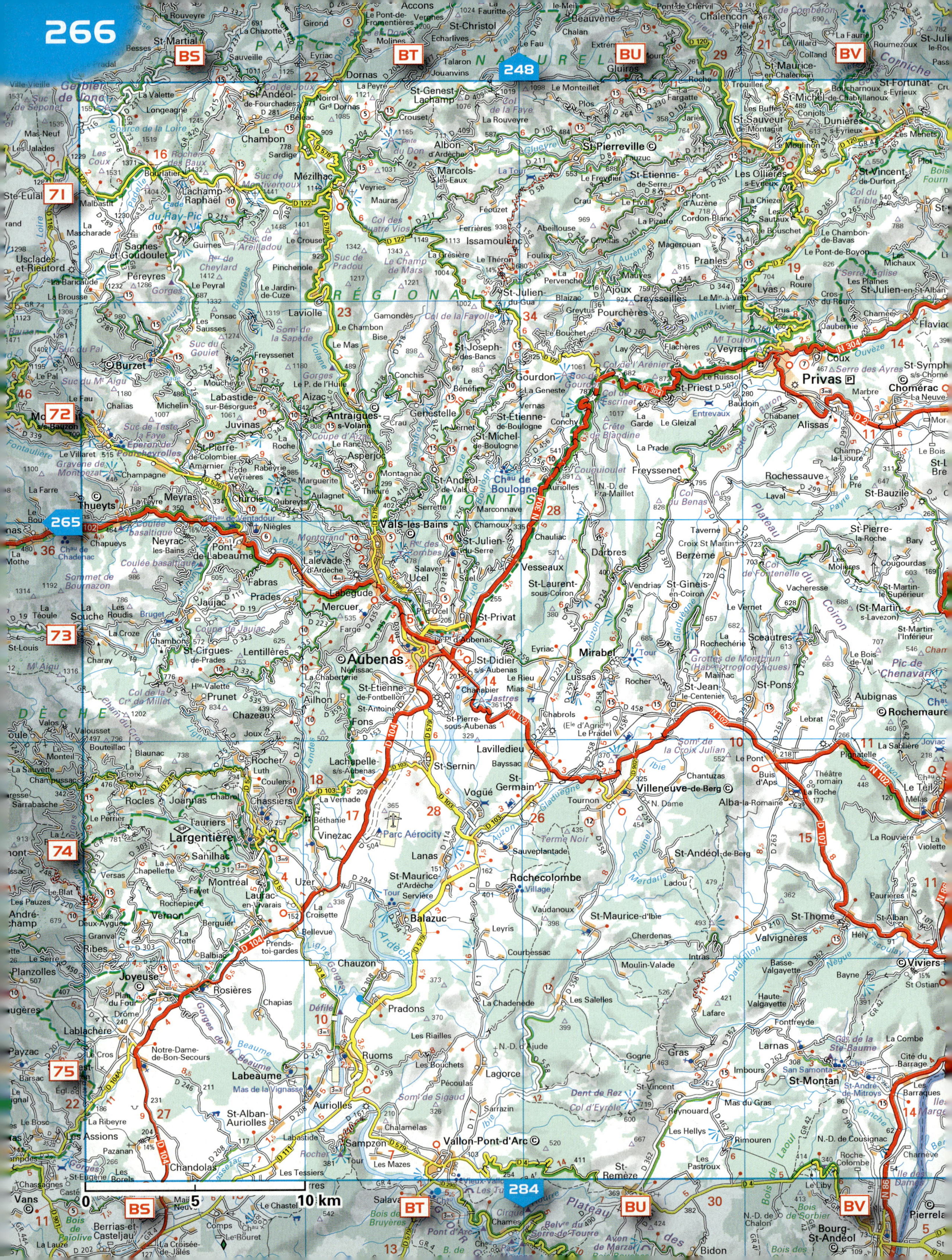
248
BS
BT
BU
BV
St-Martial
St-Christol
Beauvène
Chalencon
Dornas
St-Genest-Lachamp
St-Andéol-de-Fourchades
Le Chambon
Mézilhac
Albon-d'Ardèche
Marcols-les-Eaux
St-Pierreville
St-Étienne-de-Serre
Les Ollières-s-Eyrieux
St-Sauveur-de-Montagut
St-Fortunat-s-Eyrieux
Dunières-s-Eyrieux
St-Vincent-de-Durfort
Lachamp-Raphaël
Sagnes-et-Goudoulet
Issamoulenc
Pranles
Lyas
St-Julien-en-St-Alban
Usclades-et-Rieutord
Péreyres
Lavillole
St-Julien-du-Gua
Pourchères
Creysseilles
Flaviac
Burzet
Veyras
Coux
Privas
Chomérac
Antraigues-s-Volane
Genestelle
Gourdon
St-Priest
Alissas
Juvinas
Labastide-sur-Besorgues
Asperjoc
St-Étienne-de-Boulogne
St-Michel-de-Boulogne
Freyssenet
Rochessauve
St-Bauzile
Thueyts
Meyras
Chirols
St-Andéol-de-Vals
Vals-les-Bains
Darbres
Taverne
Berzème
St-Pierre-la-Roche
265
Neyrac-les-Bains
Pont-de-Labeaume
Lalevade-d'Ardèche
Labégude
Ucel
St-Julien-du-Serre
Vesseaux
St-Laurent-sous-Coiron
St-Gineis-en-Coiron
Jaujac
Prades
Mercuer
St-Privat
Aubenas
St-Didier-s-Aubenas
Mirabel
Lussas
Sceautres
St-Pons
Aubignas
Rochemaure
St-Cirgues-de-Prades
Lentillères
St-Étienne-de-Fontbellon
Prunet
Ailhon
Chazeaux
Fons
St-Pierre-sous-Aubenas
Lavilledieu
Villeneuve-de-Berg
Alba-la-Romaine
Le Teil
Lachapelle-s-Aubenas
St-Sernin
Vogüé
St-Germain
Largentière
Joannas
Chassiers
Vinezac
Parc Aérocity
Lanas
Rochecolombe
St-Andéol-de-Berg
Sanilhac
Montréal
Uzer
St-Maurice-d'Ardèche
Balazuc
St-Maurice-d'Ibie
St-Thomé
Valvignères
Viviers
Joyeuse
Rosières
Chauzon
Pradons
Larnas
Labeaume
Ruoms
Lagorce
Gras
St-Montan
St-Alban-Auriolles
Auriolles
Sampzon
Vallon-Pont-d'Arc
St-Remèze
Bourg-St-Andéol
Chandolas
284
Vans
Berrias-et-Casteljau
0
5
10 km
16
22
23
34
28
10
11
14
15
17
18
19
21
26
27
29
30
71
72
73
74
75

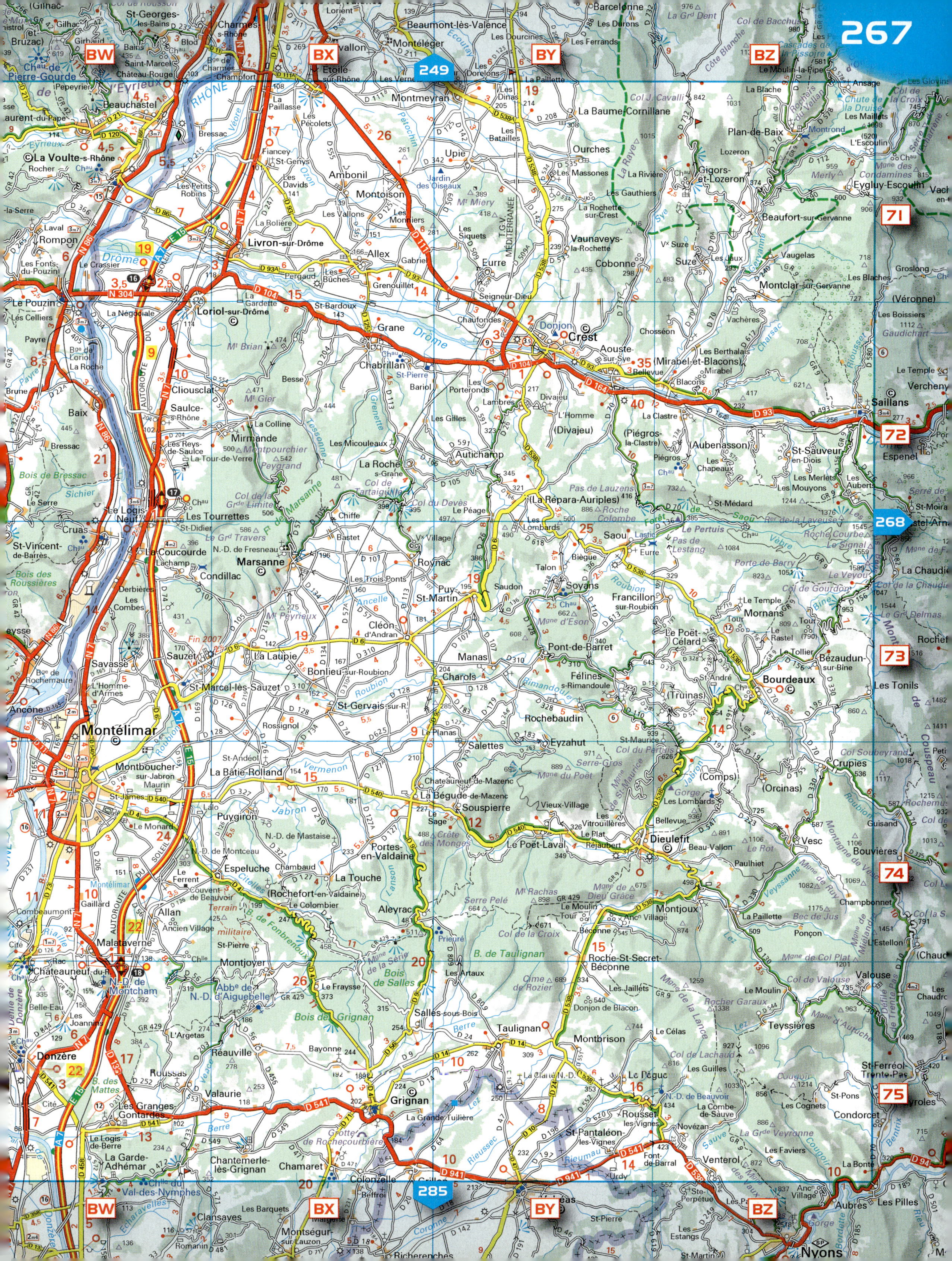

BW
BX
BY
BZ
249
285
268
71
72
73
74
75
St-Georges-les-Bains
Charmes-s-Rhône
Beaumont-lès-Valence
Montéléger
Étoile-sur-Rhône
Barcelonne
Beauchastel
La Voulte-s-Rhône
Rompon
Le Pouzin
Montmeyran
La Baume-Cornillane
Ourches
Upie
Ambonil
Montoison
Livron-sur-Drôme
Allex
Eurre
Vaunaveys-la-Rochette
Cobonne
Plan-de-Baix
Gigors-et-Lozeron
Eygluy-Escoulin
Beaufort-sur-Gervanne
Suze
Montclar-sur-Gervanne
Loriol-sur-Drôme
Grane
Crest
Aouste-sur-Sye
Mirabel-et-Blacons
Chabrillan
Divajeu
Saillans
St-Sauveur-en-Diois
Espenel
Cliousclat
Saulce-sur-Rhône
Mirmande
Autichamp
La Roche-s-Grane
La Répara-Auriples
Saou
Baix
Cruas
St-Vincent-de-Barrès
Les Tourrettes
La Coucourde
Marsanne
Condillac
Roynac
Puy-St-Martin
Soyans
Francillon-sur-Roubion
Le Poët-Célard
Mornans
Bourdeaux
Bezaudun-sur-Bine
Savasse
Sauzet
La Laupie
Bonlieu-sur-Roubion
Manas
Charols
Pont-de-Barret
Félines-s-Rimandoule
St-Marcel-lès-Sauzet
St-Gervais-sur-Roubion
Rochebaudin
Montélimar
Ancône
Eyzahut
Salettes
Montboucher-sur-Jabron
La Bâtie-Rolland
Châteauneuf-de-Mazenc
La Bégude-de-Mazenc
Souspierre
Le Poët-Laval
Dieulefit
Vesc
Crupies
Bouvières
Puygiron
Espeluche
Portes-en-Valdaine
La Touche
Rochefort-en-Valdaine
Allan
Aleyrac
Montjoux
Malataverne
Châteauneuf-du-Rhône
Montjoyer
Roche-St-Secret-Béconne
Teyssières
Valouse
Salles-sous-Bois
Taulignan
Montbrison
Le Pègue
Réauville
Donzère
Roussas
Valaurie
Grignan
Les Granges-Gontardes
Colonzelle
Chantemerle-lès-Grignan
Chamaret
St-Pantaléon-les-Vignes
Rousset-les-Vignes
Venterol
Condorcet
Nyons
Aubres
Les Pilles
Clansayes
Montségur-sur-Lauzon
La Garde-Adhémar
Bois de Bressac
Forêt de Marsanne
Bois de Salles
Bois du Grignan
Forêt de Saou
Lez
Jabron
Roubion
Drôme
RHÔNE
AUTOROUTE DU SOLEIL

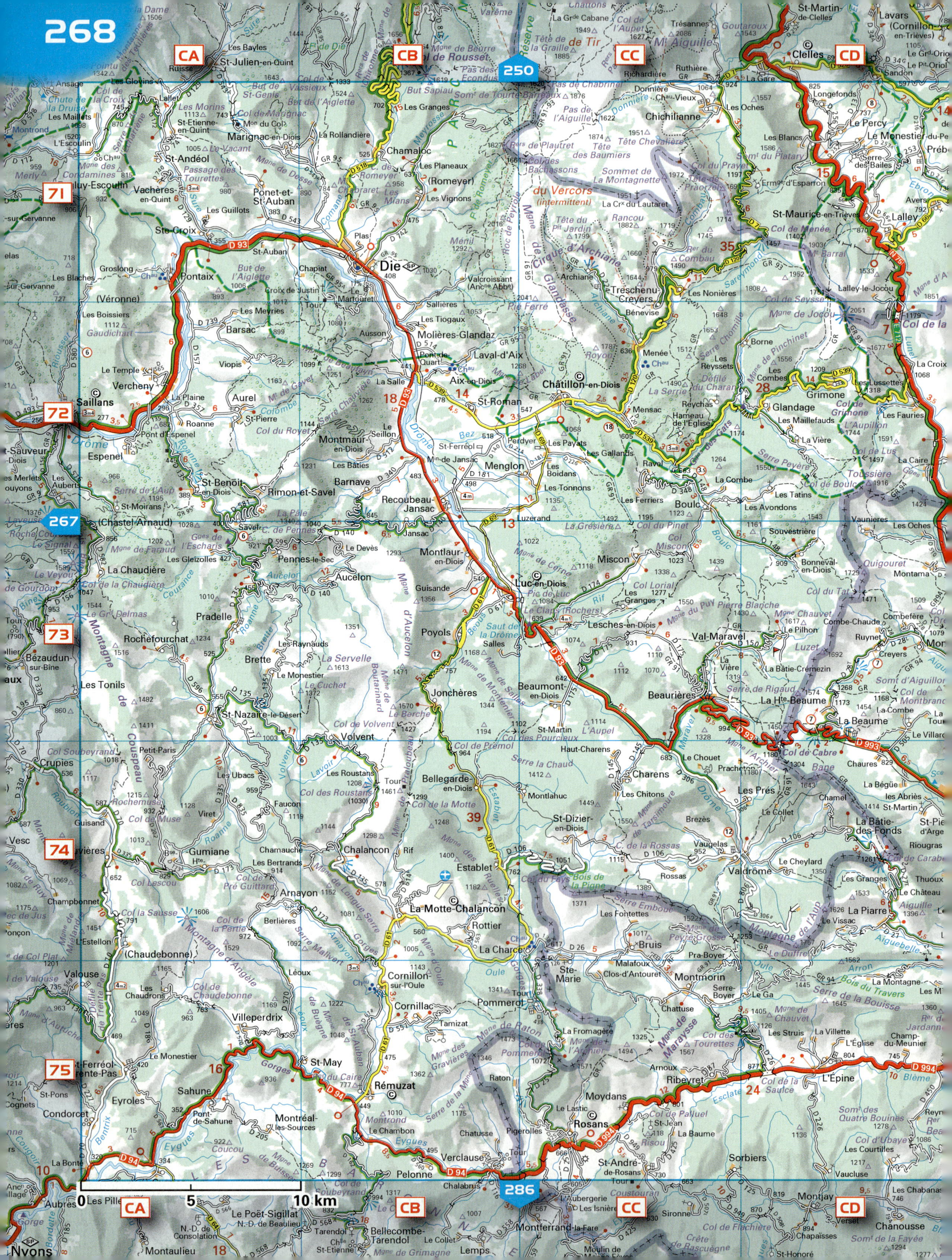
CA
CB
CC
CD
250
267
286
71
72
73
74
75
Die
St-Julien-en-Quint
Marignac-en-Diois
St-Andéol
Vachères-en-Quint
Ponet-et-St-Auban
Chamaloc
Ste-Croix
Pontaix
Barsac
Sallians
Vercheny
Aurel
Espenel
St-Benoît-en-Diois
Rimon-et-Savel
Barnave
Recoubeau-Jansac
Montmaur-en-Diois
Molières-Glandaz
Laval-d'Aix
Aix-en-Diois
St-Roman
Châtillon-en-Diois
Menglon
Luc-en-Diois
Miscon
Montlaur-en-Diois
Pennes-le-Sec
Aucelon
La Chaudière
Pradelle
Rochefourchat
Brette
Poyols
Jonchères
Beaumont-en-Diois
Val-Maravel
Beaurières
Lesches-en-Diois
St-Nazaire-le-Désert
Volvent
Bellegarde-en-Diois
Charens
Les Prés
St-Dizier-en-Diois
Gumiane
Chalancon
La Motte-Chalancon
Arnayon
Rottier
La Charce
Bruis
Ste-Marie
Montmorin
Cornillon-sur-l'Oule
Cornillac
Pommerol
Villeperdrix
St-May
Rémuzat
Sahune
Montréal-les-Sources
Verclause
Rosans
Moydans
Ribeyret
L'Épine
Sorbiers
Valdrôme
La Bâtie-des-Fonds
Glandage
Grimone
Lus-la-Croix-Haute
Boulc
Clelles
St-Maurice-en-Trièves
Lalley
Chichilianne
Tréschenu-Creyers
Pelonne
Nyons
Montjay
Chanousse
0
5
10 km

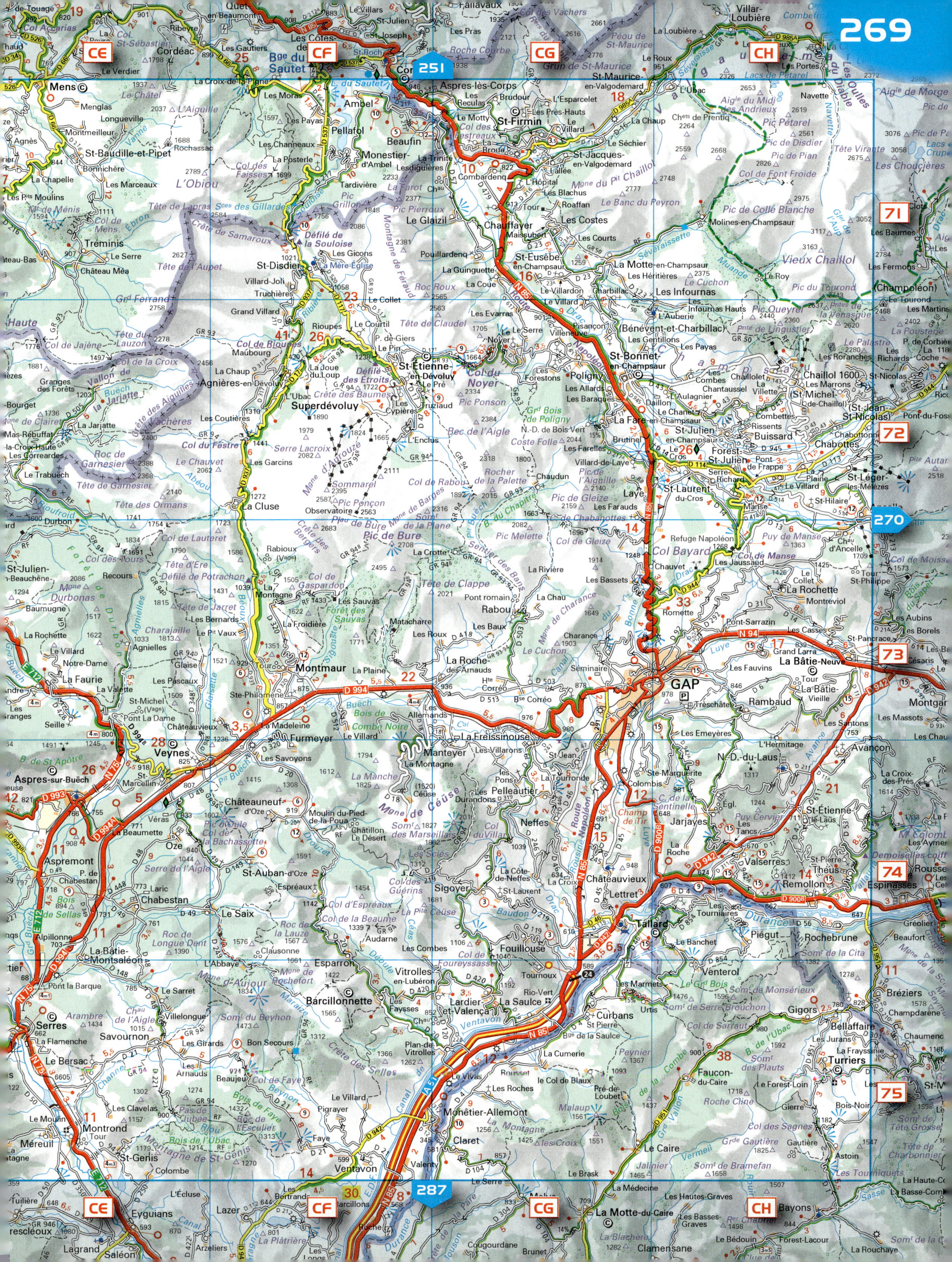

251
287
270
CE
CF
CG
CH
71
72
73
74
75
Mens
Cordéac
Bge du Sautet
Aspres-lès-Corps
St-Firmin
St-Maurice-en-Valgodemard
Villar-Loubière
Navette
Menglas
Longueville
St-Baudille-et-Pipet
L'Obiou
Ambel
Pellafol
Beaufin
Monestier-d'Ambel
St-Jacques-en-Valgodemard
Pic de Collé Blanche
Molines-en-Champsaur
Vieux Chaillol
Tréminis
Château Méa
St-Disdier
Défilé de la Souloise
Le Glaizil
Chauffayer
Les Costes
St-Eusèbe-en-Champsaur
La Motte-en-Champsaur
Les Infournas
Grand Villard
Agnières-en-Dévoluy
Superdévoluy
St-Étienne-en-Dévoluy
Col du Noyer
Défilé des Étroits
St-Bonnet-en-Champsaur
Poligny
Chaillol 1600
St-Michel-de-Chaillol
St-Nicolas
Buissard
Chabottes
St-Julien-en-Champsaur
Forest-St-Julien
St-Léger-les-Mélezes
St-Laurent-du-Cros
La Fare-en-Champsaur
Laye
Pic de Bure
La Cluse
Col de Rabou
Col Bayard
Refuge Napoléon
La Rochette
Rabou
Romette
GAP
La Bâtie-Neuve
Rambaud
Montmaur
La Roche-des-Arnauds
Veynes
Furmeyer
Manteyer
La Freissinouse
Aspres-sur-Buëch
Châteauneuf-d'Oze
Pelleautier
Neffes
Jarjayes
N.-D.-du-Laus
Avançon
St-Étienne-le-Laus
Valserres
Remollon
Espinasses
Asprémont
Chabestan
Oze
St-Auban-d'Oze
Sigoyer
Châteauvieux
Lettret
Tallard
Le Saix
Montagne de Céüse
La Bâtie-Montsaléon
Esparron
Vitrolles
Fouillouse
Curbans
Piégut
Rochebrune
Venterol
Serres
Savournon
Barcillonnette
Lardier-et-Valença
La Saulce
Bréziers
Gigors
Bellaffaire
Turriers
Le Bersac
Monêtier-Allemont
Faucon-du-Caire
Montrond
Mereuil
St-Genis
Ventavon
Claret
Le Caire
La Motte-du-Caire
Bayons
Lazer
Eyguians
Lagrand
Saléon
Clamensane
Durance

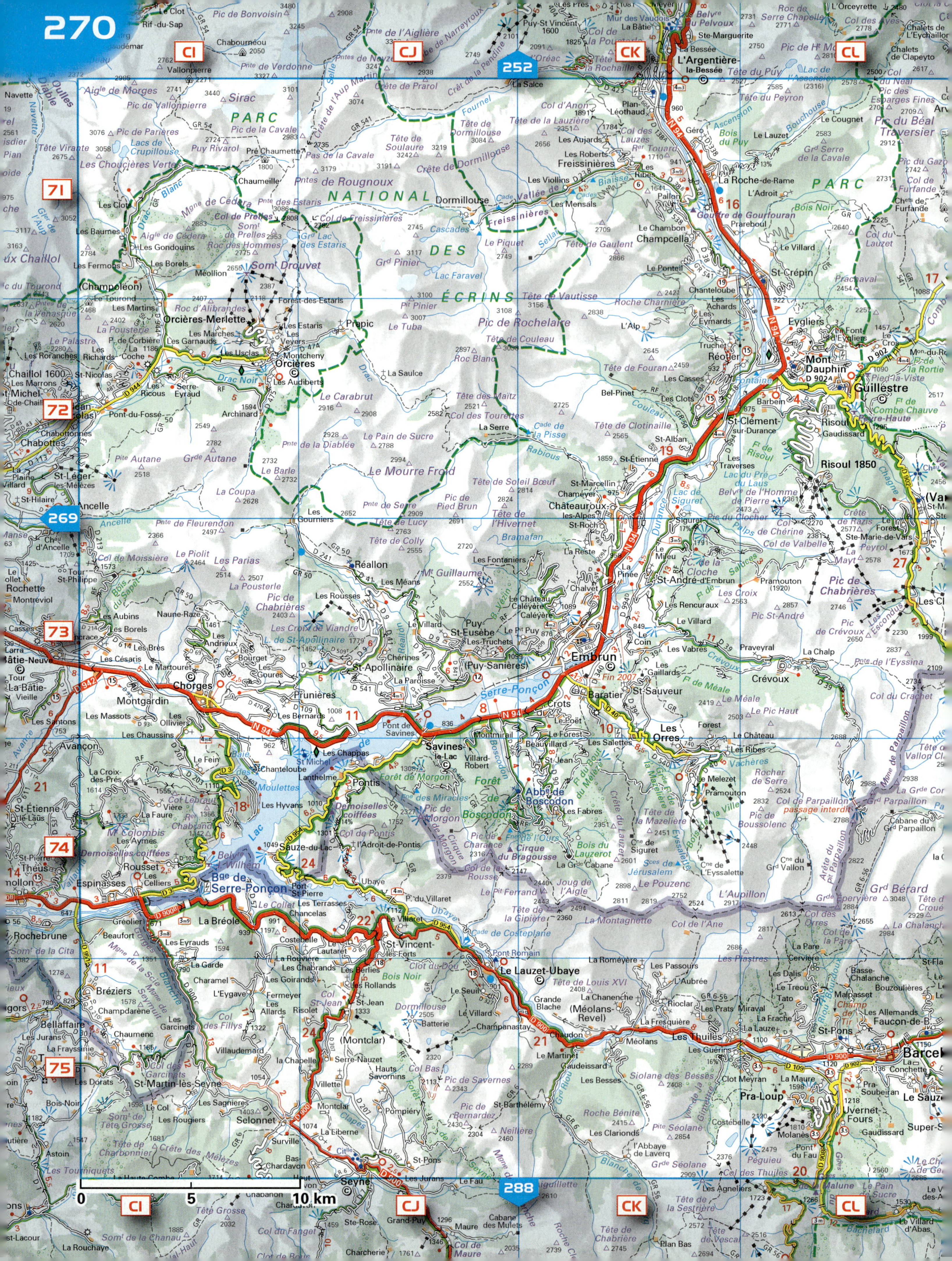
PARC NATIONAL DES ÉCRINS
L'Argentière-la-Bessée
Freissinières
Champcella
La Roche-de-Rame
St-Crépin
Eygliers
Mont-Dauphin
Guillestre
Risoul 1850
Orcières-Merlette
Orcières
Champoléon
Réallon
Embrun
Chorges
Savines-le-Lac
Les Orres
Crévoux
Baratier
St-Sauveur
Lac de Serre-Ponçon
Abbaye de Boscodon
Forêt de Boscodon
Le Lauzet-Ubaye
La Bréole
St-Vincent-les-Forts
Seyne
Selonnet
Méolans
Les Thuiles
Pra-Loup
Barcelonnette
Espinasses
Rochebrune
Ancelle
St-Léger-les-Mélèzes
St-Bonnet
Montgardin
Pic de Rochelaire
Le Mourre Froid
Grand Bérard
Col de Parpaillon
N 94
D 900
0 5 10 km
CI
CJ
CK
CL
252
269
288
71
72
73
74
75

CM
CN
CO
CP
253
289
71
72
73
74
75
46
Abriès
Aiguilles
Ristolas
Château-Ville-Vieille
Ville-Vieille
Château Queyras
Molines-en-Queyras
St-Véran
RÉGIONAL
QUEYRAS
Ceillac
Pic de Rochebrune
Crissolo
Ostana
Oncino
Pontechianale
Casteldelfino
Sampeyre
Bellino
Elva
Stroppo
Macra
Acceglio
Prazzo
Marmora
Meyronnes
La Condamine-Châtelard
Jausiers
Larche
Argentera
Pietraporzio
Sambuco
Vinadio
Aisone
St-Paul-sur-Ubaye
M. Viso
Valle Varaita
Valle Maira
Col de Larche
Col de la Bonette
Cime de la Bonette
Tête de Moïse
Aiguille de Chambeyron
Brec de Chambeyron
Tête des Toillies
Bric de Rubren
Col Agnel
Le Pain de Sucre
Lac Ste-Anne
Réserve Naturelle du Val d'Escreins
Castelmagno
Demonte
NATIONAL DU MERCANTOUR

Z
AA
AB
AC
254
Biscarrosse
Hourtiquets
Forêt
En Bonnet
Étang de Biscarrosse et de Parentis
CENTRE D'ESSAIS DES LANDES
Zone militaire interdite
Lahitte
Les Mouliès
Le Bôo
Naoutoy
Bourruque
Le Lac
Parentis-en-Born
Poms
Les Espalanques
Ruisseau des Forges
Les Forges
Gastes
Le Pourjeau
Esleys
Herran
Lucats
Dupouy
Hillan
Maynage
Lafont
Pelouche
Mongaillard
Forêt de Piche
St-Trosse
Forêt de Ligautenx
Forêt de Ste-Eulalie
Courant de Ste-Eulalie
P. de l'Oustaline
Ste-Eulalie-en-Born
Grand Ligautenx
Petit Ligautenx
Lette de Sendat
Souleyraou
Pontenx-les-Forges
Menaut
Guirosse
Bestaven
Étang d'Aureilhan
Aureilhan
La Barde
Jean de Crabe
Bouricos
Baxente
Lüe
F^ne miraculeuse
Larrousseau
Cantaloup
Mimizan-Plage
Merquedey
Vigon
Daricau
St-Paul-en-Born
Haza
Médous
Gillet
Mimizan
Baschoc
Villenave
Terrenave
Ménéou
Cantaure
Réserve
Salin
Chéou
Esting
Archus
Lette d'Esting
Leych
Gaye
Angoulin
Escource
Forêt de Mimizan
Jouanicot
Escource
Bias
Bouheben
Jouanon
Capas
Lisacq
Forêt de St-Julien-en-Born
Larden
Salbert
Lestajaou
Contis-Plage
P. Rose
Lesbordes
Tresse
La Lette
Le Cusson
Caoule
Guetch
Mézos
Tuquelets du Nord
Contis-les-Marais
Courant de Contis
Onesse
Onesse-et-Laharie
Silo
Les Pignats
Tuquelets du Sud
St-Julien-en-Born
Casteja
Lafitte
Laharie
Tue-Gaill
Cap-de-l'Homy Plage
Lit-et-Mixe
Le Cout
Grand Coulin
Hourre
Harenoin
Uza
Forêt de Lit-et-Mixe
Padaou
Sindères
Lévignacq
Miquéou
Lugadets
Mixe
Naboude
Moulin-Vieux
Vignacot
Carpit
Le Bouscat
Frouas
Louise
Vignac
Bernadic
Le Souquet
Mathiouic
St-Girons
Caillaube
Lesperon
Boucaou
St-Girons-Plage
Forêt de Vielle-St-Girons
Bernadon
(Vielle-St-Girons)
Cerboueyre
Labaste
Jeantot
Criéré
Gracian
Le Souquet
Péliou
Gournau
Mansenes
Vielle
Linxe
Rion-des-L
Arnaoutchot
Lassalle
Pouin
Leurteyroun
0
5
10 km
Courant d'Huchet
Pas du Loup
Étang de Léon
Escalus
(St-Michel-Escalus)
Castets
Pichelèbe
Réserve naturelle
Lestage
Boos
292
293
OCÉAN
D 652
D 626
D 44
D 38
D 41
D 42
D 167
N 10
E 5
E 70

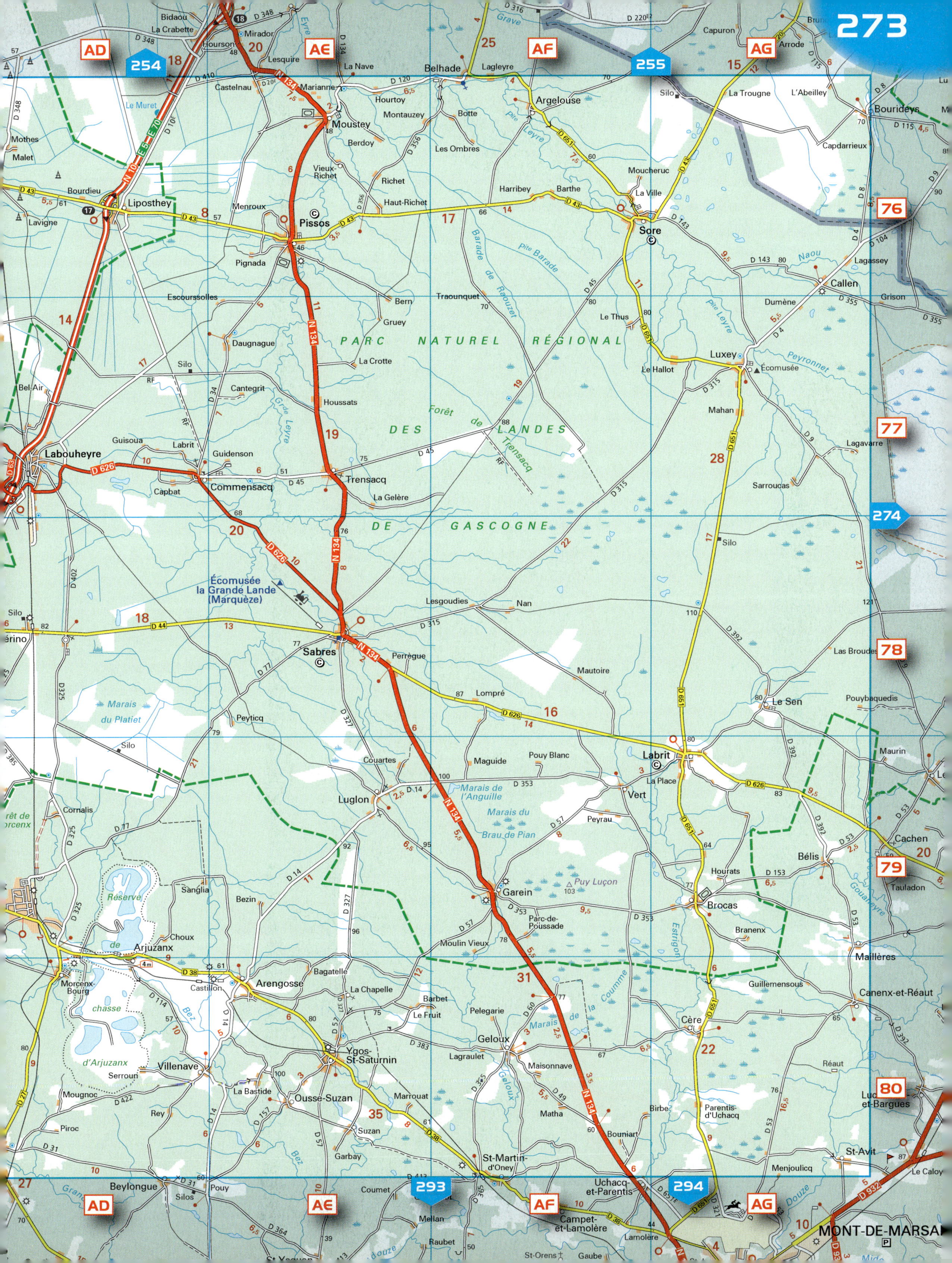

AD
AE
AF
AG
254
255
274
293
294
76
77
78
79
80
Bidaou
La Crabette
Mirador
Hourson
Lesquire
La Nave
Belhade
Lagleyre
Capuron
Arrode
Argelouse
Silo
La Trougne
L'Abeilley
Bourideys
Capdarrieux
Castelnau
Marianne
Hourtoy
Montauzey
Botte
Moustey
Berdoy
Les Ombres
Le Muret
Mothes
Malet
Vieux-Richet
Richet
Moucheruc
La Ville
Bourdieu
Liposthey
Lavigne
Menroux
Pissos
Haut-Richet
Harribey
Barthe
Sore
Pignada
Lagassey
Callen
Escourssolles
Bern
Traounquet
Gruey
Le Thus
Dumène
Grison
PARC NATUREL RÉGIONAL
Daugnague
La Crotte
Luxey
Écomusée
Le Hallot
Silo
Bel-Air
Cantegrit
Houssats
Forêt
DES LANDES
Mahan
Labouheyre
Guisoua
Labrit
Guidenson
Trensacq
Lagavarre
Capbat
Commensacq
La Gelère
Sarroucas
DE GASCOGNE
Écomusée
la Grande Lande
(Marquèze)
Lesgoudies
Nan
Sabres
Perrègue
Mautoire
Las Broudes
Lompré
Le Sen
Pouybaquedis
Marais
du Platiet
Peyticq
Silo
Couartes
Maguide
Pouy Blanc
Labrit
La Place
Maurin
Marais de l'Anguille
Luglon
Vert
Marais du Brau de Pian
Peyrau
Cornalis
Cachen
Bélis
Tauladon
Sanglia
Bezin
Garein
Puy Luçon
Hourats
Brocas
Réserve
Arjuzanx
Choux
Parc-de-Poussade
Branenx
Moulin Vieux
Maillères
Morcenx-Bourg
Arengosse
Castillon
Bagatelle
La Chapelle
Barbet
Le Fruit
Pelegarie
Guillemensous
Canenx-et-Réaut
chasse
Ygos-St-Saturnin
Geloux
Maisonnave
Lagraulet
Cère
Villenave
Serroun
d'Arjuzanx
Ousse-Suzan
La Bastide
Marrouat
Réaut
Mougnoc
Rey
Matha
Birbe
Parentis-d'Uchacq
Luc-et-Bargues
Piroc
Suzan
Bouniart
Garbay
St-Martin-d'Oney
Menjoulicq
St-Avit
Beylongue
Pouy
Silos
Coumet
Uchacq-et-Parentis
Le Caloy
Campet-et-Lamolère
Mellan
Lamolère
Raubet
St-Orens
Gaube
MONT-DE-MARSAN

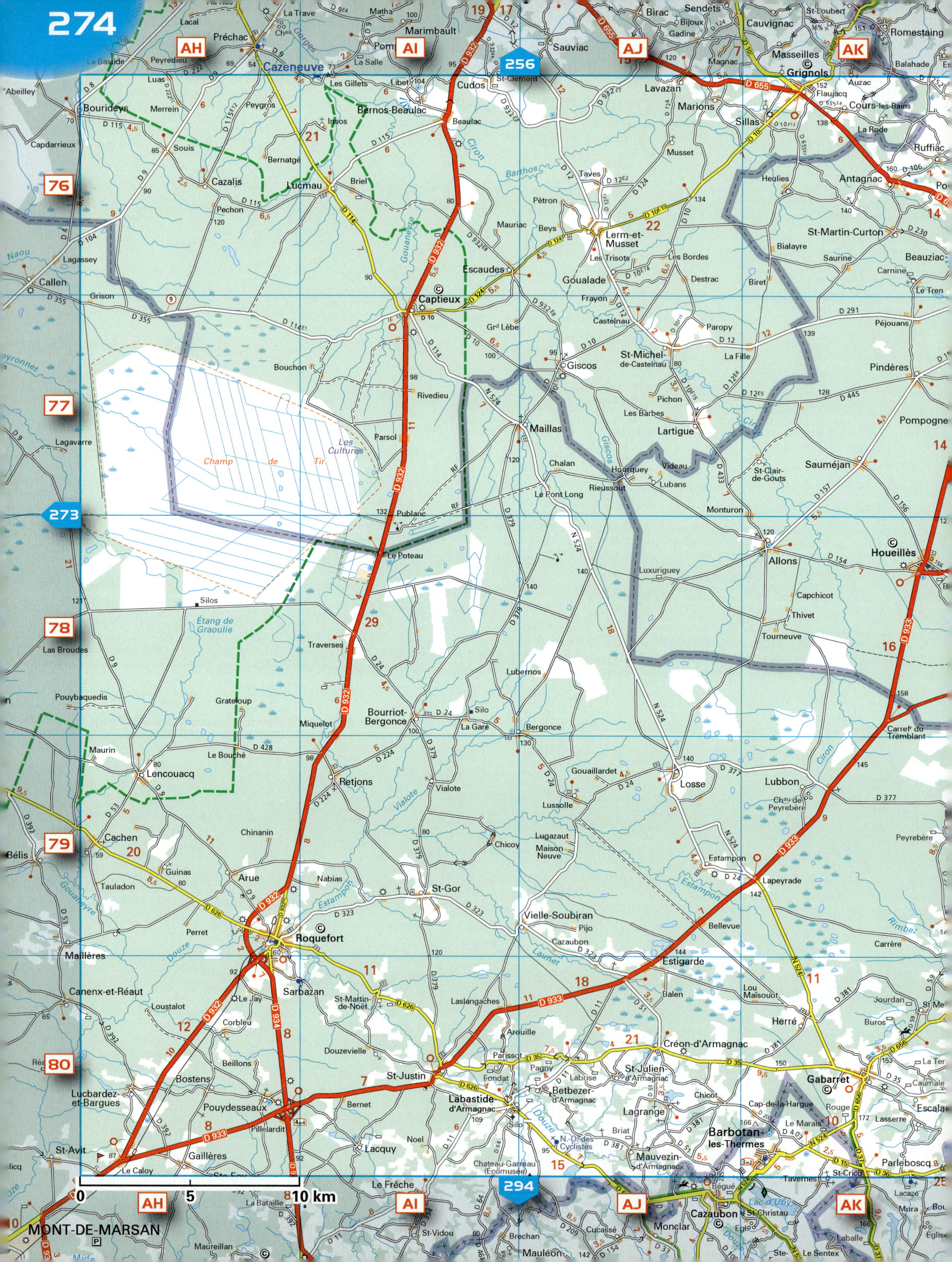
AH
AI
AJ
AK
256
273
294
76
77
78
79
80
Préchac
Cazeneuve
La Trave
Marimbault
Matha
Pompéjac
La Salle
Birac
Sendets
Bijoux
Gadine
Cauvignac
St-Loubert
Romestaing
Masseilles
Grignols
Balahade
Sauviac
Lavazan
Magnac
Flaujacq
Auzac
Cours-les-Bains
Lacal
Peyredieu
La Bastide
Luas
Merrein
Peygros
Les Gillets
Libet
Cudos
St-Clément
Marions
Sillas
La Rode
Ruffiac
Abeilley
Bourideys
Bernos-Beaulac
Beaulac
Insos
Capdarrieux
Souis
Bernatge
Cazalis
Lucmau
Briel
Ciron
Barthos
Taves
Musset
Heulies
Antagnac
Pechon
Pètron
Beys
Mauriac
Lerm-et-Musset
Les Trisots
Les Bordes
Destrac
Bialayre
St-Martin-Curton
Saurine
Beauziac
Carnine
Le Tren
Naou
Lagassey
Callen
Grison
Escaudes
Goualade
Frayon
Biret
Captieux
Castelnau
Paropy
Pèjouans
Grd Lèbe
La Fille
St-Michel-de-Castelnau
Giscos
Pindères
Bouchon
Rivedieu
Pichon
Les Barbes
Lartigue
Pompogne
Maillas
Lagavarre
Parsol
Les Cultures
Champ de Tir
Chalan
Hourquey
Vigeau
Lubans
St-Clair-de-Gouts
Sauméjan
Rieussout
Le Pont Long
Monturon
Publanc
Le Poteau
Allons
Houeillès
Luxuriguey
Capchicot
Thivet
Tourneuve
Silos
Étang de Graoulie
Las Broudes
Traverses
Lubernos
Pouybaquedis
Grateloup
Bourriot-Bergonce
Silo
La Gare
Bergonce
Carref. du Tremblant
Miquelot
Maurin
Lencouacq
Le Bouché
Retjons
Vialote
Gouaillardet
Losse
Lubbon
Chau de Peyrebère
Lussolle
Chinanin
Cachen
Bélis
Lugazaut
Maison Neuve
Chicoy
Estampon
Lapeyrade
Peyrebère
Guinas
Tauladon
Arue
Nabias
St-Gor
Vielle-Soubiran
Pijo
Perret
Roquefort
Bellevue
Rimbez
Carrère
Maillères
Cazaubon
Estigarde
Canenx-et-Réaut
Sarbazan
Le Jay
St-Martin-de-Noët
Laslangaches
Balen
Lou Maisouot
Jourdan
Loustalot
Corbleu
Arouille
Herré
Buros
St-Me
Douzevielle
Créon-d'Armagnac
Beillons
Parisot
Pagny
Labrise
St-Julien-d'Armagnac
La Ter
Caumale
Gabarret
Bostens
St-Justin
Fondat
Betbezer-d'Armagnac
Chicot
Cap-de-la-Hargue
Rouge
Escala
Lucbardez-et-Bargues
Pouydesseaux
Labastide-d'Armagnac
Lagrange
Pillelardit
Bernet
Silo
Briat
Barbotan-les-Thermes
Le Marais
Lasserre
St-Avit
Gaillères
Lacquy
Noel
N.-D. des Cyclistes
Mauvezin-d'Armagnac
Parleboscq
Le Caloy
Chateau-Garreau (Écomusée)
Tavernes
St-Cricq
Lacaze
Le Frêche
Bégué
Lac d'Uby
St-Christau
Mura
La Bataille
Cazaubon
Monclar
Eglise
MONT-DE-MARSAN
Maureillan
St-Vidou
Brechan
Cucassé
Mauléon
Laballe
Le Sentex
0
5
10 km

257
AL
AM
AN
AO
Ste-Marthe
Sénestis
Le Mas-d'Agenais
Grateloup-St-Gayrand
Varès
Castelmoron-s-Lot
Fongrave
Bouglon
Argenton
Grézet-Cavagnan
Ste-Gemme-Martaillac
Lagruère
Tonneins
Clairac
Laparade
Granges-sur-Lot
Le Temple-s-Lot
Dolmayrac
76
Calonges
Villeton
Fauillet
Castille
Lafitte-sur-Lot
Montpezat
Razimet
Monheurt
Bourran
St-Sardos
Leyritz-Moncassin
Puch-d'Agenais
Nicole
Lacépède
Casteljaloux
Villefranche-du-Queyran
Aiguillon
Damazan
St-Léger
Galapian
St-Salvy
Prayssas
La Réunion
Anzex
Lagarrigue
Frégimont
Caubeyres
Port-Ste-Marie
Clermont-Dessous
Lusignan-Petit
77
Fargues-s-Ourbise
St-Pierre-de-Buzet
Buzet-s-Baïse
Thouars-s-G.
St-Laurent
Ambrus
Mongaillard
Feugarolles
St-Hilaire-de-Lusignan
Sérignac-sur-G.
Colayrac-St-Cirq
276
Xaintrailles
Vianne
Bruch
Montesquieu
Brax
Pompiey
Lavardac
Walibi Aquitaine
Durance
Barbaste
Espiens
Roquefort
78
Boussès
Montagnac-s-Auvignon
Estillac
Nérac
Moncaut
Aubiac
Calignac
Saumont
Laplume
Réaup-Lisse
Andiran
Nomdieu
St-Vincent-de-Lamontjoie
79
Mézin
Fréchou
Francescas
Lamontjoie
Sos
Poudenas
Lasserre
Ligardes
Moncrabeau
Gazaupouy
Berrac
St-Pé-St-Simon
Fourcès
Larroque-sur-l'Osse
La Romieu
80
Montréal
Condom
Castelnau-d'Auzan
Beaumont
Larressingle
Caussens
Marsolan
295
296

AO
AP
AQ
AR
258
275
296
76
77
78
79
80
Villeneuve-s-Lot
Ste-Livrade-s-Lot
Castelmoron-s-Lot
Penne-d'Agenais
St-Sylvestre-s-Lot
Pujols
Allez-et-Cazeneuve
Ste-Colombe-de-Villeneuve
Granges-sur-Lot
Le Temple-s-Lot
Fongrave
Montpezat
Dolmayrac
St-Sardos
Lacepède
Grottes de Lastournelle
St-Antoine-de-Ficalba
Cours
Sembas
Castella
Laugnac
Prayssas
Lac de Néguenou
Madaillan
Lusignan-Petit
Hautefage-la-Tour
Laroque-Timbaut
Frespech
Monbalen
Camp militaire
La Croix-Blanche
Bajamont
Beauville
Cauzac
Engayrac
St-Hilaire-de-Lusignan
Colayrac-St-Cirq
Sérignac-sur-Garonne
Brax
Le Passage
AGEN
Bon-Encontre
Pont-du-Casse
Castelculier
Walibi Aquitaine (Parc d'Attractions)
Roquefort
Estillac
Agropole
La Garenne
Boé
Puymirol
Montesquieu
Ste-Colombe-en-Bruilhois
Montagnac
Moncaut
Aubiac
Moirax
Layrac
St-Nicolas-de-la-Balerme
St-Sixte
Caudecoste
Lamagistère
Golfech
Valence
Donzac
Laplume
Nomdieu
St-Vincent-de-Lamontjoie
Lamontjoie
Francescas
Astaffort
Pergain-Taillac
Cuq
Dunes
Sistels
St-Cirice
Ligardes
St-Mézard
Gimbrède
Flamarens
Miradoux
Peyrecave
Mansonville
Berrac
Gazaupouy
La Romieu
Castelnau-sur-l'Auvignon
Sempesserre
Ste-Mère
St-Avit-Frandat
Castéra-Lectourois
Castet-Arrouy
Lachapelle
Puygaillard-de-Lomagne
Lectoure
Marsac
Gramont
Lavit
St-Jean-du-Bouzet
Saumont
Calignac
0
5
10 km

Tournon-d'Agenais
Masquières
St-Matré
Fargues
Sauzet
Cambayrac
Carnac-Rouffiac
Villesèque
Lhospitalet
Montaigu-de-Quercy
Valprionde
Belmontet
Ste-Croix
Montcuq
St-Daunès
St-Pantaléon
Bagat-en-Quercy
Lascabanes
Cézac
Pern
Belvèze
Lebreil
St-Cyprien
Ste-Alauzie
St-Laurent-Lolmie
Bouloc
Montlauzun
Ste-Juliette
Touffailles
Lauzerte
Tréjouls
Sauveterre
Castelnau-Montratier
Flaugnac
Montagudet
Miramont-de-Quercy
Cazes-Mondenard
Montfermier
Montbarla
Molières
Montesquieu
Durfort-Lacapelette
Castelsagrat
Lafrançaise
Puycornet
Vazerac
Moissac
Boudou
Malause
St-Nicolas-de-la-Grave
Castelsarrasin
Montastruc
Piquecos
Lamothe-Capdeville
Albias
Meauzac
Villemade
Albefeuille-Lagarde
La Ville-Dieu-du-Temple
Montbeton
MONTAUBAN
Léojac
St-Porquier
Escatalens
Lacourt-St-Pierre
Bressols
Labourgade
Montech
St-Nauphary
Corbarieu
AS
AT
AU
AV
259
278
297
76
77
78
79
80

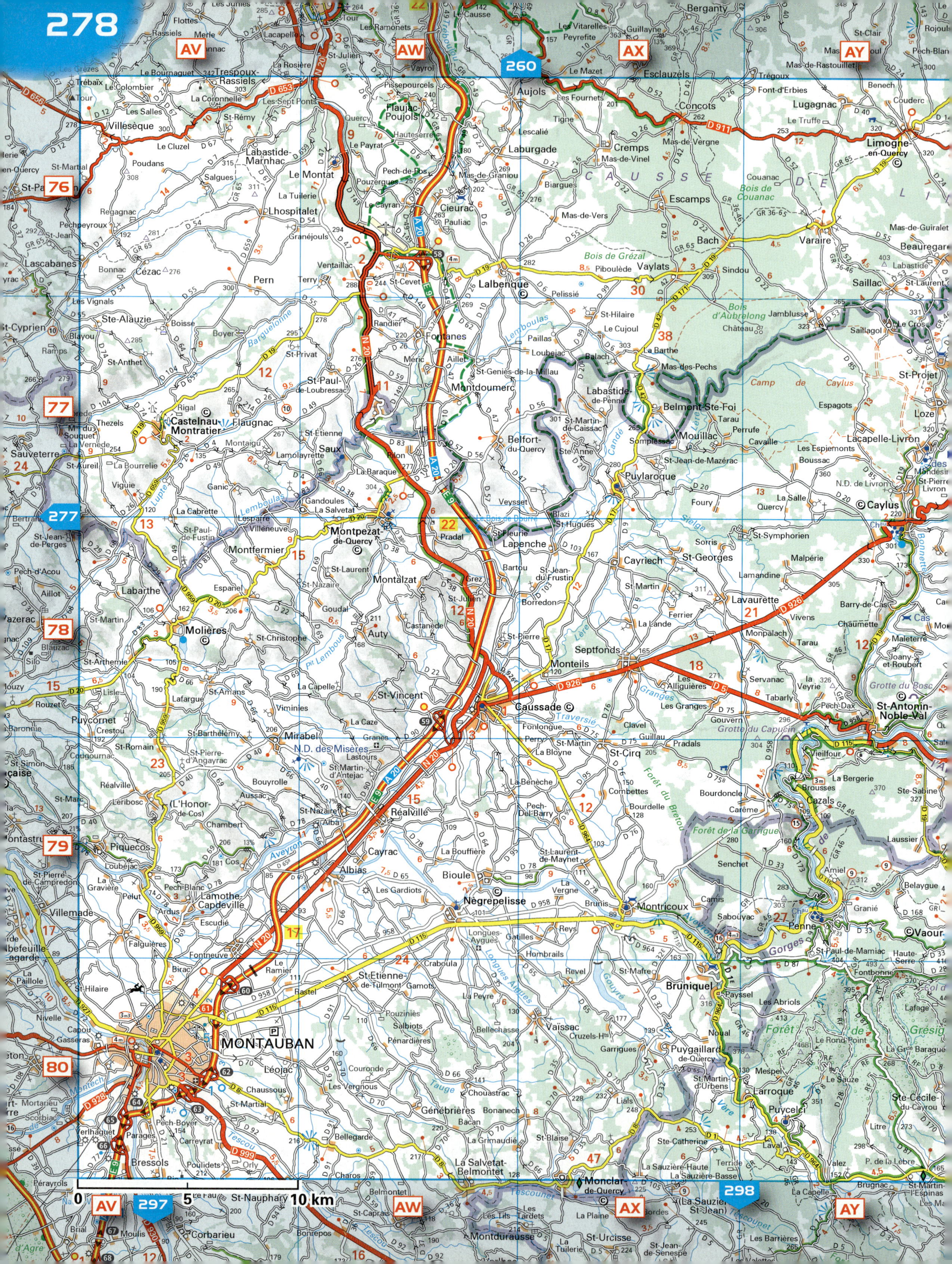

AV
AW
AX
AY
260
76
77
277
78
79
80
297
298
Montauban
Caussade
Caylus
Lalbenque
Limogne-en-Quercy
Castelnau-Montratier
Molières
Montpezat-de-Quercy
Nègrepelisse
Monclar-de-Quercy
St-Antonin-Noble-Val
Septfonds
Montricoux
Bruniquel
Réalville
Albias
Cayrac
Villeséque
Lhospitalet
Cieurac
Laburgade
Concots
Escamps
Vaylats
Varaire
Bach
Cremps
Aujols
Montdoumerc
Belfort-du-Quercy
Puylaroque
Mouillac
Lapenche
Cayriech
St-Georges
Lavaurette
Monteils
Mirabel
St-Vincent
Auty
Montalzat
Labarthe
Montfermier
Lafargue
Piquecos
Lamothe-Capdeville
Léojac
Vaïssac
Puygaillard-de-Quercy
Génébrières
La Salvetat-Belmontet
Puycelci
Larroque
Penne
Vaour
Forêt de Grésigne
Forêt de la Garrigue
Gorges de l'Aveyron
Causse de Limogne
Bois de Grézal
Aveyron
Lère
0
5
10 km

AZ
BA
BB
BC
261
280
299
76
77
78
79
80
Villefranche-de-Rouergue
Rieupeyroux
La Salvetat-Peyralès
Najac
Laguépie
Cordes-s-Ciel
Carmaux
Albi
Monestiés
Pampelonne
Mirandol-Bourgnounac
Valderiès
Rignac
Belcastel
Castelnau-de-Montmiral
St-Juéry
Villeneuve
Parisot
Caylus
Varen
St-Martin-Laguépie
Lunac
Lescure-Jaoul
Tayrac
Crespin
Trévien
Almayrac
Ste-Gemme
Blaye-les-Mines
Cagnac-les-Mines
Le Garric
Rosières
St-Benoit-de-C.
Combefa
Salles
Virac
Milhavet
Souel
Livers-Cazelles
Amarens
Les Cabannes
Vindrac-Alayrac
Mouzieys-Panens
Bournazel
Laparrouquial
St-Marcel-Campes
Lacapelle-Ségalar
Montirat
St-Christophe
Montauriol
Moularès
Lacapelle-Pinet
Sauveterre-de-Rouergue
Colombiès
Prévinquières
Compolibat
Privezac
Anglars-St-Félix
Maleville
Morlhon-le-Haut
Sanvensa
La Rouquette
Monteils
St-Salvadou
Vabre-Tizac
La Capelle-Bleys
La Bastide-l'Évêque
Toulonjac
Martiel
Savignac
Puylagarde
Vailhourles
Verfeil
Ginals
Lacapelle-Balaguier
Ste-Croix
St-Igest
Lanuéjouls
Vaureilles
Abbaye de Beaulieu-en-Rouergue
Abbaye de Loc-Dieu
Gorges de l'Aveyron
Aveyron
Viaur
Cérou
Gorges du Viaur
D 911
D 922
D 600
D 926
D 1
N 88

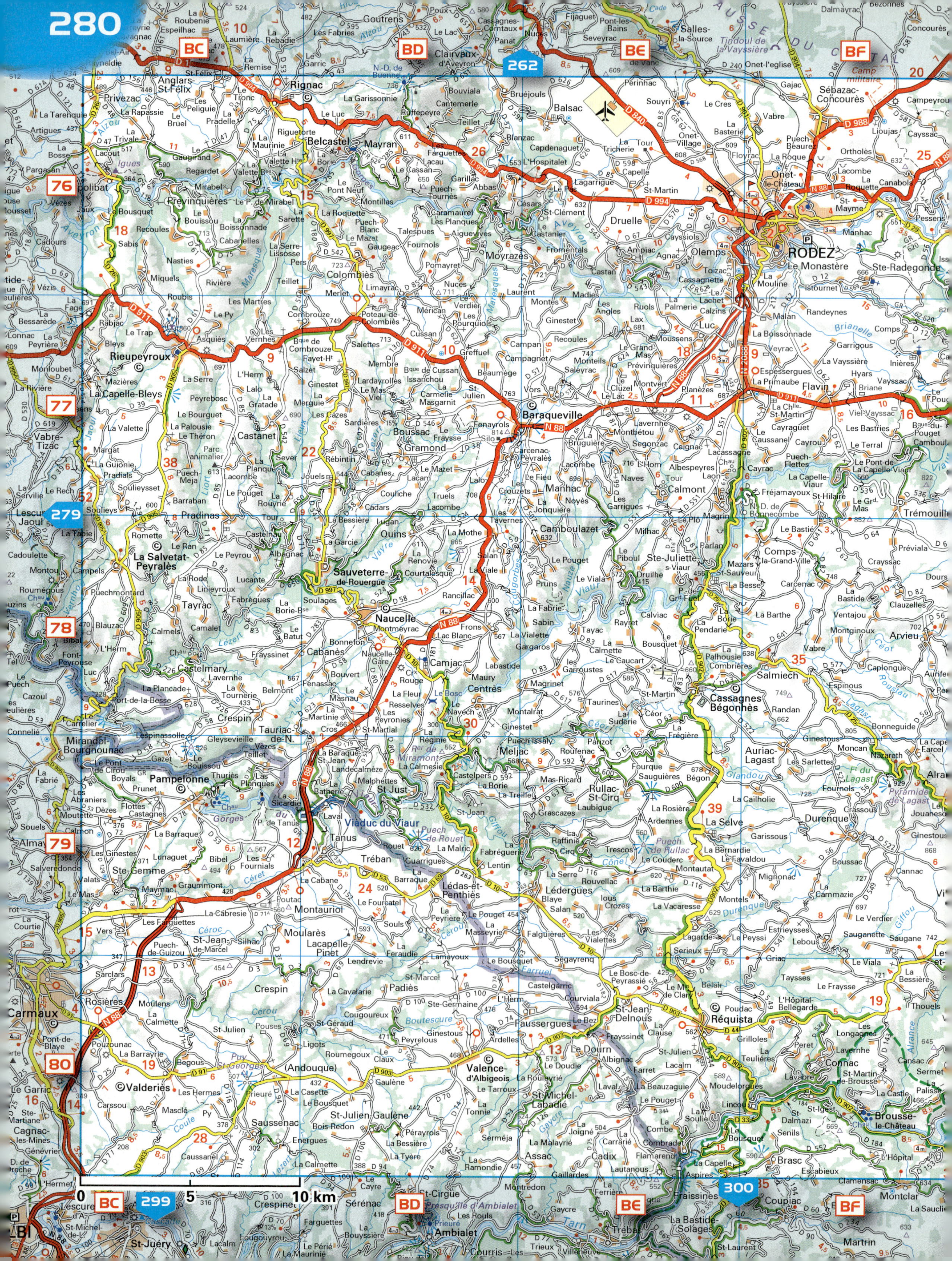
BC
BD
BE
BF
262
76
77
78
79
80
279
299
300
Rignac
Belcastel
Mayran
Clairvaux-d'Aveyron
Balsac
Salles-la-Source
Sébazac-Concourès
Onet-le-Château
RODEZ
Le Monastère
Ste-Radegonde
Olemps
Druelle
Moyrazès
Colombiès
Rieupeyroux
La Capelle-Bleys
Baraqueville
Luc
Flavin
Castanet
Gramond
Calmont
La Salvetat-Peyralès
Sauveterre-de-Rouergue
Naucelle
Camjac
Centrès
Cassagnes-Bégonhès
Salmiech
Auriac-Lagast
Tayrac
Castelmary
Crespin
Tauriac-de-N.
Mirandol-Bourgnounac
Pampelonne
Viaduc du Viaur
Tanus
Tréban
St-Just
Meljac
Rullac-St-Cirq
La Selve
Durenque
Ste-Gemme
Montauriol
Lédas-et-Penthiès
Lédergues
Moularès
Lacapelle-Pinet
Carmaux
Rosières
Crespin
Padiès
Réquista
St-Jean-Delnous
Valence-d'Albigeois
Valderiès
Saussenac
St-Julien-Gaulène
St-Michel-Labadié
Assac
Cadix
Connac
Brousse-le-Château
Brasc
Ambialet
Trébas
Coupiac
0
5
10 km

BG
BH
BI
BJ
263
Laissac
Palmas
Montrozier
Bertholène
Sévérac-l'Église
Gaillac-d'Aveyron
Recoules-Prévinquières
Sévérac-le-Château
Campagnac
CAUSSE DE SÉVÉRAC
PARC NATUREL RÉGIONAL DES GRANDS CAUSSES
Forêt des Palanges
Arques
Le Vibal
Ségur
Vézins-de-Lévézou
Pont-de-Salars
Lac de Pont de Salars
Prades-Salars
Canet-de-Salars
Lac de Pareloup
Salles-Curan
Curan
St-Léons
Micropolis
Verrières
Le Massegros
Mostuéjouls
Rivière-s-Tarn
Compeyre
Aguessac
Paulhe
Chaos de Montpellier-le-Vieux
La Roque-Ste-Marguerite
St-Beauzély
Comberoumal
Castelnau-Pégayrols
PLATEAU DU LÉVÉZOU
Millau
Viaduc de Millau
Creissels
St-Georges-de-Luzençon
St-Rome-de-Tarn
St-Victor-et-Melvieu
Ayssènes
Le Truel
Les Costes-Gozon
St-Rome-de-Cernon
La Bastide-Pradines
Lapanouse-de-Cernon
Ste-Eulalie-de-Cernon
Roquefort-s-Soulzon
Tournemire
St-Affrique
Vabres
Calmels-et-le-Viala
Viala-du-Pas-de-Jaux
CAUSSE DU LARZAC
PARC NATUREL RÉGIONAL DES GRANDS CAUSSES
Camp du Larzac
La Cavalerie
76
77
78
79
80
282
300
301

La Canourgue
St Saturnin
BK
BL
BM
BN
264
281
302
301
Sabot de Malepeyre
Fontjulien
S A U V E T E R R E
C A U S S E D E
Laval-du-Tarn
Cirque de Pougnadoires
Chau de la Caze
Ste-Énimie
Mont Chabio
Ispagnac
Quézac
Prades
Castelbouc
Montbrun
Les Bondons
Cocurès
Bédouès
Florac
Le Massegros
Point Sublime
Les Vignes
La Malène
Gorges du Tarn
Roc du Serre
Mas-St-Chély
St-Rome-de-Dolan
Chau de Blanquefort
C A U S S E M É J E A N
Hures-la-Parade
Nivoliers
Chaos de Nîmes le Vieux
Vebron
St-Laurent-de-Trèves
Barre-des-Cévennes
Aven Armand
St-Pierre-des-Tripiers
Cirque de St-Marcellin
Cirque des Baumes
Mostuéjouls
Le Rozier
Peyreleau
Corniche du Causse Noir
Gorges de la Jonte
Grotte de Dargilan
Meyrueis
Roquedols
Gatuzières
Fraissinet-de-Fourques
Rousses
Corniche des Cévennes
Le Pompidou
Bassurels
Veyreau
C A U S S E N O I R
St-André-de-Vézines
Chaos de Montpellier-le-Vieux
La Roque-Ste-Marguerite
Lanuéjols
St-Sauveur-Camprieu
Abîme de Bramabiau
Mont Aigoual
Observatoire
L'Espérou
Valleraugue
Trèves
Causse-Bégon
Revens
Cantobre
Canyon de la Dourbie
PARC
RÉGIONAL
Camp du Larzac
Nant
Dourbies
Col du Minier
St-Jean-du-Bruel
Sauclières
Le Vigan
Aulas
Arrigas
Aumessas
Alzon
Arre
Bez-et-Esparon
Mandagout
La Cavalerie
L'Hospitalet-du-Larzac
CAUSSES
Campestre-et-Luc
0
5
10 km

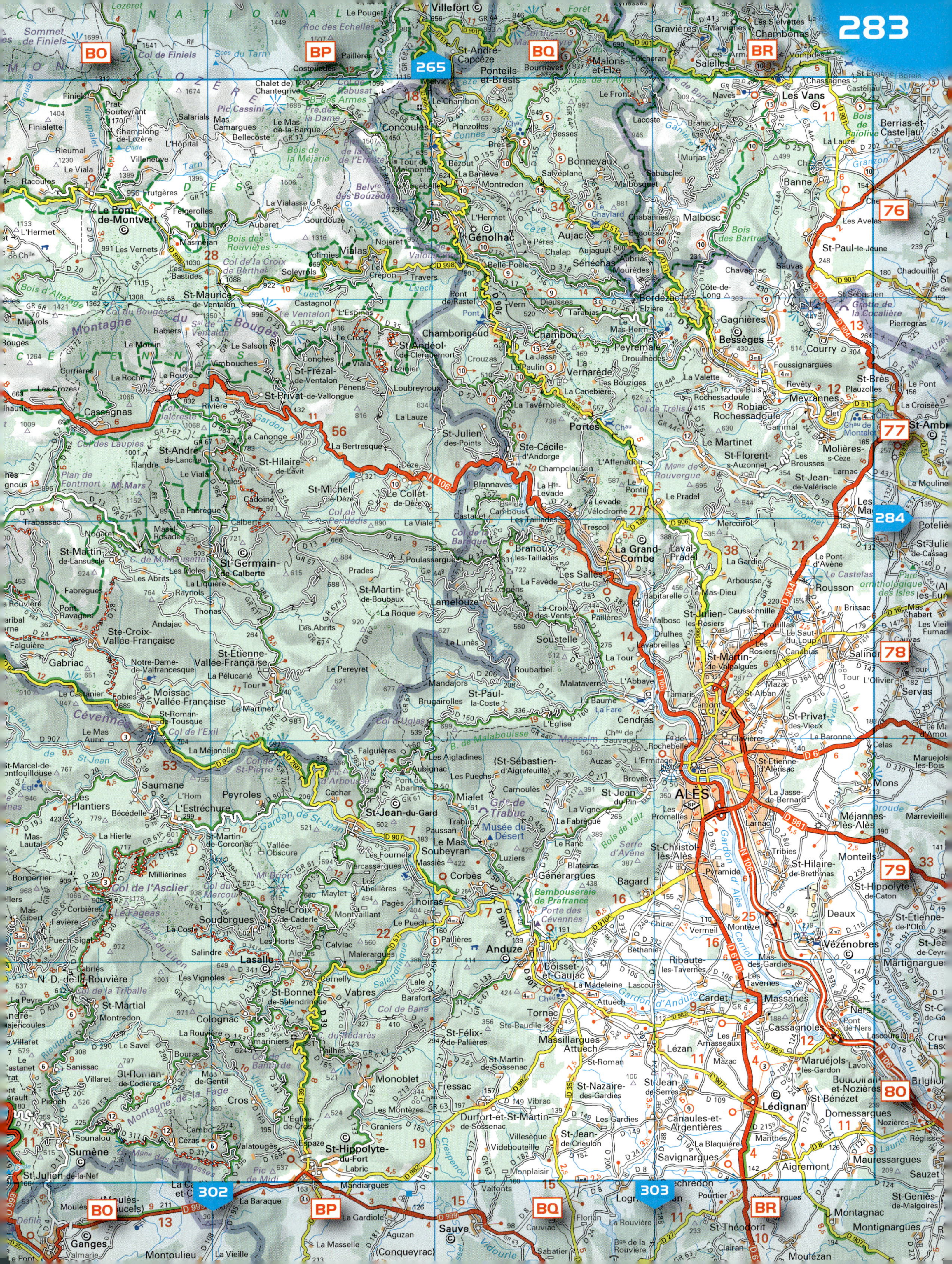

Villefort
Concoules
Génolhac
Le Pont-de-Montvert
Vialas
Les Vans
Berrias-et-Casteljau
Banne
Malbosc
St-Paul-le-Jeune
Bessèges
Gagnières
Courry
Robiac-Rochessadoule
Meyrannes
St-Ambroix
Molières-sur-Cèze
Chamborigaud
St-Privat-de-Vallongue
Cassagnas
St-Julien-des-Points
Ste-Cécile-d'Andorge
Portes
Le Martinet
St-Florent-sur-Auzonnet
St-Jean-de-Valériscle
La Grand-Combe
Laval-Pradel
Rousson
St-Germain-de-Calberte
St-Martin-de-Lansuscle
St-Martin-de-Boubaux
Lamelouze
Les Salles-du-Gardon
Soustelle
Ste-Croix-Vallée-Française
St-Étienne-Vallée-Française
Gabriac
Moissac-Vallée-Française
St-Julien-les-Rosiers
St-Martin-de-Valgalgues
Salindres
St-Privat-des-Vieux
Cendras
ALÈS
St-Christol-lès-Alès
Méjannes-lès-Alès
St-Hilaire-de-Brethmas
St-Hippolyte-de-Caton
Saumane
Les Plantiers
L'Estréchure
Peyrolles
St-Jean-du-Gard
Mialet
Générargues
Bagard
Anduze
Boisset-et-Gaujac
Vézénobres
Lasalle
Soudorgues
St-Bonnet-de-Salendrinque
Vabres
Tornac
Massillargues-Attuech
Cardet
Massanes
Cassagnoles
Lézan
Ledignan
Monoblet
Fressac
Durfort-et-St-Martin-de-Sossenac
St-Nazaire-des-Gardies
Canaules-et-Argentières
Savignargues
Aigremont
Domessargues
Mauressargues
St-Hippolyte-du-Fort
Sumène
St-Julien-de-la-Nef
Ganges
Sauve
Quissac
N.-D.-de-la-Rouvière
St-Martial
Cévennes
B0
BP
BQ
BR
265
284
302
303
76
77
78
79
80

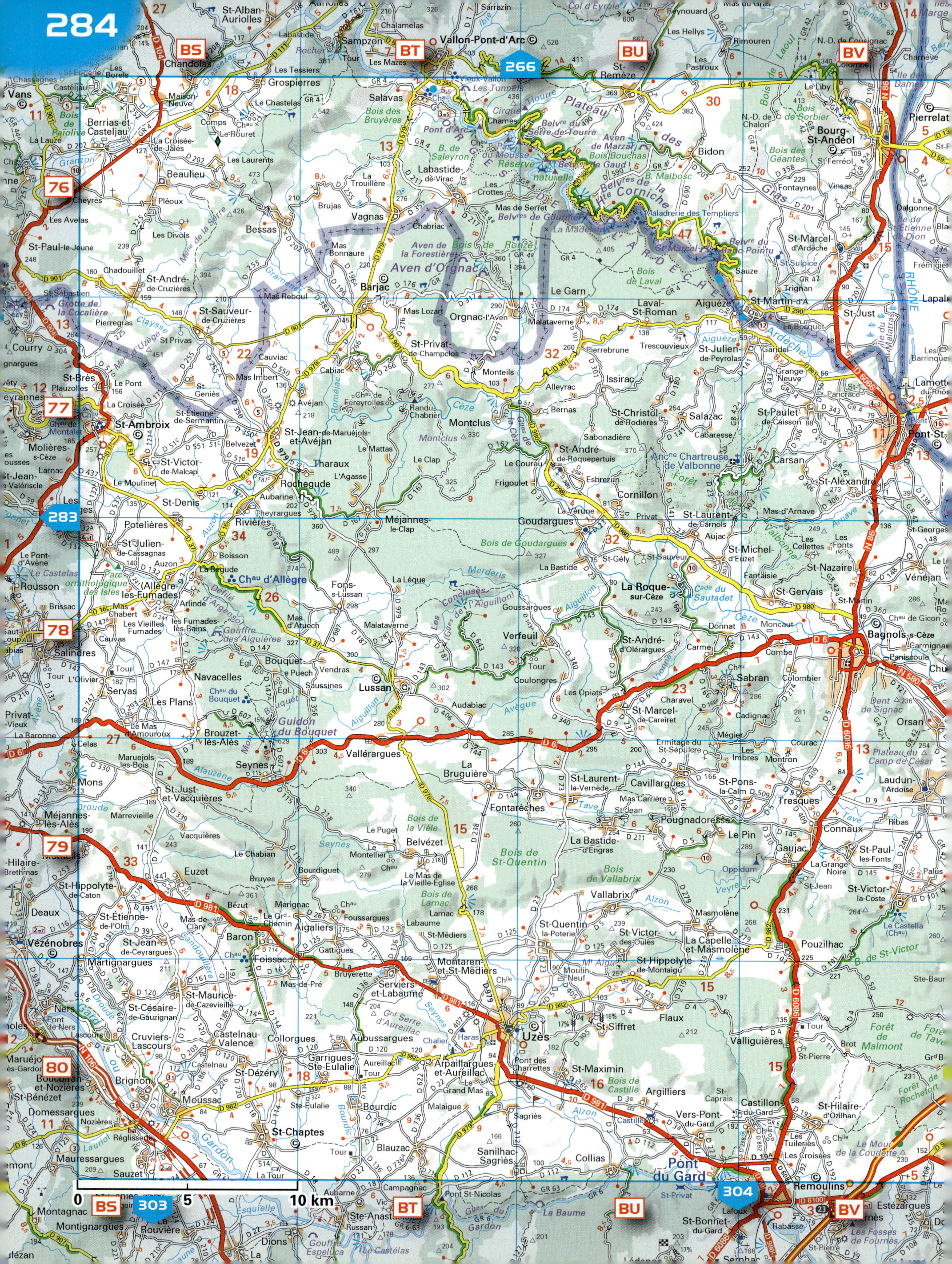

Vallon-Pont-d'Arc
Salavas
Lagorce
Labastide-de-Virac
Vagnas
Barjac
Aven d'Orgnac
Orgnac-l'Aven
St-Privat-de-Champclos
Issirac
Laval-St-Roman
Aiguèze
St-Martin-d'A.
Bourg-St-Andéol
Pierrelatte
Pont-St-Esprit
Bidon
St-Remèze
Plateau des Gras
Haute Corniche
Bois de Laval
Les Vans
Berrias-et-Casteljau
Beaulieu
St-Paul-le-Jeune
St-André-de-Cruzières
St-Sauveur-de-Cruzières
St-Ambroix
St-Victor-de-Malcap
Rochegude
Tharaux
Montclus
St-André-de-Roquepertuis
St-Christol-de-Rodières
Salazac
St-Paulet-de-Caisson
Carsan
St-Alexandre
Ancne Chartreuse de Valbonne
Cornillon
Goudargues
Méjannes-le-Clap
Rivières
Potelières
St-Julien-de-Cassagnas
Allègre-les-Fumades
Chau d'Allègre
Fons-s-Lussan
Lussan
Verfeuil
La Roque-sur-Cèze
St-Laurent-de-Carnols
St-Michel-d'Euzet
St-Nazaire
St-Gervais
Bagnols-s-Cèze
Sabran
St-Marcel-de-Careiret
Orsan
Navacelles
Servas
Les Plans
Brouzet-lès-Alès
Guidon du Bouquet
Bouquet
Vallérargues
Seynes
La Bruguière
Fontarèches
St-Laurent-la-Vernède
Cavillargues
Pougnadoresse
St-Pons-la-Calm
Tresques
Laudun-l'Ardoise
Connaux
Gaujac
St-Paul-les-Fonts
St-Victor-la-Coste
Méjannes-lès-Alès
Euzet
St-Hippolyte-de-Caton
Vézénobres
Baron
Foissac
Aigaliers
Belvézet
Bois de St-Quentin
Bois de Vallabrix
Vallabrix
St-Quentin-la-Poterie
St-Victor-des-Oules
La Capelle-et-Masmolène
Pouzilhac
Montaren-et-St-Médiers
Serviers-et-Labaume
Uzès
St-Siffret
Flaux
Valliguières
Cruviers-Lascours
Castelnau-Valence
Collorgues
Garrigues-Ste-Eulalie
Arpaillargues-et-Aureillac
St-Maximin
Argilliers
Vers-Pont-du-Gard
Castillon-du-Gard
St-Hilaire-d'Ozilhan
Brignon
Moussac
St-Chaptes
Bourdic
Blauzac
Sanilhac-Sagriès
Collias
Pont du Gard
Remoulins
Domessargues
Mauressargues
Sauzet
Montignargues
Dions
La Calmette
St-Bonnet-du-Gard
Gardon
Cèze
Ardèche
RHÔNE
A 9
D 6086
D 6
D 981
D 979
BS
BT
BU
BV
266
283
303
304
76
77
78
79
80
0
5
10 km

Garde-Adhémar
Chantemerle-lès-Grignan
Chamaret
Colonzelle
Valréas
Rousset-les-Vignes
St-Pantaléon-les-Vignes
Venterol
Nyons
Aubres
Les Pilles
Clansayes
Montségur-sur-Lauzon
Richerenches
St-Paul-Trois-Châteaux
Ferme aux crocodiles
Solérieux
La Baume-de-Transit
Vinsobres
Châteauneuf-de-Bordette
St-Restitut
Visan
Mirabel-aux-Baronnies
Piégon
Beauvoisin
Ouvrages de Donzère Mondragon
Bouchet
St-Maurice-sur-Eygues
Bénivay-Ollon
Suze-la-Rousse
Tulette
Villedieu
Propiac
Bollène
Lignane
Buisson
St-Roman-de-Malegarde
Puyméras
Mérindol-les-Oliviers
Faucon
Rochegude
Ste-Cécile-les-Vignes
Roaix
Vaison-la-Romaine
St-Romain-en-Viennois
Mondragon
Cairanne
Rasteau
St-Marcellin-lès-Vaison
Entrechaux
Lagarde-Paréol
Crestet
Séguret
Mornas
Sérignan-du-Comtat
Sablet
Beaumont-du-Ventoux
Travaillan
Malaucène
N.-D. du Groseau
Piolenc
Gigondas
Suzette
Camaret-sur-Aigues
Violès
Lafare
Le Barroux
ORANGE
Vacqueyras
La Roque-Alric
St-Hippolyte-le-Graveyron
N.-D. d'Aubune
Crillon-le-Brave
Bédoin
Beaumes-de-Venise
Caderousse
Jonquières
Carombe
Modène
St-Pierre-de-Vassols
Aubignan
Courthézon
Sarrians
Loriol-du-Comtat
Montfaucon
Châteauneuf-du-Pape
Mazan
Mormoiron
Carpentras
Roquemaure
Bédarrides
Monteux
Sauveterre
Sorgues
Entraigues-sur-la-Sorgue
Althen-des-Paluds
St-Didier
Venasque
Pujaut
Pernes-les-Fontaines
Le Beaucet
Villeneuve-lès-Avignon
Vedène
La Roque-sur-Pernes
Le Pontet
St-Saturnin-lès-Avignon
Velleron
Saumane-de-Vaucluse
Morières-lès-Avignon
Jonquerettes
Fontaine-de-Vaucluse
AVIGNON
Châteauneuf-de-Gadagne
Le Thor
Gordes
Abbaye de Sénanque
Village des Bories

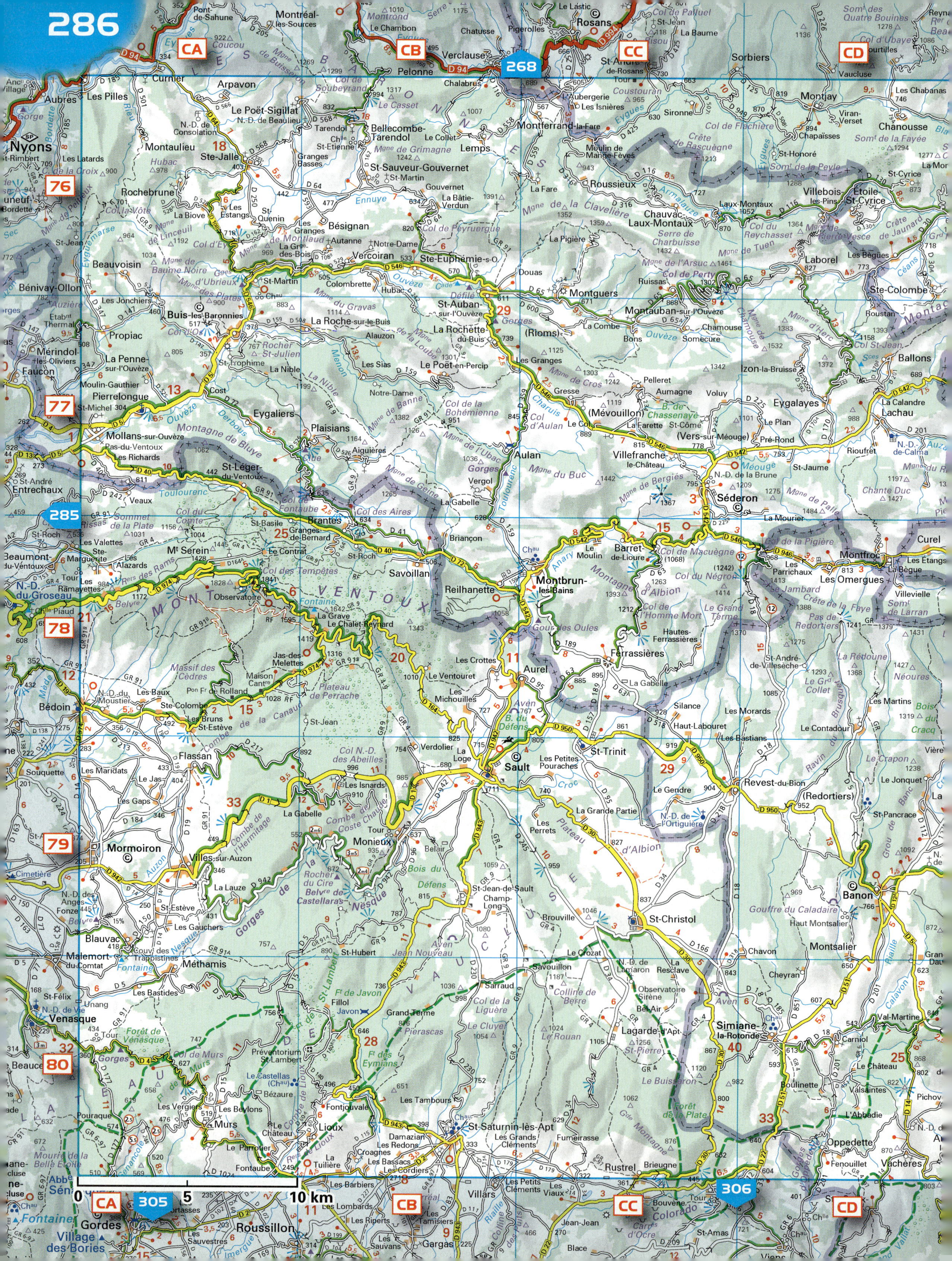
CA
CB
CC
CD
268
285
305
306
76
77
78
79
80
Nyons
Aubres
Les Pilles
Curnier
Arpavon
Le Poët-Sigillat
Montaulieu
Ste-Jalle
Rochebrune
Bellecombe-Tarendol
Lemps
St-Sauveur-Gouvernet
Montferrand-la-Fare
Rosans
Verclause
Pelonne
Chalabrus
St-André-de-Rosans
Sorbiers
Montjay
Chanousse
Rousseiux
Villebois-les-Pins
Étoile-St-Cyrice
Chauvac-Laux-Montaux
Bésignan
Vercoiran
Ste-Euphémie-s-O.
Beauvoisin
Bénivay-Ollon
Buis-les-Baronnies
Propiac
Mérindol-les-Oliviers
La Penne-sur-l'Ouvèze
Pierrelongue
Faucon
Mollans-sur-Ouvèze
Entrechaux
La Roche-sur-le-Buis
St-Auban-sur-l'Ouvèze
La Rochette-du-Buis
Montguers
Montauban-sur-l'Ouvèze
Laborel
Ste-Colombe
Ballons
Eygaliers
Plaisians
St-Léger-du-Ventoux
Aulan
Villefranche-le-Château
Séderon
Eygalayes
Lachau
Brantes
Savoillan
Reilhanette
Montbrun-les-Bains
Barret-de-Lioure
Ferrassières
Mont Serein
Mont Ventoux
Beaumont-du-Ventoux
Malaucène
Bédoin
Aurel
Sault
St-Trinit
Revest-du-Bion
Montfroc
Curel
Les Omergues
Flassan
Mormoiron
Villes-sur-Auzon
Monieux
Blauvac
Méthamis
Malemort-du-Comtat
Venasque
St-Christol
Banon
Montsalier
Simiane-la-Rotonde
Lagarde-d'Apt
Murs
Lioux
St-Saturnin-lès-Apt
Rustrel
Oppedette
Vachères
Gordes
Roussillon
Villars
Plateau d'Albion
Gorges de la Nesque
Forêt de Venasque
0 5 10 km

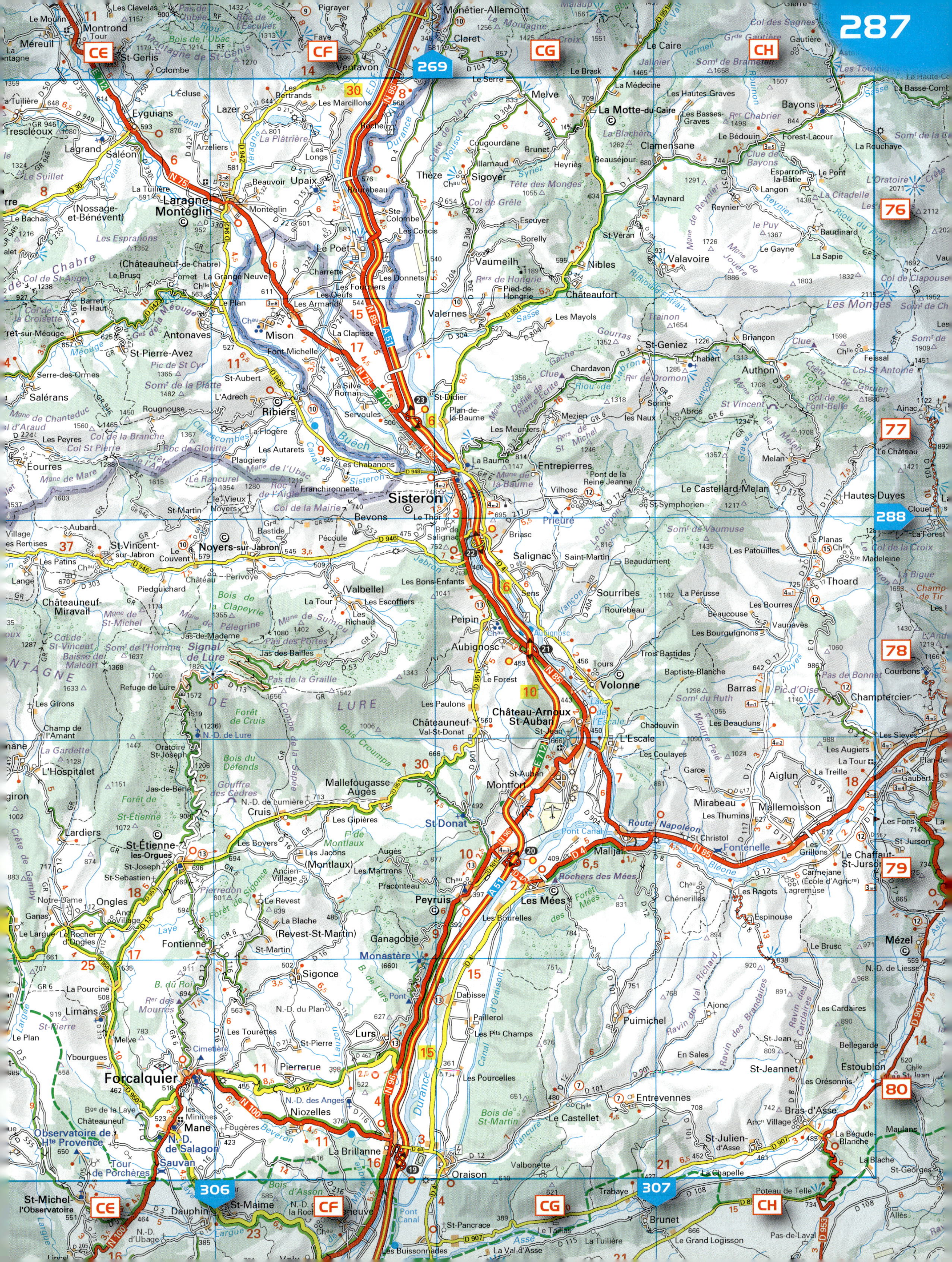

269
288
306
307
CE
CF
CG
CH
76
77
78
79
80
Montrond
St-Genis
Ventavon
Monêtier-Allemont
Claret
Le Caire
Melve
La Motte-du-Caire
Clamensane
Bayons
Eyguians
Lazer
Trescléoux
Lagrand
Saléon
Laragne-Montéglin
Upaix
Thèze
Sigoyer
Le Poët
Vaumeilh
Nibles
Valavoire
Châteaufort
Antonaves
Mison
Valernes
St-Geniez
Authon
Ribiers
Salérans
Éourres
Entrepierres
Sisteron
Noyers-sur-Jabron
St-Vincent-sur-Jabron
Bevons
Salignac
Sourribes
Châteauneuf-Miravail
Montagne de Lure
Signal de Lure
Peipin
Aubignosc
Volonne
Château-Arnoux-St-Auban
Châteauneuf-Val-St-Donat
L'Escale
Mallefougasse-Augès
Montfort
Aiglun
Mirabeau
Mallemoisson
Malijai
Thoard
L'Hospitalet
Cruis
St-Étienne-les-Orgues
Peyruis
Les Mées
Ongles
Fontienne
Ganagobie
Monastère
Mézel
Sigonce
Limans
Lurs
Puimichel
Estoublon
Forcalquier
Pierrerue
Niozelles
Mane
N.-D. de Salagon
La Brillanne
Oraison
Entrevennes
Le Castellet
Bras-d'Asse
St-Julien-d'Asse
St-Michel-l'Observatoire
Dauphin
St-Maime
Brunet
Durance
Bléone
Asse
Route Napoléon
A 51
N 85
N 75
N 96
N 100
Col de la Mairie
Pas de la Graille

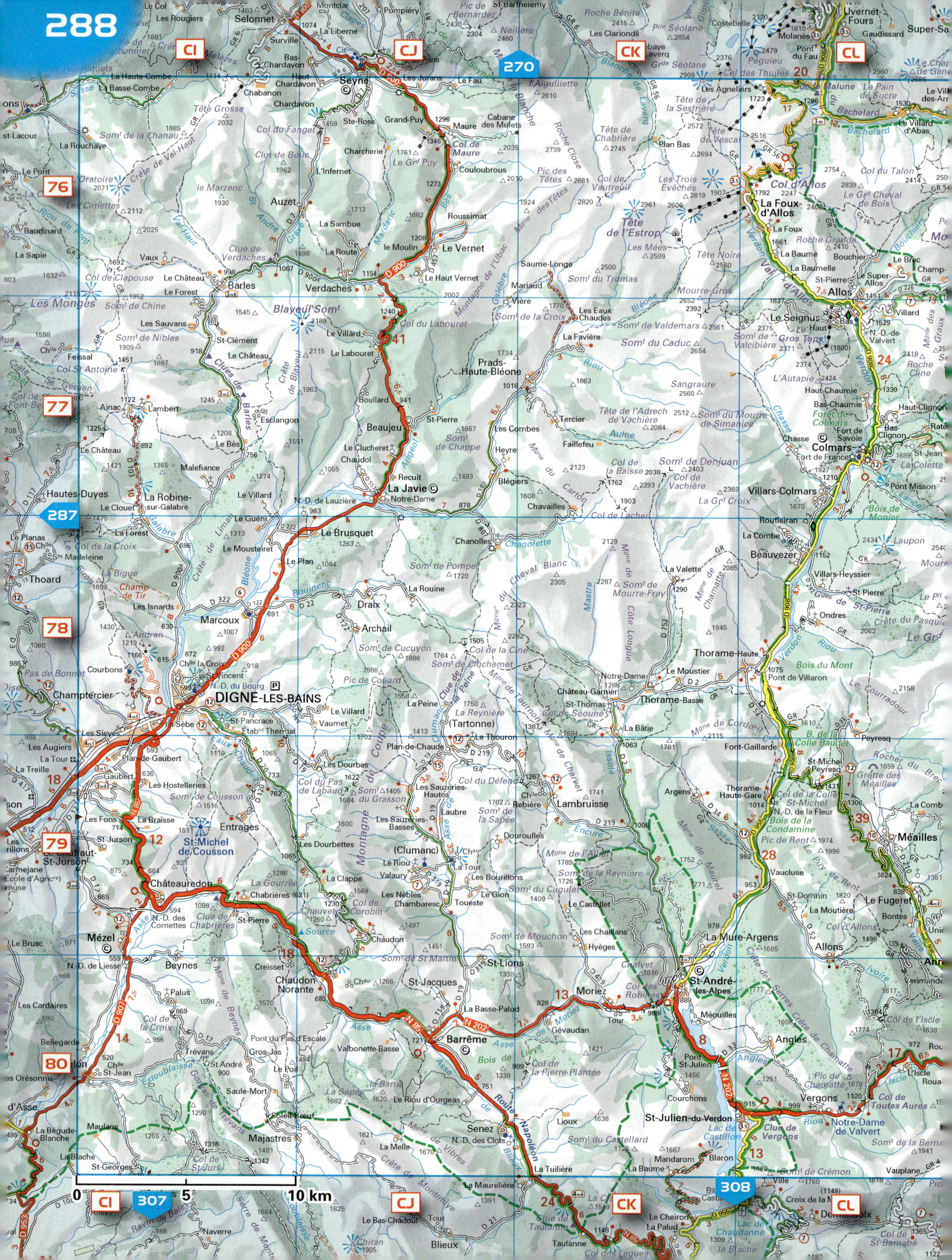
CI
CJ
CK
CL
270
76
77
78
79
80
287
307
308
0
5
10 km
Selonnet
Seyne
Col du Fanget
Auzet
Barles
Verdaches
Blayeul Somt
Le Vernet
Col de Maure
Tête de l'Estrop
Col d'Allos
La Foux-d'Allos
Allos
Le Seignus
Colmars
Villars-Colmars
Beauvezer
Thorame-Haute
Prads-Haute-Bléone
Beaujeu
La Javie
Le Brusquet
Hautes-Duyes
Thoard
Marcoux
DIGNE-LES-BAINS
Champtercier
Entrages
St-Michel de Cousson
Châteauredon
Mézel
Beynes
Chaudon-Norante
Barrême
Senez
Moriez
St-André-les-Alpes
St-Julien-du-Verdon
Angles
Vergons
Méailles
Le Fugeret
Allons
Lambruisse
Draix
Archail
La Robine-sur-Galabre
Majastres
Estoublaisse
Route Napoléon
Clumanc
Tartonne
Thorame-Basse
Château-Garnier
La Mure-Argens
Blieux
Taulanne
D 900
N 85
N 202
D 908
D 955
D 952
D 907

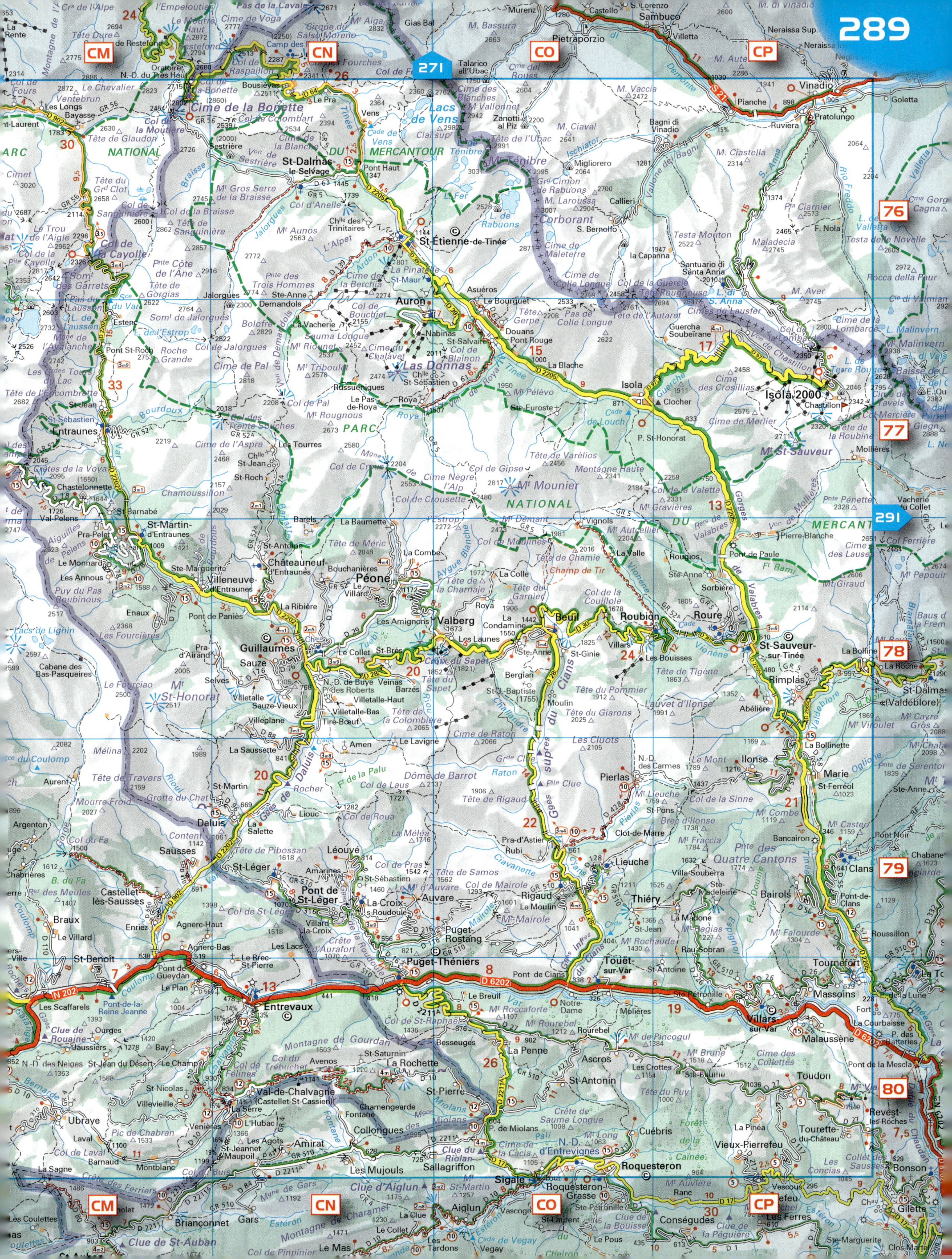

CM
CN
CO
CP
271
291
76
77
78
79
80
Cime de la Bonette
St-Dalmas-le-Selvage
St-Étienne-de-Tinée
Auron
Las Donnas
Isola
Isola 2000
St-Sauveur-sur-Tinée
Roure
Roubion
Beuil
Valberg
Péone
Guillaumes
Entraunes
St-Martin-d'Entraunes
Châteauneuf-d'Entraunes
Villeneuve-d'Entraunes
Sauze
Daluis
Sausses
St-Léger
Pont de St-Léger
Puget-Théniers
Entrevaux
Touët-sur-Var
Villars-sur-Var
Malaussène
Massoins
Tournefort
Clans
Marie
Ilonse
Pierlas
Lieuche
Thiéry
Rigaud
Auvare
La Croix-sur-Roudoule
Puget-Rostang
Bairols
La Penne
St-Antonin
Ascros
Cuébris
Roquesteron
Roquesteron-Grasse
Sigale
Aiglun
Collongues
Sallagriffon
Les Mujouls
Amirat
Briançonnet
Gars
Le Mas
Conségudes
Les Ferrets
Gilette
Bonson
Revest-les-Roches
Tourette-du-Château
Vieux-Pierrefeu
Toudon
Ubraye
Castellet-lès-Sausses
Braux
St-Benoit
Val-de-Chalvagne
Pietraporzio
Sambuco
Vinadio
Pratolungo
Bagni di Vinadio
Mt Mounier
PARC NATIONAL DU MERCANTOUR
N 202
D 6202
D 2205

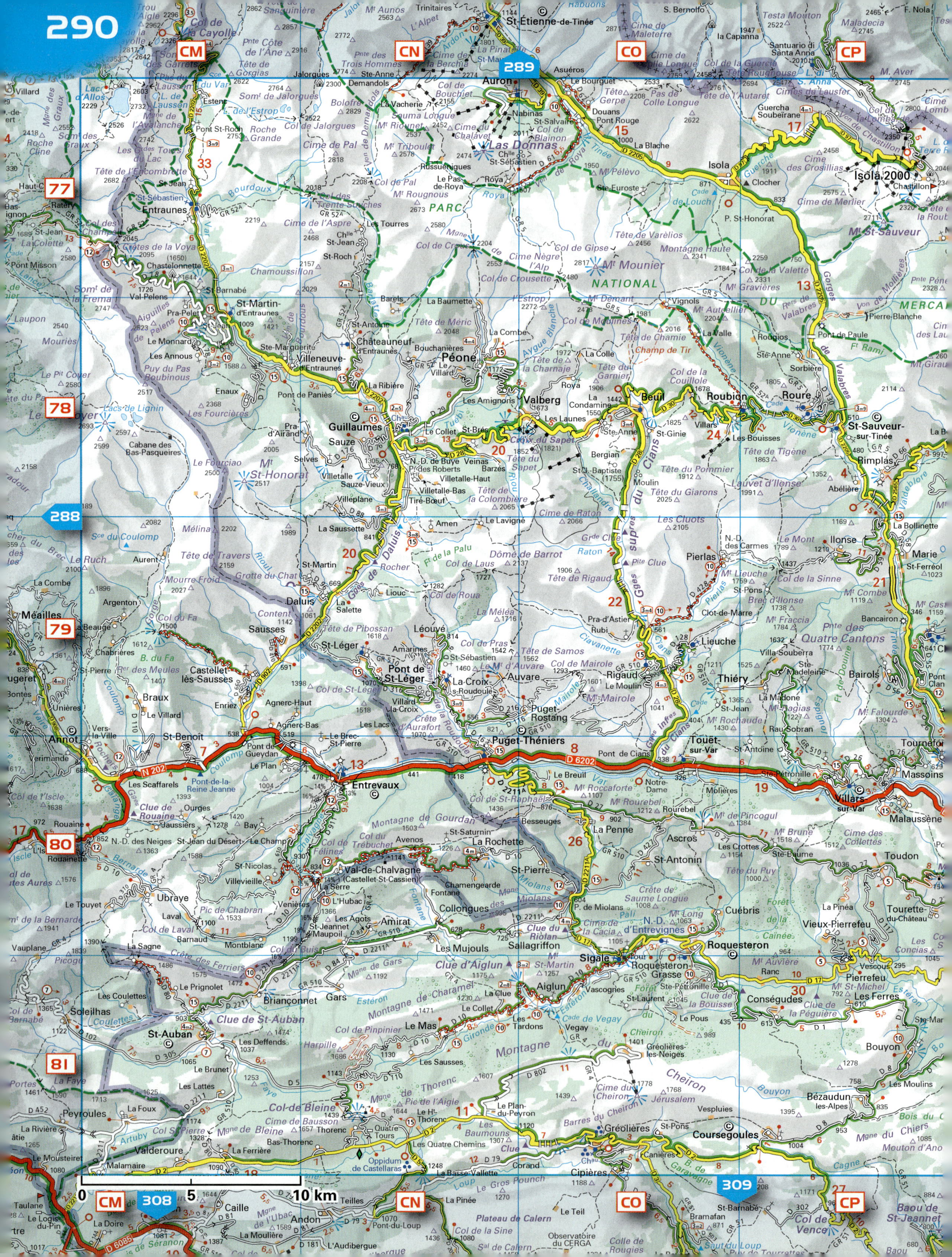
CM
CN
CO
CP
289
288
309
308
77
78
79
80
81
St-Étienne-de-Tinée
Auron
Col de la Cayolle
Col d'Allos
Estenc
Entraunes
St-Martin-d'Entraunes
Villeneuve-d'Entraunes
Châteauneuf-d'Entraunes
Péone
Valberg
Beuil
Roubion
Roure
Isola
Isola 2000
Mt St-Sauveur
St-Sauveur-sur-Tinée
Rimplas
Guillaumes
Sauze
Daluis
Gorges de Daluis
Sausses
St-Léger
Pont de St-Léger
La Croix-sur-Roudoule
Puget-Rostang
Puget-Théniers
Auvare
Rigaud
Lieuche
Thiéry
Pierlas
Ilonse
Marie
Clans
Bairols
Touët-sur-Var
Villars-sur-Var
Massoins
Malaussène
Tournefort
Entrevaux
Annot
Méailles
Braux
Castellet-lès-Sausses
Enriez
St-Benoit
Ubraye
Val-de-Chalvagne
Amirat
Collongues
Les Mujouls
Sallagriffon
Sigale
Roquesteron
Roquesteron Grasse
Cuébris
Toudon
Tourette-du-Château
Vieux-Pierrefeu
Pierrefeu
Conségudes
Les Ferres
Bouyon
Bézaudun-les-Alpes
Coursegoules
Gréolières
Gréolières-les-Neiges
Cipières
Aiglun
Clue d'Aiglun
Le Mas
Les Tardons
Vegay
Briançonnet
Gars
St-Auban
Clue de St-Auban
Soleilhas
Peyroules
Valderoure
La Ferrière
Séranon
Caille
Andon
Montagne du Cheiron
Montagne de Charamel
Col de St-Raphaël
La Penne
Ascros
St-Antonin
La Rochette
St-Pierre
Le Brec
Parc National du Mercantour
Mt Mounier
Cime de la Bonette
Col de Valberg
Dôme de Barrot
Col de la Couillole
Pont de Clans
Mt Vial
Col de Vence
Baou de St-Jeannet
Thorenc
Col de Bleine
Le Plan-du-Peyron
Oppidum de Castellaras
Plateau de Calern
Observatoire du CERGA
Colle de Rouguès
Montagne de Gourdan
Montagne de Thorenc
Pic de Chabran
N 202
D 6202
D 2202
D 2205
D 2565
D 6085
0
5
10 km

CQ
CR
CS
CT
77
78
79
80
81
309
REGIONALE
ALPI MARITTIME
PARC
NATIONAL
DU
MERCANTOUR
ALTA VALLE PESIO
E TANARO
Mt Matto
Cima di Lausetto
S. Lucia
Limone-Piemonte
S. Giovanni
Terme di Valdieri
Asta Soprana
Ponte della Rovina
Trinità
M. Bussaia
Palanfrè
Limonetto
Tête Chaudon
Mt Marguareis
S. Giacomo di Entracque
Punta Savina
Glas d'Ischietto
Col de la Boaire
Col de Tende
Tunnel de Tende
Réfréi
Cime de l'Évèque
L. Rovina
Diga del Chiotas
L. Brocan
Genova
Cima del Baus
M. Carboné
M. del Frisson
Roche de l'Abisso
Cima di Brocan
Cime de Fremamorte
Col de Salèse
Cime du Mercantour
Cima de l'Argel
E. Soria
L. del Vei del Bouc
Cime de l'Agnel
Col du Sabion
Caramagne
Vievola
Cougourde
F. Pagari
Cime du Gélas
Col de Cerise
Vacherie du Collet
Les Adus
Mt Pélago
Cime de Fenestre
L. de la Maledie
Mt Clapier
Baisse de Peyrefique
Mt Court
Mt Bertrand
Col Roux
Col Ferrière
Salèse
Le Boréon
L. Long
Valmasque
Casterino
Mt Chajol
Canaresse
Morignole
Cime Missoun
Mt Archas
Cascade
Madone de Fenestre
Nice
L. Vert
L. Noir
Mt Ste Marie
Fontanalbe
Tende
Mt Pepouiri
La Maïris
Mt Neillier
L. du Basto
Baisse de Valmasque
Lac de Casterine
La Minière de Vallauria
Mt Agnelet
Bosio
Cime du Piagu
Mt du Grd Capelet
St-Dalmas-de-Tende
Pont Maïssa
La Trinité
Les Clots
Cade de l'Estrech
Col de Fenestre
Col de Prals
Mt Bégo
Les Mesches
La Brigue
Bens
N.D. des Fontaines
Mt Lapassé
Col de Férisson
Les Merveilles
Mt Collardente
St-Grat
L. Long Sup.
Cime de la Nauque
St-Martin-Vésubie
La Colmiane
St-Dalmas (Valdeblore)
Cime de la Valette
Cime du Diable
L. d'Enfer
Corne de Bouc
Granile
Cime de Durasque
Val-del-Prat
Tête de la Nave
Etab.t Thermal
Berthemont-les-Bains
Mt Capelet Sup.
Pas du Diable
L. de la Moute
Pic de Colmiane
Venanson
Libaret
Rigons
Plateau de Berthemont
La Lauze
Engiboi
Cade du Ray
Granges d'Ughetto
Cime de Corvo
Bergue Supérieur
Bergue Inférieur
Paganin
Cime de Marte
Monte Gerbonte
Mt Cayre Gros
Gr.ges du Colonel
Col de Raus
Grges de Fromagine
Plateau de la Céva
Céva
Cime de Campbel
Mt Chalanche
Col de Castel-Vieil
La Malune
Blancons
Cime de Tuor
Gorges de Bergue
Pève
Cime de Serenton
Tête de Siruol
Les Adrets
Col du St Véran
Ste-Claire
Pointe des Trois Communes
Cime de Coss
Fontan
Pte de Lugo
Mt Tournairet
Col du Fort
Roquebillière
Roquebillière Vieux
Mt Péla
Belvédère
Grange de Praï
Fort
Mauríoun
Mt Gral
Ste-Anne
L'Authion
Planquette
Cime des Vallières
Mille Fourches
Forêt de Cairos
Cayros
Peyremont
Mt Peyrevieille
Granges de la Brasque
Col d'Andrion
La Bollène-Vésubie
Camp d'Argent
Camp-de-Cabannes-Vieilles
Saorge
Casto
(Traversée impossible)
Madone del Poggio
Carmo Binelli
Chabanette
Forêt
Mt Mangiabo
Cime de l'Aution
Quinson
Col de Turini
Ste-Anne
Mt Torrage
Buggio
Les Fournes
Les Clapières
Cime de Suorcas
Mt Ventabren
L'Arpette
Mt Agu
Pas de Muratone
Mt Légue
Lantosque
Le Seuil
Grges de la Maïris
Turini
La Giandola
St-André
Pélasque
Camarie
Loda
St-Colomban
Cime de la Calmette
Moulinet
L'Abouïn
Breil-s-Roya
Tête d'Alpe
M. Gouta
Pigna
Castel Vittorio
Brec d'Utelle
St-Jean
La Tour-s-Var
Le Figaret d'Utelle
St-Arnoux
Le Suquet
Pierre Plate
Mt Ginestet
St-Sébastien
Mangiabo
Cime du Bosc
Olivetta
Mt Forquin
M. Alto
M. Vetta
Bonda
Colomp
Utelle
Sue de Cabagne
Peïra-Cava
Cime du Simon
N.D. de la Menour
Col de Brouis
Mt Giraudan
Piène-Basse
Piène-Haute
Libre
Mt Colombin
M. Morgi
Rocchetta-Nervina
Colla Bassa
La Madone d'Utelle
Sanctuaire
St-Pierre
St-Jean-la-Rivière
Col de la Porte
Cime de Rocca Seira
La Cabanette
Gges du Piaon
Beroulf
Mt du Pesus
Mt Grazian
M. Abellio
Fanghetto
Isolabona
Apricale
Strada interrotta
Perinaldo
Mescla
Huesti
Belvd. du Saut-des-Français
Duranus
Col St-Roch
Col de l'Orme
Piaon
Ste-Madeleine
St-Vincent
Mt Agaisen
Col de Castillon
Airole
Olivetta-San-Michele
La Villette
Le Gros-d'Utelle
Col St Michel
Cime du Savel
Lucéram
Col de Braus
St-Roch
Sospel
Le Golf
Mt Barbonnet
Col de l'Albarède
Bossare
Col de Vescavo
Bevera
Collabassa
Dolceacqua
Trucco
Mt Rebuffao
Bonson
Le Chaudan
Levens
Col du Dragon
Coaraze
Mortisson
Col de la Croix
Col St-Jean
Mt Grammont
Varase
Torri
Calvo
Bévera
Brunetti
Soldano
Vallebona
Pont Durandy
Plan-du-Var
Gilette
Baus-Roux
Les Traverses
Mt Férion
Chaîne du Férion
Mt Castello
Le Plan Marlet
St-Laurent
Touët-de-l'Escarène
L'Escarène
Mt Farguet
Mt Méras
Castillon
Viaduc du Caramel
S. Pancrazio
Villatella
Mt Baraccone
San Biagio
Pont Charles-Albert
Roquette-s-Var
St-Martin-du-Var
Ste-Claire
Bendejun
Berre-les-Alpes
Les Rochettes
Le Vignal
Tres
Col Segra
Mt Ours
Col des Banquettes
Monti
Col de Razet
Sant'Antonio
Séglia
San Lorenzo
Camporosso
Vallecrosia Alta
Borghetto
Sasso
St-Blaise
Châteauneuf-Villevieille
Contes
Scios
Col de Nice
Blausasc
Peille
Pic de Baudon
Ste-Agnès
Castellar
Mortola Sup.
Latte
Ventimiglia
Camporosso Mare
Bordighera
Les Condamines
La Croix du Fi
Castagniers
Anc. Village
Tourrette-Levens
Peillon
Gorbio
Col de la Madone
L'Annonciade
Cabrolles
Grimaldi
Mortola Inferiore
Jins Hanbury
Capo Mortola
Vallecrosia
Ponte San Ludovico
Aspremont
Mt Chauve
Mt Macaron
Les Moulins
Les Cognas
Cauvini
La Pointe de Contes
Ste-Thècle
St-Martin-de-Peille
Mt Agel
Roquebrune
MENTON
Cap-Martin
Carros
La Manda
Colomars
Les Cabanes
Cantaron
Falicon
St-André-de-la-Roche
Laghet
La Turbie
Beausoleil
MONTE-CARLO
La Condamine
Cap Martin
La Trinité
Astrorama
St-Roman

Y
Z
AA
AB
272
312
81
82
83
84
85
(Vielle-St-Girons)
Vieille-St-Girons
Bernadon
Gracian
Jeantot
Arnautchot
Mansenes
Le Souquet
Péliou
Lassalle
Pouin
Leurteyroun
Huchet
Courant d'Huchet
Pas du Loup
Étang de Léon
Benaut
Escalus
(St-Michel-Escalus)
Castets
Pichelèbe
Réserve naturelle
Marquis
Léon
St-Michel
Camerade
Taller
Castillon
Lacay
Minjouay
Maa
Quartier-Laguain
Le Conte
Moliets-Plage
Le Village-sous-les-Pins
Moliets-et-Maa
Betoy
Chanchon
Étang de Laprade
Étang de Coidoum
Messanges-Plage
Messanges
Étg de Moysan
Bayle
Grangeon
Herm
Petit Marquis
Cluquetardit
Vieux-Boucau-les-Bains
Quartier-Caliot
Tustète
Tropica parc
Azur
Port d'Albret
Étg de Pinsolles
Coudère
Étang de Soustons
Magescq
Larroze
Cardale
Tastet
Le Houdin
Nerthe
Soustons
Forêt de Soustons
Leborde
Abbesse
Plage des Casernes
Guin
Dolouets
Étang Hardy
Gaillou-de-Pountaout
Hardy
La Bagnère
Duha
La Pince
St-Paul-lès-Dax
Seignosse-le-Penon
Étang Blanc
Réserve naturelle
Étang Noir
Les Monts
N.-D. de Fatima
Gourby
Échangeur: été2007
Seignosse-les-Estagnots
Seignosse
Frat
Tosse
St-Geours-de-Maremne
Saas
Rivière-Saas-et-Gourby
Angoumé
Mées
St-Vincent-de-Xaintes
Lac d'Hossegor
Soorts-Hossegor
Lagrollet
Thermes-de-Saubusse
Hossegor
Saubion
Casablanca
Adour
La Rocque
Tercis-les-Bains
L'Étoile
Œyreluy
Seyresse
St-Pandelon
Capbreton
Pont d'Hiern
Angresse
St-Vincent-de-Tyrosse
Una
Saubusse
Vimport
Camp
Étab. thermal
Siest
Luy
Heugas
Bourret
Motte
Josse
Petit Carrère
Mahourat
Moulin de Bénesse
Bénesse-Maremne
St-Jean-de-Marsacq
Pont Lamarquèze
Orist
Bernets
Silo
Puyau
Pey
Castets
Mombet
Lesponte
Labenne-Océan
Labenne
Réserve Naturelle du Marais d'Orx
Saubrigues
Orx
Gayrosse
Geloux
La Mine
St-Lon-les-Mines
Bassecq
Ugne
Navachon
Montauzet
Lacarmenté
St-Étienne-d'Orthe
Bellegarde
Tastet
Ondres-Plage
Castets
Villenave
Rasport
Le Moulin à Vent
Bélus
Larrouy
Cagnotte
St-Martin-de-Hinx
L. du Turc
Larroque
Étg de Garros
Tarnos-Plage
Lac d'Irieu
Monchoisi
Lalanne
Port-de-Lanne
Ondres
St-André-de-Seignanx
Campiade
Ste-Marie-de-Gosse
Le Pont
Pissot
Castagnet
Tarnos
St-Martin-de-Seignanx
La Pipette
Biarrotte
Bordus
Biaudos
Le Bec du Gave
Orthevielle
Peyrehorade
Chau d'Aspremont
Cauneille
Gaves Réunis
Horgave
Monplaisir
Labadie
Benzin
La Barre
Chiberta
L. de Chiberta
Boucau
Brit
Vincennes
Quartier-Neuf
St-Laurent-de-Gosse
Les Barthes
Hastingues
Abb. d'Arthous
Œyregave
Sorde-l'Abbaye
St-Étienne
Saubis
Grand Villenave
St-Barthélemy
Les Barthes
St-Jean
La Bourgade
Sames
Bordes-du-Haut
Rodigou
Cantons
BAYONNE
Montpellier
Guiche
Anglet
Lahonce
Quartier-du-Port
Urcuit
Lissalde
Urt
Lagaillardie
Bordes-du-Bas
Burre
Oyhanto
Le Baron
Lassarrade
Lanusse
St-Pierre-d'Irube
Gr de Mouguerre
Asserol
Butte de Miremont
Chau de Gramont
Les Cinq-Cantons
St-Pé-de-Léren
Négresse
Mouguerre
Souhy
Ardanavy
Joyeuse
Aran
Bidache
Came
La Gaîte
Briscous-les-Salines
Séquillon
Nogues
Qr des Tisserands
Bardos
Qr Lambert
Bassus
Briscous
Battan
Guinerand
Arcangues
Mentachoury
Mendiaude
Abbaye de Belloc
Le Mech
Labastide-Villefranche
Arbonne
Berriotz
Heguia
Elizaberry
Monastère des Bénédictins
Qr de Mixe
La Ferrerie
Alotz
Arraunts
Villefranque
L'Enseigne
La Bastide-Clairence
Hérauritz
Pilota-Plaza
d'Hasparren
B. de Tartas
Mixe
Arancou
0
5
10 km

272
273
294
313
AC
AD
AE
AF
81
82
83
84
85
Rion-des-Landes
Beylongue
St-Martin-d'Oney
Uchacq-et-Parentis
Campet-et-Lamolère
Boos
Quartier-de-Marcel
St-Yaguen
Carsen-Ponson
Pouy-des-Trucs
Meilhan
St-Perdon
Laluque
Lesgor
Campagne
Tartas
Carcarès-Ste-Croix
Bégaar
Le Leuy
Haut-Mauco
Pontonx-s/l'Adour
St-Jean-de-Lier
Audon
Gouts
Souprosse
Lamothe
Aurice
Bas-Mauco
Buglose
Gousse
Vicq-d'Auribat
Onard
Cauna
Cassen
Poyanne
Laurède
Nerbis
Toulouzette
St-Sever
Préchacq-les-Bains
Louer
St-Geours-d'Auribat
Tethieu
St-Vincent-de-Paul
Mugron
Gamarde-les-Bains
Goos
Montaut
Banos
Yzosse
Candresse
Nousse
Lourquen
Hauriet
Audignon
Montfort-en-Chalosse
Lahosse
St-Aubin
Eyres-Moncube
Narrosse
Hinx
Sort-en-Chalosse
Poyartin
Gibret
Larbey
Maylis
Dumes
Doazit
Saugnac-et-Cambran
Garrey
Baigts
Caupenne
Horsarrieu
Ste-Colombe
Ozourt
Castelnau-Chalosse
Bergouey
Serreslous-et-Arribans
Hagetmau
Mimbaste
Clermont
Donzacq
Lamasquère
St-Cricq-Chalosse
Cap-de-Pouy
Bastennes
Gaujacq
Pomarez
Labatjuzan
Grotte du Pape
Brassempouy
Cazalis
Pouillon
Arènes
Labastide-Chalosse
Estibeaux
Castel-Sarrazin
Momuy
Lacrabe
Misson
Amou
Nassiet
Morganx
Monségur
Mouscardès
Arsague
Castaignos-Souslens
Argelos
Habas
Tilh
Marpaps
Poudenx
Labatut
Ossages
St-Girons
Bonnegarde
Beyries
Bonnut
Sault-de-Navailles
Bassercles
Castelner
Puyoô
St-Boès
Labeyrie
St-Médard
Ramous
Mastrot
Lacadée
Baigts-de-Béarn
Sallespisse
Hagetaubin
Casteide-Candau
Morlanne
Bérenx
Salles-Mongiscard
Orthez
Balansun
Mesplède
Carresse-Cassaber
Salles-de-Béarn
Auterrive
Castagnède
Lahontan
Ste-Suzanne
Biron
Castétis
Argagnon
Arnos
Castillon
Laà-Mondrans
Sarpourenx
Dax
Amou

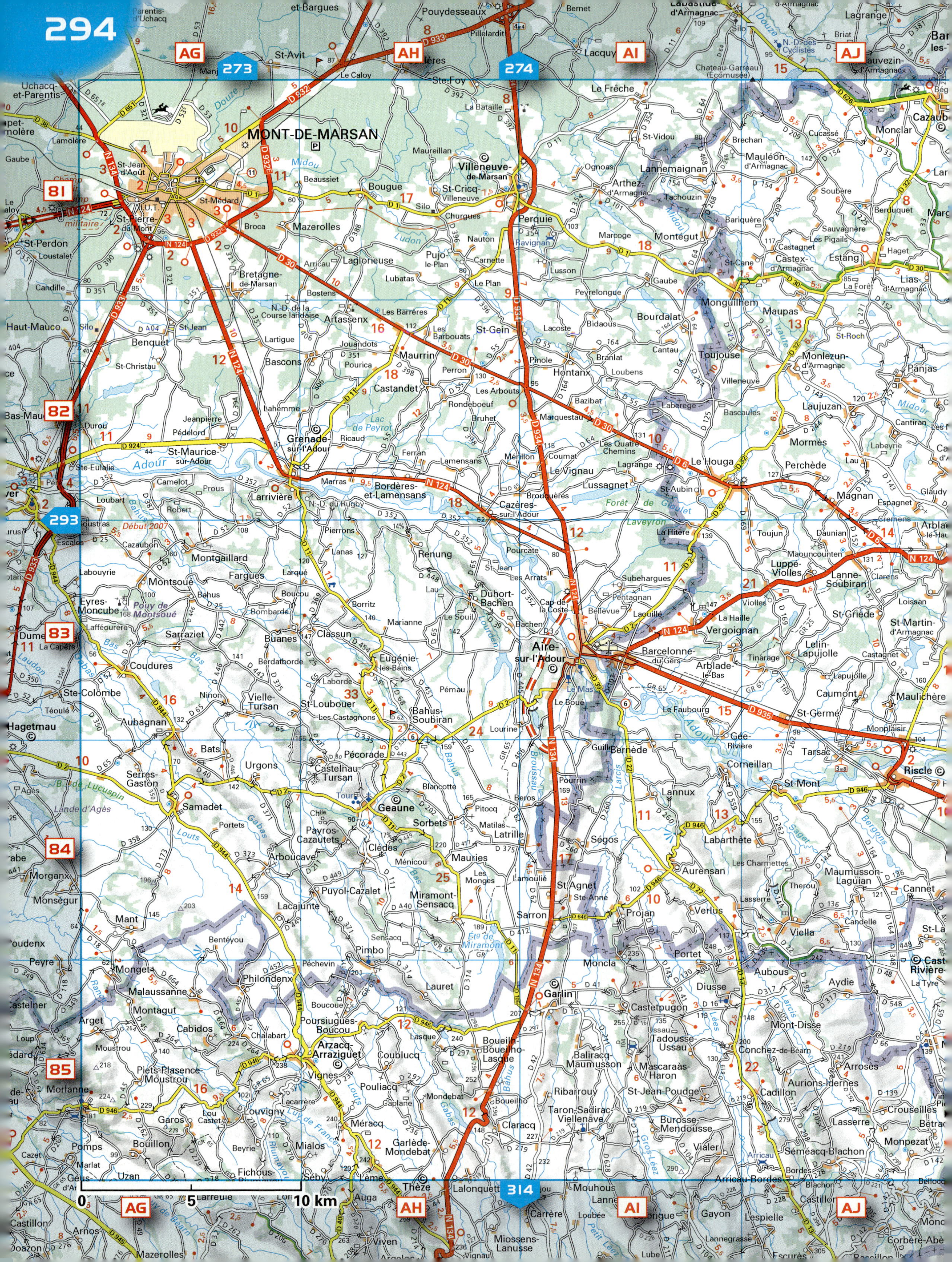

AG
AH
AI
AJ
273
274
293
314
81
82
83
84
85
Mont-de-Marsan
St-Pierre-du-Mont
St-Perdon
St-Médard
Mazerolles
Bougue
Villeneuve-de-Marsan
St-Cricq-Villeneuve
Perquie
Lannemaignan
Arthez-d'Armagnac
Mauléon-d'Armagnac
Cazaubon
Monguilhem
Toujouse
Maupas
Estang
Castex-d'Armagnac
Bretagne-de-Marsan
Benquet
Artassenx
Laglorieuse
Pujo-le-Plan
Maurrin
Castandet
St-Gein
Hontanx
Bourdalat
Le Houga
Perchède
Magnan
Mormes
Laujuzan
Panjas
Grenade-sur-l'Adour
Larrivière
St-Maurice-sur-Adour
Bordères-et-Lamensans
Cazères-sur-l'Adour
Le Vignau
Lussagnet
Renung
Duhort-Bachen
Aire-sur-l'Adour
Barcelonne-du-Gers
Vergoignan
Luppé-Violles
Lanne-Soubiran
Lelin-Lapujolle
Caumont
St-Germé
Riscle
Tarsac
St-Mont
Montgaillard
Fargues
Montsoué
Eyres-Moncube
Sarraziet
Buanes
Classun
Eugénie-les-Bains
Bahus-Soubiran
Coudures
Aubagnan
Vielle-Tursan
St-Loubouer
Hagetmau
Serres-Gaston
Samadet
Urgons
Castelnau-Tursan
Geaune
Sorbets
Latrille
Payros-Cazautets
Clèdes
Mauries
Miramont-Sensacq
Puyol-Cazalet
Lacajunte
Sarron
St-Agnet
Ségos
Lannux
Aurensan
Labarthète
Projan
Verlus
Portet
Viella
Maumusson-Laguian
Cannet
Castelnau-Rivière-Basse
Aydie
Aubous
Diusse
Moncla
Garlin
Castetpugon
Tadousse-Ussau
Mont-Disse
Conchez-de-Béarn
Arrosès
Cadillon
Crouseilles
Lasserre
Aurions-Idernes
Mascaraàs-Haron
St-Jean-Poudge
Burosse-Mendousse
Vialer
Séméacq-Blachon
Monpezat
Balirac-Maumusson
Ribarrouy
Taron-Sadirac-Viellenave
Claracq
Boueilh-Boueilho-Lasque
Lalonquette
Thèze
Garlède-Mondebat
Méracq
Pouliacq
Coublucq
Arzacq-Arraziguet
Vignes
Poursiugues-Boucoue
Lauret
Pimbo
Philondenx
Mant
Monségur
Morganx
Malaussanne
Montagut
Cabidos
Arget
Piets-Plasence-Moustrou
Morlanne
Garos
Louvigny
Mialos
Fichous-Riumayou
Bouillon
Pomps
Séby
Auga
Mouhous
Lespielle
Castillon
Gayon
Miossens-Lanusse
Mazerolles
Adour
Midou
Douze
Ludon
Forêt de Géloux
Lac de Peyrot
Bahus
Gabas
Louts
Luy de France
Lées
Larcis
N 124
N 134
N 524
N 935
D 30
D 932
D 933
D 934
D 946
D 2
D 1
0
5
10 km

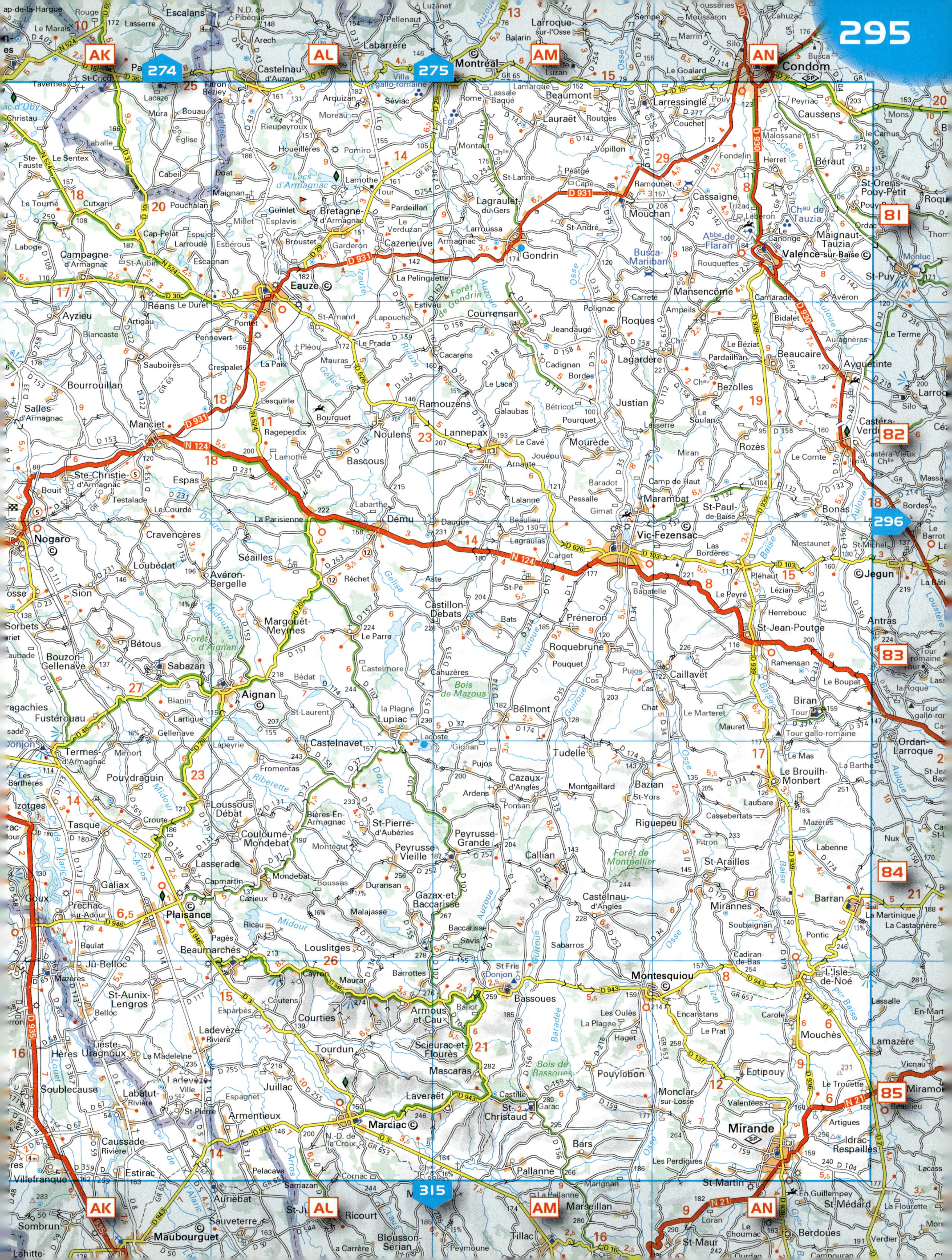
274
275
296
315
AK
AL
AM
AN
81
82
83
84
85
Condom
Montréal
Larroque-sur-l'Osse
Castelnau-d'Auzan
Labarrère
Beaumont
Larressingle
Cassaigne
Valence-sur-Baïse
Eauze
Gondrin
Cazeneuve
Bretagne-d'Armagnac
Courrensan
Roques
Lagardère
Beaucaire
Bezolles
Mouchan
Manciet
Nogaro
Ramouzens
Noulens
Lannepax
Bascous
Mourède
Vic-Fezensac
Dému
Marambat
Jegun
Castillon-Debats
Préneron
Roquebrune
Caillavet
St-Jean-Poutge
Biran
Aignan
Sabazan
Lupiac
Castelnavet
Belmont
Tudelle
Le Brouilh-Monbert
Termes-d'Armagnac
Pouydraguin
Peyrusse-Grande
Bazian
Riguepeu
St-Arailles
Plaisance
Beaumarchès
Callian
Castelnau-d'Anglès
Mirannes
Barran
Montesquiou
L'Isle-de-Noé
Bassoues
Mouchès
Marciac
Mirande
Armentieux
Juillac
Tourdun
Estirac
Maubourguet
Marseillan
Berdoues
St-Maur
Villefranque
Tillac
Ricourt
Auriébat
Sauveterre
Blousson-Sérian
Pallanne
Bars
Mascaras
Courties
Soublecause
Labatut-Rivière
Ju-Belloc
Tasque
Galiax
Préchac-sur-Adour
Goux
Izotges
Loussous-Débat
Couloumé-Mondebat
Lasserade
Louslitges
Armous-et-Cau
Scieurac-et-Flourès
Laveraët
St-Christaud
Monclar-sur-Losse
Estipouy
Idrac-Respaillès
Ordan-Larroque
Castéra-Verduzan
Ayguetinte
Cravencères
Loubédat
Avéron-Bergelle
Séailles
Margouët-Meymes
Bourrouillan
Salles-d'Armagnac
Campagne-d'Armagnac
Ste-Christie-d'Armagnac
Espas
Sion
Bétous
Bouzon-Gellenave
Fustérouau
Réans
Ayzieu
Lauraët
Lagraulet-du-Gers
St-Paul-de-Baïse
Bonas
Fourcès
Séviac
Villa gallo-romaine
Abbaye de Flaran
Busca-Maniban
Forêt de Gondrin
Forêt de Montpellier
Bois de Mazous
Bois de Bassoues
N 124
N 21
D 931
D 930
D 939
D 943
D 946
D 935

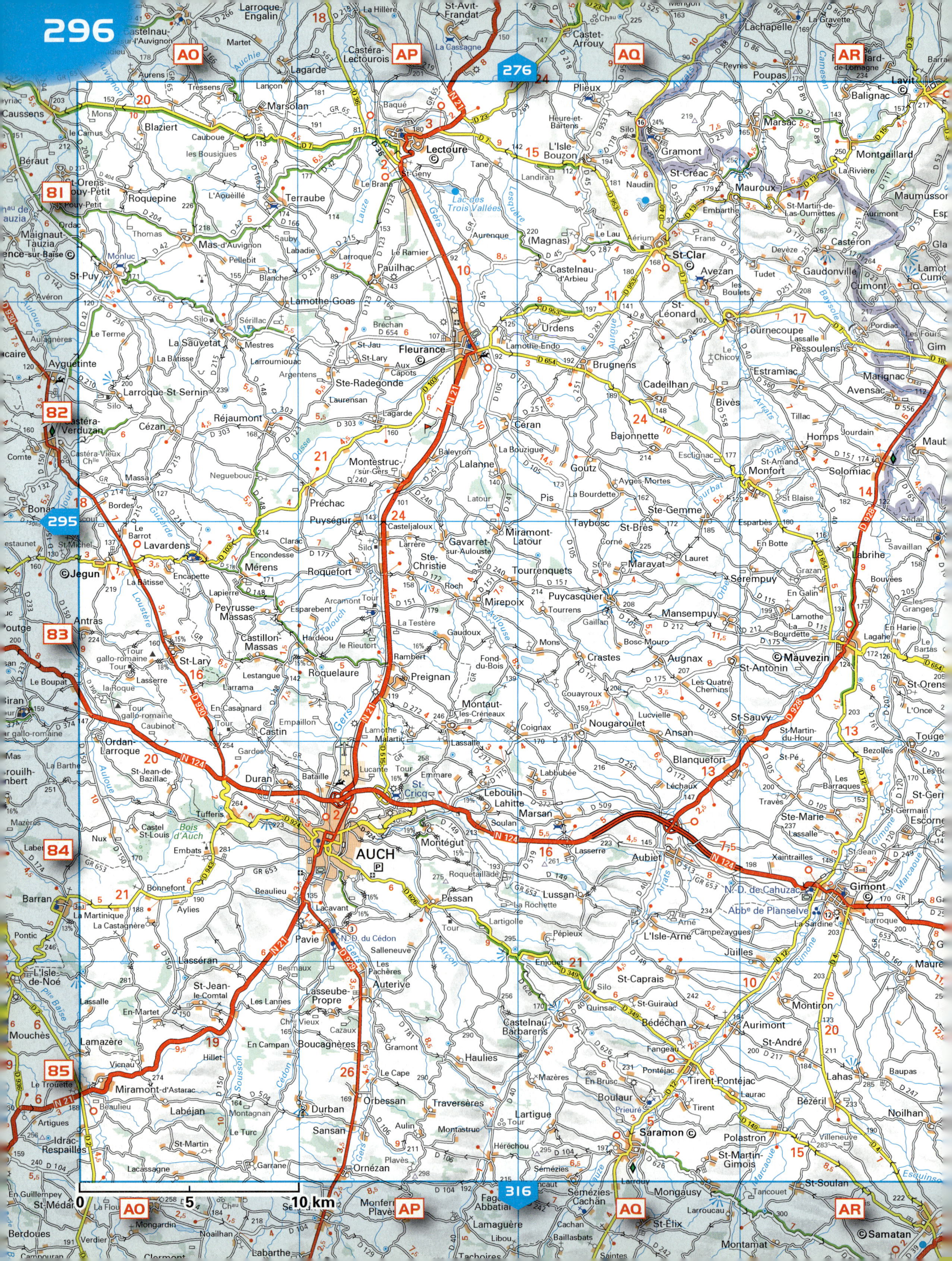

AO
AP
AQ
AR
276
295
316
81
82
83
84
85
Lectoure
Fleurance
St-Clar
Mauvezin
AUCH
Gimont
Saramon
Samatan
Jegun
Lavardens
Montestruc-sur-Gers
Castéra-Verduzan
Miramont-d'Astarac
Lac des Trois Vallées
Castéra-Lectourois
Marsolan
Terraube
Pauilhac
Lamothe-Goas
Ste-Radegonde
Réjaumont
Préchac
Puységur
Roquefort
Roquelaure
Preignan
Montaut-les-Créneaux
Duran
Ordan-Larroque
Pavie
Auterive
Pessan
Lussan
Aubiet
L'Isle-Arné
Montégut
Marsan
Leboulin
Gavarret-sur-Aulouste
Miramont-Latour
Tourrenquets
Puycasquier
Mirepoix
Céran
Lalanne
Goutz
Bajonnette
Monfort
Solomiac
Urdens
Brugnens
Castelnau-d'Arbieu
L'Isle-Bouzon
Gramont
Mauroux
Montgaillard
Avezan
Tournecoupe
Ste-Gemme
Augnax
Crastes
Nougaroulet
Blanquefort
St-Sauvy
Ansan
Montiron
Aurimont
Bédéchan
Tirent-Pontéjac
Boulaur
Lartigue
Haulies
Orbessan
Durban
Sansan
Ornézan
Labéjan
Lamazère
Boucagnères
Lasseube-Propre
St-Jean-le-Comtal
Lasséran
Castelnau-Barbarens
N.-D. de Cahuzac
Abbᵉ de Planselve
N.-D. du Cédon
Monluc
St-Puy
Ayguetinte
Roquepine
Mas-d'Auvignon
Larroque-St-Sernin
Cézan
N 21
N 124
D 929
D 930
0
5
10 km

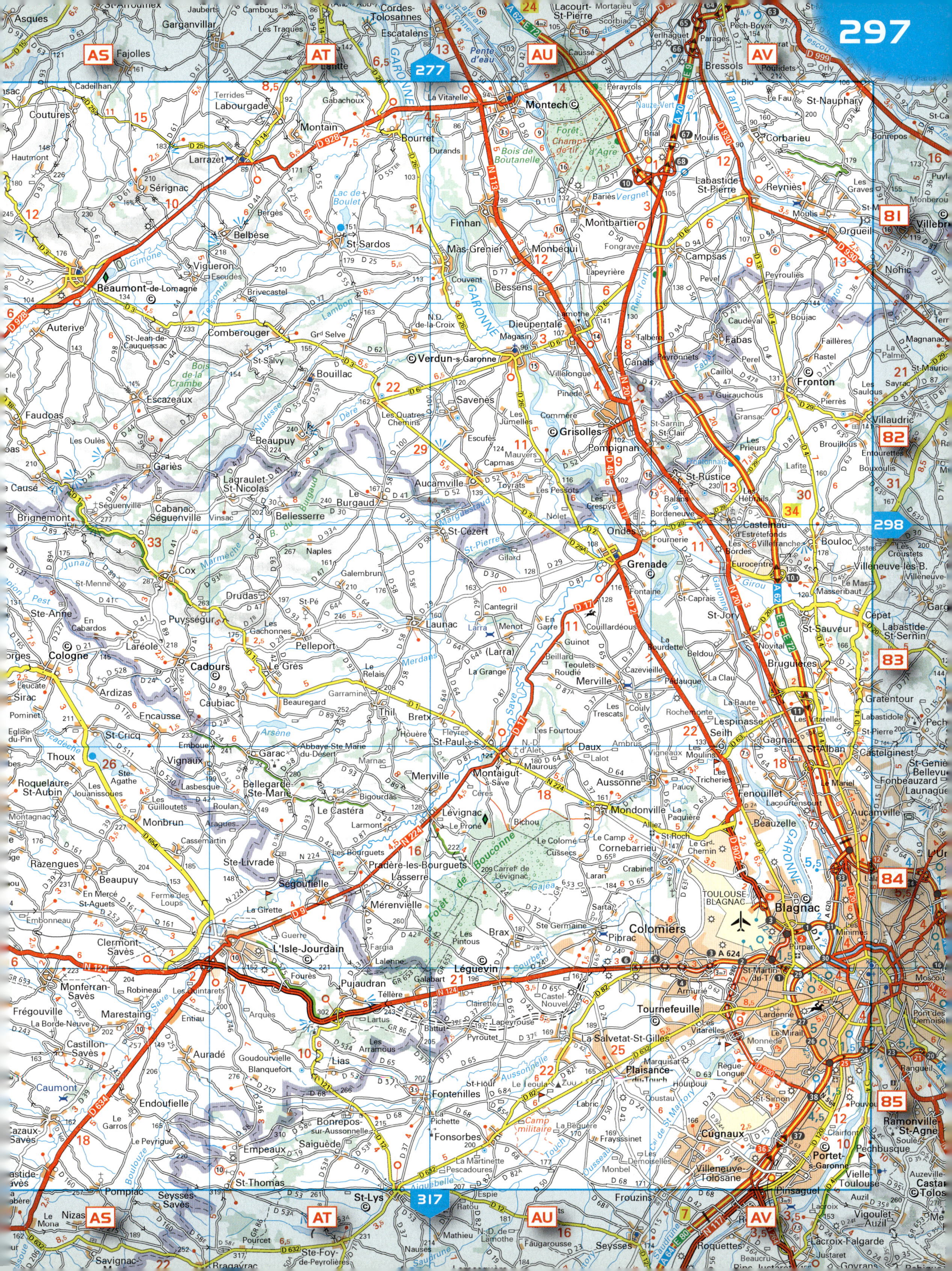
AS
AT
AU
AV
277
298
317
81
82
83
84
85
Asques
Garganvillar
Cordes-Tolosannes
Escatalens
Lacourt-St-Pierre
Fajolles
Labourgade
Montain
Bourret
Montech
Bressols
Pouldets
St-Nauphary
Coutures
Larrazet
Sérignac
Finhan
Mas-Grenier
Monbéqui
Montbartier
Labastide-St-Pierre
Reyniès
Orgueil
Corbarieu
Belbèse
St-Sardos
Vigueron
Beaumont-de-Lomagne
Bessens
Campsas
Nohic
Villebrumier
Auterive
Comberouger
Dieupentale
Verdun-s-Garonne
Canals
Fabas
Fronton
Bouillac
Escazeaux
Savenès
Grisolles
Pompignan
Faudoas
Beaupuy
Aucamville
Villaudric
Garies
Lagraulet-St-Nicolas
Le Burgaud
St-Rustice
Castelnau-d'Estrétefonds
Brignemont
Cabanac-Séguenville
Bellesserre
St-Cézert
Ondes
Grenade
Bouloc
Villeneuve-lès-B.
Cox
Drudas
Launac
Larra
St-Jory
St-Sauveur
Cépet
Ste-Anne
Puysségur
Pelleport
Cologne
Laréole
Cadours
Grès
Merville
Bruguières
Gratentour
Caubiac
Thil
Bretx
St-Paul-s-S.
Daux
Lespinasse
Seilh
Gagnac
St-Alban
Castelginest
Encausse
St-Cricq
Thoux
Vignaux
Garac
Bellegarde-Ste-Marie
Menville
Montaigut-s-Save
Aussonne
Mondonville
Fenouillet
Aucamville
Roquelaure-St-Aubin
Monbrun
Le Castéra
Lévignac
Beauzelle
Cornebarrieu
Ste-Livrade
Ségoufielle
Pradère-les-Bourguets
Forêt de Bouconne
Blagnac
Toulouse-Blagnac
Razengues
Beaupuy
Mérenville
Colomiers
Pibrac
Clermont-Savès
L'Isle-Jourdain
Brax
Léguevin
Monferran-Savès
Pujaudran
Tournefeuille
Frégouville
Marestaing
La Salvetat-St-Gilles
Castillon-Savès
Auradé
Lias
Plaisance-du-Touch
Caumont
Fontenilles
Endoufielle
Bonrepos-sur-Aussonnelle
Cugnaux
Fonsorbes
Villeneuve-Tolosane
Portet-s-Garonne
Ramonville-St-Agne
Empeaux
Saiguède
St-Thomas
Frouzins
Pinsaguel
Seysses
Pompiac
St-Lys
Roquettes
Lacroix-Falgarde
Vigoulet-Auzil
Vieille-Toulouse
Garonne
Save
Gimone

AW
AX
278
AY
AZ
81
82
83
84
85
297
318
Monclar-de-Quercy
Castelnau-de-Montmiral
Montdurausse
Verlhac-Tescou
Montgaillard
Salvagnac
Villebrumier
Orgueil
Nohic
Beauvais-sur-Tescou
Tauriac
Villemur-sur-Tarn
Montvalen
Grazac
Lisle-sur-Tarn
Montans
Fronton
Villaudric
Bondigoux
Layrac-s-Tarn
Villematier
La Magdelaine-sur-Tarn
Mirepoix-sur-Tarn
Roquemaure
Rabastens
Coufouleux
Loupiac
Parisot
Mézens
Bessières
Buzet-sur-Tarn
St-Sulpice
St-Lieux-lès-Lavaur
Giroussens
Vacquiers
Montjoire
Paulhac
Bouloc
Villeneuve-lès-B.
Labastide-St-Sernin
Gargas
Villariès
Bazus
Gémil
Montastruc-la-Conseillère
Roquesérière
Azas
Lugan
Ambres
Lavaur
Labastide-St-Georges
Garidech
St-Jean-Lherm
Montpitol
Garrigues
St-Agnan
St-Loup-Cammas
Castelginest
Lapeyrouse-Fossat
Castelmaurou
Gragnague
Bonrepos-Riquet
St-Marcel-Paulel
Verfeil
Aucamville
L'Union
Rouffiac-Tolosan
Beaupuy
Montrabé
Lavalette
Teulat
Belcastel
Marzens
Massac-Séran
Lacougotte-Cadoul
Viviers-lès-Lavaur
Montcabrier
Bannières
Roquevidal
Balma
Pin-Balma
Mondouzil
Gauré
Veilhes
Flourens
Mons
Quint-Fonsegrives
Bourg-St-Bernard
Francarville
Villeneuve-lès-Lavaur
Maurens-Scopont
Vendine
Dremil-Lafage
Vallesvilles
Saussens
TOULOUSE
Aigrefeuille
Lanta
Prunet
Loubens-Lauragais
Le Faget
Cuq-Toulza
St-Orens-de-Gameville
Auzielle
Mascarville
Albiac
Ramonville-St-Agne
Labège
Castanet
Odars
Préserville
Aurin
Maureville
Caraman
Auriac-sur-Vendinelle
Puéchoursi
Tarn
Agout
Forêt de Sivens
Forêt de Giroussens
Forêt de Buzet
A 68
A 62
A 61
N 126
N 88
D 999
D 112
D 20
D 630
D 988
0
5
10 km

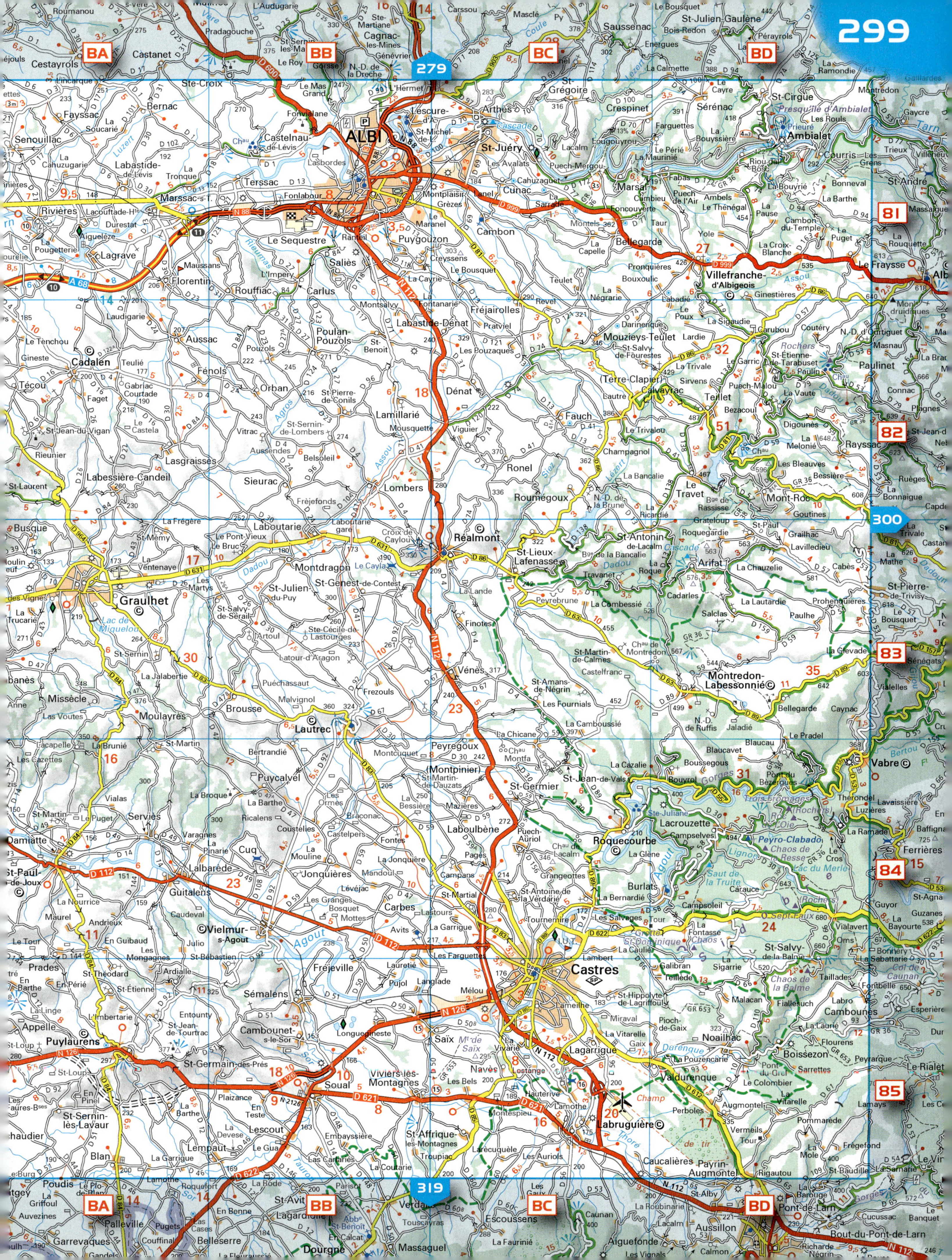
BA
BB
BC
BD
279
319
300
81
82
83
84
85
ALBI
Castres
Graulhet
Réalmont
Lautrec
Labruguière
Puylaurens
Villefranche-d'Albigeois
Montredon-Labessonnié
Vabre
Roquecourbe
Vielmur-s-Agout
St-Juéry
Cadalen
Ambialet
Alban
Valdurenque
Aussillon
Mazamet
Soual
Saïx
Lescure-d'Albigeois
Dénat
Lombers
Fauch
Teillet
Le Fraysse
Lacrouzette
Burlats
Boissezon
Dourgne
Damiatte
St-Paul-de-Jaoux
Guitalens
Sémalens
Cambounet-s-le-Sor
Viviers-lès-Montagnes
St-Affrique-les-Montagnes
Pont-de-Larn
Florentin
Lagrave
Marssac-s-Tarn
Terssac
Puygouzon
Saliès
Carlus
Rouffiac
Fréjairolles
Montdragon
St-Julien-du-Puy
Brousse
Moulayrès
Peyregoux
St-Germier
Laboulbène
Vénès
Cuq
Jonquières
Carbes
Fréjeville
Lagarrigue
Noailhac
Payrin-Augmontel
Caucalières
Arifat
St-Antonin-de-Lacalm
St-Lieux-Lafenasse
Mouzieys-Teulet
Cunac
Cambon
Bellegarde
Marsal
Sérénac
Crespinet
St-Grégoire
Saussenac
Castanet
Cestayrols
Fayssac
Bernac
Senouillac
Labastide-de-Lévis
Castelnau-de-Lévis
Rivières
Aussac
Fénols
Orban
Poulan-Pouzols
Labastide-Dénat
Lamillarié
Ronel
Roumégoux
Le Travet
Mont-Roc
Rayssac
Paulinet
Labessière-Candeil
Lasgraisses
Sieurac
Laboutarie
Missècle
Puycalvel
Serviès
Lalbarède
Appelle
Prades
Lempaut
Blan
Poudis
Palleville
Garrevaques
Belleserre
Verdalle
Escoussens
St-Avit
Lagardiolle
Augmontel
St-Salvy-de-la-Balme
Le Vintrou
Ferrières
Lamontélarié
A 68
N 88
N 112
N 126
D 612
D 622
D 999

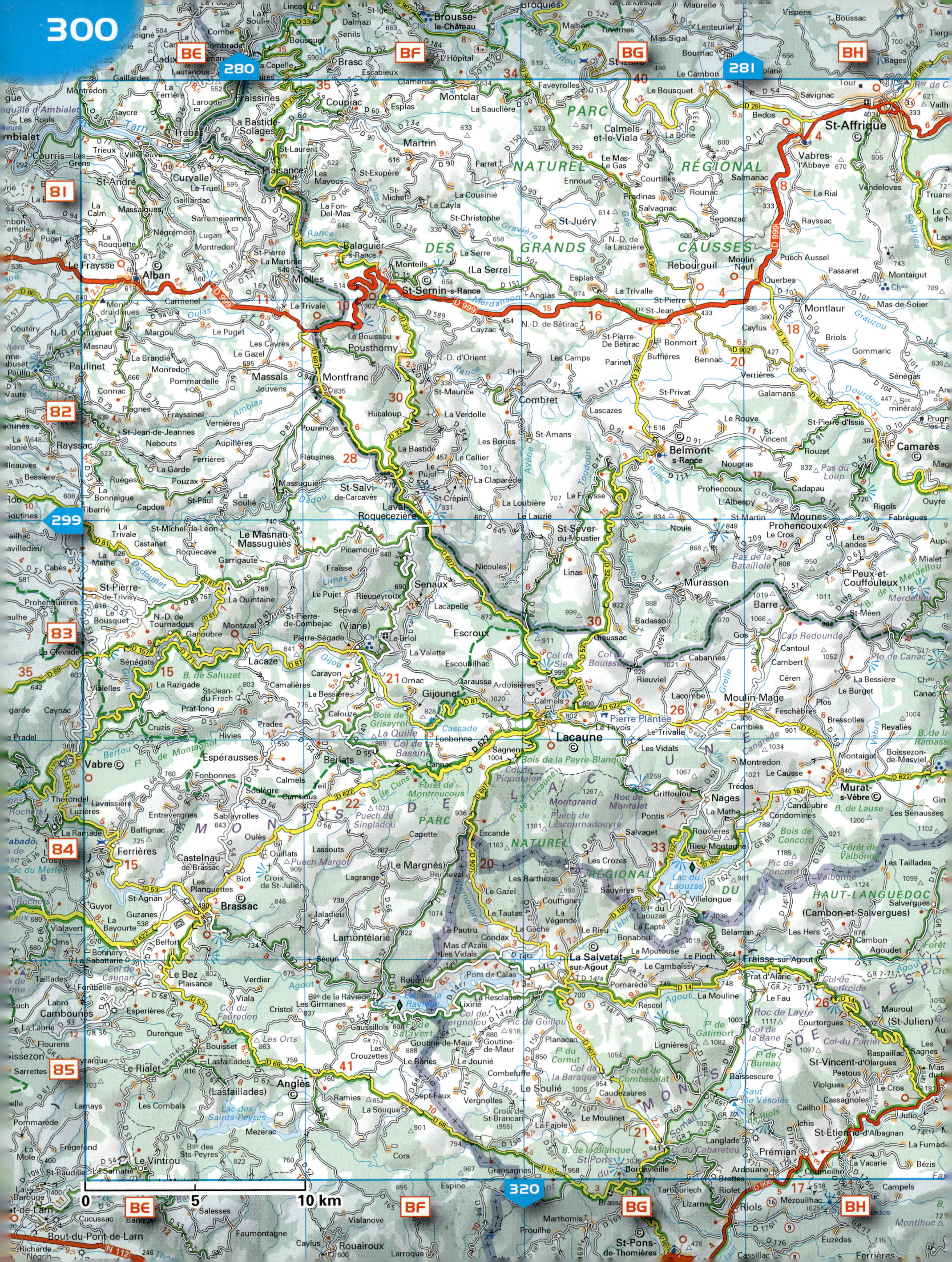
280
281
299
320
BE
BF
BG
BH
81
82
83
84
85
St-Affrique
Brousse-le-Château
Coupiac
Plaisance
Alban
Balaguier-s-Rance
St-Sernin-s-Rance
Montlaur
Camarès
Belmont-s-Rance
Paulinet
Montfranc
Pousthomy
Combret
St-Juéry
Rebourguil
Vabres-l'Abbaye
St-Salvi-de-Carcavès
Laval-Roquecezière
Le Masnau-Massuguiès
St-Sever-du-Moustier
Murasson
Barre
Lacaune
Lacaze
Vabre
Brassac
Anglès
Nages
Murat-s-Vèbre
La Salvetat-sur-Agout
Fraisse-sur-Agout
Anglès
St-Pons-de-Thomières
Riols
PARC NATUREL RÉGIONAL DES GRANDS CAUSSES
PARC NATUREL RÉGIONAL DU HAUT-LANGUEDOC
MONTS DE LACAUNE
MONTS DE L'ESPINOUSE
Tarn
Rance
Lac de Laouzas
0
5
10 km

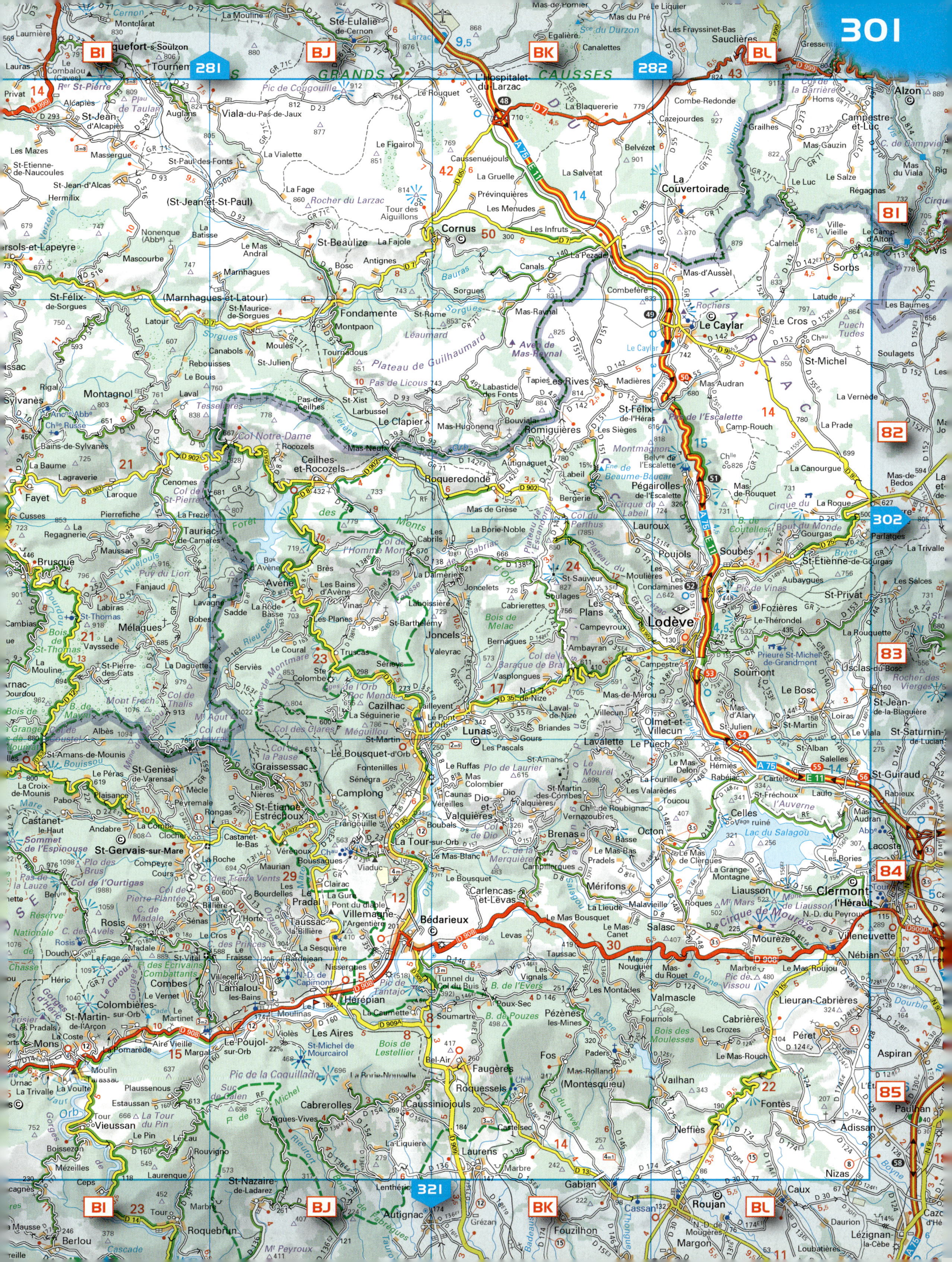
281
282
302
321
BI
BJ
BK
BL
81
82
83
84
85
GRANDS CAUSSES
Roquefort-s-Soulzon
L'Hospitalet-du-Larzac
Sauclières
Alzon
Campestre-et-Luc
La Couvertoirade
Cornus
St-Jean-d'Alcapiès
St-Beaulize
Fondamente
Le Caylar
St-Michel
Montagnol
Le Clapier
St-Félix-de-l'Héras
Romiguières
Ceilhes-et-Rocozels
Roqueredonde
Pégairolles-de-l'Escalette
Les Rives
Tauriac-de-Camarès
Brusque
Lodève
Soubès
St-Étienne-de-Gourgas
St-Privat
Fozières
Avène
Joncels
Mélagues
Soumont
Le Bosc
Lunas
Cazilhac
Le Bousquet-d'Orb
Graissessac
St-Gervais-sur-Mare
Camplong
Dio-et-Valquières
Brenas
Octon
Celles
Lac du Salagou
Lacoste
Clermont-l'Hérault
Salasc
Mourèze
Villeneuvette
Bédarieux
Hérépian
Lamalou-les-Bains
Le Poujol-sur-Orb
Colombières-sur-Orb
Combes
St-Martin-de-l'Arçon
Mons
Roquessels
Faugères
Cabrerolles
Caussiniojouls
Laurens
Fos
Vailhan
Neffiès
Fontès
Aspiran
Paulhan
Adissan
Nizas
Roujan
Gabian
Autignac
Lenthéric
St-Nazaire-de-Ladarez
Roquebrun
Berlou
Vieussan
Olargues
Lézignan-la-Cèbe
Caux
Margon
Fouzilhon
Montesquieu
Pézènes-les-Mines
Lieuran-Cabrières
Cabrières
Péret
Nébian
Liausson
Mérifons
Carlencas-et-Levas
La Tour-sur-Orb
Villemagne-l'Argentière
Taussac-la-Billière
Pradal
Rosis
Castanet-le-Haut
St-Geniès-de-Varensal
St-Étienne-Estréchoux
Le Puech
Olmet-et-Villecun
St-Jean-de-la-Blaquière
St-Saturnin-de-Lucian
St-Guiraud
Plateau du Larzac
Plateau de Guilhaumard
Cirque de Navacelles
Lac du Salagou
A 75
E 11

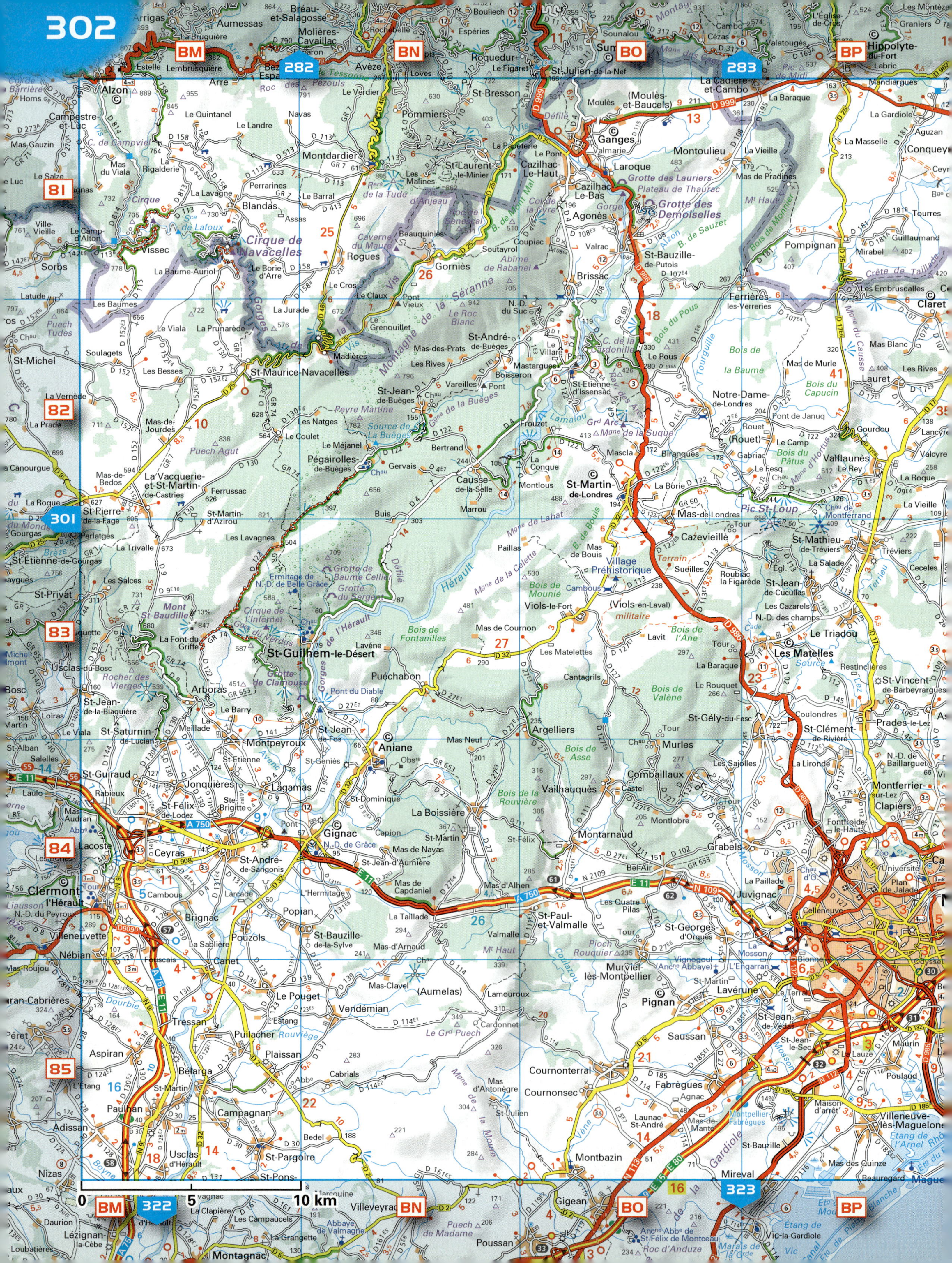
282
283
301
323
322
BM
BN
BO
BP
81
82
83
84
85
Alzon
Campestre-et-Luc
Cirque de Navacelles
Vissec
Blandas
Montdardier
Rogues
St-Maurice-Navacelles
Ganges
Laroque
Cazilhac
Agonès
Brissac
St-Bauzille-de-Putois
Grotte des Demoiselles
Montagne de la Séranne
St-Jean-de-Buèges
Pégairolles-de-Buèges
Causse-de-la-Selle
St-Martin-de-Londres
Notre-Dame-de-Londres
Pic St-Loup
Cazevieille
Les Matelles
St-Guilhem-le-Désert
Puéchabon
Aniane
Argelliers
Montpeyroux
St-Jean-de-Fos
Gignac
Montarnaud
Vailhauquès
Combaillaux
Murles
St-Gély-du-Fesc
Grabels
Juvignac
St-Félix-de-Lodez
Jonquières
St-André-de-Sangonis
Clermont-l'Hérault
Canet
Pouzols
Popian
St-Paul-et-Valmalle
St-Georges-d'Orques
Murviel-lès-Montpellier
Pignan
Lavérune
Vendémian
Tressan
Plaissan
Bélarga
Aspiran
Paulhan
Campagnan
St-Pargoire
Cournonterral
Cournonsec
Fabrègues
Saussan
St-Jean-de-Védas
Villeneuve-lès-Maguelone
Montbazin
Gigean
Mireval
Vic-la-Gardiole
Poussan
Villeveyrac
Montagnac
Lézignan-la-Cèbe
Usclas-d'Hérault
Prades-le-Lez
Clapiers
St-Clément-de-Rivière
Valflaunès
Claret
St-Mathieu-de-Tréviers
Hérault
0
5
10 km

NÎMES
Lunel
Aigues-Mortes
La Grande-Motte
Le Grau-du-Roi
Port-Camargue
Palavas-les-Flots
Carnon-Plage
Mauguio
Sommières
Quissac
Vauvert
Aimargues
Marsillargues
Lunel-Viel
Vergèze
Gallargues-le-Montueux
Uchaud
Caissargues
St-Gilles
Castries
Vendargues
Baillargues
St-Mamert-du-Gard
Calvisson
Langlade
Milhaud
Aubord
Générac
Beauvoisin
Le Cailar
St-Laurent-d'Aigouze
Pérols
Lattes
Montpellier-Méditerranée
Parc des Expositions
Étang de Mauguio ou de l'Or
Golfe d'Aigues-Mortes
Étang de Scamandre
Étang du Charnier
Petite Camargue
Pointe de l'Espiguette
Ambrussum
Camp des Garrigues
BQ
BR
BS
BT
283
284
304
323
324
81
82
83
84
85

BU
BV
BW
BX
284
285
303
324
325
81
82
83
84
85
Pont du Gard
Remoulins
Fournès
Collias
Vers-Pont-du-Gard
Castillon-du-Gard
Rochefort-du-Gard
lès-Avignon
AVIGNON
Le Pontet
Morières-lès-A.
Saze
Domazan
Estézargues
Les Angles
Pont-St-Bénézet
St-Bonnet-du-Gard
Lédenon
Sernhac
Poulx
Cabrières
St-Gervasy
Bezouce
Meynes
Montfrin
Théziers
Aramon
Barbentane
Rognonas
Châteaurenard
Noyes
Marguerittes
Redessan
Manduel
Rodilhan
Bouillargues
Jonquières-St-Vincent
Vallabrègues
Beaucaire
Tarascon
Boulbon
Graveson
Eyragues
Maillane
St-Rémy-de-Provence
Glanum
Les Antiques
Les Baux-de-Provence
Maussane-les-Alpilles
Paradou
Mouriès
Fontvieille
Abbe de Montmajour
Moulin de Daudet
Garons
Bellegarde
St-Gilles
ARLES
Fourques
Raphèle-lès-Arles
St-Martin-de-Crau
Mas-Thibert
Le Sambuc
Salin-de-Badon
NÎMES-ARLES CAMARGUE
Étang de Vaccarès
PARC NATUREL RÉGIONAL DE CAMARGUE
PLAINE DE LA CRAU
Étang de Malagroy
Musée Camarguais
Albaron
Méjanes
Villeneuve
Gageron
Le Grand Mar
Étang du Landre
Chaîne des Alpilles
La Montagnette
Rhône
Durance
Gardon
Camp militaire
Parc militaire de Beausseng
0
5
10 km

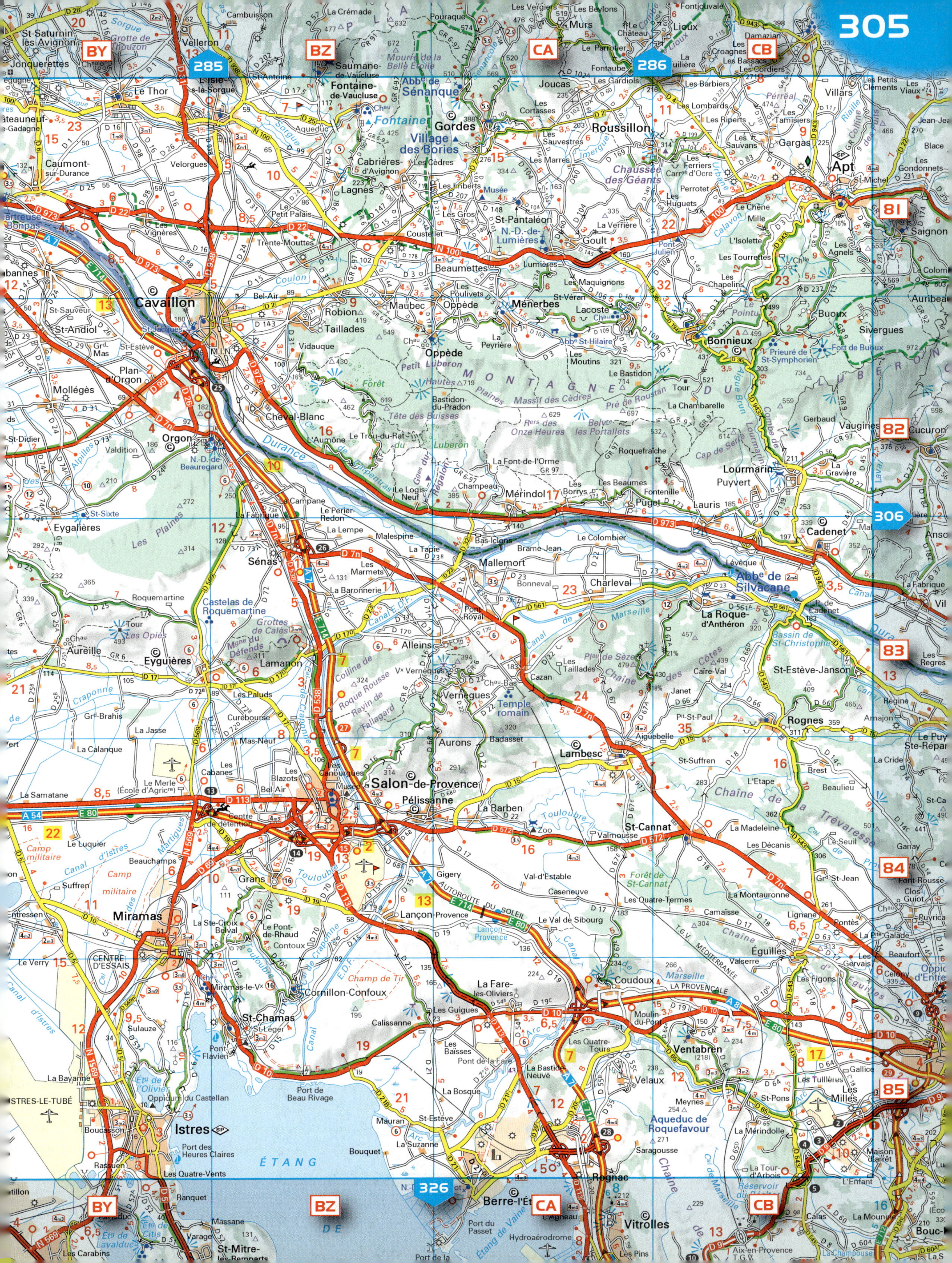

285
286
306
326
BY
BZ
CA
CB
81
82
83
84
85
St-Saturnin-lès-Avignon
Jonquerettes
Velleron
Cambuisson
La Crémade
Pouraque
Murs
Les Beylons
Lioux
Fontjouvale
Damazian
L'Isle-sur-la-Sorgue
Saumane-de-Vaucluse
Fontaine-de-Vaucluse
Abbaye de Sénanque
Gordes
Joucas
Roussillon
Le Thor
Caumont-sur-Durance
Velorgues
Cabrières-d'Avignon
Village des Bories
Lagnes
Les Imberts
St-Pantaléon
N.-D.-de-Lumières
Goult
Chaussée des Géants
Villars
Gargas
Apt
St-Michel
Saignon
Les Vignères
Petit Palais
Trente-Moutte
Coustellet
Beaumettes
Lumières
Les Maquignons
Cavaillon
St-Andiol
Plan-d'Orgon
Mollégès
Robion
Taillades
Maubec
Oppède
Ménerbes
Lacoste
Bonnieux
Buoux
Sivergues
Vidauque
Oppède le Vieux
Petit Luberon
Montagne du Luberon
Massif des Cèdres
Cheval-Blanc
L'Aumône
Orgon
N.-D. de Beauregard
Durance
Tête des Buisses
Mérindol
Puget
Lauris
Lourmarin
Puyvert
Vaugines
Cucuron
Cadenet
Eygalières
Les Plaines
Sénas
Mallemort
Le Colombier
Charleval
Abbaye de Silvacane
La Roque-d'Anthéron
Aureille
Eyguières
Lamanon
Alleins
Vernègues
Temple romain
Cazan
Janet
Rognes
St-Estève-Janson
Lambesc
Aurons
Salon-de-Provence
Pélissanne
La Barben
St-Cannat
Grans
Miramas
Istres
Cornillon-Confoux
St-Chamas
Lançon-Provence
La Fare-les-Oliviers
Coudoux
Ventabren
Velaux
Éguilles
Rognac
Berre-l'Étang
Vitrolles
Étang de Berre
Aqueduc de Roquefavour
Les Milles
St-Mitre-les-Remparts
Canal de Marseille
Chaîne de la Trévaresse
Chaîne des Côtes
Valmousse
Calissanne
Port de Beau Rivage
Saragousse
Aix-en-Provence

Apt
Saignon
Reillanne
St-Michel-l'Observatoire
Mane
Manosque
Volx
Villeneuve
Gréoux-les-Bains
Vinon-sur-Verdon
Céreste
Montjustin
Montfuron
Pierrevert
Ste-Tulle
Corbières
Vitrolles-en-Luberon
Cucuron
Cabrières-d'Aigues
La Motte-d'Aigues
St-Martin-de-la-Brasque
Grambois
La Bastide-des-Jourdans
Beaumont-de-Pertuis
Mirabeau
La Tour-d'Aigues
Ansouis
Villelaure
Pertuis
Cadenet
Lauris
Le Puy-Ste-Réparade
Meyrargues
Peyrolles-en-Provence
Jouques
St-Paul-lès-Durance
Rians
Ginasservis
Vauvenargues
Puyloubier
Pourrières
AIX-EN-PROVENCE
Venelles
Le Tholonet
Meyreuil
Gardanne
Bouc-Bel-Air
Fuveau
Rousset
Trets
Peynier
Ollières
St-Maximin-la-Ste-Baume
Esparron
Artigues
PARC NATUREL RÉGIONAL DU LUBERON
Mourre Nègre
Grand Luberon
Montagne Ste-Victoire
Durance
Verdon
CENTRE D'ÉTUDES DE CADARACHE (C.E.A.)
Bois de Rousset
Bois de Mont Major
Forêt de Peyrolles
Bois de Ligourès
Gorges de l'Infernet
Mont Aurélien
0
5
10 km
CC
CD
CE
CF
286
287
305
327
81
82
83
84
85

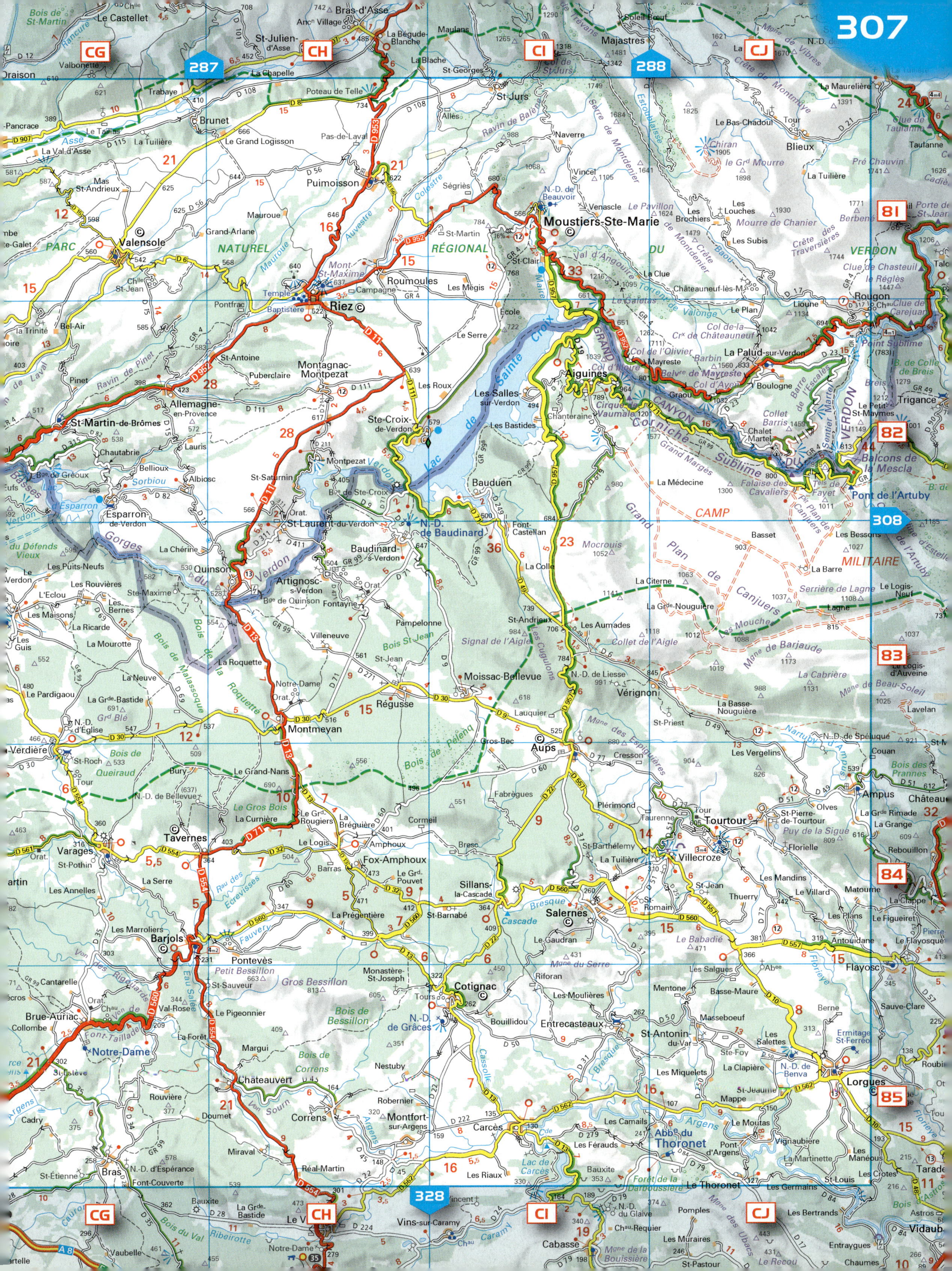

Le Castellet
Bras-d'Asse
St-Julien-d'Asse
Majastres
Valbonette
La Bégude-Blanche
La Chapelle
Trabaye
Poteau de Telle
St-Jurs
Brunet
Le Grand Logisson
Navenne
Puimoisson
Valensole
Moustiers-Ste-Marie
Riez
Roumoules
PARC NATUREL RÉGIONAL DU VERDON
Allemagne-en-Provence
Montagnac-Montpezat
St-Martin-de-Brômes
Ste-Croix-de-Verdon
Les Salles-sur-Verdon
Aiguines
Lac de Sainte Croix
GRAND CANYON
Corniche Sublime
Bauduen
Esparron-de-Verdon
Gorges du Verdon
Quinson
St-Laurent-du-Verdon
N.-D. de Baudinard
Baudinard-s-Verdon
Artignosc-s-Verdon
Moissac-Bellevue
Régusse
Montmeyan
Aups
Vérignon
Plan de Canjuers
CAMP MILITAIRE
Tavernes
Varages
Fox-Amphoux
Sillans-la-Cascade
Salernes
Villecroze
Tourtour
Ampus
Barjols
Pontevès
Cotignac
Entrecasteaux
St-Antonin-du-Var
Lorgues
Châteauvert
Correns
Montfort-sur-Argens
Carcès
Abbaye du Thoronet
Le Thoronet
Brue-Auriac
Bras
Vins-sur-Caramy
Cabasse
Vidauban
Flayosc
Trigance
Rougon
La Palud-sur-Verdon
Pont de l'Artuby
Balcons de la Mescla
CG
CH
CI
CJ
287
288
308
328
81
82
83
84
85

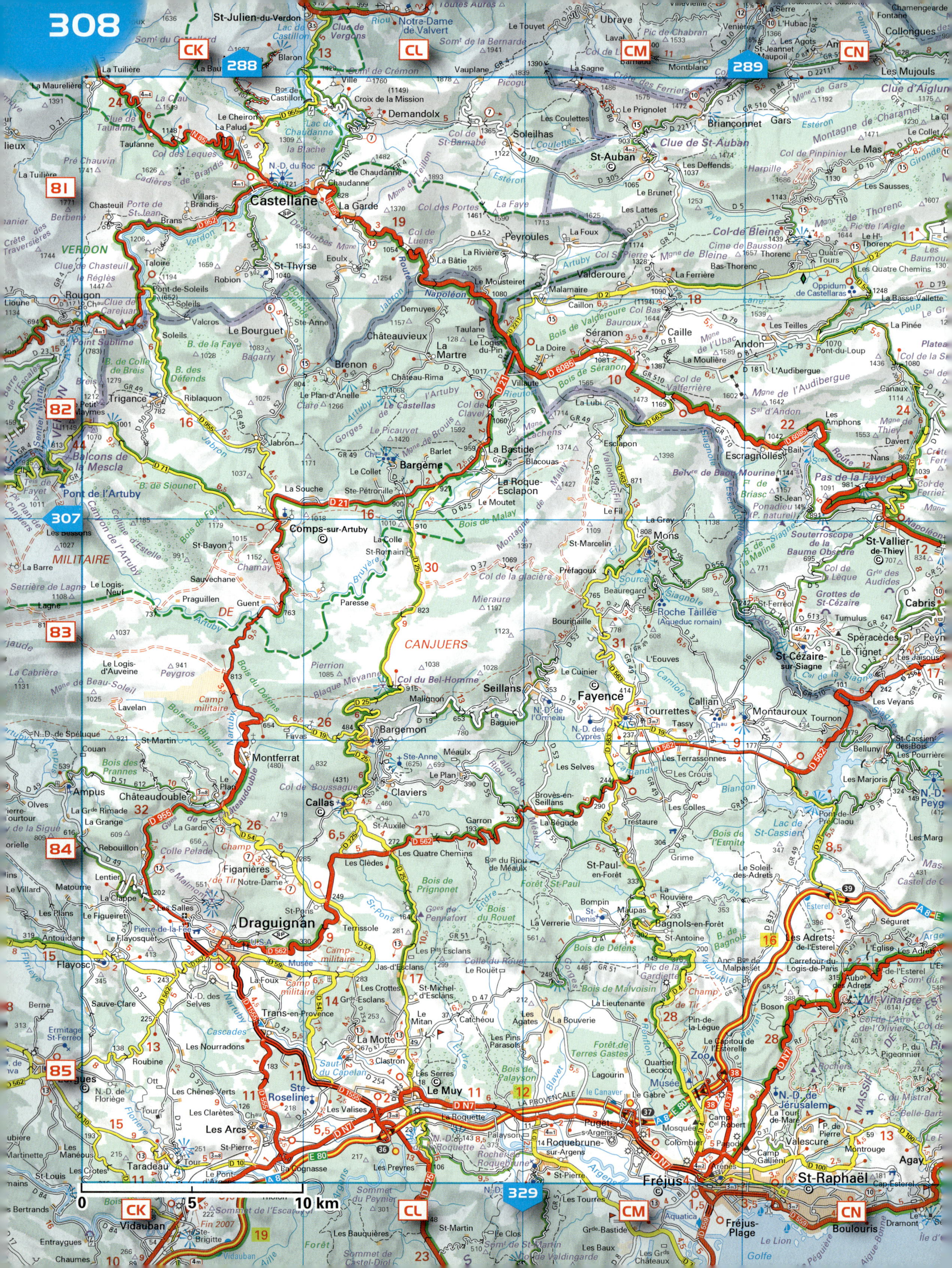
St-Julien-du-Verdon
Ubraye
CK
288
CL
CM
289
CN
Castellane
Demandolx
Soleilhas
St-Auban
Briançonnet
Clue de St-Auban
La Garde
Peyroules
Valderoure
Taulanne
Villars-Brandis
St-Thyrse
Robion
Rougon
Point Sublime
Le Bourguet
Châteauvieux
La Martre
Taulane
Le Logis-du-Pin
Séranon
Caille
Andon
Brenon
Trigance
Balcons de la Mescla
Pont de l'Artuby
Bargème
La Bastide
La Roque-Esclapon
Escragnolles
Pas de la Faye
St-Vallier-de-Thiey
307
Comps-sur-Artuby
Mons
Cabris
MILITAIRE
CANJUERS
Col du Bel-Homme
Seillans
Fayence
Tourrettes
Callian
Montauroux
St-Cézaire-sur-Siagne
Spéracèdes
Le Tignet
Bargemon
Montferrat
Ampus
Châteaudouble
Callas
Claviers
Figanières
Draguignan
Flayosc
Trans-en-Provence
La Motte
Le Muy
Les Arcs
Taradeau
Vidauban
Roquebrune-sur-Argens
Puget-s-Argens
Fréjus
St-Raphaël
Fréjus-Plage
Boulouris
Agay
Les Adrets-de-l'Estérel
Bagnols-en-Forêt
St-Paul-en-Forêt
Lac de St-Cassien
Callian
Valescure
81
82
83
84
85
329
0
5
10 km

CO
CP
CQ
CR
289
291
81
82
83
84
85
Cuébris
La Pinéa
Tourette-du-Château
Revest-les-Roches
Bonson
Levens
Coaraze
Lucéram
Sigale
Roquesteron-Grasse
Aiglun
Conségudes
Les Ferrès
Pierrefeu
Gilette
Plan-du-Var
Duranus
Bendejun
Châteauneuf-Villevieille
L'Escarène
Touët-de-l'Escarène
Berre-les-Alpes
Contes
Peille
Blausasc
Gorbio
Peillon
Bouyon
Le Broc
St-Martin-du-Var
La Roquette-s-Var
St-Blaise
Castagniers
Tourrette-Levens
Aspremont
Carros
Gréolières
Coursegoules
Bézaudun-les-Alpes
Cipières
Gattières
Colomars
Falicon
St-André-de-la-Roche
La Trinité
Drap
Cantaron
La Turbie
MONACO
Cap-d'Ail
Èze
Èze-Bord-de-Mer
Beaulieu-sur-Mer
Villefranche-sur-Mer
St-Jean-Cap-Ferrat
Cap Ferrat
NICE
NICE CÔTE-D'AZUR
St-Jeannet
Baou de St-Jeannet
Vence
La Gaude
St-Paul
Tourrettes-sur-Loup
Courmes
Gourdon
Le Bar-s-Loup
La Colle-sur-Loup
Cagnes-s-M.
St-Laurent-du-Var
Cros-de-Cagnes
Villeneuve-Loubet
Villeneuve-Loubet-Plage
GRASSE
Magagnosc
Châteauneuf-Grasse
Opio
Valbonne
Sophia-Antipolis
Biot
Marineland
Mouans-Sartoux
Mougins
Pégomas
Le Cannet
Vallauris
Golfe-Juan
Juan-les-Pins
ANTIBES
Cap d'Antibes
Baie des Anges
Mandelieu-la-Napoule
CANNES
Golfe de la Napoule
La Napoule
Théoule-sur-Mer
Île Ste-Marguerite
Île St-Honorat
Îles de Lérins
Pnte de la Croisette
Pnte de l'Esquillon
Miramar
La Figueirette
Le Trayas
Pic de Cap Roux
Anthéor
Anthéor-Plage
l'Esterel
Dramont

V
W
X
Y
292
84
85
86
87
88
330
CÔTE BASQUE
Capbreton
Labenne-Océan
Labenne
Ondres-Plage
Tarnos-Plage
Ondres
Tarnos
Boucau
La Barre
Chiberta
L. de Chiberta
Chambre d'Amour
Pnte St-Martin
Rer de la Vierge
BIARRITZ
Anglet
BAYONNE
St-Pierre-d'Irube
Ilbarritz
Négresse
L. de Mouriscot
Bidart
Bassussarry
Ste-Madeleine
Les Embruns
Arcangues
Plage de Parlementia
Guéthary
Arbonne
Villefranque
ST-JEAN-DE-LUZ
Pnte de Ste-Barbe
Ahetze
Ustaritz
Jatxou
Halsou
Larressore
Espelette
Souraïde
Corniche Basque
Socoa
Ciboure
I. Amuitz
Cabo Higer
Pnte de Ste-Anne
Punta Turulla
Na Sa de Guadalupe
Hendaye-Plage
Hendaye
Urrugne
Abbadie
Hondarribia/Fuenterrabía
Alto del Jaizkibel
Monte Jaizkibel
Irun
Behobia
Biriatou
Col de Courlecou
Herboure
Olhette
Ascain
Serres
Chantaco
Ibarron
St-Pée-s-Nivelle
Olha
Amotz
Lac de St-Pée
Etchénika
Col de St-Ignace
Sare
La Rhune
Lehenbiscay
Ainhoa
Col de Pinodiéta
Itxassou
Mt Urzumu
Dancharia
Dantxarinea
Zugarramurdi
Urdazubi/Urdax
Grotte de Sare
Cuevas de Bruja
Pic Sayberri
Col des Trois Bornes
Col de Lizarrieta
Etxalar
Bera/Vera de Bidasoa
Pic d'Ibanteli
Zalain
Lesaka
Endarlatsa
Xantelerreka/Elzaurdia
Zia
Gurutze
Elizalde
Altzibar
Karrika
(Oiartzun)
Ergoien
Peñas de Haya
Ermita de San Antón
Pagogaña
Castillo del Inglés
San Martzial
Uruenea
Lezo
Torre
Arano
Goizueta
Artikutza
Alto de Bianditz
Mte Aguerregui
Igantzi
Berrizaun
Domekea
Urritzokieta
Arantza
San Juan
San José
Azkilarrea
Arrigaztelu
Bidasoa
Ezcolegui
Parque Natural Señorío de Bertiz
Oronoz
Mugairi
Gorra
Azkar
Puerto de Otxondo
Alcurrunz
Goizamendi
Amaiur/Maya
Azpilkueta
Collado Achuela
Baztan
Arizkun
Gorostapalo
Erratzu
Pic du Mondarrain
Artzamendi
Pico Gorramakil
Lizartzu
Tellería
0
5
10 km

St-Vincent-de-Tyrosse
Saubusse
Angresse
Bénesse-Maremne
Saubrigues
Orx
St-Jean-de-Marsacq
Josse
Pey
Orist
Siest
Heugas
Œyreluy
St-Pandelon
Saugnac-et-Cambran
Mimbaste
Bénesse-lès-Dax
Gaas
Pouillon
Cagnotte
Misson
Habas
Estibeaux
Mouscardès
St-Lon-les-Mines
Bélus
St-Etienne-d'Orthe
Port-de-Lanne
St-Martin-de-Hinx
Ste-Marie-de-Gosse
St-André-de-Seignanx
Biarrotte
Biaudos
St-Laurent-de-Gosse
St-Barthélemy
Urcuit
Urt
Lahonce
Briscous
Orthevielle
Peyrehorade
Hastingues
Abbe d'Arthous
Cauneille
Sorde-l'Abbaye
Labatut
Puyoô
Bellocq
Ramous
Lahontan
Léren
Guiche
Sames
Bidache
Ch.au de Gramont
Came
St-Pé-de-Léren
St-Dos
Carresse-Cassaber
Salies-de-Béarn
Auterrive
Castagnède
Labastide-Villefranche
Escos
Arancou
Bardos
Sames
La Bastide-Clairence
Abbaye de Belloc
Hasparren
Bonloc
Grottes d'Isturitz et d'Oxocelhaya
Isturitz
Ayherre
Orègue
Masparraute
Labets-Biscay
Arraute-Charritte
Bergouey-Viellenave
Ilharre
Abitain
Athos-Aspis
Oraàs
Sauveterre-de-Béarn
Autevielle-St-Martin-Bideren
Guinarthe-Parenties
Osserain-Rivareyte
St-Gladie-Arrive-Munein
Amorots-Succos
Béguios
Luxe-Sumberraute
Amendeuix-Oneix
Garris
Gabat
Arbouet-Sussaute
Aïcirits-Camou-Suhast
St-Palais
Méharin
St-Martin-d'Arberoue
Mendionde
Macaye
Louhossoa
Hélette
St-Esteben
Armendarits
Iholdy
Béhasque-Lapiste
Domezain-Berraute
Etcharry
Aroue-Ithorots-Olhaiby
Lichos
Larribar-Sorhapuru
Uhart-Mixe
Orsanco
Beyrie-sur-Joyeuse
Lohitzun-Oyhercq
Aïnharp
Viodos-Abense-de-Bas
Mauléon-Licharre
Ostabat-Asme
Arhansus
Larceveau-Arros-Cibits
Bunus
Juxue
Pagolle
Garindein
Musculdy
Irissarry
Suhescun
Ossès
St-Martin-d'Arrossa
Bidarray
Jaxu
Ainhice-Mongelos
Gamarthe
Ibarrolle
Lacarre
Bussunarits-Sarrasquette
Ispoure
Ascarat
Irouléguy
Anhaux
St-Etienne-de-Baïgorry
Uhart-Cize
St-Just-Ibarre
Ordiarp
Gotein-Libarrenx
Idaux-Mendy
Col d'Osquich
Gaves Réunis
Adour
Gave de Pau
Gave d'Oloron
Bidouze
Nive
292
293
313
330
331
Z
AA
AB
AC
84
85
86
87
88

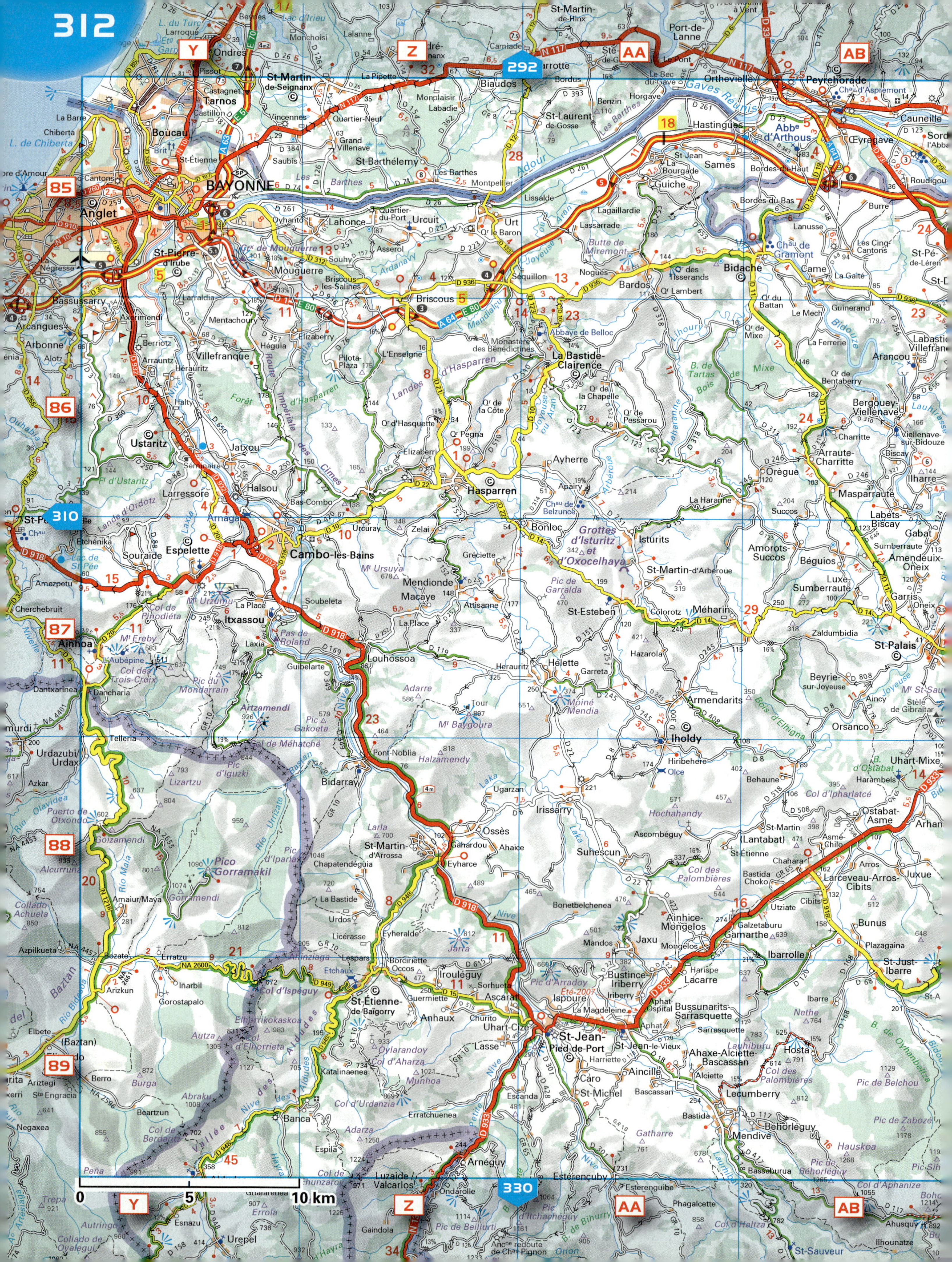

BAYONNE
Anglet
Boucau
Tarnos
Ondres
St-Martin-de-Seignanx
St-Pierre-d'Irube
Mouguerre
Urcuit
Urt
Lahonce
Briscous
Bassussarry
Arcangues
Arbonne
Villefranque
Ustaritz
Jatxou
Halsou
Larressore
Espelette
Souraïde
Cambo-les-Bains
Itxassou
Ainhoa
Dancharia
Louhossoa
Hasparren
La Bastide-Clairence
Abbaye de Belloc
Bardos
Bidache
Guiche
Hastingues
Peyrehorade
Orthevielle
Sames
Came
Ayherre
Bonloc
Isturits
Grottes d'Isturitz et d'Oxocelhaya
Mendionde
Macaye
Hélette
Iholdy
Armendarits
Méharin
St-Esteben
St-Martin-d'Arberoue
Amorots-Succos
Béguios
Masparraute
Labets-Biscay
Garris
St-Palais
Uhart-Mixe
Ostabat-Asme
Larceveau-Arros-Cibits
Bunus
St-Just-Ibarre
Irissarry
Suhescun
Ossès
St-Martin-d'Arrossa
Bidarray
Pont-Noblia
Mt Baygoura
Mt Ursuya
Artzamendi
Pico Gorramakil
Urdazubi/Urdax
Erratzu
Arizkun
Elizondo
St-Étienne-de-Baïgorry
Irouléguy
Ascarat
Uhart-Cize
St-Jean-Pied-de-Port
St-Jean-le-Vieux
Ispoure
Lasse
Anhaux
Banca
Aldudes
Arnéguy
Luzaide/Valcarlos
Esterençuby
Caro
St-Michel
Aincille
Bussunarits-Sarrasquette
Lacarre
Ahaxe-Alciette-Bascassan
Lecumberry
Mendive
Béhorléguy
Hosta
Jaxu
Bustince-Iriberry
Gamarthe
Ibarrolle
Col d'Ispeguy
Col de Méhatché
Col des Palombières
Pic de Béhorléguy
0
5
10 km
85
86
87
88
89
310
292
330
Y
Z
AA
AB

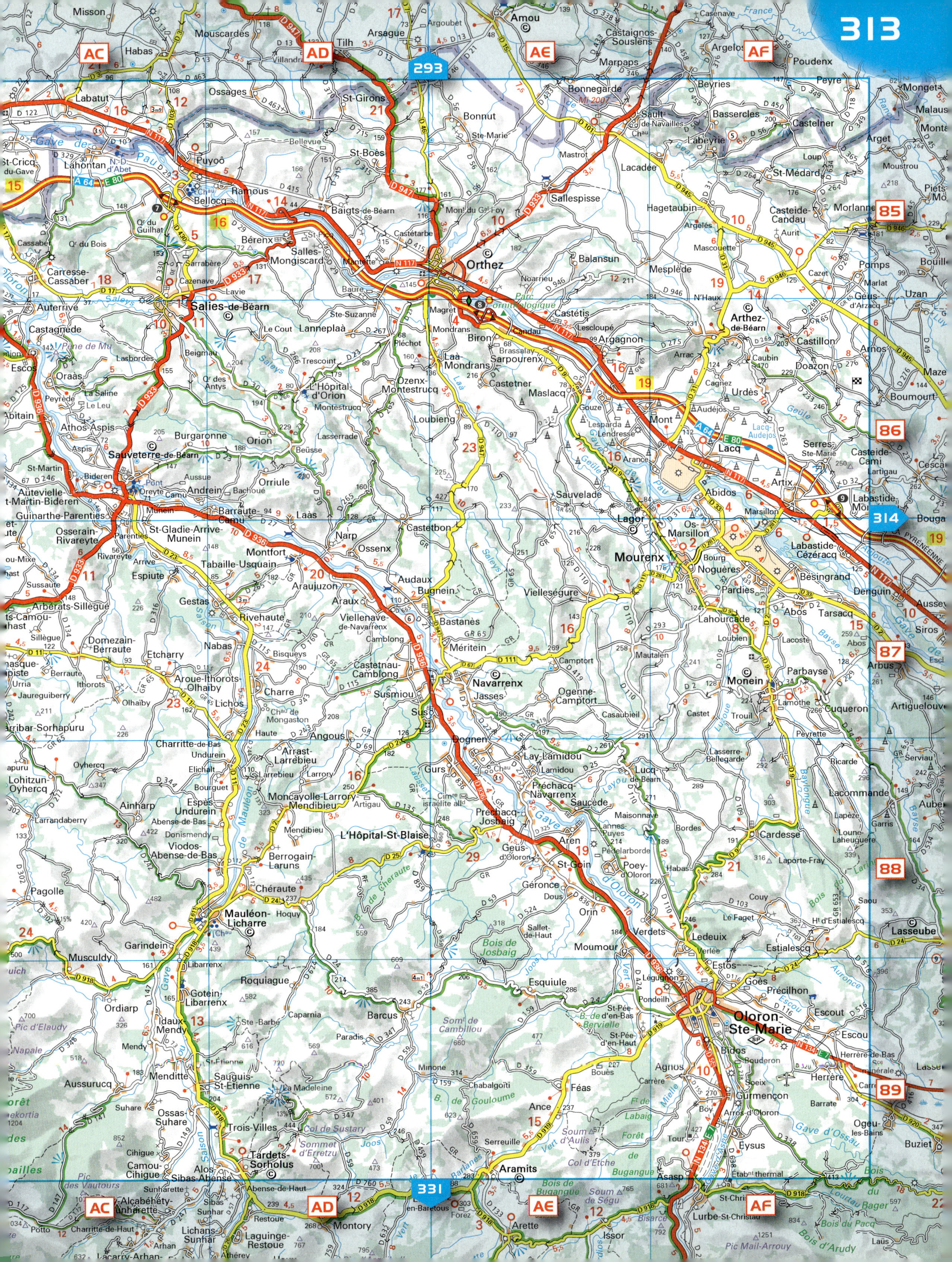
293
314
331
AC
AD
AE
AF
85
86
87
88
89
Misson
Mouscardès
Tilh
Arsague
Amou
Castaignos-Souslens
Argelos
Poudenx
Habas
Labatut
Ossages
St-Girons
Bonnut
Bonnegarde
Marpaps
Beyries
Peyre
Mongets
Malaus
Bassercles
Castelner
Arget
Ste-Marie
Sault-de-Navailles
Labeyrie
St-Cricq-du-Gave
Lahontan
N.-D. d'Abet
Puyoô
Gave de Pau
St-Boès
Mastrot
Lacadée
Loup
St-Médard
Bellocq
Ramous
Baigts-de-Béarn
Sallespisse
Hagetaubin
Casteide-Candau
Morlanne
Cassaber
Bérenx
Salles-Mongiscard
Orthez
Balansun
Mesplède
Argelos
Mascouette
Aurit
Pomps
Carresse-Cassaber
Castétarbe
Noarrieu
Arthez-de-Béarn
Uzan
Autevielle
Salies-de-Béarn
Baure
Ste-Suzanne
Magret
Castétis
Lescloupé
Castillon
Castagnède
Le Cout
Lanneplaà
Biron
Mondrans
Candau
Argagnon
Arnos
Escos
Oraàs
Beigmau
Labordes
Trescoint
L'Hôpital-d'Orion
Plèchot
Laà-Mondrans
Sarpourenx
Brassalay
Doazon
Maze
Caubin
La Saline
Peyrède
Le Leu
Ozenx-Montestrucq
Castetner
Maslacq
Urdès
Boumourt
Abitain
Athos-Aspis
Montestrucq
Loubieng
Audéjos
Mont
Lendresse
Lacq
Serres-Ste-Marie
Casteide-Cami
Sauveterre-de-Béarn
Burgaronne
Orion
Lasserrade
Beüsse
Arance
Aspis
Orriule
Abidos
Artix
Cescau
St-Martin
Bideren
Aussue
Andrein
Bachoue
Sauvelade
Labastide-Monréjeau
Autevielle-St-Martin-Bideren
Camu
Oreyte
Guinarthe-Parenties
Munein
Barraute-Camu
Laàs
Lagor
Os-Marsillon
Marsillon
Osserain-Rivareyte
Parenties
St-Gladie-Arrive-Munein
Narp
Castetbon
Mourenx
Labastide-Cézéracq
Rivareyte
Arrive
Montfort
Ossenx
Noguères
Bourg
Pardies
Bésingrand
Espiute
Taballle-Usquain
Araujuzon
Audaux
Bugnein
Viellesegure
Denguin
Sussaute
Arbérats-Sillègue
Araux
Vielienave-de-Navarrenx
Bastanès
Lahourcade
Abos
Tarsacq
Aussevielle
Gestas
Rivehaute
Siros
Domezain-Berraute
Nabas
Camblong
Méritein
Camptort
Loubieng
Lacoste
Etcharry
Bisqueys
Castetnau-Camblong
Navarrenx
Maulalen
Monein
Parbayse
Arbus
Aroue-Ithorots-Olhaiby
Charre
Sus
Susmiou
Jasses
Ogenne-Camptort
Lamothe
Cuqueron
Artiguelouve
Ithorots
Lichos
Olhaiby
Chau de Mongaston
Casaubieil
Castet
Trouil
Haute
Angous
Peyrette
Charritte-de-Bas
Undurein
Arrast-Larrebieu
Dognen
Lay-Lamidou
Lamidou
Lucq-de-Béarn
Lasserre-Bellegarde
Ricarde
Oyhercq
Elichalt
Larrebieu
Larrory
Gurs
Préchacq-Navarrenx
Lacommande
Lohitzun-Oyhercq
Bourguet
Moncayolle-Larrory-Mendibieu
Cime israélite
Saucède
Maisonnave
Aubertin
Ainharp
Espès-Undurein
Artigau
Préchacq-Josbaig
Larrandaberry
Abense-de-Bas
Mendibieu
L'Hôpital-St-Blaise
Aren
Lannes
Bordes
Lapèze
Donismendy
Cardesse
Loune
Lahourcade
Viodos-Abense-de-Bas
Berrogain-Laruns
Geüs-d'Oloron
Pédelarborde
Poey-d'Oloron
Laporte-Fray
Garris
St-Goin
Habas
Géronce
Dous
Orin
Couy
Saou
Pagolle
Chéraute
Hoquy
Mauléon-Licharre
Salles-de-Haut
Le Faget
Hd d'Estialescq
Verdets
Ledeuix
Lasseube
Garindein
Bois de Josbaig
Moumour
Verlée
Estialescq
Musculdy
Libarrenx
Estos
Esquiule
Goès
Précilhon
Roquiague
Légugnon
Gotein-Libarrenx
Pondeilh
Escout
Ordiarp
Caparnia
Barcus
St-Pée-d'en-Bas
Oloron-Ste-Marie
Pic d'Elaudy
Idaux-Mendy
Ste-Barbe
Escou
Napale
Paradis
Somi de Cambillou
St-Pée-d'en-Haut
Herrère-de-Bas
Mendy
Bidos
Bouderon
Menditte
St-Etienne
Minone
Agnos
Herrère
Aussurucq
Sauguis-St-Etienne
La Madeleine
Chabalgoïti
Féas
Soeix
Gurmençon
Barrate
Suhare
Ossas-Suhare
Ance
Fr. de Labaig
Gave d'Ossau
Ogeu-les-Bains
Trois-Villes
Col de Sustary
Soum d'Aulis
Forêt de Bugangue
Eysus
Buziet
Cihigue
Tardets-Sorholus
Sommet d'Erretzu
Serreuille
Col d'Etche
Camou-Cihigue
Alos
Sibas
Abense
Aramits
Asasp
Etabt thermal
Sunharette
Abense-de-Haut
Bois de Bugangue
Soum de Ségu
Alcabéhéty-Sunharette
Restoue
Lurbe-St-Christau
St-Christau
Licq
Sibas
Montory
en-Barétous
Forez
Arette
Bois du Pacq
Charritte-de-Haut
Lichans-Sunhar
Laguinge-Restoue
Issor
Bois d'Arudy
Lacarry-Arhan-Charritte-de-Haut
Pic Mail-Arrouy
Athérey
Arhan
Pic des Vautours
Potto
Soum de Bilhères
Lurbe
Laus
A 64
E 80
N 117
N 134
D 947
D 933
D 936
D 918
D 919
D 945
D 946
PYRÉNÉENNE
France

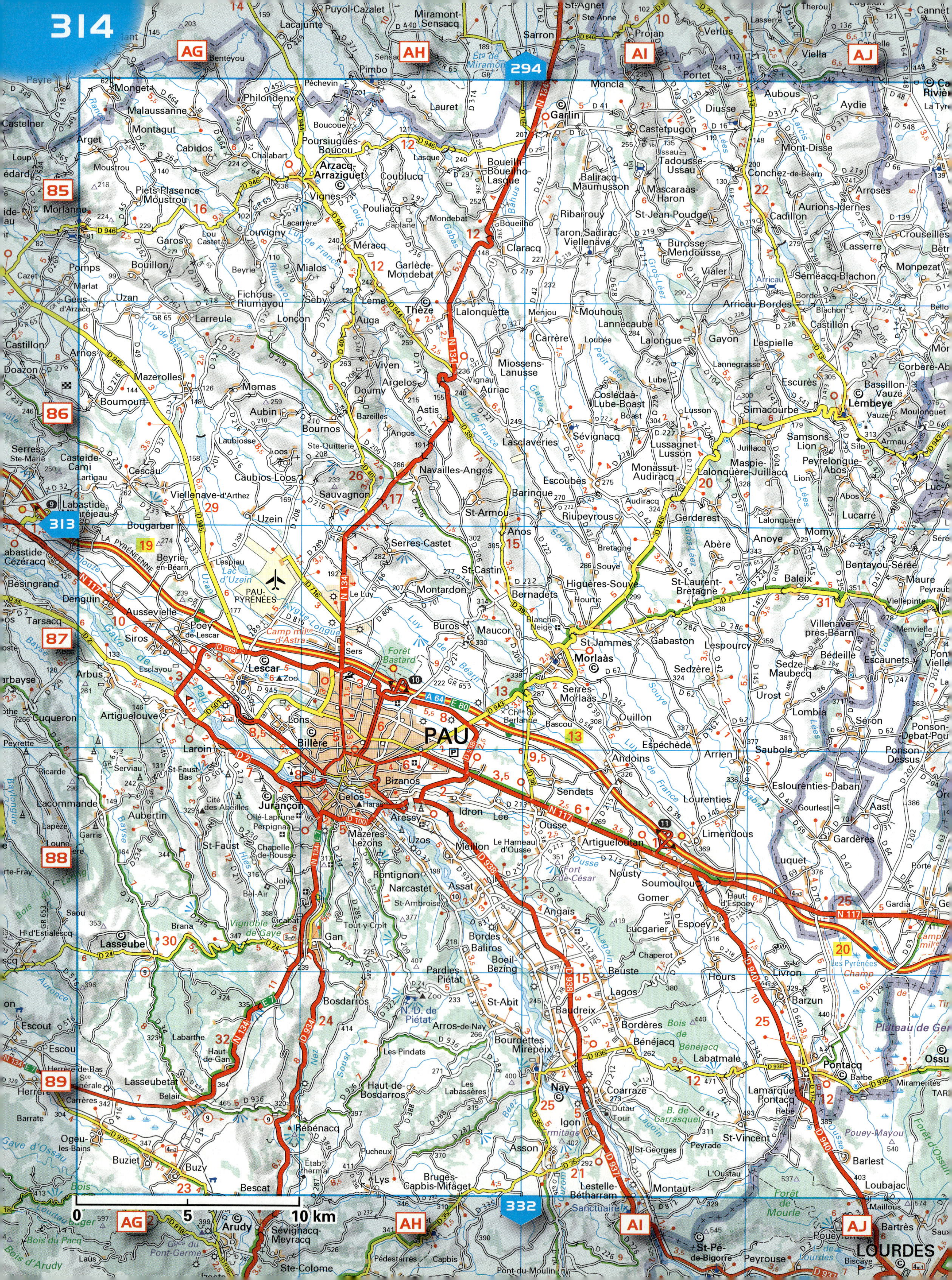
AG
AH
AI
AJ
294
313
332
85
86
87
88
89
PAU
Lescar
Billère
Jurançon
Gelos
Bizanos
Lons
Idron
Lée
Ousse
Sendets
Artigueloutan
Morlaàs
Serres-Morlaàs
Andoins
Lembeye
Garlin
Arzacq-Arraziguet
Thèze
Nay
Coarraze
Pontacq
Lourdes
Arudy
Lasseube
Gan
Rébénacq
Sévignacq-Meyracq
Pontacq
Asson
Lestelle-Bétharram
Montaut
Bordes
Boeil-Bezing
Assat
Meillon
Mazères-Lezons
Uzos
Rontignon
Narcastet
Aressy
Aubertin
Artiguelouve
Laroin
Siros
Denguin
Poey-de-Lescar
Sauvagnon
Serres-Castet
Montardon
Navailles-Angos
Buros
Maucor
Bernadets
Anos
Astis
Auga
Uzein
PAU-PYRÉNÉES
Ibos
St-Pé-de-Bigorre
Barzun
Livron
Soumoulou
Nousty
Limendous
Espoey
Lagos
Baudreix
Mirepeix
Bourdettes
Igon
Lucgarier
Gomer
Hours
St-Vincent
Gabaston
Ouillon
Espéchède
Saubole
Lespourcy
Sedzère
Pau
N 134
N 117
A 64
E 80
D 938
D 940
D 936
D 943
0
5
10 km

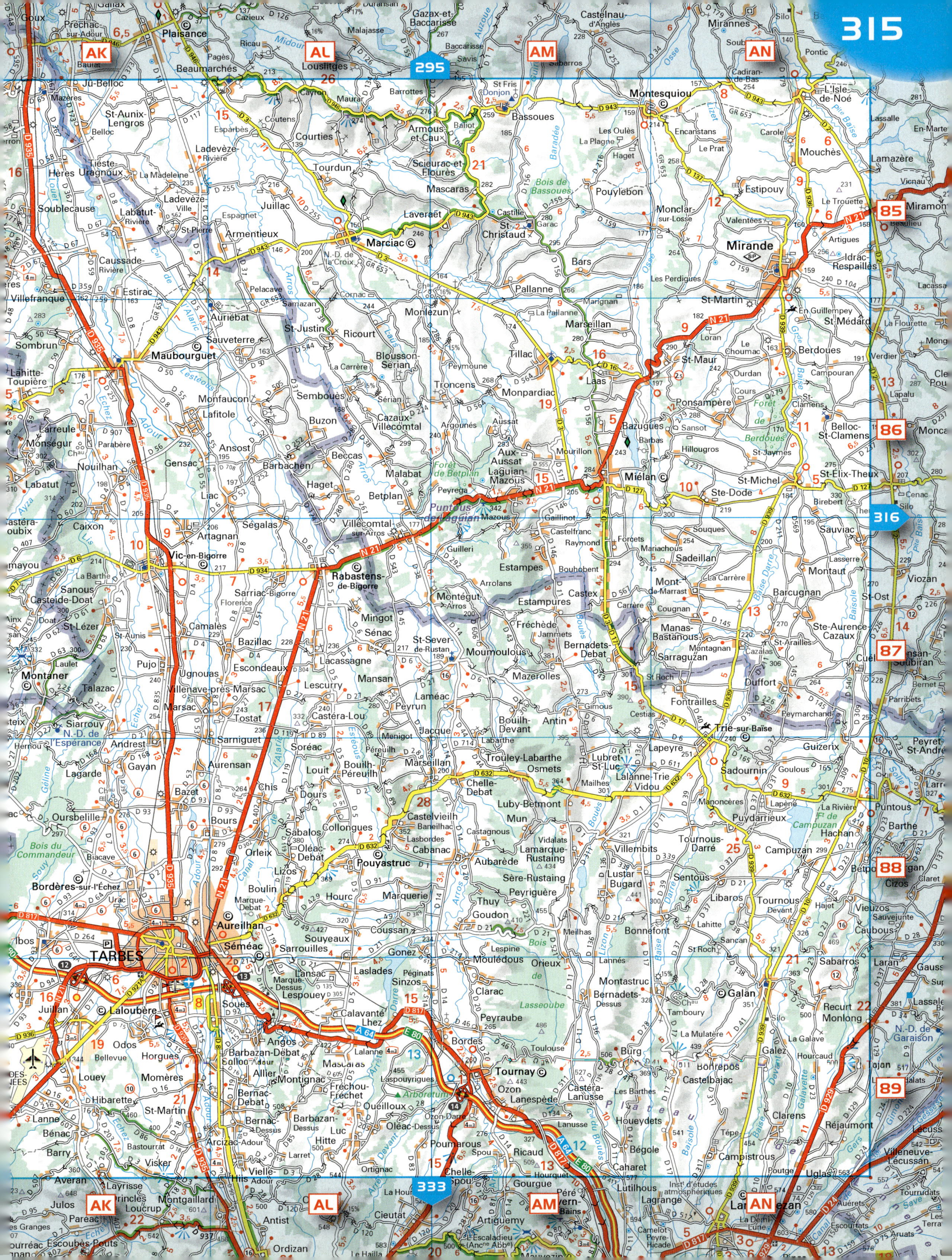
AK
AL
AM
AN
295
316
333
85
86
87
88
89
Plaisance
Beaumarchès
Montesquiou
L'Isle-de-Noé
Marciac
Mirande
Maubourguet
Vic-en-Bigorre
Rabastens-de-Bigorre
Miélan
Trie-sur-Baïse
Pouyastruc
Tournay
Tarbes
Séméac
Aureilhan
Laloubère
Juillan
Galan
Castelnau-Magnoac
Montaner
Bassoues
Tillac
Laas
Marseillan
St-Michel
Sadournin
Campuzan
Chelle-Debat
Castelvieilh
Castéra-Lou
Soues
Odos
Ossun
Lannemezan

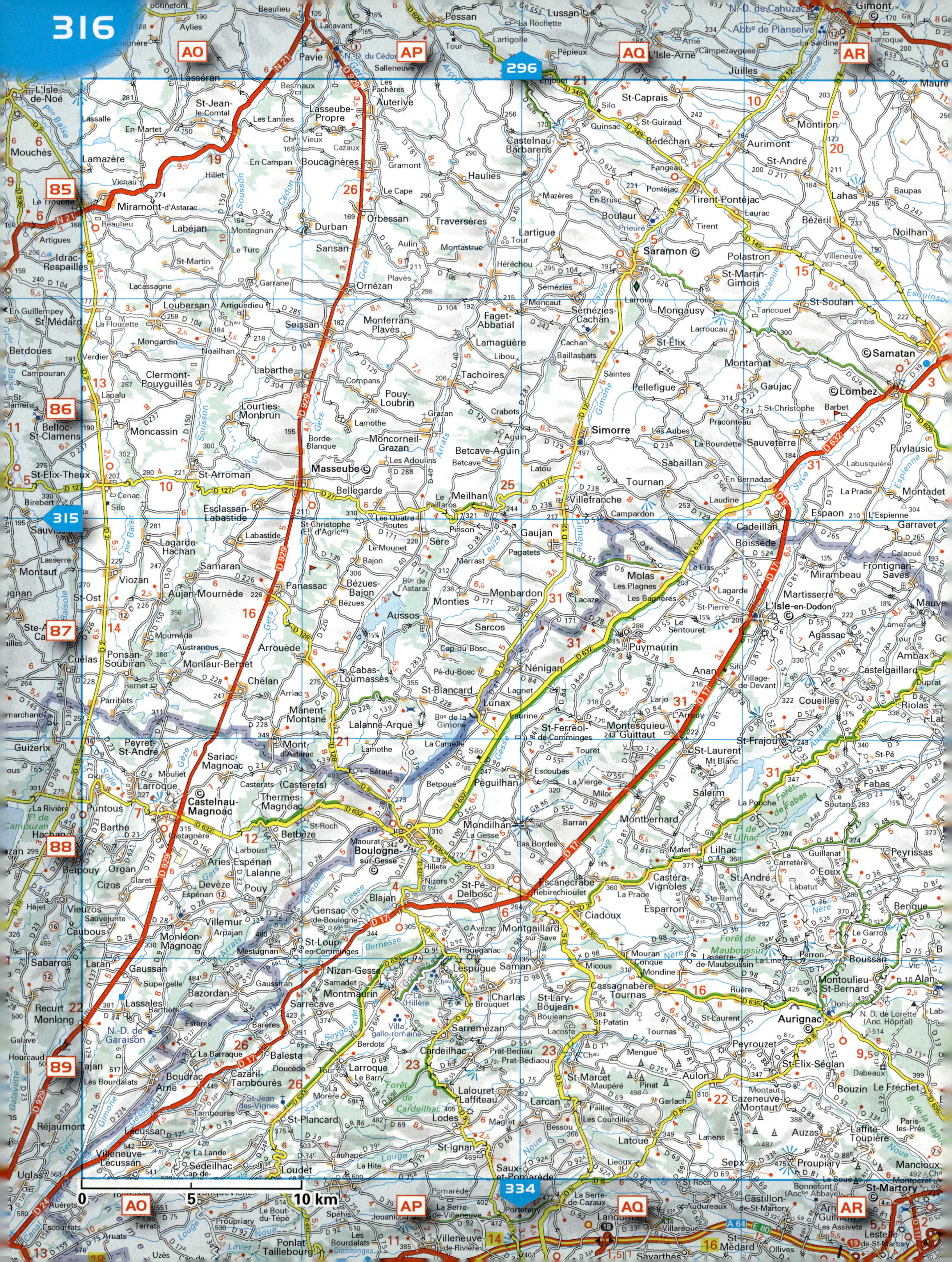
AO
AP
AQ
AR
296
315
334
85
86
87
88
89
0
5
10 km
Pavie
Auch
Pessan
Lussan
Gimont
Aylies
Beaulieu
N.-D. du Cédon
Salleneuve
Tour
Pépieux
L'Isle-Arné
Juilles
L'Isle-de-Noé
Lasséran
St-Jean-le-Comtal
Lasseube-Propre
Auterive
Castelnau-Barbarens
St-Caprais
Montiron
Mouchès
Lamazère
Vicnau
Miramont-d'Astarac
Labéjan
Hillet
Boucagnères
Durban
Sansan
Orbessan
Traversères
Haulies
Lartigue
Mazères
Boulaur
Tirent-Pontéjac
Aurimont
St-André
Lahas
Bézéril
Noilhan
Saramon
Polastron
St-Martin-Gimois
St-Soulan
Samatan
Lombez
Idrac-Respailles
Artigues
St-Médard
Berdoues
Loubersan
Seissan
Monferran-Plavès
Faget-Abbatial
Sémézies-Cachan
Mongausy
Lamaguère
Clermont-Pouyguillès
Labarthe
Pouy-Loubrin
Tachoires
Pellefigue
Montamat
Gaujac
Belloc-St-Clamens
Moncassin
Lourties-Monbrun
Moncorneil-Grazan
Betcave-Aguin
Simorre
Sauveterre
Puylausic
St-Élix-Theux
St-Arroman
Masseube
Bellegarde
Meilhan
Tournan
Sabaillan
Esclassan-Labastide
Gaujan
Villefranche
Cadeillan
Boissède
Espaon
Lagarde-Hachan
Samaran
Panassac
Bézues-Bajon
Monties
Monbardon
Molas
L'Isle-en-Dodon
Mirambeau
Frontignan-Savès
Montaut
Viozan
Aujan-Mournède
Aussos
Sarcos
Puymaurin
Ponsan-Soubiran
Monlaur-Bernet
Arrouède
Chélan
Cabas-Loumassès
Nénigan
Anan
Couëilles
Castelgaillard
Manent-Montané
Lalanne-Arqué
Lunax
St-Blancard
St-Ferréol-de-Comminges
Montesquieu-Guittaut
Guizerix
Peyret-St-André
Sariac-Magnoac
Mont-d'Astarac
St-Frajou
St-Laurent
Castelnau-Magnoac
Larroque
Thermes-Magnoac
Péguilhan
Salerm
Fabas
Puntous
Barthe
Betbèze
Boulogne-sur-Gesse
Mondilhan
Montbernard
Lilhac
Peyrissas
Castéra-Vignoles
St-André
Aries-Espénan
Lalanne
Organ
Cizos
Devèze
Pouy
Blajan
St-Pé-Delbosc
Escanecrabe
Ciadoux
Esparron
Benque
Villemur
Monléon-Magnoac
St-Loup-en-Comminges
Montgaillard-sur-Save
Mauboussin
Boussan
Gaussan
Nizan-Gesse
Lespugue
Saman
Cassagnabère-Tournas
Montoulieu-St-Bernard
Bazordan
Montmaurin
Charlas
St-Lary-Boujean
Aurignac
Lassales
N.-D. de Garaison
Sarremezan
Cardeilhac
Peyrouzet
St-Élix-Séglan
Balesta
Larroque
Lalouret-Laffiteau
St-Marcet
Aulon
Cazeneuve-Montaut
Bouzin
Le Fréchet
Boudrac
Cazaril-Tambourès
St-Plancard
Lodes
Larcan
Latoue
Aulnoy
Laffite-Toupière
Villeneuve-Lécussan
Sédeilhac
Loudet
St-Ignan
Saux-et-Pomarède
Sepx
Proupiary
Mancioux
Uglas
St-Martory
Castillon-de-St-Martory
Lestelle-de-St-Martory
Ponlat-Taillebourg
Villeneuve-de-Rivière
St-Médard
Réjaumont
Recurt
Monlong
Galave
Hourcaud
Tajan
Forêt de Cardeilhac
Forêt de Fabas
Gers
Gimone
Save
Gesse
Baïse
Arrats
Sousson
Cédon
Lauze
Noue
Villa gallo-romaine

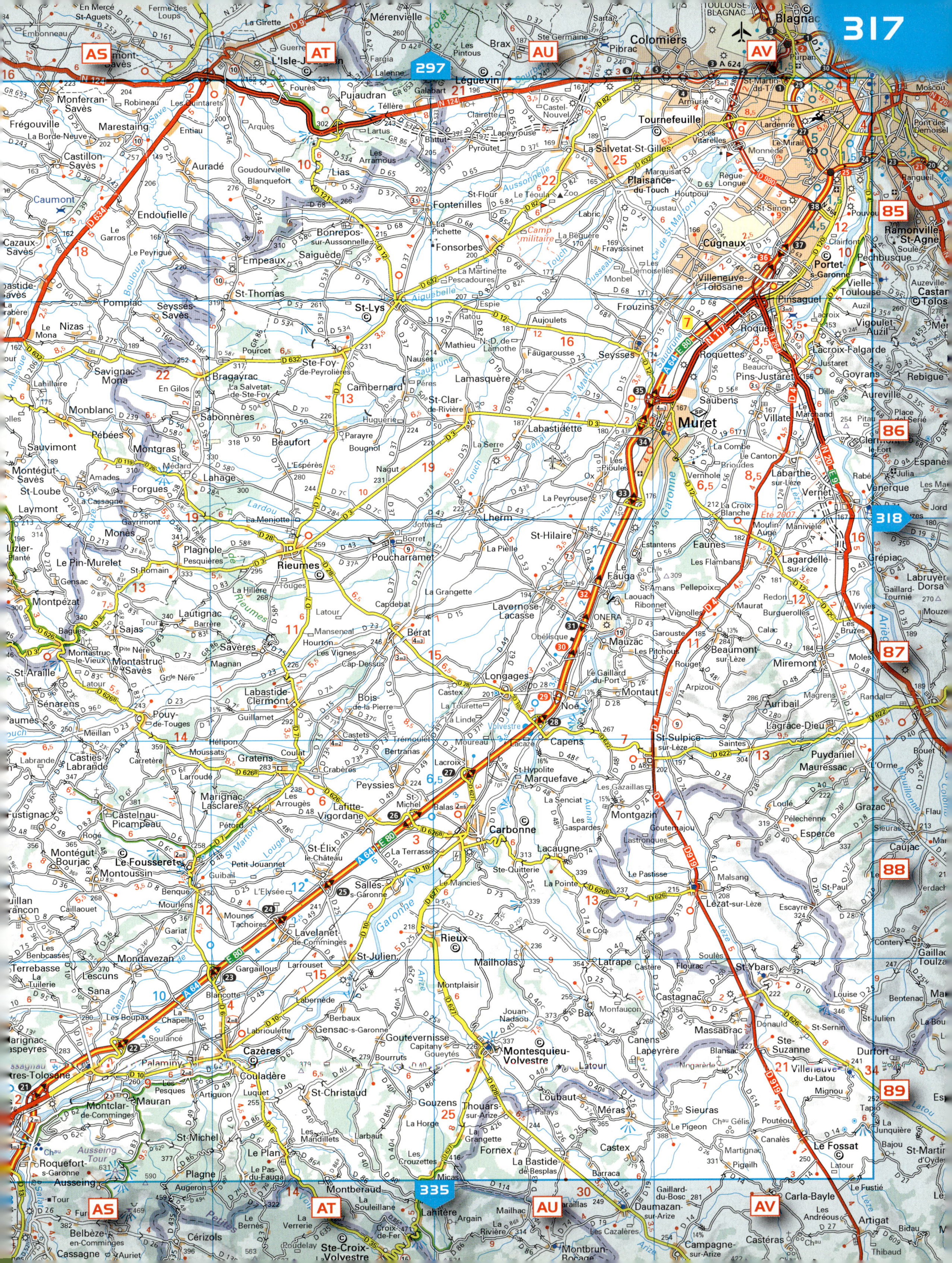
Blagnac
Colomiers
Pibrac
Brax
Mérenville
L'Isle-Jourdain
Léguevin
Pujaudran
Monferran-Savès
Frégouville
Marestaing
Castillon-Savès
Auradé
Tournefeuille
La Salvetat-St-Gilles
Plaisance-du-Touch
Fontenilles
Fonsorbes
Endoufielle
Bonrepos-sur-Aussonnelle
Saiguède
Empeaux
St-Thomas
Pompiac
Seysses-Savès
St-Lys
Cugnaux
Villeneuve-Tolosane
Portet-s-Garonne
Pinsaguel
Roques
Roquettes
Frouzins
Seysses
Lamasquère
Labastidette
Muret
Saubens
Pins-Justaret
Villate
Lacroix-Falgarde
Vigoulet-Auzil
Goyrans
Labarthe-sur-Lèze
Vernet
Lagardelle-sur-Lèze
Eaunes
Ste-Foy-de-Peyrolières
Bragayrac
Savignac-Mona
Cambernard
Sabonnères
Beaufort
Monblanc
Pébées
Sauvimont
Montgras
Forgues
Lahage
Rieumes
Plagnole
Poucharramet
Lherm
St-Hilaire
Le Fauga
Mauzac
Montaut
Noé
Longages
Bérat
Lautignac
Savères
Sajas
Montpézat
Labastide-Clermont
Pouy-de-Touges
Gratens
Coulat
Peyssies
Lafitte-Vigordane
Marignac-Lasclares
Capens
Marquefave
Carbonne
Salles-s-Garonne
Lavelanet-de-Comminges
Rieux
St-Julien
Cazères
Montesquieu-Volvestre
Gensac-s-Garonne
Gouzens
Thouars-sur-Arize
Fornex
Montgazin
Lézat-sur-Lèze
St-Ybars
Castagnac
Massabrac
Ste-Suzanne
Villeneuve-du-Latou
Le Fossat
Carla-Bayle
Artigat
Daumazan-sur-Arize
Ste-Croix-Volvestre
Lahitère
Cérizols
Montbrun-Bocage
Martres-Tolosane
Mauran
Montclar-de-Comminges
Roquefort-s-Garonne
Le Fousseret
Montoussin
Mondavezan
Lescuns
Sana
Beaumont-sur-Lèze
Miremont
Auribail
Lagrâce-Dieu
Puydaniel
Mauressac
St-Sulpice-sur-Lèze
Latrape
Mailholas
Canens
Lapeyrère
Sieuras
Gaillard-du-Bosc
Campagne-sur-Arize
Castex
Durfort
Caujac
Grazac
Esperce
Ramonville-St-Agne
Castanet-Tolosan
Auzeville
Clermont-le-Fort
Grépiac
Labruyère-Dorsa
Miremont
Moles
Cintegabelle
AS
AT
AU
AV
297
318
335
85
86
87
88
89

AW
AX
AY
AZ
298
317
336
85
86
87
88
89
TOULOUSE
Balma
Pin-Balma
Mondouzil
St-Pierre
Montcabrier
Bannières
Viviers-lès-Lavaur
Pratviel
Roquevidal
Flourens
Drémil-Lafage
Quint-Fonsegrives
Vallesvilles
Bourg-St-Bernard
Francarville
Villeneuve-lès-Lavaur
Maurens-Scopont
Vendine
Cambon-lès-Lavaur
Algans
Cuq-Toulza
Aigrefeuille
St-Pierre-de-Lestages
Lanta
Prunet
Loubens-Lauragais
Le Faget
Ramonville-St-Agne
St-Orens-de-Gameville
Lauzerville
Ste-Foy-d'Aigrefeuille
Auzielle
Aurin
Mascarville
Albiac
La Salvetat-Lauragais
Caraman
Auriac-sur-Vendinelle
Mouzens
Portet-s-Garonne
Pechbusque
Vieille-Toulouse
Castanet-Tolosan
Labège
Escalquens
Belberaud
Odars
Préserville
Fourquevaux
Tarabel
Maureville
Caragoudes
Ségreville
Cambiac
Le Cabanial
Puéchoursi
Vigoulet-Auzil
Mervilla
Péchabou
Pompertuzat
Lacroix-Falgarde
Goyrans
Rebigue
Montlaur
Labastide-Beauvoir
Varennes
Mourvilles-Basses
Toutens
Beauville
Falga
Nogaret
St-Julia
Aureville
Corronsac
Deyme
Donneville
Montgiscard
Baziège
Maurens
St-Germier
Cessales
Juzes
Vaux
Roumens
St-Félix-Lauragais
Cadenac
Clermont-le-Fort
Espanès
Montbrun-Lauragais
Belbèze-de-Lauragais
Ayguesvives
Villenouvelle
Mauremont
Trébons-sur-la-Grasse
Montgaillard-Lauragais
St-Vincent
Lux
Bélesta-en-Lauragais
Vernet
Venerque
Pouze
Issus
Noueilles
Montesquieu-Lauragais
St-Rome
Vallègue
Rieumajou
Mourvilles-Hautes
Les Cassés
Grépiac
Labruyère-Dorsa
St-Léon
Vieillevigne
Villefranche-de-Lauragais
Folcarde
St-Paulet
Montmaur
Mouzens
Auragne
Gardouch
Renneville
Avignonet-Lauragais
Montferrand
Soupex
Nailloux
Seyre
Montclar-Lauragais
Beauteville
Airoux
Auterive
Mauvaisin
Montgeard
Lagarde
Gourvieille
Obélisque de Riquet
Seuil de Naurouze
Labastide-d'Anjou
Ricaud
Monestrol
Puydaniel
Mauressac
Aignes
Caignac
St-Michel-de-Lanès
Baraigne
Cintegabelle
Belflou
Molleville
Mas-Stes-Puelles
Grazac
Calmont
Gibel
Marquein
Salles-sur-l'Hers
Cumiès
Caujac
Villeneuve-la-Comptal
St-Quirc
Lissac
Fajac-la-Relenque
La Louvière-Lauragais
Ste-Camelle
Montauriol
Payra-sur-l'Hers
Labatut
Canté
Mazères
Mézerville
Peyrefitte-sur-l'Hers
Gaillac-Toulza
Marliac
Saverdun
Molandier
St-Sernin
Mayreville
Ste-Amans
Justiniac
Brie
Esplas
Unzent
Le Vernet
Bonnac
Montaut
Belpech
Pech-Luna
Gaja-la-Selve
Villeneuve-du-Paréage
Gaudiès
Plaigne
Pécharic-et-le-Py
Ribouisse
Villautou
Lafage
Le Fossat
Artigat
St-Martin-d'Oydes
Trémoulet
La Bastide-de-Lordat
St-Félix-de-Tournegat
Plavilla
Canal du Midi
Ariège
Hers
0
5
10 km

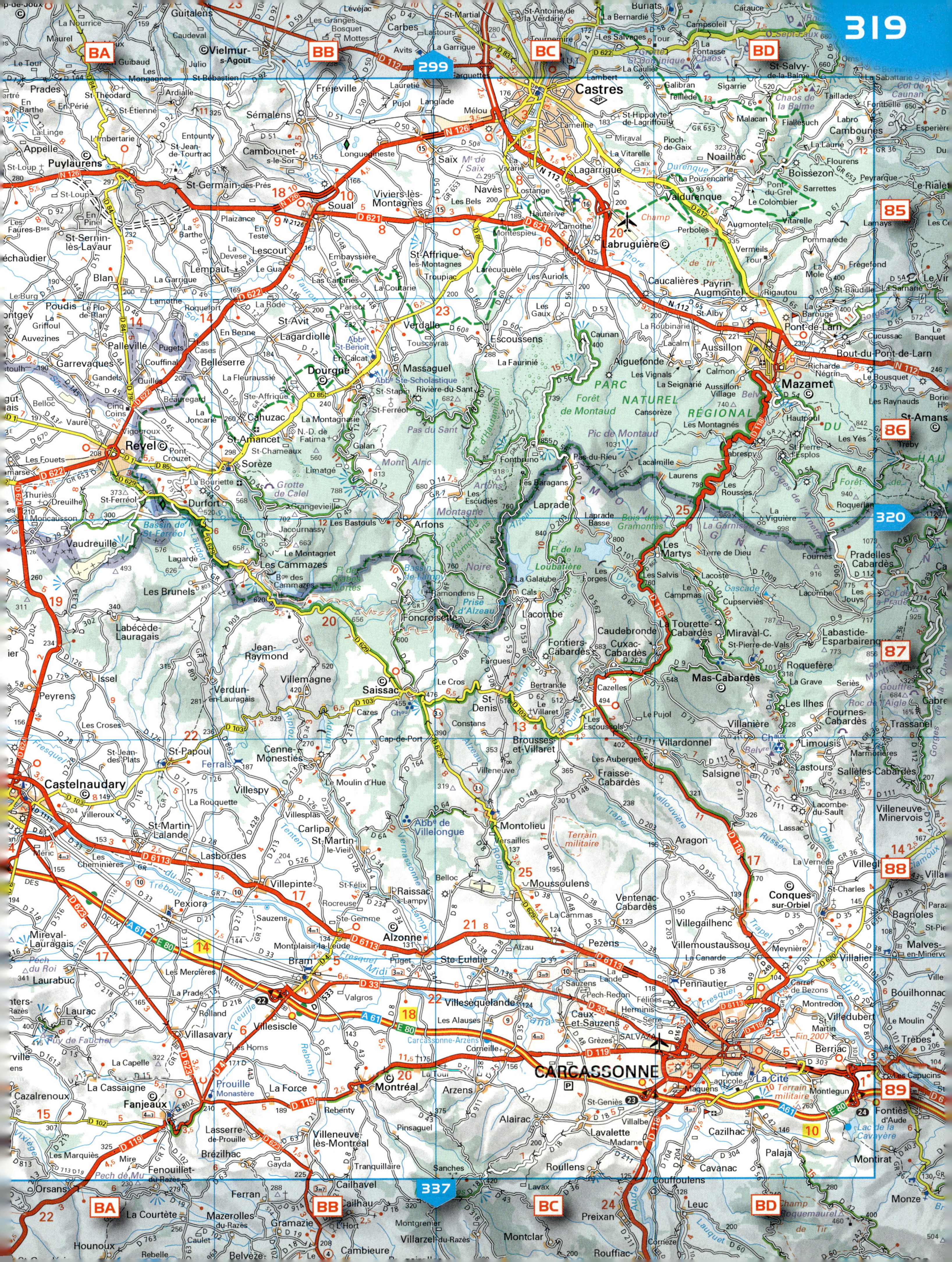
BA
BB
BC
BD
299
85
86
87
88
89
320
337
Castres
Puylaurens
Sémalens
Soual
Viviers-lès-Montagnes
Labruguière
Lagarrigue
Valdurenque
Noailhac
Boissezon
Aussillon
Mazamet
Pont-de-Larn
Bout-du-Pont-de-Larn
St-Amans
Revel
Sorèze
Dourgne
Massaguel
Verdalle
Escoussens
Aiguefonde
St-Germain-des-Prés
Lempaut
Blan
Palleville
Garrevaques
Vaudreuille
Les Cammazes
Arfons
Laprade
PARC NATUREL RÉGIONAL
Pic de Montaud
Forêt de Montaud
Montagne Noire
Les Martys
Pradelles-Cabardès
Saissac
Fontiers-Cabardès
Cuxac-Cabardès
Mas-Cabardès
Lastours
Salsigne
Villardonnel
Fraisse-Cabardès
Labécède-Lauragais
Issel
Verdun-en-Lauragais
Villemagne
Cenne-Monestiés
Castelnaudary
St-Papoul
Villepinte
Montolieu
Moussoulens
Alzonne
Villeneuve-Minervois
Conques-sur-Orbiel
Villegailhenc
Pezens
Pennautier
CARCASSONNE
La Cité
Berriac
Trèbes
Bram
Villesèquelande
Montréal
Fanjeaux
Villasavary
Mireval-Lauragais
Laurabuc
Villeneuve-lès-Montréal
Arzens
Alairac
Cazilhac
Palaja
Lavalette
Cavanac
Roullens
Couffoulens
Preixan
Montclar
Leuc
Villemoustaussou
Villedubert
Fontiès-d'Aude
Monze
Cailhavel
Ferran
Mazerolles-du-Razès
Hounoux
La Courtète
Gramazie
Villarzel-du-Razès
Lasserre-de-Prouille
Brézilhac
Prouille
Monastère
Ste-Eulalie
Caux-et-Sauzens
Limousis
Aragon
Ventenac-Cabardès
Roquefère
Labastide-Esparbairenque
Miraval-C.
Caudebronde
Lacombe
Brousses-et-Villaret
Villanière
Les Ilhes
Fournès-Cabardès
Trassanel
Villeneuve-Minervois
Bagnoles
Malves-en-Minervois
Villalier
Bouilhonnac
Montirat
Salvaza
Lycée agricole
Terrain militaire
Champ de tir
N 126
N 112
D 6113
D 118
D 119
D 33
A 61
E 80

300
319
338
85
86
87
88
89
BE
BF
BG
BH
HAUT-LANGUEDOC
(Cambon-et-Salvergues)
Brassac
Lamontélarié
La Salvetat-sur-Agout
Fraisse-sur-Agout
Le Bez
Anglès
(Lasfaillades)
Le Rialet
Le Soulié
MONTS
St-Vincent-d'Olargues
Olargues
St-Étienne-d'Albagnan
Prémian
Riols
Mézouilhac
Labastide-Rouairoux
Rouairoux
St-Amans-Valtoret
St-Amans-Soult
Sauveterre
Lacabarède
Albine
St-Pons-de-Thomières
Courniou
Riols
Pardailhan
Rieussec
Verreries-de-Moussans
Boisset
Ferrals-les-Montagnes
Cassagnoles
Vélieux
Minerve
La Caunette
Aigne
Aigues-Vives
Agel
Assignan
Fournes-Cabardès
Cabrespine
Trassanel
Caunes-Minervois
Citou
Lespinassière
Castans
Pradelles-Cabardès
Félines-Minervois
La Livinière
Siran
Cesseras
Azillanet
Beaufort
Olonzac
Pépieux
Peyriac-Minervois
Rieux-Minervois
Trausse
Villeneuve-Minervois
Laure-Minervois
Villarzel-Cabardès
Azille
Homps
Tourouzelle
Pouzols-Minervois
Mailhac
Mirepeisset
Ginestas
Argens-Minervois
Roubia
Paraza
Lézignan-Corbières
Puichéric
La Redorte
Marseillette
Capendu
Barbaira
Trèbes
Moux
Douzens
Comigne
Fontcouverte
Conilhac-Corbières
Montbrun-des-C.
Escales
Castelnau-d'Aude
Roquecourbe-Minervois
Villedaigne
Cruscades
Ornaisons
Luc-sur-Orbieu
Bizanet
Boutenac
Ferrals-les-Corbières
Fabrezan
Aigues-Vives
Rustiques
Badens
Bouilhonnac
Villalier
Bagnoles
Malves-en-Minervois
A 61
N 112
D 610
D 6113
D 11
Canal du Midi
Aude
0
5
10 km

BI
BJ
BK
BL
301
Bédarieux
Carlencas-et-Levas
Villemagne-l'Argentière
Le Pradal
Bourdelles
Liausson
Salasc
Cirque de Mourèze
Nébian
Lamalou-les-Bains
Hérépian
Combes
Colombières-sur-Orb
St-Martin-de-l'Arçon
Mons
Le Poujol-sur-Orb
Les Aires
Bois de Lestellier
Faugères
Roquessels
Pézènes-les-Mines
Fos
Valmascle
Cabrières
Péret
Lieuran-Cabrières
Aspiran
Vailhan
Fontès
Neffiès
Adissan
Paulhan
85
Pic de la Coquillade
Cabrerolles
Caussiniojouls
Laurens
Vieussan
Roquebrun
St-Nazaire-de-Ladarez
Autignac
Gabian
Roujan
Cassan
Caux
Nizas
Margon
Lézignan-la-Cèbe
Berlou
Causses-et-Veyran
Fouzilhon
Pouzolles
Magalas
St-Geniès-de-Fontedit
Puissalicon
Alignan-du-Vent
Tourbes
Pézenas
86
Bois de Cessenon
Prades-sur-Vernazobre
Cessenon-sur-Orb
Murviel-lès-Béziers
Puimisson
Espondeilhan
Coulobres
Abeilhan
Servian
Valros
322
Pierrerue
Cazedarnes
Thézan-lès-Béziers
Lieuran-lès-Béziers
Bassan
Cébazan
Creissan
Cazouls-lès-Béziers
Corneilhan
Lignan-sur-Orb
Boujan-sur-Libron
Montblanc
St-Thibéry
87
Puisserguier
Maraussan
Maureilhan
BÉZIERS
Béziers-Montblanc
Cruzy
Quarante
Capestang
Montady
Colombiers
Cers
Villeneuve-lès-Béziers
Portiragnes
Vias
Étang de Capestang
Oppidum d'Ensérune
Poilhes
Montels
Nissan-lez-Enserune
Sauvian
Sérignan
88
Ouveillan
Amphoralis
Vendres
Lespignan
Portiragnes-Plage
Sérignan-Plage
Sallèles-d'Aude
Valras-Plage
Étang de Vendres
Cuxac-d'Aude
Coursan
Salles-d'Aude
Fleury
Moussan
NARBONNE
Vinassan
Armissan
Grau de Vendres
Étang de Pissevaches
Les Cabanes-de-Fleury
89
St-Pierre-sur-Mer
Narbonne-Plage
NATUREL
PARC
RÉGIONAL
La Clape
Gouffre de l'Œil Doux
339
Gruissan
BI
BJ
BK
BL

Lunas
Lavalette
Soumont
St-Jean-de-la-Blaquière
Arboras
Puéchabon
Aniane
Montpeyroux
St-Saturnin-de-Lucian
St-Guiraud
Jonquières
St-Félix-de-Lodez
Gignac
St-André-de-Sangonis
Lac du Salagou
Celles
Octon
Mérifons
Carlencas-et-Levas
Bédarieux
Clermont-l'Hérault
Liausson
Salasc
Mourèze
Villeneuvette
Nébian
Ceyras
Brignac
Canet
Popian
Pouzols
St-Bauzille-de-la-Sylve
Le Pouget
Vendémian
Tressan
Puilacher
Plaissan
Bélarga
Aspiran
Lieuran-Cabrières
Cabrières
Valmascle
Pézènes-les-Mines
Faugères
Fos
Vailhan
Roquessels
Caussiniojouls
Fontès
Péret
Paulhan
Adissan
Campagnan
St-Pargoire
Usclas-d'Hérault
Nizas
Caux
Neffiès
Laurens
Gabian
Roujan
Margon
Cazouls-d'Hérault
Lézignan-la-Cèbe
Montagnac
Villeveyrac
Autignac
Fouzilhon
Pouzolles
Magalas
Puissalicon
Alignan-du-Vent
Pézenas
Aumes
St-Martin-de-Graves
Tourbes
Abeilhan
Coulobres
Espondeilhan
Puimisson
Montblanc
Servian
Valros
Nézignan-l'Évêque
Castelnau-de-Guers
St-Thibéry
Florensac
Pinet
Pomérols
Mèze
Loupian
Bouzigues
Marseillan
Bessan
Thézan-lès-Béziers
Lieuran-lès-Béziers
Bassan
Corneilhan
Lignan-sur-Orb
Boujan-sur-Libron
BÉZIERS
Cers
Villeneuve-lès-Béziers
Sauvian
Sérignan
Vias
Agde
Portiragnes
Le Cap-d'Agde
Marseillan-Plage
Vendres
Valras-Plage
Colombiers
Nissan-lez-Enserune
Lespignan
Fleury
Bassin de Thau
Étang de Bagnas
Canal du Midi
Fort Brescou
Rocher de la Lauze
A 75
A 9
A 750
N 9
N 112
N 113
D 908
BK
BL
BM
BN
84
85
86
87
88
300
301
302
321
0
5
10 km

BO
BP
BQ
BR
302
303
324
84
85
86
87
88
MONTPELLIER
Castelnau-le-Lez
Le Crès
Vendargues
Castries
Teyran
Assas
St-Vincent-de-Barbeyrargues
Prades-le-Lez
St-Clément-de-Rivière
Montferrier-sur-Lez
Clapiers
Jacou
St-Gély-du-Fesc
Sussargues
Vérargues
Lunel
Lunel-Viel
Aimargues
Marsillargues
St-Just
St-Nazaire-de-Pézan
Valergues
Lansargues
St-Brès
Baillargues
Mudaison
St-Aunès
Mauguio
Candillargues
Pérols
Lattes
Palavas-les-Flots
Carnon-Plage
La Grande-Motte
Le Grau-du-Roi
Port-Camargue
Pointe de l'Espiguette
L'Espiguette
Golfe d'Aigues-Mortes
Étang de Mauguio ou de l'Or
MONTPELLIER MÉDITERRANÉE
PARC DES EXPOSITIONS
Juvignac
Grabels
St-Georges-d'Orques
Lavérune
Pignan
Murviel-lès-Montpellier
St-Paul-et-Valmalle
Vailhauquès
Combaillaux
Murles
Argelliers
Montarnaud
Saussan
Fabrègues
St-Jean-de-Védas
Villeneuve-lès-Maguelone
Maguelone
Mireval
Vic-la-Gardiole
Gigean
Montbazin
Cournonterral
Cournonsec
Balaruc-le-Vieux
Balaruc-les-Bains
Frontignan
Frontignan-Plage
Sète
La Corniche
Mas des Dunes
Les Aresquiers
Le Mas Vieux
Étang de Vic
Étang d'Ingril
Étang de Pérols
Étang de l'Arnel
Étang du Prévost
Étang de Pierre Blanche
Canal du Rhône à Sète
G O L F E   D U

303
304
323
BS
BT
BU
BV
84
85
86
87
88
Vauvert
St-Gilles
Lunel
Aimargues
Le Cailar
Marsillargues
St-Laurent-d'Aigouze
Gallician
Franquevaux
Étang de Scamandre
Étang du Charnier
Aigues-Mortes
Sylvéréal
Salins du Midi
Étang du Roi
Petite Camargue
Musée Camarguais
Albaron
Méjanes
Étang de Vaccarès
PARC NATUREL RÉGIONAL DE CAMARGUE
PLAINE DE LA CAMARGUE
Étang de Malagroy
Étang de l'Impérial
Bois des Rièges
Parc ornithologique
Pont-de-Gau
Stes-Maries-de-la-Mer
Port Gardian
Grau d'Orgon
Phare de la Gacholle
Golfe de Beauduc
Beauduc
Pointe du Sablon
LION
Fourques
Rhône
0
5
10 km

BW
BX
BY
BZ
304
305
326
84
85
86
87
88
Montmajour
Meunerie romaine
Tours de Castillon
Mouriès
Le Grd Barbegal
l'Ilon
La Fourbine
Bois-Vert
La Calanque
La Jasse
Les Paluds
Curebourse
Mas-Neuf
Aurons
Salon-de-Provence
Pélissanne
Les Canebiers
Les Blazots
Bel-Air
Les Cabanes
Le Merle
Vilpail
Tourniaire
Moulès
Caphan
Raphèle-lès-Arles
Villevieille
Balarin
St-Martin-de-Crau
St-Hippolyte
La Samatane
La Lieutenante
Poscros
Le Luquier
Camp militaire
Beauchamps
Grans
Lançon-Provence
Marais de Meyranne
PLAINE
La Dynamite
Pt Rouvian
Les Poulagères
Le Vallon
Étang d'Entressen
Suffren
Entressen
Miramas
La Ste-Croix
Belval
Le Pont-de-Rhaud
Contoux
Mas de l'Hoste
Mas de Lanau
Mas de Fray
Mas des Aulnes
Mas de Pernes
Parc militaire de Beausseng
Le Grd Mas
Le Mas-Chauvet
Le Verry
CENTRE D'ESSAIS
Miramas-le-Vx
Cornillon-Confoux
Champ de Tir
La Fare-les-Olivie
Bellan
Étang des Aulnes
Vergières
Beynes
L'Armellière
Mas Giraud
Mas-Thibert
Pt-St-Jean
Capeau
Marais de Capeau
CRAU
Canal d'Istres
St-Chamas
St-Léger
Calissanne
Les Guigues
Les Baisses
Pont-de-la-Fa
Sulauze
Pont Flavien
Mas d'Icart
Camp militaire
Le Sambuc
La Bayanne
ISTRES-LE-TUBÉ
Oppidum du Castellan
Étg de l'Olivier
Port de Beau Rivage
St-Estève
Mauran
La Suzanne
Bouquet
La Forêt
Grd Boisviel
Le Retour-des-Aires
Boucasson
Istres
Port des Heures Claires
ÉTANG
Tour du Valat
Mas de Peint
Le Pt Pâtis
Étang du Landre
Marais dux Retour
La Fossette
Le Ventillon
Rassuen
Les Quatre-Vents
N.-D. de Caderot
Berr
Musée
Tour de Parade
La Porcelette
La Pte Porcelette
Le Radeau
Feuillane
Les Bannes
Ranquet
Lavalduc
Massane
DE
Port du Passet
Peaudure
Boisverdun
Chatrouse
Rebatun
Le Relais
Étg de Lavalduc
Varage
Étg de Citis
St-Mitre-les-Remparts
Oppidum St-Blaise
Les Marquises
La Louisiane
Rizières
Salin du Relai
Les Carabins
Valin
Port de la Pointe
La Pointe
MARSEILLE-F
Pt Badon
Gd Badon
Le Vedeau
Salin du Caban
Étg de l'Estomac
Étg du Pourra
Étg d'Engrenier
Fos-s-Mer
BERRE
Chamone
La Grd Ponche
Bourg
Terminal minéralier
Pointe de St-Gervais
Plage-de-Fos
N.-D. des Marins
Martigues
Étg de Bolmon
La Bélugue
l'Eyssette
Étg de l'Oiseau
Terminal méthanier
Terminal pétrolier
Port-de-Bouc
Croix-Ste
Canal
Bac de Barcarin
Salin-de-Giraud
Faraman
Port de Fos
La Lèque
Cal de Caronte
La Mède
Châteauneuf-les-Martigues
Terminal à Conteneurs
Port-St-Louis-du-Rhône
Phare de St-Louis
Lavéra
Les Ventrons
La Bastide-Blanche
Salin de Giraud
Étang de Faraman
Port pétrolier de Lavéra
Ponteau
GOLFE
Bois de Châteauneuf
St-Julien-les-Martigues
Chaîne
Faraman
GRAND RHÔNE
Étg de Grde Palun
They de la Gracieuse
They de Roustan
Cal. des Renaires
St-Pierre
Agut
Val-de-Ricard
Plage
de
Piémanson
DE
FOS
Plage des Laurons
Pointe de Bonnieu
Les Ragues d'Arnette
La Couronne
Carro
Cap Couronne
La Folie
Rouges
Sausset-les-Pins
Ste-Croix
Les Tamaris
Ile Aragnon
Carry-le-Rouet
Bois de Carry
D 113
A 54
E 80
N 113
N 568
N 569
N 1569
N 545
N 546
N 544
D 268
D 36
A 55
A 7
D 10
D 5
D 19

BY
BZ
CA
CB
305
86
87
88
89
90
0
5
10 km
Istres
Port des Heures Claires
Les Quatre-Vents
Ranquet
Fossette
Le Ventillon
Feuillane
Les Bannes
Lavalduc
Massane
Varage
St-Mitre-les-Remparts
Les Carabins
Valin
Oppidum St-Blaise
Fos-s-Mer
Terminal minéralier
Pointe de St-Gervais
Plage-de-Fos
Terminal méthanier
Terminal pétrolier
Port de Fos
Port-de-Bouc
Terminal Conteneurs
Phare de St-Louis
La Lèque
Croix-Ste
Cal de Caronte
N.-D. des Marins
Martigues
Lavéra
Port pétrolier de Lavéra
Ponteau
GOLFE DE FOS
Cal. des Renaires
Plage des Laurons
Pointe de Bonnieu
Les Ragues d'Arnette
La Couronne
Carro
Cap Couronne
Ste-Croix
Les Tamaris
Île Aragnon
St-Pierre
Les Ventrons
St-Julien-les-Martigues
Agut
La Folie
Les Rouges
Sausset-les-Pins
Carry-le-Rouet
Le Rouet-Plage
Bois de Carry
Val-de-Ricard
Chaîne de l'Estaque
Bois de Châteauneuf
La Mède
Châteauneuf-les-Martigues
La Bastide-Blanche
Les Tourels
Parc d'attractions
Ensuès-la-Redonne
Méjean
La Redonne
Les Figuières
Madrague-de-Gignac
Niolon
La Vesse
Le Douard
Le Rove
Gignac-la-Nerthe
Bricard
Laure
ÉTANG DE BERRE
Bouquet
Mauran
St-Estève
La Suzanne
N.-D. de Caderot
Berre-l'Étang
Port du Passet
L'Agneau
Hydroaérodrome
Port de la Pointe
La Pointe
MARSEILLE-PROVENCE
Marignane
Étg de Bolmon
Canal de Marseille au Rhône
St-Victoret
Pas-des-Lanciers
Rognac
Vitrolles
Les Pins
Montvallon
Le Griffon
Aqueduc de Roquefavour
Saragousse
Chaîne de Vitrolles
La Mérindolle
Aix-en-Provence T.G.V.
Les Plaines d'Arbois
Stadium
Les Pinchinades
Les Pennes-Mirabeau
Plan-de-Campagne
Cabriès
Calas
Plan-des-Pennes
Les Cadeneaux
Jas-de-Rhodes
La Nerthe
La Gavotte
St-Antoine
Souterrain du Rove
L'Estaque
Anse de l'Estaque
St-Louis
La Madrague-de-la-Ville
Rade de Marseille
MARSEILLE
Île Ratonneau
Le Frioul
Chau d'If
Île Pomègues
Cap Caveaux
Îles du Frioul
Rade d'Endoume
Plages du Prado
Bonneveine
La Pointe-Rouge
La Madrague-de-Montredon
Cap Croisette
Île Tiboulen
Île Maïre
Les Goudes
Callelongue
Île de Planier
Île de Jarre
Île de Riou

CC
CD
CE
CF
306
328
86
87
88
89
90
Meyreuil
Châteauneuf-le-Rouge
Luynes
Bouc-Bel-Air
Gardanne
Fuveau
Peynier
Trets
St-Maximin-la-Ste-Baume
Pourcieux
Mont Aurélien
Olympe
Simiane-Collongue
Gréasque
Belcodène
Oratoire St-Jean-du-Puy
Mimet
Montagne de Regagnas
St-Savournin
Cadolive
Peypin
La Bouilladisse
St-Zacharie
Rougiers
Auriol
Nans-les-Pins
La Destrousse
Roquevaire
Plan-de-Cuques
Allauch
Plan-d'Aups-Ste-Baume
St-Pilon
Mazaugues
Massif de la Sainte-Baume
Aubagne
Gémenos
Riboux
Signes
St-Barnabé
Cuges-les-Pins
Chibron
St-Marcel
La Penne-sur-Huveaune
Carnoux-en-Provence
OK Corral (Parc d'attractions)
Castellet Paul-Ricard
Roquefort-la-Bédoule
Ceyreste
Le Castellet
Le Beausset
Cassis
Cap Canaille
La Ciotat
Les Lecques
St-Cyr-sur-Mer
La Cadière-d'Azur
Évenos
Ollioules
Bandol
Sanary-sur-Mer
Six-Fours-les-Plages
Les Calanques
Île Calseraigne
Île Verte
Île de Bendor
Institut Océanographique Paul Ricard
Presqu'île du Cap Sicié
N.-D. du Mai
Cap Sicié
Le Brusc
La Seyne-sur-Mer

Brignoles
Tourves
La Celle
Camps-la-Source
Le Val
Vins-sur-Caramy
Carcès
Cabasse
Le Thoronet
Le Luc
Le Cannet-des-Maures
Flassans-sur-Issole
Besse-s-Issole
Ste-Anastasie-sur-Issole
Forcalqueiret
Garéoult
La Roquebrussanne
Mazaugues
Néoules
Méounes-lès-Montrieux
Signes
Rocbaron
Puget-Ville
Carnoules
Pignans
Gonfaron
Collobrières
Cuers
Pierrefeu-du-Var
Solliès-Pont
Solliès-Ville
Solliès-Toucas
La Farlède
La Crau
La Valette-du-Var
La Garde
Le Pradet
Carqueiranne
Hyères
La Londe-les-Maures
Bormes-les-Mimosas
La Seyne-sur-Mer
TOULON
St-Mandrier-sur-Mer
Six-Fours-les-Plages
Hyères-Plage
Giens
Porquerolles
Île de Porquerolles
Presqu'île de Giens
Presqu'île de St-Mandrier
RADE D'HYÈRES
Golfe de Giens
Cap Sicié
Cap Bénat
Ollioules
Evenos
Le Revest-les-Eaux
Pierrefeu-du-Var
A 8
A 57
A 570
0
5
10 km
CG
CH
CI
CJ
86
87
88
89
90
307
327

308
CK
CL
CM
CN
86
87
88
89
90
Les Arcs
Taradeau
Vidauban
Tholon
Le Cannet-des-Maures
Les Valises
La Roquette
Roquebrune-sur-Argens
Puget-s-Argens
Fréjus
St-Raphaël
Valescure
Agay
Anthéor
Boulouris
Dramont
Cap du Dramont
Île d'Or
Fréjus-Plage
Golfe de Fréjus
Corniche
St-Aygulf
Villepey
Pnte de la Lauvette
La Gaillarde
Pnte de la Calle
Les Calanques
Pnte des Issambres
Les Issambres
San-Peïre-s-Mer
Val d'Esquières
La Garonnette
La Nartelle
Cap des Sardinaux
Tourelle de la Sèche-à-l'Huile
Ste-Maxime
Golfe de St-Tropez
Grde Pointe
Beauvallon
Port-Grimaud
ST-TROPEZ
Plage des Graniers
Cap St-Pierre
Pnte des Rabiou
Tourelle de laMoutte
Les Parcs
Cap de St-Tropez
La Moutte
Plage des Salins
Les Salins
Pnte de Capon
Cap du Pinet
Plage de Tahiti
Anse de Pampelonne
Plage de Pampelonne
Pampelonne
Pnte de la Bonne Terrasse
Cap Camarat
Ramatuelle
Gassin
Moulins de Paillas
Les Tournels
Chau Volterra
Col de Collebasse
Gigaro
Plage de l'Escalet
La Bastide-Blanche
Cap Taillat
Plage de la Briande
Cap Lardier
Pnte Andati
La Croix-Valmer
La Bouillabaisse
Baie de Cavalaire
Cavalaire-sur-Mer
Cap Cavalaire
Le Dattier
Pnte de la Chappe
Corniche des Maures
Rayol-Canadel-sur-Mer
Pramousquier
Cap Nègre
Cavalière
Aiguebelle
La Fossette
St Clair
Le Lavandou
Plage de la Favière
Port de Bormes-les-Mimosas
Baie de Gau
Pnte de l'Esquillette
Cap-Bénat
Cap Bénat
Cap Blanc
Col du Canadel
La Môle
Cogolin
Grimaud
La Garde-Freinet
St-Clément
Plan-de-la-Tour
Le Plan
Prat-Bourdin
Courruero
Coriolan
St-Pons-les-Mûres
Les Mûres
Guerre-Vieille
Hte Suane
St-Preire
Préconil
Sémaphore
Vaucaude
Valdegilly
Les Crottes
St-Marc
Giégi
Rebois
Minuty
Bourrian
Bertaud
Pilon
Ste-Anne
St-Amé
Les Marines-de-Cogolin
La Bouillabaisse
La Foux
Les Guiols
Les Campaux
Les Pradels
L'Arbre
Malatra
Monastère de la Verne
Bois Mateau
B. de la Colle
Canadel-sur-Mer
MAURES
Forêt
Sommet de Castel-Diol
Sommet du Peynier
Sommet de l'Escarayol
Les Bauquières
Les Pommiers
La Bastide-Rouge
Pourrières
Les Pierrons
Les Gastons
Le Revest
Vallaury
Colle Dure
La Moure
Col de Vignon
Les Plaines
Bois du Rouquan
Bois de Bouis
La Miquelette
St-Julien
Les Bertrands
Les Espérifets
Peissonnel
St-Martin
Le Clos
Vieux-Revest
La Mère
Donat
Col de Gratteloup
Les Ricards
Col de Bougnon
Cabasse
Lissandre
Les Grds Châteaux
Les Baux
Grde-Bastide
Les Tourres
Col de Valdingarde
Aquatica
Le Lion
Golfe
HYÈRES
Pnte de Calle-Rousse
Calanque de l'Estable
Phare du Titan
Pnte du Castellas
Zone interdite
Pnte de l'Areste
Île du Levant
Calanque de l'Avis
Le Grd Avis
Le Grd Cap
Héliopolis
Fort
Île de Port-Cros
(Parc National)
La Palud
Port-Man
Pnte de la Galère
Pnte de Port-Man
Col des 4 Chemins
Pnte Maupertuis
Pnte du Vallon
Rer de la Gabinière

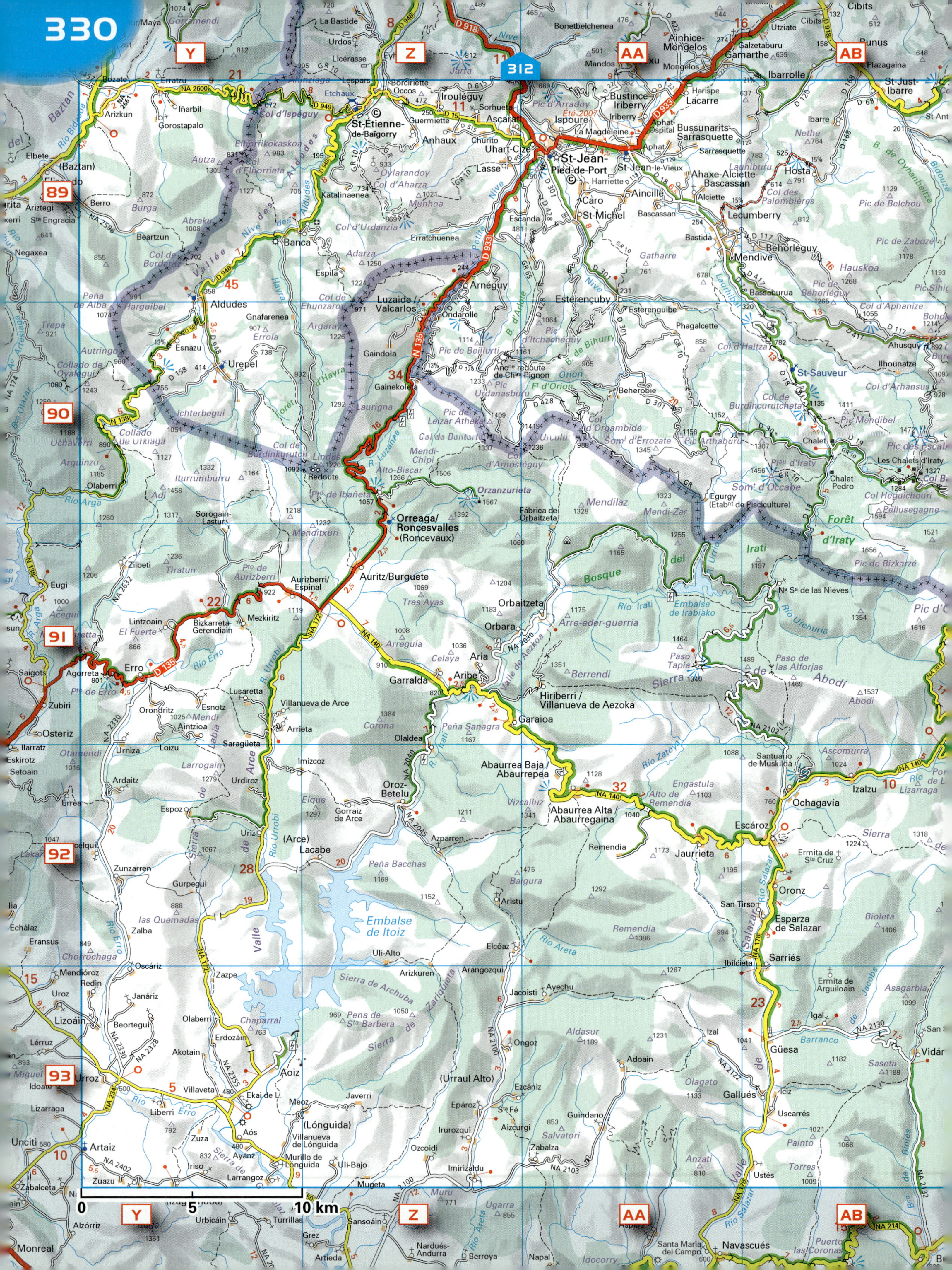
312
Y
Z
AA
AB
89
90
91
92
93
St-Étienne-de-Baïgorry
Irouléguy
Ascarat
Anhaux
Uhart-Cize
St-Jean-Pied-de-Port
St-Jean-le-Vieux
Ispoure
Aincille
Caro
St-Michel
Ahaxe-Alciette-Bascassan
Lecumberry
Mendive
Béhorléguy
Estérençuby
Arnéguy
Luzaide / Valcarlos
Banca
Aldudes
Urepel
Esnazu
Col d'Ispeguy
Col d'Urdanzia
Vallée des Aldudes
Orreaga/ Roncesvalles (Roncevaux)
Auritz/Burguete
Aurizberri/ Espinal
Mezkiritz
Bizkarreta-Gerendiain
Linztoain
Erro
Agorreta
Zubiri
Osteriz
Orbaitzeta
Orbara
Aria
Aribe
Garralda
Hiriberri / Villanueva de Aezkoa
Garaioa
Abaurrea Baja / Abaurrepea
Abaurrea Alta / Abaurregaina
Jaurrieta
Escároz
Ochagavía
Izalzu
Oronz
Esparza de Salazar
Sarriés
Güesa
Gallués
Iciz
Uscarrés
Ustés
Navascués
Embalse de Itoiz
Embalse de Irabiako
Forêt d'Iraty
Sierra de Abodi
Oroz-Betelu
Arrieta
Villanueva de Arce
Lusarreta
Urniza
Loizu
Saragüeta
Imizcoz
Urdiroz
Espoz
Uriz
(Arce)
Lacabe
Zunzarren
Gurpegui
Zalba
Oscáriz
Mendióroz
Redín
Lizoáin
Urroz
Artaiz
Zuazu
Aoiz
Ekai de L.
Villaveta
Liberri
Aós
Zuza
Iriso
Ayanz
Murillo de Lónguida
(Lónguida)
Uli-Bajo
Ozcoidi
Imirizaldu
Zabalza
(Urraul Alto)
Ongoz
Ayechu
Jacoisti
Arizkuren
Elcóaz
Aristu
Azparren
Remendía
Olaldea
Pic d'Orhy
Col Bagargui
Chalet Pedro
Ni-S. de las Nieves
Santuario de Muskilda
0
5
10 km

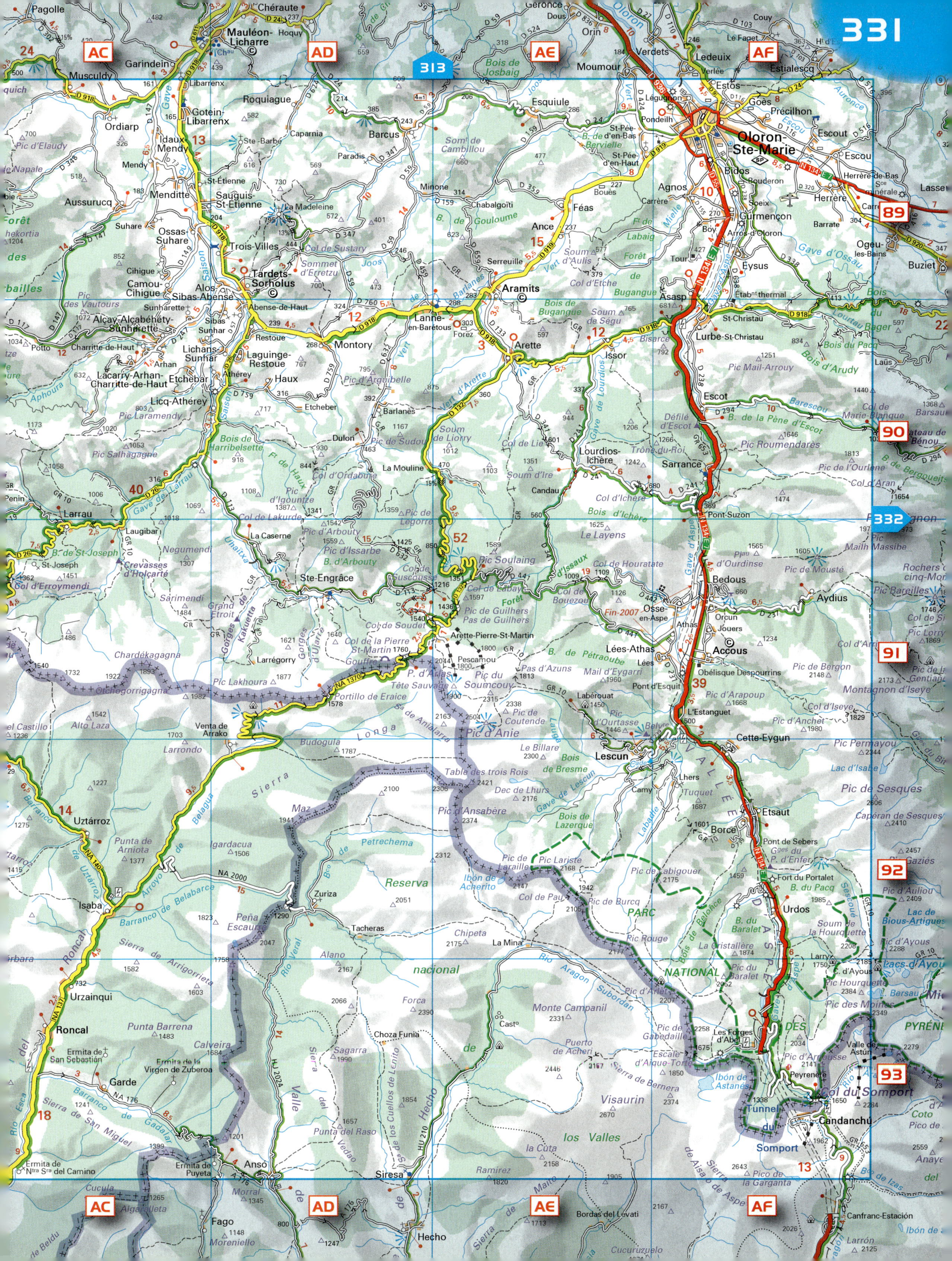
AC
AD
AE
AF
313
332
89
90
91
92
93
Mauléon-Licharre
Chéraute
Garindein
Musculdy
Ordiarp
Gotein-Libarrenx
Roquiague
Barcus
Esquiule
Moumour
Verdets
Ledeuix
Estialescq
Oloron-Ste-Marie
Goès
Précilhon
Escout
Escou
Herrère
Lasseube
Ogeu-les-Bains
Buziet
Idaux-Mendy
Aussurucq
Menditte
Sauguis-St-Étienne
Ossas-Suhare
Trois-Villes
Tardets-Sorholus
Alos
Sibas-Abense
Camou-Cihigue
Alçay-Alçabéhéty-Sunharette
Lichans-Sunhar
Laguinge-Restoue
Haux
Montory
Lanne-en-Barétous
Aramits
Arette
Féas
Ance
Agnos
Gurmençon
Asasp
Lurbe-St-Christau
Eysus
Issor
Escot
Sarrance
Lourdios-Ichère
Licq-Athérey
Lacarry-Arhan-Charritte-de-Haut
Etchebar
Larrau
Ste-Engrâce
Arette-Pierre-St-Martin
Bedous
Osse-en-Aspe
Accous
Lées-Athas
Lescun
Cette-Eygun
Etsaut
Urdos
Borce
Aydius
Col du Somport
Candanchú
Canfranc-Estación
Pic d'Anie
Pic de Sesques
Uztárroz
Isaba
Roncal
Urzainqui
Garde
Anso
Siresa
Hecho
Fago
Zuriza
Sierra de San Miguel
Reserva
PARC
NATIONAL
DES
PYRÉNÉES
Visaurin
los Valles
Sierra de Aísa
Vallée d'Aspe
Pic de Guilhers
Pic Soulaing
Pic de Labigouer
Pic Rouge
Tunnel du Somport
Col de Soudet
Col de la Pierre St-Martin
Forêt des Arbailles
Col d'Arette
Col de Lie
Col d'Ichère
Col de Hourataté
Col de Pau
Gave d'Aspe
Gave de Larrau
Gave d'Oloron
Gave d'Ossau
Crevasses d'Holçarté
Bois de Bugangue
Pic de Laraille
Pic de Burcq
Dec de Lhurs
Pic d'Ansabère
Table des trois Rois

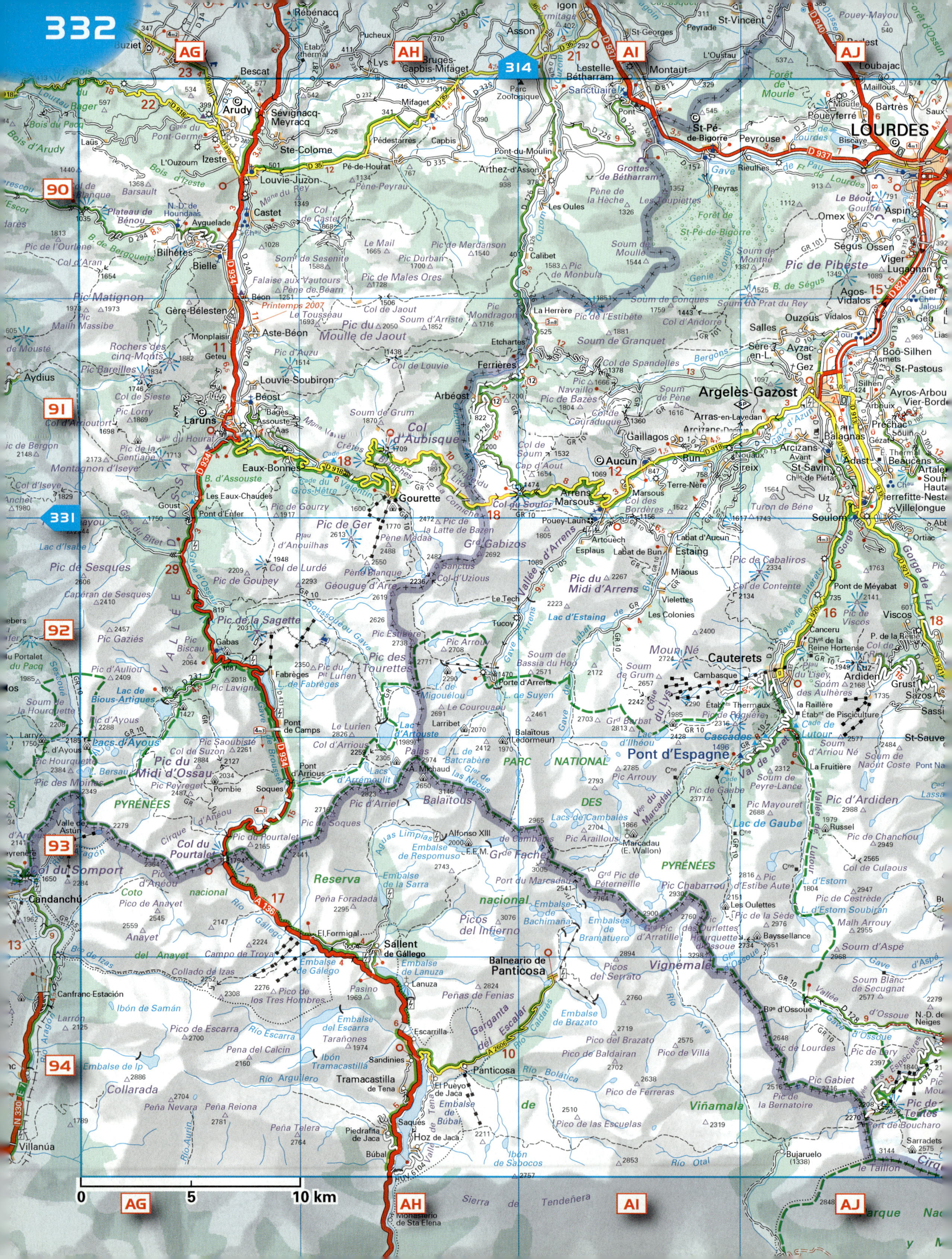

AG
AH
AI
AJ
314
331
90
91
92
93
94
LOURDES
Argelès-Gazost
Cauterets
Pont d'Espagne
Arudy
Laruns
Eaux-Bonnes
Gourette
Col d'Aubisque
Col du Soulor
Arrens-Marsous
Aucun
Lestelle-Bétharram
Grottes de Bétharram
St-Pé-de-Bigorre
Louvie-Juzon
Castet
Bielle
Bilhères
Plateau de Bénou
Pic Matignon
Gère-Bélesten
Aste-Béon
Louvie-Soubiron
Béost
Rébénacq
Asson
Bruges-Capbis-Mifaget
Sévignacq-Meyracq
Ste-Colome
Izeste
Pic du Moulle de Jaout
Pic de Pibeste
Pic de Ger
Pic de Sesques
Pic de Gabizos
Pic du Midi d'Arrens
Vallée d'Arrens
Vallée d'Ossau
Pic de la Sagette
Gabas
Fabrèges
Lac de Fabrèges
Pic du Midi d'Ossau
Lacs d'Ayous
Lac de Bious-Artigues
Pic des Tourettes
Lac d'Artouste
Balaïtous
Grande Fache
Vignemale
Pic Chabarrou
Lac de Gaube
Val de Jéret
Luz-Ardiden
Soulom
Pierrefitte-Nestalas
Villelongue
Gorge de Luz
Pic de Viscos
Pic d'Ardiden
PARC NATIONAL DES PYRÉNÉES
Col du Pourtalet
Col du Somport
Candanchu
Canfranc-Estación
Sallent de Gállego
El Formigal
Embalse de Lanuza
Embalse de Respomuso
Balneario de Panticosa
Panticosa
Picos del Infierno
Reserva nacional
Embalse de Búbal
Hoz de Jaca
Piedrafita de Jaca
Biescas
Tramacastilla de Tena
Escarrilla
Sandiniés
Collarada
Pico de Anayet
Campo de Troya
Embalse de Bachimaña
Embalse de Brazato
Viñamala
Bujaruelo
Sierra de Tendeñera
Villanúa
Monasterio de Sta Elena
D 934
D 918
D 937
D 921
A 136
N 330
0
5
10 km

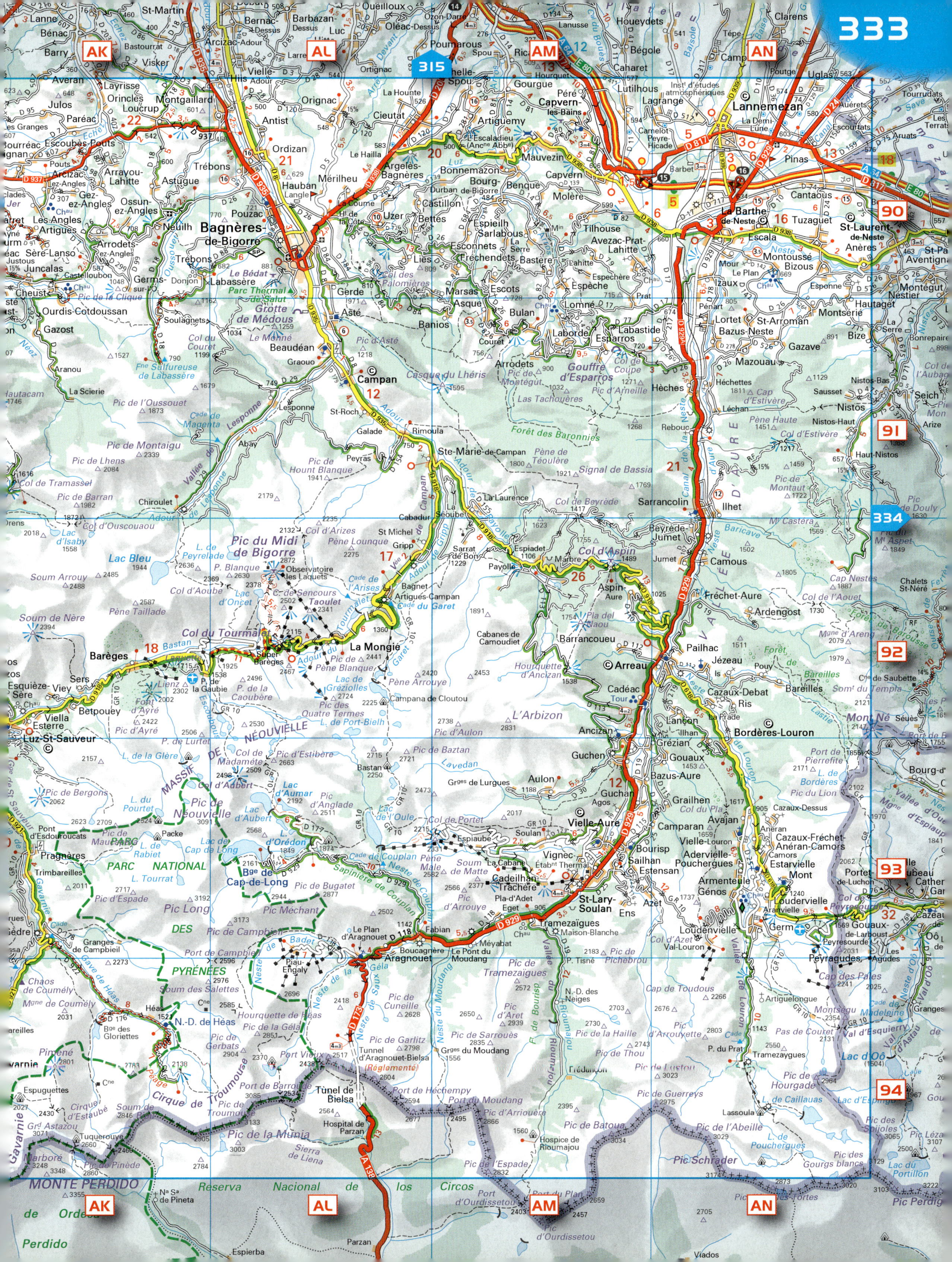
AK
AL
AM
AN
315
334
90
91
92
93
94
Lannemezan
Capvern
Bagnères-de-Bigorre
La Barthe-de-Neste
St-Laurent-de-Neste
Campan
Ste-Marie-de-Campan
Sarrancolin
Arreau
La Mongie
Barèges
Luz-St-Sauveur
Pic du Midi de Bigorre
Col du Tourmalet
Col d'Aspin
Vielle-Aure
St-Lary-Soulan
Bordères-Louron
Loudenvielle
Aragnouet
Tunnel d'Aragnouet-Bielsa
Bielsa
Parzan
Pic Long
PARC NATIONAL DES PYRÉNÉES
MASSIF DE NÉOUVIELLE
Cirque de Troumouse
Gavarnie
MONTE PERDIDO
Reserva Nacional de los Circos
L'Arbizon
Lac d'Orédon
Cap-de-Long
Piau-Engaly
Peyragudes
Lac Bleu
Gouffre d'Esparros
Grotte de Médous
Forêt des Baronnies
Pic Schrader
Pic de la Munia

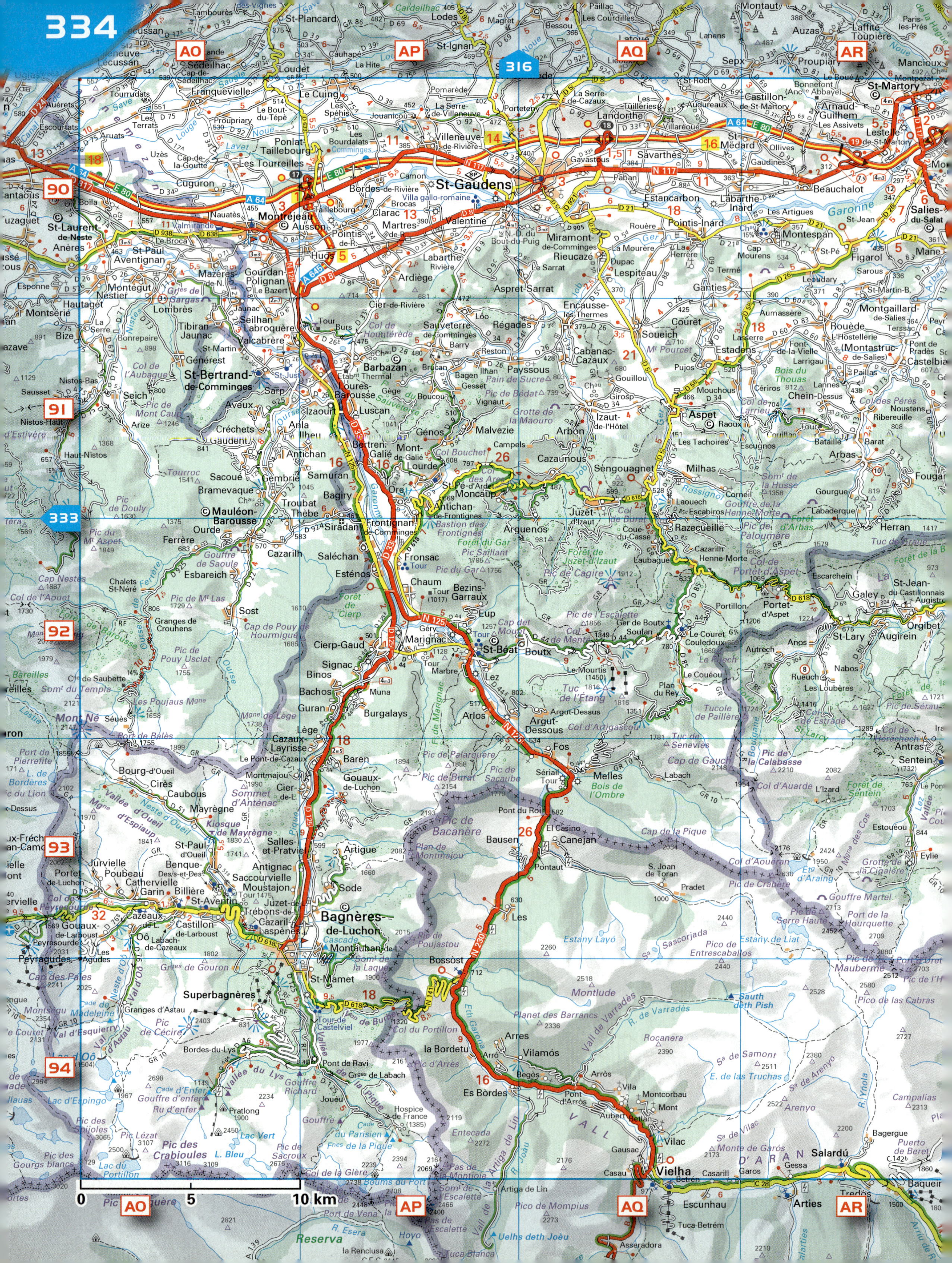
316
333
AO
AP
AQ
AR
90
91
92
93
94
St-Gaudens
Montréjeau
St-Bertrand-de-Comminges
Mauléon-Barousse
Marignac
St-Béat
Bagnères-de-Luchon
Superbagnères
Aspet
Montespan
Salies-du-Salat
St-Martory
Valentine
Labarthe-Inard
Pointis-Inard
Estancarbon
Villeneuve-de-Rivière
Barbazan
Loures-Barousse
Saléchan
Siradan
Fronsac
Chaum
Cierp-Gaud
Signac
Guran
Cazaux-Layrisse
Salles-et-Pratviel
Antignac
Juzet-de-Luchon
Montauban-de-Luchon
St-Mamet
Castillon-de-Larboust
Peyragudes
Bossòst
Les
Canejan
Bausen
Arres
Vilamós
Es Bòrdes
Vielha
Salardú
Arties
Escunhau
Galey
Orgibet
Sentein
Antras
St-Lary
Portet-d'Aspet
Razecueillé
Juzet-d'Izaut
Arbon
Cazaunous
Sengouagnet
Milhas
Herran
Fougaron
Arbas
Encausse-les-Thermes
Soueich
Cabanac-Cazaux
Izaut-de-l'Hôtel
Aspret-Sarrat
Miramont-de-Comminges
Rieucazé
Lespiteau
Figarol
Montgaillard-de-Salies
Gourdan-Polignan
Labroquère
Valcabrère
Seilhan
Tibiran-Jaunac
Lombrès
Hautaget
Montégut
Nestier
Mazères-de-Neste
St-Paul
Aventignan
St-Laurent-de-Neste
Anères
Cuguron
Franquevielle
Sédeilhac
Loudet
St-Plancard
Lodes
St-Ignan
Landorthe
Savarthès
St-Médard
Beauchalot
Lestelle
Arnaud-Guilhem
Castillon-de-St-Martory
Proupiary
Auzas
Laffite-Toupière
Pic de Mauberme
Pic de Bacanère
Pic de Burat
Pic de Cagire
Pic de Gar
Pic du Gar
Pic de Sacroux
Pic des Crabioules
Lac d'Oô
Lac d'Espingo
Vallée du Lys
Vallée d'Oueil
Col de Menté
Col de Portet-d'Aspet
Col des Ares
Col du Portillon
Col de Peyresourde
Col de Balès
Col d'Aouéran
Forêt du Gar
Forêt de Juzet-d'Izaut
Bois de l'Ombre
Vall d'Aran
Garonne
Pique
Ger
Noue
Save
Louge
A 64
E 80
N 117
N 125
N 230
D 618
0
5
10 km

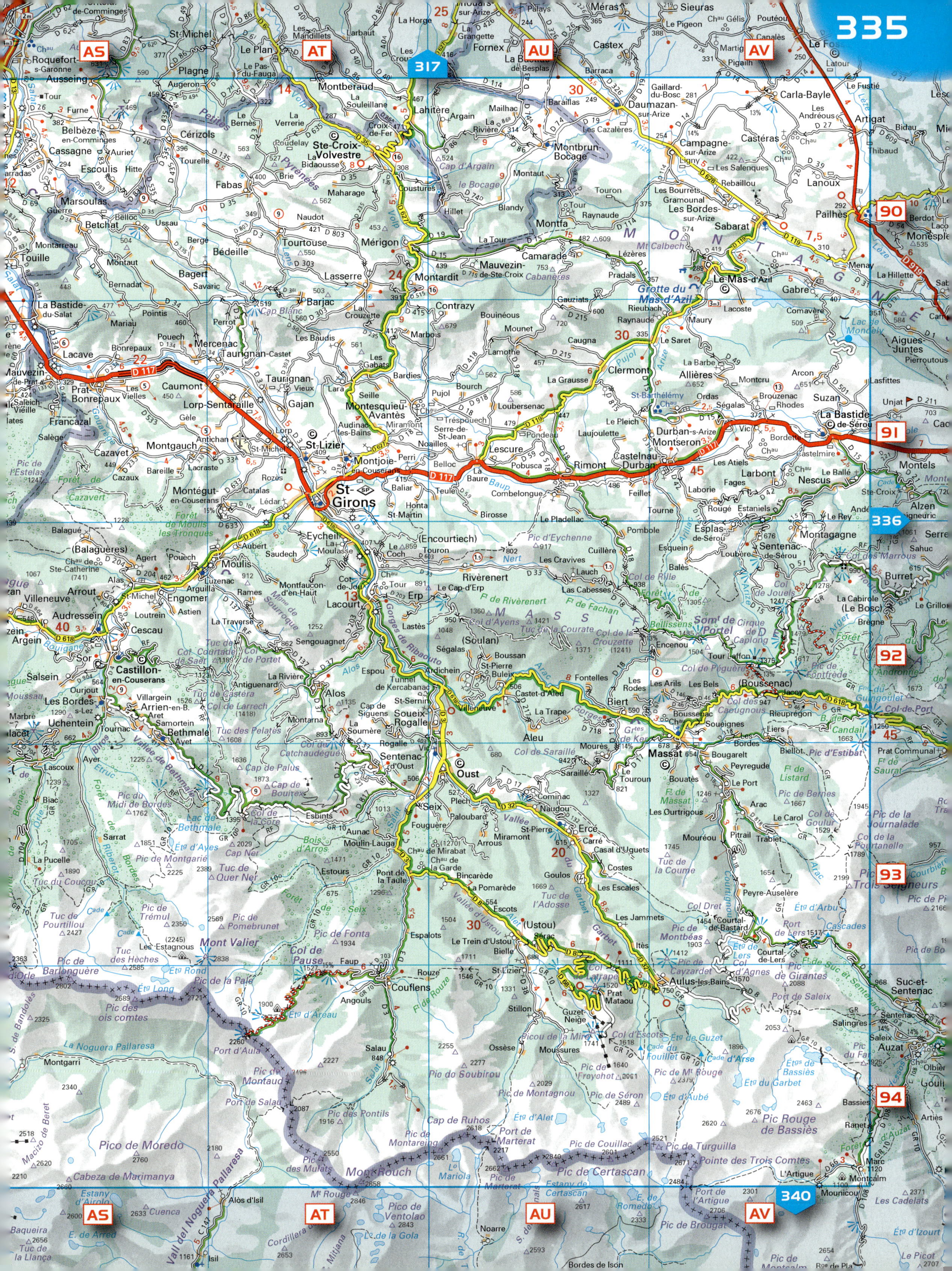
317
336
340
90
91
92
93
94
AS
AT
AU
AV
Roquefort-s-Garonne
Ausseing
St-Michel
Montberaud
Lahitère
Castex
Daumazan-sur-Arize
Carla-Bayle
Artigat
Montbrun-Bocage
Ste-Croix-Volvestre
Campagne-sur-Arize
Castéras
Lanoux
Pailhès
Cassagne
Escoulis
Cérizols
Fabas
Mérigon
Tourtouse
Bédeille
Marsoulas
Betchat
Montfa
Camarade
Mauvezin-de-Ste-Croix
Sabarat
Les Bordes-sur-Arize
Gabre
Le Mas-d'Azil
Grotte du Mas-d'Azil
Montardit
Lasserre
Barjac
Contrazy
Clermont
Allières
Suzan
La Bastide-de-Sérou
Aigues-Juntes
La Bastide-du-Salat
Lacave
Mauvezin
Prat-Bonrepaux
Caumont
Lorp-Sentaraille
Taurignan-Castet
Taurignan-Vieux
Gajan
St-Lizier
Montesquieu-Avantès
Lescure
Rimont
Castelnau-Durban
Durban
Montseron
Larbont
Nescus
Montels
Alzen
Francazal
Cazavet
Montgauch
Montjoie-en-Couserans
St-Girons
Eycheil
Moulis
Encourtiech
Rivèrenert
Lacourt
Erp
Montagagne
Burret
Sentenac-de-Sérou
Esplas-de-Sérou
Audressein
Argein
Castillon-en-Couserans
Villeneuve
Arrout
Engomer
Sor
Salsein
Les Bordes-s-Lez
Uchentein
Bethmale
Arrien-en-B.
Alos
Soueix-Rogalle
Sentenac-d'Oust
Oust
Aleu
Biert
Massat
Boussenac
Le Port
Seix
Couflens
Aulus-les-Bains
Ercé
Ustou
Suc-et-Sentenac
Auzat
Mont Valier
Port d'Aula
Pic Rouge de Bassiès
Pico de Moredo
Montcalm
Cabeza de Marimanya
Pic de Certascan
Vall del Noguera Pallaresa
Pic de Maubermé
Marc
L'Artigue
Goulier
Vicdessos

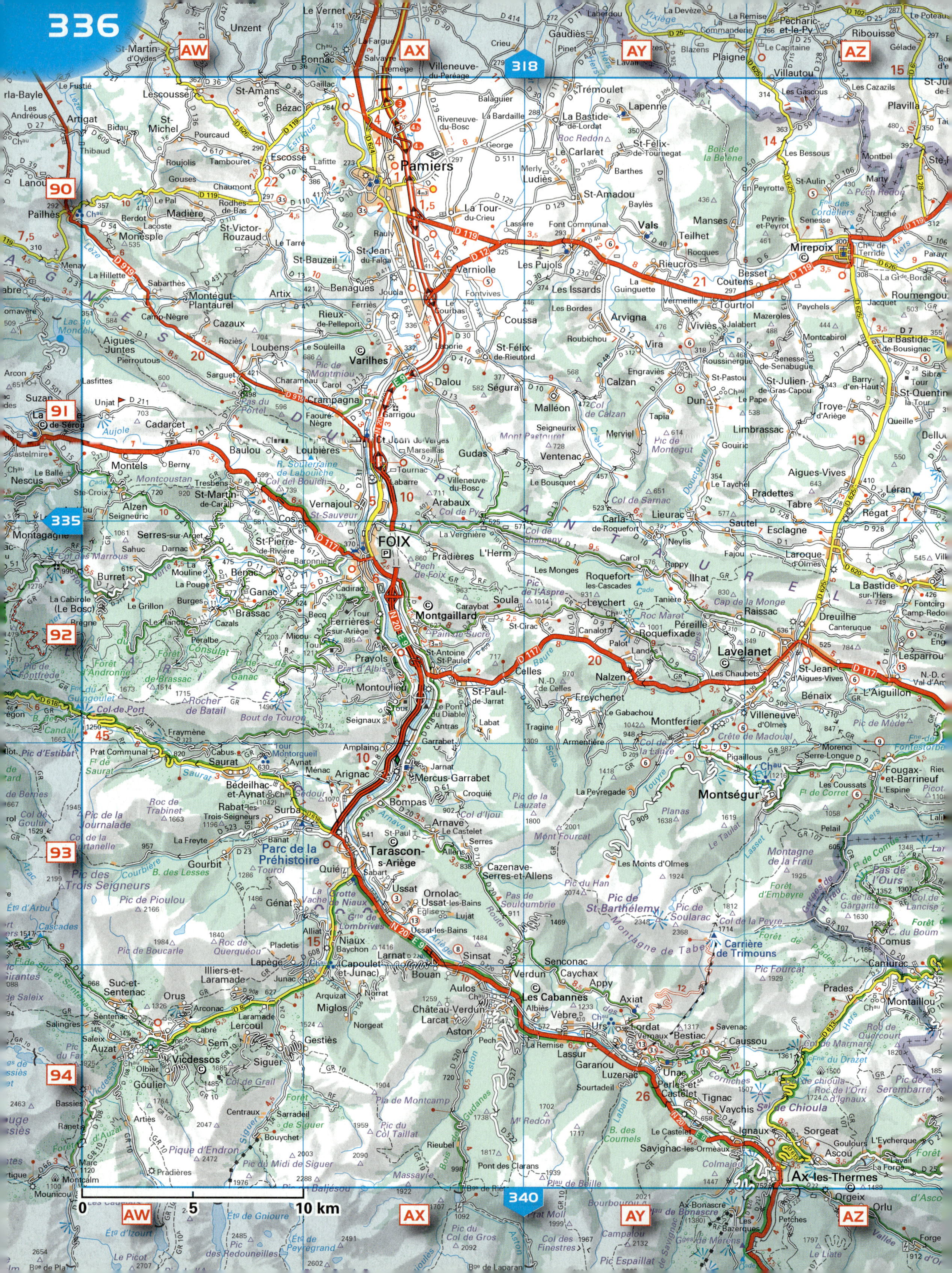
AW
AX
AY
AZ
318
340
90
91
92
93
94
15
Pamiers
Foix
Varilhes
Mirepoix
Lavelanet
Tarascon-s-Ariège
Ax-les-Thermes
Montségur
Vicdessos
Les Cabannes
Le Vernet
Unzent
St-Martin-d'Oydes
Bonnac
Villeneuve-du-Paréage
Gaudiès
Pinet
Laval
La Devèze
La Remise
Pécharic-et-le-Py
Ribouisse
Plaigne
Villautou
Les Cazalis
Plavilla
Trémoulet
Lapenne
La Bastide-de-Lordat
Le Carlaret
St-Félix-de-Tournegat
St-Amadou
Balaguier
Riveneuve-du-Bosc
La Bardaille
Ludiès
Escosse
St-Amans
Bézac
Lescousse
St-Michel
Artigat
Madière
Pailhès
Monesple
Le Fossat
Les Issards
Les Pujols
Verniolle
Vals
Manses
Teilhet
Rieucros
Coutens
Besset
Roumengoux
Benagues
St-Jean-du-Falga
St-Victor-Rouzaud
Montégut-Plantaurel
Artix
Rieux-de-Pelleport
Loubens
Aigues-Juntes
Cazaux
Coussa
Arvigna
Vira
Vivies
Dalou
Ségura
Malléon
Calzan
Dun
Limbrassac
St-Julien-de-Gras-Capou
Troye-d'Ariège
Crampagna
Garrigou
St-Jean-de-Verges
Loubières
Baulou
Cadarcet
Suzan
Montels
Alzen
St-Martin-de-Caralp
Vernajoul
Gudas
Ventenac
Arabaux
Villeneuve-du-Bosc
Carla-de-Roquefort
Lieurac
Aigues-Vives
Léran
Régat
Sautel
Esclagne
Laroque-d'Olmes
Serres-sur-Arget
St-Pierre-de-Rivière
Pradières
L'Herm
Montgaillard
Soula
Roquefort-les-Cascades
Leychert
Péreille
Roquefixade
Raissac
Dreuilhe
Ilhat
Burret
Le Bosc
Brassac
Ganac
Bénac
Ferrières-sur-Ariège
Prayols
Montoulieu
St-Paul-de-Jarrat
Celles
Nalzen
Freychenet
Montferrier
Villeneuve-d'Olmes
St-Jean-d'Aigues-Vives
Bénaix
L'Aiguillon
Saurat
Bédeilhac-et-Aynat
Arignac
Mercus-Garrabet
Bompas
Arnave
Cazenave-Serres-et-Allens
Surba
Rabat-les-Trois-Seigneurs
Gourbit
Quié
Ornolac-Ussat-les-Bains
Niaux
Capoulet-et-Junac
Génat
Sinsat
Verdun
Caychax
Appy
Axiat
Lordat
Bestiac
Caussou
Garanou
Luzenac
Unac
Perles-et-Castelet
Vaychis
Tignac
Sorgeat
Ascou
Orgeix
Orlu
Montaillou
Prades
Camurac
Comus
Fougax-et-Barrineuf
Sentenac
Orus
Auzat
Goulier
Siguer
Lercoul
Gestiès
Miglos
Château-Verdun
Aston
Larcat
Illiers-et-Laramade
Suc-et-Sentenac
Parc de la Préhistoire
Pic des Trois Seigneurs
Pic de Saint-Barthélemy
Pic de Soularac
Carrière de Trimouns
Montagne de la Frau
Pic de Montcalm
Col de Port
Col del Bouich
Col des Marrous
Col de la Crouzette
0
5
10 km

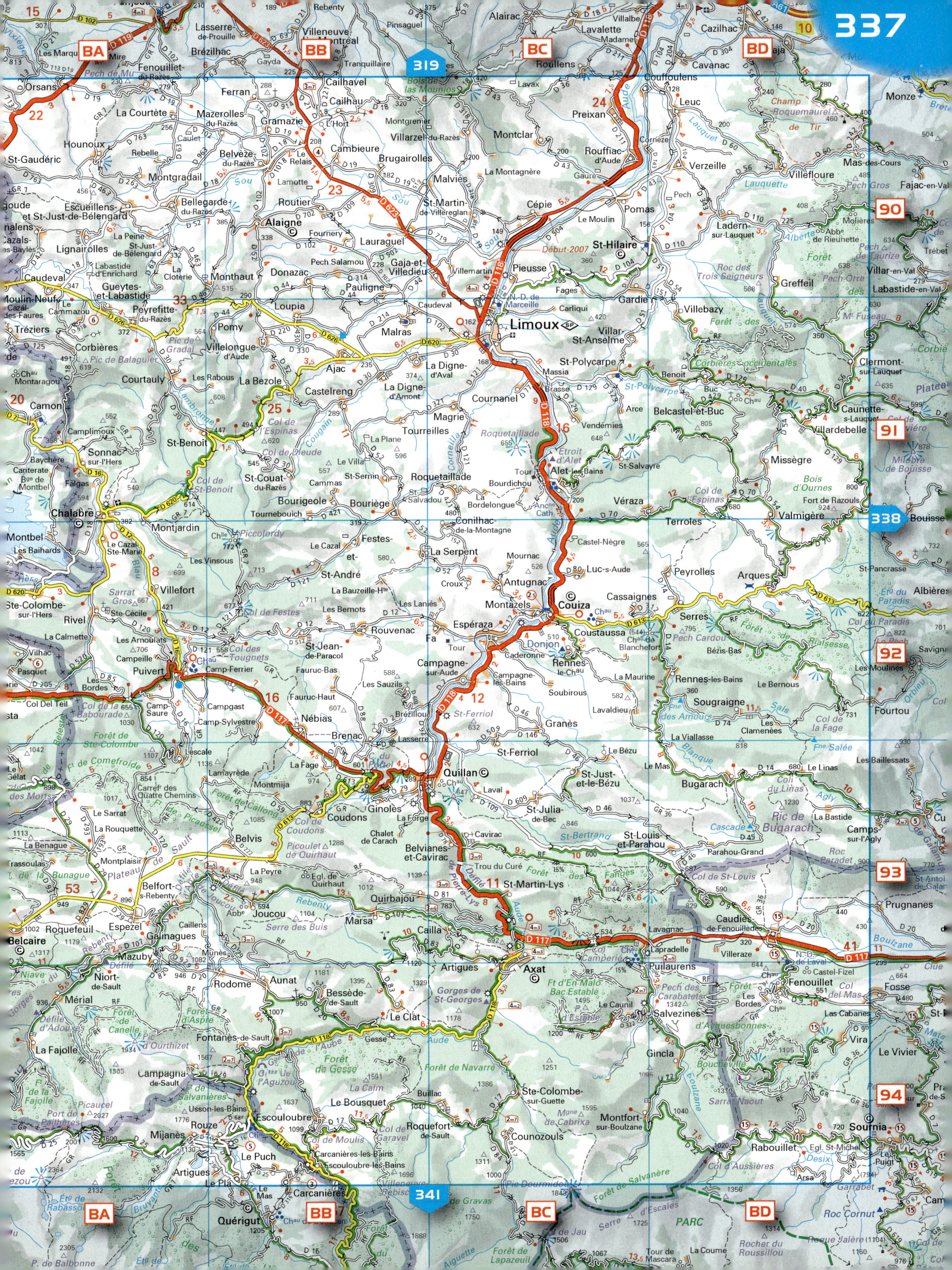
319
341
338
BA
BB
BC
BD
90
91
92
93
94
Limoux
Couiza
Quillan
Axat
Alaigne
St-Hilaire
Chalabre
Puivert
Belcaire
Quérigut
Sournia
Fenouillet
Puilaurens
Roquefort-de-Sault
Escouloubre
Carcanières
Mazuby
Espezel
Belvis
Ginoles
Esperaza
Campagne-sur-Aude
Rennes-les-Bains
Rennes-le-Château
Alet-les-Bains
Roquetaillade
Magrie
Cournanel
La Digne-d'Aval
La Digne-d'Amont
Malras
Loupia
Pomy
Ajac
La Bezole
Castelreng
Pieusse
Gaja-et-Villedieu
Lauraguel
Donazac
Routier
Cépie
Preixan
Rouffiac-d'Aude
Roullens
Alairac
Lavalette
Cazilhac
Cavanac
Couffoulens
Leuc
Verzeille
Villefloure
Monze
Ladern-sur-Lauquet
Greffeil
Villebazy
Villar-St-Anselme
St-Polycarpe
Belcastel-et-Buc
Missègre
Valmigère
Terroles
Véraza
Peyrolles
Arques
Cassaignes
Serres
Sougraigne
Bugarach
Camps-sur-l'Agly
Caudiès-de-Fenouillèdes
St-Paul-de-Fenouillet
Prugnanes
Fourtou
Soulatgé
St-Louis-et-Parahou
St-Martin-Lys
Belvianes-et-Cavirac
St-Ferriol
St-Just-et-le-Bézu
St-Julia-de-Bec
Granès
Luc-sur-Aude
Antugnac
Montazels
Conilhac-de-la-Montagne
La Serpent
Festes-et-St-André
St-Jean-de-Paracol
Rouvenac
Nébias
Brenac
Puivert
Villefort
Rivel
Montjardin
Sonnac-sur-l'Hers
Camon
Courtauly
Peyrefitte-du-Razès
Gueytes-et-Labastide
Escueillens-et-St-Just-de-Bélengard
Hounoux
Mazerolles-du-Razès
Belvèze-du-Razès
Bellegarde-du-Razès
Montgradail
La Courtète
Ferran
Cailhavel
Cailhau
Gramazie
Cambieure
Brugairolles
Malviès
Villarzel-du-Razès
Montclar
Brézilhac
Fenouillet-du-Razès
Lasserre-de-Prouille
Villeneuve-lès-Montréal
Orsans
St-Gaudéric
Lignairolles
Caudeval
Tréziers
Corbières
St-Benoit
Bourigeole
Bouriège
Tourreilles
St-Couat-du-Razès
Cambieure
Gincla
Salvezines
Montfort-sur-Boulzane
Ste-Colombe-sur-Guette
Le Bousquet
Counozouls
Artigues
Rodome
Aunat
Bessède-de-Sault
Le Clat
Joucou
Marsa
Quirbajou
Rodome
Niort-de-Sault
Mérial
La Fajolle
Fontanès-de-Sault
Campagna-de-Sault
Mijanès
Rouze
Le Pla
Le Puch
Montbel
Montfort-sur-Boulzane
Rabouillet
Vira
Le Vivier
Gorges de St-Georges
Forêt de Gesse
Forêt de Navarre
Col de Jau
Pic de Bugarach
Forêt des Fanges
Défilé de Pierre-Lys
Col des Fourches
Forêt de Comefroide
Col du Portel
D 117
D 118
D 620
D 613
D 623
D 626

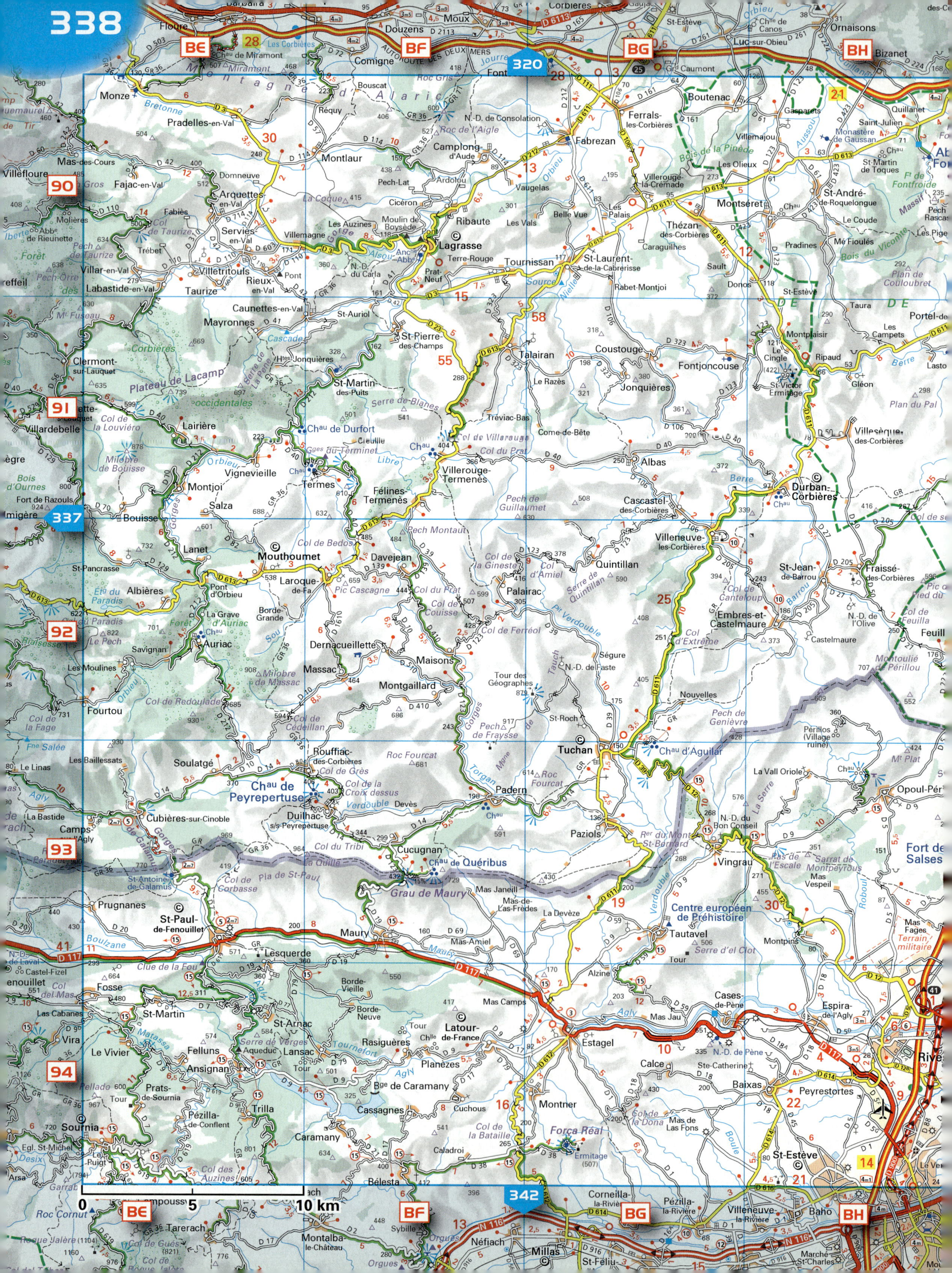
Monze
Pradelles-en-Val
Montlaur
Camplong-d'Aude
Fabrezan
Ferrals-les-Corbières
Boutenac
Ornaisons
Bizanet
Lagrasse
Ribaute
Tournissan
St-Laurent-de-la-Cabrerisse
Thézan-des-Corbières
Montséret
St-André-de-Roquelongue
Villar-en-Val
Labastide-en-Val
Taurize
Rieux-en-Val
Mayronnes
St-Pierre-des-Champs
Talairan
Coustouge
Fontjoncouse
Jonquières
Clermont-sur-Lauquet
Plateau de Lacamp
St-Martin-des-Puits
Lairière
Villardebelle
Vignevieille
Termes
Villerouge-Termenès
Félines-Termenès
Albas
Durban-Corbières
Cascastel-des-Corbières
Villeneuve-les-Corbières
Bouisse
Lanet
Mouthoumet
Laroque-de-Fa
Davejean
Palairac
Quintillan
St-Jean-de-Barrou
Fraissé-des-Corbières
Albières
Auriac
Dernacueillette
Massac
Maisons
Montgaillard
Embres-et-Castelmaure
Tuchan
Fourtou
Soulatgé
Rouffiac-des-Corbières
Chau de Peyrepertuse
Duilhac-s/s-Peyrepertuse
Padern
Paziols
Cubières-sur-Cinoble
Cucugnan
Chau de Quéribus
Grau de Maury
Vingrau
Fort de Salses
Prugnanes
St-Paul-de-Fenouillet
Maury
Lesquerde
Tautavel
Centre européen de Préhistoire
Fosse
St-Martin
St-Arnac
Latour-de-France
Estagel
Cases-de-Pène
Espira-de-l'Agly
Le Vivier
Felluns
Ansignan
Lansac
Rasiguères
Planèzes
Montner
Calce
Baixas
Peyrestortes
Sournia
Prats-de-Sournia
Trilla
Caramany
Cassagnes
Força Réal
St-Estève
Bélesta
Montalba-le-Château
Néfiach
Millas
Corneilla-la-Rivière
Pézilla-la-Rivière
Villeneuve-la-Rivière
Baho
0
5
10 km

BI
BJ
BK
BL
321
343
90
91
92
93
94
Armissan
Vires
St-Pierre-sur-Mer
Port de Brossolette
Terrain militaire
Les Hauts de Narbonne
Moujan
Pech Redon
Ricardelle
Narbonne-Plage
Rouquette
Craboules
Montfort
Les Monges
N. D. des Auzils
Le Pech Rouge
Montplaisir
Rochegrise
La Nautique
Cimetière marin
Le Rec d'Argent
Les Ayguades
Mandirac
Les Pesquis
Bages
Étang de Gruissan
Gruissan
Gruissan-Plage
Estarac
Étg de Campignol
Île St-Martin
Musée
Grazel
Salin de St-Martin
L'Évêque
Étg du Doul
Peyriac-de-Mer
Î. de Planasse
L'Ayrolle
Étang de L'Ayrolle
Étang de Bages et de Sigean
Réserve africaine
Île de l'Aute
N A R B O N N A I S E
Le Hameau du Lac
Île Ste-Lucie
Grau de la Vieille Nouvelle
La Courtive
Villefalse
Les Cabanes
Grd Salin
Salin de Ste-Lucie
Sigean
Port-la-Nouvelle
Rieu
Cap Romarin
Marbre
La Palme
Salin de Lapalme
Étg de Lapalme
Les Cabanes-de-Lapalme
St-Pancrace
M É D I T E R R A N N É E
Grau de la Franqui
La Franqui
Caves
Treilles
Cap Leucate
Leucate
Leucate-Plage
Fitou
Les Cabanes-de-Fitou
Grau de Leucate
Port-Fitou
Étang de Leucate ou de Salses
Pnte de la Corrège
Port-Leucate
Aquamagic
Salses-le-Château
Grde Dosse
Paquebot Lydia (ensablé)
Garrieux
Île de la Coudalère
Luna Park
Port-Barcarès
Centre nautique
Camp militaire
Port St-Ange
Le Barcarès
St-Hippolyte
St-Laurent-de-la-Salanque
Agly
Claira
Torreilles-Plage
Torreilles
Villelongue-de-la-Salanque
Ste-Marie
Ste-Marie-Plage
Bompas
Têt
Canet-en-Roussillon
PERPIGNAN
Canet-Plage
Cabestany
A 9
E 15
D 6009
D 6139
D 32
D 332
D 627
D 83
D 81
D 617

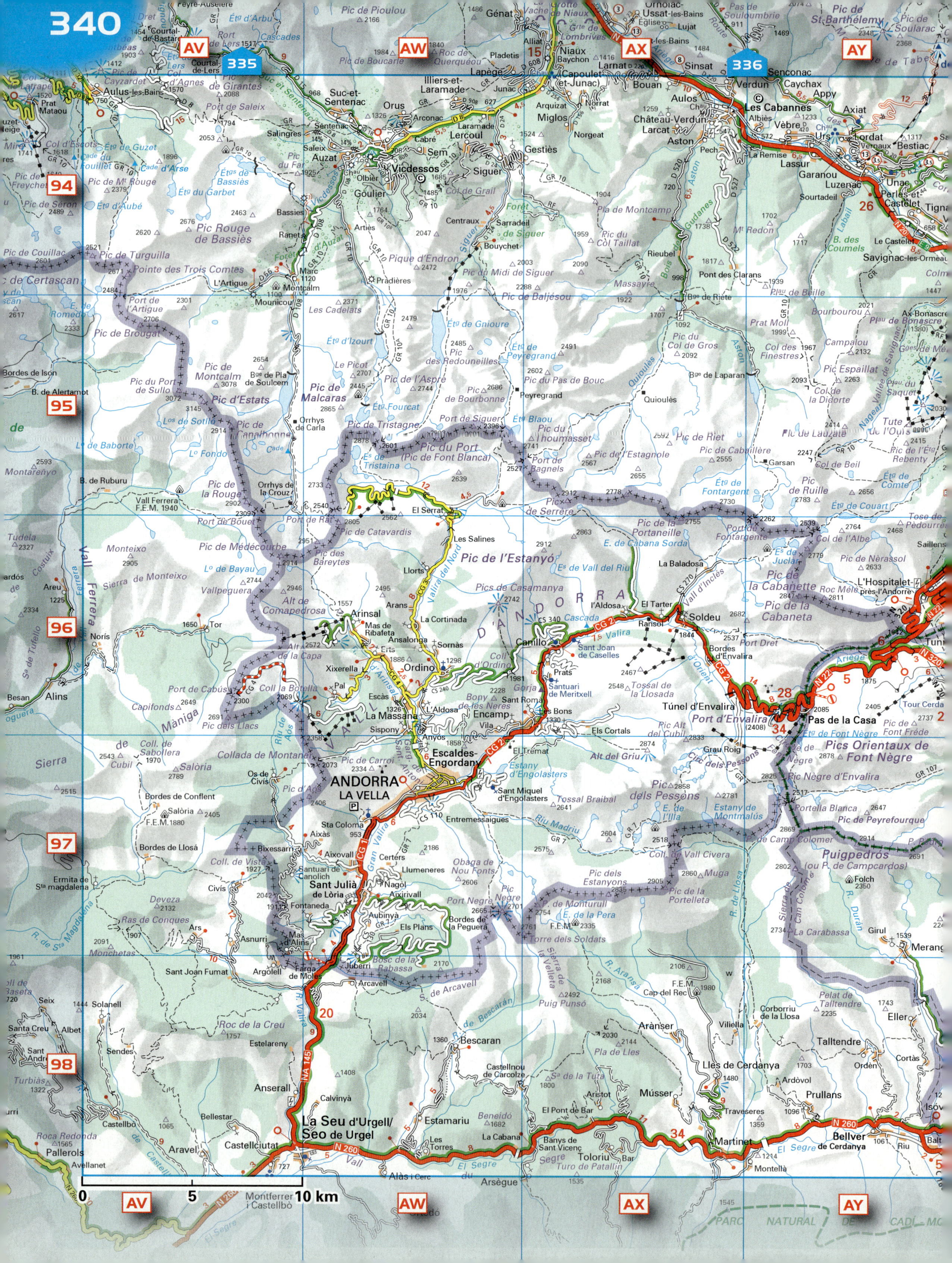
AV
AW
AX
AY
335
336
94
95
96
97
98
Aulus-les-Bains
Pic de Turguilla
Pointe des Trois Comtes
Pic de Brougat
Pic Rouge de Bassiès
Vicdessos
Auzat
Suc-et-Sentenac
Orus
Goulier
Siguer
Lercoul
Sem
Gestiès
Miglos
Niaux
Alliat
Tarascon
Aulos
Château-Verdun
Larcat
Aston
Verdun
Les Cabannes
Vèbre
Urs
Lassur
Garanou
Luzenac
Unac
Perles-et-Castelet
Axiat
Appy
Caychax
Senconac
Sinsat
Bouan
Norgeat
Pic de Saint-Barthélemy
Pic de Soularac
Pic de Médécourbe
Pic de Montcalm
Pic d'Estats
Pic de Malcaras
Pic de Tristagne
Pic du Port (Pic de Font Blanca)
Port de Siguer
Port de Bagnels
Pic de Serrère
Pic de Baljésou
Pic de l'Aspre
Pic de Bourbonne
Peyregrand
Quioulès
Pic de Riet
Pic de Ruille
Pic de Cabaillère
Pic de Lauzate
Pic Espaillat
Garsan
Rieubel
Pont des Clarans
Massayre
Pic de la Portaneille
Port de Fontargente
Pic de la Cabanette
Pic de la Cabaneta
Pic de Nérassol
L'Hospitalet-près-l'Andorre
Pic de l'Estanyó
El Serrat
Les Salines
Llorts
Arans
La Cortinada
Arinsal
Mas de Ribafeta
Ansalonga
Sornàs
Ordino
Erts
Xixerella
Pal
Escàs
La Massana
Sispony
Anyós
Escaldes-Engordany
ANDORRA LA VELLA
Encamp
Sant Romà
Vila
Les Bons
Els Cortals
Canillo
Sant Joan de Caselles
Prats
Santuari de Meritxell
El Tarter
Ransol
Soldeu
Bordes d'Envalira
Port d'Envalira
Túnel d'Envalira
Pas de la Casa
Pic de Font Nègre
Pics Orientaux de Font Nègre
Pic Nègre d'Envalira
Portella Blanca
Pic de Peyrefourque
Puigpedròs
Pic dels Pessons
Estany de Montmalús
Pic dels Estanyons
Pic de la Portelleta
Sant Miquel d'Engolasters
Estany d'Engolasters
Entremesaigües
Riu Madriu
Sta Coloma
Aixàs
Aixovall
Bixessarri
Santuari de Canòlich
Sant Julià de Lòria
Certers
Llumeneres
Nagol
Aixirivall
Fontaneda
Aubinyà
Els Plans
Bordes de la Peguera
Port Negre
Pic Negre
Civis
Asnurri
Mas d'Alins
Argolell
Farga de Moles
Juberri
Arcavell
Alins
Tor
Norís
Àreu
Vall Ferrera
Pic de Monteixo
Vallpeguera
Salòria
Bordes de Conflent
Bordes de Llosà
Ermita de Sta magdalena
Os de Civís
Sant Joan Fumat
Solanell
Seix
Santa Creu
Albet
Sendes
Anserall
Calvinyà
La Seu d'Urgell/ Seo de Urgel
Castellciutat
Aravell
Castellbò
Pallerols
Avellanet
Estamariu
Bescaran
Castellnou de Carcolze
Les Torres
La Cabana
Banys de Sant Vicenç
Toloriu
Arsèguе
El Segre
El Pont de Bar
Aristot
Músser
Aránser
Lles de Cerdanya
Viliella
Cap del Rec
Martinet
Montellà
Travesseres
Prullans
Ardòvol
Bellver de Cerdanya
Talltendre
Eller
Cortàs
Orden
Merangès
Girul
Folch
La Carabassa
Tossal de la Llosada
Torre dels Soldats
Puig Punsó
Montferrer i Castellbò
0
5
10 km

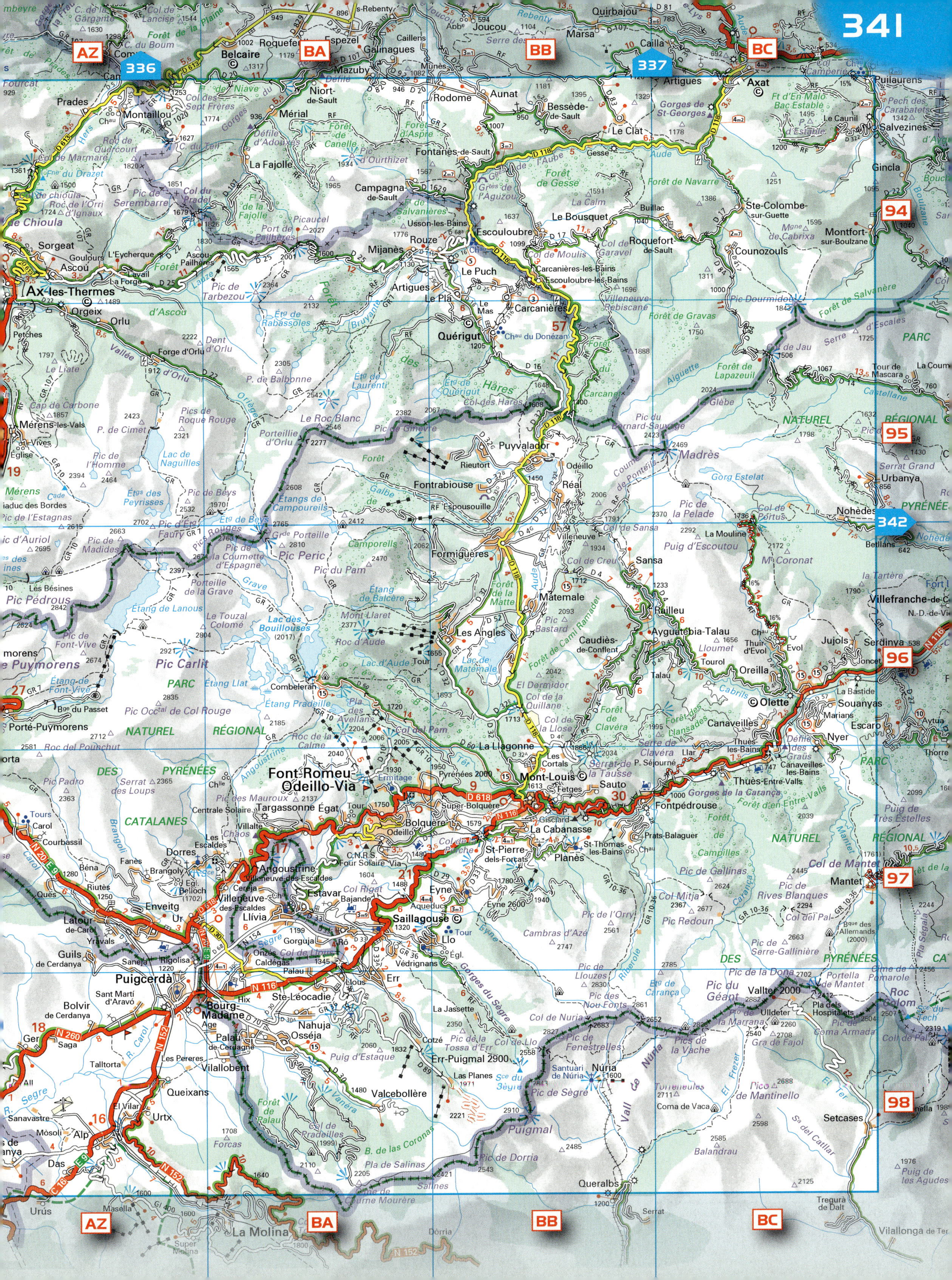

AZ
BA
BB
BC
336
337
342
94
95
96
97
98
Belcaire
Espezel
Quirbajou
Axat
Niort-de-Sault
Mérial
Prades
Montaillou
Rodome
Aunat
Bessède-de-Sault
Le Clat
Puilaurens
Salvezines
Gincla
Fontanès-de-Sault
Campagna-de-Sault
Forêt de Gesse
Forêt de Navarre
Ste-Colombe-sur-Guette
Montfort-sur-Boulzane
Le Bousquet
Escouloubre
Roquefort-de-Sault
Counozouls
Mijanès
Rouze
Le Puch
Carcanières-les-Bains
Escouloubre-les-Bains
Sorgeat
Ascou
Ax-les-Thermes
Orgeix
Orlu
Artigues
Le Pla
Carcanières
Quérigut
Forêt de Gravas
Pic Dourmidou
Forêt de Salvanère
PARC
Mérens-les-Vals
Le Roc Blanc
Puyvalador
Rieutort
Odeillo
Réal
Madrès
NATUREL
RÉGIONAL
Urbanya
Nohèdes
Formiguères
Villeneuve
Sansa
Puig d'Escoutou
Villefranche-de-Conflent
Pic Pédrous
Lac des Bouillouses
Les Angles
Matemale
Railleu
Ayguatébia-Talau
Caudiès-de-Conflent
Jujols
Serdinya
Puymorens
Pic Carlit
Oreilla
Olette
Souanyas
Porté-Puymorens
NATUREL
RÉGIONAL
La Llagonne
Canaveilles
Escaro
Nyer
Thorrent
Font-Romeu-Odeillo-Via
Mont-Louis
Sauto
Fontpédrouse
Thuès-Entre-Valls
DES
PYRÉNÉES
CATALANES
Targassonne
Égat
Bolquère
La Cabanasse
St-Pierre-dels-Forcats
Planès
Mantet
Angoustrine
Dorres
Estavar
Eyne
Latour-de-Carol
Enveitg
Ur
Llívia
Saillagouse
Puigcerdà
Bourg-Madame
Palau-de-Cerdagne
Err
Ste-Léocadie
Nahuja
Osséja
Err-Puigmal 2900
Valcebollère
Vallter 2000
Setcases
Núria
Puigmal
Queralbs
Bolvir
Saga
Queixans
Urtx
Alp
Das
Urús
La Molina

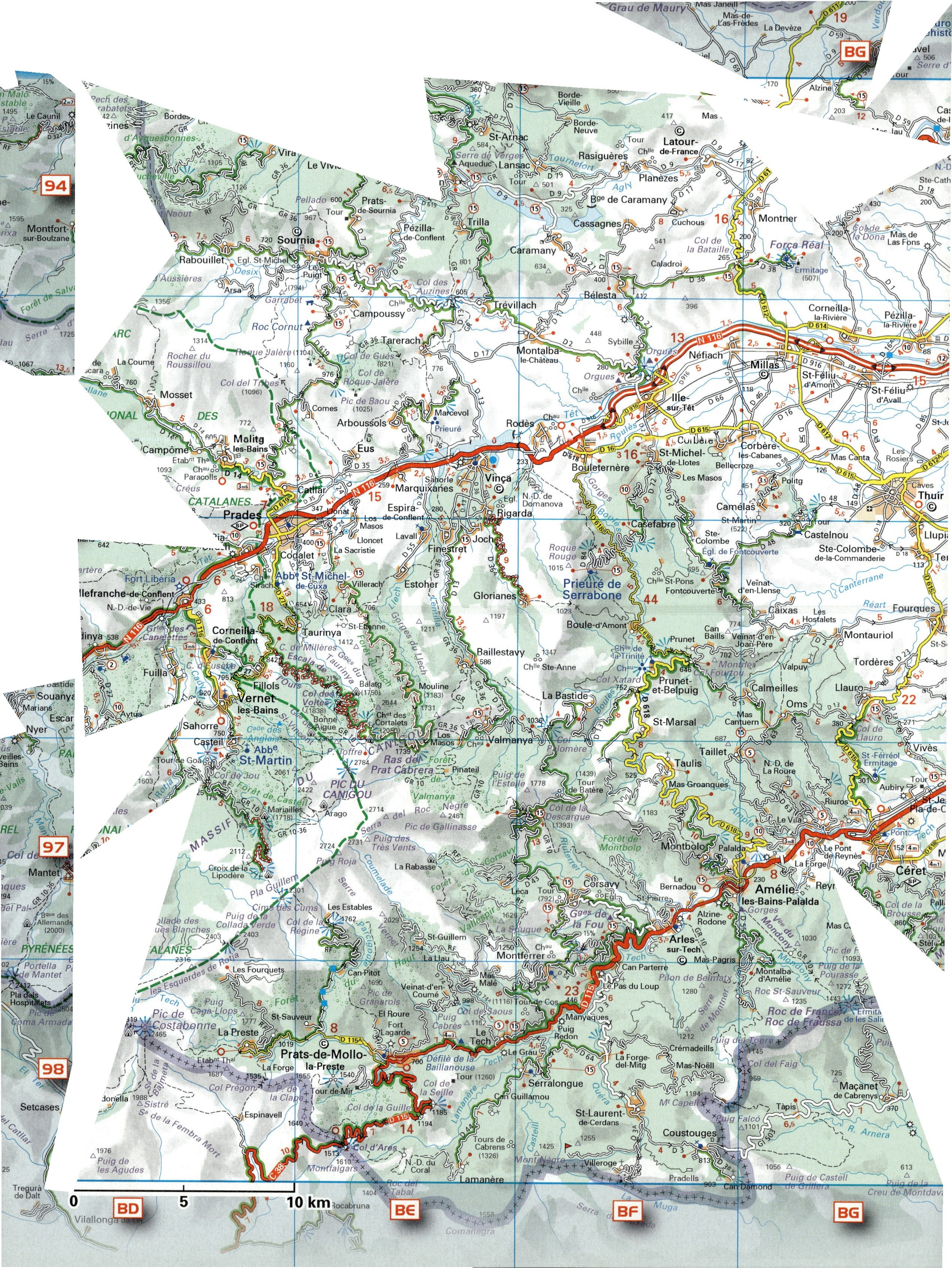

94
97
98
BD
BE
BF
BG
0
5
10 km
Prades
Sournia
Rabouillet
Mosset
Molitg-les-Bains
Campôme
Catllar
Eus
Marquixanes
Vinça
Rodès
Ille-sur-Têt
Néfiach
Millas
Corneilla-la-Rivière
Pézilla-la-Rivière
St-Féliu-d'Amont
St-Féliu-d'Avall
Thuir
Latour-de-France
Rasiguères
Planèzes
Caramany
Cassagnes
Bélesta
Montner
Força Réal
Trévillach
Montalba-le-Château
Tarerach
Campoussy
Arboussols
Prats-de-Sournia
Pézilla-de-Conflent
Trilla
St-Arnac
Lansac
Bouleternère
St-Michel-de-Llotes
Corbère
Corbère-les-Cabanes
Camélas
Castelnou
Ste-Colombe-de-la-Commanderie
Casefabre
Prieuré de Serrabone
Boule-d'Amont
Glorianes
Baillestavy
Rigarda
Joch
Finestret
Espira-de-Conflent
Estoher
Codalet
Abbe St-Michel-de-Cuxa
Villefranche-de-Conflent
Fort Libéria
Corneilla-de-Conflent
Vernet-les-Bains
Fillols
Taurinya
Clara
Sahorre
Casteil
Abbe St-Martin
Fuilla
Valmanya
Pic du Canigou
La Bastide
Prunet-et-Belpuig
St-Marsal
Taulis
Montbolo
Amélie-les-Bains-Palalda
Arles-sur-Tech
Céret
Reynès
Oms
Calmeilles
Llauro
Tordères
Fourques
Montauriol
Caixas
Corsavy
Montferrer
Le Tech
Prats-de-Mollo-la-Preste
La Preste
Serralongue
St-Laurent-de-Cerdans
Coustouges
Lamanère
Maçanet de Cabrenys
N 116
D 618
D 115
Roc de France
Col d'Ares
Pic de Costabonne

BH
BI
BJ
BK
338
339
94
95
96
97
98
Barcarès
Le Barcarès
Port St-Ange
Paquebot Lydia (ensablé)
Île de la Coudalère
Cave-des-Corbières
St-Hippolyte
Espira-de-l'Agly
Rivesaltes
Claira
St-Laurent-de-la-Salanque
Torreilles-Plage
Torreilles
Peyrestortes
Pia
Villelongue-de-la-Salanque
Ste-Marie
Ste-Marie-Plage
Bompas
St-Estève
Le Vernet
Canet-en-Roussillon
Baho
PERPIGNAN
Canet-Plage
Cabestany
Moulin à Vent
St-Nazaire
Étang de Canet et de St-Nazaire
Saleilles
Canohès
Alénya
Théza
Mas d'Uston
St-Cyprien-Plage
St-Cyprien
Les Capellans
Ponteilla
Nyls
Pollestres
Villeneuve-de-la-Raho
Corneilla-del-Vercol
Montescot
Bages
Trouillas
Elne
Latour-Bas-Elne
Aqualand
Villemolaque
St-Jean-Lasseille
Ortaffa
Palau-del-Vidre
Brouilla
Banyuls-dels-Aspres
Tresserre
Taxo d'Amont
Argelès-s-Mer
Argelès-Plage
Port-Argelès
Racou-Plage
Fort Miradou
Collioure
Port-Vendres
CÔTE VERMEILLE
Cap Béar
Cap Oullestreil
St-Génis-des-Fontaines
St-André
Villelongue-dels-Monts
Le Boulou
Sorède
Laroque-des-Albères
Montesquieu-des-Albères
St-Martin-de-Fenollar
L'Albère
Les Cluses
Le Perthus
Fort de Bellegarde
Tour Madeloc
Banyuls-sur-Mer
Cap l'Abeille
Cap Rédéris
Cap Peyrefite
Cap Canadell
Cerbère
Cap Cerbère
C. des Balitres/ C. des Belitres
Portbou
Colera
Cap Lladró
Platja de Garbet
Cap de Ras
Pic des 3 Termes
Puig dels Pradets
La Jonquera
Cantallops
Agullana
Darnius
Capmany
Sant Climent Sescebes
Espolla
Rabós
Vilamaniscle
Els Estanys de Dalt
El Port de Llançà
Llançà
El Port de la Selva
Cap Gros
Masarac
Mollet de Peralada
Delfià
Garriguella
Vilajuïga
Biure
Boadella d'Empordà
La Vall de Sta Creu
Perpignan

FA
FB
FC
FD
100
101
102
103
104
LIAISONS MARITIMES
PERMANENTES
FRANCE
ITALIA
Genova
La Spezia
Livorno
Nice
Marseille
Bastia
l'Ile-Rousse
Calvi
Ajaccio
Porto-
Vecchio
Propriano
Sardegna
0
11 km
346
L'Île-Rousse
Ile de la Pietra
Lozari
N 197
N 1197
Monticello
Corbara
Pigna
Algajola
Marine de
St-Ambroggio
Sta-Reparata-
di-Balagna
St-Antonino
Belgodere
Costa
Occhiatana
Palasca
Speloncato
Ville-di-Paraso
Lavatoggio
Aregno
Avapessa
Calvi
Golfe de Calvi
Col de Salvi
Camp militaire
Baie d'Algajo
Pnta di Spano
Pnta Caldano
Pnta Vallitoni
Marine de Davia
Curzo
Bocca di Carbonaja
Capo Corbino
Capo Mirabo
Regino
Ogliastro
Monet
Anse de Peraiola
Anse de Pinzuta
Mte Orlando
Pnta di l'Acciola
Pnta di Solche
Marine d'Alga
Anse de
Cima lo Caigo
Mte Negro
Capo Niello
Col de Casella
Pnta d'Arco
Tepina
Praoli
Tour
St-Pierre
Murato
St-Rainier
Grotte des
Veaux Marins

FE
FF
FG
FH
100
101
102
103
104
347
CAP CORSE
I. de la Giraglia
Pnta di Agnello
Capo Grosso
Tollare
Barcaggio
Cima di a Campana
I. Finocchiarola (Réserve naturelle)
Pnta di Corno di Becco
Mte Maggiore
Capo Bianco
Sta Maria
Baie de Tamarone
Belvre du Moulin Mattei
Baie de Centuri
Cannelle
Ersa
Granaggiolo
Col St-Nicolao
Rogliano
Macinaggio
Centuri-Port
Centuri
Camera
Vignale
Olivo
Annonciation (ancien couvent)
Morsiglia
Sottana
Bettolacce
Tomino
Pruno
Mucchieta
Mte di u Castello
Meria
Marine de Meria
Pastina
Mte Fornello
Capo Corvoli
Golfe d'Aliso
Pnta della Filetta Soprana
Mte Castello
Morteda
Ancien couvent St-François
Col de Ste Lucie
Luri
Piazza
Alessandro
Campo
Sta-Severa
Pino
Tour de Sénèque
Fieno
Castiglione
Tufo
Marine de Luri
Mte Minerbio
Pnta Minervio
Minerbio
Mte Liccioli
Castello
Mte Castello
Adamo
Barrettali
Mte di St' Angelo
Ortale
Piazza
Cagnano
Marine de Porticciolo
Tour de Losse
Marine de Giottani
Mte Alticcione
Ghilloni
Conchiglio
La Pedina
Pietracorbara
Mte di a Croce
Marinca
Canari
Pinzuta
Cortina
Orneto
Selmacci
Marine de Pietracorbara
Piazza
Mte Cuccaro
Cima di e Folicce
Punta di Canelle
Marine de Canelle
Abro
Ogliastro
St-Michel
Sisco
Moline
Crosciano
Ste Catherine
Marine de Sisco
Barrigioni
Balba
Vicaja
Lainosa
Rocher d'Albo
Marine d'Albo
Olcani
Mte Corvo
Mte Merizatodio
Monte Stello
Silgaggia
Fort
Couvent
Nonza
Bocca di Sta Maria
Sta-Maria-Assunta
Erbalunga
Brando
Pozzo
Poretto
Mte Capra
Grillasca
Celle
Olmeta-di-Capocorso
Lavasina
GOLFE DE ST FLORENT
Marine de Negru
Sta-Maria-di-Lota
Partine
Figarella
Miomo
Mte Pruno
Mandriale
St-Hyacinthe
Acquatella
Muchietà
Grigione
Bocca di S. Leonardo
Braccolaccia
San Martino-di-Lota
Canale
Marine de Farinole
Farinole
Cima di Gratera
Ville-di-Pietrabugno
Alzeto
Pietranera
Palagaccio
Guaitella
Ste Lucie
Pnta di Santolino
Anse de Faggiola
Punta di Curza
Plage de Salecccia
Plage de Loto
Pnta Vecchiaia
Pnta Mortella
P. de Patrimonio
Fiume Albino
Serra di Pigno
Cardo
Citadelle
BASTIA
Ghignu
Etang de Loto
Patrimonio
Palazzo
Col de S. Bernardino
Monserrato
Mont Robbia
les Marines du Soleil
Phare de Fornali
Barbaggio
Poggio
Suerta
AGRIATES
Mte di Arazza
Mont Genova
Mte Castagne
DES
Treperi
St-Florent
Anc. Cath. de Nebbio
Mte St' Angelo
Col de Teghime
Mte Secco
Poggio
Fiuminale
Furiani
P. de Chiurlino
Mte Lavezzo
Casta
S. Pancrace
La Marana
Bocca di Vezzu
Baccialu
P. du Diable
Mte a Mazzola
Champ de Tir
Cima di Pedi Pilato
Bge de Padula
Mte a Torra
Olivacce
St-François
Poggio-d'Oletta
Oletta
Biguglia
Casatorra
Etang
Mont Filetto
Ruaghiola
Aliso
Cima di u Zuccarello
Mte di Tuda
Casetta
Olmeta-di-Tuda
Défilé de Lancone
Pineto
LA BALANINA
Mte Aùbrica
Bocca di S. Pancrazio
Col de S. Stefano
Les Sables de Biguglia
Bevinco
S. Damiano
Réserve Naturelle
Vallecalle
Fusaja
Sto-Pietro-di-Tenda
Lavandaggio
Cima a Muzelli
Ortale
Mte Torricelle
San-Gavino-di-Tenda
Rapale
San Michele
Valrose
Biguglia
Urtaca
Égl. de San Cesareo
Rutali
Mon d'arrêt Camp militaire
Plage de la Marana
Mte Asto
Sorio
Pieve
Murato
Cima di Mitilella
St Laurent
Lama
Égl. de San Nicolao
Cima di Taffoni
Borgo
Revinco
BASTIA-PORETTA
Bocca a Croce
Mte Buggientone
Bocca di Tenda
Plage de Pineto
Crocetta
La Canonica (Anne cath.)
Fouilles de Mariana
Cima di Pinzi Corbini
Pietralba
Mte Reghia di Pozzo
Col de Bigorno
Cima di Tanoria
Vignale
Scolca
Casamozza
San Parteo
Pedano
Mte Maggiore
Bigorno
Campitello
Volpajola
Fontanone
Golo
Cap Sud

FA
FB
FC
FD
104
105
106
107
108
L'Île-Rousse
Ile de la Pietra
Calvi
Algajola
Lumio
Pigna
St Antonino
Belgodere
Calenzana
Ste-Restitude
Moncale
Montegrosso
Zilia
Muro
Avapessa
Feliceto
Nessa
Speloncato
Monticello
Corbara
Sta-Reparata di-Balagna
Lavatoggio
Cateri
Aregno
Marine de Davia
Marine de St-Ambroggio
Pta di Spano
Baie d'Algaio
Pte de la Revellata
Golfe de la Revellata
Golfe de Calvi
Pta Caldano
Col de Salvi
Fiume Secco
CALVI-STE-CATHERINE
Capo di u Tir
Pietra Major
N. D. de la Serra
Anse de Recisa
Grotte des Veaux Marins
Capu di a Veta
Baie de Nichiareto
Pta di Cantareli
Capo a u Cavallo
Sémaphore
Bocca Serria
Capo Piano
Capo Rutaibo
Capo Mondolo
Capo Porcarello
Suare
San Quilico
Capo di a Morsetta
Baie de Crovani
Argentella
Capo di l'Argentella
Ferayola
Mte Martino
Bocca Bassa
Pnta Ciuttone
Golfe de Galéria
Pnta Stollo
Capo Porcilicato
Galéria
Léva
Olmo
Le Fango
Pnta Rossa
Pnta Validori
Golfe de Focolara
Focolara
Pnta Nera
Punta Palazzu
Scandola
Réserve Naturelle
Girolata
Golfe de Girolata
Punta Rossa
Pnta Muchillina
Pnta Scandola
Col de la Croix
Osani
Capo d'Osani
Capo Senino
Mte Senino
Partinello
Serriera
Curzo
GOLFE DE PORTO
Anse de Lignaggia
Plage de Gradelle
Plage de Caspio
Pnta Bianca
Plage de Bussaglia
Marine de Porto
Porto
Ota
Évisa
Gges de Spelunca
Les Calanche
Piana
Capo Rosso
Capo Vardiola
Col d'Osini
Col de Lava
Vistale
Bocca di San Martino
Capo Macendole
Marignana
Cristinacce
Renno
Letia
Soccia
Orto
Poggiolo
Guagno
Vico
Balogna
Murzo
Manso
Tuarelli
Chiornia
Crête de Chiumi
Mte Cinto
Paglia Orba
Capo Tafonato
Col de Vergio
Vergio
Forêt de Valdu-Niellu
Lac de Nino
Capo a u Tozzo
Lac de Capitello
Lac de Creno
Calasima
Albertacce
Calacuccio
Casamaccioli
Lozzi
Corscia
Asco
Haut-Asco
Chaos de Bocca-Rezza
Spasimata
Olmi-Cappella
Mausoléo
Pioggiola
Forêt de Bonifato
Réserve de Chasse
Capo a u Ceppu
Capo Formicolaio
Capo di Vegno
Amago
Casa-Vecchia
Santa Lucia
Prezzuna
Lucca
Capo Bianco
Capo Razino
Capo a u Perdato
Capo Terra Corscia
Pont Génois
Ogliastro
Lozari
Palasca
Cima lo Caigo
Mte Negro
Pnta d'Arco
Anse de Peraiola
Plage d'Arone
Golfe de Topiti
Pnta d'Orchino
Revinda
Marine de Porto
Tour de Turghio
Cargèse
0
11 km
348

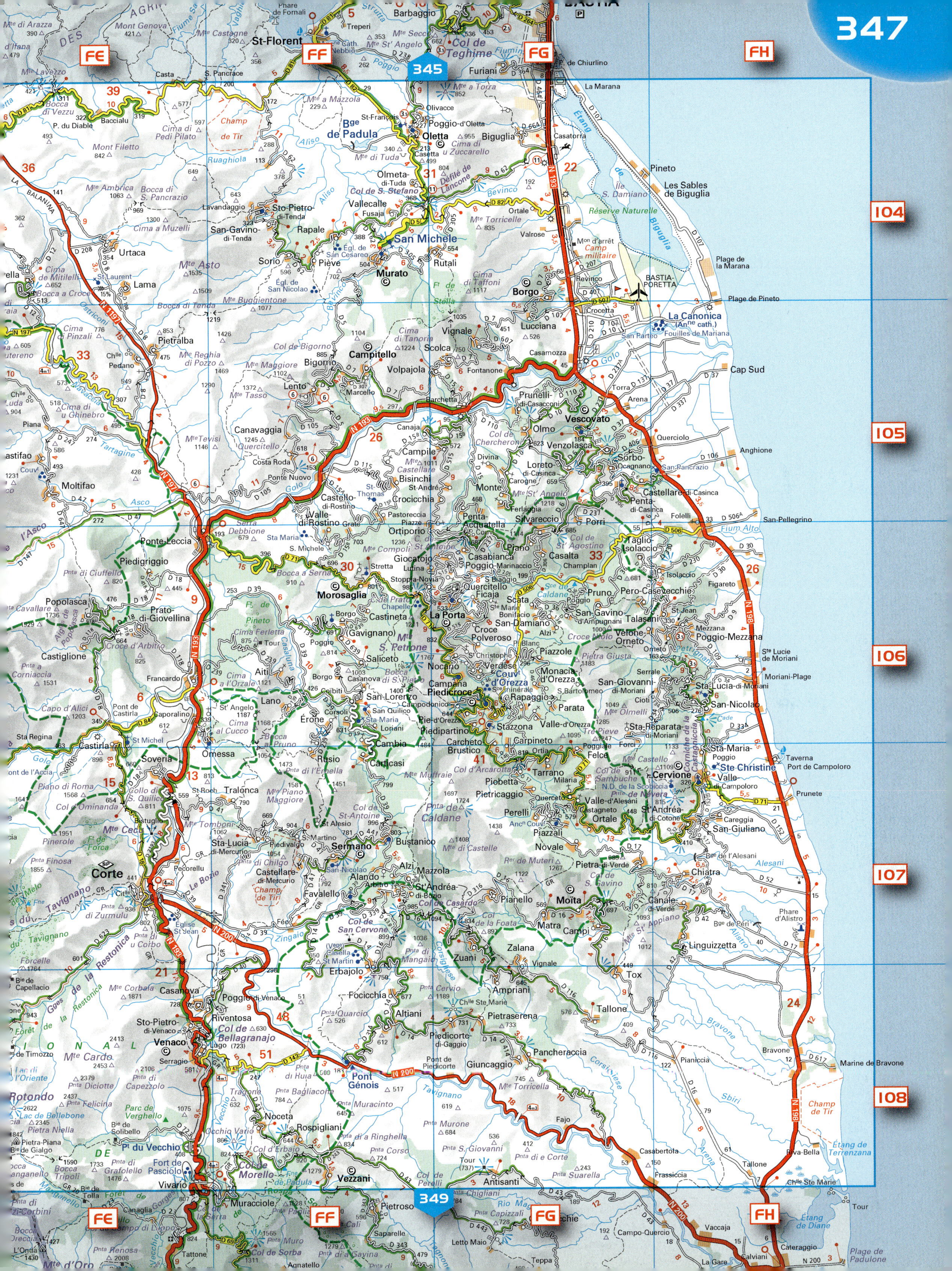

345
349
FE
FF
FG
FH
104
105
106
107
108
BASTIA
St-Florent
Col de Teghime
Furiani
Bge de Padula
Oletta
Biguglia
Pineto
Les Sables de Biguglia
Réserve Naturelle
San Michele
Murato
Borgo
La Canonica
Fouilles de Mariana
Cap Sud
Campitello
Vescovato
Venzolasca
Castellare-di-Casinca
Ponte-Leccia
Morosaglia
La Porta
Piedicroce
Cervione
Ste Christine
Port de Campoloro
Corte
Moïta
Venaco
Col de Bellagranajo
Pont Génois
Vezzani
Vivario
Pietra-di-Verde
Linguizzetta
Marine de Bravone
Tallone
Étang de Terrenzana
Étang de Diane
Aléria
Tour

346
FA
FB
FC
FD
109
110
111
112
113
GOLFE DE SAGONE
GOLFE D'AJACCIO
GOLFE DE VALINCO
AJACCIO
Cargèse
Sagone
Vico
Piana
Letia
Soccia
Orto
Guagno
Poggiolo
Murzo
Balogna
Arbori
Coggia
Vedolaccia
Ambiegna
Arro
Casaglione
Sari-d'Orcino
Cannelle
St-Andréa-d'Orcino
Calcatoggio
Appietto
Afa
Alata
Villanova
Bastelicaccia
Cauro
Eccica-Suarella
Tavaco
Ucciani
Carbuccia
Vero
Pastricciola
Rosazia
Salice
Rezza
Lopigna
Peri
Cuttoli-Corticchiato
Tolla
Ocana
Sarrola-Carcopino
Valle-di-Mezzana
Porticcio
Pietrosella
Albitreccia
Grosseto-Prugna
Guargualé
Urbalacone
Coti-Chiavari
Serra-di-Ferro
Olmeto
Propriano
Casalabriva
Sollacaro
Pila-Canale
Cognocoli-Monticchi
Capo di Feno
Pnte de la Parata
Îles Sanguinaires
Golfe de la Liscia
Golfe de Lava
Golfe d'Arena Rossa
Capo di Muro
Capo Nero
Site préhistorique de Filitosa
Plage d'Arone
Plage de Chiuni
Golfe de Chiuni
Golfe de Topiti
Pnte de Cargèse
Plage de Stagnoli
Plage du Liamone
Port de Sagone
Forêt de Chiavari
350
0
11 km

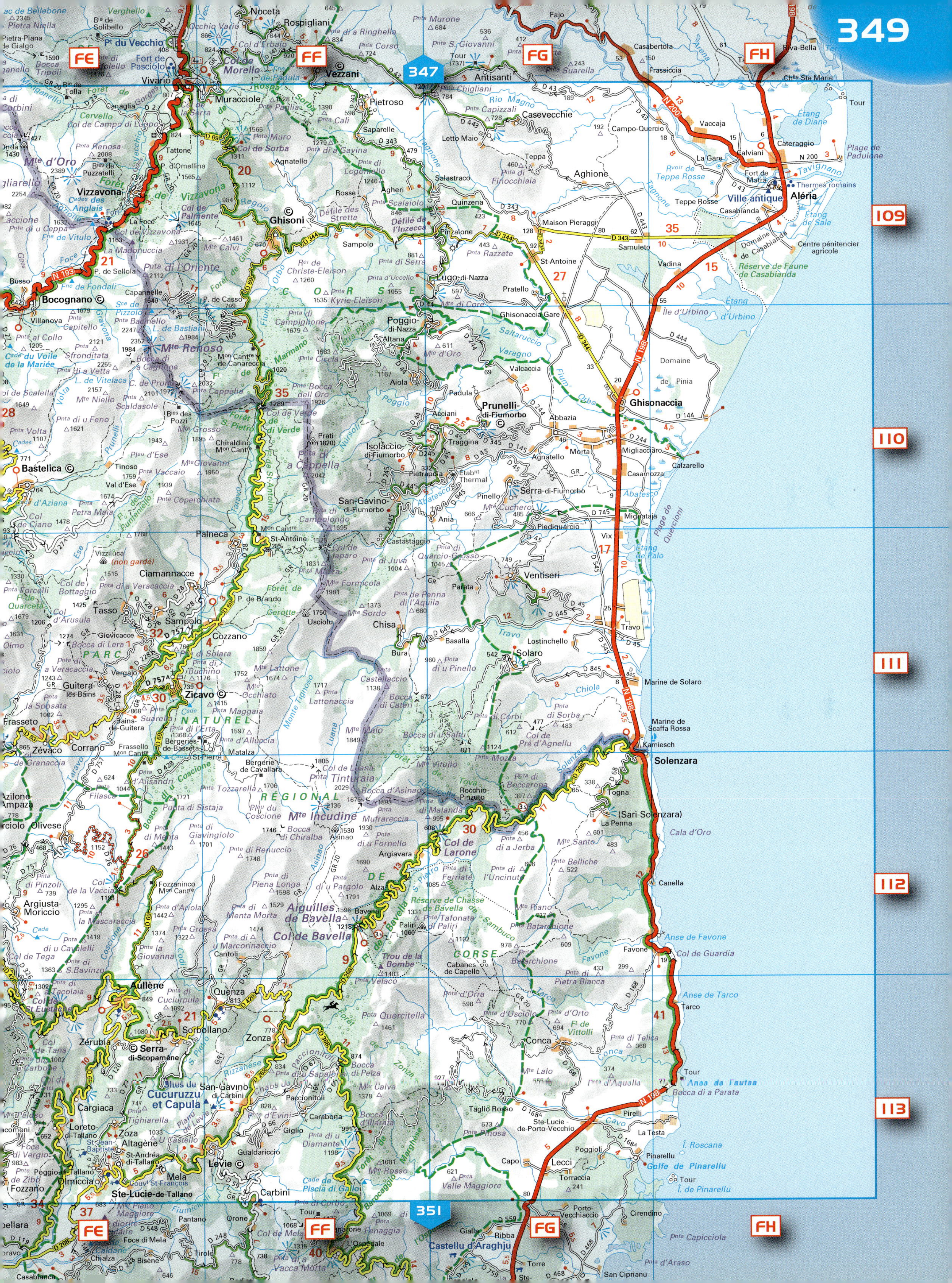
FE
FF
FG
FH
347
351
109
110
111
112
113
Vezzani
Vivario
Muracciole
Pietroso
Antisanti
Casevecchie
Aghione
Aléria
Ville antique
Thermes romains
Fort de Matra
Cateraggio
Étang de Diane
Plage de Padulone
Vizzavona
Forêt de Vizzavona
Col de Vizzavona
Mte d'Oro
Ghisoni
Défilé de l'Inzecca
Défilé des Strette
Bocognano
Mte Renoso
Ghisonaccia Gare
Ghisonaccia
Étang d'Urbino
Réserve de Faune de Casabianda
Centre pénitencier agricole
Prunelli-di-Fiumorbo
Isolaccio-di-Fiumorbo
Serra-di-Fiumorbo
Bastelica
Col de Verde
Forêt de Verde
San-Gavino-di-Fiumorbo
Ventiseri
Travo
Solaro
Chisa
Marine de Solaro
Solenzara
Palneca
Ciamannacce
Cozzano
Zicavo
Tasso
Sampolo
Guitera-les-Bains
Col de Larone
Mte Incudine
Aiguilles de Bavella
Col de Bavella
Zonza
Quenza
Aullène
Serra-di-Scopamène
Sorbollano
Cucuruzzu et Capula
Levie
Carbini
Ste-Lucie-de-Tallano
Conca
Ste-Lucie-de-Porto-Vecchio
Lecci
Pinarello
Golfe de Pinarello
Anse de Favone
Cala d'Oro
Favone
Tarco
Anse de Tarco
Castellu d'Araghju
Porto-Vecchio
Cirendino
PARC NATUREL RÉGIONAL DE CORSE

GOLFE D'AJACCIO
FA
FB
FC
FD
348
113
114
115
116
117
Plage de Ruppione
Port de Chiavari
Acelluscia
Sta-Manza
Marato
Pila-Canale
Cognocoli-Monticchi
Bicchisano
Tour
Pnte di a Castagna
La Castagna
Pozzaccio
Portigliolo
Campestra
Golfe d'Arena Rossa
Coti-Chiavari
Saparella
Anse de Cacao
Monte Biancu
Figoni
Pnta Guardiola
Tour
Capo di Muro
Anse d'Orzo
Capo Nero
Cala di Ciglio
Acqua Doria
Marmontaja
Suara
Plage de Cupabia
Baie de Cupabia
Serra-di-Ferro
Porto-Pollo
Pietra Rossa
Favallelo
Zivignola
Tassinca
Stiliccione
Pratavone
Forêt Pentemaja
P. de Copala
Calvese
Sollacaro
Site préhistorique de Filitosa
Casalabriva
Olmeto
Castello della Rocca
Castello de Cuntorba
Abbartello
Olmeto-Plage
Tour de la Calanca
Pnte de Porto Pollo
Propriano
Viggianello
GOLFE DE VALINCO
Pnta di Cardicciani
Portigliolo
Pnte de Campomoro
Tour
Campomoro
Belvédère
Belvédère-Campomoro
Tivolaggio
Bilia
Col de Bilia
Sartène
Grossa
Pnta di Manna Molina
Pnta di Cuccari
Anse d'Agulia
Pnta d'Eccica
Pnta di u Monte
Pnta Quarciuqua
Calanque de Conca
Castello di Cagalla
Alignements de Palaggiu
Punta di Senetosa
Tizzano
Fort
Pnta Pietra Nera
Zivia
Mégalithes de Cauria
Bergerie
Pnta Pastania
Cap de Zivia
Golfe de Murtoli
Murtoli
Rocher du Lion
Golfe de Roccapina
Tour
Cap de Roccapina
Îlots des Moines
0
11 km

349
FE
FF
FG
FH
113
114
115
116
117
Aiguilles de Bavella
Col de Bavella
Aullène
Quenza
Zonza
Sorbollano
Zérubia
Serra-di-Scopamène
Sites de Cucuruzzu et Capula
San-Gavino di Carbini
Cargiaca
Loreto-di-Tallano
Zoza
Altagène
St-Andréa di-Tallano
Levie
Olmiccia
Fozzano
Mela
Ste-Lucie-de-Tallano
Carbini
Orone
Pantano
Foce di Mela
Chialza
Bisène
Tirolo
Radicci
Col de Mela
L'Ospedale
Castellu d'Araghju
Conca
Favone
Anse de Favone
Col de Guardia
Anse de Tarco
Tarco
Anse de Fautea
Bocca di a Parata
Pirelli
La Testa
Ste-Lucie-de-Porto-Vecchio
Taglio Rosso
Lecci
Torraccia
Pinarellu
Golfe de Pinarellu
Î. Roscana
Î. de Pinarellu
Porto-Vecchiacciu
Cirendino
Pta Capicciola
Pta d'Araso
San Ciprianu
Pta San Ciprianu
Fanal de Giovan-Lungo
Cala Rossa
Golfe de Porto-Vecchio
Pte de la Chiappa
Porto-Vecchio
Piccovagia
Î. Farina
Ste-Trinité
Torre
Fossi
Ribba
Gialla
Palavesa
Col de Bacinu
Col de Taglio Maggiore
Tunnel de Scaffi d'Ocholo
Chipponu
Muratello
Arca
Stabiacco
Taglio Rosso
Pietralonga-Filippi
Burrivoli
Naseo
Giovichi
Monacia-d'Aullène
Pianottoli-Caldarello
Figari
Poggiale
Ogliastrello
San Gavino
Tarrabucceta
Pruno
Salvadilevo
Sotta
San Quilico
Chera
Pietra-Longa-Salvini
Conte
Uscido
Cardetto
Ceccia
Pasciafello
Precojo
Bocca dell'Oro
Palombaggia
Plage de Palombaggia
Capo d'Asciaio
Golfe de Sta-Giulia
Sta-Giulia
Porto Novo
Pta di Sponsaglia
Baie de Rondinara
Pta di Rondinara
Suartone
Chiova-d'Asino
Ste-Lucie
Î. Forana
Îles Cerbicale
Rer de la Vacca
Î. Piana
Î. Pietricaggiosa
Î. di u Toro
BONIFACIO
Golfe de Sta Manza
Pte de Capicciola
Rocchi Bianchi
Pònti di a Nava
Î. Gavetti
Plages de Maora et de Sta-Manza
Gurgazu
Î. Poraggia
Plage de Calalonga
Î. Ratino
Île Cavallo
Î. Perduto
BOUCHES DE BONIFACIO
Bonifacio
Capo Pertusato
Sémaphore
Pte de Sperone
Î. de S. Baïnzo
Île Lavezzi
Cimre de l'Achiarino
Cimre de Furcone
Pyramide de la Sémillante
Écueil de Lavezzi
ARCHIPEL DES LAVEZZI
Ermitage de la Trinité
Grte du Sdragonato
Capo di Feno
Cala di Paragnano
Golfe de Ventilegne
Plage de Tonnara
Î. de la Tonnara
Port de Stagnolo
Pta di Ventilegne
Pta de Figari
Î.Bruzzi
Anse Fornello
Mte Quiefa
Mte Milese
Mte Scopeto
La Testa
Bocca di a Testa
Mte Bianco
Bge de Figari
Col de Parmentile
Mte Rosso
Punta Rossa
Canali
Col de Foce de Lera
Anch couvent St-Julien
S. Mulari
La Madonetta
Plage de Piantarella
Î. Piana
PARCO NAZIONALE DELL' ARCIPELAGO DELLA MADDALENA
I. la Presa
I. Sta Maria
I. Razzoli
I. Budelli
M. Budello
I. Corcelli
I. Barrettini
Pta Marginetta
ISOLA MADDALENA
Pta Abbatóggia
Pto Lungo
Pto Massimo
Spalmatore
Pta Galera
Cala Maiore
Cala Trinita
I. Spargiotto
I. Spargi
Pta Falcone
I. Marmorata
Pta Monterosso
I. Monica
Stagno Torto
Giardinelli
Becco di Vela
N 198
N 196
D 859
NATURELLE
DES
DE
BOUCHES

A

Index

Index

C

Index

D

Index

E

F

Index

G

H

I

J

K

L

M

N

O

P

Index

Q

Index

R

S

Index

Index

Index

Index

W

X

Y

Z

Distances

	Agen	Amiens	Angers	Angoulême	Auch	Aurillac	Auxerre	Bayonne	Beaune	Besançon	Blois	Bordeaux	Boulogne-sur-Mer	Bourges	Brest	Brive-la-Gaillarde	Caen	Cahors	Calais	Carcassonne	Châlons-en-Champagne	Chambéry	Charleville-Mézières	Chartres	Cherbourg	Clermont-Ferrand	Colmar	Dijon	Dunkerque	Gap	Grenoble	Le Havre	Lille	Limoges
Amiens	846																																
Angers	514	417																															
Angoulême	252	585	253																														
Auch	74	884	578	318																													
Aurillac	281	706	449	293	321																												
Auxerre	669	311	409	492	709	435																											
Bayonne	312	885	564	304	225	494	791																										
Beaune	649	448	546	496	689	415	147	799																									
Besançon	750	558	648	597	790	516	249	900	111																								
Blois	527	321	197	279	592	440	227	580	366	467																							
Bordeaux	140	705	385	124	206	314	611	193	618	722	398																						
Boulogne-sur-Mer	952	129	482	705	1006	827	432	1005	570	658	440	825																					
Bourges	512	378	280	296	552	339	149	599	281	385	111	419	498																				
Brest	757	629	381	563	823	794	724	810	862	964	540	630	686	659																			
Brive-la-Gaillarde	237	619	356	200	276	104	430	392	411	515	353	212	739	287	703																		
Caen	724	256	254	476	789	671	407	777	546	648	307	596	314	441	375	579																	
Cahors	87	716	453	297	185	134	539	410	520	624	449	275	836	383	800	109	676																
Calais	997	160	513	736	1037	858	462	1036	600	654	471	856	36	541	719	772	347	863															
Carcassonne	207	904	641	449	173	354	743	387	598	672	638	336	1024	572	959	297	864	205	1058														
Châlons-en-Champagne	889	224	476	630	906	600	169	930	303	343	343	750	326	319	772	664	426	755	323	892													
Chambéry	703	703	734	639	669	389	402	864	258	264	566	683	823	410	1115	476	798	579	832	499	517												
Charleville-Mézières	936	210	523	677	976	772	301	977	424	463	410	797	279	444	819	711	473	802	276	996	131	640											
Chartres	600	225	210	353	696	517	221	653	360	462	129	473	314	199	506	430	238	522	346	716	272	617	315										
Cherbourg	802	378	373	595	867	789	529	855	667	769	426	674	435	545	423	698	124	789	467	998	551	924	594	358									
Clermont-Ferrand	405	558	460	330	445	157	285	555	267	371	292	374	678	198	829	167	609	271	712	431	452	295	622	373	714								
Colmar	919	522	777	765	959	684	417	1069	280	183	632	888	624	550	1068	681	690	784	620	866	302	412	403	567	812	538							
Dijon	688	451	549	535	728	454	150	839	50	99	365	658	572	298	863	451	546	554	568	639	253	301	374	361	668	307	265						
Dunkerque	1004	201	555	744	1044	865	468	1045	607	661	478	864	77	547	760	778	388	870	49	1064	328	838	268	385	510	718	666	572					
Gap	655	834	865	770	620	520	534	835	389	441	697	784	954	541	1246	607	929	653	986	451	682	188	803	745	1052	422	595	429	992				
Grenoble	644	709	739	644	609	394	408	824	263	315	571	688	828	415	1120	481	804	584	860	440	556	58	677	619	926	296	465	303	866	131			
Le Havre	772	186	303	525	837	721	369	825	508	610	333	645	244	402	469	634	96	725	276	919	392	765	383	199	219	574	655	509	316	892	766		
Lille	929	125	515	669	969	790	393	970	532	586	403	789	119	472	763	703	391	795	114	989	253	762	192	310	513	643	596	496	80	916	790	320	
Limoges	323	527	264	108	363	189	346	412	397	501	260	231	647	195	611	98	487	189	681	383	551	540	617	342	605	228	667	436	686	668	542	541	611
Lorient	628	591	252	433	693	665	635	680	773	875	445	500	649	540	138	573	338	664	681	824	685	988	728	415	385	711	978	774	721	1116	990	430	724	481
Lyon	601	601	567	526	617	304	300	751	156	237	398	570	721	285	1013	363	696	467	753	448	449	114	569	511	818	179	426	196	759	242	115	659	683	424
Le Mans	556	335	97	308	621	503	344	609	483	585	139	428	392	258	397	411	169	502	424	696	395	706	438	125	288	429	687	484	465	834	708	247	432	319
Marseille	519	913	920	761	484	430	612	699	468	541	752	648	1033	658	1271	522	1008	517	1065	315	761	331	881	823	1130	477	738	507	1071	181	275	971	995	607
Mende	367	726	627	461	341	152	453	565	375	448	459	496	845	366	997	273	777	246	879	299	668	313	788	541	881	178	645	415	885	406	292	739	809	359
Metz	950	369	621	775	989	715	347	1075	311	269	508	895	471	500	917	712	571	815	468	900	162	528	176	415	693	569	201	262	440	690	564	534	368	717
Mont-de-Marsan	121	830	509	249	109	401	736	111	743	847	522	136	943	542	759	336	719	254	975	275	854	769	920	597	806	499	1013	782	989	721	711	797	913	355
Montpellier	358	885	786	600	324	259	600	539	455	529	618	488	1004	527	1111	351	936	356	1038	150	749	355	869	699	1040	339	726	495	1044	307	297	898	968	436
Mulhouse	874	564	728	721	914	640	373	1025	236	139	588	844	665	506	1024	637	707	740	662	821	343	375	446	522	830	493	48	222	710	558	429	670	638	621
Nancy	896	385	602	763	935	661	319	1046	257	211	496	865	487	472	899	658	553	761	483	846	165	474	229	397	675	514	143	208	494	636	510	516	422	642
Nantes	456	507	91	261	522	533	498	509	637	739	285	328	564	380	302	441	292	533	596	653	567	828	610	297	340	551	859	638	637	956	830	385	604	350
Narbonne	265	927	699	507	230	301	690	445	545	619	660	394	1046	567	1017	355	922	263	1080	61	839	445	959	742	1041	379	816	585	1086	397	387	940	1010	441
Nevers	549	382	365	378	589	315	123	699	238	342	197	519	501	80	705	311	477	415	534	588	290	369	459	248	599	168	508	225	540	496	370	439	464	277
Nice	682	1076	1083	924	648	593	775	863	631	668	915	812	1196	821	1435	685	1171	680	1228	478	924	387	1044	986	1294	640	718	671	1234	234	331	1134	1158	771
Nîmes	403	849	789	645	368	314	548	583	404	477	621	532	969	528	1155	405	944	401	1001	199	697	303	817	703	1066	340	674	444	1007	260	245	907	931	491
Orange	455	800	806	696	420	365	499	635	354	428	638	584	919	545	1176	457	895	453	951	251	647	254	768	710	1017	364	624	394	957	148	195	857	882	533
Orléans	586	270	246	328	626	447	161	629	300	401	62	448	389	130	542	361	321	452	423	646	280	556	360	85	443	300	568	301	429	684	558	283	353	269
Paris	712	135	298	452	752	573	176	753	315	416	186	572	255	255	594	486	234	578	297	772	190	571	233	93	357	426	453	316	303	699	573	197	227	395
Pau	193	1003	637	376	121	450	826	114	807	911	650	264	1070	670	887	395	847	304	1102	283	1027	777	1092	725	933	564	1077	847	1162	728	718	925	1086	481
Périgueux	140	626	363	85	214	185	445	319	490	594	359	139	746	294	745	83	586	174	780	368	650	559	716	441	705	246	760	529	785	687	561	640	710	101
Perpignan	319	985	752	560	284	359	748	499	603	677	718	448	1104	624	1071	408	975	317	1138	115	896	503	1017	799	1094	437	873	643	1144	454	444	998	1068	494
Poitiers	362	473	139	115	428	310	379	415	461	565	165	235	586	260	519	218	362	310	618	504	497	606	563	240	481	329	731	518	632	734	608	440	556	127
Le Puy-en-Velay	456	678	579	460	430	172	430	685	286	359	411	505	798	317	949	297	729	401	831	387	579	224	699	493	833	131	556	325	837	352	226	691	761	358
Reims	846	175	432	586	886	681	219	887	342	382	320	706	277	354	728	620	383	712	273	906	49	559	86	227	505	535	346	293	279	721	595	345	204	529
Rennes	569	439	162	375	635	601	480	622	618	720	296	442	497	415	243	514	186	600	529	766	530	875	573	260	233	586	823	619	570	1003	876	278	573	417
La Rochelle	316	607	194	149	381	435	513	369	651	753	299	188	664	394	444	370	443	450	696	512	631	750	696	397	490	473	919	652	737	877	751	518	690	251
Rodez	256	794	506	350	230	102	521	454	502	606	527	385	914	434	854	162	729	112	948	240	688	451	857	609	848	246	773	542	953	501	406	808	878	248
Rouen	770	125	300	522	834	655	304	823	443	544	268	642	182	338	501	569	128	660	214	854	338	699	322	134	251	508	589	444	255	827	701	91	258	477
Saint-Brieuc	667	486	262	472	732	698	580	719	719	821	397	539	543	516	147	606	232	697	575	863	631	976	674	361	279	687	923	720	616	1103	977	324	619	515
Saint-Étienne	572	624	593	498	505	246	359	723	214	288	425	542	744	331	962	335	719	438	776	466	508	153	628	506	841	150	485	254	782	281	155	682	706	396
Saint-Nazaire	521	560	145	326	586	558	552	574	691	792	338	393	618	434	276	466	310	558	650	718	620	881	663	351	357	605	913	692	690	1009	883	403	657	375
Strasbourg	987	525	776	834	1027	753	486	1137	348	251	635	957	627	619	1072	749	727	853	623	934	317	480	331	571	849	606	74	335	596	663	534	689	524	733
Toulon	582	976	983	824	547	492	675	762	530	604	815	711	1095	721	1334	584	1071	580	1128	378	824	385	944	886	1193	540	801	570	1134	235	329	1033	1058	670
Toulouse	116	813	549	357	79	249	636	304	617	721	546	245	932	480	868	205	772	114	966	97	837	591	902	628	891	374	887	657	972	543	533	826	896	291
Tours	464	373	125	216	529	410	279	516	418	519	66	336	486	166	497	318	263	410	518	604	398	614	463	141	382	337	686	419	533	742	616	341	457	227
Troyes	784	302	432	527	824	515	84	828	232	272	261	647	405	236	728	558	411	650	401	821	86	449	206	226	534	368	349	183	407	611	485	374	331	467
Valence	551	702	708	613	516	343	401	731	256	330	540	657	821	447	1078	450	797	549	853	347	549	152	670	612	919	266	526	296	859	219	93	759	784	511
Valenciennes	918	135	504	658	958	779	382	959	519	559	392	778	174	461	752	692	380	784	164	978	226	736	140	299	502	632	556	470	130	898	772	309	54	601

S'informer avant de prendre la route

Conditions de circulation sur tout le réseau routier :

(Centres d'Information Routière):
Internet "Bison Futé"
www.bison-fute.equipement.gouv.fr
Serveur vocal : 0 826 022 022 (0,15€ la minute).

Conditions de circulation sur le réseau autoroutier :

Internet : www.autoroutes.fr
serveur vocal : 08 92 68 107.7 (0,34€ la minute).

État de la circulation à Paris

(fermetures, travaux, manifestations, cérémonies)
sur le site Internet de la préfecture de Police de Paris :
www.prefecture-police-paris.interieur.gouv.fr

Pour la région Ile-de-France :

Trafic en temps réel, fermetures, travaux et prévisions de circulation pour le lendemain sur le site Internet de la Direction Régionale de l'Équipement :
www.sytadin.equipement.gouv.fr

Pour la région lyonnaise :

Trafic en temps réel, fermetures, travaux et prévisions de circulation sur le site Internet de la Coordination et régulation du trafic sur les voies rapides de l'Agglomération lyonnaise :
www.coraly.com

Météo :

Internet : www.meteofrance.com
3250 Le portail Météo
(prévisions à 7 jours sur tous les départements français)
ou 0 892 68 02 + n° du département (0,34€ la minute)
Minitel : 3615 météo (0,34€ la minute)

605 km

Le Mans - Toulouse

	Lorient	Lyon	Le Mans	Marseille	Mende	Metz	Mont-de-Marsan	Montpellier	Mulhouse	Nancy	Nantes	Narbonne	Nevers	Nice	Nîmes	Orange	Orléans	Paris	Pau	Périgueux	Perpignan	Poitiers	Le Puy-en-Velay	Reims	Rennes	La Rochelle	Rodez	Rouen	Saint-Brieuc	Saint-Étienne	Saint-Nazaire	Strasbourg	Toulon	Toulouse	Tours	Troyes	Valence
Lyon	815
Le Mans	306	558
Marseille	1141	317	888
Mende	875	224	595	271
Metz	827	457	532	768	676
Mont-de-Marsan	629	695	552	586	442	1019
Montpellier	980	305	754	172	204	757	425
Mulhouse	934	382	639	690	598	242	969	676
Nancy	808	403	513	714	622	57	990	701	177
Nantes	171	679	186	964	717	710	453	800	819	692
Narbonne	887	395	754	262	246	847	332	98	775	796	717
Nevers	613	264	307	575	334	468	643	496	467	442	453	535
Nice	1304	480	1051	212	434	932	749	333	686	882	1134	426	717
Nîmes	1025	253	757	125	150	705	470	54	633	655	855	146	490	289
Orange	1054	204	774	116	207	655	522	106	584	605	895	198	440	280	62
Orléans	452	452	144	759	467	459	573	628	527	435	334	668	172	923	683	645
Paris	504	467	209	778	592	333	697	754	477	314	386	793	247	941	720	664	136
Pau	757	727	679	593	459	1108	84	429	1037	1058	587	339	706	757	477	530	744	869
Périgueux	615	442	418	596	344	791	264	425	719	740	445	425	388	760	479	532	368	492	426
Perpignan	941	453	808	319	304	904	386	155	833	854	771	65	591	483	203	255	726	851	395	480
Poitiers	389	489	195	788	495	662	360	560	691	652	219	561	336	952	615	674	216	339	522	226	616
Le Puy-en-Velay	827	135	547	298	90	587	531	285	515	537	668	335	285	462	241	184	419	544	550	377	392	448
Reims	638	488	343	799	707	192	831	786	380	206	520	878	370	963	742	686	270	145	1006	628	936	473	619
Rennes	153	770	154	1045	752	673	567	914	782	655	108	823	460	1209	969	931	298	349	729	550	878	293	704	484
La Rochelle	314	633	285	823	639	796	313	659	878	786	144	569	470	987	706	759	350	473	475	274	624	139	591	607	264
Rodez	723	362	562	366	113	803	331	194	732	753	594	234	401	529	249	302	536	660	350	234	291	369	203	768	666	499
Rouen	463	595	211	906	675	481	767	836	606	450	388	876	375	1069	848	792	219	133	929	576	933	409	626	292	316	489	746
Saint-Brieuc	126	871	255	1146	853	774	664	1015	883	756	205	920	561	1310	1070	1032	399	450	826	648	975	390	805	584	99	358	757	358
Saint-Étienne	841	64	561	335	165	516	667	321	444	465	681	414	245	499	277	221	433	489	625	414	471	461	77	547	719	610	280	620	819
Saint-Nazaire	145	733	239	1029	771	763	518	865	872	745	66	775	510	1192	912	949	390	440	681	502	830	283	723	574	131	212	617	437	222	731
Strasbourg	982	495	687	802	710	164	1082	789	116	157	865	881	576	788	745	689	571	489	1147	829	938	789	622	348	829	926	843	628	930	550	918
Toulon	1204	380	951	67	334	832	649	233	760	781	1034	325	616	157	189	179	823	841	658	656	382	851	361	863	1109	893	427	972	1209	397	1098	870
Toulouse	738	541	605	408	261	918	181	244	847	868	568	154	516	572	291	344	554	679	200	277	209	413	350	813	888	427	150	765	779	428	632	958	471
Tours	373	465	96	796	503	563	461	665	645	553	213	661	242	960	720	682	117	240	623	326	716	103	455	374	253	240	469	305	354	464	267	690	859	512
Troyes	638	379	343	690	534	254	772	676	308	215	520	769	204	854	632	576	197	180	944	566	826	415	509	125	485	552	606	313	585	437	574	386	753	752	316
Valence	956	106	676	215	201	557	618	202	486	507	797	294	342	379	158	102	548	566	627	529	352	577	113	589	834	725	316	698	935	123	851	595	278	443	584	475
Valenciennes	714	665	415	976	798	329	903	963	561	382	593	999	453	1140	919	863	342	210	1078	700	1056	545	750	180	567	683	869	249	609	724	646	485	1039	886	446	303	765

Temps de parcours

	Agen	Amiens	Angers	Angoulême	Auch	Aurillac	Auxerre	Bayonne	Beaune	Besançon	Blois	Bordeaux	Boulogne-sur-Mer	Bourges	Brest	Brive-la-Gaillarde	Caen	Cahors	Calais	Carcassonne	Châlons-en-Champagne	Chambéry	Charleville-Mézières	Chartres	Cherbourg	Clermont-Ferrand	Colmar	Dijon	Dunkerque	Gap	Grenoble	Le Havre	Lille	Limoges
Amiens	7:56																																	
Angers	4:51	4:20																																
Angoulême	2:39	5:59	3:10																															
Auch	1:10	8:43	5:47	3:39																														
Aurillac	3:19	7:14	5:48	3:50	4:08																													
Auxerre	6:45	3:27	3:51	5:04	7:34	5:15																												
Bayonne	2:59	8:43	5:25	3:17	2:30	5:39	7:43																											
Beaune	6:56	4:32	4:57	5:45	7:21	4:59	1:23	8:49																										
Besançon	7:47	4:57	5:50	6:35	8:12	5:49	2:16	9:40	1:07																									
Blois	4:58	3:31	1:57	2:57	5:58	4:42	2:30	5:37	3:40	4:33																								
Bordeaux	1:24	7:00	3:43	1:35	2:24	3:56	6:00	2:03	7:05	8:02	3:51																							
Boulogne-sur-Mer	8:53	1:15	4:59	7:02	9:42	8:13	4:24	9:42	5:34	5:56	4:25	7:59																						
Bourges	4:57	4:09	3:19	3:34	5:46	3:40	2:10	6:38	3:30	4:27	1:35	4:55	5:10																					
Brest	7:29	6:01	3:58	6:07	8:29	9:03	6:52	8:08	8:02	8:55	5:14	6:25	6:31	6:37																				
Brive-la-Gaillarde	2:12	6:04	4:29	2:31	3:01	1:42	4:55	4:02	5:07	6:04	3:30	2:19	7:06	3:07	7:49																			
Caen	7:01	2:22	2:44	5:00	8:01	7:33	3:58	7:40	5:08	6:01	3:13	5:58	2:52	4:36	3:50	6:16																		
Cahors	1:28	6:59	5:24	3:26	2:16	2:12	5:50	3:56	6:00	6:57	4:25	2:39	8:01	4:02	8:44	1:17	7:11																	
Calais	9:03	1:34	5:18	7:11	9:52	8:23	4:32	9:51	5:42	5:47	4:35	8:08	0:31	5:15	6:48	7:12	3:08	8:02																
Carcassonne	2:02	8:34	6:59	4:29	2:05	4:01	6:40	3:36	5:27	6:17	6:00	3:13	9:36	5:37	9:18	2:52	8:46	2:07	9:44															
Châlons-en-Champagne	8:04	2:08	4:30	6:12	8:53	7:25	2:11	8:52	2:46	3:10	3:36	7:09	3:09	4:18	7:32	6:16	4:05	7:03	2:58	7:59														
Chambéry	6:28	6:54	7:09	6:35	6:31	4:37	3:44	8:03	2:31	3:06	5:25	6:46	7:55	4:43	10:19	4:48	7:22	5:35	8:00	4:41	5:00													
Charleville-Mézières	8:31	2:38	4:57	6:39	9:20	7:51	3:13	9:19	3:48	4:12	4:03	7:36	3:39	4:43	7:59	6:40	4:32	7:30	3:28	9:12	1:22	6:05												
Chartres	5:58	2:42	1:56	4:06	6:47	5:17	2:13	6:46	3:22	4:16	1:29	5:03	3:25	2:09	4:58	4:07	2:29	4:57	3:42	6:39	2:52	5:40	3:15											
Cherbourg	7:54	3:46	4:02	6:19	8:54	8:51	5:21	8:34	6:31	7:24	4:31	6:51	4:15	5:54	4:37	7:34	1:31	8:25	4:33	9:45	5:32	8:49	5:55	3:50										
Clermont-Ferrand	3:50	5:32	4:42	3:50	4:39	2:05	3:34	5:43	3:17	4:13	2:58	4:01	6:33	1:59	8:03	2:02	5:52	2:49	6:41	3:56	5:41	2:55	6:12	3:34	7:19									
Colmar	9:19	5:21	7:46	8:08	9:44	7:22	3:49	11:12	2:40	1:55	5:59	9:29	6:22	5:54	10:38	7:32	7:52	8:19	6:11	7:54	3:41	4:15	4:10	6:08	9:16	5:40								
Dijon	7:16	4:35	5:00	6:05	7:41	5:19	1:26	9:09	0:37	1:05	3:35	7:26	5:19	3:33	8:01	5:29	5:04	6:16	5:08	5:51	2:27	2:54	3:29	3:21	6:28	3:37	2:32							
Dunkerque	9:16	1:55	5:38	7:24	10:05	8:35	4:45	10:04	5:55	6:01	4:47	8:21	0:52	5:27	7:09	7:25	3:29	8:15	0:38	9:57	3:10	8:12	3:17	4:03	4:53	6:54	6:15	5:20						
Gap	6:00	8:40	8:56	8:22	6:03	6:10	5:31	7:35	4:18	5:02	7:12	7:12	9:41	6:30	12:06	6:35	9:09	6:06	9:47	4:13	6:47	2:29	7:50	7:26	10:34	4:41	6:40	4:40	9:57					
Grenoble	5:47	6:56	7:11	6:38	5:50	4:40	3:46	7:21	2:34	3:09	5:27	6:48	7:57	4:45	10:22	4:50	7:25	5:37	8:03	4:00	5:03	0:39	6:05	5:42	8:49	2:56	4:45	2:56	8:13	1:56				
Le Havre	7:50	1:52	3:33	5:49	8:50	7:24	3:45	8:29	4:55	5:48	3:36	6:47	2:22	4:17	4:44	6:14	1:04	7:04	2:39	8:46	3:56	7:12	4:10	2:14	2:29	5:43	7:38	4:53	2:57	8:58	7:13			
Lille	8:33	1:38	5:00	6:42	9:22	7:53	4:03	9:22	5:12	5:19	4:05	7:39	1:39	4:45	7:18	6:43	3:38	7:33	1:16	9:14	2:28	7:30	2:35	3:21	5:03	6:12	5:39	4:38	0:58	9:16	7:31	3:07		
Limoges	2:53	5:13	3:38	1:34	3:42	2:19	4:04	4:38	4:27	5:23	2:39	2:56	6:14	2:16	6:57	1:02	5:25	1:52	6:22	3:34	5:20	5:07	5:46	3:15	6:44	2:20	6:51	4:49	6:32	6:53	5:08	5:20	5:52	
Lorient	6:11	5:33	2:40	4:49	7:11	7:45	6:01	6:51	7:11	8:04	4:23	5:08	6:03	5:53	1:36	6:29	3:22	7:19	6:20	8:01	6:40	9:45	7:03	4:05	4:07	7:19	9:54	7:09	6:38	11:31	9:46	4:13	6:48	5:39
Lyon	5:51	5:57	6:37	5:51	5:56	3:54	2:47	7:45	1:35	2:32	4:53	6:02	6:58	3:46	9:22	4:04	6:25	4:51	7:04	4:05	4:03	1:19	5:06	4:42	7:50	2:10	3:59	1:56	7:14	3:05	1:20	6:12	6:33	4:22
Le Mans	5:23	3:40	0:59	3:22	6:23	5:54	3:12	6:02	4:21	5:14	1:34	4:19	4:29	2:57	4:02	4:38	2:01	5:28	4:46	7:10	3:51	6:50	4:14	1:15	3:20	4:24	7:05	4:20	5:00	8:36	6:51	2:49	4:19	3:47
Marseille	4:47	8:47	8:45	7:14	4:50	4:56	5:37	6:22	4:25	5:14	7:01	5:59	9:48	6:03	12:03	6:12	9:16	4:53	9:54	3:00	6:54	3:52	7:56	7:33	10:40	4:30	6:49	4:47	10:04	1:54	3:20	9:02	9:23	6:53
Mende	4:23	7:09	6:18	6:03	4:33	2:16	5:08	6:13	4:29	5:18	4:34	5:34	8:10	3:36	9:40	3:53	7:29	3:37	8:18	2:55	6:58	3:52	8:00	5:11	8:55	2:00	6:54	4:51	8:28	4:43	3:52	7:15	7:47	4:34
Metz	9:26	3:19	5:41	7:23	9:51	7:28	3:31	10:03	2:47	3:11	4:46	8:20	4:20	5:39	8:42	7:39	5:16	8:25	4:08	8:00	1:33	5:03	2:11	4:02	6:40	5:47	2:29	2:30	4:11	6:49	5:04	5:02	3:34	6:33
Mont-de-Marsan	1:39	8:33	5:16	3:08	1:40	4:51	7:33	1:27	8:38	9:35	5:24	1:52	9:34	6:27	7:57	3:51	7:29	2:52	9:42	3:29	8:40	7:52	9:06	6:35	8:22	5:15	11:03	9:00	9:52	7:24	7:11	8:21	9:12	4:28
Montpellier	3:22	8:41	7:37	5:49	3:25	3:24	5:31	4:56	4:18	5:08	5:53	4:33	9:42	4:55	10:38	4:39	8:47	3:27	9:47	1:35	6:47	3:29	7:50	6:30	10:14	3:19	6:43	4:40	9:58	3:02	2:49	8:34	9:17	5:20
Mulhouse	8:54	6:14	7:21	7:43	9:19	6:56	3:24	10:47	2:15	1:29	5:33	9:04	7:15	5:28	10:23	7:07	7:26	7:54	7:04	7:29	4:23	3:58	4:35	5:43	8:51	5:15	0:41	2:09	6:41	6:08	4:35	7:13	6:03	6:25
Nancy	9:09	3:55	6:01	7:31	9:34	7:11	3:28	10:11	2:30	2:54	4:54	8:28	4:56	5:36	9:02	7:22	5:52	8:09	4:44	7:44	2:01	4:47	2:41	4:22	7:16	5:30	2:23	2:13	4:46	6:33	4:47	5:38	4:09	6:40
Nantes	4:21	5:18	1:03	2:59	5:21	5:55	4:49	5:01	5:59	6:52	3:04	3:18	5:57	4:15	3:23	4:39	2:55	5:29	6:14	6:11	5:28	8:08	5:51	2:53	3:41	5:42	8:42	5:57	6:32	9:54	8:09	3:46	5:57	3:49
Narbonne	2:27	8:36	7:25	4:54	2:30	3:32	6:10	4:02	4:58	5:47	6:01	3:39	9:37	5:03	9:43	3:17	9:12	2:33	9:45	0:40	7:27	4:09	8:29	6:38	10:31	3:27	7:22	5:20	9:55	3:41	3:28	8:42	9:14	3:58
Nevers	5:49	4:01	4:12	4:38	6:38	3:52	1:35	7:42	2:50	3:47	2:28	5:59	5:03	1:12	7:33	4:02	4:30	4:49	5:08	5:42	3:42	4:04	4:14	2:49	5:55	2:10	5:15	2:43	5:19	5:50	4:05	4:17	4:38	3:20
Nice	6:15	10:14	10:13	8:42	6:18	6:24	7:05	7:49	5:52	6:42	8:29	7:26	11:16	7:30	13:31	7:40	10:43	6:20	11:21	4:28	8:21	4:50	9:24	9:00	12:08	5:58	6:53	6:14	11:32	3:24	4:51	10:30	10:51	8:20
Nîmes	3:41	8:14	8:06	6:08	3:44	3:52	5:05	5:16	3:52	4:42	6:22	4:53	9:15	5:23	10:57	5:08	8:43	3:47	9:21	1:54	6:21	3:03	7:24	6:58	10:08	3:47	6:17	4:14	9:31	2:34	2:23	8:30	8:51	5:49
Orange	4:05	7:42	7:41	6:32	4:08	4:14	4:33	5:39	3:20	4:10	5:57	5:16	8:43	4:58	11:02	5:30	8:11	4:10	8:49	2:18	5:49	2:31	6:51	6:28	9:35	3:26	5:45	3:42	8:59	2:23	1:50	7:57	8:19	5:38
Orléans	5:10	3:03	2:32	3:21	5:59	4:30	1:55	6:01	3:05	3:58	0:44	4:18	4:04	1:22	5:42	3:19	3:23	4:10	4:12	5:51	3:02	5:22	3:36	1:05	4:47	2:48	5:26	3:03	4:22	7:08	5:23	3:09	3:42	2:29
Paris	6:26	1:43	2:53	4:35	7:15	5:46	1:56	7:15	3:05	3:58	1:58	5:32	2:44	2:38	5:54	4:35	2:22	5:26	2:56	7:07	1:55	5:23	2:18	1:14	3:47	4:04	5:08	3:04	3:06	7:09	5:24	2:08	2:26	3:45
Pau	2:50	9:33	6:25	4:17	1:41	5:04	8:24	1:16	7:59	8:49	6:34	3:02	10:34	6:35	9:06	3:50	8:38	3:05	10:42	2:47	9:40	7:10	10:06	7:35	9:32	5:28	10:24	8:21	10:52	6:43	6:30	9:30	10:12	4:31
Périgueux	2:11	6:46	5:11	1:21	3:23	2:43	5:37	3:14	5:59	6:56	4:12	1:31	7:47	3:48	7:21	1:06	6:58	1:56	7:55	3:38	6:53	5:28	7:19	4:48	8:17	2:41	8:24	6:21	8:05	7:14	5:29	6:52	7:25	1:36
Perpignan	2:55	9:06	7:53	5:22	2:58	4:02	6:41	4:30	5:28	6:18	6:32	4:07	10:07	5:33	10:11	3:45	9:40	3:00	10:15	1:08	7:57	4:39	9:00	7:08	10:59	3:57	7:53	5:50	10:25	4:11	3:59	9:13	9:45	4:26
Poitiers	3:37	4:51	2:00	1:33	4:37	4:02	3:51	4:17	5:01	5:54	1:42	2:34	5:52	2:54	5:16	2:45	3:47	3:36	6:00	5:17	4:58	6:23	5:24	2:53	5:06	3:57	7:21	4:59	6:10	8:09	6:24	4:39	5:30	1:55
Le Puy-en-Velay	5:46	6:47	5:57	5:16	5:57	2:29	4:16	7:10	3:04	3:53	4:13	5:27	7:48	3:14	9:18	3:29	7:07	4:16	7:56	4:19	5:33	2:26	6:35	4:50	8:34	1:39	5:28	3:26	8:06	4:13	2:27	6:54	7:26	3:47
Reims	7:39	1:43	4:05	5:47	8:28	6:59	2:30	8:27	3:04	3:29	3:11	6:44	2:44	3:51	7:07	5:48	3:40	6:38	2:32	8:20	0:38	5:21	0:58	2:27	5:05	5:17	3:51	2:48	2:44	7:07	5:22	3:27	2:04	4:58
Rennes	5:34	4:03	1:52	4:13	6:34	7:09	4:27	6:14	5:36	6:29	2:48	4:31	4:33	4:11	2:39	5:52	1:52	6:43	4:50	7:24	5:06	7:54	5:29	2:30	2:37	5:38	8:20	5:35	5:08	9:40	7:55	2:43	5:18	5:02
La Rochelle	3:00	6:10	2:10	1:56	4:00	5:26	5:10	3:40	6:19	7:12	3:01	1:57	7:00	4:12	4:51	3:40	4:31	4:14	7:17	4:51	6:17	7:51	6:43	3:55	5:16	5:25	8:40	6:18	7:34	8:46	7:52	5:22	6:49	3:12
Rodez	2:58	7:40	6:36	4:38	3:09	1:45	5:40	4:49	5:22	6:19	5:06	4:10	8:41	4:07	9:55	2:28	8:23	1:49	8:49	2:53	7:46	5:04	8:13	5:43	9:42	2:32	7:47	5:44	8:59	5:01	4:48	7:47	8:19	3:09
Rouen	7:37	1:15	3:20	5:37	8:17	6:48	3:08	8:17	4:18	5:11	3:00	6:34	1:45	3:40	4:58	5:37	1:18	6:28	2:02	8:09	3:06	6:36	3:33	1:37	2:42	5:06	7:02	4:17	2:20	8:22	6:36	1:04	2:31	4:47
Saint-Brieuc	6:34	4:34	2:57	5:12	7:34	8:08	5:25	7:13	6:35	7:28	3:47	5:30	5:04	5:10	1:34	6:51	2:23	7:42	5:21	8:24	6:05	8:53	6:28	3:29	3:09	6:36	9:19	6:34	5:39	10:39	8:53	3:15	5:50	6:01
Saint-Étienne	5:13	6:52	5:47	5:13	6:02	3:25	3:27	7:07	2:14	3:07	4:03	5:24	7:54	3:04	9:08	3:26	7:21	4:12	7:59	4:16	4:43	1:37	5:46	4:39	8:23	1:32	4:39	2:36	8:10	3:23	1:38	7:08	7:29	3:44
Saint-Nazaire	5:03	5:20	1:32	3:41	6:03	6:37	5:18	5:42	6:28	7:21	3:33	3:59	5:50	4:45	3:05	5:21	3:09	6:11	6:07	6:53	5:57	8:37	6:20	3:22	3:54	6:11	9:11	6:26	6:25	10:23	8:38	4:00	6:26	4:30
Strasbourg	9:57	4:39	7:01	8:46	10:22	8:00	4:27	11:50	3:18	2:32	6:06	10:07	5:40	6:31	10:02	8:10	6:36	8:57	5:28	8:32	2:53	4:52	3:27	5:22	8:00	6:18	0:53	3:12	5:32	7:17	5:29	6:22	4:55	7:28
Toulon	5:17	9:17	9:15	7:44	5:20	5:27	6:07	6:52	4:55	5:44	7:31	6:29	10:18	6:33	12:33	6:42	9:46	5:23	10:24	3:30	7:24	4:16	8:26	8:03	11:10	5:00	7:19	5:17	10:34	2:17	3:44	9:32	9:53	7:23
Toulouse	1:16	7:49	6:14	3:43	1:16	3:21	6:40	2:55	6:21	7:11	5:15	2:28	8:50	4:52	8:32	2:06	8:01	1:22	8:58	1:09	7:56	5:32	8:22	5:51	9:20	3:45	8:46	6:43	9:08	5:04	4:51	7:56	8:28	2:47
Tours	4:20	3:51	1:21	2:20	5:20	4:52	2:51	4:59	4:01	4:54	0:42	3:17	4:53	1:55	4:50	3:35	2:47	4:26	5:01	6:07	3:58	5:47	4:25	2:02	4:06	3:21	6:22	4:00	5:11	7:33	5:48	3:39	4:30	2:45
Troyes	7:18	2:51	3:55	5:26	8:07	6:31	1:17	8:06	2:08	2:33	2:49	6:23	3:52	3:24	6:56	5:27	4:00	6:17	3:41	7:22	1:00	4:25	2:03	2:16	5:25	4:49	4:09	1:52	3:53	6:11	4:26	3:47	3:12	4:36
Valence	4:59	6:53	6:52	6:18	5:02	4:20	3:44	6:34	2:31	3:21	5:08	6:29	7:55	4:09	10:13	4:31	7:22	5:05	8:00	3:12	5:00	1:42	6:03	5:39	8:47	2:37	4:56	2:53	8:11	2:47	1:01	7:09	7:30	4:49
Valenciennes	8:25	1:25	4:51	6:33	9:14	7:44	3:54	9:13	4:37	5:01	3:56	7:30	2:07	4:36	7:09	6:34	3:29	7:24	1:45	9:05	2:11	6:54	1:59	3:12	4:54	6:03	5:14	4:20	1:26	8:40	6:54	2:58	0:46	5:43

Périodes de Vacances 2006-2007

vacances	Zone A	Zone B	Zone C
Noël	23/12/2006 au 8/01/2007	23/12/2006 au 8/01/2007	23/12/2006 au 8/01/2007
Hiver	10/02 au 26/02/2007	17/02 au 05/03/2007	24/02 au 12/03/2007
Printemps	31/03 au 16/04/2007	07/04 au 23/04/2007	14/04 au 02/05/2007
Eté	03/07 au 05/09/2007	03/07 au 05/09/2007	03/07 au 05/09/2007

Rentrée scolaire des élèves le 05/09/2007

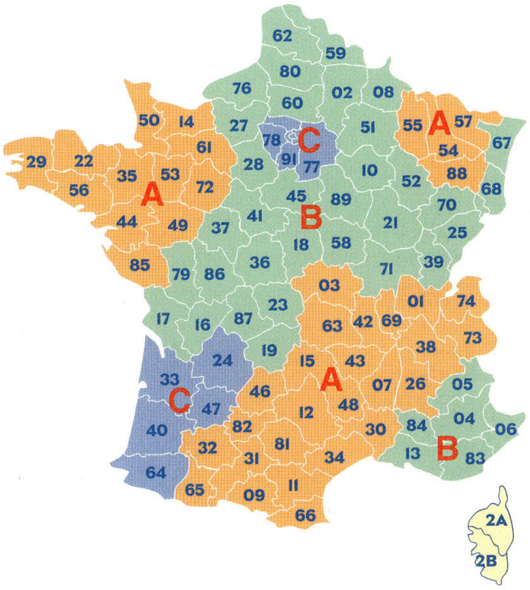

ZONES DE CONGÉS SCOLAIRES

A Caen - Clermont-Ferrand - Grenoble - Lyon - Montpellier - Nancy - Nantes - Rennes - Toulouse

B Aix-en-Provence - Amiens - Besançon - Dijon - Lille - Limoges - Nice - Orléans - Poitiers - Reims - Rouen - Strasbourg

C Bordeaux - Créteil - Paris - Versailles

Le Mans - Toulouse: 6:24

	Lorient	Lyon	Le Mans	Marseille	Mende	Metz	Mont-de-Marsan	Montpellier	Mulhouse	Nancy	Nantes	Narbonne	Nevers	Nice	Nîmes	Orange	Orléans	Paris	Pau	Périgueux	Perpignan	Poitiers	Le Puy-en-Velay	Reims	Rennes	La Rochelle	Rodez	Rouen	Saint-Brieuc	Saint-Étienne	Saint-Nazaire	Strasbourg	Toulon	Toulouse	Tours	Troyes	Valence
Lyon	9:10																																				
Le Mans	3:08	6:19																																			
Marseille	10:44	3:04	8:26																																		
Mende	8:51	3:08	5:59	3:32																																	
Metz	7:48	4:08	5:00	6:56	7:00																																
Mont-de-Marsan	6:38	7:28	5:51	6:13	5:47	9:52																															
Montpellier	9:19	2:58	7:18	1:51	2:17	6:49	4:48																														
Mulhouse	9:28	3:36	6:40	6:25	6:28	2:46	10:34	6:16																													
Nancy	8:08	3:51	5:20	6:40	6:43	0:41	9:58	6:30	2:23																												
Nantes	2:05	7:38	1:56	8:56	7:17	6:37	4:48	7:25	8:18	6:54																											
Narbonne	8:24	3:37	7:34	2:30	2:25	7:29	3:54	0:59	6:58	7:09	6:36																										
Nevers	6:45	3:08	3:53	5:57	3:46	5:04	7:30	5:03	4:50	4:56	5:08	5:13																									
Nice	12:12	4:32	9:53	2:15	4:58	8:23	7:41	3:15	6:37	8:04	10:24	3:58	7:39																								
Nîmes	9:39	2:31	7:46	1:23	2:18	6:23	5:08	0:41	5:53	6:03	7:50	1:25	5:39	2:50																							
Orange	10:14	1:59	7:21	1:13	2:49	5:51	5:31	1:05	5:20	5:31	8:14	1:48	5:06	2:40	0:41																						
Orléans	4:47	4:27	2:11	6:50	4:24	4:22	5:48	5:41	5:01	4:15	3:28	5:51	2:03	8:17	6:09	5:45																					
Paris	4:59	4:27	2:11	7:16	5:40	3:04	7:02	6:57	5:17	3:38	3:49	7:07	2:31	8:43	6:43	6:11	1:34																				
Pau	7:47	6:39	7:01	5:32	5:21	10:30	1:20	4:01	10:00	10:10	5:59	3:11	7:27	6:59	4:25	4:49	6:48	8:04																			
Périgueux	6:02	4:54	5:20	6:57	4:37	8:05	3:01	5:23	8:00	8:10	4:14	4:02	4:53	8:24	5:50	6:15	4:02	5:17	4:10																		
Perpignan	8:52	4:07	8:02	3:01	2:55	7:59	4:21	1:30	7:29	7:39	7:04	0:40	5:42	4:28	1:54	2:18	6:22	7:37	3:38	4:29																	
Poitiers	3:57	5:53	2:09	7:59	5:32	6:10	4:04	7:02	6:57	6:11	2:09	5:41	3:50	9:25	7:30	6:54	2:09	3:22	5:13	3:28	6:09																
Le Puy-en-Velay	8:30	1:43	5:37	4:02	1:25	5:34	7:13	3:40	5:04	5:15	6:53	3:49	3:23	5:29	3:29	2:36	4:03	5:18	6:45	4:07	4:18	5:11															
Reims	6:12	4:25	3:24	7:14	7:18	1:47	8:15	7:05	4:33	2:21	5:01	7:49	3:24	8:41	6:41	6:10	2:47	1:30	9:16	6:30	8:17	4:34	5:55														
Rennes	1:45	6:58	1:37	9:39	7:13	6:14	6:01	8:30	7:56	6:32	1:21	7:48	5:07	11:06	8:58	8:34	3:23	3:27	7:10	5:26	8:17	3:21	6:51	4:38													
La Rochelle	3:32	7:21	2:58	7:35	7:00	7:29	3:27	6:04	8:16	7:30	1:44	5:14	5:09	9:02	6:28	6:52	3:27	4:41	4:36	2:50	5:43	1:42	6:38	5:52	2:58												
Rodez	8:36	4:31	6:45	3:50	1:30	7:53	4:25	2:15	7:23	7:33	6:48	2:25	4:16	5:17	2:43	3:07	4:56	6:11	3:57	3:12	2:54	4:53	2:54	7:23	8:02	5:53											
Rouen	4:29	5:40	2:26	8:29	6:42	4:15	8:04	7:59	6:38	4:48	4:16	8:09	3:44	9:56	7:56	7:24	2:36	1:36	9:13	6:19	8:38	4:24	6:19	2:38	2:57	5:20	7:14										
Saint-Brieuc	1:35	7:57	2:36	10:38	8:12	7:13	7:01	9:29	8:55	7:31	2:20	8:48	6:06	12:05	9:57	9:33	4:21	4:25	8:10	6:25	9:16	4:21	7:50	5:37	1:11	3:58	8:58	3:31									
Saint-Étienne	8:20	0:54	5:27	3:13	2:26	4:45	6:54	3:03	4:15	4:25	6:43	3:47	3:00	4:39	2:40	2:08	3:52	5:21	6:50	4:04	4:16	5:01	1:04	5:04	6:43	6:32	3:56	6:35	7:42								
Saint-Nazaire	1:46	8:07	2:25	9:37	7:46	7:06	5:30	8:07	8:47	7:24	0:55	7:17	5:41	11:04	8:31	9:08	4:00	4:18	6:39	4:54	7:45	2:50	7:24	5:29	1:36	2:28	7:27	4:16	2:33	7:12							
Strasbourg	9:08	4:39	6:20	7:28	7:31	1:37	11:38	7:19	1:16	1:42	7:57	8:02	5:52	7:32	6:55	6:23	5:39	4:25	11:01	9:01	8:31	7:30	6:09	3:08	7:37	8:51	8:26	5:50	8:36	5:17	8:27						
Toulon	11:14	3:34	8:56	0:51	4:01	7:26	6:44	2:17	6:55	7:06	9:26	3:01	6:41	1:41	1:52	1:43	7:21	7:46	6:00	7:27	3:29	8:30	4:33	7:45	10:12	8:10	4:20	9:00	11:11	3:44	10:07	7:57					
Toulouse	7:13	5:00	6:24	3:53	3:32	8:52	2:40	2:23	8:21	8:32	5:25	1:33	5:43	5:20	2:47	3:11	5:05	6:20	2:03	2:51	2:01	4:31	4:57	7:32	6:40	4:09	2.08	7.23	7.37	5.58	0.07	9.24	4.23				
Tours	3:54	5:17	1:10	7:23	4:57	5:10	4:47	6:14	5:58	5:11	2:17	6:31	2:51	8:50	6:42	6:18	1:09	2:23	5:56	4:17	6:59	1:06	4:34	3:34	2:26	2:28	5:42	3:24	3:25	4:22	2:47	6:33	7:52	5:18			
Troyes	6:02	3:30	3:14	6:18	6:22	2:22	7:54	6:09	3:45	2:21	4:51	6:53	2:52	7:45	5:46	5:14	2:17	1:54	8:54	6:09	7:22	4:13	5:00	1:21	4:32	5:35	6:57	3:15	5:30	4:10	5:21	3:43	6:48	7:10	3:15		
Valence	9:25	1:11	6:32	2:08	3:32	5:02	6:26	1:59	4:32	4:42	7:48	2:43	4:18	3:35	1:35	1:04	4:58	5:22	5:42	5:09	3:11	6:06	1:54	5:21	7:48	7:37	4:02	6:37	8:47	1:20	8:18	5:34	2:38	4:07	5:30	4:25	
Valenciennes	6:40	5:58	4:10	8:47	7:38	3:09	9:00	8:38	5:54	3:42	5:47	9:05	4:29	10:14	8:14	7:42	3:32	2:12	10:01	7:16	9:34	5:20	7:16	1:43	5:09	6:41	8:11	2:24	5:43	6:39	6:17	4:31	9:17	8:17	4:21	2:53	6:52

Plans de ville

Plans de ville

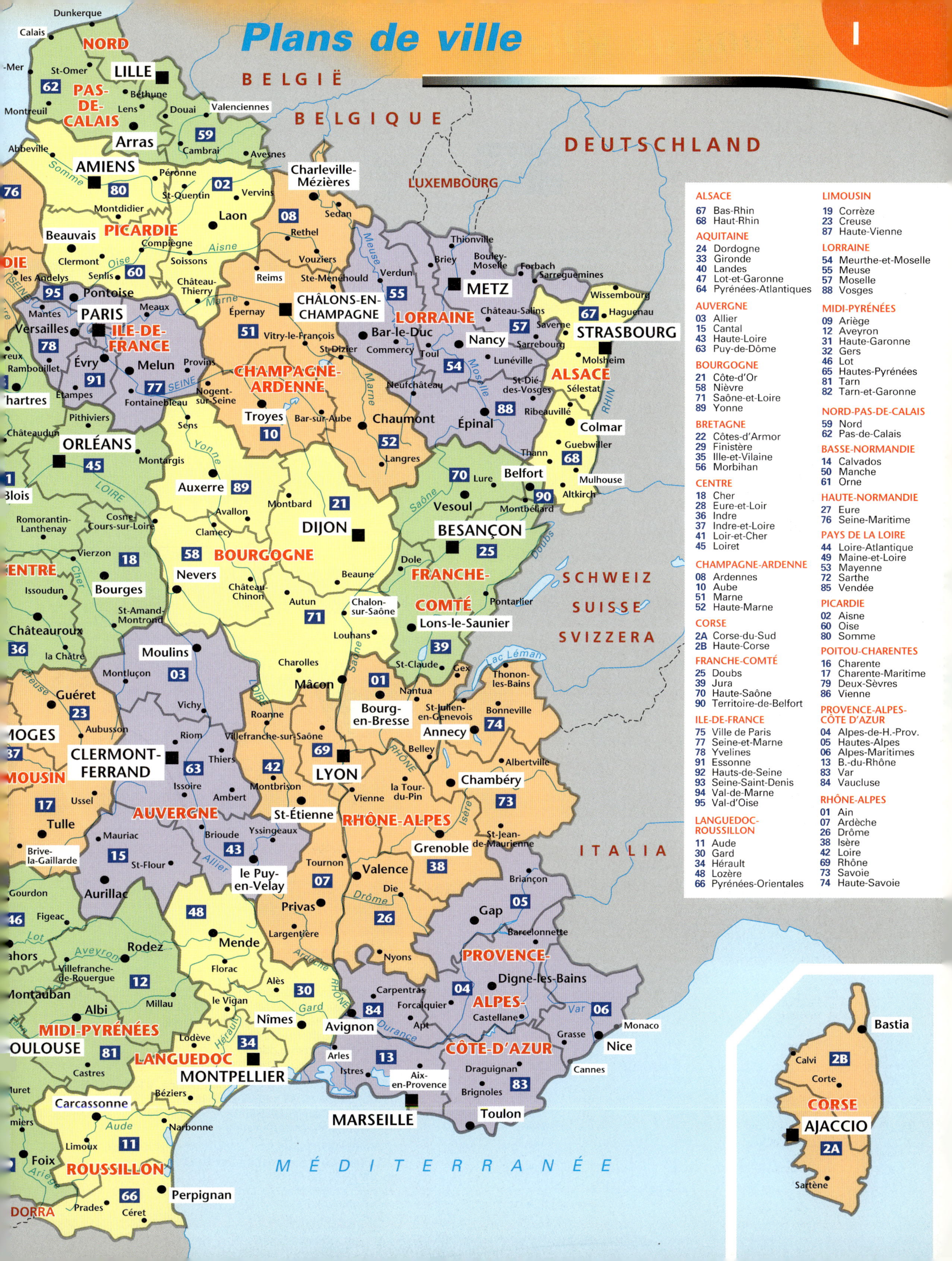

ALSACE
67 Bas-Rhin
68 Haut-Rhin

AQUITAINE
24 Dordogne
33 Gironde
40 Landes
47 Lot-et-Garonne
64 Pyrénées-Atlantiques

AUVERGNE
03 Allier
15 Cantal
43 Haute-Loire
63 Puy-de-Dôme

BOURGOGNE
21 Côte-d'Or
58 Nièvre
71 Saône-et-Loire
89 Yonne

BRETAGNE
22 Côtes-d'Armor
29 Finistère
35 Ille-et-Vilaine
56 Morbihan

CENTRE
18 Cher
28 Eure-et-Loir
36 Indre
37 Indre-et-Loire
41 Loir-et-Cher
45 Loiret

CHAMPAGNE-ARDENNE
08 Ardennes
10 Aube
51 Marne
52 Haute-Marne

CORSE
2A Corse-du-Sud
2B Haute-Corse

FRANCHE-COMTÉ
25 Doubs
39 Jura
70 Haute-Saône
90 Territoire-de-Belfort

ILE-DE-FRANCE
75 Ville de Paris
77 Seine-et-Marne
78 Yvelines
91 Essonne
92 Hauts-de-Seine
93 Seine-Saint-Denis
94 Val-de-Marne
95 Val-d'Oise

LANGUEDOC-ROUSSILLON
11 Aude
30 Gard
34 Hérault
48 Lozère
66 Pyrénées-Orientales

LIMOUSIN
19 Corrèze
23 Creuse
87 Haute-Vienne

LORRAINE
54 Meurthe-et-Moselle
55 Meuse
57 Moselle
88 Vosges

MIDI-PYRÉNÉES
09 Ariège
12 Aveyron
31 Haute-Garonne
32 Gers
46 Lot
65 Hautes-Pyrénées
81 Tarn
82 Tarn-et-Garonne

NORD-PAS-DE-CALAIS
59 Nord
62 Pas-de-Calais

BASSE-NORMANDIE
14 Calvados
50 Manche
61 Orne

HAUTE-NORMANDIE
27 Eure
76 Seine-Maritime

PAYS DE LA LOIRE
44 Loire-Atlantique
49 Maine-et-Loire
53 Mayenne
72 Sarthe
85 Vendée

PICARDIE
02 Aisne
60 Oise
80 Somme

POITOU-CHARENTES
16 Charente
17 Charente-Maritime
79 Deux-Sèvres
86 Vienne

PROVENCE-ALPES-CÔTE D'AZUR
04 Alpes-de-H.-Prov.
05 Hautes-Alpes
06 Alpes-Maritimes
13 B.-du-Rhône
83 Var
84 Vaucluse

RHÔNE-ALPES
01 Ain
07 Ardèche
26 Drôme
38 Isère
42 Loire
69 Rhône
73 Savoie
74 Haute-Savoie

Aix-en-Provence p. 306

(Bouches-du-Rhône)

AIX-EN-PROVENCE

Agard (Passage)	CY	2
Albertas (Pl.)	BY	3
Aude (R.)	BY	4
Bagniers (R. des)	BY	5
Bellegarde (Pl.)	CX	7
Bon Pasteur (R.)	BX	9
Boulégon (R.)	BX	12
Brossolette (Av.)	AZ	13
Cardeurs (Pl. des)	BY	16
Clemenceau (R.)	BY	18
Cordeliers (R. des)	BY	20
Couronne (R. de la)	BY	21
Curie (R. Pierre-et-Marie)	BX	22
Espariat (R.)	BY	26
Fabrot (R.)	BY	28
Foch (R. du Maréchal)	BY	30
Hôtel de Ville (Pl.)	BY	37
Italie (R. d')	CY	42
Lattre-de-Tassigny (Av. de)	AY	46
De-la-Roque (R. J.)	BX	25
Matheron (R.)	BY	49
Méjanes (R.)	BY	51
Minimes (Crs des)	AY	52
Mirabeau (Cours)	BCY	
Montigny (R. de)	BY	55
Napoléon-Bonaparte (Av.)	AY	57
Nazareth (R.)	BY	58
Opéra (R. de l')	CY	62
Pasteur (Av.)	BX	64
Paul-Bert (R.)	BX	66
Prêcheurs (Pl. des)	CY	70
Richelme (Pl.)	BY	72
Saporta (R. G.-de)	BX	75
Thiers (R.)	CY	80
Verdun (Pl. de)	CY	85
4-Septembre (R.)	BZ	87

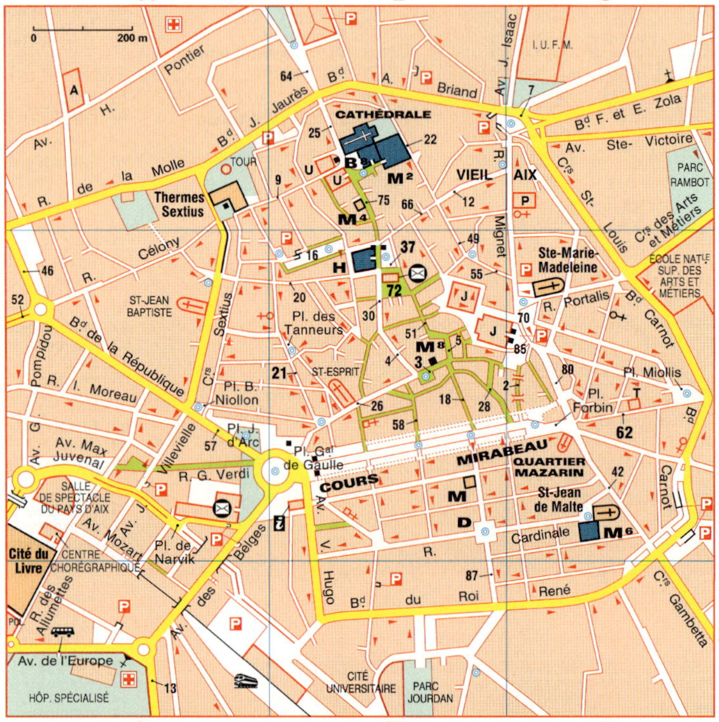

+ informations

Office de Tourisme d'Aix-en-Provence
2, Place du Général de Gaulle - BP 160,
13100 AIX EN PROVENCE
04 42 16 11 61 – Fax 04 42 16 11 62
Email : infos@aixenprovencetourism.com
www.aixenprovencetourism.com

Alençon p. 83

(Orne)

ALENÇON

Argentan (R. d')	AY	2
Basingstoke (Av. de).	AY	3
Bercail (R. du)	BZ	4
Capucins (R. des)	CZ	6
Clemenceau (Cours)	BCZ	
Duchamp (Bd)	AY	8
Écusson (R. de l')	AY	9
Fresnay (R. de)	BZ	13
Grandes-Poteries (R. des)	BZ	14
Grande-Rue	BZ	15
Halle-au-Blé (Pl. de la)	BZ	17
Lattre-de-Tassigny (R. du Mar.-de)	BCZ	19
Leclerc (Av. du Gén.)	AY	20
La Magdelaine (Pl.)	CZ	18
Mans (R. du)	AY	24
Marguerite-de-Lorraine (Pl.)	BZ	25
Porte-de-la-Barre (R.)	BZ	30
Poterne (R. de la)	CZ	33
Quakenbruck (Av. de)	AY	34
Rhin-et-Danube (Av.)	AY	35
Sieurs (R. aux)	BZ	
Tisons (R. des)	AY	39
1er Chasseurs (Bd)	AY	40
14e Hussards (R. du)	AY	42

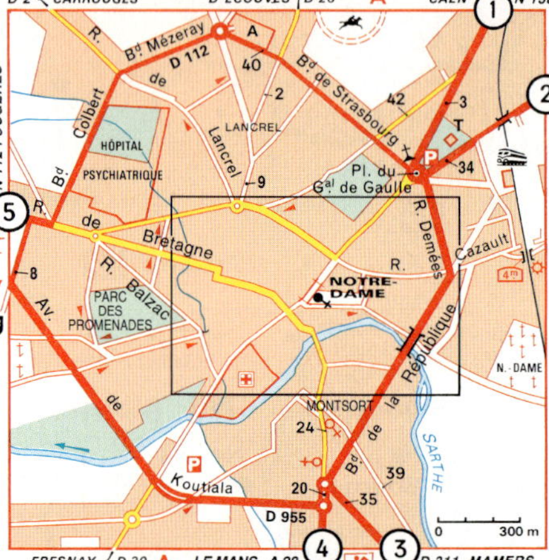

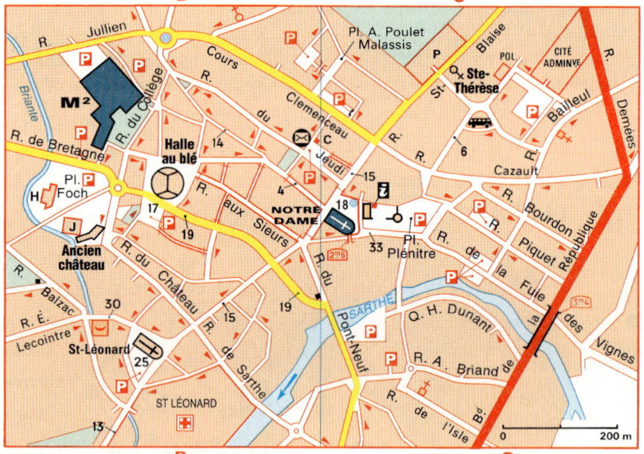

+ informations

Comité Départemental du Tourisme de l'Orne
86, rue Saint-Blaise, BP 50, 61002 ALENÇON Cedex
02 33 28 88 71 – Fax 02 33 29 81 60
Email : info@ornetourisme.com
www.ornetourisme.com

Office de Tourisme du Pays d'Alençon
Maison d'Ozé - Place de la Magdeleine, 61000 ALENÇON
02 33 80 66 33 – Fax 02 33 80 66 32
Email : contact@paydalencontourisme.com
www.paysdalencontourisme.com

Chambre de Commerce et d'Industrie d'Alençon
12, Place du Palais, 61000 ALENÇON
02 33 82 82 82
Email : cci@alencon.cci.fr
www.alencon.cci.fr

Amiens *(Somme)*

p. 22

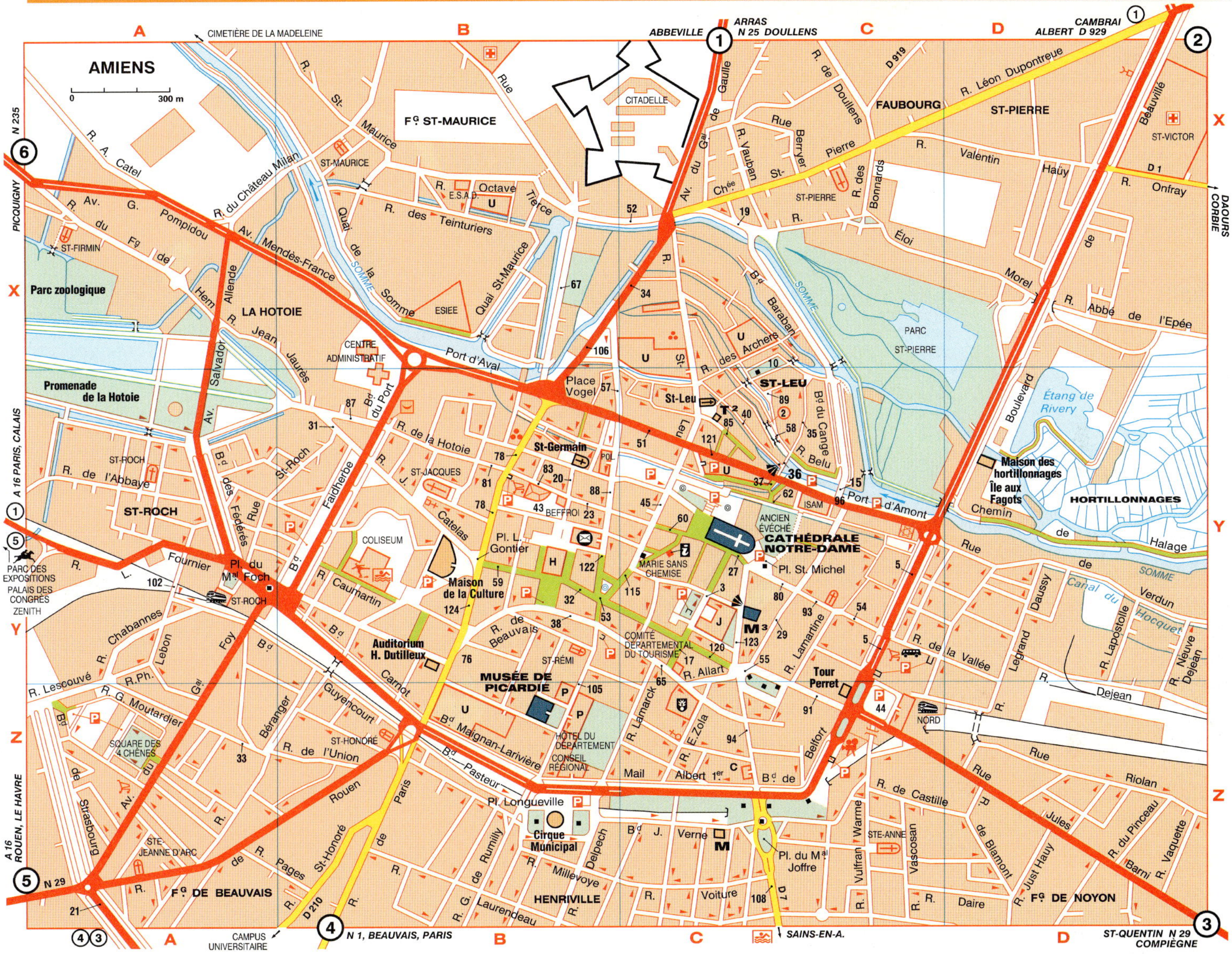

Aguesseau (Pl.)	CY	3
Alsace-Lorraine (Bd d')	CY	5
Beauvais (R. de)	BY	
Briand (Pl. A.)	CXY	10
Cange (Pt du)	CY	15
Catelas (R. Jean)	BY	
Cauvin (R. E.)	CY	17
Célestins (Bd des)	CX	19
Chapeau-des-Violettes (R.)	BY	20
Châteaudun (Bd de)	AZ	21
Chaudronniers (R. des)	BY	23
Cormont (R.)	CY	27
Courbet (R. de l'Amiral)	CY	29
Défontaine (R. du Cdt)	BY	31
Delambre (R.)	BY	32
Denfert-Rochereau (R.)	AZ	33
Déportés (R. des)	CX	34
Dodane (Pont de la)	CY	36
Dodane (R. de la)	CY	35
Don (Pl. du)	CY	37
Duméril (R.)	BY	38
Engoulvent (R. d')	CY	40
Fil (Pl. au)	BY	43
Fiquet (Pl. Alphonse)	CZ	44
Flatters (R.)	CY	45
Francs-Mûriers (R. des)	CY	51
Fusillés (Bd des)	CX	52
Gambetta (Pl.)	BY	53
Gde-Rue de la Veillère	BY	57
Gloriette (R.)	CY	54
Goblet (Pl. René)	CY	55
Granges (R. des)	CY	58
Gresset (R.)	BY	59
Henri-IV (R.)	CY	60
Hocquet (R. du)	CY	62
Jacobins (R. des)	CY	65
Jardin-des-Plantes (Bd)	BX	67
Lattre-de-Tassigny (R. Mar.-de)	BY	76
Leclerc (R. du Gén.)	BY	78
Lefèvre (R. Adéodat)	CY	80
Leroux (R. Florimond)	BY	81
Lin (R. au)	BY	83
Majots (R. des)	CY	85
Marché-aux-Chevaux (R. du)	BY	87
Marché-de-Lanselles (R. du)	BY	88
Motte (R.)	CY	89
Noyon (R. de)	CZ	91
Oratoire (R. de l')	CY	93
Otages (R. des)	CZ	94
Parmentier (Pl.)	CY	96
Prémontrées (R. des)	AY	102
République (R. de la)	BZ	105
Résistance (R. de la)	BX	106
St-Fuscien (R.)	CZ	108
Sergents (R. des)	CY	115
Trois-Cailloux (R. des)	CY	120
Vanmarcke (R.)	CY	121
Vergeaux (R. des)	BY	122
Victor-Hugo (R.)	CY	123
2e-D.-B. (Av. de la)	BY	124

+ informations

Comité Régional du Tourisme de Picardie
3 rue Vincent Auriol - 80011 AMIENS Cedex 1
☎ 03 22 22 33 66 – Fax 03 22 22 33 67
Email : documentation@picardietourisme.com
www.picardietourisme.com

Comité Départemental du Tourisme de la Somme
21 rue Ernest Cauvin - 80000 AMIENS
☎ 03 22 71 22 71 – Fax 03 22 71 22 69
Email : accueil@somme-tourisme.com
www.somme-tourisme.com

Office de Tourisme d'Amiens-Metropole
6 bis, rue Dusevel BP 1018 - 80010 AMIENS Cedex 1
☎ 03 22 71 60 50
Fax 03 22 71 60 51
Email : ot@amiens-metropole.com
www.amiens.com/tourisme

Chambre Régionale de Commerce et d'Industrie de Picardie
36 rue des Otages, 80037 AMIENS Cedex 1
☎ 03 22 82 80 80 – Fax 03 22 82 80 81
www.picardie.cci.fr

Chambre de Commerce et d'Industrie d'Amiens
6 boulevard de Belfort, 80039 AMIENS Cedex 1
☎ 03 22 82 22 22 – Fax 03 22 82 22 91
www.amiens.cci.fr

Angers *(Maine-et-Loire)*

p. 149

ANGERS

+ informations

Comité Départemental du Tourisme de l'Anjou
Place Kennedy BP 32147 - 49021 ANGERS Cedex 02
☎ 02 41 23 51 51 – Fax 02 41 88 36 77
Email : infos@anjou-tourisme.fr
www.anjou-tourisme.fr

Angers Loire Tourisme
7, Place Kennedy B.P 15157 - 49051 ANGERS Cedex 02
☎ 02 41 23 50 00 – Fax 02 41 23 50 09
Email : accueil@angersloiretourisme.com
www.angersloiretourisme.com

Aéroport d'Angers Loire
Situation : 20 km au nord-est d'Angers
☎ 02 41 33 50 20 – Fax 02 41 33 50 16
Email : aeroport.angers@angersloireaeroport.fr
www.angers.aeroport.fr

Chambre de Commerce et d'Industrie d'Angers,
8 bd du Roi René BP 626 - 49006 ANGERS Cedex 01
☎ 02 41 20 54 20 – Fax 02 41 20 54 15
www.angers.cci.fr

Angoulême
(Charente)

p. 221

ANGOULÊME

Aguesseau (Rampe d') ..... Y 2
Arsenal (R. de l') .... Z 4
Basseau (R. de) .... X 6
Beaulieu (Rempart de) ..... Y 8
Belat (R. de) .... Z 10
Bouillaud (Pl.) .... Z 12
Briand (Bd A.) .... Y 14
Chabasse (Bd R.) .... X 17
Champs-de-Mars (Pl.) .... Y 18
Churchill (Bd W.) .... Z 20
Corderie (R. de la) .... Y 24
Desaix (Rempart) .... Z 26
Dr-E.-Roux (Bd du) .... Z 28
Fontaine-du-Lizier (R.) .... Y 30
Frères-Lumière (R. des) .... Y 32
Gambetta (Av.) .... Y 34
Gaulle (Av. du Gén.-de) ..... Y 36
Guérin (R. J.) .... Y 37
Guillon (Pl. G.) .... Y 38
Iéna (R. d') .... Z 40
Lattre-de-Tassigny (Av. du Mar. de) .... X, Y 42
Liedot (Bd) .... X 44
Louvel (Pl. F.) .... Y 46
Marengo (Pl. et R.) .... YZ 47
Midi (Rempart du) .... Y 48
Monlogis (R.) .... X 50
Papin (R. D.) .... Y 52
Paris (R. de) .... Y
Pasteur (Bd) .... Y 53
Périgueux (R. de) .... X, YZ 55
Postes (R. des) .... Y 57
Renoleau (R. A.) .... Z 58
République (Bd de la) .... X, Y 59
La Rochefoucauld (R. de la) .... Y 41
Saintes (R. de) X
St-André (R.) .... Y 60
St-Antoine (R.) .... X 61
St-Martial (Pl. et R.) .... Z 65
St-Roch (R.) .... X, Y 67
Soleil (R. du) .... Y 70
Tharaud (Bd J. et J.) .... Z 72
Turenne (R. de) .... Y 73
3-Fours (R. des) .... Y 75
8-Mai-1945 (Bd du) .... X 80

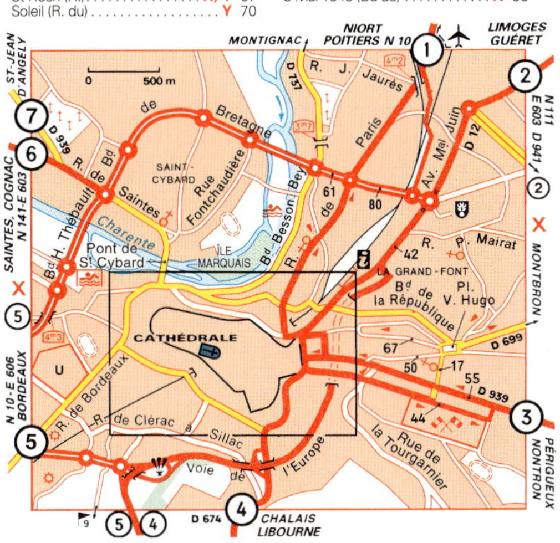

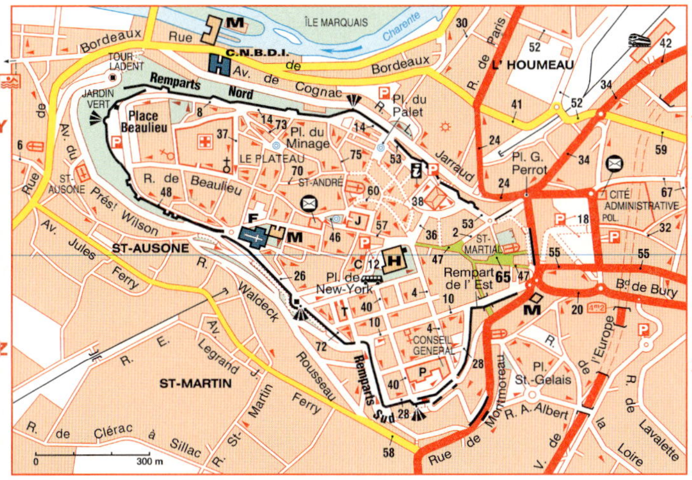

+ informations

Comité Départemental du Tourisme de la Charente
Place Bouillaud, 16021 ANGOULEME Cedex
05 45 69 79 09 – Fax 05 45 69 48 60
Email : info@lacharente.com
www.lacharente.com

Office de Tourisme du Pays d'Angoulême
7 bis, rue du Chat - Place des Halles - B.P.222, 16007 ANGOULEME cedex
05 45 95 16 84 – Fax 05 45 95 91 76
Email : info@angouleme-tourisme.com
www.angouleme-tourisme.com

Chambre de Commerce et d'Industrie d'Angoulême
27 place Bouillaud 16021 ANGOULEME Cedex
05 45 20 55 55 – Fax 05 45 20 55 50
Email : cci@angouleme.cci.fr
www.angouleme.cci.fr

Aéroport d'Angoulême-Brie Champniers
Situation : 15 km au nord-est d'Angoulême
Adresse : 16430 Champniers
05 45 69 88 09 – Fax 05 45 69 47 00
Email : aeroportangouleme.cci.fr
www.angouleme.cci.fr/aeroport.html

Annecy
(Haute-Savoie)

p. 215

ANNECY

Chambéry (Av. de) ...... DY 23
Chappuis (Q. Eustache) .. EY 26
Filaterie (R.) .... EY 43
Grenette (R.) .... EY 51
Hôtel-de-Ville (Pl. de l') ... EY 53
Jean-Jacques-Rousseau (R.) .... DY 55
Lac (R. du) .... EY 57
Libération (Pl. de la) ..... EY 61
Pâquier (R. du) .... EY 71
Perrière (R.) .... EY 75
Pont-Morens (R. du) .... EY 76
Poste (R. de la) .... DY 78
République (R.) .... DY 83
Royale (R.) .... DY 85
Ste-Claire (Fg et R.) ..... DY 91
St-François-de-Sales (Pl.) .... EY 87
St-François-de-Sales (R.) . DY 89
Tour-la-Reine (Ch.) .... EY 95

+ informations

Comité Départemental du Tourisme de Haute-Savoie
56, rue Sommeiller - BP 348 74012 ANNECY
04 50 51 32 31 – Fax 04 50 45 81 99
Email : tourisme@cdt-hautesavoie.fr
www.cdt-hautesavoie.fr

Office de Tourisme
1 rue Jean Jaurès, 74000 ANNECY
04 50 45 00 33 – Fax : 04 50 51 87 20
Email : info@annecytourisme.com
www.lac-annecy.com

Office de Tourisme Rive Gauche du Lac d'Annecy
B.P. 39, 74320 SEVRIER
04 50 52 40 56 – Fax 04 50 52 48 66
Email : info@visit-lacannecy.fr
www.visit-lacannecy.fr et @ www.lac-annecy.com

Office de Tourisme de Talloires – Lac d'Annecy
Rue A. Theuriet, 74290 TALLOIRES
04 50 60 70 64 – Fax 04 50 60 76 59
www.talloires.fr

Aéroport d'Annecy - Haute Savoie
Situation : 5 km au nord d'Annecy
Adresse : 8, Route de Côte Merle, 74370 Metz-Tessy
04 50 27 30 06 – Fax 04 50 27 39 83
Email : cciaerohaute-savoie.cci.fr
www.annecy.aeroport.fr

Arras *(Pas-de-Calais)*

p. 13

ARRAS

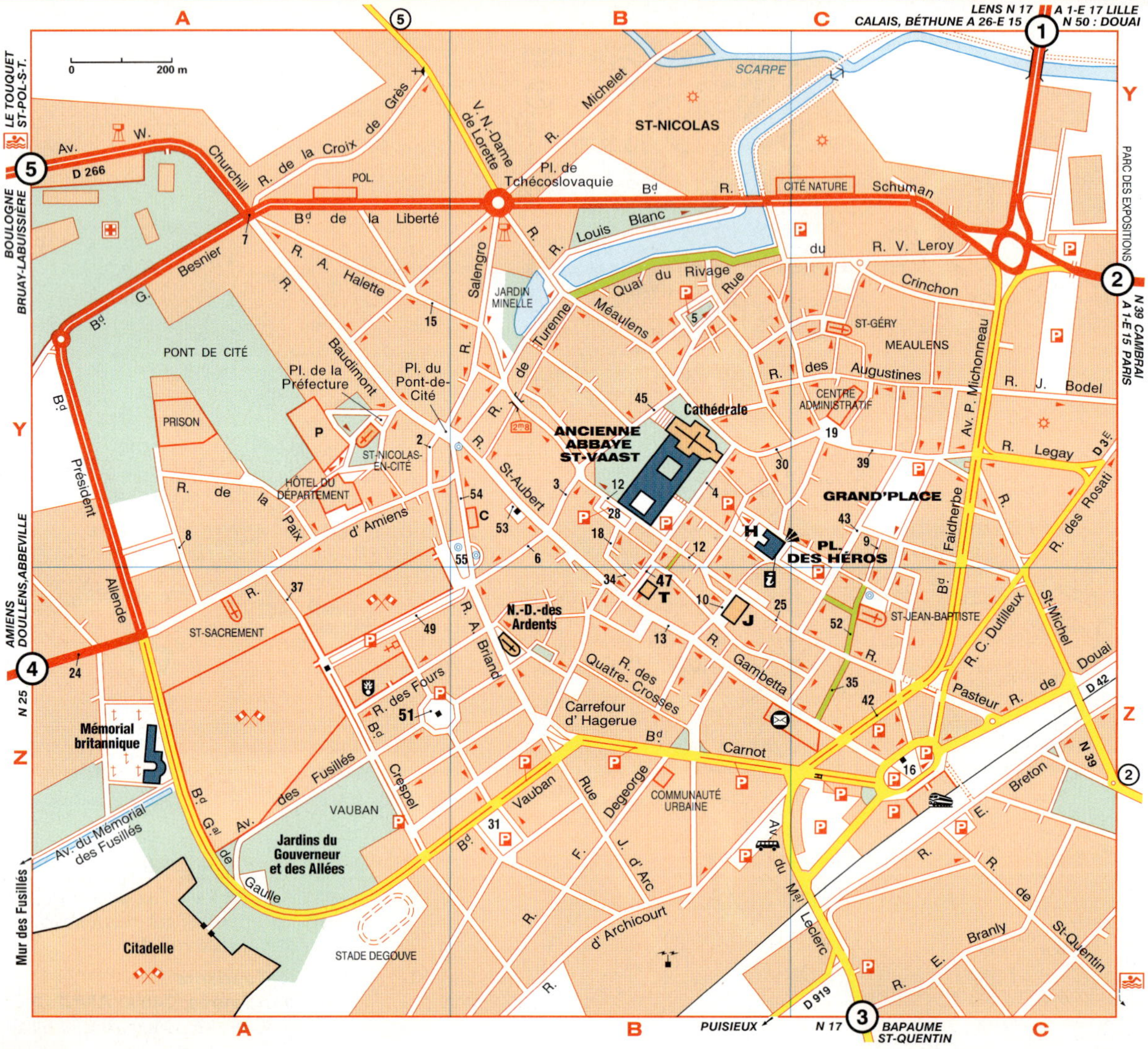

+ informations

Office de Tourisme d'Arras
Hôtel de Ville, place des Héros, BP49, 62001 ARRAS Cedex
☎ 03 21 51 26 95 – Fax 03 21 71 07 34
Email : arras.tourisme@wanadoo.fr
www.ot-arras.fr

Chambre de Commerce et d'Industrie d'Arras
8 rue du 29 Juillet BP 54062008 ARRAS Cedex
☎ 03 21 23 24 24 – Fax 03 21 23 84 84
www.arras.cci.fr

Arles

(Bouches-du-Rhône)

p. 304

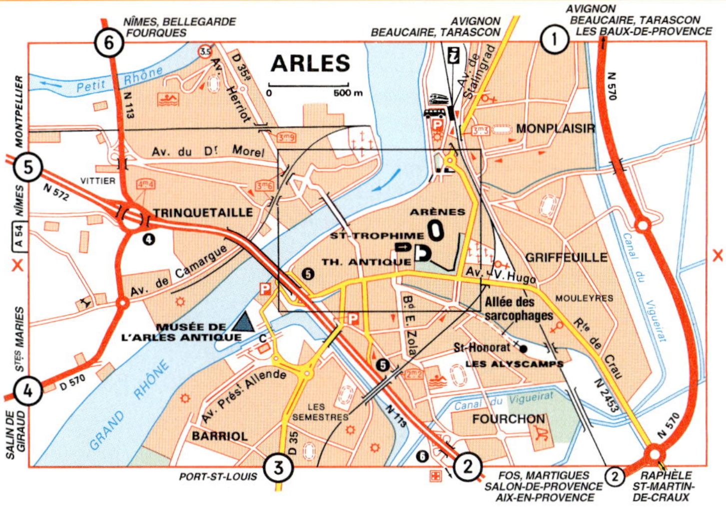

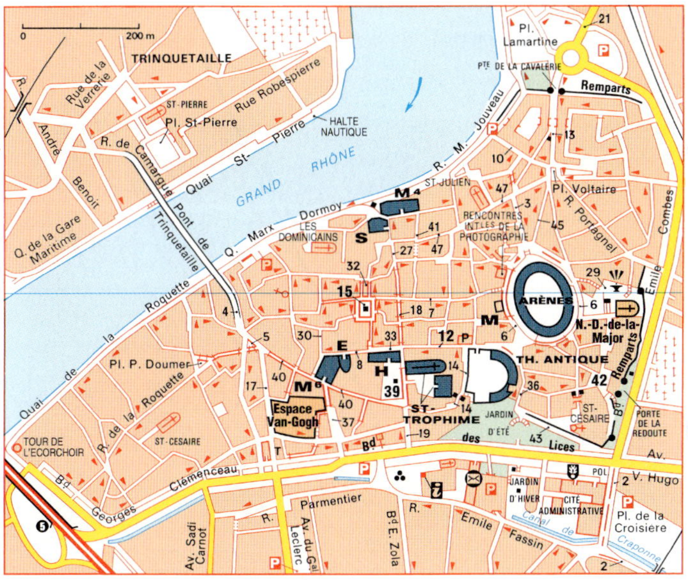

Alyscamps (Av. des)	Z	2
Amphithéâtre (R. de l')	Y	3
Anatole-France (R.)	Z	4
Antonelle (Pl.)	Z	5
Arènes (Rd-Pt des)	YZ	6
Arènes (R. des)	YZ	7
Balze (R.)	Z	8
Blum (R. Léon)	Y	10
Calade (R. de la)	Z	12
Cavalerie (R. de la)	Y	13
Cloître (R. du)	Z	14
Forum (Pl. du)	Z	15
Gambetta (R.)	Z	17
Hôtel de Ville (R. de l')	Z	18
Jean-Jaurès (R.)	Z	19
Lamartine (Av.)	Y	21
Lices (Bd des)	Z	
Maïsto (R. Dominique)	Y	27
Major (Pl. de la)	Y	29
Mistral (R. Frédéric)	Z	30
Place (R. de la)	Y	32
Plan de la Cour (R. du)	Z	33
Porte de Laure (R.)	Z	36
Président Wilson (R. du)	Z	37
Réattu (R.)	Y	41
Redoute (Pl. de la)	Z	42
République (Pl. de la)	Z	39
République (R. de la)	Z	40
Vauban (Montée)	Z	43
Voltaire (R.)	Y	45
4-Septembre (R. du)	Y	47

+ informations

Office de Tourisme d'Arles
Boulevard des Lices, 13200 ARLES
☎ 04 90 18 41 20 – Fax 04 90 18 41 29
Email : ot-arles@visitprovence.com
www.tourisme.ville-arles.fr

Chambre de Commerce et d'Industrie du pays d'Arles
Avenue 1e Division de la France Libre BP 39 - 13643 ARLES Cedex
☎ 04 90 99 08 08 – Fax 04 90 99 08 00
www.arles.cci.fr

Auxerre (Yonne)

p. 136

AUXERRE

Boucheries (R. des)	BZ	3
Bourbotte (Av.)	BY	4
Chesnez (R. M. des)	AZ	5
Coche-d'Eau (Pl. du)	BY	8
Cochois (R.)	BY	9
Diderot (R.)	AZ	10
Dr-Labosse (R. du)	BY	11
Draperie (R. de la)	AZ	12
Eckmühl (R. d')	AZ	14
Fécauderie (R.)	AZ	16
Foch (Av.)	AZ	18
Grand-Caire (R. du)	AY	20
Horloge (R. de l')	AZ	22
Hôtel-de-Ville (Pl. de l')	AZ	23
Jean-Jaurès (Av.)	BY	26
Jean-Jaurès (Pl.)	BZ	27
Leclerc (Pl. du Mar.)	AZ	34
Lepère (Pl. Ch.)	AZ	35
Maison-Fort (R.)	BY	36
Marine (R. de la)	BY	37
Mont-Brenn (R. du)	BY	38
Paris (R. de)	AY	
Puits-des-Dames (R. du)	BZ	40
St-Germain (R.)	ABY	44
St-Nicolas (Pl.)	BY	45
Schaeffer (R. René)	AZ	46
Surugue (Pl. Ch.)	AZ	47
Temple (R. du)	AZ	
Tournelle (Av. de la)	BY	48
Yonne (R. de l')	BY	52
24-Août (R. du)	AZ	54

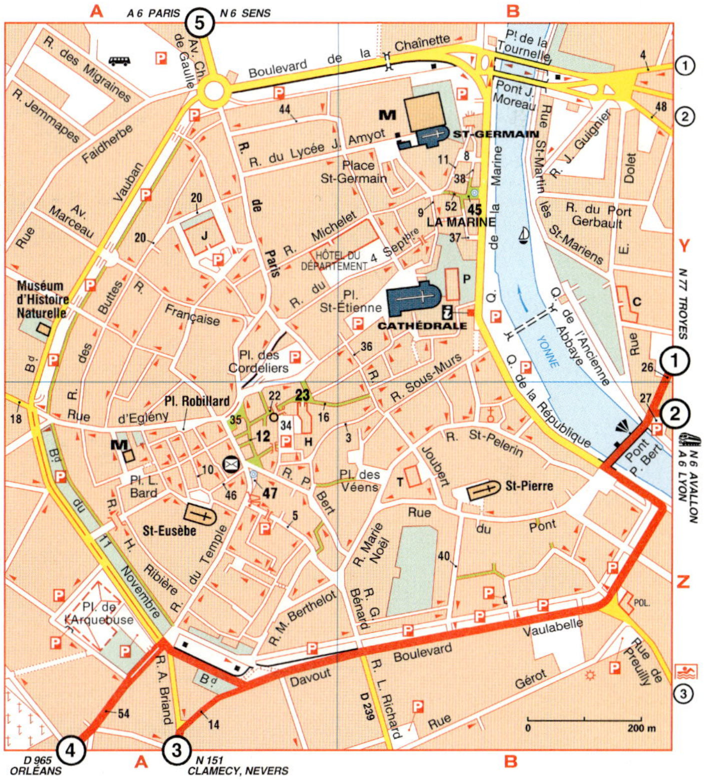

+ informations

Comité Départemental du Tourisme de l'Yonne
1-2 quai de la République, 89000 AUXERRE
☎ 03 86 72 92 00 – Fax 03 86 72 92 09
Email : cdt-89@tourisme-yonne.com
www.tourisme-yonne.com

Office de Tourisme d'Auxerre et de l'Auxerrois
Siège social : 1-2, Quai de la République, 89000 AUXERRE
☎ 03 86 52 06 19 – Fax 03 86 51 23 27
Email : info@ot-auxerre.fr
www.ot-auxerre.fr

Chambre de Commerce et d'Industrie de l'Yonne
26 rue Etienne Dolet, 89015 AUXERRE Cedex
☎ 03 86 49 40 00 – Fax 03 86 49 40 09
www.yonne.cci.fr

Avignon *(Vaucluse)*

p. 285

AVIGNON

Rue	Carré	N°
Amirande (Pl. de l')	EY	2
Arroussaire (Av. de l')	FZ	3
Aubanel (R. Théodore)	EZ	5
Balance (R. de la)	EY	7
Bancasse (R.)	EY	9
Bertrand (R.)	FY	10
Bon Martinet (R. du)	FZ	13
Campane (R.)	FY	14
Collège d'Annecy (R.)	EZ	18
Collège du Roure (R. du)	EY	19
Corps Saints (Pl. des)	EZ	20
David (R. Félicien)	EY	22
Dorée (R.)	EY	23
Folco-de-Baroncelli (R.)	EY	28
Fourbisseurs (R. des)	EY	34
Four de la Terre (R. du)	FZ	35
Four (R. du)	FY	33
Galante (R.)	EY	37
Grande Fusterie (R. de la)	EY	39
Grottes (R. des)	EY	41
Italiens (Av. des)	GY	44
Jean-Jaurès (Cours)	EZ	
Jérusalem (Pl.)	FY	45
Ledru-Rollin (R.)	FY	47
Manivet (R. P.)	EFZ	48
Marchands (R. des)	EY	49
Masse (R. de la)	FZ	52
Molière (R.)	EY	54
Monclar (Av.)	EZ	55
Mons (R. de)	EY	59
Muguet (R.)	GY	62
Ortolans (R. des)	EZ	63
Palais (Pl. du)	EY	64
Palapharnerie (R.)	FY	66
Petite Calade (R. de la)	EY	67
Petite Fusterie (R. de la)	EY	68
Petite Saunerie (R. de la)	FY	70
Pétramale (R.)	EZ	72
Peyrollerie (R.)	EY	73
Pont (R. du)	EY	74
Président-Kennedy (Cours)	EZ	76
Prévot (R.)	EZ	77
Rascas (R. de)	GY	79
Rempart de l'Oulle (R. du)	DY	82
Rempart du Rhône (R. du)	EY	83
Rempart St-Michel (R. du)	FZ	84
Rempart St-Roch (R. du)	DEZ	86
République (R. de la)	EYZ	
Rhône (Pte du)	EY	88
Rouge (R.)	EY	90
Ste-Catherine (R.)	FY	109
St-Agricol (R.)	EY	94
St-Christophe (R.)	FZ	97
St-Dominique (Bd)	DZ	98
St-Étienne (R.)	EY	99
St-Jean le Vieux (Pl.)	FY	101
St-Jean le Vieux (R.)	FY	102
St-Joseph (R.)	FY	104
St-Michel (R.)	EZ	105
St-Pierre (Pl.)	EY	106
St-Ruf (Av.)	FZ	108
Saraillerie (R. de la)	EYZ	110
Taulignan (R. de)	EY	113
Tour (R. de la)	GY	116
Vernet (R. Horace)	EZ	118
Vernet (R. Joseph)	EYZ	
Viala (R. Jean)	EY	119
Vice-Légat (R.)	EY	120
Vieux Sextier (R. du)	EFY	122
Vilar (R. Jean)	EY	123
Violette (R.)	EZ	124
3 Pilats (R. des)	FY	127
3 Faucons (R. des)	EZ	126

+ informations

Comité Départemental du Tourisme du Vaucluse
12 rue Collège de la Croix - BP. 147 - 84008 AVIGNON Cedex 1
☎ 04 90 80 47 00 – Fax 04 90 86 86 08
Email : info@provenceguide.com
www.provenceguide.com

Organismes associés :
Association Logis de France de Vaucluse
BP 193 - 84009 AVIGNON Cedex 1
☎ 04 90 86 29 16 – Fax 04 90 85 25 15

Relais Départemental des Gîtes de France de Vaucluse - BP 164 - 84008 - AVIGNON Cedex 1
☎ 04 90 85 45 00 – Fax 04 90 85 88 49

Office de Tourisme d'Avignon
41, cours Jean Jaurès - BP 8, 84008 AVIGNON Cedex 1
☎ 04 32 74 32 74 – Fax 04 90 82 95 03
Email : information@ot-avignon.fr
www.avignon-tourisme.com

Aéroport d'Avignon
Situation : 10 km au sud-est d'Avignon – Accès par RN 7
Adresse : 141, allée de la Chartreuse 84140 MONTFAVET
☎ 04 90 81 51 51 – Fax 04 90 81 51 66
www.avignon.aeroport.fr

Chambre de Commerce et d'Industrie d'Avignon et de Vaucluse
46, cours Jean Jaurès - BP 158 - 84008 AVIGNON Cedex1
☎ 04 90 14 87 00 – Fax 04 90 82 98 34
www.avignonvaucluse.cci.fr

Bayonne
(Pyrénées-Atlantiques)

p. 292

Argenterie (R.)	AZ	3
Bastion Royal (R. du)	BZ	12
Bernède (R.)	AY	15
Bonnat (Av. Léon)	AY	16
Bourgneuf (R.)	BYZ	17
Château-Vieux (Pl.)	AZ	24
Cordeliers (R. des)	BZ	26
Corsaires (Quai des)	BZ	28
Dubourdieu (Q. Amiral)	BZ	31
Duvergier-de-Hauranne (Av.)	BZ	32
Galuperie (Quai)	BZ	35
Génie (Pont du)	BZ	39
Gouverneurs (R. des)	AZ	41
Hugo (R. Victor)	AZ	125
Jaureguiberry (Q.)	AZ	57
Lachepaillet (Bd du Rempart)	AZ	64
Laffitte (R. Jacques)	BYZ	65
Lamarque (Av. du Chanoine)	AZ	23
Liberté (Pl. de la)	BY	73
Lormand (R.)	AY	74
Marengo (Pont et R. de)	BZ	80
Marines (Av. des Allées)	AY	81
Mayou (Pont)	BY	83
Monnaie (R. de la)	AZ	86
Orbe (R.)	AZ	92
Pannecau (Pont)	BZ	93
Pelletier (R.)	BZ	95
Port-de-Castets (R.)	AZ	97
Port-Neuf (R.)	AY	98
Ravignan (R.)	BZ	104
Roquebert (Q. du Cdt)	BZ	108
Ste-Catherine (R.)	BY	109
Thiers (R.)	AY	
Tonneliers (R. des)	BZ	112
Tour-de-Sault (R.)	AZ	120
11-Novembre (Av.)	AY	128
49e (R. du)	AY	129

+ informations

Comité Départemental du Tourisme Béarn Pays basque
4 allée des Platanes, 64100 BAYONNE
☎ 05 59 46 52 52 – Fax 05 59 46 52 46
Email : cdt@cg64.com
www.tourisme64.com

Office de Tourisme de Bayonne
Place des Basques, BP 819, 64108 BAYONNE Cedex
☎ 05 59 46 01 46 – Fax 05 59 59 37 55
Email : infos@bayonne-tourisme.com
www.bayonne-tourisme.com

Chambre de Commerce et d'Industrie de Bayonne-Pays Basque
50-51 allées Marines, BP 215 - 64102 BAYONNE Cedex
☎ 05 59 46 59 46 – Fax 05 59 46 59 47
www.bayonne.cci.fr

Aéroport de Biarritz-Anglet-Bayonne
7 Esplanade de l'Europe, 64600 ANGLET
☎ 05 59 43 83 83 – Fax 05 59 43 83 86
www.biarritz.aeroport.fr

Beauvais *(Oise)*

p. 38

BEAUVAIS

Beauregard (R.)	2
Brière (Bd J.)	3
Carnot (R.)	
Clemenceau (Pl.)	4
Dr-Gérard (R.)	5
Dr-Lamotte (Bd du)	6
Dreux (R. Ph. de)	7
Gambetta	
Grenier-à-Sel (R.)	8
Guéhengnies (R. de)	9
Hachette (Pl. J.)	10
Halles (Pl. des)	12
Leclerc (R. Mar.)	13
Lignières (R. J. de)	15
Loisel (Bd A.)	16
Malherbe (R. de)	18
Nully-d'Hécourt (R.)	19
République (Av. de la)	20
St-André (Bd)	22
St-Laurent (R.)	23
St-Pierre (R.)	24
Scellier (Cours)	27
Taillerie (R. de la)	29
Tapisserie (R. de la)	30
Villiers-de-l'Isle-Adam (R.)	35
Vincent-de-Beauvais (R.)	26
Watrin (R. du Gén.)	36
27-Juin (R. du)	38

+ informations

Comité Départemental du Tourisme de l'Oise
19, rue Pierre Jacoby, BP 80822, 60008 BEAUVAIS
☎ 03 44 45 82 12 – Fax 03 44 45 16 19
Email : contact@oisetourisme.com
www.oisetourisme.com

Office de Tourisme du Beauvaisis
1, rue Beauregard - Espace Piéton - B.P.537, 60005 BEAUVAIS
☎ 03 44 15 30 30 – Fax : 03 44 15 30 31
Email : ot.beauvaisis@beauvaistourisme.fr
www.beauvaistourisme.fr

Aéroport de Beauvais – Tillé
Situation : 3,5 km au nord-nord-est de Beauvais
Adresse : 60000 TILLE
☎ 03 44 11 46 66 – Fax 03 44 11 46 60
www.cci-oise.fr

Belfort
(Territoire-de-Belfort)

p. 142

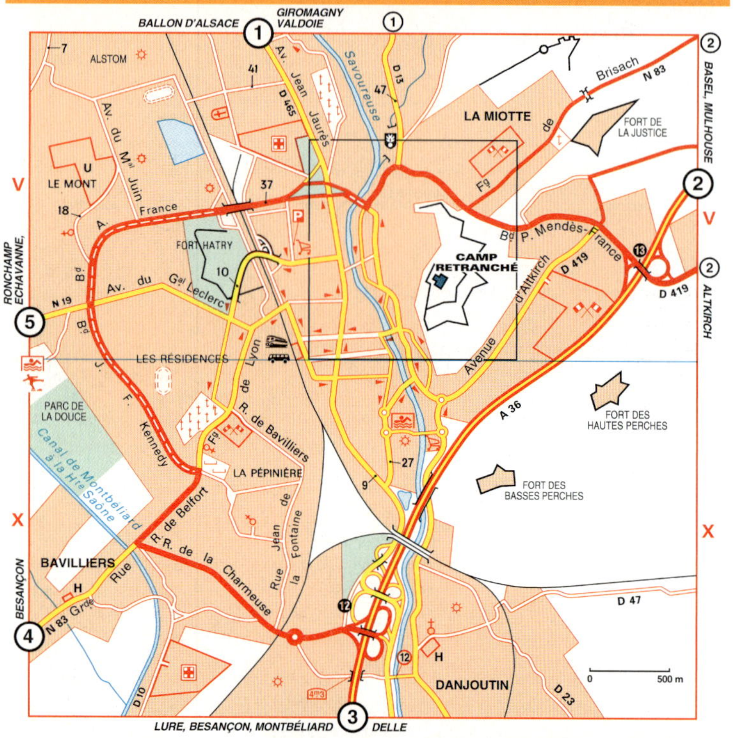

BELFORT

Ancêtres (Fg des)	Y	3
Armes (Pl. d')	Y	5
As-de-Carreau (R. de l')	Z	6
Auxelles (Via d')	V	7
Besançon (R. de)	X	9
Boulloche (Pt A.)	V	10
Bourgeois (Pl. des)	Y	12
Carnot (Bd)	Z	15
Château-d'Eau (Av. du)	V	18
Clemenceau (R. G.)	Y	20
Denfert-Rochereau (R.)	Z	21
Dr-Corbis (Pl. du)	Z	23
Dr-Fréry (R. du)	Y	24
Dreyfus-Schmidt (R.)	Y	25
Dunant (Bd H.)	X	27
Espérance (Av. de l')	Y	28
Foch (Av. Mar.)	Z	29
France (Fg de)	Z	30
Gaulard (R. du Gén.)	Z	31
Grande-Fontaine (Pl. de la)	Z	32
Grande-Fontaine (R.)	Y	33
Grand'Rue	Y	34
Joffre (Bd du Mar.)	VY	37
Lebleu (R. F.)	Z	40
Lille (R. de)	V	41
Magasin (Q. du)	Y	43
Metz-Juteau (R.)	Y	45
Moulin (Av. J.)	V	47
Mulhouse (R. de)	Y	46
Pompidou (R. G.)	Y	48
République (Pl. de la)	Y	49
République (R. de la)	Z	50
Roussel (R. du Gén.)	Y	51
Sarrail (Av. du Gén.)	Z	52
Vauban (Q.)	Y	60

+ informations

Comité Départemental et Maison du Tourisme du Territoire de Belfort
2bis, rue Georges Clemenceau - 90000 BELFORT
☎ 03 84 55 90 91 – Fax 03 84 55 90 80
Email : direction@ot-belfort.com
www.ot-belfort.fr

Chambre de Commerce et d'Industrie du territoire de Belfort
1 rue du Docteur Fréry BP 199 - 90004 BELFORT Cedex
☎ 03 84 54 54 54 – Fax 03 84 54 54 03
www.belfort.cci.fr

Besançon *(Doubs)*

p. 162

BESANÇON

Battant (Pont)	AY	3
Battant (R.)	AY	
Bersot (R.)	BY	
Carnot (Av.)	BYX	7
Castan (Sq.)	BZ	8
Chapitre (R. du)	BZ	14
Convention (R. de la)	BZ	4
Denfert-Rochereau (Av.)	BY	17
Denfert-Rochereau (Pont)	BY	18
Fusillés-de-la-Résistance (R. des)	BZ	20
Gambetta (R.)	ABY	21
Gare-d'eau (Av. de la)	AZ	22
Gaulle (Bd Ch.de)	AZ	23
Girod-de-Chantrans (R.)	AYZ	24
Grande-Rue	ABYZ	
Granges (R. des)	ABY	
Krug (R. Ch.)	BY	26
Lycée (R. du)	AY	28
Madeleine (R. de la)	AY	29
Martelots (Pl. des)	BZ	30
Mégevand (R.)	ABZ	32
Moncey (R.)	BY	33
Orme-de-Chamars (R. de l')	AZ	36
Pouillet (R. C.)	AY	39
République (R. de la)	ABY	40
Révolution (Pl. de la)	AY	41
Rivotte (Faubourg)	BZ	42
Ronchaux (R.)	BZ	43
Rousseau (R. J. J.)	AY	45
Saint-Amour (Sq.)	BY	48
Sarrail (R. Gén.)	ABY	52
Vauban (Q.)	AY	56
1ère-Armée-Française (Pl. de la)	BY	58

+ informations

Comité Régional du Tourisme de Franche-Comté
La City 4, rue G. Plançon - 25044 BESANÇON Cedex
☎ 03 81 25 08 08 – Fax 03 81 83 35 82
Email : crt@franche-comte.org
www.franche-comte.org

Agence pour le Développement Économique et Touristique du Doubs
7 av. de la Gare d'Eau, 25031 BESANÇON Cedex
☎ 03 81 65 10 00 – Fax 03 81 82 01 40
Email : aded@doubs.org
www.doubs.org

Office de Tourisme de Besançon
2 place de la 1re Armée Française, 25000 BESANÇON
☎ 3265 dites « Besançon » ou 03 81 80 92 55 – Fax 03 81 80 58 30
Email : info@besancon-tourisme.com
www.besancon-tourisme.com

Chambre de Commerce et d'Industrie du Doubs
46 avenue Villarceau, 25042 BESANÇON Cedex
☎ 03 81 25 25 25 – Fax 03 81 25 25 00
www.doubs.cci.fr

Biarritz

p. 310

(Pyrénées-Atlantiques)

Atalaye (Pl.)	DY	4
Barthou (Av. Louis)	EY	11
Beaurivage (Av.)	DZ	12
Champ-Lacombe (R.)	EZ	22
Clemenceau (Pl.)	EY	25
Édouard-VII (Av.)	EY	
Espagne (R. d')	DZ	35
Foch (Av. du Mar.)	EZ	
Gambetta (R.)	DEZ	
Gaulle (Bd du Gén.-de)	EY	37
Goélands (R. des)	DY	40
Helder (R. du)	EY	49
Hélianthe (Rd-Pt)	DZ	50
Larralde (R.)	EY	66
Larre (R. Gaston)	DY	67
Leclerc (Bd Mar.)	DEY	70
Libération (Pl. de la)	EZ	72
Marne (Av. de la)	EY	81
Mazagran (R.)	EY	84
Osuna (Av. d')	EY	95
Port-Vieux (Pl. du)	DY	99
Port-Vieux (R. du)	DY	100
Rocher de la Vierge (Espl. du)	DY	114
Sobradiel (Pl.)	EZ	117
Verdun (Av. de)	EY	
Victor-Hugo (Av.)	EYZ	

+ informations

Comité Départemental du Tourisme Béarn-Pays Basque
BP 811 - 4 allée des Platanes - 64108 BAYONNE Cedex
05 59 46 52 52 – Fax 05 59 46 52 46
Email : info@tourisme64.com
www.tourisme64.com

Office de Tourisme de Biarritz
Square d'Ixelles - Javalquinto, 64200 BIARRITZ
05 59 22 37 00 – Fax 05 59 24 14 19
Email : Biarritz.Tourisme@biarritz.fr
www.biarritz.fr

Office de Tourisme de Bayonne
Place des Basques BP 819 - 64108 BAYONNE Cedex
05 59 46 01 46 – Fax 05 59 59 37 55
Email : infos@bayonne-tourisme.com
www.bayonne-tourisme.com

Office municipal de Tourisme d'Anglet
1, avenue de la Chambre-d'Amour - 64600 ANGLET
05 59 03 77 01 – Fax 05 59 03 55 91
Email : information@anglet-tourisme.com
www.anglet-tourisme.com

Aéroport de Biarritz-Anglet-Bayonne
7 Esplanade de l'Europe 64600 ANGLET
05 59 43 83 83 – Fax 05 59 43 83 86
Email : informations@biarritz.aeroport.fr
www.biarritz.aeroport.fr

Chambre de Commerce et d'Industrie de Bayonne-Pays Basque
50-51 allées Marines BP 215 - 64102 BAYONNE Cedex
05 59 46 59 46 – Fax 05 59 46 59 47
www.bayonne.cci.fr

Blois (Loir-et-Cher)

p. 132

BLOIS

Abbé-Grégoire (Quai de l')	Z	2
Anne-de-Bretagne (R.)	Z	3
Augustin Thierry (Sq.)	Z	4
Balzac (R. H.)	V	5
Beauvoir (R.)	Y	6
Bourg-St-Jean (R. du)	Y	10
Cartier (R. R.)	V	13
Chemonton (R.)	Y	16
Clouseau (Mail)	Y	17
Commerce (R. du)	Z	
Cordeliers (R. des)	Y	18
Curie (R. Pierre et Marie)	X	19
Dion (R. R.)	V	20
Dupuis (Bd D.)	X	21
Fontaine-des-Élus (R.)	Z	22
Fossés-du-Château (R. des)	Z	23
Gambetta (Av.)	X	25
Gaulle (Pont Ch.-de)	X	26
Gentils (Bd R.)	X	27
Industrie (Bd de l')	V	29
Jeanne-d'Arc (R.)	Z	30
Laigret (Av. J.)	Z	32
Leclerc (Av. du Mar.)	X	33
Lices (Pl. des)	Z	34
Lion-Ferré (R. du)	Z	35
Louis-XII (Pl.)	Z	38
Maunoury (Av. du Mar.)	Y	39
Monsabre (R. du Père)	Z	41
Orfèvres (R. des)	Z	43
Papegaults (R. des)	Y	44
Papin (Escaliers Denis)	Y	45
Papin (R. Denis)	Z	
Pierre-de-Blois (R.)	Z	46
Poids-du-Roi (R. du)	Z	47
Porte-Côté (R.)	Z	48
Président-Wilson (Av.)	Z	51
Puits-Châtel (R. du)	Y	52
Remparts (R. des)	Y	53
Résistance (Rd-Pt-de la)	Z	55
Ronsard (R. P.)	X	58
St-Honoré (R.)	YZ	59
St-Jean (Q.)	Y	60
St-Louis (Pl.)	Y	62
St-Martin (R.)	Z	63
Schuman (Av. R.)	V	64
Signeuix (R. de)	V	66
Trois-Marchands (R. des)	Z	67
Trouessard (R.)	Y	69
Vauvert (R.)	Z	70
Verdun (Av. de)	X	72
Vezin (R. A.)	V	74
Villebois-Mareuil (Q.)	X, Z	75

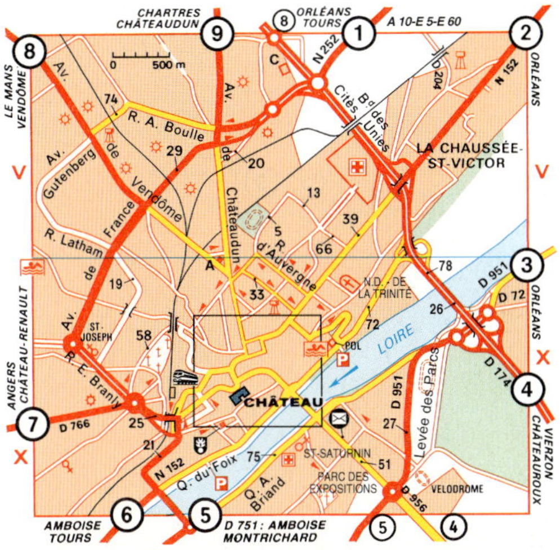

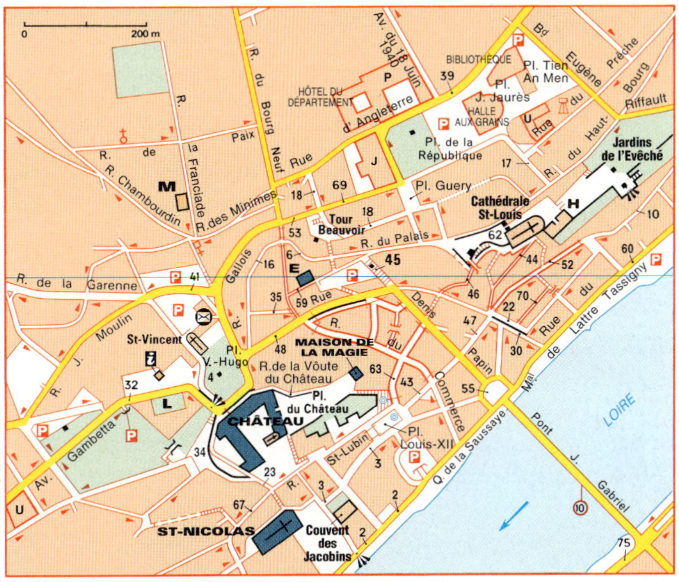

+ informations

Comité Départemental du Tourisme du Loir-et-Cher
5 rue de la Voûte du Château, 41005 BLOIS Cedex
02 54 57 00 41 – Fax 02 54 57 00 47
Email : infos@cdt41.com
www.tourismeloir-et-cher.com

Office de Tourisme de Blois
23 place du Château BP 199 - 41006 BLOIS Cedex
02 54 90 41 41 – Fax 02 54 90 41 48
Email : info@loiredeschateaux.com
www.loiredeschateaux.com

Chambre de Commerce et d'Industrie du Loir-et-Cher
16 rue de la Vallée Maillard, 41018 BLOIS Cedex
02 54 44 64 00 – Fax 02 54 74 78 20
www.loir-et-cher.cci.fr

Bordeaux, agglomération *(Gironde)*

p. 237

BÈGLES

Buisson (R. F.) .... BV 28
Capelle (Av. A.) .... BV 31
Chevalier-de-la-Barre (R. du) BV 42
Guesde (Av. J.) .... BV 76

BORDEAUX

Aliénor-d'Aquitaine (Bd) .... BT 3
Arnozan (Crs Xavier) .... BU 5
Arsenal (R. de l') .... BU 6
Bacalan (Quai de) .... BT 9
Barthou (Av. L.) .... AU 12
Boutaut (Allée de) .... BT 22
Brandenburg (BD) .... BT 24
Brazza (Quai de) .... BT 25
Brienne (Quai de) .... BU 27
Chartrons (Quai des) .... BTU 39
Croix-de-Seguey (R.) .... BU 45
Dassault (Av. M.) .... BT 46
Domergue (Bd G.) .... BT 51
Duché (R. des Gén.) .... BT 55
Galin (R.) .... BU 66
Gautier (Bd A.) .... AU 72
Georges-V (Bd) .... BU 73
Johnston (R. D.) .... BU 81
Joliot-Curie (Bd) .... BU 84
Leclerc (Av. Gén.) .... AU 90
Leclerc (Bd Mar.) .... BU 93
Lombard (R.) .... BT 96
Mérignac (Av. de) .... AU 101
Pierre-1er (Bd) .... BT 115
Président-Wilson (Bd) .... AU 119
République (Av. de la) ..... AU 121
Roosevelt (Bd Franklin) ... BU 123
Thiers (Av.) .... BU 134
Tourville (Av. de) .... BT 136

BRUGES

Gaulle (Av. Gén.-de) .... AT 70
Quatre-Ponts (R. des) ..... AT 120

CENON

Carnot (Av.) .... BT 32
Entre-Deux-Mers (Bd de l') BU 61
Jean-Jaurès (Av.) .... BU 79

EYSINES

Libération (Av. de la) .... AT 94

FLOIRAC

Gambetta (Crs) .... BU 67
Guesde (R. J.) .... BU 78

LE BOUSCAT

Libération (Av. de la) .... AT 95
Louis-Blanc (Cours) .... BT 97
Tivoli (Av. de) .... BT 135
Zola (R. Émile) .... AT 145

LORMONT

Paris (Rte de) .... BT 108

MÉRIGNAC

Barbusse (Av. H.) .... AT 10
Beaudésert (Av. de) .... AU 13
Belfort (Av. de) .... AU 15
Bon-Air (Av.) .... AU 18
Cassin (Av. R.) .... AU 34
Garros (Av. Rolland) .... AU 69
Gouraud (Pl. du Gén.) ..... AU 74
Kaolack (Av. de) .... AU 87
Leclerc (Av. M.) .... AU 91
Souvenir (Av. du) .... AU 131

PESSAC

Dr-Nancel-Pénard (Av.) .... AV 47
Eiffel (Av. Gustave) .... AV 60
Madran (R. de) .... AV 99
Montagne (R. P.) .... AV 103
Pont-d'Orient (Av. du) ..... AV 117
Transvaal (Av. du) .... AV 137

TALENCE

Lamartine (R.) .... BV 88
Roul (Av.) .... BV 124
Université (Av. de l') ...... AV 138

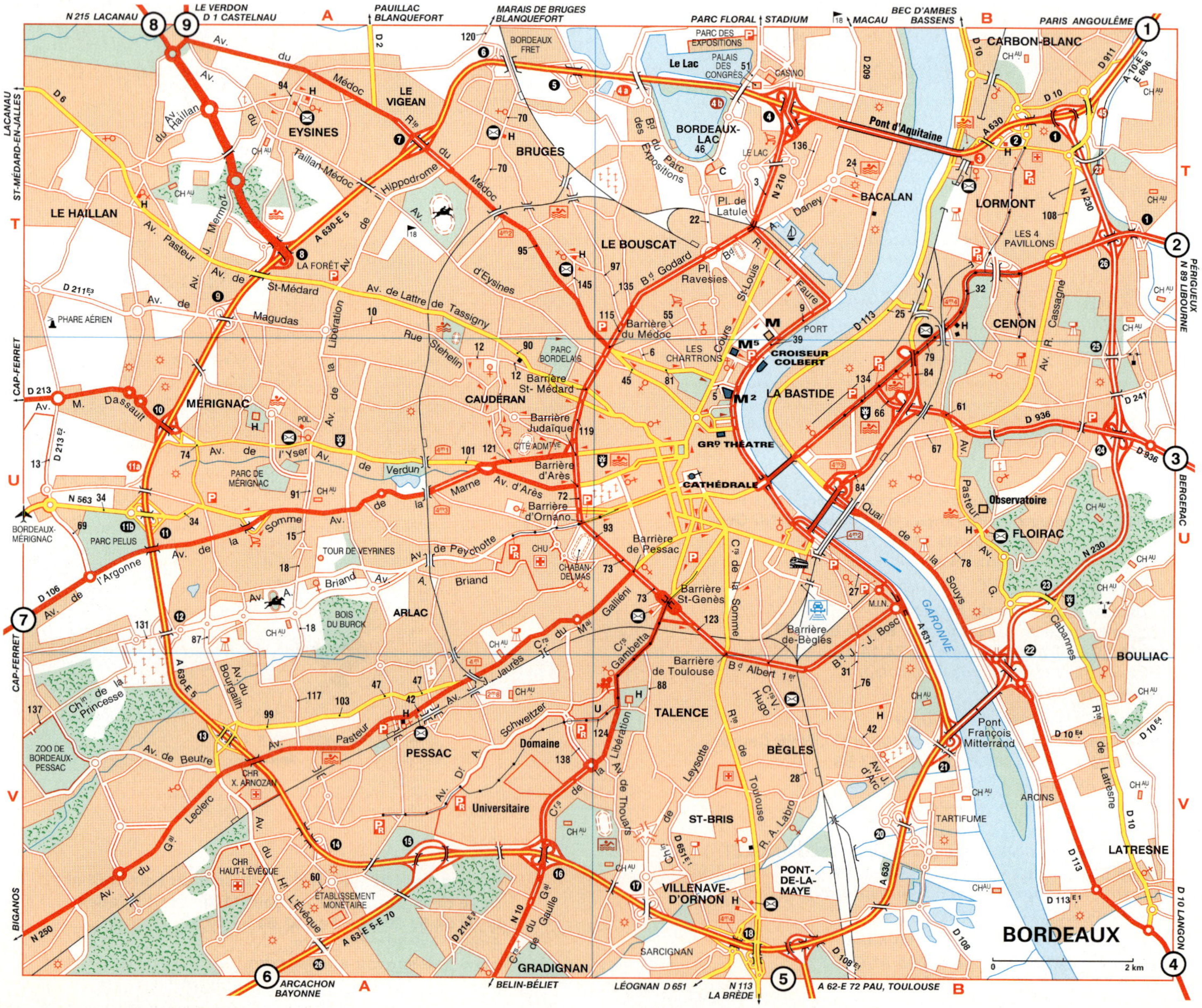

+ informations

Comité Régional du Tourisme de l'Aquitaine
Cité Mondiale - 23 Parvis des Chartrons -
33074 BORDEAUX Cedex
☎ 05 56 01 70 00 – Fax 05 56 01 70 07
Email : Tourisme@cr-aquitaine.fr
www.crt.cr-aquitaine.fr

Bordeaux, centre

p. 237

Albret (Crs d')	CY	
Alsace-et-Lorraine (Crs d')	DEY	
Argentiers (R. des)	EY	4
Ausone (R.)	EY	7
Bordelaise (Galerie)	DX	21
Capdeville (R.)	CX	30
Carpenteyre (R.)	EFY	33
Chapeau-Rouge (Crs)	EX	36
Chartres (Allées de)	DX	37
Château-d'Eau (R. du)	CXY	40
Clemenceau (Crs G.)	DX	
Comédie (Pl. de la)	DX	43
Croix-de-Seguey (R.)	CX	45
Dr-Nancel-Pénard (R.)	CX	48
Domercq (R. C.)	FZ	49
Douane (Quai de la)	EX	52
Duffour-Dubergier (R.)	DY	57
Esprit-des-Lois (R. de l')	EX	62
Ferme-de-Richemont (Pl. de la)	DY	63
Foch (R. Mar.)	DX	64
Fusterie (R. de la)	EY	65
Grands-Hommes (Pl. des)	DX	75
Intendance (Crs de l')	DX	
Jean-Jaurès (Pl.)	EX	
Johnston (R. D.)	CX	81
Mautrec (R.)	DX	100
Meynard (Pl.)	EY	102
Orléans (Allées d')	EX	106
Parlement St-Pierre (R. du)	EX	110
Parlement (Pl. du)	EX	109
Pas-St-Georges (R. du)	EXY	112
Philippart (R. F.)	EX	114
Porte de la Monnaie (R.)	FY	118
Porte Dijeaux (R. de la)	DX	
Renaudel (Pl. P.)	FZ	120
Richelieu (Quai)	EY	
Rousselle (R. de la)	EY	126
Ste-Catherine (R.)	DXY	
St-Pierre (Pl.)	EX	129
St-Projet (Pl.)	DY	130
St-Rémi (R.)	EX	132
Sarget (Passage)	DX	133
Tourny (Allées de)	DX	
Verdun (Crs de)	DX	139
Victor-Hugo (Crs)	EY	
Vilaris (R.)	EZ	142

Comité Départemental du Tourisme de Gironde
21, cours de l'Intendance - 33000 BORDEAUX
☎ 05 56 52 61 40 – Fax 05 56 81 09 99
Email : tourisme@gironde.com
www.tourisme-gironde.fr

Office de Tourisme de Bordeaux
12, Cours du XXX Juillet - 33000 BORDEAUX
☎ 05 56 00 66 00 – Fax 05 56 00 66 01
Email : otb@bordeaux-tourisme.com
www.bordeaux-tourisme.com

Aéroport de Bordeaux-Mérignac
Adresse : Cedex 40 - 33700 MERIGNAC
Informations passagers :
☎ 05 56 34 50 50
www.bordeaux.aeroport.fr

Chambre Régionale de Commerce et d'Industrie d'Aquitaine
185 cours du Médoc BP 143 - 33042 BORDEAUX Cedex
☎ 05 56 11 94 94 – Fax 05 56 11 94 95
www.aquitaine.cci.fr

Chambre de Commerce et d'Industrie de Bordeaux
12 place de la Bourse, 33076 BORDEAUX Cedex
☎ 05 56 79 50 00 – Fax 05 56 81 80 45
www.bordeaux.cci.fr

Bourg-en-Bresse (Ain)

p. 195

BOURG-EN-BRESSE

Anciens Combattants (Av. des) Z 3
Arsonval (Av. A. d') X 4
Bad-Kreuznach (Av. de) X 5
Basch (R. Victor) Z 6
Baudin (Av. A.) Z 7
Belges (Av. des) Y 9
Bernard (Pl.) Y 10
Bons Enfants (R. des) YZ 12
Bouveret (R.) Y 13
Champ-de-Foire (Av. du) Y 14
Citadelle (R. de la) X 15
Crêts (R. des) X 16
Debeney (R. Général) Y 17
Europe (Car. de l') X 19
Foch (R. Maréchal) Y 20
Gambetta (R.) Z 21
Huchet (Bd E.) X 22
Jean-Jaurès (Av.) X, Z 23
Joliot-Curie (Bd Irène) X 24
Juin (Av. Maréchal) X 26
Lévrier (Bd A.) X 27
Lyon (Pont de) X 28
Mail (Av. du) X 30
Migonney (R. J.) Z 31
Morgon (R. J.) X 32
Muscat (Av. A.) Z 33
Neuve (Pl.) Y 34
Notre-Dame (R.) Y 35
Palais (R. du) Y 36
St-Nicolas (Bd) X 37
Samaritaine (R.) Z 38
Semard (Av. P.) X 40
Teynière (R.) Z 42
Valéry (Bd P.) X 43
Verdun (Cours de) Y 44
Victoire (Av. de la) Z 45
4-Septembre (R. du) Y 48
23e-R.I. (R. du) X 50

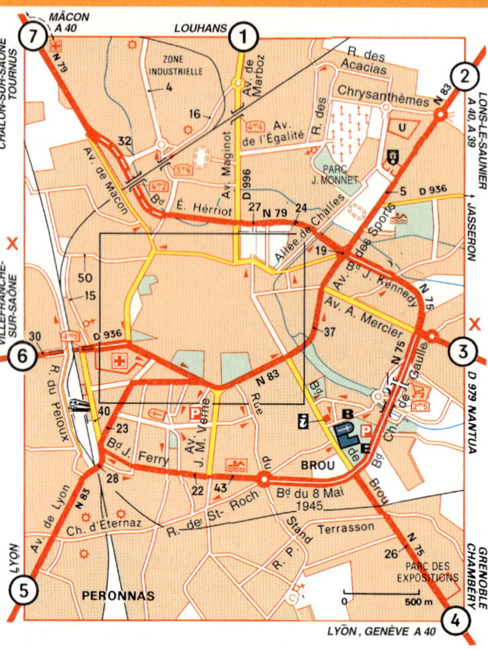

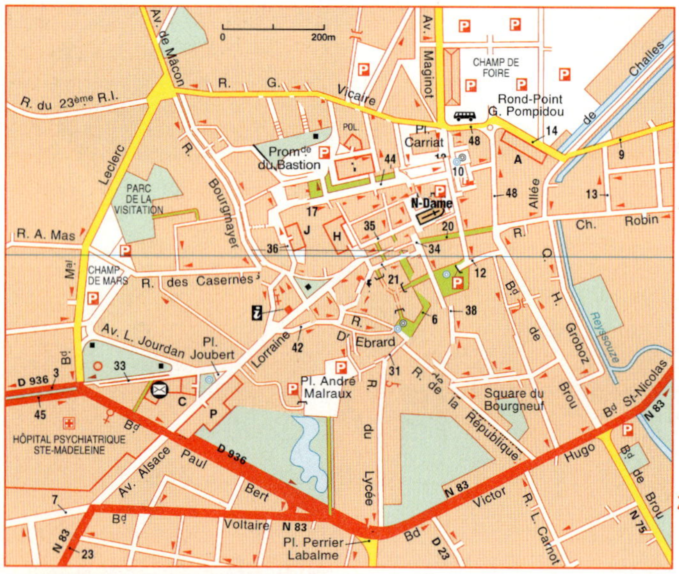

+ informations

Comité Départemental du Tourisme de l'Ain
34, rue du Général Delestraint BP 78 -
01002 BOURG-EN-BRESSE Cedex
☎ 04 74 32 31 30 – Fax 04 74 21 45 69
Email : tourisme@cdt-ain.fr
www.ain-tourisme.com

Office de Tourisme de Bourg-en-Bresse
Centre Albert Camus - 6 avenue Alsace Lorraine,
01000 BOURG-EN-BRESSE
☎ 04 74 22 49 40 – Fax 04 74 23 06 28
Email : bourgenbresse.officedetourisme@wanadoo.fr
www.bourg-en-bresse.org

Chambre de Commerce et d'Industrie de l'Ain
1 rue Joseph Bernier BP 4801002 BOURG-EN-BRESSE Cedex
☎ 04 74 32 13 00 – Fax 04 74 21 42 63
www.ain.cci.fr

Bourges (Cher)

p. 173

BOURGES

Armuriers (R. des) Z 2
Auron (Bd d') Z
Barbès (R.) Z 4
Beaux-Arts (R. des) Y 5
Bourbonnoux (Prom.) YZ
Calvin (R.) Y 7
Cambournac (R.) Y 8
Champ-de-Foire (R. du) Z 12
Commerce (R. du) Y 13
Coursarlon (R.) Y
Cujas (Pl.) Y 15
Dr-Témoin (R. du) Y 17
Dormoy (Av. Marx) Y 19
Équerre (R. de l') Z 20
George-Sand (Escalier) Y 27
Hémerettes (R. des) Z 29
Jacobins (Cour des) Z 31
Jacques-Coeur (R.) Y 32
Jean-Jaurès (Av.) Y
Joyeuse (R.) Y 35
Juranville (Pl.) Z 36
J.-J. Rousseau (R.) Z 33
Leblanc (R. N.) YZ 40
Linières (R. de) Z 42
Louis XI (Av.) Z 43
Mallet (R. L.) Z 44
Marceau (Rampe) Z 45
Mirebeau (R.) Y
Moyenne (R.) YZ
Orléans (Av. d') Y 48
Pelvoysin (R.) Y 50
Poissonnerie (R. de la) Y 52
Prinal (R. du) Y 55
Rimbault (R. J.) Z 61
Strasbourg (Bd de) Z 71
Thaumassière (R. de la) Y 72
Tory (R. G.) Y 73
Victor-Hugo (R.) Z 74
3-Maillets (R. des) Z 75
4-Piliers (Pl. des) Z 76
95e-de-Ligne (Av. du) Z 78

+ informations

Comité Départemental du Tourisme du Cher
5, rue de Séraucourt, 18000 BOURGES
☎ 02 48 48 00 10 – Fax 02 48 48 00 20
Email : tourisme.berry@cdt18.tv
www.berrylecher.com

Office de Tourisme de Bourges
21, rue Victor Hugo BP 126 - 18000 BOURGES
☎ 02 48 23 02 60 – Fax 02 48 23 02 69
Email : accueil@bourges-tourisme.com
www.bourges-tourisme.com

Aéroport de Bourges
Situation : 3 km au sud-ouest de Bourges
Adresse : Esplanade de l'Aéroport BP 54 - 18001 BOURGES
☎ 02 48 50 37 11 – Fax 02 48 21 18 84

Chambre de Commerce et d'Industrie du Cher
Esplanade de l'Aéroport BP 54 - 18001 BOURGES
☎ 02 48 67 80 80 – Fax 02 48 67 80 99
www.cher.cci.fr

Brest (Finistère)

p. 75

Algésiras (R. d')	EY	2
Clemenceau (Av. G.)	EY	
Colbert (R.)	EY	5
Foch (Av. Mar.)	EY	14
Français-Libres (Bd des)	DZ	16
Frégate-La-Belle-Poule (R. de la)	EZ	17
Jean-Jaurès (R.)	EY	
Kérabécam (R. de)	EY	22
Liberté (Pl. de la)	EY	
Lyon (R. de)	DEY	
Marine (Bd de la)	DZ	25
Réveillère (Av. Amiral)	EY	33
Roosevelt (Av. Fr.)	DZ	34
Siam (R. de)	EY	
11-Martyrs (R. des)	EY	42

+ informations

Comité Départemental de Tourisme du Finistère
11, rue Théodore Le Hars BP 1419 - 29104 QUIMPER Cedex
Services **: ☎ 02 98 76 24 77 – Fax 02 98 52 19 19**
Email : cdt29@finisteretourisme.com
Documentation **: ☎ 02 98 76 20 70 – Fax 02 98 52 19 19**
E-mail : contact@finisteretourisme.com
www.finisteretourisme.com

Office de Tourisme de Brest
Place de la Liberté BP 91012 - 29200 BREST 1
☎ 02 98 44 24 96 – Fax 02 98 44 53 73
Email : contact@brest-metropole-tourisme.fr/
www.brest-metropole-tourisme.fr/

Aéroport de Brest Bretagne
Situation : 10 Km au nord-est de Brest
Adresse : 29490 GUIPAVAS
Informations: 02 98 32 01 00 - Fax 02 98 84 87 32
www.brest.aeroport.fr

Chambre de Commerce et d'Industrie de Brest
Place. du 19e RI - BP 126 - 29220 BREST Cedex
☎ 02 98 00 38 00 – Fax 02 98 00 09 02
www.cci-brest.fr

Brive-la-Gaillarde (Corrèze)

p. 242

BRIVE-LA-GAILLARDE

Alsace-Lorraine (Av. d')	CZ	2
Anatole-France (Bd)	CY	3
Dalton (R. Gén.)	CY	7
Dauzier (Pl. J.-M.)	CY	8
Dellessert (R. B.)	CY	9
Dr-Masséनat (R.)	CY	12
Échevins (R. des)	CZ	14
Faro (R. du Lt-Colonel)	CZ	16
Gambetta (R.)	CZ	
Gaulle (Pl. Ch. de)	CZ	18
Halle (Pl. de la)	CY	23
Herriot (Av. E.)	CZ	24
Hôtel-de-Ville (Pl. de l')	CY	26
Hôtel-de-Ville (R. de l')	BZ	27
Latreille (Pl.)	CZ	30
Lattre-de-Tassigny (Pl. de)	CZ	29
Leclerc (Av. Mar.)	CZ	31
Lyautey (Bd Mar.)	BZ	32
Majour (R.)	BYZ	36
Paris (Av. de)	BY	
Puyblanc (Bd de)	CZ	19
Raynal (R. B.)	CZ	40
République (Pl. de la)	BZ	42
République (R. de la)	BZ	43
Salan (R. du)	CZ	45
Ségéral-Verninac (R.)	BY	46
Teyssier (R.)	CY	47
Toulzac (R.)	CY	48

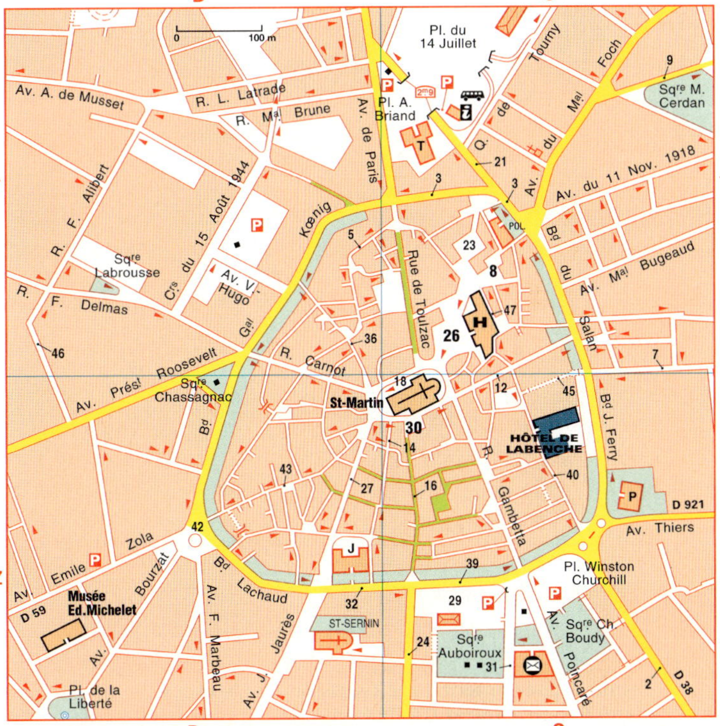

+ informations

Office de Tourisme de Brive-la-Gaillarde
Place du 14 Juillet, 19100 BRIVE-LA-GAILLARDE
☎ 05 55 24 08 80 – Fax 05 55 24 58 24
E-mail : service.accueil@brive-tourisme.com
www.brive-tourisme.com.

Chambre de Commerce et d'Industrie du pays de Brive
10 avenue du Maréchal Leclerc, 19316 BRIVE Cedex
☎ 05 55 18 94 00 – Fax 05 55 18 94 01
www.cci.correze.net

Caen, centre *(Calvados)*

p. 33

CAEN

Académie (R. de l')	CY	2
Alliés (Bd des)	DY	3
Bagatelle (Av. de)	CX	4
Barbey-d'Aurevilly (R.)	CX	7
Bayeux (R. de)	CX	8
Bir-Hakeim (Pont de)	EZ	9
Brunet (R. H.)	EYZ	10
Caponière (R.)	CY	12
Carrières-St-Julien (R. des)	CDX	13
Caumont (R. A. de)	CY	15
Chanoine X. de St-Paul (R.)	CDX	16
Chaussée-Ferrée (R. de la)	EZ	18
Churchill (Pont)	EZ	21
Courtonne (Pl.)	EY	26
Creully (R. de)	CX	27
Decaen (R. Gén.)	EZ	28
Délivrande (R. de la)	DX	29
Docteur-Rayer (R.)	CX	32
Doumer (R. Paul)	DY	33
Écuyère (R.)	CY	
Édimbourg (Av. d')	DX	35
Falaise (R. de)	EZ	38
Foch (Pl. Mar.)	DZ	39
Fontette (Pl.)	CY	40
Froide (R.)	DY	42
Fromages (R. aux)	CY	43
Guillaume-le-Conquérant (R.)	CY	45
Guillouard (Pl. L.)	CY	46
Juifs (R. aux)	CX	47
Lair (R. P.-A.)	DY	49
Lebisey (R. de)	EX	50
Lebret (R. G.)	DYZ	51
Leclerc (Bd Mar.)	DYZ	
Libération (Av. de la)	DXY	52
Malherbe (Pl.)	CDY	54
Manissier (R.)	EX	55
Marot (R. J.)	CY	56
Meslin (Q. E.)	EZ	57
Miséricorde (R. de la)	EYZ	58
Montalivet (Cours)	EZ	59
Montoir-Poissonnerie (R.)	DY	61
Pémagnie (R.)	CX	63
Petit-Vallerent (Bd du)	CZ	65
Pont-St-Jacques (R. du)	DY	68
Reine-Mathilde (Pl.)	EX	69
Sadi-Carnot (R.)	DZ	72
St-Gabriel (R.)	CX	74
St-Jean (R.)	DEYZ	
St-Manvieu (R.)	CY	75
St-Michel (R.)	EZ	77
St-Nicolas (R.)	CY	78
St-Pierre (Pl.)	DY	80
St-Pierre (R.)	DY	
Sévigné (Prom. de)	EZ	81
Strasbourg (R. de)	DY	83
Vaucelles (R. de)	EZ	85
Vaugueux (R. du)	DX	86
6-Juin (Av. du)	DEYZ	
11-Novembre (R. du)	DEZ	90

+ informations

Comité Départemental du Tourisme du Calvados
8, rue Renoir - 14054 CAEN Cedex 04
☎ 02 31 27 90 30 – Fax 02 31 27 90 35
Email : cdt@cg14.fr
www.calvados-tourisme.com

Office de Tourisme de Caen
Hôtel. d'Escoville – Pl. Saint-Pierre, 14000 CAEN
☎ 3265 dites Caen – Fax 02 31 27 14 13
Email : tourisminfo@ville-caen.fr
www.tourisme.caen.fr/
www.ville-caen.fr/tourisme

Chambre de Commerce et d'Industrie Basse-Normandie
1 rue René Cassin - Saint-Contest - 14911 CAEN Cedex 9
☎ 02 31 54 40 40 – Fax 02 31 54 40 41
www.basse-normandie.cci.fr

Chambre de Commerce et d'Industrie de Caen
1 rue René Cassin - Saint-Contest - 14911 CAEN Cedex 9
☎ 02 31 54 54 54 – Fax 02 31 54 40 80
www.caen.cci.fr

Caen, agglomération

p. 33

CAEN

- Baladas (Bd des) . . . . AV 6
- Chemin-vert (R. du) . . . . AV 19
- Chéron (Av. Henri) . . . . AV 20
- Clemenceau (Av. G.) . . . . . . BV 22
- Copernic (Av. N.) . . . . ABV 23
- Côte-de-Nacre (Av. de la) . . . . AV 24
- Courseulles (Av. de) . . . . AV 25
- Délivrande (R. de la) . . . . AV 29
- Demi-Lune (Pl. de la) . . . . . . BV 30
- Lyautey (Bd Mar.) . . . . AV 53
- Montalivet (Cours) . . . . BV 59
- Montgomery (Av. Mar.) . . . . AV 60
- Mountbatten (Av. Am.) . . . . AV 62
- Pasteur (R. L.) . . . . BV 63
- Père-Ch.-de-Foucault (Av.) . . . . AV 64
- Poincaré (Bd R.) . . . . BV 66
- Pompidou (Bd G.) . . . . AV 67
- Rethel (Bd de) . . . . BV 70
- Richemond (Bd) . . . . AV 71

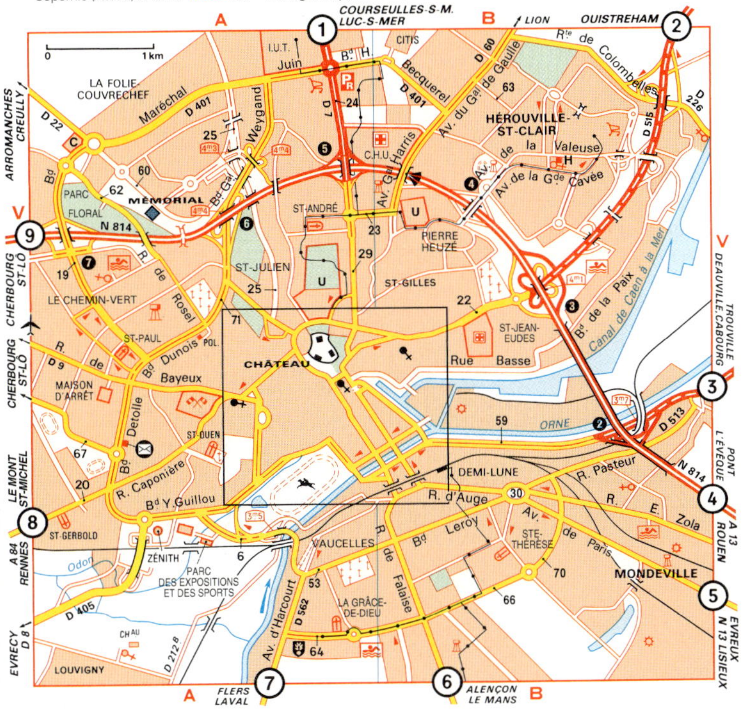

+ informations

Aéroport de Caen-Carpiquet
Situation : 7 Km à l'ouest de Caen
Service Exploitation - 14650 CARPIQUET
☎ 02 31 71 20 10 -
Fax 02 31 26 01 92
www.caen.aeroport.fr/

Calais

p. 2

(Pas-de-Calais)

CALAIS

- Amsterdam (R. d') . . . . DXY 3
- Angleterre (Pl. d') . . . . DX 4
- Barbusse (Pl. Henri) . . . . DX 6
- Bonnigue (R. du Cdt) . . . . DX 7
- Bruxelles (R. de) . . . . DX 10
- Chanzy (R. du Gén.) . . . . DY 13
- Commune-de-Paris (R. de la) CDY 16
- Escaut (Quai de l') . . . . CY 21
- La-Fayette (Bd) . . . . DY
- Foch (Pl. Mar.) . . . . CXY 22
- Fontinettes (R. des) . . . . CDY 24
- Gambetta (Bd Léon) . . . . CY
- Georges-V (Pont) . . . . CY 31
- Jacquard (Bd) . . . . CDY
- Jacquard (Pont) . . . . CY 36
- Jean-Jaurès (R.) . . . . DY 37
- Londres (R. de) . . . . DX 42
- Mer (R. de la) . . . . CX 45
- Notre-Dame (R.) . . . . CDX 46
- Paix (R. de la) . . . . CX 48
- Pasteur (Bd) . . . . DY
- Paul-Bert (R.) . . . . CDY 49
- Prés.-Wilson (Av. du) . . . . CY 54
- Quatre-Coins (R. des) . . . . CY 55
- Rhin (Quai du) . . . . CY 58
- Richelieu (R.) . . . . CX 60
- Rome (R. de) . . . . CY 61
- Royale (R.) . . . . CX 63
- Soldat-Inconnu (Pl. du) . . . . . . DY 64
- Tamise (Quai de la) . . . . CDY 66
- Thermes (R. des) . . . . CX 67
- Varsovie (R. de) . . . . DY 70
- Vauxhall (R. du) . . . . CY 72

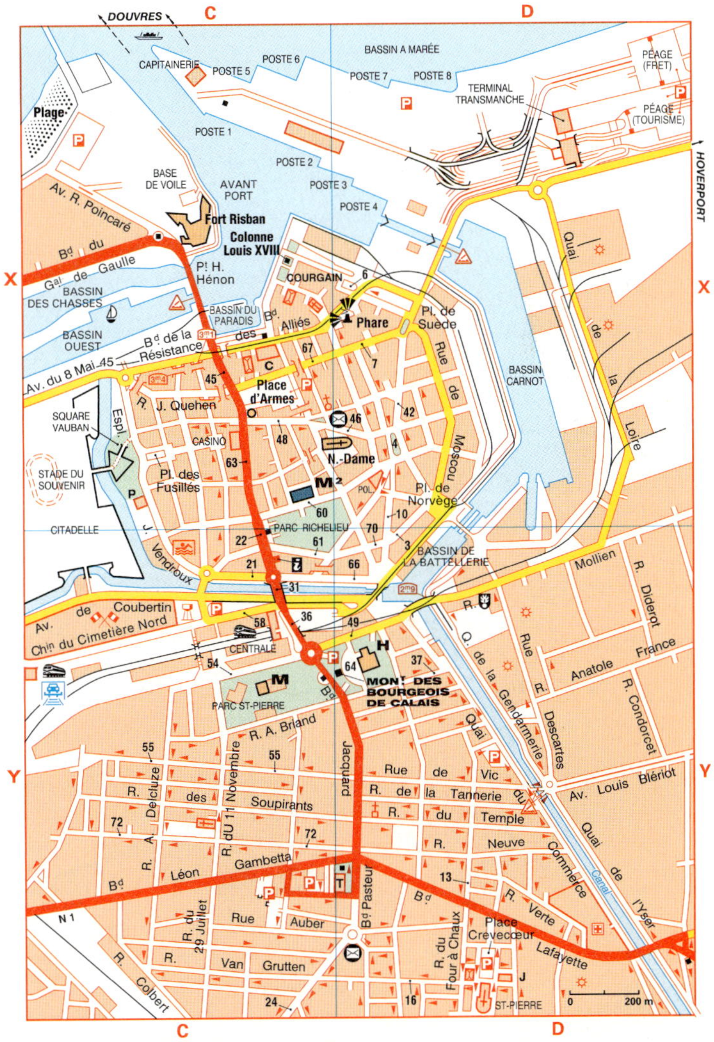

+ informations

Office de Tourisme
12, boulevard Clemenceau BP 94 - 62100 CALAIS
☎ 03 21 96 62 40 – Fax 03 21 96 01 92
Email : ot@ot-calais.fr
www.calais-coteopale.com

Chambre de Commerce et d'Industrie de Calais
24 boulevard des Alliés BP 199 - 62104 CALAIS Cedex
☎ 03 21 46 00 00 – Fax 03 21 46 00 99
www.calais.cci.fr

Aéroport Calais – Dunkerque
Situation : 7 Km au nord-est de Calais
Adresse : 62730 MARCK
☎ 03 21 82 70 66 – Fax 03 21 35 64 77

Cannes *(Alpes-Maritimes)*

p. 309

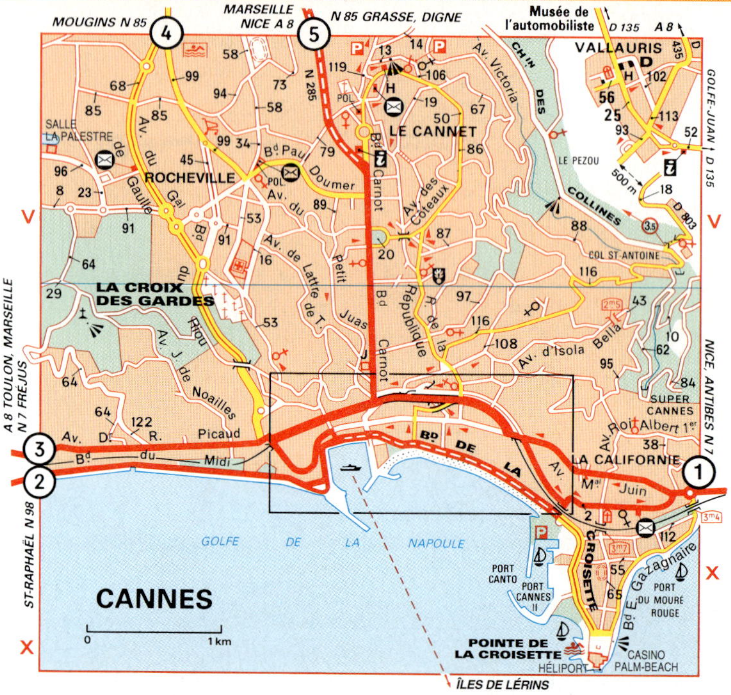

+ informations

Office de Tourisme de Cannes
SEMEC Palais des Festivals – 1, La Croisette BP 272 - 06400 CANNES
☏ 04 92 99 84 22 et 04 93 39 24 53 – Fax 04 92 99 84 23
Email : tourisme@semec.com
www.cannes.fr

Aéroport de Cannes-Mandelieu
Situation : 6 Km à l'ouest de Cannes
Adresse : 06150 CANNES LA BOCCA
☏ 0 820 426 666 – Fax 04 93 90 40 15
Email : operation-ACM@cote-azur.cci.fr
www.cannes.aeroport.fr

Carcassonne p. 319

(Aude)

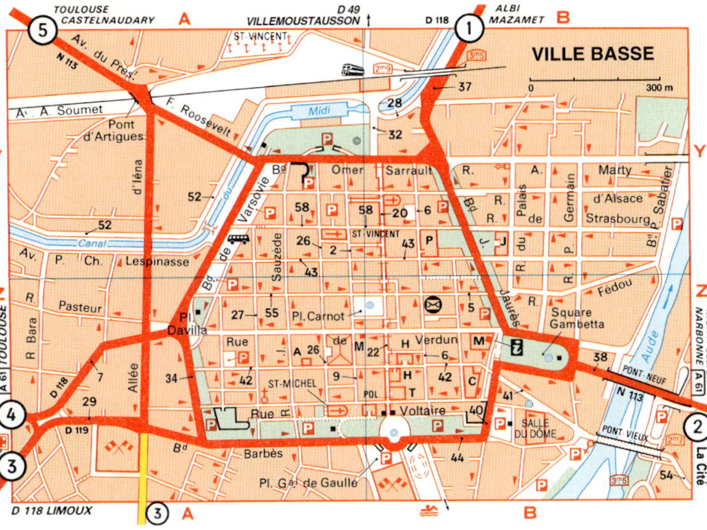

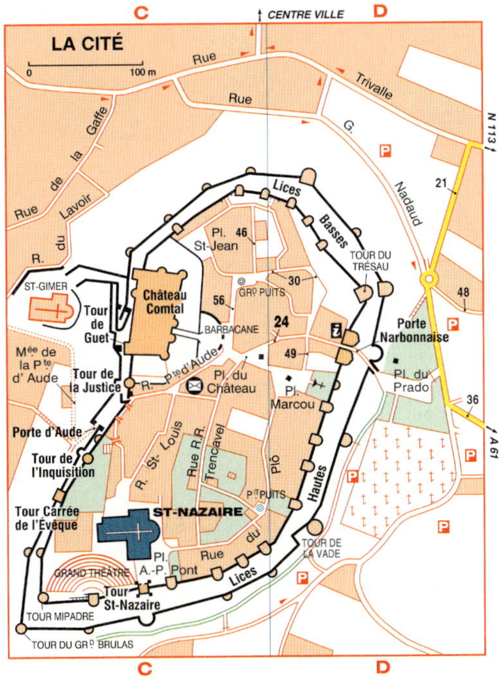

CARCASSONNE

Armagnac (R. A.)	AY	2
Barbès (R.)	BZ	5
Bringer (R. Jean)	BYZ	6
Bunau-Varilla (Av.)	AZ	7
Chartran (R.)	AZ	9
Clemenceau (R. G.)	BY	20
Combéléran (Mtée G.)	D	21
Courtejaire (R.)	BZ	22
Cros-Mayrevieille (R.)	D	24
Dr-A.-Tomey (R.)	AYZ	26
Études (R. des)	AZ	27
Foch (Av. du Mar.)	BY	28
Gout (Av. Henri)	AZ	29
Grand-Puits (R. du)	CD	30
Joffre (Av. du Mar.)	BY	32
Marcou (Bd)	AZ	34
Médiévale (Voie)	D	36
Minervoise (Rte)	BY	37
Mullot (Av. Arthur)	BZ	38
Pelletan (Bd C.)	BZ	40
Pont-Vieux (R. du)	BZ	41
Ramon (R. A.)	ABZ	42
République (R. de la)	ABY	43
Roumens (Bd du Cdt)	BZ	44
St-Jean (R.)	C	46
St-Saëns (R. C.)	D	48
St-Sernin (R.)	D	49
Semard (Av. Pierre)	AY	52
Trivalle (R.)	BZ	54
Verdun (R. de)	ABZ	
Victor-Hugo (R.)	AZ	55
Viollet-le-Duc (R.)	C	56
4-Septembre (R. du)	ABY	58

+ informations

Comité Départemental du Tourisme de l'Aude
Conseil Général, Chemin du Moulin de la Seigne - 11855 CARCASSONNE Cedex 09
☏ 04 68 11 66 00 – Fax 04 68 11 66 01
Email : documentation@audetourisme.com
www.audetourisme.com

Office de Tourisme de Carcassonne
28 Rue de Verdun - 11890 CARCASSONNE Cedex 9
☏ 04 68 10 24 30 – Fax 04 68 10 24 38 -
E-mail : accueil@carcassonne-tourisme.com
www.carcassonne-tourisme.com.

Chambre de Commerce et d'Industrie de Carcassonne-Limoux-Castelnaudary
3 Boulevard Camille Pelletan - 11001 CARCASSONNE Cedex 9
☏ 04 68 10 36 00 – Fax 04 68 10 36 02
www.carcassonne.cci.fr

Chalon-sur-Saône p. 212

(Saône-et-Loire)

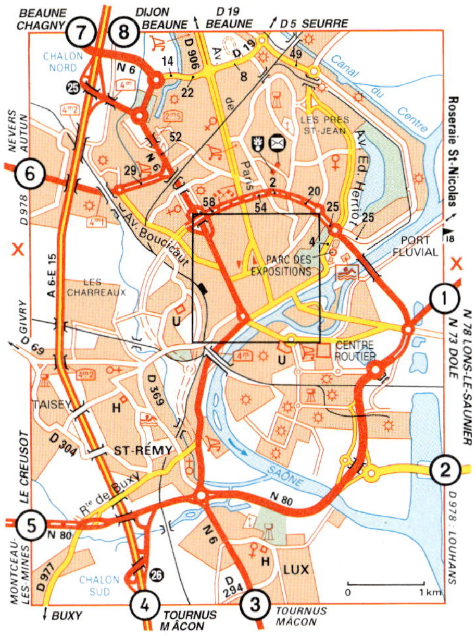

CHALON-SUR-SAÔNE

Arnal (R. R.)	X	2
Banque (R. de la)	BZ	3
Blum (Av. L.)	X	4
Châtelet (Pl. du)	BZ	5
Châtelet (R. du)	CZ	6
Citadelle (R. de la)	BY	7
Coubertin (R. P. de)	X	8
Couturier (R. Ph.-L.)	BZ	9
Duhesme (R. du Gén.)	AY	12
Europe (Av. de l')	X	14
Evêché (R. de l')	CZ	15
Fèvres (R. aux)	CZ	16
Gaulle (Pl. Gén.-de)	BZ	17
Grande-R.	BCZ	18
Hôtel-de-Ville (Pl. de l')	BZ	19
Lardy (Av. P.)	X	20
Leclerc (R. Gén.)	BZ	
Lyon (R. de)	BZ	21
Mac-Orlan (R. P.)	X	22
Messiaen (R. O.)	AZ	24
Nugues (Av. P.)	X	25
Obélisque (Pl. de l')	BY	27
Pasteur (R.)	BZ	28
Poilus-d'Orient (R.)	X	29
Poissonnerie (R. de la)	CZ	31
Pompidou (Av. G.)	AZ	32
Pont (R. du)	CZ	35
Porte-de-Lyon (R.)	BZ	36
Port-Villiers (R. du)	BZ	37
Poterne (Q. de la)	CZ	38
Pretet (R. René)	AZ	40
République (Bd)	ABZ	42
Ste-Marie (Prom.)	CZ	47
St-Georges (R.)	BZ	45
St-Vincent (Pl. et R.)	CZ	46
Strasbourg (R. de)	CZ	48
Thénard (R. L.-J.)	X	49
Trémouille (R. de la)	BCY	51
8-Mai-1945 (Av.)	X	52
56e-R.I. (R. du)	X	54
134e-R.I. (R. du)	X	58

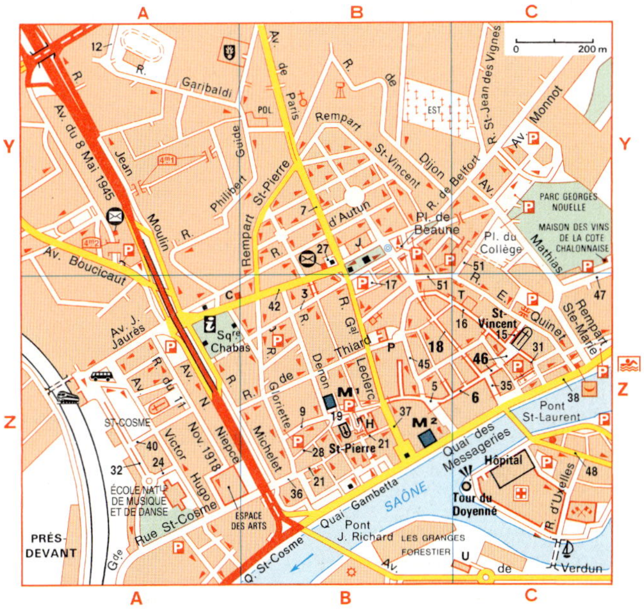

+ informations

Office de Tourisme
29, Boulevard de la République, 71100 CHALON-SUR-SAONE
☏ 03 85 48 37 97 – Fax 03 85 48 63 55
E-mail : chalon@chalon-sur-saone.net
www.chalon-sur-saone.net

Chambre de Commerce et d'Industrie de Chalon-sur-Saône-Autun-Louhans
28, bd de la République - BP 190 - 71105 Chalon-sur-Saône Cedex
Tél 0 820 30 30 71 – Fax 03 85 42 36 01

Aéroport de Chalon-Champforgeuil
situation : 6 km nord ouest de Chalon
Adresse : RN 6 - 71530 CHAMPFORGEUIL
☏ 03 85 46 14 48 – Fax 03 85 46 47 56
E-mail: aero-chalon@wanadoo.fr

Châlons-en-Champagne (Marne)

p. 62

CHÂLONS-EN-CHAMPAGNE

+ informations

Comité Régional du Tourisme de Champagne-Ardenne
15 av. du Maréchal Leclerc BP 319 -
51013 CHALONS-EN-CHAMPAGNE Cedex
☏ 03 26 21 85 80 – Fax 03 26 21 85 90
Email : contact@tourisme-champagne-ardenne.com
www.tourisme-champagne-ardenne.com

Comité Départemental du Tourisme de la Marne
13bis rue Carnot BP 74 -
51006 CHALONS EN CHAMPAGNE Cedex
☏ 03 26 68 37 52 – Fax 03 26 68 46 45
Email : cdt51@tourisme-en-champagne.com
www.tourisme-en-champagne.com

Aéroport International de Châlons-en-Champagne-Vatry
Situation : 25 km au sud de Châlons-en-Champagne
Adresse : BP 80005 - 51555 EUROPORT VATRY Cedex
☏ 03 26 64 82 00 – Fax 03 26 64 82 11
Email : vatry@vatry.com
www.vatry.com

Chambéry (Savoie)

p. 233

CHAMBÉRY

+ informations

Comité Départemental du Tourisme de Savoie
24, bd de la Colonne, 73025 CHAMBÉRY Cedex
☏ 04 79 85 12 45 – Fax 04 79 85 54 68
Email : tourisme@cdt-savoie.fr
www.savoiehautesavoie.com

Office de Tourisme de Chambéry
24, Boulevard de la Colonne, 73000 CHAMBÉRY
☏ 04 79 33 42 47 – Fax 04 79 85 71 39
Email : info@chambery-tourisme.com
www.chambery-tourisme.com

Etat des routes et cols de Savoie
Travaux – Conditions de circulation – Situation hivernale
☏ 04 79 37 73 37
www.savoie.equipement.gouv.fr

Aéroport de Chambéry-Aix-les-Bains
Situation : 8 km au nord-ouest de Chambéry
Adresse : 73420 VIVIERS DU LAC
☏ 04 79 54 49 54 – Fax 04 79 54 49 61
Email : info@chambery-airport.com
www.chambery.aeroport.fr

Chambre de Commerce et d'Industrie de la Savoie
5 rue Salteur, 73024 CHAMBÉRY Cedex
☏ 04 79 75 76 77 – Fax 04 79 75 76 00
www.savoie.cci.fr

Chambre Régionale de Commerce et d'Industrie de Champagne-Ardenne
10 rue de Chastillon BP 537 -
51011 CHALONS-EN-CHAMPAGNE Cedex
☏ 03 26 69 33 40 – Fax 03 26 69 33 69
www.champagne-ardenne.cci.fr

Charleville-Mézières *(Ardennes)*

p. 26

CHARLEVILLE-MÉZIÈRES

Arches (Av. d') .... BYZ
Arquebuse (R. de l') .... BX 2
Bérégovoy (R. P.) .... BX 3
Bourbon (R.) .... BX 4
Carré (R. Irénée) .... BX 5
Corneau (Av. G.) .... BY 6
Droits-de-l'Homme
(Pl. des) .... BX 7
Fg de Pierre (R. du) .... BZ 8
Flandre (R. de) .... BX 9
Hôtel de Ville (Pl. de l') .... BZ 10
Jean-Jaurès (Av.) .... BY
Leclerc (Av. Mar.) .... BY 19
Manchester (Av. de) .... AY 20
Mantoue (R. de) .... BX 21
Mitterrand (Av. F.) .... AX 22
Monge (R.) .... BZ 23
Montjoly (R. de) .... AX 24
Moulin (R. du) .... BX 25
Nevers (Pl. de) .... BX 27
Petit-Bois (Av. du) .... BX 28
République (R. de la) .... BX 30
Résistance (Pl. de la) .... BZ 31
St-Julien (Av. de) .... AY 32
Sévigné (R. Mme de) .... BY 33
Théâtre (R. du) .... BX 34
91e-Régt-d'Infanterie
(Av. du) .... BZ 36

Chartres *(Eure-et-Loir)*

p. 86

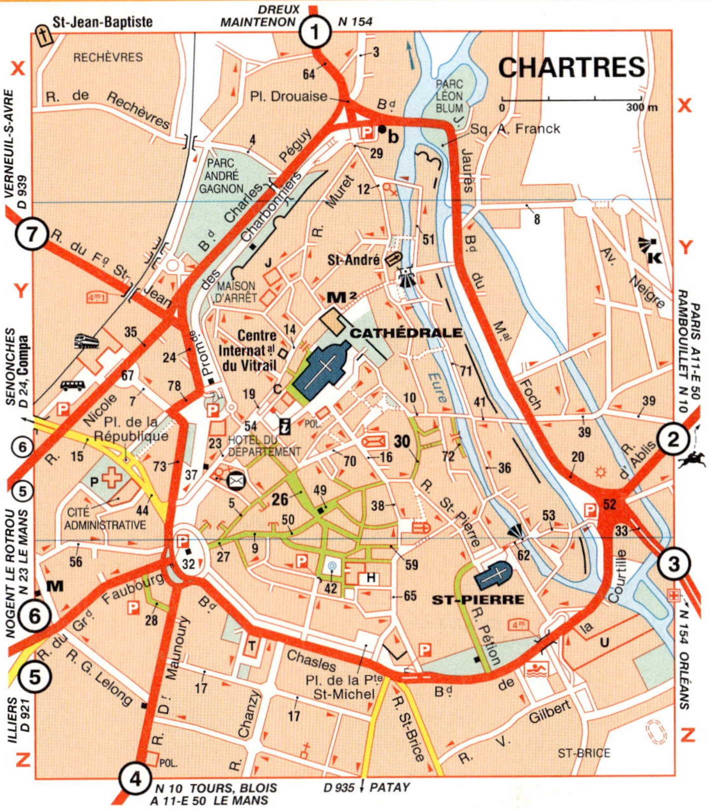

Aligre (Av. d') .... X 3
Alsace-Lorraine
(Av. d') .... X 4
Ballay (R. Noël) .... Y 5
Beauce
(Av. Jehan-de) .... Y 7
Bethouard (Av.) .... Y 8
Bois-Merrain (R. du) .... Y 9
Bourg (R. du) .... Y 10
Brèche (R. de la) .... X 12
Cardinal-Pie (R. du) .... Y 14
Casanova
(R. Danièle) .... Y 15
Changes (R. des) .... Y 16
Châteaudun (R. de) .... Z 17
Châtelet (Pl.) .... Y 18
Cheval-Blanc (R. du) .... Y 19
Clemenceau (Bd) .... Y 20
Collin-d'Harleville (R.) ...... Y 23
Couronne (R. de la) .... Y 24
Cygne (Pl. du) .... Y 26
Delacroix
(R. Jacques) .... Y 27
Dr-Gibert (R. du) .... Z 28
Drouaise (R. Porte) .... X 29
Écuyers (R. des) .... Y 30
Épars (Pl. des) .... Z 32
Faubourg La Grappe
(R. du) .... Y 33
Félibien (R.) .... Y 35
Fessard (R. G.) .... Y 78
Foulerie (R. de la) .... Y 36
Gaulle (Pl. Gén.-de) .... Y 37
Grenets (R. des) .... Y 38
Guillaume (R. du Fg) .... Y 39
Guillaume (R. Porte) .... Y 41
Halles (Pl. des) .... Z 42
Koenig (R. du Gén.) .... Y 44
Marceau (Pl.) .... Y 49
Marceau (R.) .... Y 50
Massacre (R. du) .... Y 51
Morard (Pl.) .... Y 52
Morard
(R. de la Porte) .... Y 53
Moulin (Pl. Jean) .... Y 54
Péri (R. Gabriel) .... Z 56
Poêle-Percée
(R. de la) .... Z 59
St-Hilaire (R. du Pont) ..... Z 62
St-Maurice
(R.) .... X 64
St-Michel (R.) .... Z 65
Semard (Pl. Pierre) .... Y 67
Soleil-d'Or (R. du) .... Y 70
Tannerie (R. de la) .... Y 71
Teinturiers (Q. des) .... Y 72
Violette (Bd Maurice) .... Y 73

+ informations

Comité Départemental du Tourisme des Ardennes
22/24, place Ducale - BP 419 -
08107 CHARLEVILLE MEZIERES Cedex
☎ 03 24 56 67 73 – Fax 03 24 59 20 10
Email : info@ardennes.com
www.ardennes.com

Office de Tourisme de Charleville-Mézières et sa région
4, place Ducale BP 229 - 08102 CHARLEVILLE MEZIERES Cedex
☎ 03 24 55 69 90 – Fax 03 24 55 69 89
Email : tourisme@charleville-mezieres.org
www.charleville-mezieres.org

+ informations

Comité Départemental du Tourisme d'Eure-et-Loir
10, rue du Dr Maunoury BP 67 - 28000 CHARTRES
☎ 02 37 84 01 00 – Fax 02 37 36 36 39
Email : infos@tourisme28.com
www.tourisme28.com

Office de Tourisme de Chartres
Place de la Cathédrale B.P. 50289 - 28005 CHARTRES Cedex
☎ 02 37 18 26 26 – Fax 02 37 21 51 91
Email : info@otchartres.fr
www.chartres-tourisme.com

Chambre de Commerce et d'Industrie d'Eure-et-Loir
5 bis avenue Marcel Proust BP 20062 -
28002 CHARTRES Cedex
☎ 02 37 84 28 28 – Fax 02 37 84 28 29
www.eureetloir.cci.fr

Clermont-Ferrand, agglomération

(Puy-de-Dôme)

p. 209

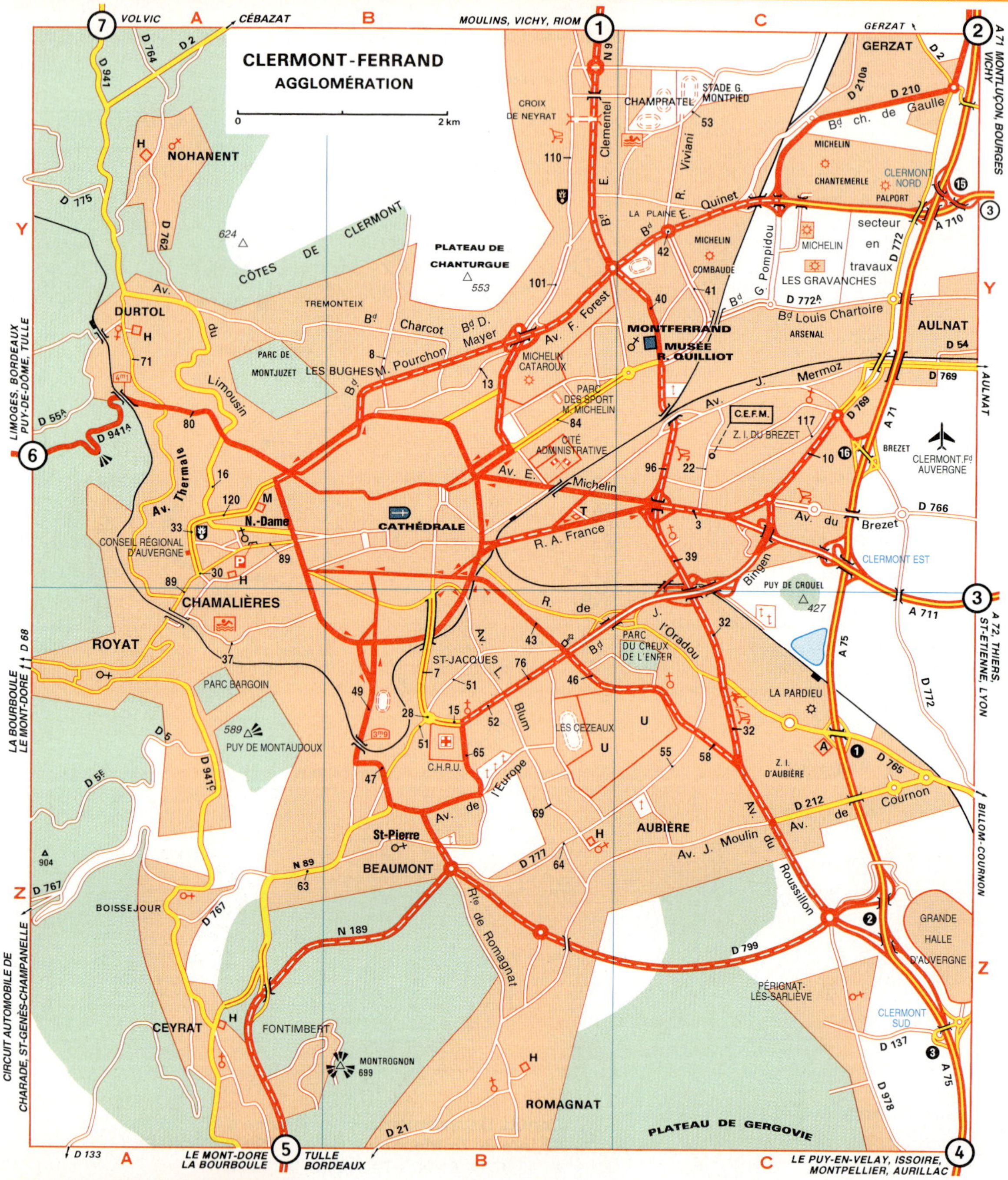

+ informations

Comité Régional du Tourisme d'Auvergne
44 av des Etats Unis -
63057 CLERMONT-FERRAND Cedex 1
☎ 04 73 29 49 49 –
Fax 04 73 34 11 11
Email : documentation@crt-auvergne.fr
www.crt-auvergne.fr

Comité Départemental du Tourisme du Puy-de-Dôme
Place de la Bourse -
63038 CLERMONT-FERRAND Cedex 01
☎ 04 73 42 22 50 – Fax 04 73 42 22 65
Email : tourisme.63@planetepuydedome.com
www.planetepuydedome.com

Office de Tourisme et des Congrès de Clermont-Ferrand
Place de la Victoire,
63000 CLERMONT-FERRAND
☎ 04 73 98 65 00 – Fax 04 73 90 04 11 / 04 73 98 64 98
Email : tourisme@clermont-fd.com
www.clermont-fd.com et
@ www.ot-clermont-ferrand.fr

Clermont-Ferrand, centre

p. 209

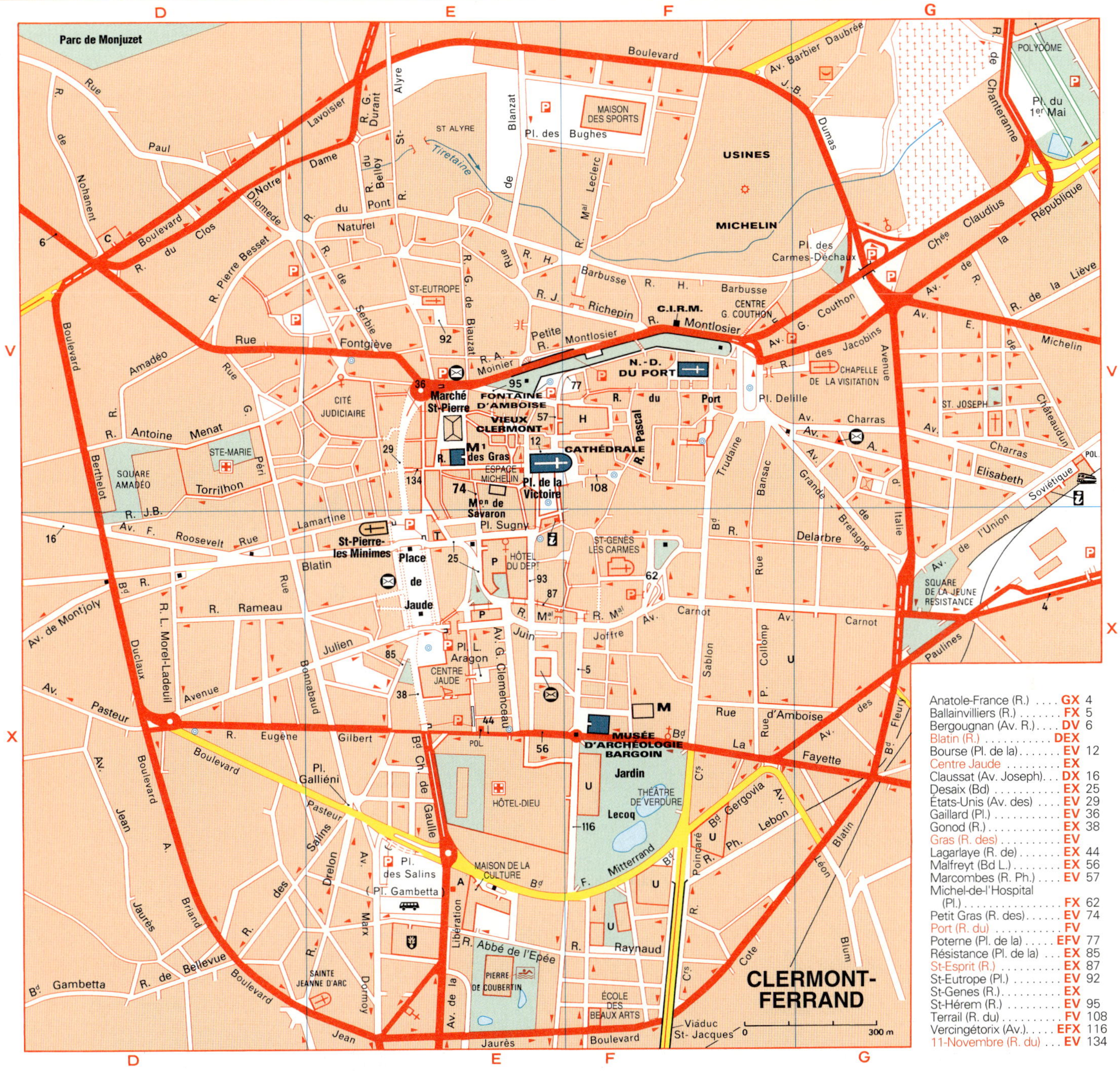

Anatole-France (R.)	GX	4
Ballainvilliers (R.)	FX	5
Bergougnan (Av. R.)	DV	6
Blatin (R.)	DEX	
Bourse (Pl. de la)	EV	12
Centre Jaude	EX	
Claussat (Av. Joseph)	DX	16
Desaix (Bd)	EX	25
États-Unis (Av. des)	EV	29
Gaillard (Pl.)	EV	36
Gonod (R.)	EX	38
Gras (R. des)	EV	
Lagarlaye (R. de)	EX	44
Malfreyt (Bd L.)	EX	56
Marcombes (R. Ph.)	EV	57
Michel-de-l'Hospital (Pl.)	FX	62
Petit Gras (R. des)	EV	74
Port (R. du)	FV	
Poterne (Pl. de la)	EFV	77
Résistance (Pl. de la)	EX	85
St-Esprit (R.)	EX	87
St-Eutrope (Pl.)	EV	92
St-Genes (R.)	EX	
St-Hérem (R.)	EV	95
Terrail (R. du)	FV	108
Vercingétorix (Av.)	EFX	116
11-Novembre (R. du)	EV	134

Aéroport de Clermont-Ferrand-Auvergne
Situation : 6 km à l'est à Aulnat
Adresse : Aéroport de Clermont-Ferrand-Auvergne BP 25 - 63510 AULNAT
☎ 04 73 62 71 00 – Fax 04 73 62 71 29
Email : aeroport@aeroport-clermont.fr
www.clermont-fd.cci.fr/aeroport/aeroport.php

Chambre Régionale de Commerce et d'Industrie Auvergne
Aéroport de Clermont-Ferrand-Auvergne BP 25 - 63510 AULNAT
☎ 04 73 60 46 46 – Fax 04 73 90 89 22
Email : accueil@auvergne.cci.fr

Chambre de Commerce et d'Industrie de Clermont-Ferrand / Issoire
148, Bd Lavoisier 63037 CLERMONT-FERRAND Cedex 1
☎ 04 73 43 43 43 – Fax 04 73 43 43 42
www.clermont-fd.cci.fr

Colmar *(Haut-Rhin)*

p. 121

COLMAR

Agen (R. d')	BY	
Alsace (Av. d')	CYZ	
Ancienne Douane (Pl. de l')	CZ	2
Augustins (R. des)	BZ	3
Bagatelle (R. de la)	AY	
Bains (R. des)	BY	5
Bâle (Route de)	CZ	
Bartholdi (R.)	BCZ	
Blés (R. des)	BZ	9
Boulangers (R. des)	BY	12
Brasseries (R. des)	CY	13
Bruat (R.)	BZ	14
Cathédrale (Pl. de la)	BY	17
Cavalerie (R. de la)	BCY	
Champ-de-Mars (Bd du)	BYZ	18
Chauffour (R.)	BZ	20
Clefs (R. des)	BCY	
Clemenceau (Av. Georges)	BCZ	
Écoles (R. des)	BZ	22
Est (R. de l')	CYZ	
Fleischhauer (R.)	BCY	
Fleurent (R. J.-B.)	BY	24
Fleurs (R. des)	CZ	
Florimont (R. du)	AY	25
Foch (Av.)	BZ	
Fribourg (Av. de)	CZ	
Gare (Pl. et R. de la)	AZ	
Gaulle (Av. Gén.-de)	ABYZ	
Golbéry (R.)	BY	
Grad (R. Charles)	AY	
Grand'Rue	BCZ	31
Grenouillère (R. de la)	CYZ	32
Herse (R. de la)	BZ	33
Ingersheim (Rte d')	ABY	
Jeanne d'Arc (Pl.)	CY	
Joffre (Av.)	BZ	
Kléber (R.)	BY	35
Ladhof (R. du)	CY	36
Lasch (R. Georges)	AZ	37
Lattre-de-Tassigny (Av. J. de)	ABY	43
Leclerc (Bd du Gén.)	BZ	45
Liberté (Av. de la)	AZ	
Logelbach (R. du)	AY	
Manège (R. du)	BZ	49
Marchands (R. des)	BYZ	50
Marché-aux-Fruits (Pl. du)	BZ	51
Marne (Av. de la)	BZ	
Messimy (R.)	ABZ	52
Molly (R. Berthe)	BYZ	54
Mouton (R. du)	CY	57
Mulhouse (R. de)	AZ	
Neuf-Brisach (Rte de)	CY	
Nord (R. du)	BCY	
Poincaré (Av. Raymond)	ABZ	
Poissonnerie (R. et Q. de la)	BCZ	62
Preiss (R. Jacques)	ABZ	63
Rapp (Pl.)	BZ	
Rapp (R.)	BCY	
Reims (R. de)	BZ	65
République (Av. de la)	ABZ	
Ribeauvillé (R. de)	BY	67
Roesselman (R.)	BY	69
Rouffach (Rte de)	AZ	
St-Jean (R.)	BZ	71
St-Joseph (Pl. et R.)	AY	
St-Josse (R.)	CZ	
St-Léon (R.)	AY	
St-Nicolas (R.)	BY	73
St-Pierre (Bd et Pont)	BCZ	
Schlumberger (R. Camille)	ABZ	
Schwendi (R.)	CZ	
Sélestat (Rte de)	CY	
Semm (R. de la)	CZ	
Serruriers (R. des)	BY	75
Sinn (Quai de la)	BY	77
Six-Montagnes-Noires (Pl. des)	BZ	79
Stanislas (R.)	BY	
Tanneurs (R. des)	CZ	82
Têtes (R. des)	BY	83
Thann (R. de)	CY	
Tir (R. du)	AZ	
Turckheim (R. de)	AY	
Turenne (R.)	BCZ	
Unterlinden (Pl. d')	BY	85
Val St-Grégoire (R. du)	AY	
Vauban (R.)	CY	
Voltaire (R.)	ABZ	
Weinemer (R.)	BZ	86
1ère Armée Française (R. de la)	BY	
2 Février (Pl. du)	CY	87
5e Division-Blindée (R. de la)	BY	95
18 Novembre (Pl. du)	BY	97

+ informations

Comité Régional du Tourisme d'Alsace
20a, rue Berthe Molly BP 247 - 68005 COLMAR Cedex
☎ 03 89 24 73 50 – Fax 03 89 24 73 51
Email : crt@tourisme-alsace.com
www.tourisme-alsace.com

Maison du tourisme de Haute-Alsace
1, rue Schlumberger BP 60337 - 68006 COLMAR Cedex
☎ 03 89 20 10 68 – Fax 03 89 23 33 91
Email : adt@tourisme68.com
www.tourisme68.com

Office de Tourisme de Colmar
4, rue des Unterlinden, 68000 COLMAR
☎ 03 89 20 68 92 – Fax 03 89 20 69 14 (accueil)/03 89 41 34 13
Email : info@ot-colmar.fr
www.ot-colmar.fr

Chambre de Commerce et d'Industrie de Colmar et du Centre Alsace
1 place de la Gare - 68000 COLMAR
☎ 03 89 20 20 20 – Fax 03 89 20 21 22

Ajaccio
(Corse-du-Sud)

p. 348

Bonaparte (R.) . . . . Z 6
Dr-Ramaroni (Av. du) . . . . . . Z 17
Eugénie
(Av. Impératrice) . . . . Z 18
Fesch (R. Cardinal) . . . . Z
Forcioli-Conti (R.) . . . . Z 20
Grandval (Cours) . . . . Z
Herminier (Quai l') . . . . Z 23
Macchini (Av. E.) . . . . Z 27
Napoléon-III (Av.) . . . . Z 37
Napoléon (Cours) . . . . Z
Notre-Dame (R.) . . . . Z 39
Pozzo-di-Borgo (R.) . . . . Z 44
Premier-Consul
(Av.) . . . . Z 45
République (Q. de la) . . . . . . Z 48
Roi-de-Rome (R.) . . . . Z 49
Roi-Jérôme (Bd) . . . . Z 50
Sebastiani (R. Gén.) . . . . Z 53
Sérafini (Av. A.) . . . . Z 55
Soeur-Alphonse
(R.) . . . . Z 56
Vero (R. Lorenzo) . . . . Z 58
Zévaco-Maire (R.) . . . . Z 60

+ informations

Office Municipal de Tourisme d'Ajaccio
3, Bd du Roi Jérôme - B.P. 21, 20181 AJACCIO Cedex 1
☎ 04 95 51 53 03 – Fax 04 95 51 53 01
Email : ajaccio.tourisme@wanadoo.fr
www.ajaccio-tourisme.com

Aéroport International Ajaccio Campo Dell'Oro
Situation : 5km à l'est d'Ajaccio
Adresse : 20090 AJACCIO Cedex
☎ 04 95 23 56 56 – Fax 04 95 23 56 01
www.ajaccio.aeroport.fr/

Chambre de Commerce et d'Industrie d'Ajaccio et de Corse du Sud
Quai L'Herminier BP 253 - 20180 AJACCIO Cedex 01
☎ 04 95 51 55 55 – Fax 04 95 21 23 89
www.corse-du-sud.cci.fr

Bastia
(Haute-Corse)

p. 345

Campinchi (R. César) . . . . . Y
Carbuccia
(R. Gén.-de) . . . . Z 2
Casanova (R. L.) . . . . Z 3
Chanoine Colombani
(R.) . . . . X 4
Chanoine Leschi (R.) . . . . . . X 5
Dr-Favale (Cours du) . . . . . . Z 6
Donjon (Pl. du) . . . . Z 7
Evêché (R. de l') . . . . Z 8
Gaudin (Bd A.) . . . . Z
Giraud (Bd Gén.) . . . . YZ 9
Landry (R. A.) . . . . X 15
Leclerc (Sq. du Mar.) . . . . . . X 17
Luccioni (R. José) . . . . X 18
Marché (Pl. du) . . . . Y 19
Marine (R. de la) . . . . Z 20
Napoléon (R.) . . . . Y 23
Neuve-St-Roch (R.) . . . . Y 25
Paoli (Bd) . . . . YZ
Pierangeli (Cours H.) . . . . . . Y 29
St-François (R.) . . . . Y 32
St-Michel (R.) . . . . Z 34
St-Roch (R.) . . . . Y 35
Salicetti (R.) . . . . Y 37
Sari (Av. Émile) X
Sébastiani (Av. Mar.) . . . . . . X 38
Terrasses (R. des) . . . . Y 39
Zéphyrs (R. des) . . . . Y 42

+ informations

Compagnies maritimes : SNCM, ☎ 04 95 54 66 99 -
Corsica Ferries, ☎ 04 95 32 95 95 -
CMN, ☎ 04 95 55 25 55 -
Moby Line, ☎ 04 95 34 84 94

Le chemin de fer Corse (C.F.C)
Informations 24H/24H : 04 95 32 80 60

Chambre de Commerce et d'Industrie de Bastia et de Haute-Corse
Nouveau Port BP 210 - 20293 BASTIA Cedex
☎ 04 95 54 44 44 – Fax 04 95 54 44 45
www.bastia-hautecorse.cci.fr

Office de Tourisme de l'agglomération de Bastia
Place Saint Nicolas - 20 200 BASTIA
☎ 04 95 54 20 40 – Fax 04 95 54 20 41 et 04 95 31 81 34
E-mail : ot-bastia@wanadoo.fr
www.bastia-tourisme.com

Aéroport International de Bastia-Poretta
Situation : 20 km au sud de Bastia par N 198
Adresse : 20290 BORGO
☎ 04 95 54 54 54 – Fax 04 95 54 54 56
www.bastia.aeroport.fr

Dijon, agglomération (Côte-d'Or)

p. 160

DIJON

Aiguillottes (Bd des) . . . . A 2
Allobroges (Bd des). . . . . A 3
Bachelard (Bd Gaston) . . . . A 4
Bellevue (R. de) . . . . A 5
Bertin (Av. J.B.) . . . . B 6
Briand (Av. A.) . . . . B 8
Camus (Av. Albert). . . . . B 12
Castel (Bd du) . . . . A 13
Champollion (Av.). . . . . B 15
Chanoine-Bardy (Imp.) . . . . B 16
Chanoine-Kir (Bd). . . . . A 17
Chateaubriand (R. de) . . . . B 19
Chèvre-Morte (Bd de) . . . . A 20
Churchill (Bd W.) . . . . B 24
Clomiers (Bd des) . . . . A 26
Concorde (Av. de la) . . . . B 28
Einstein (Av. Albert). . . . . A 36
Europe (Bd de l') . . . . B 38
Europe (Rd-Pt de l') . . . . B 40
Fauconnet (R. Gén.) . . . . AB 42
Fontaine-des-Suisses (Bd) . . . . . B 44
Fontaine-lès-Dijon (R.) . . . . A 43
France-Libre (Pl. de la) . . . . AB 45
Gabriel (Bd) . . . . B 46
Gallieni (Bd Mar.). . . . . AB 48
Gaulle (Crs Gén.-de) . . . . B 50
Gorgets (Bd des) . . . . A 52
Jeanne-d'Arc (Bd) . . . . B 55
Kennedy (Bd J.) . . . . A 56
Magenta (R.) . . . . B 58
Maillard (Bd). . . . . A 60
Mansard (Bd) . . . . B 62
Mont-Blanc (Av. du). . . . . B 65
Nation (Rd-Pt de la) . . . . B 66
Orfèvres (R. des) . . . . A 68
Ouest (Bd de l') . . . . A 69
Parc (Cours du) . . . . B 70
Poincaré (Av. R.). . . . . B 71
Pompidou (Rd-Pt Georges). . . . . B 72
Pompon (Bd F.) . . . . A 73
Prat (Av. du Colonel) . . . . B 75
Rembrandt (Bd) . . . . B 78
Rolin (Q. Nicolas) . . . . A 79
Roosevelt (Av. F. D.) . . . . B 80
Saint-Exupéry (Pl.) . . . . B 85
Schuman (Bd Robert) . . . . B 88
Strasbourg (Bd de) . . . . B 90
Trimolet (Bd). . . . . B 91
8-Mai-1945 (Rd-Pt du) . . . . B 96
26e-Dragons (R. du) . . . . B 98

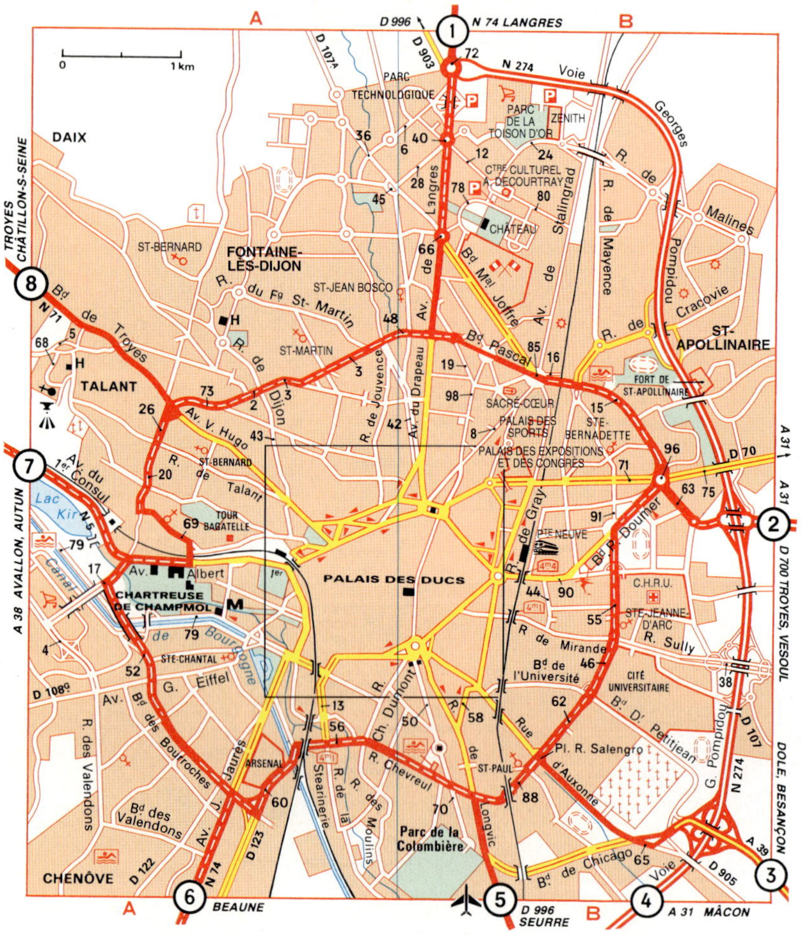

+ informations

Comité Régional du Tourisme de Bourgogne
Conseil Régional B.P.1602 - 21035 DIJON Cedex
☎ 0 825 00 21 00 – Fax 03 80 280 300
Email : documentation@crt-bourgogne.fr
www.bourgogne-tourisme.com

Comité Départemental du Tourisme de la Côte d'Or
19, rue Ferdinand de Lesseps BP 1601 - 21035 DIJON Cedex
☎ 03 80 63 69 49 – Fax 03 80 49 90 97
Email : documentation@cdt-cotedor.fr
www.cotedor-tourisme.com

Office de Tourisme de Dijon
34, rue des Forges BP 82296 - 21000 DIJON
☎ 0 892 700 558 (0,34€/min) – Fax 03 80 30 90 02
Email : info@dijon-tourism.com
www.dijon-tourism.com

Aéroport de Dijon-Bourgogne
Adresse : BP 25 - 21601 LONGVIC Cedex
☎ 03 80 67 67 67 – Fax 03 80 63 02 99
Email : aeroport@dijon.cci.fr
www.dijon.aeroport.fr

Chambre Régionale de Commerce et d'Industrie de Bourgogne
Place des Nations Unies, Parc de l'Europe BP 87009 - 21070 DIJON Cedex
☎ 03 80 60 40 20 – Fax 03 80 60 40 21
www.bourgogne.cci.fr

Chambre de Commerce et d'Industrie de Dijon
1 place du Théâtre BP 370 - 21010 DIJON Cedex
☎ 03 80 65 91 00 – Fax 03 80 65 37 09
www.dijon.cci.fr

Dijon, centre

p. 160

DIJON

Adler (Pl. E.) . . . . EZ
Albert-1er (Av.) . . . . CY
Arquebuse (R. de l') . . . . . CY
Audra (R.) . . . . CY
Auxonne (R. d') . . . . EZ
Barabant (Pl. Henri) . . . . . DZ
Baudin (R. J.-B.) . . . . EYZ
Berbisey (R.) . . . . CYZ
Berlier (R.) . . . . DEY
Bordot (R.) . . . . DZ
Bossuet (R. et Pl.) . . . . . CDY
Bouhey (Pl. J.) . . . . EX
Bourg (R. du) . . . . DY
Briand (Av. A.) . . . . EX 8
Brosses (Bd de) . . . . CY 9
Buffon (R.) . . . . DY
Cabet (R. P.) . . . . EY
Carnot (Bd) . . . . DEY
Castell (Bd du) . . . . CZ
Cellerier (R. J.) CX
Chabot-Charny (R.) . . . . . DYZ
Champagne (Bd de) . . . . . EX 14
Charrue (R.) . . . . DY 18
Chouette (R. de la) . . . . . DY 21
Clemenceau (Bd G.) . . . . . EX
Colmar (R. de) . . . . EX
Comte (R. A.) . . . . DY 27
Condorcet (R.) . . . . CY
Cordeliers (Pl. des) . . . . . DY
Courtépée (R.) . . . . DX
Darcy (Pl.) . . . . CY
Daubenton (R.) . . . . CZ
Davout (R.) . . . . EY
Devosge (R.) . . . . CDX
Diderot (R.) . . . . EY
Dr-Chaussier (R.) . . . . CY 32
Dubois (Pl. A.) . . . . CY 33
Dumont (R. Ch.) . . . . DZ
École-de-Droit (R.) . . . . . . DY 35
Égalité (R. de l') CX
Févret (R.) . . . . DZ
Foch (Av. Mar.) . . . . CY 43
Fontaine-lès-Dijon (R.) . . . CX
Forges (R. des) . . . . DY
Fremiet (R. A.) . . . . DX
Gagnereaux (R.) . . . . DX
Garibaldi (Av.) . . . . DX
Gaulle (Crs Général-de) . . . . . . DZ
Godrans (R. des) . . . . DY 51
Grangier (Pl.) . . . . DY 54
Gray (R. de) . . . . EY
Guillaume-Tell (R.) . . . . CY
Hôpital (R. de l') . . . . CZ
Ille (R. de l') . . . . CZ
Jeannin (R.) . . . . DEY
Jean-Jaurès (Av.) . . . . CZ
Jouvence (R. de) . . . . DX
J.-J.-Rousseau (R.) . . . . . . DY
Ledru-Rollin (R.) . . . . EXY
Libération (Pl. de la) . . . . . DY 57
Liberté (R. de la) . . . . CY
Longvic (R. de) . . . . DEZ
Magenta (R.) . . . . EZ 58
Manutention (R. de la) . . . . CZ
Marceau (R.) . . . . DX
Mariotte (R.) . . . . CY
Marne (Bd de la) . . . . EX
Metz (R. de) . . . . EY
Michelet (R.) . . . . CY 64
Mirande (R. de) . . . . EY
Monge (R.) . . . . CY
Montchapet (R. de) CX
Mulhouse (R. de) . . . . EXY
Musette (R.) . . . . DY
Parmentier (R.) . . . . EX
Pasteur (R.) . . . . DYZ
Perrières (R. des) . . . . CY
Perspective (Pl. de la) . . . . CZ
Petit-Citeaux (R. du) . . . . . CZ
Petit-Potet (R. du) . . . . DY 71
Piron (R.) . . . . DY
Préfecture (R. de la) . . . . . DY
Prés.-Wilson (Pl.) . . . . DZ
Raines (R. du Fg) . . . . CYZ
Rameau (R.) . . . . DY 77
République (Pl. de la) . . . . . DX
Rolin (Quai N.) . . . . CZ
Roses (R. des) CX
Roussin (R. Amiral) . . . . . . DY
Rude (Pl. F.) . . . . DY
Rude (R. F.) . . . . DY 81
Ste-Anne (R.) . . . . DYZ
St-Bénigne (Pl.) . . . . CY 82
St-Bernard (Pl.) . . . . DY 83
St-Michel (Pl.) . . . . DY 86
Sambin (R.) . . . . DX
Sévigné (Bd de) . . . . CY
Suquet (Pl.) . . . . CZ
Tanneries (Rd-Pt des) . . . . CZ
Théâtre (Pl. du) . . . . DY
Thiers (Bd) . . . . EY
Tivoli (R. de) . . . . CDZ
Transvaal (R. du) . . . . CDZ
Trémouille (Bd de la) . . . DXY
Turgot (R.) . . . . DZ
Vaillant (R.) . . . . DY 92
Vannerie (R.) . . . . DY
Vauban (R.) . . . . DY
Verdun (Bd de) . . . . EX 93
Verrerie (R.) . . . . DY
Victor-Hugo (Av.) . . . . CXY
Voltaire (Bd) . . . . EYZ
Zola (Pl. E.) . . . . CY
1re-Armée-Française (Av.) . . . . CY 95
1er-Mai (Pl. du) . . . . CZ 94
26e-Dragons (R. du) . . . . . EX 98
30-Octobre (Pl. du) . . . . . . EY

Grenoble *(Isère)*

p. 250

GRENOBLE

Alsace-Lorraine (Av.) .... DYZ 3
Barnavel (R.) .... EFY 5
Bayard (R.) .... FY 6
Belgique (Av. Albert-1er-de) .... EFZ 7
Belgrade (R. de) .... EY 9
Bistesi (R.) .... FZ 10
Blanchard (R. P.) .... EYZ
Bonne (R. de) .... EZ 12
Brenier (R. C.) .... DY 13
Brocherie (R.) .... EY 15
Casimir-Périer (R.) .... EZ 16
Champollion (R.) .... FZ 17
Chenoise (R.) .... EFY 18
Clot-Bey (R.) .... EYZ 21
Diables-Bleus (Bd des) .... FZ 24
Dr-Girard (Pl.) .... FY 26
Driant (Bd Col.) .... FZ 27
Dubedout (Pl. H.) .... DY 28
Fantin-Latour (R.) .... FZ 32
Flandrin (R. J.) .... GZ 33
Foch (Bd Mar.) .... DEZ
Fourier (R.) .... FZ 34
Grande-Rue .... EY 37
Grenette (Pl.) .... EY
Lavalette (Pl.) .... FY 40
La Fayette (R.) .... EY 39
L'Herminier (R. Cdt) ...... FY 41
Lyautey (Bd Mar.) .... EZ 42
Montorge (R.) .... EY 43
Palanka (R.) .... EY 44
Pasteur (Pl.) .... FZ 45
Perrière (Q.) .... EY 46
Poulat (R. F.) .... EY 48
Rivet (Pl. G.) .... EZ 53
Rousseau (R. J.-J.) .... EY 55
Ste-Claire (Pl.) .... EY 57
St-André (Pl.) .... EY 56
Servan (R.) .... FY 59
Strasbourg (R. de) .... EFZ 62
Très-Cloître (R.) .... FY 63
Vicat (R.) .... EZ 66
Victor-Hugo (Pl.) .... EZ
Voltaire (R.) .... FY 68

+ informations

Comité Départemental du Tourisme de l'Isère
14 rue de la République - BP. 227 -
38019 GRENOBLE Cedex
☎ 04 76 54 34 36 – Fax 04 76 51 57 19
Email : informations.cdt@isere-tourisme.com
www.isere-tourisme.com

Office de Tourisme de Grenoble
14, rue de la République B.P. 227,
38019 GRENOBLE
☎ 04 76 42 41 41 – Fax 04 76 00 18 98
Email : welcome@grenoble-isere.info
www.grenoble-isere.info

Aéroport de Grenoble
Situation : 39 km au nord de Grenoble
38590 ST-ETIENNE-DE-ST-GEOIRS
Renseignements : ☎ 04 76 65 48 48 –
Fax 04 76 65 57 00
Email : info@grenoble-airport.com
www.grenoble.aeroport.fr

Chambre de Commerce et d'Industrie de Grenoble
1 place André Malraux BP 297 -
38016 GRENOBLE Cedex 1
☎ 04 76 28 28 28 – Fax 04 76 28 27 47
www.grenoble.cci.fr

Le Havre *(Seine-Maritime)*

p. 34

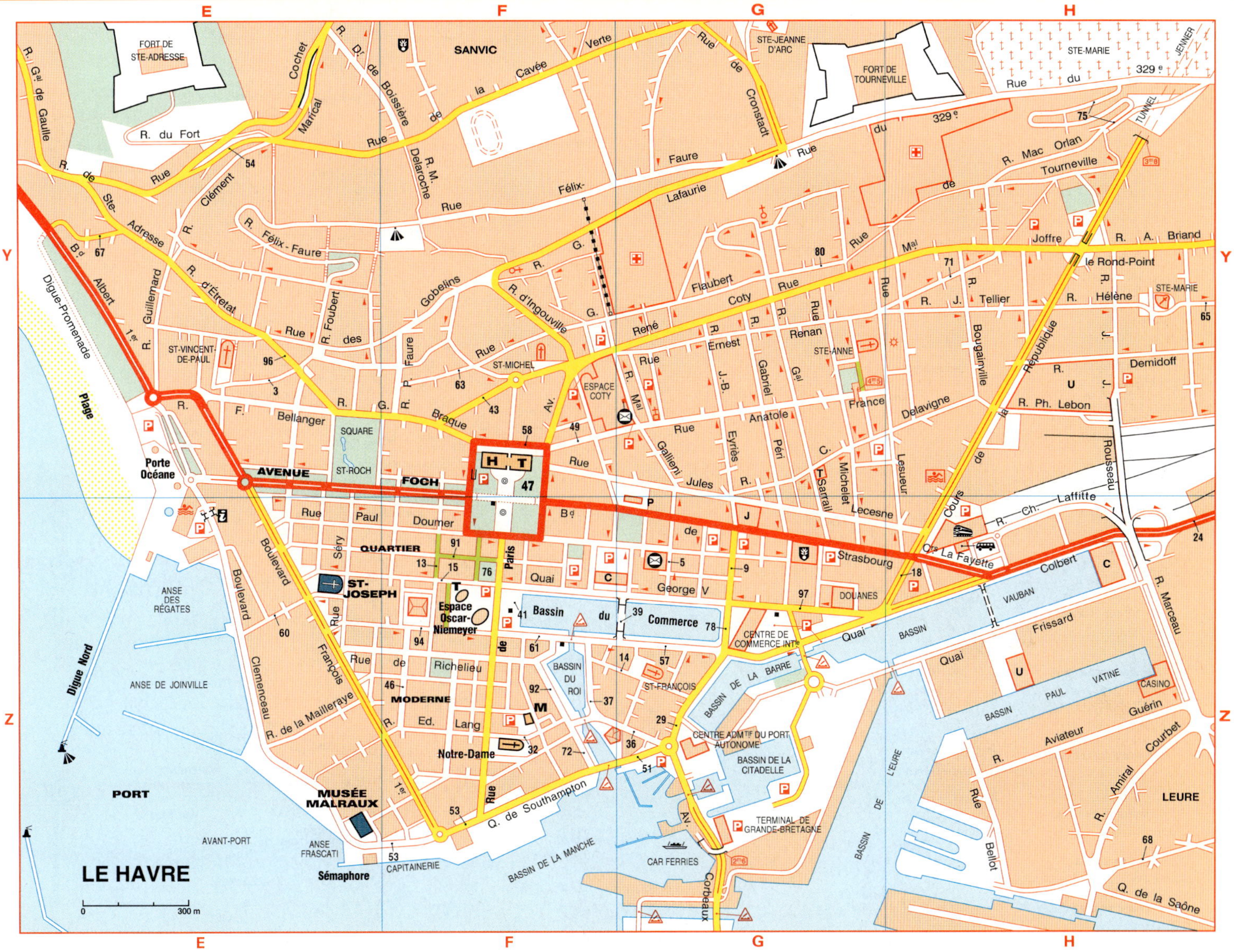

Alma (R. de l') . . . . **EY** 3	Chevalier-de-la-Barre (Cours) . . . . **HZ** 18	Féré (Quai Michel) . . . . **FZ** 37	Ile (Quai de l') . . . . **GZ** 51	Maupassant (R. G.-de) . . . . **EY** 67	Risson (R. F.) . . . . **GY** 80
Anfray (R.) . . . . **GZ** 5	Churchill (Bd W.) . . . . **HZ** 24	François le Chevalier (Passerelle) . . . . **GZ** 39	Joffre (R. Maréchal) . . . . **GHY**	Neustrie (R. de) . . . . **HY** 71	Le Testu (Quai G.) . . . . **FZ** 61
Archinard (Av. Gén.) . . . . **GZ** 9	Delavigne (Quai C.) . . . . **GZ** 29	Gaulle (Pl. du Gén.-de) . . . . **FZ** 41	Kennedy (Chée J.) . . . . **EFZ** 53	Notre-Dame (Quai) . . . . **FZ** 72	Victor-Hugo (R.) . . . . **FZ** 91
Bernardin-de-St-Pierre (R.) . . . . **FZ** 13	Delavigne (R. C.) . . . . **GHY**	Genestal (R. H.) . . . . **FY** 43	Lamblardie (Quai) . . . . **FGZ** 57	Paris (R. de) . . . . **FZ**	Videcoq (Quai) . . . . **FZ** 92
La Bourdonnais (R.) . . . . **EY** 54	Drapiers (R. des) . . . . **FZ** 32	Honegger (R. A.) . . . . **FZ** 46	Leclerc (Av. Gén.) . . . . **FY** 58	Pasteur (R.) . . . . **HY** 75	Voltaire (R.) . . . . **EFZ** 94
Bretagne (R. de) . . . . **FGZ** 14	Étretat (R. d') . . . . **EY**	Hôtel-de-Ville (Pl. de l') . . . . **FYZ** 47	Lemaître (R. F.) . . . . **EZ** 60	Perret (Pl. Auguste) . . . . **FZ** 76	Wilson (R. Président) . . . . **EY** 96
Briand (R. A.) . . . . **HY**	Faidherbe (R. Gén.) . . . . **GZ** 36	Huet (R. A.-A.) . . . . **FY** 49	Louer (R. J.) . . . . **FY** 63	Pompidou (Chée G.) . . . . **GZ** 78	24e-Territorial (Chée du) . . . . **GZ** 97
Brindeau (R. L.) . . . . **EFZ** 15			Massillon (R.) . . . . **HY** 65	République (Cours de la) . . . . **HY**	

+ informations

Office de Tourisme du Havre
186, bd Clémenceau,
76059 LE HAVRE Cedex
☎ **02 32 74 04 04 – Fax 02 35 42 38 39**
Email : contact@lehavretourisme.com
www.lehavretourisme.com

Aéroport Le Havre – Octeville
Situation : 5 km au nord-ouest du Havre
Adresse : Rue Louis Blériot,
76620 LE HAVRE
☎ **02 35 54 65 00 – Fax 02 35 54 65 29**
www.havre.aeroport.fr

Chambre de Commerce
et d'Industrie du Havre
Esplanade de l'Europe BP 1410 -
76067 LE HAVRE Cedex
☎ **02 35 55 26 88 – Fax 02 35 55 26 22**
www.havre.cci.fr

Grand Lille *(Nord)*

p. 8

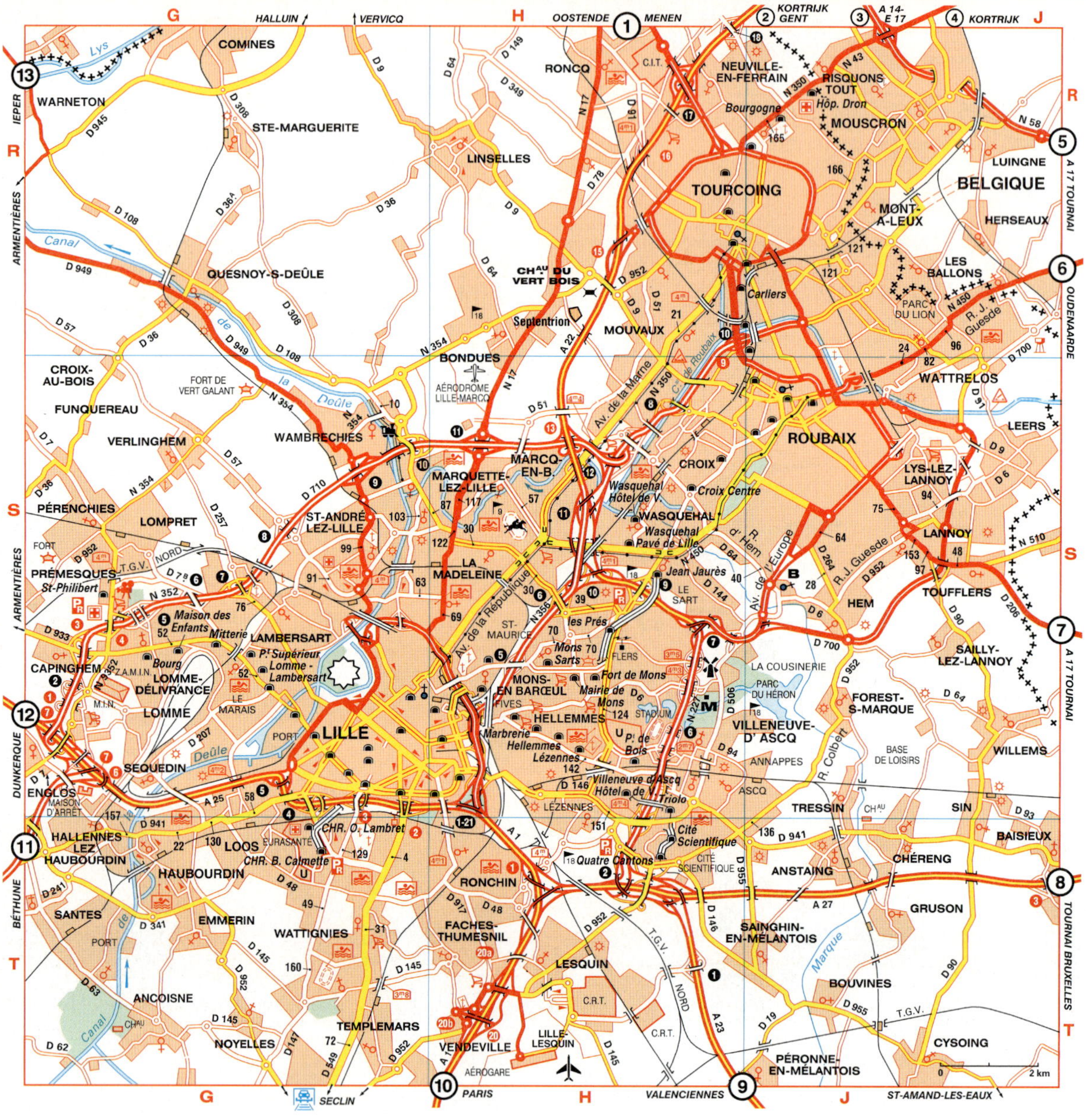

HAUBOURDIN
Carnot (R. Sadi) . . . . GT 22
Vanderhaghen (R. A.) . . . . GT 157

HELLEMMES-LILLE
Salengro (R. Roger) . . . . . HS 142

HEM
Clemenceau (Bd G.) . . . . . JS 28
Croix (R. de) . . . . JS 40
Gaulle (Av. Ch.-de) . . . . JS 64

LAMBERSART
Hippodrome (Av. de l') . . . GS 76

LANNOY
Leclerc (R. du Gén.) . . . . . JS 97
Tournai (R. de) . . . . JS 153

LA MADELEINE
Gambetta (R.) . . . . GS 63
Gaulle (R. du Gén.-de) . . . HS 69
Lalau (R.) . . . . HS 87

LILLE
Arras (R. du Fg d') . . . . GT 4
Postes (R. du Fg des) . . GST 129

LOMME
Dunkerque (Av. de) . . . . . GS 52

LOOS
Doumer (R. Paul) . . . . GT 49
Foch (R. du Mar.) . . . . . . GST 58
Potié (R. Georges) . . . . . . GT 130

LYS-LEZ-LANNOY
Guesde (R. Jules) . . . . JS 75
Lebas (R. J.-B.) . . . . JS 94

MARCQ-EN-BARŒUL
Clemenceau (Bd) . . . . HS 30
Couture (R. de la) . . . . HS 39
Foch (Av. Mar.) . . . . HS 57
Nationale (R.) . . . . HS 122

MARQUETTE-LEZ-LILLE
Lille (R. de) . . . . GS 103
Menin (R. de) . . . . HS 117

MONS-EN-BARŒUL
Gaulle (R. du Gén.-de) . . . HS 70

MOUVAUX
Carnot (Bd) . . . . HR 21

ST-ANDRÉ-LEZ-LILLE
Lattre-de-Tassigny (Av. du Mar.-de) . . . . . . GS 91
Leclerc (R. du Gén.) . . . . . GS 99

TOUFFLERS
Déportés (R. des) . . . . JS 48

TOURCOING
Yser (R. de l') . . . . JR 165
3-Pierres (R. des) . . . . JR 166

VILLENEUVE-D'ASCQ
Ouest (Bd de l') . . . . HS 124
Ronsse (R. Ch.) . . . . JT 136
Tournai (Bd de) . . . . JT 151

WAMBRECHIES
Marquette (R. de) . . . . GZ 108

WATTIGNIES
Clemenceau (R.) . . . . GT 31
Gaulle (R. du Gén.-de) . . . GT 72
Victor-Hugo (R.) . . . . GT 160

WATTRELOS
Carnot (R.) . . . . JRS 24
Jean-Jaurès (R.) . . . . JR 82
Lebas (R. J.-B.) . . . . JR 96
Mont-à-Leux (R. du) . . . . . JR 121

Lille, centre

p. 8

Bapaume (R. de) .... CX 7
Beethoven (Av.) .... AX 12
Bernos (R.) .... DV 13
Bigo-Danel (Bd) .... BV 18
Carrel (R. Armand) .... CX 25
Colpin (R. du Lt) .... BV 33
Courmont (R.) .... CX 37
Cuvier (Av.) .... BV 42
Desmazières (R.) .... BV 47
Esplanade (Façade de l') .... BUV 54
Fébvrier (Pl. J.) .... CX 56
Fontenoy (R. de) .... CX 60
Gaulle (R. du Gén.-de) .... CU 67
Justice (R. de la) .... BX 85
Lambret (Av. Oscar) .... AX 88
Lebas (Bd J.-B.) .... CV 93
Magasin (R. du) .... BU 104
Manuel (R.) .... BV 106
Marronniers (Allée des) .... BU 109
Marx-Dormoy (Av.) .... AV 111
Maubeuge (R. de) .... CX 112
Max (Av. Adolphe) .... BU 114
Meurein (R.) .... BV 118
St-Sébastien (R.) .... BCU 140
Schuman (Pl. Maurice) .... BV
Stations (R. des) .... BV 145
Valenciennes (R. de) .... CX 156
Verdun (Bd de) .... DX 159
Wazemmes (R. de) .... BCX 163
43e-Régt-d'Infanterie (Av. du) .... BV 168

+ informations

Comité Régional du Tourisme Nord-Pas de Calais
6 place Mendès-France BP 99 - 59028 LILLE Cedex
☎ 03 20 14 57 57 – Fax 03 20 14 57 58
Email : contact@crt-nordpasdecalais.fr
www.crt-nordpasdecalais.fr

Comité Départemental du Tourisme du Nord
6, rue Gauthier de Châtillon BP 1232 - 59013 LILLE Cedex
☎ 03 20 57 59 59 – Fax 03 20 57 52 70
Email : contact@cdt-nord.fr
www.cdt-nord.fr

Office de Tourisme de Lille
Palais Rihour, place Rihour B.P. 205 - 59002 LILLE
☎ 3265 dites « Lille » ou 08 91 56 20 04 (0,225€/mn) – Fax 03 59 57 94 14
Email : info@lilletourism.com
www.lilletourism.com

Aéroport de Lille-Lesquin
Situation : 7 Km au sud de Lille
Adresse : BP 227 - 59812 LESQUIN Cedex
☎ 0 891 67 32 10 – Fax 03 20 49 68 10
Email : aeroport@lille.cci.fr
www.lille.aeroport.fr

Chambre Régionale de Commerce et d'Industrie du Nord Pas-de-Calais
2 Palais de la Bourse BP 500 - 59001 LILLE Cedex
☎ 03 20 63 79 79 - 03 20 13 02 00
www.nordpasdecalais.cci.fr

Chambre de Commerce et d'Industrie de Lille Métropole
Place du Théâtre BP 359 - 59020 LILLE Cedex
☎ 03 20 63 77 77 – Fax 03 20 74 82 58
www.lille.cci.fr

Limoges *(Haute-Vienne)*

p. 205

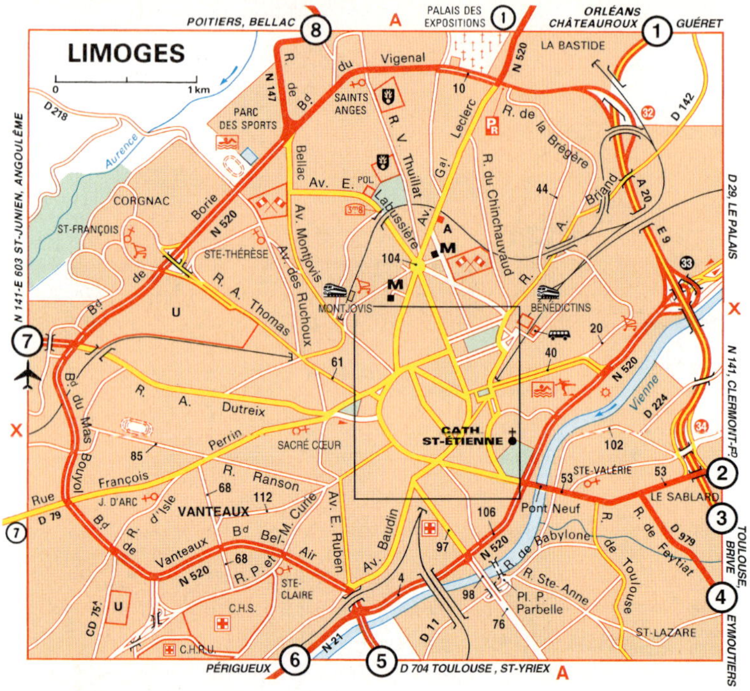

Allende (Quai Salvador) . . . . . . AX 4
Arcade (Bd des) . . . . AX 10
Casseaux (Av. des) . . . . AX 20
Gagnant (Av. J.) . . . . AX 40
Grand-Treuil (R. du) . . . . AX 44
Labussière (Av. E.) . . . . AX 51
Lattre-de-Tassigny (Av. Mar. de) . . . . AX 53
Mauvendière (R. de la) . . . . AX 61
Naugeat (Av. de) . . . . AX 68
Pompidou (Av. G.) . . . . AX 76
Puy-Las-Rodas (R. du) . . . . AX 85
Révolution (Av. de la) . . . . AX 97
Révolution (Pont de la) . . . . AX 98
Sablard (Av. du) . . . . AX 102
Sadi-Carnot (Pl.) . . . . AX 104
Ste-Claire (R.) . . . . AX 112
St-Martial (Quai) . . . . AX 106

LIMOGES

Aine (Pl. d') . . . . BZ 2
Allois (R. des) . . . . DZ 6
Amphithéâtre (R. de l') . . . . BY 8
Barreyrrette (Pl. de la) . . . . CZ 12
Bénédictins (Av. des) . . . . DY 14
Betoulle (Pl. L.) . . . . CZ 16
Boucherie (R. de la) . . . . CZ 18
Cathédrale (R. de la) . . . . DZ 23
Clocher (R. du) . . . . CZ 25
Collège (R. du) . . . . CZ 26
Consulat (R. du) . . . . CZ
Coopérateurs (R. des) . . . . BY 27
Dupuytren (R.) . . . . CZ 30
Ferrerie (R.) . . . . CZ 33
Fonderie (R. de la) . . . . BY 35
Fontaine-des-Barres (Pl.) . . . . . CY 37
Gambetta (Bd) . . . . BCZ
Giraudoux (Square Jean) . . . . . CY 42
Haute-Cité (R.) . . . . DZ 46
Jacobins (Pl. des) . . . . CZ 49
Jean-Jaurès (R.) . . . . CYZ
Louis-Blanc (Bd) . . . . CZ
Louvrier-de-Lajolais (R.) . . . . . . BY 55
Manigne (Pl.) . . . . CZ 57
Maupas (R. du) . . . . DY 59
Michels (R. Charles) . . . . CZ 63
Motte (Pl. de la) . . . . CZ 66
Périn (Bd G.) . . . . CY 71
Préfecture (R. de la) . . . . CY 83
Raspail (R.) . . . . DZ 89
Réforme (R. de la) . . . . CY 91
République (Pl. de la) . . . . CY 95
St-Martial (R.) . . . . CY 107
St-Maurice (Bd) . . . . DZ 109
St-Pierre (Pl.) . . . . CZ 110
Stalingrad (Pl.) . . . . CY 113
Temple (Cour du) . . . . CZ 115
Temple (R. du) . . . . CZ 116
Tourny (Carrefour) . . . . CY 118
Victor-Hugo (Bd) . . . . BY 120
Vigne-de-Fer (R.) . . . . CZ 122
71e-Mobile (R. du) . . . . DZ 125

+ informations

Comité Régional du Tourisme du Limousin
27 bd de la Corderie - 87031 LIMOGES Cedex
05 55 45 18 80 – Fax 05 55 45 18 18
Email : tourisme@crt-limousin.fr
www.tourismelimousin.com

Comité Départemental du Tourisme de la Haute-Vienne
4, place Denis Dussoubs - 87000 LIMOGES
05 55 79 04 04 – Fax 05 55 79 79 47
Email : infotourisme@cdt87.com
www.tourisme-hautevienne.com

Office de Tourisme de Limoges
12, Boulevard de Fleurus, 87000 LIMOGES
05 55 34 46 87 – Fax 05 55 34 19 12
Email : info@tourismelimoges.com
www.tourismelimoges.com

Aéroport International de Limoges
Situation : 8 km à l'ouest de Limoges par N 141 direction Poitiers-Angoulême
05 55 43 30 30 – Fax 05 55 43 30 40
www.aeroportlimoges.com

Chambre Régionale de Commerce et d'Industrie du Limousin-Poitou-Charentes
Boulevard des Arcades BP 61268 - 87038 LIMOGES Cedex 2
05 55 04 40 00 – Fax 05 55 04 40 40
www.limousin-poitou-charentes.cci.fr

Chambre de Commerce et d'Industrie de Limoges et de la Haute-Vienne
16 place Jourdan BP 403 - 87011 LIMOGES Cedex
05 55 45 15 15 – Fax 05 55 32 24 46
www.limoges.cci.fr

Lons-le-Saunier *(Jura)*

p. 179

Anc.-Collège (Pl. de l') . . . . Y 2	Ferry (Bd J.) . . . . Z 15	Moulin (Av. J.) . . . . Y 25
Bichat (Pl.) . . . . Y 3	Jean-Jaurès (R.) . . . . YZ	Pasteur (R.) . . . . Y 26
Chevalerie (Prom. de la) . . . . V 7	Lafayette (R.) . . . . Y 16	Préfecture (R. de la). . . . . Z 27
Chevalerie (R. de la). . . . . Y 9	Lattre-de-T. (Bd Mar. De). . . . . . . Z 18	Sébile (R.). . . . . Y 30
Colbert (Cours). . . . . Y 12	Lecourbe (R.) . . . . Y	Tamisier (R.) . . . . Y 31
Commerce (R. du). . . . . Y	Liberté (Pl. de la) . . . . Y	Trouillot (R. G.) . . . . Y 32
Cordeliers (R. des) . . . . Y 13	Mendès-France (Av. P.). . . . . Y 23	Vallière (R. de) . . . . YZ 34
Curé-Marion (R. du) . . . . Z 14	Monot (R. E.) . . . . Y 24	11-Novembre (Pl. du) . . . . Y 35

+ informations

Comité Départemental du Tourisme du Jura
8 rue Louis Rousseau, B.P. 458,
39006 LONS-LE-SAUNIER Cedex
☎ 03 84 87 08 88 – Fax 03 84 47 58 05
Email : cdt@jura-tourism.com
www.jura-tourism.com

Office de Tourisme de Lons-le-Saunier
Place du 11 Novembre, 39000 LONS-LE-SAUNIER
☎ 03 84 24 65 01 – Fax 03 84 43 22 59
Email : officedetourismedelons-le-saunier@wanadoo.fr
www.ville-lons-le-saunier.fr

Lorient *(Morbihan)*

p. 123

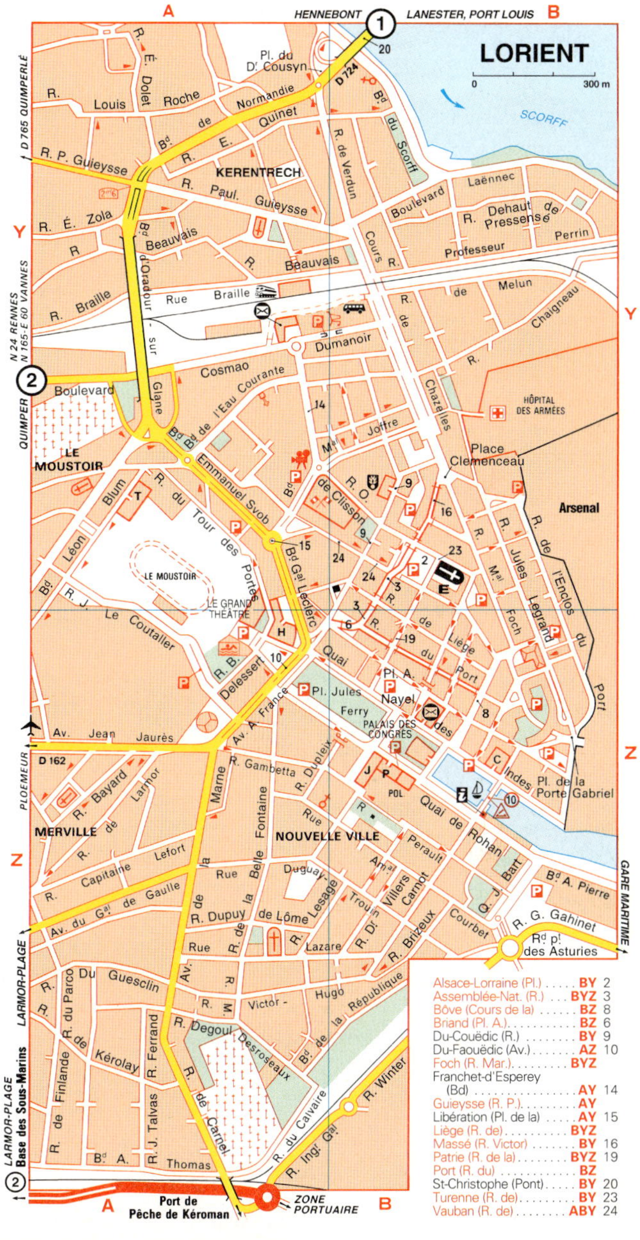

Alsace-Lorraine (Pl.) . . . . . BY 2	Guieysse (R. P.). . . . . AY
Assemblée-Nat. (R.) . . . . BYZ 3	Libération (Pl. de la) . . . . . AY 15
Bôve (Cours de la) . . . . BZ 8	Liège (R. de). . . . . BYZ
Briand (Pl. A.). . . . . BZ 6	Massé (R. Victor) . . . . BY 16
Du-Couëdic (R.) . . . . BY 9	Patrie (R. de la). . . . . BYZ 19
Du-Faouëdic (Av.). . . . . AZ 10	Port (R. du) . . . . BZ
Foch (R. Mar.). . . . . BYZ	St-Christophe (Pont). . . . . . BY 20
Franchet-d'Esperey (Bd) . . . . AY 14	Turenne (R. de). . . . . BY 23
	Vauban (R. de) . . . . ABY 24

+ informations

Office de Tourisme de Cap L'Orient
Maison de la mer, quai de Rohan, 56100 LORIENT
☎ 02 97 21 07 84 – Fax : 02 97 21 99 44
Email : accueil@lorient-tourisme.fr
www.lorient-tourisme.fr

Aéroport de Lorient Bretagne-Sud
Situation : 9 km à l'ouest de Lorient
Adresse : 56270 PLOEMEUR
☎ 02 97 87 21 50 – Fax : 02 97 87 21 70
www.lorient.aeroport.fr

Environs de Lyon

1/60 000 -1cm = 0,6km

Sathonay-Camp
RILLIEUX-LA-PAPE
CUIRE
Crépieux-la-Pape
Neyron
Neyron-le Haut
Mont Goitron
PARC DE LOISIRS DE MIRIBEL-JONAGE
Les Eaux Bleues
ILE DE MIRIBEL - JONAGE
Ile de Miribel
Ile Lalive
Lac du Drapeau
Grand Large
VAULX-EN-VELIN
MEYZIEU
DÉCINES-CHARPIEU
VILLEURBANNE
les Charpennes
Montchat
Grange Blanche
Transvaal
Chassieu
BRON
AÉRODROME DE LYON-BRON
EUREXPO
PARC DÉPARTEMENTAL DE PARILLY
Genas
Azieu
Vurey
Revolère
Mi-Plaine
Manissieux
ZONE INDUSTRIELLE DE MI-PLAINE
ST-PRIEST
VÉNISSIEUX
Feyzin
St-Bonnet-de-Mure
la Fouillouse
Bel Air
MICHELIN
PÔLE INDUSTRIEL ET LOGISTIQUE
SUD-EST
ZONE INDUSTRIELLE
ROCADE EST
A 42
A 43
A 46
N 346
N 6
D 29
213
231

E F G H

LYON
0 300 m
SAÔNE
RHÔNE
LA CROIX ROUSSE
Croix Rousse
Croix Paquet
PARC DE LA TÊTE D'OR
GRANDE ROSERAIE
Île du Souvenir
MUSÉE D'ART CONTEMPORAIN
CITÉ INTERNATIONALE
Pont R. Poincaré
PARC DE LA FEYSSINE
VILLEURBANNE
UNIVERSITÉ CLAUDE BERNARD LYON I
LES BROTTEAUX
PART DIEU
Part Dieu
LA PART DIEU
FOURVIÈRE
N.-D. DE FOURVIÈRE
VIEUX LYON
PRESQU'ÎLE
ST-JEAN
Vieux Lyon Cath. St-Jean
THÉÂTRES ROMAINS
Aqueducs Romains
Pl. Bellecour
Bellecour
Hôtel de Ville L. Pradel
Pl. des Terreaux
Cordeliers
Ampère V. Hugo
Perrache
Pl. Carnot
LA GUILLOTIÈRE
Guillotière
Saxe Gambetta
Garibaldi
Pl. de Stalingrad
Pl. Guichard
Massena
Foch
Charpennes Charles Hernu
Brotteaux
Jean Macé
Secteur en travaux

U V X Y Z

Lyon (Rhône)

p. 213

+ informations

Comité Régional du Tourisme Rhône-Alpes
104 Rte de Paris - 69260 CHARBONNIERES LES BAINS
☎ 04 72 59 21 59 – Fax 04 72 59 21 60
www.rhonealpes-tourisme.com
(commande de brochure en ligne)

Comité Départemental du Tourisme du Rhône
35, rue Saint-Jean - 69005 LYON
☎ 04 72 56 70 40 – Fax 04 72 56 70 41
Email : mail@rhonetourisme.com
www.rhonetourisme.com

Office de Tourisme de Lyon
Pavillon du Tourisme - Place Bellecour - B.P. 2254, 69214 LYON Cedex 02
☎ 04 72 77 69 69 – Fax 04 78 42 04 32
Email : info@lyon-france.com
www.lyon-france.com

Grand Lyon – Communauté urbaine de Lyon
20 rue du Lac, 69003 LYON
☎ 04 78 63 40 40
www.grandlyon.com

Aéroport Lyon-St Exupéry
Situation : 25 km à l'est de Lyon
Adresse : BP 113 69125 Lyon-Saint Exupéry Aéroport
☎ 0826 800 826 (0,15€/mn) – Fax 04 72 22 74 71
www.lyon.aeroport.fr

Aéroport International Lyon–Bron
Situation : 10 km au sud-est de Lyon
Adresse : 69500 BRON
☎ 0 825 10 69 69 – Fax 04 78 26 72 65
bron@lyon.aeroport.fr

Chambre de Commerce et d'Industrie de Lyon
Place de la Bourse, 69289 LYON Cedex 02
☎ 04 72 40 58 58 – Fax 04 72 40 59 45
www.lyon.cci.fr

Le Mans (Sarthe)

p. 107

+ informations

Comité Départemental du Tourisme de la Sarthe
19 bis, rue de l'Etoile, 72000 LE MANS
☎ 02 43 40 22 50 – Fax 02 43 40 22 51
Email : tourisme.sarthe@cdt72.fr
www.tourisme.sarthe.com

Office de Tourisme du Mans
Hôtel des Ursulines, rue de l'Etoile, 72000 LE MANS
☎ 02 43 28 17 22 – Fax 02 43 28 12 14
Email : officedetourisme@ville-lemans.fr
www.lemanstourisme.com

Chambre de Commerce et d'Industrie du Mans et de la Sarthe
1, bd René Levasseur BP 89 - 72002 LE MANS Cedex 1
☎ 02 43 21 00 00 – Fax 02 43 21 00 50
www.lemans.cci.fr

Marseille *(Bouches-du-Rhône)*

p. 326

MARSEILLE

+ informations

Comité Régional du Tourisme de Provence-Alpes-Côte d'Azur
Les Docks - 10, pl. de la Joliette, Atrium 105 - BP. 46214 - 13567 MARSEILLE Cedex 2
☎ 04 91 56 47 00 – Fax 04 91 56 47 01
Email : information@crt-paca.fr
www.crt-paca.fr

Aéroport Marseille-Provence
Situation : 25 km au nord-ouest de Marseille
Adresse : BP 7 - Aéroport 13727 MARIGNANE Cedex
☎ 04 42 14 14 14 – Fax 04 42 14 27 24
www.marseille.aeroport.fr

Marseille, centre

p. 326

MARSEILLE

Comité Départemental du Tourisme des Bouches-du-Rhône
13, rue Roux de Brignoles Immeuble Le Montesquieu-13006 MARSEILLE
☎ 04 91 13 84 13 – Fax 04 91 33 01 82
Email : cdt13@visitprovence.com
www.visitprovence.com

Office de Tourisme et des Congrès de Marseille
4, La Canebière, 13000 MARSEILLE
☎ 04 91 13 89 00 – Fax 04 91 13 89 20
Email : info@marseille-tourisme.com
www.marseille-tourisme.com

Chambre de Commerce et d'Industrie de Marseille-Provence
Palais de la Bourse BP 21856 - 13221 MARSEILLE Cedex 01
☎ 04 91 39 33 33 – Fax 04 91 91 42 25
www.marseille-provence.cci.fr

Metz (Moselle)

p. 65

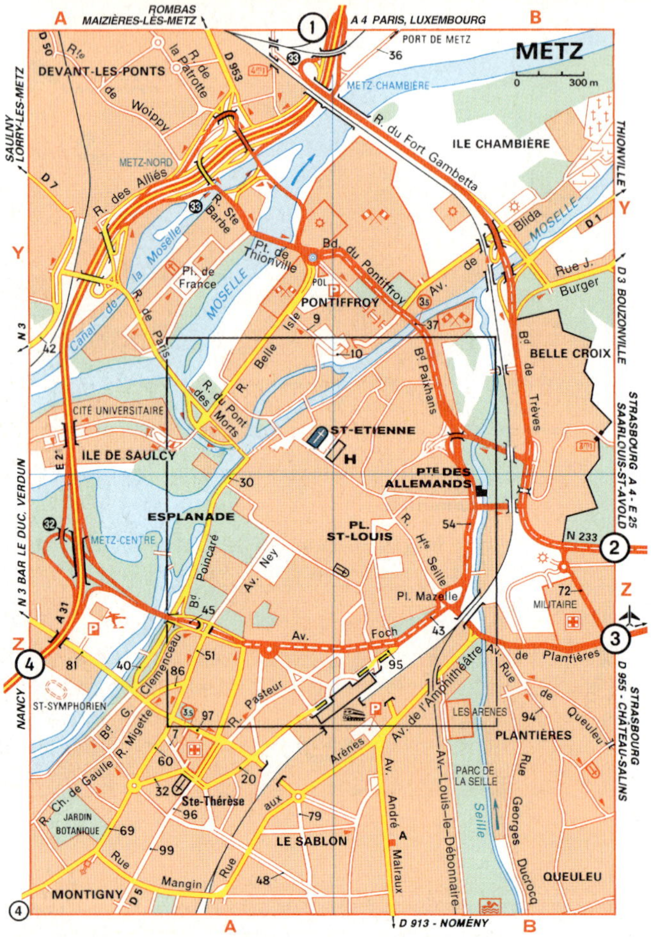

Bénédictins (R. des)	AY	9	Henri II (Av.)	AY	42	St-Pierre (R.)	AZ	79
Chambière (R.)	BY	10	Jean XXIII (Av.)	BZ	43	St-Symphorien (Bd)	AZ	81
Charles Abel (R.)	AZ	7	Joffre (Av.)	AZ	45	Salis (R. de)	AZ	86
Clovis (R.)	AZ	20	Lagneau (R. Jules)	AZ	48	Trois-Évêchés (R. des)	BZ	94
Garde (R. de la)	AYZ	30	Lattre-de-T. (Av. de)	AZ	51	Vauban (R.)	BZ	95
Goethe (R.)	AZ	32	Maginot (Bd André)	BZ	54	Verdun (R. de)	AZ	96
Grange-aux-Dames (R.)	BY	36	Nancy (Av. de)	AZ	60	Verlaine (R.)	AZ	97
Grilles (Pont des)	BY	37	Pont-à-Mousson (R.)	AZ	69	20e-Corps-Américain (R. du)	AZ	99
Hegly (Allée V.)	AZ	40	Pont-Rouge (R. du)	BZ	72			

METZ

Allemands (R. des)	DV	2	Faisan (R. du)	CV	27	Prés.-Kennedy (Av. J.-F.)	CX	73
Ambroise-Thomas (R.)	CV	3	La-Fayette (R.)	CX	47	République (Pl. de la)	CX	75
Armes (Pl. d')	DV	5	Fontaine (R. de la)	DX	29	Ste-Croix (Pl.)	DV	83
Augustins (R. des)	DX	6	Gaulle (Pl. du Gén.-de)	DX	31	Ste-Marie (R.)	CV	84
Chambière (R.)	DV	10	Grande-Armée (R. de la)	DV	34	St-Eucaire (R.)	DV	76
Chambre (Pl. de)	CV	12	Hache (R. de la)	DV	39	St-Gengoulf (R.)	CX	77
Champé (R. du)	DV	13	Jardins (R. des)	DV		St-Georges (R.)	CV	78
Chanoine-Collin (R. du)	DV	15	Juge-Pierre-Michel (R. du)	CV	46	St-Louis (Pl.)	DVX	
Charlemagne (R.)	CX	17	Lasalle (R.)	DX	49	St-Simplice (Pl.)	DV	80
Chèvre (R. de la)	DX	19	Lattre-de-T. (Av. de)	CX	51	St-Thiébault (Pl.)	DX	82
Clercs (R. des)	CV		Leclerc-de-H. (Av.)	CX	52	Salis (R. de)	CX	86
Coëtlosquet (R. du)	CX	22	Mondon (Pl. R.)	CX	57	Schuman (Av. R.)	CX	
Coislin (R.)	DX	23	Paix (R. de la)	CV	61	Sérot (Bd Robert)	CV	87
Enfer (R. d')	DV	25	Palais (R. du)	CV	62	Serpenoise (R.)	CV	
En Fournirue	DV		Paraiges (Pl. des)	DV	63	Taison (R.)	DV	88
Fabert (R.)	CV	26	Parmentiers (R. des)	DX	64	Tanneurs (R. des)	DV	90
			Petit-Paris (R. du)	CV	65	Tête d'Or (R. de la)	DV	
			Pierre-Hardie (R. de la)	CV	66	Trinitaires (R. des)	DV	93
			Pont-Moreau (R. du)	CDV	70	Verlaine (R.)	CX	97

+ informations

Comité Départemental du Tourisme de Moselle
2-4, rue du Pont Moreau BP 80002 – 57003 Metz Cedex 1
☎ 03 87 37 57 80 – Fax 03 8737 58 84
Email : info@moselle-tourisme.com
www.moselle-tourisme.com

Office de Tourisme de Metz
2 place d'Armes B.P. 80367- 57007 METZ Cedex 1
☎ 03 87 55 53 76 – Fax 03 87 36 59 43
Email : tourisme@ot.mairie-metz.fr
www.tourisme.mairie-metz.fr

Aéroport Metz-Nancy-Lorraine
Situation : 25 km au sud de Metz, 35km au nord de Nancy
Adresse : Route de Vigny - BP 21 - 57420 GOIN
☎ 03 87 56 70 00 – Fax 03 87 56 70 54
Email : info@metz-nancy-lorraine.aeroport.fr
www.metz-nancy-lorraine.aeroport.fr

Chambre de Commerce et d'Industrie de la Moselle
10-12 avenue Foch BP 70330 - 57016 METZ Cedex 1
☎ 03 87 52 31 00 – Fax 03 87 52 31 99
www.moselle.cci.fr

Monaco

p. 309

MONACO MONTE-CARLO

Albert-1er (Bd) .... CYZ
Armes (Pl. d') .... CZ 2
Basse (R.) .... CDZ 3
Castro (R. Col.-de) .... CZ 7
Comte-Félix-Gastaldi (R.) .... DZ 10
Crovetto-Frères (Av.) .... CZ 12
Gaulle (Av. du Gén.-de) .... DX 14
Grimaldi (R.) .... CYZ
Kennedy (Av. J.-F.) .... DY 23
Larvotto (Bd du) .... DX 25
Leclerc (Bd du Gén.) .... DX 26
Libération (Pl. de la) .... DX 27
Madone (Av. de la) .... DX 28
Major (Rampe) .... CZ 29
Monte-Carlo (Av. de) .... DY 30
Moulins (Bd des) .... DX 32
Notari (R. L.) .... CYZ 33
Ostende (Av. d') .... DY 34
Palais (Pl. du) .... CZ 35
Papalins (Av. des) .... CZ 36
Pêcheurs (Ch. des) .... DZ 40
Porte-Neuve (Av. de la) .... DZ 41
Princesse-Antoinette (Av.) .... CY 46
Princesse-Caroline (R.) .... CZ 48
Princesse-Charlotte (Bd) .... DXY
Princesse-Marie-de-Lorraine (R.) .... DZ 54
Prince-Héréditaire-Albert (Av.) .... CZ 42
Prince-Pierre (Av.) .... CZ 44
République (Bd de la) .... DX 58
Ste-Dévote (Pl.) .... CY 63
Spélugues (Av. des) .... DX 62
Suffren-Reymond (R.) .... CZ 64

+ informations

Comité Régional du Tourisme Riviera Côte d'Azur
400 Promenade des Anglais - BP 3126 - 06203 NICE Cedex 3
☎ 04 93 37 78 78 – Fax 04 93 86 01 06
Email : info@guideriviera.com
www.guideriviera.com

Office de Tourisme de Monaco - Monte-Carlo
2 a, bd des Moulins, 98030 MONACO-MONTE-CARLO Cedex
☎ (377) 92 16 61 16/92 16 61 66 – Fax (377) 92 16 60 00
Email : dtc@monaco-tourisme.com
www.monaco-tourisme.com

Aéroport de Nice – Côte d'Azur
Situation : 6 km à l'ouest de Nice
Adresse : CCINCA, BP 3331, 06206 NICE Cedex 3
☎ 0820 423 333 – Fax 04 89 98 51 35
Email : nice.aeroportcote-azur.cci.fr
www.nice.aeroport.fr

Moulins *(Allier)*

p. 192

MOULINS

Allier (Pl. d') .... CDZ
Allier (R. d') .... DYZ
Alsace-Lorraine (Av. d') .. BX 3
Ancien Palais (R.) .... DY 4
Bourgogne (R. de) .. BV, DY 6
Bréchimbault (R.) .... DZ 7
Cerf-Volant (R.) .... BV 8
Clermont-Ferrand (Rte de) .... AX 10
Desboutins (R.) .... BX 16
Fausses Braies (R. des) . DY 19
Flèche (R. de la) .... DZ 20
Grenier (R.) .... DY 25
Horloge (R. de l') .... DZ 26
Hôtel de Ville (Pl. de l') .. DY 27
Jeu de Paume (R. du) .... BV 28
Leclerc (Av. Général) .... BX 30
Libération (Av. de la) .... AX 31
Montilly (Rte de) .... AX 32
Orfèvres (R. des) .... DY 33
Pascal (R. Blaise-) .... CZ 34
Péron (R. F.) .... DY 35
République (Av.) .... BX 36
Tanneries (R. des) .. BV, DV 38
Tinland (R. M.) .... CY 39
Vert Galand (R. du) .... CDY 40
4 Septembre (R.) .... DZ 42

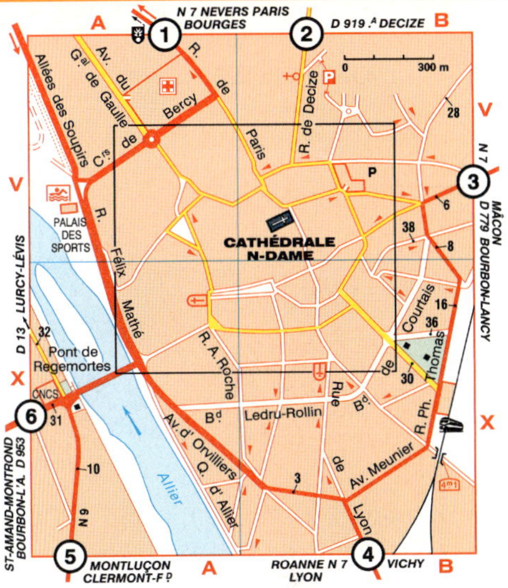

+ informations

Comité Départemental du Tourisme de l'Allier
Pavillon des Marronniers - Parc de Bellevue - BP 65 - 03400 YZEURE Cedex
☎ 04 70 46 81 50 – Fax 04 70 46 00 22
Email : cdt-documentation@pays-allier.com
www.allier-tourisme.com

Office de Tourisme de Moulins
11, rue François Péron - BP 641, 03006 MOULINS Cedex
☎ 04 70 44 14 14 – Fax 04 70 34 00 21
Email: bienvenue@pays-bourbon.com
www.pays-bourbon.com

Chambre de Commerce et d'Industrie de Moulins-Vichy
17 cours Jean Jaurès BP 1729 - 03017 MOULINS Cedex
☎ 04 70 35 40 00 – Fax 04 70 35 40 99
www.moulins-vichy.cci.fr

Montpellier *(Hérault)*

p. 302

MONTPELLIER

Montpellier, centre

p. 302

Albert-1er (Pl.)	EX	2
Anatole-France (R.)	EZ	3
Ancien-Courrier (R.)	EFY	4
Aragon (R. Jacques d')	FY	6
Argenterie (R. de l')	FY	8
Astruc (R.)	EY	9
Bouisson-Bertrand (Av.)	EX	15
Bras-de-Fer (R. du)	EY	17
Cambacérès (R.)	EY	20
Carbonnerie (R. de la)	FY	21
Castellane (Pl.)	EFY	22
Chabaneau (Pl.)	EY	24
Comédie (Pl. de la)	FY	
Écoles-Laïques (R. des)	FX	32
Embouque-d'Or (R.)	FY	34
Fg-de-la-Saunerie (R.)	EZ	40
Fg-de-Nîmes (R. du)	FX	41
Fournarié (R.)	FY	45
Friperie (R. de la)	EY	48
Girone (R. de)	FY	49
Grand-Rue-J.-Moulin	FYZ	
Jacques-Cœur (R.)	FY	54
Jean-Jaurès (Pl.)	FY	55
Jeu-de-Paume (Bd du)	EZ	
Joubert (R.)	FY	56
Loge (R. de la)	FY	
Maguelone (R. de)	FZ	
Marché-aux-Fleurs (Pl.)	FY	60
Martyrs-de-la-R. (Pl.)	FY	61
Montpellieret (R.)	FY	63
Observatoire (Bd de l')	FZ	65
Petit-Scel (R. du)	EY	67
Pétrarque (Pl.)	FY	68
Rondelet (R.)	EZ	75
Ste-Anne (R.)	EY	80
St-Guilhem (R.)	BU	
St-Ravy (Pl.)	FY	79
Sarrail (Bd)	FY	
Trésoriers-de-la-Bourse (R.)	FY	82
Trésoriers-de-la-France (R. des)	FY	84
Verdun (R. de)	BU	
Vieille-Intendance (R.)	EY	87

+ informations

Comité Régional du Tourisme du Languedoc-Roussillon
20 rue de la République - 34000 MONTPELLIER
☎ 04 67 22 81 00 – Fax 04 67 58 06 10
Email : contact.crtlr@sunfrance.com
www.sunfrance.com

Comité Départemental du Tourisme de l'Hérault
Av. des Moulins - 34184 MONTPELLIER Cedex 4
☎ 08 25 34 00 34 – Fax 04 67 67 71 77
Email : cdt@cdt-herault.fr
www.herault-en-languedoc.com

Office de Tourisme de Montpellier
30, Allée Jean de Lattre de Tassigny - Esplanade Comédie, 34000 MONTPELLIER - ☎ 04 67 60 60 60 – Fax 04 67 60 60 61
Email : contact@ot-montpellier.fr
www.ot-montpellier.fr

Aéroport de Montpellier – Méditerranée
Situation : 7 Km au sud-est de Montpellier
Adresse : CS 10001 adresse2 34137 MAUGUIO Cedex
☎ 04 67 20 85 00 – Fax 04 67 22 02 12
www.montpellier.aeroport.fr

Chambre Régionale de Commerce et d'Industrie du Languedoc-Roussillon
273 avenue de la Pompignagne (rue Doris), Résidence Majestic – 34961 MONTPELLIER Cedex 2
☎ 04 67 13 68 00 – Fax 04 67 13 68 10
www.languedoc-roussillon.cci.fr

Chambre de Commerce et d'Industrie de Montpellier
Hôtel Saint-Côme, 32 Grand'Rue Jean Moulin - 34944 MONTPELLIER Cedex 9
☎ 04 67 10 24 00 – Fax 04 67 10 27 65
www.montpellier.cci.fr

Mulhouse *(Haut-Rhin)*

p. 143

MULHOUSE

+ informations

Office de Tourisme et des Congrès de Mulhouse et sa Région
9 avenue du Maréchal Foch,
68100 MULHOUSE
☎ Informations Accueil : 03 89 35 48 48 et administration 03 89 35 48 41 –
Fax 03 89 45 66 16
E-mail : info@tourisme-mulhouse.com
www.tourisme-mulhouse.com

Euroairport Basel Mulhouse Freiburg
Adresse : Aéroport Bâle-Mulhouse
BP 120 - 68304 ST LOUIS Cedex
☎ 03 89 90 31 11 –
Fax 03 89 90 25 77
www.euroairport.com

Chambre de Commerce et d'Industrie du Sud Alsace Mulhouse
8 rue du 17 Novembre BP 1088 -
68051 MULHOUSE Cedex
☎ 03 89 66 71 71 – Fax 03 89 66 71 39
www.mulhouse.cci.fr

p. 65

Nancy *(Meurthe-et-Moselle)*

NANCY

Adam (R. Sigisbert)	BX	2
Albert-1er (Bd)	DV	3
Anatole-France (Av.)	DV	6
Armée-Patton (R.)	DV	7
Auxonne (R. d')	DV	8
Barrès (R. Maurice)	CY	10
Barthou (Bd L.)	EX	12
Bazin (R. H.)	CY	13
Benit (R.)	BY	14
Blandan (R. du Sergent)	DX	15
Braconnot (R.)	BX	19
Carmes (R. des)	BY	20
Chanoine-Jacob (R.)	AX	23
Chanzy (R.)	AY	24
Cheval-Blanc (R. du)	BY	25
Clemenceau (Bd G.)	EX	26
Craffe (R. de la)	AX	27
Croix de Bourgogne (Espl.)	AZ	28
Dominicains (R. des)	BY	29
Doumer (Av. P.)	EX	30
Erignac (R. C.)	BY	31
Europe (Av. de l')	DX	32
Europe (Bd de l')	DEY	33
La-Fayette (Pl. de)	BY	47
Foch (Av.)	DV	34
Frère (R. Gén.)	DY	35
Gambetta (R.)	BY	36
Gaulle (Pl. Gén.-de)	BX	37
Grande-Rue	BXY	
Haussonville (Bd d')	DX	38
Haut-Bourgeois (R.)	AX	39
Héré (R.)	BY	40
Ile de Corse (R. de l')	CY	41
Jeanne-d'Arc (Av.)	DEY	45
Jeanne-d'Arc (R.)	DEX	44
Jean-Jaurès (Av.)	DXY	42
Jean-Jaurès (Bd)	EX	43
Keller (R. Ch.)	AX	46
Leclerc (Av. Gén.)	DY	48
Linnois (R.)	EX	49
Louis (R. Baron)	AXY	50
Loups (R. des)	AX	51
Majorelle (R. Louis)	DX	52
Mazagran (R.)	AY	54
Mengin (Pl. Henri)	BY	55
Mgr-Ruch (Pl.)	CY	63
Molitor (R.)	CZ	60
Monnaie (R. de la)	BY	62
Mon-Désert (R. de)	ABZ	61
Mouja (R. du Pont)	BY	64
Nabécor (R. de)	EX	65
Oudinot (R. Maréchal)	EX	68
Poincaré (R. H.)	AY	69
Poincaré (R. R.)	DX	71
Poincaré (R. R.)	AY	70
Point-Central	BY	72
Ponts (R. des)	BYZ	73
Primatiale (R. de la)	CY	74
Raugraff (R.)	BY	75
République (R. de la)	EX	76
Résistance (Av. de la)	CV	78
Rhin (Av. du)	CV	79
St-Dizier (R.)	BCYZ	
St-Épvre (Pl.)	BY	82
St-Georges (R.)	CY	
St-Jean (R.)	BY	
St-Lambert (R.)	DV	84
St-Léon (R.)	AY	85
Source (R. de la)	AY	99
Stanislas (R.)	BY	100
Strasbourg (Av. de)	EX	102
Tomblaine (R. de)	EV	103
Trois-Maisons (R. du Fg des)	AX	104
Trouillet (R.)	AXY	105
Verdun (R. de)	DV	106
Victor-Hugo (R.)	DV	107
Visitation (R. de la)	BY	109
XXe-Corps (Av. du)	EV	110

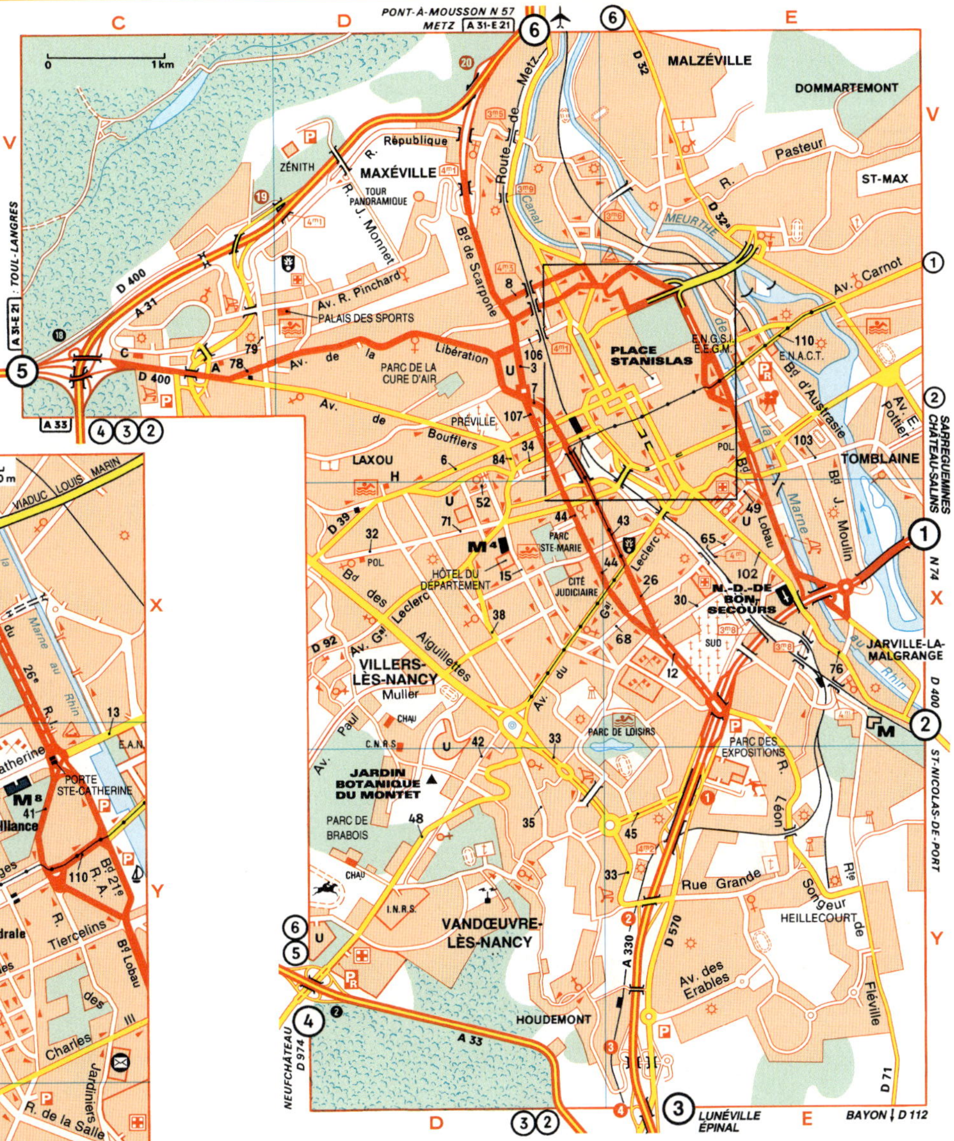

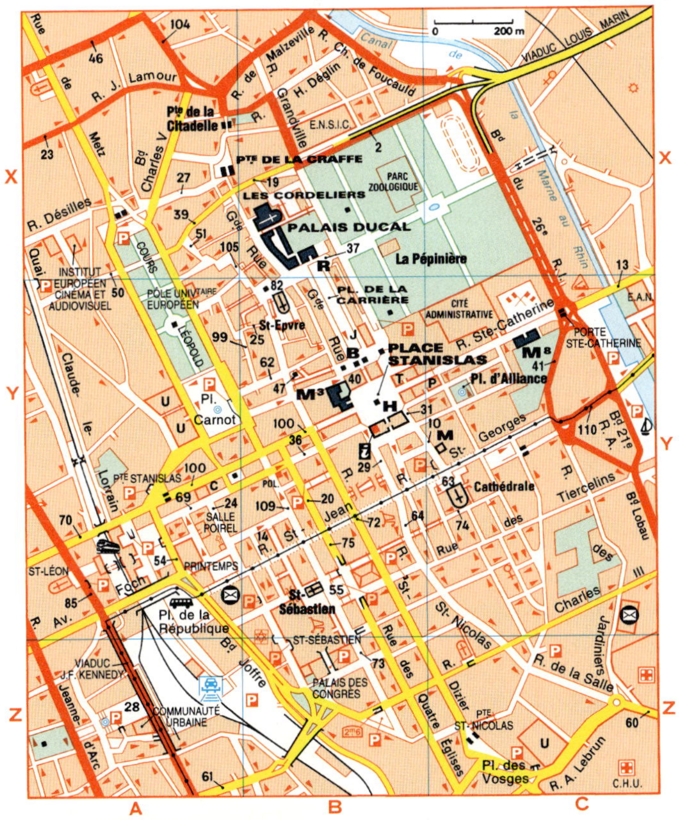

+ informations

Comité Départemental du Tourisme de Meurthe-et-Moselle
48, rue du Sergent Blandan BP 10065
54062 NANCY Cedex
☎ 03 83 94 51 90 – Fax 03 83 94 51 99
Email : tourisme54@wanadoo.fr
www.cdt-meurthe-et-moselle.fr

Office de Tourisme de Nancy
Place Stanislas BP 810 - 54000 NANCY
☎ 03 83 35 22 41 – Fax 03 83 35 90 10
Email : tourisme@ot-nancy.fr
www.ot-nancy.fr

Aéroport Metz-Nancy-Lorraine
Situation : 25 km au sud de Metz, 35km au nord de Nancy
Adresse : Route de Vigny BP 21 - 57420 GOIN
☎ 03 87 56 70 00 – Fax 03 87 56 70 54

Chambre Régionale de Commerce et d'Industrie de Lorraine
10 Viaduc J.F. Kennedy C.S. 4231 - 54042 NANCY Cedex
☎ 03 83 90 13 13 – Fax 03 83 28 88 33
www.lorraine.cci.fr

Chambre de Commerce et d'Industrie de Meurthe-et-Moselle
53 rue Stanislas C.S. 4226 - 54042 NANCY Cedex
☎ 03 83 85 54 54 – Fax 03 83 85 54 50
www.nancy.cci.fr

Nantes, agglomération *(Loire-Atlantique)*

p. 147

NANTES

- Aiguillon (Q. d') .... BX 2
- Anglais (Bd des) .... BV 4
- Beaujoire (Bd de la) .... CV 10
- Belges (Bd des) .... CV 12
- Bocquerel (Bd H.) .... CV 14
- Bouley Paty (Bd) .... BV 22
- Cassin (Bd R.) .... BV 34
- Chapelle-sur-Erdre (Rte) .... BV 39
- Cholet (Bd Bâtonnier) .... BX 42
- Churchill (Bd W.) .... BX 43
- Clemenceau (Pont G.) .... CX 45
- Coty (Bd R.) .... BX 55
- Courbet (Bd Amiral) .... CV 58
- Dalby (Bd E.) .... CV 61
- Dos-d'Ane (R.) .... CX 68
- Doulon (Bd de) .... CV 70
- Dreyfus (R. Commandant A.) .... CV 71
- Einstein (Bd A.) .... BV 75
- Fraternité (Bd de la) .... BX 84
- Gabory (Bd E.) .... CX 85
- Gaulle (Bd Gén.-de) .... CX 87
- Jean XXIII (Bd) .... BV 100
- Jouhaux (Bd L.) .... BX 102
- Juin (Bd Mar.) .... BX 103
- Koenig (Bd Gén.) .... BX 107
- Landreau (R. du) .... CV 108
- Le Lasseur (Bd) .... BV 112
- Lauriol (Bd G.) .... BV 110
- Liberté (Bd de la) .... BX 115
- Luther-King (Bd M.) .... CV 118
- Michelet (Bd) .... CV 127
- Mollet (Bd G.) .... CV 128
- Monod (Bd du Prof.-J.) .... CV 130
- Orieux (Bd E.) .... CV 133
- Petite Baratte (R.) .... CV 141
- Pirmil (Pont de) .... CX 145
- Poilus (Bd des) .... CV 147
- Roch (Bd Gustave) .... CX 160
- Romanet (Bd E.) .... BX 163
- St-Jacques (R.) .... CX 169
- St-Joseph (Rte de) .... CV 171
- St-Sébastien (Côte) .... CX 178
- Sarrebrück (Bd de) .... CX 184
- Say (R. L.) .... BV 186
- Stalingrad (Bd de) .... CX 190
- Tertre (Bd du) .... BX 193
- Tortière (Pont de la) .... CV 196
- Victor-Hugo (Bd) .... CX 201
- Viviani (R. René) .... CX 204

ORVAULT

- Ferrière (Av. de la) .... BV 80
- Goupil (Av. A.) .... BV 88
- Mendès-France (Bd) .... BV 124
- Rennes (Rte de) .... BV 156

REZÉ

- Gaulle (Bd Gén.-de) .... CX 87

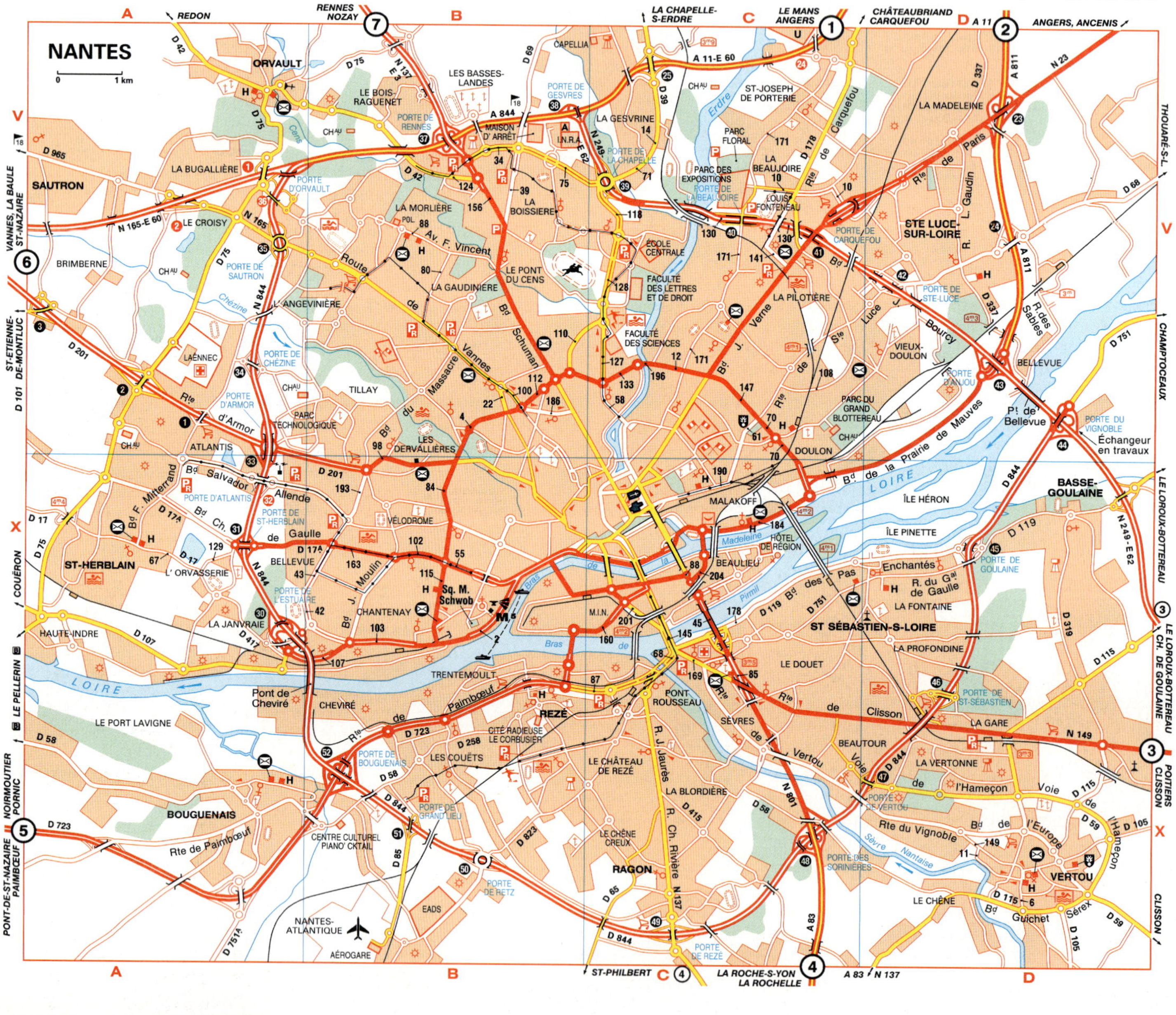

+ informations

Comité Régional du Tourisme des Pays de La Loire
BP 20411 - 44204 NANTES Cedex2
☎ 02 40 48 24 20 – Fax 02 40 48 07 10
Email : Tourisme@cr-pays-de-la-loire.fr
www.cr-pays-de-la-loire.fr et
www.enpaysdeloire.com

Comité Départemental du Tourisme de Loire-Atlantique
11, rue du château de l'Érandière
CS 40698
44006 NANTES Cedex 3
☎ 02 51 72 95 30 – Fax 02 40 20 44 54
Email : @loire-atlantique-tourisme.com
www.loire-atlantique-tourisme.com

Office de Tourisme de Nantes Métropole
7 rue de Valmy BP 64106 -
44041 NANTES Cedex 01
☎ 0 892 464 044 – Fax 02 40 89 11 99
Accueil du Public : (Feydeau) 3 cours Olivier de Clisson - (Cathédrale) 2 pl. Saint Pierre
Email : office@nantes-tourisme.com
www.nantes-tourisme.com

Nantes, centre

p. 147

Albert (R. du Roi)	GY	3
Anne-de-Bretagne (Pont)	FZ	5
Audibert (Pont Gén.)	HZ	7
Barillerie (R. de la)	GY	9
Belleville (R. de)	EZ	13
Boileau (R.)	GZ	15
Bossuet (R.)	GY	16
Boucherie (R. de la)	GY	18
Bouhier (Pl. R.)	EZ	19
Bouille (R. de)	GY	21
Bourse (Pl. de la)	GZ	24
Brasserie (R. de la)	EZ	25
Bretagne (Pl. de la)	GY	27
Briand (Pont A.)	HZ	28
Brunellière (R. Ch.)	FZ	30
Budapest (R. de)	GY	31
Calvaire (R. du)	FY	33
Ceineray (Quai)	GY	36
Change (Pl. du)	GY	37
Château (R. du)	GY	40
Clemenceau (R. G.)	HY	46
Clisson (Crs Olivier de)	GZ	48
Commerce (Pl. du)	GZ	49
Constant (Bd Clovis)	EY	51
Contrescarpe (R. de la)	GY	52
Copernic (R.)	FZ	54
Coulmiers (R. de)	HY	57
Crébillon (R.)	FGZ	60
Delorme (Pl.)	FY	63
Desgrées-du-Lou (R. du Col.)	EY	64
Distillerie (R. de la)	GY	66
Douet Garnier (R. du)	EY	69
Duchesse-Anne (Pl.)	HY	72
Duguay-Trouin (Allée)	GZ	73
Estienne-d'Orves (Crs d')	HZ	76
Favre (Quai F.)	HYZ	78
Feltre (R. de)	GY	79
Fosse (R. de la)	GZ	81
Frachon (Bd B.)	EZ	82
Guinaudeau (R.)	FZ	89
Haudaudine (Pont)	GZ	90
Hélie (R. F.)	FY	91
Henri IV (R.)	HY	93
Hermitage (R. de l')	EZ	94
Herriot (R. É.)	GY	95
Hôtel-de-Ville (R. de l')	GY	96
Ile Gloriette (Allée de l')	GZ	97
Juiverie (R. de la)	GY	104
J.-J. Rousseau (R.)	FGZ	99
Kennedy (Cours J.-F.)	HY	105
Kervégan (R.)	GZ	106
Lattre-de-Tassigny (R. Mar.-de)	FGZ	109
Leclerc (R. Mar.)	GY	114
Littré (R.)	EY	117
Marne (R. de la)	GY	120
Martyrs-Nantais-de-la-Résist. (Bd)	HZ	121
Mathelin-Rodier (R.)	HY	122
Mazagran (R.)	FZ	123
Mercœur (R.)	FGY	125
Merson (Bd L.-O.)	EY	126
Motte Rouge (Q. de la)	GY	131
Nations-Unies (Bd des)	GZ	132
Orléans (R. d')	GZ	135
Painlevé (R. Paul)	EY	136
Paix (R. de la)	GZ	138
Pelleterie (R. de la)	EFY	139
Petite-Hollande (Pl.)	GZ	142
Pilori (Pl. du)	GY	144
Poitou (R. du)	FY	148
Pommeraye (Pas.)	GZ	150
Porte-Neuve (R.)	FGY	151
Racine (R.)	FZ	
Raspail (R.)	EYZ	152
Refoulais (R. L. de la)	HY	153
Reine Margot (Allée de la)	HY	154
République (Pl. de la)	GZ	157
Riom (R. Alfred)	EZ	159
Rollin (R.)	EZ	162
Roosevelt (Crs F.)	GZ	165
Rosière d'Artois (R.)	FZ	166
Royale (Pl.)	GZ	
Ste-Croix (R.)	GY	179
St-André (Cours)	HY	168
St-Mihiel (Pont)	GY	172
St-Pierre (Cours)	HY	174
St-Pierre (Pl.)	GY	175
St-Rogatien (R.)	HY	177
Salengro (Pl. R.)	GY	180
Sanitat (Pl. du)	FZ	181
Santeuil (R.)	GY	183
Scribe (R.)	FZ	187
Sibille (R. M.)	FZ	188
Simon (R. Jules)	EY	189
Talensac (R.)	GY	192
Thomas (Bd A.)	EY	195
Verdun (R. de)	GY	199
Villebois-Mareuil (R.)	FY	202
Voltaire (R.)	FZ	205
Waldeck-Rousseau (Pl.)	GHY	207
50-Otages (Crs des)	GYZ	208

Aéroport International Nantes-Atlantique
Situation : 10 km au sud-ouest de Nantes
Adresse : 44346 BOUGUENAIS Cedex
☎ 02 40 84 80 00 – Fax 02 40 84 82 11
www.nantes.aeroport.fr

Chambre Régionale de Commerce et d'Industrie des Pays de la Loire
16 quai Ernest Renaud Centre des Salorges
BP 70515 - 44105 NANTES Cedex 4
☎ 02 40 44 63 00 –
Fax 02 40 44 63 20
www.paysdelaloire.cci.fr

Chambre de Commerce et d'Industrie de Nantes
16 quai Ernest Renaud Centre des Salorges
BP 90517 - 44105 NANTES Cedex 4
☎ 02 40 44 60 60 – Fax 02 40 44 60 90
www.nantes.cci.fr

Nevers (Nièvre)

p. 174

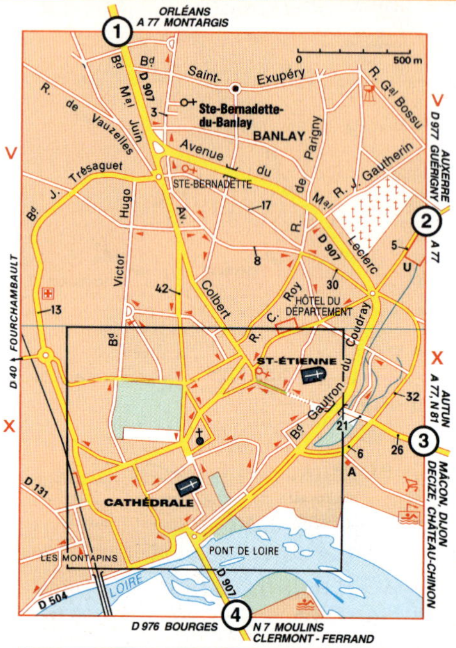

NEVERS

Ardilliers (R. des)	Y	2
Banlay (R. du)	V	3
Barre (R. de la)	Y	4
Bourgeois (R. Mlle)	V	5
Champ-de-Foire (R. du)	Z	6
Charnier (R. du)	Y	7
Chauvelles (R. des)	V	8
Cloître-St-Cyr (R. du)	Z	9
Colbert (Av.)	Y	10
Coquille (Pl. G.)	Y	12
Docks (R. des)	V	13
Fer (R. du)	Y	47
Fonmorigny (R.)	Y	48
Francs-Bourgeois (R. des)	Y	14
Gaulle (Av. Gén.-de)	YZ	
Gautron-du-Coudray (Bd)	Y	15
Jacobins (R. des)	Z	16
Lattre-de-Tassigny (Bd Mar.-de)	V	17
Mancini (Pl.)	Y	50
Mantoue (Quai de)	Z	18
Marceau (Av.)	Y	19
Midi (R. du)	Z	20
Mirangron (R.)	Y	49
Mitterrand (R. F.)	YZ	
Nièvre (R. de)	Y	21
Ouches (R. des)	YZ	22
Pelleterie (R. de la)	Y	24
Petit-Mouësse (R. du)	X	26
Porte-du-Croux (R. de la)	Z	51
Préfecture (R. de la)	Y	27
Récollets (R. des)	Z	52
Remigny (R. de)	Y	28
Renardats (R. des)	V	30
République (Bd de la)	X	32
République (Pl. de la)	Z	34
Roy (R. C.)	Y	36
St-Martin (R.)	Y	38
St-Sébastien (Pl.)	Y	39
Tillier (R. C.)	Z	40
Vaillant-Couturier (R. Paul)	V	42
14-Juillet (R. du)	Z	45

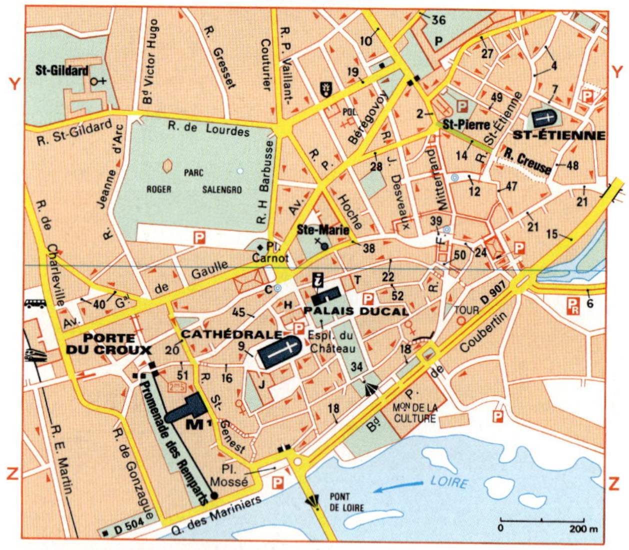

Nîmes (Gard)

p. 303

NÎMES

Arènes (Bd des)	CV	2
Aspic (R. de l')	CUV	
Auguste (R.)	CU	4
Bernis (R. de)	CV	6
Chapitre (R. du)	CU	12
Courbet (Bd Amiral)	DUV	14
Crémieux (R.)	DU	16
Curaterie (R.)	DU	17
Daudet (Bd Alphonse)	CU	18
Fontaine (Quai de la)	CU	20
Gambetta (Bd)	CDU	
Grand'Rue	DU	24
Guizot (R.)	CU	26
Halles (R. des)	CU	27
Horloge (R. de l')	CU	28
Libération (Bd de la)	DV	30
Madeleine (R. de la)	CU	32
Maison Carrée (Pl. de la)	CU	33
Marchands (R. des)	CU	35
Nationale (R.)	CDU	
Perrier (R. Gén.)	CU	
Prague (Bd de)	DV	42
République (R. de la)	CV	43
Saintenac (Bd E.)	DU	45
Victor-Hugo (Bd)	CUV	
Violettes (R.)	CV	49

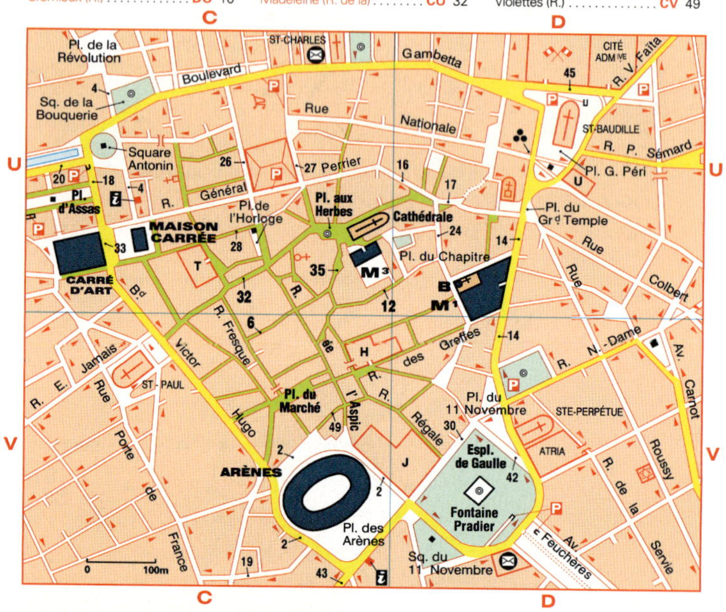

+ informations

Comité Départemental du Tourisme du Gard
3, place des Arènes BP 122 - 30010 NIMES Cedex 04
☎ 04 66 36 96 30 – Fax 04 66 36 13 14
Email : contact@cdt-gard.fr
www.cdt-gard.fr

Office de Tourisme de Nîmes
6, rue Auguste, 30020 NIMES Cedex 1
☎ 04 66 58 38 00 – Fax 04 66 58 38 01
Email : info@ot-nimes.fr
www.ot-nimes.fr

Aéroport International Nîmes-Arles-Camargue
Situation : 12 km au sud de Nîmes
Adresse : 30800 SAINT-GILLES
☎ 04 66 70 49 49 – Fax 04 66 70 91 20

Chambre de Commerce et d'Industrie de Nîmes
12 rue de la République - 30032 NIMES Cedex 1
☎ 04 66 87 98 79 – Fax 04 66 36 61 00
www.nimes.cci.fr

+ informations

Comité Départemental du Tourisme de la Nièvre
2, av. St-Just - BP 10318 -
58003 NEVERS cedex
☎ 03 86 36 39 80 – Fax 03 86 36 36 63
Email : info@nievre-tourisme.com
www.nievre-tourisme.com

Office de Tourisme de Nevers et sa Région
Palais Ducal - Rue Sabatier - BP 818 -
58008 NEVERS Cedex
☎ 03 86 68 46 00 – Fax 03 86 68 45 98
Email : contact@nevers-tourisme.com
www.nevers-tourisme.com

Aéroport Nevers–Fourchambault
Situation : 4 km à l'ouest de Nevers
Adresse : Route de Fourchambault,
58180 NEVERS
☎ 03 86 57 03 92 – Fax 03 86 57 98 97
www.nievre.cci.fr/aeroport

Chambre de Commerce et d'Industrie de la Nièvre
Place Carnot BP 438 -
58004 NEVERS Cedex
☎ 03 86 60 61 01 – Fax 03 86 60 61 39
www.nievre.cci.fr

Nice *(Alpes-Maritimes)*

p. 309

NICE

Alberti (R.) . . . . GHY 2
Alsace-Lorraine (Jardin d') . . . . EZ 3
Armée-du-Rhin (Pl. de l') . . . . JX 5
Auriol (Pont V.) . . . . JV 7
Bellanda (Av.) . . . . HV 10
Berlioz (R.) . . . . FY 12
Bonaparte (R.) . . . . JY 13
Carnot (Bd) . . . . JZ 15
Desambrois (Av.) . . . . . GHX 18
Diables-Bleus (Av. des) . . . . JX 19
Europe (Parvis de l') . . . . . JX 21
Félix-Faure (Av.) . . . . GZ 22
France (R. de) . . . . DFZ
Gallieni (Av.) . . . . HJX 24
Gambetta (Bd) . . . . EXZ
Gautier (Pl. P.) . . . . HZ 25
Gioffredo (R.) . . . . HY
Hôtel-des-Postes (R. de l') . . . . HY 30
Ile-de-Beauté (Pl.) . . . . JZ 31
Jean-Jaurès (Bd) . . . . . . HYZ 32
Liberté (R. de la) . . . . GZ 35
Lunel (Quai) . . . . JZ 37
Masséna (Pl. et Espace) . . . . GZ
Masséna (R.) . . . . FGZ 43
Médecin (Av. J.) . . . . FGY 44
Meyerbeer (R.) . . . . FZ 45
Monastère (Av. Pl.) . . . . . HV 46
Moulin (Pl. J.) . . . . HY 47
Paradis (R.) . . . . GZ 55
Passy (R. F.) . . . . EY 57
Pastorelli (R.) . . . . GY 58
Phocéens (Av. des) . . . . . GZ 59
Ray (Av. du) . . . . FV 63
République (Av. de la) . . JXY 64
Rivoli (R. de) . . . . FZ 65
St-François-de-Paule (R.) . . . . GHZ 72
St-Jean-Baptiste (Av.) . . . . HY 73
Saleya (Cours) . . . . HZ 82
Sauvan (R. H.) . . . . EZ 84
Verdun (Av. de) . . . . FGZ 89
Walesa (Bd Lech) . . . . . . JYZ 91
Wilson (Pl.) . . . . HY 92

+ informations

Comité Régional du Tourisme Riviera Côte d'Azur
55 Promenade des Anglais - BP 1602 - 06011 NICE Cedex 1
☎ 04 93 37 78 78 – Fax 04 93 86 01 06
Email : info@guideriviera.com
www.guideriviera.com

Office de Tourisme et des Congrès de Nice
5 promenade des Anglais - BP 4079, 06302 NICE Cedex 04 - ☎ 08 92 70 74 07
Email : info@nicetourisme.com
www.nicetourisme.com

Aéroport de Nice-Côte d'Azur
Situation : 6 km à l'ouest de Nice
Adresse : 6281 NICE Cedex 3
☎ 0820 423 333 – Fax 04 89 98 51 35
Email : nice.aeroport@cote-a.cci.fr
www.nice.aeroport.fr

Chambre de Commerce et d'Industrie de Nice-Côte d'Azur
20 boulevard Carabacel BP 1259 - 06005 NICE Cedex 1
☎ 0 820 422 222 – Fax 04 93 13 73 99
www.ccinice-cote-azur.com

Orléans *(Loiret)*

p. 133

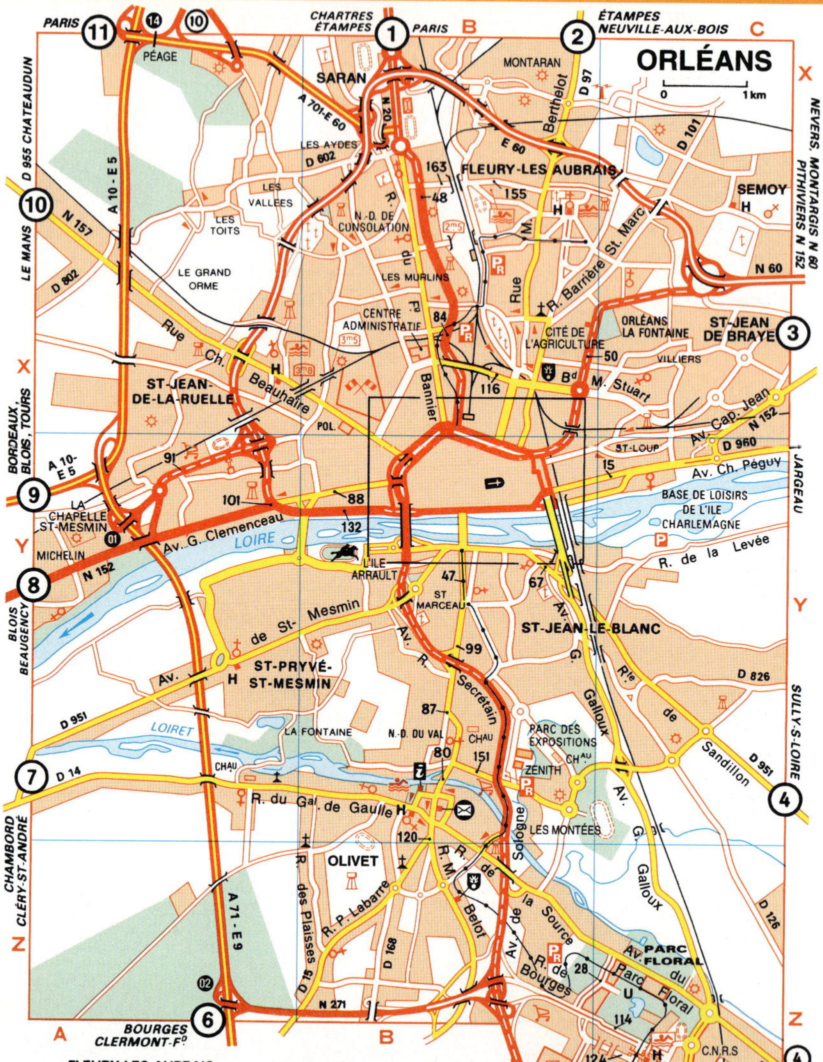

FLEURY-LES-AUBRAIS
Dessaux (R. André) .... BX 48
Verdun (R. de) .... BX 155
11-Octobre (R. du) .... BX 163

LA SOURCE
Bolière (Av. de la) .... CZ 10
Chateaubriand (R.) .... CZ 26
Châteauroux (R. de) .... BCZ 28
Concyr (Av. de) .... CZ 40
George-Sand (R.) .... CZ 69
Hôpital (Av. de l') .... BZ 71
Montesquieu (Av.) .... CZ 93
Prés.-Kennedy (Av.) .... CZ 114
Recherche Scientifique (Av. de la) .... CZ 119
Romain-Rolland (R.) .... CZ 124

OLIVET
Leclerc (Pont Mar.) .... BY 80
Loiret (Av. du) .... BY 87
République (Pl.) .... BY 120
Verdun (Av. de) .... BY 151

ORLÉANS
Bourgogne (R. Fg-de) .... CY 15
Dauphine (Av.) .... BY 47
Droits-de-l'Homme (Av. des) .... BCX 50
Libération (Av. de la) .... BX 84
Madeleine (R. fg) .... BY 88
Olivet (Rte d') .... BY 99
Québec (Bd de) .... BX 116
St-Laurent (Quai) .... ABY 132

ST-JEAN-DE-LA-RUELLE
Mendès-France (Av. P.) .... AY 91
Paul-Bert (Pl.) .... AY 101

ST-JEAN-LE-BLANC
Gaulle (R. du Gén.-de) .... BY 67

+ informations

Comité Régional du Tourisme de la région Centre
37 avenue de Paris, 45000 ORLEANS
☎ 02 38 79 95 28 – Fax 02 38 79 95 10
E-mail : crtl.centre@crtlcentre.com pour les demandes de documentation - tourisme.centre@crtlcentre.com pour tout autre contact
www.visaloire.com

Comité Départemental du Tourisme du Loiret
8, rue d'Escures, 45000 ORLEANS
☎ 02 38 78 04 04 – Fax 02 38 77 04 12
Email : info@tourismeloiret.com
www.tourismeloiret.com

Office de Tourisme d'Orléans
2, palce de l'Étape - BP 95632 - 45000 ORLEANS
☎ 02 38 24 05 05 – Fax 02 38 54 49 84
Email : infos@tourisme-orleans.com
www.tourisme-orléans.com

Chambre Régionale de Commerce et d'Industrie du Centre
45926 ORLEANS Cedex 9
☎ 02 38 25 25 25 – Fax 02 38 43 00 39
www.centre.cci.fr

Chambre de Commerce et d'Industrie du Loiret
23 place du Martroi, 45044 ORLEANS Cedex 01
☎ 02 38 77 77 62 – Fax 02 38 53 09 78
www.loiret.cci.fr

Orléans, centre

p. 133

ORLÉANS

Antigna (R.)	DY	4
Bannier (R.)	DY	
Bothereau (R. R.)	FY	14
Bourgogne (Fg de)	FZ	15
Bourgogne (R. de)	EFZ	
Brésil (R. du)	FY	16
Bretonnerie (R. de la)	DEY	17
Briand (Bd A.)	FY	19
Champ-de-Mars (Av.)	DZ	25
Charpenterie (R. de la)	EZ	34
Châtelet (Square du)	EZ	32
Chollet (R. Théophile)	EY	36
Claye (R. de la)	FY	38
Coligny (R.)	FZ	39
Croix-de-la-Pucelle (R.)	EZ	43
Dauphine (Av.)	EZ	47
Dolet (R. Étienne)	EZ	49
Ducerceau (R.)	EZ	51
Dupanloup (R.)	EFY	53
Escures (R. d')	EY	55
Étape (Pl. de l')	EY	56
Ételon (R. de l')	FY	57
Folie (R. de la)	FZ	58
Fort-des-Tourelles (Q.)	EZ	60
Gaulle (Pl. du Gén.-de)	DZ	65
Hallebarde (R. de la)	DY	70
Hôtelleries (R. des)	EZ	71
Jeanne d'Arc (R.)	EY	
Lin (R. au)	EZ	81
Loire (Pl. de la)	EZ	85
Madeleine (R. Fg)	DZ	88
Manufacture (R. de la)	FY	89
Motte-Sanguin (Bd de la)	FZ	95
N.-D.-de-Recouvrance (R.)	DZ	97
Oriflamme (R. de l')	FZ	98
Parisie (R.)	EZ	100
Poirier (R. du)	EZ	106
Pothier (R.)	EZ	112
Prague (Quai)	DZ	113
Pressoir (R. du)	FY	115
Pte-Madeleine (R.)	DY	108
Pte-St-Jean (R.)	DY	109
Rabier (R. F.)	EY	117
République (Pl.)	EZ	121
République (R. de la)	EY	
Roquet (R.)	EZ	124
Royale (R.)	EZ	125
Ste-Catherine (R.)	EZ	135
Ste-Croix (Pl.)	EYZ	139
St-Euverte (Bd)	FYZ	126
St-Euverte (R.)	FY	127
Secrétain (Av. R.)	DZ	140
Segellé (Bd P.)	FY	141
Tabour (R. du)	EZ	145
Tour Neuve (R. de la)	FZ	147
Verdun (Bd de)	DY	152
Vieux-Marché (Pl.)	DZ	159
Weiss (R. L.)	FY	160
6-Juin 1944 (Pl. du)	FY	162

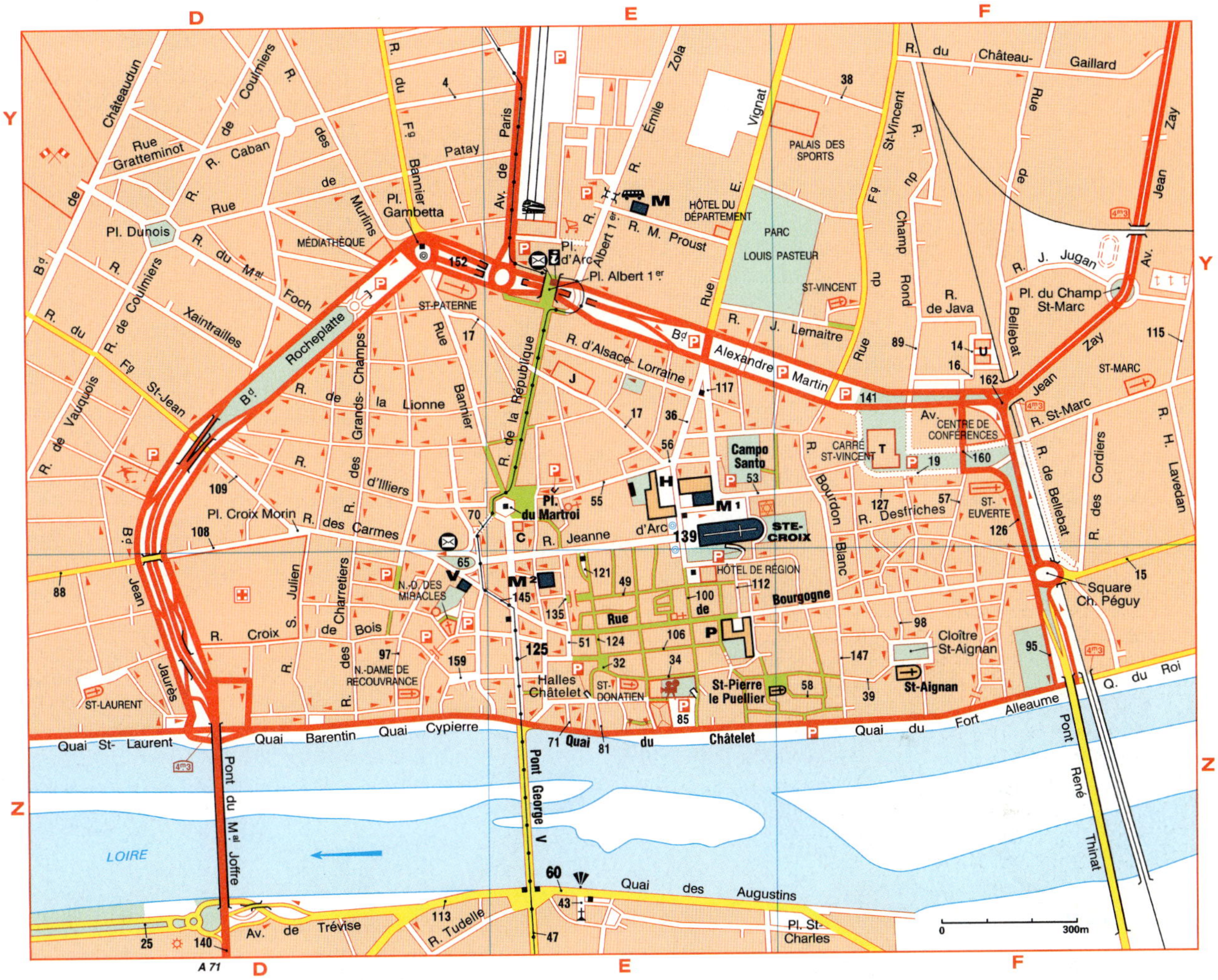

Paris, banlieue

1/110 000 -1cm = 1,1km

39
59
Gascourt
Bellefontaine
Fosses
le Plateau
Plailly
St Witz
Montmélian
Beaumarchais
Guincourt
Belloy-en-France
Lassy
le Plessis-Luzarches
Épinay-Champlâtreux
Jagny-s/s-Bois
Marly-la-Ville
Val Montmélian
Villiers-le Sec
Mareil-en-France
Vémars
Moussy-le-Neuf
Dammartin-en-Goële
Châtenay-en-France
Puiseux-en-France
Villeron
Fontenay-en-Parisis
Chennevières-lès-Louvres
Choisy-aux-Bœufs
Longperrier
le Mesnil-Aubry
Moussy-le-Vieux
Louvres
le Plessis-Gassot
Mauregard
Villeneuve-s/s-Dammartin
Ézanville
Épiais-lès-Louvres
Bouqueval
Goussainville
le Mesnil-Amelot
Écouen
AÉROGARE 1
AÉROGARE T3
AÉROGARE 2
Travaux en cours
Aéroport de Paris-Charles de Gaulle
Villiers-le-Bel
le Thillay
Roissy-en-France
Vaudherland
Sarcelles
Gonesse
Mitry-Mory
Tremblay-Vieux-Pays
Arnouville-lès-Gonesse
la Patte d'Oie de Gonesse
Bonneuil-en-France
Garges-lès-Gonesse
PARIS-NORD II
PARC DES EXPOSITIONS DE PARIS-NORD-VILLEPINTE
Villepinte
les Acacias
Pierrefitte
AÉROPORT DE PARIS-LE BOURGET
Tremblay-en-France
la Villette-aux-Aulnes
Mitry-le-Neuf
INTERCONNEXION T.G.V.
Stains
Dugny
MUSÉE DE L'AIR
Sevran
Villeparisis
ST DENIS
le Blanc-Mesnil
Aulnay-s/s-Bois
le Vert-Galant
Canal de l'Ourcq
le Bourget
Parc de la Poudrerie
Vaujours
Courtry
le Bois Fleuri
la Courneuve
Drancy
Freinville
Livry-Gargan
CENTRE D'ÉTUDES NUCLÉAIRES
le Pin
Villevaudé
Aubervilliers
Coubron
Forêt de Bondy
Clichy-s/s-B.
les Coudreaux
BOBIGNY
Bondy
les Pavillons-s/s-Bois
Montfermeil
Chantereine
Pantin
le Raincy
la Pomponnette
Brou-s-Chantereine
Noisy-le-Sec
Romainville
Villemomble
Gagny
Chelles
les Lilas
Rosny-s/s-B.
Neuilly-Plaisance
Vaires-s-M.
Bagnolet
BASE DE LOISIRS
Montreuil
Gournay-s-Marne
Champs-s-Marne
Torcy
Vincennes
Fontenay-s/s-Bois
Neuilly-s-M.
Noisiel
Noisy-le-Grd
VAL MAUBUÉE
Nogent-s-M.
le Perreux-s-M.
Bry-s-M.
St Mandé
Bois de Vincennes
MARNE
LA
Lognes
Charenton
Joinville-le-Pont
Villiers-s-M.
Malnoue
Croissy-Beaubourg
RÉPUBLIQUE
BASTILLE
NATION
Pte de Bagnolet
Pte de Montreuil
Pte de Vincennes
Pte des Lilas
Pte Dorée
Pte de Charenton
Pte de Choisy

Paris, banlieue

1/110 000 -1cm = 1,1km

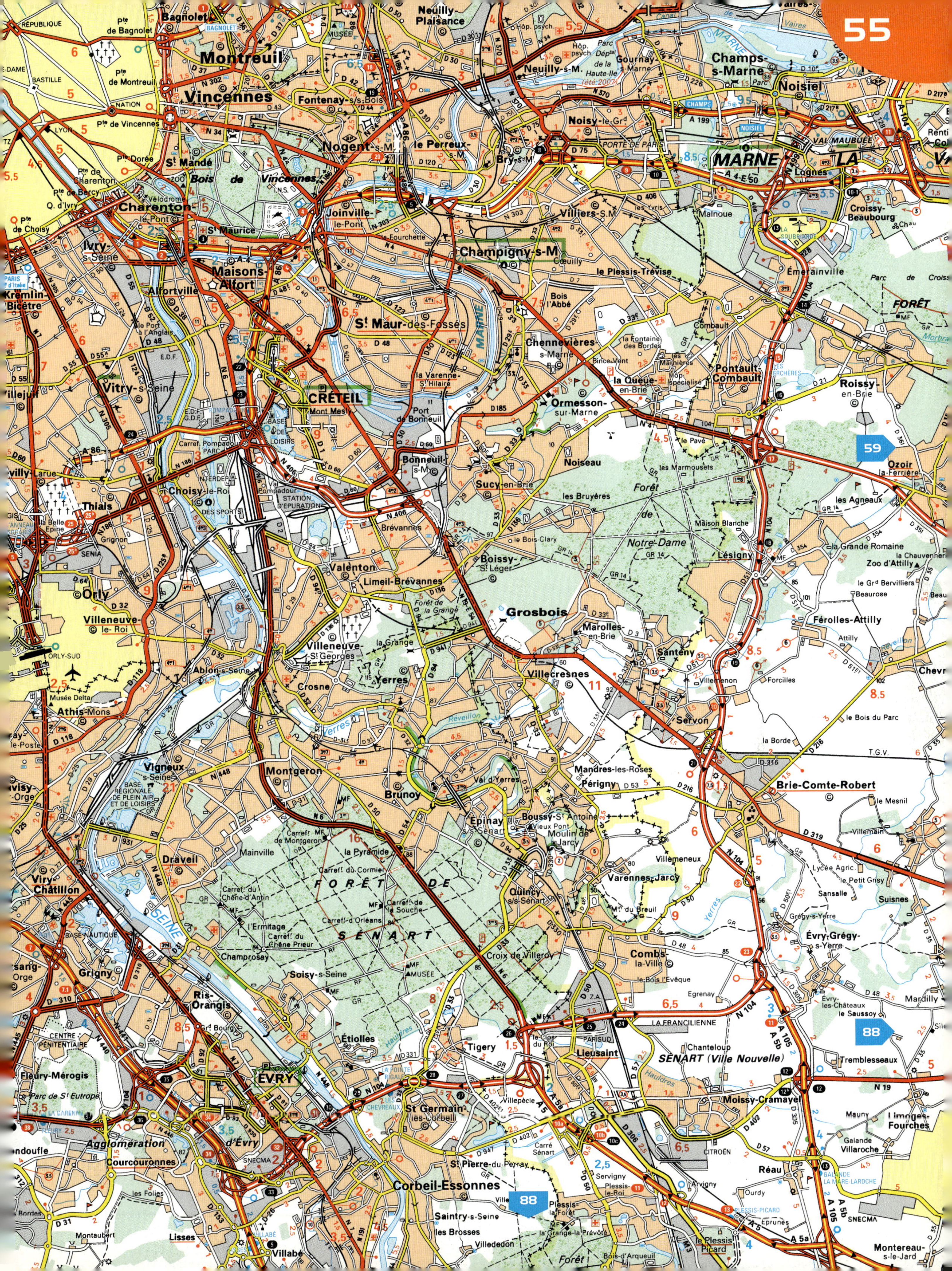
Bagnolet
Montreuil
Vincennes
Neuilly-Plaisance
Neuilly-s-M.
Fontenay-s/s-Bois
Gournay-s-Marne
Champs-s-Marne
Noisiel
Noisy-le-Gd
Nogent-s-M.
le Perreux-s-M.
Bry-s-M.
St Mandé
Bois de Vincennes
Charenton-le-Pont
Joinville-le-Pont
Villiers-s-M.
Croissy-Beaubourg
Lognes
Ivry-s-Seine
St Maurice
Maisons-Alfort
Champigny-s-M
Alfortville
le Plessis-Trévise
Émerainville
St Maur-des-Fossés
Kremlin-Bicêtre
Chennevières-s-Marne
Pontault-Combault
Vitry-s-Seine
La Queue-en-Brie
Roissy-en-Brie
CRÉTEIL
Ormesson-sur-Marne
Bonneuil-s-M.
Noiseau
Ozoir-la-Ferrière
Sucy-en-Brie
Forêt de Notre-Dame
Thiais
Choisy-le-Roi
Brévannes
Lésigny
Boissy-St-Léger
Valenton
Limeil-Brévannes
Orly
Grosbois
Villeneuve-le-Roi
Marolles-en-Brie
Férolles-Attilly
Santeny
Villeneuve-St-Georges
Yerres
Crosne
Athis-Mons
Villecresnes
Servon
Vigneux-s-Seine
Montgeron
Mandres-les-Roses
Périgny
Brie-Comte-Robert
Brunoy
Épinay s-Sénart
Boussy-St Antoine
Draveil
Viry-Châtillon
Quincy-s-Sénart
Varennes-Jarcy
FORÊT DE SÉNART
Évry-Grégy-s-Yerre
Combs-la-Ville
Grigny
Soisy-s-Seine
Ris-Orangis
Étiolles
Tigery
Lieusaint
SÉNART (Ville Nouvelle)
Moissy-Cramayel
Fleury-Mérogis
ÉVRY
St Germain-lès-Corbeil
Agglomération d'Évry
Courcouronnes
St Pierre-du-Perray
Corbeil-Essonnes
Saintry-s-Seine
Réau
Lisses
Villabé
Montereau-s-le-Jard
59
88

Paris

COURBEVOIE
LA DÉFENSE
PUTEAUX
NEUILLY-S-SEINE
LEVALLOIS-PERRET
CLICHY
SEINE
Ile de la Jatte
Ile de Puteaux
BOIS DE BOULOGNE
PORTE DE CLICHY
PORTE DE ST-OUEN
PORTE POUCHET
PORTE D'ASNIÈRES
PORTE DE CHAMPERRET
PORTE DE COURCELLES
PORTE DE VILLIERS
PORTE DES TERNES
PORTE MAILLOT
PORTE DES SABLONS
PORTE DE NEUILLY
PORTE ST-JAMES
PORTE DE LA SEINE
PORTE DE BAGATELLE
PORTE DE MADRID
PORTE DAUPHINE
PORTE DE LA MUETTE
PORTE DE PASSY
PORTE D'AUTEUIL
PORTE MOLITOR
PORTE DE ST-CLOUD
PORTE DU POINT DU JOUR
QUAI D'ISSY
PORTE DE SÈVRES
PORTE D'ISSY LES MOULINEAUX
PORTE DE VERSAILLES
PARIS EXPO
PORTE DE LA PLAINE
PORTE DE PLAISANCE
PORTE BRANCION
PORTE DE VANVES
PORTE DIDOT
PORTE DE CHÂTILLON
PORTE DE MONTROUGE
PORTE D'ORLÉANS
BOULEVARD PÉRIPHÉRIQUE
17E
16E
8E
7E
15E
BATIGNOLLES
TERNES
PARC MONCEAU
PALAIS DES CONGRÈS
ARC DE TRIOMPHE
ÉTOILE
GARE ST-LAZARE
STE-MARIE-MADELEINE
GRAND PALAIS
PETIT PALAIS
OBÉLISQUE
JARDIN DES TUILERIES
ASSEMBLÉE NATIONALE
MUSÉE D'ORSAY
PALAIS DE TOKYO
PALAIS DE CHAILLOT
TROCADÉRO
LA MUETTE
PASSY
TOUR EIFFEL
CHAMP DE MARS
HÔTEL DES INVALIDES
ÉCOLE MILITAIRE
MAISON DE RADIO-FRANCE
AUTEUIL
ROLAND GARROS
PARC DES PRINCES
BEAUGRENELLE
VAUGIRARD
GARE MONTPARNASSE
TOUR
MONTPARNASSE
DENFER ROCHEREAU
ALÉSIA
BOULOGNE-BILLANCOURT
Ile St-Germain
Ile de Billancourt
VANVES
ISSY-LES-MOULINEAUX
MALAKOFF
MONTROUGE
CAEN ROUEN
A 14
A13
Av. Charles de Gaulle
Av. de la Grande Armée
Av. des Champs Élysées
Av. Foch
Av. Kléber
Av. du Prés' Kennedy
Av. de New York
Q. d'Orsay
Bd St Germain
Bd du Montparnasse
R. de Vaugirard
R. de la Convention
Av. de Versailles
Bd Murat
Bd Suchet
Bd Lannes
0
1 km

Paris

ST-OUEN
ST-DENIS
AUBERVILLIERS
PANTIN
LE PRÉ-ST-GERVAIS
LES LILAS
BAGNOLET
MONTREUIL
ST-MANDÉ
CHARENTON-LE-PONT
IVRY-S-SEINE
LE KREMLIN-BICÊTRE
GENTILLY
BOIS DE VINCENNES
LILLE
LYON
METZ NANCY
PORTE DE CLIGNANCOURT
PORTE DES POISSONNIERS
PORTE DE LA CHAPELLE
PORTE D'AUBERVILLIERS
PORTE DE LA VILLETTE
PORTE DE PANTIN
PORTE DE CHAUMONT
PORTE BRUNET
PORTE DU PRÉ ST GERVAIS
PORTE DES LILAS
PORTE DE MÉNILMONTANT
PORTE DE BAGNOLET
PORTE DE MONTREUIL
PORTE DE VINCENNES
PORTE DE ST-MANDÉ
PORTE DE MONTEMPOIVRE
PORTE DE REUILLY
PORTE DORÉE
PORTE DE CHARENTON
PORTE DE BERCY
QUAI D'IVRY
PORTE DE VITRY
PORTE D'IVRY
PORTE DE CHOISY
PORTE D'ITALIE
POTERNE DES PEUPLIERS
PORTE DE GENTILLY
PORTE D'ARCUEIL
BOULEVARD PÉRIPHÉRIQUE
MONTMARTRE
SACRÉ-CŒUR
PIGALLE
GARE DU NORD
GARE DE L'EST
CITÉ DES SCIENCES ET DE L'INDUSTRIE
PARC DE LA VILLETTE
ZENITH
GRANDE HALLE
Canal de l'Ourcq
Bassin de la Villette
Canal St-Martin
BUTTES CHAUMONT
BELLEVILLE
MÉNILMONTANT
PÈRE LACHAISE
CHARONNE
RÉPUBLIQUE
BOURSE
SENTIER
LES HALLES
FORUM
BEAUBOURG
CENTRE POMPIDOU
MUSÉE DU LOUVRE
CHÂTELET
CONCIERGERIE
NOTRE-DAME
HÔTEL DE VILLE
BASTILLE
OPÉRA BASTILLE
NATION
GARE DE LYON
QUARTIER LATIN
PANTHÉON
JARDIN DES PLANTES
MUSEUM
GARE D'AUSTERLITZ
PALAIS OMNISPORT
BERCY
B. N. F. F. MITTERRAND
ITALIE
STADE CHARLÉTY
SEINE
MARNE
18E
19E
9E
10E
2E
3E
1ER
4E
11E
20E
6E
5E
12E
13E

Aéroports de Paris

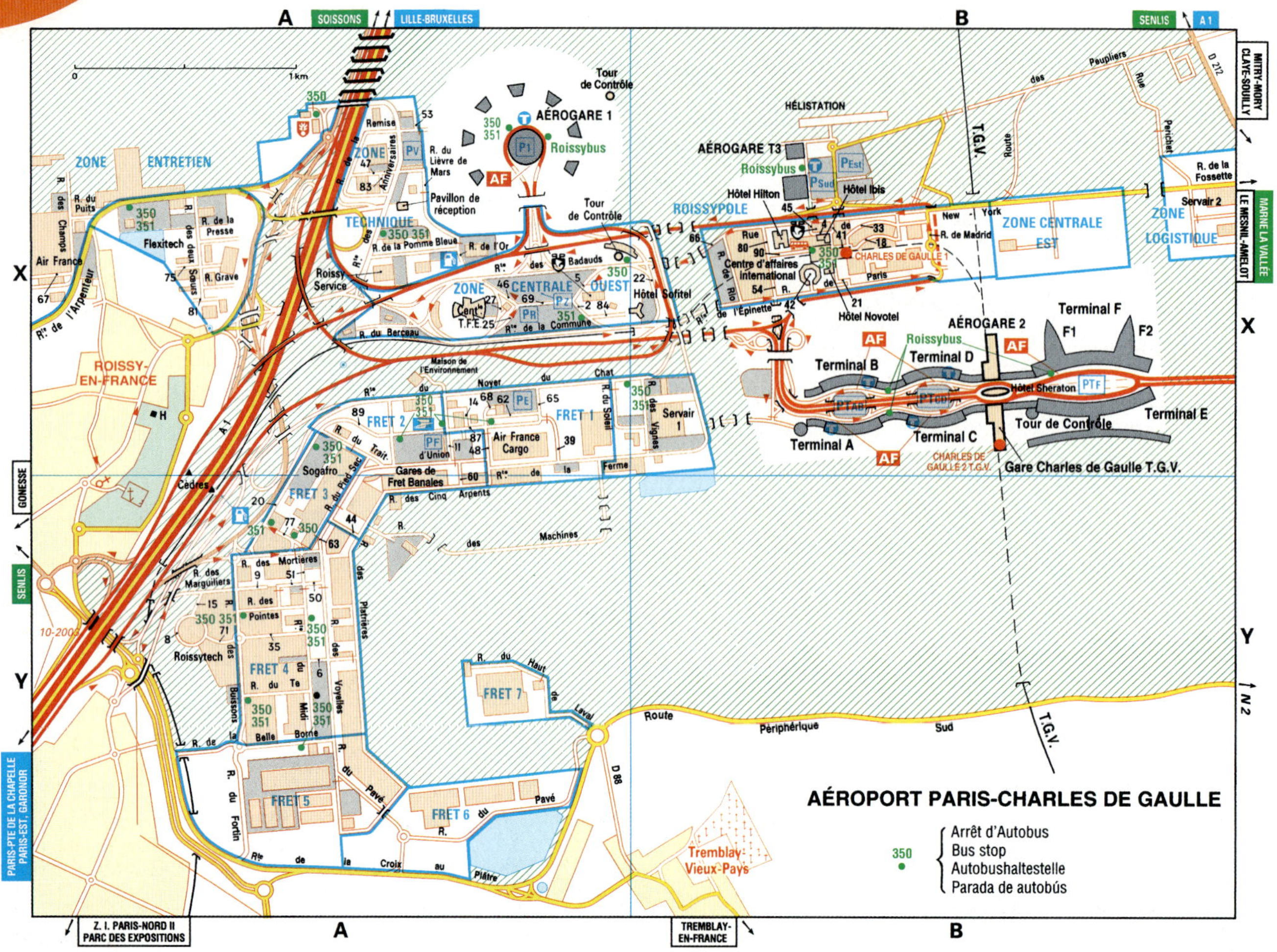

Aéroport de PARIS-ORLY

Parcs des Expositions

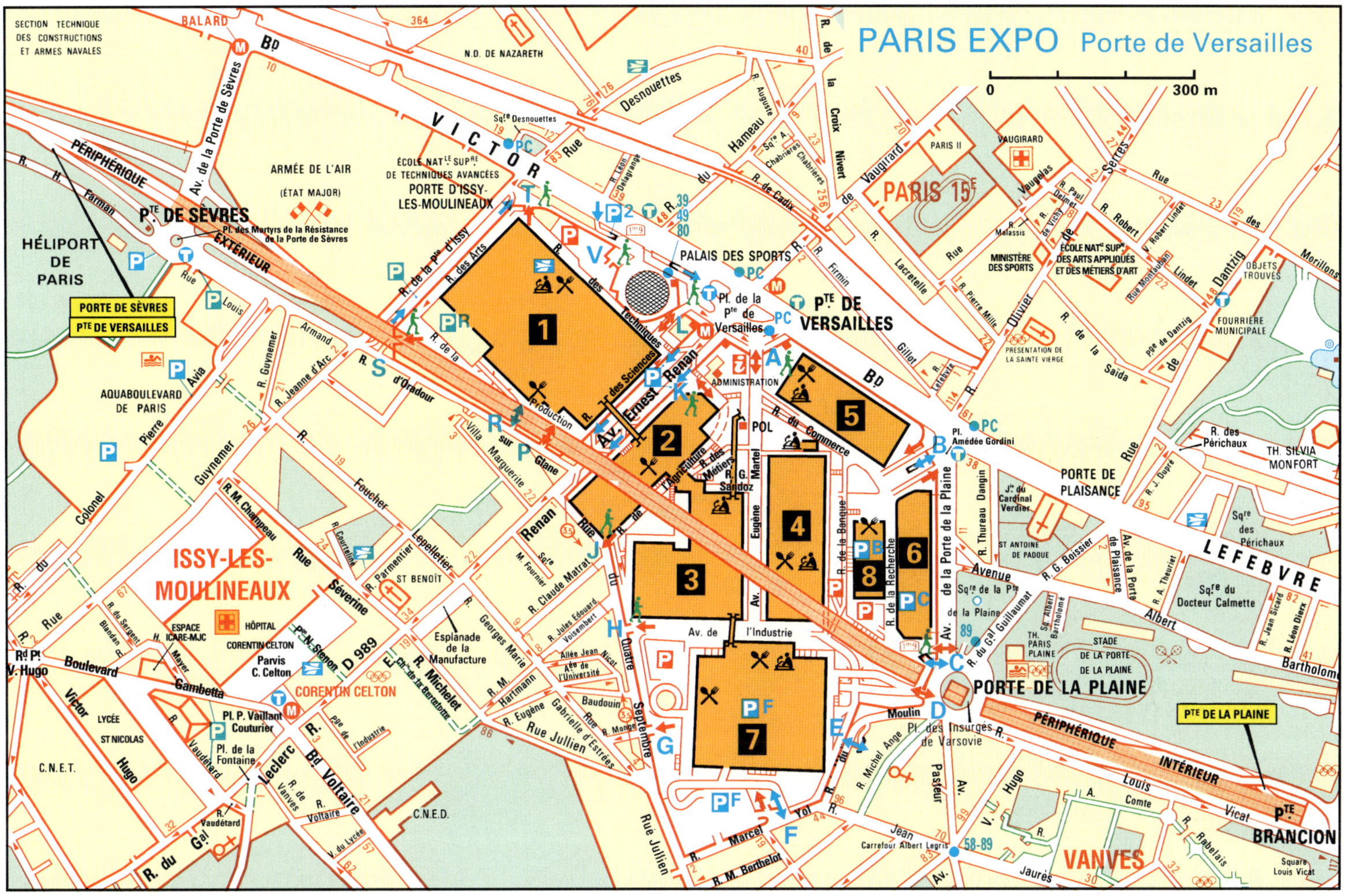

Paris : + informations

Office du Tourisme et des Congrès de Paris
25 rue des Pyramides, 75001 PARIS
☎ 08 92 68 31 12 – Fax 01 49 52 53 00
@ *www.parisinfo.com*

Syndicat d'Initiative de Montmartre
21 place du Tertre, 75018 MONTMARTRE-PARIS
☎ 01 42 62 21 21 – Fax 01 42 62 60 68
Email: s.i.montmartre@noos.fr

Chambre de Commerce et d'Industrie de Paris
27 avenue de Friedland, 75382 PARIS CEDEX 08
☎ 01 55 65 55 65 - Fax 01 55 65 78 68
@ www.ccip.fr

Aéroport de Paris – Roissy Charles de Gaulle
Situation : 13,5 km au nord-est de Paris
Adresse : BP 20102, 95711 ROISSY Cedex
☎ 01 48 62 12 12
@ *www.aeroportsdeparis.fr*

Aéroport de Paris – Orly
Situation : 7,5 km au sud de Paris
Adresse : Orly Sud, 94396 ORLY AEROGARE
☎ 01 49 75 52 52
@ *www.aeroportsdeparis.fr*

Aéroport de Paris – Le Bourget
Situation : 6,5 km au nord-est de Paris
Adresse : 93350 LE BOURGET
☎ 01 48 62 53 06 – Fax 01 48 64 65 04
@ *www.aeroportsdeparis.fr*

Parcs des Expositions

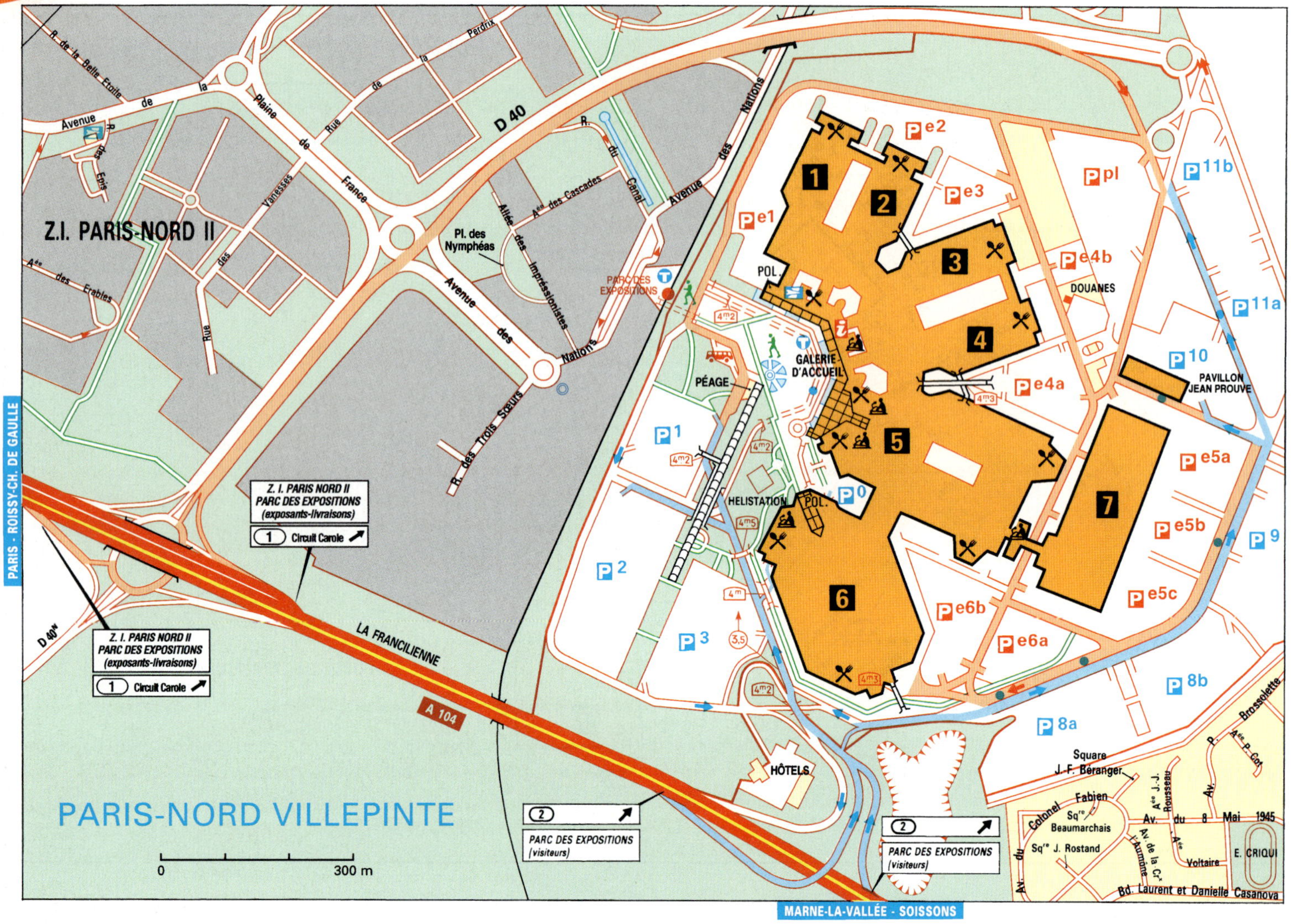

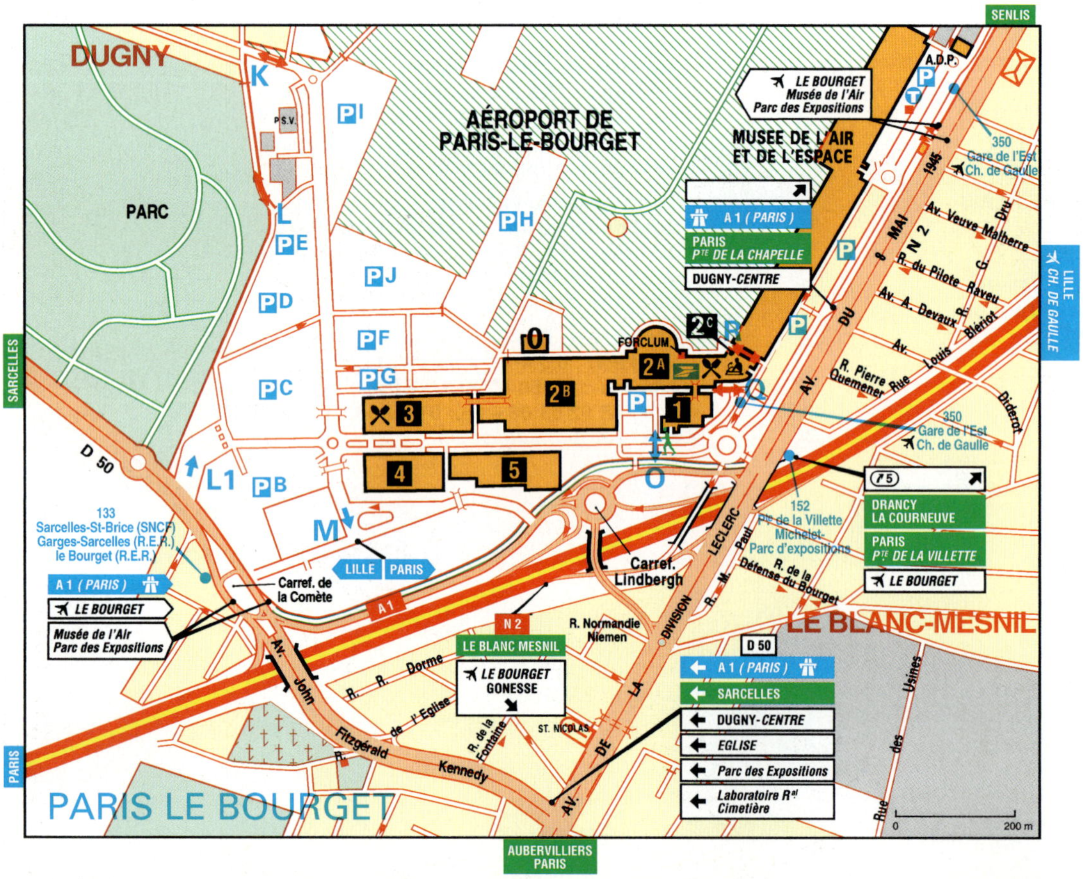

- **2** Repère des Halls
- **A** Repère des Portes
- ➡ Accès des professionnels
- ➡ Accès des visiteurs

M.I.N. de Paris-Rungis

La Défense

Ancre (voie de l')	6	CZ
André-Prothin (av.)	82	CY
Boieldieu (jardins)	19	BY
Boieldieu (pass.)	33	BY
Boieldieu (terrasse)	21	BY
Corolles (sq. des)	37	CY
Damiers (galeries des)	22	CZ
Delarivière-Lefoullon (r.)	16	BY
Diderot (cours)	23	CY
Dominos (pl. des)	17	CZ
Franklin (pass.)	8	BY
Iris (terrasse de l')	29	CZ
Pyramide (pl. de la)	35	BY
Reflets (patio des)	31	CY
Reflets (terrasse des)	39	CY
Saisons (sq. des)	15	CZ
Trois-Places (pass. des)	102	BW
Valmy (pass.)	105	BW
Valmy (terrasse)	107	BW
Vosges (allée des)	79	CY

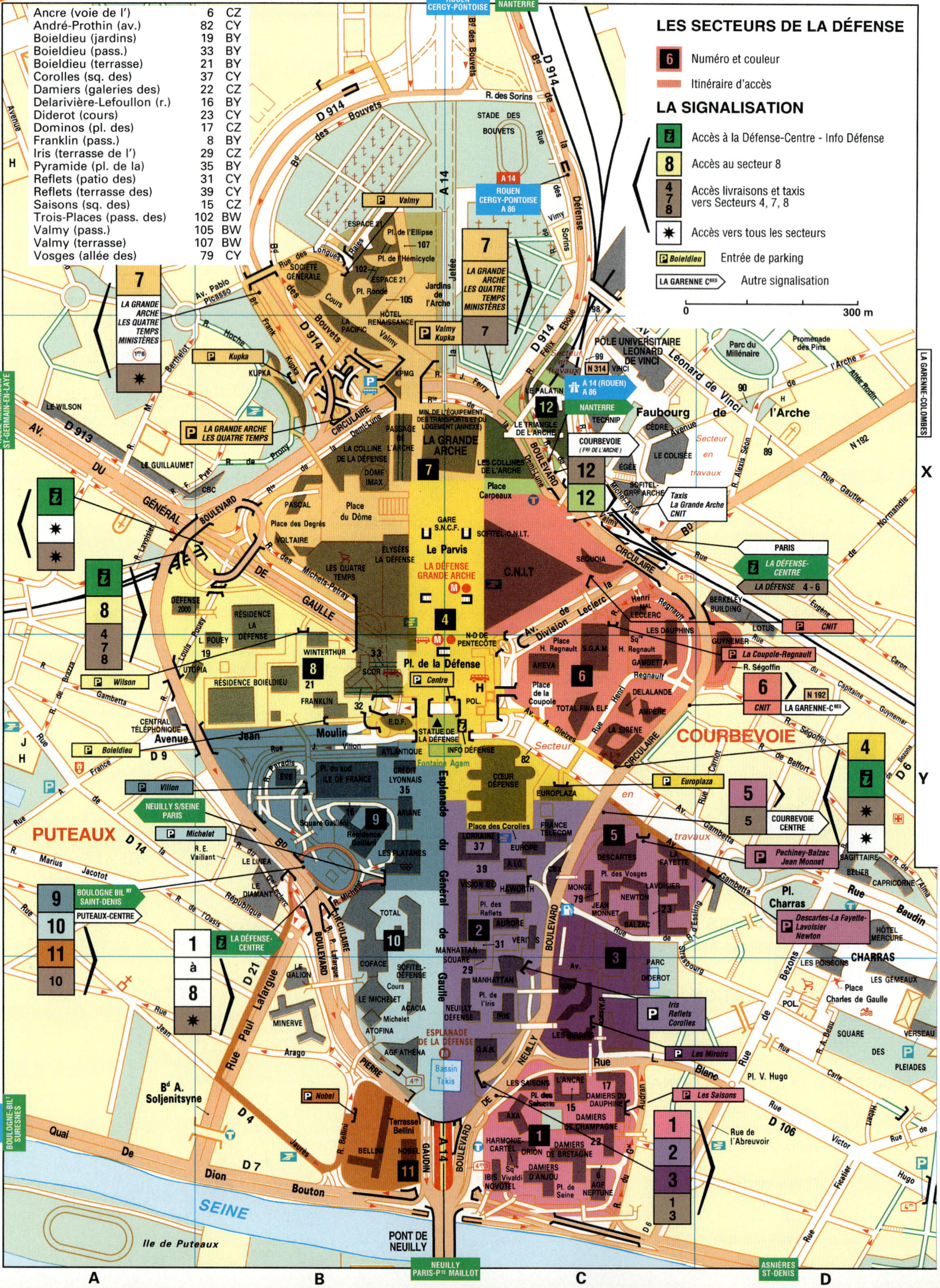

Pau (Pyrénées-Atlantiques)

p. 314

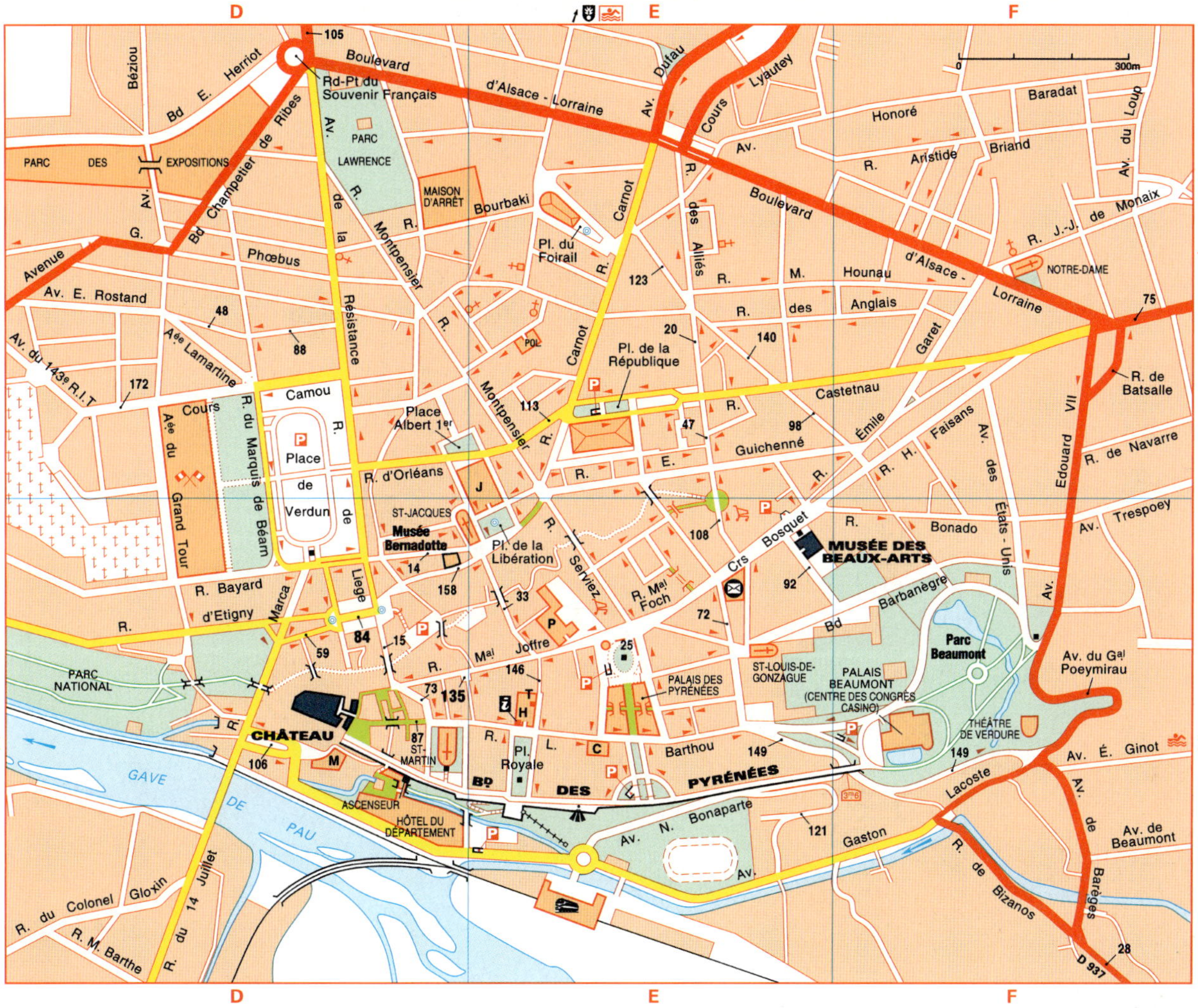

PAU

Barthou (R. Louis)	EFZ	
Bernadotte (R.)	DZ	14
Bordenave-d'Abère (R.)	DZ	15
Cassin (R. René)	EY	20
Clemenceau (Pl. Georges)	EZ	25
Clemenceau (R. Georges)	FZ	28
Cordeliers (R. des)	EZ	33
Despourrins (R.)	EY	47
Ducasse (R. Amiral)	DY	48
Espalungue (R. d')	DZ	59
Gambetta (R.)	EZ	72
Gassion (R.)	DZ	73
Gaulle (Av. Gén.-de)	FY	75
Gramont (Pl.)	DZ	84
Henri-IV (R.)	DZ	87
Jeanne-d'Arc (R.)	DY	88
Lalanne (R. Mathieu)	EZ	92
Lespy (R.)	EFY	98
Mermoz (Av. Jean)	DY	105
Monnaie (Pl. de la)	DZ	106
Monnet (R. J.)	EYZ	108
Nogue (R.)	EY	113
Ossau (Av. d')	EZ	121
Palassou (R.)	EY	123
Reine-Marguerite (Pl.)	EZ	135
Réveil (R. Jean)	EY	140
St-Louis (R.)	EZ	146
Say (Av. L.)	EFZ	149
Serviez (R.)	EZ	
Tran (R.)	EZ	158
218e-R.I. (R. du)	DY	172

+ informations

Office Municipal de Tourisme de Pau
Place Royale (Hôtel de Ville), 64000 PAU
☎ 05 59 27 27 08 – Fax 05 59 27 03 21
Email : omt@pau.fr
www.pau.fr

Aéroport de Pau-Pyrénées
Situation : 7 km au nord de Pau
64230 UZEIN
☎ 05 59 33 33 00
Fax 05 59 33 33 05
www.pau.aeroport.fr/aeroport

Chambre de Commerce et d'Industrie de Pau-Béarn
21 rue Louis Barthou BP 128 -
64001 PAU Cedex
☎ 05 59 82 51 11 – Fax 05 59 27 02 84
www.pau.cci.fr

Périgueux *(Dordogne)*

p. 240

PÉRIGUEUX

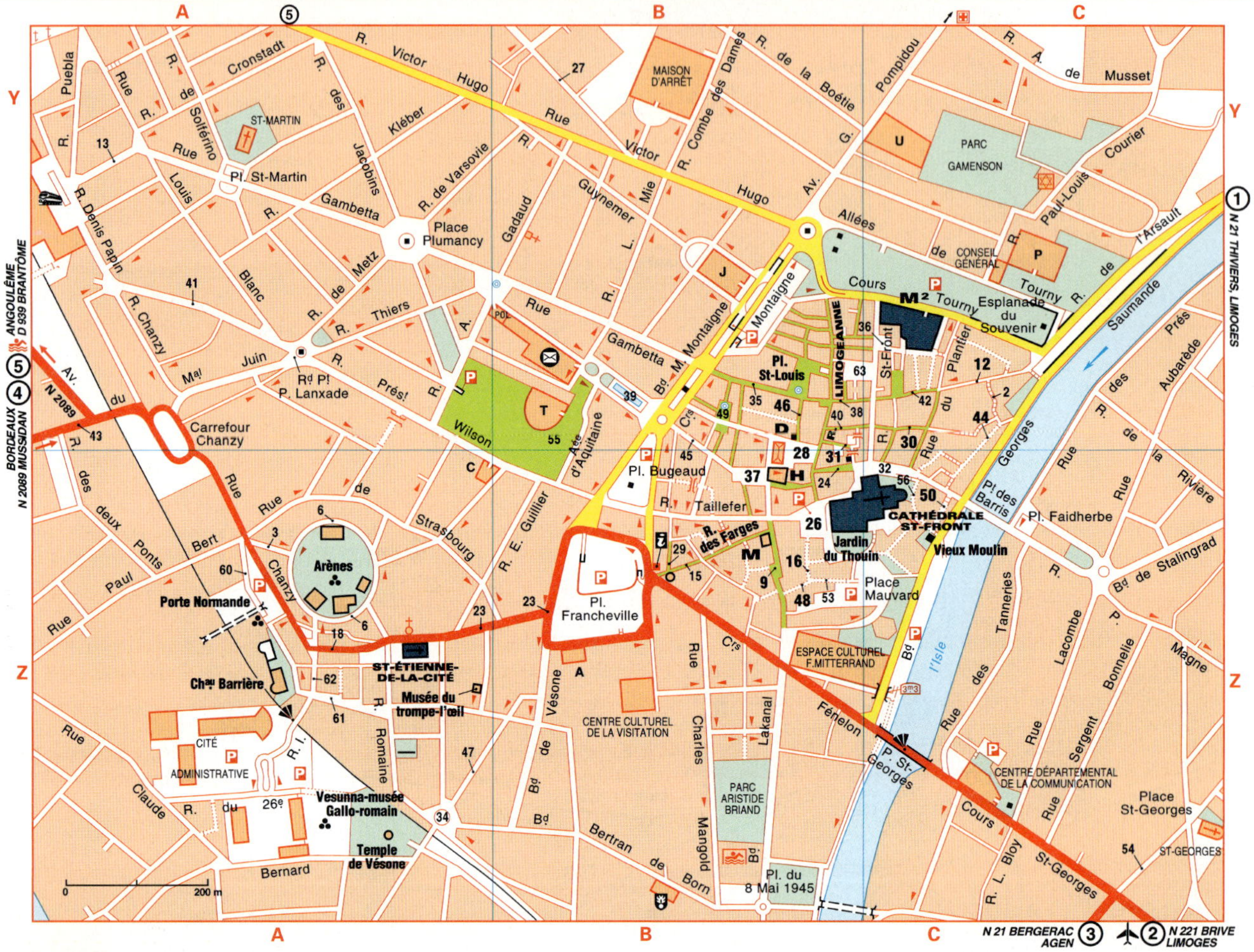

+ informations

Comité Départemental du Tourisme Dordogne-Perigord
Espace Tourisme - 25 rue Wilson - BP 2063 - 24002 PÉRIGUEUX Cedex
☎ 05 53 35 50 24 – Fax 05 53 09 51 41 -
Email : dordogne.perigord.tourisme@wanadoo.fr
www.dordogne.perigord.tourisme.fr

Service de Réservation Loisirs-Accueil
25 rue Wilson BP 2063 - 24002 PÉRIGUEUX Cedex
☎ 05 53 35 50 00 (locations) - (Autres formules) 05 53 35 50 05 – Fax 05 53 35 50 41
Email : dordogne.perigord.tourisme@wanadoo.fr
www.resinfrance.com/perigord

Office de Tourisme de Périgueux
26, place Francheville - Tour Mataguerre, 24000 PÉRIGUEUX
☎ 05 53 53 10 63 – Fax 05 53 09 02 50
Email : tourisme.perigueux@perigord.tm.fr
www.ville-perigueux.fr et www.tourisme-perigueux.fr

Chambre de Commerce et d'Industrie de la Dordogne
23 rue du Président Wilson, 24016 PÉRIGUEUX Cedex
☎ 0820 77 24 24 – Fax 05 53 08 01 66
www.dordogne.cci.fr

Perpignan (Pyrénées-Orientales)

p. 343

PERPIGNAN

+ informations

Comité Départemental du Tourisme des Pyrénées-Orientales
16 avenue des Palmiers BP 540 - 66005 PERPIGNAN Cedex
☎ 04 68 51 52 53 – Fax 04 68 51 52 50
Email : h.carles@cdt-66.com
www.cdt-66.com

Office Municipal de Tourisme de Perpignan
Palais des Congrès - Place Armand Lanoux B.P.215, 66002 PERPIGNAN
☎ 04 68 66 30 30 – Fax 04 68 66 30 26
Email : contact-office@little-france.com
www.perpignantourisme.com

Aéroport International de Perpignan- Rivesaltes
Situation : 3 km au nord de Perpignan
Adresse : Avenue Maurice Bellonte 66000 PERPIGNAN
☎ 04 68 52 60 70 – Fax 04 68 52 31 03
www.aeroport@perpignan.cci.fr
www.perpignan.cci.fr

Chambre de Commerce et d'Industrie de Perpignan et des Pyrénées-Orientales
Quai de Lattre de Tassigny BP 941 - 66020 PERPIGNAN Cedex
☎ 04 68 35 66 33 – Fax 04 68 35 67 10
www.perpignan.cci.fr

Poitiers *(Vienne)*

p. 186

POITIERS

Aérospatiale (R. de l')	AV	3
Allende (R. Salvador)	BX	7
Blaiserie (R. de la)	AV	9
Ceuille-Mirebalaise (R.)	AV	19
Coligny (Bd)	BX	23
Demi-Lune (Carr. de la)	AV	27
Fg-Ceuille-Mirebalaise (R. du)	AV	29
Fg-du-Pont-Neuf (R. du)	BX	30
Fg-St-Cyprien (R. du)	AX	31
Fief-de-Grimoire (R.)	AX	33
Gibauderie (R. de la)	BX	39
Guynemer (R.)	AX	43
Maillochon (R. de)	AX	54
Miletrie (R. de la)	BX	57
Montbernage (R. de)	BV	58
Montmidi (R. de)	AX	62
Pierre-Levée (R.)	BX	69
Rataudes (R. des)	AX	70
Schuman (Av. R.)	BV	88
Vasles (Rte de)	AX	93

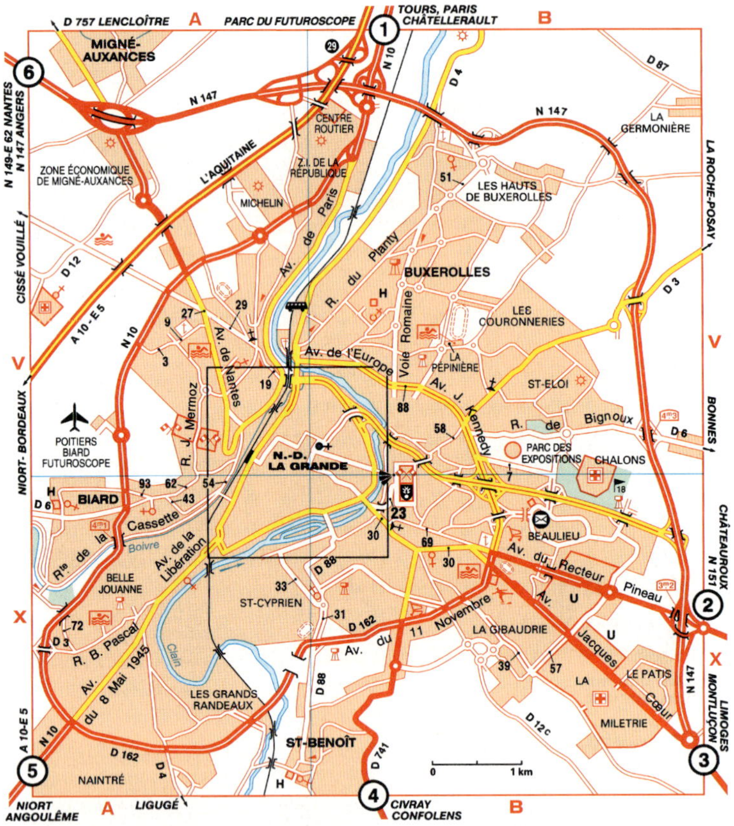

POITIERS

Abbé-Frémont (Bd)	DY	2
Alexandre (R. J.)	DZ	4
Blossac (R. de)	CZ	10
Boncenne (R.)	CDY	12
Bouchet (R. Jean)	DY	14
Bretonnerie (R. de la)	DY	16
Carnot (R.)	CZ	17
Chaine (R. de la)	DY	20
Champagne (R. de)	DY	21
Clos-des-Carmes (Pl. du)	DY	22
Coligny (Bd)	DZ	23
Cordeliers (R. des)	DY	25
Descartes (R. René)	DY	28
Fg-du-Pont-Neuf	DZ	30
Gabillet (R. H.)	DY	34
Gambetta (R.)	DY	35
Gaulle (Pl. Ch.-de)	DY	36
Grand-Rue	DY	
Grignon-de-Montfort (R.)	DY	40
Hôtel-Dieu (R. de l')	DY	45
Intendant-le-Nain (R. de l')	DY	46
Jeanne-d'Arc (Bd)	DY	48
Jean-de-Berry (Pl.)	DY	47
Leclerc (Pl. du Mar.)	DZ	49
Libération (Av. de la)	CZ	50
Liberté (Av. de la)	BV	51
Liberté (Pl. de la)	DY	52
Macé (R. Jean)	DY	53
Marché-Notre-Dame (R. du)	DYZ	55
Marne (R. de la)	CY	56
Mouton (R. du)	DY	63
Oudin (R. H.)	DY	67
Puygarreau (R. du)	DZ	70
Rat (R. Pierre)	DY	71
Riffault (R.)	DY	74
St-Cyprien (R.)	DZ	76
St-Germain (R.)	DY	77
Solférino (Bd)	CY	89
Thezard (R. Léopold)	CZ	90
Tison (Bd de)	CZ	92
Verdun (Bd de)	CY	94
3-Rois (R. des)	DY	95
125e-R.-I. (R. du)	CZ	97

+ informations

Comité Régional du Tourisme de Poitou-Charentes
60, rue Jean Jaurès BP 56 - 86002 POITIERS Cedex
☎ 05 49 50 10 50 – Fax 05 49 41 37 28
Email : crt@poitou-charentes-vacances.com
www.poitou-charentes-vacances.com

Comité Départemental du Tourisme de la Vienne
33 place Charles de Gaulle - 86007 POITIERS Cedex
☎ 05 49 37 48 48 – Fax 05 49 37 48 49
Email : cdt@tourisme-vienne.com
www.tourisme-vienne.com

Office de Tourisme de Poitiers
45, Place Charles de Gaulle BP 377 - 86009 POITIERS
☎ 05 49 41 21 24 – Fax 05 49 88 65 84
Email : accueil@ot-poitiers.fr
www.ot-poitiers.fr

Aéroport de Poitiers-Biard-Futuroscope
Situation : 2,5 km à l'ouest de Poitiers
Adresse : Rue du Lieutenant Collard 85580 BIARD
☎ 05 49 30 04 40 – Fax 05 49 58 81 71
www.poitiers.cci.fr

Chambre de Commerce et d'Industrie de la Vienne
47 rue du Marché BP 229 - 86006 POITIERS Cedex
☎ 05 49 60 98 00 - 05 49 41 65 72
www.poitiers.cci.fr

Le Puy-en-Velay (Haute-Loire)

p. 247

LE PUY-EN-VELAY

Aiguières (R. Porte)	AZ	2
Becdelièvre (R.)	AY	3
Bouillon (R. du)	BY	5
Card.-de-Polignac (R.)	BY	8
Chamarlenc (R. du)	AY	10
Charbonnier (Av. C.)	AZ	12
Chaussade (R.)	BZ	
Chênebouterie (R.)	AY	13
Clair (Bd A.)	AZ	14
Collège (R. du)	BZ	17
Consulat (R. du)	AY	19
Courrerie (R.)	AZ	20
Crozatier (R.)	BZ	23
Dr-Chantemesse (Bd)	AY	24
Fayolle (Bd Mar.)	BZ	
Foch (Av. Mar.)	BZ	
For (Pl. du)	BY	27
Gambetta (Bd)	AY	29
Gaulle (Av. Gén.-de)	ABZ	30
Gouteyron (R.)	AY	31
Grangevieille (R.)	AY	32
Martouret (Pl. du)	ABZ	34
Monteil (R. A.-de)	AY	35
Pannessac (R.)	AY	
Philibert (R.)	AY	36
Pierret (R.)	BZ	37
Plot (Pl. du)	AZ	38
Raphaël (R.)	AY	39
République (Bd de la)	BY	40
Roche-Taillade (R.)	AY	42
Saint-François-Régis (R.)	BY	43
Saint-Georges (R.)	BY	45
Saint-Gilles (R.)	AZ	
Saint-Jean (R. du Fg)	BY	46
Saint-Louis (Bd)	AZ	
Saint-Maurice (Pl.)	AY	47
Séguret (R.)	AY	48
Tables (Pl. des)	AY	49
Tables (R. des)	AY	52
Vallès (R. J.)	BY	54
Vaneau (R.)	AY	55
Verdun (R.)	BY	58

Quimper (Finistère)

p. 99

QUIMPER

Astor (R.)	AYZ	2
Bécharles (Av. de)	BV	3
Beurre (Pl. au)	BY	4
Boucheries (R. des)	BY	6
Chapeau-Rouge (R. du)	AY	9
Concarneau (R. de)	BX	10
Créac'h Gwen (Bd de)	BX	12
Gare (Av. de la)	BX	15
Guéodet (R. du)	BY	16
Gutenberg (Bd)	BX	17
Le Hars (R. Th.)	BZ	24
Jacob (Pont Max)	AZ	18
Kéréon (R.)	ABY	
Kerguélen (Bd Amiral de)	BZ	23
Libération (Av. de la)	BX	25
Locmaria (Allées)	AZ	26
Luzel (R.)	BY	28
Mairie (R. de la)	BY	29
Moulin-Vert (R. du)	AV	30
Parc (R. du)	ABZ	34
Pont-l'Abbé (R. de)	AX	35
Potiers (Ch. des)	BX	37
Poulguinan (Bd de)	AX	38
Résistance-et-du-Gén.-de-Gaulle (Pl. de la)	AZ	40
Ronarc'h (R. Amiral)	AZ	42
Ste-Catherine (R.)	BZ	48
Ste-Thérèse (R.)	BZ	50
St-Corentin (Pl.)	BZ	43
St-François (R.)	BZ	45
St-Mathieu (R.)	AZ	47
Sallé (R. du)	BY	52
Steir (Quai du)	AZ	53
Terre-au-Duc (Pl.)	AY	54
Tour-d'Auvergne (R. de la)	BX	58
Ty-Nay (Rte de)	BV	60

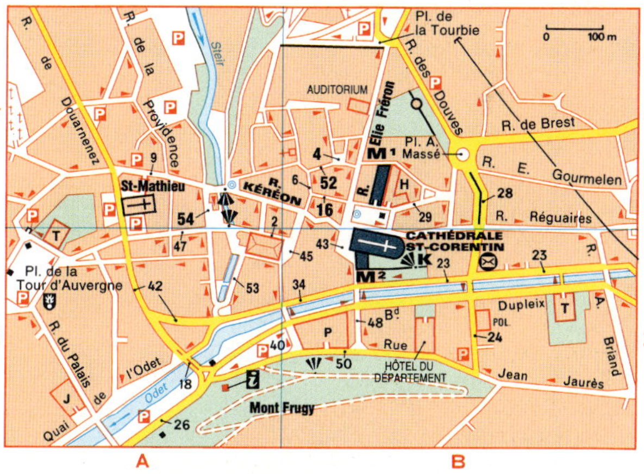

+ informations

Comité Départemental du Tourisme de Haute-Loire
Hôtel du Département 1, place Monseigneur de Galard BP 332 - 43012 LE PUY EN VELAY Cedex
☎ 04 71 07 41 54 – Fax 04 71 07 41 55
Email : cdt@midi delauvergne.com
www.midi delauvergne.com

Office de Tourisme de l'agglomeration du Puy-en-Velay
2 Place du Clauzel, 43000 LE PUY EN VELAY
☎ 04 71 09 38 41 – Fax 04 71 05 22 62
Email : info@ot-lepuyenvelay.fr
www.ot-lepuyenvelay.fr

Chambre de Commerce et d'Industrie du Puy en Velay/Yssingeaux
16 boulevard Bertrand BP 127 - 43004 LE PUY EN VELAY Cedex
☎ 04 71 09 90 00 – Fax 04 71 02 77 58
www.lepuy-yss.cci.fr

+ informations

Comité Départemental de Tourisme du Finistère
11, rue Théodore Le Hars BP 1419 - 29104 QUIMPER Cedex
Services : ☎ 02 98 76 24 77 – Fax 02 98 52 19 19
Email : cdt29@finisteretourisme.com
Documentation : ☎ 02 98 76 20 70 – Fax 02 98 52 19 19
E-mail : contact@finisteretourisme.com
www.finisteretourisme.com

Aéroport de Quimper-Cornouaille
Situation : 8 km à l'ouest de Quimper
Adresse : 29700 PLUGUFFAN
☎ 02 98 94 30 30 – Fax 02 98 94 30 14

Reims *(Marne)*

p. 41

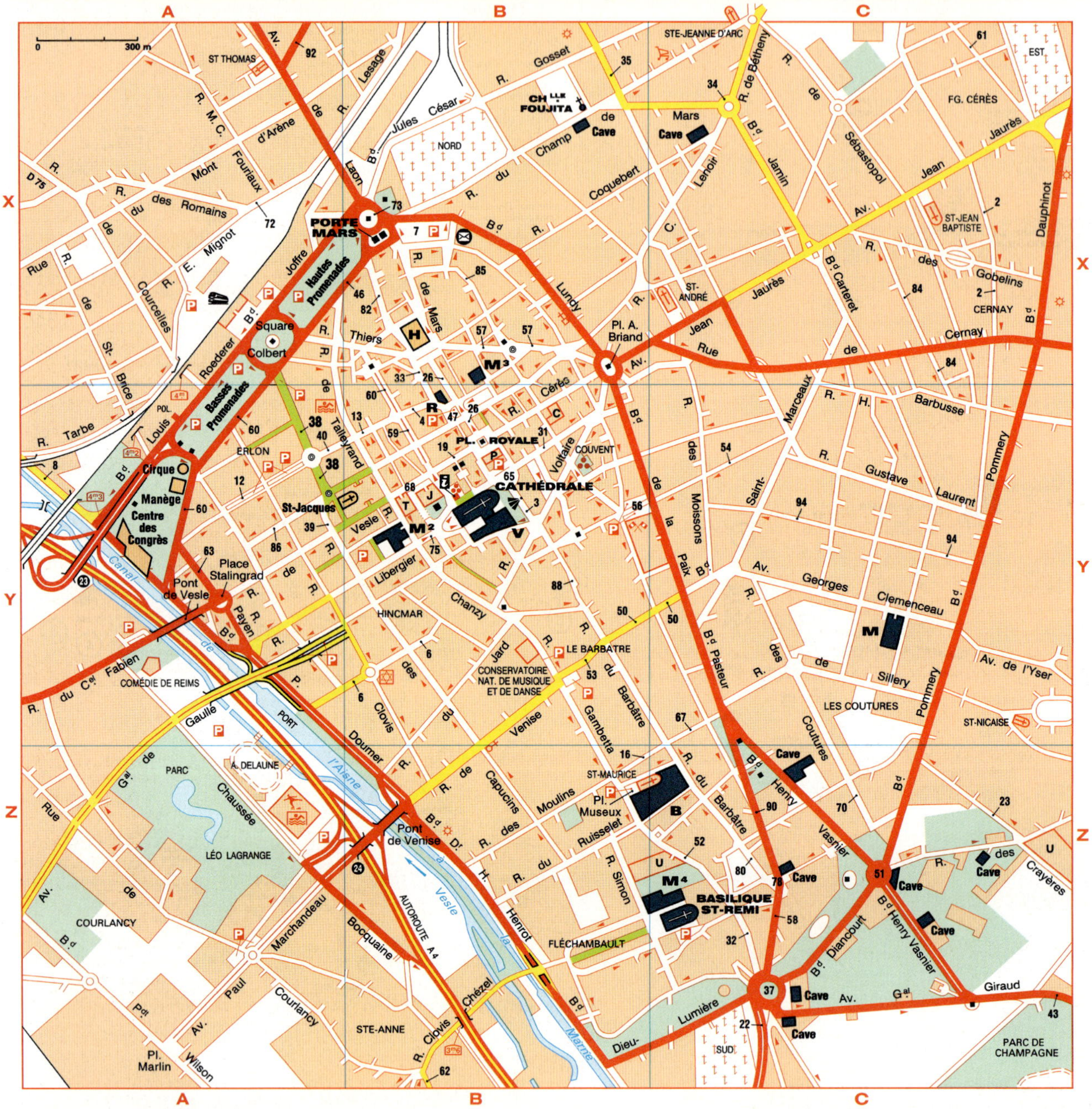

REIMS

+ informations

Office de Tourisme de Reims
2, rue Guillaume de Machault (près de la cathédrale), 51100 REIMS
☎ 03 26 77 45 00 – Fax 03 26 77 45 19
Email : info@reims-tourisme.com; Visit@reims-tourisme.com
www.reims-tourisme.com

Chambre de Commerce et d'Industrie de Reims et d'Epernay
Hôtel Ponsardin 5 rue des Marmouzets BP 2511 - 51070 REIMS Cedex
☎ 03 26 50 62 50 – Fax 03 26 50 62 26
www.reims.cci.fr

Rennes *(Ille-et-Vilaine)*

p. 104

RENNES

Bourgeois (Bd L.) .... DV 3
Canada (Av. du). .... CV 6
Churchill (Av. Sir W.). .... CU 13
Combes (Bd E.) .... DV 14
Duchesse-Anne
(Bd de la) .... DU 15
Guilloux (R. L.) .... CU 23
Laennec (Bd) .... DU 31
Leroux (Bd Oscar) ...... DV 36
Lorient (R. de). .... CU 38
Maginot
(Av. du
Sergent) .... DU 39
Pompidou (Bd G.). ...... CV 55
St-Brieuc (R. du). .... CU 64
St-Jean-
Baptiste de la Salle
(Bd) .... CU 70
Strasbourg
(Bd de) .... DU 83
Ukraine (Allée d') .... CV 84
Vitré (Bd de) .... DU 87
Yser (Bd de l') .... CV 88
3-Croix (Bd des) .... CU 89

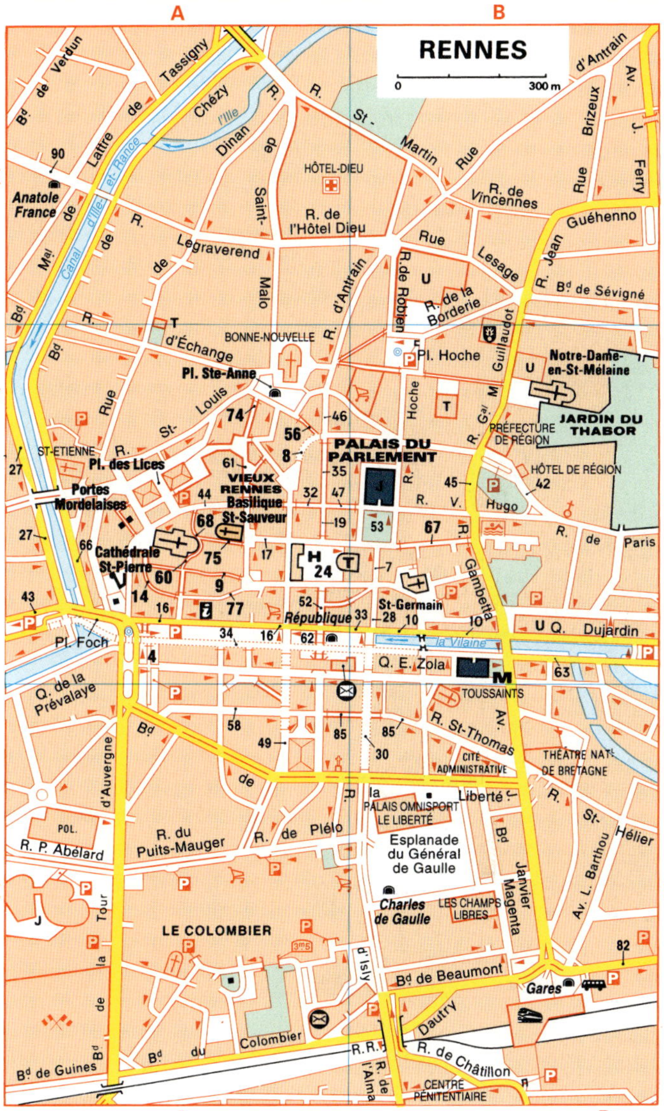

Le-Bastard (R.) .... AY 35
Bretagne (Pl. de) .... AY 4
Cavell (R. Édith) .... BY 7
Champ-Jacquet
(R. du) .... AY 8
Chapitre (R. du) .... AY 9
Chateaubriant (Quai) .... BY 10
Dames (R. des) .... AY 14
Duguay-Trouin (Quai) .... AY 16
Du-Guesclin (R.) .... AY 17
Estrées (R. d') .... AY 19
La-Fayette (R.) .... AY 32
Hôtel-de-Ville (Pl. de l') ... AY 24
Ille-et-Rance (Quai) ...... AY 27
Jean-Jaurès (R.) .... BY 28
Joffre (R. Mar.) .... BZ 30
Lamartine (Quai) ...... ABY 33
Lamennais (Quai) .... AY 34
Liberté (Bd de la) ...... ABZ
Martenot (R.) .... BY 42
Mitterrand (Mail F.) ...... AY 43
Monnaie (R. de la) ...... AY 44
Motte-Fablet (R.) .... AY 46
Motte (Cont. de la) ...... BY 45
Nationale (R.) .... ABY 47
Nemours (R. de) .... AZ 49
Orléans (R. d') .... AY 52
Palais (Pl. du) .... BY 53
Pont-aux-Foulons
(R. du) .... AY 56
Poullain-Duparc (R.) ..... AZ 58
Psalette (R. de la) .... AY 60
Rallier-du-Baty (R.) ...... AY 61
République (Pl. de la) .... AY 62
Richemont (Q. de) ...... BY 63
St-Cast (Quai) .... AY 66
St-Georges (R.) .... BY 67
St-Guillaume (R.) .... AY 68
St-Michel (R.) .... AY 74
St-Sauveur (R.) .... AY 75
St-Yves (R.) .... AY 77
Solférino (Bd) .... BZ 82
Vasselot (R.) .... AZ 85
41e-d'Infanterie
(R.) .... AX 90

+ informations

Comité Régional de Tourisme de Bretagne
1 rue Raoul Ponchon, 35069 RENNES Cedex
☎ 02 99 28 44 30 – Fax 02 99 28 44 40
Email : tourism-crtb@tourismebretagne.com
www.tourismebretagne.com

Comité Départemental de Tourisme Haute Bretagne / Ille-et-Vilaine
4, rue Jean Jaurès BP 60149 - 35101 RENNES Cedex 3
☎ 02 99 78 47 47 – Fax 02 99 78 33 24
Email : contact@bretagne35.com
www.bretagne35.com

Office de Tourisme de Rennes
11, rue Saint Yves - CS 26410 - 35064 RENNES
☎ 02 99 67 11 11 – Fax 02 99 67 11 10
Email : infos@tourisme-rennes.com
www.tourisme-rennes.com/

Aéroport Rennes - Saint-Jacques
Situation : 8 km au sud-ouest de Rennes
Adresse : BP 29155 - 35091 RENNES Cedex 09
☎ 02 99 29 60 00 – Fax 02 99 29 60 29
Email : aeroport@rennes.cci.fr
www.rennes.aeroport.fr

Chambre Régionale de Commerce et d'Industrie de Bretagne
1 rue du Général Guillaudot CS 14422 - 35044 RENNES Cedex
☎ 02 99 25 41 41 – Fax 02 99 63 35 28
www.bretagne.cci.fr

Chambre de Commerce et d'Industrie de Rennes
2 avenue de la Préfecture, 35042 RENNES Cedex
☎ 02 99 33 66 66 – Fax 02 99 33 24 28
www.rennes.cci.fr

La Rochelle (Charente-Maritime)

p. 200

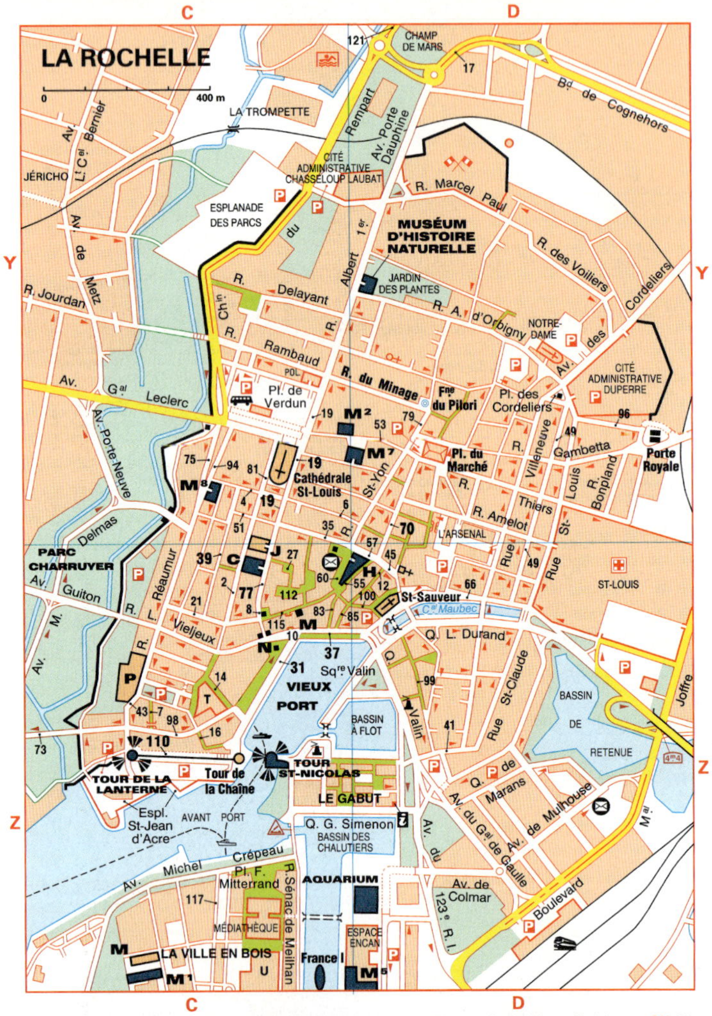

Admyrault (R. G.)	CYZ	2
Aufrédy (R.)	CY	4
Augustins (R. des)	CDY	6
Balangerie (R.)	CZ	7
Bancs (Pl. des Petits)	CZ	8
Barentin (Pl.)	CZ	10
Bletterie (R.)	DZ	12
Carmes (R. des)	CZ	14
Chaîne (R. de la)	CZ	16
Champ-de-Mars (Av. du)	DY	17
Chaudrier (R.)	CY	19
Chef-de-Ville (R.)	CZ	21
Commanderie (Cour de la)	CZ	27
Dames (Cours des)	CZ	31
Dupaty (R.)	CY	35
Duperré (Quai)	CZ	37
Escale (R. de l')	CZ	39
Fabrique (R. de la)	DZ	41
Fagots (R. des)	CZ	43
Ferté (R. de la)	DZ	45
Fonderies (R. des)	DYZ	49
Fromentin (R. E.)	CY	51
Gargoulleau (R.)	DY	53
Gentilshommes (R. des)	CDZ	55
Grille (R. de la)	DYZ	57
Hôtel-de-Ville (R. de l')	CDZ	60
Marché (Pl. du)	DY	
Maubec (Quai)	DZ	66
Merciers (Gde R. des)	DY	70
Minage (R. du)	DY	
Monnaie (Av. de la)	CZ	73
Noue (R. de la)	CY	75
Palais (R. du)	CZ	77
Pas-du-Minage (R. du)	DY	79
Pernelle (R.)	CY	81
Port (Petite R. du)	CZ	83
Port (R. du)	CDZ	85
St-Côme (R.)	CY	94
St-François (R.)	DY	96
St-Jean-du-Pérot (R.)	CZ	98
St-Nicolas (R.)	DZ	99
St-Sauveur (R.)	DZ	100
St-Yon (R.)	DY	
Sur-les-Murs (R.)	CZ	110
Temple (Cour du)	CZ	112
Temple (R. du)	CZ	115
Vespucci (Av. Amerigo)	CZ	117
11-Novembre-1918 (Av. du)	DY	121

+ informations

Comité Départemental du Tourisme de la Charente Maritime
Maison du Département - 85, boulevard de la République - 17076 LA ROCHELLE Cedex 9
☎ 05 46 31 71 71 – Fax 05 46 31 71 70
Email : info@evadez-vous17.com
www.charente-maritime.org

Office de Tourisme de la Rochelle
Le Gabut, 17025 LA ROCHELLE Cedex 01
☎ 05 46 41 14 68 – Fax 05 46 41 99 85
Email : accueil@larochelle-tourisme.com
www.larochelle-tourisme.com

La Roche-sur-Yon (Vendée)

p. 165

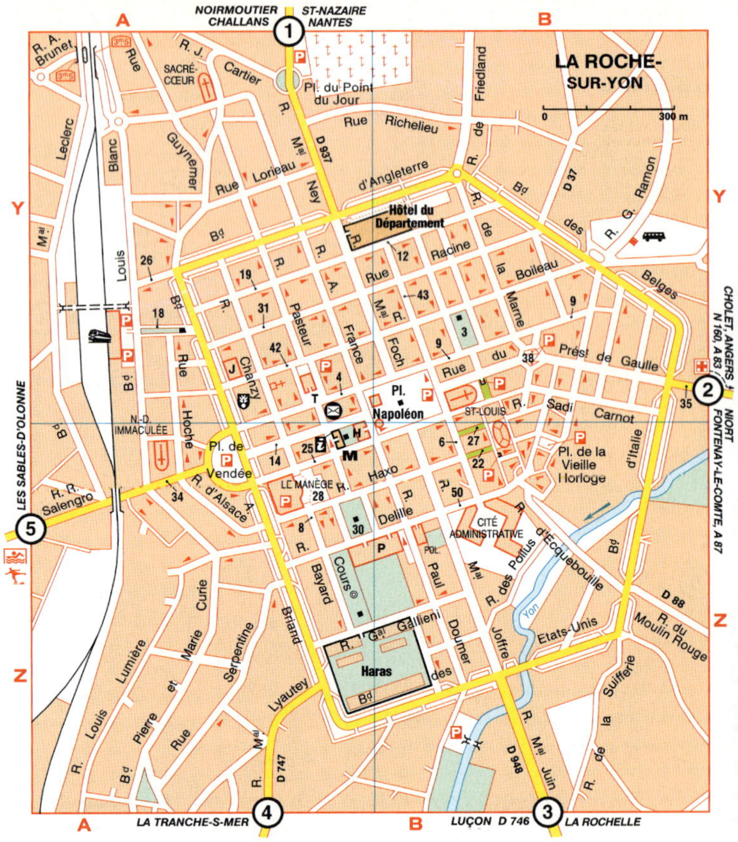

Albert-1er (Pl.)	BY	3
Allende (R. Salv.)	AY	4
Baudry (R. Paul)	BZ	6
Bérégovoy (R. P.)	AZ	8
Berthelot (R. M.)	BY	9
Bossuet (R.)	BY	12
Carnot (R. Sadi)	BY	
Clemenceau (R. G.)	AZ	14
La-Fayette (R.)	AZ	25
Gambetta (Av.)	AY	18
Gén.-de-Castelnau (R.)	AY	19
Halles (R. des)	BZ	22
Manuel (R.)	AY	26
Marché (R. du)	BYZ	27
Mazurelle (Esplanade J.)	AZ	28
Mitterrand (Pl. F.)	AZ	30
Molière (R.)	AY	31
Poincaré (R. Raymond)	AZ	34
Pompidou (R. G.)	BY	35
Résistance (Pl. de la)	BY	38
Verdun (R. de)	AY	42
Victor-Hugo (R.)	BY	43
93e-R.I. (R. du)	BZ	50

+ informations

Comité Départemental du Tourisme de Vendée
8, place Napoléon BP 233 - 85000 LA ROCHE SUR YON
☎ 02 51 47 88 20 – Fax 02 51 05 37 01
Email : info@vendee-tourisme.com
www.vendee-tourisme.com
« Vendée-Résa » - ☎ 02 51 62 65 27 (groupes) - ☎ 02 51 62 76 82 (individuels) – Fax 02 51 62 01 51

Office de Tourisme de la Roche-sur-Yon et du Pays Yonnais
Rue Clemenceau, 85000 LA ROCHE SUR YON
☎ 02 51 36 00 85 – Fax 02 51 36 90 27
Email : info@ot-roche-sur-yon.fr
www.ot-roche-sur-yon.fr

Chambre de Commerce et d'Industrie de Vendée,
16 rue Olivier de Clisson BP 49 - 85002 LA ROCHE SUR YON
☎ 02 51 45 32 32 – Fax 02 51 62 72 17
www.vendee.cci.fr

Aéroport de La Rochelle - Ile de Ré : *5 km Nord-Ouest*
Adresse : Rue du Jura, 17000 LA ROCHELLE
☎ 05 46 42 30 26 – Fax 05 46 00 04 84
www.larochelle.aeroport.fr

Chambre de Commerce et d'Industrie de La Rochelle
21, chemin du Prieuré, 17024 LA ROCHELLE Cedex 1
☎ 05 46 00 54 00 – Fax 05 46 00 54 02
www.larochelle.cci.fr

Rouen, agglomération *(Seine-Maritime)*

p. 36

Rouen, centre

p. 72

ROUEN

Alliés (Av. des) . . . . DX 4
Ango (R. Jean) . . . . EV 7
Béthencourt (Quai de) . . . . EV 14
Bicheray (Av. du Cdt) . . . . DV 15
Boisguilbert (Quai de). . . . . EV 18
Bois-des-Dames (Av. du) . . . . . . EV 17
Bonsecours (Rte de) . . . . EV 21
Briand (R. Aristide) . . . . DX 33
Brossolette (Bd) . . . . DX 34
Bruyères (Rond-Point des). . . . . EX 36
Caen (Av. de). . . . . EV 37
Canteleu (Rte de) . . . . DV 39
Carnot (Av.). . . . . DV 40
Chasselièvre (R.). . . . . EV 52
Clères (Chemin de) . . . . EV 54
Coquelicots (R. des) . . . . EX 55
Corneille (R. Pierre). . . . . EX 58
Corniche (Rte de la) . . . . FV 60
Darnétal (Rte de). . . . . FV 64
Duclair (R. de). . . . . DV 69
Elbeuf (R. d') . . . . EX 75
Europe (Av. de l') . . . . EV 78
Europe (Bd de l') . . . . EVX 79
La-Fayette (R.) . . . . EV 103
Felling (Av. de) . . . . EX 82
Fond-du-Val (Allée du) . . . . EV 85
France (Quai de). . . . . DV 87
Gaulle (Bd Charles-de) . . . . DX 88
Grand'Mare (Av. de la) . . . . FV 92
Grand-Cours (Av. du) . . . . EX 91
Jean-Jaurès (Av.) . . . . DX 97
Jean-Jaurès (Bd) . . . . DV 99
Leclerc-de-Hauteclocque
(Av. du Gén.). . . . . DX 106
Leclerc (Av. Général) . . . . DV 105
Lesseps (Bd Ferdinand-de) . . . EV 107
Maréchal-Juin (Av. du) . . . . FV 109
Martyrs-de-la-Résistance
(R. des) . . . . DV 110
Mont-Riboudet (Av. du) . . . . . . EV 112
Nansen (R.). . . . . DV 114
Paris (Rte de). . . . . FX 158
Pène (R. Annie-de) . . . . FV 118
Quatre-Mares (Grande R. de) . EX 122
Renard (R. du). . . . . EV 125
République (R. de la) . . . . FV 126
République
(R. de la BONSECOURS). . . EX 160
Rondeaux (Av. Jean) . . . . EV 131
Roosevelt (Bd Franklin) . . . . . . DX 132
Ste-Lucie (Rond-Point). . . . . DX 135
Siegfried (Bd André). . . . . EV 142
Sotteville (R. de) . . . . EX 145
Verdun (Bd de) . . . . EV 150
Verdun
(Bd de GRAND-QUEVILLY). DX 165
11-Novembre (Bd du) . . . . EX 157

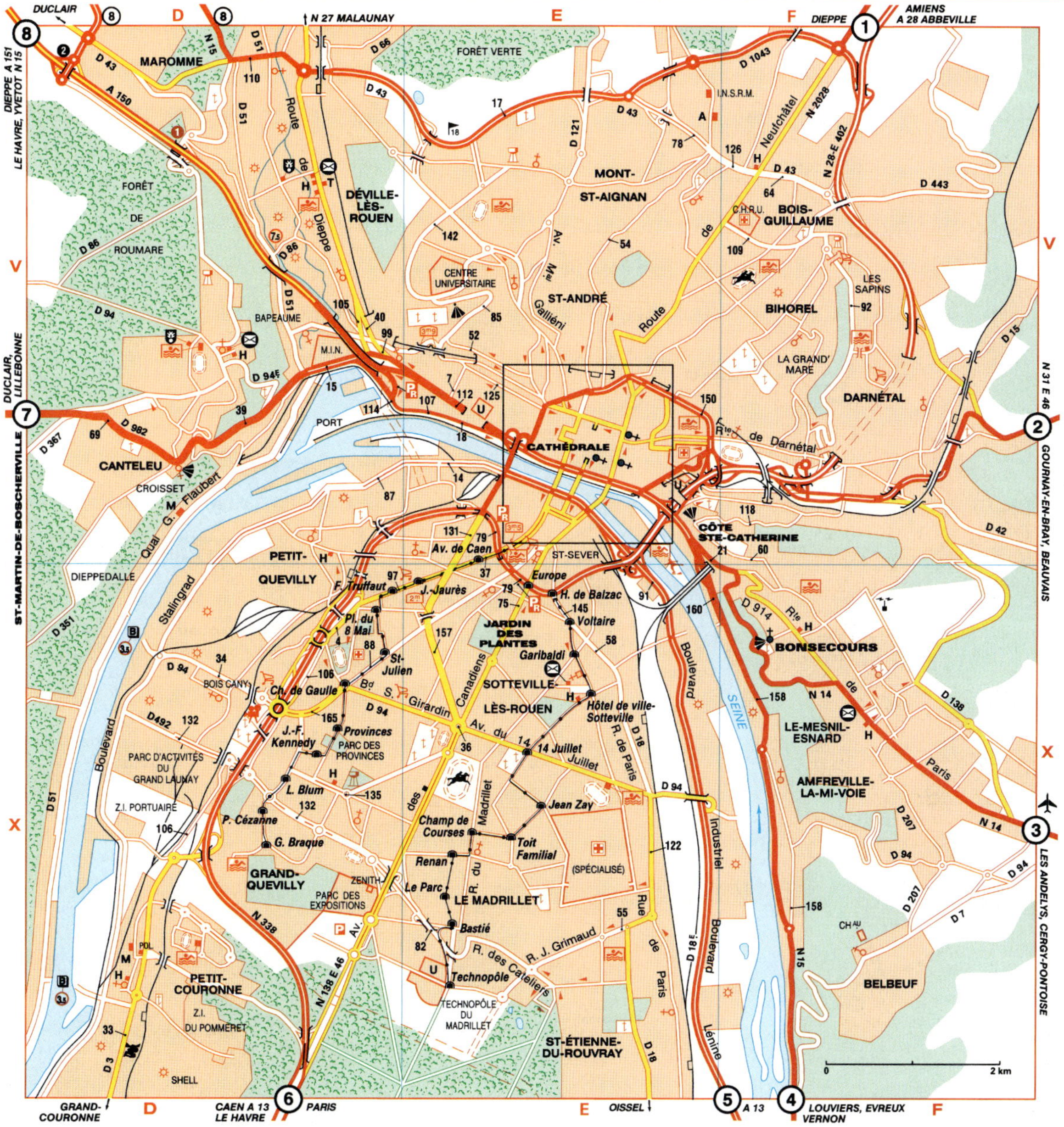

+ informations

Office de Tourisme et des Congrès de Rouen Normandie
25, Place de la Cathéedrale BP. 666 - 76000 ROUEN
☎ 02 32 08 32 40 – Fax 02 32 08 32 44
Email : accueil@rouentourisme.com
www.rouentourisme.com

Comité Départemental du Tourisme de Seine Maritime
6, rue Couronné BP 60 - 76420 BIHOREL
☎ 02 35 12 10 10 – Fax 02 35 59 86 04
Email : tourisme@cdt76.fr
www.seine-maritime-tourisme.com

Aéroport Rouen-Vallée de Seine
Situation : 10 km au sud-est de Rouen
Rue Maryse Bastié, 76520 BOOS
☎ 02 35 79 41 00 – Fax 02 35 79 41 22
www.rouen.aeroport.fr

Chambre de Commerce et d'Industrie de Haute- Normandie
9 Rue Robert Schuman, 76000 ROUEN
☎ 02 35 88 44 42 – Fax 02 35 88 06 52
www.drakkaronline.com

Chambre de Commerce et d'Industrie de Rouen
6 quai de la Bourse, Palais des Consuls
BP 641 - 76000 ROUEN Cedex
☎ 02 35 14 37 37 – Fax 02 35 14 38 39
www.rouen.cci.fr

ROUEN Centre p.72

Rouen, centre *(Seine-Maritime)*

p. 36

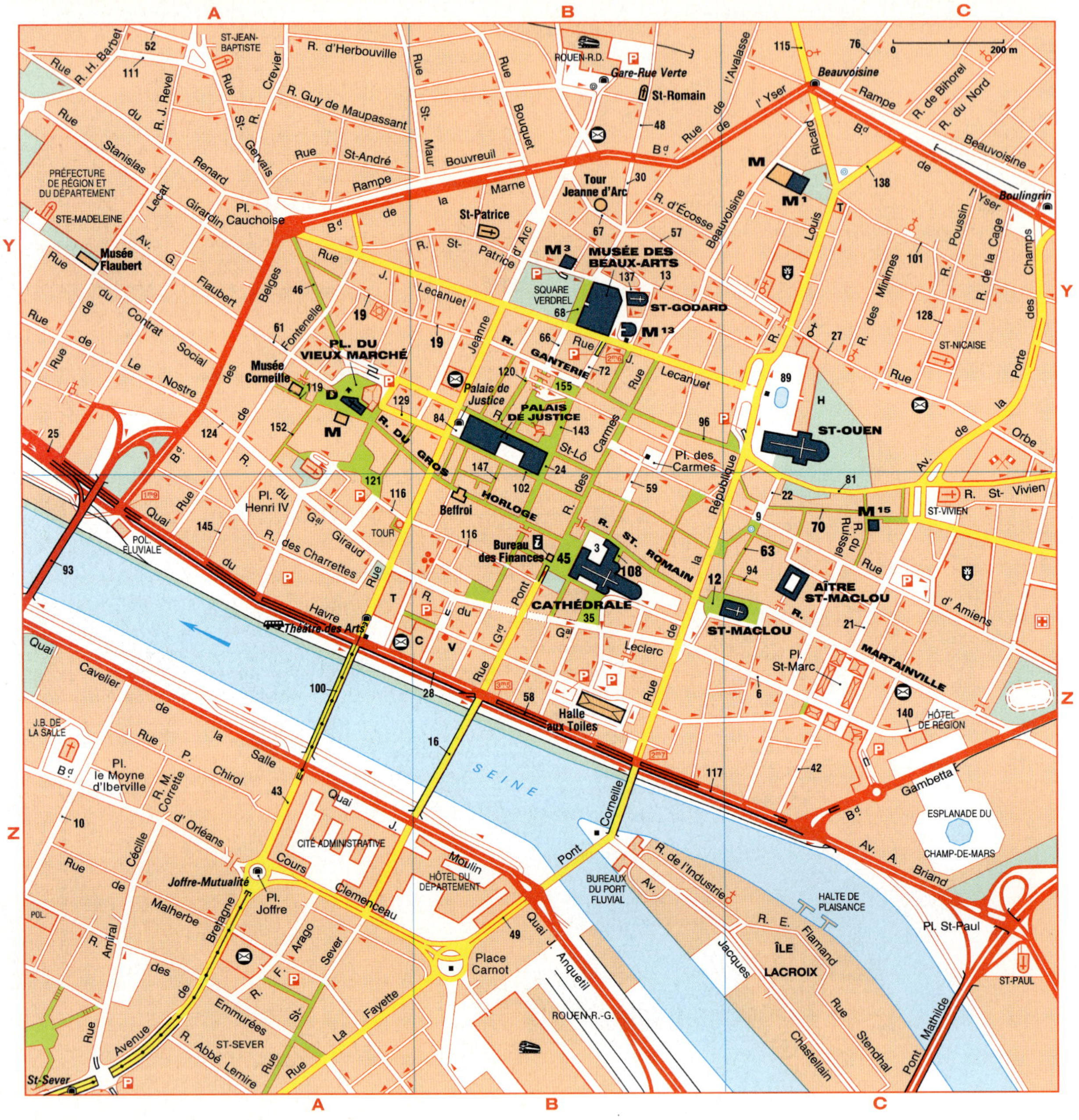

ROUEN

Saint- Étienne *(Loire)*

p. 230

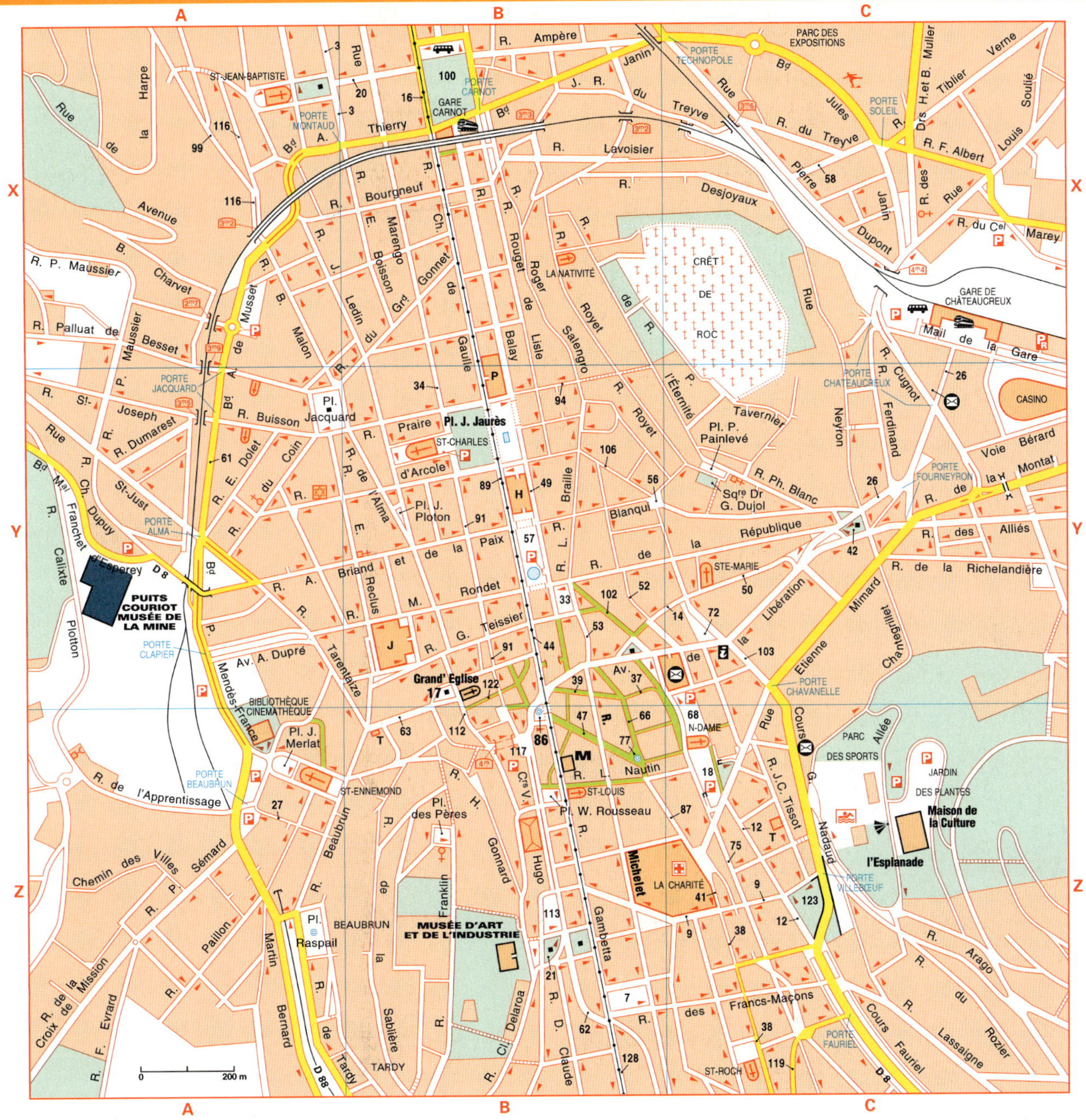

ST-ÉTIENNE

+ informations

Comité Départemental du Tourisme de la Loire
5, place Jean Jaurès - 42021 SAINT-ÉTIENNE Cedex 01
☎ 04 77 43 24 42 – Fax 04 77 47 16 39
Email : tourisme@cg42.fr
www.loire.fr

Office de Tourisme et des Congrès de Saint- Étienne
16, avenue de la Libération, 42000 SAINT-ETIENNE
☎ 0 892 700 542 – Fax 04 77 49 39 03
Email : information@tourisme-st-etienne.com
www.tourisme-st-etienne.com

Aéroport Saint Étienne–Bouthéon
Situation : 10 km au nord-est de Saint Étienne
Adresse : 42160 ANDREZIEUX BOUTHEON
☎ 04 77 55 71 71 – Fax 04 77 55 71 79
www.saint-etienne.aeroport.fr

Chambre de Commerce et d'Industrie de Saint- Étienne Montbrison
57 cours Fauriel, 42024 SAINT- ETIENNE Cedex 02
☎ 04 77 43 04 00   Fax 04 77 43 04 01
www.saint-etienne.cci.fr

Strasbourg *(Bas-Rhin)*

p. 97

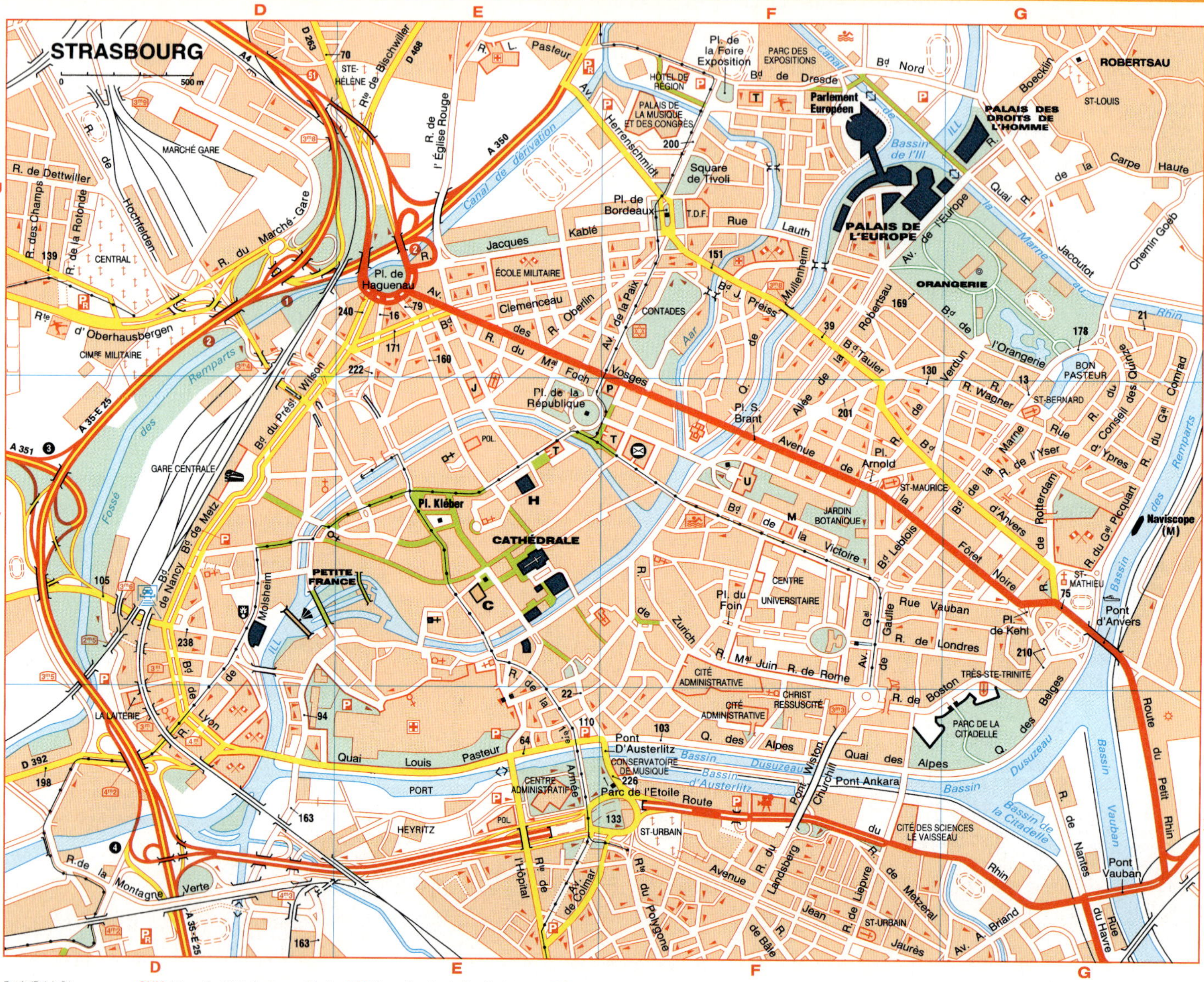

Bach (Bd J. S.)	GUV	13
Bischwiller (R. de)	EU	16
Boussingault (R.)	GU	21
Brigade Alsace-Lorraine (R. de la)	FU	22
Dordogne (Bd de la)	EX	39
Fustel-de-Coulanges (Quai)	EX	64
Gaulle (Rte du Gén.-de)	DEU	70
Grand-Pont (R. du)	GV	75
Haguenau (R. de)	EU	79
Humann (R.)	DX	94
Koenig (Quai du Gén.)	FX	103
Koenisgshoffen (R. de)	DV	105
Lattre-de-Tassigny (Pl. du Mar.-de)	EX	110
Massenet (R.)	FUV	130
Mendès-France (Rd-Pt. P.)	FX	133
Mittelhausbergen (Rte de)	DU	139
Ohmacht (R.)	FU	151
Pierre (R. du Fg-de)	EU	160
Plaine des Bouchers (R. de la)	DX	163
Président-Edwards (Bd du)	FU	169
Président-Poincaré (Bd)	EU	171
Richter (R. Fr.-Xavier)	GU	178
Schirmeck (Rte de)	DX	198
Schutzenberger (Av.)	FU	200
Schweighaeuser (R.)	FV	201
Tarade (R.)	GV	210
Travail (R. du)	EUV	222
Vienne (Rte de)	FX	226
Wasselonne (R. de)	DV	238
Wissembourg (R. de)	EU	240

+ informations

Comité Départemental du Tourisme du Bas-Rhin
9, rue du Dôme - BP 53 -
67061 STRASBOURG Cedex
☎ 03 88 15 45 88 – Fax 03 88 75 67 64
Email : info@tourisme67.com
www.tourisme67.com

Office de Tourisme de Strasbourg
17, place de la Cathédrale - B.P. 70020,
67082 STRASBOURG Cedex
☎ 03 88 52 28 28 -
Fax 03 88 52 28 29
Email : info@ot-strasbourg.fr
www.ot-strasbourg.fr

Aéroport International de Strasbourg
Situation : 12 km au sud-ouest de Strasbourg
Adresse : CCISBR 67960 ENTZHEIM
☎ 03 88 64 67 67
Fax 03 88 64 67 64
www.strasbourg.aeroport.fr

Strasbourg, centre

p. 97

STRASBOURG

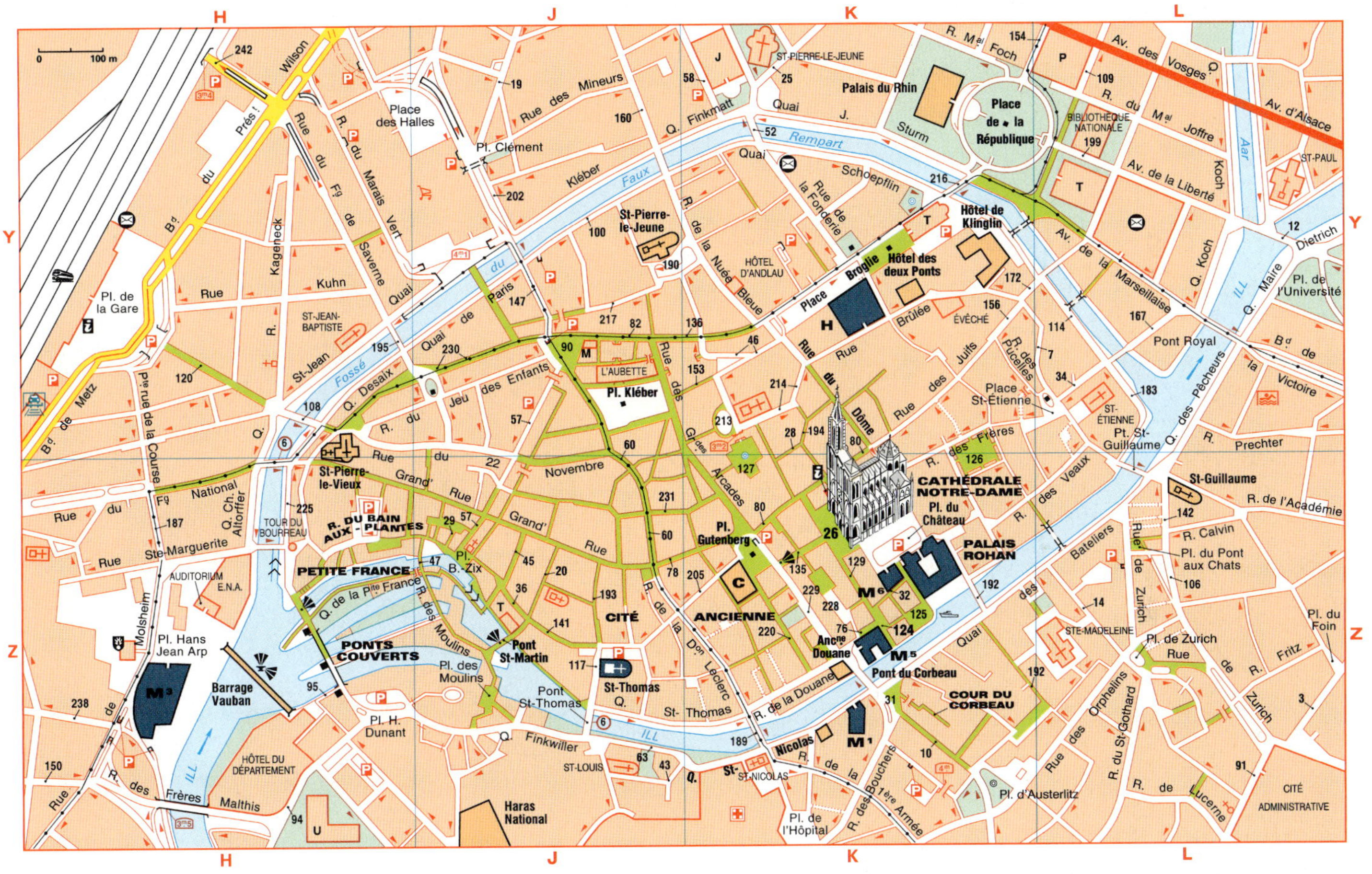

Chambre Régionale de Commerce et d'Industrie Alsace
3 quai Kléber Le Sébastopol BP 20003 -
67000 STRASBOURG Cedex
☎ 03 88 76 45 00
Fax 03 88 76 45 01
@ www.alsace.cci.fr

Chambre de Commerce et d'Industrie de Strasbourg et du Bas-Rhin
10 Place Gutenberg, 67081 STRASBOURG Cedex
☎ 03 88 75 25 25 –
Fax 03 88 75 25 73
@ www.strasbourg.cci.fr

Toulon (Var)

p. 328

Berthelot (R.) .... GY 12
Boucheries (R. des) .... GY 20
Bozzo (Av. L.) .... HX 22
Brunetière (R. F.) .... GYZ 25
Cathédrale (Traverse) ...... GYZ 32
Churchill (Av. W.) .... EY 36
Daudet (R. Alphonse) .... HY 43
Gambetta (Pl.) .... GYZ 65
Garibaldi (R.) .... GY 68
Glacière (R. de la) .... GY 70
Globe (Pl. du) .... GY 72
Huile (Pl. à l') .... GZ 80
Infanterie de Marine (Av. de l') .... CV, GZ 82
Lambert (Pl. Gustave) .... GY 87
Lattre-de-Tassigny (Av. Mar.-de) .... CV, HZ 88
Louis-Blanc (Pl.) .... GZ 92
Magnan (Av. Gén.) .... FY 94
Méridienne (R.) .... GZ 97
Micholet (Av. V.) .... FY 102
Monsenergue (Pl. Ingénieur-Gén.) .... FY 108
Muraire (R.) .... GY 114
Notre Dame (R.) .... GY 118
Noyer (R. du) .... GY 120
Orfèvres (Pl. des) .... GYZ 124
Pastoureau (R. H.) .... GY 128
Poisssonnerie (Pl. de la) .... GZ 132
Pressencé (R. F. de) .... GZ 134
Raimu (Pl.) .... GY 140
Riaux (R. des) .... GY 142
Seillon (R. H.) .... GZ 152
Trois Dauphins (Pl. des) .... GY 168
Vert Coteau (Av.) .... HY 175
Vezzani (Pl. César) .... GY 178
Visitation (Pl. de la) .... GHY 180
9e D.I.C. (Rond-Point de la) ... HZ 188

+ informations

Comité Départemental du Tourisme du Var
1, bd Foch - BP 99 -
83003 DRAGUIGNAN Cedex
☎ 04 94 50 55 50 – Fax 04 94 50 55 51
Email : secretariat-direction@cdtvar.com
www.tourismevar.com

Office de Tourisme de Toulon
Place Raimu, 83000 TOULON
☎ 3265 dites « Toulon » ou 04 94 18 53 00 – Fax 04 94 18 53 09
Email : info@toulontourisme.com; toulon.tourisme@wanadoo.fr
www.toulontourisme.com

Aéroport International de Toulon–Hyères
Situation : 4 km au sud de Hyères
23 km à l'est de Toulon
52 km à l'ouest de St. Tropez
Adresse : Boulevard de la Marine
83418 HYERES Cedex
☎ 0825 01 83 87 – Fax 04 94 00 84 13
Email : accueil.aeroport@var.cci.fr
www.toulon-hyeres.aeroport.fr

Chambre de Commerce et d'Industrie du Var
236 Boulevard du Maréchal Leclerc BP 5501 - 83097 TOULON Cedex
☎ 04 94 22 80 00 – Fax 04 94 22 80 01
www.var.cci.fr

Toulouse, agglomération (Haute-Garonne) p. 298

Toulouse, centre p. 78

+ informations

Comité Régional du Tourisme de Midi-Pyrénées
54 bd de l'Embouchure BP 2166 - 31022 TOULOUSE Cedex 2
☎ 05 61 13 55 55 – Fax 05 61 47 17 16
Email : crt.midi-pyrenees@wanadoo.fr
www.crt-midi-pyrenees.fr

Comité Départemental du Tourisme de Haute-Garonne
14 rue Bayard - BP 845 - 31015 TOULOUSE Cedex 06
☎ 05 61 99 44 00 – Fax 05 61 99 44 19
Email : bienvenue@cdt-haute-garonne.fr
www.tourisme-haute-garonne.com

Office de Tourisme de Toulouse
Donjon du Capitole - BP 38001 31080 TOULOUSE Cedex 6
☎ 05 61 11 02 22 – Fax 05 61 23 74 97
E.mail : infos@ot-toulouse.fr
www.ot-toulouse.fr

Aéroport de Toulouse – Blagnac
Situation : 8 km au nord-ouest de Toulouse – Accès par A 621
Adresse : BP 90103 - 31703 BLAGNAC Cedex
☎ 0825 380 000 – Fax 05 61 42 45 20
www.toulouse.aeroport.fr

Chambre de Commerce et d'Industrie de Toulouse
2 rue Alsace-Lorraine BP 10202 - 31002 TOULOUSE Cedex 6
☎ 05 61 33 65 00 – Fax 05 61 55 41 26
www.toulouse.cci.fr

Toulouse, centre
p. 298

(Haute-Garonne)

TOULOUSE

Tours *(Indre-et-Loire)*

p. 151

TOURS

Amandiers (R. des) .... CY 4
Berthelot (R.) .... BCY 7
Bons Enfants (R. des) .... BY 8
Bordeaux (R. de) .... CZ
Boyer (R. Léon) .... AZ 10
Briçonnet (R.) .... AY 13
Carmes (Pl. des) .... BY 16
Châteauneuf (Pl. de) .... BY 17
Châteaunuef (R. de) .... AY 18
Coeur-Navré (Passage du) .... CY 21
Commerce (R. du) .... BY
Constantine (R. de) .... BY 24
Corneille (R.) .... CY 25
Courier (R. Paul-Louis) ..... BY 27
Courteline (R. G.) .... AY 28
Cygne (R. du) .... CY 29
Descartes (R.) .... BZ 33
Dolve (R. de la) .... BZ 35
Favre (R. Jules) .... BY 38
Fusillés (R. des) .... BY 41
Gambetta (R.) .... BZ 43
Giraudeau (R.) .... AZ 46
Grammont (Av. de) .... CZ
Grand-Marché (Pl. du) .... AY 49
Grand Passage .... CZ 50
Grégoire-de-Tours (Pl.) ..... DY 52
Grosse-Tour (R. de la) ...... AY 55
Halles (Pl. des) .... AZ
Halles (R. des) .... BY
Herbes (Carroi aux) .... AY 56
Lavoisier (R.) .... CY 60
Manceau (R.) .... DY 61
Marceau (R.) .... BYZ
Merville (R. du Prés.) ...... BY 65
Meusnier (R. Gén.) .... DY 66
Monnaie (R. de la) .... BY 68
Mûrier (R. du) .... AY 71
Nationale (R.) .... BYZ
Paix (R. de la) .... BY 73
Petites-Boucheries (Pl. des) ... DY 80
Petit-Cupidon (R. du) .... DY 77
Petit-St-Martin (R. du) ..... AY 78
Racine (R.) .... DY 84
Rapin (R.) .... AZ 85
St-Pierre-le-Puellier (Pl.) ... ABY 93
Scellerie (R. de la) .... BCY
Sully (R. de) .... BZ 96
Victoire (Pl. de la) .... AY 103
Vinci (R. Léonard de) .... BZ 104

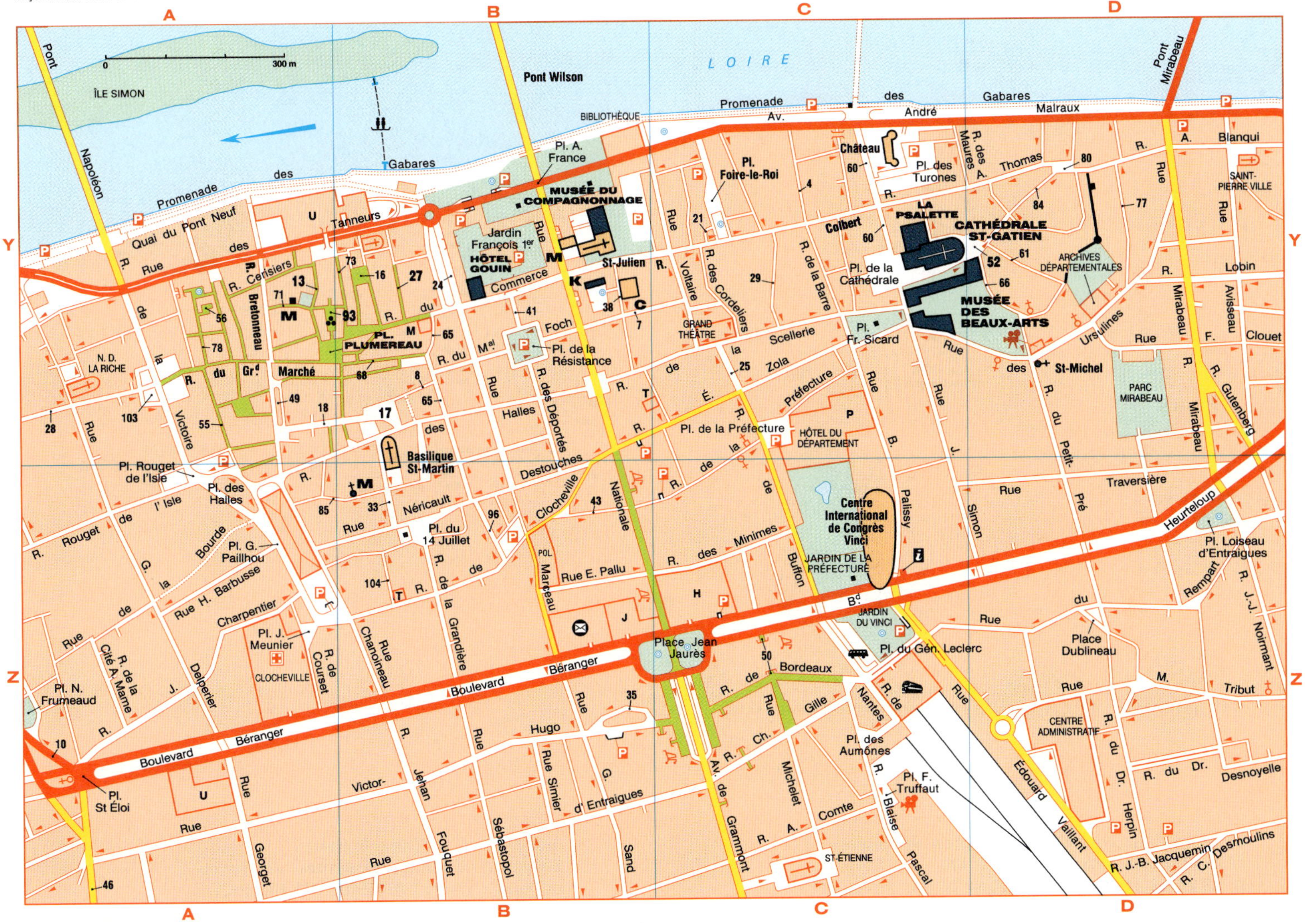

+ informations

Comité Départemental du Tourisme de Touraine
30, rue de la Préfecture - BP 3217 - 37032 TOURS Cedex
☎ 02 47 31 47 48 – Fax 02 47 31 42 76
Email : info@tourism-touraine.com
www.tourism-touraine.com

Office de Tourisme de Tours
78-82, rue Bernard Palissy, 37000 TOURS
☎ 02 47 70 37 37 – Fax 02 47 61 14 22
Email : info@ligeris.com
www.ligeris.com

Aéroport Tours-Val-de-Loire
Situation : 6 km au nord-nord-est de Tours
Adresse : 40, rue de l'aéroport 37100 TOURS
☎ 02 47 49 37 00 – Fax 02 47 42 59 45
www.tours-aeroport.fr

Chambre de Commerce et d'Industrie de Touraine
4 bis rue Jules Favre BP 41028 - 37010 TOURS Cedex
☎ 02 47 47 20 00 – Fax 02 47 61 62 38
www.touraine.cci.fr

Troyes *(Aube)*

p. 91

TROYES

Anatole-France (Av.) . . . . **AX** 2
Brossolette (Av. Pierre) . . . . **AX** 6
Buffard (Av. M.) . . . . **AV** 8
Chanteloup (R. de) . . . . **AX** 9
Clemenceau (R. G.) . . . . **AV** 12
Croix-Blanche (R. de la) . . . . **AX** 13
Croncels (R. du Faubourg) . . **AX** 14
Jean-Jaurès (Av.) . . . . **AV** 18
Lattre-de-Tassigny (Av. Mar.-de) . . . . **AV** 21
Leclerc (Av. Gén.) . . . . **AV** 22
Marots (R. des) . . . . **AV** 24
Noës (R. des) . . . . **AX** 26
Notre-Dame-des-Prés (R.) . . . . **AX** 27
Pasteur (R.) . . . . **AV** 32
Salengro (Av. Roger) . . . . **AV** 36
Salengro (R. Roger) . . . . **AV** 37
Schuman (Av. Robert) . . . . . **AV** 38
Vouldy (Chaussée du) . . . . . **AX** 42
1er Mai (Av. du) . . . . **AV** 48

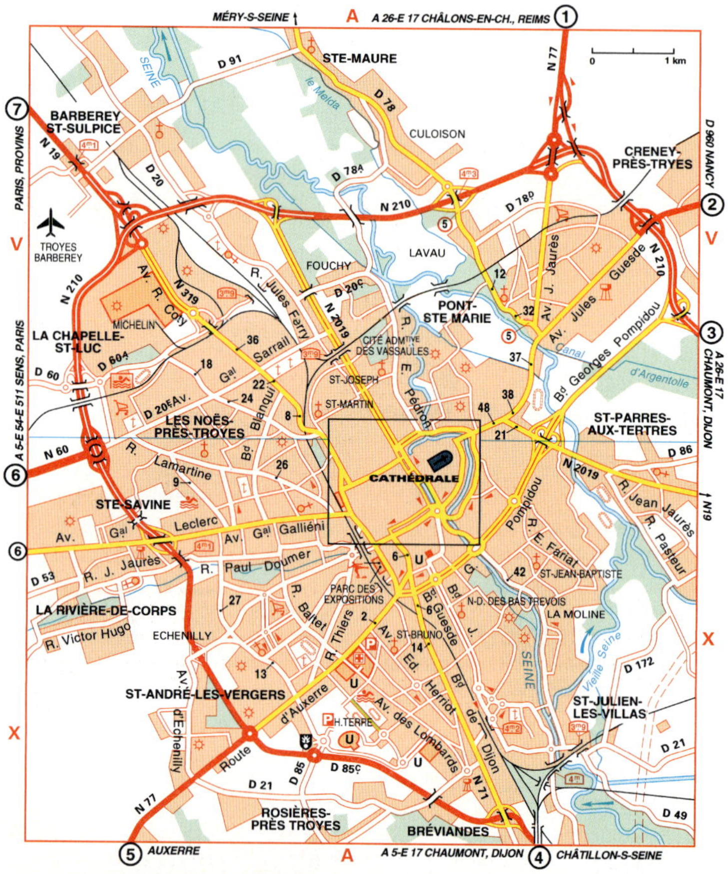

TROYES

Boucherat (R.) . . . . **CY** 4
Champeaux (R.) . . . . **BZ** 12
Charbonnet (R.) . . . . **BZ** 13
Clemenceau (R. G.) . . . . **BCY** 15
Comtes-de-Champagne (Q. des) . . . . **CY** 16
Dampierre (Quai) . . . . **BCY** 17
Delestraint (Bd Gén.-Ch.) . . . . . **BZ** 18
Driant (R. COl.) . . . . **BZ** 20
Girardon (R.) . . . . **CY** 22
Hennequin (R.) . . . . **CY** 23
Huez (R. Claude) . . . . **BYZ** 27
Israël (Pl. Alexandre) . . . . **BZ** 28
Jaillant-Deschaînets (R.) . . . . . **BZ** 29
Jean-Jaurès (Pl.) . . . . **BZ** 31
Joffre (Av. Mar.) . . . . **BZ** 33
Langevin (Pl. du Prof.) . . . . **BZ** 35
Libération (Pl. de la) . . . . **CZ** 49
Marché aux Noix (R. du) . . . . . . **BZ** 36
Michelet (R.) . . . . **CY** 39
Molé (R.) . . . . **BZ** 44
Monnaie (R. de la) . . . . **BZ** 45
Paillot-de-Montabert (R.) . . . . . . **BZ** 47
Palais-de-Justice (R.) . . . . **BZ** 48
République (R. de la) . . . . **BZ** 51
St-Pierre (Pl.) . . . . **CY** 52
St-Rémy (Pl.) . . . . **BY** 53
Siret (R. Nicolas) . . . . **CZ** 79
Synagogue (R. de la) . . . . **BZ** 54
Tour-Boileau (R. de la) . . . . **BZ** 59
Trinité (R. de la) . . . . **BZ** 60
Turenne (R. de) . . . . **BZ** 61
Voltaire (R.) . . . . **BZ** 64
Zola (R. Émile) . . . . **BCZ**
1er-R.A.M. (Bd du) . . . . **BZ** 69

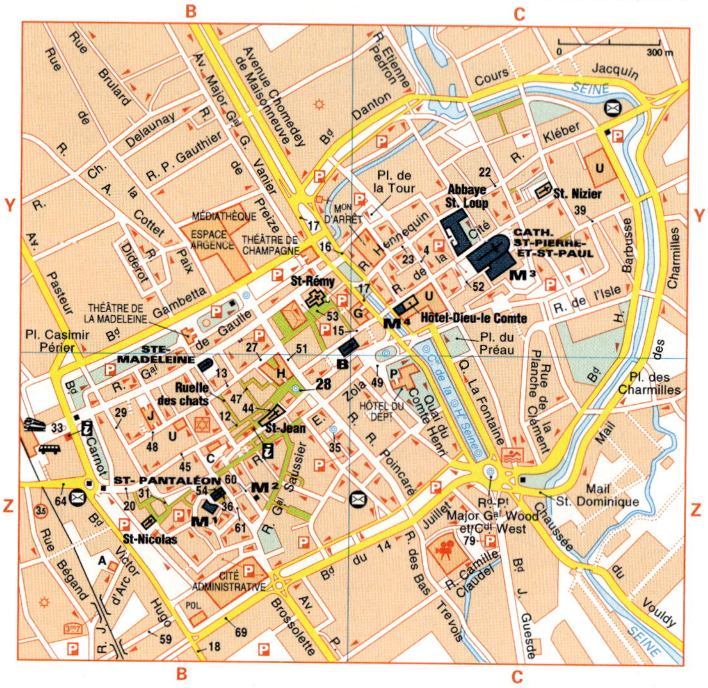

+ informations

Comité Départemental du Tourisme de l'Aube
34 quai Dampierre, 10000 TROYES
☎ 03 25 42 50 00 – Fax 03 25 42 50 88
Email : aube-champagne@cg10.fr
www.aube-champagne.com

Office de Tourisme de Troyes
16, boulevard Carnot B.P.4082 -10000 TROYES
☎ 03 25 82 62 70 – Fax 03 25 73 06 81
Email : contact@ot-troyes.fr - contact@tourisme-troyes.com
www.tourisme-troyes.com

Aéroport de Troyes – Barberey
Situation : 5 km au nord-ouest de Troyes
Adresse : 10600 BARBEREY ST SULPICE
☎ 03 25 71 79 00 – Fax 03 75 25 71 79 09
Email : aeroport@troyes.cci.fr
www.troyes.cci.fr

Chambre de Commerce et d'Industrie de Troyes et de l'Aube
10 place Audiffred BP 706 - 10001 TROYES
☎ 03 25 43 70 00 – Fax 03 25 43 70 43
www.troyes.cci.fr

Valenciennes (Nord)

p. 9

VALENCIENNES

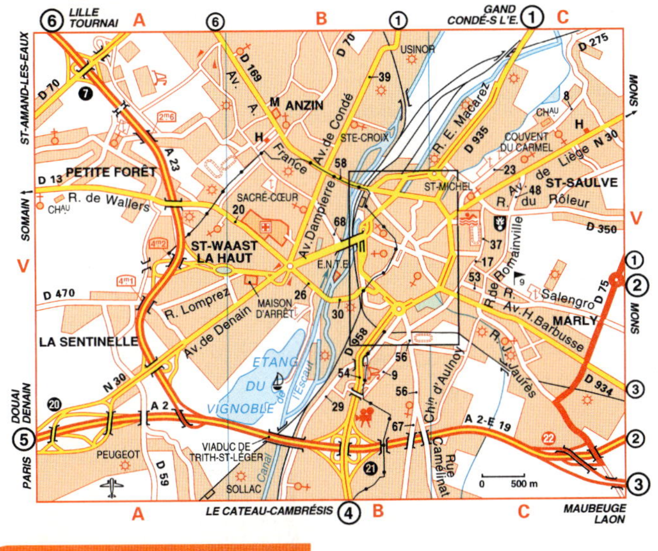

+ informations

Office du Tourisme du Valenciennois
1 rue Askievre
59300 VALENCIENNES
03 27 28 89 10 – Fax 03 27 28 89 11
Email : otduvalenciennois@wanadoo.fr
www.ville-valenciennes.fr

Chambre de Commerce et d'Industrie du Valenciennois
3-5 avenue Sénateur Girard BP 577 -
59308 VALENCIENNES Cedex
03 27 28 40 40 – Fax 03 27 28 40 39
www.valenciennes.cci.fr

Vannes (Morbihan)

p. 124

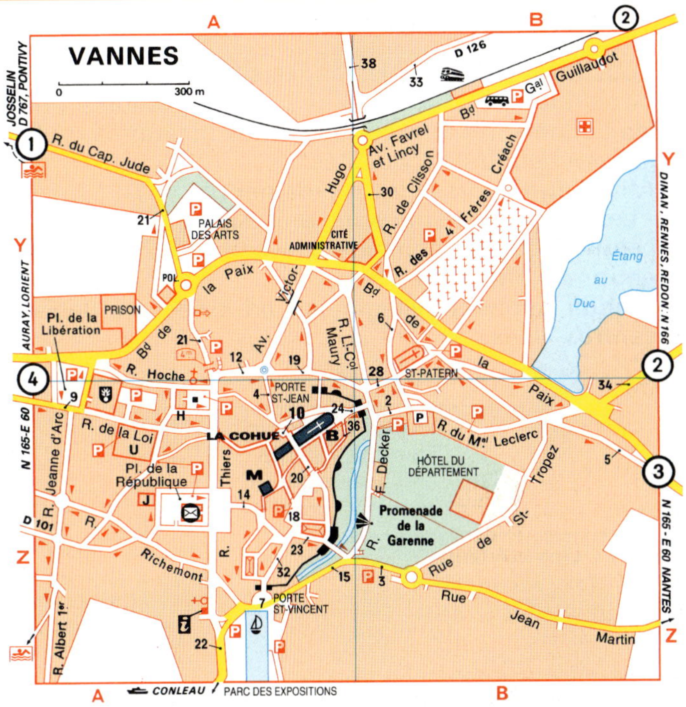

+ informations

Comité Départemental de Tourisme du Morbihan
Allée Nicolas Le Blanc BP 408 - 56010 VANNES Cedex
08 25 13 56 56 – Fax 02 97 54 27 92
Email : tourism@morbihan.com
www.morbihan.com

Office de Tourisme du Pays de Vannes
1, rue Thiers, 56000 VANNES
3265 dites « Vannes » ou 02 97 47 24 34
Fax 02 97 47 29 49
Email : info@tourisme-vannes.com
www.tourisme-vannes.com

Les bonnes adresses de Bibendum sur la route

Les longs trajets peuvent parfois paraître ennuyeux, voire stressants si la circulation est dense... Un petit ou un grand creux ? Une envie d'évasion pour une halte-déjeuner agréable ou une bonne soirée de repos ? Bibendum a pensé à vous.

Vous trouverez dans les pages suivantes, mille adresses de restaurants, d'hôtels et de chambres d'hôtes, pour tous les budgets, répartis sur 60 grands itinéraires routiers ou autoroutiers très fréquentés.
Afin d'être accessibles rapidement :
- ces établissements sont tous situés à une dizaine de kilomètres d'un échangeur autoroutier ou de la route nationale empruntée
- nous avons privilégié les adresses en dehors des centres-villes.

Distance à parcourir depuis la sortie d'autoroute

Carte au 1/1 000 000 pour repérer les sorties d'autoroute et visualiser l'itinéraire dans son ensemble

Des couleurs pour reconnaître un établissement :
Restaurant
Hôtel
Chambres d'hôte

8
Les bonnes adresses de Bibendum sur la route

PARIS><CHÂLONS-EN-CHAMPAGNE
A 4
Sortie 44
Des Vosges – 6 km
- 70 B2 - 149 rue Ackermann - 57820 LUTZELBOURG -
03 87 25 30 09 - info@hotelvosges.com. N 4 dir. Phalsbourg, à droite D 38 puis r. Charles-Ackermann.

Tarifs pratiqués
Restaurants

	Restaurants	Hôtels
⛁	< 16€	< 40€ (<60€)
⛁⛁	16€-25€ (16-30€)	40€-65€ (60-90€)
⛁⛁⛁	25€-45€ (30-50€)	65€-100€ (90-130€)

Prestations proposées :
- Parking réservé à la clientèle
- Menu enfant
- Repas servi en terrasse
- Jardin d'agrément
- Vue Exceptionnelle
- Climatisation

Page de l'atlas et carreau de repérage de la ville d'arrivée

Mentions d'accès :
Elles vous aident à pré-visualiser votre trajet sur les pages de l'atlas au 1/200 000 afin d'atteindre l'établissement plus rapidement.

Listes des chaînes de restaurant et hôtel voir page 67

I

BELGIQUE
BRUXELLES BRUSSEL
Dover
Dunkerque
Calais
Boulogne-sur-Mer
Le Touquet
A 16-A 25
LILLE-DUNKERQUE-CALAIS
p. 3
Gent
Tourcoing
LILLE
Tournai
St-Omer
A 26
CALAIS-ARRAS
p. 6
Béthune
p. 4
A 16
PARIS-AMIENS-CALAIS
Arras
Valenciennes
Namur
Charleroi
Sambre
A 1
PARIS-LILLE-TOURCOING
p. 2
Cambrai
A 2
PARIS-VALENCIENNES
p. 6
A 28-A 29
ABBEVILLE-HONFLEUR-A 13
p. 65
Abbeville
Dieppe
Somme
Amiens
A 29
St-Quentin
Givet
Charleville-Mézières
A 26
ARRAS-REIMS
p. 7
Sedan
N 27
A 13-ROUEN-DIEPPE
p. 65
Le Havre
Yvetot
Rouen
A 13
PARIS-CAEN
p. 61
Bernay
Evreux
Eure
Seine
Mantes
Pontoise
Beauvais
Senlis
Compiègne
Soissons
Aisne
Laon
Rethel
N 51-A 34
REIMS-SEDAN
p. 9
Reims
Château-Thierry
Marne
Meaux
A 4
PARIS-CHÂLONS-en-CH.
p. 8
Châlons en-Champagne
PARIS
Versailles
Melun
Fontainebleau
A 10
A 11
PARIS-LE MANS-NANTES
p. 54
Chartres
A 6
Sens
Troyes
A 26
CHÂLONS-en-CH. TROYES
p. 10
St-Dizier
Seine
Yonne
A 5
PARIS-LANGRES
p. 16
Chaumont
Langres
le Mans
Sarthe
A 10
PARIS-TOURS
p. 44
Montargis
Vendôme
Orléans
Loir
Loire
Blois
p.56
N 152-A 85
TOURS-ANGERS
Tours
p. 56
A 85-N 76
VIERZON-TOURS
Vierzon
Cher
Bourges
A 71
Cosne-s-Loire
A 6
PARIS-BEAUNE
p. 24
Auxerre
Avallon
A 6-A 77
PARIS-NEVERS-CLERMONT-FERRAND
p. 36
Nevers
Dijon
Beaune
A 10
TOURS-BORDEAUX
p. 45
Châtellerault
Poitiers
Châteauroux
St-Amand-Montrond
Argenton-s-Creuse
A 71
ORLÉANS-BOURGES-CLERMONT-FERRAND
p. 38
A 20
VIERZON-LIMOGES
p. 41
Vienne
Creuse
Guéret
Moulins
N 7
N 9
Vichy
Roanne
Loire
A 6
BEAUNE-LYON
p. 26
Chalon-s-Saône
Saône
Mâcon
Bourg-en-Bresse
Limoges
Angoulême
A 89
BORDEAUX-BRIVE-CLERMONT-FERRAND
Clermont-Ferrand
Riom
Thiers
A 72-A 47
CLERMONT-FD ST-ETIENNE LYON
p. 49
LYON
Givors
St-Etienne
Issoire
Ussel
Uzerche
p. 48
A 89
BORDEAUX-BRIVE-CLERMONT-FERRAND
48
Tulle
Brive-la-Gaillarde
Périgueux
Bergerac
Dordogne
A 20
LIMOGES BRIVE MONTAUBAN
p. 42
A 75
CLERMONT-FERRAND PÉZENAS (A 9)
p. 39
St-Flour
Brioude
Allier
le Puy-en-Velay
Tournon
A 7
LYON-ORANGE
p. 28
Valence
Drôme
Die
Marmande
Figeac
Lot
Cahors
Aveyron
Villefranche-de-Rouergue
Rodez
Mende
Florac
Aubenas
Ardèche
Montélimar
Agen
Montauban
Castelsarrasin
Tarn
Albi
Millau
A 9
ORANGE-NIMES-MONTPELLIER
p. 34
Gard
Orange
p. 29
Avignon
Nîmes
Arles
62
EAUX-OUSE
p. 50
Auch
TOULOUSE
A 61
TOULOUSE-NARBONNE
p. 53
Montpellier
Pézenas
Béziers
Sète
Castelnaudary
Aude
Carcassonne
Narbonne
Tarbes
St-Gaudens
Garonne
Pamiers
Ariège
Foix
A 66-N 20
TOULOUSE-AX-LES-THERMES
Ax-les-Thermes
Bagnères-de-Luchon
ANDORRA
A 9
MONTPELLIER-LE PERTHUS
p. 35
Perpignan
Céret
Cerbère
MÉDITERRANÉE
Koblenz
Rhein
Wiesbaden
Mainz
FRANKFURT a.M.
Würzburg
Trier
LUXEMBOURG
Mosel
Arlon
Luxembourg
Longwy
A 31
LUXEMBOURG-NANCY-DIJON
p. 11
Thionville
Verdun
Metz
Mannheim
Heidelberg
Kaiserslautern
Saarbrücken
Sarreguemines
Karlsruhe
STUTTGART
A 4
CHÂLONS-en-CH. STRASBOURG
p. 9
Haguenau
Lauterbourg
Meuse
Moselle
Toul
Nancy
Lunéville
Saverne
STRASBOURG
A 35
LAUTERBOURG-STRASBOURG-COLMAR-BASEL
p. 13
St-Dié
A 31
LUXEMBOURG-NANCY-DIJON
p. 11
Colmar
Freiburg i.B.
Thann
Mulhouse
Schaffhausen
Bodensee
Bregenz
A 36
MULHOUSE-BESANÇON-BEAUNE
p. 15
Belfort
Montbéliard
Basel
Rhein
Zürich
Besançon
Doubs
Biel
Solothurn
Luzern
Neuchâtel
Bern
SUISSE
Rhein
Dole
A 39
DIJON-BOURG-EN-BRESSE LYON
p. 17
Lons-le-Saunier
Fribourg
Interlaken
Lausanne
Léman
A 40
MÂCON-BOURG-EN-BR.-ANNEMASSE
p. 18
Genève
Annemasse
A 40
ANNEMASSE-CHAMONIX
p. 19
Brig
Rotten
Bellinzona
Lugano
Chamonix-Mont-Blanc
Stresa
Varese
Nantua
Annecy
A 42
Rhône
Aix-les-B.
A 41
ANNEMASSE-CHAMBÉRY-GRENOBLE
p. 20
Aosta/Aoste
MILANO
Chambéry
A 43-A 48
LYON-GRENOBLE
p. 21
Isère
A 43
LYON-CHAMBÉRY-MODANE
p. 21
St-Jean-de-Maurienne
Modane
Grenoble
Tunnel du Fréjus
Susa
TORINO
Po
ITALIA
Briançon
N 85
Gap
p. 22
N 85-A 51
GRENOBLE-GAP-AIX-EN-PROVENCE-MARSEILLE
p. 29
Sisteron
Genova
Cuneo
Savona
Tende
Alassio
Digne-les-Bains
Durance
A 51
A 7
ORANGE-MARSEILLE
Manosque
Castellane
Var
Grasse
San Remo
Menton
Nice
Cannes
A 8
LANÇON-LE LUC
p. 30
Salon-de-P.
Aix-en-Provence
Brignoles
Fréjus
St-Tropez
p. 32
A 8
LE LUC-MENTON
Martigues
MARSEILLE
Toulon
p. 31
A 50-A 57
MARSEILLE-TOULON-LE LUC
Bastia
N 193
BASTIA-AJACCIO
Corte
p. 66
Aléri
Ajaccio
N 198
BASTIA-BONIFACIO
Propriano
Sartène
Porto-Vecchio
Bonifacio

PARIS><TOURCOING

A 1

Sortie 7

Auberge Les Étangs – 11 km
– 38 BE23 - 1 rue du Clos-des-Vignes - 60580 Coye-la-Forêt - 03 44 58 60 15 - francoise.colagiacomo@wanadoo.fr. *D 16 dir. Chantilly, à droite N 17, à gauche r. du Stade puis D 118.*

Sortie 8

Hostellerie de la Porte Bellon – 3.5 km
– 39 BF22 - 60300 Senlis - 03 44 53 03 05 - www.portebellon.com – *N330 dir. Creil, à gauche N17, dir. Senlis puis à gauche r. Bellon.*

Auberge des Trois Canards – 5 km
- 39 BF22 - 3 pl. de l'Église - 60810 Ognon - 03 44 54 41 21 - www.troiscanards.fr. *N 330 dir. Senlis, à droite D 932, à droite D 26 puis à droite r. de la Forêt.*

Sortie 9

Auberge de Normandie – 3,5 km
- 39 BG21 - 26 rue de la Pêcherie - 60410 Verberie - 03 44 40 92 33 - christiane.maletras @wanadoo.fr. *D 155 dir. Verberie, à droite D 26, à gauche r. du Port, à droite r. Jean-Dhours, à droite r. St-Pierre puis à droite r. de la Pêcherie.*

La Maison du Gourmet – 8 km
- 39 BG20 - 1 rue de la République - 60880 Le Meux - 03 44 91 10 10.*D 200 dir. Compiègne puis à gauche D 98.*

Sortie 12

Le Florentin et Hôtel Central – 1,5 km
23 BG17 - 36 rue d'Amiens - 80700 Roye - 03 22 87 11 05.*D 934 dir. Roye puis D 34.*

Sortie 13.1

Hostellerie des Remparts – 8 km
- 23 BH14 - 23 r. Beaubois - 80200 Péronne - 03 22 84 01 22.*D 938 dir. Péronne-centre.*

Sortie 14

La Paix – 1 km
13 BG12 - 11 avenue Abel-Guidet - 62450 Bapaume - 03 21 07 11 03. *N 17 dir. Bapaume.*

Sortie 16

Air Accueil – 7 km
- 14 BI10 - Route Nationale 50 - 62117 Brebières - 03 21 50 01 02. *N 50 dir. Brebières.*

Sortie 17

Au Turbotin – 8,5 km
8 BI9 - 9 r. de la Massue - 59500 Douai - 03 27 87 04 16. *N 43 dir. Douai, r. d'Esquerchin, à gauche r. St-Samson/r. de la Cloche puis à droite r. de la Massue.*

Sortie 19

L'Escale des Flandres – 4 km
- 8 BI7 - 59 r. Carnot - 59113 Seclin - 03 20 90 09 59 - escale-flandres@wanadoo.fr. *D 549 dir. Seclin, D 952, à droite pl. de Stalingrad, à droite r. Maurice-Bouchery puis à gauche r. Marx-Dormoy.*

Aux Rois Fainéants – 5 km
- 8 BI7 - 4 r. Seclin - 59139 Noyelles-les-Seclin - 03 20 90 10 73 - www.lesroisfaineants.fr. *D 549 dir. Seclin puis D 952.*

Sortie 20

As Hôtel – 0,5 km
- 8 BI7 - 98 r. Louis-Braille - 59790 Ronchin - 03 20 53 05 05 - www.ashotel.com. *D 48 dir. Ronchin, à droite r. Louis-Braille.*

N 356

Sortie 6

La Salle à Manger – 0,5 km
8 BI6 - 99 rue Delcenserie - 59700 à Marcq-en-Baroeul - 03 20 65 21 19. *Sortie. Marcq-en-Baroeul, et bd Clemenceau à gauche.*

A 22

Sortie 9

Abri du Passant – 4 km
- 9 BJ6 - 14 r. Vauban - 59100 Roubaix - 03 20 11 07 62 - www.ifrance.com/abri-du-passant/. r. Jean-Jaurès *dir. Roubaix-centre, à droite N 450 (av. de Flandre) puis à gauche r. Vauban.*

L'Auberge de Beaumont – 5 km
- 9 BJ6 - 143 r. Beaumont - 59100 Roubaix - 03 20 75 43 28. r. Jean-Jaurès *dir. Roubaix-centre, à droite av. de Flandre, à droite r. d'Hem, à gauche av. de Flandre, à gauche r. Verte, r. de Barbieux, à droite r. de Dammartin puis à droite r. de Beaumont.*

Sortie 10

L'Impératrice Eugénie – 2,5 km
- 9 BJ6 - 22 pl. de la Liberté - 59100 Roubaix - 03 28 33 75 95 - www.imperatrice-eugenie.com. *av. Pierre-Boileau dir. Roubaix, à droite bd de la République, à gauche r. d'Alsace/av. des Nations-Unies, à droite r. Jean-Monnet puis à droite pl. de la Liberté.*

Sortie 15

La Baratte – 1 km
- 5 BJ5 - 395 r. Clinquet - 59200 Tourcoing - 03 20 94 45 63 - la.baratte@wanadoo.fr. *av. d'Amsterdam dir. Tourcoing-centre, à droite Rd-Pt du Forest, chemin du Beau-Séjour/r. Beau-Séjour puis à gauche r. du Clinquet.*

LILLE > < DUNKERQUE > < CALAIS

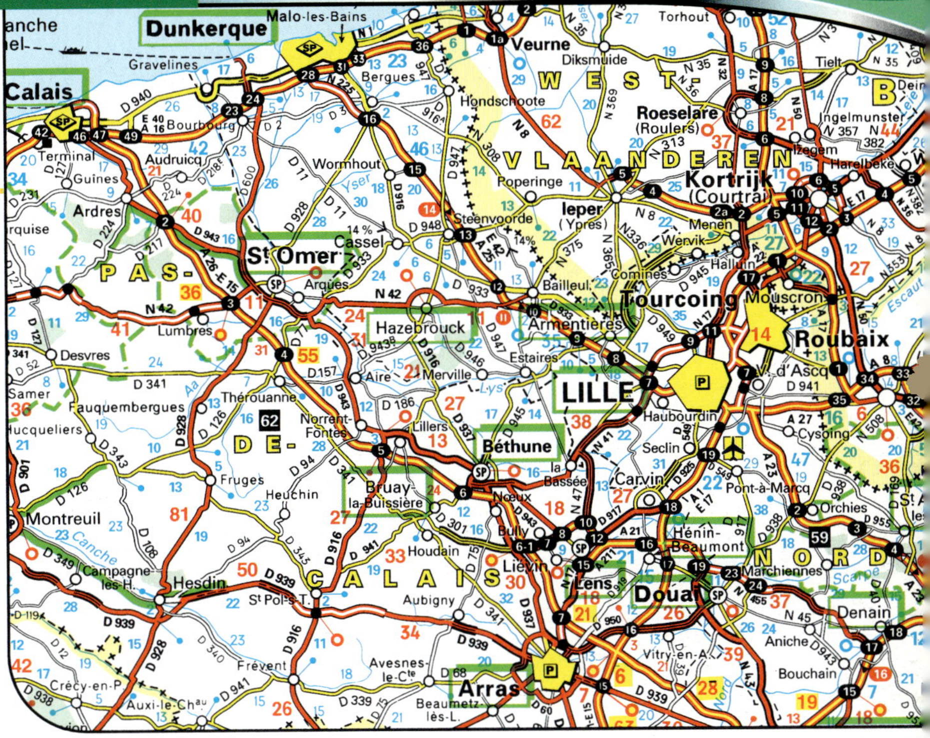

A 25

Sortie 3

Nord Hôtel – 1,5 km
P - 8 BI6 - 48 r. du Fg-d'Arras - 59000 Lille - 03 20 53 53 40 - www.nord-hotel.com. *à Lille D 750 puis D 549.*

Le Bistrot de Pierrot – 2,5 km
8 BI6 - 6 pl. de Béthune - 59000 Lille - 03 20 57 14 09 - pierrot@bistrot-de-pierrot.com. *à Lille bd Victor-Hugo, à droite r. de Cambrai, à gauche bd Jean-Baptiste-Lebas, à gauche bd de la Liberté puis à droite pl. Richebé.*

Omnia – 3 km
8 BI6 - 9 r. Esquermoise - 59800 Lille - 03 20 57 55 66. *à Lille bd Victor-Hugo, à droite r. de Cambrai, à gauche bd Jean-Baptiste-Lebas/bd Papin, à droite pl. Simon-Vollant, r. de Paris, à droite r. des Ponts-de-Comines, à gauche r. Faidherbe, à gauche r. des Manneliers, à droite pl. du Gén.-de-Gaulle puis à droite r. Esquermoise.*

A 16

Sortie 31

Soubise – 1,5 km
P - 3 BD2 - 49 rte de Bergues - 59210 Coudekerque-Branche - 03 28 64 66 00 - restaurant.soubise@wanadoo.fr. *D 916 dir. Coudekerque-Branche, à gauche r. des Forts puis à gauche rte de Bergues.*

L'Estouffade – 4 km
3 BD2 - 2 quai de la Citadelle - 59140 Dunkerque - 03 28 63 92 78. *D 916 dir. Dunkerque, N 1, r. de l'Écluse de Bergues, r. des Fusiliers-Marins, quai des Hollandais, à gauche pl. du Minck puis à droite r. du Leughenaer/r. de la Petite-Chapelle.*

Le Corsaire – 4 km
3 BD2 - 6 quai de la Citadelle - 59140 DUNKERQUE - 03 28 59 03 61 - corsairedk@free.fr. *D 916 dir. Dunkerque, N 1, r. de l'Écluse de Bergues, r. des Fusiliers-Marins, quai des Hollandais, à gauche pl. du Minck puis à droite r. du Leughenaer/r. de la Petite-Chapelle.*

Taverne Le Bruegel – 7 km
3 BD3 - 1 r. du Marché-aux-Fromages - 59380 Bergues - 03 28 68 19 19 - www.lebruegel.com. *D 916 dir. Bergues, à gauche D 3, à gauche quai des Maçons puis à droite pl. du Marché-aux-Fromages.*

Au Tonnelier – 7 km
P - 3 BD3 - 4 r. du Mont-Piété - 59380 Bergues - 03 28 68 70 05. *D 916 dir. Bergues puis à gauche D 3 (r. de l'Arsenal/r. Faidherbe).*

Sortie 24

Middel Houck – 7 km
3 BC3 - Place du Village - 59630 Brouckerque - 03 28 27 13 46 - middelhouck@wanadoo.fr. *D 600 dir. Brouckerque puis D 17.*

Sortie 23

Chambre d'hôte Le Withof – 4 km
P - 3 BC3 - Chemin du Château - 59630 Bourbourg - 03 28 62 32 50. *D 11 dir. Bourbourg, D 1, à droite r. du Château puis à droite chemin du Château.*

Chambre d'hôte Château de St-Pierre-Brouck – 9 km
P - 3 BC3 - 287 rte de la Bistade - 59630 St-Pierre-Brouck - 03 28 27 50 05 - www.lechateau.net. *D 11 dir. Bourbourg, D 1, à droite r. de la Chapelle puis r. de la Bistade.*

Sortie 22

Le Turbot – 5 km
3 BB2 - 26 r. de Dunkerque - 59820 Gravelines - 03 28 23 08 54 - www.leturbot.com. *D 218 dir. Gravelines, à droite D 119, à gauche bd Salomé/r. de Calais, à droite r. André-Vanderghote, à gauche r. Catrice, à droite r. de la République puis à gauche r. Carnot.*

Sortie 20

La Boudinière – 8,5 km
P - 3 BB3 - 2691 rte de Waldam - 62215 Oye-Plage - 03 21 85 93 14 - www.laboudiniere.com. *D 940 dir. Oye-Plage, à gauche rte d'Offekerque puis à gauche rte de Waldam.*

Sortie 19

Chambre d'hôte Le Manoir du Meldick – 4,5 km
P - 2 BA3 - 2528 av. du Gén.-de-Gaulle, Fort-Vert - 62730 Marck - 03 21 85 74 34 - www.manoir-du-meldick.com. *D 247 dir. Transmarck-Ouest, à droite av. de Calais, à gauche av. de Verdun puis à droite av. du Gén.-de-Gaulle.*

Paris><Amiens><Calais

A 115

Sortie 3

Le Petit Castor – 1,5 km
58 BC24 - 68 r. de Paris - 95320 St-Leu-la-Forêt - 01 39 32 94 13. *à Saint-Leu-la-Forêt bd André-Bremont, à droite av. Jean-Rostand puis à gauche D 928.*

Échangeur N 184

Auberge Ravoux (Maison de Van Gogh) – 4 km
58 BC24 - Face à la mairie - 95430 Auvers-sur-Oise - 01 30 36 60 60 - info@vangoghfrance.com. *N 184 dir. Auvers-sur-Oise puis D 928.*

A 16

Sortie 11

Le Relais Fleuri – 4 km
- 38 BC23 - 61 bis r. St-Lazare - 95290 L'Isle-Adam - 01 34 69 01 85. *D 922 dir. L'Isle-Adam puis à droite ruelle St-Pierre.*

Sortie 13

Les Trois Toques – 4 km
38 BB22 - 21 r. Pierre-Curie - 60110 Méru - 03 44 52 01 15. *D 125 dir. Méru, bd de l'Esches, à droite r. Marcel-Coquet, à gauche r. Johannes-Gutenberg, à droite r. Paul-Vaillant-Couturier, à droite av. Victor-Hugo puis à gauche r. des Martyrs-de-la-Résistance/r. Pierre-Curie.*

Sortie 15

La Baie d'Halong – 2,5 km
38 BB20 - 32 r. de Clermont - 60000 Beauvais - 03 44 45 39 83. *N 31 dir. Beauvais-centre.*

Sortie 16

Le Globe – 8 km
- 22 BC18 - 12 rue de la République - 60120 Breteuil - 03 44 07 01 78. *D 930 dir. Breteuil, à gauche r. des Écoles, à droite r. d'Amiens puis à droite r. de la République.*

Sortie 22

L'Escale en Picardie – 3,5 km
11 AZ12 - 15 r. des Teinturiers - 80100 Abbeville - 03 22 24 21 51. *N 1 dir. Abbeville, chaussée du Bois, à droite pl. Clemenceau, à gauche r. des Capucins puis à gauche r. des Teinturiers.*

Sortie 24

Au Relais de la Maye – 6 km
P - 11 AY11 - R. Principale, à St-Firmin - 80550 Le Crotoy - 03 22 27 10 84. *N 1 dir. Berck-Plage, D 32, D 85 (rte d'Abbeville) puis à gauche D 938.*

Auberge de la Dune – 10,5 km
P - 11 AY11 - 80550 St-Firmin - 03 22 25 01 88. *N 1 dir. Berck-Plage, D 32, D 940 puis à gauche D 4.*

La Clé des Champs – 11 km
- 11 AY11 - Place des Frères-Caudron - 80120 Favières - 03 22 27 88 00. *N 1 dir. Le Crotoy, D 32, à droite D 940 puis à gauche D 140.*

Sortie 25

Chambre d'hôte La Chaumière – 5,5 km
- 6 AY9 - 19 r. du Bihen - 62180 Verton - 03 21 84 27 10 - www.alachaumiere.com. *D 303 dir. Verton, à droite r. de la Laiterie, à gauche D 143, à droite D 142 puis à gauche r. de la Tourberie.*

Le Darnétal – 8 km
6 AZ8 - Place de la Poissonnerie - 62170 Montreuil-sur-Mer - 03 21 06 04 87.*D 330 dir. Montreuil, à gauche N 1, à gauche D 901, à droite av. du Gén. Leclerc/porte de France, à gauche pl. du Gén.-de-Gaulle/r. Pierre-Ledent puis à droite pl. Darnétal.*

L'Écu de France – 8 km
- 6 AZ8 - 5 porte de France - 62170 Montreuil - 03 21 06 01 89.*D 330 dir. Montreuil, à gauche N 1, à gauche D 901 puis à droite av. du Gén. Leclerc/porte de France.*

La Verrière – 10 km
- 6 AX9 - Pl. du 18-Juin, à Berck-Plage - 62600 Berck-sur-Mer - 03 21 84 27 25 - casino-62berck@wanadoo.fr. *D 303 dir. Berck-sur-Mer, à droite D 940, bd de Paris, à droite av. du 8-Mai-1945 puis à gauche r. de l'Impératrice.*

Sortie 26

Aux Pêcheurs d'Étaples – 3,5 km
- 6 AY8 - Quai de la Canche - 62630 Étaples - 03 21 94 06 90. *N 39 dir. Étaples-centre, à droite r. d'Hérambault puis à droite pl. du Gén.-de-Gaulle.*

Pelouses – 7 km
- 6 AX8 - bd E. Labrasse - 62520 Le Touquet-Paris-Plage - 03 21 94 60 86 - hotel.des.pelouses@wanadoo.fr. *N 39 dir. Le Touquet-Paris-Plage-centre.*

Sortie 27

Les Cèdres – 7 km
- 6 AY7 - 64 rue du Vieux-Moulin - 62176 Camiers - 03 21 84 94 54 - hotel-cedres@wanadoo.fr. *D 308 dir. Camiers, à gauche D 940, r. de Ste-Cécile puis à droite r. du Vieux-Moulin.*

Brasserie L'Océan – 7,5 km
- 6 AX6 - 100 bd de la Mer - 62152 Hardelot-Plage - 03 21 83 17 98 - www.brasserie-ocean.fr. *D 308 dir. Hardelot-Plage, à droite D 940, D 119, à gauche av. John-Whitley, à gauche av. François-1er, à droite pl. de la Concorde, à gauche av. Fernand-Lesage, à gauche r. des Cygnes, av. de la Lande puis à droite bd de la Mer.*

Sortie 28

Auberge Chez Mémère Harlé – 9,5 km
6 AZ6 - Rte de Desvres - 62240 Wirwignes - 03 21 87 34 87 - memere-harlé@wanadoo.fr. *N 1 dir. Desvres, à gauche D 240, à droite D 341 puis à gauche D 238.*

Ferme-auberge du Blaisel – 10 km
- 6 AZ6 - Chemin de la Lombarderie - 62240 Wirwignes - 03 21 32 91 98 - www.fermeaubergedublaisel.com. *N 1 dir. Desvres, à gauche D 240 puis à droite D 341.*

Sortie 29

Le Doyen – 5 km
2 AY5 - 11 r. du Doyen - 62200 Boulogne-sur-Mer - 03 21 30 13 08. *N 416 dir. Boulogne-sur-Mer, à droite N 1, D 940, à droite r. de la Lampe/Grande-Rue puis à droite pl. Dalton.*

Sortie 30

Hôtel Faidherbe – 4 km
2 AY5 - 12 r. Faidherbe - 62200 Boulogne-sur-Mer - 03 21 31 60 93 - www.hotelfaidherbe.fr. *rte de Desvres dir. St-Martin-Boulogne, à gauche rte de St-Omer/av. du Mar.-de-Lattre-de-Tassigny, à droite r. de la Porte Neuve, à droite bd Auguste-Mariette, à droite r. de la Tour-Notre-Dame puis à gauche r. du Tertre/r. Faidherbe.*

Chambre d'hôte Le Clos d'Esch – 4,5 km
- 6 AY6 - 126 r. de l'Église - 62360 Echinghen - 03 21 91 14 34 - jp-boussemaere@wanadoo.fr. *D 341 dir. Desvres puis à droite D 234.*

Sortie 31

Ferme-auberge de la Raterie – 10,5 km
- 2 AZ5 - 1744 hameau de la Maloterie - 62720 Wierre-Effroy - 03 21 92 80 90 - www.ferme-auberge-laraterie.com. *N 42 dir. St-Omer, à droite D 232, à droite D 233, à gauche D 242 puis à droite D 238.*

Sortie 32

Epicure – 5 km
2 AY5 - 1 rue de la Gare - 62930 Wimereux - 03 21 83 21 83. *D 96 dir. Wimereux puis à droite D 940.*

Sortie 36

La Sirène – 8,5 km
- 2 AY4 - Route du Cap - 62179 Audinghen - 03 21 32 95 97.*D 191 dir. Audinghen puis D 940.*

Sortie 39

Chambre d'hôte La Grand'Maison – 5 km
- 2 AY3 - hameau de la Haute-Escalles - 62179 Escallles - 03 21 85 27 75 - lagrandmaison@infonie.fr. *D 243 dir. Peuplingues puis à gauche pl. de la Mairie.*

Sortie 43

Les Dunes – 3 km
- 2 AZ3 - 48 route Nationale - 62231 Blériot-Plage - 03 21 34 54 30 - p.mene@les-dunes.com. *D 940 dir. Blériot-Plage.*

Hôtel Victoria – 3,5 km
2 AZ3 - 8 r. du Cdt-Bonningue - 62100 Calais - 03 21 34 38 32 - hotel-victoria-calais.activehotels.com. *D 940 dir. Calais-centre, r. de Verdun, à droite av. Pierre-de-Coubertin, à gauche bd du 8 Mai, à droite bd de la Résistance, à droite bd des Alliés, à droite du Cdt-Charcot, à gauche r. de Thermes puis r. du Cdt-Bonningue.*

Aquar'aile – 3,5 km
- 2 AZ3 - 255 r. J.-Moulin - 62100 Calais - 03 21 34 00 00 - f.leroy@aquaraile.com. *D 940 dir. Calais-centre, bd Du Gén.-de-Gaulle, à gauche r. du Mar.-Juin puis r. Jean Moulin.*

CALAIS> <ARRAS

A 26

Sortie 2

Le François 1er – 8 km
2 BA4 - Place d'Armes - 62610 Ardres - 03 21 85 94 00 - lewandowski@lefrancois1er.com. *D 217 dir. Calais, à gauche N 43 puis à gauche D 231.*

Sortie 3

Le Vivier – 11 km
- 3 BC5 - 22 r. Louis-Martel - 62500 St-Omer - 03 21 95 76 00 - www.au-vivier-saintomer.com. *N 42 dir. St-Omer, à droite D 928, r. St-Eloi, à droite r. Henri-Dupuis, à gauche r. des Deux-Cantons, à gauche r. du Minck puis à droite r. Louis-Martel.*

Le Cygne – 11 km
3 BC5 - 8 r. Caventou - 62500 Saint-Omer - 03 21 98 20 52. *N 42 dir. St-Omer, à droite D 928, av. Léon-Blum, à gauche r. de la Libération, à droite r. d'Amiens/ r. d'Arras, à gauche r. Gambetta, à droite r. du Lycée puis à droite r. Caventou.*

Sortie 5

Le Buffet – 9 km
- 7 BE6 - Gare d'Isbergues - 62330 Isbergues - 03 21 25 82 40.

D 916 dir. Amiens, N 43, D 188, D 186 puis à droite D 187 (r. Jean-Jaurès).

Sortie 6

La Ripaille – 3,5 km
8 BF8 - 20 Grand'Place - 62400 Béthune - 03 21 56 22 33.*D 86 dir. Béthune, à droite N 43, D 937, à gauche r. Émile-Zola, à gauche r. d'Arras, à droite r. Aristide-Briand, à gauche av. Jean-Jaurès puis à gauche Grand-Place.*

Sortie 7

Hôtel Diamant – 1,5 km
P - 13 BG10 - 5 pl. des Héros - 62000 Arras - 03 21 71 23 23 - www.arras-hotel-diamant.com. *N 17 dir. Arras, à droite square Léon-Jouhaux, à gauche Grand'Place, à droite r. des Trois-Marteaux, à gauche r. de la Batterie puis à gauche pl. des Héros.*

La Table du Troubadour – 1,5 km
13 BG10 - 43 bd Carnot - 62000 Arras - 03 21 71 34 50. *N 17 dir. Arras, à gauche r. Gambetta puis à droite pl. du Mar.-Foch.*

Auberge du Cabaret Rouge – 6,5 km
P - 8 BG9 - 1 r. Carnot - 62153 Souchez - 03 21 45 06 10 - aubergebeaucamp@wanadoo.fr. *D 49 dir. Neuville-St-Vaast puis à droite D 937.*

Chambre d'hôte Le Clos Grincourt – 8 km
P - 13 BF10 - 18 r. du Château - 62161 Duisans - 03 21 48 68 33 - www.leclosgrincourt.com. *D 260 dir. Arras, N 25, à droite D 60, N 39 puis D 56.*

Restaurant Lyonnais – 9,5 km
P - 8 BG9 - Parc de la Glissoire - 62210 Avion - 03 21 70 04 03 - http://restaurantlyonnais.com. *N 17 dir. Lens puis à droite av. de la Glissoire.*

PARIS><VALENCIENNES

A 2

Sortie 14

Auberge Fontenoise – 3,5 km
14 BJ12 - Route Nationale 30 - 59400 Fontaine-Notre-Dame - 03 27 37 71 24 - auberge.fontenoise@wanadoo.fr. *N 30 dir. Fontaine-Notre-Dame-centre.*

L'Escargot – 4 km
- 14 BJ11 - 10 r. du Gén.-de-Gaulle - 59400 Cambrai - 03 27 81 24 54 - restaurantlescargot@wanadoo.fr. *N 30 dir. Cambrai, av. Georges-Pompidou, à droite bd de la Liberté, à gauche pl. de la Porte-de-Paris, à droite av. de la Victoire, à droite pl. Aristide-Briand puis à droite r. du Gén.-de-Gaulle.*

Sortie 20

Au Vieux Saint-Nicolas – 4,5 km
9 BL9 - 72 r. de Paris - 59300 Valenciennes - 03 27 30 14 93. *N 30 dir. Valenciennes, à droite pl. Carpeaux, à gauche r. Ferrand puis à droite r. de Paris.*

Sortie 21

Brasserie Arthur – 3 km – 9 BL9 - 46 bis r. Famars – 59300 Valenciennes - 03 27 46 14 15 – *jletouze@nordnet.fr. D958 à droite, Av. Georges Pompidou, bd Saly, puis à droite r. des Dentellières.*

L'Endroit – 3 km
9 BL9 - 69 rue du Quesnoy - 59300 Valenciennes - 03 27 42 99 23 - lionel.coint@wanadoo.fr. *à Aulnoy-lez-Valenciennes r. Jules-Mousseron, av. Georges-Pompidou, à droite pl. du Canada, bd Carpeaux, pl. Cardon puis à gauche r. du Quesnoy.*

Sortie 22.a

Chambre d'hôte Château d'En Haut – 8,5 km
P - 15 BM10 - Château d'en Haut - 59144 Jenlain - 03 27 49 71 80 - www.chateaudenhaut.fr.*st. N 49 dir. Bavay puis à gauche D 934.*

Sortie 25

Le Manoir de Tombelle – 3,5 km
P - 9 BM9 - 137 avenue Jean-Jaurès - 59920 Quiévrechain - 03 27 35 12 30.*D 50 dir. Quiévrechain puis à gauche N 30.*

ARRAS><REIMS

A 26

Échangeur A 1

Hôtel Le Manoir – 3,5 km
- 13 BH10 - 35 rte Nationale - 62580 Gavrelle - 03 21 58 68 58 - lemanoir62.com. *A 1 sortie 16, N 50, à gauche r. d'Oppy puis à droite D 33.*

Sortie 9

Chambre d'hôte Delcambre – 3,5 km
14 BJ13 - Ferme de Bonavis - 59266 Banteux - 03 27 78 55 08 - www.bonavis.fr. *D 917 dir. Banteux, à droite D 96 puis à gauche r. d'en-Haut.*

Sortie 10

Le Pot d'Étain – 2,5 km
- 24 BJ15 - Route Nationale 29 - 02760 Holnon - 03 23 09 34 35 - info@lepotdetain.fr. *N 29 à droite dir. Amiens puis à gauche D 681.*

Hôtel de France et d'Angleterre – 4 km
- 24 BK15 - 28 r. Émile-Zola - 02100 St-Quentin - 03 23 62 13 10 - hotel-france-angleterre@wanadoo.fr. *N 29 dir. Saint-Quentin-centre, D68 (r. de La Chaussée-Romaine), à gauche r. de Paris, à droite av. Faidherbe puis à droite r. Émile-Zola.*

Sortie 11

Hôtel du Château – 3 km
- 24 BK15 - 02100 Neuville-St-Amand - 03 23 68 41 82 - chateaudeneuville.st.amand@wanadoo.fr. *D 1 dir. Saint-Quentin-Sud, N 442, N 44 à droite, D 573 à gauche puis D 12 à gauche.*

Sortie 13

Hôtel du Commerce – 7,5 km
– 24 BM18 - 11 pl. des Droits-de-l'Homme -02000 Laon - 03 23 79 57 16 - *hotel.commerce.laon@wanadoo.fr* N2 dir. Laon, à droite D181.

Hostellerie Les Chevaliers – 7,5 km
24 BM18 - 5 r. Sérurier - 02000 Laon - 03 23 27 17 50 - hotelchevaliers@aol.com. *N 2 dir. Maubeuge, à droite D 181, D 967 (pl. Victor-Hugo), D5, à droite r. Méchain, à gauche r. du Père-Marquette-et-Louis-Joll, à gauche r. du Bourg, pl. du Gén.-Leclerc, puis à gauche r. Sérurier.*

La Petite Auberge – 7,5 km
24 BM18 - 45 boulevard Brossolette - 02000 Laon - 03 23 23 02 38 - w.marc.zorn@wanadoo.fr. *N 2 dir. Maubeuge puis à droite D 181.*

Sortie 14

Le Jardin – 8,5 km
- 41 BP20 - 22 rue Principale - 02190 Neufchâtel-sur-Aisne - 03 23 23 82 00 - lejardin@wanadoo.fr. *D 925 dir. Guignicourt, puis à droite D 966 (r. Principale).*

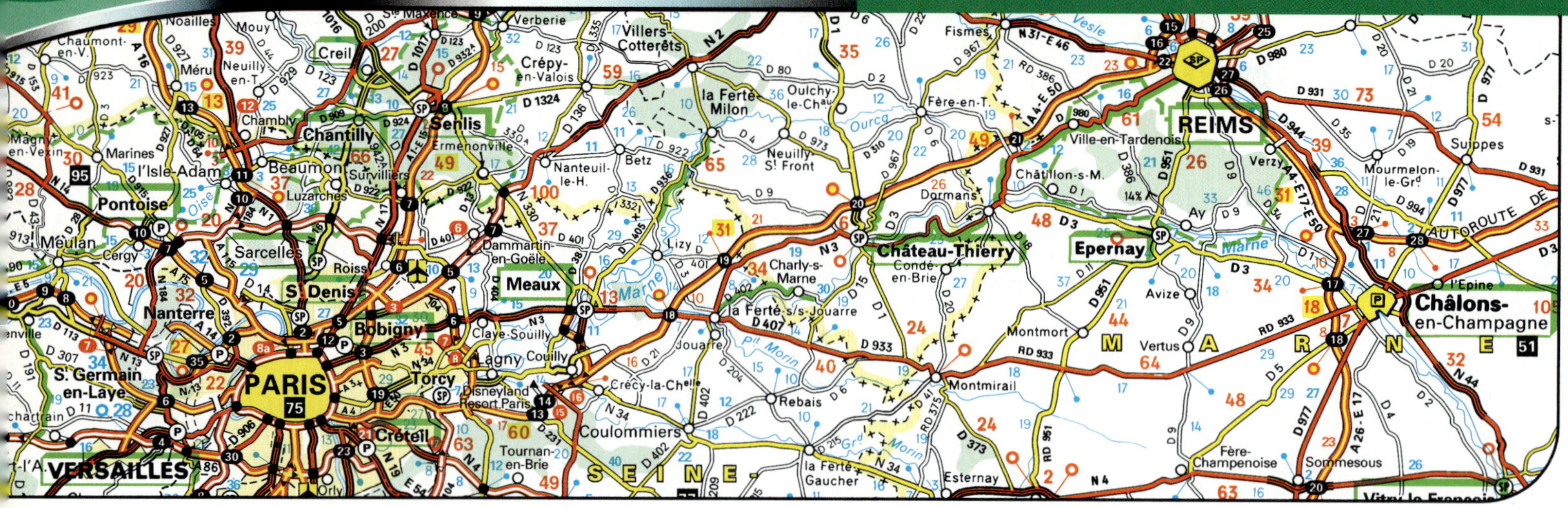

PARIS><CHÂLONS-EN-CHAMPAGNE

A 4

Échangeur N 104

Golf – 11 km
- **59 BF27** - Ferme-des-Hyverneaux - 77150 Lésigny - 01 60 02 25 26 - reservation@parisgolfhotel. *N 104 (la Francilienne) sortie 18 puis D35.*

Échangeur A 140

Le Cep – 2,5 km – **59 BH25** - 36 r du Tan – 77100 Meaux - 01 64 34 20 33- restaurantlecep@hotmail.fr. *N36 dir. Meaux, à droite N3 puis à droite r. Sauve Delanove.*

La Grignotière – 10,5 km
59 BH25 - 36 r. de la Sablonnière - 77100 Meaux - 01 64 34 21 48. A 140 dir. Meaux, r. François-de-Tessan, N 36, à droite r. des Fusiliers, à gauche D 405, r. Aristide Briand, à gauche r. des Marronniers puis à droite r. de la Sablonnière.

Sortie 12

St-Rémy – 1,5 km
59 BH27 - 77164 Ferrières-en-Brie - 01 64 76 74 00 - rkhater@hotel-st-remy.fr. *D 35 dir. Ferrières-en-Brie-centre.*

Sortie 16

Chambre d'hôte La Hérissonière – 4 km
- **59 BH26** - 4 r. du Barrois, (près de l'église) - 77580 Crécy-la-Chapelle - 01 64 63 00 72 - laherissoniere@free.fr. *N 34 dir. Coulommiers, à droite r. de Bouleurs, à gauche r. du Marché puis à gauche D 235.*

Auberge de la Veillée – 4 km
59 BH26 - 13 rue de l'Église - 77580 Bouleurs - 01 64 63 62 05. *D 33 dir. Bouleurs-centre.*

Les Hauts de Montguillon – 2 km
- **59 BH26** - 22 r. de St-Quentin, à Montguillon - 77860 St-Germain-sur-Morin - 01 60 04 45 53 - www.les-hauts-de-montguillon.com. *N 33 dir. St-Germain-sur-Morin-centre.*

Sortie 18

Le Bec Fin – 6,5 km
60 BJ25 - 1 quai des Anglais - 77260 La Ferté-sous-Jouarre - 01 60 22 01 27 - www.restaurant-lebecfin.com. *N 3 dir. La Ferté-sous-Jouarre, D 402 puis à gauche r. du Faubourg.*

Plat d'Étain – 6,5 km
- **60 BJ25** - 77640 Jouarre - 01 60 22 06 07 - hotel-le-plat-d-etain@wanadoo.fr. *N 3 dir. La Ferté-sous-Jouarre-centre.*

Sortie 20

Auberge Jean de La Fontaine – 6 km
60 BL24 - 10 r. des Filoirs - 02400 Château-Thierry - 03 23 83 63 89 - infos@auberge-jean-de-la-fontaine.com. *D 1 à droite dir. Château-Thierry, à droite D 967 (rte de Verdilly), à droite (r. du Faubourg de La-Barre), à gauche (r.du Château), à gauche (r. de La-Barre), à droite (av. Joussaume-Latour), à droite D 3 (r. Carnot), à droite (Quai Amédée-Couesnon), à gauche (r. des Écoles), à gauche (pl. Thiers), à gauche (ruelle du Gravier) puis à gauche D 3 (r. Carnot).*

L'Estoril – 6 km
- **60 BL24** - 1 pl. des Granges - 02400 Château-Thierry - 03 23 83 64 16 - norberto.fran@wanadoo.fr. *D 1 à droite dir. Château-Thierry, à droite D 967 (rte de Verdilly), à droite (r. du Faubourg-de-La-Barre), à gauche (r. du Château), à gauche (r. de La-Barre), à droite (av. Joussaume-Latour), à droite D 3 (r. Carnot), à droite (quai Amédée-Couesnon), à gauche (r. des Écoles), à gauche (pl. Thiers) puis à droite (r. des Granges).*

Sortie 21

Auberge du Postillon – 8 km – **41 BN22** – 51170 Ville-en-Tardenois – 03 26 61 83 67 – *auberge-du-postillon@wanadoo.fr D980 dir. Reims.*

Sortie 23

Ardenn'Hôtel – 1 km – **41 BP22** - 51100 Reims - 03 26 47 42 38 - www.ardennhotel.fr bd Louis Roederer, *à droite r. de Bir Hakeim puis à droite r. Caqué.*

Crystal – 1 km
- 41BP22 - 86 pl. Drouet-d'Erlon - 51100 Reims - 03 26 88 44 44 - hotelcrystal@wanadoo.fr. *à Reims bd Louis-Roederer, à droite r. de Bir-Hakeim, à gauche bd du Gén.-Leclerc puis à droite pl. Drouet-d'Erlon.*

Grand Hôtel Continental – 1 km
- **41 BP22** - 93 pl. Drouet-d'Erlon - 51100 Reims - 03 26 47 01 47 - lecontinental-restaurant@wanadoo.fr. *à Reims bd Louis-Roederer, à droite r. de Bir-Hakeim, à gauche bd du Gén.-Leclerc puis à droite pl. Drouet-d'Erlon.*

Sortie 26

Le Relais de Sillery – 9,5 km
- **41 BQ22** - 3 r. de la Gare - 51500 Sillery - 03 26 49 10 11. av. Nicéphore-Nièpce *dir. Reims, à droite N 44 puis N 8.*

Reims><Sedan

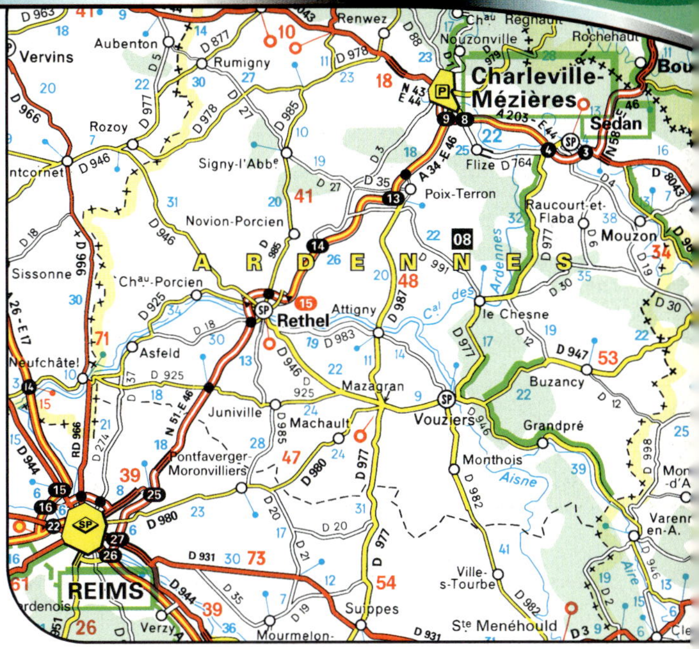

A 34

Sortie 9

Amorini – 4,5 km
26 BU16 - 46 pl. Ducale - 08000 Charleville-Mézières - 03 24 37 48 80. *N 43 dir. Charleville-Mézières-centre, à gauche D 989 (r. de Montjoly), à droite bd Gambetta, à droite av. Jean-Jaurès, à gauche r. du Prés.-Kennedy/pl. Winston Churchill, à gauche r. Pierre-Plateau, à gauche av. du Petit-Bois puis à droite pl. Ducale.*

Le Val Fleuri – 6,5 km
26 BU16 - 25 quai Arthur-Rimbaud - 08000 Charleville-Mézières - 03 24 59 94 11. *N 43 dir. Charleville-Mézières-centre, à gauche D 989 (r. de Montjoly) puis à droite D 59 (pl. des-Droits-de-l'Homme/quai Arthur-Rimbaud).*

A 203

Sortie 3

Auberge du Port – 1,5 km
P - 27 BW17 - rte de Remilly - 08450 Bazeilles - 03 24 27 13 89 - www.auberge-du-port.fr. *D 764 à droite dir. Bazeilles (av. de la Dernière-Cartouche/r. Flamanville) puis à droite pl. de l'Infanterie de Marine.*

Châlons-en-Champ.><Strasbourg

A 4

Sortie 29

L'Argonnais – 2 km
43 BV23 - 2 r. Florion - 51800 Ste-Menehould - 03 26 60 70 84.*D 85 dir. Ste-Menéhould, à gauche D 982, à droite av. Kellermann puis r. Florion.*

Aux Berges de la Biesme – 2 km
P - 43 BV23 - RN 3, la Vignette - 51800 Ste-Menehould - 03 26 60 09 22.*D 85 dir. Ste-Menéhould, à gauche D 982, à droite av. Kellermann puis N 3.*

Le Cheval Rouge – 2 km
43 BV23 - 1 rue de Chanzy - 51800 Sainte-Ménehould - 03 26 60 81 04 - rouge.cheval@wanadoo.fr. *D 85 dir. Ste-Menéhould, à gauche D 982, à droite av. Kellermann puis N 4.*

Échangeur A 315

Chambre d'hôte Bigare – 8,5 km
P - 65 CF23 - 23 r. Principale - 57530 Ars-Laquenexy - 03 87 38 13 88. A 315 dir. Metz-Est, N 431 puis à droite D 999.

Sortie 44

Des Vosges – 6 km
P - 28 CN26 - 149 rue Ackermann - 57820 Lutzelbourg - 03 87 25 30 09 - info@hotelvosges.com. *N 4 dir. Phalsbourg, à droitre D 38 puis r. Charles-Ackermann.*

Sortie 45

Le Caveau de l'Escale – 5 km
68 CO26 - 10 quai du Canal - 67700 Saverne - 03 88 91 12 23. *N 404 dir. Saverne, à droite D 6, à droite r. de l'Orangerie, à droite D 219 puis quai du Canal.*

Le Clos de la Garenne – 5 km
P - 68 CO26 - 88 rte de Haut Barr - 67700 Saverne - 03 88 71 20 41 - clos-garenne@wanadoo.fr. *N 404 dir. Saverne, à droite D 6, à droite r. des Clés, à droite N 4 puis à gauche r. du Haut-Bar.*

Sortie 47

Krebs'Stuebel – 6,5 km
P - 68 CO26 - 4 avenue de Strasbourg - 67170 Brumath - 03 88 51 11 08 - ecrevisse@wanadoo.fr. *D 421 dir. Mommenheim, D 58, à gauche D 30 puis à droite av. de Strasbourg.*

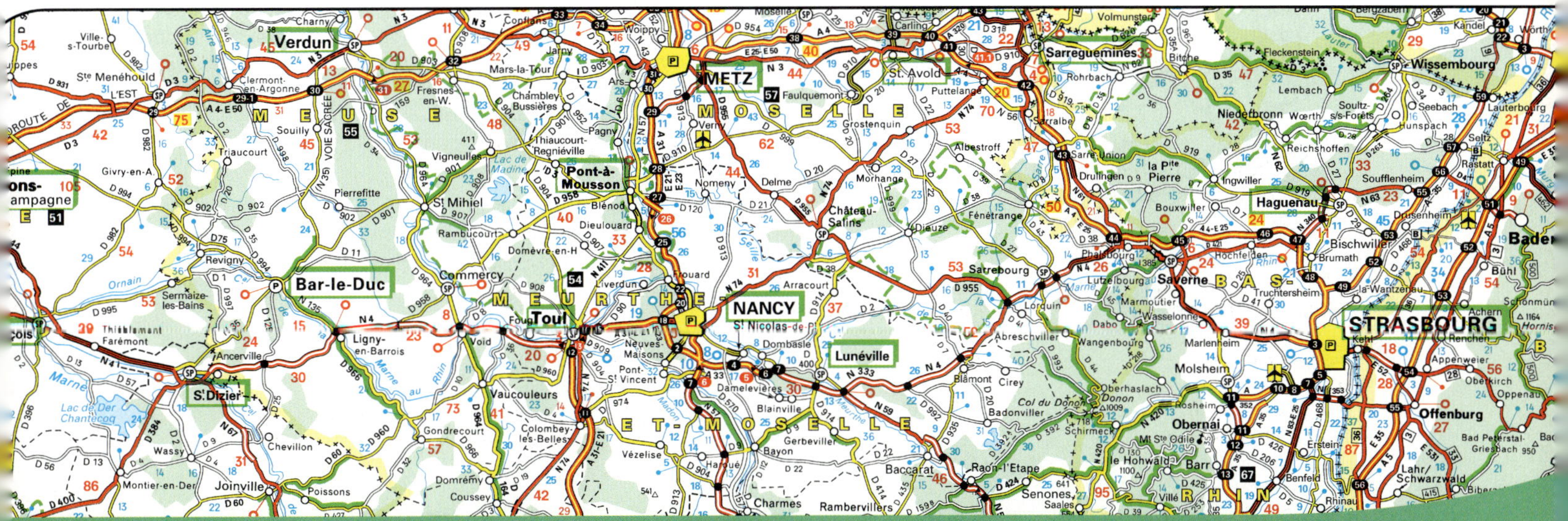

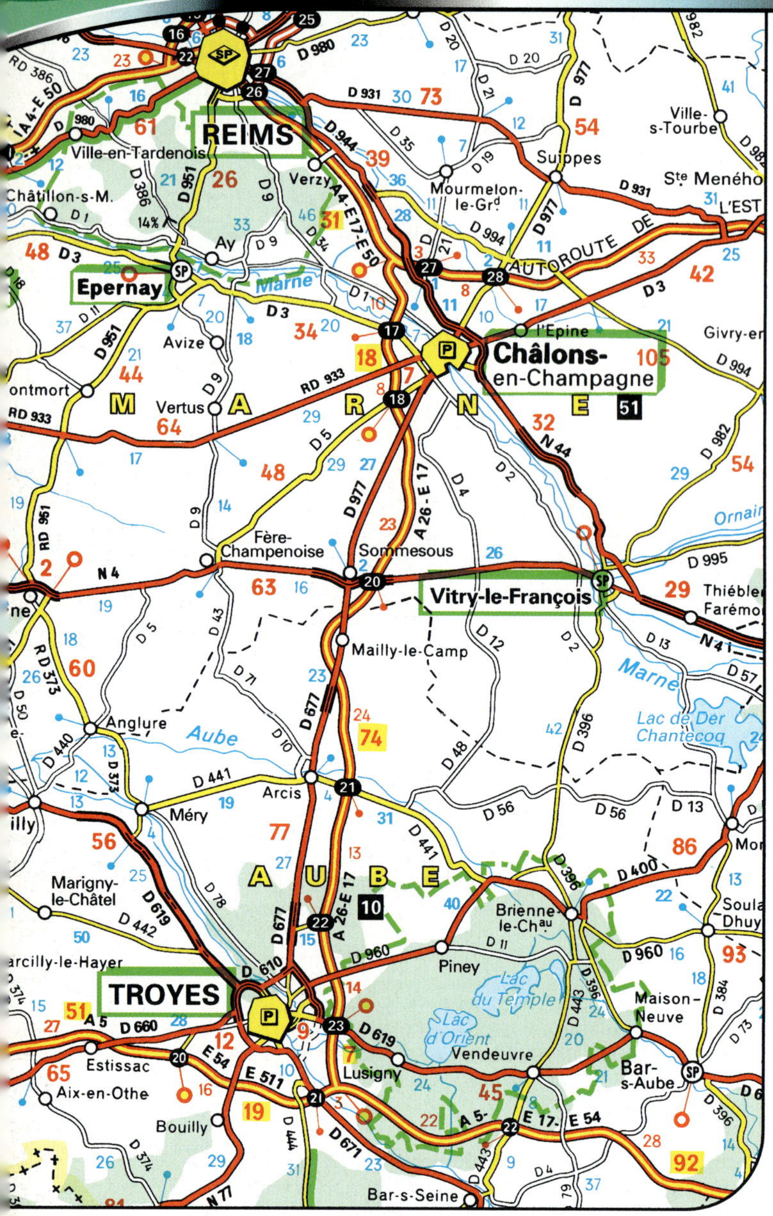

CHÂLONS-EN-CHAMP. > < TROYES

A 26

Sortie 17

La Grosse Haie – 5 km
- 62 BR25 - Chemin de St-Pierre - 51510 Matouges - 03 26 70 97 12 - songy.chambre@wanadoo.fr. *D 3 dir. Matougues puis à gauche chemin de St-Pierre.*

Ferme-auberge des Moissons – 5 km
- 62 BR25 - 8 rte Nationale - 51510 Matougues - 03 26 70 99 17 - www.des-moissons.com. *D 3 dir. Matougues-centre.*

Sortie 18

Les Ardennes – 8 km
- 62 BS25 - 34 place de la République - 51000 Châlons-en-Champagne - 03 26 68 21 42 - lesardennes-restaurant.com. *D 5 dir. Châlons-en-Champagne-centre, à droite N 77, à gauche av. Jeanne-d'Arc/r. du Lt-Loyer, à droite r. Jean-Jaurès, à droite r. de la Marne, à droite r. de l'Hôtel-de-Ville, à droite r. Edmond-Michelet, à droite r. des Fripiers, à gauche r. Gambetta, à droite r. Émile Leroy puis à gauche pl. de la République.*

Pasteur – 9 km
- 62 BS25 - 46 r. Pasteur - 51000 Châlons-en-Champagne - 03 26 68 10 00 - contact@hotel-pasteur.fr. *D 5 dir. Châlons-en-Champagne-centre, N 3, à gauche pl. Ste-Croix, D 1 puis à droite r. Pasteur.*

Sortie 23

Chambre d'hôte Mme Jeanne - Les Colombages Champenois – 5 km
- 91 BR32 - 33 r. du Haut - 10270 Laubressel - 03 25 80 27 37 - aux.colombages.champenois@wanadoo.fr. *N 19 dir. Thennelières, D 48 puis à droite r. du Haut.*

Aux Crieurs de Vin – 7 km – 91 BQ32 - 4-6 pl. Jean-Jaurès – 10000 Troyes - 03 25 40 01 01 – *N19 à droite puis N2019 dir. Troyes-Centre.*

Les Comtes de Champagne – 8,5 km
- 91 BQ32 - 56 r. de la Monnaie - 10000 Troyes - 03 25 73 11 70 - www.comptesdechampagne.com. *N 19 dir. Troyes-est, N 2019 (av. du Mar.-de-Lattre-de-Tassigny/carr. de l'Europe/av. du 1er-Mai/cours Jacquin/bd Danton), à gauche N 19 (quai de Dampierre), à droite bd Gambetta, à gauche r. Jaillant-Deschaînets puis à gauche r. de la Monnaie.*

Le Royal Hôtel – 8,5 km
91 BQ32 - 22 boulevard Carnot - (BZ) - 10000 Troyes - 03 25 73 19 99 - reservation@royal-hotel-troyes.com. *N 19 dir. Troyes-est, N 2019 (av. du Mar.-de-Lattre-de-Tassigny/carr. de l'Europe/av. du 1er-Mai/cours Jacquin/bd Danton), à gauche N 19 (quai de Dampierre), à droite bd Gambetta puis à gauche N 360 (bd Carnot).*

LUXEMBOURG><NANCY><DIJON

A 31

Sortie 40

Auberge du Crève-Cœur – 3 km
P - 45 CF20 - 9 le Crève-Coeur - 57100 Thionville - 03 82 88 50 52 - aubergeducrevecoeur@wanadoo.fr. *D 14 dir. Thionville-centre, chaussée d'Afrique, à gauche rte de Guentrange, à droite imp. Barthélémy-Dinot, à gauche boucle Michel-Quarante, à droite r. Nicolas-Probst, à droite rte des Romains/r. de Saintignon/rte du Crève-Cœur puis à gauche le Crève-Coeur.*

Sortie 38

Les Alérions – 3 km
- 45 CF20 - 102 r. Nationale - 57970 Yutz - 03 82 56 26 63. *N 153 dir. Yurst-centre, D 1Bis, à gauche D 918 puis à droite D 953.*

Sortie 37

Hôtel Diane – 2,5 km
45 CE21 - 57360 Amnéville - 03 87 70 16 33 – *accueilhotel@wanadoo.fr* dir. Amnéville-Centre.

La Forêt – 4 km
- 45 CE21 - Au parc de loisirs du Bois de Coulange - 57360 Amnéville - 03 87 70 34 34.*D 8 dir. Amnéville, r. de la République puis r. des Romains.*

Échangeur A 4

Restaurant du Fort – 7,5 km
P - 45 CF22 - Allée du Fort - 57070 St-Julien-lès-Metz - 03 87 75 71 16. *A 4 sortie 37, D 1 dir. Metz, D 69, à droite D 2 puis à gauche allée du Fort.*

Sortie 32

Le Chat Noir – 2 km
- 65 CF23 - 30 rue Pasteur - (hors plan) - 57000 Metz - 03 87 56 99 19. *à Metz à droite av. de Lattre-de-Tassigny, à gauche r. Paul-Verlaine, à gauche av. Leclerc-de-Hauteclocque, à droite pl. Jean-Moulin puis à gauche r. Pasteur.*

Le Bistrot des Sommeliers – 2 km
65 CF23 - 10 r. Pasteur - 57000 Metz - 03 87 63 40 20. *à Metz à droite av. de Lattre-de-Tassigny, à gauche r. Paul-Verlaine, à gauche av. Leclerc-de-Hauteclocque, à droite pl. Jean-Moulin puis à gauche r. Pasteur.*

L'Aloyau – 2,5 km
65 CF23 - 3 r. de la Fontaine - 57000 Metz - 03 87 37 33 72. *à Metz av. Joffre, à droite pl. Raymond-Mondon, av. Foch, à gauche r. des Augustins, à gauche r. du Neufbourg, à droite pl. St-Nicolas puis à droite r. de la Fontaine.*

Sortie 28

Le Fourneau d'Alain – 6,5 km
65 CE25 - 64 pl. Duroc - 54700 Pont-a-Mousson - 03 83 82 95 09. *D 910 dir. Pont-à-Mousson puis à gauche N 57.*

Ferme-auberge Les Verts Pâturages – 8 km
P - 65 CF25 - 14 r. St-Christophe - 54610 Éply - 03 83 31 30 85. *D 910 dir. Château-Salins, à droite D 110 puis D 70.*

Auberge des Thomas – 9 km
- 65 CE25 - 100 avenue Victor-Claude - 54700 Blénod-lès-Pont-à-Mousson - 03 83 81 07 72.*D 910 dir. Pont-à-Mousson puis à gauche N 57.*

Sortie 23

Chambre d'hôte Ferme de Montheu – 10,5 km
P - 66 CG27 - 54770 Dommartin-sous-Amance - 03 83 31 17 37 - mgranddidier@wanadoo.fr. *D 321 dir. Nancy, à gauche D 32, à droite D 913 puis à gauche D 37.*

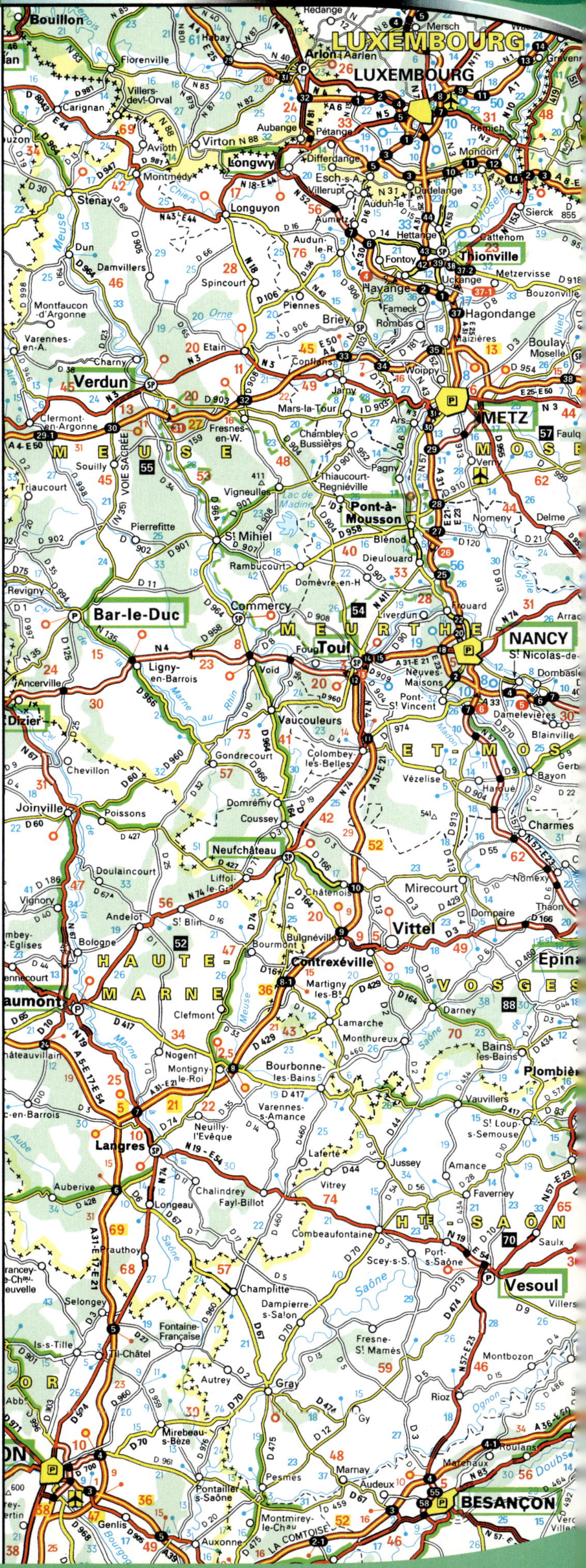

Sortie 18

Les Chanterelles – 1,5 km
- 94 CF28 - 27 avenue de la Malgrange - 54140 Jarville-la-Malgrange - 03 83 51 43 17. *rte de Mirecourt dir. Nancy, à droite r. Catherine-Opalinska puis à gauche av. de la Malgrange.*

Les 3 Marches – 2 km
65 CF27 - 8 bis r. St-Léon - 54000 Nancy - 03 83 41 33 00. *av. de la Résistance dir. Nancy, à droite av. de Boufflers puis à droite r. Marie-Odile.*

Les Pissenlits – 3,5 km
65 CF27 - 25 bis r. des Ponts - 54000 Nancy - 03 83 37 43 97 - pissenlits@wanadoo.fr. *rte de Mirecourt dir. Nancy, à droite bd Louis-Barthou, pl. Gérard-d'Alsace, bd Georges-Clemenceau/bd Jean-Jaurès, à droite r. Victor-Prouvé, à droite r. de Mon-Désert, à gauche pont des Fusillés, à gauche pl. Alexandre-1er, à droite r. Cyfflé puis à gauche r. des Ponts.*

Portes d'Or – 4 km
65 CF27 - 21 r. Stanislas - 54000 Nancy - 03 83 35 42 34 - contact@hotel-lesportesdor.com. *rte de Mirecourt dir. Nancy, à droite bd Louis-Barthou, pl. Gérard-d'Alsace, bd Georges-Clemenceau, à droite av. du Gén.-Leclerc, à gauche pl. des Vosges/r. St-Dizier puis à gauche r. Stanislas.*

Sortie 15

La Belle Époque – 5,5 km
P - 94 CD28 - 31 av. Victor-Hugo - 54200 Toul - 03 83 43 23 71. *D 400 dir. Toul-centre.*

Sortie 11

Les Tilleuls – 9,5 km
94 CD30 - 6 route de Neufchâteau - 88300 Autreville - 03 83 52 84 50 - restolestilleuls@aol.com. *D 974 dir. Colombey-les-Belles puis à gauche N 74.*

Sortie 9

Chambre d'hôte M. Breton Benoît – 2 km
P - 118 CD33 - 74 r. des Récollets - 88140 Bulgnéville - 03 29 09 21 72 - benoitbreton.chambresdhotes@wanadoo.fr. *D 164 dir. Bulgnéville, r. François-de-Neufchâteau, à gauche D 14 puis à gauche r. des Récollets.*

Hôtel de France – 8 km
P - 118 CD33 - av. du Roi-Stanislas - 88140 Contrexéville - 03 29 05 05 05.*D 164 dir. Contrexéville, à droite D 17, à droite D 13 puis r. du Roi Stanislas.*

Sortie 7

Auberge des Voiliers – 10,5 km
P - 139 BZ37 - Au Lac de la Liez - 52200 Langres - 03 25 87 05 74 - www.hotel-voiliers.com. *N 19 dir. Langres puis à gauche D 284.*

Sortie 6

Chambre d'hôte Japiot – 3,5 km
P - 139 BZ38 - 52250 Flagey - 03 25 84 45 23.*D 6 dir. Longeau.*

Sortie 1

La Toute Petite Auberge – 6 km
- 160 BX45 - Rte Nationale 74 - 21700 Vosne-Romanée - 03 80 61 02 03.*D 8 dir. Dijon, à droite N 74 puis à gauche D 115.*

Le Chambolle Musigny – 8 km
- 160 BX44 - 28 r. Basse - 21220 Chambolle-Musigny - 03 80 62 86 26.*D 8 dir. Dijon, à droite N 74 puis D 112.*

LAUTERBOURG><COLMAR><BASEL

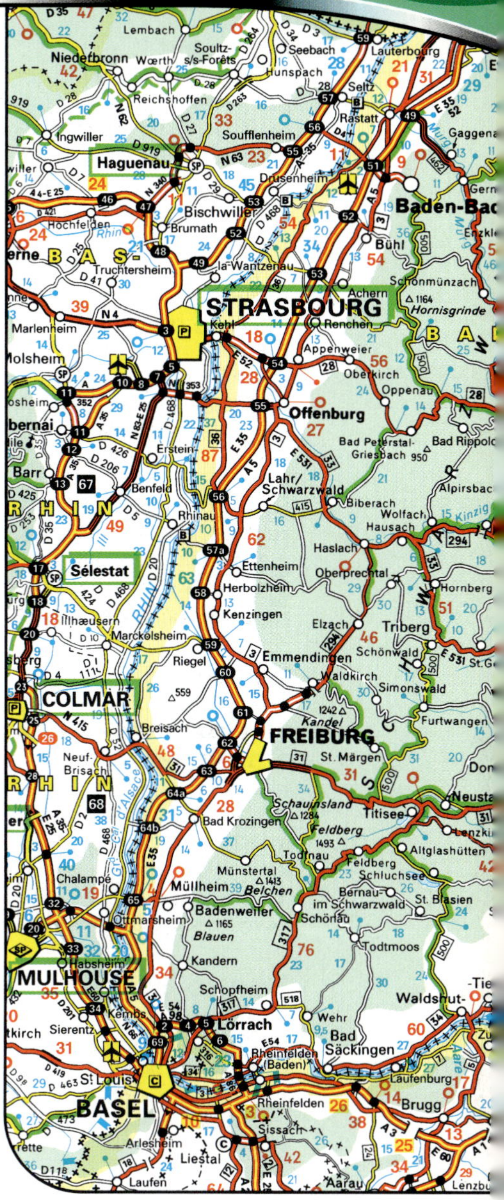

A 35

Sortie 56

Auberge Au Vieux Couvent – 6,5 km
- 69 CS25 - 4 rue de Koenigsbruck - 67480 Leutenheim - 03 88 86 39 86 - hirschel.vieux-couvent@wanadoo.fr. *D 4 dir. Forstfeld, D 468, à droite 197 puis à gauche D 348.*

Sortie 55

Au Boeuf – 3,5 km
- 69 CS25 - 48 Grand'Rue - 67620 Soufflenheim - 03 88 86 72 79 - resto@boeuf-soufflenheim.com. *N 63 dir. Soufflenheim.*

Sortie 53

Auberge du Gourmet – 5 km
- 69 CS26 - Route de Strasbourg - 67410 Drusenheim - 03 88 53 30 60.*D 29 dir. Drusenheim, à gauche D 468, à gauche r. de la Gare puis à droite r. de l'Église.*

Sortie 50

Au Pont de l'Ill – 4 km
- 69 CR27 - 2 rue du Général-Leclerc - 67610 La Wantzenau - 03 88 96 29 44 - aupontdelill@wanadoo.fr. *D 223 dir. La Wantzenau, à droite D 468, à gauche r. du Gén.-de-Gaulle puis D 223.*

Au Cheval Noir – 4,5 km
- 69 CR27 - 1 rue du Sous-Lieutenant-Maussire - 67840 KILSTETT - 03 88 96 22 01.*D 223 dir. La Wantzenau, à gauche D 468, à droite r. du Lt-de-Brettignies puis à gauche r. Courbée.*

A 4

Sortie 49

Chambre d'hôte La Maison du Charron – 7,5 km
- 68 CQ27 - 15 r. Principale - 67370 Pfettisheim - 03 88 69 60 35 - www.maisonducharron.com. *D 263 dir. Brumath, à gauche D 64 puis à droite D 31.*

Sortie 49.1

Au Tilleul – 4,5 km
- 97 CQ28 - 5 route de Strasbourg - 67206 Mittelhausbergen - 03 88 56 18 31 - info@autilleul.fr. *D 184 dir. Niederhausbergen, à gauche D 63 puis à droite D 31.*

A 35

Sortie 2

L'Ami Fritz – 2 km
97 CR28 - 8 rue des Dentelles - (JZ) - 67000 Strasbourg - 03 88 32 80 53 - www.ami-fritz.com. *tunnel Wodli Sébastopol dir. pl. des Halles, à droite r. de Sébastopol/pont de Paris/r. du Noyer/pl. de l'Homme-de-Fer, à droite r. du Fossé-des-Tanneurs puis r. des Dentelles.*

Sortie 4

Au Pont du Corbeau – 3,5 km
97 CR28 - 21 quai St-Nicolas - (KZ) - 67000 Strasbourg - 03 88 35 60 68 - corbeau@reperes.com. *N 4 dir. Strasbourg-centre, à droite rd-pt Mendès-France, à gauche N 4, à gauche quai du Gén.-Koenig, à droite r. de la 1ère-Armée, à droite r. des Bouchers, à gauche pl. du Corbeau puis à gauche quai St-Nicolas.*

La Coccinelle – 4,5 km
97 CR28 - 22 r. Ste-Madeleine - 03 88 36 19 27 - 67000 Strasbourg N4 dir. Strasbourg, dir. Pl. de l'Etoile puis à gauche Quai du Général Koening, à droite r. de la 1ère Armée, à droite Quai des Bateliers.

Caveau Gurtlerhoft – 4 km
97 CR28 - 13 pl. de la Cathédrale - 67000 Strasbourg - 03 88 75 00 75 - www.gurtlerhoft.com. *N 4 dir. Strasbourg-centre, à droite rd-pt Mendès-France, à gauche N 4, à gauche quai du Gén.-Koenig, à droite r. de la 1ère-Armée, à droite r. des Bouchers, à gauche pl. du Corbeau, r. Vieux-Marché-aux-Poissons, à droite r. Mercière puis à gauche pl. de la Cathédrale.*

Zum Strissel – 4 km
- 97 CR28 - 5 pl. de la Gde-Boucherie - 67000 Strasbourg - 03 88 32 14 73. *N 4 dir. Strasbourg-centre, à droite rd-pt Mendès-France, à gauche N 4, à gauche quai du Gén.-Koenig, à droite r. de la 1ère-Armée, à droite r. des Bouchers, à gauche pl. du Corbeau, r. Vieux-Marché-aux-Poissons puis à droite pl. de la Grande-Boucherie.*

Sortie 7

Auberge du Bruchrhein – 4,5 km
- 97 CQ29 - 24 rue de Lyon - 67640 Fegersheim - 03 88 64 17 77. *N 83 dir. Sélestat puis à gauche r. de Lyon.*

Sortie 9

Steinkeller – 2,5 km
- 97 CQ28 - 34 route de Strasbourg - 67960 Entzheim - 03 88 68 98 00 - hotel.perebenoit @wanadoo.fr. *A 352 sortie 9 dir. Schirmeck puis D 392.*

Sortie 11

La Cour des Tanneurs – 3,5 km
97 CP29 - Ruelle du Canal-de-l'Ehn - 67210 Obernai - 03 88 95 15 70.*D 426 dir. Obernai, à gauche D 422 puis r. du Gén.-Gouraud.*

Sortie 12

Château d'Andlau – 5,5 km
97 CP30 - 113 vallée St-Ulrich - 67140 Barr - 03 88 08 96 78. *N 442 dir. Sélestat, D 42, à gauche r. du Dr-Sultzer puis à droite r. de l'Église.*

Sortie 13

Au Boeuf Rouge – 5,5 km
- 97 CO30 - 6 r. du Dr-Stoltz - 67140 Andlau - 03 88 08 96 26 - auboeufrouge@wanadoo.fr. *D 62 dir. Andlau, à droite r. du Gén.-de-Gaulle, à droite r. du Dr-Stoltz.*

Sortie 15

Des Deux Clefs – 3,5 km
97 CP31 - 72 r. du Gén.-Leclerc - 67600 Ebersmunster - 03 88 85 71 55.*D 210 à gauche, N 83 à gauche puis D 210 à droite.*

Vignoble – 5 km
P - **97 CO31** - 1 r. de ,l'Église - 67650 Dambach-la-Ville - ☎ 03 88 92 43 75.*D 210 dir. Dambach-la-Ville, D 35, à gauche r. des Ours, à droite pl. du Marché puis à gauche r. de l'Église.*

Sortie 17

Hôtel Dontenville – 3,5 km
97 CO31 - 94 r. du Mar.-Foch - 67730 Châtenois - ☎ 03 88 92 02 54 - rollond.dontenville@wanadoo.fr. *D 424 dir. Châtenois, à gauche N 59 puis D 35.*

Auberge de la Paix – 6 km
97 CP32 - R. du Président-Poincaré - 67600 Sélestat - ☎ 03 88 92 14 50.*D 424 dir. Sélestat puis à gauche D 159 (r. du Prés.-Poincaré).*

Fief du Château – 6 km
P - **97 CO32** - 67600 Orschwiller - ☎ 03 88 82 56 25 - fiefduchateau@evc.net.*D 424 dir. Colmar, D 159 puis à gauche D 201.*

Auberge à l'Illwald – 9 km
P - **121 DP32** - 67600 Le Schnellenbuhl - ☎ 03 88 85 35 40 - contact@leschnellenbuhl.com. *D 424 à gauche, dir. Heidolsheim.*

N 83

Sortie 20

À la Truite – 3,5 km
97 CP32 - 17 r. du 25-Janvier - 68970 Illhaeusern - ☎ 03 89 71 83 51.*D 106 dir. Illhaeusern.*

Wistub du Sommelier – 4 km
97 CP32 - 68750 BERGHEIM - ☎ 03 89 73 69 99 - www.wistub-du-sommelier.com. *D 106 dir. Bergheim puis D 42.*

Sortie 21

Au Relais des Ménétriers – 6 km
97 CO32 - 10 av. Gén.- de -Gaulle - 68150 Ribeauvillé - ☎ 03 89 73 64 52.*D 3 dir. St-Dié-des-Vosges, à droite D 416 puis à droite r. du Gén.-de-Gaulle.*

A 35

Sortie 23

À l'Arbre Vert – 5 km
121 CO33 - 7 r. des Cigognes - 68770 Ammerschwihr - ☎ 03 89 47 12 23 - arbre.vert@wanadoo.fr. *N 415 dir. Ammerschwihr, à gauche r. de la 5-eme-Division-Blindée puis à gauche r. des Cigognes.*

Domaine Bouxhof – 6 km
P - **121 CO33** - r. du Bouxhof - 68630 Mittelwihr - ☎ 03 89 47 93 67.*D 4 dir. Bennwihr, à droite D 1 puis à gauche r. du Bouxhof.*

Chambre d'hôte Maison Thomas – 6 km
P - **121 CO33** - 41 Grand-Rue - 68770 Ammerschwihr - ☎ 03 89 78 23 90 - www.maisonthomas.fr. *N 415 dir. Ammerschwihr, à droite r. de Kientzheim, à droite r. des Jonquilles, à gauche r. des Violettes puis à droite imp. des Roses.*

Colbert – 6,5 km
121 CO34 - 2 r. des Trois-Épis - 68000 Colmar - ☎ 03 89 41 31 05 - www.villes-et-vignoble.com. *N 83 dir. Colmar, rte de Strasbourg, r. de la 1ère-Armée-Française, à gauche r. de la Cavalerie, à droite r. 4ème-Bataillon-des-Chasseurs, à droite r. Golbéry, à gauche r. de Ribeauvillé/D 30, à droite r. Stanislas, à gauche pl. Jean-de-Lattre-de-Tassigny, à gauche r. Stanislas, à droite av. Jean-de-Lattre-de-Tassigny puis à droite r. Jacques-Preiss.*

Chez Hansi – 6,5 km
121 CO34 - 23 r. des Marchands - 68000 Colmar - ☎ 03 89 41 37 84. *N 83 dir. Colmar, rte de Strasbourg/rte de Sélestat, rte de Neuf-Brisach, à droite r. du Nord, à gauche r. Étroite/r. des Prêtres, à gauche pl. de la Cathédrale, à gauche r. de l'Église, à droite Grand'Rue puis à droite r. des Marchands.*

La Vieille Forge – 7,5 km
120 CN33 - 1 r. des Écoles - 68240 Kaysersberg - ☎ 03 89 47 17 51. *N 415 dir. Kaysersberg, à droite r. de l'Ancienne-Gare, à gauche allée Stoecklin/r. du Gén.-Rieder, à gauche r. de l'Ancienne-Gendarmerie, à droite r. de l'Ancien-Hôpital, à droite r. de la Commanderie puis à gauche r. du Père-Kohlmann.*

La Grappe d'Or – 9 km
121 CO33 - 1 r. des Écuries-Seigneuriales - 68340 Riquewihr - ☎ 03 89 47 89 52 - rest.grappe.or@wanadoo.fr. *D 4 dir. Bennwihr, à droite D 1, à droite D 3, à gauche av. Méquillet, à droite cour du Château puis à gauche r. du Gén.-de-Gaulle.*

Chambre d'hôte Schmitt Gérard – 9,5 km
P - **121 CO33** - 3 chemin des Vignes - 68340 Riquewihr - ☎ 03 89 47 89 72.*D 4 dir. Bennwihr, à droite D 1, à droite D 3, à gauche r. Mandle, à droite rte de Mittelwihr, à gauche chemin de Kientzheim, à droite r. des Tuileries puis à droite chemin des Vignes.*

Chambre d'hôte Les Framboises – 10 km
121 CO33 - 128 r. des Trois-Épis - 68230 Katzenthal - ☎ 03 89 27 48 85 - sarl.amrein@wanadoo.fr. *N 83 dir. Kaysersberg, D 1, D 10, à droite N 415, à gauche D 10 puis r. des Trois-Épis.*

Sortie 25

Hôtel Turenne – 2 km
121 CO34 - 10 rte de Bâle - 68000 Colmar - ☎ 03 89 41 12 26. *D 13 dir. Colmar-sud, à gauche av. de Fribourg puis à droite rte de Bâle.*

Aux Trois Poissons – 2,5 km
121 CO34 - 15 quai de la Poissonnerie - 68000 Colmar - ☎ 03 89 41 25 21.*D 13 dir. Colmar-sud, à gauche av. de Fribourg, à droite rte de Bâle/r. de Turenne, à droite r. Wickram puis à gauche r. des Écoles.*

À la Vigne – 7 km
121 CP34 - 5 Grande-Rue - 68280 Logelheim. ☎ 03 89 20 99 60 *D 13 dir. Freibourg, à droite D 45 puis à gauche D 1.*

Sortie 33

Chambre d'hôte Le Clos du Mûrier – 2 km
P - **143 CP37** - 42 Grand-Rue - 68170 Rixheim - ☎ 03 89 54 14 81. *N 66 dir. Rixheim puis à gauche Grand'Rue.*

Sortie 34

Les Écluses – 7,5 km
P - **143 CQ38** - 8 r. Rosenau - 68680 Kembs-Loéchlé - ☎ 03 89 48 37 77 - restaurant.les.ecluses@freesbee.fr. *D 19 dir. Lörrach, à droite D 468, à gauche r. des Acacias, à gauche r. du Moulin puis r. de Rosenau.*

Sortie 35

Au Lion d'Or – 5 km
P - **143 CQ38** - 5 rue de Village-Neuf - 68128 Rosenau - ☎ 03 89 68 21 97 - baumlin@auliondor-rosenau.com. *D 66 dir. Lörrach puis à gauche D 21.*

Sortie 37

Au Cerf – 3,5 km
143 CQ39 - 72 rue du Général-de-Gaulle - 68128 Village-Neuf - ☎ 03 89 67 12 89.*D 105 dir. Lörrach, à gauche r. de Mulhouse puis D 21.*

À la Couronne – 8,5 km
143 CP39 - 13 rue Wilson - 68220 Attenschwiller - ☎ 03 89 68 76 96.*D 105 dir. Altkirch, à gauche D 201, à droite D 149, à gauche D 473, à droite D 21 puis à droite r. Wilson.*

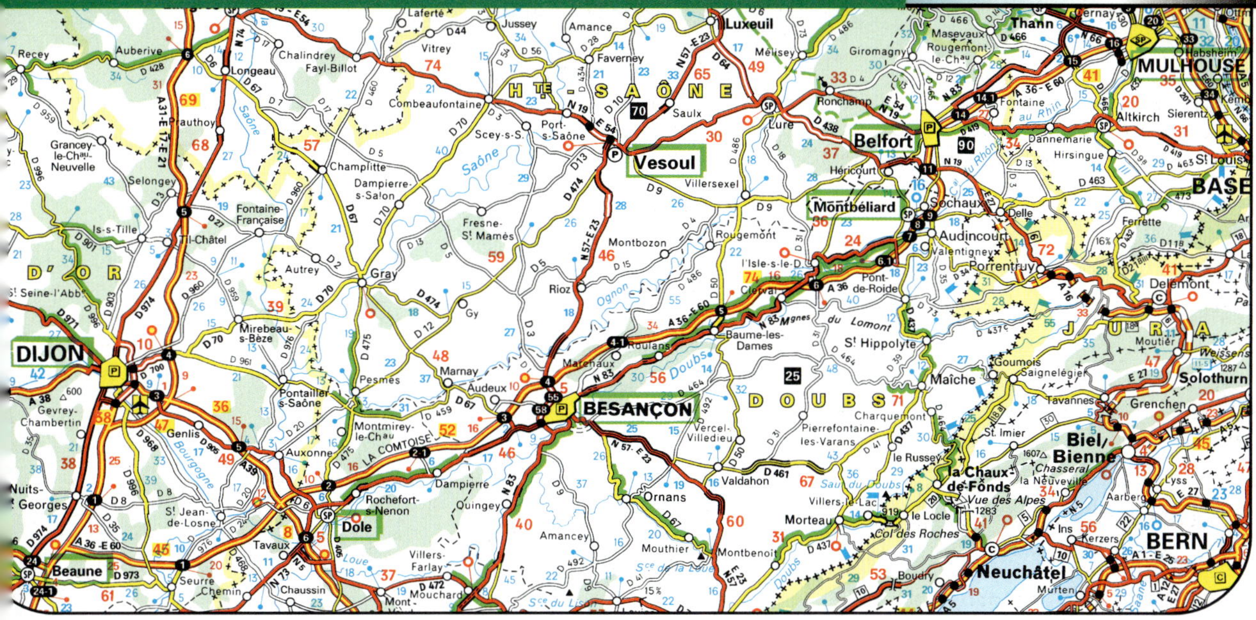

MULHOUSE> <BESANÇON><BEAUNE

A 36

Sortie 18

Poincaré II – 4 km
- 143 CO37 - 6 porte de Bâle - (FY) - 68100 Mulhouse - 03 89 46 00 24. *D 430 dir. Mulhouse, à droite av. Robert-Schuman, à gauche r. du Capit.-Alfred-Dreyfus, à droite bd de l'Europe, à gauche N 66 puis à droite porte-de-Bâle.*

Sortie 17

Hôtel St-Bernard – 4 km
143 CO37 - 3 r. des Fleurs - 68100 Mulhouse - 03 89 45 82 32 - www.hotel-saint-bernard.com. *r. de Thann dir. Mulhouse-centre, à gauche av. Aristide-Briand, à droite r. des Fabriques/r. Paul-Schutzenberger/r. Jacques-Preiss, à gauche r. des Trois-Rois, à droite r. de la Synagogue, à gauche r. du Mittelbach puis à droite r. des Fleurs.*

L'Estérel – 5 km
- 143 CO37 - 83 avenue de la Première-Division-Blindée - (hors plan) - 68100 MULHOUSE - 03 89 44 23 24 - esterelweber@msn.com. *dir. Mulhouse-ouest.*

Sortie 15

Ferme-auberge Paradisvogel – 5 km
- 143 CN38 - 6 r. Louis-Werner - 68210 Bernwiller - 03 89 25 31 07. *N 466 dir. Altkirch puis D 466.*

Sortie 13

La Fontaine des Saveurs – 1,5 km
142 CL39 - 1 pl. de la Grande-Fontaine - 90000 Belfort - 03 84 22 45 38.*D 419 dir. Belfort, bd Pierre-Mendès-France/av. Cpt.-de-la-Laurencie, à gauche r. des Mobiles-de-1870, à gauche r. de la Grande-Fontaine puis à droite pl. de la Grande-Fontaine.*

Hôtel Vauban – 2,5 km
142 CL39 - - 4 r. du Magasin - 90000 Belfort - 03 84 21 59 37 - *hotel.vauban@wanadoo.fr* dir. Belfort puis bd Mendès France, Dir. Quai Vauban.

Sortie 12

Hôtel Les Capucins – 3 km
142 CL39 - 20 fg de Montbéliard - 90000 Belfort - 03 84 28 04 60 - hotel-des-capucins@wanadoo.fr. *N 19 dir. Belfort puis fg de Montbéliard.*

Sortie 10

Au Fil des Saisons – 3 km
- 142 DL40 - 3 rue de la Libération - 25600 Étupes - 03 81 94 17 12 - aufildessaisons @clubinternet.fr. *D 61 dir. Étupes, à droite r. du Breuil, à droite r. de Fesches-le-Châtel, à gauche r. de Dampierre puis à droite r. de la République.*

Sortie 9

Le Monarque – 9 km
- 142 CL41 - 23 rue de Berne - 25230 Séloncourt - 03 81 37 12 39. *N 437 dir. Besançon puis à gauche D 34.*

Sortie 8

Baltica – 3 km
142 CK40 - 8 r. de Belfort - 25200 Montbéliard - 03 81 91 43 75. *rd-pt de Ludwigsburg dir. Montbéliard-centre, av. de Ludwigsburg, à droite rd-pt d'Helvétie, N 463, à droite av. Aristide-Briand, à gauche r. Henri-Mouhot puis à droite r. de Belfort.*

Hôtel Bristol – 3 km
- 142 CK40 - 2 r. Velotte - 25200 Montbéliard - 03 81 94 43 17 - www.hotel-bristol-montbeliard.com. *rd-pt de Ludwigsburg dir. Montbéliard-centre, av. de Ludwigsburg, à droite rd-pt d'Helvétie, N 463, à droite av. Aristide-Briand/av. des Alliés puis à gauche r. Georges-Cuvier.*

Le St-Martin – 3 km
142 CK40 - 1 r. du Gén.-Leclerc - 25200 Montbéliard - 03 81 91 18 37. *rd-pt de Ludwigsburg dir. Montbéliard-centre, av. de Ludwigsburg, à droite rd-pt d'Helvétie, N 463, à droite av. Aristide-Briand/av. des Alliés, à gauche r. de l'Étuve puis à gauche r. du Gén.-Leclerc.*

Sortie 6.1

La Tannerie – 9,5 km
- 163 CK42 - 1 place du Général-de-Gaulle - 25150 Pont-de-Roide - 03 81 92 48 21.*D 53 dir. Pont-de-Roide, à gauche D 438 puis D 437.*

Sortie 4

Le Chaland – 5,5 km
- 162 CF43 - Prom. Micaud, près du Pont Brégille - 25000 Besançon - 03 81 80 61 61 - chaland@chaland.com. *D 108 dir. Besançon-centre puis N 57.*

Hôtel Citotel Granvelle – 7,5 km
- 162 CF43 - 13 r. du Gén.-Lecourbe - 25000 Besançon - 03 81 81 33 92 - www.hotel-granvelle.fr. *D 108 dir. Besançon-centre, N 57 puis à droite N 83.*

Sortie 2

Chambre d'hôte À la Thuilerie des Fontaines – 5 km
- 161 CB45 - 2 r. des Fontaines - 39700 Châtenois - 03 84 70 51 79 - michel.meunier2@wanadoo.fr. *D 475 dir. Menotey puis à droite D 79.*

Échangeur A 31

Les Terrasses de Corton – 11 km
- 177 BW46 - Route Nationale 74 - 21550 Ladoix-Serrigny - 03 80 26 42 37 - patrice.sanchez3@wanadoo.fr. *A 31, A 6 sortie 24 puis à droite N 74.*

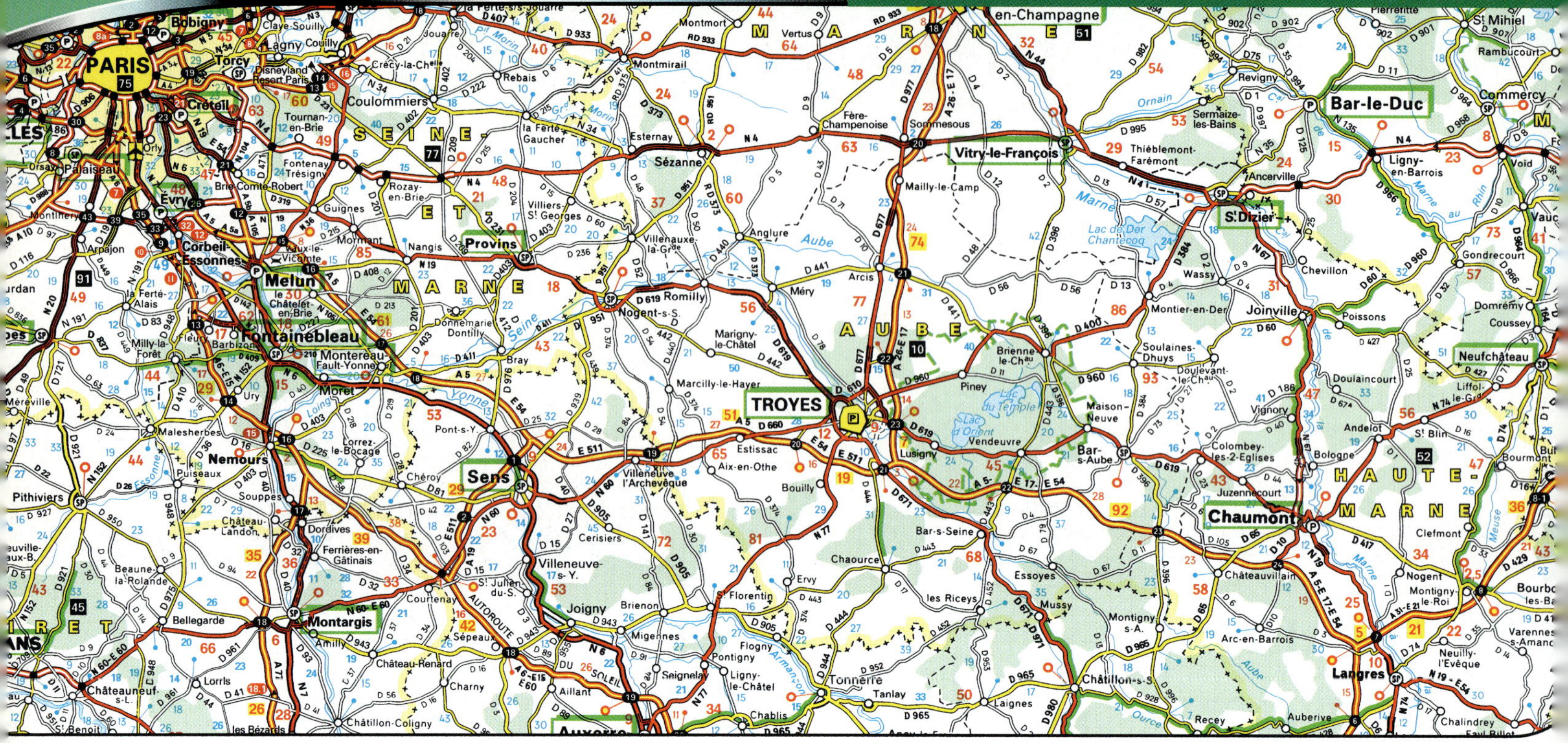

PARIS><LANGRES

A 5a

Sortie 10.b

Le Flamboyant – 1,5 km

88 BE29 - 98 r. de Paris - 77127 Lieusaint - 01 60 60 05 60 - le-flamboyant2@wanadoo.fr. *D 406 dir. Lieusaint, à gauche D 306 puis D 50.*

A 5

Sortie 12

La Mare au Diable – 2,5 km

- 88 BF29 - Parc du-Plessis-Picard - 77550 Le Plessis-Picard - 01 64 10 20 90 - mareaudiable@wanadoo.fr. *D 402 dir. Moissy-Cramayel, à droite av. Pierre-Aubergé, av. Pasteur puis D 402.*

Sortie Melun

Mariette – 5 km

88 BF30 - 31 r. St-Ambroise - 77000 Melun - 01 64 37 06 06. *N 105 dir. Melun, D 414, à droite D 408, à gauche D 39 puis à droite D 415.*

Sortie 15

Auberge de Crisenoy – 2 km

- 88 BG29 - 23 rue Grande - 77390 Crisenoy - 01 64 38 83 06. *N 36 dir. Crisenoy puis à droite r. des Noyers.*

Sortie 16

La Ferme du Couvent – 7,5 km

- 88 BH29 - à Bréau - 77720 Bréau - 01 64 38 75 15 - www.lafermeducouvent.fr. *D 408 dir. La Chapelle-Gauthier puis à gauche D 227.*

Chambre d'hôte Labordière – 3,5 km

- 88 BG30 - 16 r. Grande, Hameau de la Borde - 77820 Châtillon-la-Borde - 01 60 66 60 54 / 06 82 06 80 70 - www.bonadresse.com/iledefrance/chatillon.la.borde.htm. *D 408 dir. Châtillon-la-Borde puis à droite D 47.*

Sortie 17

Chambre d'hôte et Ferme-auberge de la Recette – 5,5 km

88 BH31 - Au hameau d'Échou - 77830 Échouboulains - 01 64 31 81 09 - fermedelarecette.com. *D 210 dir. Nangis, à gauche D 67 puis à gauche pl. de la Résistance.*

Échangeur A 19

Au Crieur de Vin – 9,5 km

113 BK33 - 1 r. Alsace-Lorraine - 89100 Sens - 03 86 65 92 80. *A 19 sortie 1 dir. Sens, N 6, N 360, à droite D 939, à doite N 60 puis à gauche pl. des Héros.*

Auberge de la Vanne – 10,5 km

113 BK33 – -176 av. de Senigallia - 89100 Sens 03 86 65 13 63 N360 dir. Sens, N6 puis N360.

Sortie 19

Auberge des Vieux Moulins Banaux – 5 km

- 114 BM33 - 18 route des Moulins-Banaux - 89190 Villeneuve-L'Archeveque - 03 86 86 72 55 - contact@bourgognehotels.fr. *N 60 dir. Villeneuve-l'Archevêque puis D 84.*

Le Commerce – 4 km

- 115 BS34 - 30 pl. de la République - 10110 Bar-sur-Seine - 03 25 29 86 36 - hotelducommerce.bar-sur-seine@wanadoo.fr. *N 60 (r. Breard) dir. Villeneuve-l'Archevêque puis à gauche r. de la République.*

Sortie 21

Citôtel La Bonne Fermière – 6 km

- 115 BQ33 - Pl. de l'Église - 10450 Bréviandes - 03 25 82 45 65 - www.hotel-troyes.net. *N 71 dir. Troyes puis av. du Mar.-Leclerc.*

Sortie 23

Chambre d'hôte Mme Jeanne - Les Colombages Champenois - 4 km – 91 BR32 - - 33 r. du Haut - 10270 Laubressel - 03 25 80 27 37 - aux.colombages.champenois@wanadoo.fr - 7 km au NO de Lusigny-sur-Barse par N 19 et D 186

Les Trémières – 7 km

- 116 BV34 - 2, Grande-Rue-Outre-Aube - 10310 Lonchamp-sur-Aujon - 03 25 27 80 17 - gilberte.bresson@wanadoo.fr. *D 396 dir. Châteauvillain puis D 12.*

DIJON><BOURG-EN-BRESSE

A 39

Sortie 2

Le Grévy – 5,5 km
- **161 LB45** - 2 avenue Eisenhower - (BY) - 39100 Dole - 03 84 82 44 42. *D 475 dir. Dole-nord, à gauche av. de la Paix puis à droite pl. Jules-Grévy.*

Sortie 6

Les Mangettes – 6,5 km
- **196 CA54** - Rte de Lons-le-Saunier - 01370 Saint-Étienne-du-Bois - 04 74 22 70 66. *D 52 dir. St-Étienne-du-Bois puis à droite sur N 83.*

Les Jardins Fleuris – 7 km
- **179 CB46** - 35 Route Nationale 5 - 39100 Parcey - 03 84 71 04 84. *N 5 dir. Tavaux, à droite r. des Prés, à droite r. de Dole puis à gauche r. de la Gare.*

Sortie 7

La Ferme du Château – 3 km
- **179 CC48** - r. de la Poste - 39800 Bersaillin - 03 84 25 91 31. *D 192 dir. Bersaillin.*

La Maison du Haut – 9 km
- **179 DC48** - Les Bordes - 39230 St-Lothain - 03 84 37 35 19 - www.maisonduhaut.com. *A 391 dir. Poligny, N 83 puis à droite D 57.*

Le Chalet – 11 km
179 CC48 - 7 rte de Genève - 39800 Poligny - 03 84 37 13 28 - restaurant.lechalet-monsite.wanadoo.fr. *A 391 dir. Poligny, N 83 puis à droite N 5.*

Sortie 8

Nouvel Hôtel – 10,5 km
- **179 CB50** - 50 r. Lecourbe - 39000 Lons-le-Saunier - 03 84 47 20 67 - nouvel.hotel39@wanadoo.fr. *N 76 dir. Lons-le-Saunier, rte de Besançon, r. Georges-Trouillot, à droite pl. Perraud/r. Lafayette puis à droite r. Lecourbe.*

La Comédie – 10,5 km
- **179 CB50** - 65 r. de l'Agriculture - 39000 Lons-le-Saunier - 03 84 24 20 66. *N 76 dir. Lons-le-Saunier, rte de Besançon, à gauche r. Désiré-Monnier, à gauche r. Richebourg puis à droite pl. de l'Ancien Collège/r. Sebile.*

Sortie 9

Vuillot – 8 km
- **196 CA52** - 36 r. Édouard-Vuillard - 71480 Cuiseaux - 03 85 72 71 79 - hotel.vuillot@wanadoo.fr. *D 972 dir. Cuiseaux, à gauche r. de l'Enfer puis à droite r. Ecce-Homo.*

A 42

Sortie 8

Auberge de Campagne du Mollard – 6,5 km
- **213 BZ58** - 01320 Chatillon-la-Palud - 04 74 35 66 09 - www.aubergedumollard.com. *D 67 à droite dir. Ambérieu-en-Bugey, D 904 à droite puis D 984 à droite.*

Sortie 7

Chambre d'hôte M. et Mme Debeney-Truchon – 11 km
- **213 BZ59** - « L'Hôpital » - 01150 Chazey-sur-Ain - 04 74 61 95 87. *D 124 dir. Meximeux, D 65, N 84, puis à droite sur D40.*

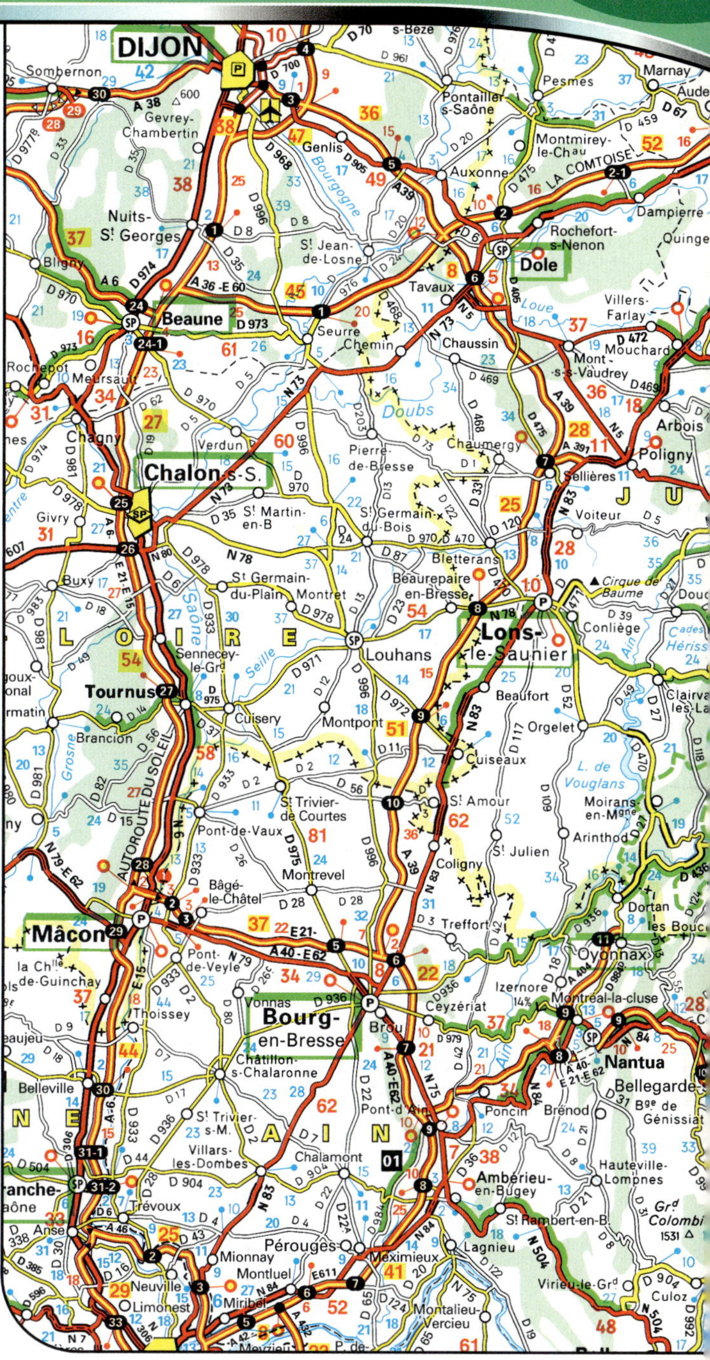

Sortie 6

Chez Nous – 8 km
- **213 BY59** - Lieu-dit le Bourg - 01120 Sainte-Croix - 04 78 06 61 20. *N 84 dir. Saint-Maurice-de-Gourdans, à droite r. du Loup, D 61 à gauche rte de Sainte-Croix.*

Auberge du Coq – 10 km
213 BZ59 - R. des Rondes - 01800 Pérouges - 04 74 61 05 47 - www.membres.lycos.fr/aubergeducoq. *N 84 dir. Saint-Maurice-de-Gourdans, à gauche D 4 puis à gauche r. des Rondes.*

Hôtel la Chaumière – 11 km – 161 CB45 – 346 av. Mar.-Juin - 39100 Dole - 03 84 70 72 40 – lachaumiere.dole@wanadoo.fr. *N5 dir. Dole-Centre puis D405.*

Bd Périphérique
Sortie Porte de la Pape

La Brunoise – 4,5 km
213 BX60 - 4 rue A. -Boutin - 69100 Villeurbanne - 04 78 52 07 77. *N 383 sortie 6a, à droite r. de la Feyssine, à droite av. Roger-Salengro, à gauche r. Gervais-Bussière, à droite r. d'Alsace puis à droite cours Émile Zola.*

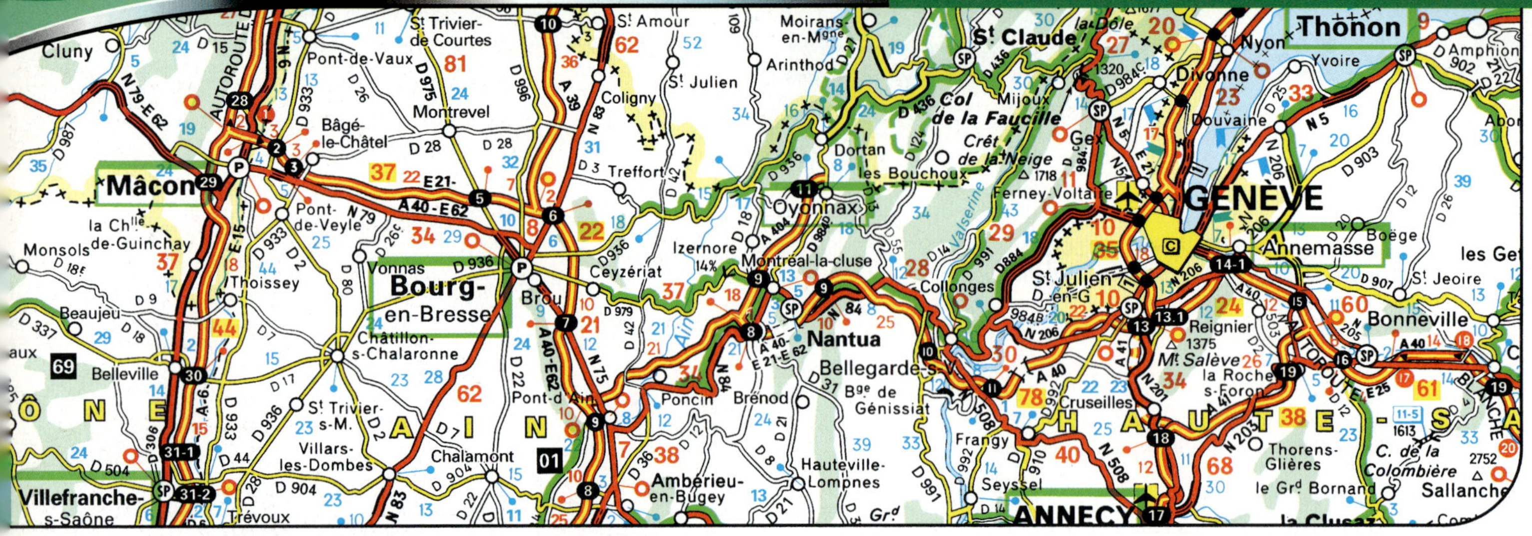

MÂCON><BOURG-EN-BRESSE><ANNEMASSE

A 40

Sortie 5

Pillebois – 9,5 km
- 195 BY54 - rte de Bourg-en-Bresse - 01340 Montrevel-en-Bresse - 04 74 25 48 44. *D 975 dir. Montrevel-en-Bresse puis à gauche r. de L'Église.*

Place – 10 km
- 195 BY55 - 51 pl. de la Mairie - 01310 Polliat - 04 74 30 40 19. *N 479 à droite dir. Viriat, N 79 à droite puis D 26 à gauche (r. du petit bourg).*

Sortie 6

Logis de Brou – 6 km
- 195 BZ55 - 132 bd de Brou - 01000 Bourg-en-Bresse - 04 74 22 11 55. *D 52 dir. rte de Meillonas N 83 puis à gauche bd de Brou.*

Le Chalet de Brou – 6 km
- 195 BZ55 - 168 bd de Brou - 01000 Bourg-en-Bresse - 04 74 22 26 28. *D 52 dir. rte de Meillonas N 83, puis à gauche bd de Brou.*

Sortie 8

Bernard Charpy – 6,5 km
- 214 CC56 - 1 r. Croix-Chalon - 01460 Brion - 04 74 76 24 15. *A 404 dir. Oyonnax sortie 9, à droite D 979 puis à gauche D 18.*

Sortie 9

L'Embarcadère – 5,5 km
- 214 CC56 - av. du Lac - 01130 Nantua - 04 74 75 22 88. *N 84 dir. rte de Genève puis av. du Lac.*

Auberge du Lac Genin – 6 km
- 194 B1 - 01130 Charix - 04 74 75 52 50 - auberge@lacgenin.com. *N 84 dir. rte de Genève, D 49 à gauche et D 95 à droite.*

Chambre d'hôte de Bosseron – 8,5 km
- 214 CA57 - 325 rte de Genève - 01160 Neuville-sur-Ain - 04 74 37 77 06 - arivoire.free.fr. *D 984 à droite r. du 1er-Septembre-1944, N 75 à droite (r. Brillat-Savarin/ Gabriel-Vicaire) puis N 84 à gauche.*

Sortie 10

Reygrobellet – 11 km
- 196 CD55 - 01130 Saint-Germain-de-Joux - 04 50 59 81 13. *D 101 à droite dir. Vouvray, D 991 (r. du Bugey), à gauche N 84, puis à droite D 33.*

Sortie 11

Belle Époque – 7,5 km
215 CE56 - 10 place Gambetta - 01200 Bellegarde-sur-Valserine - 04 50 48 14 46 - contact@hotel-labelleepoque.com. *N 508 dir. Bellegarde-centre à droite, N 206 à droite, puis N 84 à gauche (r. Paul-Painlevé).*

Auberge de la Cave de la Ferme – 9 km
- 215 CF57 - R. du Grand-Pont - 74270 Frangy - 04 50 44 75 04. *N 508 dir. Frangy.*

Hôtel Le Sorgia – 10 km
- 215 CE56 - 01200 Lancrans - 04 50 48 15 81. *N 508 dir. Bellegarde-centre, N 206 à droite, N 84 à gauche (r. Paul-Painlevé) puis D 991 à droite.*

Sortie 13

Clef des Champs – 3 km
- 215 CG56 - Route d'Annecy - au col du Mont-Sion - 74160 Saint-Julien-en-Genevois - 04 50 44 13 11. *N 201 dir. St-Julien-en-Genevois.*

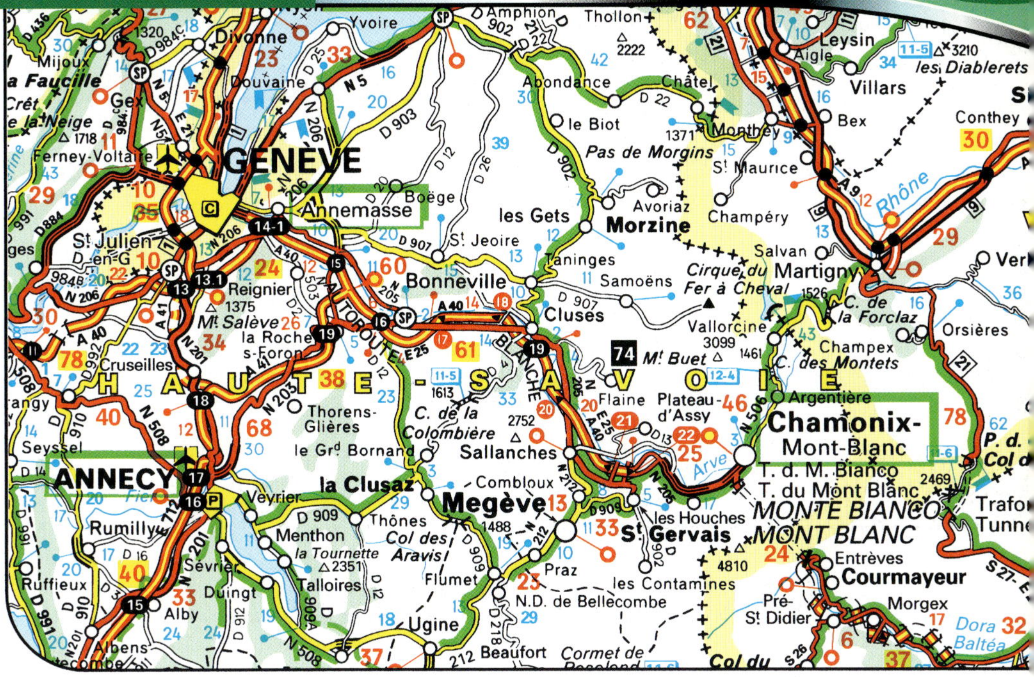

ANNEMASSE><CHAMONIX

A 40

Sortie 15

Tourne Bride – 2,5 km
216 CI56 - 94 rte d'Annemasse - 74130 Contamine-sur-Arve - 04 50 03 62 18 - hotel-tourne-bride@wanadoo.fr. *N 503 dir. Findrol, D 903, à gauche rte de Findrol puis à droite Rte d'Annemasse.*

Buffet de la Gare – 4 km
- 197 CH55 - 181 avenue Léman - 74380 Bonne - 04 50 39 20 15 - info@hotel-baud.com. *N 503 dir. Findol, D 903, à droite D 198, av. de Faucigny, à gauche av. du Léman.*

Pré d'Antoine – 4,5 km
- 198 CI55 - Route Boëge, au Pont-de-Fillinges - 74250 Fillinges - 04 50 36 45 06 - lepredantoine@aol.com. *N 503 dir. Findrol, D 903, D 9 puis à gauche rte du Chef-Lieu.*

Hôtel Les Afforets – 8 km
215 CH56 - 101 r. de l'Égalité - 74800 La Roche-sur-Foron - 04 50 03 35 01. *N 503 dir. Thonon-les-Bains, à droite av. Victor-Hugo, à droite fg St-Martin puis à droite r. de l'Égalité.*

Sortie 18

Cercle des Songes – 1 km
- 216 CK56 - 28 avenue Sardagne - 74300 Cluses - 04 50 98 01 96 - www.le-bargy.com. *D 304 dir. Cluses puis à droite av. de la Sardagne.*

Chambre d'hôte La Ferme de Béatrix – 6,5 km
- 216 CK56 - Chef-lieu - 74300 Châtillon-sur-Cluses - 04 50 89 43 97.*D 304 dir. Cluses, à droite av. Georges-Clemenceau, à gauche r. des Grands-Champs, av. de Châtillon, à gauche D 90 puis à gauche chez Devant.*

Crémaillère – 10,5 km
- 216 CK56 - Au lac de Flérier - 74440 Taninges - 04 50 34 21 98.*D 304 dir. Cluses, à droite av. Georges-Clemenceau, à gauche r. des Grands-Champs, av. de Châtillon puis à gauche D 902.*

Sortie 20

La Bérangère – 1 km
- 216 CL58 - 283 r. d'Anterne - 74480 Le Plateau-d'Assy - 04 50 93 87 68 ou 06 07 30 08 15 - www.berangeremb.com. *N 205 dir. Sallanches-centre.*

La Chaumière – 1 km
- 216 CK58 - 73 ancienne-rte-de-Combloux - 74700 Sallanches - 04 50 58 00 59. *N 205 dir. Sallanches, à droite N 212, à droite pl. Grenette puis à gauche ancienne rte de Combloux.*

Gorges de la Diosaz – 3 km
216 CL58 - 74310 Servoz - 04 50 47 20 97 - info@hoteldesgorges.com. *N 205 dir. Sallanches-centre.*

Sortie 21

Hôtel Val d'Este – 6,5 km
216 CL58 - Pl. de l'Église - 74170 St-Gervais-les-Bains - 04 50 93 65 91 - www.hotel-valdeste.com. *D 339 dir. Le Fayet, à gauche N 205 puis D 902.*

ANNEMASSE><GRENOBLE

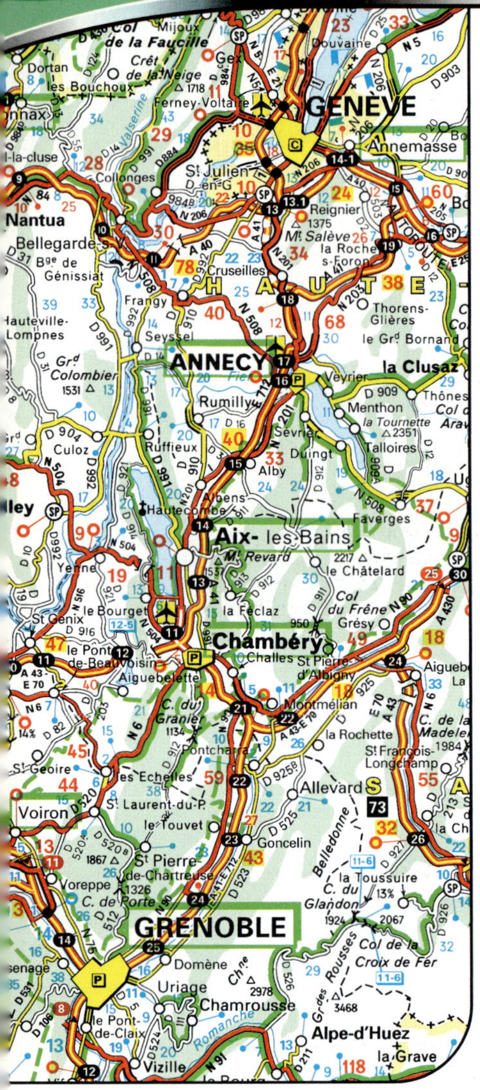

A 41

Sortie 13

Hôtel Curial – 6,5 km
- 233 CF62 - 371 r. de la République - 73000 Chambéry - 04 79 60 26 00 - www.curial.antaeus.fr. *N 201 sortie 18 dir. Chambéry puis à gauche N 6.*

Art Hôtel – 4 km
- 233 CF62 - 154 r. du Sommeiller - 73000 Chambéry - 04 79 62 37 26 - www.arthotel-chambery.com. *N 201 sortie 16 dir. Chambéry, r. du Dr-Vernier, à droite chemin de la Rotonde, à droite chemin de la Cassine, à droite fg Reclus puis à droite r. Sommeiller.*

Auberge Bessannaise – 1,5 km
- 233 CF62 - 28 pl. Monge - 73000 Chambéry - 04 79 33 40 37. *N 201 sortie 17 dir. Chambéry, à droite r. Franklin-Roosevelt, à droite r. Franklin-Roosevelt, à gauche av. de Bassens/r. Jules-Ferry, à droite r. Pasteur, à gauche r. de la Banque puis à droite N 6.*

L'Hypoténuse – 7 km
- 233 CF62 - 141 Carré Curial - 73000 Chambéry - 04 79 85 80 15 - resto-hypo@wanadoo.fr. *N 201 sortie 18 dir. Chambéry, à gauche N 6, r. André-Jacques, r. Michaud puis à droite Carré-Curial.*

Le Bouchon d'Hélène – 7 km
- 233 CE61 - Résidence Van-Gogh - Technolac - 73370 Le Bourget-du-Lac - 04 79 25 00 69.*D 17 dir. Viviers-du-Lac, à gauche rte d'Aix, à droite r. Antoine-Montagnole, à droite pl. de la Fontaine, à gauche rte du Lac, à droite N 201, N 211 puis à gauche N 504.*

Chambre d'hôte Montagnole – 1,5 km
- 233 CF61 - 516 chemin de Boissy - 73420 Viviers-du-Lac - 04 79 35 31 26.*D 17 dir. Viviers-du-Lac, à gauche rte d'Aix, à droite r. du Coteau-de-Boiss puis à gauche chemin de Boissy.*

Sortie 14

Les Oliviers – 8 km
- 215 CE60 - Au village de Brison - 73100 Brison-St-Innocent - 04 79 54 21 81 - www.restaurant-les-oliviers.com. *D 911 dir. Brison-St-Innocent, imp. des Mésanges, à gauche rte de Corsuet, à droite chemin de Corsuet, à gauche chemin du Bettait/chemin des Lapins, à droite chemin de Beauregard/chemin ce Corsuet, à droite chemin de la Grotte-des-Fées, à droite chemin de la Côte puis à droite chemin de Chérins.*

Hôtel La Croix du Sud – 4,5 km
233 CF61 - 3 r. du Dr-Duvernay - 73100 Aix-les-Bains - 04 79 35 05 87 - www.hotel-lacroixdusud.com. *D 911 dir. Aix-les-Bains, à gauche N 201, D 991, à gauche av. Charles-de-Gaulle puis à droite r. du Dr-Louis-Duvernay.*

Auberge du Pont Rouge – 4,5 km
- 233 CF61 - 151 av. du Grand-Port - 73100 Aix-les-Bains - 04 79 63 43 90.*D 911 dir. Aix-les-Bains, à gauche N 201 puis D 991.*

Sortie 15

L'Arcadie – 2 km
- 215 CF59 - 8 pl. du Trophée, dans le vieux bourg - 74540 Alby-sur-Chéran - 04 50 68 15 78 - eric.berthier@wanadoo.fr. *rte d'Herry dir. Alby-sur-Chéran, à gauche rte des Marantins puis à droite D 63.*

Sortie 16

Le Bilboquet – 2,5 – 215 CF59 – 14 fg Ste-Claire -74000 Annecy - 04 50 45 21 68 *E72 dir. Albertville puis N1508, N201 puis à droite Av. Du Rhône, à gauche D5 puis à droite.*

Chambre d'hôte Au Gîte Savoisien – 6 km
- 215 CF59 - 98 rte de Corbier - 74650 Chavanod - 04 50 69 02 95 - www.gite-savoisien.com. *N 508 dir. Corbier, à droite av. de Prélevet, à droite D 16 puis rte du Corbier.*

Sortie 17

Auberge de Savoie – 5 km
- 215 CG58 - 1 pl. St-François-de-Sales - 74000 Annecy - 04 50 45 03 05. *N 201 dir. Annecy, à droite N 201, à gauche bd du Lycée, à droite r. Guillaume-Fichet, à droite r. de la Paix, à gauche r. Jean-Jaurès, à droite av. d'Albigny, à droite quai Eustache-Chappuis, droite r. du Lac, à gauche r. du Collège-Chapuisien, à droite r. Joseph-Blanc, à droite r. Grenette puis pl. St-François-de-Sales.*

Auberge de la Caille – 4,5 km
- 215 CF58 - 18 chemin de la Caille - 74330 La Balme-de-Sillingy - 04 50 68 85 21 - www.aubergedelacaille.com. *N 201 dir. Annecy-centre.*

Sortie 18

Auberge la Ferme de Ferrières – 6 km
- 215 CG58 - 800 rte des Burnets - 74370 Ferrières - 04 50 22 04 00 - letondal.m@numero.fr. *D 172 dir. Ferrières puis rte des Burnets.*

Sortie 21

Auberge Au Pas de l'Alpette – 6 km
- 233 CF63 - à Bellecombe - 38530 Chapareillan - 04 76 45 22 65 - www.alpette.com. *N 90 dir. Les Marches, rte du Grésivaudan puis à droite r. de Bellecour.*

Ferme de Champlong – 1,5 km
233 CF63 - 73800 Les Marches - 04 79 28 11 57 - fermedechamplong@wanadoo.fr. *N 90 dir. Les Marches-centre.*

Sortie 23

Auberge des Paletières – 8,5 km
- 233 CF65 - Mont-Farcy - 38570 Theys - 04 76 71 17 07. *D 29 dir. Goncelin, à droite D 523, à gauche D 29 puis D 30.*

Sortie 27

Chambre d'hôte La Chantournelle – 4,5 km
- 251 CE66 - 6 chemin des Tilleuls - 38700 Corenc - 04 76 88 06 25 - la.chantournelle@wanadoo.fr. *N 90 dir. Meylan, à gauche chemin des Buclos, à droite D 512, à gauche chemin St-Bruno, à droite rte de la Chartreuse, à gauche chemin de la Tour-des-Chiens puis à droite chemin des Tilleuls.*

N 87 (Périphérique Sud de Grenoble)

Sortie 2

L'Écureuil – 8,5 km
- 251 CE67 - Au Recoin - 38410 Uriage - 04 76 89 90 13.*D 523 dir. Uriage-les-Bains, av. Henri-Duhamel puis D 254.*

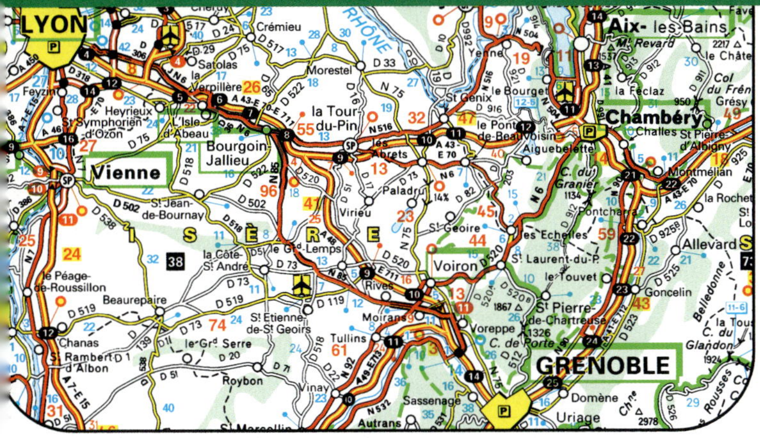

Lyon><Grenoble

A 48

Sortie 10

Chaumière – 1,5 km
232 CC64 - Rue Chaumière - 38500 Voiron - 04 76 05 16 24. *chemin des Éssarts dir. Voiron, à droite r. du Placyre, à droite r. du Lavoir-de-Ciel, à gauche bd de la République puis à droite r. de la Chaumière.*

Le Panoramic – 2,5 km
232 CC64 - 38500 Voiron - 04 76 05 17 40. *dir. Voiron-centre.*

Sortie Grenoble-centre

Chasse-Spleen – 1,5 km
250 CD66 - 6 pl. Lavalette - 38000 Grenoble - 04 38 37 03 52. *Suivre les quais de la Rive gauche en dir. du Musée, puis à droite pl. de Lavalette.*

Sortie 3a

Hôtel Patinoires – 3 km
250 CD66 - 12 r. Marie-Chamoux - 38000 Grenoble - 04 76 44 43 65 - www.hotel-patinoire.com. *à Grenoble, suivre bd J. Vallier, Bd Maréchal Foch av. Jeanne d'Arc puis à gauche r. Marie-Chamoux.*

A 480

Sortie 2

Bistrot Lyonnais – 4,5 km
250 CD66 - 168 cours Berriat - 38000 Grenoble - 04 76 21 95 33. *Suivre dir. Gares Europole puis r. Diderot à droite et cours Berriat à droite.*

Lyon><Chambéry><Modane

A 43

Sortie 6

Auberge du Ru – 5 km
231 BZ61 - Au Bergeron-les-Quatre-Vies - 38290 Frontonas - 04 74 94 25 71 - aubergeduru.fr. *N 6 dir. Frontonas puis D 126.*

Sortie 7

Bernard Lantelme – 2 km
231 BZ62 - À La Grive - 38080 Saint-Alban-de-Roche - 04 74 28 19 12. *N 6 dir. St-Alban-de-Roche, montée de la Croix-Blanche, à gauche rte de Lyon, à droite montée du chemin-Neuf, à droite chemin du Mur-de-Bise puis à gauche r. des Templiers.*

Sortie 10

Vieille Maison – 2,5 km
232 CC62 - 38490 Aoste - 04 76 31 60 15.*D 592 dir. Aoste puis à gauche rte des Moulins.*

Sortie 12

Novalaise-Plage – 4,5 km
233 CE62 - À Novalaise-Lac - 73470 Novalaise - 04 79 36 02 19 - www.novalaiseplage.com. *D 41 dir. Les Gollets puis à droite D 921.*

Sortie 22

St-Vincent – 1,5 km
233 CF63 - Le "Gaz" - 73190 Apremont - 04 79 28 21 85.*D 204 dir. Montmélian, à droite D 923, à droite N 6, à gauche r. de la Chaîne puis à gauche r. du Dr-Veyrat.*

Sortie 27

Dorhotel – 2,5 km
234 CI65 – – r. L.-Sibué - 73300 St-Jean-de-Maurienne - 04 79 83 23 83 - *info@dorhotel.com. D906 r. De La Libération puis à gauche r. Florimond Girard.*

Hôtel du Nord – 2,5 km
234 CI65 - pl. Champ-de-Foire - 73300 St-Jean-de-Maurienne - 04 79 64 02 08 - info@hoteldunord.net.*D 906 dir. St-Jean-de-Maurienne, r. Florimond-Girard puis à droite r. du Rocheray.*

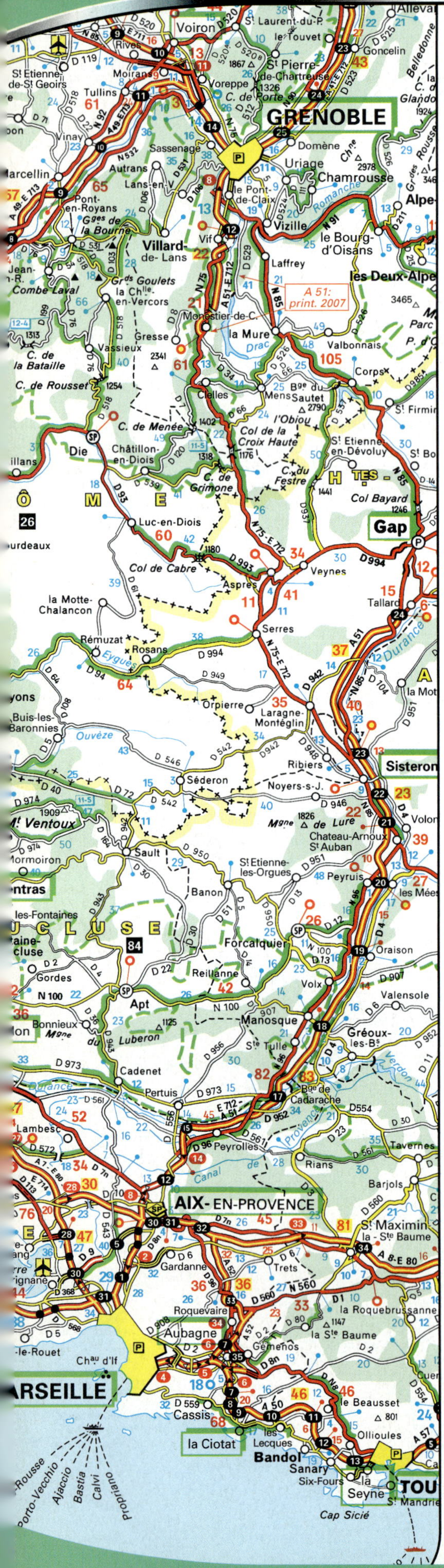

GRENOBLE><AIX><MARSEILLE

N 75

Sortie au Pont-de-Claix

Le Provençal – 0,5 km

- 250 CD67 - 16 cours St-André - 38800 Pont-de-Claix - 04 76 98 01 16. *à droite r. Paul-Breton puis à gauche cours St-André.*

N 85

à Vizille

Hôtel Sandra – 1 km

P - 251 CE68 - 46 r. des docteurs-Bonnardon - 38220 Vizille - 04 76 68 10 01 - www.hotelsandra.fr. *suivre rte de Laffrey/r. Jean-Jaurès, à droite av. Aristide-Briand puis à gauche r. du Dr-Bonnardon.*

à Laffrey

Pacodière – 2,5 km

P - 251 CE68 - Route du Lac - 38220 Laffrey - 04 76 73 16 22. à Laffrey D 115 puis à gauche le Lac-Mort.

à Corps

Poste - - 251 CF70 - rte Napoléon - 38970 Corps - 04 76 30 00 03 - delas-hotel-restaurant@wanadoo.fr.

Le Tilleul - 251 CF70 - 38970 Corps - 04 76 30 00 43 - jourdan@hotel-restaurant-du-tilleul.com.

à St-Jacques-en-Valgodemard

Ferme-auberge Les Clarines – 1,5 km

P - 269 CG71 - À Entrepierres - 05800 St-Jacques-en-Valgaudemar - 04 92 55 20 31 - www.auberge-clarines.com. *D 16 dir. Lallée puis D 316.*

à Laye

Laiterie du Col Bayard - P - 269 CG72 - 05500 Laye - 04 92 50 50 06 - colbayard@wanadoo.fr.

à Gap

La Grangette - 269 CH73 - 1 av. Foch - 05000 Gap - 04 92 52 39 82. *Au carref. du Musée, juste à gauche sur l'av. du Maréchal-Foch (N 94 dir. Briançon).*

A 51

Sortie 22

Café-Restaurant de la Paix – 4 km

287 CG77 - 41 r. Saunerie - 04200 Sisteron - 04 92 62 62 29.*D 4 à droite dir. Sisteron, à droite N 85, à droite r. Droite puis à gauche r. de la Saunerie.*

Sortie 21

L'Oustaou de la Foun – 2 km

P - 287 CG78 - Route Nationale 85 - 04160 Château-Arnoux-St-Auban - 04 92 62 65 30 - loustaoudela-foun@wanadoo.fr. *à Château-Arnoux-centre, à droite (r.du Milieu) puis r. de La Riaille.*

Sortie 19

Chambre d'hôte La Maurissime – 6 km

- 306 CF81 - chemin des Oliviers - 04180 Villeneuve - 04 92 78 47 61.*D 4 à gauche dir. Villeneuve, à gauche N 96, à droite (chemin du Moulin), à droite (chemin du Pigeonnier de L'Ange), à gauche (chemin de La Bastie) puis à gauche D 216 (chemin des Oliviers).*

Bello Visto – 7 km

287 CF80 - Pl. du Château - 04700 Lurs - 04 92 79 95 09.*D 4 dir. La Brillanne, à droite rte d'Oraison, à droite N 96 puis à gauche D 12.*

Chambre d'hôte Jas des Nevières – 10 km

P - 287 CF80 - Rte de St-Pierre - 04300 Pierrerue - 04 92 75 24 99 - www.jas-des-nevieres.com. *D 4 dir. La Brillanne, à droite rte d'Oraison, à droite N 96, à gauche N 100, à droite D 116, D 12 puis à droite D 212.*

Sortie 18

Hôtel du Terreau – 3 km
306 CE81 - Pl. du Terreau - 04100 Manosque - ☎ 04 92 72 15 50 - www.hotelmanosque.fr. *à droite D 907 dir. Manosque (av. Jean-Giono/av. Mestre-Raoul-Arnaud), à droite (r. des Potiers), à droite (bd Élémir-Bourges), à gauche (r. de La Liberté), à gauche (r. Hoche) puis à gauche (pl. du Terreau).*

Le Petit Lauragais – 3 km
306 CE81 - 6 pl. du Terreau - 04100 Manosque - ☎ 04 92 72 13 00. à droite D 907 dir. Manosque (av. Jean-Giono/av. Mestre-Raoul-Arnaud), à droite (r. des Potiers), à droite (bd Élémir-Bourges), à gauche (r. de La Liberté), à gauche (r. Hoche) puis à gauche (pl. du Terreau).

Le Luberon – 3 km
306 CE81 - 21 bis pl. du Terreau - 04100 Manosque - ☎ 04 92 72 03 09. *à droite D 907 dir. Manosque (av. Jean-Giono/av. Mestre-Raoul-Arnaud), à droite (r. des Potiers), à droite (bd Élémir-Bourges), à gauche (r. de La Liberté), à gauche (r. Hoche) puis à gauche (pl. du Terreau).*

Chambre d'hôte Bastide St-Donat – 10,5 km
P - 306 CF82 - Rte de Vinon - 04800 Gréoux-les-Bains - ☎ 04 92 78 01 77 - www.bastidesaintdonat.fr. *D 907 dir. Gréoux-les-Bains, à droite D 4 puis à gauche D 82.*

Sortie 14

Le Mirabeau – 9,5 km
306 CD84 - RN 96 - 13860 Peyrolles-en-Provence - ☎ 04 42 67 11 78. *N 96 dir. Manosque.*

N 296

Sortie Puyricard, Aix-en-Provence

Aux Plaisirs des Anges – 4 km
306 CC85 - 3 rue de l'Annonciale - (BY) - 13100 Aix-en-Provence - ☎ 04 42 93 45 78 - www.auxplaisirsdesanges.com. *av. de la 1ère Division-Français dir. Aix-en-Provence-centre, à droite rte du Puy-Sainte-Réparade, à droite D 14 (av. Fernand-Benoît/av. Philippe-Solari, à droite av. Jean Jaurès, à gauche cours Sextius, à gauche r. des Cordeliers, à droite r. du Félibre-Gaut puis à droite r. de l'Annonciade.*

Sortie Aix-en-Provence-Centre

La Cigale – 2 km
306 CC85 - 48 r. Espariat - 13100 Aix-en-Provence - ☎ 04 42 26 20 62. *av. du Mar.-de-Lattre-de-Tassigny puis à droite D 17.*

A 51

Sortie 2

La Grignote – 9 km
327 CC86 - 22 r. Mignet - 13120 Gardanne - ☎ 04 42 58 30 25 - lagrignote2@wanadoo.fr. *D 6 dir. Gardanne, av. Philémon-Lieutaud, à droite bd Carnot/pl. de Gueydan/bd Bontemps/bd Forbin, à droite r. Borély puis à gauche r. Mignet.*

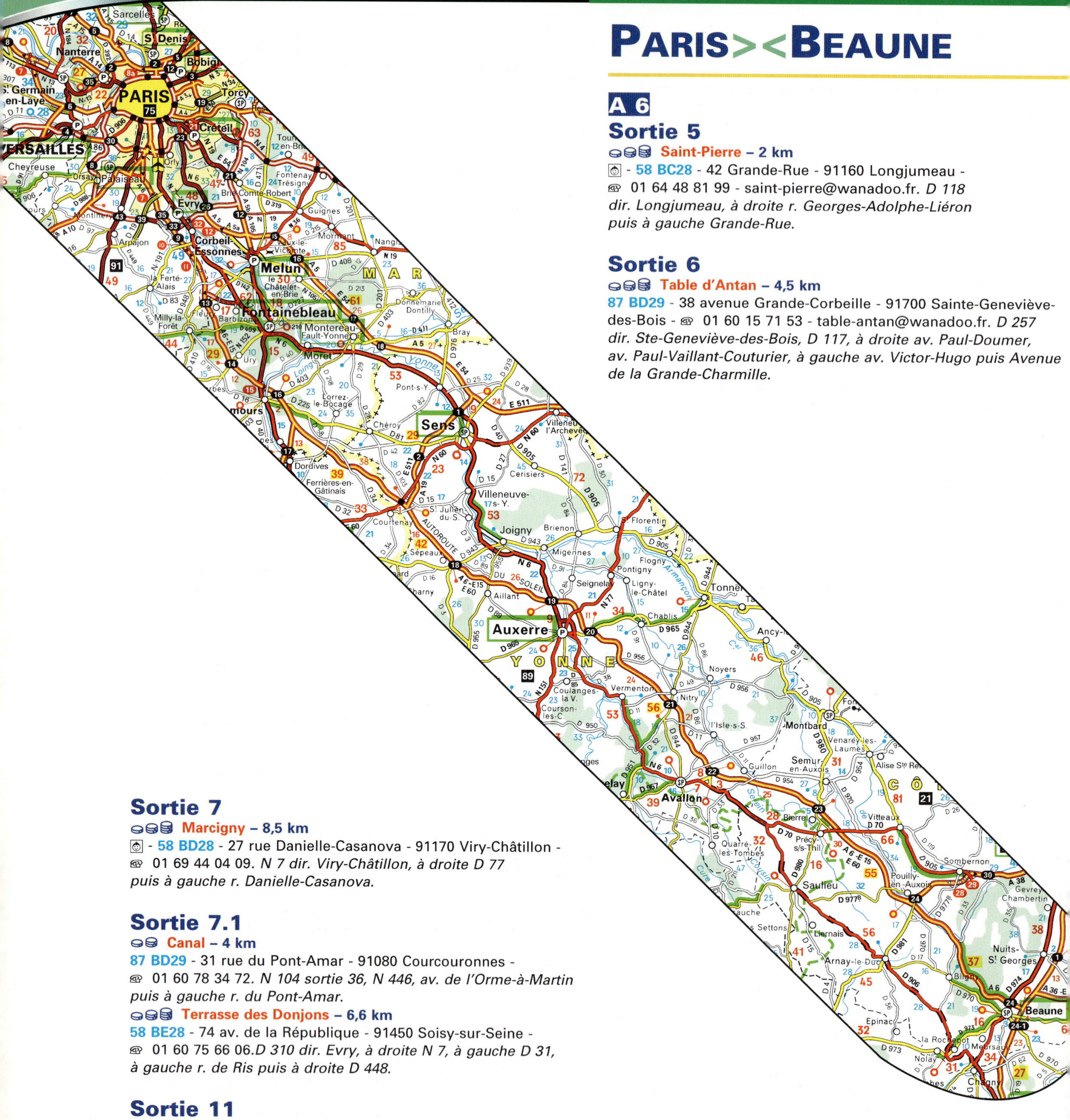

PARIS><BEAUNE

A 6

Sortie 5

Saint-Pierre – 2 km

- **58 BC28** - 42 Grande-Rue - 91160 Longjumeau - 01 64 48 81 99 - saint-pierre@wanadoo.fr. *D 118 dir. Longjumeau, à droite r. Georges-Adolphe-Liéron puis à gauche Grande-Rue.*

Sortie 6

Table d'Antan – 4,5 km

87 BD29 - 38 avenue Grande-Corbeille - 91700 Sainte-Geneviève-des-Bois - 01 60 15 71 53 - table-antan@wanadoo.fr. *D 257 dir. Ste-Geneviève-des-Bois, D 117, à droite av. Paul-Doumer, av. Paul-Vaillant-Couturier, à gauche av. Victor-Hugo puis Avenue de la Grande-Charmille.*

Sortie 7

Marcigny – 8,5 km

- **58 BD28** - 27 rue Danielle-Casanova - 91170 Viry-Châtillon - 01 69 44 04 09. *N 7 dir. Viry-Châtillon, à droite D 77 puis à gauche r. Danielle-Casanova.*

Sortie 7.1

Canal – 4 km

87 BD29 - 31 rue du Pont-Amar - 91080 Courcouronnes - 01 60 78 34 72. *N 104 sortie 36, N 446, av. de l'Orme-à-Martin puis à gauche r. du Pont-Amar.*

Terrasse des Donjons – 6,6 km

58 BE28 - 74 av. de la République - 91450 Soisy-sur-Seine - 01 60 75 66 06.*D 310 dir. Evry, à droite N 7, à gauche D 31, à gauche r. de Ris puis à droite D 448.*

Sortie 11

Auberge du Bas Pringy – 9 km

- **88 BE30** - 20 avenue de Fontainebleau - 77310 Pringy - 01 60 65 57 75.*D 948 dir. Fontainebleau puis à droite N 7.*

Sortie 12

Auberge du Barrage – 4 km
BE29 - 40 chemin de Halage - 91850 Le Coudray-Montceaux - 01 64 93 81 16. *N 337 dir. le Coudray-Montceaux, à gauche N à droite chemin-de-la-Justice, à droite av. du Coudray uis à gauche allée de la Guiche.*

La Ferme de Vosves – 8,5 km
88 BF30 - 155 r. de Boissise - 77190 Village de Vosves - 01 64 39 22 28 - www.fermedevosves.com. *N 7 dir. Vosves, 142 puis r. de la Gare.*

Sortie 13

Chambre d'hôte M. Lenoir – 6,5 km
88 BE31 - 9 r. du Souvenir - 91490 Moigny-sur-École - 01 64 98 47 84 / 06 76 95 56 87 - www.compagnie-des-os.com. *D 372 dir. Moigny-sur-École, à droite r. de la Grange-ouge, à droite r. du Château, D 901, à gauche D 948 puis r. du ouvenir.*

Auberge du Bois Rond – 7,5 km
8 BE31 - Rte d'Achères (D 64) à la sortie d'Arbonne-la-Forêt - 7630 Arbonne-la-Forêt - 01 60 66 44 38 - www.aubergeduboisrond.com. *D 372 dir. Cély, D 11 puis D 50.*

Le Relais de Barbizon – 8 km
8 BF31 - 2 av. du Gén.-de-Gaulle - 77630 Barbizon - 01 60 66 40 28.*D 372 dir. Cély, N 37, D 64.*

Sortie 14

Auberge d'Auvers Galant – 7,5 km
88 BE32 - 7 r. d'Auvers - 77123 Noisy-sur-École - 01 64 24 51 02 - aubergeauversgalant@wanadoo.fr. *N 152 ir. Fontainebleau puis à gauche D 63.*

Sortie 15

Chambre d'hôte M. Gicquel – 7 km
8 BG32 - 46 r. René-Montgermont - 77690 Montigny-sur-Loing - 01 64 45 87 92. *N 7 dir. Montigny-sur-Loing puis D 104 Montigny-sur-Loing-centre).*

Sortie 17

Le Raboliot – 4 km
13 BI35 - 34 place du Marché - 45320 Courtenay - 02 38 97 44 52. *N 60 dir. Montargis, à gauche D 232, D 162, gauche r. de la Levrette, à droite r. des Boucheries puis gauche ruelle du Marché-aux-Fruits.*

Sortie 19

La P'tite Beursaude – 8 km
36 BM38 - 55 r. Joubert - 89000 Auxerre - 03 86 51 10 21 - uberge.beursaudiere@wanadoo.fr. *N 6 dir. Monéteau, v. Charles de Gaulle, à gauche bd de la Chaînette, à droite quai de la Marine, à droite r. Sous-Murs, à gauche r. Joubert.*

Sortie 20

Le Moulin de la Coudre – 1,5 km
136 BM38 - 2 r. Gravottes - 89290 Venoy - 03 86 40 23 79 - lemoulin89@wanadoo.fr. *D 965 dir. Venoy, gauche D 97, à droite r. du Moulin puis à gauche r. des Gravottes.*

Sortie 21

Auberge la Beursaudière – 2 km
136 BO39 - 9 chemin de Ronde - 89310 Nitry - 03 86 33 69 69 - auberge.beursaudiere@wanadoo.fr. *D 944 dir. Nitry puis à gauche D 49.*

Chambre d'hôte Les Vieilles Fontaines – 7 km
136 BO39 - 89270 Sacy - 03 86 81 51 62 - http://lesvieillesfontaines.free.fr. *D 944 dir. Nitry, à gauche D 4, r. de la Charrière, puis Grande-Rue.*

Sortie 22

Dak'Hôtel – 8 km
158 BP41 - rte de Saulieu - 89200 Avallon - 03 86 31 63 20 - dakhotel@voila.fr. *N 146 dir. Avallon , à gauche D 50 puis N 6.*

Le Gourmillon – 8 km
158 BP41 - 8 r. de Lyon - 89200 AVALLON - 03 86 31 62 01. *N 146 dir. Avallon , à gauche D 50 puis N 6.*

Sortie 23

Le Calibressan – 8,5 km
158 BS41 - 16 r. Févret - 21140 Semur-en-Auxois - 03 80 97 32 40 - le.calibressan@wanadoo.fr. *D 980 dir. Semur-en-Auxois, D 954, à droite r. de Varenne, à droite r. du Renaudot puis à droite r. des Remparts.*

Cymaises – 8,5 km
158 BS41 - 7 r. Renaudot - 21140 Semur-en-Auxois - 03 80 97 21 44 - hotel.cymaises@libertysurf.fr. *D 980 dir. Semur-en-Auxois, D 954, à droite r. de Varenne puis à droite r. du Renaudot*

Échangeur A 38

Chambre d'hôte Péniche Lady A – 9 km
159 BU44 - Canal de Bourgogne - 21320 Vandenesse-en-Auxois - 03 80 49 26 96 ou 06 21 89 00 90 - ladyabarge@yahoo.fr. *A 38 dir. Sortie 24, N 81 dir. Meilly-sur-Rouvres, D 977bis, puis D18.*

Sortie 24

La Ciboulette – 2,5 km
177 BW46 - 69 r. de Lorraine - 21200 Beaune - 03 80 24 70 72. *N 74 dir. Beaune puis r. de Lorraine.*

La Cuverie – 4,5 km
177 BW46 - 5 r. Chanoine-Donin - 21420 Savigny-lès-Beaune - 03 80 21 50 03. *N 74 dir. Savigny-lès-Beaune, à gauche D 2, à gauche D 18, à droite r. Charles -de-Gaulle, à gauche r. Jean-Moulin/av. des Combattants, à droite r. Chanoine-Donin.*

Le Grill du Castel – 9,5 km
159 BU44 - Grande-Rue - 21320 Châteauneuf-en-Auxois - 03 80 49 26 82. *A 38 dir. Sortie 24, N 81 dir. Meilly-sur-Rouvres, D 977bis, D18 puis r. de la Porte du Bas.*

Chambre d'hôte Mme Bagatelle – 9,5 km
159 BU44 - r. des Moutons - 21320 Châteauneuf-en-Auxois - 03 80 49 21 00 - www.chateau.net/bagatelle. *A 38 dir. Sortie 24, N 81 dir. Meilly-sur-Rouvres, D 977bis, D18 puis r. de la Porte du Bas.*

Sortie 24.1

Auberge des Vignes – 7,5 km
177 BV47 - Rte Nationale 74 - 21190 Volnay - 03 80 22 24 48 - elisabeth.leneuf@free.fr. *av. Charles-de-Gaulle dir. Volnay, à droite N 74, D 973 puis à droite dir. Volnay-centre.*

La Garaudière – 4 km
177 BW47 - Grande-Rue - 21200 Levernois - 03 80 22 47 70. *av. Charles-de-Gaulle dir. Volnay, à droite D 113, à droite D 970, à gauche D 111 (rte de Beaune) puis à gauche Grande-Rue.*

Grillon – 3 km
177 BW46 - 21 r. Seurre - 21200 Beaune - 03 80 22 44 25 - joel.grillon@wanadoo.fr. *av. Charles-de-Gaulle dir. Volnay, à droite D 113, à gauche D 973 puis rte de de Seurre.*

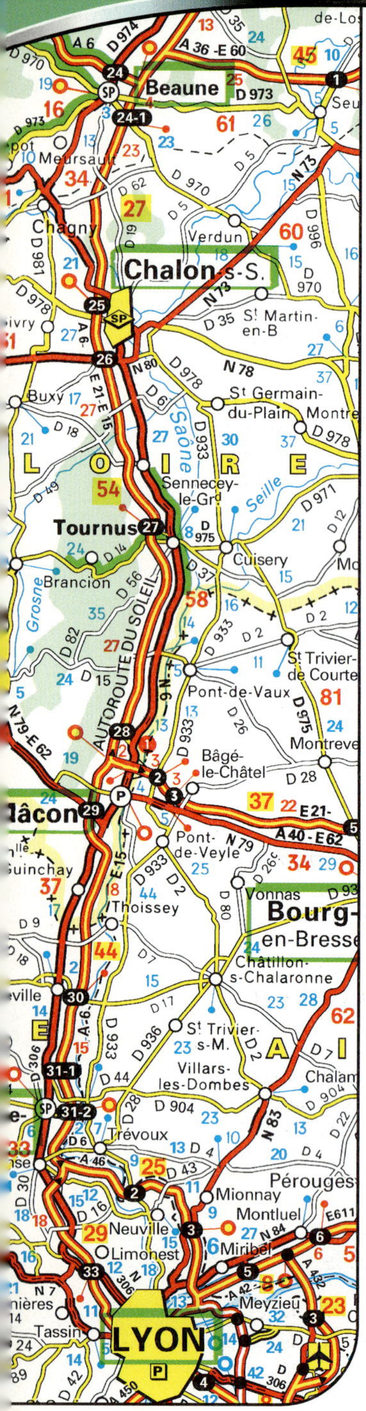

Beaune><Lyon

A 6

Sortie 25

Eco-Bed – 3 km

177 BW49 - 10 r. des Jacobines -71100 Chalon-sur-Saône - 03 85 48 12 24 – *N6 Av. de l'Europe, D978 Av. Boucicaut, à gauche bd de la République, à gauche r. du Palais de Justice puis à droite r. des Jacobines.*

Hôtel St-Jean – 3,5 km

177 BW49 - 24 quai Gambetta - 71100 Chalon-sur-Saône - 03 85 48 45 65. *N 6 dir. Chalon-sur-Saône puis à gauche quai Gambetta.*

Le Magny – 9 km

177 BW48 - 29 Grande-Rue - 71530 Sassenay - 03 85 91 61 58. *N 6 dir. Chalon-sur-Saône, D 318, à droite r. Louis-Jacques-Thenard puis à droite D 5.*

Sortie 26

Le Saint Loup – 5 km

P - 177 BW50 - Route Nationale 6 - 71240 St-Loup-de-Varennes - 03 85 44 21 58 - sylparo@wanadoo.fr. *N 80 dir. St-Loup-de-Varennes, à droite r. du Lavoir puis à droite av. de l'Église.*

Sortie 27

Chambre d'hôte Domaine de l'Arfentière – 10,5 km

P - 195 BW52 - rte de Chardonnay - 71700 Uchizy - 03 85 40 50 46. *N 6 dir. Macon, à droite D 163 puis à droite D 210.*

Chambre d'hôte Le Tinailler du Manoir de Champvent – 10 km

P - 195 BW52 - Lieu-dit Champvent - 71700 Chardonnay - 03 85 40 50 23. *N 6 dir. Chardonnay puis à droite D 56.*

Le Terminus – 1,5 km

P - 195 BW52 - 21 av. Gambetta - 71700 Tournus - 03 85 51 05 54 - www.hotel-terminus-tournus.com. *N 6 dir. Tournus-centre.*

Sortie 28

Hôtel Concorde – 8 km

- 195 BW54 - 73 r. Lacretelle - 71000 Mâcon - 03 85 34 21 47 - hotel.concorde.71@wanadoo.fr. *D 205 dir. St-Jean-Le-Priche, N 72, à droite N 6, à droite r. du 28-Juin-1944, à droite cours Moreau, à droite r. du 11-Novembre-1918, à gauche r. de l'Heritan, à droite D 82 puis à droite r. Lacretelle.*

Au P'tit Pierre – 7,5 km

- 195 BW54 - 10 r. Gambetta - 71000 Mâcon - 03 85 39 48 84.*D 205 dir. St-Jean-Le-Priche, N 72, à droite N 6 puis à droite r. Gambetta.*

Vieille Ferme – 3 km

P - 195 BW54 - Bd du Gén.-de-Gaulle - 71000 Sancé - 03 85 21 95 15 - vieil.ferme@wanadoo.fr. *D 205 dir. St-Jean-Le-Priche, N 72, à droite N 6 puis bd du Gén.-de-Gaulle.*

Chambre d'hôte Mme Noblet – 11 km

P - 195 BW53 - Les Cochets - 71260 Viré - 03 85 33 92 54. *N 72 dir. Macon, D 103, à droite D 403 puis à droite D 15.*

Le Relais de Montmartre – 11 km

195 BW53 - Pl. André-Lagrange - 71260 VIRÉ - 03 85 33 10 72 - relais-de-montmartre@wanadoo.fr. *N 72 dir. Macon, D 103, à droite D 403 puis à droite D 16.*

Sortie 29

Le Saint-Laurent – 8 km

- 195 BW54 - 1 quai Bouchacourt - 01750 Saint-Laurent-sur-Saône - 03 85 39 29 19 - saintlaurent@georgesblanc.com. *D 205 dir. St-Jean-Le-Priche, N 72, à droite N 6, N 79 (quai Jean-Jaurès) puis D 68 (r. de L'Hôtel-de-Ville).*

Hôtel Les Vignes – 10 km

P - 194 BV55 - rte de St-Amour - 69840 Juliénas - 04 74 04 43 70 - hoteldesvignes@wanadoo.fr. *D 169 dir. Juliénas puis D 17.*

Le Coq à Juliénas – 10 km

- 194 BV55 - Pl. du Marché - 69840 Juliénas - 04 74 04 41 98 - leon@relaischateaux.com. *D 169 dir. Juliénas puis D 17.*

Table de Chaintré – 4,5 km
194 BV55 - 71570 Chaintré - ☎ 03 85 32 90 95. *D 169 dir. Juliénas puis à droite D 209.*

Pouilly Fuissé – 7 km
194 BV55 - Le Bourg - 71960 Fuissé - ☎ 03 85 35 60 68. *N 79 dir. Moulins, à gauche D 54 puis à droite D 172.*

Sortie 30

Le Buffet de la Gare – 2,5 km
212 BV56 - Pl. de la Gare - 69220 Belleville - ☎ 04 74 66 07 36 - lebuffetdelagare@wanadoo.fr. *D 37 dir. Belleville-centre, à gauche r. de la Gare puis à droite r. du Mar.-Foch.*

La Maison des Beaujolais – 4 km
212 BV56 - 441 av. de l'Europe, RN 6 - 69220 St-Jean-d'Ardières - ☎ 04 74 66 16 46 - www.lamaisondesbeaujolais.com. *D 109 dir. St-Jean-d'Ardières, D 37 puis N 6 (av. de Bourgogne).*

Sortie 31

Ferme-auberge La Bicheronne – 6 km
213 BV57 - Le Bicheron - 01480 Fareins - ☎ 04 74 67 81 01.*D 70 dir. Villefranche-sur-Saône, D 44, à gauche D 933 (r. Hector-Berlioz) puis à droite D 75.*

La Ferme du Poulet – 2,5 km
212 BV58 - 180 r. Georges-Mangin - 69400 Villefranche-sur-Saône - ☎ 04 74 62 19 07 - la.ferme.du.poulet@wanadoo.fr. *D 70 dir. Villefranche-sur-Saône, r. des Frères-Bonnet puis à droite r. Georges-Mangin.*

Juliénas – 2,5 km
212 BV58 - 236 rue Anse - 69400 Villefranche-sur-Saône - ☎ 04 74 09 16 55.*D 70 dir. Villefranche-sur-Saône, bd Henri-Barbusse, à droite r. Jean-Michel-Savigny puis à droite r. Jean-Cottinet.*

Sortie 32

Vieux Moulin – 9 km
212 BV59 - chemin du Vieux Moulin - 69380 Alix - ☎ 04 78 43 91 66 - lemoulindalix@wanadoo.fr. *N 6 dir. Anse, à droite av. de la Libération, à gauche r. St-Pierre, à gauche r. du Père-Ogier, à gauche D 30, à gauche D 39, gauche D 76, à D 607 puis à droite D 76.*

Saint-Romain – 3 km
212 BV58 - rte de Graves - 69480 Anse - ☎ 04 74 60 24 46 - www.hotel-saint-romain.fr. *N 6 dir. Lyon, à droite av. de la Libération, r. Nationale, av. de la Gare, à gauche r. des Pépinières puis à droite rte de Graves.*

Sortie 33

L'Orangerie de Sébastien – 10 km
212 BV60 - Domaine de Lacroix-Laval - 69280 Marcy-l'Étoile - ☎ 04 78 87 45 95. *N 6 dir. la Tour-de-Salvagny, à droite D 73 puis à gauche D 30.*

Sortie 36

L'Ouest – 1,5 km
213 BW60 - 1 quai du Commerce (9e arrondissement) - (BP) - 69009 Lyon - ☎ 04 37 64 64 64. *Porte du Valvert, puis Tunnel de la Duchère (Bd Périphérique) jusq'à la sortie 2. Ensuite rue Mouillard, puis rue Emile Duport à gauche.*

L'Est – 2,5 km
213 BW60 - 14 pl. Jules-Ferry, gare des Brotteaux - 69006 Lyon - ☎ 04 37 24 25 26. *pont Raymond-Poincaré dir. Lyon-centre, bd de la Bataille-de-Stalingrad/r. Waldeck-Rousseau, à gauche av. du Gén.-Brosset puis à gauche pl. Jules-Ferry.*

Sortie Vieux Lyon

St-Pierre-des-Terreaux – 2,5 km
213 BW60 - 8 r. Paul-Chenavard - 69001 Lyon - ☎ 04 78 28 24 61. *montée-de-Choulans dir. Vieux-Lyon, à gauche quai Fulchiron, à gauche D 406, à droite pont-de-la-Feuillée, à droite quai-de-la-Pêcherie, à gauche r. de la Platière puis pl. Meissonier.*

Au Petit Bouchon "Chez Georges" – 2,5 km
213 BW60 - 8 rue Garet - 69001 Lyon - ☎ 04 78 28 30 46. *montée-de-Choulans dir. Vieux-Lyon, à gauche quai Fulchiron, à gauche quai Romain-Rolland, à droite pont-du-Maréchal-Juin, r. Grenette, à gauche r. du Prés.-Edouard-Herriot, à droite r. du Bât-D'Argent puis à gauche r. du Garet.*

Restaurant de Fourvière – 0,5 km
213 BW60 - 9 pl. de Fourvière - 69005 Lyon - ☎ 04 78 25 21 15. *montée-de-Choulans dir. Vieux-Lyon puis à droite tunnel-Routier-de-Fourvière.*

Le Contretête – 0,5 km
213 BW60 - 55 quai Pierre-Scize - 69005 Lyon - ☎ 04 78 29 41 29 - restaurant@tetedoie.com. *montée-de-Choulans dir. Vieux-Lyon, à gauche quai Fulchiron puis à gauche D 406.*

Sortie 39b Lyon-Perrache

Bellecordière – 1,5 km
213 BW60 - 18 r. Bellecordière - 69002 Lyon - ☎ 04 78 42 27 78 - www.hotel-bellecordiere.com. *quai du Dr-Gailleton dir. Gares de Perrache, à gauche r. de la Barre puis à droite r. Bellecordière.*

Hôtel La Résidence – 1,5 km
213 BW60 - 18 r. Victor-Hugo - 69002 Lyon - ☎ 04 78 42 63 28 - hotel-la-residence@wanadoo.fr. *quai du Dr-Gailleton dir. Gares de Perrache puis à gauche r. Sala.*

Le Jura – 1,5 km
213 BW60 - 25 r. Tupin - 69002 Lyon - ☎ 04 78 42 20 57. *montée-de-Choulans dir. Vieux-Lyon, à gauche quai Fulchiron, à gauche quai Romain-Rolland, à droite pont-du-Maréchal-Juin, r. Grenette, à droite r. de Brest puis à gauche r. de Tupin.*

La Brasserie Georges – 1,5 km
213 BW60 - 30 cours de Verdun - 69002 Lyon - ☎ 04 72 56 54 54. *prendre quai de Perrache puis juste à droite r. du Bélier jusqu'au Cours de Verdun-Perrache.*

Chez les Gones – 4 km
213 BW49 - - 102 cours Lafayette (Halle de Lyon) – 69003 Lyon - ☎ 04 78 60 91 61 - chezlesgones@online.fr- *dir. Presqu'Ile-Centre, N6 Quai Jules Courmont puis à droite Pont Lafayette.*

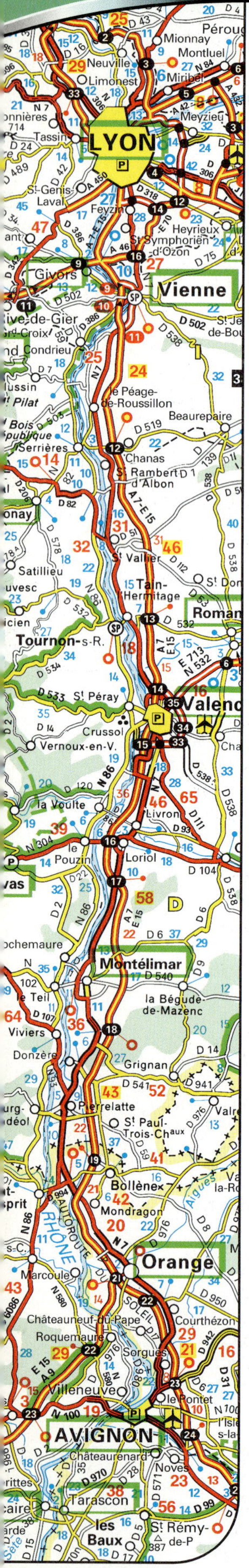

Lyon><Orange

A 7

Sortie 9

La Chamade – 1,5 km
231 BX63 - 24 r. Juiverie - 38200 Vienne - 04 74 85 30 34. *N 7 dir. Vienne, à gauche pl. St-Maurice, à droite r. Boson puis à gauche r. de la Juiverie.*

L'Estancot – 1 km
231 BX63 - 4 r. de la Table-Ronde - 38200 Vienne - 04 74 85 12 09. *N 7 dir. Vienne, à gauche pl. St-Louis, à droite pl. du Jeu de Paume puis à gauche r. de la Table-Ronde.*

Chambre d'hôte Le Pré Neuf
231 BX63 - P - 9 r. des Guillemottes – 38200 Vienne 04 74 31 70 11 – Dir. Vienne, à gauche montée de l'Hôpital jusqu'au Chemin Des Guillemottes.

Sortie 10

La Margotine – 10 km
P - **231 BW64** - chemin de Pré-Margot - 38370 St-Prim - 04 74 56 44 27 - www.lamargotine.com. *N 86 dir. Condrieu, à gauche barrage de Vaugris/D 4, à gauche r. du Château d'Eau, à gauche r. Victor Hugo, à gauche montée du Pré-Margot/chemin du Pré-Margot.*

Bistrot à Vins de Serine – 3 km
- **231 BW63** - Pl. de l'Église - 69420 Ampuis - 04 74 56 15 19. *N 86 dir. Ampuis puis à gauche pl. de L'Église.*

La Reclusière – 7,5 km
P - **231 BW64** - 39 Grande-Rue - 69420 Condrieu - 04 74 56 67 27. *N 86 dir. Condrieu puis à gauche chemin-des-Dames.*

Sortie 12

Hôtel des Nations - Restaurant L'Hysope – 11 km
231 BW64 - RN 7, lieu-dit Clonas-sur-Varèze - 38550 Auberives-sur-Varèze - 04 74 84 90 24 - hoteldesnations@club-internet.fr. *N 7 dir. Vienne.*

Sortie 13

Hôtel Les Amandiers – 3,5 km
P - **249 BW68** - 13 av. de Nîmes - 07300 Tournon-sur-Rhône - 04 75 07 24 10 - info@hotel-amandiers.com. *D 532 dir. Tournon à droite (av. du Vercors-et-de-la-Résistance), à droite av. Jules-Nadi, à gauche N 7 (av. Jean-Jaurès/av. du Président-Roosevelt), à droite N 95 (av. des Comtes-de-Larnage/pont Gustave-Toursier) puis à gauche N 86 puis à gauche av. de Nîmes.*

Le Chaudron – 3,5 km
- **249 BW68** - 7 r. St-Antoine - 07300 Tournon-sur-Rhône - 04 75 08 17 90.*D 532 dir. Tournon à droite (av. du Vercors-et-de-la-Résistance), à droite av. Jules-Nadi, à gauche N 7 (av. Jean-Jaurès/av. du Président-Roosevelt), à droite N 95 (av. des Comtes-de-Larnage/pont Gustave-Toursier), à gauche N 86 puis à gauche av. de Nîmes, à gauche D 219 (pl. Stéphane Mallarmé/r. Thiers) puis à droite r. du 14-Juillet.*

Sortie 15

L'Origan – 2 km
P - **249 BX69** - 58 avenue Beaumes - 26000 Valence - 04 75 41 60 39 - squashorigan@aol.com. *N 7 Rocade de Valence, sortie 31 puis à gauche av. de la Libération, r. Paul-Gataud à droite, puis av. des Baumes à droite.*

L'Auberge du Pin – 2 km
P - **249 BX69** - 285 bis av. Victor-Hugo - 26000 Valence - 04 75 44 53 86 - pic@relaischateaux.com. *N 7 Rocade de Valence, sortie 30 dir. Valence-centre par av. Victor-Hugo.*

Chambre d'hôte La Mare – 11 km
P - **267 BX71** - rte de Montmeyran - 26800 Étoile-sur-Rhône - 04 75 59 33 79 - chaixmarcel@wanadoo.fr. *N 7 sortie 32, D 261, à droite D 269, à gauche D 111, à droite chemin des Donnays puis à gauche bd de la Puya.*

Sortie 16

Treille Muscate – 8 km
P - **267 BX72** - 26270 Cliousclat - 04 75 63 13 10 - latreillemuscate@wanadoo.fr. *N 304 dir. Montélimar, à droite N 7, à gauche D 57 puis à gauche D 554.*

Sortie 18

Relais du Vivarais – 11 km
P - **266 BV75** - 31 RN 86, quartier les Sautelles - 07220 Viviers - 04 75 52 60 41. *N 7 dir. Viviers, D 607, à droite D 844, à gauche D 126, à gauche D 73, av. Pierre-Mendès-France puis N 86.*

Sortie 19

L'Esplan – 11 km
- **285 BW76** - Pl. l'Esplan - 26130 Saint-Paul-Trois-Châteaux - 04 75 96 64 64 - saintpaul@esplan-provence.com. *D 26 dir. Pont-St-Esprit, D 8, à gauche D 160/D 59, à droite D 859, D 218, à gauche D 859 puis à gauche D 59.*

Sortie 22

La Mère Germaine – 11 km
P - **285 BX79** - Place de la Fontaine - 84230 Châteauneuf-du-Pape - 04 90 83 54 37 - resa@lameregermaine.com. *N 7 dir. Avignon, à droite D 72, D 68, r. Alphonse-Daudet, à gauche pl. Jean-Moulin, à gauche av. du Gén.-de-Gaulle, à droite chemin des Consuls puis la Fontaine du Pape.*

Orange> <Marseille

A 7

Sortie 15

Chambre d'hôte du château du Petit Sonnailler – 8 km
305 BZ84 - 13121 Aurons - ☎ 04 90 59 34 47 - www.petit-sonnailler.com. *D 572 dir. Aurons, à gauche carr.-des-Allées, à droite av. Jean-Moulin, à gauche chemin de la Petite-Brûlière, à gauche D 68, à gauche av. Gaston-Cabrier puis à droite Grand'Rue.*

Hostellerie de la Reynaude – 8 km
305 BZ84 - 13121 Aurons - ☎ 04 90 59 36 35 - domaine.reynaude@wanadoo.fr. *D 572 dir. Aurons, à gauche carr.-des-Allées, à droite av. Jean-Moulin, à gauche chemin de la Petite-Brûlière, à gauche D 68, à gauche av. Gaston-Cabrier puis à droite Grand'Rue.*

Le Craponne – 1,5 km
305 BZ84 - 146 allée de Craponne - 13300 Salon-de-Provence - ☎ 04 90 53 23 92.*D 572 dir. Salon de Provence puis N 538 (allée de Craponne).*

Le Moulin de Dodé – 4 km
305 BZ84 - 41 r. Georges-Clemenceau - 13330 Pélissanne - ☎ 04 90 55 44 93 - le.moulin.de.dode@wanadoo.fr. *D 572 dir. Pélissanne puis D 68 à gauche (rte de Saint-Jean/r. des Passadouires/r. Georges-Clemenceau).*

La Touloubre – 6,5 km
305 CA84 - 29 chemin Salatier - 13330 La Barben - ☎ 04 90 55 16 85.*D 572 dir. Pélissanne, D 15 puis D 22.*

Sortie 23

Le Moutardier – 9 km
285 BX80 - 15 pl. du Palais-des-Papes - 84000 Avignon - ☎ 04 90 85 34 76 - moutardier@wanadoo.fr. *D 972 dir. Avignon-centre, N 7 puis r. de Morières/r. Carnot.*

Sortie 24

Les Glycines – 7 km
304 BX81 - 14 avenue Victor-Hugo - 13160 Châteaurenard - ☎ 04 90 94 10 66. *N 7 dir. Châteaurenard, à droite D 28, à gauche av. de la Libération, av. Léo-Lagrange, à droite cours Carnot puis à droite av. Victor-Hugo.*

Sortie 25

Hôtel L'Oustau dï Vins – 6,5 km
305 BZ82 - La Font du Pin - 84460 Cheval Blanc - ☎ 04 90 72 90 90.*D 99/D 938 dir. Cheval-Blanc, à droite D 2, Ancien chemin du Bout-des-Vignes puis à gauche D 31.*

Sortie 26

Chambre d'hôte Canto Cigalo – 8,5 km
305 BY83 - Quartier du Pin - 13430 Eyguières - ☎ 04 90 59 89 85 - http://perso.wanadoo.fr/cantocigalo. *N 7 dir. Sénas, à gauche D 538, à droite D 72 puis à gauche D 569.*

Le Relais du Coche – 8,5 km
305 BY83 - Pl. Monier - 13430 Eyguières - ☎ 04 90 59 86 70. *N 7 dir. Sénas, à gauche D 538, à droite D 72 puis à gauche D 570.*

Le Donjon – 9,5 km
305 CA83 - cours Victor-Hugo - 13980 Alleins - ☎ 04 90 57 34 02. *N 7 dir. Alleins, à droite D 16, à droite D 17 puis à droite cours Victor-Hugo.*

Sortie 27

Vendôme – 5 km
305 BZ84 - 34 r. du Mar.-Joffre - 13300 Salon-de-Provence - ☎ 04 90 56 01 96 - www.hotelvendome.com. *N 538 dir. Salon de Provence puis Salon-de-Provence-centre.*

L'Ô – 3 km
305 BZ84 - 1 pl. Crousillat - 13300 Salon-de-Provence - ☎ 04 90 44 70 82 - poissonnerie.du.marché@wanadoo.fr. *N 538 dir. Salon de Provence, à gauche r. des Frères-Kennedy/r. des Frères-Jourdan puis à gauche cours Victor-Hugo.*

Angleterre – 4,5 km
305 BZ84 - 98 cours Carnot - 13300 Salon-de-Provence - ☎ 04 90 56 01 10. *N 538 dir. Salon de Provence, à droite N 572, à gauche pl. du Gén.-de-Gaulle, à droite r. des Fileuses-de-Soie, à gauche pl. Eugène-Pelletan puis à gauche cours Carnot.*

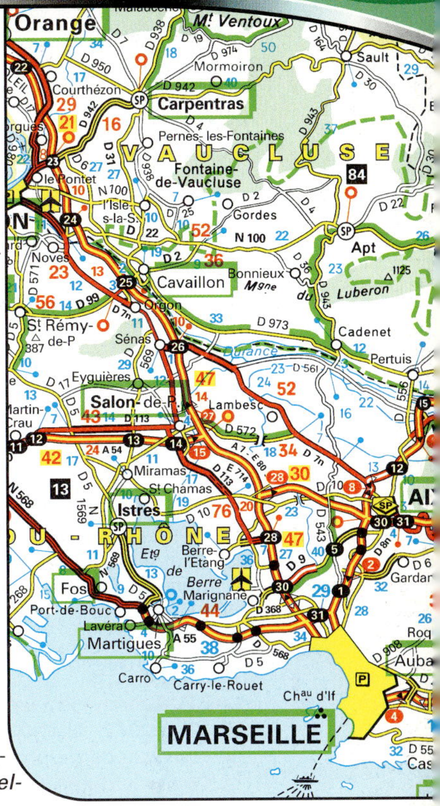

Échangeur A 54

Le Planet – 7,5 km
305 BZ84 - 12 pl. Jean-Jaurès - 13450 Grans - ☎ 04 90 55 83 66. *A 54 sortie 14, à droite chemin des Paluns, à gauche D 16, à droite r. Pasteur puis à gauche pl. Jean-Jaurès.*

Sortie 32

Hôtel Saint-Louis – 1 km
326 CB88 - 2 r. des Récollettes (cours St-Louis) - 13001 Marseille - ☎ 04 91 54 02 74 - www.hotel-st-louis.com. *N 8 dir. pl. de l'Hôtel-des-Postes, r. Henri-Barbusse, à droite r. Henri-Fiocca, à gauche r. de la République, à droite quai des Belges, à droite la Canebière puis à droite r. des Récollettes.*

Chez Vincent – 1 km
326 CB88 - 23 r. de Glandevès - 13001 Marseille - ☎ 04 91 33 96 78. *N 8 dir. pl. de l'Hôtel-des-Postes, r. Henri-Barbusse, à droite r. Henri-Fiocca, à gauche r. de la République, à droite quai des Belges puis à droite r. Glandèves.*

Ferme – 1 km
326 CB88 - 23 r. Sainte - 13001 Marseille - ☎ 04 91 33 21 12. *N 8 dir. pl. de l'Hôtel-des-Postes, r. Henri-Barbusse, à droite r. Henri-Fiocca, à gauche r. de la République, à droite quai des Belges, à droite quai de Rive-Neuve, à gauche cours Jean-Ballard/r. de Breteuil, à gauche r. de Grignan, à gauche r. Lulli puis à gauche r. Sainte.*

Hôtel Benidorm – 3 km
326 CB88 - 734 chemin du Littoral (Estaque) - 13016 Marseille - ☎ 04 91 46 12 91. *A 55 dir. St-Henri, à droite av. André-Roussin, à droite r. Rabelais, à droite r. du Dr-Zamenhof, à gauche bd Fenouil puis à droite N 568 chemin du Littoral.*

Sortie 36

Les Arcenaulx – 1 km
326 CB88 - 25 cours d'Estienne-d'Orves - 13001 Marseille - ☎ 04 91 59 80 30 - restaurant@les-arcenaulx.com. *bd Charles-Livon dir. centre-ville, quai de Rive-Neuve, à droite pl. aux Huiles puis à gauche cours Honoré-d'Estienne-d'Orves.*

Chez Fonfon – 2 km
326 CB88 - 140 r. du Vallon-des-Auffes - 13007 Marseille - ☎ 04 91 52 14 38 - chezfonfon@aol.com. *bd Charles-Livon dir. centre-ville, à gauche r. des Catalans, à droite corniche du Prés. John-Fitzgerarld, à gauche bd Augustin-Cieussa, bd des Dardanelles puis à droite r. du Vallon-des-Auffes.*

Sortie Gare Saint-Charles

Hôtel Azur – 1 km
326 CB88 - 24 cours Franklin-Roosevelt - 13001 Marseille - ☎ 04 91 42 74 38 - www.azur-hotel.fr. *av. du Gén.-Leclerc dir. gare Saint-Charles, bd Maurice-Bourdet/pl. des Marseillaises, à droite bd d'Athènes, à gauche bd de la Liberté, à droite r. de la Grande-Armée/sq. Stalingrad puis à gauche cours Franklin-Roosevelt*

LANÇON><LE LUC

A 8

Sortie 28

La Table de Ventabren – 6,5 km
305 CB85 - 1 rue Frédéric-Mistral - 13122 Ventabren - 04 42 28 79 33 - contact@lemistral.com. *D 10 dir. Ventabren, à droite D 65, à gauche chemin du Moulin/chemin de Cassad, à droite av. Charles-de-Gaulle, à gauche r. de Provence puis à gauche r. de la Liberté.*

Sortie 32

L'Auberge Provençale – 3 km
P - 306 CC85 - N 7 - Au Canet - 13590 Meyrueil - 04 42 58 68 54 - www.auberge-provencale.fr. *D 58 dir. Meyreuil.*

Ferme-auberge du Mont Venturi – 8,5 km
306 CD85 - Lieu-dit l'Etang - rte de Rousset - 13100 St-Antonin-sur-Bayon - 04 42 66 91 04. *N 7 dir. St Maximin-la-Ste Baume, à droite D 58 (rte de Beaurecueil), à gauche D 46 puis à droite D 17.*

Sortie 33

Hôtel-restaurant Le Relais de Saint-Ser – 11 km
306 CE85 - Chemin Départemental 17 - 13100 Puyloubier - 04 42 66 37 26. *N 7 dir. Pourrières puis à droite D 12.*

Sortie 34

Du côté de chez nous – 2 km
P - 327 CF86 - Pl. Malherbes - 83470 St-Maximin-la-Ste-Baume - 04 94 86 52 40. *N 7 dir. St-Maximin-la-Ste-Baume puis à droite pl. Malherbe.*

Sortie 35

Chambre d'hôte Château de Vins – 8,5 km
P - 328 CI86 - 83170 Vins-sur-Caramy - 04 94 72 50 40 - www.chateaudevins.com. *av. Jean-Moulin dir. Le Luc, av. des Martyrs-de-la-Résistance, à droite rte Théodore-Linari puis D 24.*

Échangeur A 57

La Haute Verrerie – 3,5 km
P - 328 CJ86 - La Haute-Verrerie, rte de St-Tropez - 83340 Le Cannet-des-Maures - 04 94 47 95 51 - lahauteverrerie@aol.com. *A 57 sortie 13 dir. Cannet-des-Maures puis D 558.*

Chambre d'hôte Le Hameau de Charles-Auguste – 4 km
P - 328 CJ86 - R. de Baraouque - 83340 Le Luc - 04 94 60 79 45 - www.provenceweb.fr/83/charles-auguste. *A 57 sortie 13 dir. Le Luc, N7, bd Charles-Gaudin puis à gauche av. Pierre-de-Coubertin.*

Le Gourmandin – 4,5 km
328 CJ86 - Pl. Louis-Brunet - 83340 Le Luc - 04 94 60 85 92 - gourmandin@wanadoo.fr. *A 57 sortie 13 dir. Le Luc, N7, D 33, à gauche r. de la République puis à gauche r. Louis-Brunet.*

Le Tournesol – 9 km
307 CJ85 - 9 r. des Trois-Ormeaux - 83340 Le Thoronet - 04 94 73 89 81. *A 57 sortie 13 dir. Cannet-des-Maures puis D 17.*

MARSEILLE><TOULON><LE LUC

A 50

Sortie 4

Le Relais de Passe-Temps – 7 km
P - 327 CC87 - Vallon de Passe-Temps - 13190 Allauch - 04 91 43 07 78 - www.lepassetemps.com. *D 4 dir. Allauch, Allauch-centre.*

Sortie 6

La Cardeline – 1,5 km
327 CD87 - 4 r. Torte - 13400 Aubagne - 04 42 84 02 99 - www.lacardeline.com. *D 2 dir. Aubagne-ouest, av. Simon-Lagunas, à gauche N 8, à gauche r. Moussard puis à droite r. Torte.*

Ferme-auberge Le Vieux Pressoir – 2 km
327 CD87 - St-Pierre-les-Aubagne - 13400 Aubagne - 04 42 04 04 30. dir. Aubagne-centre.

Sortie 7

Chambre d'hôte Mme Anderegg – 3 km
327 CD87 - Chemin des Arnauds - 13400 Aubagne - 04 42 84 94 43 - www.fleurs-soleil.tm.fr. *N 96 dir. Aubagne-nord, à gauche D 44 puis à droite chemin des Arnauds.*

La Restanque – 7,5 km
327 CD87 - R. de La Treille - 13360 Roquevaire - 04 42 04 21 78. *N 96 dir. Roquevaire puis à gauche bd de l'Église.*

Sortie 8

Le Clos des Arômes – 3,5 km
327 CD88 - 10 rue Paul-Mouton - 13260 Cassis - 04 42 01 71 84.*D 559 dir. Cassis, à gauche av. de Provence, à droite av. du 11-Novembre-1918/av. Joseph-Liautaud, à gauche prom. Vence, à droite av. de l'Abbé-Cabrol puis à droite av. de la Marne.*

Hôtel du Grand Jardin – 4,5 km
P - 327 CD88 - 2 r. Pierre-Eydin - 13260 Cassis - 04 42 01 70 10. *D 559 dir. Cassis, à gauche av. de Provence, à droite av. du 11-Novembre-1918/av. Joseph-Liautaud, à gauche prom. Vence, à droite av. Jules-Ferry, av. Emmanuel-Agostini, à droite pl. de la République puis à gauche r. Raphaël-Ponson.*

Fleurs de Thym – 5 km
327 CD88 - 5 r. La Martine - 13260 Cassis - 04 42 01 23 03. *D 559 dir. Cassis, à gauche av. de Provence, à droite av. du 11-Novembre-1918/av. Joseph-Liautaud, à gauche prom. Vence, à droite av. Jules-Ferry, av. Emmanuel-Agostini, à droite r. Lazare-Abeille puis à droite r. de l'Abbé-Paul-Mouton.*

Sortie 9

La Closeraie – 3 km
327 CD89 - 8 av. Bellon - 13600 La Ciotat - 04 42 71 32 80 - http://hotelcloseraie.com. *à La Ciotat D 559, av. de St-Jean puis à droite av. André-Rellon.*

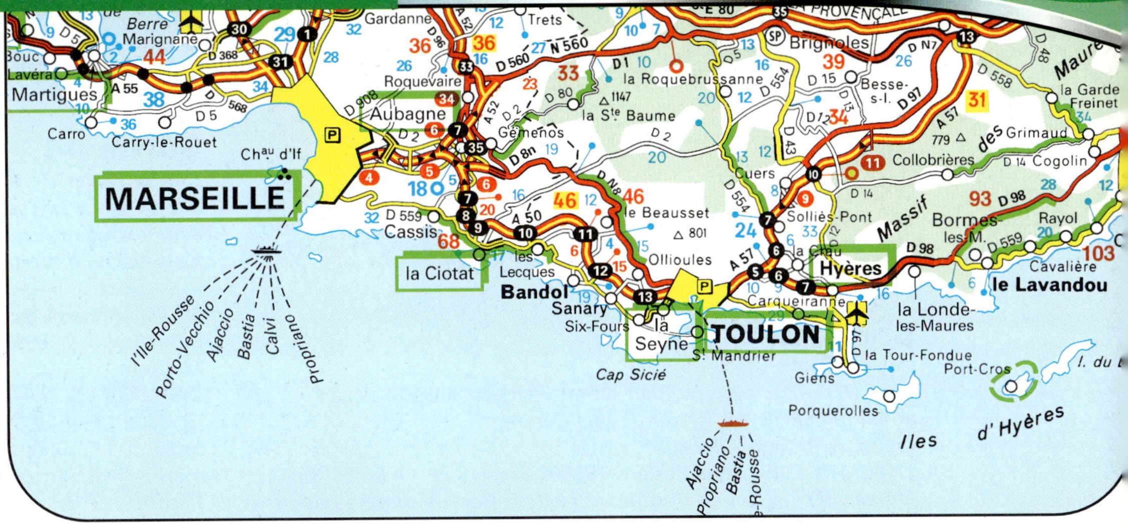

La Fresque – 3 km
- 327 CD89 - 18 r. des Combattants - 13600 La Ciotat - ☎ 04 42 08 00 60 - lafresque@aol.com. *à La Ciotat D 559, D 141/ av. Émile Bodin, à droite av. Fernand-Gassion, à droite bd de la République, à gauche bd Guérin, à gauche quai de Gaulle puis r. des Combattants.*

Sortie 10

Hôtel des Pins – 3 km
- 327 CE89 - Port de la Madrague - 83270 St-Cyr-sur-Mer - ☎ 04 94 26 28 36 - mireille@villalespins. *à St-Cyr-sur-Mer D 559, D 66, à gauche allée des Pins, à droite r. du Gén.-Onofri, à gauche allée des Pins, à gauche D 87 puis rte de la Madrague.*

Restaurant La Calanque – 3 km
327 CE89 - Port-d'Alon - 83270 St-Cyr-sur-Mer - ☎ 04 94 26 20 08. *à St-Cyr-sur-Mer D 559, à droite D 87, à gauche chemin du Pont-des-Anges, à droite D 559 puis à droite rte de Port d'Alon.*

Sortie 11

Restaurant La Farigoule – 3 km
- 327 CF88 - 2 pl. du Jeu-de-Paume - 83330 Le Castellet - ☎ 04 94 32 64 58. *D 66 dir. Le Castellet, D 82, à droite chemin de la Pinède, à droite montée des Costes, à droite montée du Château, à gauche chemin du Cros-du-Loup, à gauche le Portalet puis à droite r. du Jeu-de-Paume.*

Auberge La Cauquière – 4 km
- 327 CF88 - Puits d'Isnard - 83330 Le Beausset - ☎ 04 94 98 42 75 - lacauquiere@tiscali.fr. *D 66 dir. Le Beausset, à gauche D 559, à gauche bd de la Libération puis à gauche pl. du Puits-d'Isnard.*

Chambre d'hôte Les Cancades – 4,5 km
- 327 CF88 - 1195 chemin de la Fontaine-de-Cinq-Sous - 83330 Le Beausset - ☎ 04 94 98 76 93 - www.les-cancades.com. *D 66 dir. Le Beausset, à gauche D 559, à droite rd-pt Georges-Pompidou, N 8 puis à droite chemin de la Fontaine-de-Cinq-Sous.*

Sortie 12

Bel Ombra – 2,5 km
327 CF89 - r. La Fontaine - 83150 Bandol - ☎ 04 94 29 40 90 - hotel.bel.ombra@wanadoo.fr. *D 559 dir. La Ciotat, à gauche r. Perrault puis à droite r. Molière.*

Le San Lazzaro – 5 km
- 327 CF89 - 10 place Albert-Cavet - 83110 Sanary-sur-Mer - ☎ 04 94 88 41 60. *D 559 dir. Sanary-s-Mer, à gauche corniche du Soleil, à droite av. du 2ème-Spahis, à droite av. Joseph-Lautier puis à droite r. Guy-Môquet.*

Hôtel Synaya – 4,5 km
- 327 CF89 - 92 chemin Olive - 83110 Sanary-sur-Mer - ☎ 04 94 74 10 50. *D 559 dir. Sanary-s-Mer, à gauche corniche du Soleil puis à droite av. du 2ème-Spahis.*

Hôtel du Parc – 11 km
- 327 CF90 - 112 r. Marius-Bondil, le Brusc - 83140 Six-Fours-les-Plages - ☎ 04 94 34 00 15. *D 559 dir. Sanary-s-Mer, à droite corniche de Solviou, D 616, à droite quai St-Pierre puis à gauche r. Marius-Bondil.*

Saint-Pierre - Chez Marcel – 11 km
- 327 CF90 - 47 r. de la Citadelle, le Brusc - 83140 Six-Fours-les-Plages - ☎ 04 94 34 02 52 - contact@lesaintpierre.fr. *D 559 dir. Sanary-s-Mer, à droite corniche de Solviou puis D 616.*

Sortie 13

Fleur de Sel – 4,5 km
- 328 CG90 - Place Henri-Boeuf - Aux Sablettes - 83500 La Seyne-sur-Mer - ☎ 04 94 94 92 34 - mic-boussemart@netcourrier.com. *dir. La Seyne-sur-Mer-centre.*

Sortie Toulon-centre

Les Trois Dauphins – 1,5 km
328 CG89 - 9 pl. des Trois-Dauphins - 83000 Toulon - ☎ 04 94 92 65 79. *à Toulon N 8, à droite r. Molière puis à gauche r. Corneille.*

Grand Hôtel Dauphiné – 1,5 km
328 CG89 - 10 r. Berthelot - 83000 Toulon - ☎ 04 94 92 20 28 - contact@grandhoteldauphine.com. *à Toulon N 8, à droite r. Molière puis à gauche r. Corneille.*

Au Sourd – 1,5 km
- 328 CG89 - 10 rue Molière - (GY) - 83000 Toulon - ☎ 04 94 92 28 52. *à Toulon N 8 puis à droite r. Molière.*

L'Eau à la Bouche – 3 km
- 328 CG89 - 54 r. Muiron - 83000 Toulon - ☎ 04 94 46 33 09. *à Toulon N 8, r. Robert-Guillemard, allées Amiral-Courbet, av. du Gén.-Magnan, à droite r. Anatole-France, à gauche av. de la République, à droite av. du Mar.-de-Lattre-de-Tassigny, à droite bd de Bazeilles puis à gauche r. Muiron.*

A 57

Sortie 5

Val Hôtel – 0,5 km
328 CG89 - Av. René-Cassin, ZA Paul-Madon - 83160 La Valette - ☎ 04 94 08 38 08 - www.monalisahotels.com. *à La Valette-du-Var av. René-Cassin.*

Sortie 6

Auberge du Fenouillet – 3 km
- 328 CH89 - 20 avenue du Général-de-Gaulle - 83260 La Crau - ☎ 04 94 66 76 74. *D 554 dir. La Crau.*

Sortie 10

Chambre d'hôte Le Mas des Oliviers – 6 km
- 328 CI87 - Chemin les Ferrières - 83390 Puget-Ville - ☎ 04 94 48 30 89 - www.masdesoliviers.sup.fr. *N 97 dir. Puget-Ville, à droite r. du Fouloir puis à gauche allée Rhin-et-Danube.*

Sortie 11

La Tuilière – 1,5 km
- 328 CI87 - Route Nationale 97 - 83660 Carnoules - ☎ 04 94 48 32 39 - astesiano@infonie.fr. *N 97 dir.Carnoules, à droite r. Ambroise-Croizat, à gauche r. Jeanne d'Arc, à droite montée de l'Escalade, à droite r. Pierre-Curie, à gauche pl. Gabriel-Péri puis à gauche r. Henri-Barbusse.*

le Luc><Menton

A 8

Sortie 35

Le Resto – 1 km
- 307 CG84 - 5 r. Boeuf - 83670 Barjols - 04 94 77 29 87. *dir. Brignoles-centre.*

Sortie 37

Les Micocouliers – 5 km
329 CM86 - - 34 pl. Paul-Albert-Février – 83600 Fréjus - 04 94 52 16 52 *N7 dir. Fréjus-Centre.*

Les Potiers – 5 km
329 CM86 - 135 r. des Potiers - 83600 Fréjus - 04 94 51 33 74. *N 7 dir. Frejus, av. de Verdun, à droite r. Henri-Vadon, à gauche r. Joseph-Autenas, à droite r. de Craponne puis à droite r. des Potiers.*

Les Vergers de Montourey – 6,5 km
- 329 CM86 - Vallée du Reyran, quartier Montourey - 83600 Fréjus - 04 94 40 85 76 - http://perso.wanadoo.fr/vergers.montourey. *N 7 dir. Frejus-centre.*

L'Oasis – 8 km
329 CM86 - Imp. Charcot - 83600 Fréjus - 04 94 51 50 44 - info@hotel-oasis.net - N7 Av. Du 8 Mai 1945 puis à gauche N98 Av. de l'Argens, à droite puis à gauche r. Hippolyte Fabre.

Le Sirocco – 10 km
329 CN86 - - 35 quai Albert-1er – 83700 St-Raphaël - 04 94 95 39 99 - salesirocco@wanadoo.fr *N7 puis N98 dir. Saint-Raphaël, à gauche Quai Albert 1er.*

Sortie 40

Hôtel Villa Parisiana – 4 km
309 CO84 - r. Argentière - 06210 Mandelieu-La-Napoule - 04 93 49 93 02 - villa.parisiana@wanadoo.fr. *N 7 dir. Mandelieu à droite, à droite D 92, à droite N 98 (av. du Gén.-de-Gaulle), à droite N 98 (av. Henry-Clews), à droite r. Jean-Honoré-Carle puis à droite r. Argentière.*

L'Écluse – 8 km
- 309 CO84 - Chemin de l'Écluse - 06580 Pégomas - 04 93 42 22 55. *N 7 dir. Mandelieu, D 109 (av. des Anciens-Combattants/av. Frédéric-Mistral) puis à droite chemin de l'Écluse.*

Auberge de Nossi-Bé – 10,5 km
- 309 CO84 - 66 rte du Village - 06810 Auribeau-sur-Siagne - 04 93 42 20 20 - info@nossi-be.net. *N 7 dir. Pégomas, D 109, à droite D 9 , D 509, à gauche chemin de la Calade, à gauche pl. Léon Mallet puis à gauche rte du Village.*

Sortie 42

Le Pézou – 2,5 km
- 309 CP84 - 346 rue St-Sauveur - 06110 Le Cannet - 04 93 69 32 50. *dir Cannes-Centre, à droite N 285 (rte du Cannet), à droite chemin des Campelières, à droite chemin de Font-Graissan, à gauche rte de Valbonne, à gauche r. du Pas-de-Gallou, à droite r. Forville, à droite Traverse-de-la-Mairie puis à gauche r. Saint-Sauveur.*

Beverly – 5 km
309 CP84 - 14 r. Hoche C 06400 Cannes - 04 93 39 10 66 - contact@hotel-beverly.com *dir. Le Cannet, N285 puis N85 bd Sadi Carnot, à gauche r. Jean Jaurès, à droite r. Du 24 Août.*

L'Auberge Fleurie – 11 km
- 309 CO83 - Rte de Cannes - 06560 Valbonne - 04 93 12 02 80. *N 85 dir. Grasse, av. de Notre-Dame-de-Vie, à gauche D 35, à droite chemin de Font-Neuve, à droite chemin-de-Pigranel, à droite allé-de-la-Pinchinade, à droite traverse de la Pinchinade puis à gauche D 3.*

Sortie 44

Oscar's – 3 km
309 CP84 - 8 r. Rostan - 06600 Antites - 04 93 34 90 14. *D35 dir. Antibes à gauche (rte de Grasse), à gauche av. des Martyrs-de-la-Résistance, à droite chemin des Combes.*

La Croustille – 6,5 Km – 309 CP84 – – 4 cours Masséna – 06600 Antibes - 04 93 34 84 83 D35 puis N7, N98 Av. Robert Soleau puis D2559 bd Albert 1er, à droite Av. du Général Maizière.

Bleu Marine – 7 km
- 309 CP84 - 2,5 km du centre-ville, chemin des 4-Chemins (près de l'hôpital) - 06600 Antibes - 04 93 74 84 84 - hotel-bleu-marine@wanadoo.fr. *à gauche D 35 dir. Antibes, N 7 (bd du Gén.-Vautrin), D 704 puis chemin des Quatre-Chemins.*

Hôtel Les Charmettes – 7 km
- 309 CP84 - 25 Vieux Chemin de la Colle - 06160 Juan-les-Pins - 04 93 61 47 41. *D 35 dir. Juan-les-Pins (rte de Grasse), à droite N 7 (bd du Gén.-Vautrin), à droite N 7, à droite (rte de la Badine), à gauche r. Pierre-Loti puis à gauche Vieux-chemin-de-la-Colle.*

Le Café de la Poste – 7,5 km
- 309 CP83 - 24 r. St-Sébastien - 06410 Biot - 04 93 65 19 32. *dir. Antibes à gauche (rte de Grasse), à gauche D 535, à droite D 504 (carr. des chappes), à gauche D 704 (rte d'Antibes), à gauche D 4 (chemin Neuf) puis à droite allée Saint-Sébastien.*

L'Amiral – 8 km
309 CP84 - 7 av. de l'Amiral-Courbet - 06160 Juan-les-Pins - 04 93 67 34 61. *D 35 dir. Juan-les-Pins (rte de Grasse), à droite N 7 (bd du Gén.-Vautrin) puis à gauche av. de L'Amiral-Courbet.*

Sortie 46

Daniel – 1 km
309 CQ83 - Marina-Baie-des-Anges - 06270 Villeneuve-Loubet-Plage - 04 93 73 41 66. *D 241 dir. Villeneuve-Loubet-Plage, N 98 puis à gauche av. des Anciens-Combattants.*

Hôtel Le Mas d'Azur – 4,5 km
- 309 CQ83 - 42 av. de Nice - 06800 Cagnes-sur-Mer - 04 93 20 19 19. *D 241 dir. Bouches-du-Loup, à gauche N 98, à gauche D 341 (bd John-Fitzgerald-Kennedy) puis à droite N 7 (av. de Nice).*

L'Auberge du Palmier – 4,5 km
309 CQ83 - 34 av. de Nice (RN 7) - 06800 Cagnes-sur-Mer - 04 92 02 86 05. *D 241 dir. Bouches-du-Loup, à gauche N 98, à gauche D 341 (bd John-Fitzgerald-Kennedy) puis à droite N 7 (av. de Nice).*

La Villa du Cros – 5 km
309 CQ83 - Port du Cros - 06800 à Cros-de-Cagnes - 04 93 07 57 83. *D 241 dir. Bouches-du-Loup, à gauche N 98, à gauche D 341 (bd John-Fitzgerald-Kennedy), à droite N 7 (av. de Nice), à droite av. des Oliviers.*

Sortie 49

Aigue Marine – 2 km
- 309 CQ83 - 167 promenade des Flots-Bleus - 06700 St-Laurent-du-Var - 04 93 07 84 55 - marine.aigue@libertysurf.fr.
à droite dir. Saint-Laurent-du-Var (rd-pt Maïcon), D 95 (bd Pompidou/av. Pierre-de-Coubertin), à gauche av. François-Bérenger puis à droite D 2209 (av. du Gén.-Leclerc).

Sortie 54

Au Rendez-vous des Amis – 2 km
- 309 CR82 - 176 av. de Rimiez, aire St-Michel - 06100 Nice - 04 93 84 49 66 - rdvdesamis@msn.com. *dir. Nice-nord/Nice-centre.*

Star Hôtel – 4 km
309 CR82 - 14 r. Biscarra - 06000 Nice. *à gauche dir. Nice-nord (bd Paul-Raymond), à droite bd du Comte-de-Falicon/bd de Gorbella, à droite sq. Roger-Boyer/bd Auguste-Raynaud, à gauche bd Joseph-Garnier, à droite pl. du gén.-de-Gaulle, à gauche av. Malausséna/av. Jean-Médecin, à gauche r. Emma-et-Philippe-Tiranty, à droite r. Lamartine puis à gauche r. Biscarra.*

Au Picardy – 4 km
309 CR82 - 10 bd Jean-Jaurès - 06300 Nice - 04 93 85 75 51. *dir. Nice-centre.*

Sortie 55

Auberge de Théo – 3 km
309 CR82 - 52 avenue Cap-de-Croix - (hors plan) - 06100 Nice - 04 93 81 26 19 - aubergedetheo@wanadoo.fr. *D 204 dir. La Trinité-sur-Mer (bd de L'Ariane), à gauche D 19 (av. Joseph-Raybaud), à droite r. Maurice-Maccario, à droite voie Romaine, à droite av. de Valombrose puis à droite av. du Capitaine-de-Croix.*

Lou Balico – 4 Km
309 CR82 – 20–22 av. St-Jean-Baptiste – 06300 Nice - 04 93 85 93 71 - www.loubalico.com – *Prendre la voie express La Pénétrante puis à droite Place de L'armée du Rhin.*

Sortie 56

Hôtel Miramar – 5 km
309 CS82 - 126 av. du 3-Septembre - 06320 Cap d'Ail - 04 93 78 06 60 - www.monte-carlo.mc/hotel-miramar-capdail. *N 7 dir. Cap-d'Ail, à droite D 37 (av. du Gén.-de-Gaulle), puis N 98.*

Polpetta – 7,5 km
309 CS82 - 2 r. Paradis - 98000 Monaco - 00 377 93 50 67 84. *N 7 dir. Monte Carlo, D 53, à gauche bd du Jardin-Exotique, à droite carr. du Pont-Ste-Dévote/bd de la Princesse-Charlotte, à gauche av. du Berceau, à gauche r. Bellevue puis à droite av. Roqueville.*

Costa à la Crémaillère – 8,5 km
309 CS82 - Pl. de la Crémaillère - 98000 Monaco - 00 377 93 50 66 24. *N 7 dir. Monte Carlo, D 53, à gauche bd du Jardin-Exotique, à droite carr. du Pont-Ste-Dévote, à droite bd Rainier-III, à gauche r. Louis-Auréglia puis N 98.*

La Roquebrunoise – 12 km
291 CS81 - - Av. Raymond-Poincaré (au vieux village) - 06190 Roquebrune-Cap-Martin - 04 93 35 02 19 - www.laroquebrunoise.com – *N7 puis à droite D51, D2564 dir. Roquebrune puis à gauche Av. Raymond Poincaré.*

Sortie 57

Hermitage du Col d'Èze – 2 km
309 CR82 - Grande Corniche - 06360 Èze - 04 93 41 00 68 - ezehermitage@wanadoo.fr. *dir. La Turbie (rte de Laghet), à gauche D 2564 (rte de Nice/de-la-Victoire-du-8-Mai-1945), à droite D 37, à gauche r. Edward-Tuck.*

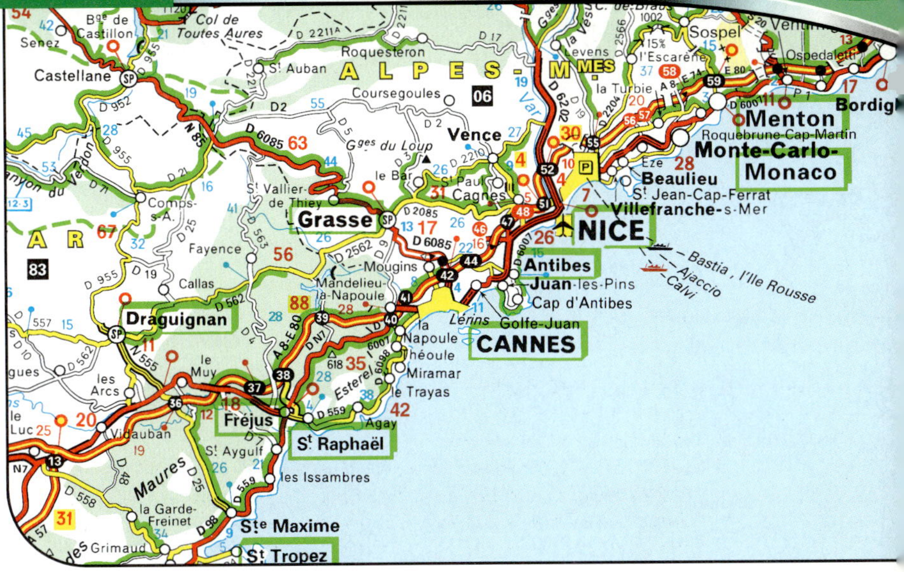

Le Troubadour – 2 km
309 CR82 - 4 rue du Brec - 06360 Èze - 04 93 41 19 03 - troubadoureze@wanadoo.fr. *dir. La Turbie (rte de Laghet), à gauche D 2564 (rte de Nice/de-la-Victoire-du-8-Mai-1945), à droite D 37, à gauche r. Edward-Tuck.*

Chambre d'hôte Les Lavandes – 11 km
291 CS81 - 247 rte de la Turbie - 06440 Peille - 04 92 10 86 23.*D 2564 dir. La Turbie, à gauche rte du Mont-Agel puis à gauche rte de Peille.*

Sortie 59

Hôtel de Londres – 4 km
291 CS81 - 15 av. Carnot - 06500 Menton - 04 93 35 74 62 - www.hotel-de-londres.com. *dir. Menton à gauche (corniche André-Tardieu), à droite D 2566 puis à droite N 7 (av. Carnot).*

Auberge Pierrot-Pierrette – 4 km
291 CS81 - Pl. de l'Église, à Monti - 06500 à Monti - 04 93 35 79 76 - pierrotpierrette@aol.com. *dir. Menton à gauche (corniche André-Tardieu), à droite D 2565, à gauche N 7 (av. Félix-Faure), à droite r. Pasteur, à gauche prom. du Soleil puis à gauche (Menton-centre).*

Paris Rome – 6,5 km
291 CS81 – 79 Porte de France – 06500 Menton – 04 93 35 73 45 – info@paris-rome.com – *D2566, traversée de Menton, prendre promenade Du Soleil, D52 Quai de Menton puis N7.*

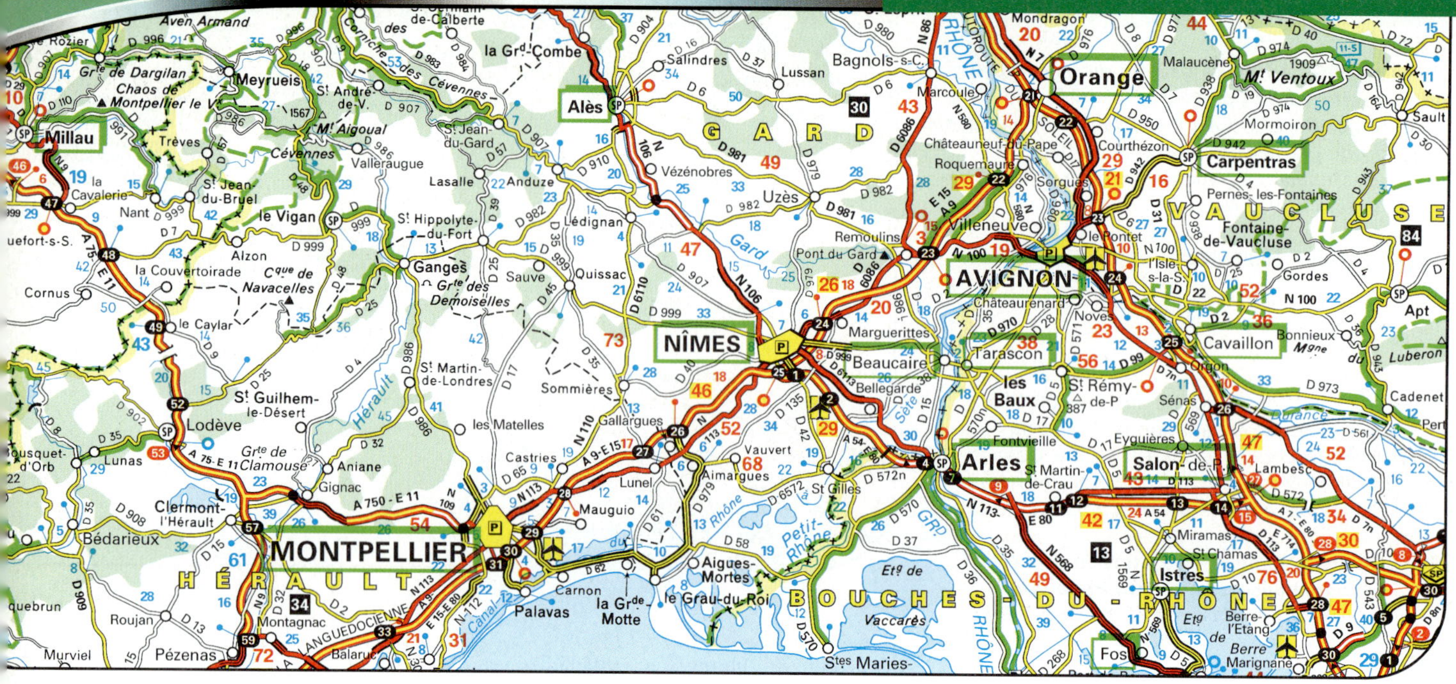

ORANGE><MONTPELLIER

A 9

Sortie 21

Le Parvis – 2 km

- 285 BW78 - 55 cours Pourtoules - 84100 Orange - 04 90 34 82 00. *av. Charles-de-Gaulle dir. Orange, à droite 7N, à gauche r. St-Florent puis à droite bd Édouard-Daladier.*

Hôtel St-Florent – 1,5 km

285 BW78 - 4 r. du Mazeau - 84100 Orange - 04 90 34 18 53 - http://hotelsaintflorent.free.fr. *av. Charles-de-Gaulle dir. Orange, à droite r. St-Martin, à droite r. Tourgayranne, à gauche pl. André-Bruey, à gauche r. de l'Ancien-Collège, à droite r. St-Martin, à droite r. Stassart puis à gauche r. du Mazeau.*

Rom'antique – 1,5 km

- 285 BW78 - Pl. Silvain - 84100 Orange - 04 90 51 67 06 - restau.rom@wanadoo.fr. *av. Charles-de-Gaulle dir. Orange-centre.*

St-Jean – 2 km

P - 285 BW78 - 1 cours Pourtoules - 84100 Orange - 04 90 51 15 16 - hotel.saint-jean@wanadoo.fr. *av. Charles-de-Gaulle dir. Orange, à droite 7N, à gauche r. St-Florent puis à droite bd Édouard-Daladier.*

Sortie 25

Hôtel Amphithéâtre – 4,5 km

303 BT82 - 4 r. des Arènes - 30000 Nîmes - 04 66 67 28 51 - hotel-amphitheatre@wanadoo.fr. *A 54 sortie Nîmes-Ouest, N 113, à droite D 13, à droite r. Albert-Soboul, à gauche av. Jean-Jaurès, à droite r. de la République/pl. des Arènes, à gauche bd des Arènes puis à droite r. des Arènes.*

Aux Plaisirs des Halles – 4,5 km

- 303 BT82 - 4 r. Littré - 30000 Nîmes - 04 66 36 01 02. *A 54 sortie Nîmes-Ouest, N 113, à droite D 13, à droite r. Albert-Soboul, à gauche av. Jean-Jaurès, à droite r. de Sauve, à gauche r. Grétry, à gauche r. Rabaud-St-Etienne, à droite pl. Aristide-Briand,*
à gauche r. Gaston-Boissier, à gauche r. Molière, à gauche pl. de la Maison-Carrée/r. du Gén.-Perrier, à gauche r. Guizot puis à gauche r. Littré.

Le Bouchon et L'Assiette – 3,5 km

303 BT82 - 5 bis r. de Sauve - 30000 Nîmes - 04 66 62 02 93. *A 54 sortie Nîmes-Ouest, N 113, à droite D 13, à droite r. Albert-Soboul, à gauche av. Jean-Jaurès puis à droite r. de Sauve.*

Sortie 26

Passiflore – 9 km

P - 303 BS83 - 1 r. Neuve - 30310 Vergèze - 04 66 35 00 00. *N 113 dir. Codogan, à gauche D 104 puis à droite r. du Soleil-Couchant.*

Sortie 29

Hôtel de la Comédie – 5 km

303 BQ84 - 1 bis r. Baudin - 34000 Montpellier - 04 67 58 43 64 - hoteldelacomedie@wanadoo.fr. *av. du Prés.-Pierre-Mendès-France dir. Montpellier, à droite carr. de l'Aéroport-International/av. Jean-Mermoz, à droite allée Henri-de-Montmorency puis r. du Jeu-de-Ballon.*

Le Petit Jardin – 6,5 km

- 303 BQ84 - 20 r. Jean-Jacques-Rousseau - 34000 Montpellier - 04 67 60 78 78 - contact@petit-jardin.com. *av. du Prés.-Pierre-Mendès-France dir. Montpellier, à droite carr. de l'Aéroport-International/av. Jean-Mermoz, à gauche r. du Prof. Léon-Vallois/quai du Verdanson, à gauche pl. Albert-Ier/bd du Peyrou/bd Henri-IV, à droite plan d'Aviler, à gauche r. de la Blottière, à gauche r. Foch, à gauche r. du plan du Palais puis à gauche r. Jean-Jacques-Rousseau.*

MONTPELLIER> <LE PERTHUS

A 9

Sortie 31

Le Bistrot d'Ariane – 3,5 km
- **302 BP85** - Au Port Ariane - 34970 Lattes - 04 67 20 01 27.*D 132 dir. Lattes puis à droite av. de Montpellier.*

Sortie 33

The Marcel – 11 km
323 BO87 – 5 r. Lazare-Carnot – 34200 Sète - 04 67 74 20 89 *N300 dir. Sète puis N112 jusque r. Romain Rolland.*
La Palangrotte – 11 km
323 BO87 - Rampe Paul-Valéry, quai Marine - 34200 Sète - 04 67 74 80 35 - kiefferbern@wanadoo.fr. *N 300 dir. Sète, à droite rte de Montpellier, à droite av. du Mar.-Juin, r. Honoré-Euzet, à gauche pont de la Civette, N 112 puis rampe de l'École de Joute de la Marine.*

Sortie 35

Champ de Mars – 6 km
321 BK87 - 17 r. de Metz - 34500 Béziers - 04 67 28 35 53. *N 1112 dir. Béziers, D 28, à droite av. Pierre-Verdier, av. Émile-Claparède, av. Camille-St-Saëns, à droite av. du 22-Août-1944, à droite bd Frédéric-Mistral puis à droite r. de Metz.*
Le Val d'Héry – 7 km
321 BK87 - 67 av. du Prés.-Wilson - 34500 Béziers - 04 67 76 56 73 - www.valdhery.com. *N 1112 dir. Béziers, D 28, à gauche bd du Mar.-Leclerc/carr.-Gausselet, à gauche bd du Mar. de Lattre de Tassigny, à droite N 112 puis av. du Prés.-Wilson.*

Sortie 37

Hôtel de France – 3 km
321 BI89 - 6 r. Rossini - 11100 Narbonne - 04 68 32 09 75. *à droite av. de la Côte-des-Roses, à droite D 168, à droite av. de la Mer, à droite av. Domitius/quai Victor-Hugo, à gauche pont de la Liberté puis à gauche r. Rossini.*
L'Estagnol – 3 km
- **321 BI89** - 5 bis cours Mirabeau - 11100 Narbonne - 04 68 65 09 27 - lestagnol@net-up.com. *à droite av. de la Côte-des-Roses, à droite D 168, à droite av. de la Mer, à droite av. Domitius/quai Victor-Hugo, à gauche pont de la Liberté puis à droite cours Mirabeau.*

Sortie 38

Le Portanel – 6,5 km
- **339 BI90** - 11100 Bages - 04 68 42 81 66. *N 9 à droite dir. Narbonne-Sud (giratoire des Évadés de France/rte de Perpignan), à gauche D 105 puis à droite Bages-centre.*

Sortie 40

Le Village – 7 km
339 BI92 - 129 avenue Jean-Jaurès - 11370 Leucate - 04 68 40 06 91 - andrieu.eric@free.fr. *D 627 dir. Leucate puis à droite D 327 (Leucate-centre).*
Jouve – 7 km
339 BI92 - 39 avenue de la Côte-Rêvée - 11370 Leucate - 04 68 40 02 77 - jouveleucate@ifrance.com. *D 627 dir. Leucate puis à droite D 327 (Leucate-centre).*
Cave d'Agnès – 8,5 km
P - **339 BI92** - 29 r. Gilbert-Salamo - 11510 Fitou - 04 68 45 75 91. *D 627 dir. Leucate, N 9 puis à droite D 50.*

Sortie 41

Les Antiquaires – 11 km
343 BH95 – Pl. Desprès – 66000 Perpignan - 04 68 34 06 58 *N9 dir. Perpignan puis prendre à gauche Quai Sadi Carnot, à droite r. d'Alsace-Lorraine, à droite r. de l'Argenterie puis r. du Père Pigne.*
Hôtel Alexander – 11 km
343 BH95 - 15 bd Clemenceau - 66000 Perpignan - 04 68 35 41 41 - www.hotel-alexander.fr. *N 9 dir. Perpignan, cours Lazare-Escarguel, à gauche square Jeantet-Violet, pl. Jean-Payra, r. de la République, à gauche r. Paul-Courty puis à droite bd Georges-Clemenceau.*
La Galinette – 11 km
343 BH95 - 23 r. Jean-Payra - 66000 Perpignan - 04 68 35 00 90. *N 9 dir. Perpignan, cours Lazare-Escarguel, à gauche square Jeantet-Violet, pl. Jean-Payra, r. de la République, à gauche r. Paul-Courty, à droite bd Georges-Clemenceau, pl. de la Résistance, à droite quai François-Batllo, à gauche r. des Variétés puis à gauche r. Jean-Payra.*

Sortie 43

Hôtel Les Arcades – 8,5 km
342 BG97 - 1 pl. Picasso - 66400 Céret - 04 68 87 12 30 - hotelarcades.ceret@wanadoo.fr. *D 115 dir. Céret, r. du Pont-Neuf, à gauche D 618, à droite bd Jean-Jaurès puis à gauche pl. Picasso.*

Paris><Nevers> <Clermont Fd

A 77

Sortie 18

Les Dominicaines – 2,5 km
112 BG36 - - 6 r. du Dévidet - 45200 Montargis - 02 38 98 10 22 - *www.restaurant-lesdominicaines.com. N7, à droite r. Gambetta puis à gauche Av. Du Général de Gaulle, à droite r. du Pres. Franklin Roosevelt puis à gauche bd Anatole France.*

Le Coche de Briare – 3,5 km
112 BG36 - 72 place de la République - 45200 Montargis - 02 38 85 30 75. *N 60 dir. Montargis, à droite D 961, à droite av. de la Libération puis av. Henri-Barbusse.*

Sortie 20

Madame François-Ducluzeau - Domaine de La Thiau – 3,5 km
P - 134 BG40 - Rte de Gien, Lieu-dit La Thiau - 45250 Briare - 02 38 38 20 92 - http://lathiau.club.fr. *D 952 dir. Briare, à droite av. Yver-Bapterosses puis à gauche D 957.*

Auberge du Pont Canal – 6,5 km
P - 134 BG40 - 19 r. du Pont-Canal - 45250 Briare - 02 38 31 24 24 - www.auberge-du-pont-canal.com. *D 952 dir. Briare, N 7, à droite D 121, à droite av. de Lattre-de-Tassigny puis à gauche r. du Pont-Canal.*

Sortie 21

Voyageurs – 3 km
P - 156 BH41 - 10 Grande-Rue - 45420 Bonny-sur-Loire - 02 38 27 01 45.*D 965 dir. Bonny-sur-Loire/r. du Puits-Veneau, à droite r. du 14-Juillet, à droite Grande-Rue.*

Le Relais des Sources – 6 km
P - 155 BG41 - Rue du Canal - 45630 Beaulieu-sur-Loire - 02 38 37 17 77 - relaisdessources@aol.com. *D 965 dir. Bonny-sur-Loire, à gauche D 907 puis à droite D 926.*

Sortie 22

Les Forges – 5,5 km
156 BH42 - 21 r. St-Agnan -58200 Cosne-Cours-sur-Loire - 03 86 28 23 50 - www.lesforges58.com N7 dir. Cosne-Cours-sur-Loire, à Myennes prendre D955A.

Sortie 22.1

Chambre d'hôte Croquant – 2 km
P - 156 BH42 - L'Orée des Vignes Croquant - 58200 St-Père - 03 86 28 12 50 - www.loreedesvignes.com. *D 14 dir. Cosne-sur-Loire puis à droite r. de la Mairie.*

Sortie 24

La Pomme d'Or – 9,5 km
155 BG43 - Pl. de la Mairie - 18300 Sancerre - 02 48 54 13 30. *D 4 dir. St-Satur, à gauche av. de la Résistance, rte de Ménétréol, à droite D 920, à droite r. Porte-Oison, à droite r. des Degrés, à gauche r. du Collège-Ribaton, à droite r. St-Père, à droite r. du Pavé-Noir puis à gauche r. du Vieux-Prêche.*

Sortie 25

Relais de Pouilly – 2,5 km
P - 156 BH44 - 58150 Pouilly-sur-Loire - 03 86 39 03 00 - sarl.relais-de-pouilly@wanadoo.fr. *D 28 dir. Pouilly-sur-Loire, à gauche r. Marcel-Labaume puis av. Laubespin.*

Sortie 28

Seyr – 3,5 km
156 BI45 - 4 Grande-Rue - 58400 La Charité-sur-Loire - 03 86 70 03 51. *N 151 dir. La Charité-sur-Loire, à gauche r. du Pont, à gauche r. des Hôtelleries puis à gauche pl. du Gén.-de-Gaulle.*

Bon Laboureur – 4 km
- 156 BI45 - quai Romain-Mollot (île de la Loire) - 58400 La CHARITÉ-SUR-LOIRE - 03 86 70 22 85 - lebonlaboureur@wanadoo.fr. *N 151 dir. La Charité-sur-Loire, à gauche quai Romain-Mollot.*

Sortie 32

Le Relais du Bengy – 1 km
- 174 BJ46 - N 7 - 58640 Varennes-Vauzelles - 03 86 38 02 84 - relaisdubengy@wanadoo.fr. *D 148 dir. Varennes-Vauzelles-centre.*

Sortie 34

L'Assiette – 4,5 km
174 BJ47 – 7 bis r. F.-Gambon – 58000 Nevers - 03 86 36 24 99 D977 dir. Nevers puis à gauche N7 bd Gautron de Coudray, à droite r. François Mitterand.

Domaine de Trangy – 5,5 km
- 174 BJ47 - 8 rte de Trangy - 58000 Trangy - 03 86 37 11 27 - http://chambreshotestrangy.free.fr. *av. du 8-Mai-1945, à droite D176 puis à gauche r. de Trangy.*

Sortie 36

Le Moulin de l'Etang – 5,5 km
- 174 BK47 - 64 route de l'Étang - 58160 Sauvigny-les-Bois - 03 86 37 10 17.*D 978 dir. Sauvigny-les-Bois puis à droite D 18.*

Sortie 37

La Gabare – 1 km
- 174 BJ47 - 171 route de Lyon - 58000 Challuy - 03 86 37 54 23 - la-gabare58000@yahoo.fr. *N 7 dir. Challuy.*

Auberge du Pont-Canal – 10 km
- 174 BI47 - Route Départementale 976 - 18150 Le Guétin - 02 48 80 40 76.*D 976 dir. La Guerche-sur-l'Aubois.*

N 7

à St-Pierre-le-Moûtier

La Vigne – 0,5 km
- 174 BJ49 - Route de Decize - 58240 St-Pierre-le-Moutier - 03 86 37 41 66 - hotel-restaurant-la-vigne@wanadoo.fr. *à St-Pierre-le-Moûtier à gauche r. du fg de Nevers puis à gauche r. de Decize.*

Sortie 44

La Grande Poterie – 8,5 km
- 192 BK52 - 9 r. de la Grande-Poterie - 03000 Coulandon - 04 70 44 30 39 ou 06 68 22 20 73 - www.lagrandepoterie.com. *D 707 dir. Moulins, à droite (r. Jean-Baron), à gauche (allée des Soupirs), à droite N 9, à droite D 945 (av. de La Libération) puis à gauche D 401.*

Montégut – 8,5 km
- 192 BK52 - D 945 - 03000 Coulandon - 04 70 46 00 66 - hotel-chalet@cs3i.fr. *D 707 dir. Moulins, à droite (r. Jean-Baron), à gauche (allée des Soupirs), à droite N 9 puis à droite D 945 (av. de La Libération).*

Sortie 45

Restaurant des Cours – 3 km
192 BK52 – 36 cours Jean-Jaurès – 03000 Moulins - 04 70 44 25 66 patrick.bourhy@wanadoo.fr – D979A, à gauche r. De Vigenère puis à droite Av. Victor Hugo.

Parc – 3 km
- 192 BK52 - 31 av. du Gén.-Leclerc - 03000 Moulins - 04 70 44 12 25 - hotelrestaurant.leparc03@wanadoo.fr. *D 979 dir. Moulins, à droite (r. de Decize), à gauche (r. de Vigenère), à droite (av. Victor-Hugo).*

N 9

à St-Pourçain-s-Sioule

Chêne Vert - - 192 BK54 - Boulevard Ledru-Rollin - 03500 Saint-Pourçain-sur-Sioule - 04 70 47 77 00 - hotel.chenevert@wanadoo.fr.

A 71

Sortie 12

Cinq Mars – 10,5 km
210 BK57 - Rue Cinq-Mars - 63260 Effiat - 04 73 63 64 16. *A 719 dir. Vichy, N 209, à droite D 272, D 437 puis à droite D 984.*

ORLÉANS >< CLERMONT-FD

A 71

Sortie 3

Tatin – 4,5 km
- 133 BA40 - Face à la gare - 41600 Lamotte-Beuvron - 02 54 88 00 03. *D 923 dir. Lamotte-Beuvon, à droite N 20 puis à droite r. Lecouteux.*

Grenouillère – 9,5 Km
133 BA40 - - Rte d'Orléans - 41600 Chaumont-sur-Tharonne - 02 54 88 50 71 – jeancharles.dartigues@9business.fr D923 à gauche puis à droite D48.

Le Dahu – 11 km
- 154 BA41 - 14 r. Henri-Chapron - 41600 Nouan-le-Fuzelier - 02 54 88 72 88. *D 923 dir. Lamotte-Beuvron, à droite N 20, à gauche av. de la Mairie, à droite r. du Bourg-Neuf puis à gauche r. Henri-Chapron.*

Sortie 4

Les Copains d'Abord – 5 km
- 154 BB42 - 52 av. d'Orléans - 41300 Salbris - 02 54 97 24 24 - www.lescopainsdabordasalbris.clan.st. *D 724 dir. Salbris puis à droite N 20.*

Sauldraie – 5 km
- 154 BB42 - 81 av. d'Orléans - 41300 Salbris - 02 54 97 17 76 - lasauldraie@wanadoo.fr. *D 724 dir. Salbris puis à droite N 20.*

Auberge du Cheval Blanc – 5 km
- 154 BA43 - pl. Mail - 41300 Selles-St-Denis - 02 54 96 36 36 - auberge@chevalblanc-sologne.com. *D 724 dir. Selles-St-Denis-centre.*

Chambre d'hôte Les Atelleries – 9 km
- 154 BA43 - Les Atelleries - 41300 Selles-St-Denis - 02 54 96 13 84 - www.lesatelleries.com. *D 923 dir. Selles-St-Denis, à gauche D 49, à gauche D 73 puis à droite D 146.*

Sortie 6

Chambre d'hôte Villemenard – 5 km
- 154 BB45 - 18500 Vignoux-sur-Barangeon - 02 48 51 53 40 / 06 72 79 79 37 - www.villemenard.com. *N 76 dir. Bourges puis à gauche D 30.*

Sortie 7

Chambre d'hôte Domaine de l'Ermitage – 9 km
172 BC46 - L'Ermitage - 18500 Berry-Bouy - 02 48 26 87 46 - domaine-ermitage@wanadoo.fr. *N 142 dir. ZI, à droite D 400 puis à gauche D 60.*

Le Bourbonnoux – 9,5 km
173 BD46 - 44 r. Bourbonnoux - 18000 Bourges - 02 48 24 14 76 - restaurant.bourbonnoux@wanadoo.fr. *N 142 dir. ZI, à droite D 400, à droite D 23, à gauche bd de l'Avenir, à droite r. du Pré-Doulet, à gauche r. du Champ-de-Foire, à gauche pl.-de-Juranville, à droite bd de Juranville, à droite r. Gambo/pl.-Henri-Mirpied/r. Antoine-Cambournac, à gauche cours Avaricum, à droite bd-de-la-République/bd Georges-Clemenceau, à droite r. de Croisy, à droite r. Joyeuse puis à gauche r. Bourbonnoux.*

Sortie 8

Chambre d'hôte La Trolière – 2 km
- 173 BE50 - 18200 Orval - 02 48 96 47 45. *D 925 dir. Orval.*

Auberge de l'Abbaye de Noirlac – 7,5 km
- 173 BE50 - 18200 Noirlac - 02 48 96 22 58 - aubergeabbayenoirlac@free.fr. *D 925 dir. Orval, D 300, à gauche N 144 puis à gauche D 36.*

Les Tilleuls – 9 km
- 173 BD49 - Route de Noirlac - 18200 Bruère-Allichamps - 02 48 61 02 75. *D 925 dir. Orval, D 300, à gauche N 144 puis à gauche D 35.*

Sortie 9

Table de Reugny – 5 km
- 190 BF53 - 25 route de Paris - 03190 Reugny - 04 70 06 70 06 - www.restaurant-reugny.com. *N 144 dir. Montluçon, rte de Paris.*

Le Lion d'Or – 9,5 km
- 190 BF53 - Nationale 144 - 03190 Estivareilles - 04 70 06 00 35 - contact@leliondor.net. *N 144 dir. Montluçon.*

Sortie 12.1

Chambre d'hôte Mme Beaujeard – 5 km
- **209 BJ58** - 8 r. de la Limagne, lieu-dit Chaptes - 63460 Beauregard-Vendon - 04 73 63 35 62. *N 144 dir. Clermont Ferrand puis à gauche D 985.*

Sortie 13

Magnolia – 4 km
209 BJ59 - 11 avenue du Commandant-Madeline - 63200 Riom - 04 73 38 08 25 - magnolia-gastronomie@wanadoo.fr. *D 447 dir. Ennezat, N 9, D 446 puis à droite D 986.*

Beau Site – 7,5 km
- **209 BI59** - R. Chalusset - 63140 Châtelguyon - 04 73 86 00 49 - hotel.beau-site@wanadoo.fr. *D 447 dir. Ennezat, N 9, D 446, à droite D 986, à gauche bd Desaix/ r. du Lac puis à droite imp. du Chalusset.*

Échangeur A 711

Poids de Ville – 6 km
- **209 BJ60** - 6 rue du Caire - 63800 Lempdes - 04 73 61 74 71. *A 711 sortie 1.3 dir. Lempdes, av. de Thiers, à droite r. de la Croix-Basse, à droite r. de Clermont, à gauche imp. des Sans-Soucis/r. René-Laurent, à droite pl. du Poids-de-la-Ville puis r. du Caire.*

L'Estredelle – 10 km
- **210 BK60** - 24 rue du Pont - 63430 Pont-du-Château - 04 73 83 28 18 - estredelle@wanadoo.fr. *A 711 sortie 1.4 dir. Pont-du-Château puis N 89.*

Clermont-Fd><Pézenas (A9)

A 75

Sortie 2

Pescalune – 4 km
- **227 BJ61** - 19 rue Jean-Jaurès - 63170 Pérignat-lès-Sarliève - 04 73 79 11 22 - le.pescalune@wanadoo.fr. *D 797 dir. Beaumont, à gauche D 3, à gauche r. de la Résistance, à gauche r. de Gergovie, à droite espl. des Chauffours, à droite pl. Notre-Dame-de-la-Rivière puis à gauche r. du Terrail.*

Sortie 4

Les Veillées d'Auvergne – 6 km
227 BJ62 - 17 avenue du Docteur-Presle - 63960 Veyre-Monton - 04 73 69 75 33.*D 978 dir. Veyre-Monton.*

Sortie 6

La Promenade – 10 km
- **227 BJ62** - 3 rue de la Halle - 63320 Champeix - 04 73 96 70 24 - h.r.lapromenade@wanadoo.fr. *D 797 dir. Champeix, à droite D 978, à droite quai de Beaugeix puis à gauche r. de la Halle.*

Sortie 7

Chambre d'hôte Les Pradets – 2 km
- **228 BK62** - Les Pradets - 63114 Montpeyroux - 04 73 96 63 40 - www.auvergne.maison-hotes.com. *D 797 dir. Montpeyroux-centre.*

Sortie 11

Relais – 1,5 km
228 BK63 - 1 avenue de la Gare - 63500 Issoire - 04 73 89 16 61. *D 716 dir. Issoire, à gauche bd Jules-Cibrand puis bd Triozon-Bayle.*

Maison Gebrillat – 8 km
- **227 BJ63** - chemin de Siorac - 63500 Perrier - 04 73 89 15 02 - www.maison-gebrillat.com. *Issoire-centre puis D 996.*

La Cour Carrée – 8 km
- **227 BJ63** - Rue Tramot - 63500 Perrier - 04 73 55 15 55. *Issoire-centre puis D 996.*

Sortie 15

Le Boudes La Vigne – 9,5 km
- **227 BJ64** - Place de la Mairie - 63340 Boudes - 04 73 96 55 66.*D 909 dir. St-Germain-Lembron, à droite D 48 puis à gauche r. de Rome.*

Sortie 18

Le Florina – 5 km
- **228 BK64** - Place de l'Hôtel-de-Ville - 43250 Sainte-Florine - 04 73 54 04 45.*D 76 dir. Ste-Florine, D 35, à gauche D 76 puis à droite D 14.*

Sortie 25

Chalier Maryse et Bernard – 5,5 km
- **245 BJ67** - Nozerolles - 15500 St-Mary-le-Plain - 04 71 23 05 80.*D 909 dir. St-Mary-le-Plain puis à gauche D 410.*

Sortie 28

Grand Hôtel de l'Étape – 3 km
- **245 BJ69** - 18 avenue de la République - 15100 Saint-Flour - 04 71 60 13 03 - info@hotel-etape.com. *D 909 dir. Clermont-Ferrand.*

Sortie 30

Le Beau Site – 4 km
- **245 BJ69** - 15320 Garabit - 04 71 23 41 46 - info@beau-site.fr. *D 74 dir. Viaduc-de-Garabit puis à gauche D 909.*

Sortie 32

Le Rocher Blanc – 4 km
- **246 BK70** - À La Garde - 48200 Albaret-Ste-Marie - 04 66 31 90 09 - hotel@lerocherblanc.com. *D 70 dir. Albaret-Ste-Marie puis à gauche D 8.*

Sortie 33

Les Portes d'Apcher – 2,5 km
- **264 BK71** - Avenue de St-Flour - 48200 Saint-Chély d'Apcher - 04 66 31 00 46. *N 9 dir. St-Chély-d'Apcher, à gauche rte de Sarroul, à droite av. de la République puis à droite r. Théophile-Roussel.*

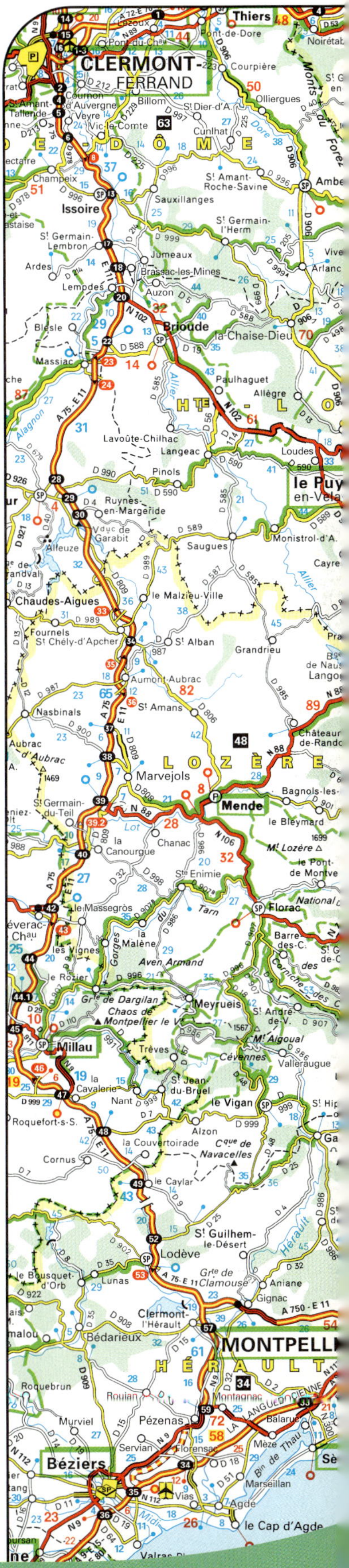

Sortie 35

Le Compostelle – 1,5 km
264 BK72 - 2 route du Languedoc - 48130 Aumont-Aubrac - 04 66 42 80 07 - www.prouheze.com. *rte Nationale dir. Aumont-Aubrac puis à gauche av. du Gévaudan.*

Sortie 38

« L'Auberge » Domaine de Carrière – 7,5 km
264 BK74 - Quartier de l'Empery - 48100 Marvejols - 04 66 32 47 05 - laubergedomainedecarriere@wanadoo.fr. *D 900 dir. Marvejols puis à droite N 9.*

Sortie 39.1

Auberge des Violles – 3 km
264 BK74 - 48100 Chirac - 04 66 32 77 66 - www.lesviolles.org. *N 9 dir. Chirac puis à gauche r. d'Entraygues.*

Sortie 44

La Braconne
281 BJ79 - - 7 pl. du Mar.-Foch – 12100 Millau - 05 65 60 30 93 *N9, à droite r. Gambetta, à droite bd De Bonald, à gauche r. Du Général Rey puis à gauche r. Du Puits Neuf, à droite r. de la Capelle.*

Sortie 44.1

Ferme-auberge de Quiers – 7 km
281 BJ78 - Hameau de Quiers - 12520 Compeyre - 05 65 59 85 10 - www.ifrance.com/quiers.*D 29 dir. Aguessac/Compeyre.*

Le Rascalat – 7 km
281 BJ78 - Route de Séverac-le-Château - 12520 Aguessac - 05 65 59 80 43.*D 29 dir. Aguessac/Compeyre.*

Sortie 45

Hôtel de la Capelle – 7 km
281 BJ79 - 7 pl. de la Capelle - 12100 Millau - 05 65 60 14 72 - www.hotel-millau-capelle.com. *D 911 dir. Millau-centre, à droite pl. du Mandarous, bd de Bonald, à droite pl. de la Capelle puis à gauche r. de la Fraternité.*

Capion – 9 km
281 BJ79 - 3 r. Jean-François-Alméras - 12100 Millau - 05 65 60 00 91.*D 911 dir. Millau-centre puis à gauche r. Jean-François-Almeras.*

Sortie 49

Chambre d'hôte Le Barry du Grand Chemin – 2 km
301 BL82 - 88 fg St-Martin - 34520 Le Caylar - 04 67 44 50 19 - www.le-barry.fr. *Fg St-Martin dir. le Caylar.*

Sortie 53

Le Petit Sommelier – 7 km
301 BL83 - 3 pl. de la République - 34700 Lodève - 04 67 44 05 39. *N 9 dir. Lodève, à droite pont de Celles puis à gauche av. de la République.*

Échangeur N 109

La Diligence – 4 km
302 BM84 - 2 avenue de Lodève - 34725 Saint-André-de-Sangonis - 04 67 57 21 77. *N 109 dir. St-André-de-Sangonis.*

Sortie 57

Le Fontenay – 3 km
302 BM84 - Rte du Lac de Salagou - 34800 Clermont-l'Hérault - 04 67 88 04 06 - www.fontenay.net. *D 2 dir. Clermont-Herrault-centre, av. Raymond-Lacombe, à gauche D 908 puis à droite bd Gambetta.*

Sortie 59

La Pomme d'Amour – 2,5 km
322 BM86 - 2 bis r. Albert-Paul-Allies - 34120 Pézenas - 04 67 98 08 40. *N 9 dir. Pézenas, à droite fg des Cordeliers, à droite pl. des Etats-du-Languedoc.*

Après le Déluge – 3 km
322 BM86 - 5 av. du Mar.-Plantavit - 34120 Pézenas - 04 67 98 10 77 - www.apres-le-deluge.com. *N 9 dir. Pézenas, à droite fg des Cordeliers, à gauche av. François-Hue puis à droite pl. du Marché-des-Trois-Six.*

Chambre d'hôte Monsieur Gener – 4,5 km
322 BM86 - 34 av. Pierre-Sirven - 34530 Montagnac - 04 67 24 03 21. *N 113 dir. Montagnac.*

VIERZON >< LIMOGES

A 20

Sortie 5

Hôtel Le Chalet de la Forêt – 1 km
- **154 BB44** - 143 av. Édouard-Vaillant - 18100 Vierzon - 02 48 75 35 84 - chalet.foret@cegetel.net.*D 320 dir. Vierzon-centre.*

Sortie 6

Le Champêtre – 1 km
- **154 BB44** - 89 route de Tours - 18100 Vierzon - 02 48 75 87 18. *N 76 dir. Vierzon-village.*

Sortie 9

La Grange aux Dîmes – 6 km
- **154 AZ45** - Place de l'Église - 18310 St-Outrille - 02 48 51 12 13.*D 83 dir. St-Outrille, D 922 puis à gauche D 68.*

Sortie 12

Relais Saint-Jacques – 4 km
- **171 AY49** - Zone Industrielle Nord - 36130 Déols - 02 54 60 44 44 - saint-jacques@wanadoo.fr. *N 151 dir. ZI, D 151 puis à droite pl. Lafayette/pl. Carnot.*

Chambre d'hôte Claudine Daguet-Rault – 6 km
- **171 AY48** - Villecourte, Le Moulin de Notz - 36130 Coings - 02 54 22 12 56 - claudine.daguet2@wanadoo.fr. *N 151 dir. Coings, N 20 puis à gauche D 80.*

Le Lavoir de la Fonds Charles – 6,5 km
- **171 AY49** - 26 r. du Château-Raoul - 36000 Châteauroux - 02 54 27 11 16.*D 956 dir. Châteauroux, à gauche av. du pont-Neuf, à gauche r. de la Seine, à droite r. Grande-St-Christophe puis r. des Ponts.*

Sortie 17

Le Boisseau – 4 km
- **188 AW51** - Rte de Châteauroux - 36200 St-Marcel - 02 54 24 12 33.*D 137 dir. St-Marcel, à droite D 927 puis r. de Verdun.*

Le Cheval Noir – 4 km
- **188 AW51** - 27 r. Auclert-Descottes - 36200 Argenton-sur-Creuse - 02 54 24 00 06.*D 137 dir. St-Marcel puis à gauche r. Auclert-Descottes.*

La Source – 4 km
- **188 AW51** - 9 rue Ledru-Rollin - 36200 Argenton-sur-Creuse - 02 54 24 30 21.*D 137 dir. Argenton-sur-Creuse.*

Sortie 20

Chambre d'hôte Le Portail – 8 km
188 AV53 - r. Émile-Surun - 36170 St-Benoît-du-Sault - 02 54 47 57 20.*D 36 dir. St-Benoît-du-Sault, à gauche r. de Beauregard, à droite pl. de l'Enchère puis à gauche pl. de la République.*

Sortie 23

Hôtel La Porte de St-Jean – 10 km
188 AW55 - 2 r. des Bains - 23300 La Souterraine - 05 55 63 90 00 - www.hotelrestau-portesaintjean.com. *N 145 dir. La Souterraine, à gauche av. de la Libération, rte de Limoges, à droite r. Fontfroide puis r. St-Jacques.*

Sortie 26

Les Voyageurs – 11 km
- **205 AV58** - 27 av. du Gén.-de-Gaulle - 87240 Ambazac - 05 55 56 60 31 - hotel-ambazac@aol.com. *D 5 dir. Ambazac puis à gauche D 914.*

Sortie 30

Le Boeuf à la Mode – 5,5 km
205 AU60 - 60 r. François-Chénieux - 87000 Limoges - 05 55 77 73 95. *à Limoges N 520 puis à droite N 20.*

Sortie 33

Hôtel de la Paix – 2 km
205 AU60 - 25 pl. Jourdan - 87000 Limoges - 05 55 34 36 00. *à Limoges à droite port du Naveix, à droite av. Jean-Gagnant/av. des Bénédictins puis à droite pl. Jourdan.*

Chez Alphonse – 2,5 km
205 AU60 - 5 pl. de la Motte - 87000 Limoges - 05 55 34 34 14 - bistrot.alphonse@wanadoo.fr. *à Limoges à droite port du Naveix/N 520, à droite N 20, à droite r. Léonard-Limosin puis à droite pl. de la Motte.*

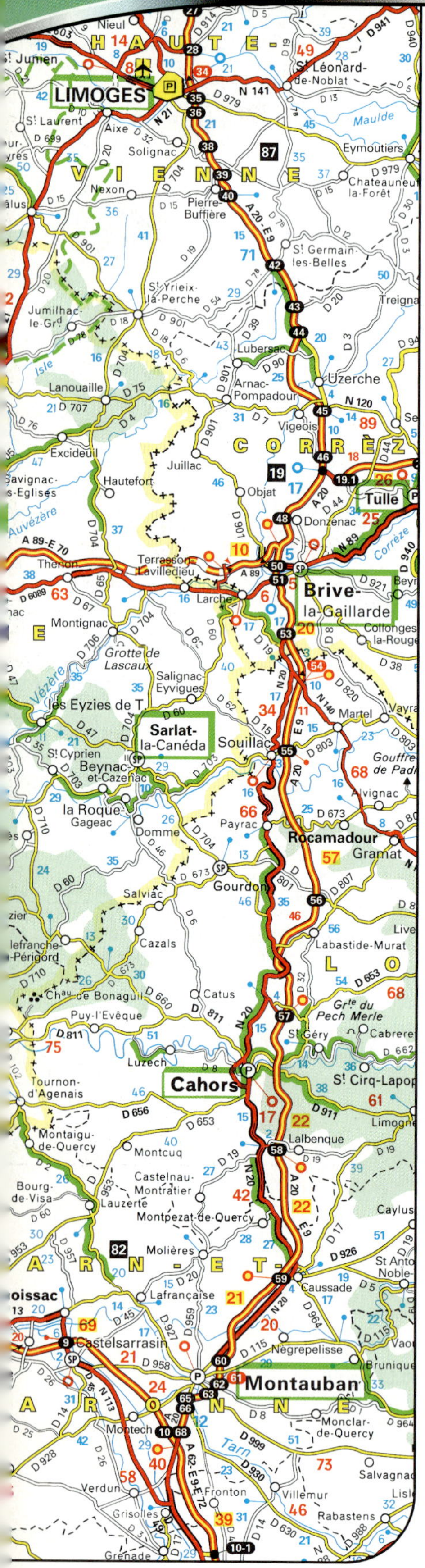

LIMOGES><MONTAUBAN

A 20

Sortie 35

Chambre d'hôte M. et Mme Brulat – 1,5 km
- 205 AV60 - Imp. du Vieux-Crézin - 87220 Feytiat - 05 55 06 34 41.*D 979 dir. Feytiat puis à droite r. Jean-Mermoz.*

Sortie 44

Auberge Saint-Roch – 5 km
- 224 AW64 - Le Bourg - 19140 Saint-Ybard - 05 55 73 09 71.*D 20 dir. Saint-Ybard, à gauche D 902 puis D 54.*

Teyssier – 8,5 km
- 224 AX64 - r. du Pont Turgot - 19140 Uzerche - 05 55 73 10 05 - hotel-teyssier@ifrance.com. *D 920 dir. Uzerche-centre, à droite r. Gabriel-Furnestin, r. Jean-Gentet puis r. Pierre-Chalaud.*

Sortie 46

Chambre d'hôte Ferme de la Borde – 6 km
- 242 AW66 - La Borde - 19410 St-Bonnet-l'Enfantier - 05 55 73 72 44 - www.fermedelaborde.fr. *D 7 dir. Perpezac-le-Noir, à droite D 920, à gauche D 9 puis à gauche D 156.*

Sortie 48

Relais du Bas Limousin – 2 km
- 242 AW66 - 19270 Donzenac - 05 55 84 52 06 - relais-du-bas-limousin@wanadoo.fr. *D 25 dir. Donzenac-centre puis à droite r. Marcel-Lagane.*

Sortie 49

Chez Francis – 5,5 km
242 AW67 - 61 av. de Paris - 19100 Brive-la-Gaillarde - 05 55 74 41 72.*D 170 dir. Brive-la-Gaillarde, à droite D 57, à droite av. Pasteur puis à droite av. de Paris.*

Sortie 50

Auberge du Château – 8 km
- 242 AX67 - Le Peyroux - 19360 Malemort-sur-Corrèze - 05 55 92 07 59. *N 89 dir. Malemort-sur-Corrèze, à droite D 141, à droite D 921 puis chemin du Peyroux.*

Sortie 52

La Maison des Chanoines – 9,5 km
- 242 AX68 - 19500 Turenne - 05 55 85 93 43.*D 73 dir. Jugeals-Nazareth, à droite D 8 puis à gauche D 150.*

Sortie 53

Chambre d'hôte À la Table de la Bergère – 0,5 km
- 242 AW68 - Belveyre - 19600 Nespouls - 05 55 85 82 58.*D 19 dir. Nespoul-centre.*

Ferme-auberge de Baudran – 0,5 km
- 242 AW68 - Rte d'Estivals - 19600 Nespouls - 05 55 85 81 45.*D 19 dir. Nespoul-centre.*

Sortie 54

Chambre d'hôte La Cour au Tilleul – 11 km
242 AX70 - Av. du Capitani - 46600 Martel - 05 65 37 34 08 - www.la-cour-au-tilleul.com. *N 140 dir. Martel puis à droite fossés du Capitanie.*

Ferme-auberge Le Moulin à Huile de Noix – 11 km
- 242 AX70 - Rte de Bretenoux - 46600 Martel - 05 65 37 40 69. *N 140 dir. Martel puis à droite fossés du Capitanie.*

Sortie 55

Les Ambassadeurs – 3,5 km
242 AW70 - 12 av. du Gén.-de-Gaulle - 46200 Souillac - 05 65 32 78 36 - www.ambassadeurs-hotel.com. *D 703 dir. Souillac-centre.*

Belle Vue – 4 km
- 242 AW70 - 68 av. Jean-Jaurès - 46200 Souillac - 05 65 32 78 23 - hotelbellevue.souillac@wanadoo.fr. *D 703 dir. Souillac, D 15, à gauche r. de la Recège puis à droite av. Jean-Jaurès.*

Chambre d'hôte et gîte Le Manoir – 7,5 km
- 242 AW70 - La Forge - 46200 Souillac - 05 65 32 77 66 - www.lemanoir.net.*D 703 dir. Souillac puis D 15.*

Sortie 59

Clos Monteils – 8 km
- 278 AX78 - Gasherbes - 82300 Monteils - 05 63 93 03 51. *N 20 dir. Caussade, D 117, D 926 puis D 17.*

Chambre d'hôte Les Brunis – 10 km
- 278 AW79 - 4965 rte de Montricoux - 82800 Nègrepelisse - 05 63 67 24 08 - www.chambres-aveyron.com. *N 20 dir. Caussade, D 117 puis D 64.*

N 20

Sortie 64

Au Chapon Fin – 3 km
- 277 AV80 - 1 pl. St-Orens - 82000 Montauban - 05 63 63 12 10. *à Montauban D 21, à gauche quai Adolphe-Poult puis à droite pl. St-Orens.*

Sortie 61

Celyn et Ric – 4 km
- 277 AV80 - 110 av. de Falguières - 82000 Montauban - 05 63 63 77 73. *à Montauban av. de Toulouse, à droite quai Adolphe-Poult, à droite r. du Gén.-Sarrail, à droite D 959, à gauche côte des Bonnetiers/pl. Victor-Hugo/r. Mary-Lafon, à gauche pl. Lefranc-de-Pompignan/pont des Consuls/ r. St-Jean-Villenouvelle, à droite r. Léon-Cladel, à gauche D 959 puis à gauche av. de Falguières.*

Toulouse><Bourg-Madame

A 66

Sortie 1

Ferme-auberge Pagnard – 6 km
- 276 C4 - 31560 St-Léon - ☎ 05 61 81 92 21. *D 19 dir. St-Léon.*

N 20

Sortie Pamiers-Centre

Pyrène
R S-Denis (Le Vignoble) - 09000 Foix
☎ 05 61 65 48 66 - hotel.pyrene@wanadoo.fr

France – 3,5 km
- 301 D2 - 5 cours J.-Rambaud - 09100 Pamiers - ☎ 05 61 60 20 88 - hoteldefrancepamiers@hotmail.com. *N 20 dir. Pamiers, D 11, à gauche D 624 (bd Delcassé), à droite r. de Loumet, à droite r. Saint-Antonin puis à gauche cours Joseph-Rambaud.*

Sortie Foix-Centre

Le Phoebus – 5 km
301 D3 - 3 cours Irénée-Cros - 09000 Foix - ☎ 05 61 65 10 42. *à Foix, D 919 puis av. du Gén.-Leclerc/cours Irénée-Cros.*

Lons – 5 km
301 D3 - 6 pl. Georges-Dutilh - 09000 FOIX - ☎ 05 34 09 28 00 - hotel-lons-foix@wanadoo.fr. *à Foix, D 919, av. du Gén.-Leclerc/cours Irénée-Cros, à droite pont Vieux, à gauche r. Théophile-Delcassé, à gauche r. Labistour/pl. Georges-Dutilh.*

à Ax-les-Thermes

Chambre d'hôte Adret
- 310 B1 - Les Bazerques - 09110 Ax-les-Thermes - ☎ 05 61 64 05 70.

L'Auzeraie
- 310 B1 - 1 avenue Théophile-Delcassé - 09110 Ax-les-Thermes - ☎ 05 61 64 20 70 - auzeraie@auzeraie.com.

PARIS><TOURS

A 10

Échangeur N 104

Les Colombes de Bellejame – 11 km
87 BC29 - 97 r. Alfred-Dubois - 91460 Marcoussis - 01 69 80 66 47 - colombes.bellejame@wanadoo.fr. *N 104 (la Francilienne) dir. Linas-Montlhéry, N 20à gauche puis N 446 à gauche.*

Sortie 10

Auberge de l'Angélus – 6,5 km
- 87 BA30 - 4 pl. Chariot - 91410 Dourdan - 01 64 59 83 72 - angelus-gourmet@wanadoo.fr. *D 149 dir. Dourdan, à gauche D 836, r. du Faubourg-de-Chartres, à gauche r. Sarcey, à droite av. Carnot, à gauche r. de Chartres, à droite r. du Marché-aux-Grains, à gauche r. de l'Abbé-Gérard, à gauche r. Jubé-de-la-Pérelle puis à droite r. du carr. d'Étampes.*

Sortie 14

La Dariole – 8 km
- 133 AZ37 - 25 r. Etienne-Dolet - 45000 Orléans - 02 38 77 26 67. *A 701 dir. Orléans, N 20, D 97, à droite pl. Halmagran/r. Théophile-Chollet, à gauche pl. de l'Étape, à droite pl. Ste-Croix/r. Parisie puis à droite r. Etienne-Dolet.*

Sortie 15

Hôtel Sologne – 9 km
132 AX38 - pl. St-Firmin - 45190 Beaugency - 02 38 44 50 27 - hotel-de-la-sologne.beaugency@wanadoo.fr. *D 2 dir. Beaugency, à droite N 152, à gauche D 925, à gauche quai de l'Abbaye, à droite r. de l'Évêché puis à droite r. Porte-Tavers.*

Le P'tit Bateau – 9 km
- 132 AX38 - 54 r. du Pont - 45190 Beaugency - 02 38 44 56 38.*D 2 dir. Beaugency, à droite N 152 puis à gauche D 925.*

Sortie 16

La Chanterelle – 6 km
132 AX39 - 21 av. de la Loire - 41500 Muides-sur-Loire - 02 54 87 50 19. *N 152 dir. Blois,à Mer à gauche dir. Muides puis D 112.*

Auberge du Bon Terroir – 6 km
P - 132 AX39 - 20 r. du 8-Mai - 41500 Muides-sur-Loire - 02 54 87 59 24. *N 152 dir. Blois,à Mer à gauche dir. Muides puis D 951.*

Chambre d'hôte du Moulin de Choiseaux – 7,5 km
P - 132 AW39 - 8 r. de Choiseaux, Diziers - 41500 Suèvres - 02 54 87 85 01 - www.choiseaux.com. *N 152 dir. Suèvres puis à droite Les Bonneaux.*

Sortie 17

Les Banquettes Rouges – 6 km
132 AV40 - 16 r. des Trois-Marchands - 41000 Blois - 02 54 78 74 92. *N 252 dir. Blois, à droite N 152, à droite r. des Jacobins puis à gauche r. St-Lubin/r. des Trois-Marchands.*

Hôtel Anne de Bretagne – 6 km
132 AV40 - 31 av. Jean-Laigret - 41000 Blois - 02 54 78 05 38 - annedebretagne@free.fr. *N 252 dir. Blois, à droite av. du Mar.-Maunoury/r. d'Angleterre, à gauche r. du Bourg-Neuf, à droite r. Gallois, à droite r. du Père-Monsabré, à gauche r. Jean-Moulin puis à gauche av. du Dr Jean-Laigret.*

Côté Loire – 6 km
132 AV40 - 2 pl. de la Gréve - 41000 Blois - 02 54 78 07 86 - info@coteloire.com. *N 252 dir. Blois, à droite N 152 puis à droite r. de Lauricard.*

Sortie 19

L'Arche de Meslay – 3 km
P - 152 AR42 - 14 rue des Ailes - 37210 Parçay-Meslay - 02 47 29 00 07. *N 10 dir. Parçay-Meslay puis r. des Ailes.*

Au Soleil Levant – 6,5 km
- 152 AR41 - 53 rue Nationale - 37380 Monnaie - 02 47 56 10 34. *N 10 dir. Monnaie.*

Sortie 21

Hôtel Le Cygne – 1,5 Km
151 AQ42 - P - 6 r. du Cygne - 37000 Tours – 02 47 66 66 41 – hotelcygne.tours@wanadoo.fr *dir. Tours-Centre, à droite r. Buffon, à droite r. De La Scellerie.*

Petit Patrimoine – 1,5 km
151 AQ42 - 58 r. Colbert - 37000 Tours - 02 47 66 05 81. *av. Georges-Pompidou dir. Tours-centre, à gauche D 571, à gauche pl. Foire-Le-Roi puis à droite r. Colbert.*

Bistrot de la Tranchée – 2,5 km
- 151 AQ42 - 103 av. Tranchée - 37000 Tours - 02 47 41 09 08 - charlesbarrier@cegetel.fr. *av. Georges-Pompidou dir. Tours-centre, à gauche D 571, à droite N 10 puis à droite r. Raymond-Poincaré.*

TOURS >< BORDEAUX

A 10

Sortie 24
Auberge de la Courtille – 6 km
151 AQ44 - 13 avenue de la Gare - 37250 Montbazon - 02 47 26 28 26 - j-mauny@club-internet.fr. *N 585 dir. Montbazon, à droite N 10 puis à gauche r. de la Vennetière.*

Sortie 24.1
Auberge du Moulin – 5,5 km
151 AQ44 - 2 rue Jean-Colin - 37260 Monts - 02 47 26 76 86. *D 84 dir. Monts, à gauche r. Jean-Colin, à droite r. de l'Église puis à droite r. Jean-Colin.*

Sortie 25
La Ciboulette – 2,5 km
151 AP45 - 78 route de Chinon - 37800 Noyant-de-Touraine - 02 47 65 84 64 - www.laciboulette.fr. *D 760 dir. Noyant-de-Touraine.*
Au Gardon Frit – 6,5 km
169 AP46 - 16 pl. de l'Église - 37800 Pouzay - 02 47 65 21 81 - www.au-gardon-frit.com. *D 760 dir. Chinon puis à gauche D 58.*

Sortie 28
Chambre d'hôte La Ferme du Château – 5,5 km
169 AN50 - Martigny - 86170 Avanton - 05 49 51 04 57 - www.lafermeduchateau.fr. *av. Jean-Monet, à droite bd René-Descartes puis à droite D 18.*

Sortie 29
Le Bistro de l'Absynthe – 7 km
186 AN51 - 36 r. Carnot -86000 Poitiers - 05 49 37 28 44 *dir. Poitiers-Centre par RN10.*
Aux 40 Gourmands – 7 km
186 AN51 – 40 r. Carnot – 86000 Poitiers - 05 49 37 01 37 *dir. Poitiers-Centre par RN10.*
Chambre d'hôte Château de Vaumoret – 9 km
186 AN51 - r. du Breuil-Mingot - 86000 Poitiers - 05 49 61 32 11. *N 147 dir. Poitiers, à gauche D 6 (rte de Bignoux), à gauche r. des Raimonières puis à droite r. du Breuil-Mingot.*

Sortie 30
La Chênaie – 1 km
186 AN51 - Route Nationale 10 - 86000 Poitiers - 05 49 57 11 52. *N 10 dir. Croutelle-centre puis à droite Grande-Rue.*
Hôtel Gibautel – 7 km
186 AN51 - rte de Nouaillé - 86000 Poitiers - 05 49 46 16 16. *N 10 dir. Poitiers-sud, à droite D 162 puis à gauche rte de Nouaillé.*

Sortie 32
Ambassadeur – 7 km
184 AH54 - 82 r. de la Gare - 79000 Niort - 05 49 24 00 38 - hotel-ambassadeur2@wanadoo.fr. *D 948 dir. Niort, à gauche r. Mazagran puis à droite r. de la Gare.*
Restaurant du Donjon – 8 km
184 AH54 - 7 r. Brisson - 79000 Niort - 05 49 24 01 32 - www.borehweb.com/ledonjon.*D 948 dir. Niort, à droite r. du 14-Juillet, à gauche av. des Martyrs-de-la-Résistance, à gauche av. de la République, à droite r. Ricard puis à droite r. Victor-Hugo.*

La Table des Saveurs – 8 km
184 AH54 - 9 r. Thiers - 79000 Niort - ☎ 05 49 77 44 35 - tablesaveurniort@wanadoo.fr. *D 948 dir. Niort, à droite r. du 14-Juillet, à gauche av. des Martyrs-de-la-Résistance, à gauche av. de la République, à droite r. Ricard, à droite r. Victor-Hugo puis à gauche r. Thiers.*
Chambre d'hôte La Magnolière – 11 km
184 AH54 - 16 imp. de l'Abbaye - 79000 St-Liguaire - *4 km de Niort par D 9, rte de Coulon - t 05 49 35 36 06 - www.maraispoitevin.com/ hebergch/magnoliere.htm*

Sortie 34

Le Scorlion – 3,5 km
- 201 AH58 - *5 r. de l'Abbaye - 17400 St-Jean-d'Angély - ☎ 05 46 32 52 61. D 939 dir. St-Jean-d'Angély puis à droite r. Griffon.*
Restaurant de la Place – 3,5 km
- 201 AH58 - Pl. de l'Hôtel-de-Ville - 17400 Saint Jean D'Angely - ☎ 05 46 32 69 11 - infobox@hoteldelaplace.net. *D 939 dir. St-Jean-d'Angély, à droite N 150, r. de Niort, à gauche r. de l'Orme-Vert puis à droite r. de l'Hôtel-de-Ville.*

Sortie 35

Le Bistrot Galant – 3 km
201 AG60 - 28 r. St-Michel - 17100 Saintes - ☎ 05 46 93 08 51 - bistrot.galant@club-internet.fr. *N 137 dir. Saintes, cours du Mar.-Leclerc, cours Lemercier, à droite cours National, à droite r. des Messageries, à droite r. du Gros-Raisin, à gauche r. Victor-Hugo puis à droite r. St-Michel.*
Hôtel Avenue – 3,5 km
P - 201 AG60 - 114 av. Gambetta - 17100 Saintes - ☎ 05 46 74 05 91 - contact@hoteldelavenue.com. *N 137 dir. Saintes, cours du Mar.-Leclerc, cours Lemercier, à droite cours National, pont Bernard-Palissy puis av. Gambetta.*
Chambre d'hôte Anne et Dominique Trouvé – 7 km
P - 201 AF60 - 5 r. de l'Église - 17810 St-Georges-des-Coteaux - ☎ 05 46 92 96 66 - adtrouve@yahoo.fr. *N 137 dir. Rochefort puis à gauche D 127.*
Auberge des Glycines – 12 km
- 201 AG59 - 4 quai des Gabarriers - 17350 Taillebourg - ☎ 05 46 91 81 40 - auberge-des-glycines@wanadoo.fr. *N 137 dir. Rochefort, à droite D 119, à droite D 236 puis D 127.*

Sortie 36

Auberge Pontoise – 6,5 km
- 219 AG62 - 23 r. Gambetta - 17800 Pons - ☎ 05 46 94 00 99 - aubergepontoise@wanadoo.fr. *D 732 dir. Royan, à gauche N 137, à droite D 249 puis à droite av. Gambetta.*

Sortie 38

L'Escale Chez Olga – 10 km
P - 237 AG67 - N 137 - 33390 Cartelègue - ☎ 05 57 64 71 18. *D 254 dir. Étauliers, à droite D 136, à gauche N 137 puis à gauche D 134.*

Sortie 39

Au Sarment – 9 km
- 237 AH68 - 50 r. de la Lande - 33240 St-Gervais - ☎ 05 57 43 44 73. *N 137 dir. Saintes, à gauche D 127, à gauche D 119 puis à droite D 237.*

Sortie 41

Coq Sauvage – 4 km
- 237 AH70 - à Cavernes - 33450 St-Loubès - ☎ 05 56 20 41 04 - coq.sauvage@wanadoo.fr. *D 115 dir. Saint-Loubès (chemin de Cavernes).*

A 630

Sortie 1

La Cape – 4,5 km
- 237 AG70 - allée Morlette - 33150 à Cenon - ☎ 05 57 80 24 25. *N 230 sortie 26, N 10 dir. Cenon, à gauche D 241 puis à droite allée de la Morlette.*
Café de l'Espérance – 11 km
- 250 AG71 - 10 rue de l'Esplanade - 33270 Bouliac - ☎ 05 56 20 52 16 - reception@saintjames-bouliac.com. *N 230 sortie 23, D 10, à gauche côte de Bouliac, à droite r. du Bourg puis r. de l'Esplanade.*

Sortie 4

Hôtel Acanthe – 5 Km
237 AG70 - 12 r. St-Rémi - 33000 Bordeaux ☎ 05 56 81 66 58 - www.acanthe-hotel-bordeaux.com - *réserv. obligatoire – dir. Centre-Ville, Quai Sainte-Croix, Quai du Maréchal Lyautey puis à gauche Place De La Bourse, à droite r. Saint-Rémi.*
Hôtel Notre-Dame – 8 km
237 AG70 - 36 r. Notre-Dame - 33000 Bordeaux - ☎ 05 56 52 88 24 - hotelnotredame@free.fr. *dir. Bordeaux-centre, N 210, à gauche r. Lucien-Faure, à droite cours Louis-Fargue/cours St-Louis/cours Portal/cours de Verdun, à gauche r. Constantin puis à gauche r. Notre-Dame.*
Gravelier – 7,5 km
237 AG70 - 114 cours de Verdun - 33000 Bordeaux - ☎ 05 56 48 17 15 - amgravelier@yahoo.fr. *dir. Bordeaux-centre, N 210, à gauche r. Lucien-Faure, à droite cours Louis-Fargue/cours St-Louis/cours Portal puis cours de Verdun.*

Sortie 4a

Les Restaurants de l'Atrium – 8,5 km
P - 237 AG70 - r. du Card.-Richaud - 33300 Bordeaux-le-Lac - ☎ 05 56 69 49 00 - casino_bordeaux@accor-casinos.com. *direction Bordeaux-Lac puis bd du Parc-des-Expositions.*

Bordeaux><Hendaye

A 63

Sortie 22

Chambre d'hôte Les Tilleuls – 10 km
- 254 AD73 - 17 bis r. des Écoles - 33380 Mios - 05 56 26 67 85 - gitemios@club-internet.fr. *A 660 sortie 1 dir. Arcachon, D 216, à droite r. de l'Avenir puis à droite r. des Écoles.*

Sortie 21

Chambre d'hôte Mme Boschetti – 2,5 km
- 254 AD74 - 46 rte de Badet - 33770 Salles - 05 56 88 47 24.*D 3 dir. Salles-centre.*

N 10

Sortie 18

Chambre d'hôte La Maranne – 4 km
- 255 AE75 - Le Muret - 40410 Saugnacq-et-Muret - 05 58 09 61 71 - la-maranne@wanadoo.fr. *N 134 dir. Saugnacq-et-Muret puis à gauche D 348.*

Le Haut-Landais – 7 km
- 273 AE76 - pl. du Bourg - 40410 Moustey - 05 58 07 77 85 - www.lehautlandais.com. *N 134 dir. Pissos.*

A 63

Sortie 8

Le Voilier – 3 km
292 Y83 - - 29 av. Georges-Pompidou – 40130 Capbreton - 05 58 72 13 *D28, dir. Capbreton-Centre.*

Le Cottage – 8,5 km
- 292 Z83 - 1 av. Jean-Moulin - 40150 Seignosse - 05 58 43 31 39. *D 28 dir. Capbreton, à droite D 152, à droite av. de Paris, à gauche r. de la Paix, à droite D 652, D 79 puis à gauche Jean-Moulin.*

Sortie 6

Le Bayonnais – 2 km
- 292 Y85 - 38 quai des Corsaires - 64100 Bayonne - 05 59 25 61 19. *N 117 dir. Bayonne, à droite r. du Moulin-de-Castéra, à gauche av. du Mar.-Juin/bd Alsace-Lorraine puis à droite N 10.*

François Miura – 3 km
292 Y85 - 24 r. Marengo - 64100 Bayonne - 05 59 59 49 89. *N 117 dir. Bayonne, à droite chemin de Glain, à gauche quai Augustin-Chaho/quai Galuperie, à droite r. de Coursic, r. du Trinquet, à gauche r. des Visitandines puis à gauche r. de Marengo.*

Sortie 5

Hôtel Altica – 3,5 km
292 Y85 - 10 allée du Cadran - 64100 Bayonne - 05 59 52 11 22 - altica-anglet@altica.fr. *N 263 dir. Anglet, à droite rd-pt de Compagnet, N 263, D 203, à gauche allée de l'Avenir puis à droite allée du Cadran.*

Chambre d'hôte Maison Bereterraenea – 9 km
- 310 Y86 - Quartier Arrauntz - 64480 Ustaritz - 05 59 93 05 13 - http://perso.wanadoo.fr/bereterraenea/. *N 263 dir. Anglet, à droite rd-pt de Compagnet puis D 932.*

Sortie 4

La Parrilla – 3,5 km
- 310 X86 - RN 10, « Le Plateau de Bidart » - 64210 Bidart - 05 59 54 78 94. *N 10 dir. Bidart.*

Chambre d'hôte Itsas Mendi – 4 km
- 310 X86 - Av. de Biarritz, Lieu-dit Ilbarritz - 64210 Bidart - 05 59 23 36 54 - http://itsas.mendi.free.fr. *N 10 dir. Bidart puis r. Erretegia.*

Chez Albert – 4,5 km
- 310 X86 - au port des Pêcheurs - 64200 Biarritz - 05 59 24 43 84. *N 10 dir. Biarritz-centre.*

Sortie 3

Olatua – 2,5 km
- 310 W86 - 30 bd Thiers - 64500 Saint-Jean-de-Luz - 05 59 51 05 22 - olatua@wanadoo.fr. *av. de Lahanchipia dir. St-Jean-de-Luz, à gauche av. André-Ithurralde, à droite N 10/ r. Gambetta puis à droite bd Thiers.*

Au Chipiron – 3 km
310W86 - - 4 r. Etchegaray – 64500 St-Jean-de-Luz - 05 59 26 03 41 - www.chipiron.com *bd Victor Hugo, à droite r. Gambetta, à droite bd Thiers puis à gauche r. Saint-Jacques, à gauche r. Garat puis à gauche r. De l'Abbé.*

Chambre d'hôte Villa Argi-Eder – 3 km
- 310 W86 - av. Napoléon III, Plage Lafitenia - 64500 St-Jean-de-Luz - 05 59 54 81 65 - villa-argi-eder.@wanadoo.fr. *av. de Lahanchipia dir. St-Jean-de-Luz puis à gauche av. André-Ithurralde.*

Chambre d'hôte Arrayoa – 9 km
310 X87 - À la sortie du village - 64310 Ascain - 05 59 54 06 18. *av. de Lahanchipia dir. Ascain, à droite rte de Baléon, à droite chemin Irachabal, à droite rte de St-Pée, à droite chemin de Bordazahar, à gauche av. de Chantaco, D 918, à droite D 504 puis à droite D 4.*

Sortie 1

La Cidrerie – 1,5 km
- 310 W87 - RN 10 - 64700 Biriatou - 05 59 20 66 25. *D 258 dir. Biriatou-centre.*

Hôtel Valencia – 4,5 Km
310 V86 – – 29 bd de la Plage -64700 Hendaye - 05 59 20 01 62 - www.hotelvalencia.net – *N111 r. de Béhobie, D912 puis à droite r. Du Port.*

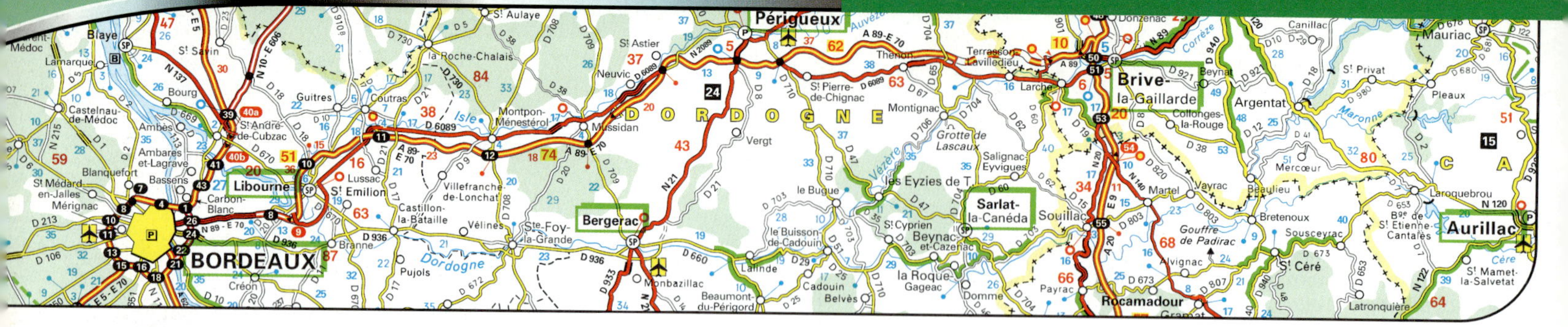

BORDEAUX><BRIVE><CLERMONT-FD

A 89

Sortie 5

Auberge la Forêt – 11 km
237 AH70 - rte de la Forêt - 33370 Salleбœuf - ☎ 05 56 21 25 49 - olivine2@wanadoo.fr. *D 13 dir. Salleboeuf.*

Sortie 8

La Tour du Vieux Port – 8,5 km
238 AI70 - 23 quai Souchet - 33500 Libourne - ☎ 05 57 25 75 56 - http://latourduvieuxport.com. *D 242 dir. Libourne, N 2089, à droite r. Jules-Ferry, à gauche r. des Chais, à droite r. du Prés.-Carnot, à gauche r. Waldeck-Rousseau puis à gauche quai de l'Isle.*
Chez Servais – 9 km
238 AI70 - 14 pl. Decazes - 33500 Libourne - ☎ 05 57 51 83 97. *D 242 dir. Libourne, N 2089 puis à droite D 670.*
Le Bord d'Eau – 10 km
P - **238 AI70** - 4 Poinsonnet - 33126 Fronsac - ☎ 05 57 51 99 91.*D 242 dir. Arveyres, N 2089, à droite r. Jules-Ferry, à gauche r. des Chais, à droite r. du Prés.-Carnot, à gauche D 670 puis à droite Poinçonnet.*

Sortie 11

Henri IV – 5,5 km
238 AJ68 - pl. du 8-Mai-1945 - 33230 Coutras - ☎ 05 57 49 34 34 - hotel-henriIV.gironde@wanadoo.fr. *N 89 dir. Périgueux, D 247, à droite D 17 puis à gauche D 10.*

Sortie 13

Le Relais de Gabillou – 5 km
P - **239 AN68** - Route de Périgueux - 24400 Mussidan - ☎ 05 53 81 01 42 - relaisdegabillou@hotmail.com. *D 709 dir. Mussidan, à gauche D 38, à droite r. de la Libération puis à droite rte de Périgueux.*

Sortie 14

La Table d'Eugénie – 4 km
239 AN68 - Le Bourg - 24400 Sourzac - ☎ 05 53 82 45 23 - arletteponte@free.fr. *N 89 dir. Sourzac.*

Sortie 15

La Palombière – 3,5 km
239 AO67 - 7 place de l'Église - 24110 Saint-Astier - ☎ 05 53 04 40 61. *N 2089 dir. St-Astier, à droite D 43, à gauche r. du Cdt Boisseuilh, à gauche r. Albert-Claveille, à droite r. la Fontaine puis à gauche pl. de l'Église.*
Le Lion d'Or – 10 km
240 AP68 - Place de l'Église - 24110 Manzac-sur-Vern - ☎ 05 53 54 28 09. *N 2089 dir. St-Astier, à droite D 43 puis à droite D 4.*

Sortie 16

La Taula – 6,5 km
240 AQ67 - 3 r. Denfert-Rochereau - 24000 Périgueux - ☎ 05 53 35 40 02 - la.taula@wanadoo.fr. *N 21 dir. Périgueux, N 2089, à droite bd Georges-Saumande, à gauche av. Daumesnil puis r. Denfert-Rochereau.*
Comfort Hôtel Régina – 7,5 km
P - **240 AQ67** - 14 r. Denis-Papin (face gare SNCF) - 24000 Périgueux - ☎ 05 53 08 40 44 - comfort.periguex@wanadoo.fr. *N 21 dir. Périgueux, N 2089, à droite r. St-Gervais puis à gauche r. Denis-Papin.*

Sortie 18

Sautet – 5 km
241 AU68 - 16 rue Georges-Haupinot - 24570 Le Lardin-St-Lazare - ☎ 05 53 51 45 00 - contact@hotelsautet-dordogne.com. *N 89 dir. Le Lardin-St-Lazare.*
Château de la Fleunie – 5 km
P - **241 AU68** - La Fleunie - 24570 Le Lardin St-Lazare - ☎ 05 53 51 32 74 - lafleunie@free.fr. *N 89 dir. Le Lardin-St-Lazare.*
Hostellerie La Commanderie – 7 km
P - **241 AU68** - 24570 Condat-sur-Vézère - ☎ 05 53 51 26 49 - www.best-of-perigord.tm.fr. *N 89 dir. Le Lardin-St-Lazare puis à gauche D 62.*

Sortie 20

Chambre d'hôte Chez M. et Mme Perrot – 4,5 km
P - **242 AY66** - Gourdinot - 19460 Naves - ☎ 05 55 27 08 93 - www.hotes-naves-correze.com. *N 120 dir. Tulle.*
Hôtel Bon Accueil – 7,5 km
242 AY66 - 10 r. Canton - 19000 Tulle - ☎ 05 55 26 70 57. *N 120 dir. Tulle puis à droite r. d'Alverge.*

N 89

à Clermont-Ferrand

Lune Étoile La Pardieu – 9,5 km
P - **209 BJ60** - 89 bd Gustave-Flaubert - 63000 Clermont-Ferrand - ☎ 04 73 98 68 68 - hotelluneetoile@aol.com. *N 189 dir. Clermont-Ferrand, D 799, à droite av. du Roussillon puis bd Gustave-Flaubert.*

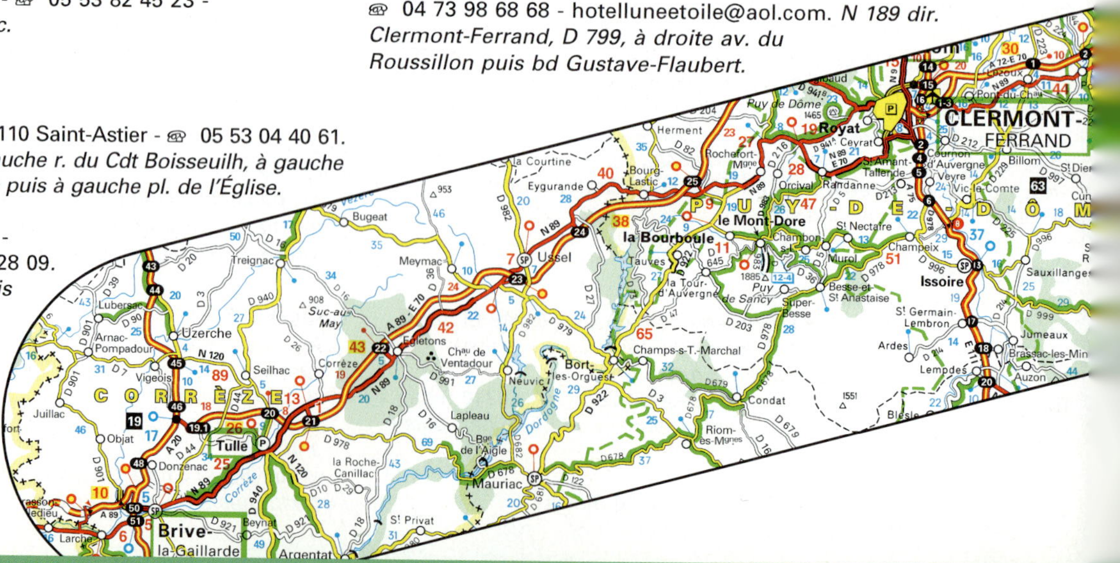

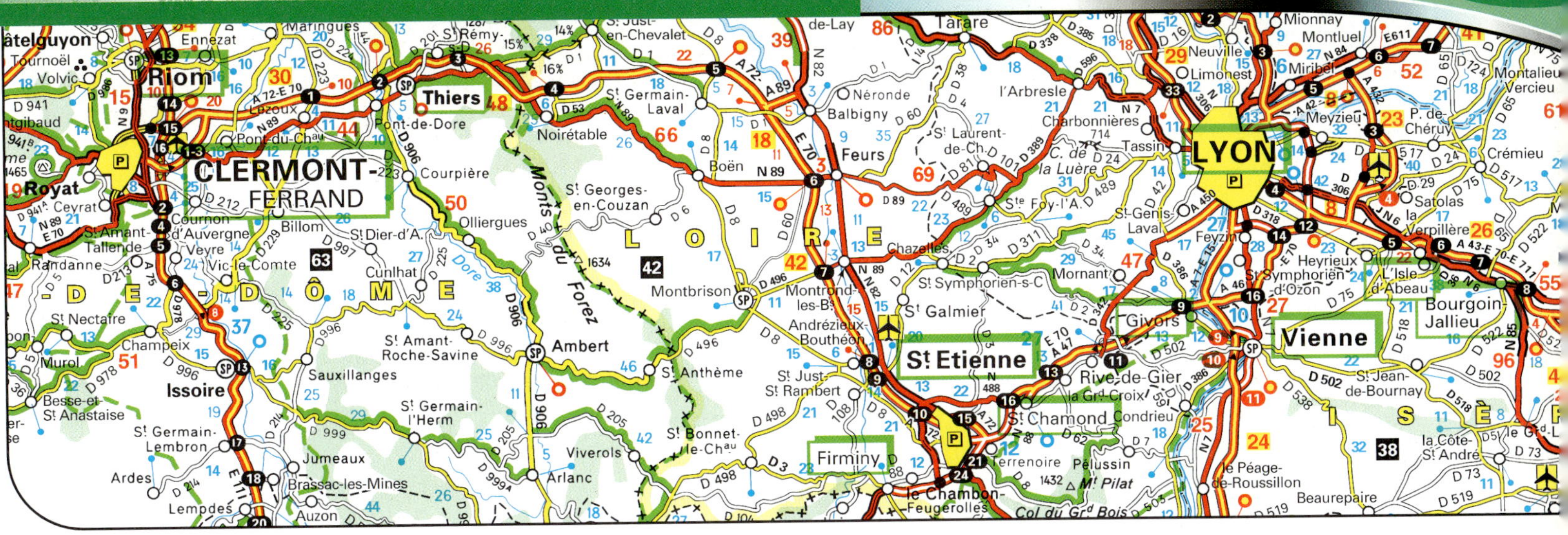

CLERMONT-FERRAND><ST ETIENNE><LYON

A 72

Sortie 1

Les Voyageurs – 2,5 km
- 210 BL60 - Place de la Mairie - 63190 Lezoux - 04 73 73 10 49. *D 223 dir. Lezoux puis D 336.*

Sortie 2

Parc de Geoffroy – 3,5 km
- 210 BM59 - Avenue du Général-de-Gaulle - 63300 Thiers - 04 73 80 87 00 - reservation@parc-de-geoffroy.com. *D 906 dir. Thiers-ouest, N 89, à gauche rte-de-Baruptel puis à gauche N 89.*

Éliotel – 3,5 km
- 210 BM60 - rte de Maringues - 63920 Pont-de-Dore - 04 73 80 10 14 - eliotel@wanadoo.fr. *D 906 dir. Thiers-Ouest, N 89 puis à droite rte de Maringues.*

La Ferme des Trois Canards – 5 km
- 210 BM60 - À Biton - 63920 Peschadoires - 04 73 51 06 70 - restaurant3canards@wanadoo.fr. *D 906 dir. Thiers-Ouest, N 89 puis D 224.*

L'Aigle d'Or – 6 km
210 BM59 - 8 r. de Lyon - 63300 Thiers - 04 73 80 00 50. *D 906 dir. Thiers-ouest, D 94, à droite av. Jean-Jaurès, à droite r. Ernest-Grange/D 906 puis à gauche r. de Lyon.*

Sortie 6

La Bussinière – 3 km
- 229 BR61 - Rte de Lyon - 42110 Feurs - 04 77 27 06 36 - www.labussiniere.com. *N 89 dir. Feurs, à gauche r. Victor-de-Laprade, à droite r. de l'Hôtel-de-Ville puis à droite r. Camille-Pariat.*

Assiette Saltoise – 8,5 km
- 230 BS61 - Le Bourg - 42110 Salt-en-Donzy - 04 77 26 04 29. *N 89 dir. Feurs, à droite r. Philibert-Mottin, à gauche r. Duverney, à gauche r. Victor-Hugo, à droite D 89 puis à gauche D 10.*

Auberge Cheval Blanc – 10,5 km
- 229 BR61 - Route de Feurs - 42210 Saint-Laurent-la-Conche - 04 77 28 98 90. *N 89 dir. Feurs, à droite grande r. de Randan, à gauche bd de l'Hippodrome, à droite N 82 puis à droite D 115.*

Sortie 7

Vieux Logis – 3 km
- 230 BS62 - 4 route de Lyon - 42210 Montrond-les-Bains - 04 77 54 42 71. *D 496 dir. Montrond-les-Bains puis r. de Lyon.*

Marytel – 9 km
- 229 BQ62 - 95 rte de Lyon - 42600 Savigneux - 04 77 58 72 00. *D 496 dir. Montbrison.*

Sortie 8

Voyageurs – 6,5 km
229 BR63 - 4 av. de Saint-Ambert - 42160 Bonson - 04 77 02 09 47. *D 12 dir. Bonson, à droite r. de la Chapelle, à droite r. Roger-Lorisson, à droite D 498 puis à gauche D 8.*

Sortie 10

L'Escargot d'Or – 11 km
230 BT64 - 5 cours Victor-Hugo - 42000 St-Étienne - 04 77 41 24 04. *D 201 dir. St-Etienne-Bellevue, N 201, D 201, r. du Père-de-Thoisy, à droite r. de la Croix-de-Mission, à droite r. Montmartre, à gauche r. Paillon, à gauche r. Soleysel, à droite r. St-Ennemond, à gauche r. Beaubrun, à droite av. du Prés.-Émile-Loubet/pl. Boivin/r. du Théâtre, à gauche r. Ronsard, à droite pl. des Ursules, pl. Waldeck-Rousseau, à droite r. Gambetta puis à droite r. Antoine-Roule.*

Du Midi – 12 km
230 BT64 - - 210 A3 – 19 bd Pasteur – 42000 St-Étienne - 04 77 57 32 55- contact@hotelmidi.fr. *D201 dir. St-Etienne puis N88 dir. ST-Etienne Solaure, r. Amboise Paré puis bd Pasteur.*

A 47

Sortie 13

Le Moulin Payre – 7,5 km
- 230 BU64 - 42740 La Terrasse-sur-Dorlay - 04 77 20 91 46. *D 106 dir. St-Etienne, à droite D 88 puis D 7.*

Sortie 16

Valjoly – 8 km
- 230 BT63 - 9 r. de l'Onzon - 42290 Sorbiers - 04 77 53 60 35. *rte de St-Etienne dir. Sorbiers, à gauche N 88, à droite N 498, à droite r. de la Brayetière, à droite r. de la République puis D 3.*

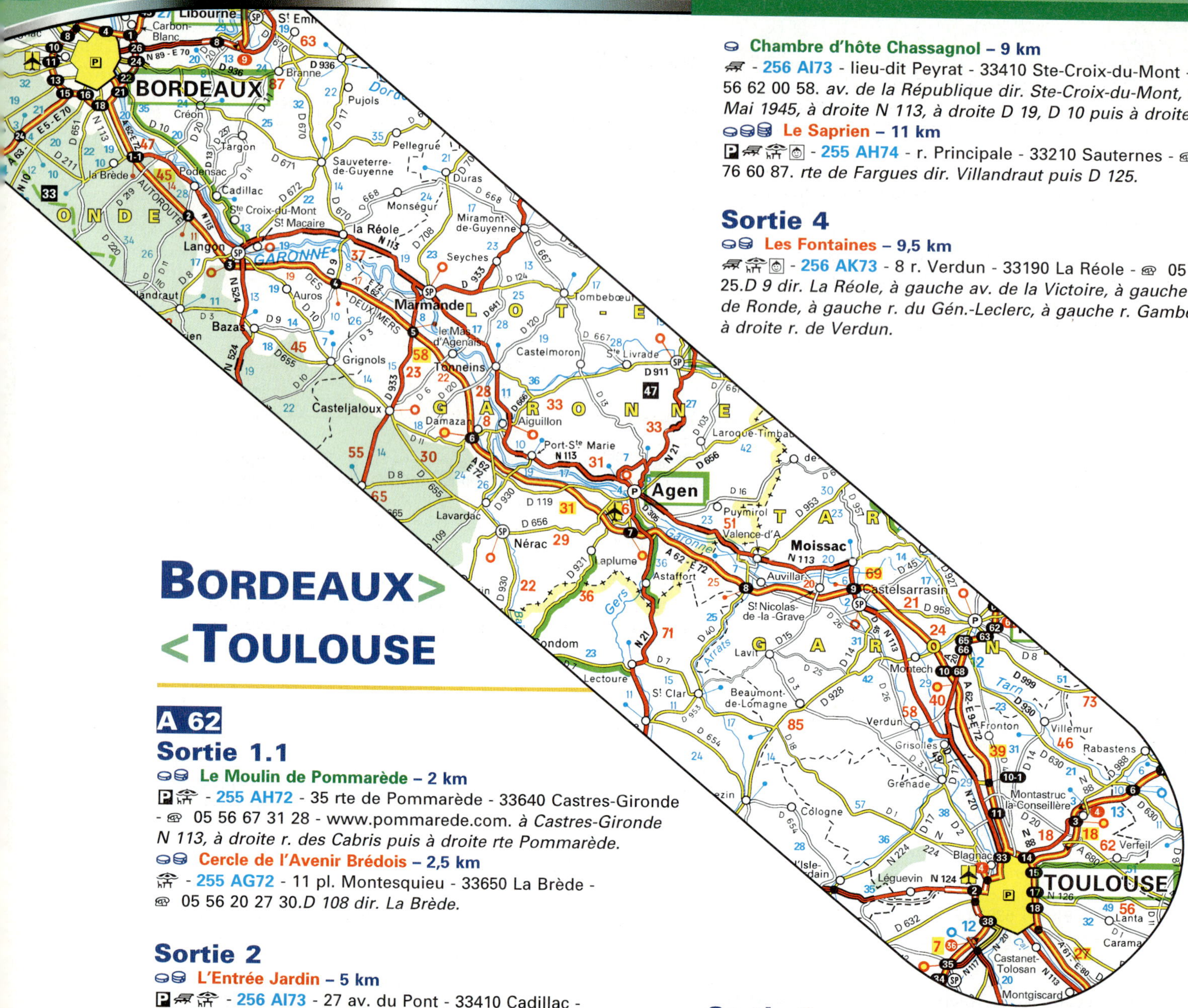

BORDEAUX> <TOULOUSE

A 62

Sortie 1.1

Le Moulin de Pommarède – 2 km
- 255 AH72 - 35 rte de Pommarède - 33640 Castres-Gironde - ☎ 05 56 67 31 28 - www.pommarede.com. *à Castres-Gironde N 113, à droite r. des Cabris puis à droite rte Pommarède.*

Cercle de l'Avenir Brédois – 2,5 km
- 255 AG72 - 11 pl. Montesquieu - 33650 La Brède - ☎ 05 56 20 27 30.*D 108 dir. La Brède.*

Sortie 2

L'Entrée Jardin – 5 km
- 256 AI73 - 27 av. du Pont - 33410 Cadillac - ☎ 05 56 76 96 96.*D 117 dir. Cadillac puis D 11.*

Le Cap – 10 km
- 256 AI73 - 12 r. Gemin - 33210 Preignac - ☎ 05 56 63 27 38 - lecaphorn@wanadoo.fr. *D 117 dir. Cadillac puis à droite N 113.*

Chambre d'hôte Château du Broustaret – 10,5 km
- 255 AH72 - 33410 Rions - ☎ 05 56 62 96 97 - www.broustaret.net.*D 117 dir. Cadillac, à gauche N 113, à droite D 13, à gauche D 10 puis à gauche pl. du Repos.*

Sortie 3

Apparthôtel Les Tilleuls restaurant Le Médiéval – 5 km
- 256 AI74 - 16 allée des Tilleuls - 33490 St-Macaire - ☎ 05 56 62 28 38 - www.tilleul-medieval.com. *av. de la République dir. St-Macaire, av. du 8-Mai-1945, à droite N 113 puis à droite D 672.*

L'Abricotier – 5 km
- 256 AI74 - 2 r. François-Bergoeing - 33490 Saint-Macaire - ☎ 05 56 76 83 63. av. de la République dir. St-Macaire, av. du 8-Mai-1945, à droite N 113 puis à droite r. François-Bergoeing.

Chambre d'hôte Chassagnol – 9 km
- 256 AI73 - lieu-dit Peyrat - 33410 Ste-Croix-du-Mont - ☎ 05 56 62 00 58. *av. de la République dir. Ste-Croix-du-Mont, av. du 8 Mai 1945, à droite N 113, à droite D 19, D 10 puis à droite D 229.*

Le Saprien – 11 km
- 255 AH74 - r. Principale - 33210 Sauternes - ☎ 05 56 76 60 87. *rte de Fargues dir. Villandraut puis D 125.*

Sortie 4

Les Fontaines – 9,5 km
- 256 AK73 - 8 r. Verdun - 33190 La Réole - ☎ 05 56 61 15 25.*D 9 dir. La Réole, à gauche av. de la Victoire, à gauche chemin de Ronde, à gauche r. du Gén.-Leclerc, à gauche r. Gambetta puis à droite r. de Verdun.*

Sortie 5

Chambre d'hôte Château Cantet – 2,5 km
- 257 AL75 - 47250 Samazan - ☎ 05 53 20 60 60 / 06 09 86 68 77. *D 933 dir. Samazan puis à droite D 289.*

La Réserve – 2,5 km
- 257 AL75 - Le Bourg - 47250 Samazan - ☎ 05 53 64 91 90. *D 933 dir. Samazan puis à droite D 289.*

Les Rives de l'Avance – 4,5 km
- 257 AL75 - Moulin-de-Trivail - 47430 Ste-Marthe - ☎ 05 53 20 60 22.*D 933 dir. Samazan puis D 289.*

Sortie 7

Margoton – 3,5 km
276 AP78 - 52 r. Richard-Coeur-de-Lion - 47000 Agen - ☎ 05 53 48 11 55.*D 931 dir. Agen, à gauche N 21, av. André-Tissidre, à droite N 113, à droite cours Gambetta puis à gauche r. Richard-Cœur-de-Lion.*

L'Atelier – 4 km
- **276 AP78** - 14 r. du Jeu-de-Paume - 47000 Agen - 05 53 87 89 22 - restaurant.latelier@wanadoo.fr. *D 931 dir. Agen, à gauche N 21, av. André-Tissidre, à droite N 113, à droite r. Palissy, à gauche r. Louis-Vivent, à droite r. des Gén.-Arlabosse, à gauche r. Suderie, à droite r. Mirabeau, à gauche r. des Col.-Lacuée, à droite r. de Cessac, à droite r. Montesquieu puis à gauche r. du Jeu-de-Paume.*

Régina Hôtel – 5,5 km
P - **276 AP78** - 139 bd Carnot - 47000 Agen - 05 53 47 07 97 - reginagen@wanadoo.fr. *D 931 dir. Agen, à gauche N 21, av. André-Tissidre, à droite N 113, à gauche r. de Sevin, à droite bd de la Liberté, à gauche r. de Strasbourg puis à droite bd du Prés.-Carnot.*

Sortie 8

Le Bouchon – 6 km
276 AR79 - Place de l'Horloge - 82340 Auvillar - 05 63 39 91 61. *D 953 dir. Auvillar puis D 12.*

Sortie 9

Le Moulin de Moissac – 6,5 km
277 AT79 - Esplanade du Moulin - 82200 Moissac - 05 63 32 88 99 - www.lemoulindemoissac.com. *N 113 dir. Moissac puis à droite r. Ste-Catherine.*

Sortie 8

L'Auberge de Bardigues – 7,5 km
- **276 AR80** - Le Bourg - 82340 Bardigues - 05 63 39 05 58 - cam.ciril@free.fr. *D 953 dir. Bardigues, à gauche D 88 puis à droite D 11.*

Sortie 11

Le Barry – 3,5 km
P - **297 AV83** - Rue du Barry - 31150 Gratentour - 05 61 82 22 10 - le-barry@wanadoo.fr. *D 63 dir. Gratentour, D 4 (av. du Brugue), à droite r. du 8-Mai-1945 puis à droite r. du Barry.*

Sortie 14

La Bonne Auberge – 3 km
P - **298 AW84** - 2 bis rue Autan-Blanc - 31240 L'Union - 05 61 09 32 26 - la-bonne-auberge@wanadoo.fr. *N 88 dir. Albi, à gauche av. des Vents-D'Autan puis à droite r. de l'Autan-Blanc.*

Le Clos du Loup – 6 km
P - **298 AW84** - N 88 - 31180 Rouffiac-Tolosan - 05 61 09 28 39. *N 88 dir. Albi.*

Sortie 31

Le Bistrot Gourmand – 3 km
- **297 AV84** - 1 boulevard Firmin-Pons - 31700 Blagnac - 05 61 71 96 95 - bistrot-gourmand@bistrot-gourmand.com. *av. d'Élche dir. Blagnac, à droite Rd-Pt Pierre-Dugon, r. Salvador-Dali, à droite rte de Blagnac, D 1, à droite r. Lavigne puis à gauche bd Firmin-Pons.*

Le Grand Noble – 7,5 km
P - **297 AV84** - 90 avenue de Cornebarrieu - 31700 Blagnac - 05 34 60 47 47 - contact@le-grand-noble.com. *av. d'Élche dir. Blagnac, à droite D 2 puis à gauche av. de Cornebarrieu.*

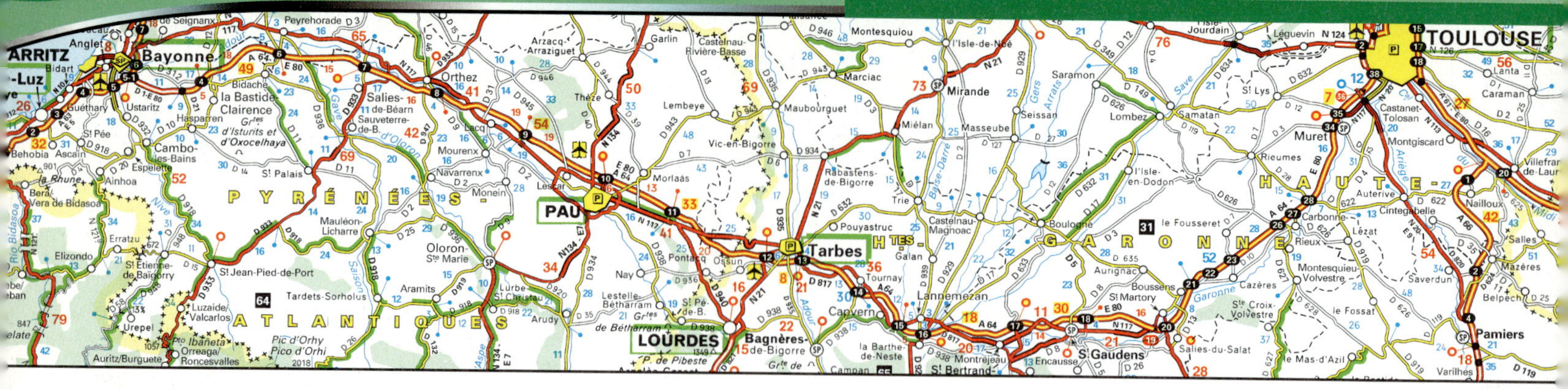

BAYONNE> <PAU> <TOULOUSE

A 64

Sortie 3

Les Tilleuls – 9,5 km
311 Z86 - Place de Verdun - 64240 Hasparren - 05 59 29 62 20. *D 21 dir. Hasparren puis à droite D 10.*

Sortie 4

Chambre d'hôte La Croisade – 6,5 km
311 AA86 - rte de St-Palais - 64240 La Bastide-Clairence - 05 59 29 68 22 - la-croisade.com. *D 936 dir. La Bastide-Clairence puis D 123.*

Sortie 6

Maison Bel Air – 5 km
292 AB84 - rte de Cagnotte - 40300 Bélus - 05 58 73 24 17 - www.maison-belair.com. *r. de l'Arriou dir. Belus, à gauche D 417 puis à gauche D 75.*

Ferme-Auberge « Cout de Ninon » – 9 km
292 AB85 - 40300 Sorde l'Abbaye - 05 58 73 06 66.*D 19 dir. Peyrehorade, D 33, à droite quai du Sablot puis à droite D 29.*

Sortie 7

La Terrasse – 4,5 km
311 AC86 - 2 r. de Loumé - 64270 Salies-de-Béarn - 05 59 38 09 83. *D 430 dir. Salies-de-Béarn, à droite D 330, à gauche D 17 puis à droite pont de Loume.*

Chambre d'hôte La Closerie du Guilhat – 5 km
311 AC86 - Le Guilhat - 64270 Salies-de-Béarn - 05 59 38 08 80 - www.holidayshomes.com/guilhat.*D 430 dir. Salies-de-Béarn, à droite D 330 puis à gauche D 17.*

Sortie 8

Auberge Saint-Loup – 3,5 km
293 AE85 - 20 r. du Pont-Vieux - 64300 Orthez - 05 59 69 15 40 - contact@auberge-saint-loup.com. *D 9 dir. Orthez, à gauche av. du pont-Neuf puis à droite r. Gaston-Planté.*

Sortie 10

Hôtel Central – 4,5 km
314 AH88 - 15 r. L.-Daran - 64000 Pau - 05 59 27 72 75 - contact@hotelcentralpau.com. *rd-pt François-Mitterrand dir. Pau, allées Catherine-de-Bourbon, à droite rd-pt Éric-Tabarly, allées Condorcet, à droite rd-pt de la Commune-de-Paris/av. Dufau/r. Carnot, à gauche r. Serviez, à gauche r. du Mar.-Foch puis à droite r. Valéry-Meunier.*

La Planche de Boeuf – 4,5 km
314 AH88 - 30 rue Pasteur - (EY) - 64000 Pau - 05 59 27 62 60. *rd-pt François-Mitterrand dir. Pau, allées Catherine-de-Bourbon, à droite rd-pt Éric-Tabarly, allées Condorcet, à droite rd-pt de la Commune-de-Paris/ av. Dufau/r. Carnot, à droite r. Carrère, à gauche r. de Laussat puis à droite r. Pasteur.*

Sortie 12

Le Petit Gourmand – 5,5 km
315 AK88 - 62 av. Bertrand-Barère - 65000 Tarbes - 05 62 34 26 86. *N 21 dir. Tarbes, av. Aristide-Briand, à gauche av. du Régt-de-Bigorre, à droite r. de Cronstadt, à gauche allées du Gén.-Leclerc/cours Gambetta, à droite pl. de Verdun, à droite r. Georges-Lassalle puis à droite av. Bertrand-Barère.*

Le Fil à la Patte – 5,5 km
315 AK88 - 30 r. Georges-Lassalle - 65000 Tarbes - 05 62 93 39 23 - resto.lefilalapatte@laposte.net. *N 21 dir. Tarbes, av. Aristide-Briand, à gauche av. du Régt-de-Bigorre, à droite r. de Cronstadt, à gauche allées du Gén.-Leclerc/cours Gambetta, à droite pl. de Verdun puis à droite r. Georges-Lassalle.*

Sortie 16

Domaine de Jean-Pierre – 6 km
333 AN90 - 20 rte de Villeneuve - 65300 Pinas - 05 62 98 15 08 - www.domainedejeanpierre.com. *D 939 dir. Lannemezan, à droite D 929 puis N 117.*

Chambre d'hôte Domaine Véga – 9 km
333 AN91 - 65250 St-Arroman - 05 62 98 96 77.*D 939 dir. Arreau, à droite D 929, à gauche r. de la Poste/pl. de la Mairie, à gauche av. de l'Église, à droite D 142 puis à droite D 26.*

Sortie 17

Le Citron Bleu – 3 km
334 AO90 - 8 r. du Barry - 31210 Montréjeau - 05 61 89 08 38 - pattyjose@wanadoo.fr. *N 117 dir. Montréjeau.*

Chez Simone – 5 km
334 AO91 - - R. du Musée -31510 St-Bertrand-de-Comminges - 05 61 94 91 05 - www.planet-artisans.com *N125 puis à gauche D26A.*

Hostellerie de l'Aristou – 5 km
334 AP91 - Route de Sauveterre - 31510 Barbazan - 05 61 88 30 67.*D 8 dir. St-Bertrand-de-Comminges, à gauche N 125 puis à droite D 26.*

Hôtel L'Oppidum – 5,5 km
334 AO91 - R. de la Poste - 31510 St-Bertrand-de-Comminges - 05 61 88 33 50 - www.oppidum.com. *D 8 dir. St-Bertrand-de-Comminges, à gauche N 125, à droite D 26, à droite N 125 puis à droite D 26.*

Sortie 20

Ferme-auberge Chez Angeline – 8,5 km
316 AR89 - R. Principale - 31360 Auzas - 05 61 90 23 61. *D 117 dir. St-Martory, à droite r. du Picon, à gauche N 117, à droite pl. de la Mairie, à gauche pl. de la Bascule, à droite r. du Barrerat/D 52, à gauche D 88 puis à gauche D 33.*

Chambre d'hôte Domaine de Menaut – 8,5 km
316 AR89 - Menaut - 31360 Auzas - 05 61 90 21 51.*D 117 dir. St-Martory, à droite r. du Picon, à gauche N 117, à droite pl. de la Mairie, à gauche pl. de la Bascule, à droite r. du Barrerat/D 52, à gauche D 88 puis à gauche D 34.*

Sortie 21

Le Poupat – 10 km
316 AR89 - Rte de Bachas - 31420 Alan - 05 61 98 98 14. *N 117 dir. Martres-Tolosane, à gauche D 13 puis D 10.*

TOULOUSE> <NARBONNE

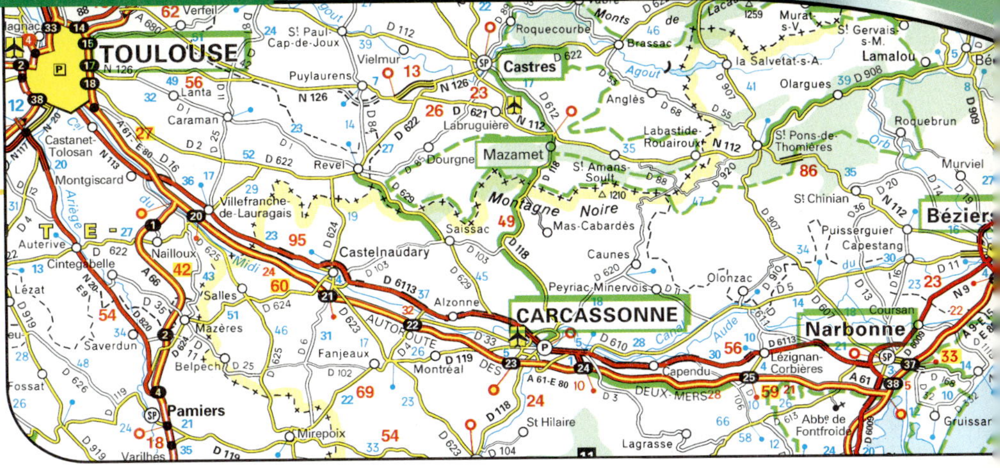

A 620

Sortie 24

Au Gré du Vin – 3 km
298 AW85 - 10 r. Pléau - 31000 Toulouse - ☎ 05 61 25 03 51. *av. Jules-Julien dir. Toulouse-centre, à droite av. de l'U.r.s.s./Grande-Rue St-Michel/pl. Auguste-Lafourcade/pl. du Parlement, à droite pl. du Salin puis à droite Grande-Rue-Nazareth.*

Brasserie de l'Opéra – 4 km
298 AW85 - 1 pl. du Capitole - 31000 Toulouse - ☎ 05 61 21 37 03. *av. Jules-Julien dir. Toulouse-centre, à droite av. de l'U.r.s.s./Grande-Rue St-Michel/pl. Auguste-Lafourcade/pl. du Parlement, à droite pl. du Salin/r. du Languedoc/pl. Rouaix/r. d'Alsace-Lorraine, à gauche r. la Fayette puis à gauche pl. du Capitole.*

La Cave des Blanchers – 4,5 km
298 AW85 - 23 r. des Blanchers - 31000 Toulouse - ☎ 05 61 22 47 47. *av. Jules-Julien dir. Toulouse-centre, à droite av. de l'U.r.s.s./Grande-Rue St-Michel/pl. Auguste-Lafourcade/pl. du Parlement, à droite pl. du Salin/r. du Languedoc/pl. Rouaix/r. d'Alsace-Lorraine, à gauche pl. Ésquirol/r. de Metz, à droite r. de la Bourse, à gauche r. Cujas, à droite r. du Prieuré, à gauche r. Peyrolières, à droite r. Boyer-Fonfrède puis à gauche pl. de la Daurade/r. des Blanchers.*

Hôtel St-Sernin – 4,5 km
P - **298 AW85** - 2 r. St-Bernard, pl. St-Sernin - 31000 Toulouse - ☎ 05 61 21 73 08 - www.hotel-saint-sernin-new.fr. *av. Jules-Julien dir. Toulouse-centre, à droite av. de l'U.r.s.s./Grande-Rue St-Michel/pl. Auguste-Lafourcade/pl. du Parlement, à droite pl. du Salin/r. du Languedoc/pl. Rouaix/r. d'Alsace-Lorraine, à gauche r. John-Fitzgerald-Kennedy, à gauche r. du Sénéchal, à droite r. du Taur, à gauche r. des Trois-Renards puis à droite pl. St-Sernin.*

Sortie 21

Bon Vivre – 4 km
298 AW85 - 15 bis pl. Wilson - 31000 Toulouse - ☎ 05 61 23 07 17 - www.lebonvivre.com. *bd de la Méditerranée dir. Toulouse-centre, à gauche av. de St-Éxupéry, à droite allée des Demoiselles, à droite allée Frédéric-Mistral, à droite square Boulingrin, allée Forain-Francois-Verdier/bd Lazare-Carnot, à droite pl. Roland, à gauche r. d'Aubuisson, à droite r. Maurice-Fonvieille puis à droite r. St-Antoine.*

Colombier – 4 km
298 AW85 - 14 r. Bayard - 31000 Toulouse - ☎ 05 61 62 40 05 - www.restaurantlecolombier.com. *bd de la Méditerranée dir. Toulouse-centre, à gauche av. de St-Éxupéry, à droite allée des Demoiselles, à droite allée Frédéric-Mistral, à droite square Boulingrin, allée Forain-Francois-Verdier/bd Lazare-Carnot/bd de Strasbourg puis à droite r. de Bayard.*

Hôtel Castellane – 4 km
298 AW85 - 17 r. Castellane - 31000 Toulouse - ☎ 05 61 62 18 82. *bd de la Méditerranée dir. Toulouse-centre, à gauche av. de St-Éxupéry, à droite allée des Demoiselles, à droite allée Frédéric-Mistral, à droite square Boulingrin, allée Forain-Francois-Verdier/bd Lazare-Carnot puis à droite r. Gabriel-Péri.*

Sortie 19

La Table des Merville – 6 km
318 AW86 - 3 place Richard - 31320 Castanet-Tolosan - ☎ 05 62 71 24 25. *av. Pierre-Georges-Latecoère dir. Castanet-Tolosan, à gauche N 113, à droite r. Jean-Marie-Arnaud puis à droite pl. Pierre-Richard.*

A 61

Sortie 21

Le Tirou – 4 km
P - **319 BA88** - 90 av. Mgr-de-Langle - 11400 Castelnaudary - ☎ 04 68 94 15 95.*D 6 dir. Castelnaudary, à droite D 623 av. des Pyrénées puis à droite D 1113(av. Mgr-de-Langle).*

Hôtel du Canal – 5 km
P - **319 BA88** - 2 ter av. Arnaut-Vidal - 11400 Castelnaudary - ☎ 04 68 94 05 05.*D 6 dir. Castelnaudary, à droite D 623 av. des Pyrénées, à gauche D 33 av. du Dr-Guilhem puis à droite D 624 (av. du Dr René-Laennec/av. Arnault-Vidal).*

Sortie 22

Ferme-auberge du Pigné – 2 km
P - **319 BB89** - 11150 Bram - ☎ 04 68 76 10 25 / 06 85 40 01 99 - www.ferme-auberge-du-pigne.com. *D 533 dir. Villasavary, D 218 (av. du Lauragais), à gauche D 4 (av. du Gén.-de- Gaulle) puis à gauche r. Pasteur.*

Chambre d'hôte Abbaye de Villelongue – 9 km
P - **319 BB88** - 11170 St-Martin-le-Vieil - ☎ 04 68 76 92 58 ou 06 61 44 36 24.*D 533 dir. Villasavary, D 218 (av. du Lauragais), à gauche D 4 (av. du Gén.-de- Gaulle) puis à droite D 34.*

Sortie 23

L'Écurie – 4 km
319 BD89 - 43 bd Barbès - 11000 Carcassonne - ☎ 04 68 72 04 04. *N 161 à droite dir. Carcassonne-Ouest, à gauche D 118 (rte de Limoux), à gauche D 119 (av. du Dr-Goût) puis N 113 (bd Barbès).*

Chez Fred – 4,5 km
319 BD89 - 31 bd Omer-Sarraut - 11000 Carcassonne - ☎ 04 68 72 02 23 - contact@chez-fred.fr. *N 161 à droite dir. Carcassonne-Ouest, à gauche D 118 (rte de Limoux), à gauche D 119 (av. du Dr-Goût), N 113, à gauche r. Jules-Sauzède, à droite r. Aimé-Ramond, à gauche r. Chartran/r. Armagnac puis à gauche D 118 (bd Omer-Sarraut).*

Hôtel Espace Cité – 7,5 km
319 BD89 - 132 r. Trivalle - 11000 Carcassonne - ☎ 04 68 25 24 24 - www.hotelespacecite.fr. *N 161 à droite dir. Carcassonne-Ouest, à gauche D 118 (rte de Limoux), à droite D 104, à droite D 32 (rd-pt Charlemagne/voie Médiévale), à droite r. Gustave-Nadaud, à droite montée Gaston-Combeléran puis à droite r. Trivalle.*

Sortie 25

Le Tournedos – 4 km
P - **320 BG89** - Pl. de Lattre-de-Tassigny - 11200 Lézignan-Corbières - ☎ 04 68 27 11 51 - tournedos@wanadoo.fr. *D 611 dir. Lézignan-Corbières, av. du Mar.-Joffre, à droite r. Guynemer puis à droite D 611 (cours de Lapeyrouse/bd de Châteaudun).*

La Balade Gourmande – 5 km
320 BG89 - Bd Léon-Castel - RN 113 - 11200 Lézignan-Corbières - ☎ 04 68 27 22 18.*D 611 dir. Lézignan-Corbières, av. du Mar.-Joffre, à droite r. Guynemer, à gauche cours de la République, à droite bd Marx-Dormoy, à gauche av. des Pins puis à droite N 113.*

Paris><Le Mans> <Nantes

A 11

Sortie 5

La Perdrix – 5,5 km
108 AQ33 - 2 rue de Paris - 72400 La Ferté-Bernard - 02 43 93 00 44 - restaurantlaperdrix@hotmail.com. *D 1 dir. La Ferté-Bernard, à droite D 273, r. de Châteaudun, à droite N 23, à gauche r. Denfert-Rochereau puis à gauche r. Robert-Garnier.*

Le Dauphin – 5,5 km
108 AQ33 - 3 r. d'Huisne - 72400 La Ferté-Bernard - 02 43 93 00 39.*D 1 dir. La Ferté-Bernard, à droite D 273, r. de Châteaudun, à droite N 23, à gauche r. Denfert-Rochereau puis à gauche r. d'Huisne.*

Sortie 7

Chambre d'hôte Mme Bordeau – 6 km
107 AN35 - Le Monet - 72190 Coulaines - 02 43 82 25 50. *N 138 dir. Le Mans, D 313, D 300 puis à droite le Monnet.*

Sortie 8

Hôtel L'Escale – 7 km
107 AN35 - 72 r. Chanzy - 72000 Le Mans - 02 43 50 40 00 - escale.hotel@wanadoo.fr. *N 157 dir. Le Mans-centre, à droite r. Montoise/pl. Gambetta/r. Gambetta, à droite r. Paul-Courboulay, bd Demorieux puis à gauche bd de la Gare.*

Le Saint-Lô – 7 km
107 AN35 - 97 av. du Gén.-Leclerc - 72000 Le Mans - 02 43 24 71 85. *N 157 dir. Le Mans-centre, à droite r. Montoise/pl. Gambetta/r. Gambetta, à droite r. Barbier, à droite r. d'Arcole, pl. de Stalingrad, à gauche Auvray, à droite r. d'Iéna puis à droite av. du Gén.-Leclerc.*

Sortie 14

Auberge de la Lieue – 1 km
149 AI41 - Rte de Paris - 49480 St-Sylvain-D'Anjou - 02 41 43 84 71. *N 23 dir. St-Sylvain-d'Anjou.*

Sortie 15

Hôtel Le Progrès – 3,5 km
149 AH41 - 26 r. Denis-Papin - 49000 Angers - 02 41 88 10 14 - info@hotelleprogres.com. *N 23 dir. Angers-centre, D 952, à droite pl. de l'Académie/r. Marceau puis à gauche r. Sarret-Terrasse/r. Jules-Dauban.*

Le Relais – 3,5 km
149 AH41 - 9 r. de la Gare - 49100 Angers - 02 41 88 42 51 - le.relais@libertysurf.fr. *N 23 dir. Angers-centre, D 952, à droite pl. de l'Académie, à droite r. Hoche puis à droite r. de la Gare.*

Chambre d'hôte Le Grand Talon – 6,5 km
149 AI41 - 3 rte des Chapelles - 49800 Andard - 02 41 80 42 85. *à Angers N 23 sortie 16, bd Charles-Barange, à gauche bd de l'Abbé-Édouard-Chauvat, bd Jacques-Portet, bd Jacques-Portet, à gauche r. Pierre-Brossolette puis à droite r. de Salpinte.*

Provence Caffé – 10 km
149 AH41 - 9 pl. du Ralliement - 49000 Angers - 02 41 87 44 15. *à Angers N 23, r. Plantagenêt, à gauche r. de la Parcheminerie, à droite r. de la Roë puis à gauche pl. du Ralliement.*

Sortie 20

Les Terrasses de Bel Air – 5,5 km
148 AC42 - Route d'Angers - 44150 ANCENIS - 02 40 83 02 87.*D 923 dir. Ancenis.*

La Toile à Beurre – 5,5 km
148 AC42 - 82 r. St-Pierre - 44150 ANCENIS - 02 40 98 89 64 - latoileabeurre@wanadoo.fr. *D 923 dir. Ancenis puis à droite r. St-Pierre.*

Sortie 22

Auberge du Vieux Gachet – 1,5 km
147 AA43 - Au Vieux-Gachet - Route de Gachet - 44470 Carquefou - 02 40 25 10 92.*D 37 dir. Carquefou, r. du Marquis-de-Dion puis à gauche pl. St-Pierre.*

La Divate – 7 km
148 AB43 - 28 Levée de la Divatte - À Boire-Courant - 44450 St-Julien-de-Concelles - 02 40 54 19 66.*D 37 dir. le Bout-des-Ponts puis à gauche D 751.*

Restaurant du Pont – 11 km
147 AA44 - 147 rue Grignon - 44115 Basse-Goulaine - 02 40 03 58 62. *A 811 dir. Nantes-centre sortie 44, D 844 sortie 45 puis D 119.*

Angers> <Les Sables d'Olonne

A 87

Sortie 24

Le Bignon – 5 km
- **149 AG43** - 37 r. de la Belle-Angevine - 49750 St-Lambert-du-Lattay - 02 41 78 41 15 - lebignon@club-internet.fr. *N 160 dir. St-Lambert-du-Lattay.*

Chambre d'hôte du Domaine des Chesnaies – 8,5 km
- **149 AH42** - La Noue - 49190 Denée - 02 41 78 79 80 ou 06 84 00 77 89 - www.domainedeschesnaies.com. *N 160 dir. Angers, à gauche D 123, à droite chemin du Clos-du-Plessis puis à droite chemin de la Noue.*

Sortie 26

La Touchetière – 6 km
166 AE46 – – rd-pt St-Léger – 49300 Cholet – 02 41 62 55 03 *N160 dir. Cholet-Centre.*

Sortie 27

Hôtel du Parc – 6 km
166 AE46 - 4 av. A.-Manceau -49300 Cholet - 02 41 62 65 45 - hotel.parc.cholet@wanadoo.fr – *N249 à droite, N160 à droite, dir. Cholet-Centre.*

Au Passé Simple – 6 km
- **166 AE46** - 181 r. Nationale - 49300 Cholet - 02 41 75 90 06. *N 249 dir. Angers, N 160, à gauche r. de la Vendée, r. Maindron, à droite r. Jean-Baptiste-Kléber, à droite r. Jean-Jaurès puis à droite r. Nationale.*

L'Ourdissoir – 6 km
166 AE46 - 40 r. St-Bonaventure - 49300 Cholet - 02 41 58 55 18 - ourdissoir@wanadoo.fr. *N 249 dir. Angers, N 160, pl. du 15-Août-1944, à droite av. de la Libération, D 258, à droite r. de l'Hôtel-de-Ville puis à droite r. St-Bonaventure.*

Sortie 28

Chambre d'hôte La Métairie du Bourg – 5,5 km
- **166 AD48** - 85500 Les Herbiers - 02 51 67 23 97.*D 755 dir. Les Herbiers, à gauche D 23, à droite N 160, rte de Beaurepaire puis à droite D 755.*

Nantes> <Niort

A 83

Sortie 1

La Maison – 7,5 km
147 Z45 - 10 rue du Pays-de-Retz - 44860 Pont-St-Martin - 02 40 32 75 44. *D 178 dir. La Roche-sur-Yon puis D 11.*

Le Pélican – 10 km
- **147 AA45** - 13 place Georges-Gaudet - 44140 Geneston - 02 40 04 77 88. *D 178 dir. La Roche-sur-Yon puis D 937.*

Sortie 4

Pont de Sénard – 7 km
- **166 AB46** - 85600 St Hilaire de Loulay - 02 51 46 49 51 - hotel.pont.senard@wanadoo.fr. *D 1763 dir. La Roche-sur-Yon, à droite N 137 puis à gauche r. des Jardins.*

Sortie 8

Le Capt'ain – 4 km
184 AF52 - - 35 r. du Port – 85200 Fontenay-le-Comte - 02 51 69 02 10 *D936 TER à droite dir. Fontenay-le-Comte puis à gauche r. Du Pont.*

Le Fontarabie – 4 km
- **184 AF52** - 57 r. de la République - 85200 Fontenay-le-Comte - 02 51 69 17 24 - www.hotel-fontarabie.com. *D 938 dir. Fontenay-le-Comte.*

Sortie 9

Le Central – 11 km
- **184 AF52** - Pl. de l'Église - 79510 Coulon - 05 49 35 90 20 - le-central-coulon@wanadoo.fr. *N 148 dir. Niort jusqu'à Benet puis D 1 vers Coulon. A Coulon, à droite D 123, à gauche r. du Marais puis à gauche r. de l'Église.*

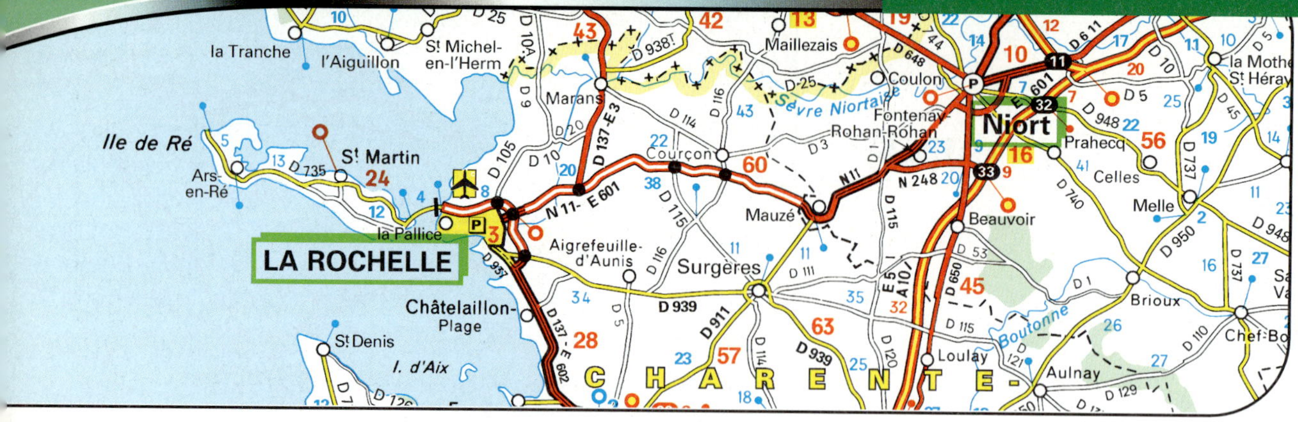

Niort><La Rochelle

N 11

à Niort

Graine de Moutarde
- **184 AH54**. Basse (près des halles) – 79000 Niort - 05 49 75 37 72 ou 06 81 61 71 19 - graine-de-moutarde2@wanadoo.fr

à Bessines

La Tuilerie (Coq'corico) – 0,5 km
- **184 AH54** - Route de la Rochelle - 79000 Niort - 05 49 09 12 45 - tuilerie@tuilerie.com. *N 11 (rte de La Rochelle).*

à Benon

Le Relais de la Forêt – 2,5 km
- **183 AE55** - Les Quatres Routes - RN 11 - 17170 Benon - 05 46 01 61 63 - www.relaisdelaforet.com. *D 116 dir. Benon puis à gauche D 207.*

à Dompierre-s-Mer

Chambre d'hôte Margorie – 1,5 km
- **183 AD55** - 17139 Dompierre-sur-Mer - 05 46 35 33 41. av. de la Libération dir. Dompierre-sur-Mer puis D 107.

à La Rochelle

L'Estran – 1 km
200 AC56 - 59-61 r. de Périgny, Canal de Rompsay - 17000 La Rochelle - 05 46 67 19 43 - www.l-estran.fr. *à La Rochelle av. Léopold-Robinet, à droite r. de Dompierre, à gauche bd Arthur-Verdier, à droite av. de Rompsay, à droite r. Jean-Philippe-Rameau puis à gauche r. des Sauniers.*

Le Mistral – 4,5 km
200 AC56 - 10 pl. Coureauleurs, au Gabut - 17000 La Rochelle - 05 46 41 24 42 - restaurant.lemistral@wanadoo.fr. *à La Rochelle av. Léopold-Robinet, à droite r. de Dompierre, à gauche bd Arthur-Verdier, à droite bd Joffre, à droite av. du Gén.-de-Gaulle, av. de Colmar, à gauche av. du 13ème-Régt-d'Infanterie, à gauche quai Louis-Prunier, r. de Roux, à gauche av. Jean-Monnet, à droite rd-pt de l'Europe, av. Marillac, à droite r. de la Sauvagère puis à droite imp. de Coureilles.*

à la Rochelle (Vieux-Port)

Hôtel le Bordeaux – **200 AC56**. St-Nicolas – 17000 La Rochelle - 05 46 41 31 22- hbordeaux@wanadoo.fr

Vierzon><Tours><Angers

A 85

Sortie Romorantin

Auberge Le Lanthenay – 4,5 km
- 132 C3 - 9 r. Notre-Dame-du-Lieu - 41200 Romorantin-Lanthenay - 02 54 76 09 19.*D 922 dir. Romorantin-Lanthenay, D 765, D 922 puis à gauche r. Notre-Dame-du-Lieu.*

Les Deux Pierrots – 5 km
132 C4 - 9 rue Nationale - 41320 ST-Julien-sur-Cher - 02 54 96 40 07.*D 922 dir. Villefranche-sur-Cher puis à gauche D 51.*

Sortie St-Aignan

Chambre d'hôte Le Sousmont – 3,5 km
- 132 A4 - 66 r. Maurice-Berteaux - 41110 St-Aignan - 02 54 75 24 35. *N 76 dir. St-Aignan puis à gauche D 675.*

N 76

à Thésée

Le Moulin de la Renne - - 132 A4 - 11 rte de Vierzon - 41140 Thésée - 02 54 71 41 56 - contact@moulindelarenne.com. *N 76 dir. Thésée, à droite D 176 puis à gauche rte de Vierzon.*

Sortie par Montrichard

L'École – 8,5 km
- 131 F3 - 12 rue de Montrichard - 41400 Pontlevoy - 02 54 32 50 30.*D 158 dir. Contres, à gauche D 176, à droite D 62 puis à droite à droite rte de Montrichard.*

Sortie près de Chenonceaux

Auberge du Cheval Rouge – 3,5 km
- 131 F3 - 30 rue Nationale - 37150 Chisseaux - 02 47 23 86 67.*D 27 dir. Le Port, à gauche D 176 puis D 40.*

Chambre d'hôte La Marmittière – 2 km
- 131 E3 - 22 Vallée de Mesvres - 37150 Civray-de-Touraine - 02 47 23 51 04 - marmittiere.chez-alice.fr/chambres.htm. *D 81 dir. Civray-de-Touraine puis à droite D 40.*

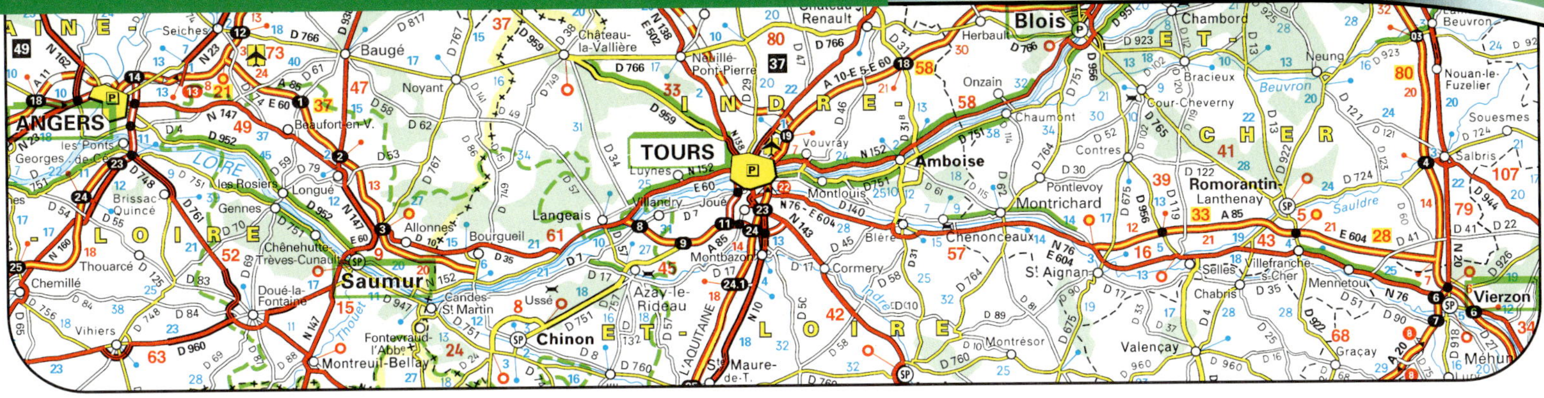

Sortie à St-Martin-le-Beau

Auberge de la Treille – 3,5 km

131 D3 - 2 rue d'Amboise - 37270 St-Martin-le-Beau - 02 47 50 67 17 - auberge-de-la-treille@wanadoo.fr. *D 83 dir. Amboise.*

D 751

à Joué-lès-Tours

Noble Joué – 2,5 km

130 C3 - 86 boulevard de Chinon - 37300 Joué-lès-Tours - 02 47 53 57 97. *A droite bd de Chinon, après le carrefour de la N 10 et la D 751.*

N 152

à La Guignière

Du Manoir – 9 km

P - 130 C3 - 37230 La Guignière - 02 47 42 04 02. *A 10 sortie 21 Tours-centre, suivre les quais de Loire jusqu'au pont de la Rocade Ouest puis N 152 à gauche.*

A 85

Sortie 8

La Cave St-Antoine – 5 km

P - 130 B4 - 12 Les Perruches - 37130 Lignières-de-Touraine - 02 47 96 39 87 - www.la-cave-saint-antoine.com. *D 7 dir. Lignières-de-Touraine.*

Sortie 9

Chambre d'hôte La Petite Loge – 8,5 km

P - 130 B4 - 15 rte de Tours, par la D 751 - 37190 Azay-le-Rideau - 02 47 45 26 05 - http://lapetiteloge.free.fr. *D 751 dir. Azay-le-Rideau puis D 57.*

La Ridelloise – 8,5 km

130 B4 - 34-36 r. Nationale - 37190 Azay-le-Rideau - 02 47 45 46 53. *D 751 dir. Azay-le-Rideau puis D 57.*

des Châteaux – 8 km

P - 130 B4 - 2 rte de Villandry - 37190 Azay-le-Rideau - 02 47 45 94 59 - guylaurent@club-internet.fr. *D 751 dir. Azay-le-Rideau puis D 57.*

Sortie fin A 85 (pont sur la Loire)

Chambre d'hôte La Meulière – 3 km

P - 130 B3 - 10 r. de la Gare - 37130 Cinq-Mars-la-Pile - 02 47 96 53 63 - lameuliere.free.fr. *N 152 dir. Cinq-Mars-la-Pile, à gauche r. de la Loire puis à gauche r. de la Gare.*

Le Pont-Levis – 3,5 km

130 B3 - 12 r. Charles-VIII (au pied du château) - 37130 Langeais - 02 47 96 82 23 - lepontlevis@wanadoo.fr. *N 152 dir. Langeais puis à droite r. Charles-VIII.*

Sortie fin A 85 (pont sur la Loire)

Chambre d'hôte Le Moulin Hodoux – 10 km

P - 130 B4 - Le moulin Hodoux - 37230 Luynes - 02 47 55 76 27 - www.moulin-hodoux.com. *N 152 dir. Luynes-centre.*

N 152

Sortie au pont de Port-Boulet

L'Atlantide – 5 km

P - 129 F4 - 17 rue Nationale - 37420 Avoine - 02 47 58 81 85.*D 749 dir. Avoine.*

à Montsoreau

Hôtel Le Bussy – 9,5 km

P - 129 F4 - 4 r. Jeanne-d'Arc - 49730 Montsoreau - 02 41 38 11 11.*D 749 dir. Montsoreau, à droite D 7, à droite D 751, à gauche quai Alexandre-Dumas puis à gauche ruelle de la Chalibaude.*

Diane de Méridor – 10 km

129 F4 - 12 quai Philippe-de-Commines - 49730 Montsoreau - 02 41 51 71 76 - dianedemeridor@wanadoo.fr. *D 749 dir. Montsoreau, à droite D 7, à droite D 751, à gauche quai Alexandre-Dumas puis quai Philippe-de-Commines.*

A 85

Sortie 3

Volney – 1,5 km

129 E4 - 1 r. Volney - 49400 Saumur - 02 41 51 25 41 - contact@levolney.com. *N 147 dir. Saumur, r. de la Fidélité, à gauche r. Daillé, à gauche r. Dacier puis à droite r. du Portail-Louis.*

Le Gambetta – 1,5 km

129 E4 - 12 r. Gambetta - 49400 Saumur - 02 41 67 66 66. *N 147 dir. Saumur, pl. Kléber, r. des Carabiniers-de-Monsieur, r. Chanzy puis r. Gambetta.*

Auberge Saint-Pierre – 1,5 km

129 E4 - 6 pl. St-Pierre - 49400 Saumur - 02 41 51 26 25. *N 147 dir. Saumur, r. Montesquieu, à droite pl. Ste-Jeanne-Delanoue puis r. des Patenôtriers.*

Le Pyrène – 9 km

129 E4 - 42 r. du Mar.-Leclerc - 49400 Saumur - 02 41 51 31 45. *D 767 dir. Saumur puis N 147.*

Village hôtelier Le Bois de Terrefort – 11 km

P - 129 E4 - Av. de l'Éducation-Nationale-d'Équitation - 49400 St-Hilaire-St-Florent - 02 41 50 94 41 - www.villagehotelier.com. *D 767 dir. Saumur, à droite N 347, av. Georges-Pompidou, à droite r. Ackerman, à gauche r. Martineau, à droite r. de L'Abbaye/rte de Marson, à gauche r. des Justicions, à droite rte du Trésor puis à gauche r. de l'École-Nationale-d'Équitation.*

Le Vieux Comptoir

10 r. de la Rôtisserie – 37000 Tours - 02 47 64 11 29.

LE MANS><RENNES

A 81

Sortie 1

Auberge de la Grande Charnie – 7,5 km
106 AJ35 - 35 avenue de la Libération - 72350 St-Denis-D'Orques - 02 43 88 43 12.*D 4 dir. Rennes puis à gauche N 157.*

Sortie 3

L'Antiquaire – 7 km
- 106 AG34 - 5 r. Béliers - 53000 Laval - 02 43 53 66 76. *N 162 dir. Laval, D 900, D 104, à gauche r. des Déportés, à droite r. du Jeu-de-Paume puis à droite r. des Béliers.*

Le Bistro de Paris – 7 km
- 106 AG34 - 67 r. Val-de-Mayenne - 53000 Laval - 02 43 56 98 29 - bistro.de.paris@wanadoo.fr. *N 162 dir. Laval, D 900, D 104, à gauche r. du Gén.-de-Gaulle, à gauche r. de Verdun, à droite quai Jean-Fouquet puis à droite r. du Val-de-Mayenne.*

À La Bonne Auberge – 7,5 km
- 106 AG34 - 170 r. de Bretagne - 53000 Laval - 02 43 69 07 81 - labonneauberge@free.fr. *N 162 dir. Laval, D 900, bd Bertrand-du-Guesclin puis à gauche r. de Bretagne.*

N 157

Sortie Vitré

Hôtel du Château – 6,5 km
105 AC34 - 5 r. Rallon - 35500 Vitré - 02 99 74 58 59 - http://perso.wanadoo.fr/hotel-du-chateau/.*D 178 dir. Vitré, r. de la Guerche, à droite D 777, à droite r. de la Liberté, à gauche D 857, à droite pl. St-Yves puis à gauche r. Rallon.*

Crêperie La Gavotte – 6 km
105 AC34 - 7 r. des Augustins (dir. Fougères) - 35500 Vitré - 02 99 74 47 74 - la.gavotte-vitre@wanadoo.fr. *D 178 dir. Vitré, r. de la Guerche, à droite D 777, à droite r. de la Liberté, à gauche D 857 puis à droiter. des Augustins.*

Le Potager – 6 km
105 AC34 - 5 pl. du Gén.-Leclerc - 35500 Vitré - 02 99 74 68 88.*D 178 dir. Vitré, r. de la Guerche puis à droite D 777.*

Sortie Louvigné-Janzé

Ferme-auberge la Garde – 9 km
- 104 AB34 - La Garde - 35220 St-Didier - 02 99 00 90 09 - www.aubergeetfermeauberge.com. *D 777 dir. Louvigné puis D 33 à droite.*

Sortie Châteaubourg

Bistrot du Moulin – 2 km
- 104 AB35 - 30 rue de Paris - 35220 Châteaubourg - 02 99 00 30 91 - www.armilin.com. *D 857 dir. Châteaubourg.*

Sortie Noyal-s-Vilaine

Hostellerie Les Forges – 2 km
- 104 AA34 - 22 avenue du Général-de-Gaulle - 35530 Noyal-sur-Vilaine - 02 99 00 51 08.*D 292 dir. Noyal-s-Vilaine-centre.*

N 136

Sortie 2

Sarment de Vigne – 9,5 km
104 Z34 - 54 route de Fougères - 35510 Cesson-Sévigné - 02 99 62 00 13. *N 136 sortie 15, D 97 puis à gauche N 12.*

Sortie 4

Arvor Hotel – 4 km
104 Z34 - 31 av. Louis-Barthou - 35000 Rennes - 02 99 30 36 47 - arvorhotel.com. *N 136 dir Rennes, r. de Châteaugiron, à droite r. St-Hélier puis à gauche av. Louis-Barthou.*

Garden Hôtel – 8 km
104 Z34 - 3 r. Duhamel - 35000 Rennes - 02 99 65 45 06. *N 136 dir Rennes, bd des Alliés/av. des Préales/av. François-Château/av. Aristide-Briand/quai Dujardin, à gauche pl. Pasteur, à gauche av. Jean-Janvier puis à gauche r. Jean-Marie-Duhamel.*

Léon le Cochon – 8 km
104 Z34 - 1 rue du Maréchal-Joffre - (BY) - 35000 Rennes - 02 99 79 37 54. *N 136 dir Rennes, bd des Alliés/av. des Préales/av. François-Château/av. Aristide-Briand/quai Dujardin, à gauche quai Chateaubriand, à droite pl. St-Germain, à gauche r. du Vau St-Germain puis à gauche r. Jean-Jaurès.*

RENNES><BREST

N 12

Sortie St-Brieuc-centre

Hôtel Le Duguesclin – 1 km
78 R29 - 2 pl. Duguesclin - 22000 St-Brieuc - 02 96 33 11 58 - www.hotel-duguesclin.com. *à St-Brieuc av. Corneille, à droite av. d'Armor puis à gauche D 786.*

Le Chaudron – 2,5 km
78 R29 - 19 Fardel - 22000 St-Brieuc - 02 96 33 01 72 - lepetitcasset@yahoo.fr. *à St-Brieuc av. Corneille, à droite av. d'Armor, à gauche D 787, à gauche r. St-Gilles, à gauche r. Henri-Servain puis à droite pl. du Gén.-de-Gaulle.*

Sortie Plouigneau

La Grange de Coatélan – 8 km
- 72 K28 - 29640 Plougonven - 02 98 72 60 16 - www.lagrangedecoatelan.com. *D 64 dir. Plougonven, à droite D 712, D 37, à droite r. de la Lande, à gauche D 9 puis r. Joseph-Lécuyer.*

Sortie Morlaix-centre

La Marée Bleue – 3,5 km
71 J27 - 3 rampe St-Mélaine - 29600 Morlaix - 02 98 63 24 21. *D 712 dir. Morlaix, à gauche D 109, r. de Paris, à droite D 46 puis à droite rampe St-Melaine.*

Sortie St-Thégonnec

Ar Presbital Koz – 1,5 km
- 71 I28 - 18 r. Lividic, près de la maison de retraite Ste-Bernadette - 29410 St-Thégonnec - 02 98 79 45 62 - andre.prigent@wanadoo.fr. *D 118 dir. St-Thégonnec, D 712 puis à droite r. Lividic.*

Auberge Saint-Thégonnec – 3,5 km
- 71 I28 - 6 place de la Mairie - 29410 Saint-Thégonnec - 02 98 79 61 18 - aubergesaintthegonnec.com. *D 118 dir. St-Thégonnec, à droite Pénétrante, D 712 puis à droite av. de Ker-Izella.*

Ty-Dreux – 9 km
- 76 I29 - 29410 Loc-Eguiner-St-Thégonnec - 02 98 78 08 21 - gites-peche-saint-thegonnec.com. *D 118 dir. Loc-Eguiner-St-Thégonnec, D 18 puis à gauche D 111.*

Sortie Landerneau

L'Amandier – 5,5 km
75 G29 - 55 rue de Brest - 29800 Landerneau - 02 98 85 10 89. *D 770 dir. Landerneau puis à droite D 712.*

Sortie Brest-centre

Hôtel Center – 2 km

- 75 E29 - 4 bd Léon-Blum - 29200 Brest - 02 98 80 78 07 - www.hotelcenter.com. *à Brest av. Georges-Pompidou, à droite r. Jules-Lesven/r. Bertrand-d'Argentré puis à gauche bd Léon-Blum.*

Ma Petite Folie – 1,5 km

- 75 E29 - Plage du Moulin-Blanc, à côté du Port de plaisance - 29200 Brest - 02 98 42 44 42. *suivre dir. Oceanopolis.*

La Châtaigneraie – 1,5 km

- 75 F29 - Keraveloc - 29490 Guipavas - 02 98 41 52 68 - http://site.voila.fr/la.chataigneraie. *r. Ernestine-de-Trémaudan dir. Brest, à droite r. de l'Amiral-Romain-Desfossés, à gauche r. Marcellin-Duval, à gauche r. du Calvaire puis à gauche r. Émile-Augier.*

BREST><LORIENT

N 165

Sortie Le Faou

Ferme-auberge du Seillou – 5 km

- 75 G31 - Au Seillou - 29590 Rosnoen - 02 98 81 92 21 - www.gites-finistere.com. *D 42 dir. Le Faou, à droite D 770, à droite D 791 puis à gauche D 47.*

Sortie Briec

Auberge de Quilinen – 5,5 km

- 99 H33 - À Quilinen - 29510 Landrevarzec - 02 98 57 93 63. *D 61 dir. Landrévarzec puis à gauche D 770.*

Sortie Quimper-Sud / St-Yvy

La Vallée du Jet – 6,5 km

- 100 I34 - Lieu-dit Kervren - 29140 St-Yvi - 02 98 94 70 34. *D 765 dir. Saint-Yvy.*

Sortie Concarneau / Rosporden

Le Manoir de Coat Canton – 7,5 km

- 100 J34 - Grand Bois - 29140 Rosporden - 02 98 66 31 24. *D 70 dir. Rosporden, à droite D 765 puis à droite r. de Reims.*

Océan – 6 km

- 100 I35 - À La Plage des Sables-Blancs - (hors plan) - 29900 Concarneau - 02 98 50 53 50 - hotel-ocean@wanadoo.fr. *D 70 dir. Concarneau, à droite D 783, r. de Quimper, av. de la Gare puis à gauche r. Nicolas-Appert.*

Chez Armande – 6 km

- 100 I35 - 15 bis av. du Dr-Nicolas - 29900 Concarneau - 02 98 97 00 76.*D 70 dir. Concarneau, à droite D 783, r. de Quimper, av. de la Gare puis à gauche r. Nicolas-Appert.*

L'Orée du Bois – 11 km

99 H35 - 4 r. Kergoadig - 29170 Fouesnant - 02 98 56 00 06. *D 70 dir. Croas-Avalou, à gauche r. Neuve, à gauche D 44, à droite D 45, r. de l'Odet, à gauche r. de Cornouaille puis à droite r. Ar-Mor.*

Pointe du Cap Coz – 11 km

- 99 H35 - 153 av. de la Pointe, À La Plage du Cap-Coz - 29170 Fouesnant - 02 98 56 01 63 - bienvenue@hotel-capcoz.com. *D 70 dir. Croas-Avalou, à gauche r. Neuve, à gauche D 44, à droite D 45, r. de l'Odet, à gauche r. de Cornouaille, à droite r. Ar-Mor, à gauche passage du Penker puis à gauche r. de Cornouaille.*

Sortie Pont-Aven

Chambre d'hôte Kermentec – 5 km

- 100 J36 - Kermentec - 29930 Pont-Aven - 02 98 06 07 60 - http://hanoi.michel.free.fr/1.htm.*D 24 dir. Pont-Aven.*

Les Ajoncs d'Or – 6 km

100 J36 - 1 pl. de l'Hôtel-de-Ville - 29930 Pont-Aven - 02 98 06 02 06 - ajoncsdor@aol.com. *D 24 dir. Pont-Aven, à droite r. de la Belle-Angèle, à droite r. du Gén.-de-Gaulle puis à gauche pl. de l'Hôtel-de-Ville.*

Sortie Quimperlé

La Maison d'Hippolyte – 4 km

- 100 L35 - 2 quai Surcouf - 29300 Quimperlé - 02 98 39 09 11. *D 765 dir. Quimperlé.*

Ty-Gwechall – 1,5 km

100 L35 - 4 r. Mellac - 29300 Quimperlé - 02 98 96 30 63. *à Quimperlé D 16, à gauche bd de la Gare, à droite D 783 puis à droite r. de Mellac.*

Sortie 45

Ty-Horses – 4,5 km

- 100 L36 - Le Rouho - 56520 Guidel - 02 97 65 97 37.*D 765 dir. Guidel.*

Sortie 44

Crêperie du Gaillec – 6,5 km

- 123 M37 - Hameau de Gaillec - 56270 Ploemeur - 02 97 83 00 26 - creperie-gaillec@wanadoo.fr. *D 163 dir. Ploemeur-centre.*

Chambre d'hôte Libeurtheu – 9,5 km

- 123 M37 - 23 r. de l'anse de Stole, à Lomener - 56270 Ploemeur - 02 97 82 86 22 ou 06 82 65 18 76. *D 163 dir. Kerroch puis à gauche anse du Stole.*

Les Mouettes – 11 km

- 123 M37 - À l'Anse de Kerguélen - 56260 Larmor-Plage - 02 97 65 50 30 - info@lesmouettes.com. *D 163 dir. Ploemeur, D 162, à droite r. de Larmor, à droite D 185 puis à gauche r. de Kerguelen.*

Chambre d'hôte Les Camélias – 11 km

- 123 M37 - 9 r. des Roseaux - 56260 Larmor-Plage - 02 97 65 50 67.*D 163 dir. Ploemeur, D 162, à droite r. de Larmor, à droite D 185, à gauche r. de Kerguelen puis r. des Roseaux.*

Sortie 43

Le Rex-Hôtel – 4 km
123 M37 - 28 cours de Chazelles - 56100 Lorient - 02 97 64 25 60 - www.rex-hotel-lorient.com. *à Lorient N 465, à droite r. de St-Armel, à gauche r. Émile-Auguste Chartier-Dit-Alai, à gauche D 765/r. Paul-Guieysse puis à droite cours Louis-de-Chazelles.*

Jardin Gourmand – 4 km
- 123 M37 - 46 r. Jules-Simon - 56100 Lorient - 02 97 64 17 24. *à Lorient N 465, à droite r. de St-Armel, à gauche r. Émile-Auguste Chartier-Dit-Alai, à gauche D 765/r. Paul-Guieysse puis à gauche r. Jules-Simon.*

Central Hôtel – 4,5 km
123 M37 - 1 r. Cambry - 56100 Lorient - 02 97 21 16 52. *à Lorient N 465, à droite r. de St-Armel, à gauche r. Émile-Auguste Chartier-Dit-Alai, à gauche D 765, à droite bd d'Oradour-sur-Glane, à droite bd Emmanuel-Svob, à droite bd du Gén.-Philippe-Lecle, à gauche r. du Dr-Louis-Waquet, à droite r. Léo-le-Bourgo, à droite pl. Aristide-Briand, à gauche r. Auguste-Nayel puis à droite r. Cambry.*

Le Pécharmant – 4,5 km
- 123 M37 - 5 rue Carnel - (AZ) - 56100 Lorient - 02 97 21 33 86. *à Lorient N 465, à droite r. de St-Armel, à gauche r. Émile-Auguste Chartier-Dit-Alai, à gauche D 765, à droite bd d'Oradour-sur-Glane, à droite bd Emmanuel-Svob, à droite bd du Gén.-Philippe-Lecle, à droite av. du Faouëdic, à droite av. Anatole-France, à gauche av. de la Marne puis r. de Carnel.*

LORIENT><NANTES

N 165

Sortie 40

La Chaumière de Kervassal – 7,5 km
- 123 M37 - Lieu-dit Kervassal - 56670 Riantec - 02 97 33 58 66 - http://pro.wanadoo.fr/chaumiere.kervassall. *D 781 dir. Riantec.*

Sortie Vannes-Ouest

Le Médaillon – 5,5 km
- 124 Q39 - 10 r. Bouruet-Aubertot - 56610 Arradon - 02 97 44 77 28. *Suivre D 101 en direction d'Arradon.*

Sortie Auray-centre

Le Cadoudal – 2,5 km
- 124 P38 - 9 pl. Notre-Dame - 56400 Auray - 02 97 24 14 65. *D 22 dir. Auray, D 768, à droite r. Louis-Billet, à droite r. Foch, à gauche pl. Gabriel-Deshayes puis à droite pl. Notre-Dame.*

La Chebaudière – 2,5 km
124 P38 - 6 rue de l'Abbé-Joseph-Martin - 56400 Auray - 02 97 24 09 84. *à Auray r. De L'Abbé Joseph Martin.*

Branhoc – 3 km
124 P38 - - Rte du Bono - 56400 Auray 02 97 56 41 55 - le.branhoc@wanadoo.fr – *D765 puis D101.*

Chambre d'hôte Mme Gouzer – 10 km
- 124 P39 - 17 rte de Quéhan (C 203) - 56470 St-Philibert - 02 97 55 17 78 - http://chrisgouzer.free.fr. *D 28 dir. St-Philibert, D 781 puis à droite rte de Quehan.*

Sortie Plougoumelen

Guerlan – 3,5 km
- 124 P38 - À Guerlan - 56400 Plougoumelen - 02 97 57 65 50 - www.bedbreak.com/guerlan. *D 101 dir. Plougoumelen puis à droite D 127.*

Sortie Vannes-centre

Hôtel Manche-Océan – 2 Km
124 R38 - 31 r. du Lt-Col.-Maury - 56000 Vannes *D779 bd De La Paix, à droite Av. Victor Hugo, à gauche r. De La Coutume puis à gauche r. Du Colonel Pobéguir.*
02 97 47 26 46 - www.manche-ocean.com –

Le Marina – 2 km
124 R38 - 4 pl. Gambetta - 56000 Vannes - 02 97 47 22 81 - lemarinahotel@aol.com. *à Vannes à droite D 767/av. Georges-Pompidou, à droite r. du Capit.-Jude/av. Jean-Monnet, à droite r. Joseph-le-Brix, à gauche pl. Maurice-Marchais/r. Thiers puis à gauche pl. Gambetta.*

Le Gavroche – 2 km
- 124 R38 - 17 r. de la Fontaine - 56000 Vannes - 02 97 54 03 54. *à Vannes à droite D 767/av. Georges-Pompidou, à droite r. du Capit.-Jude/av. Jean-Monnet, à droite giratoire du Palais-des-Arts/bd de la Paix puis à droite r. de la Fontaine.*

Rive Gauche – 2 km
124 R38 - 5 place Gambetta - (AZ) - 56000 Vannes - 02 97 47 02 40. *à Vannes à droite D 767/av. Georges-Pompidou, à droite r. du Capit.-Jude/av. Jean-Monnet, à droite r. Joseph-le-Brix, à gauche pl. Maurice-Marchais/r. Thiers puis à gauche pl. Gambetta.*

Sortie 16

Chambre d'hôte Le Moulin du Couedic – 8 km
- 125 U40 - Saint-Cry - 56130 Nivillac - 02 99 90 62 47.*D 34 dir. Nivillac puis D 176.*

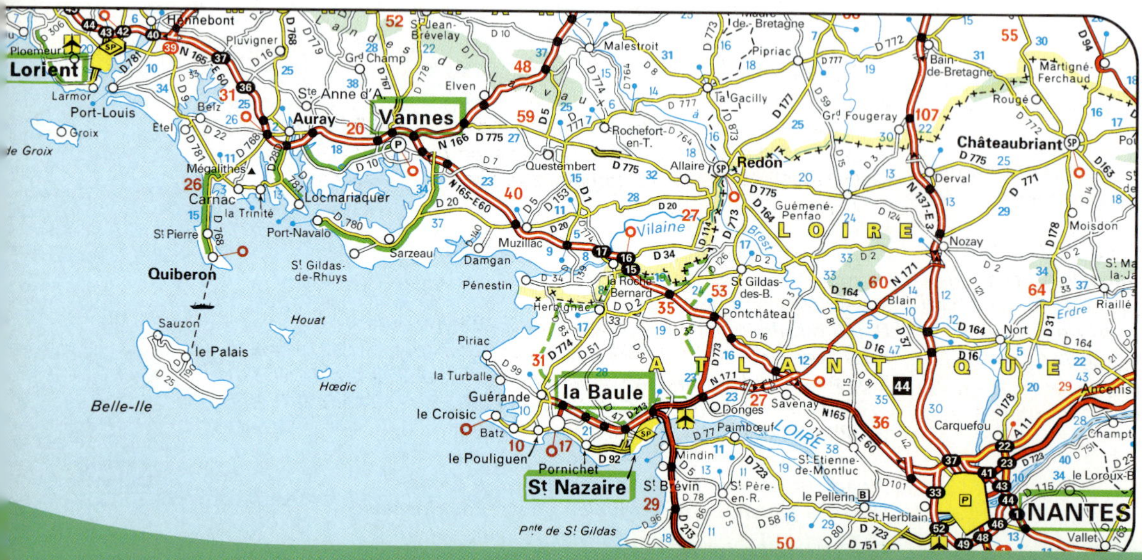

D 201

Sortie St-Etienne-de-Montluc

Le François II – 6,5 km
147 Y44 - 5 place Aristide-Briand - 44220 Couëron - 02 40 38 32 32. *D 101à droite dir. St-Etienne-de-Montluc, D 26 à gauche jusqu'à Couëron puis r. Henri-Gautier, à gauche r. Joséphine-Even, à droite r. du Professeur-Jean-Bernard puis à droite pl. Aristide-Briand.*

Sortie St-Herblain

Les Caudalies – 0,5 km
147 Y44 - 229 route de Vannes - 44800 St-Herblain - 02 40 94 35 35. *rte de Vannes dir. Saint-Herblain.*

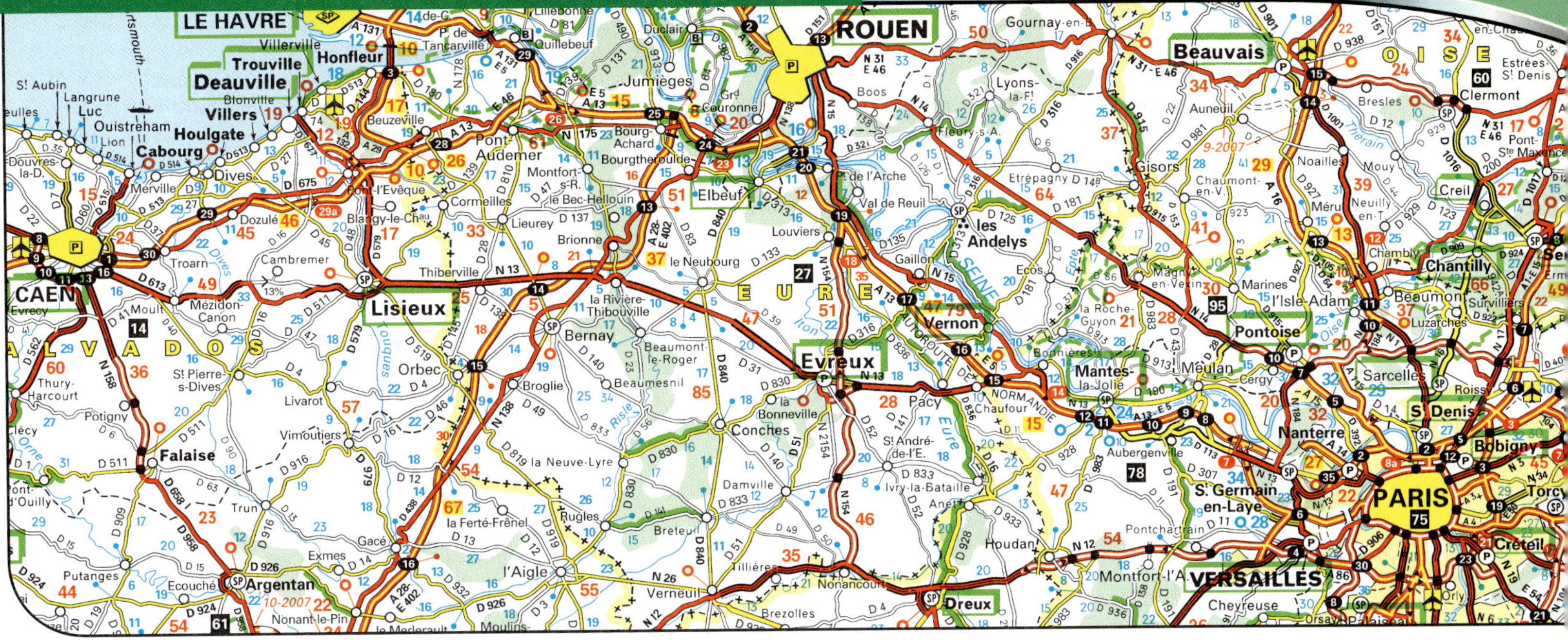

PARIS >< ROUEN >< CAEN

A 13

Sortie 5

Auberge des Trois Marches – 10 km

58 BB26 - 15 rue Jean-Laurent - 78110 Le Vésinet - 01 39 76 10 30.*D 182 dir. Vaucresson, à gauche av. de Verdun, à droite D 321, à gauche D 121, à droite av. de la Princesse/av. du Gén.-de-Gaulle, à gauche r. Ernest-André puis à droite r. Jean-Laurent.*

Sortie 6

Havre Hôtel – 10 km

58 BB26 - 92 r. Léon-Desoyer - 78100 St-Germain-en-Laye - 01 34 51 41 05. *N 186 sortie St-Germain-en-Laye, à gauche av. de St-Germain, à droite r. Jean-Jaurès, à gauche av. Simon-Vouet, N 13, à droite r. du Prés.-Roosevelt puis à gauche r. Léon-Desoyer.*

Top Model – 10 km

58 BB26 - 24 r. St-Pierre - 78100 Saint-Germain-en-Laye - 01 34 51 77 78. *N 186 sortie St-Germain-en-Laye, à gauche av. de St-Germain, à droite r. Jean-Jaurès, à gauche av. Simon-Vouet, N 13, à droite D 98, à droite pl. Mareil puis à gauche r. St-Pierre.*

Sortie 7

Le Bon Vivant – 5,5 km

58 BB25 - 30 av. Émile-Zola - 78300 Poissy - 01 39 65 02 14. *N 13 dir. Poissy, à droite D 153, à gauche av. Meissonier puis à gauche av. Émile Zola.*

Sortie 14

Chambre d'hôte Le Bon Maréchal – 10,5 km

57 AX24 - 1 r. du Colombier - 27620 Giverny - 02 32 51 39 70 - marieclaire.boscher@wanadoo.fr. *N 15 dir. Bonnières-sur-Seine, à droite r. Thiers, à gauche r. Jacques-Deschamp, à droite r. Marcel-Honoré puis à droite r. Marcel-Sembat, à droite D 201, à droite r. de Gommecourt, à gauche r. de Limetz, r. de Bennecourt, r. des Femmes-Fraîches, à droite r. de la Mairie, à gauche D 201, à gauche r. de Falaise, D 5 puis à droite r. du Colombier.*

Restaurant-Musée Baudy – 10,5 km

57 AX24 - 81 r. Claude-Monet - 27620 Giverny - 02 32 21 10 03 - restaurantbaudy@yahoo.fr. *N 15 dir. Bonnières-sur-Seine, à droite r. Thiers, à gauche r. Jacques-Deschamp, à droite r. Marcel-Honoré puis à droite r. Marcel-Sembat, à droite D 201, à droite r. de Gommecourt, à gauche r. de Limetz, r. de Bennecourt, r. des Femmes-Fraîches, à droite r. de la Mairie, à gauche D 201, à gauche r. de Falaise, D 5 puis à droite r. des Grands-Jardins.*

Au Bon Accueil – 4 km

57 AX24 - Route Nationale 13 - Chauffour-lès-Bonnières - 78270 Bonnières-sur-Seine - 01 34 76 11 29. *N 15 dir. Bonnières-sur-Seine, à droite r. Thiers, à gauche r. Jacques-Deschamp, à droite r. Marcel-Honoré puis à droite r. Marcel-Sembat/r. Georges-Herrewyn.*

Hôtel d' Évreux – 6,5 km

57 AX24 - 11 pl. d'Évreux - 27200 Vernon - 02 32 21 16 12 - hotel.devreux@libertysurf.fr. *D 181 dir. Vernon-centre.*

Le Bistro – 6,5 km

57 AX24 - 73 rue Carnot - 27200 Vernon - 02 32 21 29 19. *D 181 dir. Vernon-centre.*

Les Fleurs – 6,5 km

57 AX24 - 71 r. Carnot - 27200 Vernon - 02 32 51 16 80. *D 181 dir. Vernon-centre.*

Sortie 17

Chambre d'hôte La Boissière – 8,5 km

36 AV23 - Hameau « La Boissaye » - 27490 La Croix-St-Leufroy - 02 32 67 70 85 - www.chambres-la-boissiere.com. *D 316 dir. Autheuil-Authouillet, à droite D 75, à gauche D 10 puis à droite r. de Louviers.*

Sortie 19

Le Jardin de Bigard – 1,5 km

36 AU22 - 39/41 r. du Quai - 27400 Louviers - 02 32 40 02 45. *A 154 sortie 2 dir. Louviers, chaussée du Vexin, à droite r. des Anciens-Combattants-d'Afrique, à droite pl. de la Porte-d'Eau, bd de Crosne, à gauche pl. Ernest Thorel/r. Pierre-Mendès-France puis à gauche r. Au Coq.*

Sortie 24

La Poste – 3,5 km
- **36 AT21** - 44 Grande-Rue - 76530 La Bouille - 02 35 18 03 90. *N 138 dir. La Bouille, à droite D 132, à gauche D 64 puis à gauche r. du Dr-Magalon.*

Chambre d'hôte Château de Boscherville – 6,5 km
- **35 AS21** - 27520 Bourgtheroulde - 02 35 87 62 12. *N 138 dir. Bourgtheroulde-Infreville-centre.*

Sortie 25

L'Amandier – 2 km
35 AS21 - 581 rte de Rouen - 27310 Bourg-Achard - 02 32 57 11 49. *D 313 dir. Bourg-Achard puis à gauche r. de Rouen.*

L'Écurie – 9 km
35 AR20 - Pl. de la Mairie - 27350 Routot - 02 32 57 30 30 - resto.ecurie@wanadoo.fr. *D 313 dir. Jumièges, à gauche D 101 puis à gauche D 90 (pl. de l'Église).*

Sortie 26

Risle Seine – 1,5 km
- **35 AQ20** - Le Bourg - 27500 Bourneville - 02 32 42 30 22.*D 89 dir. Bourneville-centre.*

Erawan – 10,5 km
- **35 AP20** - 4 rue de la Seüle - 27500 Pont-Audemer - 02 32 41 12 03.*D 179 dir. Pont-Audemer, D 139 puis D 810.*

Chambre d'hôte Les Sources Bleues – 6 km
- **35 AQ20** - Rte de Vieux-Port - 27500 Aizier - 02 32 57 26 68 - www.les-sources-bleues.com. *D 89 dir. Bourneville puis D 139.*

Sortie 28

Auberge du Cochon d'Or – 2,5 km
34 AO21 - Place du Général-de-Gaulle - 27210 Beuzeville - 02 32 57 70 46 - auberge-du-cochon-dor@wanadoo.fr. *N 175 dir. Beuzeville-centre.*

Sortie Pont-l'Évêque

Eden Park – 1 km
34 AN21 - À la base de loisirs - 14130 Pont-l'Évêque - 02 31 64 64 00 - info@edenparkhotel.com. *N 175 dir. Pont-l'Évêque-centre puis r. St-Melaine.*

Auberge de la Touques – 1 km
- **34 AN21** - Pl. de l'Église - 14130 Pont-l'Évêque - 02 31 64 01 69. *N 175 dir. Pont-l'Évêque-centre puis à droite r. de l'Église.*

Sortie 29.a

La Haie Tondue – 1,5 km
- **34 AN21** - À La Haie-Tondue - 14130 La Haie-Tondue - 02 31 64 85 00. *N 175 dir. Lisieux puis D 16.*

Sortie 29.b

Auberge de la Boule d'Or – 6,5 km
34 AL22 - Pl. Michel-Vermughen - 14430 Beuvron-en-Auge - 02 31 79 78 78.*D 400 dir. Lisieux, à gauche N 175 puis à droite D 49.*

Sortie 31

Quatrans – 7 km
33 AJ22 - 17 r. Gemare - 14000 Caen - 02 31 86 25 57 - hotel-des-quatrans@wanadoo.fr. *N 814 sortie 3.a, à Caen D 515, à gauche r. du Vaugneux, à gauche av. de la Libération, à droite r. Montoir-Poissonnerie, à droite r. Cattehoole puis à gauche r. du Tour-de-Terre.*

Sortie 29.b

Chez le Bougnat – 7,5 km
34 AL21 - 27 r. Gaston-Manneville - 14160 Dives-sur-Mer - 02 31 91 06 13 - chezlebougnat@aol.com. *D 400 dir. Dives-sur-Mer, Bd Maurice-Thorez puis à droite av. Secrétan/r. Gaston-Manneville.*

Sortie 31

P'tit B – 3,5 km
33 AJ22 - 15 r. Vaugueux - 14000 Caen - 02 31 93 50 76 - leptitb@wanadoo.fr. *N 814 sortie 2, à Caen cours Montalivet, à droite pont de Vendeuvre, à droite quai de Vendeuvre/ pl. Courtonne, à droite bd des Alliés, à droite av. de la Libération puis à droite r. du Vaugneux.*

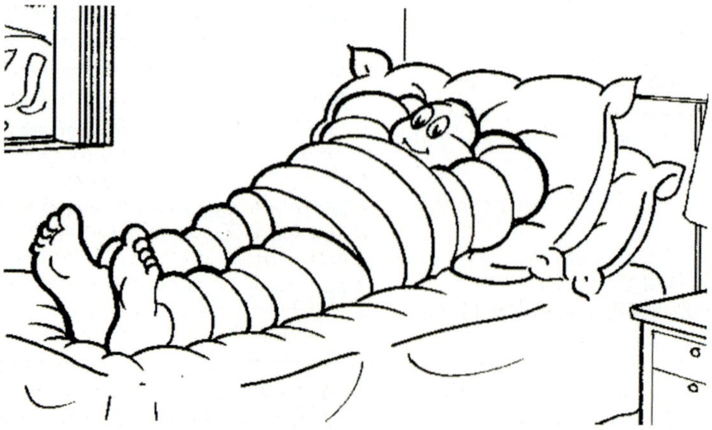

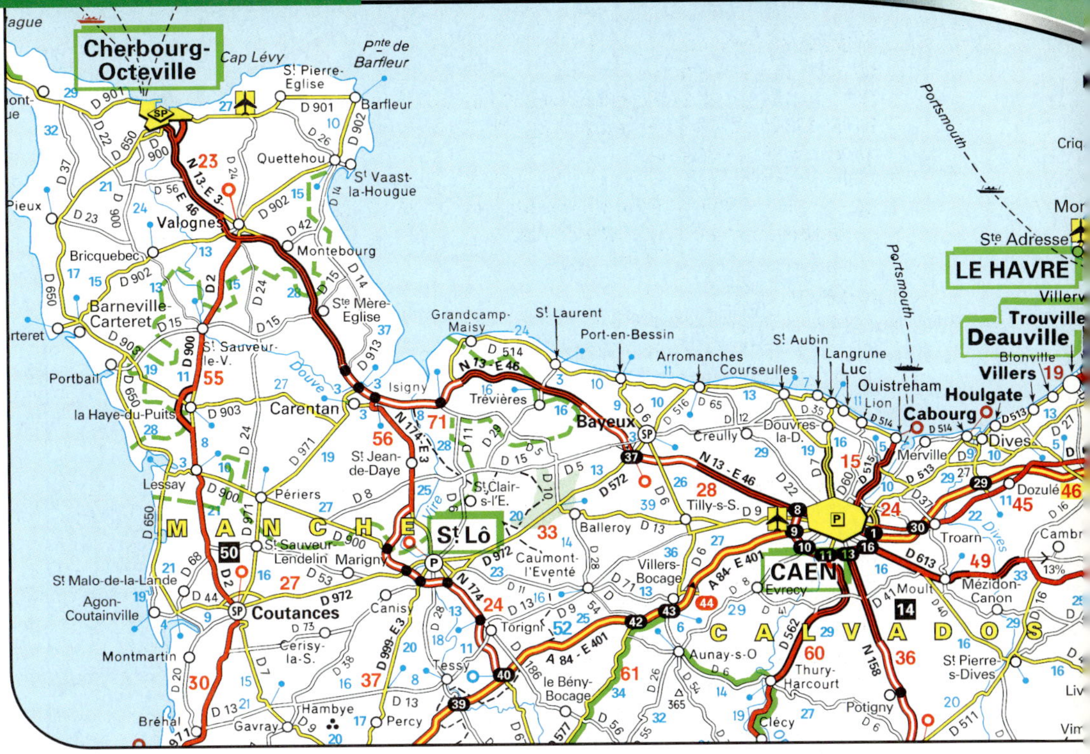

Caen><Cherbourg

N 13

Sortie 37

Le Bistrot de Paris – 3 km

- 33 AH21 - Place St-Patrice - 14400 Bayeux - 02 31 92 00 82. *D 5 dir. Bayeux, à droite r. de Verdun, à droite r. Robert-Schumann, pl. Charles-de-Gaulle/r. Royale, à droite pl. St-Patrice.*

Le Moulin de Hard – 4 km

- 33 AG21 - Lieu-dit « Le Moulin de Hard » - 14400 Subles - 02 31 21 37 17 ou 06 13 30 53 28.*D 572 dir. Subles puis à gauche D 99.*

Sortie Formigny

Ferme du Mouchel – 1,5 km

- 32 AF20 - Lieu-dit « Le Mouchel » - 14710 Formigny - 02 31 22 53 79 ou 06 15 37 50 20 - odile.lemouchel@liberty.surf.*D 30 dir. Formigny.*

Sortie Grandcamp-Maisy

La Marée – 8 km

- 32 AE20 - 5 quai Henri-Chéron - 14450 Grandcamp-Maisy - 02 31 21 41 00.*D 113 dir. La Cambe, à gauche D 613, à droite D 113, à droite D 199, à gauche r. Haute-Voie, à droite r. du Petit-Maisy puis à gauche quai Henri-Chéron.*

Sortie Isigny-s-Mer

La Flambée – 1 km

32 AE21 - 2 r. Émile-Demagny - 14230 Isigny-sur-Mer - 02 31 51 70 96 - la.flambee.isigny@wanadoo.fr. *D 197 dir. Isigny-s-Mer-centre.*

Sortie Ste-Mère-Église

Le John Steele – 1,5 km

- 29 AC19 - 4 r. du Cap-de-Laine - 50480 Ste-Mère-Église - 02 33 41 41 16.*D 67 dir. Ste-Mère-Église puis r. Cap-de-Laine.*

Sortie Valognes-centre

Le Moulin de la Haulle – 1 km

- 29 AB18 - Lieu-dit « Le Tapotin » - 50700 Yvetot-Bocage - 02 33 40 21 37.*D 902 dir. Yvetot-Bocage.*

Grand Hôtel du Louvre – 1,5 km

- 29 AB18 - 28 r. des Religieuses - 50700 Valognes - 02 33 40 00 07 - www.grandhoteldulouvre.com. *D 902 dir. Valognes puis à gauche r. des Religieuses.*

à Tourlaville

Chambre d'hôte Manoir St-Jean – 8 km

- 29 AB17 - Le hameau St-Jean - 50110 Tourlaville - 02 33 22 00 86.*D 56 dir. La Croix Luce, à gauche D 121, à droite D 322, à droite D 122 puis à gauche Hameau St-Jean.*

à Cherbourg

Café de Paris – 3 km

29 AA17 - 40 quai Caligny - 50100 Cherbourg-Octeville - 02 33 43 12 36 - cafedeparis.res@wanadoo.fr. *à Cherbourg r. Lucet/av. de Paris, à gauche D 901, à droite bd Robert-Schuman, à gauche r. Albert-Mahieu, à gauche pl. de la Fontaine, à droite r. François-Lavieille, à droite pl. de la République puis à droite pl. Napoléon/av. de Cessart/quai de Caligny.*

Hôtel Angleterre – 2,5 km

29 AA17 - 8 r. P.-Talluau - 50100 Cherbourg-Octeville - 02 33 53 70 06. *à Cherbourg r. Lucet/av. de Paris, à gauche D 901, à droite bd Robert-Schuman, à gauche r. Albert-Mahieu, à gauche pl. de la Fontaine, à droite r. François-Lavieille puis à gauche r. de la Grande-Vallée.*

La Croix de Malte – 2,5 km

29 AA17 - 5 r. des Halles - 50100 Cherbourg-Octeville - 02 33 43 19 16 - hotel.croix.malte@wanadoo.fr. *à Cherbourg r. Lucet/av. de Paris/av. Carnot, à gauche r. du Val-de-Saire, pont Tournant, à gauche quai de Caligny, à gauche quai Alexandre-III, à droite r. des Tribunaux puis à gauche r. des Halles.*

CAEN><RENNES

N 814

Sortie 11

Auberge de l'Île enchantée – 7,5 km
- **33 AJ23** - 1 r. St-André - 14123 Fleury-sur-Orne - 02 31 52 15 52. *dir. Fleury-sur-Orne, D 562, à gauche Grande-Rue, à gauche r. Serge-Rouzière, chemin-du-Bac-d'Athis, à droite chemin-Latéral puis à gauche chemin du Pré-Armand-André.*

A 84

Sortie 43

Le P'tit Zinc – 2,5 km
33 AH23 - 44 r. Georges-Clemenceau - 14310 Villers-Bocage - 02 31 77 82 22.*D 6 dir. Villers-Bocage, à droite r. d'Aunoy puis à droite D 675.*

Les Trois Rois – 1,5 km
- **33 AH23** - 2 place Jeanne-d'Arc - 14310 Villers-Bocage - 02 31 77 00 32. *D 6 dir. Villers-Bocage puis à gauche r. de Vire.*

Sortie 41

Château de Dampierre – 3,5 km
52 AF24 - 14350 Dampierre - 02 31 67 31 81 - www.chateau-de-dampierre.com. *D 185 dir. Dampierre puis à gauche D 107.*

Sortie 38

Manoir de l'Acherie – 2,5 km
- **52 AD26** - À l'Acherie - 50800 Villedieu-les-Poêles - 02 33 51 13 87 - manoir@manoir-acherie.fr. *à Villedieu-les-Poêles D 999, D 554 puis à gauche l'Acherie.*

Sortie 37

Le Fruitier – 2,5 km
52 AD26 - Place des Costils - 50800 Villedieu-les-Poêles - 02 33 90 51 00 - hotel.le.fruitier@wanadoo.fr. *r. des Costils dir. Villedieu-les-Poêles.*

Chambre d'hôte La Gaieté – 9 km
- **51 AC26** - 2 r. St-Georges - 50320 Beauchamps - 02 33 61 30 42.*D 924 dir. Beauchamps.*

N 175

Sortie Avranches

La Croix d'Or – 4 km
- **51 AC27** - 83 rue de la Constitution - 50300 Avranches - 02 33 58 04 88. *sortie Avranches, D 2175, à droite D 7 puis à droite r. de la Constitution.*

Auberge du Terroir – 7,5 km
- **51 AB28** - 3 place St-Martin - 50170 Servon - 02 33 60 17 92 - aubergeduterroir@wanadoo.fr. *sortie Avranches puis à droite D 107.*

A 84

Sortie 33

Auberge de la Sélune – 3,5 km
- **51 AC28** - 2 r. St-Germain - 50220 Ducey - 02 33 48 53 62 - info@selune.com. *N 176 dir. Ducey puis à droite r. St-Germain.*

Sortie 29

Chambre d'hôte Ferme de Mésauboin – 11 km
- **81 AC32** - 35133 Billé - 02 99 97 61 57 - www.ferme-de-mesauboin.com. *D 18 dir. Vitré.*

Les Voyageurs – 8 km
81 AD31 - 10 place Gambetta - 35300 Fougères - 02 99 99 14 17. *D 18 dir. Fougères puis N 12.*

A13><Dieppe

N 338

à Rouen

Hôtel de la Cathédrale
36 AU20 – 12 r. St-Romain – 76000 Rouen - 02 35 71 57 95 - www.hotel-de-la-cathedrale.fr – *Après le Pont Guillaume-Le-Conquérant, à droite dir. Cathédrale.*

La Couronne – 2,5 km
36 AU20 - 31 pl. du Vieux-Marché - 76000 Rouen - 02 35 71 40 90.*D 982 dir. Rouen-centre, à gauche quai Gaston-Boulet, à gauche bd des Belges, à droite r. de Crosne puis à gauche pl. du Vieux-Marché.*

Pascaline – 4 km
36 AU20 - 5 r. de la Poterne - 76000 Rouen - 02 35 89 67 44 - pascaline.rouen@numericable.fr. *D 982 dir. Rouen-centre, à droite N 15, à gauche r. Jeanne-d'Arc, à droite r. de la Ganterie puis à droite r. de la Poterne.*

Hôtel des Carmes – 4 km
36 AU20 - 33 pl. des Carmes - 76000 Rouen - 02 35 71 92 31 - www.hoteldescarmes.com. *D 982 dir. Rouen-centre, à droite N 15, à gauche r. Jeanne-d'Arc, à droite r. de la Ganterie, à droite r. de la Poterne, à gauche r. des Fossés-Louis-VIII puis à droite pl. des Carmes.*

A 150

Sortie 2

Les Elfes – 6 km
P - 36 AT19 - 76960 Notre-Dame-de-Bondeville - 02 35 74 36 21. *D 1043 dir. Notre-Dame-de-Bondeville puis N 27.*

Abbeville><Honfleur><Beuzeville

A 28

Sortie 3

Auberge du Colvert – 5 km
P - 11 AZ13 - 4 route de Rouen - 80132 Mareuil-Caubert - 03 22 31 32 32.*D 928 dir. Abbeville.*

Sortie 4

Auberge Picarde – 8 km
P - 11 AY13 - 95 rue Briqueterie - 80210 Chépy - 03 22 26 20 78 - auberge-picarde@wanadoo.fr. *D 29 dir. Le Tréport puis à droite D 65.*

Sortie 5

Les Pieds dans le Plat – 1,5 km
- 11 AY14 - 27 rue St-Denis - 76340 Blangy-sur-Bresle - 02 35 93 38 36.*D 49 dir. Blangy-sur-Bresle-centre.*

Sortie 9

Les Airelles – 2,5 km
- 20 AW16 - 2 Passage Michu (près de l'église) - 76270 Neufchâtel-en-Bray - 02 35 93 14 60 - les-airelles-sarl@wanadoo.fr. *D 928 dir. Neufchâtel-en-Bray-centre.*

Sortie 10

Chambre d'hôte Ferme de Bray – 9,5 km
P - 20 AW18 - 76440 Sommery - 02 35 90 57 27 - www.ferme.de.bray.free.fr. *D 915 dir. Beauvais puis à droite D 1.*

Ferme-auberge Eawy – 10 km
P - 20 AV16 - 2 pl. de l'Église - 76680 Ardouval - 02 35 93 02 42.*D 915 dir. Dieppe puis à gauche D 48.*

Sortie 11

Auberge de la Varenne – 5 km
- 20 AV17 - 2 route de la Libération - 76680 St-Martin-Osmonville - 02 35 34 13 80.*D 12 dir. St-Saëns, à droite D 41 puis à droite D 928.*

Sortie 12

Chambre d'hôte Le Château – 8 km
P - 20 AW18 - 2 r. du Château - 76750 Bosc-Roger-sur-Buchy - 02 35 34 29 70 - preterrerieux@aol.com. *D 919 dir. Gournay-en-Bray.*

A 29

Sortie 3

Au Vieux Honfleur – 3 km
- 34 AN20 - 13 quai St-Étienne - 14600 Honfleur - 02 31 89 15 31.*D 580 dir. Honfleur-centre puis à droite quai St-Etienne.*

Entre Terre et Mer – 3,5 km
- 34 AN20 - 12 place Hamelin - 14600 Honfleur - 02 31 89 70 60 - entreterreetmer@wanadoo.fr. *D 580 dir. Honfleur, quai de la Tour, à gauche quai de la Quarantaine puis à droite à gauche pl. Hamelin.*

Hôtel Le Belvédère – 3,5 km
- 34 AN20 - 36 r. Émile-Renouf - 14600 Honfleur - 02 31 89 08 13 - www.hotel-belvedere-honfleur.com. *D 580 dir. Honfleur-centre.*

Au Moulin Saint-Georges – 9 km
- 34 AN20 - Chemin de la Mer - 14600 Pennedepie - 02 31 81 48 48.*D 580 dir. Honfleur, quai de la Tour, à gauche quai de la Quarantaine puis à droite D 512.*

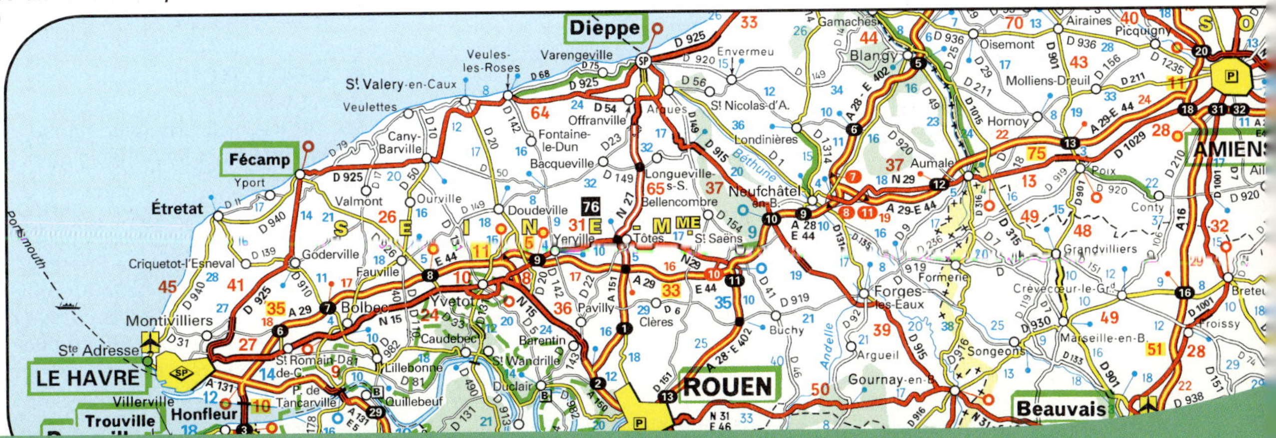

Bastia><Ajaccio

N 193

à Bastia

A Casarella
- 345 FG103 - R. Ste-Croix - 20200 Bastia - 04 95 32 02 32.

Lavezzi
- 345 FG103 - 8 r. St-Jean - 20200 Bastia - 04 95 31 05 73.

Hôtel Les Voyageurs
P - 345 FG103 - 9 av. du Mar.-Sébastiani - 20200 Bastia - 04 95 34 90 80 - hotel-voyageurs@ifrance.com.

Hôtel Posta Vecchia
345 FG103 - R. Posta-Vecchia - 20200 Bastia - 04 95 32 32 38 - hotel-postavecchia@wanadoo.fr.

La Table du Marché
- 345 FG103 - Pl. du Marché - 20200 Bastia - 04 95 31 64 25.

à Corte

Auberge de la Restonica
347 FE107 - Vallée de la Restonica - 20250 Corte - 04 95 46 09 58 - www.aubergerestonica.com.

Hôtel du Nord
P - 347 FE107 - 22 cours Paoli - 20250 Corte - 04 95 46 00 68 - www.hoteldunord-corte.com.

Hôtel de la Poste
P - 347 FE107 - 2 pl. Padoue - 20250 Corte - 04 95 46 01 37.

à Ajaccio

De France
348 FB111 – – 59 r. Card.-Fesch - 20000 Ajaccio - 04 95 21 11 00. N193 dir. Cours Napoléon, à gauche r. Descharrons.

Le Grand Café Napoléon
348 FB111 - 10 cours Napoléon - 20000 Ajaccio - 04 95 21 42 54 - cafe.napoleon@wanadoo.fr.

Hôtel Impérial
- 348 FB111 - 6 bd Albert-1er - 20000 Ajaccio - 04 95 21 50 62.

Hôtel Kallisté
348 FB111 - 51 cours Napoléon - 20000 Ajaccio - 04 95 51 34 45 - www.cyrnos.net.

L'Estaminet
348 FB111 - 7 r. du Roi-de-Rome - 20000 Ajaccio - 04 95 50 10 42.

Hôtel Spunta di Mare
P - 348 FB111 - Quartier St-Joseph - 20090 Ajaccio - 04 95 23 74 40 - www.hotel-aspuntadimare-corse.com.

Bastia><Bonifacio

N 198

à Porto-Vecchio

L'Antigu
- 351 FG114 - 51 r. Borgo - 20137 Porto-Vecchio - 04 95 70 39 33.

Hôtel San Giovanni
P - 351 FG114 - 20137 Porto-Vecchio - 04 95 70 22 25 - info@hotel-san-giovanni.com.

Le Troubadour
P - 351 FG114 - 13 r. du Gén.-Leclerc - 20137 Porto-Vecchio - 04 95 70 08 62.

à Bonifacio

Stella d'Oro
351 FF16 - 7 r. Doria (ville haute) - 20169 Bonifacio - 04 95 73 03 63 - stella.oro@bonifacio.com.

Le Golfe
P - 351 FF16 - À Gurgazu - 20169 Bonifacio - 04 95 73 05 91 - golfe.hotel@wanadoo.fr.

Café Restaurant de la Poste
351 FF16 - - 6 r. Scamaroni (ville haute) - 20169 Bonifacio 04 95 73 13 31 - *www.corsud.com/laposte - N196 puis D160A, à gauche Montée Saint-Roch puis à droite r. Du Cardinal Zigliara, à gauche r. Du Sacrement puis à droite, à gauche r. Du Palais De Garde puis à droite R. Saint-Jean-Baptiste.*

Et pour les adeptes des chaînes de restauration et d'hôtellerie, nous vous proposons également une liste des principales chaînes avec leur n° de centrale de réservation téléphonique :

CHAÎNES HÔTELIÈRES :

Autogrill	04 91 76 93 81	
Buffalo Grill	01 60 82 54 00	
Café Route	01 41 90 29 26	
Courtepaille	08 26 88 22 88	(0,15€ / mn)
Flunch	03 20 43 59 59	
L'Arche	01 41 90 29 26	
Le Boeuf Jardinier	01 41 90 29 26	
Mc Donald's	01 30 48 65 26	
Pizza Hut	08 25 03 00 30	(0,15€ / mn)
Quick	08 92 68 10 05	(0,34€ / mn)

CHAÎNES DE RESTAURATION

B & B	0 892 782 929	(0,34€ / mn)
Balladins	0 825 088 453	(0,15€ / mn)
Best Western	0 800 904 490	N° vert
Campanile	0 825 003 003	(0,15€ / mn)
Comfort Inn	0 800 912 424	N° vert
Etap Hotel	0 892 688 900	(0,34€ / mn)
Formule 1	0 892 685 685	(0,34€ / mn)
Holiday Inn	0 800 905 999	N° vert
Ibis	0 892 686 686	(0,34€ / mn)
Kyriad	0 825 003 003	(0,15€ / mn)
Mercure	0 825 883 333	(0,15€ / mn)
Novotel	0 825 884 444	(0,15€ / mn)
Première Classe	0 825 003 003	(0,15€ / mn)
Quality Inn	0 800 912 424	N° vert
Sofitel	0 825 012 011	(0,15€ / mn)

Crédits photos
Couverture: Getty Image
ABC de la Sécurité: Phototèque MICHELIN

Cet atlas tient compte des conditions de tourisme et des réglementations de la circulation connues au moment de de sa rédaction. Certains renseignements (prix, adresses, numéros de téléphones, équipements ou numérotation des axes routiers) peuvent se trouver modifiés, de même que certains établissements peuvent fermer ou changer de catégorie. Michelin Cartes et Guides ne saurait être tenu responsable des conséquences dues à ces éventuels changements.

Malgré tout le soin apporté à la réalisation de cet ouvrage, il se peut qu'un exemplaire défectueux ait échappé à notre vigilance. Dans ce cas, veuillez le rapporter à votre libraire qui vous l'échangera ou contacter:
Michelin
Cartes et Guides
46, av. de Breteuil
75324 PARIS CEDEX 07
www.ViaMichelin.com

Édition 2007 par la Manufacture Française des Pneumatiques Michelin
Société en commandite par actions au capital de 304 000 000 EUR
Place des Carmes-Déchaux - 63 Clermont-Ferrand (France)
R.C.S. Clermont-Fd B 855 200 507

Dépot légal Novembre 2006
Compogravure: Nord-Compo à Villeneuve d'Ascq
Imprimé en Italie le 09-06
Impression: STIGE - San Mauro (Italie)

80025 75540